अभिनवगुप्त का तन्त्रागमीय दर्शन

अभिनवगुप्त का तन्त्रागमीय दर्शन

इतिहास- संस्कृति- सौन्दर्य- और तत्त्व-चिन्तन

नवजीवन रस्तोगी

DK PRINTWORLD
Publishers of Indian Traditions

Cataloging in Publication Data — DK
[Courtesy: D.K. Agencies (P) Ltd. <docinfo@dkagencies.com>]

Rastogi, Navjivan, 1939- **author**
Abhinavagupta kā tantrāgamīya darśana : itihāsa-saṁskr̥ti- saundarya- aura tattva-cintana / Navajīvana Rastogī. – Dvitīya saṁṣodhita saṁskaraṇa.
pages cm
In Hindi.
On Abhinavagupta's philosophy of Trika Śaivism of Kashmir in the light of Tantra and Āgama.
Includes bibliographical references.

1. Abhinavagupta, Rājānaka. Tantrāloka. 2. Kashmir Śaivism – Doctrines. 3. Tantra – Criticism, interpretation, etc. 4. Agamas – Criticism, interpretation, etc. I. Title.

LCC BL1281.154.R37 2018 DDC 294.5513 23

ISBN: 978-81-246-0924-8

प्रथम संस्करण, 2012
द्वितीय संशोधित संस्करण, 2018

मुद्रक एवं प्रकाशक
डी०के० प्रिण्टवर्ल्ड (प्रा०) लि०
पंजीकृत कार्यालय : "वेदश्री", एफ-395, सुदर्शन पार्क
(मेट्रो स्टेशन : रमेश नगर), नई दिल्ली – 110015
दूरभाष : (011) 2545 3975, 2546 6019
ई-मेल : indology@dkprintworld.com
वेब : www.dkprintworld.com

डॉ. हर्षनारायण
को
श्रद्धापूर्वक

आमुख

यह समय-समय पर लिखे गए मेरे लेखों और वक्तव्यों का संग्रह है। इन्हें पुस्तक का आकार देने के पीछे भाई अम्बिकादत्त शर्मा की प्रेरणा और स्नेह रहा है। चूँकि ये लेख एक लम्बी कालावधि (लगभग ४५ वर्ष) में लिखे गए हैं, अतः एक सामान्य ग्रन्थ में अपेक्षित अन्विति और एकसूत्रता का अभाव प्रेक्षावान् पाठक को अखर सकता है। पर यह अखरना कुछ कम हो जाएगा जब उसे यह पता चलेगा कि सभी निबन्धों का केन्द्रीय अवधान-बिन्दु अभिनवगुप्त का चिन्तन या उनकी परम्परा रही है। इस रूप में उनकी व्यापक एकसूत्रता अक्षुण्ण कही जा सकती है। केवल दो निबन्ध – "पाशुपतदर्शन एवं नकुलीश पाशुपत दर्शन" और "भारतीय दर्शन की समसामयिक अन्वीक्षा : कविराज जी का दृष्टिकोण" इस दृष्टि से आपाततः प्रश्नीय लग सकते हैं। परन्तु पाशुपत दर्शन अभिनव की तान्त्रिक परम्परा के द्विप्रवाहात्मक स्रोतों में से एक है और कविराज जी की अन्वीक्षा की रूपविधायी प्रेरणाओं में काश्मीरी शिवाद्वयवाद की अत्यन्त प्रभावी भूमिका रही है – यदि मन के कोने में यह बात रहेगी – स्वयं इन लेखों के सतही अवलोकन से भी यह बात प्रमाणित होगी – तो यह आपाती एकरसता-भङ्ग इतना नहीं खलेगा।

यद्यपि निबन्धों के लेखन में कोई योजना नहीं थी, उन्हें संजोने में एक स्थूल योजना देखी जा सकती है। लेखों को लेखन के कालानुक्रम में न लेकर विषयवार रखा गया है। और इस प्रकार, विषयवस्तु के अनुरोध से पूरी पुस्तक कुछ अनुभागों में बँट गई है। इनमें दूसरे अनुभाग के अन्तर्गत, दार्शनिक चिन्तन प्रक्रिया के आधार पर लिए गए, तीनों लेखों के संकलन के औचित्य पर प्रश्न किया जा सकता है। प्रश्न की अन्तर्निहित भावना से सहमत होते हुए भी यह कहना उचित होगा कि व्यापकतर परिवेश में संदर्भीकरण और दार्शनिक चिन्तन के तदितर पक्षों में विनियोजनात्मक अन्वयन की दृष्टि से इनका निवेश पूर्णतः असमाधेय नहीं लगेगा।

लेखों का मूल स्वरूप बहुलांश में वही है। लेकिन सभी लेख पुनरीक्षित हैं और जहाँ सूचना या विचारणा की दृष्टि से आवश्यक लगा, परिवर्तन किए गए हैं। उद्धरण-स्रोतों के लिपीकरण में भी ग्रन्थाकारिता के आग्रह से एकरूपता को लाने की चेष्टा की गई है। परन्तु

चेष्टा करने पर भी एक दोष से पूरी तरह नहीं•बचा जा सका है। वह यह कि इस संग्रह के सारे अध्याय स्वतन्त्र रूप से काल के भिन्न-भिन्न बिन्दुओं पर लिखे गए हैं, अतः कुछ स्थलों पर विषय के प्रतिपादन की दृष्टि से पाठक को पुनरुक्ति की गंध आ सकती है। यद्यपि ऐसे स्थल विरल ही होंगे, फिर भी ऐसे प्रसंगों में पाठक के सदाशयी धैर्य की मुझे याचना रहेगी।

एक स्पष्टीकरण आवश्यक भी होगा और अवसरोचित भी। इसका सम्बन्ध प्रतिपादन शैली या विचार की पद्धति से है। मैं मूलतः संस्कृत का विद्यार्थी हूँ और दर्शन में मेरा चंचु-प्रवेश उसी के माध्यम से है। अतः दार्शनिक प्रश्नों की चर्चा में भी पाठविश्लेषणपूर्वक ही प्रवृत्ति हुई है। विशुद्ध दर्शन के विद्यार्थी को यह प्रक्रिया थोड़ी बोझिल लग सकती है। या यों कहें कि उसे यह पद्धति प्राच्यविद्या-गंधी (ओरिएन्टलिस्टिक) लग सकती है, दर्शन-गंधी (फ़िलॉसॉफ़िकल) नहीं। परन्तु इस प्रक्रिया के आश्रयण में विश्लेष्य सामग्री से उपजने वाली विवशता भी कारण रही है। काश्मीर शैवदर्शन और विशेषतः अभिनवगुप्त के समग्रशास्त्र से हमारा परिचय अभी भी आंशिक है और उपलब्ध या प्रकाशित शास्त्र में भी सम्पादन, पाठालोचन और अनुवदन गत बाधाओं और सीमाओं के कारण हमें लगता है कि भारतीय दर्शन की अन्य परम्पराओं की भाँति जब तक यह परम्परा भी परिपक्वता को प्राप्त नहीं कर लेती, तब तक पाठापेक्ष अर्थमीमांसापूर्वक ही दार्शनिक चिन्तन की पद्धति को हमें स्वीकार करना होगा।

अभिनवगुप्त की परम्परा भारतीय दार्शनिक चिन्तन की – उसके व्यापकतम आयाम और दीर्घतम विस्तार में – एक सशक्त धारा रही है। यह विचित्र संयोग है कि इसका पुनरुदय, या यों कहें, पुनरुज्जीवन पिछली शती में जिन महामेधाओं के द्वारा हुआ, उनमें मेरे गुरु प्रो. कान्तिचन्द्र पांडेय का अप्रतिम योगदान था। यद्यपि उनका सारा लेखन अंग्रेज़ी और संस्कृत के माध्यम से हुआ, जीवन की संध्या में आते-आते उन्होंने सौन्दर्यशास्त्र पर अपने दोनों महत्त्वपूर्ण ग्रन्थों (*स्वतन्त्रकलाशास्त्र* : भाग १ : *भारतीय*; भाग २ : *पाश्चात्य*) को हिन्दी में भी लिखा। यहाँ पर संगृहीत लेखों में लगभग सभी निबन्ध (एक-आध अपवाद को छोड़कर) मूलतः हिन्दी में लिखे गए हैं। मेरा मानना है कि चिन्तन की मौलिकता और रचनात्मकता के लिए आवश्यक है कि उसे अपनी भाषा में लिखा जाए। जहाँ यह सौभाग्य की बात है कि अभिनवगुप्त का दार्शनिक और सौन्दर्यशास्त्रीय चिन्तन और तन्त्र-दर्शन पूरे विश्व में भारती विद्या की अनन्यतम उपलब्धि के रूप में विश्व भर के विद्वानों के आकर्षण और गहरे शोध का विषय बना हुआ है, वहीं दुःख है कि हम अपने देश में भी हिन्दी में इस पर गम्भीर काम करने में संकोच का अनुभव करते हैं। मेरा यह संग्रह अपनी भाषा

और परम्परा के प्रति प्रतिबद्धता के प्रतीक के रूप में भारतीय मनीषा के अधीतियों को पूरे विनय और आवाहन के साथ अर्पित है।

इस आमुख को विराम देने के पूर्व उन लोगों का कृतज्ञ स्मरण आवश्यक होगा, जिनकी इन लेखों को पुस्तकाकार देने में रचनात्मक भूमिका रही है। भाई अम्बिकादत्त जी का यदि आग्रह भरा प्रस्ताव न होता तो शायद यह सम्भव नहीं हो पाता। मैं उनका आभारी हूँ। इस पुस्तक की शब्दानुक्रमणिका को तैयार करने का भार भी उन्होंने ही उठाया। इसलिए उनको दोहरा धन्यवाद। मैं उन तमाम सुकृती जनों का भी ऋणी हूँ जिनकी प्रेरणा, आग्रह या पहल पर ये लेख/वक्तव्य समय-समय पर शब्दबद्ध किए गए। मैं अपनी पत्नी डॉ. सुधा रस्तोगी के प्रेरक और मौन सहयोग का भी सकृतज्ञ उल्लेख करना चाहूँगा जिसके बिना मेरे लिए किसी भी सार्थक व्यापार की सम्पन्नता सम्भव नहीं है।

इस समय मुझे भारती विद्या और दर्शन के मौलिक व्याख्याता डॉ. हर्षनारायण का स्मरण आ रहा है। लखनऊ अकादमी में उनका सुदीर्घ अनवरत सान्निध्य मेरे जीवन का सर्वाधिक रचनाशील काल रहा है। मैंने उनसे बहुत कुछ सीखा। वह कई बार कहते थे कि नवजीवन जी आप इतने व्यापक फलक के लेख कैसे लिख लेते हैं। सम्भवतः वह यह नहीं जानते थे कि यदि ऐसा किंचिन्मात्र भी है तो इसका बहुत बड़ा श्रेय उनकी प्रेरणा और मार्गदर्शन को जाता है। उन्होंने मुझे सर्वदा मित्र का मान दिया, परन्तु मेरे लिए वह गुरुकल्प और आदर्श थे। यह कृति सम्पूर्ण आदर भाव के साथ उन्हें समर्पित है।

नवजीवन रस्तोगी

लखनऊ
विजयादशमी २००६

अथ च.....

द्वितीय संस्करण के बारे में कुछ विशेष वक्तव्य नहीं है सिवाय उन सुविज्ञ और सदाशयी पाठकों के प्रति हार्दिक आभार प्रकट करने के जिन्होंने पहले संस्करण को मन से स्वीकार किया। पूर्व संस्करण में भाई अम्बिकादत्त जी ने काश्मीर शिवाद्वयवाद (जिसका स्वतन्त्राद्वैत पर्याय उन्हें सकारण अधिक प्रिय है) को भारतीय दर्शन की मुख्य-धारा के परिप्रेक्ष्य में देखने की दिशा में एक सार्थक पहल करते हुए भूमिका लिखी थी। शीर्षक था "भारतीय परम्परा के अद्वैतवादी दर्शनों का प्रस्थानमूलक वैशिष्ट्य" (कतिपय साधारण परिशुद्धियों के साथ इस संस्करण में पुनर्मुद्रित)। प्रस्तुत संस्करण में उन्होंने उसी के उत्तरलेखन के रूप में "पुनश्च" शीर्षक से एक वैचारिक टिप्पणी जोड़ी है। उनकी विचारोत्तेजक अन्तर्दृष्टियों से इस पुस्तक की महिमा बढ़ी है, मैं साशीः उनका आभार व्यक्त करना चाहता हूँ। उन्हें उलाहना भी देना चाहता हूँ, पिछले संस्करण में शब्दानुक्रमणिका जिसका भार उन पर था, नहीं जा सकी थी।

गत संस्करण में कतिपय तथ्यात्मक प्रतिपत्तियों और आकरस्थल-निर्देशों में मुद्रण की कुछ गम्भीर त्रुटियाँ हो गई थीं। फलतः छोटे-मोटे संशोधनों की अपेक्षा महसूस हुई थी। यथाशक्य उन्हें सुधारने का प्रयास किया गया है।

इस कार्य में मैं अपनी शोध-सहायिका शिष्या सुश्री आंचल परिहार के योगदान का सहर्ष आशीर्वादपूर्वक उल्लेख करना चाहूँगा। मेरे सहायक श्री भानु प्रताप चतुर्वेदी भी मनोयोग से मूल आलेख के टंकण के लिए मेरे स्नेह और धन्यवाद के पात्र हैं। श्री सुशील मित्तल, जो डी.के. प्रिन्टवर्ल्ड के स्वामी-निदेशक हैं, और उनकी सम्पादकीय टोली के प्रति मेरे धन्यवाद ज्ञापन के बिना यह वक्तव्य अधूरा रह जाएगा। उत्कृष्टता के प्रति सुशील जी की निष्ठा और अध्यवसाय वर्तमान में भारतीय प्रकाशन जगत् के लिए विरल है। अन्त में अपनी पत्नी डॉ. सुधा रस्तोगी का आभार व्यक्त करना चाहूँगा जिनकी प्रेरणा निरन्तर मेरा सम्बल रही है।

मेरी सुचिन्तित दृष्टि में डॉ. हर्षनारायण समसामयिक मौलिक भारतीय चिन्तन के उन गिने-चुने पुरोधा मनीषियों में से एक थे जिनकी प्रतिभा और अवदान का समुचित आकलन अभी होना शेष है। उनके रिक्थ के प्रति इस चेतना के साथ पूर्व संस्करण की भाँति यह संस्करण भी, अभिनवगुप्त की शब्दावली का सहारा लेते हुए, मन की सम्पूर्ण 'प्रह्वता' के साथ उन्हें समर्पित है।

दीपावली, २०१७ **नवजीवन रस्तोगी**

भूमिका

भारतीय परम्परा के अद्वैतवादी दर्शनों का प्रस्थानमूलक वैशिष्ट्य

अपने स्वरूप की खोज और गन्तव्य की जिज्ञासा भारतीय दर्शनों की मौलिक अभीप्सा रही है। भारतमूलीय प्रायः सभी आस्तिक-नास्तिक और निगमागमिक दर्शन इसी मूलभूत अभीप्सा के साथ प्रसूत हुए हैं। भारतीय परम्परा के सभी दर्शन इसी मूलभूत अभीप्सा का अपने-अपने तरीके से अवगाहन करते हुए पक्ष, विपक्ष और समानान्तर दृष्टियों के रूप में उस परम्परा के अंगभूत कहे जा सकते हैं। परन्तु एक बात जो देखने लायक है वह यह है कि भारतीय परम्परा के भेदवादी, बहुतत्त्ववादी और द्वैतवादी दर्शनों की अपेक्षा अद्वैतवादी प्रकार के दर्शनों ने इस मौलिक अभीप्सा के साथ अधिक न्याय किया है। इसीलिए भारतीय दर्शन के क्षितिज पर अद्वैतवादी प्रकार के दर्शनों की प्रधानता और बाहुल्य शुरू से ही रहा है। मूलगामी रूप से औपनिषद परम्परा में ब्रह्माद्वैत और उसके विभिन्न संस्करणों का विकास, महायान बौद्ध परम्परा में बुद्धवचनों के तात्पर्य को शून्याद्वैत और विज्ञानाद्वैत में देखा जाना, व्याकरण परम्परा में शब्दाद्वैत का प्रौढ़ प्रतिपादन तथा शैवागमीय परम्परा में स्वतन्त्राद्वैत की पार्यन्तिक प्रतिष्ठा को इसके लिए प्रमाण रूप में प्रस्तुत किया जा सकता है। इन सभी अद्वैतवादी प्रकार की दार्शनिक प्रवृत्तियों की प्रतिष्ठा स्वकीय परम्पराओं के अन्तर्गत एक-एक दार्शनिक धर्म के रूप में रही है। इतना ही नहीं, यहाँ तो साहित्यशास्त्र का पर्यवसान भी ब्रह्मानन्दसहोदर रूप से "रसो वै सः" में होता है। इन सबों ने मिलकर भारतीय संस्कृति की आत्म-प्रतिमा और विश्वदृष्टि को अपने-अपने तरीके से प्रभूत समृद्धि प्रदान की है। विश्व इतिहास में भारत का आध्यात्मिक-दार्शनिक उत्कर्ष तथा विश्वजनीन सांस्कृतिक अभ्युदय की सम्भावना इन्हीं अद्वैतवादी प्रकार की दार्शनिक प्रवृत्तियों में गोपित है।

I

स्वसम्प्रदायोत्कर्ष वासना से वासित दृष्टि

यदि भारतीय दर्शन परम्परा के विकास की उपर्युक्त सच्चाई एक ऐतिहासिक तथ्य है तो इस आधारभूत प्रश्न से हम बच नहीं सकते कि भारतीय परम्परा के अद्वैतवादी दर्शनों और उनके बहुविध प्रारूपों की पारस्परिक समानता तथा प्रस्थानमूलक वैशिष्ट्य को किस प्रकार समझा जाए। कहने को तो सभी "वयं अद्वैतवादिनः" का उद्घोष करने में गर्व का अनुभव करते हैं और इससे भी आगे बढ़कर सभी अपने-अपने अद्वैतवाद को परात्पर कोटि का मानते हैं, लेकिन उनके इस दावे का दार्शनिक निर्धारण उतना आसान भी नहीं जितना कि यह ऊपरी तौर पर समझा जाता है। भारतीय दर्शन के वैसे पारम्परिक और आधुनिक अध्येता, जिन्होंने इस प्रश्न का सामना किया है, मोटे तौर पर इस समस्या को तीन तरीके से देखते रहे हैं। कुछ अध्येताओं ने भारतमूलीय अद्वैतवादी प्रकार के दर्शनों में मौलिक एकता को देखा है और उनके पारस्परिक भेदों को महज एक ऊपरी विचलन स्वीकार किया है। यह दृष्टि किसी एक अद्वैतवादी प्रस्थान और उसके अवान्तर उपभेदों को समझने में तो उपयोगी हो सकती है लेकिन अद्वैतवाद के दो समानान्तर प्रस्थानों को समझना इस दृष्टि से कथमपि समीचीन नहीं हो सकता। पुनः कुछ अध्येताओं ने भारतीय परम्परा के अद्वैतवादी प्रकार के दर्शनों में प्रस्थानगत भेद और वैशिष्ट्य को ही मौलिक माना है और उनमें दिखाई पड़ने वाली समानता को आपातिक स्वीकार किया है। इस दृष्टि से अद्वैतवादी दर्शनों के समानान्तर प्रस्थानों को तो समझा जा सकता है लेकिन इसके समक्ष सबसे बड़ी दार्शनिक चुनौती अद्वैतवाद के न्यूनतम अनन्तर्भाव्य वैकल्पिक मूलाकृतियों की खोज की होती है।

भारतीय दर्शन के परम्परागत आचार्यों में सर्वदर्शनसंग्रहकार माधवाचार्य और अद्वैतसिद्धिकार मधुसूदन सरस्वती ने इस समस्या को दूसरी तरह से देखा है। इन दोनों आचार्यों ने अद्वैतवेदान्त को प्रतिदर्श (मॉडेल) बनाकर समस्त भारतीय दर्शनों की योजनाबद्धता को अद्वैतवेदान्त की ओर बढ़ते हुए एक सोपानक्रम में निरूपित किया है। यद्यपि इस प्रकार की योजनाबद्धता के बीजभूत विचार सुरेश्वर के *वार्तिक* में ही प्राप्त होते हैं लेकिन माधवाचार्य और मधुसूदन सरस्वती ने स्पष्ट रूप से अद्वैतवादी दर्शनों का चूड़ान्त स्वरूप अद्वैतवेदान्त में देखा है और अपने-अपने तरीके से अन्य प्रकार के अद्वैतवादी दर्शनों को अवरकोटि का माना है। विगत शताब्दी में स्वामी शंकरचैतन्यभारती ने *दर्शनसर्वस्वम्* नामक अपनी कृति को परिनिष्ठित अद्वैतवाद की खोज में निरूपित किया है और शून्याद्वैत, विज्ञानाद्वैत तथा स्वतन्त्राद्वैत का खण्डन करते हुए अनिर्वचनीय-विवर्तवादी अद्वैतवेदान्त को अद्वैतवाद का परात्पर स्वरूप स्वीकार किया है।

द्रष्टव्य है कि माधवाचार्य ने चार्वाक दर्शन से लेकर अद्वैतवेदान्तपर्यन्त षोडश दर्शनों की एक आनुपूर्वी आत्मा की स्थूलता और सूक्ष्मता तथा कार्यकारण की अवधारणा को सन्दर्भ बनाकर प्रस्तुत की है। इस आनुपूर्वी में उन्होंने प्रत्यभिज्ञा दर्शन के 'स्वतन्त्राद्वैत' को वैष्णव वेदान्त के दार्शनिक संस्करणों के अनन्तर और न्याय-वैशेषिक दर्शन के पूर्व में स्थान दिया है। ऐसा करते हुए स्पष्ट है कि माधवाचार्य को यही अभिप्रेत रहा होगा कि स्वतन्त्राद्वैत अधिक से अधिक न्याय-वैशेषिक दर्शन के स्तर का है, क्योंकि इन दोनों ही दर्शनों में आत्मा को स्वभावतः ज्ञाता, कर्ता और भोक्ता माना गया है। इस दृष्टि से सांख्य-योग दर्शन का दार्शनिक स्तर अपेक्षाकृत उच्च स्तर का माना जा सकता है, क्योंकि वह आत्मा को ज्ञाता, भोक्ता तो मानता है लेकिन उसके कर्ता होने को अमान्य करता है। अन्त में परात्पर कोटि का दर्शन वास्तव में अद्वैतवेदान्त है जो आत्मा को शुद्ध चैतन्य अर्थात् ज्ञानस्वरूप मानता है। कर्तृत्व, भोक्तृत्व और ज्ञातृत्व आत्मा के लक्षण नहीं बल्कि उपाधिरूप उपलक्षण मात्र हैं। इस प्रकार माधवाचार्य का लक्ष्य यह दिखाना था कि वही दर्शन परात्पर कोटि का परमार्थ दर्शन है जो निर्विकल्पक चित् को परम तत्त्व मानता हो। अन्य सभी दर्शन उस तक पहुँचने के उत्तरोत्तर बढ़ते हुए सोपान हैं।

इसी तरह मधुसूदन सरस्वती ने *शिवमहिम्नस्तोत्र* की टीका करते हुए एवं *ईश्वर-प्रतिपत्तिप्रकाश* तथा *वेदान्तकल्पलतिका* नामक अपनी महत्त्वपूर्ण कृतियों में भारतीय दर्शनों की श्रेणीबद्ध योजनाबद्धता को भिन्न आधारों पर (माधवाचार्य से भिन्न रूप में) प्रस्तुत किया है। अपनी योजनाबद्धता का चरम प्रतिदर्श उन्होंने भी अद्वैतवेदान्त को ही बनाया है लेकिन बौद्ध परम्परा के अद्वैतवादी सम्प्रदायों को इस योजना से बहिष्कृत ही रखा है। हाँ, स्वतन्त्राद्वैत का मूल्यांकन करते हुए उन्होंने उसे न्याय-वैशेषिक दर्शन से उच्चस्तरीय और सांख्य-योग दर्शन के समस्तरीय माना है। इस निर्धारण के पीछे उनकी दृष्टि यह रही कि आरम्भवाद, परिणामवाद और विवर्तवाद ही कार्यकारण-सिद्धान्त के तीन मूलभूत प्रारूप हैं और स्वतन्त्राद्वैत सांख्य दर्शन की भाँति परिणामवाद को तो मानता है लेकिन आरम्भवाद और विवर्तवाद का खण्डन करता है। अतएव स्वतन्त्राद्वैत वास्तव में आरम्भवाद और विवर्तवाद का मध्यपाती दर्शन है। मधुसूदन सरस्वती की दृष्टि में परिणामवाद का पर्यवसान विवर्तवाद में होता है अर्थात् वह परिणामवाद की परवर्ती भूमिका है। परिणामवाद कारण और कार्य में अव्यक्त-व्यक्त के स्थिति-भेद को स्वीकार करता है, जबकि विवर्तवाद उससे आगे बढ़कर कार्य-कारण में अनन्यता प्रतिपादित करता है। अतः अद्वैतवेदान्त निश्चय ही उन दर्शनों से श्रेष्ठ दार्शनिक स्तर पर खड़ा है जो कार्य-कारण में अनन्यता के अतिरिक्त अन्य प्रकार का सम्बन्ध मानते हैं।

इस दृष्टि से स्वतन्त्राद्वैत की प्रस्थिति और भूमिका सांख्यसम्मत प्रकृतिपरिणामवाद से

कुछ भिन्न है, लेकिन वह वैष्णव वेदान्तियों के ब्रह्मपरिणामवाद से मिलता-जुलता है। वास्तव में यह शिवपरिणामवाद है क्योंकि स्वतन्त्राद्वैत मयूराण्डरसन्याय के आधार पर यह मानता है कि समस्त सृष्टि शिव में अव्यक्त रूप से विद्यमान है और समस्त सृष्टि शिव की ही अभिव्यक्ति है। इस तरह मधुसूदन सरस्वती इस निष्कर्ष पर पहुँचते हैं कि स्वतन्त्राद्वैत का दार्शनिक स्तर वस्तुतः वैष्णव वेदान्त के समकक्ष है लेकिन दोनों ही अद्वैतवेदान्त की अपेक्षा अवरकोटि के दर्शन हैं।

अब यदि देखा जाए तो उपर्युक्त आचार्यों ने भारतीय दर्शनों की योजनाबद्धता दिखाने के बहाने अद्वैतवेदान्त की सर्वोपरि दार्शनिकता को जिस तरह से निरूपित किया है उसे निष्पक्ष दार्शनिक निर्धारण नहीं कहा जा सकता। सही अर्थों में यह स्वसम्प्रदायोत्कर्ष-पूर्वाग्रह के साथ सुविधापेक्षी मानदण्डों के आधार पर किया गया निर्धारण है। इस रीति से अद्वैतवादी दर्शनों के दूसरे प्रकार भी स्वकीय सुविधापेक्षी निकषों के आधार पर अपनी-अपनी सर्वोत्कृष्टता प्रतिपादित कर सकते हैं। उदाहरण के लिए शून्याद्वैतवादी 'सर्वदृष्टिप्रहाण' रूप से, शुद्धाद्वैतवादी 'सर्वदृष्ट्यनुग्रह' रूप से और स्वतन्त्राद्वैतवादी सत्, चित् और आनन्द में उत्तरोत्तर 'प्रकाश-विमर्श' रूप उत्कर्ष दिखाते हुए अपनी-अपनी उत्कृष्टता की हामी भर सकते हैं। वस्तुतः भारतीय दर्शनों अथवा अद्वैतवादी प्रकार के दर्शनों की श्रेणीबद्ध योजनाबद्धता प्रस्तुत करने का एक ही प्रारूप सम्भव नहीं, जैसा कि व्यक्त-अव्यक्त रूप से अद्वैतवेदान्तियों ने दिखाया है। पूज्य श्याममनोहर गोस्वामी ने भारतीय दर्शनों के विकास में योजनाबद्धता के सम्भावित नौ शास्त्रीय प्रारूपों को अन्वेषित किया है। इनमें कुछ तो साम्प्रदायिक वासना से तटस्थ और व्यापक योजनाबद्धता को प्रस्तुत करते हैं लेकिन अधिकांश साम्प्रदायिक वासना से वासित अलग-अलग दार्शनिक निकायों की श्रेष्ठता प्रतिपादित करते हुए प्रतीत होते हैं (द्रष्टव्य - *समेकित अद्वैत विमर्श*, पृ. ५१६-३५, सम्पा. अम्बिकादत्त शर्मा, विश्वविद्यालय प्रकाशन, सागर, २००५)।

II

एक समसामयिक मौलिक पहल

इस प्रकार प्रकृत समस्या पर उपर्युक्त सिंहावलोकन से स्पष्ट है कि इस समस्या पर साम्प्रदायिक वासना से कथंचित् मुक्त होकर और अधिक मूलगामी रूप से विचार करने की आवश्यकता है। यदि सम्पूर्ण-भारतीय दार्शनिक सम्प्रदायों को लेकर नहीं तो कम-से-कम भारतीय परम्परा के अद्वैतवादी दर्शनों के अनन्तर्भाव्य प्रारूपों की खोज तो अवश्य की जानी चाहिए। इधर बीसवीं-इक्कीसवीं शताब्दी में प्रोफेसर के.सी. भट्टाचार्य, प्रोफेसर कालीदास भट्टाचार्य, प्रोफेसर टी.आर.वी. मूर्ति और प्रोफेसर ए.के. चटर्जी ने इस समस्या पर,

परस्पर एक-दूसरे का अनुगमन करते हुए, आधारभूत दार्शनिक दृष्टि से विचार किया और अद्वैतवादी प्रकार के दर्शनों के तीन अनन्तर्भाव्य मौलिक प्रारूपों को खोजा। भारत की विश्वविद्यालयीय व्यवस्था से निकले इन चारों दार्शनिकों ने अद्वैतवादी प्रकार के दर्शनों के न केवल त्रिविध मौलिक विकल्पों को उद्घाटित किया है बल्कि अद्वैतवादी दर्शनों के भारतीय इतिहास पर इसे लागू करते हुए अधिकांश अद्वैतवादी दर्शनों का उन त्रिविध विकल्पों में सफलतापूर्वक समाहार भी दिखाया है।

द्रष्टव्य है कि इस मौलिक पहल की शुरुआत प्रोफेसर के.सी. भट्टाचार्य से होती है जब उन्होंने "दी कॉन्सेप्ट ऑफ़् एब्सोल्यूट एण्ड इट्स अल्टरनेटिव फ़ॉर्म्स" नामक आलेख लिखा और इंदप्रथमतया अद्वैतवाद के तीन वैकल्पिक प्रारूपों को सत्य (ट्रुथ), स्वातन्त्र्य (फ़्रीडम) और मूल्य (वैल्यू) के रूप में रेखांकित किया। इसमें दो राय नहीं कि उनका यह विश्लेषण अत्यन्त ही मौलिक और उतना ही सारगर्भित है। परन्तु उनकी लेखन-शैली की निज विशेषताओं के कारण एक ओर यह अमूर्त्त आकारिकता को लिए हुए है तो दूसरी ओर इस अन्तर्दृष्टि को अद्वैतवादी दर्शनों के ऐतिहासिक प्रारूपों पर उदाहरित नहीं किया गया है। बाद में प्रोफेसर टी.आर.वी. मूर्ति ने प्रोफेसर के.सी. भट्टाचार्य द्वारा इस विषय पर अमलनेर में दिए गए परवर्ती व्याख्यानों से सद्यः लाभान्वित होकर उसे आगे बढ़ाया। प्रोफेसर टी.आर.वी. मूर्ति ने १९३४ में "नोइङ्, फ़ीलिङ् एण्ड विलिङ् एज़ फ़ंक्शन्स ऑफ़् कॉन्शसनेस" नामक एक आलेख लिखकर एतद्विषयक प्रोफेसर के.सी. भट्टाचार्य के निहितार्थों को और अधिक स्पष्ट किया। इस आलेख से यह बात पूरे तौर से स्पष्ट होती है कि अद्वैतवाद के वैकल्पिक त्रिविध प्रारूपों का तात्पर्य वास्तव में चेतना के त्रिविध आयामों से है। चेतना के ये त्रिविध आयाम ज्ञानात्मक (नोइङ्), इच्छात्मक (विलिङ्) और भावनात्मक (फ़ीलिङ्) रूप से अभिहित किए जा सकते हैं। चेतना इन्हीं तीन वैकल्पिक आयामों के माध्यम से तीन रूपों में अपने परमत्व को प्राप्त होती है। प्रोफेसर टी.आर.वी. मूर्ति के इस लेख में चेतना के ज्ञानात्मक, इच्छात्मक और भावनात्मक परमत्व के प्रायः सभी गुण-सूत्र बखूबी दार्शनिक निष्ठा के साथ विवेचित हुए हैं, फिर भी चेतना के परमत्व के तीनों विकल्पों का ऐतिहासिक ख्यापन और सत्यापन अभी भी अपेक्षित ही था। इस अपेक्षा को प्रोफेसर ए. के. चटर्जी ने प्रोफेसर टी.आर.वी. मूर्ति के सेन्टेनरी वर्ष के उपलक्ष्य में "टाइप्स ऑफ़् एब्सोल्यूटिज़्म : रीविज़िटेड" नामक आलेख लिखकर पूरा किया जो बाद में "टाइप्स ऑफ़् एब्सोल्यूटिज़्म : बुद्धिस्ट एण्ड नॉन-बुद्धिस्ट" शीर्षक से प्रकाशित हुआ।

अवधेय है कि प्रोफेसर के.सी. भट्टाचार्य और प्रोफेसर टी.आर.वी. मूर्ति दोनों ही अपने एतद्विषयक विश्लेषण को चेतना की आत्मनिष्ठ क्रिया में मूलित बताते हैं, लेकिन उनका यह मूल इमैनुअल काण्ट के संकाय मनोविज्ञान में स्वतः ही मूलित प्रतीत होता है।

काण्ट ने अपने 'संकाय मनोविज्ञान' में ज्ञानात्मक चेतना, इच्छात्मक चेतना और भावात्मक चेतना को मन के त्रिविध विभागों के रूप में समझा था। परन्तु प्रोफेसर टी.आर.वी. मूर्ति ने इस बिन्दु पर काण्ट की व्याख्या में मौलिक परिष्कार करते हुए ज्ञान, इच्छा और भावना को चेतना अथवा विषयी की विषयोन्मुख त्रिविध अभिवृत्ति के रूप में पहचाना है। इस परिष्कार के पीछे उनकी दृष्टि यह रही कि विषय-विषयी भाव का द्वैत आधारभूत ज्ञानमीमांसीय सम्बन्ध है, जिसे तीन परस्पर व्यावर्त्तक तरीके से समझा जा सकता है। इसका एक प्रकार चेतना का ज्ञानात्मक प्रारूप है और इस प्रारूप में विषयी का कार्य यथाप्रदत्त विषय को यथावत् प्रकाशित करना मात्र होता है। इसका दूसरा प्रारूप चेतना का इच्छात्मक प्रारूप है, जिसमें विषयी अपनी अन्तर्वस्तु के रूप में विषय का निर्माण करता है। पुनः इसका तीसरा प्रकार चेतना के भावनात्मक रूप में प्राप्त होता है, जहाँ विषय और विषयी का एक-दूसरे पर किसी प्रकार का अधिशासन नहीं होता बल्कि दोनों परस्पर तुल्य रूप में एक-दूसरे के सम्मुख होते हैं। विषय-विषयी का ऐसा सम्मुखीकरण वास्तव में दोनों की युगनद्ध जैसी स्थिति होती है। अवधेय है कि विषयी की इन तीनों विषयोन्मुख अभिवृत्तियों के विश्लेषण को जब उनकी तार्किक परिणति तक पहुँचाया जाता है तो उसका पर्यवसान तीन प्रकार के अलग-अलग अद्वैतवादी दर्शनों में होता है। प्रोफेसर के.सी. भट्टाचार्य, प्रोफेसर टी.आर. वी. मूर्ति और प्रोफेसर ए.के. चटर्जी ने इन्हीं तीनों को अद्वैतवाद का ज्ञानात्मक, इच्छात्मक और भावनात्मक प्रारूप कहा है। यहाँ विशेष वक्तव्य यह है कि विषयी की विषयोन्मुख ये तीनों अभिवृत्तियाँ आनुभविक धरातल पर अपनी शुद्धता में प्राप्त नहीं होतीं बल्कि एक-दूसरे से घुली-मिली रहती हैं। इनके परस्पर घाल-मेल से ही भ्रम का प्रवर्तन होता है जो वास्तव में 'अज्ञान' का कार्य है। अज्ञान जब निवृत्त होता है तो तीनों अभिवृत्तियाँ अपनी अन्य व्यावर्त्तक निजता में प्रकट होती हैं। उनकी यही निजता चेतना की उन-उन अभिवृत्तियों का परमत्व होता है।

प्रोफेसर के.सी. भट्टाचार्य से आरम्भ हुई इस पहल में प्रोफेसर ए.के. चटर्जी का विशेष योगदान यह है कि उन्होंने अद्वैतवादी दर्शनों के त्रिविध मौलिक विकल्पों (ज्ञानात्मक, इच्छात्मक और भावनात्मक) को भारतीय परम्परा के अद्वैतवादी दर्शनों पर लागू करते हुए यह दिखाया है कि कौन-कौन अद्वैतवादी दर्शन किस-किस विकल्प में अन्तर्मूलित बताए जा सकते हैं। उन्होंने अद्वैतवेदान्त, योगाचार विज्ञानवाद और वेदान्त के चैतन्य सम्प्रदाय को क्रमशः ज्ञानात्मक, इच्छात्मक और भावनात्मक प्रारूप के अद्वैतवाद का प्रतिदर्श स्वीकार किया है। साथ ही साथ प्रोफेसर ए.के. चटर्जी ने शब्दाद्वैत, स्वतन्त्राद्वैत और कतिपय वैष्णव वेदान्त के दार्शनिक सम्प्रदायों के कुल-गोत्र को इच्छात्मक प्रारूप के अद्वैतवाद के अन्तर्गत व्याख्यायित किया है। उनकी इस योजना में माध्यमिकों का शून्यवाद कहीं स्थान नहीं पाता

है। वस्तुतः माध्यमिकों का शून्याद्वैत 'सर्वदृष्टिप्रहाणवादी' होने से अपना कोई पक्ष घोषित नहीं करता। इसलिए वह एक सर्वथा भिन्न प्रकार का अद्वयवादी दर्शन है जिसे अद्वैतवाद के त्रिविध विकल्पों में सम्मिलित ही नहीं किया जा सकता। वस्तुतः प्रत्येक दार्शनिक दृष्टि का आत्मचेतन रूप ही माध्यमिक दर्शन में पर्यवसित होता है।

अतएव अब यह देखना प्रासंगिक होगा कि चेतना के ज्ञानात्मक, इच्छात्मक और भावनात्मक स्वरूप पर आधारित अद्वैतवादी दर्शनों के त्रिविध विकल्पों की आधारिक संरचना क्या है और भारतीय परम्परा के कौन-कौन से अद्वैतवादी दर्शन किस-किस विकल्प की आधारिक संरचना का प्रतिनिधित्व करते हुए मौलिक रूप से अपनी विशिष्टता को ख्यापित करते हैं।

III

अद्वैतवाद का ज्ञानात्मक प्रारूप

विषयी चेतना की विषयोन्मुख अभिवृत्ति का एक पहला मौलिक प्रकार विषय के प्रति उसकी ज्ञानात्मक अभिवृत्ति है। इस अभिवृत्ति में जानने का मतलब किसी वस्तु को उसी रूप में प्रकाशित करना है, जैसी वह प्रदत्त होती है। सकर्मक ज्ञान-क्रिया द्वारा विषय को प्रकाशित करते हुए विषयी की ओर से लेशतोऽपि कुछ जोड़ा नहीं जाता। इस अभिवृत्ति में ज्ञान सदैव वस्तुतन्त्र होता है। ज्ञान-क्रिया में पुरुषबुद्ध्यापेक्ष कर्त्तुं, अकर्त्तुं और अन्यथा कर्त्तुं की स्वतन्त्रता विषयी को नहीं होती। विषयी की विषयोन्मुख भूमिका विषय के प्रकाशन मात्र में विश्रान्त होती है ("ज्ञानं तु प्रमाणजन्यं, प्रमाणं च यथाभूतवस्तुविषयम् अतो ज्ञानं कर्त्तुम् अकर्त्तुम् अन्यथा वा कर्त्तुमशक्यं केवलं वस्तुतन्त्रं एव तत्, न चोदनातन्त्रं नापि पुरुषतन्त्रम्" – *शांकरभाष्य* १.१.४)। अब यदि ऐसा ही है तो ज्ञानमात्र को पारिभाषिक तौर पर प्रमात्मक ही स्वीकार करना होगा और तब भ्रमात्मक ज्ञान की सम्भावना ही आद्यन्त रूप से निरस्त हो जाएगी। यदि वस्तु सदैव उसी रूप में जानी जाए जैसी वह अपने आप में है, तो उसे किसी भूलवश दूसरी वस्तु (अन्यथा) के रूप में जाना ही कैसे जा सकता है ("सर्वं धर्मिणि अभ्रान्तं प्रकारे तु विपर्ययः")। यदि भूलवश उसे अन्यथा रूप में जाना भी जाए तो कम-से-कम उसे सही अर्थों में ज्ञान नहीं कहा जा सकता। परन्तु हमारे दिन-प्रतिदिन के अनुभव में ज्ञान की यह स्थिति सहज और सुलभ रूप में प्राप्त नहीं है। हम अपने अनुभव में अक्सर भ्रान्ति के शिकार हो जाते हैं। इसका मतलब है कि हमारे ज्ञान में कोई बाहरी तत्त्व हस्तक्षेप करता है और उस हस्तक्षेप के कारण ही ज्ञान भ्रान्त हो जाता है। इस प्रकार का बाहरी हस्तक्षेप स्वयं विषयपक्षीय नहीं हो सकता। विषय को क्या जरूरत है कि वह अपनी ओर से अपने स्वरूप को छिपाए। यह हस्तक्षेप विषयिपक्षीय भी नहीं हो सकता क्योंकि विषयी

की भूमिका तो प्रदत्त के प्रकाशन मात्र में सीमित है। अतः उस हस्तक्षेप को विषय और विषयी से सर्वथा बाह्य ही मानना पड़ेगा जो हमारे ज्ञान को भ्रान्त बनाता है। यह भ्रान्ति "अतस्मिन् तद्बुद्धिः" रूप होती है। दूसरे शब्दों में, वस्तु तो अपने स्वरूप में ही प्रदत्त होती है लेकिन ज्ञात होने की प्रक्रिया में उसे अन्यथा ही ज्ञात करा दिया जाता है। इस तरह किसी वस्तु को जानना उसके अन्यथाकरण अथवा मिथ्याकरण का समानुपाती हो जाता है। अद्वैतवेदान्त में दृश्यत्व मात्र को जब मिथ्यात्व का हेतु बनाया जाता है तो उसका यही तात्पर्य है ("दृश्यत्वान्मिथ्या")।

यदि हम भ्रम की स्थिति की जटिल संरचना का विश्लेषण करें और उसके समस्त गुण-सूत्रों को अलग-अलग करके देखें तो यह बात स्पष्ट हो सकती है कि भ्रमात्मक प्रतीति के गुण-सूत्र किस प्रकार वास्तव में जो नहीं है उसकी बिल्कुल यथार्थ जैसी प्रतीति को उत्पन्न करते हैं। अद्वैतवेदान्त किसी भ्रमात्मक प्रतीति का विश्लेषण उसके चतुर्विध घटकों के माध्यम से करता है। इन घटकों को अधिष्ठान, आवरण, विक्षेप और अध्यास की संज्ञा से अभिहित किया जाता है। वास्तव में भ्रम होने के लिए भी उसके आधार में कुछ प्रदत्त होना चाहिए। अन्यथा भ्रम घटित ही नहीं हो सकता। निरधिष्ठानिक भ्रम होता ही नहीं। वह जो भ्रमात्मक है, उसकी अपनी सत्ता तो होती नहीं, फिर भी उसके आधार में कुछ प्रदत्त होता है जिसके सापेक्ष भ्रमात्मक प्रतीति होती है। पुनः अधिष्ठान का ज्ञान यदि उसी रूप में हो, जैसा कि वह है, तो भी भ्रम की सम्भावना नहीं बनेगी। अतः अधिष्ठान को किसी आवरण से ढका होना चाहिए। परन्तु उसका ढका होना ही पर्याप्त नहीं बल्कि उसके स्थान पर कुछ विक्षेपित भी होना चाहिए, अन्यथा वह आवरण से ढका मात्र रह जाएगा और अन्यथा रूप में उसकी प्रतीति नहीं हो सकेगी। अन्त में भ्रमात्मक प्रतीति की पूर्णता इस बात में निहित होती है कि वह अधिष्ठान पर अध्यस्त होकर प्रतीत होता है, अधिष्ठान के समानान्तर एक अन्य सत्ता के रूप में उसकी प्रतीति नहीं होती।

यह बात भ्रम के बाधित होने की स्थिति पर विमर्श करने से पूर्णतया स्पष्ट हो जाती है। भ्रम का जब बाध होता है तो यह ऐसा नहीं कि घट बुद्धि निवृत्त होकर पट बुद्धि में रूपान्तरित हो जाती हो। भ्रम के बाधित होने पर हम यह कहते हुए पाए जाते हैं कि वहाँ सर्प था ही नहीं, बल्कि रस्सी को ही हम सर्प समझ रहे थे। अतः बाध निवृत्ति नहीं है। निवृत्ति सदैव वस्तुनिष्ठ परिवर्तन है, जबकि बाध ऐसा नहीं है।

अद्वैतवेदान्त में भ्रमात्मक स्थिति के उपर्युक्त विश्लेषण से सत्ता की संरचना एक विशेष रूप में उद्घाटित होती है। वह यह कि अधिष्ठान सत्ता का ज्ञात होना आवश्यक नहीं। वह ज्ञात रहे अथवा अज्ञात, दोनों ही स्थितियों में वह अपनी इदंता में ही अवस्थित रहती है। अज्ञातता, वास्तव में, उसकी सत्ता पर चढ़ा कोई आवरण नहीं है जो उस वस्तु की भाव-रूप

सत्ता को ही आच्छादित कर देती है। प्रदत्त अधिष्ठान की इसी इदंता अथवा सत्ता के चलते भ्रम और उसका बाध दोनों सम्भव हो पाते हैं। भ्रमात्मक प्रतीति में जो प्रतीत होता है, उसकी अपनी सत्ता ही नहीं होती। वह अधिष्ठान की इदंता का प्रतिरूप बनकर प्रतीत तो होता है लेकिन यह उसकी उधार ली गई इदंता प्रतिभासमात्र शरीर ही होती है। अद्वैतवेदान्ती इसकी व्याख्या अनिर्वचनीय ख्याति के रूप में करते हैं, जो न तो असत् है और न ही सत्, बल्कि दोनों से विलक्षण होती है। परन्तु अधिष्ठान की वास्तविक सत्ता चूँकि ज्ञातता की पूर्ववर्ती होती है, इसलिए उस पर इस बात से कोई अन्तर नहीं पड़ता कि वह ज्ञात है अथवा अज्ञात। उसकी निजता ज्ञात, अज्ञात और अन्यथा ज्ञात इन तीनों ही स्थितियों से अप्रभावित ही रहती है। अतएव कहा जा सकता है कि सत्ता की अज्ञात अवस्था ही उसके होने की निरपेक्षता है। वह, जिसकी सत्ता प्रतीति मात्र में निहित है अर्थात् जो दृश्यता का समानुपाती है, आवश्यक रूप से भ्रमात्मक ही हो सकता है।

अब यदि वस्तु-सत्ता की अज्ञात अवस्था ही उसकी सत्ता की अतलान्त गहनता है, तो प्रश्न उठता है कि हम यह कैसे जानते हैं कि कोई वस्तु अपनी अज्ञात अवस्था में भी अपने सत्ता-स्वारस्य का उपयोग करती है ("स्वे महिम्नि प्रतिष्ठितः")। इस उपस्थापना के प्रति कोई कह सकता है कि किसी वस्तु की सत्ता उस ज्ञान-क्रिया की समानुपाती होती है, जिस ज्ञान-क्रिया के द्वारा वह जानी जाती है। अतः किसी वस्तु के सत्ता-स्वारस्य की 'ज्ञात अज्ञातता' का विधान करने के लिए एक ऐसे ज्ञान की आवश्यकता है जिसके द्वारा उसकी अज्ञात स्थिति भी प्रकाशित हो सके। स्पष्ट है कि यह कार्य किसी आनुभविक चेतना की ज्ञातृत्व भूमिका में सम्भव नहीं। इस भूमिका का निर्वाह वही चेतना कर सकती है जिसकी ज्ञातृत्व भूमिका में सत्ता की ज्ञात, अज्ञात और अन्यथा ज्ञात ये तीनों ही स्थितियाँ प्रकाशित होती हों। अद्वैतवेदान्त में साक्षी-चैतन्य की अवधारणा इसी भूमिका के निर्वहणार्थ की गई है। "सर्वं वस्तु ज्ञाततया अज्ञाततया वा साक्षिचैतन्य विषय एव" – साक्षी-चैतन्य के द्वारा किसी वस्तु की ज्ञात, अज्ञात और यहाँ तक की अन्यथा ज्ञात तीनों ही स्थितियाँ प्रकाशित होती हैं। वस्तुतः अद्वैतवेदान्त में सत्ता की अज्ञात अवस्था का तात्पर्य उसका भाव रूप अविद्या के आवरण में होना है और उसके ज्ञान का तात्पर्य उस आवरण का अभिभव (आवरणाभिभव) है।

इस प्रकार अद्वैतवेदान्त की दृष्टि से देखा जाए तो भ्रमात्मक अनुभव को उत्पन्न करने वाले चारों घटकों में केवल अधिष्ठान ही ऐसा है जिसे जानने के सही अर्थों में जाना जा सकता है। शेष दूसरे घटक आत्मनिष्ठ प्रविष्टियाँ हैं जो न केवल सभी प्रकार की भ्रांत संरचनाओं के द्वार खोलती हैं, बल्कि जानने की विशुद्ध क्रिया पर रास्ते में ही हमला बोल कर उसे दुष्प्रभावित भी कर देती हैं। इस पूरी प्रक्रिया में, वास्तव में जो जानने योग्य है,

हम उसी के ज्ञान से वंचित रह जाते हैं। परन्तु यह जानना भी कम महत्त्वपूर्ण नहीं कि जो जाना जा रहा है वह वास्तव में जानने योग्य ही नहीं है। ऐसी स्थिति में हमारी ज्ञातृत्व भूमिका की आध्यात्मिक माँग केवल यही हो सकती है कि वास्तविकता (अधिष्ठान) को उसके स्वस्वरूप में जाना जाए। इस अपेक्षा की पूर्ति जानने की उस विधा में कभी नहीं हो सकती जो विधा ज्ञाता, ज्ञेय और ज्ञान की त्रिपुटीय संरचना में फलित होती है। जब तक ज्ञाता विषयी और ज्ञेय विषय के बीच दूरी बनी रहेगी, तब तक ज्ञान की प्रक्रिया को रास्ते में ही दूषित करने वाले दुष्ट कारकों के लिए अवकाश बना रहेगा। ऐसी स्थिति में हम जो कुछ भी जानेंगे वह सही अर्थों में ज्ञान कहे जाने योग्य ही नहीं होगा। अतः ज्ञाता और ज्ञेय के बीच की दूरी का समाप्त हो जाना, दोनों की परस्पर अनन्यता (अन्तःकरणावच्छिन्न चैतन्य और विषयावच्छिन्न चैतन्य की अनन्यता) अर्थात् ज्ञाता, ज्ञेय और ज्ञान की त्रिपुटी का विलय ही जानने की शुद्धतम और सर्वोत्तम अवस्था है। इस अवस्था का आलंकारिक वर्णन करते हुए *बृहदारण्यक उपनिषद्* में उचित ही कहा गया है कि "तद् यथा प्रियया स्त्रिया संपरिष्वक्तो न बाह्यं किंचन वेद नान्तरमेवमेवायं पुरुषः प्राज्ञेनात्मना संपरिष्वक्तो न बाह्यं किंचन वेद नान्तरम्।" वस्तुतः विषयी की विषयोन्मुख ज्ञानात्मक अभिवृत्ति की यह चरमावस्था है, उसका परमत्व है, जहाँ जानने का निहितार्थ वही हो जाना है ("ब्रह्मविद् ब्रह्मैव भवति")। अद्वैतवेदान्त चेतना की इसी ज्ञानात्मक अभिवृत्ति पर खड़ा अद्वैतवादी दर्शन है, जो अध्यारोप और अपवाद विधि से खण्ड वृत्तियों का विश्लेषण करते हुए अखण्डाकार वृत्ति में पर्यवसित हो जाता है। मूलगामी रूप से यही उसका अन्यव्यावृत्त प्रस्थानमूलक वैशिष्ट्य है।

IV

अद्वैतवाद का इच्छात्मक प्रारूप

चेतना की विषयात्मक अभिवृत्ति का एक दूसरा मौलिक प्रकार उसका इच्छात्मक प्रकृति का होना है। इच्छात्मक चेतना अपने आप में स्वायत्त और स्वयं के विधानों से संचालित चेतना है। विषय उसके लिए कोई ऐसा बाहरी 'पर' नहीं जिसका सामना करने के लिए और जिसकी अनुरूपता में अपने को निरूपित करने के लिए वह विवश हो। यह स्वरूपतः सर्जनशील चेतना है, पारदर्शी नहीं, जो स्वयं के प्रस्तुतीकरण के लिए अपनी अन्तर्वस्तु के रूप में विषय का संकल्पात्मक आधान अथवा आक्षेप करती है। इस इच्छित अथवा संकल्पित विषय का अपने आप में कोई अस्तित्व नहीं होता। उसका अस्तित्व इच्छा-क्रिया का समानुपाती होता है। दूसरे शब्दों में इच्छित विषय की चेतना में ही इच्छित वस्तु का अस्तित्व है। ऐसा नहीं कि इच्छित विषय की सत्ता उसकी इच्छा किए जाने से पूर्व अज्ञात रूप में अपनी सत्ता-स्वारस्य का उपभोग करती है और बाद में प्रकाशित होती है। वह तो संकल्प के मनोविजृम्भण के साथ

ही अस्तित्व का लाभ करती है। चेतना के अन्दर ही अनन्त विषयाकारों का स्फुरण होता है और वही आकार बाहर प्रक्षेपित होकर इस तरह प्रतीत होते हैं जैसे कि वे बाह्यार्थ हों। "विज्ञप्तिमात्रमेवैतदसदर्थावभासनात्" कहते हुए योगाचार विज्ञानवाद इच्छात्मक चेतना की ही एक सम्पूर्ण तत्त्वमीमांसा प्रतिपादित करता है। बाह्यार्थ के रूप में प्रतीयमान यावत् विषय विज्ञप्तिमात्र हैं। अविज्ञप्त सत्ता वदतोव्याघात है। नील विज्ञान और नील वस्तु में कोई भेद नहीं, क्योंकि दोनों की सदैव साथ-साथ उपलब्धि होती है ("सहोपलम्भनियमादभेदो नीलतद्धियोः")। भेद में पृथक्ता निहित है, जो यहाँ उपलब्ध नहीं।

परन्तु हमारे दिन-प्रतिदिन के अनुभव में, जिसमें हम जीते-जागते हैं, चेतना का शुद्ध इच्छात्मक स्वरूप हमें प्राप्त नहीं होता। हमारी लौकिक चेतना में ज्ञान और इच्छा एक-दूसरे से उलझे हुए रहते हैं। इच्छा ज्ञान में, जो उसका अभाव है, परिणत हो जाती है। ऐसे ही ज्ञान इच्छा में, जो उसका अभाव है, परिणत हो जाता है। ऐसी इच्छा, जिसका अभी जन्म न हुआ हो, जिस पर ज्ञान ने मानो मार्ग में ही हमला न कर दिया हो, का कोई दृष्टान्त प्राप्त नहीं होता। अतः जानना चेतना को, जो वास्तव में इच्छा है, मिथ्या बनाना अथवा उसे भ्रष्ट करना है। चेतना की स्वतन्त्रता केवल इच्छा क्रिया मात्र में निहित है। एक बार यदि किसी वस्तु की इच्छा कर ली गई और मनोविजृम्भित इच्छा का बाह्यरूप में प्रक्षेपण कर दिया गया, तो इच्छात्मक चेतना अपने आप को एक निष्क्रिय-असहाय ज्ञाता के रूप में परिणत कर लेती है। इस प्रक्रिया में वह जो इच्छात्मक चेतना से अभिन्न है, उसे अपने से पृथक् और स्वतन्त्र मान लिया जाता है। अब उसे केवल वस्तुनिष्ठ रूप में जाना ही जा सकता है, उसकी इच्छा नहीं की जा सकती। योगाचार विज्ञानवाद में वस्तुनिष्ठता का यही भ्रम अविद्या है, जिसकी व्याख्या वे आत्मख्याति के रूप में करते हैं। इसी के चलते यावत् संसार की वस्तुनिष्ठ प्रतीति होती है। इसकी सबसे बड़ी विडम्बना यह है कि आत्मनिष्ठ के द्वारा ही वस्तुनिष्ठता के भ्रम का पोषण किया जाता है। वस्तुनिष्ठता के इस भ्रम की चकाचौंध में चेतना अपने इच्छात्मक स्वरूप का सतत निषेध करती जाती है। वास्तव में यह चेतना का पतन अथवा उसकी आत्मविस्मृति है। यह पतन उसके आत्मिक जीवन की एक ऐसी घटना है जो पग-पग पर घटित होती है, क्योंकि इच्छा करना यदि उसका स्वभाव है तो प्रत्येक इच्छित विषय उस इच्छा क्रिया का निषेध है।

वस्तुतः इच्छात्मक चेतना के आत्मिक जीवन में घटित उपर्युक्त घटना उसकी लोकयात्रा है, जिसे योगाचार विज्ञानवाद में 'विज्ञानपरिणाम' की प्रक्रिया में निरूपित किया गया है ("आत्मधर्मोपचारो हि द्विविधो यः प्रवर्तते, विज्ञानपरिणामोऽसौ")। इस लोकयात्रा की आध्यात्मिक चुनौती यह है कि इच्छात्मक चेतना अपनी शुद्धता को पुनः प्राप्त हो। इसे केवल निवृत्तिगामी होकर ही प्राप्त किया जा सकता है, अर्थात् वह शुद्धता केवल और केवल

इच्छामात्र के निषेध से ही प्राप्तव्य है। शुद्ध इच्छा किसी वस्तु की इच्छा नहीं। वह तो विषय-बाधा से सर्वथा मुक्त चेतना की एक ऐसी अवस्था है जहाँ इच्छा-क्रिया और इच्छित वस्तु के द्वैत की सम्भावना ही समाप्त हो जाती है। इच्छात्मक चेतना अपनी लोकयात्रा से परावृत्त होकर अपने परमत्व को, अपने अद्वय स्वरूप को, प्राप्त होती है।

इसके लिए चेतना की एक ऐसी अवस्था को प्राप्त करना आवश्यक है जो वस्तुनिष्ठता की बाधा से ही सर्वथा मुक्त हो। यह वस्तुनिष्ठता ही शुद्ध इच्छात्मक चेतना की दृष्टि से अविद्या का स्वरूप है, जो चेतना के विषयीकरण और विकृतीकरण में फलित होती है। चेतना स्वरूपतः कभी भी विषयभूत और विकृत नहीं है। असत् विषय के भ्रान्त प्रतिबिम्ब के कारण चेतना में विषयाकारों का उद्भव होता है और चेतना वस्तुनिष्ठता के जाल में फँसती है। इस तरह एक कल्पित 'अन्य' से विरोध का सामना करते हुए वह 'ज्ञाता' का रूप अख्तियार कर लेती है। यह चेतना के जीवन में घटित एक अनादि बन्धन है, लेकिन वह अन्तहीन नहीं बल्कि सप्रयास विशोधनीय है। बन्धन में बँधे रहना उसकी नियति नहीं। वह अपनी शुद्धता को अर्थात् शुद्ध इच्छात्मक स्वरूप को निश्चित रूप से पुनः प्राप्त कर सकती है। यहाँ अवधेय है कि योगाचार विज्ञानवाद में, अद्वैतवेदान्त के विपरीत, चेतना का बन्धन और मुक्ति दोनों ही वास्तविक हैं। चेतना अन्य के मिथ्या प्रत्यय से संक्रमित और सभी प्रकार के अन्यत्व से व्यवदानित भी होती है ("चित्तमेव संक्लिष्यते चित्तमेव व्यवदायते")। इस तरह योगाचार विज्ञानवाद में विवर्त के लिए कोई स्थान नहीं, क्योंकि यहाँ मिथ्यात्व का तथ्य स्वयं मिथ्या नहीं है। अद्वैतवेदान्त में अविद्या का कार्य आवरण और विक्षेप है, लेकिन योगाचार विज्ञानवाद में आकारों का समुद्भव और उनका बाह्यतया प्रक्षेपण होता है। दोनों में अन्तर इतना मूलगामी है कि पहले में चैतन्य निर्लिप्त रहता है, जबकि दूसरे में चेतना लोक में संलिप्त होती है। अतएव योगाचार विज्ञानवाद में चेतना का परमार्थ की ओर प्रत्यावर्तन विशुद्धीकरण की प्रक्रिया में सम्पन्न होता है। इस प्रत्यावर्तन का पहला चरण असत्-कल्प बाह्यार्थ का निषेध है और दूसरे चरण में बाह्यार्थ के चेतनागत आकारों के निरोध से यह प्रक्रिया पूर्ण होती है। जब चेतना के समक्ष कुछ भी जानने योग्य नहीं रह जाता तो उसका ज्ञाता-भाव भी समाप्त हो जाता है ("ग्राह्याभावे तदग्रहात्")। चेतना में ज्ञाता-भाव के विलुप्त होने के साथ ही उसके इच्छात्मक स्वरूप पर भी प्रभाव पड़ता है। वह विशुद्धीकृत हो जाती है, अर्थात् अब उसे किसी वस्तु की इच्छा से सीमित नहीं किया जा सकता। वास्तव में यह ग्राह्य-ग्राहक भाव से विनिर्मुक्त चेतना की वह अवस्था है, जहाँ चित्त अचित्त हो जाता है। परन्तु यह जड़ नहीं बल्कि लोकोत्तर ज्ञान है – इच्छात्मक चेतना का विशुद्धतम अद्वय स्वरूप। योगाचार विज्ञानवाद का यह अद्वय तत्त्व आधार रूप में "प्राप्तस्य प्राप्तिः" नहीं बल्कि आधेय रूप में परिनिष्पन्न हुई शुद्ध इच्छात्मक चेतना है।

VI

इच्छात्मक अद्वैत के अन्य प्रारूप

चेतना का स्वरूप सर्जनात्मक है, इस बात को दर्शन के कई अन्य सम्प्रदाय भी स्वीकार करते हैं। सौत्रान्तिक, अद्वैतवेदान्ती और काण्ट अपने-अपने तरीके से यह मानते हैं कि हमारे साधारण अनुभव में बहुत कुछ आत्मनिष्ठ प्रविष्टियों का समावेश रहता ही है। वास्तव में हमारे आनुभविक ज्ञान का स्वरूप ही कुछ प्रदत्त और कुछ संरचित का मिला-जुला रूप होता है। परन्तु इन सभी दर्शनों ने ऐसा स्वीकार नहीं किया कि आत्मनिष्ठता ही हमारे आनुभविक ज्ञान का एकमात्र निर्मायक तत्त्व है। अतः इन सभी को एक दृष्टि से समीक्षात्मक वस्तुवाद की कोटि में रखा जा सकता है। सौत्रान्तिकों के लिए स्वलक्षण प्रत्यक्ष का विषय है, लेकिन इस प्रत्यक्ष को दिन-प्रतिदिन का जीता-जागता अनुभव नहीं कहा जा सकता। हमारा जीता-जागता अनुभव तो नामजात्यादि विकल्पों से युक्त सविकल्पक अनुभव होता है। सौत्रान्तिक इसे सामान्यलक्षण कहते हैं जो प्रत्यक्ष पृष्ठभावी आत्मनिष्ठ विकल्पों से संरचित होता है। काण्ट के लिए भी वह, जो हमारे ऐन्द्रिक संवेदनों का प्रदत्त विषय होता है, बुद्धि विकल्पों से युक्त होकर ही ज्ञान कहलाने योग्य बनता है। इसीलिए काण्ट यह कहने से नहीं चूकते कि बुद्धि प्रकृति का निर्माण करती है। यद्यपि काण्ट की दार्शनिक योजना में 'ट्रान्सेन्डेण्टल यूनिटी ऑफ़् अपर्सेप्शन' एक ऐसे आधार को प्रस्तुत करता हुआ प्रतीत होता है जहाँ विषय और विषयी के द्वैत के समीकृत होने की सम्भावना बनती है, परन्तु स्वयं काण्ट इसे एक सम्भावना के बतौर ही प्रस्तावित करते हैं। अतः इन दर्शनों में 'प्रदत्त' का पूरे तौर से आत्मनिष्ठता में अन्तर्भाव नहीं किया जा सकता, न ही वह इन्हें अद्वैतवादी दर्शन बनने से रोकता है। किसी भी प्रकार के अद्वैतवादी दर्शन के लिए यह सम्भव है कि वह अपनी दार्शनिक यात्रा द्वैतपरक अनुभव के विश्लेषण से प्रारम्भ करे, लेकिन अन्ततः उसे इस द्वैत का अतिक्रमण करना ही होता है। अद्वैतवेदान्त, उदाहरण के तौर पर, अपने दार्शनिक विश्लेषण की शुरुआत एक समीक्षात्मक वस्तुवादी दर्शन की तरह करता है। क्योंकि 'सन्मात्र', जो हमारे समस्त अनुभवों का अधिष्ठानभूत और सर्वप्रत्ययवेद्य है वह विषय और विषयी के द्वैतपरक ढाँचे में तमाम उपाधियों से उपहित होकर उपलब्ध होता है। परन्तु अद्वैतवेदान्त के लिए यह द्वैत ऐसा नहीं जिसका अतिक्रमण न किया जा सके। वास्तव में यह द्वैत अपने उत्स में ही आध्यासिक है और इस तरह मिथ्या होने से ज्ञानपूर्वक निवर्तनीय है। जब अध्यास का अन्धकार हटता है तो इहैव और अधुनैव अपने आप इस द्वैतानुभव का पर्यवसान एक अवेद्य परन्तु अपरोक्ष व्यवहार योग्य अद्वैतानुभव में हो जाता है। लेकिन ध्यान रहे कि यह अद्वैत ज्ञानात्मक चेतना का परमत्व है, इच्छात्मक चेतना का नहीं।

भारतीय परम्परा के कुछ अन्य दार्शनिक सम्प्रदाय भी चेतना के सर्जनात्मक स्वरूप का अनुमोदन करते हुए अपने-अपने तरीके से इच्छात्मक गोत्र के अद्वैतवाद का पुरस्कार करते हैं। व्याकरण दर्शन में 'शब्दब्रह्म' का प्रतिपादन इसका एक विशिष्ट उदाहरण है। इस परम्परा की दार्शनिक दृष्टि में समस्त जगत् शब्दब्रह्म का ही व्याकरण अथवा विवर्तन है। "अनादिनिधनं ब्रह्म" से अर्थमय जगत् का विवर्तन, अर्थात् जागतिक प्रक्रिया को वस्तुपरक न मानकर अर्थपरक रूप में अवधारित करना इस दर्शन की विलक्षण विशिष्टता है। इस अर्थमय विवर्तन को आनुभविक एवं यौक्तिक आधार प्रदान करने के लिए व्याकरण दर्शन उपचार सत्ता और साम्प्रतिक सत्ता में भेद करते हुए अपने विश्लेषण को उपचार सत्ता तक ही सीमांकित कर देता है। उपचार सत्ता का तात्पर्य वस्त्वर्थ से नहीं, बल्कि शब्द से अभिहित होने वाले शब्दार्थ से है ("वैयाकरणानां शब्दार्थोऽर्थः न तु वस्त्वर्थोऽर्थः")। पाणिनि से नागेश पर्यन्त विकसित शब्द सम्प्रदाय के लिए शब्दार्थ बुद्धिस्थ पदार्थ है। इससे परे और पृथक् वस्त्वर्थों की स्वतन्त्र सत्ता इनके लिए सर्वथा अविचार्य विषय होने से निष्प्रयोजन और निरर्थक है। ("किमस्माकं वस्तुगलेन विचारेण, अर्थश्चास्माकं यः शब्देनाभिधीयते")। यहाँ तक कि जायते, अस्ति, विपरिणमते, वर्द्धते, क्षीयते तथा नश्यति इत्यादि षड्विध भाव विकार जिन्हें वस्त्वर्थक माना जाता है, उनकी भी संगति बुद्धिस्थ पदार्थों से ही बैठती है ("न सत्तां पदार्थो व्यभिचरति")। अतः हमारे सामान्य अनुभव में देशकालस्थ घटपटादि वस्त्वर्थों की जिस रूप में प्रतीति होती है वे वास्तव में बुद्धिस्थ पदार्थ ही हैं। बुद्धिस्थ पदार्थ से स्वतन्त्र कोई वस्त्वर्थ नहीं, क्योंकि सब कुछ शब्द से ही भासित होता है और शब्द के विषय बुद्धिस्थ पदार्थ (उपचार सत्ता) ही हैं। पुनः यदि ज्ञानमात्र शब्दानुगम पुरस्सर है और सब कुछ शब्दानुविद्ध ज्ञान में ही भासित होता है, तो शब्द और बुद्धिस्थ पदार्थ में निरपवाद रूप से सहोपलम्भ नियम को मानना होगा ("न सोऽस्ति प्रत्ययो लोके यः शब्दानुगमादृते। अनुविद्धमिव ज्ञानं सर्वं शब्देन गम्यते")। इस तरह बुद्धिस्थ पदार्थों की शब्दनिष्ठ अर्थात् आत्मनिष्ठ सत्ता ही सिद्ध होती है। इस शब्दनिष्ठ बुद्धिस्थ पदार्थ को वस्त्वर्थ रूप में देखा जाना ही व्याकरण दर्शन में अविद्या दृष्टि है। इसकी व्याख्या व्याकरण दार्शनिक 'बुद्धिसत्ख्याति' के रूप में करते हैं। वस्त्वर्थ के अभिनिवेश से आपूरित हमारा समस्त आनुभविक ज्ञान 'बुद्धिसत्ख्याति' रूप ही है।

व्याकरण दार्शनिकों ने शब्द से भासित होने वाले इस शब्दनिष्ठ अर्थजगत् की व्याख्या के लिए शब्दाद्वैतवाद की एक सुविचारित तत्त्वमीमांसा प्रस्तुत की है। वास्तव में यह 'वाक्' के उद्विकास की एक वैश्वीय प्रक्रिया में जगत् को अवधारित करना है, जो वाक् के परा, पश्यन्ती, मध्यमा और वैखरी नामक चतुर्विध स्तरों पर सम्पन्न होती है। इसमें परा वाक् उद्विकास का योनिभूत अधिष्ठान है जो विशुद्ध इच्छात्मक चेतना का अपर पर्याय है। इसमें

चित् के सभी लक्षण (संवेदन, स्पन्दन, और वचन इत्यादि) अविभक्त और एकाकार रूप में चिद्घन होकर रहते हैं। यह शब्द और अर्थ रूप में व्याकृत होने वाले जगत् का अधिष्ठानभूत, शब्द और अर्थ की पूर्णतः एकात्मता है। पश्यन्ती इस उद्विकास का प्रथमपाद है जिसमें ज्ञातृत्व का उन्मेष तो रहता है, लेकिन फिर भी ज्ञाता और ज्ञेय का अविभाग ही बना रहता है ("अविभागा तु पश्यन्ती")। शब्द और अर्थ के विभाग की दृष्टि से पश्यन्ती अपरिच्छिन्नाकार भासन की अवस्था है। यह योगाचार विज्ञानवाद के आलय विज्ञान की तरह है, जिसमें समस्त संसार बीज-भाव में स्थित रहता है ("आलयः सर्वबीजकम्")। आलय विज्ञान का आकार भी अपरिच्छिन्नाकार ही होता है। मध्यमा वाक् शब्द और अर्थ की अनुद्भिन्न अवस्था नहीं बल्कि उद्भिन्न स्थिति है, फिर भी इसका सम्बन्ध उच्चारित वाक् से न होकर मन और बुद्धि के द्वारा ग्राह्य शब्द से होता है। वैखरी वाक् कण्ठ और तालु से उच्चरित वाणी है, जिसमें शब्द और अर्थ परस्पर पृथक्कृत होकर वाच्य–वाचक के अनन्त भेदों के साथ प्रस्तुत होते हैं। इस तरह परावाक् में मूलित लेकिन पश्यन्ती, मध्यमा और वैखरी के त्रयीतन्त्र में प्रविष्ट होकर शब्दमय सम्पूर्ण अर्थजगत् की सृष्टि होती है। व्याकरण दर्शन का यह शब्दार्थ-तन्त्र शब्द को अर्थ में और अर्थ को शब्द में अपनी सतत प्रक्रिया के द्वारा व्याकृत करता चला जाता है। इस तन्त्र के अनुलोम क्रम में जहाँ चराचर अर्थ जगत् व्याकृत होता है, वहीं शब्दपूर्वयोग द्वारा प्रतिलोम क्रम का पर्यवसान पुनः परावाक् रूप शब्दब्रह्म में होता है। इस तन्त्र में "योऽयं शब्दः सोऽयं अर्थः" का कहीं भी व्यभिचार नहीं होता, इसलिए इसे शब्दाद्वैत से अभिहित किया जाता है।

इसी तरह तन्त्र परम्परा के विभिन्न दार्शनिक सम्प्रदायों में भी चेतना की आत्मनिष्ठ सर्जनात्मकता एक ऐसी मूलगामी अवधारणा है, जो उस परम्परा की दार्शनिक निर्मितियों में बार-बार विभिन्न भूमिकाओं में उपस्थित होती है। अतः समवेत रूप से तन्त्रागमीय दर्शन को भी इच्छात्मक प्रारूप के अद्वयवादी दर्शन से अभिहित किया जा सकता है। वह इस रूप में कि यह अनन्त वैविध्यपूर्ण जगत् प्रकाश-विमर्शमय परमशिव के आत्मचेतन संकल्प में प्रथित हुआ उसका ही आभास मात्र है। यह आभास न तो परमशिव का विवर्त है और न ही उसका परिणाम, बल्कि इस आभास का उन्मेष और निमेष दोनों ही परमशिव के अपरिमित इच्छा-स्वातन्त्र्य का नर्तन मात्र है। परमशिव की यह नर्तना जब बहिर्मुख रूप से प्रवर्तित होती है तो वह विश्वोन्मुख अनेकता में प्रसार लेता है। पुनः वही अन्तर्मुख निवर्तन में विश्वोत्तीर्ण विश्रान्ति को प्राप्त होता है। इस सम्पूर्ण प्रक्रिया को परमशिव के संकोच और जगत् के विकास के सन्दोलनात्मक स्पन्दन के रूप में समझा जा सकता है। यह उसकी आनन्दातिरेकी क्रिया के द्वारा स्वतःस्फूर्त और स्वेच्छया घटित होता है। अतः तन्त्रागमीय दर्शन परमशिव के सर्जन की दृष्टि से स्वातन्त्र्यवाद है और उस सर्जना के द्वारा स्वयं की अभिव्यक्ति की दृष्टि से

आभासवाद है। यह सम्पूर्ण आभास परमशिव का ही आत्मप्रसार है, लेकिन इस आत्मप्रसरण में वह कभी निःशेष नहीं होता और न ही आत्मप्रसारित आभासों से बाधित। ऐसा इसलिए कि अनन्त आत्मप्रसारों में आभासित होते हुए भी परमशिव "सर्वो ममायं विभवः" रूप विमर्श से कभी च्युत नहीं होता और इस तरह आभास के आभास होने को प्रतिष्ठा भी प्रदान करता है। परन्तु परमशिव की एक नितान्त विश्वोत्तीर्ण अवस्था भी है जहाँ वह पूर्णाहन्ता रूप विमर्श में स्वरूपतया विश्रान्त रहता है। यही तन्त्रागमीय दर्शन में इच्छा, ज्ञान और क्रिया रूप चेतना की परात्पर और विशुद्धतम अवस्था है।

ऐसे ही वैष्णव वेदान्त के विभिन्न सम्प्रदाय जो ब्रह्मपरिणामवादी हैं और जिनका विकास अध्यासवादी शांकर वेदान्त के विरोध में हुआ है, उन्हें भी न्यूनाधिक रूप से इच्छात्मक प्रारूप के अद्वैतवादी दर्शनों की श्रेणी में ही रखा जा सकता है। शांकर वेदान्त चूँकि आद्यन्त रूप से ज्ञानात्मक प्रारूप के अद्वैतवादी दर्शन का प्रतिनिधित्व करता है, इसलिए वैष्णव वेदान्तियों की सृष्टि-विषयक ब्रह्मपरिणामवादी अवधारणा का झुकाव इच्छात्मक चेतना की ओर होना स्वाभाविक ही है। परन्तु द्रष्टव्य है कि ब्रह्मपरिणामवादी भी यह नहीं मानते कि परिणाम सर्वांशतः होता है, बल्कि उनका मानना है कि परिणाम अंश अथवा पक्ष विशेष में घटित हुआ करता है। ("वृक्ष इति एकत्वं शाखा इति नानात्वम्")। इसलिए वैष्णव वेदान्तियों को पूरे तौर से इच्छात्मक स्वरूप वाली चेतना नहीं कहा जा सकता। ब्रह्म के स्वगत भेदों में कुछ ही घटक ऐसे हैं जहाँ चेतना सर्जनात्मक स्वरूप को अवाप्त करती है। इसीलिए वैष्णव वेदान्तियों के भ्रम-विषयक सत्ख्याति एवं अन्यख्याति जैसे सिद्धान्तों में आत्मनिष्ठता का आंशिक प्रवेश हो ही जाता है।

VII

अद्वैतवाद का भावनात्मक प्रारूप

विषयी चेतना की विषयात्मक अभिवृत्ति का एक तीसरा मौलिक प्रकार उसका विषय की ओर भावनात्मक रूप से उन्मुख होना है। इस अभिवृत्ति की मौलिकता इस बात में निहित है कि इसमें विषय और विषयी एक-दूसरे पर हावी नहीं होते बल्कि परस्पर तुल्य भाव में एक-दूसरे के सम्मुख रहते हैं। साधारण तौर पर इस अभिवृत्ति को एक कलाप्रेमी व्यक्ति द्वारा किसी कलाकृति के आस्वादन में चरितार्थ होते देखा जा सकता है। इसलिए सौन्दर्यबोध के सन्दर्भ में उठाया जाने वाला यह प्रश्न ही निरर्थक जान पड़ता है कि सुन्दरता वस्तु में रहने वाली कोई सम्पदा है (वस्तुनिष्ठ) अथवा यह देखने वाले की आँखों में बसती है (आत्मनिष्ठ)। वस्तुतः सौन्दर्यबोध में विषय और विषयी का मुख्यामुख्य भाव होता ही नहीं। दोनों एक-दूसरे के सम्मुख परस्पर तुल्य भाव में होते हैं। सौन्दर्यानुभूति के इस प्रारूप का पर्यवसान अन्ततः

एक ऐसी एकतानता में होता है, जहाँ आस्वाद्य विषय और आस्वादक विषयी का एक-दूसरे से मानों पार्थक्य ही समाप्त हो जाता है। परन्तु इस एकतानता को कभी भी दोनों की अभेद स्थिति नहीं कहा जा सकता। इसलिए भारतीय परम्परा में इसे अद्वैतानुभव से लेशतोऽपि न्यून 'ब्रह्मानन्दसहोदर' से अभिहित किया गया है। यह कोई स्थायी भाव नहीं, बल्कि थोड़े समय के लिए उत्पन्न होता है और फिर समाप्त हो जाता है।

द्रष्टव्य है कि भारतीय परम्परा के अधिकांश अद्वैतवादी दर्शन विषयी की विषयोन्मुख ज्ञानात्मक और इच्छात्मक अभिवृत्ति को सन्दर्भ बनाकर विकसित हुए हैं। विषयी की भावनात्मक अभिवृत्ति के दार्शनिकीकरण और उसके अद्वैतवादी विन्यास का प्रयास नहीं के बराबर हुआ है। इतना ही नहीं बल्कि वैदिक परम्परा के अद्वैतवादी दर्शन भी सच्चिदानन्द ब्रह्म के सत् और चित् पक्ष पर ही ज्यादा बल देते हुए प्रतीत होते हैं। ब्रह्मवादी दर्शनों में उसके आनन्द पक्ष के दार्शनिक महत्त्व को कम करके ही आँका गया है। अपवादस्वरूप केवल चैतन्य वेदान्त ही एक ऐसा दर्शन है जो विषयी की भावनात्मक अभिवृत्ति और सच्चिदानन्द की आनन्द भूमि पर खड़ा हुआ दर्शन प्रतीत होता है। यद्यपि यह भी पूर्ण विकसित दर्शन नहीं है फिर भी रूप गोस्वामी, जीव गोस्वामी, बलदेव विद्याभूषण और कृष्णदास कविराज इत्यादि के द्वारा इसका जितना भी विकास हुआ है, उसमें भावनात्मक प्रारूप के अद्वैतवाद के सभी गुण-सूत्र विद्यमान हैं।

चेतना की भावनात्मक अभिवृत्ति का प्रारम्भिक रूप हमें अन्तर-वैयक्तिक सम्बन्धों में प्राप्त होता है। इसके उत्कृष्ट रूप को प्रणय सम्बन्ध के उद्देश्य-विधेय रूप दोनों सम्बन्धियों के बीच देखा जा सकता है। चैतन्य वेदान्त में इसका आदर्शीकरण और साथ ही साथ मानवीकरण राधा-कृष्ण के रूप में किया गया है। राधा-कृष्ण का उदात्त प्रेम इसका आदर्शतम प्रतीक है। इस आदर्श और अलौकिक प्रेम को तत्त्वमीमांसीय आधार प्रदान करने के लिए चैतन्य वेदान्त में परमब्रह्म की अधिष्ठानभूत सत्ता तो स्वीकार की गई है, लेकिन उसे निर्गुण, निर्विशेष स्वरूप में नहीं बल्कि सगुण, सविशेष रूप में अवधारित किया गया है। वस्तुतः सगुण ब्रह्म भक्तिमार्गीय साधना की एक तत्त्वमीमांसीय आवश्यकता है। अब चूँकि भक्ति के विभिन्न रूप हैं, अतः भक्तिवेदान्त में परमेश्वर की संकल्पना भी भिन्न-भिन्न रूपों में की गई है। चैतन्य वेदान्त में भक्ति की पराकाष्ठा प्रेमा भक्ति में देखी गई है। इसलिए उनका परमेश्वर भी प्रेमस्वरूप ही है। यद्यपि परमब्रह्म परमेश्वर अनन्त कल्याणमय शक्तियों का सागर है और प्रत्येक शक्तियाँ अपने आप में भी अनन्त हैं तथापि उसकी तीन शक्तियाँ प्रमुखतम हैं। इनकी गणना स्वरूपशक्ति, मायाशक्ति और जीवशक्ति के रूप में की गई है। परमेश्वर अपनी मायाशक्ति से एक ओर भौतिक जगत् की तो दूसरी ओर अपनी जीवशक्ति से अनगिनत चिदणु जीवात्माओं की सृष्टि करता है। यह चिदणु रूप जीवात्माएं ही हैं जो

योगमाया के प्रभाव से अपने वास्तविक स्वरूप 'ब्रह्मांश' को विस्मृत किए रहती हैं। ये दोनों शक्तियाँ परमब्रह्म की बहिरंग शक्तियाँ हैं। इस शक्ति से सृष्ट जड़ वस्तु और जीवात्माओं का संसार कोई धोखा नहीं बल्कि वास्तविक है, क्योंकि परमब्रह्म ही अपने स्वरूप से इनका निमित्त कारण और अपनी शक्तियों से उपादान कारण है। परमब्रह्म की तीसरी शक्ति स्वरूपशक्ति है जो उसमें अन्तरंग रूप से रहती है। यह अन्तरंग शक्ति परमब्रह्म के सत् चित् और आनन्द से युक्त होकर क्रमशः सन्धिनी, संवित् और ह्लादिनी के त्रैविध्य में अभिव्यक्त होती है। चैतन्य वेदान्त की एक विशिष्टता है कि वह परमब्रह्म के सत्, चित् और आनन्द में उत्तरोत्तर उत्कर्ष देखता है। इसलिए उसकी स्वरूप शक्तियों अर्थात् सन्धिनी, संवित् और ह्लादिनी में भी उत्तरोत्तर उत्कर्ष होता है। अतः चैतन्य वेदान्त अन्य दार्शनिकों की तरह सन्धिनी (सत्) और संवित् (चित्) शक्तियों को महत्त्व देने की अपेक्षा ह्लादिनी शक्ति को अपेक्षाकृत अधिक महत्त्व देता है। साथ ही साथ इस दर्शन में मनुष्य के परम प्राप्तव्य को भी इसी सन्दर्भ में देखा गया है।

परमब्रह्म जब अवतार ग्रहण करता है तो उसकी सन्धिनी और संवित् शक्तियाँ उसके ऐश्वर्य के रूप में प्रकट होती हैं और ह्लादिनी शक्ति का विग्रह प्रियतम और रसराज स्वरूप में होता है। अब चूँकि ह्लादिनी शक्ति ही सर्वश्रेष्ठ है, इसलिए भगवान् का प्रेममय स्वरूप ही सर्वोत्तम है। चैतन्य वेदान्त की मान्यता में श्रीकृष्ण परमब्रह्म के ऐसे ही पूर्णावतार हैं। कृष्ण शब्द जो कर्षणार्थक कृष् धातु से बना है, उसका अर्थ ही है – 'आकर्षण'। अतः कृष्ण परम आकर्षक, चितचोर होने से ही प्रियतम हैं। परन्तु कृष्ण को उनके प्रियतम होने का बोध नहीं, क्योंकि कोई अपने आप से प्रेम नहीं कर सकता – "तस्मात् एकाकी न रमते"। प्रेम द्वित्व सम्बन्ध में ही चरितार्थ होता है। नार्सिस्ट प्रेम भी एक कल्पित 'पर' को प्रक्षेपित किए बिना सम्भव नहीं। अतः ह्लादिनी शक्ति एक ओर कृष्ण के अत्यन्त प्रेमास्पद स्वरूप में प्रकट होती है तो दूसरी ओर प्रेमास्पद कृष्ण की परकीया विग्रह 'राधा' के रूप में प्रकट होकर कृष्ण से बेतहाशा प्रेम करती है और इस तरह कृष्ण के प्रेमास्पद स्वरूप को सार्थक बनाती है। अन्यथा कृष्ण के परम प्रेमास्पद होने का कोई अर्थ ही नहीं। राधा-कृष्ण की यही प्रेमरति प्रेम की पराकाष्ठा है, उसका महाभाव है। इस महाभाव में राधा विषयी हैं जो प्रेम करती हैं और कृष्ण विषय हैं जिनको प्रेम किया जाता है। राधा और कृष्ण परस्पर विषयी और विषय होते हुए भी एक-दूसरे से अपृथक् भाव में 'युगनद्ध' होते हैं। राधा-कृष्ण का यह भेदाभेद मन और बुद्धि से सर्वथा अचिन्त्य है। रसेश्वरी राधारानी और रसराज कृष्ण के युगल भाव की यह 'नित्य रति' ही विषयी चेतना की विषयोन्मुख भावनात्मक अभिवृत्ति की पराकाष्ठा, उसका परमत्व है। यही प्रेमा भक्ति का परमपद, उसकी पार्यन्तिक अवस्था है जिसे चैतन्य महाप्रभु ने सदेह प्राप्त किया था। चैतन्य वेदान्त की दृष्टि में प्रत्येक मनुष्य की

आध्यात्मिक अभीप्सा का अन्तिम प्राप्तव्य यही प्रेमा भक्ति है। निष्कर्षतः चैतन्य वेदान्त परमब्रह्म की बहिरंग शक्ति की अपेक्षा से विशेषाद्वैत है और अन्तरंग शक्ति की दृष्टि से अचिन्त्यभेदाभेद है। युगनद्ध राधा-कृष्ण का अचिन्त्यभेदाभेद ही अद्वैत के ज्ञानात्मक और इच्छात्मक प्रारूप से भिन्न उसका भावनात्मक प्रारूप है।

इस प्रकार अद्वैतवादी दर्शनों के अनन्तर्भाव्य स्वरूप की अन्वेषणा के इस समकालीन प्रयास का उपसंहार करते हुए हम कह सकते हैं कि समस्त मानवीय अनुभव विषय और विषयी के द्वैतपरक आधारभूत ढाँचे में ही व्यवस्थित होते हैं। इस आधारभूत ढाँचे में विषयी की विषयात्मक अभिवृत्ति को तीन मौलिक प्रकार की वैकल्पिक अभिवृत्तियों (ज्ञानात्मक, इच्छात्मक और भावनात्मक) में वर्गीकृत किया जा सकता है। मानवीय अनुभव का कोई ऐसा आयाम सम्भव ही नहीं जो इन तीन अभिवृत्तियों में संगृहीत न होता हो। मौलिक रूप से इन्हीं तीन अभिवृत्तियों में मूलित हमें अद्वैतवादी दर्शन के तीन अनन्तर्भाव्य प्रारूप (ज्ञानात्मक अद्वैत, इच्छात्मक अद्वैत और भावनात्मक अद्वैत) प्राप्त होते हैं। चूँकि विषयी की विषयात्मक अभिवृत्ति के तीन ही प्रकारों में समस्त मानवीय अनुभव का समावेश हो जाता है, अतः अद्वैतवादी दर्शन के तीन ही मौलिक प्रकार सम्भव हैं। अद्वैतवादी दर्शनों का अनन्तर्भाव्य रूप न तो तीन से अधिक हो सकता है और न ही तीन से कम। हाँ, अद्वैतवाद के एक ही मौलिक प्रकार के अवान्तर साम्प्रदायिक भेद हो सकते हैं लेकिन उन्हें अद्वैतवाद का मौलिक प्रकार नहीं कहा जा सकता, क्योंकि उनकी आधारभूत संरचना समान ही होती है। भारतीय परम्परा के अद्वैतवादी दर्शनों का इतिहास इस प्रकार के अवान्तर साम्प्रदायिक भेदों से भरा पड़ा है। यहाँ एक प्रश्न उठता है कि क्या अद्वैतवाद का कोई ऐसा स्वरूप सम्भव नहीं जिसमें उसके ज्ञानात्मक, इच्छात्मक और भावनात्मक तीनों प्रारूपों को एक साथ समन्वित किया जा सके? वास्तव में देखा जाए तो यह प्रश्न ही सार्थक नहीं क्योंकि उपर्युक्त तीनों ज्ञानमीमांसीय अभिवृत्तियों पर जो तीन प्रकार की अद्वैती तत्त्वमीमांसा खड़ी होती है, वे परस्पर व्यावर्त्तक होने से एक-दूसरे को बहिष्कृत करते हैं। अतः कोई अनुभवाधिष्ठित अद्वैतवादी तत्त्वमीमांसा ज्ञानात्मक, इच्छात्मक और भावनात्मक में से कोई एक ही प्रकार की हो सकती है। एक साथ तीनों नहीं। अवधेय है कि इस तथ्य का उद्घाटन चेतना के विमर्शात्मक स्तर पर ही सम्भव होता है। जब हम विभिन्न प्रकार के अद्वैतवादी दर्शनों के ऐतिहासिक रूप पर विमर्श करते हुए यह प्रश्न उठाते हैं कि कोई अद्वैतवादी दर्शन ऐसा ही क्यों है, अन्यथा क्यों नहीं है; तो यही विमर्श अद्वैतवादी दर्शनों के अनन्तर्भाव्य मौलिक विकल्पों के उद्घाटन में फलित होता है। परन्तु विमर्शात्मक चेतना एक उच्चस्तरीय चेतना है जो ज्ञानात्मक, इच्छात्मक और भावनात्मक अभिवृत्तियों पर विमर्श करती है, लेकिन विमर्श करती हुई वह स्वयं एक अभिवृत्ति नहीं होती।

VIII

स्वतन्त्राद्वैत की सगोत्रीय दार्शनिक पृष्ठभूमि

अब यदि भारतीय परम्परा के अद्वैतवादी दर्शनों की मूलाकृतियाँ और उनके अनन्तर्भाव्य स्वरूप पर इस समकालीन विमर्श की पृष्ठभूमि में **अभिनवगुप्तपादाचार्य** के तन्त्रागमीय दार्शनिक चिन्तन पर किंचित् विचार करें तो जैसा कि हमने पहले ही स्पष्ट किया है कि यह प्रकाश-विमर्शमय चेतना की भित्ति पर खड़ा इच्छात्मक गोत्र का अद्वयवादी दर्शन है। परम आत्मचेतन चेतना (परमशिव) का स्वकीय स्वातन्त्र्य ही इसका सतत सर्जनशील इच्छात्मक स्वरूप है। अपने इस स्वरूप में आत्म-चेतन चेतना विश्वमय होते हुए विश्वोत्तीर्ण भी रहती है। इसका विश्वमय होना और साथ ही साथ विश्वोत्तीर्ण रहना योगाचार विज्ञानवाद की तरह इच्छात्मक चेतना का संक्लेश और व्यवदान नहीं बल्कि परमशिव का संकोच और विकास है। यह सम्पूर्ण आगमिक परम्परा को स्वायत्त करने वाला यद्यपि अपने आप में एक समृद्ध विचार तन्त्र है, तथापि पारम्परिक और आधुनिक अध्येताओं ने इसकी दार्शनिक स्थापनाओं पर सदैव ही पूर्वपक्ष अथवा उत्तरपक्ष रूप से अद्वैत वेदान्त के सन्दर्भ में विचार किया है। मधुसूदन सरस्वती और माधवाचार्य अद्वैतवेदान्त का प्रतिदर्श बनाकर इसकी न्यूनता का आकलन करने में ही व्यस्त प्रतीत होते हैं। ऐसे ही *दर्शन सर्वस्वम्* के रचयिता श्री शंकरचैतन्यभारती ने स्वतन्त्राद्वैत को प्रच्छन्न केवलाद्वैत बताने में ही अपनी दार्शनिक निष्ठा का विनियोग किया है। आश्चर्य की बात तो यह है कि महामहोपाध्याय गोपीनाथ कविराज और स्वनामधन्य प्रोफेसर कांतिचन्द्र पाण्डेय जैसे इस परम्परा के स्वयूथ्य आचार्य जो वास्तव में तन्त्र परम्परा के आधुनिक पुनराविष्कारक कहे जा सकते हैं, उन्होंने भी तन्त्रागमीय स्वतन्त्राद्वैत की पूर्णाद्वैती उत्कृष्टता को अद्वैतवेदान्त के सन्दर्भ में ही आँका है। इधर प्रोफेसर लक्ष्मीनिधि शर्मा और प्रोफेसर कमलाकर मिश्र जिन्हें प्रातःस्मरणीय रामेश्वर झा जैसे गुरु का सान्निध्य प्राप्त हुआ था, उन्होंने भी तन्त्रागमीय दर्शन की पुनर्रचना जिस रूप में प्रस्तुत की है वह अद्वैतवेदान्त से बैर साधते हुए भी उससे अभिभूत रही है। अवधेय है कि एक इच्छात्मक गोत्र के अद्वयवादी दर्शन को ज्ञानात्मक गोत्र के अद्वैतवादी दर्शन से क्यों अभिभूत होना चाहिए? परस्पर दो विपरीत गोत्र के दर्शन एक-दूसरे की उत्कृष्टता और अपकृष्टता के मापक नहीं हो सकते। सगोत्रीय विचार-परम्पराओं की तुलना ही वास्तव में सार्थक तुलना होती है। इसी के आधार पर दो या दो से अधिक सगोत्रीय दर्शनों की न्यूनाधिक श्रेष्ठता का निर्धारण किया जा सकता है। अद्वैतवेदान्त और स्वतन्त्राद्वैत अपनी मूलाकृति में ही एक-दूसरे को बहिष्कृत करते हैं। अतः उनके बीच का बैर और प्रीति कोई दार्शनिक महत्त्व नहीं रखता। ये दोनों एक-दूसरे की आलोचना में भी, आलोचना के सही अर्थों में, भाग नहीं ले सकते। किसी दार्शनिक तन्त्र के अन्दर रहकर उसकी आलोचना सम्भव नहीं

और तन्त्र से बाहर रहकर उसकी आलोचना सही अर्थों में आलोचना ही नहीं। अतः तन्त्रागमीय दार्शनिक सम्प्रदायों का दार्शनिक संवाद योगाचार विज्ञानवाद, व्याकरण दर्शन और कतिपय वैष्णव वेदान्त के सम्प्रदायों से ही रचनात्मक और फलोपधायी हो सकता है। ये सभी दर्शन चेतना के इच्छात्मक स्वरूप का प्रतिनिधित्व करने वाले अद्वयवादी अथवा अद्वैतवादी दर्शन हैं। परन्तु दुर्भाग्यवश गतानुगतिक रूप में आधुनिक अध्येताओं ने तन्त्रागमीय दर्शन पर विचार-विमर्श और उसके समकालीन प्रस्तुति में सगोत्रीय दार्शनिक पृष्ठभूमि की अनदेखी की है। सम्प्रति इसके अपवाद केवल प्रोफेसर नवजीवन रस्तोगी ही कहे जा सकते हैं जो तन्त्रागमीय दार्शनिक चिन्तन के गुण-सूत्रों को उसके सही परिप्रेक्ष्य में देखते हैं। इन्होंने इस परम्परा की व्यावर्त्तक ऐतिहासिक, सांस्कृतिक और सौन्दर्यशास्त्रीय तथा दार्शनिक समझ को स्वायत्त किया है। इनका सम्पूर्ण अकादमिक जीवन ही तन्त्रागमीय चिन्तन की एक वृहद् कार्य-योजना की तरह है। इस कार्य-योजना को वे अविचलित सतत प्रयासों से पूर्ण करने को ही अपने जीवन की सार्थकता समझते हैं। वास्तव में प्रोफेसर नवजीवन रस्तोगी तन्त्र परम्परा के समर्पित आचार्य हैं और वे उन लोगों में हैं जिनके समर्पण से बीसवीं-इक्कीसवीं शताब्दी में तन्त्रागमीय दार्शनिक चिन्तन का राष्ट्रभाषा के माध्यम से पुनराविष्कार हुआ है। *अभिनवगुप्त का तन्त्रागमीय दर्शन* नामक इस कृति में उनकी पैंतालीस-वर्षीय विवर्धित तन्त्रागमीय निष्ठा वागूविग्रहित हुई है। इसके माध्यम से तन्त्र दर्शन की बहुआयामी व्यावर्त्तक समझ आगामी पीढ़ी में संक्रान्त हो सकेगी। यही हमारी शुभकामना है।

अम्बिकादत्त शर्मा

सागर, ११-११-२०११
राष्ट्रीय शिक्षा दिवस

पुनश्चः

मैंने सोचा था कि 'उत्तरलेखन' में पिछले संस्करण के बाद जो मेरी अन्तर्दृष्टियाँ विकसित हुई हैं मैं उन्हें साझा करूँगा। पर लिखते समय लगा कि ये अन्तर्दृष्टियाँ भी घूम-फिरकर मूलतः उसी बात पर आ रही हैं, जो मैंने ऊपर भूमिका में व्यक्त की थीं। फिर भी एक बात बार-बार उभरी और वह है अभिनवगुप्त के प्रस्थान में चेतना की प्रकाशविमर्शस्वभावता की संकल्पना और उसके द्वारा संधेय तत्त्वमीमांसात्मक अर्थवत्ता। अगली पंक्तियों में मैं उसी को संक्षिप्त रूप से कहने का प्रयास करूँगा।

चिन्मूलक दृष्टिकोण से जीवन और जगत् की व्याख्या करना भारतीय परम्परा के अद्वैतवादी दर्शनों की एक सामान्य विशेषता है। यह बात अलग है कि चेतना के मौलिक स्वरूप को सभी अद्वैतवादी दर्शनों में भिन्न-भिन्न तरीके से अवधारित किया गया है। अभिनवगुप्तपादाचार्य के स्वतन्त्राद्वैत का प्रस्थानमूलक वैशिष्ट्य यह है कि इसमें चेतना के मौलिक स्वरूप की अवधारणा प्रकाश-विमर्श स्वरूप में की गई है। इसीलिए भारतीय परम्परा में यह इच्छात्मक गोत्र का एक विशिष्ट अद्वयवादी दर्शन है। चेतना प्रकाशस्वरूप है, इस बात को स्वीकार करने में किसी को आपत्ति नहीं हो सकती, क्योंकि प्रकाशरूपता उसका जड़व्यावृत्त स्वरूप है। चेतना जब केवल प्रकाश-रूप होती है, तो वह केवल प्रकाशक मात्र ही हो सकती है। परन्तु चेतना की प्रकाशरूपता जब विमर्श से युक्त होती है तो उसका प्रकाशक होना आत्मप्रकाशन में विश्रान्त हो जाता है। स्वात्मप्रकाशन में विश्रान्त चेतना ही चेतना का अद्वय स्वरूप है। उसे न तो किसी 'पर' का सामना करना पड़ता है और न ही उसे किसी 'पर' की अपेक्षा रहती है। इसमें वेद्य-वेदक भाव भी नहीं होता, जैसाकि आनुभविक स्तर पर ज्ञाता और ज्ञेय के बीच वेद्य-वेदक भाव का द्वैत रहता है। इसलिए स्वात्मप्रकाशन में विश्रान्त चेतना के प्रति किसी प्रकार की द्वैतापत्ति उत्थापित नहीं की जा सकती। चेतना का प्राकृत स्वभाव ही यदि स्वात्मप्रकाशन में विश्रान्त होना है तो ऐसी चेतना अपने स्वरूप का अतिक्रमण कर 'पर' के प्रकाशन में विश्रान्त हो ही नहीं सकती। चेतना के इसी स्वरूप का वैयक्तीकरण (पर्सनलाइज़ेशन) स्वतन्त्राद्वैत में परमशिव के रूप में किया गया है।

अब ऐसी चेतना की तत्त्वमीमांसीय पृष्ठभूमि में जागतिक विविधताओं और विभिन्नताओं की व्याख्या करने के लिए सभी प्रकार के परत्वों का आक्षेप, सभी प्रकार की चित्र-विचित्रताओं का उन्मेष और उद्भासन चेतना के अन्तर्गत ही घटित होना चाहिए (अन्तःकृतान्तविश्वरूपः)। इतना ही नहीं, यह सब कुछ आत्मसृष्ट भी होना चाहिए। चेतना में ऐसी सिसृक्षा का आधान भी किसी अवान्तर हेतु अथवा बाह्य कारणों से नहीं हो सकता। इसीलिए स्वतन्त्राद्वैत में इसे शिव के स्वच्छन्द आत्मोल्लास से उद्भूत माना गया है। यही उसका स्वकीय स्वातन्त्र्य और सतत सर्जनशील इच्छात्मक स्वरूप है। इस आत्मोल्लास के फलस्वरूप ही चेतना में जागतिक विविधताओं का आधान और उद्भासन होता है। स्वतन्त्राद्वैत का यही आभासवाद है जिसकी व्याख्या दर्पण-प्रतिबिम्ब-न्याय अथवा योगी कृत सृष्टि को प्रतिमान बनाकर की जाती है। परन्तु इन सबके बावजूद और इन सबके साथ चेतना की स्वात्मप्रकाशन में विश्रान्ति अव्यभिचरित ही बनी रहती है। ऐसा होना चेतना को प्रकाश और विमर्श से युक्त मानने में ही निहित है। चेतना की प्रकाशरूपता उसका सत्ता पक्ष है और विमर्शरूपता उसका क्रिया पक्ष है। क्योंकि यह कोई जड़ क्रिया नहीं है, इसलिए प्रकाश-रूप सत्ता विमर्शन क्रिया से युक्त होकर ही आत्मप्रकाशित होती है। परन्तु जब विमर्शन क्रिया की आत्मोल्लासजन्य सिसृक्षा से अनन्त विविधताओं का चेतना में उन्मेष होता है तो चेतना का प्रकाश पक्ष उन्हें विविक्त रूप में प्रत्येकशः प्रकाशित भी करता है। जागतिक विविधताओं का इस तरह प्रकाशन एक तरह से चेतना का आत्मप्रत्यवमर्श रूप ही होता है। इसीलिए प्रकाश-विमर्श स्वरूप चेतना के द्वारा परप्रकाशन भी आत्मप्रकाशन का समानुपाती ही है। आश्चर्य की बात तो यह है कि जागतिक वैविध्यों के उत्तरोत्तर प्रकाशन से चेतना में आत्मप्रकाशन, या कहें आत्मरमण, का स्वारस्य उत्तरोत्तर बढ़ता ही जाता है। अतः स्वतन्त्राद्वैत में अनन्त विविधताओं को प्रकाशित करते हुए चेतना का अपने आत्मप्रकाशन में विश्रान्त 'अद्वय' स्वरूप अव्यवहित ही रहता है। मानो शिव विश्वमय होते हुए भी विश्वोत्तीर्ण बना ही रहता है। "सर्वो ममायं विभवः" के आत्मविमर्श से कभी च्युत न होना ही शिव के विश्वमय और विश्वोत्तीर्ण होने का रहस्य है।

आनुभविक स्तर पर चेतना की भूमिका इस (शुद्ध) स्वरूप में प्राप्त नहीं होती। इस स्तर पर मानो उसका विमर्शन पक्ष तिरोहित हो जाता है। वह सब-कुछ जो वास्तव में चेतना के अन्तर्गत चेतना की ही आत्मसृष्टि है, उसे चेतना अपने से 'बाहर' देखती है - ठीक वैसे ही जैसे इस बाह्यता की भी अपनी ही स्वायत्तता हो। इस अवस्था में चेतना का स्वातन्त्र्य जाता रहता है। वह अपने सर्जनशील इच्छात्मक स्वरूप को विस्मृत कर महज ज्ञानात्मक स्वरूप को अवाप्त कर लेती है। इसलिए आनुभविक स्तर पर चेतना आत्मप्रकाशन में विश्रान्त न होकर परप्रकाशन में ही उन्मुख रहती है। काश्मीर शैवदर्शन में यही अज्ञान है। इसके लिए आणव, कार्म और मायीय मलों की कल्पना की गई है। जब इन मलों का प्रक्षालन

होकर चेतना अपने निर्मल स्वरूप में उभरती है तो उसे अपने शिव स्वरूप का प्रत्यभिज्ञान होता है। स्वतन्त्राद्वैत में यही प्रत्यभिज्ञान मुक्ति है। इसीलिए इसे प्रत्यभिज्ञा दर्शन के नाम से भी पुकारा जाता है।

भारतीय परम्परा में अद्वैतवाद के इस स्वतन्त्राद्वैती प्रस्थान की अन्य व्यावर्तक विशिष्टता यह है कि यह मानवीय अनुभव के बहुत निकट का दर्शन है और किसी भी प्रकार के अनुभव का अपलाप नहीं करता है। यदि मानवीय स्तर पर चेतना का आत्मचेतन होना एक अनुभूत सत्य है तो इस आत्मचेतनता का तत्त्वमीमांसीय आदर्श स्वतन्त्राद्वैत ही हो सकता है। इसकी दूसरी विशिष्टता यह है कि इसमें अनुभव के विविध आयामों की किसी भी एक आयाम को अपचयित किए बिना ही सुसंगत व्याख्या हो पाती है। स्वतन्त्राद्वैत में शिव-तत्त्व के आभास से लेकर पञ्चमहाभूत पर्यन्त छत्तीस प्रवर्गों के आभास में इस व्यापक विधान को सुतरां देखा जा सकता है। इसकी तीसरी सबसे महत्त्वपूर्ण विशेषता यह है कि स्वतन्त्राद्वैत एक ऐसा अद्वयवादी दर्शन है जिसे अनेकता और भेदयुक्त विविधता की व्याख्या करने के लिए किसी तदर्थ अवधारणा का सहारा नहीं लेना पड़ता है। अद्वैत वेदान्त जब स्वयंप्रकाश चेतना को चेतना के मौलिक स्वरूप में अवधारित करता है तो नानात्व की व्याख्या के लिए उसे अध्यास अथवा अविद्या जैसी एक तदर्थ अवधारणा का सहारा लेना पड़ता है। उसी तरह योगाचार विज्ञानवाद चेतना के मौलिक स्वरूप को स्वसंवित् चेतना के रूप में अवधारित करता है। इसे भी चेतना में अनन्त आकारों का समुद्भव बताने के लिए अनादिवासना की एक तदर्थ अवधारणा का उपयोग करना पड़ता है। परन्तु स्वतन्त्राद्वैत सम्मत प्रकाश-विमर्श स्वरूप चेतना को सन्दर्भ बनाकर जीवन और जगत् की व्याख्या करने के लिए किसी तदर्थ अवधारणा की आवश्यकता ही नहीं है। ऐसी चेतना आत्म-सन्दर्भी रूप में ही सब-कुछ की व्याख्या करने में सक्षम है। अतः जीवन और जगत् के प्रति चिन्मूलक दर्शन का सर्वाङ्ग सुसंगत दर्शन स्वतन्त्राद्वैत ही है। अभिनवगुप्त के स्वतन्त्राद्वैत की मौलिक विशिष्टता इस बात में भी है कि यह अन्य दर्शनों की भाँति केवल मोक्षमार्गी दर्शन नहीं है। इसमें मानवीय सर्जना के साहित्यिक, सौन्दर्यात्मक तथा कलात्मक आयामों की पुनर्रचना भी स्वतन्त्राद्वैत की तत्त्वमीमांसीय दृष्टि से सम्भव हुई है। मानवीय सर्जना के विविध आयामों को इतने बड़े फलक पर समायोजित करने वाला भारतीय परम्परा का यह एकमात्र दर्शन है। इसीलिए भारतीय परम्परा में अभिनवगुप्त की प्रसिद्धि केवल स्वतन्त्राद्वैती आचार्य के रूप में नहीं बल्कि उससे भी बढ़कर एक समन्वयाचार्य की रही है। उन्होंने न केवल आगम परम्परा की बहुविध धाराओं को समन्वित कर उनमें एकवाक्यता स्थापित करने का प्रयास किया है बल्कि *तन्त्रालोक* के शास्त्रमेलन प्रकरण में आगमिक और नैगमिक परम्परा में भी समन्वय के महत्त्वपूर्ण सूत्र प्रस्तुत किए हैं।

परन्तु यह भी एक ऐतिहासिक विडम्बना से कम नहीं कि ग्यारहवीं शताब्दी के बाद भारतीय दर्शनों का जिस रूप में विकास हुआ है, उसमें अभिनवगुप्तपादाचार्य का न तो रचनात्मक उपयोग हो सका और न ही उन्हें पूर्वपक्ष बनाया जा सका। यदि ऐसा हुआ होता तो लगभग एक हजार वर्षों तक बौद्धों के पूर्वपक्ष से भारतीय दर्शनों को जो आलोचनात्मक समृद्धि प्राप्त हुई थी, उनके बाद उससे अधिक समृद्धि और वैचारिक त्वरा अभिनवगुप्त को पूर्वपक्ष बनाने से प्राप्त हो सकती थी। अतः ग्यारहवीं शताब्दी के बाद भारतीय शास्त्र परम्परा का अभिनवगुप्त से विमुख बने रहना भारतीय परम्परा के लिए किसी ऐतिहासिक क्षति से कम नहीं था। इस ऐतिहासिक क्षति की पूर्ति के लिए आवश्यक है कि अभिनवगुप्त की समन्वयवादी दार्शनिक पुनर्रचना और मानवीय सर्जना के विविध आयामों के एक समग्रतावादी वैचारिक योजना में अन्तर्ग्रन्थन को आज के सन्दर्भों में पुनराविष्कृत किया जाए। इससे भारतीय संस्कृति में काल-क्रम से आक्षिप्त हुए बहुत से विकारों को परिमार्जित करने का तात्त्विक आधार प्राप्त हो सकता है।

तन्त्रागमीय दर्शन की समकालीन अध्येतृता में नवजीवन रस्तोगी ने तन्त्रागमीय चिन्तन-धारा को उसके सही परिप्रेक्ष्य में आगे बढ़ाया है। उनके अध्यवसाय में इस परम्परा की व्यावर्त्तक ऐतिहासिक, सांस्कृतिक, सौन्दर्यशास्त्रीय और दार्शनिक समझ ने एक अन्तर्संलग्नता के साथ आकार ग्रहण किया है। ये सगोत्रीय दार्शनिक परम्पराओं के साथ भरपूर संवाद करते हैं और तन्त्रागमीय चिन्तन परम्परा में यथासम्भव परिष्कार भी करते हैं। बहुतेरे देशी और विदेशी विद्वानों ने इस क्षेत्र में लेखन अंग्रेज़ी भाषा के माध्यम से किया है। नवजीवन रस्तोगी के महत्त्वपूर्ण प्रारम्भिक लेखन भी अधिकांशतः अंग्रेज़ी भाषा में ही हुए हैं। परन्तु उनके उत्तरकालीन लेखन का बहुलांश हिन्दी में हो रहा है। यह उनका एक बड़ा योगदान है। अन्यथा देशी विद्वान् भी गम्भीर लेखन अंग्रेज़ी में करना उचित समझते हैं और हल्के-फुल्के लेखन ही हिन्दी में प्रस्तुत करते हैं। प्रस्तुत पुस्तक के अतिरिक्त *काश्मीर शिवाद्वयवाद की मूल अवधारणाएँ, काश्मीर की शैव संस्कृति में कुल और क्रम-मत* जैसी गम्भीर कृतियों को इन्होंने हिन्दी में प्रस्तुत कर राष्ट्रभाषा को समृद्ध किया है। इतना ही नहीं, इन्होंने अपनी सर्वाधिक मौलिक कृति *काश्मीर शिवाद्वयवाद में प्रमाण-चिन्तन* का भी प्रणयन हिन्दी में ही करना उचित समझा। यह इस बात का प्रमाण है कि भारतीय परम्परा के अन्तर्गत मौलिक चिन्तन की प्रशस्त भाषा हिन्दी अथवा संस्कृत ही हो सकती है। नवजीवन रस्तोगी कान्तिचन्द्र पाण्डेय के शिष्य रहे हैं। अपने गुरु की ख्याति के अनुरूप इन्होंने भी उनकी मनस्वी तपस्या को सर्जनात्मक रूप से संवलित किया है। इस ग्रन्थ की भूमिका लिखने का अवसर प्रदान कर मुझ पर इन्होंने अपने पुण्यसंभार का जो अहेतुक निपात किया है, वह मेरे लिए सौभाग्य की

बात है। इसमें दो राय नहीं कि अभिनव आज भी अभिनव हैं और उनकी उर्वर प्रखर बौद्धिक साधना से भारतीय चिन्तन परम्परा सम्पन्नतर और समृद्ध हुई है। प्रस्तुत पुस्तक के माध्यम से पाठक इस वैचारिक सम्पन्नता और समृद्धि को सहज ही आत्मसात् कर सकेंगे, मुझे यह पूरा विश्वास है।

सागर, विजयदशमी, २०१७ **अम्बिकादत्त शर्मा**

विषयानुक्रम

खण्ड चार : योग

खण्ड पाँच : भक्ति

खण्ड छह : सौन्दर्य और कला

खण्ड सात : आधुनिक चिन्तन और काश्मीर शैवदर्शन

संकेताक्षर

अनु.	अनुत्तराष्टिका
अभिनवगुप्त.	अभिनवगुप्त : ऐन हिस्टॉरिकल ऍण्ड फ़िलॉसॉफ़िकल स्टडी) (Abhinavagupta: An Historical and Philosophical Study)
अभिनवगुप्त के स्तोत्र	अभिनवगुप्त के स्तोत्र : एक अध्ययन
अभिनवा : पर्सपेक्टिव्स.	अभिनवा : पर्सपेक्टिव्स ऑन् अभिनवगुप्त (Abhinavā : Perspectives on Abhinavagupta)
अ.प्र.सि.	अजडप्रमातृसिद्धि
अभि. शा./शाकु.	अभिज्ञानशाकुन्तल
अभि.भा.	अभिनवभारती
आर्ग्युमेन्ट.	आर्ग्युमेन्ट ऍण्ड दी रिकॉग्निशन ऑफ़् शिव : दी फ़िलॉसॉफ़िकल थ्योलॉजी ऑफ़् उत्पलदेव ऍण्ड अभिनवगुप्त (Argument and the Recognition of Śiva : The Philosophical Theology of Utpaladeva and Abhinavagupta)
इ.फ़ी.का.शै.	"इसेन्शियल फ़ीचर्स ऑफ़् काश्मीर शैविज़्म" (Essential Features of Kashmir Śaivism)
ई.प्र.का.	ईश्वरप्रत्यभिज्ञाकारिका
ई.प्र.का.वृत्ति/वृत्ति	ईश्वर-प्रत्यभिज्ञाकारिका-वृत्ति (टोरेला)
ई.प्र.वि.(का.ग्र.)	ईश्वर-प्रत्यभिज्ञा-विमर्शिनी (काश्मीर संस्कृत-ग्रन्थावलि)
ई.प्र.वि.(भा.)	ईश्वर-प्रत्यभिज्ञा-विमर्शिनी (भास्करी सहित)
ई.प्र.वि.वि.	ईश्वर-प्रत्यभिज्ञा-विवृत्ति-विमर्शिनी

ई.प्र.वृत्ति(का.ग्र.)	ईश्वर-प्रत्यभिज्ञाकारिका-वृत्ति (काश्मीर संस्कृत-ग्रन्थावलि)
एनल्स.	एनल्स ऑफ़् भंडारकर ओरियन्टल रिसर्च इन्स्टीट्यूट (Annals of Bhandarkar Oriental Research Institute)
एन्सिन्क	जे. एन्सिन्क (J. Ensink)
का.ग्र./का.सं.ग्र.	काश्मीर संस्कृत-ग्रन्थावलि
काश्मीर शिवाद्वयवाद.	काश्मीर शिवाद्वयवाद की मूल अवधारणाएं
काश्मीरीय.	"काश्मीरीय शैव दर्शन" (गोपीनाथ कविराज)
कु.तं.	कुलार्णवतन्त्र
कैनन ऑफ़् शैवागम	दी कैनन ऑफ़् शैवागम ऍण्ड दी कुब्जिका तन्त्रज़् ऑफ़् दी वेस्टर्न कौल ट्रैडीशन (The Canon of Śaivāgama and the Kubjikā Tantras of the Western Kaula Tradition)
कौ.ज्ञा.नि.	कौलज्ञाननिर्णय
क्र.ता.	क्रम तान्त्रिसिज़्म ऑफ़् काश्मीर (Krama Tantricism of Kashmir)
क्र.स्तो.	क्रमस्तोत्र
गीतार्थसंग्रह (शं.ना.)	गीतार्थसंग्रह (शंकरनारायणन् द्वारा सम्पादित)
गीता	गीता/भगवद्गीता
गीताभाष्य	भगवद्गीताभाष्य (भट्ट भास्कर कृत)/सर्वतोभद्र (रामकण्ठ कृत) (यथा प्रसङ्ग)
गी.सं.	गीतार्थसंग्रह (लक्ष्मण रैना)
गो.क.थॉट्स	गोपीनाथ कविराज'ज़् थॉट्स टुवर्ड्स अ सिस्टमेटिक स्टडी (Gopinath Kaviraj's Thoughts towards a Systematic Study)
चि.ग.च.	चिद्गगनचन्द्रिका
चि.म.सा.स.	चिञ्चिणीमतसारसमुच्चय

डॉक्ट्रिन.	डॉक्ट्रिन ऑफ़् रिकॉग्निशन (Doctrine of Recognition)
तं./तं.आ.	तन्त्रालोक
तं.वि./तं.आ.वि	तन्त्रालोक-विवेक
तं.सा.	तन्त्रसार
तन्त्रा.	तन्त्रागमीय धर्म-दर्शन
ता.वा.शा.दृ.	तान्त्रिक वाङ्मय में शाक्त-दृष्टि
ध्व.लो.	ध्वन्यालोक
ध्व.लो.लो.	ध्वन्यालोकलोचन
ध्व.लो.लो.(पाठक)	ध्वन्यालोकलोचन (जगन्नाथ पाठक संस्करण)
ना.शा.	नाट्यशास्त्र
ने.तं.	नेत्र-तन्त्र
ने.तं.उ./ने.तं.वि.	नेत्रतन्त्र-उद्योत/विवृति
नि.षो/नि.षो.तं.	नित्याषोडशिकार्णव/नित्याषोडशिकार्णव-तन्त्र
न्या.बि.	न्यायबिन्दु
न्या.बि.टी.	न्यायबिन्दुटीका (धर्मोत्तर)
प.त्रि.	परात्रिंशिका/परात्रीशिका
प.त्रिं.वि.	परात्रिंशिकाविवरण (का.सं.ग्र.)
प.त्रि.वि.(गुरुटू)	परात्रिंशिकाविवरण (गुरुटू)
प.त्रिं.वि.(जय.)	परात्रिंशिका (जयदेव सिंह)
पा.	पाणिनि/अष्टाध्यायी
पा.सू.	पाशुपतसूत्र
पा.सू.(पाञ्चार्थभाष्य)	पाशुपतसूत्र (पाञ्चार्थभाष्य)
प्र.हृ./प्र.हृ.(का.ग्र.)	प्रत्यभिज्ञाहृदय (का.ग्र.)
प्र.हृ.(जय.)	प्रत्यभिज्ञाहृदय (जयदेव सिंह)

फ़ॉ.इ.क.	फ़ाउन्डेशन्स ऑफ़् इंडियन कल्चर (Foundations of Indian Culture)
बु.लॉ.	बुद्धिस्ट लॉजिक
ब्र.सू.	ब्रह्मसूत्र
भ.गी.	भगवद्गीता
भर्तृहरि.	भर्तृहरि (अय्यरकृत, हिन्दी अनुवाद)
भर्तृहरि.(अं.)	भर्तृहरि (अय्यरकृत अंग्रेज़ी मूल ग्रन्थ)
भा.	भास्करी (ईश्वर-प्रत्यभिज्ञाविमर्शिनी पर टीका)
भा.तं.शा.	भारतीय तन्त्रशास्त्र
भा.प.मू.स्व.	भारतीय परम्परा के मूल स्वर
भा.(वि.)/भास्करी(वि.)	ईश्वरप्रत्यभिज्ञाविमर्शिनी (भास्करी के साथ प्रकाशित)
भा.सं.सा.	भारतीय संस्कृति और साधना
म.प्र.(शिति.)	महानय-प्रकाश (शितिकण्ठ)
म.प्र.(त्रि.)	महानयप्रकाश (त्रिवेन्द्रम)
म.भैरवतन्त्र	मन्थानभैरवतन्त्र
म.मा.रह.	मन्त्र और मातृकाओं का रहस्य
म.मं.	महार्थ-मञ्जरी
म.मं.प.	महार्थमञ्जरीपरिमल
मा.पु.	मार्कण्डेय पुराण
मा.वि.	मालिनीविजय
मा.वि.तं.	मालिनीविजयोत्तरतन्त्र
मा.वि.वा.	मालिनीविजयवार्त्तिक
मृ.तं.	मृगेन्द्र तन्त्र (द्विवेदी संस्करण)
यो.सू.	योगसूत्र (पतंजलि)
यो.भा./यो.सू.भा.	योगसूत्रभाष्य (व्यास)
यो.हृ.	योगिनीहृदय

यो.हृ.दी.	योगिनीहृदयदीपिका
रघु.	रघुवंश
रेफ़लेक्शन.	''रेफ़लेक्शन ऑन् प्रत्यभिज्ञा ऍण्ड बुद्धिज़्म'' (Reflection on Pratyabhijñā and Buddhism)
ल.प्र.	लघ्वी प्रक्रिया
वाक्य./वा.प.	वाक्यपदीय
वा.म./वा.म.तं.	वामकेश्वरीमत/वामकेश्वरीमत तन्त्र
वा.म.वि.	वामकेश्वरीमत-विवरण
वा.ना.सू./वा.सू.	वातूलनाथसूत्र
वा.ना.सू.वृ./वा.सू.वृ.	वातूलनाथसूत्र-वृत्ति
वि.कौ./विज्ञानकौमुदी	विज्ञानकौमुदी (विज्ञानभैरव पर भट्ट आनन्दकृत टीका)
वि.पं.	विरूपाक्ष-पञ्चाशिका
वि.पं.वि.	विरूपाक्षपञ्चाशिका-विवृत्ति (विद्याचक्रवर्ती)
वि.भै.	विज्ञानभैरव
वि.भै.उ.	विज्ञानभैरवोद्योत
वि.भै.(उद्योत)	विज्ञान-भैरवोद्योत (शिवोपाध्यायकृत विवृति)
वि.भै.(का.ग्र.)	विज्ञान-भैरव (क्षेमराज [अंशतः] और तदनन्तर शिवोपाध्याय की वृत्ति के साथ वाला काश्मीर ग्रन्थावलि संस्करण)
वि.भै.(द्वि./द्विवेदी)	विज्ञानभैरव (व्रजवल्लभ द्विवेदी)
वि.भै.वि.	विज्ञानभैरव-विवृति
वृत्ति/ई.प्र.का.वृत्ति.	दी ईश्वरप्रत्यभिज्ञाकारिका ऑफ़् उत्पलदेव विद आथर्'स वृत्ति (The Īśvara-pratybhijñā Kārikā of Utpaladeva with Author's Vr̥tti)
"शाक्त फ़िलॉसफ़ी."	"शाक्त फ़िलॉसफ़ी" शीर्षक गोपीनाथ कविराज का हिस्ट्री ऑफ़ फ़िलॉसफ़ीः ईस्टर्न एण्ड वेस्टर्न में संकलित लेख (Śākta Philosophy)
शा.ति./शा.ति.तं.	शारदातिलक/शारदातिलक तन्त्र

शि.दृ.	शिवदृष्टि
शि.दृ.वृ.	शिवदृष्टि-वृत्ति (उत्पल)
शि.म.पु.	शिवमहापुराण
शि.सू.	शिवसूत्र/शिवसूत्राणि
शि.सू.वा.(भा.)	शिवसूत्रवार्तिक (भास्कर)
शि.सू.वा.(वरद.)	शिवसूत्रवार्तिक (वरदराज)
शि.सू.वि.	शिवसूत्रविमर्शिनी
शि.स्तो.	शिवस्तोत्रावली
शि.स्तो.वृ.	शिवस्तोत्रावलीवृत्ति
शैविज़्म.	शैविज़्म इन् फ़िलॉसॉफ़िकल पर्सपेक्टिव (Śaivism in Philosophical Persepective)
स.द.सं.	सर्वदर्शनसंग्रह
सं.वा.बृ.इ.(तन्त्रा.)	संस्कृत वाङ्मय का बृहद् इतिहास (तन्त्रागम खण्ड)
सर्वतोभद्र	गीता पर (रामकण्ठ कृत) सर्वतोभद्र नामक टीका
सर्वतोभद्र(चिन्तामणि)	सर्वतोभद्र (चिन्तामणि द्वारा संपादित)
सां.का.	सांख्यकारिका
सौ.ल.	सौन्दर्यलहरी
स्टैन्ज़ाज़्.	दी स्टैन्ज़ाज़् ऑन् वायब्रेशन (The Stanzas on Vibration)
स्त.चि.	स्तवचिन्तामणि
स्त.चि.वि.	स्तवचिन्तामणि-विवृति
स्प.का.	स्पन्दकारिका
स्प.का.वि.	स्पन्दकारिका-विवृत्ति (रामकण्ठ)
स्प.नि.	स्पन्दनिर्णय
स्प.प्र.(इस्लामपुरकर)	स्पन्दप्रदीपिका (इस्लामपुरकर)
स्प.प्र.(भट्ट उत्पल)	स्पन्दप्रदीपिका (भट्ट उत्पल)

स्प.प्र.(कविराज)	स्पन्दप्रदीपिका (कविराज)
स्व.तं.	स्वच्छन्द तन्त्र (का.ग्र.)
स्व.तं.(द्विवेदी)	स्वच्छन्द तन्त्र (व्रजवल्लभ द्विवेदी संपादित)
स्वभावमवभासस्य.	"स्वभावमवभासस्य विमर्शम्" जजमेन्ट एज़ ए ट्रान्सेन्डेन्टल कैटेगॅरी इन् उत्पलदेव'ज़् शैव थ्योलॉजी ("Svabhāvamavabhāsasya vimarśaṁ": Judgement as a Transcendental Category in Utpaladeva's Śaiva Theology)
हर्षनारायण	फ़ैसेट्स ऑफ़् इन्डियन रिलीजिओ-फ़िलॉसॉफ़िक् आइडेन्टिटी (Facets of Indian Religio-Philosophic Identity)
हिस्ट्री.	ए हिस्ट्री ऑफ़् इंडियन फ़िलॉसफ़ी, द्वारा सु.ना. दासगुप्त, भा. ५ (A History of Indian Philosophy by S.N. Dasgupta, vol. 5)

खण्ड एक : आगम और निगम

१. तान्त्रिक दर्शन : प्रकृति और सांस्कृतिक सन्दर्भ

२. काश्मीर शिवाद्वयवाद की दृष्टि में श्रुति

३. निगमागम परम्पराओं की पारस्परिकता और अन्तःसम्बन्ध

१

तान्त्रिक दर्शन
प्रकृति और सांस्कृतिक सन्दर्भ

शैव और शाक्त दर्शनों का महत्त्व इसी बात से समझा जा सकता है कि वे केवल एक दार्शनिक विचार-सरणि को ही हमारे सामने प्रस्तुत नहीं करते, अपितु एक सम्पूर्ण जीवनधारा या संस्कृति को भी, जिसे **कविराज** जी के शब्दों में 'तान्त्रिक संस्कृति' कहा जा सकता है। भारतीय संस्कृति की एक सशक्त अन्तर्धारा का नाम है तन्त्र या आगम। भारतीय दर्शन जिस प्रकार भारतीय संस्कृति के उत्स का आलेख है, उसी प्रकार शैव और शाक्त दर्शन तन्त्र-संस्कृति के उत्स का।

यह बात संयोग मात्र नहीं है कि भारत के मानचित्र की रेखाएँ शैव मन्दिरों से बनी हैं। आठवीं शती तक आते-आते श्रीनगर, केदारनाथ, नेपाल (पशुपतिनाथ), प्रभास (सोमनाथ), काठियावाड, वाराणसी (विश्वनाथ), कलकत्ता (नकुलीश), उज्जैन (महाकाल) और रामेश्वरम् के विख्यात शिवलिंग हमारी लौकिक और आध्यात्मिक जीवनधारा पर अपना पूरा प्रभाव स्थापित कर चुके थे। यह भी संयोग मात्र नहीं कहा जाएगा कि अद्वैत वेदान्त के अनन्य प्रतिष्ठापक आचार्य **शंकर** की दिग्विजय-यात्रा के कीर्ति-स्तम्भ रूप उनके मठों में शिव के ज्योतिर्लिंगों की प्राणप्रतिष्ठा करनी पड़ी, जहाँ आगमोक्त पद्धति से आज भी पूजन होता है। इतना ही नहीं, बदरिकाश्रम की अलकनन्दा के जल से रामेश्वरम् के शिवलिंग का अभिषेक किए बिना एक भारतीय की धार्मिक आस्था आज भी तृप्त नहीं होती।

हमारा प्रयोजन शिव का महिमा-गान नहीं है, परन्तु यह बताना है कि भारत के वैचारिक और आध्यात्मिक विकास में निगम और आगम पद्धतियाँ (श्रुति और तन्त्र) इस प्रकार रच बस गई हैं कि वे मूलतः स्वतन्त्र होने पर भी एक-दूसरे के पूरक रूप में हमें आज भी मिलती हैं। इनमें निगम (वैदिक)-पद्धति पर तो हमें प्रभूत सामग्री उपलब्ध होती है, किन्तु आगम-पद्धति पर बहुत थोड़ा काम हुआ है। भारत के दर्शनों का कोई भी अध्ययन तब तक पूरा नहीं कहा जाएगा जब तक कि इस विचारधारा का भी पूरा लेखा-जोखा न प्रस्तुत किया जाए।

---

* अपने मूलरूप में *परिषद्-पत्रिका* (बिहार राष्ट्रभाषा परिषद् की शोध-पत्रिका), वर्ष १८, अंक २, जुलाई १९७८ (पृ. ३७-५६) में प्रथमतः प्रकाशित।

दोनों संस्कृतियों के पारस्परिक अन्तःसम्बन्ध की चेतना पहले भी रही है। *मनुस्मृति* के प्रसिद्ध टीकाकार **कुल्लूकभट्ट** दो प्रकार की श्रुतियों का उल्लेख करते हैं – वैदिक और तान्त्रिक।[1] उसी प्रकार **श्रीकण्ठ** अपने *ब्रह्मसूत्रभाष्य* में दो प्रकार के शैवागमों की चर्चा करते हैं – प्रथम वेद, जिसका सम्बन्ध तीन वर्णों से है और द्वितीय तन्त्र, जिसका सम्बन्ध सभी वर्णों से है।[2] सच पूछा जाए तो वैदिक और तान्त्रिक संस्कृति का मूल भेद यहीं से आरम्भ होता है। वैदिक संस्कृति वर्णाश्रम-व्यवस्थामूलक और पुरुष-प्रधान संस्कृति है और तान्त्रिक संस्कृति वर्ण, आश्रम और लिंगभेद की उपेक्षा करके चलती है। चूँकि तान्त्रिक संस्कृति वैदिक संस्कृति की भाँति एक लोक-व्यवस्था नहीं दे सकी है, इसलिए वर्णाश्रम-परम्परा और लिंगभेद की यह उपेक्षा दो तरह से की गई है – कहीं पूर्ण निषेध, अस्वीकार या उल्लङ्घन के द्वारा और कहीं उसके साथ समझौता करके। पहले प्रकार की अभिव्यक्ति 'वाममार्ग' की पद्धति में और दूसरे की 'दक्षिण मार्ग' में हुई है, परन्तु मूल भाव एक ही है। जीवन को उसकी समग्रता (टोटेलिटी) में स्वीकार करना तान्त्रिक संस्कृति का पहला लक्षण है। वैदिक संस्कृति के व्यावृत्तिमूलक (एक्सक्लूसिव) दृष्टिकोण की तुलना में तान्त्रिक संस्कृति के इस दृष्टिकोण को अनुवृत्तिमूलक (इन्क्लूसिव) कहा जा सकता है। मनुष्य के वैयक्तिक (आश्रम), सामाजिक (वर्ण) और आध्यात्मिक व्यक्तित्व (निःश्रेयस्) परस्पर विरोधी नहीं हैं, बल्कि एक ही चेतना के क्रमिक विकास हैं और इनमें प्रत्येक पक्ष की विभिन्न अवस्थाओं में केवल स्तर-भेद है, गुणात्मक भेद नहीं। यह इस दृष्टिकोण का स्वाभाविक फलितार्थ है। इसका फल यह होता है कि मोक्ष और जीवन क्रमशः स्वातन्त्र्य एवं बन्धन के प्रतीक न होकर जीव की आध्यात्मिक चेतना के पूर्ण और अपूर्ण विकास के प्रतीक बन जाते हैं, पाप और पुण्य केवल दृष्टिभेद-मात्र रह जाते हैं[3] और भोग एवं योग (अथवा मोक्ष) एक-दूसरे के विरोधी न रहकर पूरक बन जाते हैं।[4] इनमें जो गुणात्मक भेद देखती है, उसे ज्ञान की 'विवेकमूला' और इनसे भिन्न दृष्टि को 'सामरस्यमूला' कह सकते हैं। ज्ञान-मीमांसा के क्षेत्र में इसका प्रभाव ज्ञान की अध्यवसानमूला (इतरनिषेधपूर्वक निश्चयन) और अनुसन्धानमूला (इतरग्रहणपूर्वक ज्ञान)

---

[1] द्विधा च श्रुतिः वैदिकी तान्त्रिकी च।

[2] अतः शैवागमो द्विविधः, त्रैवर्णिकविषयस्सर्वविषयश्चेति। वेदः त्रैवर्णिकविषयः। सर्वविषयश्चान्यः। उभयोरेक एव शिवः कर्त्ता। – *ब्र.सू.* २.२.३७ पर *श्रीकण्ठभाष्य*; और भी द्र. :
"तत्र भेदप्रधानानि वेदादीनि शास्त्राणि, अभेदप्रधानानि च शैवादीनि।" – *तन्त्रालोक* ४.२५२ पर *विवेक,* भा. ३, पृ. ८६८

[3] यः पुण्यपापहेतुत्वेन मम पूर्वं प्रसिद्धः नीलसुखादिर्भावः स एव मोक्षसाधनमिति। – *भास्करी,* १, पृ. ४०

[4] भोगमोक्षसामरस्यसाक्षात्कारलक्षणो जीवन्मोक्षः। – *म.मं.प.,* पृ. १३२

प्रक्रियाओं में क्रमशः मिलता है। स्थानाभाव के कारण हम चर्चा को यहीं छोड़ते हैं।[५]

दर्शन ग्रन्थों में, शैव सम्प्रदायों[६] के सम्बन्ध में सबसे पहला उद्धरण हमें **शंकर** में मिलता है। *ब्रह्मसूत्र* २.२.३७ ("पत्युरसामञ्जस्यात्") में **शंकर,** जो उपादान और निमित्त कारणों को एक मानते हैं, माहेश्वरों का निमित्तकारणतावादियों के रूप में खण्डनार्थ उल्लेख करते हैं।[७] यह मजे की बात है कि **शंकर** उसी साँस में वैशेषिकों का भी निमित्तकारणतावादियों के रूप

---

[५] विस्तार के लिए द्र., *भारतीय संस्कृति और साधना,* **गोपीनाथ कविराज**, पृ. ५; *फ़िलॉसफ़ीज ऑफ़् इण्डिया,* **ज़िमर**, पृ. ५७२-७६; "काण्ट्रिब्यूशन ऑफ़् काश्मीर टु फ़िलॉसफ़ी, थॉट ऍण्ड कल्चर", **नवजीवन रस्तोगी** का लेख, *एनल्स ऑफ़् भण्डारकर ओरिएण्टल इन्स्टीट्यूट,* पूना, १९७४-७५, अंक ६६; *काश्मीर शैविज़्म,* **एल.एन. शर्मा**, प्रथम अध्याय।

[६] शैवमत की चर्चा करते समय एक ओर हमारा ध्यान *श्वेताश्वतर उपनिषद्* की ओर और दूसरी ओर सिन्धु घाटी की सभ्यता से सम्बद्ध मोहनजोदाड़ो तथा हड़प्पा-उत्खनन में प्राप्त महायोगी की मुद्रा में त्रिनेत्रयुक्त प्रतिमा की ओर जाना स्वाभाविक है। *श्वेताश्वतर* में हम रुद्र के स्वरूप-विकास के दार्शनिक अंकुरण की पीठिका पर अपने को पाते हैं। **रानाडे** के अनुसार, ईश्वर की दोनों – ऐश्वर्यवादी और तटस्थतापरक देवत्ववादी (थीइस्टिक ऍण्ड डीइस्टिक), धारणाएँ हमें यहाँ प्राप्त होती हैं। पति, पशु और पाश एवं शक्ति और शक्तिमान् के घनिष्ठ सम्बन्ध की भी धारणाओं का बीज यहाँ उपलब्ध हो जाता है। (*ए कॉन्स्ट्रक्टिव सर्वे ऑफ़् उपनिषदिक फ़िलॉसफ़ी,* चतुर्थ अध्याय) परन्तु, इसके साथ यह भी सच है कि *श्वेताश्वतर* में हमें वेदान्त, सांख्य और योग की अनेक धारणाएँ एक-दूसरे में गुँथी मिलती हैं। फलतः सम्प्रदाय-विशेष से उनके सम्बन्ध का निर्भ्रान्त विश्लेषण कठिन हो जाता है। जहाँ तक सिन्धु घाटी के उत्खनन में प्राप्त सामग्री का सवाल है, उसके निष्कर्षों के बारे में काफी मतभेद है। इस सम्बन्ध में **दासगुप्त** (*ए हिस्ट्री ऑफ़् इण्डियन फ़िलॉसफ़ी,* भा. ५, पृ. १५५) का यह मन्तव्य मननीय है : "कुछ लोगों का कहना है कि शैवमत का प्राचीनतम रूप ही दक्षिण भारत का प्राचीन प्रागैतिहासिक धर्म है। किन्तु, मुझे कोई प्रमाण नहीं मिला, जिससे एक पहले से वर्तमान आर्यपूर्व द्रविड धर्म का सही स्वरूप दिखाया जा सके और जिसका उसके साथ तादात्म्य बताया जा सके जिसे आज हम शैवमत के नाम से जानते हैं। यह बात अब भी बड़ी सन्दिग्ध है कि आर्यपूर्व द्रविडों के दर्शन का कोई क्रमबद्ध स्वरूप था, जो दूसरे आदिवासियों के फिरकों के धर्म से पृथक् था।" (मूल अंग्रेज़ी-उद्धरण प्रस्तुत ग्रन्थ के लेखक द्वारा हिन्दी में अनूदित)।

[७] "माहेश्वरास्तु मन्यन्ते–कार्यकारणयोगविधिदुःखान्ताः पञ्च पदार्थाः पशुपतिनेश्वरेण पशुपाशविमोक्षणायोपदिष्टाः पशुपतिरीश्वरो निमित्तकारणमिति। तथा वैशैषिकादयोऽपि केचित्कथञ्चित् स्वप्रक्रियानुसारेण निमित्तकारणमीश्वर इति।" **दासगुप्त** यहाँ माहेश्वर का अर्थ पाशुपतों से लेते हैं (*हिस्ट्री,* भा. ५, पृ. १५५) और पाशुपत और नकुलीश-पाशुपत को एक ही सम्प्रदाय मानते हैं। (तत्रैव, पृ. ५) **कान्तिचन्द्र पाण्डेय** भी इसे पाशुपत मत का ही संकेत मानते हैं, पर इसे लकुलीश-पाशुपत से भिन्न मानते हैं। उनकी दृष्टि में यद्यपि दोनों मतों के पाँच तत्त्व एक ही हैं, तथापि पाशुपत दृष्टि द्वैतप्रधान है, जबकि लकुलीश-पाशुपत की द्वैताद्वैतप्रधान। (द्र. *भास्करी,* भा. ३, भूमिका, पृ. ८)

में उल्लेख करते हैं। यहाँ यह देखने की बात है कि **हरिभद्र सूरि** (७००-७७० ई.) अपने *षड्दर्शनसमुच्चय* में नैयायिकों और पाशुपतों को एक ही मानते हैं।[८] साथ ही, वैशेषिकों को भी उन्होंने, प्रक्रियागत अन्तर मानते हुए भी, देवता-विषयक दृष्टि से एक ही माना है। *षड्दर्शनसमुच्चय* के टीकाकार **गुणरत्नसूरि** (पन्द्रहवीं शती) ने भी इसकी पुष्टि की है। इससे एक बात और साफ हो जाती है कि **शंकर** के द्वारा माहेश्वरों और वैशेषिकों का उल्लेख केवल एक संयोग ही नहीं है। वैशेषिक और पाशुपत इन दो भिन्न शब्दों के प्रयोग से यह निष्कर्ष निकाला जा सकता है कि देवता-विषयक मतैक्य होने पर भी पहला जहाँ चर्यापक्ष की प्रधानता को सूचित करता है, वहीं दूसरा युक्तिपक्ष की। इस बात की पुष्टि **राजशेखर** (६०० ई.), जो इसी नाम की दूसरी पुस्तक के रचयिता थे, से भी होती है। न्यायदर्शन के लिए वह 'योग' शब्द का प्रयोग करते हैं और उनकी वेश-भूषा, आचार इत्यादि का वर्णन करते हैं और यह बताते हैं कि वे लोग अपनी भुजाओं में प्राणलिंग धारण किए रहते थे।[९] यदि शैवमत (पाशुपत अथवा वीर-शैवमत) से न्याय और वैशेषिक का यह समीकरण सही है (जैसा कि प्रतीत भी होता है), तो शैवमत की दार्शनिक प्राचीनता के बारे में संशय नहीं रहता। यही नहीं, इस समीकरण से भारतीय दर्शन के इतिहास में कई अनखुले अध्यायों का पता चलने की सम्भावना है।

गुणरत्नसूरि ने अपनी टीका में न्याय-वैशैषिक के चार अवान्तर सम्प्रदायों का उल्लेख किया है – १. शैव, २. पाशुपत, ३. महाव्रतधर और ४. कालमुख :

आधार-भस्म-कौपीन-जटा-यज्ञोपवीतिनः।
स्व-स्वाचारादिभेदेन चतुर्धा स्युस्तपस्विनः।।

शैवाः पाशुपताश्चैव महाव्रतधरास्तथा।
तुर्या कालमुखा मुख्या भेदा एते तपस्विनाम्।।[१०]

---

[८] "नैयायिकं पाशुपतदर्शनम्, तत्र न्यायः प्रमाणमार्गस्तस्मादनपेतं नैयायिकमिति व्युत्पत्तिः। . . . . वैशेषिकं काणाददर्शनम्, दर्शनदेवतादिसाम्येऽपि नैयायिकेभ्यो द्रव्यगुणादिसामग्र्या विशिष्टमिति वैशेषिकम्।" – *षड्दर्शनसमुच्चय,* श्लो. ३ पर **मणिभद्र** कृत (१३३५ ई.) *लघुवृत्ति,* पृ. ४; और भी देखिए : "अथ योगमतं ब्रूमः शैवमित्यपराभिधम्।"– *ष.द.स.,* **राजशेखर,** श्लोक ८४, पृ. ७६

[९] द्र. *भास्करी,* भा. ३, भूमिका, पृ. १२। यहाँ ध्यान देने की बात है कि प्राणलिंग का धारण करना वीरशैवों की चर्यापद्धति का अनिवार्य अंग है और इस आचार का पालन आज तक होता है।

[१०] *षड्दर्शनसमुच्चय,* **हरिभद्रसूरि,** २.१२ पर **गुणरत्नसूरि** कृत *तर्करहस्यदीपिका,* पृ. ७८।

शंकर के *भाष्य* (*ब्र.सू.* २.२.३७) पर *भामती, रत्नप्रभा* और *आनन्दगिरीय* – तीनों ही वृत्तियाँ चार सम्प्रदायों का उल्लेख करती हैं, परन्तु महाव्रतधर और कालमुख[११] के स्थान पर हमें कारुणिक सिद्धान्तिन् और कापालिक सम्प्रदायों के नाम प्राप्त होते हैं। *भामती* तो इनके दार्शनिक सिद्धान्तों की भी चर्चा करती है।[१२] इस दृष्टि से ये चारों पाशुपतों से अभिन्न हैं।[१३]

शैव दर्शन के इतिहास में शैवों को *सर्वदर्शनसंग्रह* में **माधव** ने पहली बार आदर दिया और उनके निजन्धर व्यक्तित्व को उजागर करते हुए उनके सम्प्रदायों की विवेचना की। ये सम्प्रदाय हैं – नकुलीश-पाशुपत दर्शन, शैव दर्शन, प्रत्यभिज्ञा दर्शन और रसेश्वर दर्शन। इस सम्बन्ध में यह बात थोड़ी विचित्र लगती है कि **माधव** वीरशैव सम्प्रदाय का उल्लेख नहीं करते, जबकि वीरशैव का मुख्य केन्द्र दक्षिण रहा है और उसके सबसे महान् प्रतिष्ठापक **वसव** (११५७-६७ ई.) **माधव** से लगभग दो सौ वर्ष पूर्व हो चुके हैं। और, इनमें से नकुलीश-पाशुपत सम्प्रदाय का आधार *पाशुपतसूत्र* और **कौण्डिन्य** का *भाष्य* है, जो *राशीकर भाष्य* से एक है। शैवदर्शन, जो शैवसिद्धान्त मत के लिए प्रयुक्त हुआ है, का विवेचन आगमों और **भोज** के *तत्त्वप्रकाश* पर आधृत है। प्रत्यभिज्ञा दर्शन **सोमानन्द** द्वारा प्रदर्शित काश्मीर का प्रसिद्ध

---

[११] **भाण्डारकर** कालमुख और महाव्रतधर को एक मानते हैं। द्र. *वैष्णविज़्म शैविज़्म एण्ड माइनर रिलीजियस सिस्टम्स,* पृ. १२८। **दासगुप्त** ने इस मत के आधार की आलोचना की है (उपर्युक्त *हिस्ट्री.,* पृ. २)। ये चर्याप्रधान सम्प्रदाय हैं। विस्तार के लिए द्र. **भाण्डारकर, दासगुप्त,** तथा *इन्सायक्लोपीडिया ऑफ़ रिलीजन ऍण्ड एथिक्स* में "शैविज़्म" शीर्षक **फ्रेज़र** का लेख (**दासगुप्त** द्वारा संदर्भित, उपर्युक्त *हिस्ट्री.,* पृ. ३)

[१२] कारणमीश्वरः। कार्यं प्राधानिकं महदादि। योगोऽप्योङ्कारादिध्यानधारणादिः। विधिस्त्रिषवण-स्नानादिर्गूढचर्यावसानः, दुःखान्तो मोक्षः। पशव आत्मानस्तेषां पाशो बन्धनं तद्विमोक्षो दुःखान्तः। – *ब्रह्मसूत्रशाङ्करभाष्य (भामती),* पृ. ५६५-६६

[१३] जैसा कि हम देख चुके हैं कि **गुणरत्न** महाव्रतधर और कापालिक को दो भिन्न सम्प्रदाय मानते हैं। कापालिकों का उल्लेख वह नहीं करते। **रामानुज** शैव, पाशुपत, कापालिक और कालमुखों को वेदविरोधी मानते हैं। **आनन्दगिरि** ने भी *शंकरविजय* में कापालिकों को वेदबाह्य माना है, पर वह कालमुखों का उल्लेख नहीं करते। महाव्रतों का उल्लेख **अभिनवगुप्त** ने भी अपनी *अभिनव-भारती* में किया है (भा.१, बड़ौदा संस्करण, पृ. ३३७)। परन्तु **वाचस्पति** के कारुणिक सिद्धान्तिन् का कोई उल्लेख या कोई आधार हमें कहीं नहीं प्राप्त होता। **दासगुप्त** ने आगमों के करुणा या अनुग्रह के सिद्धान्त और कारुणिक सिद्धान्तिन् में सम्बन्ध की सम्भावना व्यक्त की है (उपर्युक्त *हिस्ट्री.,* पृ. ४)। *शंकरविजय* में **आनन्दगिरि** छह भिन्न प्रकार के शैव सम्प्रदायों का उल्लेख करते हैं – शैव, रौद्र, उग्र, भट्ट, जंगम और पाशुपत। ऐसा प्रतीत होता है कि *शारीरक भाष्य* पर टीका करते हुए उन्होंने केवल पाशुपतों के अवान्तर सम्प्रदायों का उल्लेख किया है, सभी शैवों का नहीं। (*तत्रैव,* पृ. १४)

शिवाद्वैतवाद है। और, रसेश्वरदर्शन योग के स्थान पर पारद का आश्रय लेकर मुक्ति तक पहुँचने वाला सम्प्रदाय है। *वीरशैवागम* में एक स्थल पर कहा गया है – "समुद्रसिकतासङ्ख्यास्समयाःसन्ति कोटिशः"। (हस्तलिखित प्रति) यह बात सच लगती है, जब हम देखते हैं कि **शामेरस** अपनी पुस्तक *डेर शैव सिद्धान्त* (जर्मन ग्रन्थ) में, जिसमें वह शैवमत के प्रकार-विशेष (शैव सिद्धान्त) का निरूपण करता है, यह प्रतिपादित करता है कि *शिवज्ञानबोध* की एक टीका के आधार पर पाए गए अनेक शैव सम्प्रदायों के तमाम भेद वस्तुतः एक ही मुख्य सिद्धान्त की भंगिमाभेदमात्र हैं – पाशुपत, वीरशैव और प्रत्यभिज्ञा सिद्धान्तों को छोड़कर। वह इन सम्प्रदायों को दो वर्गों में रखता है – १. पाशुपत, माब्रतवाद (सम्भवतः महाव्रत), कापालिक, वाम, भैरव, ऐक्यवाद; २. ऊर्ध(ऊर्ध्व)-शैव, अनादिशैव, आदिशैव, महाशैव, भेदशैव, अभेदशैव, आन्तरशैव, गुणशैव, निर्गुणशैव, अध्वन्-शैव, योगशैव, ज्ञानशैव, अणुशैव, क्रियाशैव, नालुपादशैव और शुद्धशैव।[१४] चूँकि इनके दार्शनिक स्वरूप के बारे में हमारा ज्ञान शून्य है, हमें इन वादों की, कम-से-कम इस लेख के लिए, उपेक्षा करनी होगी। इतना अवश्य कहा जा सकता है कि सम्भवतः शैव दर्शन के अनेक सिद्धान्तों में एक-एक सिद्धान्त के आश्रय से ये नाम रख दिए गए हैं।

शैव मत के विवेचन के सन्दर्भ में एक अन्य महत्त्वपूर्ण स्रोत प्रायः छूट जाता है। यह स्रोत है पौराणिक। जब हम शैव विचारधारा के सहज और विविध विकास की कड़ियाँ जोड़ते हैं, तब बिना इस सामग्री का उपयोग किए हमारा अध्ययन अधूरा रह जाता है। पुराणों में प्राप्त सामग्री यद्यपि अद्वैतवाद का शुद्ध स्वरूप तो हमारे समक्ष नहीं रखती, तथापि अद्वैत की दिशा में उसका रुझान स्पष्ट है। *मार्कण्डेयपुराण* में हमें शाक्त विचारधारा के प्रचुर तत्त्व मिलते हैं और *शिवमहापुराण* में शैव विचारधारा के। *दुर्गासप्तशती मार्कण्डेयपुराण* का ही एक अंश है। इसमें देवी के जिस स्वातन्त्र्ययुक्त और व्यापक स्वरूप की भावना की गई है, उसे 'पैनथीइज़्म' की शब्दावली में व्यक्त किया जा सकता है। सम्पूर्ण जगत् में वह आत्मशक्ति से व्याप्त है, वह जगत् का आदिकारण है, द्वैत-अद्वैत का सारा प्रपञ्च उसी में जाकर विश्रान्त होता है।[१५] *मार्कण्डेयपुराण* का दार्शनिक अध्ययन होना अभी शेष है और यह निश्चित कहा जा सकता है कि ऐसी गवेषणा से तान्त्रिक संस्कृति के क्षेत्र में कई गवाक्ष खुलेंगे। *शिवमहापुराण* सात पुस्तकों या संहिताओं का संग्रह है, जिसमें शैव दर्शन, शैव मिथकों और

---

[१४] अब अंग्रेज़ी में अनूदित, पृ. ३।

[१५] एवं देवि त्वया व्याप्तं सकलं निष्कलं च यत्।।

अद्वैतावस्थितं ब्रह्म यच्च द्वैते व्यवस्थितम्। – *मा.पु.* २१.४६$_{ब}$-४७$_{अ}$

सर्वाश्रयाखिलमिदं जगदंशभूतमव्याकृता हि परमा प्रकृतिस्त्वमाद्या।। – *तत्रैव,* ८१.७

शिवार्चा के अनेक पक्षों की चर्चा की गई है। यद्यपि शैव दर्शन का आधारभूत ढाँचा अपने बाह्य आकार में पूरे ग्रन्थ में एक जैसा है, तथापि विस्तार में भेद है। विशेष रूप से प्रथम छह संहिताओं और अन्तिम *वायवीयसंहिता* में शैवमत का विकास दो भिन्न दिशाओं में हुआ है।[१६] पहली छह संहिताओं में से एक *कैलाशसंहिता* में शैवमत का ग्रहण एक अद्वैतमूलक सम्प्रदाय के रूप में किया गया है।[१७] प्रत्येक प्राण की रचना में स्त्री-अंश और पुरुष-अंश की अनिवार्य उपस्थिति हमें ऐसे आदिकारण की ओर प्रेरित करती है, जिसमें पुरुषांश और स्त्र्यंश समवेत हों। यह आदिकारण ब्रह्म है। इसका प्रथम घटक पुरुष या शिव है जो प्रकाश-रूप है, और दूसरा घटक है प्रकृति या शक्ति जो शुद्ध चिद्रूपा है। दोनों मिलकर सृष्टि करते हैं, इसी से आनन्द का उद्रेक होता है। इस प्रकार सत्, चित् और आनन्द के अद्वैत में शिव और शक्ति का भी अभेद छिपा है।

इस शक्ति को स्पन्द भी कहा गया है। इच्छा, क्रिया और ज्ञान, ये शिव के तीन पक्ष हैं। शिव-शक्ति के समवाय से पराशक्ति का आविर्भाव होता है, पराशक्ति से चित्-शक्ति का, चित्-शक्ति से आनन्द, आनन्द से इच्छा, इच्छा से ज्ञान और ज्ञान से क्रिया का उद्रेक होता है। स्पन्दन में प्रथम तत्त्व को शिव कहा गया है। जीवात्माएँ शिव के स्वरूप का संकोच-मात्र हैं और जगत् शक्ति का विकार है। इस संसारावस्था में पुरुष प्रकृति को कला के राग आदि पञ्चकृत्यों द्वारा व्यापृत करता है। इन्हें ही अन्यत्र 'पञ्चकञ्चुक' कहा गया है। इस प्रकार, यह जगत् और जीवात्माएँ ब्रह्म से एकरूप हैं और इनकी अभिन्नता का बोध ही मोक्ष का कारण है। इस विवेचन से यह स्पष्ट है कि सारा दर्शन एक प्रकार के अद्वैतवाद का प्रतिपादन करता है, जिसकी रूपरेखा शुद्ध प्रत्ययवादी नहीं है। प्रतिपादन की यह शैली हमें **श्रीकण्ठ** के *भाष्य* के कुछ स्थलों की याद दिलाती है, साथ ही काश्मीर शैवमत की स्पन्द-विचारधारा की भी। परन्तु यह कहना कठिन है कि काश्मीर शैवमत पर यहाँ से प्रभाव पड़ा होगा; क्योंकि इस पुराण का काल लगभग दसवीं शती है, तब तक काश्मीर शैवमत के मुख्य सिद्धान्तों का विकास हो चुका था।

इसी सन्दर्भ में यह देखना अप्रासंगिक नहीं होगा कि ज्ञान और भक्ति में भेद नहीं किया

---

[१६] **दासगुप्त** के अनुसार, ये दोनों ग्रन्थ पाशुपत सम्प्रदाय के ही हैं (उपर्युक्त *हिस्ट्री.*, पृ. ९७)। **दासगुप्त** के मत से तब तक सहमत नहीं हुआ जा सकता, जब तक कि हम यह न मानें कि पाशुपत दर्शन की प्रवृत्ति अद्वैतपरक थी। इस सम्बन्ध में हम पहले ही निर्देश कर चुके हैं कि विद्वानों में पाशुपत दर्शन के द्वैत और अद्वैतपरक स्वरूप के विषय में मतभेद है (द्र. पादटिप्पणी ७ ऊपर)।

[१७] उत्पाट्याज्ञानसम्भूतं संशयाख्यं विषद्रुमम्।
शिवाद्वैतमहाकल्पवृक्षभूमिर्यथा भवेत्।। – *शि.म.पु.* ६.१६.११

गया है। यहाँ तक कि भक्ति को ज्ञान के लिए आवश्यक माना गया है।[१८] भक्ति से (*शि. म.पु.* ४.४१.१६-१८) चारों प्रकार की मुक्ति – सारूप्य, सालोक्य, सान्निध्य और सायुज्य – का मार्ग सुलभ हो जाता है। किन्तु, मुक्ति की पञ्चम कोटि, जिसे कैवल्य मुक्ति कहा गया है, शिव या उसके वास्तविक ज्ञान से ही सध पाती है। सम्पूर्ण जगत् शिवरूप है, जो कुछ है वह शिवस्वरूप है, केवल भ्रान्ति के कारण ही नाना रूप भासित होते हैं। अविद्या के दूर होते ही अहन्ता से उसका संसर्ग छूट जाता है और वह अपने-अपने वास्तविक शिवत्व को प्राप्त कर लेता है।[१९] इस प्रकार, हम देखते हैं कि *शिवमहापुराण* के इस अंश में प्राप्त अद्वैत का स्वरूप अद्वैत वेदान्त के काफी निकट है, जहाँ अवभासन का नानात्व असत् है, केवल ब्रह्म ही सत् है।

जैसा कि हम पहले कह चुके हैं कि *वायवीयसंहिता* में शैवमत का रूप इन छह संहिताओं में प्राप्त रूप से भिन्न है। यही नहीं, *वायवीयसंहिता* के भी दो खण्ड हैं और दोनों में प्रतिपादित विचारों में पर्याप्त भेद है। *वायवीयसंहिता* का निम्नांकित श्लोक द्रष्टव्य है –

नमः प्रधानदेहाय प्रधानक्षोभकारिणे।
त्रयोविंशतिभेदेन विकृतायाविकारिणे।। – *शि.म.पु.* ७.१.२.१६

परम तत्त्व को आदि कारण कहा गया है। प्रधान या प्रकृति उसकी देह बताई गई है और प्रकृति के साम्य को वह भंग करने वाला है। तेईस तत्त्वों में अपने को व्यक्त करने के बाद भी वह निर्विकार रहता है। जो कुछ भी क्षर और अक्षर रूप में हमें ज्ञात है, वह उसी के संकल्प से अस्तित्व में आया है। जीवात्माओं के विलय के साथ विश्वमाया की भी निवृत्ति हो जाती है।[२०] समग्र जगत् ब्रह्म के द्वारा अनुशासित है और ब्रह्म को केवल भक्ति से पाया जा सकता है। बीजांकुरन्याय से भक्ति ब्रह्म के अनुग्रह से सम्भव है और ब्रह्मानुग्रह, जो शिवानुग्रह का दूसरा नाम है, भक्ति से। शिव के ध्यान/मनन से व्यक्ति योग की स्थिति में आ जाता है। योग से भक्ति प्रगाढ़ होती है और उससे अनुग्रह। भक्ति और योग के पारस्परिक उपचय से जीव शिव-सम हो जाता है। शिव-साम्य की प्राप्ति ही मोक्ष है, शिवत्व-प्राप्ति नहीं। पति, पशु और पाश में जीवात्माएँ या पशु अक्षर हैं, पाश (मल) क्षर है और पति, अर्थात्

---

[१८] भक्तौ ज्ञाने न भेदो हि . . . ।
विज्ञानं न भवत्येव सति भक्तिविरोधिनः।। – *शि.म.पु.* २.२.२३.१६

[१९] भ्रान्त्या नानास्वरूपो हि भासते शङ्करस्सदा। – *तत्रैव* ४.४३.१५
कार्यकारणयोर्भेदो वस्तुतो न प्रवर्तते।।
केवलं भ्रान्तिबुद्ध्यैव तदाभावे (? तदभावे) स नश्यति।। – *तत्रैव* ४.४३.१७

[२०] भूयो ह्यस्य पशोरन्ते विश्वमाया निवर्त्तते। – *शि.म.पु.* ७.१.३.१३

शिव, इन दोनों से परे हैं। आगे चलकर प्रकृति को क्षर और पुरुष को अक्षर कहा गया है। माया और प्रकृति में अन्तर नहीं किया गया है। माया और पुरुष का संसर्ग व्यक्ति के कर्मानुसार ईश्वर की प्रेरणा से होता है। प्रकृति से होने वाली अभिव्यक्ति की प्रक्रिया को 'कला' नाम दिया गया है। सत्त्व, रजस् और तमस् – ये तीनों गुण प्रकृति से आविर्भूत होते हैं। सांख्यमतानुकूल प्रक्रिया भिन्न है, क्योंकि वहाँ प्रकृति तीनों गुणों की साम्यावस्था का नाम है।

पुरुष या आत्मा यहाँ एक ही है और उपाधि-भेद से भिन्न-भिन्न शरीरों में व्यक्त होता है।[२१] पुरुष सम्बन्धी यह दृष्टिकोण भी सांख्य, न्याय और शैव सिद्धान्त की धारणा से भिन्न है। वेदान्त की अद्वैतवादी धारणा के अधिक निकट हम यहाँ अपने को पाते हैं। इससे यह निष्कर्ष निकाला जा सकता है कि जीवों के मल स्वाभाविक हैं और शिव जन्म-जन्मान्तर के चक्र के माध्यम से जीवों की मलशुद्धि कर उन्हें उच्चतर पीठिका पर प्रतिष्ठित करता रहता है। चूँकि यह प्रक्रिया जीवों की कर्मानुपातिनी होती है, इसलिए शिव की इच्छा या अनुग्रह का समरूप प्रसार होने पर भी जीवात्माओं का स्वरूप-विकास समरूप नहीं होता। जीवों के दुःख और कष्ट का कारण विभिन्न जीवात्माओं के मलों के द्वारा किया जाने वाला प्रतिरोध है। यही कारण है कि आवागमन की प्रक्रिया से गुजरे बिना शिव के लिए सभी आत्माओं को मुक्त करना सम्भव नहीं हो पाता। अतः अनुग्रह को सामान्य अर्थ में नहीं लिया जा सकता, अपितु एक विशिष्ट अर्थ में। अर्थात्, अनुग्रह का अर्थ है ऐसी परिस्थिति की सृष्टि, जिसमें कार्यों का उपयुक्त फल मिल सके। इस अर्थ में इसकी तुलना योगदर्शन से की जा सकती है, जो ईश्वर के ऐसे नित्य संकल्प को स्वीकार करता है, जो परिणाममूला प्रक्रिया के नियत परिचालन में (परिणामक्रमनियम) इसलिए निरन्तर सक्रिय है ताकि जगत् बना रहे और पुरुषों के कर्मानुसार मानवीय अनुभवों को एक आश्रय मिल सके। *वायवीयसंहिता* की धारणा से योग इस अर्थ में भिन्न है कि योग की प्रक्रिया दो दिशाओं में चलती है – पुरुष के अपवर्ग और भोग दोनों के लिए। यद्यपि योग में सांख्य की भाँति प्रयोजनशीलता का अधिष्ठान प्रकृति ही है, तथापि गुणों में स्वाभाविक प्रतिरोध होता है जो उनके विकास या परिणाम में बाधा पहुँचाता है। ईश्वर के नित्य संकल्प की प्रकृति का परिणमन उसी दिशा में होगा, जो जीवों के कर्मों से निर्धारित होगी। प्रकृति का प्रवाह स्वभावतः उसी ओर होता है, जिस ओर से प्रतिरोध हटा लिया गया है। ईश्वर स्वतः प्रकृति को किसी दिशा में प्रेरित नहीं करता।

---

[२१] छादितश्च वियुक्तश्च शरीरैरेषु लक्ष्यते।
चन्द्रबिम्बवदाकाशे तरलैरभ्रसञ्चयैः।
अनेकदेहभेदेन भिन्ना वृत्तिरिहात्मनः ।। – *तत्रैव* ७.१.५.५६-५७

यह मत कि जीवात्माएँ स्वभाव से मलयुक्त हैं, जैनों एवं पाञ्चरात्रों में भी पाया जाता है। इस प्रकार से जीवात्माएँ अनादि काल से मल के आवरण से ढकी रहती हैं। परन्तु *वायवीयसंहिता* के दूसरे खण्ड में हमें नितान्त भिन्न दृष्टिकोण मिलता है, जहाँ यह कहा गया है कि ईश्वर ही जीवों को मल, माया आदि के बन्धन में डालता है और उनकी भक्ति के कारण ही उन्हें बन्धन-मुक्त भी करता है -

मलमायादिभिः पाशैः स बध्नाति पशून् पतिः।
स एव मोचकस्तेषां भक्त्या सम्यगुपासितः ।। – *शि.म.पु.* ७.२.२.१२-१३

सांख्य के चौबीस तत्त्व इसी माया की क्रियाशीलता से जन्म लेते हैं। ये तत्त्व विषय कहलाते हैं, क्योंकि ये जीवों को बन्धन में डालते हैं। माया दो प्रकार की है – शुद्ध माया और प्रकृति। पहली से ब्रह्मा, विष्णु एवं रुद्र देवता उत्पन्न होते हैं और दूसरी सांख्य की प्रकृति ही है। अन्तर केवल इतना है कि प्रकृति को यहाँ लिंग कहा गया है, जो अपने से अतीत किसी तत्त्व का संकेतन करती है। लौकिक सांख्य में महत् को लिंग और प्रकृति को अलिंग कहा गया है; क्योंकि महत् मूलकारण की ओर निर्देश करता है, जबकि प्रकृति स्वयं मूलकारण है।[२२]

इस दृष्टिकोण में काश्मीर शैवमत की स्वातन्त्र्यवादी धारणा की अनुगूँज स्पष्ट है।[२३] परब्रह्म जिस भी वस्तु की कल्पना करता है, उसे अपनी इच्छाशक्ति से एक सत् पदार्थ के रूप में व्यक्त कर देता है। अतः, जैसे तीनों गुण व्यक्त शक्तियों के रूप में उसमें आविर्भूत होते हैं, वैसे ही सारा विश्व (जो उससे वस्तुतः तद्रूप है; क्योंकि उसी की शक्ति से उसका उद्रेक होता है) उसी में आविर्भूत होता है। शिव की यही शक्ति माया है। इस प्रकार सारा जगत् शिव-शक्तिरूप है।[२४]

इस संहिता के अनुसार शैवागम वस्तुतः शिव के द्वारा पार्वती को दिए गए उपदेश हैं। इससे ऐसा लगता है कि *शिवमहापुराण* के काफी पहले शैव आगम अस्तित्व में आ चुके थे और उन्हीं का सार प्रस्तुत करना इस पुराण का लक्ष्य है। शैवागमों के उपदेशों का प्रयोजन शिव की करुणा के सहारे शिव-भक्तों को सर्वोच्च श्रेयस् की प्राप्ति कराना है।[२५]

---

[२२] द्र., *शि.म.पु.* ७.२.३४.७

[२३] अतः स्वातन्त्र्यशब्दार्थाननवेक्षत्व (सुधारे - शब्दार्थोऽनपेक्षत्व) लक्षणः।
एतत्पुनरनुग्राह्यं परतन्त्रं तदिष्यते।
अनुग्रहादृते तस्य भुक्तिमुक्त्योरनन्वयात्।। – *तत्रैव* ७.१.३१.७-८

[२४] एवं शक्तिसमायोगाच्छक्तिमानुच्यते शिवः।
शक्तिशक्तिमदुत्थं तु शाक्तं शैवमिदं जगत्।। – *तत्रैव* ७.२.४.३६

[२५] श्रीकण्ठेन शिवेनोक्तं शिवायै च शिवागमः।
शिवाश्रितानां कारुण्याच्छ्रेयसामेकसाधनम्।। – *तत्रैव* ७.२.७.३६

व्यावहारिक पक्ष की ओर आने पर हम देखते हैं कि शैवी विद्या के चार पक्ष हैं – ज्ञान, क्रिया, चर्या और योग। ज्ञान से तात्पर्य है आत्माओं, विषय और परब्रह्म का ज्ञान। क्रिया है गुरु के उपदेश के अनुसार शुद्धीकरण। चर्या है शिवप्रोक्त वर्ण-मर्यादा के अनुसार शिव की सम्यक् सेवा, और योग का अर्थ है शिव के चिन्तन को छोड़कर सारी चित्तवृत्तियों का निरोध। यह योग पाँच प्रकार का बताया गया है – मन्त्रयोग, अर्थयोग, भावयोग, अभावयोग और महायोग। शैवयोग की सूक्ष्म प्रक्रिया में गए बिना इतना कहा जा सकता है कि योग की प्रक्रिया मुख्यतः योगदर्शन से ही ली गई है, केवल इतना अन्तर है कि योगदर्शन में चित्त को पहले स्थूल विषयों पर केन्द्रित करना पड़ता है, फिर विषय या तन्मात्राओं पर, फिर अहंकार पर और अन्त में बुद्धि पर। दूसरी पद्धति है ईश्वर या प्रणव पर चित्त के केन्द्रण की। किन्तु यहाँ शैवयोग में दूसरी पद्धति का आश्रय लिया गया है, अर्थात् साक्षात् शिव के दैवी स्वरूप के ध्यान का ही विधान किया गया है। यह बताना प्रासंगिक होगा कि पाशुपत योग की भाँति यहाँ योग की निरुक्ति "युजिर् योगे" से की गई है, योगदर्शन की भाँति "युज् समाधौ" से नहीं। इसका फलितार्थ यह है कि वास्तविक योग तभी सम्भव है जब योग, उसके साध्य, और विषय तीनों की समग्रता का बोध हो। अर्थात् शिव की उपासना करते समय साधक को शक्ति की भी आराधना करनी होगी, क्योंकि सम्पूर्ण जगत् इन दोनों से ही उद्गत और व्याप्त होता है।[२६]

जिस प्रकार शिव और शक्ति एक युग्म के दो अनिवार्य घटक हैं, उसी प्रकार शैवमत की पूरक विचारधारा है शाक्तदर्शन-परम्परा। **गोपीनाथ कविराज** के अनुसार शिव और शक्ति का सम्बन्ध इतना अन्तरंग है कि शैव और शाक्त तन्त्रों की सांस्कृतिक पीठिका एक ही है, न केवल आचार-पक्ष में अपितु दार्शनिक धारणाओं में भी।[२७] यद्यपि यहाँ तन्त्र और आगम के स्वरूप पर गवेषणा और चर्चा दोनों का बहुत अवकाश है, परन्तु इस समय हमें इस लोभ से बचना होगा।[२८] हाँ, इतना अवश्य है कि आगम के स्वरूप को कम-से-कम प्रतिभात्मक

---

[२६] *शिवमहापुराण* में प्राप्य शैवमत के उपर्युक्त विवेचन की मूल धारणाएँ **दासगुप्त** की *ए हिस्ट्री ऑफ़् इण्डियन फ़िलॉसफ़ी*, भा. ५, पृ. ६६-१२६ पर आधारित हैं। यह दुःखद आश्चर्य की बात कही जाएगी कि इस पुस्तक के २० वर्षों के प्रकाशन के बाद भी (अर्थात् जब यह लेख लिखा गया था) *शिवमहापुराण* पर आगे गम्भीर काम नहीं हुआ।

[२७] "शाक्त फ़िलॉसफ़ी", **गोपीनाथ कविराज,** *हिस्ट्री ऑफ़् फ़िलॉसफ़ी : ईस्टर्न ऐण्ड वेस्टर्न,* भा. १, पृ. ४०२।

[२८] विवेचन के लिए द्र. **शिवशंकर अवस्थी** कृत *मन्त्र और मातृकाओं का रहस्य,* प्रथम अध्याय ("आगम और तन्त्र"); **कान्तिचन्द्र पाण्डेय** कृत *अभिनवगुप्त : ऐन हिस्टॉरिकल ऍण्ड फ़िलॉसॉफ़िकल स्टडी* (दूसरा संस्करण), पृ. १३३-४५, ४५७-७१, ५५०-७७; **अभिनवगुप्त** कृत *तन्त्रालोक,* १.१८ पर **जयरथ** की *विवेक* टीका, भा. २, पृ. ३६-४६

मानने में कोई विप्रतिपत्ति नहीं है।[२९]

योगसूत्र के भाष्यकार **व्यास** के अनुसार निर्विकल्पक समाधि से प्राप्त प्रातिभ ज्ञान शब्द के सम्पर्क से सम्प्रेष्य विचार का रूप धारण कर लेता है।[३०] यहीं से वस्तुतः आगम की उत्पत्ति होती है, फिर पश्यन्ती, मध्यमा और वैखरी के क्रम से वे आगम उत्पन्न होते हैं, जिन्हें साधारण भाषा में आगम के रूप से हम ग्रहण करते हैं। इन आगमों का मुख्य रुझान अद्वैत की ओर है। फिर भी, अन्य दृष्टिकोणों का अभाव नहीं है। **जयरथ** के अनुसार, पारम्परिक दृष्टिकोण से शिव के योगिनीवक्त्र से उत्पन्न चौंसठ भैरवागम अद्वैतमूलक थे और दस द्वैतमूलक। इनके अतिरिक्त जाने कितने और आगम थे,[३१] परन्तु इनमें कुछ तो उपलब्ध हैं, कुछ पूर्णतः नष्ट हो गए हैं और कुछ केवल उद्धरणों में उपलब्ध हैं।[३२] दार्शनिक महत्त्व से मण्डित कुछ तन्त्रों के नाम इस प्रकार हैंः *स्वच्छन्द, मालिनीविजय, कामिक, मृगेन्द्र, विज्ञानभैरव, त्रिशिरोभैरव, कुलगह्वर, आगमरहस्य* और *अभेदकारिका* इत्यादि।

प्रायः सभी आगम चार पादों में विभक्त हैं, जिनमें ज्ञानपाद के अन्तर्गत दार्शनिक समस्याओं का विश्लेषण किया गया है।[३३] यद्यपि सभी तन्त्रों में शंकाओं और उनके समाधानों में पर्याप्त अन्तर है, तथापि सांस्कृतिक विरासत की एकता का पूरा आभास मिल जाता है। इस दृष्टि से तन्त्रों के पुनर्वर्गीकरण की आवश्यकता है।

---

[२९] प्रतिभानलक्षणा इयं शब्दभावनाख्य आगम एवेति। – *ई.प्र.वि.वि.*, ३, पृ. ६३।

[३०] *योगसूत्र* १.४३ पर *व्यासभाष्य,* ध्यानाकर्षण द्वारा **गोपीनाथ कविराज,** "शाक्त फ़िलॉसफ़ी", पृ. ४०२।

[३१] *तन्त्रालोक* १.१८ पर द्र. *विवेक; वामकेश्वरीमत* (१.१३-२२) में भी ६४ तन्त्रों का उल्लेख हुआ है। दक्षिण से प्रकाशित *सौन्दर्यलहरी* की *लक्ष्मीधरा* (*सौ. ल.* ३१) टीका में भी ६४ तन्त्रों की सूची दी गई है (पृ.१३७-४१)। **गोपीनाथ कविराज** के अनुसार *सर्वोल्लास* में भी ऐसी ही एक सूची मिलती है।

थ्यॉस बर्नार्ड ने अपनी पुस्तक *हिन्दू फ़िलॉसफ़ी* (पृ. २७) में एक परम्परा का उल्लेख किया है, जिसके अनुसार श्रुति, स्मृति, पुराण और तन्त्र क्रमशः सत्य, त्रेता, द्वापर और कलियुग की आवश्यकताओं की पूर्ति के लिए आविर्भूत हुए हैं। **जॉन वुडरफ़** ने *शक्तिमंगलातन्त्र* के आधार पर तन्त्रों का तीन भौगोलिक वर्गों में विभाजन किया है : विष्णुक्रान्ता, रथक्रान्ता और अश्वक्रान्ता (जिसे कभी-कभी गजक्रान्ता भी कहा है)। विष्णुक्रान्ता का प्रसार विन्ध्य पर्वत से चटगाँव तक है, रथक्रान्ता का चटगाँव से महाचीन तक और अश्वक्रान्ता का विन्ध्यपर्वत से महासमुद्र तक। *महासिद्धिसारतन्त्र* इस वर्गीकरण से सहमत है, परन्तु वह अश्वक्रान्ता का प्रसार करतोया नदी से जावा तक मानता है। *साधनकल्पलतिका* में इन तन्त्रों की सूची में थोड़ा अन्तर है। (द्र. *प्रिंसिपिल्स ऑफ़ तन्त्र,* पृ. ५७-५९)

[३२] द्र. *तान्त्रिक साहित्य,* **गोपीनाथ कविराज**; *लुप्तागमसंग्रह,* **व्रजवल्लभ द्विवेदी।**

[३३] अलौकिके तु स्रोतश्चतुष्टये ज्ञान-योग-क्रिया-चर्या-प्राधान्येन पृथक्-पृथगुपपादितार्थान्तरप्रपञ्चेऽपि अन्ततो गत्वा प्राप्यभूमिकात्वेन अयमेवार्थो अवस्थाप्यते। – *महार्थमंजरी-परिमल,* पृ. १७१

शाक्त सम्प्रदायों में श्रीविद्या की परम्परा में बड़ा विपुल साहित्य उपलब्ध है। काली सम्प्रदाय में भी पर्याप्त साहित्य मिलता है। यद्यपि दोनों सम्प्रदाय अलग-अलग शक्तियों की उपासना करते हैं, तथापि इनमें आन्तरिक सम्बन्ध है। **अगस्त्य, दुर्वासा** और **दत्तात्रेय** श्रीविद्या सम्प्रदाय के मुख्य आचार्य हैं। **अगस्त्य** एक *शक्तिसूत्र* और *शक्तिमहिम्नस्तोत्र* के रचयिता बताए जाते हैं। इस स्तोत्र का दार्शनिक महत्त्व है। तन्त्र सम्प्रदाय में **दुर्वासा** की बड़ी महिमा है। कहा जाता है कि श्रीकण्ठ (शिव) ने **दुर्वासा** को आगम-प्रचार की आज्ञा दी, तो उन्होंने तीन मानस पुत्रों[३४] क्रमशः **त्र्यम्बक,**[३५] **श्रीनाथ** और **अमर्दक** की सृष्टि कर तान्त्रिक दर्शन की सभी दिशाओं – अद्वैत, द्वैताद्वैत और द्वैत – में मठिकाओं की स्थापना कर उनसे तन्त्रविद्या का प्रचार कराया। **दुर्वासा** *परशम्भुस्तोत्र* और *ललितास्तवरत्न* के रचयिता कहे जाते हैं। परम्परा के अनुसार **दत्तात्रेय** १८,००० श्लोकों वाली *दत्तसंहिता* के प्रणेता कहे जाते हैं, जिस पर **परशुराम** ने सम्भवतः सूत्र लिखे। इन्हीं संहिता और सूत्रों का संक्षिप्त रूप **सुमेधा** ने *त्रिपुरारहस्य* के रूप में प्रस्तुत किया। इस ग्रन्थ का ज्ञानखण्ड शाक्त ज्ञानमीमांसा और तत्त्वदर्शन के अध्ययन के लिए एक महत्त्वपूर्ण कृति है। परम्परा आचार्य **शंकर** और श्रीविद्या का सम्बन्ध जोड़ती है। **शंकराचार्य** के परम गुरु **गौडपाद** ने *श्रीविद्यारत्नसूत्र* नामक एक सूत्र ग्रन्थ लिखा था। इनकी दूसरी कृति *सुभगोदयस्तुति* और **शंकर** की *सौन्दर्यलहरी* शाक्त सम्प्रदाय की महत्त्वपूर्ण कृतियाँ हैं। **शंकर** कृत *प्रपञ्चसार* और उस पर **पद्मपाद** की टीका, इसी प्रकार *दक्षिणामूर्तिस्तोत्र* और उस पर **सुरेश्वर** का *वार्त्तिक* तथा *प्रयोगक्रमदीपिका* आकर ग्रन्थ माने जाते हैं।[३६] **लक्ष्मणदेशिक** का *शारदातिलक* (उस पर **राघवभट्ट** की *पदार्थादर्श* टीका भी) भी इसी प्रकार का महत्त्वपूर्ण आकर ग्रन्थ है। इस सम्बन्ध में विचित्र बात है कि यह **लक्ष्मणदेशिक लक्ष्मणगुप्त** ही हैं, जो **अभिनवगुप्त** के गुरु थे और जिनका सादर उल्लेख **अभिनवगुप्त** ने *'श्रीशास्त्रकृत्'* के रूप में किया

---

[३४] *द्र. काश्मीर शैविज़्म,* जे.सी. चटर्जी, पृ. २३-२४; *अभिनवगुप्त.*, पृ. १३५-३६; *डॉक्ट्रिन ऑफ़ रिकॉग्निशन,* पृ. ४०-४३

[३५] **त्र्यम्बक** से एक अन्य सम्प्रदाय का भी सूत्रपात हुआ, जिसे अर्धमठिका कहा जाता है। यह **त्र्यम्बक** की दुहिता के माध्यम से हुआ। यह भी अद्वैतवादी सम्प्रदाय की ही शाखा थी, जिसका आगे चलकर कुलदर्शन के रूप में पल्लवन हुआ। (द्र. *ई.प्र.वि.* १.१.१ पर **भास्करकण्ठ** की *टीका*)। यह बात ध्यान देने की है, **सोमानन्द** इन्हीं **त्र्यम्बक** और **दुर्वासा** का अपने पूर्वपुरुष के रूप में उल्लेख करते हैं। (*शिवदृष्टि,* ७.१११; *तं.वि.*, भा. २, पृ. २६)।

[३६] **आर्. के कॉव** ने **शंकराचार्य** और **अभिनवगुप्त** में किसी प्रकार के सम्बन्ध को अस्वीकार करते हुए **शंकराचार्य** के शाक्त सम्प्रदाय से सम्बन्ध को भी अस्वीकार कर दिया है। द्र. *डॉक्ट्रिन.*, पृ. ६-१०। यह वैचारिक ऐतिहासिक अनुसंधान की समस्या है। इतनी सरलता से नकारना सम्भवतः चिन्त्य है।

है।[३७] सम्भवतः यह 'श्रीशास्त्र' *शारदातिलक तन्त्र* के लिए ही प्रयुक्त हुआ है। यह और भी मनोरंजक बात है कि **सोमानन्द** शाक्त अद्वयवादियों को, जिनका खण्डन उन्होंने *शिवदृष्टि* में किया है ("स्वयूथ्यानद्वयवादिनः प्रतीदानीमारम्भः"), अपना ही भाई-बन्धु मानते हैं। इस क्रम में **अभिनवगुप्त** आते हैं और यह नाम ऐसा है, जिसे शैव और शाक्त दोनों क्षेत्रों में असामान्य आदर प्राप्त है। वह परम शैव भी हैं और परम कौल भी। उनका *तन्त्रालोक* शैव-शाक्त दर्शन का विश्वकोश है। **अभिनवगुप्त** के शिष्य **क्षेमराज** की प्रसिद्ध कृति *प्रत्यभिज्ञाहृदयम्* को त्रिपुरा-ग्रन्थों में *शक्तिसूत्र* के नाम से ही उद्धृत किया गया है। यह भी शैव-शाक्त समीकरण की प्रक्रिया का एक दृष्टान्त है। **क्षेमराज** के बाद हमें **गोरक्ष, पुण्यानन्द, नटनानन्द, अमृतानन्द** आदि आचार्यों के नाम मिलते हैं, जिनका योगदान महत्त्वपूर्ण है। **पुण्यानन्द** कृत *कामकलाविलास* एक महत्त्वपूर्ण कृति है। **अमृतानन्द** की *योगिनीहृदयदीपिका* तन्त्र संस्कृति का अत्यन्त आदरणीय ग्रन्थ है। **स्वतन्त्रानन्द** का *मातृकाचक्रविवेक* भी अत्यन्त उपयोगी ग्रन्थ है। परवर्ती काल में *नित्याषोडशिकार्णवतन्त्र* पर *ऋजुविमर्शिनी*-कार **शिवानन्द** और *सेतुबन्ध*-कार **भास्करराय** का महत्त्व अप्रतिम है।

इसी प्रकार, काली सम्प्रदाय के ग्रन्थों में *कालज्ञान, कालोत्तर, महाकालसंहिता,* व्योमकेशसंहिता, *जयद्रथयामल, उत्तरतन्त्र* और *शक्तिसंगमतन्त्र* का उल्लेख किया जा सकता है। यह बात ध्यान रखने की है कि यह काली-सम्प्रदाय काश्मीर शिवाद्वयवाद की उस अवान्तर शाखा से भिन्न है, जो क्रमदर्शन के नाम से विख्यात है और जो काली या कालसंकर्षिणी को परम तत्त्व मानता है।

अब यह उचित होगा कि हम शैवमत के विभिन्न सम्प्रदायों के मूल आधारभूत सिद्धान्तों का, जिन पर वे प्रायः सहमत हैं, आकलन कर लें।

शैवमत वेदान्त की भाँति ज्ञान-प्रधान न होकर साधना-प्रधान है। यह साधना उपासना की ज्ञानमूलक पद्धति से भिन्न है और समग्रतामूलक है, अर्थात् यहाँ ज्ञान और भक्ति में विरोध नहीं माना जाता। तात्पर्य यह है कि दोनों में पहला जहाँ परब्रह्म के चिदंश से उद्गत होता है, वहाँ दूसरा आनन्दांश से। समग्रता की अभिव्यक्ति आगम के अङ्गचतुष्टय – ज्ञान, योग, क्रिया और चर्या – के माध्यम से भी होती है, अर्थात् दर्शन, धर्म, आचारशास्त्र और साधना सब इस अर्थ में एक समष्टि का निर्माण करते हैं कि सबका लक्ष्य शिवता की प्राप्ति है।

---

[३७] अभी तक इन **लक्ष्मणदेशिक** के व्यक्तित्व का सही अनुमान नहीं हो पाया था। लेखक ने अपने ग्रन्थ *क्रम तान्त्रिसिज़्म,* भा.१, अध्याय ६, उपशीर्षक "लक्ष्मणगुप्त" के अन्तर्गत इस पर विस्तार से विचार किया है। यह कृति उस समय मुद्रणाधीन थी। प्रकाशित ग्रन्थ, *क्रम तान्त्रिसिज़्म ऑफ़ काश्मीर,* में यह विवरण पृ. १४६-५० पर उपलब्ध है।

जगत् की भौतिक परिकल्पना को लेकर सांख्य और योग का प्रभाव स्पष्ट है। भारतीय दर्शनों में सृष्टि-प्रक्रिया और पदार्थ-निरूपण के तीन मुख्य सम्प्रदाय दिखाई पड़ते हैं – सांख्य, वैशेषिक और न्याय। तन्त्रों ने अपने तत्त्वदर्शन के अनुरूप परिवर्तन करके सांख्य की मूल तत्त्वयोजना को अपना लिया है। इस प्रकार तत्त्वों में प्रकृति, बुद्धि, अहंकार, तन्मात्र, पञ्चभूत आदि सभी अन्तर्भुक्त हुए हैं। किन्तु इनमें कुछ का ग्रहण तो सांख्य शैली में हुआ है और कुछ का योगपद्धति पर, क्योंकि यहाँ परिवर्तन की प्रक्रिया को एक अन्धी नियति के अधीन न मानकर ईश्वर की इच्छा से अधिष्ठित माना गया है। यह अभ्युपगम आंशिक इसलिए है कि प्रकृति और ईश्वर का स्वरूप भिन्न न होकर एक ही है। यह एकता दो प्रकार से निगमित की गई है। एक तो आश्रित-माया के सिद्धान्त को अपनाकर, अर्थात् माया और चित्-तत्त्व के एकीकरण के द्वारा माया को चिदन्तर्गत मानकर। वेदान्त में माया और चित्-तत्त्व में भेद बना रहता है। यह घटना कुछ वैसी ही है, जैसे **देकार्त** के द्वैताभास की कठिनाई को बचाने के लिए **स्पिनोज़ा** के सर्वेश्वरवाद (पैनथीइज़्म) के रूप में उसकी पुनः कल्पना। **काण्ट** को भी प्रतीयमान (फ़ेनॉमेनन) और आत्मतत्त्व (नॉउमेनन) में अन्तर को लेकर कठिनाई प्रतीत हुई थी और इनके बीच की खाई को भरने के लिए *क्रिटीक ऑफ़् प्रैक्टिकल रीज़न* और *क्रिटीक ऑफ़् जजमेण्ट* में उसे काफी प्रयास करना पड़ा, पर उसे सन्दिग्ध सफलता ही मिल पाई। विषयी और विषय या पुरुष और प्रकृति (या माया) की एकता को घटित करने का दूसरा प्रयास हुआ है सांख्य के सदृशपरिणाम की प्रक्रिया के विस्तार द्वारा। इसका निहितार्थ है कि जो बाह्यरूप से, अर्थात् विसदृश परिणाम के रूप में बाह्यरूप से आभासित हो रहा है, वह विसदृश न होकर वस्तुतः ईश्वर का अपने ही शरीर में सदृश परिणमन है। इसे ही काश्मीर शिवाद्वयवाद में स्पन्द और आभास की द्विविध शब्दावली द्वारा व्यक्त किया गया है। ईश्वर के आत्मशरीर में होने वाले इस सदृश परिणमन से विवर्त्त और परिणाम दोनों ही सध जाते हैं – पदार्थ बाह्यतया भासित होकर भी बाह्य नहीं है, प्रतिभासित होकर भी सत् है, और मूलकारण से एकरूप है।[३८] अर्थात् बाह्य दृष्टि से जो काल में होने वाला आभासन है, वही आन्तरिक दृष्टि से कालातीत परम सत् के स्वरूप में होने वाला परिवर्तन है।

इससे दूसरा एक महत्त्वपूर्ण अन्य निष्कर्ष यह निकलता है कि शैव दर्शन में सत् की जो धारणा की गई है, वह वस्तुतः एक गतिशील सत् की धारणा है। *योगसूत्र* के प्रसिद्ध भाष्यकार

---

[३८] नेत्थं विभोर्विवर्तोऽस्ति परिणामश्च न क्वचित्।
अथवा द्वयमप्यस्तु तदाप्यस्य न खण्डना।। – *अभेदार्थकारिका* (**सिद्धनाथ**) (उद्धृत, *स्पन्दप्रदीपिका*, पृ. ४) और भी :

इति निर्मलबोधैकरूपे देहपरिग्रहः।
विवर्तपरिणामाभ्यां द्वाभ्यामप्युपपद्यते।। – *संवित्प्रकाश* १.१०४-१०५, उद्धृत, *तत्रैव*

व्यास ने दो प्रकार की नित्यता का उल्लेख किया है : कूटस्थनित्यता और परिणामिनित्यता। कूटस्थनित्यता पुरुष का स्वरूप है और परिणामिनित्यता प्रकृति का। कूटस्थता और परिणामिता की इन भिन्नध्रुवीय धारणाओं का समन्वय हमें परम सत् या शिव के स्वरूप में मिलता है। शिवांश में सत् कूटस्थ है और शक्त्यंश में परिणामी – दोनों का तादात्म्य यथार्थ है।[३९] **दासगुप्त** तन्त्रों के इस पक्ष को 'मूर्त प्रत्ययवाद' (कॉंक्रीट आइडियलिज़्म) कहते हैं, जो योगाचार के 'विशुद्ध विज्ञानवाद' और **शंकर** के 'आत्यन्तिक प्रत्ययवाद' (केवलाद्वैतवाद) से भिन्न है।[४०]

इन दोनों के पारस्परिक ध्रुवों के बीच खाई को वस्तुतः एक दार्शनिक तरीके से पाटा गया। इस प्रकार हम पाते हैं कि शिव प्रकाशरूप, अर्थात् शुद्ध चिन्मात्र है और शक्ति विमर्श, अर्थात् उस चिन्मात्र की अन्तर्निहित गतिशीलता या क्रिया है। चेतना और उसकी आन्तरिक गतिमत्ता एक-दूसरे से भिन्न नहीं की जा सकती। इन दोनों की एकता को समझने के लिए महत् या बुद्धि और पुरुष के तादात्म्य की सांख्य-प्रक्रिया का ही आश्रय लिया गया है। जब महत् या बुद्धि सत्त्वगुणमयी होने के कारण शुद्ध होती है और पुरुष भी शुद्ध चित् के रूप में प्रकाशमय होता है, तब दोनों एक-दूसरे को प्रतिबिम्बित करते हैं और तादात्म्यापन्न होते हैं। किन्तु दोनों चूँकि भिन्न हैं, इसलिए यह तादात्म्य भ्रान्त है और विश्व-प्रक्रिया के उद्भव का कारण है। परन्तु यहाँ प्रकाश का विमर्श में प्रतिबिम्ब पड़ता है, जो वास्तविक स्वरूप को प्रतिबिम्बित करता है। प्रकाश अपने शुद्ध चिन्मात्र स्वरूप को तभी ग्रहण करता है, जब वह अपनी ही क्रियाशक्ति या विमर्श के द्वारा प्रतिबिम्बित हो पाता है। अपोद्धृत (ऍब्स्ट्रैक्ट) विचार का अपना कोई रूप नहीं। अपना स्वरूप तभी व्यक्त होता है, जब वह अपनी ही शक्ति से अपनी ओर उन्मुख होता है। तभी वह अपने को अहन्तया ग्रहण कर सकता है। इस प्रकार सत् की इस चेतनामयी यात्रा का पहला बिन्दु है प्रकाश – शुद्ध चिन्मात्रता; दूसरा है विमर्श – चेतना की आत्मनिष्ठ सक्रियता; और तीसरा इन दोनों का तादात्म्य – प्रकाश का विमर्श के माध्यम से अहन्तया प्रत्यावर्त्तन। वेदान्त में 'अहम्' ब्रह्म और माया के तादात्म्य से उपजता है, परन्तु वहाँ माया के असत् होने के कारण दोनों का तादात्म्य भी असत् हो जाता है। इसके विपरीत यहाँ विमर्श की धारणा प्रकाश की धारणा में निहित है, अतः दोनों की एकता सध जाती है। इसलिए यह द्वैतवाद और एकत्ववाद का समन्वय है और इस समन्वय का प्राणतत्त्व है स्पन्द (एलाँ) के रूप में प्रत्यय की धारणागत प्रक्रिया।[४१]

---

[३९] शिवः शक्त्या युक्तो यदि भवति शक्तः प्रभवितुम्।
न चेदेवं देवो न खलु कुशलः स्पन्दितुमपि ।। – *सौन्दर्यलहरी,* श्लो. १

[४०] *इण्डियन आइडियलिज़्म,* पृ.२३, उपखण्ड ३७ (कॉन्टेन्ट्स)।

[४१] *फ़िलॉसॉफ़िकल एसेज़,* सुरेन्द्रनाथ दासगुप्त, "जनरल इण्ट्रोडक्शन टु तन्त्र फ़िलॉसफ़ी" शीर्षक अध्याय।

तन्त्रों में यह एकता अन्य द्वार से भी लाई गई है। तन्त्रों में षडध्व (छह मार्गों) की धारणा द्वारा शक्ति के जागतिक प्रवाह की दो दिशाओं का निर्देश किया गया है – शाब्दी धारा और आर्थी धारा। पद, मन्त्र और वर्ण ये शब्द-प्रवाह के स्थूल, सूक्ष्म और पर सोपान हैं, और भुवन, तत्त्व और कला अर्थ-प्रवाह के। यद्यपि अपने मूल रूप में यह धारणा शैव तन्त्रों से ली गई है, तथापि इस पर मीमांसा और **भर्तृहरि** का प्रभाव स्पष्ट है। मीमांसा में भी शब्द नित्य है, किन्तु उसे वाच्य बनाने में एक कर्ता या व्यापार की आवश्यकता होती है। **भर्तृहरि** में यह शाब्दी चेतना अपनी स्वातन्त्र्य-शक्ति से व्यापारशील होकर अर्थभाव से विवर्तित होती है। अर्थभाव को विवर्त-रूप में लेना (यद्यपि यह शांकर विवर्त की धारणा से एक नहीं है, तथापि अर्थभाव की गौणता यहाँ भी स्पष्ट है) इसे तन्त्र की विचार-पद्धति से थोड़ा अलग कर देता है। तन्त्र में जो प्रक्रिया निखिल सृष्टि में अन्तर्निहित है, वही शब्द के आविर्भाव में भी। अतः यहाँ शब्द की आविर्भाव-प्रक्रिया काल्पनिक नहीं है, बल्कि सृष्टि-प्रक्रिया का वास्तविक प्रतीक है। मीमांसा में शब्द और अर्थ अचेतन हैं। अतः नित्य शब्द अर्थ से रहित है। किन्तु तन्त्र के अनुसार यह शक्ति या चेतना का सामर्थ्य है, जो शब्द और अर्थ दोनों रूपों में अपने को चरितार्थ करती रहती है। वर्णसृष्टि या मातृकाओं पर तन्त्रों में जो आग्रह दिखाई देता है, उसका कारण यही है : "शिवशक्तिमयान् प्राहुस्तस्माद्वर्णान् मनीषिणः"।[४२]

ऐसा कोई ज्ञान नहीं है, जो वाक् की किसी-न-किसी अवस्था – स्थूल या सूक्ष्म – से अभिन्न न हो। वाक् या शब्द ऐसी एकमात्र ज्ञानात्मक स्थिति है, जिसमें हमें वास्तविक विषयी की चेतना रहती है। साथ-ही-साथ हमें समान रूप से उसकी भी चेतना रहती है, जो विषय है, अर्थात् जो अर्थ है। इस अर्थ का बोध वाक् के ही व्यापार के रूप में होता है : उसके तात्पर्य के रूप में, न कि ऐसी वस्तु के रूप में जो हमें पहले से ज्ञात है। क्योंकि प्रत्येक ज्ञान शब्द है। वाणी की शुद्धता की कई अवस्थाएँ हैं। प्रत्येक चरण पर वह अपने को, अपने सहचारियों – शब्द, बिम्ब, मानस-प्रतिमा आदि – से अलग करती रहती है और प्रत्येक स्तर पर अपने से निम्नतर स्तर के सार या प्राण के रूप में अपने को व्यक्त करती है। तथापि प्रत्येक स्तर पर इसकी आत्मोत्तीर्णता – अर्थ, तात्पर्य – बनी रहती है। इसलिए सूक्ष्मतम वाक् (परा वाक्), जो निःसन्देह शुद्ध विषयिरूप या आत्मरूप या अहन्तारूप है, में भी अनिवार्य आत्मोत्तीर्णता – अपने से परे का संकेतन जो परविषयता या इदन्ता का सूक्ष्मतम रूप है, अन्तर्गर्भित रहती है।[४३]

---

[४२] उद्धृत, *तत्रैव*।

[४३] प्रत्यवमर्शश्च आन्तराभिलापात्मकशब्दनस्वभावः। – *भा.(वि.)*, १, पृ. २५२

कालिदास भट्टाचार्य[४४] ने सृष्टि के इस शब्दार्थ-प्रवाह से कतिपय महत्त्वपूर्ण निष्कर्ष निकाले हैं। उनका कहना है कि पश्चिम के प्रागनुभववादी (ए-प्रिऑरिस्टिक) चिन्तकों ने जिसे विचार, कहा है उसे ही भारतीयों ने शुद्ध वाक् या परा वाक् कहा है। यह शुद्ध वाक् स्वतन्त्र और भूमा है। यह शुद्ध इस अर्थ में है कि स्थूल ध्वनियाँ जो कि बोलने वाली भाषा (वैखरी वाणी) का स्वरूप बनाती हैं, और मानस प्रतिमाएँ जो इसके बोले जाते समय चित्त में रहती हैं, मात्र आगन्तुक या आकस्मिक ही नहीं है। ये ध्वनियाँ और मानस प्रतिमाएँ, यहाँ तक कि जगत् के ठोस पदार्थ, शुद्ध वाक् या भाषा के स्वघनतापादन, या स्वमूर्तन के भाव हैं। शब्दों का न तो अन्वयगत अर्थ है और न अभिधानगत। हाँ 'क' शब्द का अर्थ 'ख' वस्तु है, यह बात अवश्य व्यवहार पर निर्भर करती है, परन्तु एक शब्द 'किसी' पदार्थ का संकेतन करता है, यह निश्चित ही आदिसिद्ध (ए-प्रायरॉय्) है।[४५] यह अर्थ तथ्यों की प्रागनुभवमूलक सम्भावना ही तो है, ये तथ्य शुद्ध शब्द से स्वतन्त्र या पृथक् नहीं है, अतएव इन अर्थों को भी प्रागनुभविक कहा जाना चाहिए।[४६] शुद्ध वाक् का यह अर्थ और वाक्यगत अध्ययन पद और विचार (टर्म्स ऍण्ड जजमेण्ट) के परम्परागत पश्चिमी तर्कशास्त्र से मिलता-जुलता है। पर यह याद रखने की बात है कि शुद्ध वाक् का यह विश्लेषण यहाँ तत्त्वदर्शन के सन्दर्भ में हुआ है, उससे निरपेक्ष रहकर नहीं।

शब्दार्थ की भाँति तन्त्र एक और पर्याय या समानान्तरवाद का उल्लेख करते हैं। अणु और भूमा, पिण्ड और ब्रह्माण्ड या व्यष्टि और समष्टि (माइक्रोकॉज़्म और मैक्रोकॉज़्म) एक-दूसरे के पर्याय या प्रतिरूप हैं। पिण्ड और ब्रह्माण्ड के ताद्रूप्य की यह धारणा हमें सबसे पहले आयुर्वेद में मिलती है। **चरक** का विश्वास था कि आदि मनुष्य का स्वभाव और विकास जगत् के विकास के समान है। परिणाम, अर्थात् उत्पत्ति, विकास तथा ह्रास के जिस नियम से जगत् अनुशासित है, उसी से जीव भी । सत्त्वगुण और रजस्, जो जागतिक संरचना के कारण हैं, वही वैयक्तिक संरचना के भी। तन्त्र इससे भी आगे बढ़े और इसीलिए उन्होंने व्यक्ति और शिव को एक स्वीकार किया। इसी प्रक्रिया के विस्तार द्वारा योगी और परमशिव

---

[४४] *फ़िलॉसफ़ी, लॉजिक एण्ड लैंगुएज,* पृ. २७ ।

[४५] **अभिनवगुप्त** के इन वक्तव्यों से मिलाइए : (अ) 'तत्रापि अस्ति अन्तःपरामर्शः। सकलेन च शब्दग्रामेण शब्दनं हि सहन्ते वस्तूनि, तत्र च नियतशब्दयोजनं क्रियते।' – *भा.(वि.),* भा. १, पृ. २८६; (आ) 'इति सूक्ष्मेण प्रत्यवमर्शेन संवर्तितशब्दभावनामयेन भाव्यमेव। संवर्तिता हि शब्दभावना प्रसारणेन विवर्त्यमाना स्थूलो विकल्पः, यथा इदमित्यस्य प्रसारणा घटः शुक्ल इत्यादिः।' – *तत्रैव,* पृ. २६३

[४६] मिलाइए : 'अत्र तु दर्शने विषयस्यापि विमर्शमयत्वात् अभिलापमयत्वमेव।' – *तत्रैव,* भा. १, पृ. २८८-८६

के समीकरण का आश्रय लेकर प्रतिपादन किया गया कि जब व्यक्ति अपने को जान जाता है, तब वह विश्व को जान जाता है। इस प्रकार इस सारूप्य या पर्यायता का उपयोग केवल ज्ञान के क्षेत्र में ही नहीं, अपितु क्रिया और अस्तित्व के क्षेत्र में भी किया गया।

तान्त्रिक दर्शन की एक सर्वमान्य विशेषता यह भी है कि यहाँ अज्ञान को मल के रूप में ग्रहण किया गया है। आवरक तत्त्व को अविद्या या माया कहा जाना केवल अन्य दर्शनों की शब्दावली का अनुकरण करना भर है। चेतना के प्रकाशमय स्वरूप में मल कोई विकार नहीं उत्पन्न कर पाता, केवल उसके स्वरूप या प्रकाशन को ढक लेता है, अतः मलापसारण को ही आत्मज्ञान कहा गया है। इसी धारणा के अतिरिक्त विस्तार द्वारा प्रमा को भी मोहापसारण-मात्र ही माना गया है। मलों की यह धारणा **भर्तृहरि** या व्याकरण सम्प्रदाय की देन है। वहाँ प्रायः तीन मल स्वीकार किए गए हैं – काय-विषयक मल, वाक्-विषयक मल और बुद्धि-विषयक मल। चिकित्सा, व्याकरण और अध्यात्म से क्रमशः ये मल दूर होते हैं।[४७] तन्त्रों की अपनी भाषा में भी इसी प्रकार तीन मलों की कल्पना की गयी है जिन्हें आणव, मायीय और कार्म कहा गया है। अन्य दर्शनों में जो काम माया करती है, वही यहाँ आणव करता है – हमारे अनविच्छन्न व्यक्तित्व को कुण्ठित और संकुचित कर व्यक्ति या अणु के रूप में आभासित करना। मायीय और कार्म आनुषंगिक मल हैं और क्रमशः जागतिक व्यवहार और आवागमन की व्याख्या करते हैं।

शैव और शाक्त दर्शनों की मूल प्रकृति को हृदयंगम करने के लिए इतना विवेचन पर्याप्त जान पड़ता है। यद्यपि शैव और शाक्त सम्प्रदायों का जाल पूरे देश में फैला है, तथापि प्रचलित सम्प्रदायों को भौगोलिक दृष्टि से दो मुख्य सम्प्रदायों – उत्तर शैवमत और दक्षिण शैवमत – में बाँटा गया है।[४८] उत्तरी शैवमत में काश्मीर शैवमत आता है और अन्य सम्प्रदाय दक्षिणी में। इस प्रकार, दक्षिण शैवमत का फलक ज्यादा व्यापक है, क्योंकि शैवसिद्धान्त, लकुलीश-पाशुपत और वीर शैवमत, **श्रीकण्ठ** का विशिष्टाद्वैत और पाशुपत सभी दक्षिण के अन्तर्गत आते हैं। यह भौगोलिक वर्गीकरण सिद्धान्तों के गुणात्मक वैशिष्ट्य का परिचायक नहीं बन पाता, सिवाय इसके कि काश्मीर शैव (शाक्त भी) मत की प्रवृत्ति अद्वैतप्रधान है, जबकि अन्य सम्प्रदायों की दृष्टि में द्वैत का संस्पर्श हट नहीं पाता। इस दृष्टि से अद्वैत की प्रवृत्ति अधिक-से-अधिक विशिष्टाद्वैत तक ही जा पाती है। परन्तु इस मन्तव्य की एक सीमा है और उसे लाँघकर इस प्रकार की धारणा का सामान्यीकरण नहीं किया जा सकता। क्योंकि, जैसा

---

[४७] कायवाग्बुद्धिविषया ये मलाः समवस्थिताः।
चिकित्सालक्षणाध्यात्मशास्त्रैस्तेषां विशुद्धयः।। – *वाक्यपदीयम्* १.१३८[१.१४६]

[४८] *हिन्दू फ़िलॉसफ़ी*, पृ. ३१। उत्तरी शैवमत से **थ्यॉस बर्नार्ड** का अभिप्राय काश्मीर शैवमत और दक्षिणी से लिंगायत अर्थात् वीर शैवमत का है।

हम आगे चलकर देखेंगे, काश्मीर के अद्वयवाद की एक शाखा क्रम का चोल (दक्षिण) में खूब पल्लवन हुआ और सिद्धान्तशैव मत (द्वैत), जिसकी अंकुरभूमि दक्षिण रही है, की एक समानान्तर शाखा काश्मीर में पनपी है। इसी प्रकार दक्षिण में पनपने वाली त्रिपुरा-उपासना का महत्त्वपूर्ण केन्द्र काश्मीर रहा है और **शिवानन्द** जैसे कुछ प्रसिद्ध तान्त्रिक आचार्यों ने उस दर्शन का उदय काश्मीर में ही माना है।[४९] अतः भौगोलिक वर्गीकरण की इस सीमा का ध्यान रखना होगा।

इस प्रसंग में यह याद रखना भी उचित होगा कि शैवों का वैचारिक आन्दोलन अपनी प्रकृति और विकास में वेदान्त-आन्दोलन के समानान्तर रहा है। यही कारण है कि वेदान्त के इतिहास में मिलने वाले तमाम वाद यहाँ भी प्राप्त होते हैं। इस दृष्टि से यहाँ जिस आश्चर्यजनक विविधता के दर्शन होते हैं, वह इन सम्प्रदायों से भली-भाँति स्पष्ट है –

१. पाशुपत द्वैतमत २. सिद्धान्त शैव द्वैतमत, तदन्तर्गत काश्मीर शैव द्वैतवाद, ३. लकुलीश पाशुपत का द्वैताद्वैत मत; ४. **श्रीकण्ठ** का शैव विशिष्टाद्वैत, ५. वीरशैवों का शुद्ध द्वैताद्वैत अथवा **श्रीकण्ठ**-सम्मत विशेषाद्वैत, ६. **नन्दिकेश्वर** का अद्वैत शैवमत, ७. रसेश्वर अद्वैत मत और ८. काश्मीर शिवाद्वैत मत।[५०] विस्तार-भय से यहीं तक।

---

[४९] सम्प्रदायस्य काश्मीरोद्भूतत्वाद्। – *ऋजुविमर्शिनी* (*नि.षो.तं.*), पृ. ११४

[५०] स्वयं शैव-शाक्त ग्रन्थों में, विशेषतः *तन्त्रालोक* में, इन भिन्न सम्प्रदायों – द्वैत, द्वैताद्वैत और अद्वैत – को एक आवयविक समष्टि के घटकों के रूप में देखने की चेष्टा की गई है और इनके पारस्परिक भेद को मौलिक न मानकर सोपानगत या अवस्थागत भेद के रूप में ग्रहण किया गया है :

अभेदोपायमत्रोक्तं शाम्भवं शाक्तमुच्यते।
भेदाभेदात्मकोपायं भेदोपायं तदाणवम्।। – *तन्त्रालोक* १.२३०। और "तद्भूमिकाः सर्वदर्शनस्थितयः"। – *प्रत्यभिज्ञाहृदयम्*, **क्षेमराज,** सूत्र ८। इस प्रकार की चेष्टा हमें पश्चिम के अलेक्ज़ेण्ड्रियन सम्प्रदाय की याद दिलाती है। इसके विशेष पल्लवन के लिए द्र. लेखक का शोध-प्रबन्ध : *क्रम मोनिज़्म ऑफ़ काश्मीर : एन ॲनालिटिकल स्टडी,* द्वितीय भा., प्रथम अध्याय।

२

काश्मीर शिवाद्वयवाद की दृष्टि में श्रुति

वस्तुतः लेख का शीर्षक होना चाहिए था "काश्मीर शिवाद्वयवाद में वैदिकी श्रुति", क्योंकि सम्पूर्ण भारतीय चिन्तन परम्परा में आगम और निगम शब्दों का प्रयोग ही श्रुतियों की द्विविध परिकल्पना का प्रतीक है। निगम और आगम परम्परा के लेखकों में उभयत्र यह चेतना रही है और इसकी प्रखरतम अभिव्यक्ति हुई है *मनुस्मृति* के टीकाकार **कुल्लूक भट्ट** में – "वैदिकी तान्त्रिकी चैव द्विविधा कीर्तिता श्रुतिः"। समग्र भारतीय चिन्तन का मूल श्रुति में ढूँढा गया है और सामान्येन श्रुति का वाच्य रहा है वेद। इस सामान्य अभिधेयता के बावजूद भी भारती विद्या (इण्डोलॉजी) के अधीतियों में श्रुति के द्वैविध्य पर मतैक्य बढ़ता जा रहा है। परन्तु कठिनाई यह है कि निगम और आगम परम्परा के अन्तःसम्बन्ध को लेकर भारतीय मनीषा अभी मंझधार में हैं। मोटे तौर पर इस सम्बन्ध को लेकर तीन दृष्टियाँ मिलती हैं –

१. आगम-परम्परा निगम-परम्परा की विरोधी है। विद्वानों का एक वर्ग इनकी उत्पत्ति भी भिन्न स्रोतों से मानता है।

२. दोनों परम्पराएँ एक-दूसरे की पूरक हैं।

३. निगम आगम दोनों परम्पराओं का यद्यपि मूल उत्स एक है, तथापि विकास दो भिन्न धाराओं में हुआ है। विकास के इस क्रम में दोनों परम्पराएँ भिन्न व्यक्तित्व अर्जित करती हैं। व्यक्तित्व के इस वैभिन्न्य को अंकित करने के लिए वैदिक परम्परा और तान्त्रिक परम्परा जैसे शब्दों का प्रयोग किया जाता है।

दूसरी और तीसरी दृष्टियों में पारस्परिक कार्यकारण भाव जैसा कोई सम्बन्ध है, यह कहना कठिन है परन्तु निष्कर्षगत तथ्यों के आधार पर दोनों में निकटता है और इन्हें प्रकृत सन्दर्भ में एक कोटि में डाला जा सकता है। इन दोनों दृष्टियों का उन्मेष दो प्रकार से होता है –

---

* यह लेख पूज्य गुरुवर्य प्रो० कान्तिचन्द्र पांडेय की पुण्य स्मृति को समर्पित है। आज से लगभग साठ वर्ष पूर्व उन्होंने *द जर्नल ऑफ़ ओरिएन्टल रिसर्च* (अंक १३, वर्ष १६३६) के लिए एक लेख लिखा था – "द मीनिङ् ऑफ़ श्रुति इन् दी फिलॉसॉफिकल लिट्रेचर ऑफ़ काश्मीर"। दुर्भाग्य से इस लेख की प्रति महत्प्रयास के बाद भी उपलब्ध नहीं हो सकी।

१. एकपक्षीय। (अ) निगम-परम्परा आगम-परम्परा का उपजीव्य है। इसे शिथिल रूप से सामान्य अवधारणा कहा जा सकता है। वर्तमान शीर्षक समस्या को इसी दृष्टि से आंकता प्रतीत होता है। (आ) आगम-परम्परा निगम-परम्परा का उपजीव्य है। यह मत तान्त्रिक विचारकों में बहुमान्य है।

२. द्विपक्षीय। दोनों परम्पराओं ने एक-दूसरे को बहुत गहरे तक प्रभावित और रूपायित किया है। भारतीय मनीषा की आधारभूत परम्पराओं के मध्य होने वाली इस व्यापक आदान-प्रदान की प्रक्रिया में पुराण और लोक को भी शामिल किया जा सकता है। परन्तु यदि अध्ययन के क्षेत्र को आगम और निगम तक ही सीमित रखा जाए तो भी इस विनिमय, अन्तरवलम्बन, परस्परानुकूलन और परिहार के दूरगामी परिणाम हुए हैं।

उपर्युक्त तथ्यों के परिप्रेक्ष्य में काश्मीर शिवाद्वयवाद में श्रुति को लेकर जो दृष्टि उभरती है, उसके सम्बन्ध में दो बिन्दुओं से विचार किया जा सकता है –

(एक), सम्प्रदाय का अपना मन्तव्य क्या है और

(दूसरे), वस्तुस्थिति क्या है और सम्प्रदाय का अपना मन्तव्य वस्तुस्थिति से कितना समंजस है।

इन दोनों ही बिन्दुओं के आकलन में तीन प्रकार की आधारभूत सामग्री का उपयोग किया गया है –

१. साम्प्रदायिक वाङ्मय श्रुति के सम्बन्ध में शब्दशः क्या कहता है,

२. वैदिक श्रुति और आचार के सम्बन्ध में सम्प्रदाय का अर्थशः मन्तव्य क्या है। इन दोनों प्रसंगों में *तन्त्रालोक* हमारा प्रमुख उपजीव्य ग्रन्थ है, और

३. वैदिक परम्परा के सर्वग्राह्य ग्रन्थों, आचारों तथा मूल्यों के प्रति सम्प्रदाय में उपलब्ध व्यावहारिक निगमन का क्या रूप है।

इन सभी के अध्ययन में सिद्धान्त-व्यवहार-समन्वयात्मक पद्धति का आश्रय लेने की चेष्टा की गई है।

साम्प्रदायिक अभिधेय की चर्चा करते समय हम देखते हैं कि आगम, तद्वत्या श्रुति, के सम्बन्ध में **अभिनवगुप्त** ने *तन्त्रालोक* और *ईश्वरप्रत्यभिज्ञाविवृत्तिविमर्शिनी* में, विशेषकर पैंतीसवें (३५वें) आह्निक और क्रियाधिकार के तीसरे आह्निक में क्रमशः विस्तार से चर्चा की है। यह चर्चा स्वरूपमूलक है। परन्तु इस लेख के कलेवर में सबको समेटना कठिन है। यहाँ पर यह देखना प्रासंगिक होगा कि श्रुति और आगम के पारस्पर्य को लेकर यहाँ पर जो चिन्तन

हुआ है, उसमें चार सोपान हैं। ये सोपान समानान्तर हैं या इनका विकास एक आनुपूर्वी में हुआ है, कहना कठिन है। फिर भी प्रतिपादन की सुविधा की दृष्टि से हम इनका आनुपूर्वी में आकलन करेंगे। ये चार सोपान हैं –

१. आगम और निगम में अभेदन

२. आगम और निगम की समकक्ष्यता

३. आगम की निगम से उत्कृष्टता, और

४. आगम और निगम के भेद का परिहार तथा युक्त्यनुकूलन करते हुए समन्वयन।

आगम और निगम में अभेद की परिकल्पना आगम की स्वरूप-परिकल्पना पर आश्रित है। आगम को पर्यायशः दो प्रकार से प्रस्तुत किया गया है, यह मानते हुए कि तत्त्वतः दोनों का फलितार्थ एक ही है। सारे व्यवहार की कारणभूत पुरातनी प्रसिद्धि आगम है।[१] या प्रसिद्धि पर आश्रित सारा पुरातन व्यवहार आगम है।[२] यह प्रसिद्धि परम्परा और शास्त्र इन दो रूपों में पनपती है। प्रसिद्धि और कुछ नहीं अविगीत, स्वावमर्शात्मक प्रतीति है जो प्रमाता का स्वभाव है। वस्तुतः यह प्रमाता सर्वज्ञ परमेश्वर के अतिरिक्त और कोई नहीं है, क्योंकि लोक और काल में अनुन्मूलित व्यवहार का आश्रय और मूल वही हो सकता है।

अभिनवगुप्त के अनुसार आचार, लिपिबद्ध/शब्दबद्ध ग्रन्थ, शास्त्र और आप्तोपदेश ये सभी उस प्रसिद्धि के विभिन्न रूप हैं। उनके अनुसार आगम की सम्भावना चार प्रकार से की जा सकती है[३] –

१. प्रतिभा रूप में

२. निबद्ध प्रसिद्धि के रूप में

३. अनिबद्ध प्रसिद्धि के रूप में, और

४. आप्तोपदेश के रूप में।

पहले तीन साक्षात् प्रसिद्धि रूप हैं, जबकि चतुर्थ एक विशेष माध्यम या प्रमाणान्तर से

---

[१] न च चेतःप्रसत्त्यैव सर्वो व्यवहृतिक्रमः।।
मूलं प्रसिद्धिस्तन्मानं सर्वत्रैवेति गृह्यताम्। – *तं.* ३५.१०$_{ब}$-११$_{अ}$

[२] इह तावत्समस्तोऽयं व्यवहारः पुरातनः।।
प्रसिद्धिमनुसन्धाय सैव चागम उच्यते। – तदेव, ३५.१-२

[३] एवं प्रतिभारूपेण निबद्धानिबद्धप्रसिद्धिद्वयात्मना च त्रिविधमागमं प्रदर्श्य रूपान्तरमपि अस्य दर्शयति 'अन्योऽपि' इति। एतासु तिसृषु प्रमाणान्तरमूलत्वं न अन्वेष्यम्, आप्तवादे तु तदन्वेषणीयमेव। – *ई.प्र.वि.वि., भा.* ३, पृ. १०२। और भी देखिए *मन्त्र और मातृकाओं का रहस्य*, पृ. १-८।

प्रसिद्धि को ग्रहण करता है। *प्रतिभा* का अर्थ है अक्रम अनन्त संवित् या पारमेश्वरी वाक् जिसे विमर्श, शाब्दी भावना या शब्दन कहते हैं और जिसमें सृष्टि की समग्र सम्भावनाएं बीज रूप में अवस्थित हैं। यही मूल उत्स है।[४] यह पर विमर्श बाहर फैलता हुआ प्रसिद्धि शास्त्र, परम्परा और व्यवहार का रूप धारण करता है। विशिष्ट वाक्य-रचना में गुँथकर यह प्रसिद्धि *निबद्धप्रसिद्धि* कहलाती है। आगम की निरुक्ति करते हुए **अभिनव** कहते हैं "दृढविमर्शरूपं शब्दनमागमः, आ समन्तादर्थं गमयति"।[५] प्रतीति का प्ररूढ होना ही उसकी दृढता है, जिसके हृदय जो सिद्धान्त पैठ गया वही उसके लिए आगम है। *दृढनिरूढि* की आगमरूपता के लिए **अभिनव** को बल मिलता है स्वयं श्रुति से – "यश्चैनमेवं वेद", "विद्वान् यजेत" इत्यादि श्रुति-वाक्यों से।[६] यही शब्दन-रूप विमर्श ही मुख्यतया आगम है और उसके लिए उपयोगी शब्दराशि भी उपचार से आगम कहलाती है।[७] *अनिबद्धप्रसिद्धि* दिखाई पड़ती है महाजनों के अनुष्ठान के आकार में। महाजन कहते हैं सम्बद्ध क्षेत्र में प्रसिद्धि को अर्जित करने वाला वर्ग, जैसे वेदानुष्ठान में छान्दस लोग या वैष्णव अनुष्ठानों में भागवत समुदाय।[८] आगम की चौथी विधा या प्रकारता है *आप्तोपदेश*। प्रसिद्धि मूल है आप्तोपदेश का भी। परम्परा में आगत, किन्तु कालवशात् ओझल, वस्तु को प्राप्त करने के कारण आप्त 'आप्त' कहलाता है। सामान्य का विशेष के माध्यम से पुनरुद्धार होने के कारण यह प्रसिद्धि में परिनिष्ठित होने पर भी अपने आविष्कार के लिए साधनान्तर की अपेक्षा करता है। उस आप्त को भी यह परम्परा या ख्याति अपने से पूर्व स्रोत से मिली है, अतः यहाँ पर भी प्रसिद्धि की अनादिता पारमेश्वर विमर्शात्मक आगम में ही पर्यवसित होती है। इससे यह सहज ही प्रतिफलित होता है कि आगम चाहे लोकवचनरूप हो, चाहे शास्त्रवचनरूप, चाहे नियतकर्ता की अपेक्षा से प्रवृत्त हो, उसकी विमर्शात्मक प्रसिद्धिरूपता अप्रतिहत रहती है।[९]

---

[४] शास्त्रं नाम . . . शुद्धविमर्शनिष्यन्दवाक्तत्त्वपरमार्थब्रह्मस्वभावम् स्वतन्त्रप्रसरतया आन्तरात् बोधस्वभावात् बहिः प्रसरपर्यन्तं, तच्च सुसूक्ष्मप्रणवादिरूपात् व्यवहारप्रसिद्धप्रवादपरंपरापर्यन्तम्। – *गीतार्थसंग्रह(शं. ना.)*, भा.१, पृ. २४७

[५] *ई.प्र.वि.वि.*, भा.३, पृ. ८५।

[६] *तत्रैव*।

[७] ततः स एव विमर्श आगम इति उच्यते मुख्यतया, तदुपयोगितया तु उपचारेण तज्जनकोऽपि शब्दराशिः। – तदेव, पृ. ८४

[८] 'निबद्धः' इति विशिष्टवाक्यरचनाभिः, अनिबद्धस्तु यत्र तथा नास्ति। महाजनो यत्र कर्तव्ये यः प्रसिद्धिं यातो वर्गः स एव मन्तव्यः – यथा वेदानुष्ठाने च्छान्दसः, वैष्णवानुष्ठाने भागवताख्यः। . . . 'अनिबद्धापि' इति महाजनानुष्ठानशेषतयैव स्थिता। – *तत्रैव*, पृ. १००-०२

[९] अतएव तदा लोकवचनरूपो वा शास्त्रवचनरूपो वा नियताकारं कर्तारं च अपेक्ष्य अपि वर्तमानोऽपि शंकनीय एव मूलभूततत्प्रमाणसम्भवे विचिकित्साभावात्। – तदेव, पृ.१०२

प्रश्न है कि इस सारी चर्चा में श्रुति का क्या रूप उभरता है। वेद अविगीत प्रसिद्धि रूप विमर्श है। **अभिनवगुप्त** की दृष्टि में वेद, शैव और वैष्णव इन सभी आगमों का जो अर्थ विमर्श का विषय बनता हुआ परम्परागत अनुष्ठान से प्रसिद्ध है, उसे "यह इसने कहा है", "इसने उत्पन्न किया है" या "इस समय से प्रारम्भ होकर चला आ रहा है" इन रूपों में बाँधा नहीं जा सकता। इसलिए वह अनवच्छिन्न प्रकाशात्मक विमर्शधर्मा परमेश्वर से अभिन्न है। कठ, भृगु, मतंग, नारद आदि ऋषियों के द्वारा उस अनादि प्रसिद्ध अनुष्ठान का ही संक्षेप और विस्तार से वाक्य-योजना के द्वारा उपनिबन्धन होता है।[१०] इस प्रकार से वेद प्रातिभ विमर्शरूप है, जो अनिबद्ध प्रसिद्धि के रूप में अनादि काल से चला आ रहा है और महाजनों के अनुष्ठान के आधार पर वाक्य-रचना से निबद्ध होकर निबद्धप्रसिद्धिरूप लिपिबद्ध शब्दबद्ध शास्त्र के रूप में उपचरित होता है। प्रश्न उठता है कि यदि पारमेश्वरी वाक् ही प्रमाण है, तो वेद के प्रामाण्य का क्या अर्थ है? इसका उत्तर देते हुए **अभिनव** कवितामय हो उठते हैं। *स्तवचिन्तामणि*[११] को उद्‌धृत करते हुए वे कहते हैं कि वेदात्मिका आज्ञा या नियोगरूप वेदार्थ नियोक्ता आज्ञाता (आज्ञा देने वाले) के होने पर ही सम्भव है, इसलिए इच्छादि शक्तित्रितय वेदत्रयी के रूप में उन्मिषित होता है और उससे परे है परशक्तिरूप आनन्दधाम। समग्र शक्तियों की प्रतिष्ठारूप परम शक्ति भी जहाँ विश्रान्त होती है, उस परमेश्वर को प्रणाम है। **अभिनवगुप्त** का मानना है कि वेदों का इस प्रकार का स्वरूपाकलन उस पारमेश्वरी आज्ञा के अत्यन्त गम्भीर सौन्दर्य के अतिशय को प्रकट करता हुआ अध्यात्म, अधिभूत और अधिदैवत आदि सहस्रों विषयों से वेदरूप आगम की सगर्भता को बताता हुआ सारे आगमों से उसकी असंवादिता को रेखांकित करता है। यही कारण है कि वेद को सारे ज्ञान का आकर कहा गया है।[१२] इसी बात को वह *तन्त्रालोक* में दुहराते हैं[१३] और उनके सुयोग्य टीकाकार

---

[१०] एनमागममविगीतप्रसिद्धिलक्षणं विभजति 'तथाहि' इति। वेदशैववैष्णवादीनां हि योऽर्थो विमृश्यमानः परम्परा(परस्परा?)नुष्ठानेन प्रसिद्धः, सोऽनेनैव उक्तः, अनेनैव उत्पादितः अमुष्मात् कालादारभ्यैव प्रवृत्त इति न अवच्छेदभागीति अनवच्छिन्नप्रकाशधर्मो विमर्शात्मा परमेश्वर एवेति अनादित्वमेव तत्र। कठादिभिर्भार्गवमतङ्गादिभिर्नारदप्रभृतिभिश्च प्रसिद्धानुष्ठानमनादि एव निबध्यते यतःशब्दनं समासव्यासोपकल्पितवाक्ययोजनाभिः। – तदेव, पृ. ६२

[११] स्तुमस्त्वामृग्यजुःसाम्नां शुक्रतःपरतः परम्।
यस्य वेदात्मिकाज्ञेयमहो गम्भीरसुन्दरी।। – *स्त.चि.* ६६। **क्षेमराज** की *विवृति* भी देखिए, पृ.७७-७८।

[१२] यदि पारमेश्वरी वाक् प्रमाणं, तदा वेदः कथम्। आह 'ईश्वराज्ञा हि' . . .। अहो इति गांभीर्यस्य सौन्दर्यस्य च अतिशयं द्योतयन्नध्यात्माधिभूताधिदेवादिविषयार्थसहस्रगर्भत्वमाचक्षाणः सर्वागमाविसंवादितां वेदागमस्य आह। यथोक्तं ". . . सर्वज्ञानमयो हि सः।" – *ई.प्र.वि.वि.*, ३, पृ. ६८-६६

[१३] इत्थमस्तु तथाप्येषा चोदनैव शिवोदिता। – *तं.* ४.२२६अ

जयरथ स्पष्ट घोषणा करते हैं कि वैदिक विधि और शैवी विधि का प्रामाण्य अशंकनीय है, क्योंकि परमेश्वर दोनों का उपदेष्टा है।[१४]

वेदों की मान्य स्थिति – वेद अपौरुषेय हैं, अकर्तृक हैं – को लेकर शिवाद्वयवादगत प्रतिपादन एक अन्तर उत्पन्न करता है। **भर्तृहरि** आगमों को अकर्तृक नहीं मानते। वह तो यहाँ तक कहते हैं कि कोई भी आगमों को निष्कर्तृक नहीं मानता।[१५] आगमों के बीज वेदत्रयी अर्थात् निगम में स्थित हैं, इसलिए आगमों का भी प्रवाहानादित्व प्रमाणित है। परन्तु शैवों की स्थिति भिन्न है। वेद परमेश्वरोपदिष्ट हैं या परमेश्वरकर्तृक हैं, इसको लेकर शैवों के मन में कोई विचिकित्सा नहीं है। परन्तु यह भी स्पष्ट है कि यह कार्यकारणभाव नियत्युपजीवी अर्थात् साधारण कार्यकारणभाव न होकर नियत्युल्लंघी कार्यकारणभाव है। काश्मीर शिवाद्वयवाद में समग्र आभासन और सारा कार्यकारणभाव कर्तृकर्मभाव में पर्यवसित होता है, अतः सकल श्रुति परमेश्वर के विमर्शन व्यापार की शेषभूत होकर ही उल्लसित होती है। परन्तु चूँकि कर्म कर्ता की प्रकृति है, शक्ति शक्तिमान् का स्वभाव है, अतः विमर्शात्मा होकर वेद प्रकाशात्मा शिव से एकात्म रहता है।

श्रुति और आगम के पारस्पर्य का दूसरा चरण यहीं से शुरू होता है। वह है श्रुति और आगम की समकक्ष्यता का। वस्तुतः समकक्ष्यता-बुद्धि अभेदन की प्रक्रिया का स्वाभाविक विस्तार है। दोनों परम्पराओं का सहज रूप से जो अपना वैविध्य भरा विकास है उसमें विभिन्न समीकरणों के माध्यम से सामनन्तर्य देखा गया है। शक्तियों और वेदत्रयी के मध्य हम एक समीकरण देख चुके हैं। वस्तुतः दोनों ही परम्पराओं में इस प्रकार के प्रतीकात्मक समीकरण मिलते हैं। हमें इतने विस्तार में जाना सम्प्रति अभिप्रेत नहीं है। *शतपथ ब्राह्मण* वेदत्रयी को सूर्य का स्वरूप मानता है।[१६] *छान्दोग्य* के मत में इसी सूर्य के पूर्व, दक्षिण, पश्चिम और उत्तर से क्रमशः *ऋग्वेद, यजुर्वेद, सामवेद* तथा इतिहास-पुराण के फूल फूलते हैं।[१७] ठीक इसी प्रकार *स्वच्छन्द तन्त्र* में सदाशिव के पञ्चवक्त्र और वेदचतुष्टयी में समीकरण के दर्शन होते हैं। सम्पूर्ण मन्त्रराशि का प्रसार ऊर्ध्वमुख ईशान से माना गया है और सद्योजात, तत्पुरुष, वामदेव और अघोर में क्रमशः *ऋग्वेद, यजुर्वेद, सामवेद* और *अथर्ववेद* की मानना की गई

[१४] ततश्च वैदिक्यामस्यां वा चोदनायां साक्षात्कृतनिखिलधर्मा सकलजगदुद्दिधीर्षापर एक एव परमेश्वरः प्रामाण्यनिबन्धनं, तदुपदिष्टत्वात् सर्वशास्त्राणाम्। – *तं.वि.*, ३, पृ. ८६७-६८

[१५] न जात्वकर्तृकं कश्चिदागमं प्रतिपद्यते।
बीजं सर्वागमापाये त्रय्येवादौ व्यवस्थिता।। – *वाक्यपदीय* १.१३४ (*म.मा.रह.*, पृ. ७ पर उद्धृत)

[१६] सैषा त्रयी एव विद्या तपति। – *शतपथ ब्राह्मण* १०.५.२.२ (*म.मा.रह.* में उद्धृत, पृ. ७)

[१७] *म.मा.रह.*, उद्धृत, पृ. ८ ।

है।[१८] *शारदातिलकतन्त्र*, जिसे विद्वानों का एक वर्ग **अभिनवगुप्त** के गुरु **लक्ष्मणगुप्त** की कृति मानता है, ने काव्यमयी भाषा में वर्णमय वृक्ष को शिवशक्ति से एक रूप माना है और वेदागम के रूप में उसके ऊर्ध्वभाग की परिकल्पना की है और यह माना है कि परामृत रूप मधु से वेद और आगम पारमेश्वरी शक्ति का अभिषेक करते हैं।[१६]

इन दोनों सोपानों में एक बात साफ उभरकर आती है कि वेदों के प्रति काश्मीर शिवाद्वयवाद की दृष्टि श्रद्धामयी है, परन्तु उसकी निजन्धर दृष्टि का पता तीसरे चरण में लगता है। ऊपर की चर्चा से उस बात में संशय नहीं रहता कि समस्त शास्त्र की आगमरूपता होने के कारण उसके प्रकारों और अवान्तर भेदों का प्रामाण्य भी अप्रतिहत रहता है। कठिनाई तब आती है जब इन विविध प्रकारों में विरोध या चढ़ा-ऊपरी होती है और/या तमाम प्रकारों में एक को चुनने का प्रसंग आ खड़ा होता है। इसके लिए यहाँ आगम के सारे अवान्तर भेदों में द्वारद्वारिभाव का आसूत्रण करते हुए, जो जिस जगह है वहीं से, प्रत्येक में पर्यन्तोपायत्व की परिकल्पना की गई है। इस द्वारद्वारिभाव की सम्पूर्ण श्रृंखला का प्रारम्भ होता है वेद से और समाप्ति होती है त्रिक में।[२०] त्रिक को समग्र आगम विचारधारा का शिखर माना गया है। द्वारद्वारिभाव से पर्यन्तोपायत्व की सारी सरणि का निश्चय क्रमशः ऊर्ध्वगामिनी मूल्यवत्ता के सहारे होता है। इस उत्कृष्टता की क्रम-यात्रा में त्रिक सर्वोत्कृष्ट, फलतः वेद से भी उत्कृष्टतर, सिद्ध होता है। हम इसे थोड़ा विस्तार से लेते हैं।

इस उत्कर्ष-क्रम निरूपण में शास्त्रों का उल्लेखन अनिवार्यतः एक ही सीध में नहीं हुआ है, परन्तु फिर भी उनमें एक क्रम ढूँढ़ा जा सकता है। जहाँ वैदिक और तान्त्रिक सम्प्रदायों

---

[१८] *स्वच्छन्दतन्त्र* ११.४२-४५ (तत्रैव उद्धृत)।

[१६] *शारदातिलकतन्त्र* ७.६-१४।

[२०] (क) वेदाच्छैवं ततो वामं ततो दक्षं ततः कुलम्।
ततो मतं ततश्चापि त्रिकं सर्वोत्तमं परम्।। – *तं.वि.*, २, पृ० ४६ पर **जयरथ** द्वारा उद्धृत

ये पंक्तियां अन्यत्र भी यथा प.त्रिं.वि., पृ. ६२ पर **अभिनवगुप्त** द्वारा और तं.वि., भा. ३. पृ. ६७२ पर **जयरथ** द्वारा उद्धृत मिलती हैं।

(ख) वेदादिभ्यःपरं शैवं शैवाद्वामं च दक्षिणम्।
दक्षिणाच्च परं कौलं कौलात्परतरं नहि।।

इत्यादिना उक्तमेषां यथायथमुत्कृष्टत्वं युक्तं . . . द्वारद्वारिभावेन एषाम् उपायोपेयभावस्य उक्तत्वात्। – *तत्रैव*, पृ. ४८

(ग) **जयरथ** इसी सन्दर्भ में *निशाचार तन्त्र* से भी निम्न पंक्तियाँ उद्धृत करते हैं –

वाममार्गाभिषिक्तोऽपि दैशिकः परतत्त्ववित्।
संस्कार्यो भैरवे सोऽपि कुले कौले त्रिकेऽपि सः।। – *तत्रैव*, पृ. ४६

की गणना हुई है, उनमें वेद से तान्त्रिक सम्प्रदाय उत्कृष्ट हैं। जहाँ नास्तिक सम्प्रदायों (बौद्ध आदि) का उल्लेख हुआ है, वहाँ वेद की स्थिति नास्तिक सम्प्रदायों से प्रबलतर है। हाँ पाञ्चरात्र और वैष्णवों को लेकर अवश्य अनिश्चय की स्थिति है। कहीं पाञ्चरात्र सौगतों से पिछड़ जाते हैं कहीं आगे बढ़ जाते हैं, परन्तु वेद शैव और तन्त्र से पीछे ही रहता है। जहाँ शैवों और तन्त्र के अवान्तर सम्प्रदायों का जिक्र है, वहाँ शैव अर्थात् शैव सिद्धान्त से अन्य सम्प्रदाय उत्कृष्टतर होते जाते हैं। किन्तु सारी स्थितियों में कुल और कौल या त्रिक की मूर्धन्यता में कमी नहीं आती और सारे सम्प्रदायों में द्वारद्वारिसम्बन्ध और उसके माध्यम से उनकी क्रमिक पर्यन्त-उपायता अक्षुण्ण रहती है। उत्कृष्यमाण सम्प्रदायों का सामान्य क्रम इस प्रकार है – वैष्णव, सौगत, अर्हत्, वेद, शैव सिद्धान्त, वाम, दक्ष, मत, कुल, कौल, त्रिक।[२१] यहाँ यह बात अवश्य रोचक है कि इस सन्दर्भ में वैदिकों के तीन वर्गों का उल्लेख **अभिनव** करते हैं (१) श्रौत (२) लोक, और (३) श्रुत्यन्तवादी।[२२] ठीक थोड़ा पहले **जयरथ** ने दो वर्गों का उल्लेख किया था - श्रौत और श्रुत्यन्तवादी।[२३] सच पूछा जाए तो **अभिनव** ने जिस शब्द का प्रयोग किया है वह 'श्रुत्यन्तवादी' न होकर 'अध्यात्म' है।[२४] **जयरथ** अध्यात्म की व्याख्या करते हैं 'वेदान्तादि' से। चूँकि **जयरथ** श्रुत्यन्तवादी का उल्लेख कर चुके हैं और स्वयं **अभिनव** भी

---

[२१] (अ) . . . सिद्धान्ते वामके ततः।।

दक्षे मते कुले कौले षडर्धे हृदये ततः। – *तं.* १३.३००$_{ब}$-३०१$_{अ}$

जयरथ की टिप्पणी है – "त्रिकार्थस्यैव परमुत्कृष्टत्वात्। . . . तदुक्तम् –

वेदाच्छैवं ततो वामं . . ." {इत्यादि पा.टि.२०(क) का अंश} – *तं.वि.*, ५, पृ. २३८१

(ब) इसे मिलाइए **जयरथ** के इस कथन से -

तदुक्तं 'वैष्णवाः सौगताः श्रौतास्तथा श्रुत्यन्तवादिनः।

इत्यादयो नाधिकृता जातुचित्पतिशासने।।' – *तत्रैव,* पृ.२३८६; और मिलाइए -

लौकिकं वैदिकं सांख्यं योगादि पाञ्चरात्रकम्।

बौद्धार्हतन्यायशास्त्रं पदार्थक्रमतन्त्रणम्।

सिद्धान्ततन्त्रशाक्तादि सर्वं ब्रह्मोद्भवं यतः। – *तं.* ३५.२६-२७

[२२] अहमत्यत एवाधःशास्त्रदृष्टिकुतूहलात्।।

तार्किकश्रौतबौद्धार्हद्वैष्णवादीन्नसेविषि।

लोकाध्यात्मातिमार्गादिकर्मयोगविधानतः।।

संबोधोत्कर्षबाहुल्यात्क्रमोत्कृष्टान् विभावयेत्। – *तं.* १३.३४५$_{ब}$- ३४७$_{अ}$

[२३] देखिए ऊपर २१ ब के अन्तर्गत।

[२४] लोकः श्रुतिस्मृत्यादिः, अध्यात्म वेदान्तादिः . . .। – *तं.* १३.३४६$_{ब}$ पर **जयरथ**, *तं.वि.*, ५, पृ २४०७

इस शब्द से परिचित हैं,[२५] इसलिए अध्यात्म, वेदान्त और श्रुत्यन्त इन तीनों को पर्याय के रूप में लेने में कोई बाधा नहीं जान पड़ती। लोक की व्याख्या भी जयरथ ने श्रुति और स्मृति के युग्म के रूप में की है ("श्रुतिस्मृत्यादिः")। "आदिः" के प्रयोग से हम पुराण, इतिहास आदि को भी इसमें समेटने का साहस कर सकते हैं। श्रौत को लेकर हम निश्चय ही अन्धकार में हैं, क्योंकि न तो **जयरथ** और न ही **अभिनव** इसकी व्याख्या करते हैं। सबसे विचित्र बात है कि श्रौत को अभिनव बौद्ध और जैनों से भी बोध की दृष्टि से अपकृष्ट मानते हैं।

द्वारद्वारिभाव से पर्यन्तोपायता और यथायथ उत्कर्ष का यौक्तिक परिणाम यह भी है कि पारस्परिक बलाबल के सन्दर्भ में शैवी श्रुति वैदिक श्रुति से प्रबलतर सिद्ध होती है। शैवी श्रुति की प्रबलतरता के कई आधारों का **अभिनवगुप्त** उल्लेख करते हैं। प्रसंग है *मालिनीविजयोत्तरतन्त्र* में जीवन्मुक्त की स्थिति में विधिनिषेधतुल्यता का अर्थात् न वहाँ कोई विधान है, न कोई निषेध। जबकि वैदिक श्रुति या तो विधिरूप है या निषेधरूप। वैदिक श्रुति यदि शुद्धि का विधान और अशुद्धि का निषेध करती है और त्रिकीय श्रुति दोनों की व्यर्थता का, तो दोनों के श्रुतिरूप होने पर भी शैवी श्रुति प्रामाणिकतर सिद्ध होगी।

अभिनवगुप्त द्वारा प्रस्तुत आधारों में सर्वप्रथम है – अधिकारिभेद। वेदों में भगवान् ने शुद्धि-अशुद्धि का विधान सारे मनुष्यों को ध्यान में रखकर किया है, जबकि शैवी श्रुति विशिष्ट जनों के लिए अभिप्रेत है।[२६] इसलिए दोनों ही चोदनाओं की सार्थकता भिन्न विषय को लेकर है, अतः वैदिकी श्रुति शैवी श्रुति की बाधक नहीं हो पाती।[२७] यदि यह तर्क दिया जाए कि सब लोगों के लिए प्रवृत्त विधि विशिष्टविषय में तो अप्रवृत्त रहेगी, अतः एक न एक श्रुति की तो सत्त्वहानि माननी पड़ेगी। शिवाद्वयवादी मीमांसकों के तर्क का आश्रय लेते हुए इस सम्भावना को नकारता है। मीमांसक मानते हैं कि विशेषात्मक *अपवाद विधि* सामान्यात्मक *उत्सर्ग विधि* का बाधन करती है। अतः *अपवादविधिरूपा* शैवी श्रुति *उत्सर्गविधिरूपा* वैदिक श्रुति से प्रबलतर हो जाती है। भिन्नविषयता या अधिकारिभेद का यदि आश्रय लिया जाए तो दोनों का प्रामाण्य अखंडित रहता है।[२८] इस प्रकार प्रकृत सन्दर्भ में वैदिकी श्रुति

---

[२५] *तं.* १७.७$_{अ}$

[२६] तर्हि सुतरामिदमप्रामाण्यकारणं - यदेकस्मिन्नपि उपदेष्टरि परस्परव्याहतत्वं नामेति, नैतत्, अधिकारिभेदेन तथोपदेशात्। भगवता हि शुद्ध्यादि सामान्येन सर्वपुरुषविषयतया चोदितं, विशिष्टविषयतया त्विदम्, . . . । – *तं.वि.*, ३, पृ. ८६६

[२७] इति न कश्चिदनयोरप्रामाण्यपर्यवसायी दोषः, तदुभयोरपि चोदनयोर्भिन्नविषयत्वेनावस्थितेः सत्त्वमविशिष्टमेव इति सिद्धम्। – तदेव

[२८] सम्यक्चेन्मन्यसे बाधो विशिष्टविषयत्वतः।।
अपवादेन कर्तव्यः सामान्यविहिते विधौ। – *तं.* ४.२३०$_{ब}$-३१$_{अ}$

द्वारा सामान्य विषय के रूप में विहित होकर भी शुद्धि और अशुद्धि तत्त्वज्ञ के विषय में अपवादरूप *मालिनीविजयात्मक* श्रुति "नात्र शुद्धिर्नचाशुद्धिः" से बाधित होती ही है। यदि यह कहा जाए कि शुद्धि और अशुद्धि दोनों ही लोक में निर्बाध दिखाई पड़ती हैं, अतः शैवी श्रुति के प्रत्यक्षादि प्रमाणों से विरुद्ध होने के कारण यह शैवी विधि का उपयुक्त स्थल ही नहीं बनता। अतः शैवी श्रुति विधि न होकर अधिक-से-अधिक *अर्थवाद* कही जा सकती है और यह भी सर्वमान्य है कि अर्थवाद से विधि का – अर्थात् वैदिक श्रुति का – बाधन नहीं हो सकता। शैव पक्ष का उत्तर है कि अर्थवाद का कार्य है प्ररोचना। प्ररोचना की आवश्यकता वहाँ पड़ती है, जहाँ अबुद्धिपूर्वक काम किया जाए या अर्थ की सत्ता को लेकर शंका हो। जब अविच्छिन्न विज्ञानात्मा महेश्वर ही शास्त्र के रूप में स्थित है तब माहेश्वर वाक्य में मिथ्यात्व, असदर्थता की शंका की गुंजाइश ही नहीं है, अतः मालिनी श्रुति को अर्थवाद नहीं माना जा सकता।[२९] दूसरे, यदि अभ्युपगमवाद से मालिनी श्रुति को अर्थवाद मान लिया जाए तो भी अर्थवाद स्वतःप्रमाण नहीं होता, वह विधि या निषेधवाक्य के साथ एकवाक्यता को अंगीकार करके ही प्रमाण बन सकता है – ऐसी वाक्यवित् मीमांसकों की मान्यता है,[३०] क्योंकि अर्थवाद का प्रयोजन अश्रुत अर्थ का प्रतिपादन नहीं है बल्कि विधेय या निषेध्य की प्ररोचना है। मालिनी श्रुति को अर्थवाद मानने पर उसके अधीन यदि विधि-निषेध होता है, तो उसमें न प्रवृत्ति में आदर होगा न निवृत्ति में। जहाँ तक अर्थवाद वाक्य का सवाल है वह अपना अर्थ तो देगा ही। अतः मालिनी श्रुति ('यहाँ न शुद्धि है, न अशुद्धि') को अर्थवाद के रूप में विधिनिषेधात्मक वैदिक विधिवाक्य का अंग मान भी लिया जाए तो सन्निहितत्व के कारण वह निरर्थक नहीं कही जा सकती, जैसे पद के अंग के रूप में पद के सार्थक होने पर भी वर्ण निरर्थक नहीं होते। क्योंकि अवयवों के निरर्थक होने पर समुदाय भी निरर्थक हो जाएगा। और यदि इसको बलात् तिरस्कृत (अपह्नव) कर दिया जाए या छिपा दिया जाए तो फिर विधिनिषेधात्मक वैदिक विधिवाक्य का भी निषेध इसी तर्क का आधार लेकर सुकर हो जाएगा।[३१] **अभिनवगुप्त** कहते हैं कि शैवी श्रुति को चाहे विधिवाक्य मानिए और चाहे अर्थवादवाक्य, वैदिक श्रुति द्वारा प्रतिपादित शुद्ध्यादि विभाग तो पूर्वोक्त युक्तियों से ही बाधित हो जाता है, अतः वैदिक शुद्ध्यशुद्धिविधान सिद्ध नहीं हो पाता। सच बात यह है कि शुद्धि

---

[२९] नार्थवादादिशंका च वाक्ये माहेश्वरे भवेत्। – तदेव, ४.२३२$_{ब}$

[३०] अत एव 'विधिवाक्यैकवाक्यतयैव अस्य प्रामाण्यम्, इति वाक्यविदः'। – *तं.वि.*, ३, पृ. ८७७

[३१] विधिवाक्यान्तरे गच्छन्नङ्गभावमथापि वा।
न निरर्थक एवायं संनिधेर्गजडादिवत्।।
स्वार्थप्रत्यायनं चास्य स्वसंवित्त्यैव भासते।
तदपह्नवनं कर्तुं शक्यं विधिनिषेधयोः।। – *तं.* ४.२३७-३८

और अशुद्धि वस्तुधर्म ही नहीं हैं, अपितु प्रमातृधर्म हैं। संवित् से ऐकात्म्य शुद्धि का लक्षण है और अनैकात्म्य अशुद्धि का।[३२] यदि इसे किसी प्रकार से वस्तु का धर्म मान भी लिया जाए, तो भी शुद्धि और अशुद्धि का निश्चय प्रमाता की अपेक्षा करेगा।[३३]

शैवी श्रुति की उत्कृष्टता-साधन प्रक्रिया का दूसरा परिणाम है श्रुति-तन्त्र, निगम-आगम में परस्पर *बाध्य-बाधक भाव का एक ही दिशा में होना*। जिस प्रकार शैवी विशेष चोदना सामान्यात्मिका वैदिक श्रुति का बाधन करती है, उसी प्रकार वैदिक श्रुति के ईश्वरप्रणीत होने पर भी वह शैवी श्रुति का बाधन नहीं करती। **अभिनव** *सर्वज्ञानोत्तर*[३४] *तन्त्र* को उद्धृत करते हुए कहते हैं कि मनुष्य, ऋषि, देव, ब्रह्मा, विष्णु और रुद्र की उक्तियों में प्रत्येक परवर्ती अपने पूर्ववर्ती से विशिष्ट है और इस उत्तरोत्तर वैशिष्ट्य के कारण विरोध की स्थिति में प्रत्येक उत्तरवर्ती अपने से पूर्ववर्ती का बाधक है। इस प्रकार ऋषि-वचन मानवीय उक्ति का बाधक है, देव-वचन ऋषि-वाणी का। इस युक्ति से रुद्र अर्थात् शिव का वाक्य चरम प्रमाण है। विपर्यय से बाध की सम्भावना भी नहीं की जा सकती। विष्णु के वाक्य शिववचन का अपलाप नहीं कर सकते।[३५] इसके पीछे कारण का अनुसन्धान करते हुए **अभिनव** इस बात से इनकार नहीं करते कि वेद आदि का भी निरूपण यद्यपि मूलतः शिव ने ही किया है, फिर भी शास्त्रों के द्वैविध्य के प्रणयन में संकोच के भाव तथा अभाव का आश्रय लिया गया है। जहाँ संकोच है, वे भेदप्रधान शास्त्र हैं। वेदादि का समाहार उन्हीं में होता है। जहाँ संकोच नहीं है, वे अभेदप्रधान शास्त्र हैं और त्रिकादि शैव शास्त्रों की भूमि यही है।[३६] संकोच के

---

[३२] अन्यत्र नेति बुद्ध्यन्तामशुद्धं संविदश्च्युतम्।।
संवित्तादात्म्यमापन्नं सर्वं शुद्धमतः स्थितम्। – *तं.* ४.२४०$_{ब}$-४१$_{अ}$

[३३] प्रमातृधर्म एवायं चिदैक्यानैक्यवेदनात्।
यदि वा वस्तुधर्मोऽपि मात्रपेक्षानिबन्धनः।। – तदेव, ४.२४५

[३४] सर्वज्ञानोत्तरादौ च भाषते स्म महेश्वरः।
नरर्षिदेवद्रुहिणविष्णुरुद्राद्युदीरितम्।।
उत्तरोत्तरवैशिष्ट्यात् पूर्वपूर्वप्रबाधकम्। – तदेव, ४.२४८-४९$_{अ}$

[३५] न शैवं वैष्णवैर्वाक्यैर्बाधनीयं कदाचन।। – तदेव, ४.२४९$_{ब}$ यही बात आगे चलकर पंद्रहवें आह्निक में दुहराई गई है –
एवं विषयभेदान्नो शिवोक्तेर्बाधिका श्रुतिः।
क्वचिद्विषयतुल्यत्वाद्बाध्यबाधकता यदि।।
तद्बाध्या श्रुतिरेवेति प्रागेवैतन्निरूपितम्। – *तं.* १५.१७८-१७९$_{अ}$

[३६] वेदादीनां सर्वशास्त्राणां परमेश्वर एवोपदेष्टा इति नास्ति विवादः; किंतु तेन संकोचभावाभावभेदेन द्विधा शास्त्राण्युपदिष्टानि – कानिचिद् भेदप्रधानानि, कानिचिद् अभेदप्रधानानि इति। तत्र भेदप्रधानानि वेदादीनि शास्त्राणि, अभेदप्रधानानि च शैवादीनि। – *तं.वि.*, ३, पृ. ८९८

तारतम्य की भूमि बद्ध जीव के ज्ञान की भूमि है, पाशव भूमि है और विकास का तारतम्य पति अर्थात् मुक्त की या शैवी ज्ञानभूमि है। विकास के उत्तरोत्तर उत्कर्ष के कारण पतिज्ञाना शैवी श्रुति बाधक है और पाशव ज्ञान/वैदिकी श्रुति बाध्य।[३७] निश्चय ही **अभिनव** की युक्तियाँ अपने सम्प्रदाय के प्रति पक्षपात का आभास देती हैं। किन्तु इस पक्षधरता को भारतीय दार्शनिकों की सामान्य प्रवृत्ति के रूप में लिया जा सकता है।

श्रुति और आगम के पारस्पर्य का चौथा आयाम है आगम और निगम के आपातिक भेदों का परिहार और युक्त्यनुकूलन के द्वारा समन्वयन। समग्रतावादी दर्शनों की नियति है सारी विविधता को समग्रता के अन्तर्गत संरचनात्मक रूप से या आवयविक संरचना के घटक रूप से परिघटित करना। अतः निगम आगम का समन्वयन समग्रतामूलक युक्ति-प्रक्रिया की तार्किक परिणति है। अधिकारिभेद और भिन्नविषयता के आधार पर दोनों के मध्य समन्वयन की चेष्टा हमने ऊपर प्रसंगान्तर से देखी। **अभिनव** का कहना है कि सारा-का-सारा आगम विध्यात्मक या निषेधात्मक विमर्शपरक है और इस विधि-निषेध की प्रयोज्यता का निर्धारण होता है नियत अधिकारी, नियत देश, नियत काल, नियत दशा, नियत सहकारी इत्यादि के विमर्शनपूर्वक।[३८] सच पूछा जाए तो ऊपर सम्प्रदायों और विभिन्न श्रुतियों के मध्य जो उत्तरोत्तर उत्कर्ष का अनुसन्धान किया गया है, प्रकारान्तर से वह समन्वयन की ही विधा है। इस पद्धति का विस्तार करते हुए हम देखते हैं कि समन्वयन की प्रक्रिया के कुछ अंश तो साम्प्रदायिक आग्रहों का अनुवाद करते हैं और कुछ अंश वस्तुगत विवशताओं से जन्मे हैं। सारे सम्प्रदायों में औत्तरोत्तर्य एक तारतम्यात्मक विकास (एक्लेटिकल प्रोग्रेशन) का रूप लेता है। इसमें संगति के आसूत्रण के बीज ढूँढ़े गए हैं शक्तिपात की क्रमिकता को लेकर। सिद्धान्त से त्रिक या वेद से त्रिक तक की यात्रा क्रमिक शक्तिपात के प्रारम्भिक स्तर से लेकर क्रमोत्तीर्णता के स्तर तक है।[३९] इसलिए क्रमिक शक्तिपात की पर्यन्तोपायता अक्रम शक्तिपात में होने पर भी प्रारम्भिक सम्प्रदायों को ऊर्ध्वस्थ सम्प्रदायों में अनधिकारी माना गया है। इसी बात को **अभिनवगुप्त** ने अधःशास्त्र और, व्यञ्जनया, ऊर्ध्वशास्त्र की शब्दावली में व्यक्त किया है। तार्किक, श्रौत, बौद्ध आदि अधःशास्त्र हैं और योग, शैव शासन आदि ऊर्ध्व शास्त्र। इनके

---

[३७] संकोचतारतम्येन पाशवं ज्ञानमीरितम्।
विकासतारतम्येन पतिज्ञानं तु बाधकम्।। – *तं.* ४.२५३

[३८] सर्व एव हि आगमो नियताधिकारिदेशकालदशासहकारिप्रभृतीनामृश्य विधिनिषेधादिविमर्शमयः। – *ई.प्र.वि.वि.*, ३, पृ. ८५

[३९] क्रमिकः शक्तिपातश्च सिद्धान्ते वामके ततः।।
दक्षे मते कुले कौले षडर्धे हृदये ततः।
उल्लङ्घनवशाद्वापि झटित्यक्रममेव वा।। – *तं.* १३.३०० $_{ब}$-०१

अन्दर पायी जाने वाली क्रमिक उत्कृष्टता का सन्धान *सम्बोधोत्कर्षगत* बाहुल्य के आधार पर होता है।[४०] यहाँ यह दुहराना उचित होगा कि यह ऊर्ध्वमुखी गतिशीलता एकमुखी है, अनुलोम है – जहाँ उत्तरस्थ पूर्वस्थ को अन्तःसात् कर सकता है, पर अधरस्थ ऊर्ध्वस्थ को नहीं। सम्भवतः समन्वयन को प्रणाम करते हुए भी अपनी साम्प्रदायिक निजता को बनाए रखने का आग्रह इसमें कारण रहा है और दूसरी ओर सम्प्रदायसाङ्कर्य को बचाए रखने पर जोर भी। सम्प्रदायसाङ्कर्य हमेशा प्रतिलोम सक्रियता का निष्यन्द है और उससे दोनों सम्प्रदायों के भ्रष्ट हो जाने का खतरा है। इसलिए वैष्णव के लिए शैव या वैदिक के लिए शैव सम्प्रदाय से सम्मेलन निषिद्ध है।[४१] समन्वयन की प्रक्रिया में वास्तविक चुनौती मिली है, जहाँ वस्तुगत विवशताओं की दृष्टि से संगति ढूँढने की चेष्टा की गई है। शैवी साधना में बहुत स्थलों पर वीर साधकों के लिए लोक और शास्त्र के विरुद्ध तमाम द्रव्यजात के सेवन का विधान किया गया है। यहाँ तक कहा गया है कि जो भी निंद्य है, गर्हणीय है वह सब वीर का आहार्य है।[४२] पञ्च मकारों की गणना यहाँ की जा सकती है। चर्याक्रम, आदियाग आदि स्थलों में ऐसी ही स्थिति है। मुनियों के द्वारा गोमांसभक्षण तक की चर्चा मिलती है।[४३] इस प्रकार के स्थलों का सामंजस्य दो प्रकार से बैठाया गया है। एक व्याख्या तो दार्शनिक युक्त्यनुकूलन की तर्ज

---

[४०] अहमप्यत एवाधःशास्त्रदृष्टिकुतूहलात्।।
तार्किकश्रौतबौद्धार्हद्वैष्णवादीन्नसेविषि।
लोकाध्यात्मातिमार्गादिकर्मयोगविधानतः।।
संबोधोत्कर्षबाहुल्यात् क्रमोत्कृष्टान् विभावयेत्। – *तं.* १३.२४५$_{ब}$-४७$_{अ}$

[४१] स्वदृष्टौ परदृष्टौ च समयोल्लङ्घनादसौ।।
प्रत्यवायं यतोऽभ्येति चरेत्तन्नेदृशं क्रमम्। – तदेव, ३१८$_{ब}$-१९$_{अ}$
वैष्णवादिः शैवशास्त्रं मेल्येन्निजशासने।।
ध्रुवं संशयमापन्न उभयभ्रष्टतां व्रजेत्। – तदेव, ३१७$_{ब}$-१८$_{अ}$; **जयरथ** अनुमोदन करते हैं –
तदुक्तम् - 'अथ वेदाश्रितः शैवं पुनरेव समीहते।
वेदनष्टः शैवनष्टः पुनरेव भविष्यति।।' – *तं.वि.*, ५, पृ. २३९०

[४२] यद्द्रव्यं लोकविद्विष्टं यच्च शास्त्रबहिष्कृतम्।
यज्जुगुप्स्यं च निन्द्यं च वीरैराहार्यमेव तत्।। – तदेव, भा. ३, पृ. ८८५, **जयरथ** द्वारा उद्धृत

[४३] तत्कथं शास्त्रबहिष्कृतं लोकविरुद्धं गोमांसादि भक्षयेयुः; अतएव हि बाह्यचर्यायाम् . . . विकल्पप्रहाणाय लोकशास्त्रविरुद्धं द्रव्यजातमभिहितम्। यन्नाम सर्वद्रव्याणां लोकविरुद्धत्वादि न वास्तवं रूपं, किन्तु परा संविदेव, इति किं नाम जुगुप्स्यं निन्द्यं वा सर्वत्रैव संविद्रूपत्वाविशेषात्, अतएव तत्र चित्तप्रत्यवेक्षामात्रमेव प्रयोजनं – किं संविदेकाग्रीभूतं चित्तं न वा इति। – तदेव, पृ. ८८४-८५

पर की गई है और दूसरी सामाजिक दायित्व के निर्वाह के आग्रह से। लोक-शास्त्र से विरुद्ध का बाह्यचर्या में विधान विकल्पनाश के लिए किया गया है। लोकविरुद्धत्व इन द्रव्यों का वास्तविक रूप नहीं है। वास्तविक रूप तो संविद्रूपता है। चित्त के ऐकाग्र्य की जाँच के लिए इनका अवलम्बन लिया जाता है कि चित्त संवित् में ऐकाग्र्य भाव से तन्मय हो गया है कि नहीं। मुनियों के लिए गोमाँस-भक्षण आदि का निषेध या अभक्ष्यतया उपदेश उसकी संविद्रूपता को छिपाने के लिए नहीं किया जाता, बल्कि इसलिए कि लोकयात्रा का उच्छेद न होने पाए। लोक संरक्षण की दृष्टि से ही उस द्रव्य से संविद्रूपता के स्वरूप का गोपन कर उसकी अभक्ष्यता, निन्दनीयता आदि का निरूपण किया गया है ताकि सामान्य जन, जिसने संविद् से एकरूपता का अनुभव नहीं किया है, कहीं लालच या इन्द्रिय सुख की लोलुपता से सामाजिक मर्यादा को छिन्न-भिन्न न कर डाले।[४४] *तन्त्रालोक* में बार-बार यह चर्चा आई है और इसका इसी प्रकार से समाधान किया गया है। एक ओर सारे शिवाद्वयवादी सम्प्रदायों में मद्य, मांस, मैथुन के परम माहात्म्य का संकीर्तन हुआ है,[४५] और ठीक इसके विपरीत श्रुति, स्मृति में मद्यादि की अग्राह्यता का विधान हुआ है। शैव शास्त्रों का प्रवृत्तिनिमित्त है आनन्दातिशय की उपलब्धि, जबकि वेद और स्मृति का प्रवृत्तिनिमित्त है लोकस्थिति की रक्षा।[४६]

वस्तुस्थिति के कठोर आग्रहों के कारण ऊपर समन्वयन की जिस प्रक्रिया का आश्रय लिया गया है, वह केवल वहीं समाप्त नहीं हो जाती। वस्तुतः तन्त्रों के वैदिकीकरण की (प्रकारान्तर से हम इसे श्रुति का तान्त्रिकीकरण भी कह सकते हैं) निरन्तर प्रवर्तमान प्रक्रिया का यह अंग है। वैदिक मूल्य-संस्थान के अंगीकरण का सबसे पुष्ट प्रतीक है पुरुषार्थ-चतुष्टय की सिद्धि में शाम्भवागम को उपाय मानना और फलभेद के आधार पर उसे श्रुति का अविरोधी मानना। **अभिनवगुप्त** कहते हैं -

---

[४४] लोकसंरक्षणार्थं तु तत्तत्त्वं तैः प्रगोपितम्। – *तं.* ४.२४४$_{अ}$

[४५] अतएव आनन्दातिशयकारिणो मद्यादेरेव सर्वशास्त्रेषु परं माहात्म्यमुक्तमित्याह–
अतः कुलक्रमोत्तीर्णत्रिकसारमतादिषु।।
मद्यकादम्बरीशीधुद्रव्यादेर्महिमा परम्। – *तं.* १५.१६६$_{ब}$-७०$_{अ}$
आदिशब्देन मांसमैथुनादि . . .। – *तं.वि.*, ६, पृ० २५२६

[४६] ननु यदि एवं तत् कथं श्रुतिस्मृत्यादौ मद्यादेरशुद्धत्वमुक्तमित्याह–
लोकस्थितिं रचयितुं मद्यादेः पशुशासने।।
प्रोक्ता ह्यशुद्धिस्तत्रैव तस्य क्वापि विशुद्धता। तं. १५.१७०$_{ब}$-७२$_{अ}$
. . . क्वापि इति सौत्रामण्याम्। – तं.वि, ६, पृ. २५२६

धर्मार्थकाममोक्षेषु पूर्णापूर्णादिभेदतः।
विचित्रेषु फलेष्वेक उपायः शाम्भवागमः।।

तस्मिन्विषयवैविक्त्याद्विचित्रफलदायिनि।
चित्रोपायोपदेशोऽपि न विरोधावहो भवेत्।। – *तं.*३५.२४-२५

शाम्भवोपाय की सार्थकता को प्रतिपादित करते हुए भी अनेक उपायों के सहभाव और उनकी सामर्थ्य से **तन्त्रालोककार** इनकार नहीं करते। अपने *भगवद्गीतार्थसंग्रह* में **अभिनव** इसी प्रतिज्ञा का अनुवाद करते हैं।[४७] आपाततः यह बात **अभिनव** के स्वयं अपने सैद्धान्तिक उद्घोषों से मेल खाती नहीं जान पड़ती। चूँकि बार-बार शैवशास्त्र को सर्वोत्कृष्ट कहा जा रहा है, इसलिए *सर्वज्ञानोत्तर* आदि तन्त्रों के अनुसार मुख्या वृत्ति से हमारी निष्ठा शैव शास्त्र में ही होनी चाहिए।[४८] लोकधर्मों और वर्णाश्रम के आचारों का आचरण यदि करना है तो निष्ठारहित होकर तटस्थ भाव से केवल लोकसंरक्षणार्थ करने में दोष नहीं है। लोकसंरक्षण के लिए किए जाने वाले लोकधर्म तथा वर्ण और आश्रम के लिए निर्दिष्ट आचार शैव शास्त्र के अंगरूप से नहीं, बल्कि अपरिहार्य विवशता के रूप में ही विहित हैं। तटस्थता, निष्ठाशून्यता और गौणी वृत्ति आदि की सारी शब्दावली वैदिक संस्कारों, वर्णाश्रम व्यवस्था, तत्सम्बद्ध अन्य लोकधर्म तथा देशधर्म की अनिवार्यता का संकेतन करते हैं। लिङ्गोद्धार आदि शैव संस्कार और आचार वैदिक कर्म जहाँ से समाप्त होता है वहाँ से शुरू होते हैं।[४९] शैव

---

[४७] द्वैपायनेन मुनिना यदिदं व्यधायि शास्त्रं सहस्रशतसंमितमत्र मोक्षः।
प्राधान्यतः फलतया प्रथितस्तदन्यधर्मादि तस्य परिपोषयितुं प्रगीतम्।।
– *भगवद्गीतार्थसंग्रह* उपोद्घात, श्लोक २

[४८] तस्मान्मुख्यतया स्कन्द लोकधर्मान्न चाचरेत्।
नान्यशास्त्रसमुद्दिष्टं स्रोतस्युक्तं निजे चरेत्।। – *तं.* ४.२५१

[४९] तदुक्तं तत्र –

ये तु वर्णाश्रमाचाराः प्रायश्चित्ताश्च लौकिकाः।
सम्बन्धान्देशधर्मांश्च प्रसिद्धान्न विचारयेत्।
गर्भाधानादितः कृत्वा यावदुद्वाहमेव च।
तावत्तु वैदिकं कर्म पश्चाच्छैवे ह्यनन्यभाक्।
न मुख्यवृत्त्या वै स्कन्द लोकधर्मान् समाचरेत्।। इति – *तं.वि.*, ३, पृ. ८६३-६४। और भी देखिए –

यथैकत्रापि वेदादौ तत्तदाश्रमगामिनः।
संस्कारान्तरमत्रापि तथा लिङ्गोद्धृतादिकम्।।

यथा च तत्र पूर्वस्मिन्नाश्रमे नोत्तराश्रमात्।
फलमेति तथा पांचरात्रादौ न शिवात्मताम्।। – *तं.* ३५.२८-२९

साधक के आचारोल्लंघी, सामाजिक मर्यादा का अनादर करने वाले चरित्र को वैदिक आचार के चौखटे में समेटने का काम बड़ा दुरूह है। इसलिए शैव साधक की जो भावना की गई वह इस श्लोक से बहुत अच्छी तरह से प्रकट होती है –

अन्तःकौलो बहिःशैवः लोकाचारे तु वैदिकः।
सारमादाय तिष्ठेत नारिकेलफलं यथा।।[५०]

साधारण शब्दावली में इसका तात्पर्य है कि शैव साधक उसे कहते हैं, जो लोकसंरक्षणार्थ सामाजिक जीवन में श्रुति-स्मृत्यनुमोदित आचार का पालन करता है, बाह्यचर्या में शैव है अर्थात् विकल्पप्रहाण के लिए जो निषिद्ध का सेवन और आचरण करता है, और आन्तरिक रूप से कौल है अर्थात् अन्तर्याग में जो सबको सामस्त्य-भाव के घटक रूप संविद् से एकात्मतया ग्रहण करता है। बाद वाले दो को दूसरे ढंग से भी कहा जा सकता है: जो बाह्य रूप में सिद्धान्तशैवी है और आन्तरिक रूप से कुलमार्गगत चर्या और आदियाग का अनुपालक। यहाँ पर थोड़ी सी सतर्कता अपेक्षित है। "लोकाचार में जो वैदिक है" इस कथन को कुछ अपवादों के साथ ग्रहण करना उचित होगा। इस अपवादन को तान्त्रिकीकरण का परिणाम मानना चाहिए। ये अपवाद हैं– जाति का अस्वीकरण, तान्त्रिक उपासा में स्त्री के प्रवेशाधिकार की मान्यता और अकुलीनस्पर्श के प्रति आदर भाव।

तन्त्रों के वैदिकीकरण की प्रक्रिया के अनेक पक्ष हैं। जो पक्ष सबसे पहले आकर्षित करता है, वह है वैदिक वाङ्मय या श्रुतियों का प्रमाणरूप में उल्लेख। *छान्दोग्य उपनिषद्* के प्रामाण्य का आश्रयण,[५१] *स्मृति* का अवलम्बन,[५२] *विष्णु-पुराण* का प्रमाणतया ग्रहण,[५३] *गीता* के साथ अर्थ की एकतानता का अनुसंधान[५४] – ये सारे वैदिक प्रमाण निगम के प्रति आगम के सुकुमार भाव का निदर्शन कराते हैं। यहाँ आश्चर्यजनक विशेष बात देखने की है कि **अभिनव** प्रस्थानत्रयी में से *गीता* पर अपनी टीका लिखते हैं। प्रस्थानत्रयी वेदान्त में श्रुतिरूपा और श्रुत्युपजीवी है। उपनिषद् और *गीता* श्रुतिरूप और *ब्रह्मसूत्र* श्रुत्युपजीवी है। **अभिनव** *गीता* को *महाभारत* का अंग और महामुनि **व्यास** की रचना मानते हैं। यदि गीता को श्रुति न माना जाए तो भी परम्परया वह श्रुति ही है – "इतिहासपुराणाभ्यां वेदं समुपबृंहयेत्।" और इस ग्रन्थ के द्वारा वह वर्णाश्रम परम्परा की मूल्य-परिपाटी का पोषण करते हैं। *गीता* का प्रसिद्ध श्लोक –

---

[५०] तं.वि, ३, पृ. ६४३ तथा ८६४ पर उद्धृत

[५१] *तं.* १७.६-७, १५.१७२; *तं.वि.*, ६, पृ. २८५८ ।

[५२] *तं.* २८.१६६; *तं.वि.*, ६, पृ. २५२८; ७, पृ. ३१८२-८३।

[५३] *तं.* २८.३४४; *तं.वि.*, ७, ३२४७।

[५४] *तं.वि.*, ५, पृ. २१७४; ७, पृ. ३२३६।

सर्वस्य चाहं हृदि सन्निविष्टो मत्तः स्मृतिर्ज्ञानमपोहनं च।
वेदैश्च सर्वैरहमेव वेद्यो वेदान्तकृद्वेदविदेव चाहम्।। – १५.१५

ईश्वरप्रत्यभिज्ञाकारिका में प्रमाता और उसकी ज्ञानमूला शक्तियों के विवेचन का आधारबिन्दु बनता है। *गीता* की टीका करने में **अभिनव** का एक विशेष प्रयोजन है। अपनी परम्परा से एकसूत्रता आपादन में वह *गीता* का उपयोग करते हैं। उनकी दृष्टि में *गीता* वेदान्त से भी गुह्य परमाद्वैत तत्त्व का प्रकाशन करती है।[५५] इस व्याख्यान के द्वारा **अभिनव** अपने को श्रुति-परम्परा से जोड़ते हैं और साथ ही अपने सम्प्रदाय को अधिक आदरास्पद बनाते हैं।

इस प्रक्रिया को **अभिनव** और आगे बढ़ाते हैं। अपनी याग-प्रक्रिया को समृद्ध बनाने में वह वैदिक याग-प्रक्रिया और तत्सम्बन्धी शब्दावली को आयातित करते हैं। *तन्त्रालोक* के पन्द्रहवें आह्निक में **अभिनव** जिन ४८ संस्कारों का वर्णन करते हैं,[५६] वे वैदिक संस्कारों के उपबृंहण हैं और वैदिक संस्कारों को सम्मिलित करके चलते हैं। सारी वैदिक शब्दावली – आहुति, प्रणव, स्रुवा, अग्निसंस्कार, होम, आज्य, पूर्णाहुति, याग, स्थण्डिल, कुम्भ, कर्करी, वषड्, श्राद्ध, भभोग, पवित्रक, मंडल, न्यास, अग्नीषोम, दैवत, अधिवासन, अभिषेक आदि आदि कहीं उसी अर्थ में, कहीं अर्थभेद, कहीं अर्थविस्तार, कहीं अर्थसंकोच के साथ स्वीकार कर ली गई है। श्रुति, स्मृति का साक्षात् प्रभाव **अभिनव** पर पड़ा है। पुराण[५७] आदि के माध्यम से वह परम्परया भी श्रुति का प्रभाव ग्रहण करते हैं। मीमांसा और श्रुतिपरम्परा के अनेक मूलभूत सिद्धान्तों का उपयोग वह करते हैं। उदाहरणार्थ "वैदिकी हिंसा हिंसैव न भवति" की भाँति यहाँ भी पशुकर्म में 'हिंसाबुद्धि' का निषेध किया गया है।[५८] परन्तु साथ ही पशुयाग के अतिरिक्त सर्वत्र हिंसा का निषेध हुआ है।[५९] इसी प्रकार से **अभिनव** "धर्मक्षेत्रे" में धर्म शब्द की व्याख्या *याज्ञवल्क्य स्मृति* के आलोक में करते हैं।[६०] वेदों के तान्त्रिकीकरण की प्रक्रिया में शिवाद्वयवादी ग्रन्थों में तमाम पारभाषिक वैदिक शब्द हूबहू वैसे ले लिए गए हैं, पर

---

[५५] इति ते ज्ञानमाख्यातं गुह्याद् गुह्यतरं मया।
विमृश्यैतदशेषेण यथेच्छसि तथा कुरु।। – *गीता* १८.६३

. . . तदेवेदं ज्ञानम् उक्तं गुह्यात् वेदान्तादपि गुह्यं परमाद्वैतप्रकाशनात्।
एतच्चाशेषेण विमृश्येति तात्पर्यमत्रविचार्येत्यर्थः। – *गीतार्थसंग्रह(शं.ना.)*, भा.१, पृ. २७७

[५६] *तं.* १५.४६८-५०५।

[५७] न केवलमेतदस्मदागम एवोक्तं, यावच्छ्रुत्यर्थोपजीविनि पुराणादौ अपि। – *तं.वि.*, ५, पृ. २३७४

[५८] न हिंसाबुद्धिमादध्यात् पशुकर्मणि जातुचित्। – *तं.* १६.५८अ

[५९] *तं.वि.*, ६, पृ. २७४८।

[६०] धर्मक्षेत्र इति।. . .'अयं स परमो धर्मो यद्योगेनात्मदर्शनम्' (*याज्ञवल्क्यस्मृति* १.८) इत्यस्य च धर्मस्य क्षेत्रम्। – *गीतार्थसंग्रह*, भा.१, पृ. ५

युक्त्यनुकूलनपूर्वक सैद्धान्तिक समंजसन के द्वारा उन्हें नई व्याख्याएँ दे दी गई हैं। उदाहरण के लिए द्विजत्व को रुद्रात्मतापत्ति की अनिवार्य अर्हता के रूप में ग्रहण किया गया है। पर यह द्विजता वस्तुतः द्विजतान्तर है, जिसका सम्बन्ध संवित् के संस्कार से है, न कि जन्म या जाति से।[६१] यहाँ पर वह **महाभारतकार** को प्रमाण के रूप से उद्धृत करते हैं।[६२] इस उद्धरण से एक ओर द्विजता की पहचान के लिए शान्त्यादिरूप चिद्धर्मता को स्थापित करते हैं तो दूसरी ओर शूद्र आदि के ब्राह्मणीकरण का मार्ग प्रशस्त कर देते हैं। इस सन्दर्भ में इस बात की ओर ध्यान दिलाना सम्भवतः प्रासंगिक होगा कि वेदान्त परम्परा द्विजों के प्रति (न कि शूद्रों के लिए) उद्दिष्ट है। यह बात सही है कि *महाभारत* में विदुर और धर्मव्याध आदि के प्रकरणों से **शंकर** वेदान्त में शूद्र की अधिकारिता स्वीकार करते हैं, परन्तु तभी जब वेदान्त का उपदेश पुराण या *महाभारत* के माध्यम से संक्रान्त हो। हम सब इस तथ्य से सुपरिचित हैं कि *गीता महाभारत* का अंश है और महामुनि **व्यास** के कर्तृत्व का प्रसाद है। यह एक अतिरिक्त कारण हो सकता है, **अभिनव** द्वारा प्रस्थानत्रयी में से छाँटकर *गीता* की व्याख्या करने का।[६३] **अभिनव** इस प्रसंग का उपयोग भगवद्याग की पात्रता का स्त्रियों आदि में विस्तार करने के लिए भी करते हैं। श्रुति के प्रति शिवाद्वयवादियों का गहरा श्रद्धाभाव है। चूँकि अविगीता प्रसिद्धि ही आगम है, अपनों और परायों में बँटकर वह आगमों की अनेकता का कारण बनती है, इसलिए वह कई बार वेद की आलोचना करने के बाद भी वेदनिन्दा का निषेध करते हैं।[६४]

---

[६१] योनिर्न कारणं तत्र शान्तात्मा द्विज उच्यते।।
मुनिना मोक्षधर्मादावेतच्च प्रविवेचितम्। – *तं.* १५.५१३$_{ब}$-१४$_{अ}$

[६२] यदुक्तं तेन . . .
शूद्रोऽपि शीलसंपन्नो गुणवान्ब्राह्मणो भवेत्।
पंचेन्द्रियार्णवं घोरं यदि शूद्रोऽपि तीर्णवान्।।
तस्मै दानं प्रदातव्यमप्रमेयं युधिष्ठिर।
न जातिर्दृश्यते राजन्गुणाः कल्याणकारकाः।। इति – *तं.वि.*, ६, पृ. २६६४-६५

[६३] मां हि पार्थ व्यपाश्रित्य येऽपि स्युः पापयोनयः।
स्त्रियो वैश्यास्तथा शूद्रास्तेऽपि यान्ति परां गतिम्।। – *गीता* ९.३२ स्त्रिय इति अज्ञाः। शूद्रा इति कार्त्स्न्येन वैदिकक्रियानधिकृताः परतन्त्रवृत्तयश्च। तेऽपि मदाश्रिता मामेव यजन्ते। . . . केचिदाचक्षते द्विजराजन्यप्रशंसापरमेतद्वाक्यम्, न तु स्त्र्यादिषु अपवर्गप्राप्तितात्पर्येण इति। ते हि भगवतः सर्वानुग्राहिकां शक्तिं मितविषयतया खण्डयन्तः . . . हास्यरसविषयभावमात्मनि आरोपयन्ति। – *गीतार्थसंग्रह*(*शं.ना.*), भा.१, पृ. १६३-६४

[६४] तथैव सा प्रसिद्धिर्हि स्वयूथ्यपरयूथ्यगा।।
सांख्यं योगं पांचरात्रं वेदांश्चैव न निन्दयेत्।
यतः शिवोद्भवाः सर्व इति स्वच्छन्दशासने।। – *तं.* ३५.३५$_{ब}$-३६

निगम और आगम परम्परा के पारस्पर्य के सन्दर्भ में एक तथ्य और ध्यान खींचता है। वह है ऋषियों की, राजन्यों की एक लम्बी श्रृंखला जो दोनों ही धाराओं में समान रूप से पाई जाती है और दोनों ही स्थलों पर बड़ी श्रद्धा से उनका स्मरण होता है। *मालिनीविजयोत्तर* में सूची मिलती है – सनत्कुमार, सनक, सनातन, सनन्दन, नारद, अगस्त्य, संवर्त, वसिष्ठ। *तन्त्रालोक* में जो नामोल्लेख हुआ है उसमें दक्ष, संवर्त, वामन, परशुराम, शुक, बलिनन्द, सिंह, गरुड, महानाग, वासुकि, रावण, विभीषण, राम, लक्ष्मण, सिद्ध, श्रीकण्ठ, दुर्वासा, अत्रि, अगस्त्य आदि के नाम भी मिलते हैं। दोनों परम्पराओं में पाई जाने वाली इस ऋषि-मालिका की एकता की व्यञ्जना को लेकर हम निश्चित भले ही न हों, परन्तु दोनों की पारस्परिक आन्तरिक अनुस्यूति का संकेतन तो मिलता ही है।

उपर्युक्त सामग्री के विश्लेषण से हम दो निष्कर्षों पर पहुँचते हैं। पहला, काश्मीर शिवाद्वयवाद ने जिस समग्रतावादी दृष्टि का पल्लवन अपने दार्शनिक चिन्तन में किया है, श्रुति के प्रति उसकी दृष्टि भी इसी से पनपी और उसी को प्रतिबिम्बित करती है। दूसरा, निगम या श्रुति-परम्परा के प्रति काश्मीर शिवाद्वयवाद का गम्भीर आदर है। उसका कारण है वैदिक संस्कृति की दी हुई लोक-व्यवस्था और मूल्य-संस्थान के अन्दर ही आगम परम्परा का विकास हुआ है। दूसरे शब्दों में चूँकि तान्त्रिक वाङ्मय या आगम-परम्परा सामान्यतः, और शिवाद्वयवादी परम्परा विशेषतः, वैदिक लोकव्यवस्था की स्थानापन्न दूसरी लोकव्यवस्था नहीं देती है। अतः सारे अपवादों, निषेधों, मतभेदों और उल्लंघनों के बावजूद भी दोनों का आधारभूत सांस्कृतिक ढाँचा और मूल्य चौखटा एक ही रहता है। फलतः वस्तुस्थिति की दृष्टि से श्रुति काश्मीर शिवाद्वयवादी परम्परा में अपनी मौलिक आदरास्पदता सुरक्षित रखती है। यह निगमन दोनों परम्पराओं के अन्तःसम्बन्ध को लेकर प्रारम्भ में वर्णित तीसरी दृष्टि के पास हमें पहुँचाता है कि निगम और आगम परम्पराओं का आदिम स्रोत एक है परन्तु विकास दो भिन्न धाराओं, जिन्हें कभी समंजस और कभी विरोधी भी कहा जा सकता है, में हुआ है।

३

निगमागम परम्पराओं की पारस्परिकता और अन्तःसम्बन्ध

निगम और आगम परम्पराओं की पारस्परिकता की समस्या जैसी देखने में लगती है, उससे कहीं अधिक जटिल और ग्रन्थिल है। यह समस्या दर्शन, इतिहास और संस्कृति तीनों सन्दर्भों से एक साथ जुड़ती है और आवश्यक नहीं है कि एक सन्दर्भ के निगमन दूसरे सन्दर्भों के निगमनों के अनुकूल ही हों। इस समस्या के अपेक्षाकृत अधिक महत्त्व के आयाम का स्वरूप अवधारणामूलक है, जो अन्यतर परम्परा की निजन्धर स्वायत्तता या आत्मप्रत्यभिज्ञा या पारिभाषिकता से जुड़ा है। चाहे निगम परम्परा की प्रातिस्विकता को लिया जाए या आगम की, अपोहपद्धति से वह दूसरी परम्परा अथवा परम्पराओं में अगत्या प्रवेश कर ही जाती है। यहाँ पर कठिनाई यह है कि बहु-आयामीय, अनेक-तलीय परिवेश में स्वरूप-निर्धारण, अवधारणा-परिकल्पन के निकषों का जब तक मानकीकरण नहीं होता, अर्थात् जब तक परस्परानुप्रवेशी ज्ञानीय/सांस्कृतिक परम्पराओं के स्वरूपाकलन की तर्कपद्धति या ज्ञानमीमांसा (एपिस्टेमॉलोजी) को हम विकसित नहीं कर लेते, जो अभी तक हम नहीं कर पाए हैं, तब तक हमारे निगमनों की वैधता (पार्यन्तिकता की बात मैं नहीं कर रहा) पर प्रश्नचिह्न लगा रहेगा। इसकी अपरिहार्यता का कारण है कि परम्पराविशेष के इयत्तापरक निष्कर्ष केवल इयत्ता-निर्धारण तक ही सीमित नहीं हैं, वे सांस्कृतिक, दार्शनिक और ऐतिहासिक मान्यताओं और विश्वासों के भी नियामक बनते हैं। यहाँ पर यह उल्लेख स्यात् अनवसर न होगा कि कुछ वर्ष पूर्व लिखे गए "काश्मीर शिवाद्वयवाद की दृष्टि में श्रुति"[१] नामक लेख में मैंने अवधारणात्मक दृष्टि से एक परिभाषित क्षेत्र में कुछ विचारों को लिपिबद्ध किया था। आज उसी को व्यापकतर सन्दर्भ में आगे पल्लवित करने का यह अवसर है।

अन्तःसम्बन्ध की समस्या के बीज हमारी इस पूर्व मान्यता से उपजते हैं कि आगम और

---

* इस निबन्ध का प्रथम आलेख संस्कृत-विभाग, सागर विश्वविद्यालय द्वारा "निगमागम के अन्तः-सम्बन्ध" पर आयोजित राष्ट्रीय संगोष्ठी (१-३ फरवरी २००७) के विषय-प्रवर्त्तक (keynote) वक्तव्य के रूप में पढ़ा गया था।

१ इसी संग्रह में अन्यत्र प्रकाशित।

निगम दो भिन्न परम्पराएँ हैं। यह भिन्नता उद्गम, स्वरूप, विकास इनमें से कोई एक, या फिर तीनों ही को लेकर हो सकती है। चूँकि इन परम्पराओं की अस्तिता आधारभूत रूप से हिन्दू/भारतीय (मेरे लिए ये दोनों पर्याय हैं) संस्कृति से जुड़ी हुई है, यह भिन्नता जातीय आचार, धार्मिक कर्मकाण्ड और मूल्यबोध को लेकर भी हो सकती है। यहाँ यह बात ध्यान देने की है कि भारतीय चिन्तना का आस्तिक, नास्तिक जैसा विभाजन अब अपनी प्रासंगिकता खो चुका है। आधुनिक विद्वानों में *कामायनी* के यशस्वी कवि **प्रसाद**, जिनके विचारों की चर्चा कवि होने के नाते सामान्यतः भारतीविद्याविद् नहीं करते, अपने महत्त्वपूर्ण निबन्धों में भारतीय संस्कृति की दो धाराएँ मानते हैं। पर उनकी दृष्टि में वे धाराएं हैं – वैदिक और श्रमण। आगम परम्परा को वे वैदिक स्रोत से ही निर्गत आनन्दवादी धारा का प्रसार मानते हैं। श्रमण परम्परा के बीज भी वे व्रात्यों से सम्बन्धित दुःखवादी, एक प्रकार से वैदिक, उपधारा से ही जोड़ते हैं। **प्रसाद** की इस मूल दृष्टि का अनुवदन, किन्तु भिन्न ऐतिहासिक तथ्यों और साक्ष्यों के आलोक में, **गोविन्द चन्द्र पांडे** में मिलता है, जो भारतीय चिन्तना का विभाजन ब्राह्मण और श्रमण दो मूल धाराओं में करते हैं। यद्यपि उनका मानना है कि भारतीय संस्कृति की दो ही भिन्न धाराएँ मानने पर उनका श्रेणीबन्धन (कैटेगोराइज़ेशन) असम्भव हो जाएगा। उनकी यह भी मान्यता है कि आगम और निगम को दो सामाजिक परम्पराओं के रूप में स्वीकार करना ज्यादा तर्कसम्मत होगा। **कविराज** भारतीय संस्कृति को वस्तुतः दो संस्कृतियों के समग्र के रूप में देखते हैं। वे हैं वैदिक और तान्त्रिक संस्कृतियाँ, जो क्रमशः अपनी व्यावृत्तिमूलकता और अनुवृत्तिमूलकता के कारण एक-दूसरे से विविक्त की जा सकती हैं। **व्रजवल्लभ द्विवेदी कविराज** से सहमत हैं। आगम और तन्त्र एक ही हैं, ऐतिहासिक दृष्टि से अधिक-से-अधिक आगम को तन्त्र की पूर्वावस्था कहा जा सकता है। वैसे वैदिक और आगमिक दो पृथक् परम्पराएं हैं। और तान्त्रिक संस्कृति को वे सिन्धु सभ्यता सम्बन्धी उत्खननों में शिवलिङ्ग, वृषभ और योगी की प्रतिमाओं से प्रमाणित मानते हैं। **हर्षनारायण** दूसरे विद्वान् हैं, जिनके अत्यन्त महत्त्वपूर्ण अवदानों से भारतीय विद्याविदों का अधिकांश भाग अपरिचित है। वे भारतीय संस्कृति, उनके शब्दों में 'धार्मिकता' (रेलिजिओ-फ़िलसॉफ़िकैलिटी), की तीन दिशाएं मानते हैं – वैदिक, अवैदिक जिसमें अधिकांशतः श्रमण आते हैं और अर्ध-वैदिक जिसके अन्तर्गत वे तन्त्र को भी रखते हैं। उनका प्रधान निकष है लोकसंरक्षण। **एन. आर. भट्ट** तन्त्र और वेद और तज्जन्मा परम्पराओं को नितान्त भिन्न मानते हैं, पर भेद का अर्थ अनिवार्यतः विरोध नहीं है। **रवीन्द्रनाथ ठाकुर** की दृष्टि बिल्कुल भिन्न है, वे उपर्युक्त विभाजन का तिरस्कार करते हुए भारतीय संस्कृति को मूलतः ब्राह्मण और क्षत्रिय या राजन्य परम्पराओं में बाँटते हैं, जिसके स्पष्ट संकेत *गीता* में मिलते हैं। विद्वानों का एक बड़ा वर्ग आगम, निगम के अतिरिक्त पुराण को भी तीसरी धारा के रूप में देखता है, तो

दूसरा वर्ग पुराण और इतिहास को वेद के अन्तर्गत समेटता हुआ निगम, आगम वाले मौलिक विभाजन में ही श्रद्धा व्यक्त करता है। यहाँ यह बात उल्लेखनीय है कि प्रकृत प्रकरण में भारतीय मनीषा की सभी दृष्टियाँ एक बात में सहमत दीखती हैं कि ये परम्पराएँ आयातित न होकर भारत की मिट्टी से ही पनपी हैं।

देखा जाए तो परम्परा-द्वैत की यह चेतना भारत में बहुत पहले से रही है। *मनुस्मृति* के टीकाकार **कुल्लूक भट्ट** और *हारीतस्मृति* के वैदिकी और तान्त्रिकी शीर्षकों में किए गए श्रुति के द्विधा वर्गीकरण से हम सब प्रायः परिचित हैं – "वैदिकी तान्त्रिकी चैव द्विविधा कीर्तिता श्रुतिः"। *सूतसंहिता* पूजा के तीन विभाग करती है और तीनों की प्रामाणिकता में उसका विश्वास है – वैदिकी, तान्त्रिकी और पौराणिकी। साथ ही वैदिकी पूजा को वह तान्त्रिकी से भिन्न मानती है।[२] **भोजदेव** के *तत्त्वप्रकाश* के टीकाकार **कुमारदेव** ने धर्म को दो प्रकार का माना है – इष्ट और पूर्त, और इष्ट की वैदिक और पूर्त की तान्त्रिक रूप से पहचान की गई है– "धर्मो द्विविधः, इष्टः पूर्तश्चेति। तत्रेष्टो वैदिकः, पूर्तस्तान्त्रिकः"।[३] *तन्त्रालोक* के टीकाकार **जयरथ** ने शास्त्रों की दो कोटियां मानी हैं – वैदिक और शैव। भेद-दृष्टि के होने, न होने को लेकर यह विभाजन किया गया है।[४] स्वयं आचार्य **शंकर** में दो धाराओं और उनके बीच विरोध की चेतना बड़ी मुखर है, परन्तु वह वैदिक और अवैदिक के रूप में मिलती है। अवैदिक का उनका वर्ग व्यापक है। इसमें पाशुपत, पाञ्चरात्र जैसे तान्त्रिक सम्प्रदाय हैं और सांख्य, योग, वैशेषिक भी, साथ ही शून्यवाद आदि के प्रतिपादक श्रमणधारा के बौद्ध भी। यह दूसरी बात है कि न्याय-वैशेषिक के तमाम प्राचीन आचार्य अपने को पाशुपत मत का अनुयायी मानते हैं। परन्तु इस विषय में हम बाद में चर्चा करेंगे। **शंकर** की प्रेरणा है स्वयं **बादरायण**, जो *ब्रह्मसूत्र* के तर्कपाद में इन मतों को अवैदिक मानते हुए उनकी आलोचना करते हैं। **जैमिनि** भी *मीमांसासूत्र* (१.३.३-४) में इन सम्प्रदायों का अवैदिकत्व घोषित करते हैं। इसी प्रकार *महाभारत* के शान्तिपर्व के अन्तर्गत नारायणीय उपाख्यान (३४६.६८, गीता प्रेस) में कृतान्तपञ्चक को प्रामाणिक मानने वाली दृष्टि मिलती है, जो **जैमिनि** और **बादरायण** के विरोध में जाती है – "सांख्यं योगः पाञ्चरात्रं वेदाः पाशुपतं तथा। स्वयं प्रमाणानि . . . ।।" परन्तु यह विरोध प्रामाणिकता को लेकर है, भिन्नता को लेकर नहीं। **पं. व्रजवल्लभ जी** ने *महिम्नस्तोत्र* और *वीरमित्रोदय संहिता* में भी इसकी अनुगूँज

---

[२] *सूतसंहिता* १.५.४; १.१.१२ – **आर्थर एवलॉन** द्वारा *कौल एण्ड अदर उपनिषद्स की भूमिका* में पृ. १ पर उद्धृत।

[३] *अष्टप्रकरण,* सं. **व्र.व. द्विवेदी,** काशी संस्करण, पृ. ३७ ।

[४] द्विधा शास्त्राण्युपदिष्टानि . . . तत्र भेदप्रधानानि वेदादीनि शास्त्राणि, अभेदप्रधानानि च शैवादीनि। – *तं.आ.वि.*, ३, पृ. ८६८

को रेखांकित किया है। *भागवत पुराण* में भी यज्ञ (मख) के तीन विभाग मिलते हैं – वैदिक तथा तान्त्रिक : ये दो मूल हैं, और तीसरा उनके मिश्रण से उत्पन्न होने वाला मिश्र –

वैदिकस्तान्त्रिको मिश्र इति मे त्रिविधो मखः।
त्रयाणामीप्सितेनैव विधिना मां समर्चयेत्।।[५]

इसी प्रकार **रामानुज** और उनके पूर्वाचार्य **नाथ** और **यामुन** वेद और आगम की परम्परा के पार्थक्य में बद्धमूल आस्था रखते हैं और उन दोनों के प्रामाण्य में भी।

भारत के वैचारिक इतिहास के साथ-साथ चलने वाली लम्बी सूची इस बात में संशय नहीं रहने देती कि यहाँ की सारी चिन्तना को केवल वेद या वैदिक परम्परा में ही निःशेष नहीं किया जा सकता। परम्पराभेद का मौलिक प्रारूप यदि निगम-आगम के रूप में उभरता है, तो सहज प्रश्न होता है कि दोनों परम्पराओं के नियामक और घटक तत्त्व क्या हैं। इस प्रश्न पर विस्तार से विमर्श विद्वज्जन करेंगे, यहाँ पर यह बात केवल प्रसङ्गतः उठाई जा रही है। सामान्यतः निगम का सम्बन्ध वेद से और आगम का सम्बन्ध तन्त्र से जोड़ा जाता है। पर इसे केवल तटस्थ लक्षण कहा जा सकता है, स्वरूपलक्षण नहीं, क्योंकि परम्परा स्वयं इन शब्दों को लेकर एकमत नहीं है। इस सम्बन्ध में सबसे पहली समस्या अर्थबोध (सीमैन्टिक्स) की है। स्वयं वेद का अर्थ क्या है? इधर **प्रो. दयाकृष्ण** ने कई महत्त्वपूर्ण लेखों में[६] इस सन्दर्भ में अनिश्चितता को उजागर किया है। **जैमिनि** के लिए जो वेद का अर्थ है वह **बादरायण** के लिए नहीं, जो **बादरायण** के लिए श्रुति है वह **जैमिनि** के लिए नहीं। इसी प्रकार संहिता, आरण्यक और उपनिषद् को लेकर भी अस्पष्टता है। *ईशोपनिषद्* संहिता है या उपनिषद्? जो मन्त्र और ब्राह्मण को वेद मानते हैं उनकी दृष्टि में *ईशोपनिषद्* की क्या स्थिति होगी और जो उपनिषद् को श्रुति मानते हैं उनके लिए पूरी *यजुर्वेद संहिता* की क्या स्थिति होगी? परम्परा में, विशेष रूप से प्रारम्भ में, इस बात पर गहरा विवाद रहा है कि वेद का तात्पर्य त्रयी से है या चतुष्टयी से। चतुष्टयी के अर्थ में वेद का अभ्युपगम काफी बाद में हुआ है। *अथर्ववेद* की प्रामाणिकता, श्रुतिरूपता, की सिद्धि के लिए *न्यायमञ्जरी* में **जयन्त भट्ट** को बहुत श्रम करना पड़ा है। विवाद के एकतर पक्ष के अभ्युपगम से हमारे निष्कर्षों पर दूरगामी छाया पड़ती है, यह हम यथावसर देखने का प्रयास करेंगे। फिर वेद का अर्थ पूरे वैदिक कॉर्पस (समग्र) से लिया जाता है – संहिता से लेकर न केवल उपनिषदों

---

[५] "निगम, आगम, तथा उनकी शाखाएँ" में **बटुकनाथ शास्त्री खिस्ते** द्वारा *भागवत* एकादश स्कंध से उद्धृत, *भा.तं.शा.*, पृ. ५६०।

[६] देखिए "श्रुति की दो विरोधी परम्पराओं के मूल प्रवर्त्तक : जैमिनि और बादरायण", *समेकित दार्शनिक विमर्श,* संपा. **अम्बिका दत्त शर्मा**, सागर, २००५, पृ. १६-२२ में संकलित लेख। और भी देखिए उन्हीं का "द उपनिषद्स : व्हाट आर दे", *तत्रैव*।

तक, अपितु वेदाङ्गों तक। *तैत्तिरीय ब्राह्मण* (३.१०.११.३) की "अनन्ता वै वेदाः" इस श्रुति पर विश्वास किया जाए तो अपरविद्याएँ भी उपवेद बनकर आयुर्वेद, नाट्यवेद आदि के कलेवर में हमारे सामने आती हैं। यहाँ तक कि इतिहास और पुराण भी – "इतिहासपुराणाभ्यां वेदं समुपबृंहयेत्" – वेद-विरुद से अनुगृहीत होते हैं, इसी से वैदिक परम्परा को प्राण मिलते हैं। **भर्तृहरि** में एक विचित्र, परन्तु सम्भावना भरी, स्थिति दिखाई पड़ती है। वेदाङ्गों में प्रथम होने के कारण व्याकरण – "प्रथमं छन्दसामङ्गं प्राहुर्व्याकरणं बुधाः।" (*वाक्य.* १.११) – की वेदमूलकता निर्विवाद है, पर वहीं **भर्तृहरि** व्याकरण का परिचय आगम कहकर देते हैं – "ऋषीणामपि यज्ज्ञानं तदप्यागमपूर्वकम्" (*वाक्य.* १.३०) – और ज्ञान की विभिन्न शाखाओं के प्रवर्तक ऋषियों के, इस अर्थ में वैयाकरण ऋषियों के भी, ज्ञान की आगमपूर्वकता को प्रतिपादित करते हैं। इस प्रकार व्याकरण की छान्दसिकता और आगमरूपता दोनों में एकसूत्रता स्थापित कर **भर्तृहरि** प्रकृत सन्दर्भ में उन लोगों के प्रेरणादीप बन जाते हैं, जो आगम और निगम में एकत्व की सम्भावना करते हैं। यही कारण है, विद्वानों का एक बड़ा वर्ग– परम्परा में भी और आजकल भी – वेद को एक पारिभाषिक पदार्थ न मानकर नित्य/अपौरुषेय ज्ञानराशि या शब्द के रूप में स्वीकार करता है।

इसी प्रकार आगम और तन्त्र शब्दों को लेकर भी अनिश्चितता की स्थिति बनी हुई है।[७] अभी हमने देखा कि **भर्तृहरि** के आगमों का फलक बड़ा व्यापक है – "पारंपर्येणाविच्छिन्न उपदेशः आगमः सः श्रुतिलक्षणः स्मृतिलक्षणश्च"।[८] एक प्रकार से निगम भी उसके अन्तर्गत है और शिष्टों और ऋषियों से अविच्छिन्न परम्परा के रूप में आने वाला ज्ञान भी (*वाक्य.* १.२७.१.३०)। *मनुस्मृति* में "इतरेष्वागमाद् धर्मः" (१.८२) की व्याख्या में **मेधातिथि** आगम का अर्थ वेद से लेते हैं और उसे धर्म का स्रोत मानते हैं।[९] इसके विपरीत ठीक यही अर्थ – धर्म का स्रोत वेद है – **अभिनवगुप्त** निगम शब्द के प्रयोग से लेते हैं – "वेद्यं धर्माद्युपायं निश्चयं गमयतीति निगमो वेदः।"[१०] **अभिनवगुप्त** ने आगम की परिभाषा सारे व्यवहार की कारणभूत पुरातनी प्रसिद्धि की शब्दावली में की है :

---

[७] स्वयं आगम-परम्परा में निगम शब्द का प्रयोग एक पारिभाषिक संज्ञा के तौर पर उन तन्त्रों के लिए किया गया है जहाँ देवी वक्ता है और शिव श्रोता, और आगम शब्द का उन तन्त्रों के लिए जहाँ शिव वक्ता है और गिरिजा श्रोता। एक तो ऐसे प्रयास बहुत बाद के हैं और जैसा कि **ब्रजवल्लभ द्विवेदी** ने दिखाया है कि वैष्णव परम्परा के तन्त्र इस वर्गीकरण में बिल्कुल छूट जाएंगे। और भी देखिए, मेरा *क्रम तान्त्रिसिज़्म,* पृ. २२६।

[८] *महाभाष्य* १.१.१ पर भर्तृहरिकृत *त्रिपदी* टीका, पृ. १०, संपा. वी. स्वामिनाथन्, बनारस, १९६५; **राघव प्रसाद चौधरी** द्वारा *पाञ्चरात्रागम* (पटना, १९८७, पृ. ६) में उद्धृत।

[९] द्र. *तन्त्रा.,* पृ. ४०।

[१०] *ई.प्र.वि.वि.,* भा.१, पृ. १५।

इह तावत्समस्तोऽयं व्यवहारः पुरातनः।
प्रसिद्धिमनुसन्धाय सैव चागम उच्यते।। – *तं.* **३५.१-२**

इसकी परिधि में वे शास्त्र और लोकपरम्परा या यों कहें प्रातिभ, अनिबद्ध/शब्दबद्ध/लिपिबद्ध शास्त्र, आप्तोपदेश सभी को समेट लेते हैं। वेद से लेकर चार्वाक तक, तन्त्र की सभी परम्पराओं से लेकर अपने-अपने सम्प्रदाय तक, सभी इस घेरे में आ जाते हैं। **जयन्त भट्ट** ने *न्यायमञ्जरी* में आगम शब्द का प्रयोग इसी अर्थ में किया है ("आगमानां विरोधोऽपि")[११]। उनके प्रसिद्ध नाटक *आगमडम्बर* में आगम शब्द का प्रयोग इसी व्यापक अर्थ में हुआ है। *त्रिपुरारहस्य* भी आगम की सर्वसमावेशी अवधारणा का अनुमोदन करता है। यहाँ समग्र शब्दराशि को आगम कहा गया है। वेद आगम का ही अंश है और आगम से ही तन्त्र की प्रवृत्ति हुई है –

वेदो ह्यागमभागः स्यात् शब्दराशिस्तथागमः। . . .
सारसंग्रहरूपात्मतन्त्रामृतमनुत्तमम्।।
देशभेदविभेदेन पृथगेवं विभावितम्।।[१२]

इसी प्रकार तन्त्र के अर्थ को लेकर भी ऐकमत्य नहीं है। अनेक ग्रन्थ जिनके नामों में तन्त्र नाम लगा हुआ है हमारे द्वारा समझी जाने वाली तन्त्र परम्परा का अङ्ग नहीं हैं, जैसे *ऋतन्त्र, षष्टितन्त्र, तन्त्रवार्तिक*। यदि हम तन्त्र के अनेक सामान्य अर्थों में न भी जाएँ तो भी ग्रन्थ-वाचक और शास्त्र-वाचक अर्थ के प्रयोग से भारत की प्रधान ज्ञान परम्परा अपरिचित नहीं है, जैसा कि *चरकसंहिता* के "पृथक्तन्त्राणि तेनिरे" प्रयोग से पता चलता है।[१३] आश्चर्य की बात है कि आगम की इतनी व्यापक परिभाषा देने वाले **अभिनवगुप्त** के सभी छोटे बड़े उन ग्रन्थों, जिनमें उन्होंने शब्दशः आगमों और तन्त्रों पर ही विचार किया है, के नाम में तन्त्र शब्द अनिवार्यतः निहित है – यथा *तन्त्रालोक, तन्त्रसार, तन्त्रोच्चय* और *तन्त्रवटधानिका*। **अभिनवगुप्त** का *तन्त्रालोक* तो मानो तन्त्रों का विश्वकोश है। यहाँ का विषयविभाग, जैसा कि **जयरथ** ने दिखाया है, तन्त्र-प्रक्रिया और कुल-प्रक्रिया में विभक्त है और कुलप्रक्रिया को तन्त्रप्रक्रिया से उत्कृष्ट बताया गया है। फिर भी ग्रन्थों का नामकरण तन्त्र शब्द को लेकर ही हुआ है। उनके ग्रन्थों में तन्त्र कहीं त्रैयम्बक मठिका से जुड़े सम्प्रदायों के लिए, कहीं सिद्धान्तशैव सम्प्रदाय के लिए, कहीं वाम तन्त्रों के लिए, कहीं अन्य – जो अभी भी

---

[११] प्रमाणप्रकरण, पृ. २४४, **हर्षनारायण** द्वारा *फ़ैसेट्स ऑफ़् इण्डियन रिलीजिओ-फिलॉसॉफिक आइडेन्टिटी*, पृ. १५ पर उद्धृत।

[१२] **खिस्ते** द्वारा उद्धृत, *भा.तं.शा.*, पृ. ५५८।

[१३] **प्रो. बाहुलकर** की टिप्पणी, तदेव, पृ. २३५।

अनुसन्धेय हैं, के लिए प्रयुक्त हुआ है। *तन्त्रालोक* के अङ्ग होने के नाते अर्धत्रैयम्बक मठिका से सम्बद्ध कुल-प्रक्रिया भी तन्त्र शब्द का वाच्य मानी जाएगी। यह भी महत्त्वपूर्ण है कि तत्त्वविभाग और प्रमातृभेद, जिनकी चर्चा तन्त्रपरक *तन्त्रालोक* के ६-१०वें आह्निक में व्यापक रूप से हुई है, का विवेचन *विमर्शिनी* और *विवृत्तिविमर्शिनी* में आगमाधिकार के अन्तर्गत किया गया है। ऐसा लगता है कि आगमों की सार्वभौम एकछत्रता के नीचे *तन्त्रालोक* को सारे तन्त्रों के सार के रूप में प्रस्तुत करने ("अशेषतन्त्रसारं तु" – *तं.* ३७.२६) की **अभिनव** की योजना के पीछे उनकी तन्त्र और आगम की विशिष्ट अवधारणाएँ काम कर रही हैं। आगम-निगम के अन्तःसम्बन्ध के अनुसन्धान में यह पक्ष हमारा कितना सहायक होगा, यह हम आगे देखने का प्रयास करेंगे।

अन्तःसम्बन्ध की निर्णायकता को लेकर हमारी दूसरी सीमा है – आधारसामग्री के मूल स्रोतों का कालकवलित हो जाना या अत्यल्प मात्रा में उपलब्ध हो पाना। वैदिक वाङ्मय का फलक इतना विराट् था कि उसमें उसकी ११३१ शाखाओं की अपनी-अपनी संहिताएँ, उप-वेद, ब्राह्मण, अनु-ब्राह्मण, आरण्यक, निषद्, उप-निषद्, कल्प, अनु-कल्प और अनु-शाखाएँ सम्मिलित थी। इस प्रभूत साहित्य का केवल अणु मात्र ही – मुश्किल से बारह संहिताएँ, उससे भी कम ब्राह्मण और आरण्यक और बीस के लगभग प्रामाणिक उपनिषद् – ही अवशिष्ट हैं। यदि आज यह सामग्री उपलब्ध होती तो हमारे लिए वैदिक द्वन्द्वात्मक तर्कणापद्धति (डॉयलेक्टिक्स) तथा ब्राह्मण, श्रमण, आगम परम्पराओं के उद्गम की एकता अथवा अनेकता का निर्णय और तत्कालीन विचार-परम्पराओं की पारस्परिक अन्तःक्रिया का प्रामाणिक आकलन कहीं अधिक सुकर होता।[१४] यह सम्भावना अकारण नहीं है, क्योंकि इस विशाल वैदिक संग्रह में एक शाखा *एकायन* वेद की है, जिसे पाञ्चरात्र परम्परा की *ईश्वरसंहिता* (१.१८, २०, २२-२४) में मूल-वेद माना गया है और अन्य वेदों को विकार-वेद। *छान्दोग्य* उपनिषद् में इस *एकायन* का उल्लेख हुआ है (७.१.२ : "ऋग्वेदं भगवोध्येमि वाकोवाक्यमेकायनम्")। जैसा कि सर्वमान्य है कि पाञ्चरात्र वैष्णवागम की अत्यन्त प्राचीन परम्परा है। यदि उसका उद्गम वैदिक है तो आगम और निगम दोनों के उद्भव-बीज की एकता और उनके बीच स्रोतज अन्तरङ्गता की गवेषणीय सम्भावना बनती है। **हर्षनारायण**[१५] ने **शांतरक्षित** (*तत्त्वसंग्रह* ३५११-१६) और **रत्नकीर्ति** (*सर्वज्ञसिद्धि, रत्नाकर-निबन्धावली*, पृ. २५) के आधार पर वेदों की *निमित्त-वेद* शाखा का उल्लेख किया है, जो बुद्ध को सर्वज्ञ मानती थी। पर यदि इसे परवर्ती उल्लेख मानकर छोड़ दिया जाए तो भी *गोपथब्राह्मण* (१.१.१०) *पिशाचवेद, असुरवेद,*

---

[१४] द्र. *हर्षनारायण*, पृ. १३८-३६।

[१५] तदेव, पृ. २०।

सर्पवेद, *इतिहासवेद*, और *पुराणवेद* का उल्लेख करता है। इसी क्रम में *छान्दोग्य उपनिषद्* (८.८.५) एक *असुर उपनिषद्* का नाम लेता है।[16] आध्यात्मिक परम्पराओं के पारस्पर्यानुसन्धान में इन दुर्बल बिन्दुओं के सशक्त संकेतों का सर्वथा तिरस्कार नहीं किया जा सकता है।

आगम परम्परा के वाङ्मय को लेकर भी ठीक ऐसा ही परिदृश्य दिखाई देता है। जैसा कि हम प्रसंगान्तर से देख चुके हैं कि **बादरायण** और **जैमिनि** तक पाञ्चरात्र और पाशुपत वेदेतर परम्परा के रूप में प्रतिष्ठित हो चुके थे। *महाभारत* (अनु. १४.६४-३७७) को यदि प्रमाण माना जाए तो पाशुपत व्रत और ज्ञान का उपदेश **उपमन्यु** ने **कृष्ण** को दिया था। *महाभारत* के ही प्रमाण से इस पाशुपत मत के प्रवर्तक थे **श्रीकण्ठ**। **लकुलीश पाशुपत**, जिनका समय ईसा की दूसरी शताब्दी माना जाता है, मूल पाशुपत से बाद के हैं। दुर्भाग्य से श्रीकण्ठप्रवर्तित पाशुपत का कुछ भी साहित्य अब अवशिष्ट नहीं है। अब जो आगम-तन्त्र या पुराण की संहिताएँ या ग्रन्थ मिलते हैं वे, चाहे पाञ्चरात्र के हों, चाहे पाशुपत के, चाहे शैव-शाक्त के और चाहे बौद्ध के, सब बहुत बाद के हैं। *छान्दोग्य* के **देवकीपुत्र कृष्ण** जिन्हें **घोर आंगिरस** ने उपदेश दिया था और गीताकार **वासुदेव कृष्ण** की एकता को लेकर इतिहासविद् एकमत नहीं है। फिर भी यदि उन्हें एक मान भी लिया जाए तो वे उत्तरवैदिक काल से पीछे नहीं जाते। **तिलक** आदि विद्वान् *गीता* पर भागवत धर्म और एकायन परम्परा का गहरा प्रभाव मानते हैं। **मेगस्थनीज़** के यात्रा-विवरणों में पाञ्चरात्र और कृष्ण-पूजा का उल्लेख मिलता है। मथुरा के शूरसेन लोगों में **बुद्ध** के पूर्व भागवत धर्म-प्रचार तथा द्वारिका के उत्खनन के आधार पर यह काल ईसापूर्व तेरहवीं शती से नौवीं शती के आस-पास ठहरता है। परन्तु इतना प्राचीन साहित्य भी हमारे पास उपलब्ध नहीं है। हम पाञ्चरात्र, पाशुपत, और बौद्ध परम्परा के मूल आगम ग्रन्थों की कल्पना कर सकते हैं, परन्तु उस साहित्य तक पहुँच नहीं सकते। **लकुलीश** का *पाशुपतसूत्र*, जो **कौण्डिन्य** या **राशीकर** के *पञ्चार्थभाष्य* के साथ उपलब्ध है, का समय ईसा की दूसरी शताब्दी माना जाता है। उपलब्ध तन्त्रों में प्राचीनतम माना जाने वाला *गुह्यसमाज* का समय भी ईसा की दूसरी-तीसरी शताब्दी है और कौल/शैव/शाक्त परम्परा के प्राचीनतम ऐतिहासिक प्रवर्तक **मत्स्येन्द्र** का समय **डॉ. कांतिचन्द्र पांडेय** पाँचवी शताब्दी ई. निर्धारित करते हैं। इन आधारों पर **गोविन्द चन्द्र पांडे** आज उपलब्ध प्राचीनतम तन्त्र साहित्य का उद्भव कुषाण-गुप्त काल में होने की सम्भावना करते हैं।[17] आज प्राप्त *मालिनीविजयोत्तर*, *मतङ्गपारमेश्वर*, *पौष्करसंहिता*, *ईश्वरसंहिता* जैसे प्राचीन तन्त्रों, *वायुपुराण* (**बाण** द्वारा *हर्षचरित* में उल्लिखित), *शिवपुराण* जैसे पुराणों और

---

[16] तदेव, पृ. २१।

[17] *भा.तं.शा.*, पृ. ५७६-८१।

तन्त्रालोक जैसे प्रामाणिक पद्धति-ग्रन्थों में प्राचीन आयातिक्रम, तन्त्रों और आचार्यों की सूचियाँ मिलती हैं, परन्तु उनकी उपलब्धता शून्य के बराबर है। यदि उपलब्ध साहित्य को ऐतिहासिक अनुक्रम में रखना हो तो कहा जा सकता है कि पाञ्चरात्र और पाशुपत (और भागवत परम्परा) का मूल साहित्य, जिसे उत्तरवैदिक काल से जोड़ सकते हैं (हो सकता है यह इससे भी प्राचीन अर्थात् वैदिक काल का हो, पर यह संशयित है), आज बिल्कुल उपलब्ध नहीं है। बौद्ध मूल आगमिक साहित्य (**पांडे** इसमें जैन को भी जोड़ते हैं) अत्यन्त अल्पांश में अवशिष्ट है। लकुलीश पाशुपत, पाञ्चरात्र, द्वैत शैवमत आदि की उपलब्ध प्राचीन संहिताएँ ईसा की दूसरी से लेकर छठी शताब्दी के बीच रखी जा सकती हैं। काश्मीर का अद्वैत और द्वैत शैवागम और पाञ्चरात्र साहित्य सातवीं से दसवीं-ग्यारहवीं शताब्दी तक उपलब्ध होता है। **अभिनवगुप्त** के बाद एक-दूसरे प्रकार का तन्त्र साहित्य विकसित होता है, जिसका एक महत्त्वपूर्ण अंश स्मार्त प्रभाव को लेकर आकार ग्रहण करता है, और जिसकी मुख्य भूमि काश्मीर से बाहर बंगाल आदि में है। इसका काल बहुत बाद का है। यह कालनिर्णय **द्विवेदी** के कालनिर्णय से भी समंजस बैठता है।[१८]

इस प्रसङ्ग में तीसरी महत्त्वपूर्ण बात है, जिस पर विद्वानों का ध्यान अपेक्षाकृत कम गया है, उपरिनिर्दिष्ट वाङ्मय से सम्बद्ध अनुष्ठान में जीवित परम्परा की। यहाँ पर भी कठिनाई यह है कि व्यवहार में परम्परा का शुद्ध रूप आज प्राप्त नहीं है। यों तो कर्नाटक में लिङ्गायत मतानुयायियों में आगम परम्परा व्यवहार में यत्किंचित् जीवित है और पाञ्चरात्र आगम रामानुज सम्प्रदाय के आचार्यों में मिश्रित रूप से उपलब्ध होते हैं। **द्विवेदी** और **राघवप्रसाद चौधरी** ने संकेत किया है कि वैष्णव और शैव आगमों का अध्ययन-अध्यापन दक्षिण भारत में ही बचा है।[१९] तिरुपति बालाजी में वैखानस पद्धति से, श्रीरङ्गम् में पाञ्चरात्र-पद्धति से और चिदम्बरम् के शिव मन्दिर में दक्षिण की शैवसिद्धान्त पद्धति से अर्चन-पूजन होता है।[२०] उदयपुर के एकलिंग शिवमन्दिर में लकुलीश पाशुपत पद्धति से पूजन होता है। परन्तु, जैसा कि **प्रो. एन.आर. भट्ट** कहते हैं, यह पूजन आगमाश्रित 'पद्धतियों' के अनुसार होता है, मूल आगमों तक जाने का हमारे पास साधन नहीं है।[२१] ध्यान देने की बात है आगमों का प्राचीन मूल साहित्य अनुपलब्ध होने पर भी मध्यकालीन और उत्तरमध्यकालीन विशाल साहित्य उपलब्ध है, पर व्यावहारिक स्तर पर एक प्रकार से परम्परा जीवित नहीं है। उसके विपरीत वेद की सारी शाखाओं के अनुपलब्ध होने पर भी श्रौत और स्मार्त संस्करणों

[१८] *भा.तं.शा.*, पृ. २६७।

[१९] *तन्त्रा.*, पृ. ११।

[२०] *भा.तं.शा.*, पृ. ४६१।

[२१] तदेव, पृ. ३६६।

में जीवित व्यवहार के आधार पर वैदिक परम्परा के एक मानक रूप की कल्पना की जा सकती है। परन्तु यह वह परम्परा है, जो कल्पसूत्रों और स्मृतियों में सुरक्षित है, और निश्चित रूप से श्रुतियों के बाद की है। अतः परम्पराओं के मध्य पारस्पर्य-निर्धारण में सांस्कृतिक और जातीय आचार का आनुकूल्य भी बहुत सीमित मात्रा में सहायक हो पाता है।

उपर्युक्त चर्चा की पृष्ठभूमि में अब उचित होगा कि उन आवर्ती सांचों (पैराडाइम) और यथासम्भव विश्वसनीय मानदण्डों (पैरामीटर्स) की खोज की जाए, जिनका आश्रय लेकर निगम और आगम परम्पराओं के विविक्त रूपों का अनुसन्धान किया जा सके और उसकी पृष्ठभूमि में उनके पारस्पर्य और अन्तरनुस्यूति का आकलन किया जा सके।

यदि **खिस्ते** की *रुद्राध्याय* की व्याख्या[२२] को स्वीकार किया जाए तो आगम-निगम के विभाजन के दो आधार स्वयं वेद में मिलते हैं – वक्तृभेद और अधिकारिभेद। *रुद्राध्याय* के जिस अंश का आश्रय **खिस्ते** लेते हैं, वहाँ यद्यपि आगम-निगम शब्द का प्रयोग नहीं हुआ है, फिर भी लोक में वह मनु-वाणी को निगम से और शिव-वचन को आगम से जोड़ते हैं। यद्यपि दोनों लोककल्याणकारी हैं फिर भी मनुवाणी सामान्य है, जबकि शिववचन मन्वादिवचन से अधिक अर्थात् विशेष है। अतः यहाँ अधिकारिभेद की कल्पना को अवकाश मिलता है। एक तीसरे आधार का भी वहाँ पर संकेत है और वह है शिव की सहकारिणी या कार्यनिर्वाहिका शक्ति की परिकल्पना। निगम और आगम की विशिष्ट प्रकृति को समझने का यह एक अच्छा प्रयास कहा जा सकता है। ऐसा ही प्रयास **भोजदेव** के *तत्त्वप्रकाश* पर **कुमारदेव** की *तात्पर्यदीपिका* में उद्धृत *सिद्धान्तहृदय*[२३] में मिलता है। वहाँ धर्म के दो भेदों में

---

[२२] "श्रुति में एक वचन है *यत्किंचित् मनुरवदत् तद्भेषजम्* अर्थात् साधारण जनसमाज के लिए मनु की वाणी औषधि की तरह हितकर है, परन्तु विशेषाधिकारी या शक्तिपात के योग्य पुरुषों के लिए भगवान् शिव की वाणी ही परम औषधि है। *रुद्राध्याय* में कहा गया है –

अ यवोचदधिवक्ता प्रथमो दैव्यो भिषक्।
अहींश्च सर्वान् जम्भयन् सर्वांश्च यातुधान्यः।।

इसका अर्थ है – *अधिकं वक्तुं अधिवक्ता* = सामान्य मन्वादिशास्त्र से ऊपर की बात कहने में समर्थ, *प्रथमो दैव्यो भिषक्* = सर्वाधिभूत देवताओं का भी चिकित्सक अर्थात् गुरु, *अध्यवोचत्* = यह प्रयोग *अधिवदतु,* इस अर्थ में है, हमें उपदेश प्रदान करे। आगे उसकी शक्ति का निर्देश है – *शिवा रुद्रस्य भेषजी तया नो मृड जीवसे* – उसी शिव में अभिन्न रूप से रहने वाली शिवा कल्याणकारिणी अनुग्रहात्मिका शक्ति औषधि है। उससे {अर्थात् उसके द्वारा – ले.} अज्ञान रूप मृत्यु से हमारी रक्षा करें, यह साधक की प्रार्थना है। इस उद्धरण से सिद्ध होता है कि विशेष अधिकारियों के लिए शिव ने आगम शास्त्र का उपदेश किया।" – *भा.तं.शा.,* पृ. ५५६।

[२३] *अष्टप्रकरण,* पृ. ३७।

'इष्ट' अर्थात् पारलौकिक को वैदिक और 'पूर्त' अर्थात् ऐहिक को तान्त्रिक धर्म कहा गया है–

> **क्रियायाः सूक्ष्मरूपं हि कर्माहुर्द्विविधं च तत्।**
> **इष्टं पूर्तं च तत्रेष्टं वैदिकं तान्त्रिकं तथा।।**
> **पूर्तमित्युच्यते सद्भिः . . .।**

परन्तु यह विवरण अतिसामान्यीकृत और अतिव्याप्त है। परम्परा में निगम-आगम के भेद पर एक गम्भीर प्रयास **अभिनवगुप्त** में मिलता है। **अभिनव** में यह प्रयास दो स्तरों पर हुआ है, एक तो तन्त्रों (यहाँ पर अभिप्राय है शैव-शाक्त-कुल परम्परा के सारे तन्त्र) के सारे प्रभेदों के सन्दर्भ में और दूसरे अद्वैतवादी तान्त्रिक धारा के सन्दर्भ में। *तन्त्रालोक* में उन्होंने शैवागम को 'द्विप्रवाह' कहा है। द्विप्रवाह का अर्थ है **श्रीकण्ठ** और **लकुलीश** से आने वाले दो प्रवाहों का पुंजीभाव[२४]। स्रोतोभेद से **श्रीकण्ठ** की धारा पाँच प्रकार की है[२५] और **श्रीकण्ठ** के तीन मानस पुत्रों की मठिकाभेद से अद्वैत, द्वैताद्वैत और द्वैत तीनों परम्पराएँ उसी की अंग हैं।[२६] अद्वैत धारा में भी **श्रीकण्ठ** के मानस पुत्र **त्र्यम्बक** से प्रसृत अन्तर्मठिका-भेद से तन्त्र-प्रक्रिया और कुल-प्रक्रिया के सारे सम्प्रदायों का अन्तर्भाव भी अभिप्रेत है। इस प्रकार लकुलीश पाशुपत से लेकर कुल और त्रिक तक सारी शैव/शाक्त तन्त्र-परम्पराओं और शिष्य-प्रशिष्य के माध्यम से फैलने वाली सैकड़ों शाखाओं से *तन्त्रालोक*-प्रतिपाद्य शैवशास्त्र बनता है। उनके अनुसार आगम की पहली विशेषता है कि वह माहेश्वर विमर्श होने के नाते परमेश्वरोपदिष्ट है, अपौरुषेय नहीं। वे तो वेद को भी परमेश्वरवचन मानते हैं।[२७] अन्तर यह है कि वेदादि भेदप्रधान हैं और शैवादि अभेदप्रधान। परन्तु **अभिनव** की यह विशेषता आमर्दक और नाथीय, द्वैत और द्वैताद्वैत, शैव परम्पराओं पर लागू नहीं होती, अतः मानना होगा कि यह विशेषता विशेष रूप से अद्वैत आगम सम्प्रदाय की दृष्टि से बताई गई है। दूसरी विशेषता यह है कि वेद और स्मृति का प्रवृत्तिनिमित्त है : लोक का संरक्षण या लोकस्थिति की रक्षा – "अधःशास्त्रेषु मायात्वं लक्ष्यते सर्गरक्षणात्।" (*तं.* ३७.६)। इसके विपरीत शैव शास्त्रों का

---

[२४] . . . ग्राह्यमवश्यं शिवशासनम्। द्वावाप्तौ तत्र च श्रीमच्छ्रीकण्ठलकुलेश्वरौ।। द्विप्रवाहमिदं शास्त्रम् . . .। – *तं.* ३७.१४-१५।

[२५] पञ्चस्रोत इति प्रोक्तं श्रीमच्छ्रीकण्ठशासनम्।। – तदेव ३७.१६

[२६] *तं.* ३६.११-१४।

[२७] यतो यद्यपि देवेन वेदाद्यपि निरूपितम्।
तथापि किल संकोचभावाभावविकल्पितः। – *तं.* ४.२५२

जयरथ की टिप्पणी है : वेदादीनां सर्वशास्त्राणां परमेश्वर एवोपदेष्टा इति नास्ति विवादः किंतु . . . तत्र भेदप्रधानानि वेदादीनि शास्त्राणि, अभेदप्रधानानि च शैवादीनि।

प्रवृत्तिनिमित्त है – आनन्दातिशय की प्राप्ति।[२८] इससे जो अन्य विशेषता उभरती है वह है कि लोकजीवन में जो बन्धन के कारण माने जाते हैं, वही यहाँ जीवन्मुक्ति की सत्वर सिद्धि के उपाय के रूप में स्वीकृत हैं –

यदार्षे पातहेतूक्तं तदस्मिन् वामशासने।।
आशुसिद् ध्यै . . . । – *तं.* ३७.११-१२[२९]

बौद्ध तन्त्रों में भी इस मत की अनुगूँज सुनाई पड़ती है क्योंकि फल की प्राप्ति में क्लेशों का मार्ग रूप में उपयोग वहाँ भी मान्य है।

अभिनव का संकेत है कि तान्त्रिक जीवनदृष्टि वैदिक जीवनदृष्टि से भिन्न है, यद्यपि वे उन्हें विरोधी नहीं मानते। लोक-संरक्षण के लिए वर्णाश्रमाचार का वह अनुमोदन करते हैं, कुछ मौलिक अपवादों के साथ। तन्त्रों के साथ जुड़ी लोकमर्यादा की प्रसिद्ध तान्त्रिक अतिक्रान्ति (ट्रान्सग्रेसिव सैक्रेलिटी) वैदिक मर्यादाओं के अनुष्ठान के उपरान्त प्रारम्भ होती है, इस नियोग के साथ कि लोक-स्थिति का उल्लंघन न होने पाए।[३०] लिङ्गोद्धार आदि संस्कार, जिसके द्वारा अशैवों का शैवी दीक्षा में प्रवेश होता है, इसी बिन्दु से प्रारम्भ होते हैं। तान्त्रिक धारा में वर्णाश्रमाचार का अपवादन होता है, शूद्र और नारी के सम्मानजनक प्रवेशन के रूप में –

स्त्रिय इति अज्ञाः। . . . शूद्रा इति कार्त्स्न्येन वैदिकक्रियानधिकृताः परतन्त्रवृत्तयश्च। तेऽपि मदाश्रिता मामेव यजन्ते। . . . केचिदाचक्षते द्विजराजन्यप्रशंसापरमेतद्वाक्यम्,

---

[२८] अतएव आनन्दातिशयकारिणो मद्यादेरेव सर्वशास्त्रेषु परं माहात्म्यमुक्तम्। – *तं.आ.वि.,* ६, पृ. २५२६; तु. **एवमानन्दयोग एव हृदयपूजा।** – *प.त्रिं.वि.* (*का.ग्र.*), पृ. २२३।

[२९] और भी देखिए : प्रस्तुत लेखक की *क्र.तां.,* पृ. ३६-४०।

[३०] इसके प्रामाण्य में **अभिनवगुप्त** *सर्वज्ञानोत्तर तन्त्र* से एक वाक्य उद्धृत करते हैं (*तं.* ४.२५१)। **जयरथ** उस उद्धरण को पूरा करते हैं :

ये तु वर्णाश्रमाचाराः प्रायश्चित्ताश्च लौकिकाः।
सम्बन्धान्देशधर्मांश्च प्रसिद्धान्न विचारयेत्।।
गर्भाधानादितः कृत्वा यावदुद्वाहमेव च।
तावत्तु वैदिकं कर्म पश्चाच्छैवे ह्यनन्यभाक्।
न मुख्यवृत्त्या वै लोकधर्मान्समाचरेत्।। – *तं.आ.वि.,* ३, पृ. ८६४

तो करना क्या चाहिए, इसके उत्तर में **जयरथ** ठीक उसी के बाद का एक अत्यन्त महत्त्वपूर्ण उद्धरण देते हैं, जो पाश्चात्य जगत् में घनी चर्चा का विषय बना है –

अतएव "अन्तः कौलो बहिः शैवो लोकाचारे तु वैदिकः।
सारमादाय तिष्ठेत नारिकेलफलं यथा।।" – *तत्रैव*

न तु स्त्र्यादिषु अपवर्गप्राप्तितात्पर्येण। ते हि भगवतः . . . शक्तिं मितविषयतया खण्डयन्तः इति . . . हास्यरसविषयभावमात्मनि आरोपयन्ति।

– *गीता* ६.३३ पर *गीतार्थसंग्रह*

वैदिक धारा के विपरीत शूद्र और स्त्री के प्रति तान्त्रिक आचार का यह खुलापन तन्त्रों की स्वतन्त्र विशेषता के रूप में लिया जा सकता है।[३१] निगम–आगम परम्पराओं के विभेदन के इस क्रम में **अभिनव** द्वारा अपनी अद्वैत परम्परा का वैदिक अद्वैत परम्परा से किया गया पार्थक्य बहुत महत्त्वपूर्ण है (और इसे बौद्ध अद्वैत परम्पराओं तक भी फैलाया जा सकता है)। *ईश्वरप्रत्यभिज्ञाविवृत्तिविमर्शिनी* में **अभिनव उत्पलदेव** के 'विशेषदर्शनेषु' का अर्थ शाक्ताद्वैतप्रधान दर्शनों से लेते हैं और 'विशेष' का अर्थ 'शक्ति' करते हुए उसे वे औपनिषदिक परम्परा के (अद्वैतवादी) 'सामान्य' दर्शनों से व्यावर्तक लक्षण के रूप में स्वीकार करते हैं। अर्थात् परम तत्त्व को शक्तिमान् मानकर और उसके स्वरूप को शक्ति कहकर सामान्य दर्शन में अभ्युपगत चित्तत्त्व को शुद्धचैतन्य के रूप में निष्कृष्ट कर वे दार्शनिक पीठिका पर भेद का आटंकण कर देते हैं।[३२] शक्ति की इस परिकल्पना को वह अत्यन्त आत्मविश्वास से शैवी दृष्टि की विशेषता घोषित करते हैं और उसे अपने आनन्दवाद के अनन्य उत्स के रूप में प्रस्तुत करते हैं – "विसर्गशक्तिः 'षोडशीकला' इत्येषा हि न सांख्येया नापि वैदान्तिकी दृक् . . . अपितु शैवी एव, विसर्गशक्तिरेव च पारमेश्वरी परमानन्दभूमिबीजम्"।[३३] शक्तिमयता और शक्तिराहित्य के आधार पर दो परम्पराओं के मध्य वे दो उपभेदों को भी रेखांकित करते हैं, जिसकी दार्शनिक परिणति बड़ी दूरगामी है। एक तो, शक्ति का अभ्युपगम शैव अद्वैतवाद के सर्वस्वीकारमूलक प्रारूप, जिसमें सर्वातिक्रामी और सर्वान्वयी दोनों पक्ष अन्तर्गर्भित हैं, के उदय का कारण बनता है – जहाँ शिव, ब्रह्म या चित् विश्वोत्तीर्ण और विश्वमय दोनों है। इसलिए यह जीवन, यह संसार, भी उतना ही मूल्यवान् है, जितना इससे परे जाना। जबकि औपनिषदिक प्रारूप अपनी सर्वातिक्रामिता के कारण केवल विश्वोत्तीर्ण रहता है, फलतः जीवन और जगत् के अवमूल्यन में कारण बनता है।[३४] दूसरे, तुर्य से आगे तुर्यातीत की

---

[३१] तद् ईदृशमौत्तराधर्यद्वैतसंमोहाधायि उत्तरत्वं, तथा विप्रराजन्यवैश्यशूद्रान्त्यजातिविभागमयम् ऊनाधिकत्वं यत्र न स्यात्। – *प.त्रिं.वि.*, पृ. २४

[३२] "विशेषदर्शनेषु" इति शाक्ताद्वैतप्रधानेषु, विशेषः शक्तिलक्षण आत्मनो दर्श्यते साक्षात्कारं नीयते येषु। . . . शुद्धचैतन्यमिति सामान्यदर्शनेषु सर्वोत्तीर्णैकतद्रूपवेदकेषु दर्शितेति सूचयति। – *ई.प्र.वि.वि.*, ३, पृ.३३१

[३३] *प.त्रिं.वि.* (का. ग्र.), पृ. १८१।

[३४] केषुचिदागमेषु सर्वोत्तीर्णताप्राधान्येन, अपरेषु सर्वमयतास्वीकारेण, अन्येषु उभयरूपविस्फारणाय उपदिष्टम्। तत् प्राथमकल्पिके इह उपदेश्ये संविन्मुखेन आदौ अद्वयम् उपदेश्यम्। – *ई.प्र.वि.वि.*, २, पृ. ७४

अवधारणा भी इससे प्रतिफलित होती है, जिसे **अभिनव** जीवन के आनुभविक सातत्य (एक्सपीरिएन्शियल कॉन्टिनुअम) में देखते हैं और इसलिए उसे 'अव्यतिरेक तुर्यातीत' का नाम देते हैं। इसके विपरीत वेदान्त में अनुभवभूमि की पार्यन्तिक सीमा तुर्य है, उसकी पर्यन्तावस्था निष्कल शुद्ध ब्रह्म की स्थिति है। यहीं पर तुर्यातीतता कहनी होगी। यदि किसी प्रकार इसका शैव शब्दावली में अनुवदन किया जाए तो वह 'व्यतिरेक तुर्यातीत' कही जा सकती है, अर्थात् वेदान्तभूमि में चरम बोध के क्षण जीवन और सर्वातिक्रामी अनुभवभूमि में विच्छेद रहता है।[३५] *वस्तुतः शक्ति की अवधारणा को, केवल अद्वयवाद के सन्दर्भ में ही नहीं, अपितु तान्त्रिक और वैदिक परम्पराओं की सामान्य विभाजक रेखा के रूप में भी स्वीकार किया जा सकता है*। त्रिक के आधुनिक मनीषी और योगी **स्वामी लक्ष्मण जू** तन्त्र को भावना या ध्यान (विज़ुअलाइज़ेशन) मात्र नहीं मानते। वे तन्त्रों में सत् के दो स्तरों (परमार्थ और संवृति) को भी स्वीकार नहीं करते। उनके अनुसार अद्वैत शैवागमों की मूल प्रतिज्ञा है कि हमें पहले अपने को शक्तिरूप में घटित करना है। तब शक्तिरूपता का शिवरूपता से मिलन कर दोनों का अनुत्तर या अद्वैत में लय करना है।[३६]

अभिनवगुप्त की स्थापनाएँ इस कारण महत्त्वपूर्ण हैं कि आगम शास्त्र के अधिकारी विद्वान् के रूप में समग्र तान्त्रिक परम्परा में उनकी तुलना में कोई आचार्य नहीं उभरता और न दोनों धाराओं या तदितर सम्प्रदायों को लेकर पारम्परिक स्रोतों में इतना सारगर्भित विश्लेषण अन्यत्र एक जगह मिलता है। **अभिनवगुप्त** की एक असामान्य विशेषता यह भी है कि तान्त्रिक परम्परा के इतिहास में वह हमारे लिए प्राचीन और परवर्ती तन्त्रों के मध्य विभाजन रेखा या सेतु, जो चाहे कहें, का काम करते हैं और, जैसा कि **गूड्रियान** ने कहा है, तन्त्रों की प्रामाणिकता और कालनिर्धारण में **अभिनवगुप्त** की स्थिति एक निश्चायक भूमिका अदा करती है।

यद्यपि प्राचीन काल से आज तक वैदिक अध्ययन का क्रम इतिहास के आरोह-अवरोह के साथ न्यूनाधिक अप्रतिहत चलता रहा है, फिर भी भारत के सांस्कृतिक पुनर्जागरण का प्रारम्भ नए संरम्भ के साथ वेदों और वेदान्त के पुनरनुसन्धान के साथ होता है। पाश्चात्य विद्वानों की इसमें साक्षात् और प्रेरणादायी दोनों भूमिकाएँ रही हैं। उसी प्रकार तन्त्रों के अध्ययन में भी पहल उन्हीं की रही है। **श्रैडर**, **चार्ल्स इलियट**, **विंटरनिट्ज़**, **वुडरफ़**, **पायने**, **शामेरस**, **होंडा** और भारतीय विद्वानों में **काणे**, **गोपीनाथ कविराज**, **कांतिचन्द्र पांडेय**,

---

३५ 'तुर्य' इति एतद्दशासमापत्तिपर्यन्तरूपा अपि तुर्यातीतता तत्रैव उक्ता, व्यतिरेकेण तु शून्यादेरवस्थापने बोधस्य तुर्यातीतता तत्रैव उक्ता शुद्धात्मता निष्कलता। – *तत्रैव*, ३, पृ. ३३१

३६ *भा.तं.शा.*, पृ. ४७१ (**मार्क ड्यस्कॉउस्की** की टिप्पणी)।

जयशंकर 'प्रसाद', **प्रत्यगात्मानंद सरस्वती** और **चक्रवर्ती** आदि ने अपने गम्भीर अध्ययनों से इस क्षेत्र को समृद्ध किया है। वर्तमान विद्वानों में **स्कॉटरमैन**, **हेलेन ब्रूनर**, **फ़ीलिओज़ा**, **गूड्रियान**, **सैन्डर्सन**, **व्रजवल्लभ द्विवेदी** और **एन.आर. भट्ट** का नाम शीर्ष पर है। परन्तु निगम-आगम दोनों परम्पराओं के तलस्पर्शी अध्ययन में **चार्ल्स इलियट**, **कविराज**, **काणे**, **प्रसाद** और **व्रजवल्लभ द्विवेदी** के प्रयासों का अतिरिक्त महत्त्व है। जैसा कि ऊपर कहा जा चुका है कि इस सन्दर्भ में **द्विवेदी** ने गम्भीर और मौलिक चिन्तन किया है। **द्विवेदी** की दृष्टि में तन्त्रों द्वारा आविष्कृत विशिष्ट पूजाविधि उसकी पारिभाषिक विशेषता है। यहाँ पर उन्हीं को उद्धृत करना उचित होगा –

> **वस्तुस्थिति यह है कि भागवतों (पाञ्चरात्र) और पाशुपतों ने एक ऐसी पूजा-विधि का आविष्कार किया था, जिसमें आराधक आरा य के साथ आन्तर और बाह्य वरिवस्या (पूजा) के द्वारा तादात्म्य स्थापित करने के उद्देश्य से भूतशुद्धि, प्राणप्रतिष्ठा, न्यास और मुद्राओं की सहायता से स्वयं देवस्वरूप हो जाता है। "देवो भूत्वा देवं यजेत्" यह उसका सिद्धान्त वाक्य था। स्वयं देवस्वरूप होकर वह अपने आरा य को भी इसी विधि से मूर्ति, पट, यन्त्र, मण्डल आदि में प्रतिष्ठित करता था और इस प्रकार अपने इष्टदेव की बाह्य वरिवस्या सम्पादित करता था। बाह्य वरिवस्या की पूर्णता के लिए यहाँ व्रत, उपवास, पर्व आदि का विधान था और आन्तर वरिवस्या के लिए वह कुण्डलिनी योग का सहारा लेता था। *वैदिक कर्मकाण्ड से विलक्षण इस कर्मकाण्ड की निष्पत्ति के लिए जिस शास्त्र का आविर्भाव हुआ, वही आज आगम या तन्त्रशास्त्र के नाम से जाना जाता है।* अपने आरा य की आन्तर वरिवस्या के लिए इसका अपना दर्शन और योग-पद्धति है और बाह्य वरिवस्या के लिए मन्दिरों और मूर्तियों का निर्माण तथा उनकी आराधना की विशिष्ट पद्धतियाँ इनमें वर्णित हैं। इन्हीं के आधार पर प्रत्येक आगम में विद्या (ज्ञान), योग, क्रिया और चर्या नाम के चार पादों का विधान है।**[३७]

यह बात सही है कि **द्विवेदी** अपने इस प्रतिपादन में **चार्ल्स इलियट** से प्रेरणा लेते हैं। **चार्ल्स इलियट** ने तान्त्रिक पूजा के दो लक्ष्य बताए थे – पहला, भगवान् को ही पूजक के पास आने के लिए विवश करना, और दूसरा, विश्व की व्यापक और स्पन्दात्मक शक्तियों का लघु प्रतिरूप होने के कारण मनुष्य को, भक्त को, रूपान्तरित कर भगवान् बना देना।[३८] यह भी सही है कि **इलियट** के अतिरिक्त तान्त्रिक विषय-वस्तु का प्रतिपादन **श्रैडर**, **वुडरफ़**, **काणे**

---

[३७] *तन्त्रा.*, पृ. ३-४।

[३८] *हिन्दूइज़्म एण्ड बुद्धिज़्म*, भाग २, पृ. १६० (उपर्युक्त में उद्धृत)।

और **पायने** कर चुके थे। उसके पूर्व *पद्मसंहिता, वाराही तन्त्र* और *कामिकागम* में भी एतद्विषयक संग्रह किया जा चुका था, परन्तु **द्विवेदी** ने अपने से पूर्व की सारी सामग्री को वैचारिक सन्दर्भ और परिप्रेक्ष्य देते हुए जिस प्रकार से आसूत्रित किया है, वह महत्त्वपूर्ण है। यहाँ यह कहना प्रासंगिक होगा कि पादचतुष्टय में तान्त्रिक प्रतिपाद्य का यह विभाजन लाक्षणिक है, क्योंकि बिना पादविभाग के भी या एक या दो पादों में, जैसा कि **श्रैडर** इंगित करते हैं, ये विषय तन्त्रों में प्रतिपादित हैं। काश्मीर शैवागम के अन्तर्गत दक्ष, वाम, कौल आदि आगम ग्रन्थों में विद्या, मन्त्र, मुद्रा और मण्डल इन चार पीठों का आश्रय लेकर भिन्न तरह के वर्गीकरण का आश्रय लिया गया है।[३९] **भट्ट** भी तन्त्र का अर्थ ही उपासना विधियों (शब्दशः, धार्मिक अनुष्ठान के प्रकारों : "फ़ॉर्म ऑफ़् प्रैक्टिसेज़ इन् रिलीजन") से लेते हैं।[४०] मन्दिर निर्माण और आगमाश्रित पद्धतियों से मन्दिरों में पूजन को वह आगम परम्परा की सबसे बड़ी विशेषता मानते हैं,[४१] जो उसे निगम परम्परा से भिन्न पीठिका प्रदान करता है[४२] और जो मन्दिरों की देशव्यापी एकसूत्रता का आधार है।[४३] मन्दिर-आश्रित आराधना-पद्धति की यह एकल केन्द्रीयता **भट्ट** को **द्विवेदी** के व्यापक परिप्रेक्ष्य से अलग करती प्रतीत होती है।

काश्मीर के तन्त्रागम साहित्य में इस आन्तर वरिवस्या और आन्तरिक भावशुद्धि पर विशेष आग्रह है। *विज्ञानभैरव* जैसे प्राचीन आगम का तो यह प्रधान विषय है। *कालिकाक्रम, संकेतपद्धति, तन्त्रालोक* में मानसपूजा के अन्तर्गत इसी का आश्रय लिया गया है। पञ्च मकार, वामाचार और कुलाचार को **द्विवेदी** तन्त्रों का एकदेशीय पक्ष मानते हैं और इसे लेकर वह बचाव की मुद्रा में भी आ जाते हैं। यहाँ वह **काणे** जैसे विद्वानों को अपने साथ पाते हैं। **काणे** को तो पश्चिमी विद्वानों के साथ अपने *धर्मशास्त्र का इतिहास* में इस विसंगति पर जूझना पड़ा है।[४४] जहाँ तक मूल तान्त्रिक धारा का प्रश्न है, उसमें **अभिनव** को हम मध्यबिन्दु पर

[३९] *तं.* ३७.२३-२४ : प्रत्येकं तच्चतुर्धैवं मण्डलं मुद्रिका तथा।।
मन्त्रो विद्येति च पीठम् . . .।

[४०] *भा.तं.शा.*, पृ. ४०३।

[४१] तदेव, पृ. ३९६।

[४२] तदेव, पृ. ५७२।

[४३] तदेव, पृ. ३८१।

[४४] द्र. *तन्त्रा.*, पृ. १७; वस्तुतः पञ्चमकार और अन्य विकृतियों को लेकर तन्त्रों को उस युग में भी आलोचना से गुजरना पड़ा है। **क्षेमेन्द्र, कल्हण, सोमदेव** आदि के आक्षेप प्रमाण हैं। परन्तु तन्त्र के इस पक्ष को नकार देना या इसी को तन्त्र की निजंधर इयत्ता मान लेना, दोनों ही अतियों से स्वस्थ शास्त्रानुशीलन को बचना चाहिए।

खड़ा देखते हैं। **अभिनवगुप्त** में जहाँ ये चर्यापक्ष अपने प्रायोगिक रूप में उपस्थित हैं, वहीं पर्यायशः इनके मानस अनुव्यवसायीकरण के द्वारा वह सारे कापालिक, वामाचारीय प्रभावों का अभ्यन्तरीकरण कर देते हैं। प्रत्यभिज्ञा और अनुपाय को तान्त्रिक दर्शन में चरम भूमि पर प्रतिष्ठित कर **अभिनव** मानों अपने मन्तव्य की घोषणा कर देते हैं। इस प्रकार उनके अनुसार पूजा के तीन प्रकार हैं – १. स्थूल, बाह्य द्रव्यों से २. सूक्ष्म, आन्तर द्रव्यों से और ३. पर, विशुद्ध भावना से। आन्तरिक भावशुद्धि की यह तान्त्रिक प्रक्रिया, **कविराज** के अनुसार, सूफियों, सिद्धों, नाथों, सन्तों तक में परिलक्षित होती है। **द्विवेदी** तन्त्र की इसके अतिरिक्त दो और पारिभाषिक विशेषताएँ मानते हैं। पहली है, षडध्व की प्रक्रिया से वाक्चतुष्टयात्मक शब्दब्रह्म की उपासना और सारी सृष्टि के प्रपञ्चन और प्रविलापन की प्रतिपत्ति। यद्यपि ब्राह्मणों और वेदाङ्गीभूत व्याकरण में भी वाक्चतुष्टय और शब्दब्रह्म की उपासना के प्रभूत संकेत उपलब्ध हैं, तो भी षडध्व की प्रक्रिया से शब्दब्रह्म की जैसी उपासना पद्धति आगमिक साहित्य में मिलती है वैसी प्राचीन वैदिक साहित्य में नहीं मिलती।[४५] काश्मीर शैव मत में इसीलिए दीक्षा षडध्वविलापन की प्रक्रिया है – मानों सारा जगत् शब्दराशि शिव में विलीन हो जाएगा।[४६] मैं इस सम्बन्ध में यह भी कहना चाहूँगा कि शब्दाध्व के अन्तर्गत पद, वर्ण और विशेषतः मन्त्र की अवधारणा में तन्त्र एक विशिष्ट और उदात्त असांकेतिक 'धार्मिक भाषा' (रिलीजियस लैंग्युएज : समाधिभाषा) की अवधारणा को विकसित करते हैं, जिसकी पीठिका नैगमिक से निश्चय ही विलक्षण है। **अभिनव** तो इसे सशब्द कहते हैं –

> **तस्य विमर्शमहमिति अकृत्रिममसाङ्केतिकं स्वातन्त्र्यरूपमात्मविश्रान्तिलक्षणं स्वभावं जानन्ति, ते तत्त्वविदो ये मन्त्रशरीरं बोधतत्त्वं श्रीमातृकामालिन्यादितत्त्वं मन्यन्ते।**
>
> – *ई.प्र.वि.वि.*, भा.२, पृ.१७४

दूसरी है, वेद की त्रैवर्णिक प्रवृत्ति से भिन्न तन्त्र की सर्ववर्णविषयता[४७] : शास्त्र और दीक्षा में स्त्री और शूद्र के अधिकार की स्वीकृति। ये दोनों विशेषताएँ हमें **वुडरफ़** में पहले ही संकेतित मिलती हैं, पर परिप्रेक्ष्य की सम्पूर्णता में सन्दर्भीकरण **द्विवेदी** की विशेषता है। तन्त्रागम की तीसरी विशेषता है कर्म, योग और ज्ञान की अपेक्षा भक्ति की महिमा का प्रतिपादन।[४८] पाञ्चरात्र और भागवत मतों का प्रभाव, जैसा कि **तिलक** ने अपने *गीतारहस्य* में सप्रमाण प्रतिपादित किया है, *गीता* से छनकर फैलता हुआ काश्मीर से कन्याकुमारी तक

---

[४५] *तन्त्रा.*, पृ. २३।

[४६] *भा.तं.शा.*, पृ. ५४३।

[४७] *तन्त्रा.*, पृ. २३।

[४८] *तन्त्रा.*, पृ. ५५-५६।

फैल जाता है। काश्मीर में आविर्भूत पाञ्चरात्र संहिताओं, **वामनदत्त** आदि वैष्णवों, **भगवदुत्पल** जैसे शैवों और शैव परम्परा में *विज्ञानभैरव, मालिनीविजयोत्तर* जैसे तन्त्रों के माध्यम से **उत्पलदेव** आदि शैवाचार्यों और उनके माध्यम से मध्य एशिया से आए सूफ़ियों और दक्षिण में आलवार सन्तों की पुरानी परम्परा के सम्मिलित प्रभाव के साथ **रामानुज**, **मध्व** और *भागवतपुराण* के रास्ते **वल्लभ** तक पहुँचता है और फिर इन आचार्यों के प्रभाव में राम-भक्ति और कृष्ण-भक्ति का मध्यकालीन आन्दोलन पूरे उत्तरी और पूर्वी भारत में छा जाता है। इसीलिए **तुलसी** का यह उद्घोष- "नानापुराणनिगमागमसम्मतं यद्" – पूरी ऐतिहासिक अन्वर्थता का निदर्शन कराता है। तन्त्रागम की एक तटस्थ विशेषता के रूप षडंग योग की धारणा का भी उल्लेख करना उचित होगा। अनेक आधुनिक विद्वानों के अनुसार षडंग योग की धारणा तन्त्रशास्त्र की प्रायः सभी शाखाओं में किसी-न-किसी रूप में उपलब्ध है। जब कि वैदिक परम्परा कुछ अपवादों को छोड़कर साधारणतः अष्टाङ्ग योग में विश्वास करती है। यद्यपि यह अवधारणा अनेक पूर्वाचार्यों के मत का अनुवाद ही करती है, फिर भी इसे स्वीकार करने में हमें आपत्ति नहीं होनी चाहिए।

ऊपर मन्दिर-निर्माण और मण्डल आदि की पूजन-विधि को तन्त्रों की मुख्य विशेषता के रूप में प्रतिपादित किया गया है। उसका परिणाम कला के क्षेत्र में भी पड़ा। तन्त्रों ने एक अपने विशिष्ट दृश्य शिल्प-विधान और मूर्तिकला को विकसित किया। जैसा कि **आप्टे**, **रुद्रदेव त्रिपाठी**, **ढाकी**, **मधु खन्ना** आदि ने संकेतित किया है कि मण्डल आदि तथा अन्य गणितीय अमूर्तन के प्रयोगों में अमूर्त कला के आदि साक्ष्य तन्त्रों में मिलते हैं।[४६] आगम ग्रन्थों, वास्तुशास्त्र तथा शिल्पशास्त्र में एक अकथ पारस्पर्य दिखाई देता है। आगमशास्त्र में आवश्यकता पड़ने पर आगम-शिल्प के विस्तार के लिए शिल्पशास्त्र का आश्रय लेने का विधान किया गया है – "शिल्पशास्त्रविधानेन कुर्यात्" और शिल्पशास्त्र के ग्रन्थों में सैद्धान्तिक विस्तार के लिए आगमशास्त्र की शरण का – "आगमशास्त्रविधानेन कुर्यात्"। *पौष्कर संहिता* (पाञ्चरात्र) में आए वास्तुपुरुषमण्डल का इस प्रसङ्ग में उल्लेख किया जा सकता है। चिदम्बरम् का शिवमन्दिर, जहाँ शैवसिद्धान्त पद्धति से पूजन होता है, इसमें प्रमाण है। *ताण्डवलक्षण* के सम्पादक **नायडू, सुब्बारॉव** (*नाट्यशास्त्र*, गायकवाड सीरीज़, प्रथम खण्ड के द्वितीय संस्करण का छठा परिशिष्ट), **गोपीनाथ रॉव** और **पद्मा सुब्रह्मण्यम** आदि ने इस दिशा में महत्त्वपूर्ण कार्य किया है। मुद्रा आदि के प्रयोगों से *नाट्यशास्त्र* के करणों और अङ्गहारों की व्याख्या और अवबोध को एक ठोस आधार मिलता है।[५०] मातृका और वर्णों की उपासना में वर्ण केवल

---

[४६] *भा.तं.शा.*, पृ. ४००-०२, ४७८, ६६४।

[५०] यह देखना महत्त्वपूर्ण और रोचक है कि शैव सिद्धान्त को समर्पित मन्दिर में प्रयुक्त शिल्प का आधार पञ्चम वेद (नाट्यवेद) है।

नाद के ही प्रतीक नहीं हैं, वे रूप के भी प्रतीक हैं और यन्त्र तथा चक्राकृति लेखन में वे विशिष्ट वर्ण-विच्छित्ति के उद्भावक हैं। इस प्रसंग में यह जानना और भी महत्त्वपूर्ण होगा कि सौन्दर्य और रसानुभूति के क्षेत्र में वैदिक परम्परा के आचार्यों की तुलना में अप्रतिम अवदान देने वाले **अभिनवगुप्त** तान्त्रिक परम्परा के ही मूर्धाभिषिक्त मणिरत्न थे। ऊपर आन्तरिक वरिवस्या के प्रसङ्ग से चर्चित मानस अनुव्यवसाय और भावन का रसानुभूति में विनियोग तान्त्रिक सौन्दर्यदृष्टि का ही प्रतिबिम्बन है। आगम और निगम के मध्य ऊपर निर्दिष्ट सभी बिन्दुओं को अन्तिम लक्ष्मणरेखा मानने में सभी विद्वान् एकमत नहीं हैं। **गोविन्द चन्द्र पांडे** के अनुसार वार्णिक अधिकार को, महत्त्वपूर्ण होने पर भी, विभाजक नहीं माना जा सकता। प्राचीन वैदिक युग में केवल तीन ही वर्ण थे, चार नहीं। उन तीनों वर्णों का भी आपस में भेद जन्ममूलक नहीं था। इसी प्रकार कवष, ऐलूष आदि, तीन वर्णों में न होने पर भी, ऋषि थे और ऋषि-रूप में समादृत थे। शूद्रों का आविर्भाव उत्तर वैदिक काल में होता है। परन्तु शूद्रों को अधिकार नहीं था, यह बात निश्चयपूर्वक नहीं कही जा सकती। *मीमांसासूत्रों* और *ब्रह्मसूत्रों* में अपशूद्राधिकरण में **बादरि** आदि वाले पूर्वपक्ष में शूद्रों के अधिकार का समर्थन किया गया है। शूद्रों की अपात्रता का सिद्धान्त परवर्ती काल, प्रधानतः सूत्र और स्मृतियों के काल, का है। परवर्ती युग की मान्यता का प्राचीन युग पर आरोपण तार्किक विभ्रम की गन्ध देता है। इसी प्रकार वैदिक युग में मन्दिरपूजा, मूर्तिपूजा का पूरी तौर पर अभाव था, यह भी निर्णायक तौर पर कह सकना अत्यन्त कठिन है। यहाँ तक कि बौद्ध और जैन आगमों में, प्रारम्भ में, मूर्तिपूजा के अभाव का ही पता चलता है। ऐतिहासिक साक्ष्यों के आधार पर कहा जा सकता है कि मूर्तियों और मन्दिरों का प्रचलन सर्वत्र ईसा की दूसरी शताब्दी से हुआ। अर्थात् मूर्ति और मन्दिर का सम्बन्ध निगम और आगम से नहीं है। उनकी दृष्टि में, जैसा पहले कहा जा चुका है, वस्तुतः यह बाद की दो सामाजिक परम्पराओं का भेद है, मूल धर्म का भेद नहीं है।

पांडे की दृष्टि में वैदिक-आगमिक के भेद का आधार इन दोनों आधारों से भिन्न है। वैदिक धारा में ज्ञान का स्रोत नित्य शब्द है या नित्य, अपौरुषेय ज्ञान। आगम में यह ज्ञान मानवीय पर दिव्य पुरुष द्वारा अभिव्यक्त[५१] (या काश्मीर तन्त्रों के शब्दों में कहा जाए तो प्रातिभ रूप में परावाक्तया स्थित) है। इससे दोनों स्थलों की साधना और उपासना में मौलिक अन्तर आ जाता है। वैदिक परम्परा में सर्वप्रथम कर्म, फिर ज्ञान, तदनन्तर विशुद्ध भक्ति की प्रधानता है। बौद्ध परम्परा ज्ञानप्रधान है। शैव, शाक्त और प्रारम्भिक पाञ्चरात्र में सत्ता और शक्ति दोनों ही मिलते हैं। मूल उपासना में विद्यमान शक्ति का यही अंश तान्त्रिकता का

---

[५१] *भा.तं.शा.*, पृ. ५८६।

प्राण तत्त्व है। इस अर्थ में तान्त्रिक धारा को हम प्रागैतिहासिक भी कह सकते हैं।[५२] पर इससे यह निष्कर्ष निकालना कि तन्त्रों का उद्गम वेद से भिन्न है, उस स्रोत से तन्त्रों का विकास बाद को होता है, इससे कुछ ही लोग सहमत हो पाएँगे।

मुझे लगता है कि यहाँ एक अन्य महत्त्वपूर्ण बिन्दु पर चर्चा कर लेनी चाहिए, हालांकि इसको पञ्च मकार के प्रसङ्ग में पहले भी उठाया जा सकता था। वैदिक परम्परा में समाम्नात पुरुषार्थ चतुष्टय में काम और अर्थ को धर्म के नियन्त्रण में रखा गया है – सांसारिक अभ्युदय की यात्रा के सन्दर्भ में, और मोक्ष को निःश्रेयस् के साथ जोड़ दिया गया है। तन्त्र काम को धर्म की अधीनता से मुक्त कर – सांसारिक नहीं, आध्यात्मिक यात्रा में – मोक्ष के अधीन ले आता है या एककार्यकारी बना देता है। इसे काम का उदात्तीकरण कहें या आत्माभ्यन्तरीकरण, यह काम के निषेध की नहीं अभ्युपगम की प्रक्रिया है जो तन्त्र की समग्रतावादी प्रवृत्ति के अनुकूल पड़ती है। काम → इच्छा → स्वातन्त्र्य → कर्तृता के निरन्तर आत्मविस्तारीकरण द्वारा, विमर्श और सर्जन (तान्त्रिक शब्दावली में विसर्ग) के समीकरण द्वारा तन्त्र इसका पथ प्रशस्त करता है। *तन्त्रालोक* में शाम्भवोपाय और कुलयाग की चर्चा में **अभिनव** तन्त्रों की इसी प्रवृत्ति को सर्वोच्चता प्रदान करते हैं। एक ओर, *परात्रिंशिकाविवरण* में रस-सन्दर्भी सहृदयता और चमत्कृति के वीर्यविक्षोभ की शब्दावली में तथा मोक्ष के भोगमोक्ष के सामरस्य की शब्दावली में प्रस्तोता और रसास्वादन के ऐन्द्रिय भोजन से भिन्न रसना से समीकर्ता और दूसरी ओर, एकमात्र या प्रधानतम रस के रूप में शान्त के उद्घोषक **अभिनवगुप्त** में हम इस तान्त्रिक प्रवृत्ति के पल्लवन का शिखर देखते हैं।

परन्तु आज निगमागम परम्पराएँ एक-दूसरे में इतना रच-बस गई हैं कि उनको उनके विशुद्ध रूप में पा सकना दुष्कर है। वस्तुतः सांस्कृतिक इतिहास के आदिम काल से ही उनमें इतना सघन और गहराई तक अन्तर्विनिमय हुआ है कि उस अन्तःक्रिया का एक सनातन द्वन्द्वात्मक गतिशास्त्र ही विकसित होते देखा जा सकता है। आज हिन्दू होने का अर्थ है इन सारी परम्पराओं – निगम, आगम, श्रमण, पुराण, आलवार, देशज और तदितर बाह्य, सूफी, सन्त, सिद्ध, नाथ आदि-आदि – के समग्र का समन्वित भाव से उत्तराधिकारी होना। हिन्दू होना धार्मिक विरुद नहीं है, हमारे भारतीय होने की शर्त है। वैदिक धारा के इतिहास का प्रारम्भ कई सांस्कृतिक अनिश्चयों के साथ होता है। एक अनिश्चय *अथर्ववेद* को लेकर है। अपौरुषेय वेदत्रयी में पौरुषेय या *आथर्वण वेद* का प्रवेश कई सांस्कृतिक, ऐतिहासिक चुनौतियों को जन्म देता है। विद्वानों का एक बड़ा वर्ग *अथर्ववेद* का तान्त्रिक कर्मकाण्ड से गहरा सम्बन्ध मानता है और वैदिक धारा में तान्त्रिक तत्त्वों के बीजारोपण की सम्भावना त्रयी

---

[५२] तदेव।

से चतुष्टयी के विस्तार में देखता है। **हेमन्तराय चौधरी** ने[५३] लगभग एक शताब्दी पूर्व *छान्दोग्य उपनिषद्* में भागवत मत की और *शुक्ल यजुर्वेद* के *शतरुद्रीय* तथा *कृष्ण यजुर्वेद* की अनेक संहिताओं में प्राचीन पाशुपत मत की झलक देखी थी। इसी *छान्दोग्य* (७.१.२) में हम पाञ्चरात्र के मूलवेद *एकायनवेद* का उल्लेख पहले ही देख चुके हैं। *मैत्रायणी संहिता* (२.६.१, १०) में पाशुपत के उन पाँच मन्त्रों का वही स्वरूप है, जो **लकुलीश** के *पाशुपतसूत्र* में है[५४] और जो पञ्चब्रह्म मन्त्र के नाम से परम्परा में ख्यात हैं। यही जैन तन्त्रों में पञ्च णमोकार मन्त्र, वैष्णव तन्त्रों में पञ्चोपनिषद् मन्त्र, बौद्धागमों में पञ्चनद्ध मन्त्र के रूप में प्राप्त होता है। *विमलप्रभा टीका* के रचयिता तो इन पञ्चब्रह्म मन्त्रों और पञ्चनद्ध मन्त्रों के सम्बन्ध को शब्दशः स्वीकार करते हैं।[५५] *मैत्रायणी* उपनिषद्, जो *मैत्री उपनिषद्* के नाम से भी प्रसिद्ध है,[५६] में हम षडंग योग का अंगनिर्देशपूर्वक उल्लेख पाते हैं। इसके प्राचीन निर्देश *गुह्यसमाजतन्त्र, वैखानससूत्र, मालिनीविजयोत्तर तन्त्र,* **अत्रि, दक्ष** और **याज्ञवल्क्य** की स्मृतियों समेत लगभग सभी तन्त्र परम्पराओं में पाए जाते हैं। *गुह्यसमाजतन्त्र* की *सेकोद्देश टीका* और **जयरथ** इसे योग के तान्त्रिक प्रारूप के रूप में प्रस्तुत करते हैं।[५७] *श्वेताश्वतर उपनिषद्,* जो निश्चय ही बीस प्राचीन उपनिषदों में आता है, की प्रकृति अन्य उपनिषदों से भिन्न है और निगम-आगम परम्परा के बीच उपलब्ध आदिम सेतुओं में उसकी गणना की जा सकती है। हम नहीं जानते कि इन साक्ष्यों के आधार पर हम वेदकालीन या वेदपूर्व तान्त्रिक उपासना के बारे में कोई बिम्ब बना सकते हैं, परन्तु इन साक्ष्यों से उठने वाली सम्भावनाओं की उपेक्षा भी नहीं कर सकते। पिछले पन्नों में हमने प्रसङ्गान्तर से देखा था कि एक ओर **बादरायण, जैमिनि** और दूसरी ओर *महाभारत,* कृतान्तपञ्चक – सांख्य, योग, पाञ्चरात्र, पाशुपत और वेद या त्रयी – का उल्लेख करते हैं, दो भिन्न दृष्टियों को दर्शाते हुए। यहाँ हम फिर एक बार सांस्कृतिक अनिश्चय देखते हैं, इनके प्रमाण होने, न होने को लेकर। पर वह बात इस समय महत्त्वपूर्ण नहीं है। महत्त्वपूर्ण है कि सांख्य, योग, पाञ्चरात्र और पाशुपत को **जैमिनि** और **बादरायण** अवैदिक मानते हैं। दोनों ही आकर-स्थलों – सूत्र और *महाभारत* – में ये स्वतन्त्र धाराएँ मानी गई हैं और इनका प्रामाण्य या महिमा इतनी तो थी ही कि ये **जैमिनि** और **बादरायण** दोनों के प्रत्याख्यान के पात्र बने और *महाभारत* में अनुमोदन के। सांख्य और योग, जिनका आगे एक युग्म के रूप में एकीकरण हुआ, ने भारतीय दर्शन के संरचनात्मक विकास को

[५३] *अर्ली हिस्टरी ऑफ़ द वैष्णव सेक्ट,* कलकत्ता, १६२०; द्र. *तन्त्रा.,* पृ. ८।

[५४] *भा.तं.शा.,* पृ. १०।

[५५] तदेव, पृ. २८५।

[५६] संपा. ई.बी. कॉवेल, कलकत्ता, १६३५, पृ. १२६।

[५७] देखिए इसी संग्रह में अन्यत्र मेरा निबन्ध "काश्मीर शैव दर्शन में योग की षडङ्गता और उसका बौद्ध स्रोत"।

दूर-दूर तक प्रभावित किया। यदि श्रमण परम्परा के तन्त्रों को छोड़ दिया जाए तो सारे तान्त्रिक दर्शनों में इन्होंने सृष्टि के विकास का एक मानक प्रारूप प्रदान किया। इस युग्म में योग की ईश्वर-दृष्टि और सत् के अभ्युपगम के लिए एक सर्वाङ्गीण साधनापद्धति – जिसमें देह, मन और चेतना तीनों एक आङ्गिक प्रक्रिया के सहज घटक बनकर उभरे – ने पूरे भारतीय चिन्तन को प्रभावित किया। फलतः हर तन्त्र परम्परा ने अपनी विशिष्ट योग-दृष्टि विकसित की और चार पादों में से एक पाद योग को समर्पित किया गया। पाशुपत और पाञ्चरात्र क्रमशः शैव और वैष्णव/भागवत (**बाण** तक आते-आते ये दोनों उपधाराएँ फिर स्वतन्त्र रूप धर चुकी होती हैं) धाराओं के रूप में विकसित होते हैं। **यामुनाचार्य** और **रामानुज** के दार्शनिक सम्प्रदाय में पाञ्चरात्र वैदिक भी माना गया है और प्रमाण भी (जबकि **रामानुज** भी शैव, पाशुपत, कापालिक और कालमुखों को वेदविरोधी मानते हैं)। *महाभारत* **श्रीकण्ठ** को पाशुपत मत का प्रवर्तक मानती है, यद्यपि **श्रीकण्ठ** प्रवर्तित इस पाशुपत मत का कोई ग्रन्थ उपलब्ध नहीं है। परन्तु *महाभारत* की सूचना महत्त्वपूर्ण है कि **उपमन्यु** ने **कृष्ण** को पाशुपत सम्बन्धी ज्ञान दिया था (अनु. १४.६४-३७७)। इन **उपमन्यु** की गणना *शिवपुराण* में लकुलीश पाशुपत के चार आचार्यों – **रुरु, दधीचि, अगस्त्य, उपमन्यु** – में भी हुई है। यद्यपि ये दोनों पाशुपत परम्पराएँ भिन्न हैं, फिर भी दोनों में **उपमन्यु** का नाम आना पाशुपत से उनके निकट सम्बन्ध को द्योतित करता है। वस्तुतः **रुरु** का नाम सिद्धान्तशैव मत के साथ इस प्रकार जुड़ा है कि उसका एक नाम रुरुसिद्धान्त ही पड़ गया है और **अगस्त्य** का नाम **लोपामुद्रा** के साथ त्रिपुरामत के प्रवर्तकों में बड़े आदर के साथ लिया जाता है। यह ध्यान रखने की बात है कि ये सभी वैदिक ऋषि हैं। इस प्रसङ्ग में **कृष्ण** का नाम भी महत्त्वपूर्ण है। यह पाशुपत धारा के स्वातिक्रामी विस्तार का प्रतीक है। आगे चलकर **महेश्वरानन्द** आदि में **कृष्ण** के (काश्मीर के क्रम दर्शन में परम सत्ता के रूप में मान्य) कालसंकर्षिणीभाव की चर्चा आती है। परन्तु यह बहुत बाद का विकास है। महाभारत काल में ही कृष्णोपदिष्ट *गीता* में एकायन और भागवत का विशेषतया प्रख्यापन, और स्वयं **वसुगुप्त** और **अभिनवगुप्त** जैसे शिवाद्वय परम्परा के आचार्यों द्वारा गीता-भाष्यों का प्रणयन, आगम परम्परा (यदि यह अतिसामान्यीकरण लगता हो तो पाशुपत और पाञ्चरात्र परम्परा) से **कृष्ण** के उल्लेख्य सम्बन्ध को रेखांकित करता है। **लकुलीश** का समय दूसरी से लेकर चौथी शताब्दी के मध्य माना जाता है। *तन्त्रालोक* के दो उपजीव्यों में से **लकुलीश** एक हैं। दूसरे उपजीव्य **श्रीकण्ठ** हैं, यह अज्ञात है कि ये श्रीकण्ठ पूर्व पाशुपत के महाभारतोक्त प्रवर्तक से एक हैं या भिन्न। पर दूसरे लकुलीश-पाशुपत के चार(?) अवान्तर सम्प्रदायों – लाकुल, मौसुल, कारुक, पाशुपत(?) - का भी उल्लेख **क्षेमराज** और **जयरथ** करते हैं। यहाँ पर यह उल्लेख भी महत्त्वपूर्ण होगा कि उद्योतकार **उदयन** और न्यायभूषणकार **भासर्वज्ञ** स्वयं को पाशुपत मानते हैं। **न्यायभूषणकार**

तो **हरदत्ताचार्य** की *गणकारिका,* जिसका **सायणमाधव** अपने पाशुपत-मत के प्रतिपादन में बहुत उपयोग करते हैं, के टीकाकार हैं। और इसी प्रकार *वैशेषिक सूत्रों* के *प्रशस्तपादभाष्य* पर *व्योमवती टीका* के प्रणेता **व्योमशिवाचार्य** भी अपने को पाशुपत कहते हैं।[५८] **शंकर** द्वारा माहेश्वरों और वैशेषिकों दोनों का एक ही क्रम में निमित्तकारणतावादियों के रूप में उल्लेख और प्रत्याख्यान वर्तमान मन्तव्य को और भी पुष्ट आधार प्रदान करता है। इस सम्बन्ध में मैंने अपने एक स्वतन्त्र लेख में विस्तार से विचार किया है।[५९] **डॉ. कान्तिचन्द्र पांडेय** ने **राजशेखर** के *षड्दर्शनसमुच्चय* (९-१०वीं शताब्दी) के आधार पर नैयायिकों का वीर शैवमत से भी सम्बन्ध दिखाया है।[६०] मजे की बात है कि इन न्याय-वैशेषिक ग्रन्थों में सबने शब्द प्रमाण के अन्तर्गत श्रुति को प्रमाण माना है और **उदयन** की प्रतिष्ठा तो वैदिक धर्म के रक्षक के रूप में सर्वजनविदित है। इस विवरण के आधार पर यह कहना अतिरंजित नहीं होगा कि लकुलीश पाशुपत वैदिक और तान्त्रिक मत के मध्य एक सेतु का काम करता है।

"इतिहासपुराणाभ्यां वेदं समुपबृंहयेत्" – परम्परा को समझने की पद्धति का यह आधारभूत अङ्ग है। इतिहास और पुराण वेदार्थ के उपबृंहक हैं। उनका महत्त्व है कि वैदिक वर्णाश्रम व्यवस्था के प्रति प्रतिश्रुत रहते हुए भी सामाजिक समरसता को बनाए रखते हुए वे वेद के अर्थ का उपबृंहण करते हैं। परन्तु वे आगमार्थ का भी उसी प्रकार उपबृंहण करते हैं, यह जानना हमारे लिए प्रासंगिक और उद्‌बोधक होगा। *शिवपुराण* (७.१.३२.११-१७) अपनी *वायवीय संहिता* के प्रथम खण्ड में दो प्रकार के शिवागमों का उल्लेख करता है – श्रौत और स्वतन्त्र। पाशुपत की गणना श्रौत के अन्तर्गत हुई है और कामिक आदि अट्ठाइस आगमों की स्वतन्त्र के अन्तर्गत। इस पुराण के अन्तर्गत पाशुपत मत को अवैदिक न मानकर श्रौत अर्थात् वैदिक माना गया है। पुराणों में लिङ्गनिर्माण, प्रसाद, द्वार, मण्डप आदि की जो विधियाँ मिलती हैं वे, माना जाता है कि, तन्त्रों से आई हैं क्योंकि वेद में उनका उल्लेख नहीं है।[६१] *शिवपुराण* की *वायवीय संहिता* के दूसरे खण्ड में आगमों का स्पष्ट प्रभाव झलकता है। वहाँ हमें अक्सर काश्मीर शैव दर्शन की अनुगूँज सुनाई पड़ जाती है और विषय-वस्तु का निरूपण भी तन्त्रों के पादचतुष्टय की पद्धति पर हुआ है।[६२] **द्विवेदी** ने दिखाया है कि

---

[५८] *भा.तं.शा.*, पृ. १०।

[५९] द्र. इसी संग्रह में अन्यत्र मेरा निबन्ध "तान्त्रिक दर्शनः प्रकृति और दार्शनिक सन्दर्भ", पादटिप्पणी ७-८।

[६०] *भास्करी*, भा.३, भूमिका, पृ. १२।

[६१] *तन्त्रा.*, पृ. ४३।

[६२] *हिस्ट्री.*, पृ. ६६-१२६।

अग्निपुराण (३९-७० अध्याय) किस प्रकार से पाञ्चरात्र के व्यूहवाद, षाड्गुण्यवाद और पञ्चमन्त्रतनुत्व को दिखाने के लिए *हयशीर्षपाञ्चरात्र* नामक आगम से सम्बन्धित अध्यायों को उठाकर अपने मूल पाठ में ही समा लेता है।[६३] *बृहन्नारदीय* (२.२४.१९-२१) उन विषयों की सूची इस प्रस्तावना के साथ देता है जिनका प्रतिपादन वेद में नहीं हुआ है। *ईश्वरगीता* के नाम से प्रसिद्ध ग्रन्थ, जिसमें शैवागम के ही सिद्धान्त हैं, वस्तुतः *कूर्मपुराण* के उत्तरभाग का अङ्ग है जो उसके पहले ग्यारह अध्यायों के रूप में मिलती है। *वायुपुराण* की प्राचीनता इसी से सिद्ध है कि **बाण** के *हर्षचरित* में उसका उल्लेख है। यहाँ पर पाशुपत आदि आगम सम्प्रदाय के प्रतिपाद्य विषयों का वर्णन मिलता है। *दुर्गासप्तशती* के नाम से घर-घर पढ़ा जाने वाला दुर्गास्तोत्र *मार्कण्डेयपुराण* का अंश है। यहाँ पर पुराणों में पाई जाने वाली आगमिक विषयराशि का दिङ्मात्र निर्देश ही किया जा सकता है। परन्तु इस सम्बन्ध में *भागवतपुराण* की यह उक्ति पुराणों की सामान्य समन्वयवादी दृष्टि की प्रतिनिधि जान पड़ती है। **खिस्ते** द्वारा उद्धृत ११वें स्कन्ध के इन श्लोकों में तीनों प्रकार की – वैदिक, तान्त्रिक और मिश्र – उपासना पद्धतियों की सममूल्यता बताई गई है, फिर भी हृदय की गांठ को शीघ्र काटने के लिए तान्त्रिक विधि को उपयुक्ततम बताया गया है :

वैदिकस्तान्त्रिको मिश्र इति मे त्रिविधो मखः।
त्रयाणामीप्सितेनैव विधिना मां समर्चयेत्।।

य आशु हृदयग्रन्थिं निर्जिहीर्षुः परात्मनः।
विधिनोपचरेद् देवं तन्त्रोक्तेन च केशवम्।।[६४]

आगम परम्परा के ग्रन्थों में भी अनेकत्र इसी परिदृश्य की पुनरावृत्ति देखने को मिलती है। **राघव प्रसाद चौधरी** ने वैखानस सम्प्रदाय में *आनन्दसंहिता* (आठवाँ अध्याय) के सन्दर्भ से आगमों के तीन आन्तरिक भेदों की चर्चा की है – निगम, तान्त्रिक और मिश्र[६५]। इनमें से वैखानस अर्थात् निगम में केवल वैदिक मन्त्रों का प्रयोग होता है, पाञ्चरात्र में हुं, फट् आदि तान्त्रिक मन्त्रों का और भागवत में मिला-जुला प्रयोग होता है : -

निगमस्तान्त्रिको मिश्रस्त्रिविधः प्रोक्त आगमः।
निगमो विखनः प्रोक्तो मिश्रो भागवतः स्मृतः।।

चतुःसिद्धान्तसहितः पाञ्चरात्रस्तु तान्त्रिकः।

---

[६३] *तन्त्रा.*, पृ. ४३।

[६४] *भा.तं.शा.*, पृ. ५६०।

[६५] तदेव, पृ. ४०६।

वैखानस में "ओमिति ब्रह्म" कहकर प्रणव को महामन्त्र बताया गया है। दूसरा महत्त्वपूर्ण मन्त्र गायत्री है। *विमानार्चनकल्प* में कुण्डलिनी का भी वर्णन है।

बहुत से आगम और आगमिक सम्प्रदाय सन्धिरेखा पर अवस्थित मिलते हैं, जैसे वीरशैव मत में आगम और वेद दोनों का प्रामाण्य स्वीकृत है। सिद्धान्त शैव के अनुयायी यद्यपि अट्ठाइस आगमों पर आधारित अपने को श्रुति परम्परा से अलग गिनते हैं, फिर भी **कुमारदेव** आदि की व्याख्याओं में श्रुति के प्रति सहानुभूति रखने वाली प्रवृत्ति साफ़ दिखाई देती है। *सुप्रभेदागम* में "सिद्धान्तो वेदसारत्वात्" और *मकुटागम* में "वेदसारमिदं तन्त्रम्" इत्यादि वचन मिलते हैं। *तन्त्रालोक* (१३.३०२) की व्याख्या में **जयरथ** ने तान्त्रिक दीक्षा की पाँच विधाओं का उल्लेख किया है, जिसमें सिद्धान्त शैव की दीक्षा को हौत्री कहा है – "हौत्री दीक्षा तु सिद्धान्ते तन्त्रे योजनिका मता . . .।" इससे पता चलता है कि स्वयं तन्त्राचार्यों ने सिद्धान्त की प्रास्थिति को सन्धिरेखा पर ही रखा था। न्याय-वैशेषिक के द्विदलीय रूप से हम पहले ही परिचित हो चुके हैं। **मध्व** और **रामानुज** की, **सायणमाधव** के अनुसार, समानता इस बात में है कि दोनों वेद और पाञ्चरात्र को उपजीव्य (पाञ्चरात्रोपजीव्यत्व) मानते हैं। **मध्व** वेद, भागवत तथा पाञ्चरात्र तीनों को प्रमाण मानते हैं। उनके यहाँ प्रमाणतया मान्य भागवत संहिताओं में एक है *तन्त्रभागवत*।[६६] पाञ्चरात्रों की *पौष्करसंहिता* (चौथी शती ई.) में मन्त्रों के तीन प्रकार माने गए हैं – वैदिक, नाममन्त्र (जैसे, "ओं नमो विष्णवे") और तान्त्रिक (मन्त्र, मातृका आदि)। पाञ्चरात्र में तो वार्णिक अधिकार को लेकर भी समझौता दिखाई देता है। **अशोक कुमार कालिया** ने सप्रमाण दिखाया है कि सार्ववर्णिक अधिकार का तात्पर्य है कि शूद्र, स्त्री आदि को दीक्षा ग्रहण का अधिकार है, परन्तु स्त्री, शूद्र, अन्तरोद्भव (प्रतिलोमजात) और पतित को आचार्यत्व अर्थात् उपदेश देने या दीक्षा देने का अधिकार नहीं है।[६७] दीक्ष्य के प्रकार वही हैं, जो शैव, शाक्त आदि अन्य परम्पराओं में मिलते हैं – समयी, पुत्रक, साधक और आचार्य। वस्तुतः आगमों के वैदिकीकरण पर पाञ्चरात्र आगमों को प्रमाण मानने वाले रामानुजियों का अत्यन्त प्रबल आग्रह पाञ्चरात्र आगमों को वैदिक सिद्ध करते हुए प्रामाणिक मानने के प्रयास में परिलक्षित होता है। **यामुनाचार्य** का *आगमप्रामाण्य*, उन्हीं का *काश्मीरागमप्रामाण्य* (जो अब अनुपलब्ध है), **रामानुजाचार्य** का *पाञ्चरात्राधिकरण*, **वेदान्तदेशिक** की *पाञ्चरात्ररक्षा* और **भट्टोजि दीक्षित** का *तन्त्राधिकारिनिर्णय* इसी प्रक्रिया की कड़ी हैं। सच पूछा जाए तो अद्वैत वेदान्त को छोड़कर, प्रायः सभी वेदान्ती आचार्यों पर शैव, वैष्णव आगमों का प्रभाव पड़ा है। पर **शंकराचार्य** का दूसरा पक्ष यह भी है कि उनके चारों

---

[६६] तदेव, पृ. १६।

[६७] तदेव, पृ. ४२७-३६।

पीठों में श्रीविद्या के विभिन्न विग्रहों की अर्चना होती है।[६८] यही नहीं, शैवाचार्यों में **श्रीपति** का *ब्रह्मसूत्र* पर वीरशैवों की दृष्टि से लिखा गया *श्रीकर भाष्य* और **श्रीकण्ठ** का शैव विशिष्टाद्वैत दृष्टि से *शिवाद्वैत* नामक भाष्य विद्वानों में बड़ा समादृत है। दक्षिण के त्रिपुरादर्शन के आचार्य **भास्करराय** में भी यही प्रवृत्ति परिलक्षित होती है। वे तन्त्रों के दो भेद करते हैं – एक वैदिक तन्त्र, जिन्हें वे निगम कहते हैं, इसके अन्तर्गत *कामिक* आदि तन्त्र आते हैं, अतः प्रामाणिक हैं। इन्हें परमेश्वर के मुख से उत्पन्न माना गया है। दूसरे, वेदविरुद्ध या अवैदिक। इसके अन्तर्गत *कपालभैरव* आदि तन्त्रों की गणना की गई है। इसे वे नाभि के नीचे के भाग से उत्पन्न मानते हैं। ये त्याज्य हैं।[६९] वैदिकीकरण की प्रक्रिया में **भास्करराय** तन्त्र को 'स्मृति' की आख्या देते हुए ब्रह्मकाण्ड का सहकारी मानते हैं।[७०] इसी की विपरीत दिशा में, परन्तु ठीक समानान्तर प्रक्रिया में, आगमीकरण का आश्रय लेते हुए *त्रिपुरारहस्य* वेद और तन्त्र का अन्तर्भाव आगम में ही करता है, यह हम देख चुके हैं। अभी ऊपर **श्रीकण्ठ** की चर्चा आई है। वह अपने *भाष्य* (*ब्र.सू.* २.२.३७) में वार्णिक आधार पर आगमीकरण करते हुए शैवागम के दो भेद करते हैं : वेद और वेदेतर–

> **अतः शैवागमो द्विविधः, त्रैवर्णिकविषयस्सर्वविषयश्चेति, वेदः त्रैवर्णिकविषयः, सर्वविषयश्चान्यः, उभयोरेक एव शिवः कर्ता।**

सभी आगमों से वेद की अविसंवादिता को सिद्ध करने के लिए *स्वच्छन्द तन्त्र* एक ओर तो सदाशिव के पाँच मुखों, जिनसे हम पञ्चब्रह्म या पञ्चमन्त्रतनु के रूप में परिचित हैं, से वेदचतुष्टयी को समीकृत करता है,[७१] तो दूसरी ओर सारे वैदिक ज्ञान को वामदेव नामक वक्त्र से उत्पन्न मानता है।[७२, ७३]

---

[६८] पं. **जनार्दन पांडेय** ने इस सम्बन्ध में *मठाम्नाय* नामक पुस्तक का उल्लेख किया है जिसे **शंकराचार्य** की रचना बताया जाता है और जिसमें चारों पीठों के लिए व्यवस्था निर्देश किया गया है। कुछ विद्वान् इसे परवर्ती काल की कृति मानते हैं, पर पूजन की परम्परा प्रारम्भ से ही है। द्र., *भा.तं.शा.*, पृ. ५६६-६७।

[६९] *ललितासहस्रनाम* में "निजाज्ञारूपनिगमा" नाम की व्याख्या में। – *भा.तं.शा.*, पृ.५६१

[७०] द्र. *भास्करराय भारती : व्यक्तित्व एवं कृतित्व*, सं. बटुक नाथ शास्त्री खिस्ते एवं शीतला प्रसाद उपाध्याय, वाराणसी, १९९३, पृ. ३१९।

[७१] सद्योजातस्तु ऋग्वेदो वामदेवो यजुः स्मृतः।
अघोरः सामवेदस्तु पुरुषोऽथर्व उच्यते।।
ईशानश्च सुरश्रेष्ठः सर्वविद्यात्मकः स्मृत। – *स्व.तं.(का. ग्र.)*, ११.४२-४३

[७२] लौकिकं देवि विज्ञानं सद्योजाताद्विनिर्गतम्।।
वैदिकं वामदेवात्तु आध्यात्मिकमघोरतः। →

सभी तान्त्रिक उद्यमों में श्रुति का आगम के साथ समञ्जसन करने में **अभिनवगुप्त** का योगदान अप्रतिम है और अपनी गम्भीरता में **भर्तृहरि** के प्रयास से तुलनीय है और उनसे अधिक व्यवस्थित और यौक्तिक है। इस सम्बन्ध में हमने अन्यत्र विचार किया है।[७४] यहाँ पर यह कहना दुस्साहस न होगा कि अपने शास्त्र को द्विप्रवाह कहकर उन्होंने **लकुलीश** के माध्यम से वैदिक और **श्रीकण्ठ** के माध्यम से आगमिक धाराओं के अपने सम्प्रदाय में हुए संगम को सूचित किया है। *मालिनीविजयोत्तर,* जो *तन्त्रालोक* का चरम उपजीव्य तन्त्र है, में पारमेश्वर ज्ञान के प्रवाह के अधिकारी पात्र **सनत्कुमार, सनक, सनातन, सनन्दन, नारद, अगस्त्य, संवर्त** और **वशिष्ठ** आदि ऋषि हैं। बड़ी उद्‌बोधक बात है कि यहाँ के प्रथम चार नाम पाञ्चरात्रीय *ईश्वरसंहिता* (१.२८-२६) में मिलते हैं। दो विभिन्न तान्त्रिक परम्पराओं में मिलने वाले और *गीता* में चिरंतन प्रमाणतया स्मृत ("पूर्वे चत्वारो" -१०.६) इस आर्ष आयातिक्रम की पृष्ठभूमि में उनके यहाँ निगम-आगम का समन्वयन एक समग्रतामूलक युक्तिप्रक्रिया की तार्किक परिणति है। परम्परा से प्राप्त संकेतों का[७५] दोहन करते हुए वेद से लेकर त्रिक-पर्यन्त सारे सम्प्रदायों को, शक्तिपात की क्रमिकता को आधार बनाकर, आवयविक संरचना के घटक रूप से **अभिनव** प्रस्तुत करते हैं। इसमें वह नियत अधिकारी, नियत देश, नियत काल, नियत दशा और नियत सहकारी के भेद से समन्वय करते हैं। एक ओर वैदिकीकरण की प्रक्रिया में वह श्रुति, स्मृति, पुराण को प्रमाणतया उद्धृत करते हैं, वह्निकर्म, घृतसंस्कार और पञ्चगव्य आदि के विधानों का आहरण करते हुए तान्त्रिक संस्कारों में वैदिक शब्दावली और योग-प्रक्रिया का आयात करते हैं, वहीं आगमीकरण की प्रक्रिया के अंग रूप में शूद्र आदि का द्विजीकरण कर वैदिक शब्दों की तान्त्रिक परिभाषाएँ करते हैं और अन्ततः वैदिक जीवन दृष्टि के चरम निकष पुरुषार्थ-चतुष्टय में अपनी आस्था को प्रमाणित कर शाम्भवागम को उसका पूर्ण उपाय घोषित करते हैं -

---

← पुरुषाच्चातिमार्गाख्यं निर्गतं तु वरानने।।

मन्त्राख्यं तु महाज्ञानमीशानात्तु विनिर्गतम्। - तदेव ११.४३-४५

[७३] काश्मीर शिवाद्वयवाद के विकास में *स्वच्छन्दतन्त्र* की ऐतिहासिक भूमिका है। शैवसिद्धान्त से शिवाद्वयवाद में प्रवेश स्वच्छन्दभैरव की धारा के माध्यम से होता है। भेदवादी व्याख्याओं से बचाने के लिए **क्षेमराज** को इस विशाल तन्त्र पर टीका लिखनी पड़ी थी -

गतानुगतिकप्रोक्तभेदव्याख्यातमोऽपनुत्।
तेनाद्वैतामृतस्फीतः स्वच्छन्दोद्योत उम्भितः।। - तदेव, समापन श्लोक ३, भा. ६, पृ. १४६

[७४] द्र. इसी संग्रह में "काश्मीरशिवाद्वयवाद की दृष्टि में श्रुति" नामक निबन्ध।

[७५] वेदाच्छैवं ततो वामं ततो दक्षं ततः कुलम्।

ततो मतं ततश्चापि त्रिकं सर्वोत्तमं परम्। - *प.त्रिं.वि.* (*का. ग्र.*), पृ. ६२ पर **अभिनव** द्वारा तथा *तं.आ.वि.,* २, पृ.४६ पर **जयरथ** द्वारा उद्धृत।

धर्मार्थकाममोक्षेषु पूर्णापूर्णादिभेदतः।
विचित्रेषु फलेष्वेक उपायः शाम्भवागमः।। – *तं.* ३५.२४

फिर भी यहाँ पर एक अत्यन्त अर्थभरी बात देखने की यह है कि आगम का अंग मानकर भी **अभिनव** वेद को धर्मादित्रितय तक सीमित कर देते हैं – "वेद्यं धर्माद्युपायं निश्चयं गमयतीति निगमो वेदः।" (*ई.प्र.वि.वि.*, १, पृ.१५) और पूर्ण उपाय के रूप में (शैव) आगम के अधिकार को मोक्ष तक ले जाते हैं।

वेदागम के पारस्पर्य में सबसे बड़ी घटना है, स्मार्त तन्त्रों की पूरी श्रेणी और तत्सम्बन्धी पद्धतियों का उदय। दक्षिण भारत में आगम-पद्धतियों के अनुसार पूजनार्चन जरद् अवस्था में यत्किंचित् मिल जाता है, परन्तु काश्मीर और उत्तर भारत में तो शैव और वैष्णव आगम परम्परा बची ही नहीं। कुछ विद्वानों का ऐसा मानना है कि इधर उनके नष्ट हो जाने पर उनके स्थान पर स्मार्त परम्परा की पञ्चायतन पूजा आ गई। परन्तु **ढाकी** जैसे विद्वान् ऐसा नहीं मानते। उनका मानना है कि उत्तर गुप्तकाल अर्थात् पाँचवी शताब्दी में बौद्धों और जैनों में प्राप्त पञ्चस्तूप-निकाय से पञ्चायतन पद्धति निकली है। सातवीं शताब्दी के *विष्णुधर्मोत्तरपुराण* में ही पञ्चायतन का भाव आ चुका था।[७६] इस परम्परा के तीन मुख्य तत्त्व हैं – (१) वर्णाश्रम धर्म का परिपालन, (२) वेद, पुराण तथा आगम के प्रति समान आदर भाव और (३) ब्रह्म या पराशक्ति के रूप में प्रधानतया पञ्चदेवता की उपासना।[७७] *महाकालसंहिता, प्रपञ्चसार, ईशानशिवगुरुदेवपद्धति, शारदातिलक,* तथा *मेरुतन्त्र* आदि की गणना इस परम्परा के प्रधान ग्रन्थों और पद्धतियों में होती है। *शारदातिलक* को **अभिनवगुप्त** के साक्षात् गुरु **लक्ष्मणगुप्त** से भी जोड़ा जाता है।[७८] यदि यह सही है तो इस तन्त्र में काश्मीर के शैवागमों के प्रभाव की प्रधानता का कारण समझ में आ जाता है। **द्विवेदी** के अनुसार **वैरोचन** कृत *प्रतिष्ठालक्षणसारसमुच्चय,* **सोमशम्भु** रचित *सोमशम्भुपद्धति* या *कर्मकाण्डक्रमावली* सिद्धान्त शैव दर्शन से कुछ भिन्न जा पड़ते है, उन्हें स्मार्त तन्त्रों के अन्तर्गत रखना उचित होगा।[७९] यहाँ भी हमें वैदिक और आगमिक का विभाजन दिखाई पड़ता है, परन्तु वह विशुद्ध स्मार्त पद्धति से किया गया है। गायत्री मन्त्र का ग्रहण वैदिकी दीक्षा और दश महाविद्याओं में से किसी एक या अन्य आगमिक देवता का मन्त्र-ग्रहण तान्त्रिकी दीक्षा कहलाती है। पुराण के दशावतार से प्रेरित होकर शक्ति के दशावतारों के रूप में दस महाविद्याओं की परिकल्पना

---

[७६] *भा.तं.शां.*, पृ. ४००-०२।

[७७] द्र. **किशोरनाथ झा** का लेख "दस महाविद्या और स्मार्ततन्त्र परम्परा", तदेव, पृ. ५०४।

[७८] देखिए *क्र.ता.*, पृ.१४८-४६।

[७९] *भा.तं.शा.*, पृ. १८।

हुई है। इन महाविद्याओं में तारा, छिन्नमस्ता बौद्ध देवियाँ हैं; त्रिपुरसुन्दरी, बगुलामुखी, धूमावती तन्त्र की; भुवनेश्वरी और कमला वैदिक देवियाँ हैं। इस प्रकार तीनों प्रणालियों को जोड़ा गया है।[८०] यहाँ पर हम पुनः स्मार्त पद्धति से द्विजों का आगमीकरण किया गया पाते हैं। *देवीभागवत* (११.२१.६) में कहा गया है कि आदिशक्ति गायत्री की उपासना के कारण सभी द्विज सबसे पहले शाक्त हैं, न कि शैव या वैष्णव –

सर्वे शाक्ताः द्विजाः प्रोक्ता न शैवा न च वैष्णवाः।
आदिशक्तिमुपासन्ते गायत्रीं वेदमातरम्।।[८१]

हम अपने मूल विषय पर वापस आएँ। हमने प्रश्न उठाया था परस्परानुप्रवेशी परम्पराओं की ज्ञानमीमांसा का, उसके प्रतिमानकों की खोज का। विद्वानों के प्रयत्नों के फलस्वरूप आज हमारा परम्परा-बोध अपेक्षाकृत कहीं अधिक विकसित है, परन्तु वहीं हमारे साधनों की असहायता, अर्थों की अनिश्चितता, आपाततः पूरक और अनुगुण लगने वाली सामग्री की विचारोत्तर प्रतिगामिता और विरोधी लगने वाली का विचारोत्तर आनुकूल्य या अपर्याप्तताबोध भी उतना ही प्रगाढ़ है। हमारे निर्णयों की बहुत सी आधारभूत युक्तियाँ, जिन्हें हम सिद्ध मान रहे हैं, अभी भी साध्य कोटि में हैं। परम्पराओं के आदि काल और इनकी प्रागैतिहासिक पूर्वता को लेकर हम और भी अज्ञान में हैं। कई प्राचीन संस्कृतियों में शक्तिपूजन, मन्दिर, यन्त्रनिर्माण, बलि और तमाम सांस्कृतिक मिथकों को लेकर उनमें आदान-प्रदान या समानता का क्षीण अनुमान तो लगाया जा सकता है, परन्तु उनसे परम्पराविशेष के आदिबिन्दु का और उनके पारिभाषिक स्वरूप का निर्धारण नहीं किया जा सकता। प्रतिमानकों सम्बन्धी यह जिज्ञासा मेरे मन में **अरविन्द** को पढ़ते समय जागी, जब मैंने देखा कि उनका दर्शन काश्मीर शैव दर्शन के अत्यन्त निकट है – प्रक्रिया और निगमन दोनों पक्षों में। पदावली अवश्य उनकी अपनी है। परन्तु इस बात के कोई प्रमाण नहीं हैं, कम-से-कम कोई अन्तरंग प्रमाण तो नहीं ही है, कि उन्होंने **उत्पल** और **अभिनव** को पढ़ा था (उनके समय में तो इस सम्प्रदाय के ग्रन्थों का प्रकाशन शुरू ही नहीं हुआ था)। **अरविन्द** ऋषियों की परम्परा में वेदों के महान् व्याख्याता हैं, उनका समस्त चिन्तन – सामाजिक, सांस्कृतिक, दार्शनिक, आध्यात्मिक – वेदों पर आधारित है। फिर वेदों से अनेक सहस्राब्दियों के अन्तराल के बाद वैदिक धारा में ओत-प्रोत व्यक्ति का तन्त्रमूला दृष्टि में इतना गहरा अभिनिवेश कैसे? तो क्या वेद में ही तन्त्र के बीज छिपे हैं, जो अनुकूल भूमि और परिवेश पाकर फूट पड़े हैं? ऐसी ही जिज्ञासा **प्रसाद** को पढ़ते समय भी उठी थी, परन्तु **प्रसाद** के निष्कर्ष दोनों ही परम्पराओं के साथ

---

[८०] द्र. **मधु खन्ना** की टिप्पणी, तदेव, पृ. ५३६।

[८१] द्र. **किशोरनाथ झा** का लेख, तदेव, पृ. ४८५-८६।

उनके गम्भीर परिचय की उपज थे, यद्यपि उन्होंने इन्हें दो भिन्न परम्पराओं की दृष्टि से नहीं देखा। मुझे लगा कि साहित्यिक/दार्शनिक/प्रायोगिक अन्तर्विनिमय और अन्तर्विनियोग से भी अधिक आवश्यक है उस वैचारिक मूल की पकड़, जो हमें ज्यादा मौलिक निकष देती है। वैचारिक मूल से मेरा आशय है कि भारतीय संस्कृति की मनुष्य सम्बन्धी अवधारणा, उसकी विश्वदृष्टि/जीवनदृष्टि, उसका मूल्य-संस्थान, उसके जातीय चिन्तन की संरचनात्मक प्रक्रिया की एकरूपता, संसृति-विद्या और मुख्य दार्शनिक धारा के मौलिक सरोकार। दो प्रकार की संस्कृतियाँ होती हैं – सरल और विकसित। सरल या आदिम संस्कृतियाँ एककोषीय जैव अवयवी की भाँति आत्म-संकुल और अपने में ही अन्तर्ग्रथित होती हैं और विकसित संस्कृतियाँ जटिल और वैविध्यपूर्ण होती हैं। बहुकोषीय जैव अवयवी की भाँति इनका अन्तर्ग्रथन और आत्म-समञ्जसन व्यापक स्तर पर बहुतलीय है तथा इनमें भेद या वैविध्य आत्म-व्याकृति के रूप में प्रकट होता है। एक संस्कृति की आत्मपरिभाषी विशेषताओं का पता उसके निरन्तर आवर्ती साँचों, स्थिरताओं और आग्रहों से उपरंजित आत्म-समन्वयन के स्तरों से लगता है। मैं **डॉ. हर्षनारायण** का ऋणी हूँ जिनकी पादशताब्दी पूर्व प्रकाशित पुस्तक *फ़ैसेट्स ऑफ़् इन्डियन रिलीजिओ-फ़िलॉसॉफ़िक् आइडेन्टिटी*[८२] ने मुझे इस दिशा में ठोस भूमि प्रदान की, मेरे विचारों को रूपायित किया। मेरा आगे का पल्लवन बहुत अंशों में उनसे अनुप्रेरित और प्रतिच्छायित है।

हमारे सामने प्रश्न है कि तान्त्रिक परम्परा का मूल उत्स क्या है – वेद या वेदेतर? यदि वेदेतर, तो क्या वेद और तन्त्र दोनों उससे प्रस्रवित होते हैं, ऐसी स्थिति में भिन्नता के कारणों की व्याख्या कैसे होगी? मेरा यह मानना है कि तन्त्र और वेद, दोनों एक ही मूल से जन्मते हैं। मैं वेदेतर की कल्पना नहीं करता, क्योंकि वेद किसी ग्रन्थ या संहिता या किसी नियत कालखण्ड में रचे गए ग्रन्थविशेष का वाचक न होकर सुदीर्घ कालावधि में अव्याहत प्रकटित ज्ञान राशि के समग्र का बोधक है। इस समग्रता में तन्त्र भी अन्तर्भूत है और इस पूरे कालप्रवाह में इसका उदय व्याप्त है। यह प्रतिज्ञा वाक्य है मेरे वक्तव्य का। मैं अपने उसी प्रतिमानक-प्रारूप पर अपने मन्तव्य की परीक्षा कर प्रयास करूँगा कि निगमन तक मेरा वक्तव्य यही रहे।

भारतीय चिन्तना को पश्चिमी और सभी चिन्तनों से जो भिन्न करती है, वह है उसका वास्तविक अर्थों में दर्शना (√ **दृश्** धातु से, दृष्टि) रूपा होना, जबकि पश्चिमी चिन्तना तर्कणा-प्रधान है। इस आयाम को पहचानने का श्रेय जाता है पश्चिमी दार्शनिक **नॉर्थ्रोप्**[८३] को।

---

[८२] भारतीय विद्या प्रकाशन, दिल्ली-वाराणसी, १९८३।

[८३] एफ़. एस. सी. नॉर्थ्रोप्, *द मीटिङ्ग ऑफ़् ईस्ट एण्ड वेस्ट*, पृ.३६६ (*हर्षनारायण*, उपर्युक्त, पृ. ३६)।

उसके अनुसार सत्य (ट्रुथ) और सत्ता (रियलिटी) के दो सनातन भाव (कॉन्टिनुअम्स) हैं – सौन्दर्यमूलक/प्रातिभ, और वैचारिक/अवधारणाप्रवण। सौन्दर्यमूलक भी दो प्रकार का है – व्याकृत और अव्याकृत। व्याकृत का सम्बन्ध है ऐन्द्रिय प्रत्यक्ष के विषयों से, जबकि अव्याकृत का अतीन्द्रिय, अतिक्रामी साक्षात्कार से जैसे निर्वाण, आत्मा, ब्रह्म, ताओ, ज़ेन आदि। **नॉर्थ्रोप्** का निष्कर्ष है कि पूर्व सौन्दर्यमूलक सनातनता से, विशेषकर उसके अव्याकृत पक्ष से, आक्रान्त है, जबकि पश्चिम और अन्य का आग्रह बौद्धिक सनातनता पर है। पूर्व के लिए, उसकी दृष्टि में, अव्यवहित अनुभव में गृहीत सत्ता को छोड़कर अन्य किसी सत्ता का अस्तित्व नहीं है। **जुंग** इसी का अनुमोदन करता है जब वह कहता है "एक भारतीय सोचता नहीं है, कम-से-कम जिसे हम 'सोचना' कहते हैं, अपितु वह अपने विचार को देखता है।"[८४] ऋषियों के मन्त्र-दर्शित्व की यह स्पष्ट अनुगूँज है। **जुंग** का अभिप्राय है कि भारतीय का चिन्तन एक आदिम (प्रिमिटिव) व्यक्ति जैसा है। आदिम व्यक्ति का चिन्तन मुख्यतः एक अचेतन व्यापार है। वह केवल घटित या प्रतिफलित को देखता है। यही कारण है कि आदिम काल से ही भारतीय संस्कृति का सातत्य अटूट है। **जुंग** की इस प्रतिपत्ति में **हर्षनारायण** बड़ा दम पाते हैं। सामी (सेमेटिक) धर्म की तुलना से यह बात ज्यादा स्पष्ट होती है। मूल सामी धर्म का विकास तो हुआ, परन्तु अपने विकास के हर सोपान पर नए युग में वह तभी प्रवेश कर पाया जब उसने हर समय उसके सामने व्यावृत्ति या परिहारपूर्वक घुटने टेके। इसके विपरीत भारतीय संस्कृति सारे अनुभवों – अच्छे, बुरे, तटस्थ – के अनुवर्तन, अङ्गीकरण द्वारा अपने चिन्तन को विकसित करती रही। इसका फल यह हुआ आज सामी संस्कृतियों का मौलिक रूप पहचाना नहीं जा सकता, क्योंकि वहाँ सत्य, जिसका पर्याय ईश्वर है, के अनुभवन पर नहीं अपितु उसके या उसके प्रतिनिधि के आज्ञापालन पर सारा आग्रह है।[८५] दूसरी ओर भारतीय संस्कृति अव्याहत भाव से बनी रही। परन्तु यहाँ पर हम एक दूसरी परिणति भी देखते हैं। **नॉर्थ्रोप्** की अव्याकृत सौन्दर्यमूलक सनातनता और व्याकृत सौन्दर्यमूलक सनातनता को भारतीय शब्दावली में सत्य और सत् के दो भेदों – परमार्थ और व्यवहार – से जोड़ा जा सकता है।[८६] सत्य का यह हिन्दू वर्गीकरण समानान्तर न होकर आनुपूर्व (वर्टिकल) है, अर्थात् उच्चतर और हीनतर में उच्चता या निम्नता गुणात्मक है और इस ऊँचाई या निचाई की कोई सीमा नहीं है। उसका एक दुःखद परिणाम यह भी है कि जहाँ मत-वैभिन्न्य का आदर करने में असाधारण ग्रहणशीलता मुखरित हुई है, वहीं पर किसी प्रकार के अन्याय का प्रतिरोध न कर सकने, हर चीज़ से समझौता कर सकने और किसी

---

[८४] सी.जी. जुंग, *व्हाट इंडिया कैन टीच अस*, पृ. ५२७ (*हर्षनारायण* में उद्धृत, पृ. ३७)।

[८५] *हर्षनारायण*, पृ. ३७।

[८६] तदेव, पृ. ४४।

भी नीचता तक उतरने की स्वभावज विशेषता भी हमने अर्जित की है। **नॉर्थ्रॉप** इस असन्तुलन के बीज विचारातीत, बुद्धि से परे, अव्याकृत सौन्दर्यप्रवण सनातनता पर हमारे अत्यधिक अभिनिवेश में पाता है और सामी संस्कृतियों में बुद्धि और अपोद्धृत (*ऐब्सट्रैक्ट*) के साथ केन्द्रीकृत लगाव के कारण उनके यहाँ व्यवहार में, आचार में, एक संगति और स्थिरता देखता है।

उसका दूसरा परिणाम, हिन्दू धार्मिक/दार्शनिक परम्पराओं के विकास में, हम यह पाते हैं कि उत्तम से लेकर अधम पर्यन्त सबका एक-दूसरे में एकबारगी घालमेल हो गया है। **हीगेल** कहता है "हिन्दू पुराकथा हमें अधम से उच्चतम और सबसे उदात्त से सबसे जघन्य और तुच्छ तक एक झटके से ला पटकती है।"[८७] यही बात **अलबेरूनी** ने नोट की थी।[८८] यह हिन्दू धर्म की विशेषता है कि वह एक उद्यान या उपवन नहीं है, वह एक जंगल है, महाकान्तार, जहाँ विशाल वृक्षों से लेकर झाड़-झंखाड़ तक, धूप के टुकड़ों से लेकर अँधेरी छायाओं तक सब कुछ मिलता है। इसमें जीवन भी है और मृत्यु भी। लेकिन इसकी अच्छाई है कि इसमें से विचारधाराओं की लम्बी शृंखला फूटती रही है और न जाने कितनों के फूटने की अभी सम्भावना है।

यों सत्य के विभाजन को लेकर एक दूसरी दृष्टि भी है। इसे दार्शनिक विचार की अनिवार्य विवशता के तौर पर लेना चाहिए। दर्शन के सन्दर्भ में **हीगेल** और विज्ञान के सन्दर्भ में **मार्क्स** दोनों एक बात पर आश्चर्यजनक रूप से सहमत हैं कि सारा दर्शन इस अर्थ में प्रत्ययवादी है कि हर प्रतीयमान, अपने से परे की ओर संकेत करता है। रूप और वस्तुस्वभाव को एक नहीं माना जा सकता, अन्यथा दर्शन और विज्ञान दोनों का कोई अर्थ नहीं रहेगा।[८९] इस प्रकार हम दो सत्यों के संसार में अगत्या प्रवेश कर जाते हैं – एक जो प्रतीति का सत्य है, प्रदत्त, अव्यवहित और दूसरा जो वस्तु का, परमार्थ का, अतीन्द्रिय परतत्त्व का। यहाँ तक कि नैयायिक जैसे घोर वस्तुवादी भी मानते हैं कि भूत तत्त्व, नित्य परमाणु और अनित्य कार्यभूत परमाणुसंघात भी हमें घट या पट के रूप में प्राप्त नहीं होते, वे इनसे परे हैं। सम्भवतः इसी दृष्टि से ब्राह्मण और उपनिषद् कहते हैं कि देवता परोक्ष या अतीन्द्रिय को चाहते हैं और प्रदत्त से, प्रतीयमान से घृणा करते हैं – "परोक्षप्रिया इव हि देवाः, प्रत्यक्षद्विषः"।[९०] इस

---

[८७] जी. डब्ल्यू. एफ़. हीगेल, *फिलॉसफी ऑफ़ हिस्ट्री,* पृ. १५५ (*तत्रैव* उद्धृत, पृ. १७)।

[८८] *अलबीरूनी'ज़ इंडिया,* एडवर्ड सी. सचान कृत अंग्रेजी अनुवाद, भा.१, पृ. २५ (*तत्रैव* उद्धृत, पृ.१८)।

[८९] हर्षनारायण, पृ. १२३।

[९०] *ऐतरेय ब्राह्मण* ३-३-६; *बृहदारण्यक उपनिषद्* ४.२.२, तत्रैव उद्धृत, पृ.१२४।

विभाजन में एक मूल्यबोध झलकता है कि विज्ञान और दर्शन का सत्य साधारण प्रत्यक्ष के प्रदत्त से केवल भिन्न ही नहीं है, बल्कि उच्चतर भी है। सत्य के विभाजन का सिद्धान्त दो लोकों के सिद्धान्त से भी जुड़ा हुआ है, जहाँ दूसरे लोक का सत्य इस लोक की तुलना में उच्चतर सत्य के रूप में मान्य है। धर्म के साध्य के रूप में अभ्युदय और निःश्रेयस् को इसलिए अधिकतर ऐहिक और आमुष्मिक के विभाजन के साथ जोड़ा गया है।

भारतीय दर्शन की सारी परम्पराओं में भी इस पर गहरा मन्थन हुआ है, कुछ में दो से अधिक सतों की कल्पना भी की गई है। परन्तु उस विवेचन में जाना अनावश्यक है। इस सारे विवेचन में दो प्रकार की दृष्टियाँ उभरती हैं, एक जो मानते हैं कि इनमें से एक ही अर्थात् परमार्थ ही, सत् है और दूसरा आरोपित है; दूसरे जो इस भेद का खण्डन करते हैं जैसे **कुमारिल** अर्थात् दोनों ही सत् हैं। फिर भी कहीं-न-कहीं, अमुत्र या परलोक, या परतत्त्व के पक्ष में उनका झुकाव है। एक तीसरी दृष्टि भी है, जो दोनों को सत् मानती हुई भी एक-दूसरे से स्वतन्त्र मानती है। इसी के दूसरे संस्करण में कुछ लोग इन्हें आत्यन्तिक या पूर्ण सत् और आपेक्षिक या अपूर्ण सत् के रूप में स्वीकार करते हैं, असत् नहीं। इस प्रकार यहाँ दोनों सत् एक ही सातत्य के दो छोरों के रूप में उभरते हैं।

यहाँ थोड़ा तन्त्रों की ओर मुड़कर देख लेते हैं। तान्त्रिक धारा के प्रतिनिधि के रूप में हम काश्मीर शैव धारा को लेते हैं। तन्त्रों का सत्य-बोध भी मूलतः दर्शना रूप है। अव्याकृत सौन्दर्यमूलक सनातनता – परम तत्त्व, महेश्वर, विष्णु, शक्ति किसी भी नाम से पुकारें – सत्य की साक्षात्कारात्मक अनुभूति में उल्लसित है। सत् का स्वयं अपना स्वरूप ही संविद्घन, चिद्घन, आनन्दघन है और उसका विमर्शन, समावेश, प्रत्यभिज्ञान, अपने में अपने ही द्वारा अपनी ही प्रातिभ प्रतीति, इस साक्षात्कार का, अव्यवहित निर्विकल्प प्रतीति का, तान्त्रिक व्याख्यान है। यहाँ तक कि जिसे महेश्वर या परमार्थ कहा गया है, उसका स्वरूप ही प्रतिभा बताया गया है –

> **या चैषा प्रतिभा तत्तत्पदार्थक्रमरूषिता।**
> **अक्रमानन्तचिद्रूपः प्रमाता स महेश्वरः।।** – *ई.प्र.का.* १.७.१

यह सौन्दर्यमूलक सातत्य तन्त्रों में सर्जनात्मक कलाओं के सत्य को लेकर और भी प्रगल्भ होता है। कलाजन्य अनुभूति में होने वाला मानस अनुव्यवसाय साक्षात्कारकल्प या साक्षात्कारायमाण या प्रतिभानात्मक माना गया है। आगम, जो तन्त्रों का परम प्रमाण और वैचारिक उपजीव्य है, उसे अनादि प्रसिद्धि रूप तथा प्रातिभ माना जाता है। परमेश्वर-कर्तृक होने का अर्थ है पारमेश्वर विमर्श से एक होना, जहाँ वाक् की वृत्ति असांकेतिक विमर्श रूप है। अतः अपौरुषेयता, पारमेश्वरवचनरूपता, विमर्शरूपता, मन्त्रदर्शित्व, प्रातिभत्व – ये सारी

व्याख्यान-विच्छित्तियाँ स्वरूपतः एक ही कोटि में आ पड़ती हैं। ठीक उसी प्रकार आत्मसाक्षात्कार में तर्क को अप्रतिष्ठित कर सत्तर्क नामक योगाङ्ग की कल्पना की गई है। और इस सत्तर्क की परिभाषा भावना, प्रतिभा, निर्विकल्पा संवित्ति की भाषा में की जाती है। अर्थात् बोध की अव्यवहितता, सहज स्फूर्ति, अव्याकृत सौन्दर्यमूलक निरन्तरता तन्त्रों में निरन्तर बनी हुई है। सातत्य की अवधारणा में ऐतिहासिक आदि और ऐतिहासिक अन्त निरर्थक हैं। अनादि और अनन्त की अवधारणाएँ वैदिक इतिहासबोध में केवल अखण्ड वर्तमानता का आख्यान करती हुई तन्त्रों में अनूदित होती हैं। देश काल से अविशिष्ट सत्ता की नित्यता अखण्डवर्तमानता नहीं है तो क्या है?

यही परमार्थसत् है। साधारण ऐन्द्रिय अनुभवों में हम जिसका ग्रहण करते हैं और जो संसार की दैनिक यात्रा में हमारे उपादान बनते हैं – "ज्ञानाभिधानात्माव्यवहारः", वह व्यवहार सत् है। व्यवहार सत्, पारिभाषिक संज्ञा में आभास, अपने से परे परमार्थ का संकेत करता है, क्योंकि दोनों एक ही परमसत्ता की अभिव्यक्तियाँ हैं और उनमें विरोध न होकर अस्तित्वगत सातत्य है – परमार्थ सत्ता की पूर्णता का प्रतीक है और व्यवहार भासन में उसकी अपूर्णता का। इसीलिए माना जाता है कि अन्य दर्शनों में जो बन्धन के कारण हैं, वही यहाँ मोक्ष के। इसलिए इह और अमुत्र का विभाजन भी लोक और परलोक की भाषा में न कर जीवन के सातत्य में किया जाता है। विश्व को अपने विभव के रूप में ग्रहण कर सकना अभ्युदय है और जीवन्मुक्ति या मुक्ति निःश्रेयस्। वस्तुतः यहाँ मुक्ति का अर्थ है भोग और मोक्ष की समरसता, विभूति और मुक्ति का स्वारस्य, परमार्थ और व्यवहार की एकतानता –

> **इह च 'अहं महेश्वरः' इत्येवंभूतचमत्कारसारा परापरसिद्धिलक्षणा जीवन्मुक्तिविभूतियोगमयी अर्थक्रिया इतीश्वरप्रत्यभिज्ञानम् अत्र अवश्यापेक्षणीयम्।**[६१]

परमार्थ और व्यवहार के दूसरे आयाम को लेकर भी हम तन्त्रों के क्षेत्र में भी कान्तारभाव को उसी आक्रामकता के साथ पूरी तरह से पाते हैं। उदात्त और जघन्य के घालमेल और असन्तुलित मिश्रण में हिन्दू धर्म की सामान्य विशेषता यहाँ पूरी तरह से प्रतिबिम्बित है। एक ओर पूर्णाहन्ता के अविकल्प बोध के प्रतिपादक *विज्ञानभैरव* जैसे तन्त्र हैं तो दूसरी ओर घोर वामाचार के प्रतिपादक, व्यवहारसत् के आवरण में निम्न प्रवृत्तियों को आध्यात्मिक जामा पहनाने वाले विशेषतः बंगाल के तन्त्र, जिनसे मूल तान्त्रिक धारा को बचाए रखने के लिए **काणे** आदि विद्वानों को बड़ा संघर्ष करना पड़ा है।

धर्म के तीन आयाम हैं – वैयक्तिक, सामाजिक और ब्रह्माण्डीय।[६२] अपने निजी या

---

[६१] *ई.प्र.वि.,* भा.२, पृ. ३१३।

[६२] *हर्षनारायण,* पृ. ८७-६१।

वैयक्तिक आयाम में धर्म सत्य है और वह मार्ग तथा जीवन-पद्धति है, जिससे अभ्युदय और निःश्रेयस् की सिद्धि की जा सके। यह व्यक्ति का आत्म-केन्द्रित पक्ष है, जिसे दार्शनिक आयाम कहा जा सकता है। अपने सामाजिक आयाम में धर्म उस नियम, अनुशासन का नाम है जो लोकव्यवस्था को पोषित और मर्यादित करता है – "धारणाद्धर्म इत्याहुः धर्मो धारयति प्रजाः"। (*महा.भा.*, कर्ण पर्व, ६९.५९)। वर्ण-व्यवस्था और आश्रम-व्यवस्था का युग्म इसी के अन्तर्गत आता है। यह समाज में व्यक्ति की भूमिका से सम्बन्धित पक्ष है। इसे सांस्कृतिक पक्ष कह सकते हैं। अपने ब्रह्माण्डीय आयाम में मनुष्य ब्रह्माण्ड का धारक और पोषक है। ऋत और सत्य या ऐसे ही मूल्य और व्यवस्थाएँ इसके अधीन आती हैं। इसे धर्मकेन्द्रित पक्ष कह सकते हैं।

ऋणत्रय/ऋणचतुष्टय (ऋषि-, पितृ-, मनुष्य-, देव-ऋण) और पञ्च महायज्ञों (ब्रह्म-, मनुष्य-, पितृ-, भूत-, देव-यज्ञ) की वैदिक अवधारणा में व्यक्ति की यह त्रिआयामिता पूरी तरह प्रतिबिम्बित होती है। **रूसो** की ऐतिहासिक घोषणा है कि "मनुष्य स्वतन्त्र पैदा होता है परन्तु सर्वत्र वह जंजीरों में जकड़ा है" के उल्टे, वैदिक धर्म की घोषणा है कि "मनुष्य जन्म से ऋणी पैदा होता है जिन्हें चुकाकर ही वह मुक्त हो सकता है।" मानवीय व्यक्तित्व की इस त्रिआयामिता की परिणति होती है पुरुषार्थचतुष्टय के परिपालन में। मानवीय मूल्यों का व्यवस्थितीकरण और संस्थाबद्ध रूप में प्रतिष्ठापन वैदिक संस्कृति का अन्यतम लक्षण है। **जयन्त भट्ट** कहते हैं कि पुरुषार्थ एक ऐसा बिन्दु है, जहाँ सारे सम्प्रदाय अपने सारे झगड़े भूलकर एक हो जाते हैं – "आगमानां विरोधोऽपि नातीव विद्यते प्रमाणानां पुरुषार्थे सर्वेषामविवादात्"।[६३] इसी का अनुषङ्ग कर्मसिद्धान्त की परिकल्पना है, जो मनुष्य के त्रिआयामीय व्यक्तित्व के पोषण में पुरुषार्थचतुष्टय के साथ वैयक्तिक स्वातन्त्र्य का समन्वय करती हुई लोकव्यवस्था की नियमबद्धता और उसकी आन्तरिक गतिशीलता को सुरक्षित रखती है। यह भी ऐसा बिन्दु है जिस पर सारे वैचारिक विरोध उपशान्त हो जाते हैं। इस प्रकार वैदिक धारा अपने प्रारम्भ काल में इहलोक में विश्वास करने वाली, जीवन-जगद्-अभ्युपगमवादी धारा है।

वस्तुतः हिन्दू अवधारणा में मनुष्य एक लघु ब्रह्माण्ड है और अपने में आत्मातिक्रमण की क्षमता रखता है। *अथर्ववेद* में मनुष्य को देवों की, ईश्वर की, पुरी कहा गया है।[६४] इसी शरीर में, यही *अथर्ववेद* कहता है, कि सारे देवता वास करने आते हैं जैसे गाएँ गोशाला में।[६५] वस्तुतः वैदिक विश्व-दृष्टि पिण्ड और ब्रह्माण्ड में गहरी समता देखती है।

---

[६३] *न्यायमंजरी*, प्रमाणप्रकरण, पृ. २४४ (*हर्षनारायण* में उद्धृत, पृ. १५)।

[६४] *अथर्व.* १०.२.८, ३०-३१; तदेव, पृ. १०८-१०।

[६५] *अथर्व.* ११.८.१३, ३०-३२; ५.६.७; ५.१०.८, *हर्षनारायण* में उद्धृत, पृ. ११०।

छान्दोग्य[९६] से लेकर *ऐतरेय आरण्यक*[९७] और *चरक संहिता*[९८] तक इसी दृष्टि का उन्मेष होता है। यहाँ तक कि *अथर्ववेद* की निर्भ्रान्त घोषणा है कि "पुरुष ही यह ब्रह्म है"।[९९] ब्रह्म की पुरुषरूप में, मानव अवयवी के रूप में, भावना करना हिन्दू मूल धारा की सामान्य विशेषता है। अन्तर्यामी का अतिक्रामी से, विश्वात्मक का विश्वोत्तीर्ण से समीकरण इसका सहज पल्लवन है।

यह सम्भव तब होता है जब मनुष्य अर्थात् पिण्ड को स्वातिक्रामी माना जाए।[१००] अंग का अंगी की ओर, ससीम का असीम की ओर आकर्षण इस अतिक्रामिता की पहचान है। ऐसा लगता है ईश्वर के विश्वात्मक और विश्वोत्तीर्ण भाग मानों बलात् अलग कर दिए गए हों और वे लगातार एक होने का प्रयास कर रहे हों। यही पूर्णता का अन्तर्निहित प्रत्यय है। *गीता* में भी वेद का पुरुष साधारण पुरुष है और ब्रह्म पुरुषोत्तम। इसका अर्थ है कि पुरुषोत्तम *वस्तुतया* पूर्ण है और मनुष्य *सम्भावनया* पूर्ण है। सारी संस्कृति मनुष्य-निर्माण की प्रक्रिया है – संस्कारों की संस्था का होना उसे ही प्रमाणित करता है। यह मनुष्य-स्वभाव का संस्कार है जिसे *शतपथ* और *गोपथ* आत्मसंस्कृति कहते हैं।[१०१] इसलिए सारी शिक्षा मनुष्य-निर्माण की प्रक्रिया है। इसीलिए एक ही जीवनावधि में दो और कभी तीन जन्मों की बात की जाती है[१०२] – माता से जन्म, उपनयन से जन्म और दीक्षा से जन्म। एक प्रकृति में जन्म है, दूसरा संस्कृति/मूल्यसंसार में जन्म है और तीसरा असत् से सत्, अन्धकार से प्रकाश, मृत्यु से अमरत्व की ओर ले जाने वाले अतिक्रामी जीवन में जन्म है।[१०३]

यहाँ पर **हर्षनारायण**[१०४] का अनुसरण करते हुए कुछ महत्त्वपूर्ण अन्तर्दृष्टियाँ विकसित कर सकते हैं। अब तक बची हुई वैदिक संहिताओं से इस बात के स्पष्ट संकेत मिलते हैं कि ब्रह्म स्वयं अपने एक अंश से संसार बनता है और शेष अंश उससे परे, तदुत्तीर्ण रहता है।[१०५] *गीता* उसका अनुवदन करती है –

---

[९६] *छान्दोग्य उपनिषद्* ८.१.३, तत्रैव।

[९७] *ऐतरेय आरण्यक* २.३.४; ३.१.२, तत्रैव।

[९८] *चरकसंहिता,* अध्याय ५, तत्रैव।

[९९] *अथर्व.* ११.८.३२, तत्रैव।

[१००] *हर्षनारायण,* पृ. ११०-१२२।

[१०१] *ऐतरेय ब्राह्मण* ६.२७; *गोपथ ब्राह्मण* २.६.७ (*हर्षनारायण,* पृ. १०६ पर उद्धृत)।

[१०२] *बृहन्नारदीय-उपपुराण* २२.८; *हर्षनारायण,* पृ. १२० पर उद्धृत।

[१०३] *यजुर्वेद* १.५; तु. २.२८; बृहदारण्यक उपनिषद् १.३.७; तत्रैव।

[१०४] *हर्षनारायण,* पृ. १३६।

[१०५] ऋ. १०.९०.३, तत्रैव, पृ. १३६ पर उद्धृत।

अथवा बहुनैतेन किं ज्ञातेन तवार्जुन।
विष्टभ्याहमिदं कृत्स्नमेकांशेन स्थितो जगत्।।[१०६] – १०.४२

महाभाष्य (*पा.* १.१.५० पर) में **पतञ्जलि** आन्तर्य-नियम का प्रतिपादन करते हैं, जिसके अनुसार प्रकृति में नियमतः हर वस्तु अपने उत्स की ओर उन्मुख होती है। फलतः पार्थिव पदार्थ पृथ्वी पर गिरते हैं और अग्नि अपने स्रोत सूर्य की ओर उन्मुख होती है। परन्तु यह प्रक्रिया दोहरी प्रक्रिया है। यह बात सही है कि भाग में, अंश में यह तड़प अङ्गी से अधिक होती है, क्योंकि अपूर्णता की चेतना वहीं अधिक प्रखर होती है। **कविराज** ऐसे ही प्रसंग में **शंकराचार्य** के *षट्पञ्चरिकास्तोत्र* का निम्न श्लोक बड़े मन से उद्धृत करते हैं –

सत्यपि भेदापगमे नाथ तवाहं न मामकीनस्त्वम्।
सामुद्रो हि तरङ्गः क्वचन समुद्रो न तारङ्गः।।

ब्रह्माण्डीय सन्दर्भ में इसे भक्ति कहते हैं। लौकिक प्रेम की व्याकुलता में जब पूर्णता (होली) का आयाम जुड़ता है तो वह भक्ति का रूप ले लेता है। *ऋग्वेद* की सन्दृब्ध ऋचा में एक प्रकार से वैदिक द्वन्द्वात्मक चिन्तन के बीज काफी कुछ ठोस रूप में मिलते हैं। इसके अनुसार एक ही पुरुष, उत्तम पुरुष, जागतिक (इम्मानेन्ट) और अतिजागतिक या अतिक्रामी (ट्रान्सेन्डेन्टल) पुरुष में बँट जाता है। फलतः दोनों फिर से मिलने के लिए तड़प उठते हैं। यह द्वन्द्व संसार, जो निरन्तर प्रवाह की स्थिति में रहता है, के प्रत्येक अंश में किसी-न-किसी सीमा तक प्रकट होता रहता है। *यजुर्वेद* (४०.९.१२) में प्राप्त द्वन्द्वात्मक त्रैत के इस प्रारूप से हम अच्छी तरह परिचित हैं (जो वेदों और वैदिक परम्परा में प्राप्त अनेकों द्वन्द्वात्मक त्रैतों में से एक है) –

सम्भूति	अ-सम्भूति	उभयं सह
अ-विद्या	विद्या	उभयं सह

सम्भूति/अ-विद्या और अ-सम्भूति/विद्या आंशिक सत्यों को दर्शाते हैं, अतः पूर्ण सत्य की उपलब्धि के लिए उनका समन्वय, योजन अनिवार्य है।[१०७] इससे लगता है कि पुरुष या उत्तम पुरुष की उसकी पूर्णता में उपासना वेदों का लक्ष्य था। धीरे-धीरे जागतिक और पर विभक्त हुए, जागतिक/विश्वमय से जीवनाभ्युपगम और पर/उत्तीर्ण से जीवन-निषेध की प्रवृत्तियों का उदय हुआ।

---

[१०६] यदि इसके निहितार्थों का सही तरह से दोहन किया जा सके तो हम इसमें भक्ति का बीज पाते हैं और विश्वप्रक्रिया का भी, साथ ही वैदिक द्वन्द्वात्मक चिन्तना के साथ-साथ ब्राह्मण और श्रमण परम्परा के समान स्रोत को भी ढूँढ सकते हैं।

[१०७] *यजु.* ४०.११.१४।

मनु को यदि प्रमाण माना जाए[१०८] तो प्रवृत्ति और निवृत्ति की ये दोनों धाराएं वैदिक थीं और एक-दूसरे की पूरक थीं। द्वैधीकरण के बाद जीवनाभ्युपगम कर्म/धर्म/यज्ञ के ऊपर ऐकान्तिक आग्रह में प्रकट हुआ और जीवननिषेध ज्ञान/ब्रह्म के ऊपर ऐकान्तिक आग्रह में। ब्राह्मण और श्रमण धाराओं में और ब्राह्मण के अन्तर्गत अन्तर्ब्राह्मण धाराओं में भी विकास के क्रम में यह विरोध एकाङ्गिता की ओर बढ़ा। इन दोनों के समन्वय का पहला प्रयास हमें *यजुर्वेद* में "विद्या, अविद्या, उभयंसह" और *गीता* में क्षर, अक्षर और उत्तम पुरुष या पुरुषोत्तम की धारणा में मिलता है।

द्विधा विभक्त इस परम तत्त्व के जागतिक प्ररूप, जिसे ऊपर पुरुष या अक्षर कहा गया है, की सामान्यतः आत्मा के रूप में भावना की गई है। इसे जागतिक परिवेश में जीवात्मा या आत्मा कहा गया और तात्त्विक स्वरूप में ब्रह्म या परम आत्मा से अभिन्न, अमृत, अज, नित्य, व्यापक और सर्वज्ञ माना गया। जीवात्मा में इसकी पूर्णता बीज या सम्भावना के रूप में अन्तर्निहित मानी गई और औपनिषदिक ज्ञान का एकसूत्रीय सार यह माना गया कि जो आत्मा ब्रह्म को अर्थात् अपने को जानती है ब्रह्म हो जाती है – "ब्रह्मविद् ब्रह्मैव भवति" (*मुण्डक.* ३.२.६)। आत्मा का उपलाभ ही, अपनी अन्तर्निहित सम्भाव्य पूर्णता का वास्तवीकरण ही, मोक्ष है।

ऊपर हमने धर्म के, साथ ही उसके माध्यम से, व्यक्ति के तीन आयामों की – वर्णाश्रम-व्यवस्था, पुरुषार्थचतुष्टय और कर्मसिद्धान्त के सन्दर्भ में – वैदिक विचारभूमि के आधारस्तम्भ के रूप में चर्चा की थी और उसे जीवन-जगद्-अभ्युपगमवादी जीवनदृष्टि के पोषक के रूप में देखा था। तन्त्रों में इस जीवनाभ्युपगम की अभिव्यक्ति दो परस्पर विरोधी दिशाओं में हुई है और यही पक्ष सबसे अधिक विवाद ग्रस्त रहा है। भारत में नैतिकतावादी दृष्टि से जिस कारण से तन्त्रों को पतनोन्मुखी कहा गया, विदेशों में उसे तन्त्रों की प्रधानतम क्या, एकमात्र विशेषता मानकर अतिक्रामी पावनता के प्रतीक रूप में प्रस्तुत किया गया – 'ट्रान्सग्रेसिव सैक्रेलिटी' शब्द आजकल पश्चिम में बहुत फैशन में है। सबसे पहले हम वस्तुस्थिति देख लें। तीनों आयामों में दार्शनिक और धार्मिक पक्षों – निजी और ब्रह्माण्डीय – को लेकर तन्त्र और वेद में कोई मतभेद नहीं है। कर्मसिद्धान्त भी लगभग साम्प्रदायिक मतभेदों को छोड़कर, तन्त्रों में समभाव से मान्य है। पुरुषार्थचतुष्टय में मोक्ष की सर्वोच्चता सभी द्वारा समादृत है। वर्णाश्रम आचार में शूद्र, स्त्री और अन्त्यज को भी उपासना का अधिकार है, जाति और लिङ्ग के आधार पर वर्जना का निषेध है। इस अर्थ में सामाजिक

[१०८] *मनुस्मृति* १२.८८-८६; तु. *महाभारत,* शांतिपर्व १६.१; २६८.१५; *हर्षनारायण,* पृ. १४२ पर उद्धृत।

आयाम का तन्त्रों में विस्तार हुआ है। आश्रमों में प्रायः आचार्य गृहस्थ हैं, कहीं-कहीं अविवाहित भी हैं, अतः संन्यास आश्रम का कोई स्थान नहीं है। आचार्य गृहस्थ होने के नाते उपासनाकर्म या दीक्षाकर्म में प्रवृत्त है, अतः उसे एक प्रकार से गृहस्थ और वानप्रस्थ का मिश्रित रूप माना जा सकता है। उसकी सामाजिक प्रतिबद्धता के सम्बन्ध में दो दिशाएँ हैं। एक ओर तो उसकी वरीयता है कि जो हेय और वर्जित है, या इन्द्रिय और मन के लिए विकारकारक है, उसे ही मुक्ति के साधन के रूप में स्वीकार करना। अर्थात् हेय और वर्जित के ऊर्ध्व मूल्याङ्कन द्वारा वह जगत् की हर वस्तु को, कुत्सित और गर्हित तक को, मूल्यवत्ता प्रदान करता है। सम्भव है सामाजिक सन्दर्भ में यह समाज-विरोधी या अननुगुण हो। एतदर्थ यद्यपि उपासना के क्षेत्र में उसके सारे संस्कार, दीक्षा, अर्थ और काम सभी धर्म की उसकी स्वसम्प्रदायगत व्याख्या से नियन्त्रित हैं, परन्तु सामाजिक दृष्टि से वर्णाश्रम व्यवस्था में जो धर्म की अवधारणा है उससे उसका अनुशासन आवश्यक नहीं है। फलतः जो उपासना में साधनतया उपादेय है, वह सामाजिक दृष्टि से अनुपादेय या उपेक्षणीय और जो समाज की दृष्टि से पालनीय और उपादेय है, वह उपासना की दृष्टि से अनुपादेय ठहरता है। इन विरोधी व्यञ्जनाओं के साथ उसकी सामाजिक भूमिका गौण या तटस्थ हो जाती है। तन्त्र की कमजोरी कहें या एक ही लोक-व्यवस्था की पृष्ठभूमि में उद्भूत होने की विवशता के कारण उसके लिए अप्रासंगिक, लोक संरक्षण के हेतु सामाजिक स्तर पर उसे इस आचार-व्यवस्था का ही पालन करना पड़ता है। पर मुझे लगता है कि **अभिनवगुप्त** आदि के हाथों यह सामाजिक प्रतिबद्धता और गहरी हुई है। एक ओर तो सारे जगत् को पूर्ण और दिव्य का आभास और प्रतिबिम्ब मानने के कारण जगत् में असुन्दर, वर्ज्य, हेय की कल्पना **अभिनव** के लिए वदतो व्याघात है। दूसरी ओर *तन्त्रालोक, विवृत्तिविमर्शिनी* में पुरुषार्थों के प्रति शब्दशः प्रतिश्रुति, *अभिनवभारती* में नाट्यार्थ रस की पुरुषार्थ-प्राणता, जीवन्मुक्ति के बाद लोकसंग्रह के लिए शेषवृत्ति और सारी अवधारणाओं की आभासरूप व्यवस्थारूपता, श्रुति-स्मृत्यनुमोदित मूल्यसंस्थान और आचार-व्यवस्था में उनके विश्वास को प्रकट करती हैं।

आज़ से लगभग दो दशक पूर्व **सैन्डर्सन** ने "दी कैटेगॅरी ऑफ़् प्योरिटी ऍण्ड पॉवर **एमङ्** दी ब्राह्मन्स ऑफ़् काश्मीर"[१०६] नामक लेख लिखा तो लगा कि शुचिता (वैदिक शौच : वैदिक मूल्यप्रतिष्ठान का शक्तिसन्धानशून्य परिपालन) और शक्ति (लोकातिक्रामी शक्तिसाधना) दो विरोधी ध्रुव हैं और वैदिक लोकव्यवस्था और तान्त्रिक उपासना की दिशाएँ मौलिक रूप से विरोधी हैं और दोनों के उद्गम-स्रोत भिन्न हैं। उस समय से सारा पश्चिम जगत् इसी

---

[१०६] *द कैटेगरी ऑफ़् परसन; एन्थ्रोपॉलोजी, फ़िलासफ़ी, हिस्ट्री,* संपा. कैरिथर्स एवं अन्य, कैम्ब्रिज, १९८५ में संकलित।

समीकरण का वेदवाक्य की तरह से पारायण करने लगा। परन्तु यदि ऊपर के विवेचन को देखें तो जीवनाभ्युपगमवादी दृष्टि मूलतः वैदिक है और सत् की पूर्णतावादी अवधारणा से प्रतिफलित होती है। कालान्तर में एक पक्ष पर पर्यायशः आग्रह के कारण जो निषेध और अभ्युपगम की एकाङ्गितावादी धाराएँ बहीं, उनका समन्वयन करते हुए वेद की पूर्णतावादी दृष्टि की पुनर्घोषणा तन्त्रों में हुई।

तन्त्रों के जीवनाभ्युपगमवाद की सबसे प्रबल पहचान तो उनके द्वारा देह को दी गई महत्ता से है। वैदिक परम्परा की जीवननिषेधवादी धारा में आत्मा की तुलना में देह का खूब अवमूल्यन हुआ, ठीक वैसे ही जैसे इस जगत् का अवमूल्यन हुआ। परन्तु वेद की मौलिक धारा में पिण्ड को लघु ब्रह्माण्ड, देह को देवताओं का वासस्थान मानने की जीवन-दृष्टियाँ सांख्य, आजीवकों और श्रमणों के प्रभाव में वहाँ शिथिल पड़कर भी स्वातिक्रामिता को मनुष्य या पिण्ड की सहज वृत्ति, और विश्वमय को विश्वोत्तीर्ण से एक मानने की प्रवृत्ति के रूप में तन्त्रों में यथावत् समादृत हुई हैं। देह को दिव्य और अध्यात्म का साधन मानकर, "देवो भूत्वा देवमर्चयेद्" में बाह्य वरिवस्या को आन्तर वरिवस्या का प्रक्रियात्मक सोपान और अवधारणात्मक प्रतीक मानकर वैदिक जीवनाभ्युपगमवाद की तन्त्रों में पुनर्प्रतिष्ठा हुई है। भोग और मोक्ष का संरम्भपूर्वक घोषित सामरस्य, देह और आत्मा, व्यवहार और परमार्थ, की एकान्वयिता की उद्‌घोषणा है। यह जानना उपयोगी होगा कि **अभिनव** जागतिक और व्यावहारिक स्तर पर समाज और पारमार्थिक स्तर पर अतिक्रामी चेतना के पारस्परिक सम्बन्ध की व्याख्या के लिए जिस ज्ञानमीमांसा, तत्त्वमीमांसा और सन्मीमांसा को रूपायित करते हैं, उसके वाचिक अनुसन्धान के लिए वह विशिष्ट पद-मीमांसा (हर्मेन्यूटिक्स) को भी विकसित करते हैं, जिसका मौलिक ढाँचा भेदाभेद का है। यह भेदाभेद मात्र भेदन में अभेदन नहीं है, अपितु अभेदन में भेदन की क्षमता भी है। अर्थात् अतिक्रामी से जगत् की ओर यह अभेद में भेदन है और व्यवहार, जगत्, समाज से परक्रामी की ओर यह भेद में अभेदन है –

> **सर्वथा तावदत्र प्रमेये भगवत एव भेदने च अभेदने च स्वातन्त्र्यं घटगताभासभेदाभेददृष्टिरेव च परमार्थाद्वयदृष्टिप्रवेशे उपायः समवलम्बनीयः, न तु व्यवहारोऽपि अयं परमेश्वरस्वरूपानुप्रवेशविरोधी।**[११०]

भारतीय संस्कृति की बहु-प्रचारित विविधता की एकता के मूलाधार तन्त्रों में अत्यन्त दृढता के साथ बद्धमूल हुए हैं।

ऊँ पूर्णमदः पूर्णमिदं पूर्णात्पूर्णमुदच्यते।

---

[११०] *ई.प्र.वि.*, भा.२, पृ. १२६।

पूर्णस्य पूर्णमादाय पूर्णमेवावशिष्यते।।

उपनिषद् का यह वाक्य तान्त्रिक पूर्णतावाद की प्रस्तावना है। विश्वमय और विश्वोत्तीर्ण की लगातार एक होने की चेष्टा, अंग और अंगी में द्वैधीकरणजन्य तनाव पूर्णता के प्रत्यय को एक गत्यात्मक आयाम दे देते हैं। अंग और अंगी, अविद्या और विद्या का तनाव उनके समन्वय ("उभयं सह") में विश्रान्त होता है। इस समन्वय को तन्त्रों में सामरस्य कहा गया है और इसकी अभिव्यक्ति होती है उत्तम पुरुष में अथवा, त्रिक सम्प्रदाय की शब्दावली में कहें तो, पूर्णाहन्ता में। इदम् अर्थात् अपूर्ण की पूर्ण में विश्रान्ति ही अहंभाव है। **उत्पल** कहते हैं – "प्रकाशस्यात्मविश्रान्तिरहंभावो हि कीर्तितः"। (*अजडप्रमातृसिद्धि*, २२) पूर्णाहन्ता का प्रत्यय तन्त्र का अत्यन्त महत्त्वपूर्ण प्रत्यय है। आत्मा की सहज अनुगुण प्रतीति है अहन्ता, जो अन्तःकरणगत अहंकार से भिन्न है। स्व, आत्मा और अहं है उत्तम पुरुष, उसकी अपने होने की प्रतीति है अहन्ता। अर्थात् अङ्गी पुरुष की अस्तितामूलक (ऑन्टोलॉजिकल) चेतना है अहन्ता। *परात्रिंशिकाविवरण* में **अभिनवगुप्त** का विवेचन व्याकरण में पाई जाने वाली पुरुष की अवधारणा में भी इसी अहन्ता को और इदम्-अहम् के सामरस्य को प्रतिबिम्बित देखता है। इदं (अन्य पुरुष), युष्मत् (मध्यम पुरुष) – दोनों विषय हैं, अंग हैं, सम्बोध्य हैं – आकर अस्मत् (उत्तम पुरुष) में विश्रान्त होते हैं। अस्मत्कर्तृपद में अन्य दोनों कर्तृपद कृतार्थ होते हैं। लगता है यह वैदिक परम्परा व्याकरण के माध्यम से तन्त्रों में आई जिसका दार्शनिक उपबृंहण तन्त्रों में हुआ। तन्त्रों में अहन्ता परम मन्त्र है, पर विमर्श है, परा वाक् है, रसात्मक अनुभव है। यही आनन्द है – अपना ही परामर्श अहन्ता या अहंविमर्श है –

स्वरूपस्य स्वात्मनः परिपूर्णनिजस्वभावप्रकाशनमेव परामर्शमयतां दधदानन्द इति उच्यते . . . यस्तु आनन्दतांशस्तत्र स्वात्मपरामर्शरूपतैव प्रयोजिकेति।

– *ई.प्र.वि.वि.*, २, पृ.१७७-७८

यहाँ पर एक-आध अतिरिक्त तथ्य देना भी उपादेय होगा। अभी ऊपर व्याकरण की चर्चा आई है। व्याकरण और तन्त्र, विशेषतः **अभिनवगुप्त** के सम्प्रदाय, का अन्तरंग सम्बन्ध है। व्याकरण वेदाङ्ग है, इस नाते वैदिक परम्परा का नैष्ठिक अङ्ग है, परन्तु यह वेदाङ्ग परम्परा से माहेश्वर सूत्रों पर आधारित है। **अभिनवगुप्त** की आधारभूत अवधारणाएं – प्रकाश, विमर्श, शक्ति, शक्ति-शक्तिमान् का सम्बन्ध, शब्द की ब्रह्मरूपता और अज्ञान की मलरूपता, शब्द का अपने से परे आत्मातिक्रामी रूप में अर्थ का संकेतन और कर्ता का स्वातन्त्र्य – ये सारी व्याकरण और **भर्तृहरि** के माध्यम से **अभिनवगुप्त** तक पहुँची हैं। **भर्तृहरि** आगमवादी हैं, यह हम देख चुके हैं। **अभिनवगुप्त भर्तृहरि** का अत्यन्त श्रद्धा से उल्लेख करते हैं, तो क्या यह माना जा सकता है कि वैदिक परम्परा व्याकरण के माध्यम से तन्त्रों तक आती है

और वे तमाम प्रत्यय, जिनके साक्षात् वैदिक स्रोत आज काल के प्रवाह में हमसे लुप्त हो गए हैं, हमें इस परम्परा से प्राप्त होते हैं। इसी प्रकार प्रणव का माहात्म्य तन्त्रों में व्याकरण और **पतञ्जलि** से आया जान पड़ता है। प्रणव की अवाचकता और मन्त्ररूपता पर **अभिनवगुप्त** का तलस्पर्शी विवेचन *विवृत्तिविमर्शिनी* में मिलता है।

ऊपर हमने जिस वैचारिक प्रारूप का आश्रय लिया, उसके बहुत से पक्ष बाकी हैं। फिर भी उससे इस निष्कर्ष को बल मिलता है कि आपातिक भिन्नताओं के बाद भी तन्त्र वैदिक परम्परा से, या दोनों परम्पराएँ एक समान स्रोत से जिनके बीज वैदिक वाङ्मय में छिपे हुए हैं, निर्गत होती है। दुःखवादी, जीवन-निषेधवादी अवान्तर धारा से भिन्न यह वेद की आनन्दवादी, आत्मवादी, पूर्णतावादी, जीवनाभ्युपगमवादी धारा की गुप्त सरस्वती का आविर्भूत पुनः प्रवाह है। देखा जाए तो यह **प्रसाद** की दृष्टि का पुनरभिधान है, लेकिन अतिरिक्त हेतुसामग्री का आश्रय लेकर।

खण्ड दो : ऐतिहासिक, परिचयात्मक और सामाजिक आयाम

४

काश्मीर शैवदर्शन
एक परिचयात्मक आकलन

अनुप्रवेश

काश्मीर शैवदर्शन एक भौगोलिक संज्ञा है जो कि नवीं से ग्यारहवीं शताब्दी के बीच काश्मीर में उत्पन्न या काश्मीर के बाहर से आयातित होकर वहाँ पल्लवित हुई शैव व शाक्त दर्शन धाराओं के लिए प्रयुक्त होती है। इस दृष्टि से काश्मीर में प्रचलित सभी शैव दृष्टियाँ – द्वैत, अद्वैत तथा द्वैताद्वैत - इस संज्ञा का वाच्य होती हैं, परन्तु आज प्रचलित मान्यता में यह संज्ञा केवल अद्वयवादी दर्शन परम्पराओं की ही वाचक है। इस प्रकार काश्मीर शैवमत अपने में एक सम्प्रदाय न होकर उन कई अन्तरन्वित परम्पराओं का जटिल समूह है जो कि पहले केवल काश्मीर में केन्द्रित रहीं पर बाद में उत्तर-पूर्व, दक्षिण आदि सभी ओर फैलीं। काश्मीर में उस काल में जिन दर्शन धाराओं की उपस्थिति के संकेत मिलते हैं वे हैं – त्रिक, क्रम, मत, कुल, स्पन्द, प्रत्यभिज्ञा, सिद्धान्त और त्रिपुरा। विद्वानों ने इनको विविध तरह से वर्गीकृत करके प्रस्तुत किया है। इस सन्दर्भ में कई दृष्टिकोण मिलते हैं, यथा -

१. काश्मीर शिवाद्वयवाद का वाच्य है स्पन्द, प्रत्यभिज्ञा व कुल का समुदाय।

२. काश्मीर शिवाद्वयवाद से गृहीत है स्पन्द और प्रत्यभिज्ञा दृष्टियाँ।

३. काश्मीर शैवमत का वाच्य हैं शैव सिद्धान्त, कुल व स्वच्छन्द परम्पराएँ।

४. काश्मीर शिवाद्वयवाद से संकेतित है सारी तान्त्रिक संस्कृति का सार।

इस सम्प्रदाय की अन्तरंग दृष्टि में आचार्य **उत्पल** इसे प्रत्यभिज्ञा सम्प्रदाय के रूप में प्रस्तुत करते हैं। तन्त्रालोककार **अभिनवगुप्त** इस सम्प्रदाय को षडर्धशास्त्र, षडर्धक्रमशास्त्र व त्रिकशास्त्र के नाम से पुकारते हैं। वे त्रिक (शास्त्र) को अनुत्तरत्रिक (शास्त्र) का भी नाम देते हैं और इसे तन्त्र-प्रक्रिया व कुल-प्रक्रिया में बाँटकर तन्त्र-प्रक्रिया के अन्तर्गत त्रिक, क्रम और प्रत्यभिज्ञा की तथा कुल-प्रक्रिया के अन्तर्गत कुल सम्प्रदाय की चर्चा करते हैं। इस तरह वह त्रिक शब्द का दो अभिप्रायों में प्रयोग करते हैं। प्रथम, पूरे काश्मीर शैवमत की अद्वयवादी धारा के लिए तथा द्वितीय, इस अद्वयवादी धारा के अन्तर्गत एक विशिष्ट सम्प्रदाय के रूप

में। परवर्ती आचार्य **महेश्वरानन्द** *महार्थमञ्जरी* नामक अपने ग्रन्थ में इस संज्ञा का अभिधेय क्रम व त्रिक सम्प्रदाय को मानते हैं। इस प्रयत्न में वह क्रम को कुल में पर्यवसित करते हुए अंततः कुल से समीकृत करते हैं। इस प्रकार ऐसा लगता है कि इस संज्ञा के अर्थ को लेकर आचार्यों में ऐकमत्य नहीं है। इस सम्प्रदाय के ग्रन्थों में अन्य कई दृष्टियों से भी वर्गीकरण किया गया मिलता है – जैसे आम्नायों को, स्रोतों को, वक्त्रों को, मठिका-संतति को, सिद्धान्तों को, आचार्य-परम्परा को और/या उपायों को आधार बनाकर। इन सभी दृष्टियों का विश्लेषण करने पर यही निष्कर्ष निकलता है कि काश्मीर शिवाद्वयवाद के अन्तर्गत मुख्यतः जिन पाँच परम्पराओं को ग्रहण किया जा सकता है, वे हैं – त्रिक, क्रम, कुल, प्रत्यभिज्ञा एवं स्पन्द। इन परम्पराओं का एक निश्चित गुरु परम्परा-क्रम में विकास हुआ और इन्होंने मात्र साधनाप्रवण न रहकर एक क्रमबद्ध दार्शनिक पद्धति को विकसित किया। ये पाँचों परम्पराएँ पूर्णतया असम्पृक्त भाव से ऐकान्तिक रूप में विकसित नहीं हुई, वरन् उनमें सहोदरत्व व सजातीयत्व की चेतना भी बराबर विद्यमान रही। उनमें मूलभूत मान्यताओं के क्षेत्र में एकात्मता रही, भेद मात्र साधना-विधि का व किसी विशेष सिद्धान्त पर बल देने का रहा – जैसे, त्रिक परम्परा ने अपना सारा ध्यान त्रिक के सिद्धान्त पर केन्द्रित किया, क्रम परम्परा ने क्रम या काली, कुल परम्परा ने कुल, स्पन्द परम्परा ने स्पन्द तथा प्रत्यभिज्ञा दार्शनिकों ने प्रत्यभिज्ञा की अवधारणा पर। पर इन पाँचों में सबसे ज्यादा पुष्ट दर्शन दिया प्रत्यभिज्ञा सम्प्रदाय ने। वस्तुतः मूल दार्शनिक दृष्टि और युक्ति-पद्धति विकसित करने में इसकी महत्त्वपूर्ण भूमिका रही। इसीलिए **सायणमाधव** अपने *सर्वदर्शन-संग्रह* में प्रत्यभिज्ञा सम्प्रदाय को ही काश्मीर की अद्वयवादी दृष्टि के पर्याय रूप में प्रस्तुत करते हैं तथा अन्य विद्वान् भी इस दर्शन-धारा के विवेचन के लिए प्रत्यभिज्ञा सम्प्रदाय को ही आधार बनाते हैं।

इस सम्प्रदाय के विकास में कई समसामयिक दर्शन-धाराओं का विशेष हाथ रहा है। यहाँ मूल सिद्धान्तों को बीज रूप में तन्त्रों से लेकर अन्य वर्तमान वैदिक व अवैदिक दर्शन-धाराओं के प्रभाव में उन्हें विकसित किया गया है। इस सम्प्रदाय का दार्शनिक प्रारूप तैयार होता है वैयाकरणों के वाक्-दर्शन, बौद्धों के विज्ञानवाद, सांख्य के परिणामवादी तत्त्व-योजन तथा द्वैत शैवागमों के स्वतन्त्र ईश्वर और स्थायी आत्मा के आधार पर। व्यवहार जगत् की व्याख्या हेतु न्याय की दृष्टि का आश्रय लिया गया है। तान्त्रिक सिद्धान्तों के पल्लवन में जहाँ द्वैतवादी शैवमत और उनके आगमों का दोहन किया गया है, वहीं उन्हें शैव खेमे में अद्वैत की प्रतिष्ठा के लिए मुख्य प्रतिपक्षी भी बनाया गया है। विविध अवधारणाओं की व्याख्या करने में मीमांसा व व्याकरण की दृष्टि से प्रेरणा मिली है, परन्तु ज्ञानमीमांसीय प्रत्ययों के निर्धारण में **दिङ्नाग** व **धर्मकीर्ति** की दृष्टि का गहरा प्रभाव पड़ा है। बाहरी खेमे में बौद्ध उनके प्रधान प्रतिमल्ल हैं। भक्ति के क्षेत्र में यह सम्प्रदाय काश्मीर में उद्भूत और

प्रचलित पाञ्चरात्र आगमों और वैष्णव अद्वय दृष्टि से अत्यन्त प्रभावित है तथा उपासना पद्धति व पूजा-विधियों में वैदिक आचार्य तथा लोकपरम्परा उसकी प्रेरणा के केन्द्र रहे हैं।

प्रस्तुत सम्प्रदाय के मूल आगमिक स्रोत हैं – *सिद्धयोगेश्वरीमत* और इसका संक्षिप्त संस्करण *मालिनीविजयोत्तरतन्त्र*। *रुद्रयामल तन्त्र* के दो आंशिक अवतार – *विज्ञानभैरव* और *परात्रिंशिका, स्वच्छन्द तन्त्र* तथा *नेत्र तन्त्र* भी मौलिक स्रोतों में आते हैं। सम्प्रदाय के कई आचार्य इन पर टीकाएं लिखते हैं तथा प्रमाणरूप से इन्हें उद्धृत करते हैं। इस तान्त्रिक उत्स से जिस व्यवस्थित दार्शनिक चिन्तन का क्रम प्रारम्भ होता है, उसमें सबसे पहला ग्रन्थ है *शिवसूत्र*। प्रसिद्धि है कि **वसुगुप्त** को स्वप्न में शिवसूत्रों की प्राप्ति हुई थी। इन *शिवसूत्रों* पर कई आचार्यों ने टीकाएं लिखीं। **क्षेमराज** कृत *शिवसूत्रविमर्शिनी,* **भट्ट भास्कर** कृत *शिवसूत्रवार्तिक* तथा **वरदराज** कृत *शिवसूत्रवार्तिक* आदि इसकी प्रसिद्ध टीकाएं हैं। *शिवसूत्र* की गणना उन अत्यन्त महत्त्वपूर्ण मूल ग्रन्थों में की जा सकती है जिनकी केन्द्रीय निष्ठा को सम्प्रदायविशेष के आलोक में परिभाषित करना कठिन है। *ईश्वरप्रत्यभिज्ञाविमर्शिनी* और *तन्त्रालोक* सर्वत्र यह ग्रन्थ प्रमाणतया उद्धृत किया गया है। यद्यपि *ईश्वरप्रत्यभिज्ञाविमर्शिनी* में **अभिनवगुप्त** इसे 'आगमान्तर' मानते हैं और *तन्त्रालोक* में मठिकागुरुओं के अन्तर्गत **वसुगुप्त** का स्मरण नहीं करते, तथापि प्रत्यभिज्ञा परम्परा के ही **क्षेमराज** इसकी व्याख्या स्पन्द दर्शन के मूल स्रोत के रूप में करते हैं और **अभिनव** भी अपने *तन्त्रालोक* और *विमर्शिनी* में इसके मन्तव्यों को अन्यतम प्रमाण मानते हैं। वस्तुगत्या *शिवसूत्र* को आधार बनाकर दो सम्प्रदाय विकसित होते हैं – (१) **कल्लट** का स्पन्द सम्प्रदाय जिन्होंने इसकी व्याख्या स्पन्द दृष्टि से की और (२) **सोमानन्द** द्वारा आसूत्रित प्रत्यभिज्ञा सम्प्रदाय। स्पन्द धारा **कल्लट** की *स्पन्द-कारिका* से प्रारम्भ होकर उसकी विविध टीकाओं – यथा *स्पन्दकारिकाविवृति* (**रामकण्ठ**), *स्पन्दनिर्णय* (**क्षेमराज**), *स्पन्दप्रदीपिका* (**भट्ट उत्पल**) तथा *स्पन्दसन्दोह* (**क्षेमराज**) – में विकसित होती है। आचार्य **सोमानन्द** ने *शिवसूत्रों* से बीजभूत सिद्धान्तों को लेकर उन्हें समवर्ती अन्य दार्शनिक सम्प्रदायों के सन्दर्भ में विकसित करते हुए *शिवदृष्टि* नामक एक प्रकरण ग्रन्थ की रचना की। इस ग्रन्थ से प्रत्यभिज्ञा सम्प्रदाय की नींव पड़ी, परन्तु इसको नाम और पहचान मिली आचार्य **उत्पल** की *ईश्वरप्रत्यभिज्ञाकारिका* तथा उन्हीं द्वारा रचित *वृत्ति* और *विवृत्ति* नामक टीकाओं से। इनके अतिरिक्त उनकी *सिद्धित्रयी* - जिसके अंतर्गत सिद्धिपदान्त तीन लघु ग्रन्थों की गणना होती है - भी विशेष उल्लेखनीय है, जिसमें वे द्वैतवादी शैवसिद्धान्त और अन्य सद्वादी दर्शनों के परिप्रेक्ष्य में अपने प्रत्यभिज्ञा मत को सुदृढ आधार देने की चेष्टा करते हैं। **उत्पल** की स्थापनाओं को प्रबल तार्किक पोषण मिलता है अपने प्रशिष्य **अभिनवगुप्त** से, जिनके ग्रन्थों में काश्मीर शैव सम्प्रदाय की सभी धाराएं पल्लवित हुईं। *ईश्वरप्रत्यभिज्ञाकारिका* तथा *विवृत्ति* (जो *बृहती* या *टीका* के नाम से भी प्रसिद्ध है) पर क्रमशः

उन्होंने *विमर्शिनी* नामक टीका तथा *बृहती विमर्शिनी* (जो *विवृत्तिविमर्शिनी* के रूप में अधिक प्रचलित है) नाम से भाष्य लिखा, जो इस सम्प्रदाय की दार्शनिक दृष्टि का प्रमुख आधार स्तम्भ है। वह तन्त्रों को आधार बनाकर भी कई ग्रन्थों– एक बृहद् ग्रन्थ *तन्त्रालोक* तथा उसके क्रमशः तीन संक्षिप्त संस्करणों *तन्त्रसार, तन्त्रोच्चय* तथा *तन्त्रवटधानिका* – की रचना करते हैं। इसी प्रकार *परात्रिंशिका* पर *विवरण* टीका और *मालिनीविजयोत्तर* तन्त्र पर *मालिनीविजयवार्तिक* लिखते हैं। इन ग्रन्थों से काश्मीर शिवाद्वयवाद के त्रिक सम्प्रदाय का मूलतः और अङ्गतः क्रम एवं कुल सम्प्रदायों का विकास होता है। उनके कुछ अन्य ग्रन्थ *ध्वन्यालोकलोचन* तथा *अभिनवभारती* साहित्यशास्त्र और नाट्यशास्त्र से सम्बद्ध होने पर भी काश्मीर शिवाद्वयवाद के मूलभूत सिद्धान्तों की छाया लिए हुए हैं और दार्शनिक चिन्तन के अनुभवात्मक प्रतिदर्श की भूमिका अदा करते हैं। इनके अतिरिक्त *क्रमस्तोत्र* पर उनकी *क्रमकेलि* नामक टीका का क्रम दर्शन के विकास में विशेष महत्त्व है। उनके द्वारा रचित कई स्तोत्र इस सम्प्रदाय की भक्ति की अवधारणा का सम्यक् विशदन करते हैं। उनके प्रधान शिष्य **क्षेमराज** *स्वच्छन्द, विज्ञानभैरव* तथा *नेत्र इन* तीनों तन्त्रों पर *उद्योत, शिवसूत्रों* पर *विमर्शिनी,* तथा स्वतन्त्र ग्रन्थ *प्रत्यभिज्ञाहृदयम्* की रचना करके इस सम्प्रदाय को समृद्ध करते हैं। उनका झुकाव क्रम की ओर विशेष है। ऐसा लगता है कि **क्षेमराज** क्रम के प्रत्यय को तान्त्रिक दृष्टि से उतना ही आधारभूत मानते हैं, जितना प्रत्यभिज्ञा के प्रत्यय को दार्शनिक दृष्टि से। इसके अतिरिक्त **भट्टनारायण** की *स्तवचिन्तामणि* शिवाद्वयवादी भक्ति आन्दोलन के विकास में रचनात्मक मार्ग प्रशस्त करती है। इनके अतिरिक्त *तन्त्रालोक* पर **जयरथ** रचित *विवेक टीका,* **महेश्वरानन्द** कृत *महार्थमञ्जरी* तथा **शितिकण्ठ** कृत *महानयप्रकाश* की भी गणना इस दर्शन के महत्त्वपूर्ण साहित्य में होती है। इसी तरह कुछ लघु ग्रन्थ जैसे **चक्रपाणि** कृत *भावोपहार,* **विद्याचक्रवर्ती** कृत *विरूपाक्षपंचाशिकावृत्ति* आदि का भी इस धारा के विकास में विशेष महत्त्व है।

यहाँ हमने केवल उन मुख्य-मुख्य ग्रन्थों की चर्चा की है जिनका इस सम्प्रदाय की मुख्य धारा के विकास में विशेष योगदान है, अन्यथा इनके अलावा भी कई लघु व बृहत् ग्रन्थ (प्रकाशित व अप्रकाशित) हैं जिनका विस्तृत विवरण यहाँ न सुकर है और न आवश्यक।

अब इस सम्प्रदाय की घटक अन्तर्धाराओं का संक्षिप्त आकलन करना उचित होगा।

त्रिक सम्प्रदाय : त्रिक सम्प्रदाय इस धारा का पूर्णतया आगमिक सम्प्रदाय है, पर इसके आदिम स्रोत आज लुप्तप्राय हैं। इस सम्प्रदाय का उल्लेख तो आगमों में बार-बार आता है, किन्तु इसके स्वतन्त्र स्वरूप पर प्रकाश डालने योग्य पर्याप्त सामग्री का आज नितान्त अभाव है। त्रिक शब्द का अनेक पारिभाषिक अर्थों और विभिन्न सन्दर्भों में प्रयोग हुआ है। सम्प्रदाय के रूप में त्रिक की चर्चा विशेषतः **अभिनवगुप्त** के *तन्त्रालोक* एवं उससे सम्बद्ध ग्रन्थों में

मिलती है। **अभिनवगुप्त** के विवेचनों के आधार पर ही यह निष्कर्ष निकलता है कि त्रिक सम्प्रदाय द्वैत, अद्वैत, द्वैताद्वैत तीनों ही परम्पराओं का सार है। *तन्त्रालोक* के प्रामाण्य पर *सिद्धयोगेश्वरीमत* तन्त्र (अभी हाल में ही हस्तलिखित प्रति उपलब्ध, अंशतः अधीत पर सम्पादन व प्रकाशन के लिए प्रतीक्षित) तथा उसका परम्परया आम्नात संक्षिप्त रूप *मालिनीविजयोत्तरतन्त्र* इस परम्परा के मूल आगम हैं (यद्यपि *मालिनीविजयोत्तरतन्त्र* कहीं भी अपना सम्बन्ध त्रिक से नहीं जोड़ता)। इस परम्परा का मुख्य वैशिष्ट्य है परा, परापरा व अपरा के रूप में देवियों के त्रिक की कल्पना कर इसी को केन्द्रीय प्रत्यय बनाकर सारी चर्यापद्धति, योगपरम्परा व साधनाविधि का विकास करना। यहाँ की साधना पद्धति में मालिनी (मातृका-क्रम से भिन्न, वर्णमाला में "न" से लेकर "फ" पर्यन्त वर्णों का एक विशिष्ट संयोजन) का विशेष महत्त्व है। सारी न्यास-प्रक्रिया इसी के माध्यम से सम्पन्न होती है। प्रसिद्ध पाश्चात्य विद्वान् **अलेक्सिस सैण्डर्सन** ने इस परम्परा का गम्भीर ऐतिहासिक/अनुष्ठानमूलक अध्ययन किया है। उन्होंने अपने अध्ययन के आधार पर इस त्रिक परम्परा के विकास के तीन स्तर बतलाए हैं –

(क) प्रथम स्तर – *सिद्धयोगेश्वरीमत* व *मालिनीविजयोत्तरतन्त्र* में प्रतिपादित त्रिक परम्परा

(ख) द्वितीय स्तर – काली-केन्द्रित त्रिक परम्परा

(ग) तृतीय स्तर – अभिनवगुप्त के ग्रन्थों *तन्त्रालोक, मालिनीविजयवार्तिक* तथा *परात्रिंशिकाविवरण* में विकसित त्रिक परम्परा (यहाँ कुल-तत्त्वों का मिश्रण प्राप्त)।

क्रम परम्परा : इस परम्परा में क्रम की धारणा केन्द्रीय प्रत्यय है। क्रम का अर्थ है कलन। यहाँ जिस परतत्त्व की कल्पना की गई उसे भी इसी दृष्टि से काली कहा गया, क्योंकि कलन उसका अनिवार्य स्वभाव है। वैसे तो इस सम्प्रदाय का विस्तृत इतिहास और ग्रन्थ परम्परा है, परन्तु संक्षेप में हम कह सकते हैं कि यह परम्परा काश्मीर में उद्भूत होकर नवीं से अट्ठारहवीं शताब्दी तक कुछ व्यवधानों के साथ लगातार प्रवाहित होती रही। यद्यपि पहले यह काश्मीर में पल्लवित हुई, पर कालान्तर में सुदूर दक्षिण में चोल प्रान्त और उत्तर-पूर्व में नेपाल में भी विकसित हुई। इस परम्परा के आधारभूत आगम हैं – *पञ्चशतिक* या *देवीपञ्चशतिक, सार्धशतिक, क्रमसद्भाव, कालिकाक्रम* तथा *क्रमसिद्धि*। इस परम्परा के विकास में जिन आचार्यों की विशेष भूमिका है, उनमें **शिवानन्द प्रथम, ह्स्वनाथ, सिद्धनाथ, प्रद्युम्नभट्ट, चक्रभानु, अर्णसिंह, श्रीवत्स** आदि आते हैं, परन्तु सर्वाधिक योगदान है आचार्य **अभिनवगुप्त** और **क्षेमराज** का। आगे चलकर **शिवानन्द द्वितीय, जयरथ** व **महेश्वरानन्द** भी इस परम्परा

के विकास में महत्त्वपूर्ण भूमिका निभाते हैं। इस परम्परा के उल्लेखनीय ग्रन्थ हैं– **सिद्धनाथ** का *क्रमस्तोत्र* और उसकी **अभिनवगुप्त** रचित *क्रमकेलि* नामक टीका और उन्हीं का स्वोपज्ञ *क्रमस्तोत्र।* इसके अतिरिक्त *तन्त्रालोक, प्रकरणस्तोत्र, मालिनीविजयवार्तिक, पर्यन्त-पञ्चाशिका* व *परात्रिंशिका विवरण* के कुछ स्थल भी इस सन्दर्भ में महत्त्वपूर्ण भूमिका निभाते हैं। **क्षेमराज** रचित प्रायः सभी ग्रन्थों में इस सम्प्रदाय की पूरी छाप है। उनका तो लक्ष्य ही है, हर जगह क्रम सन्दर्भों को खोजना। इनके अतिरिक्त **सिद्धनाथ** के *क्रमस्तोत्र* पर *चिद्गगनचन्द्रिका* टीका, तीनों *महानयप्रकाश* व **महेश्वरानन्द** कृत *महार्थमञ्जरी* और उसकी *परिमल* टीका भी विशेषतः उल्लेखनीय रचनाएँ हैं।

इस परम्परा की मौलिक स्थापनाएं हैं, पञ्चार्थ तथा चतुष्टयार्थ की धारणाएं। कलन की पञ्चात्मता – क्षेप, ज्ञान, प्रसंख्यान, गति व नाद – को लेकर सम्भूत पञ्चार्थ की धारणा स्वातन्त्र्य के पञ्चविध विभवन की कल्पना करती है, जिसे पञ्चकृत्य से समीकृत किया गया है। यह दृष्टि यहाँ कई तरह से प्रतिपादित हुई। जैसे पञ्चवाह के नाम से प्रसिद्ध पञ्चविध स्फुरण– व्योमवामेश्वरी, खेचरी, दिक्चरी, गोचरी, भूचरी; पञ्चविध पारमेश्वर कृत्य – सृष्टि, स्थिति, संहार, अनाख्या, भासा; पञ्चविध वाक् – परा, सूक्ष्मा, पश्यन्ती, मध्यमा, वैखरी; पञ्च देवताचक्र – श्रीपीठ, पञ्चवाह, नेत्रत्रय, वृन्दचक्र, गुरुपङ्क्ति आदि। यह तो हुई पञ्चार्थ की दृष्टि जो कि मुख्यतः दक्षिण में विकसित हुई, जबकि उत्तर में चतुष्टयार्थ की धारणा का प्रतिपादन किया गया। वहाँ चार कृत्यों की कल्पना की गई। अनाख्या व भासा को मिलाकर एक तत्त्व या कृत्य के रूप में उनकी परिकल्पना की गई। इसी पञ्चार्थ व चतुष्टयार्थ के भेद ने संविच्चक्र के अन्तर्गत तेरह कालियों तथा बारह कालियों की धारणा और तज्जन्य साम्प्रदायिक/दार्शनिक विवाद को जन्म दिया।

इसके अतिरिक्त शक्त्याविष्करण के माध्यम से शक्तिमान् का प्रत्यभिज्ञान (शक्तिविकास), क्रममुक्ति की भावना, विकल्प का क्रमबद्ध संस्कार, उपायमण्डल की स्वीकृति, पञ्चवाह की मान्यता, शक्ति की चक्रात्मक रूप से कल्पना आदि के द्वारा क्रमदर्शन के अवधारणात्मक और उपासनात्मक संस्थान का विकास हुआ। परवर्ती विकासक्रम में देह-केन्द्रित विविध साधना पद्धतियों का पल्लवन हुआ। क्रम साहित्य का विश्लेषण करने से विदित होता है कि इस सम्प्रदाय में साधना-पद्धति का दो धाराओं में प्ररोहण हुआ – प्रथम कृत्य-प्रधान धारा और द्वितीय उपाय-प्रधान धारा। कृत्य-प्रधान धारा में पञ्चदेवताचक्र आदि के माध्यम से शक्त्याविष्करण का प्रयास मिलता है, जबकि उपाय-प्रधान धारा में विकल्पसंस्कार, क्रममुक्ति आदि की धारणाएं विकसित हुईं।

कुल परम्परा : इस परम्परा में 'कुल' की धारणा केन्द्रीय प्रत्यय है। कुल शब्द का

प्रधानतया अर्थ लिया जाता है 'सामस्त्य' अर्थात् समस्त होने के भाव से। अतः यहाँ सब कुछ एक ही कुल का अंग है। इस दृष्टि को लेकर यहाँ अद्वैत की स्थापना का प्रयास किया गया है। यह कुलभाव ब्रह्माण्ड के क्षुद्र से क्षुद्र अंश को कुल के अन्दर गर्भित कर उसे उस परमकुल का सदस्य बना देता है। अतः यहाँ वैयक्तिकता को विलीन करने की बजाय उसे सामस्त्यभाव से भर देने की चेतना पर बल है। इसी कारण यहाँ का अद्वैत एक पूर्ण स्वात्मतृप्त प्रत्यय है जो एक साथ शान्त भी है व उदित भी। सम्भवतः यही दृष्टि इसे अद्वैत से पराद्वैत की कोटि में ले जाती है।

इस परम्परा का स्पष्ट इतिहास एवं ग्रन्थ परम्परा आज उपलब्ध नहीं है, यद्यपि **अभिनवगुप्त** इसका सम्बन्ध अर्धत्र्यम्बक मठिका से जोड़कर इसका आदि प्रवर्त्तक **मच्छन्दनाथ** को मानते हैं। **मच्छन्दनाथ** से प्रारम्भ होकर यह धारा दक्षिणपीठ अर्थात् जालन्धर पीठ पहुँचती है। वहाँ **शम्भुनाथ** इस परम्परा के निष्णात विद्वान् हैं, जिन्हें **अभिनवगुप्त** इस धारा में अपना गुरु मानते हैं। यद्यपि यह धारा **मच्छन्दनाथ** से लेकर **अभिनवगुप्त** तक बराबर प्रवाहित होती रही, परन्तु इसका विस्तृत विवेचन आज हमें **अभिनवगुप्त** के ग्रन्थों में ही मिलता है। वस्तुतः सभी तान्त्रिक अद्वैतवादी परम्पराओं की पार्यन्तिक धारा के रूप में इसका विकास हुआ है। ऐसा लगता है कि अन्य तान्त्रिक पद्धतियाँ जिस निर्विकल्पावस्था तक ले जाने में सोपान बनती हैं, उस निर्विकल्पावस्था को प्ररूढ कर स्वात्मतृप्ति के आनन्द से भर देना ही इस सम्प्रदाय का लक्ष्य है। यह कुल साधना-विधि शैव व शाक्त दोनों ही धाराओं में विकसित हुई। शैव साधकों ने अनुत्तर रूप सैंतीसवें तत्त्व की कल्पना की, जबकि शाक्त साधकों ने कुलेश्वर व कुलेश्वरी के संघट्ट को ही परम कौल तत्त्व माना। शाम्भव कुलविधि त्रिक धारा के ग्रन्थों में मिलती है, जबकि शाक्त कुलविधि त्रिपुरा एवं काली को केन्द्र में लेकर चलने वाली परम्परा में। कुब्जिका काली की परम्परा में शैव व शाक्त प्रवृत्तियों का मिश्रित रूप उपलब्ध होता है।

यहाँ कुण्डलिनीयोग और आदियाग साधना-प्रक्रिया के अनिवार्य सोपान हैं। सर्वत्र निषिद्ध पदार्थ इस साधना के अनिवार्य अंग हैं। पञ्च-मकारों – मद्य, माँस, मुद्रा, मत्स्य व मैथुन – का सेवन इस सम्प्रदाय का अनिवार्य लक्षण है। यहाँ साधारण व्यक्ति साधक नहीं बन सकता, वरन् वे ही लोग साधक बन सकते हैं जो पहले अन्य उपायों से निर्विकल्प चित्तवृत्ति को प्राप्त कर चुके हैं। इसीलिए यह साधना-पद्धति तीव्र शक्तिपात को प्राप्त साधकों के लिए ही है। इस मत में आनन्द का प्रत्यय विशेष महत्त्वपूर्ण है। आनन्द है निर्विकल्प भावना से उद्भूत पूर्णता वृत्ति के आभोग से उत्पन्न आत्मतृप्ति का आस्वाद। **अभिनवगुप्त** तो इसे आनन्दयोग की संज्ञा से ही पुकारते हैं।

स्पन्द परम्परा : तान्त्रिक शिवाद्वयवाद के दार्शनिकीकरण की प्रक्रिया में दो सम्प्रदाय

जन्म लेते हैं – स्पन्द व प्रत्यभिज्ञा। इन दोनों ही सम्प्रदायों का स्रोत *शिवसूत्र* नामक ग्रन्थ माना जाता है। जैसा कि हम देख चुके हैं, **वसुगुप्त** को प्राप्त *शिवसूत्र* की टीकाओं और उपटीकाओं के माध्यम से इस सम्प्रदाय का विकास होता है। **कल्लट** की *स्पन्दकारिका,* जिसे *स्पन्दसूत्र* भी कहा जाता है, से इस सम्प्रदाय का प्रारम्भ होता है। सम्प्रदाय में इस पर मतभेद रहा है कि *स्पन्दकारिका* का लेखक कौन है, **वसुगुप्त** या **कल्लट**? परन्तु इस समय इस विवाद में पड़ना उचित न होगा। **कल्लट** द्वारा रचित *स्पन्दसर्वस्व,* **रामकण्ठ** रचित *विवरण,* **क्षेमराज** रचित *स्पन्दनिर्णय* व *स्पन्दसन्दोह* और **भट्ट उत्पल** विरचित *स्पन्दप्रदीपिका* नामक टीकाएं इस सम्प्रदाय को दृढ़ आधार देती हुई उसका विस्तार करती हैं। ये ही इस सम्प्रदाय के आधारभूत ग्रन्थ हैं। इन सबका उल्लेख ऊपर हो चुका है।

इस परम्परा में 'स्पन्द' केन्द्रीय प्रत्यय है, जिसे आधार बनाकर साधनाप्रक्रिया का विकास किया गया है। स्पन्द है देशकालोत्तीर्ण गति की धारणा जिसमें निमेष या उन्मेष के माध्यम से गति या चलन का आभास मात्र होता है। यह परम तत्त्व के स्वरूप में ही घटित चमत्कारात्मक उच्छलत्ता है। यह परम सत् की उस गति की व्याख्या है, जो उसकी एकात्मता को विखण्डित किए बिना ही अनेकता के लिए मार्ग प्रशस्त करती है। इस परम्परा की एक महत्त्वपूर्ण धारा में स्पन्द को 'स्वस्वभाव' की धारणा के रूप में प्रस्तुत किया गया है। इस स्वस्वभाव को जान लेना ही यहाँ की साधना का मुख्य लक्ष्य है। यहाँ उन्मेष तथा निमेष विशेष धारणाएं हैं, जिनके माध्यम से सारे व्यापारों – जागतिक तथा वैयक्तिक – की व्याख्या करने की चेष्टा की गई है।

प्रत्यभिज्ञा सम्प्रदाय : काश्मीर शैवमत की विशुद्ध दार्शनिक और यौक्तिक दृष्टि इसी सम्प्रदाय के रूप में विकसित हुई है। वस्तुतः यह काश्मीर शिवाद्वयवाद का प्रमाणशास्त्र है। यद्यपि इस सम्प्रदाय के प्रेरक आचार्य हैं **सोमानन्द,** तथापि प्रवर्तक आचार्य हैं **उत्पल**। अन्य आचार्यों में **अभिनवगुप्त, क्षेमराज, योगराज, भास्करकण्ठ** आदि प्रमुख हैं। इसके प्रमुख ग्रन्थ हैं– *शिवदृष्टि, ईश्वरप्रत्यभिज्ञाकारिका, ईश्वरप्रत्यभिज्ञाकारिका-वृत्ति, ईश्वरप्रत्यभिज्ञाकारिका-विमर्शिनी, ईश्वरप्रत्यभिज्ञाकारिका-विवृत्तिविमर्शिनी* और *चित्रावानुबोधशास्त्र*। इस सम्प्रदाय का इतना प्रभाव हुआ कि परवर्ती सारा साहित्य और सारी अवान्तर दार्शनिक, तान्त्रिक परम्पराएँ इसी सम्प्रदाय की विशिष्ट दृष्टि को केन्द्रस्थ कर विकसित होती हैं। आज काश्मीर शिवाद्वयवाद की एक दार्शनिक सम्प्रदाय के रूप में जो भी प्रतिमा उभरती है उसका आधार मुख्यतः यही सम्प्रदाय है, क्योंकि इसी सम्प्रदाय में इस अद्वयवादी धारा को पुष्ट यौक्तिक आधार देने की चेष्टा की गई है।

इस सम्प्रदाय में नाभिकीय प्रत्यय है प्रत्यभिज्ञा जो यहाँ की सारी मीमांसाओं में अन्तरनुस्यूत है। प्रत्यभिज्ञा वैसे तो विस्मृत का पुनः अभिज्ञान है, पर यहाँ यह इतना मौलिक

प्रत्यय है कि सत् के मूल स्वरूप का वह पारिभाषिक प्रतीक बन जाता है। अतः प्रकाश और विमर्श जहाँ महेश्वर रूप सत् के घटक हैं, वहीं इन दोनों पक्षों के मध्य का सम्बन्ध यह प्रत्यभिज्ञा है। इसका प्रक्रियात्मक रूप है अनुसन्धान। अतः हम कह सकते हैं कि प्रकाश तत्त्व विमर्श के माध्यम से अपना ही प्रत्यभिज्ञान करता है। फलतः प्रकाश और विमर्श की धारणाएं भी मूलभूत घटक बनकर उभरती हैं। इन तीन प्रत्ययों को लेकर ही इस सम्प्रदाय का सारा दार्शनिक ताना-बाना बुना गया है।

प्रमुख मान्यताएँ

अब हम देखेंगे कि इस सम्प्रदाय की मुख्य स्थापनाएं क्या हैं जो इसे विशिष्ट रूप प्रदान करती हैं –

१. इस सम्प्रदाय की सर्वप्रमुख मान्यता है कि इसका प्रतिपाद्य अनुभव, युक्ति व आगम इन तीनों से प्रमाणित होना चाहिए। इस दृष्टि से यहाँ शास्त्र व तर्क दोनों को समान महत्त्व दिया गया है, साथ ही स्वानुभूति के निकष पर कसकर उसकी उपलब्धि भी अनिवार्य बताई गई है।

२. 'यह एक तान्त्रिक सम्प्रदाय है' – यह चेतना इस सम्प्रदाय की सभी अन्तर्धाराओं में बराबर विद्यमान है, क्योंकि मूलभूत तान्त्रिक मान्यताओं को लेकर ही यह सम्प्रदाय विकसित होता है। तन्त्रों की व्यावर्तक दृष्टि है – शक्ति की अवधारणा। जिसकी सहज परिणति होती है परम सत् और जगत् की क्रमशः शक्तिमान् और शक्ति के रूप में परिकल्पना करते हुए उनकी अभेदभावना में। इस सम्प्रदाय में सारा दार्शनिक चिन्तन इसी धारणा को मूल में लेकर विकसित हुआ है। यही अद्वयवाद का साधक सबसे पुष्ट सम्बल है, यही समग्रता की उपलब्धि का उपकरण है और यही साधना के क्षेत्र में शक्ति के आविष्करण द्वारा शक्तिमान् के उपलाभ रूप आत्म-प्रत्यभिज्ञान तक ले जाने वाली एकमात्र सीढ़ी है। इसकी अन्य कई विशेषताएँ भी तान्त्रिक उत्स से ही उद्गत होती हैं, जैसे षडध्व की धारणा, वाक्-सृष्टि का प्रत्यय, साधनाप्रधान दृष्टि, ज्ञान-योग-क्रिया-चर्या का समान महत्त्व, सामरस्यवादी दृष्टि (भोग और मोक्ष का सामरस्य), व्यष्टि तथा समष्टि की एकात्मता, संकोच-प्रसार की धारणा आदि। तन्त्रों से कई प्रतीकों जैसे हृदय, मध्य, शून्य, ख, गुहा आदि का भी ग्रहण किया गया है। साथ ही तान्त्रिक संस्कृति की गुह्यतापरक दृष्टि के प्रभाव में साहस, छुम्मा, अनाख्या, भासा आदि गुह्य पारिभाषिक पदावली का भी प्रयोग किया गया है।

३. काश्मीर शैवदर्शन जीवन और जगत् के प्रति एक पूर्णतावादी दृष्टि प्रस्तुत करता है। उसके अनुसार सत् अद्वैत है, पर यह द्वैत का अभाव न होकर द्वैताद्वैत संकुलन

अर्थात् समग्र या विश्व का सम्भरण ही है। अर्थात् एक ही सत् है, परन्तु वह सारी सम्भावनाओं (शक्ति) से पूर्ण है। उसके इस आत्मभरितत्व का परिणाम होता है स्वात्मविश्रान्ति या अन्यनिरपेक्षता की स्थिति। इससे लक्षित होती है उसकी सर्वव्यापकता, सर्वकर्तृता व सर्वज्ञातृता जिसको यहाँ 'स्वातन्त्र्य' की पारिभाषिक शब्दावली में व्यक्त किया गया है। इस पूर्णता के अन्तरास्वादन से जन्म लेती है स्वात्मतृप्ति की चमत्कारात्मक अनुभूति जिसे यह सम्प्रदाय 'आनन्द' कहता है। इस पूर्णतापरक दृष्टि को व्यक्त करने के लिए यहाँ पर तत्त्व को महेश्वर, परमेश्वर अथवा परमशिव कहा गया है। विश्वप्रमाता की तरह ही जीवप्रमाता को भी यहाँ सभी सम्भावनाओं से पूर्ण माना गया है। मात्र अज्ञान-जन्य सीमाओं के कारण उसकी सामर्थ्य सीमित है, जिसका पुनराविष्कार आत्मप्रत्यभिज्ञान से होता है।

४. यहाँ सत् चेतन भी है और गतिशील भी। बल्कि चेतना का अर्थ ही है आत्म-स्फूर्त्त या स्वप्रेरित गतिमयता। यह गतिशीलता, क्रियाशीलता तथा सातत्य इन दोनों ही धारणाओं का 'समञ्जसीकरण' है। इस स्थापना के द्वारा जहाँ सांख्य के कूटस्थ पुरुष व परिणामी प्रकृति का समन्वयन एक ही तत्त्व में किया गया है, वहीं बौद्धों के क्षणिकवादी विज्ञानवाद मत की विसंगतियों को भी दूर करने की चेष्टा की गई है। इसी तरह वेदान्त के माया के सिद्धान्त को तिरस्कृत कर आश्रित माया के अंगीकार द्वारा इसकी सर्वकर्तृत्व-सामर्थ्य को सत् के इसी गतिशील पक्ष, जिसे यह सम्प्रदाय स्वातन्त्र्य शक्ति कहता है, को सौंपा गया है। यह गतिमत्ता यहाँ दो प्रकार से घटित होती है :

क) स्पन्द के स्तर पर – सांख्य के सदृशपरिणाम की तरह ही सत् अपने संकोच और विकास द्वारा आत्मोच्छलन रूप में ही निरन्तर घटित होता रहता है।

ख) आभास के स्तर पर – सत् विभिन्न परिमित व्यष्टि अभिव्यक्तियों के व्यामिश्रण द्वारा अनुभव जगत् के रूप में आभासित होता है।

५. यह सम्प्रदाय दो मूलभूत धारणाओं – प्रकाश व विमर्श, को स्वीकृत कर उनके माध्यम से सारी दार्शनिक संरचना करने का प्रयास करता है। ऐतिहासिक रूप से तो ये दोनों सांख्य में स्वीकृत पुरुष व महत् तत्त्व के शिवाद्वयवादी अभिधान हैं, जिन्हें इस सम्प्रदाय की दार्शनिक दृष्टि कुछ विशिष्ट ही रूप देती है। ये दोनों यहाँ स्वतन्त्र न होकर एक ही तत्त्व के दो पक्ष हैं। प्रकाश पक्ष में सारे विषय (सत्तापरक व ज्ञानपरक) गृहीत हैं तथा विमर्श पक्ष में सारी प्रक्रियाएं (सत्तापरक व ज्ञानपरक)। ये दोनों मिलकर एक ऐसे समग्र सत् की संघटना करते हैं जो पूर्ण है, अद्वैत है और

सब कुछ करने में समर्थ है। इसी से 'स्वातन्त्र्य' की धारणा प्ररोह पाती है।

६. प्रकाश, विमर्श की इन धारणाओं के मूल में हैं नैर्मल्य व स्वाच्छन्ध्य के प्रत्यय। नैर्मल्य पक्ष ही प्रकाश संज्ञा से अभिहित होता है और स्वाच्छन्ध्य पक्ष विमर्श संज्ञा से। निर्मलता है, अन्तर्गर्भित मल और विजातीयता के परिहार द्वारा संवित् की एकघनता। यही प्रकाश है। स्वच्छन्दता के 'छन्द' में गति, लय व व्यवस्था इन तीनों की अवधारणाएँ अन्तर्निहित हैं। यह छन्दन सत् का अन्तरंग स्वभाव है। इस प्रकार यह स्वाच्छन्ध्य स्वातन्त्र्य की आधारभूमि है। इस स्वाच्छन्ध्य को निरूपित करने के लिए यह सम्प्रदाय यथावसर नट, शिव, शैलूष आदि के रूपकों का आश्रय लेता है। शिव का नृत्य उनके इसी आत्म-स्वाच्छन्ध्य की अभिव्यक्ति है और प्रतीक भी।

७. विमर्श की अवधारणा में पाँच अलग-अलग अर्थच्छायाओं को समेटा गया है – सत्ता, चिद्रूपता, वाक्, आनन्द व गतिशीलता। वस्तुतः आत्मविभवन की ये पाँच सम्भव विधाएं हैं जिनके माध्यम से परम सत् अभिव्यक्त होता है। क्रम दर्शन में स्वीकृत कलन की धारणा भी प्रकार-भेद से लगभग इन्हीं पाँच अर्थों – क्षेप, ज्ञान, प्रसंख्यान, गति तथा नाद – का समग्र है।

८. प्रकाश और विमर्श के मध्य जिस मूलभूत सम्बन्ध की कल्पना की गई है वह है प्रत्यभिज्ञा सम्बन्ध। ज्ञानमीमांसा के सन्दर्भ में प्रत्यभिज्ञा मात्र भात एवं भासमान का एकीकरण है, परन्तु तात्त्विक दृष्टि से प्रकाश तथा विमर्श के तादात्म्य का अनुसन्धान है।

९. यहाँ के परम सत् को विश्वोत्तीर्ण व विश्वमय दोनों माना गया है। ये दोनों ही उसके स्वरूप-घटक पक्ष हैं, अतः विश्व को परमेश्वर से जोड़ने के लिए किसी सेतु की आवश्यकता नहीं पड़ती।

१०. परमेश्वर की सारी सामर्थ्यों को पाँच शक्तियों – चित् आनन्द, इच्छा, ज्ञान और क्रिया – का नाम दिया गया है एवं उसके कर्तृत्व को पञ्चकृत्यों – सृष्टि, स्थिति, संहार, तिरोधान और अनुग्रह – के रूप में प्रस्तुत किया गया है।

११. विश्व के उदय तथा लय को पूर्ण तत्त्व का संकोच तथा प्रसार अथवा निमेष तथा उन्मेष बताया गया है। फलतः नानात्मक जगत् यहाँ माया रूप न रहकर उसी पूर्ण तत्त्व का आत्मगोपन के माध्यम से आभासन है।

१२. परम तत्त्व तक पहुँचने की प्रक्रिया अपने यथार्थ स्वरूप को पहचानने की प्रक्रिया मात्र है। न किसी से मुक्ति होती है और न किसी की प्राप्ति, वरन् जो कुछ मल के

आवरण से ढक गया था उसका पुनः प्रकाशित हो जाना ही यथार्थ स्वरूप की प्राप्ति है। यहाँ अज्ञान की धारणा 'मल' के प्रत्यय में आकार ग्रहण करती है। सत् का अनिवार्य स्वभाव है नैर्मल्य। जब यह स्वभाव आवृत्त होता है तो मल की स्थिति घटित होती है। सत् अपने विमर्शन पक्ष से जब नाना रूपों में भासित होने लगता है, तो सर्वप्रथम उसका नैर्मल्य विघटित होता है। इस नैर्मल्य के विघटन को त्रिविध मलों के रूप में प्रस्तुत किया गया है – आणवमल, मायीयमल तथा कार्ममल। इन मलों के परिणाम स्वरूप ज्ञाता के लिए अज्ञान की स्थिति उत्पन्न होती है। यह अज्ञान दो प्रकार से घटित होता है। प्रथम है पौरुष अज्ञान, जिससे परम सत् (ईश्वर) का स्वरूप संकुचित होकर उसे अणुभाव की प्राप्ति होती है। यह संकोचन *मूलतः* आणव और *व्यापारतः* उपर्युक्त तीनों मलों का काम है। आणव मल से उसका ज्ञातृत्व-कर्तृत्व सीमित होता है। मायीय मल से भेदबुद्धि जन्म लेती है और कार्म मल से विविध कर्मों के संस्कार जुड़कर उसे सीमित प्रमाता के रूप में प्रस्तुत करते हैं। द्वितीय है बौद्ध अज्ञान। यह प्रमाता का, विषय को लेकर होने वाला, अनध्यवसाय या विपरीत अध्यवसाय है। इस प्रकार अज्ञान यहाँ ज्ञान का निषेध न होकर ज्ञान का संकुचन या अपूर्णन सिद्ध होता है, क्योंकि यहाँ ज्ञान या अज्ञान का अर्थ है 'सत्' का मात्र अनावृत या आवृत स्वरूप में प्रथन।

१३. इस अज्ञान से मुक्त होने का एकमात्र मार्ग है शक्तिपात। परमेश्वर के अनुग्रह कृत्य का ही कार्यक्षेत्र है शक्तिपात की प्रक्रिया। शक्तिपात की मात्रा के अनुसार जीव इस परमात्म-तत्त्व को पहचानने के लिए भिन्न-भिन्न तरीके अपनाता है। तन्त्रों में प्रतिपादित ज्ञान, योग, क्रिया, चर्या इस पर तत्त्व तक पहुँचने के चार मार्ग हैं। इनके अतिरिक्त इस दर्शन में **अभिनवगुप्त** ने उपाय-चतुष्क के रूप से एक नई प्राप्तिविधा का आसूत्रण किया है – आणवोपाय, शाक्तोपाय, शाम्भवोपाय तथा अनुपाय। इनमें शक्तिपात की प्रकृष्टता एवं भेदबुद्धि की अपचीयमान मात्रा ही क्रम से उत्तरवर्ती उपाय के लिए साधक की अधिकारिता का निर्धारण करती है।

१४. यहाँ प्रतिपादित योग का अर्थ है सामरस्य भाव की प्राप्ति। यहाँ योग के अङ्गों को लेकर मतभेद है। सामान्यतः पातञ्जल योग के प्रभाव में आठ अङ्गों को स्वीकृति मिली है, पर क्रमदर्शन की प्रधान धारा में षडङ्ग योग को भी अन्तर्सात् करने का प्रयास हुआ है। परन्तु दोनों ही धाराओं में *मालिनीविजयोत्तर* तन्त्र के प्रभाव में सत्तर्क को योग का सबसे प्रभावी अङ्ग माना गया है। योग द्वारा प्रवर्तित आगे उल्लिखित तीन विधाओं में से किसी भी एक का आश्रय लिया जा सकता है।

प्रथम विधा है विकल्प-संस्कार की प्रक्रिया, दूसरी है वृत्ति-क्षय की और तीसरी है मल-शोधन की। अतः योग की अवस्था चित्त की ऐसी अवस्था है जिसमें सारी वृत्तियों का क्षय हो जाने पर या विकल्प के अविकल्पिकात्मिका संवित् में पर्यवसित हो जाने पर या मल के अपसारित हो जाने पर परमप्रमातृता या चित्प्रमातृता की अद्वयानुभूति सतत बनी रहती है। कुण्डलिनी योग का अभ्युपगम भी उसी अद्वय स्थिति की प्राप्ति के उपाय रूप में बताया गया है।

१५. यहाँ भक्ति को भी द्वैतपरक न रखकर उस अद्वैत के ही रंग में रंग दिया गया है। भक्ति का द्वैत तो प्रारम्भ की अवस्था है, पर पार्यन्तिक अवस्था तो चिदानन्द-लाभ की ही है। यह अवस्था है अकृत्रिम समावेशरूपा परा भक्ति की। इसे ही दास्य कहा गया है। यह दास्य भाव माहेश्वर्य का पर्याय है। इस परा भक्ति की अवस्था में समावेशात्मक ज्ञान भी है और उस ज्ञान का आस्वादात्मक भोग भी।

१६. विविध उपायों से साधक जिस स्थिति को प्राप्त करता है, उसे यहाँ समावेश कहा गया है। समावेश का अर्थ है सम्यक् आवेश अर्थात् परमेश्वर से पूर्ण ऐकात्म्य। इसका अर्थ है व्यष्टि चेतना का समष्टि चेतना में पूर्णतः प्रवेश और समष्टि चेतना द्वारा व्यष्टि चेतना में पूर्णतः अनुप्रवेश। आनुप्रावेशिक पारस्पर्य रूप यह समावेश चार उपायों के अनुसार ही चार प्रकार का है।

१७. इस सम्प्रदाय का विवेचन इसकी अनुष्ठानपरक साधना शैली के उल्लेख के बिना अधूरा है। आदियाग, कुलयाग, न्यासप्रक्रिया, क्रमपूजा, मण्डल, मुद्रा आदि का भी विस्तृत विवेचन यहाँ के ग्रन्थों में किया गया है।

इन मुख्य स्थापनाओं के अतिरिक्त कुछ ऐसे अन्य तथ्य भी हैं जो इसकी विशेष दृष्टि को लक्षित करते हैं। प्रथम, यहाँ अपनी बात को स्पष्ट करने के लिए आचार्य कई रूपकों का सहारा लेते हैं, जो एक प्रकार से पारिभाषिक न्यायों का रूप धारण करते हैं – जैसे दर्पणनगर-न्याय, योगीच्छा-न्याय, मयूराण्डरस-न्याय, सागरवीचि-न्याय आदि। इसी तरह कई रूपकों का भी आश्रय लेकर अपनी बात स्पष्ट की गई है जैसे योगिसृष्टि, ऐन्द्रजालिक सृष्टि, स्वप्न, नर्तक, नट आदि के रूपक। इसी प्रकार **अभिनवगुप्त** अनेक काव्यात्मक रूपक प्रस्तुत करते हैं, जिनसे इस सम्प्रदाय की विशेष दृष्टि का प्रकाशन होता है। काव्य तथा नाट्य से उत्पन्न रसानुभूति की स्थिति का यहाँ घटित परमशिव के स्वात्मघूर्णन से पर्याप्त साम्य है। इसी प्रकार यहाँ एक विशिष्ट पारिभाषिक शब्दावली विकसित की गई है, जैसे कलन, विसर्ग, कौलिकी शक्ति, अलंग्रास, हठपाक आदि। सम्प्रदाय के पारिभाषिक शब्दों की व्याख्या करने में एक ओर जहाँ उनका विशुद्ध व्याकरणाम्गत अर्थ दिया गया है, वहीं दूसरी ओर उससे

संवलित और आसूत्रित सम्प्रदायगत अभिप्राय को प्रस्तुत किया गया है।

दार्शनिक मूल्यांकन

सत्-मीमांसा : इस सम्प्रदाय की सत्-मीमांसा का मुख्य आधार है प्रकाश और विमर्श की धारणाएं। प्रकाश पक्ष में सारे विषय संगृहीत हैं तथा विमर्श पक्ष में सारी प्रक्रियाएं। प्रकाश पक्ष में सत् के साथ चिदंश भी मिला हुआ है और विमर्श पक्ष में चित् के साथ आनन्दांश। सत् इन दोनों का समन्वित रूप है। यहाँ अद्वैतवादी दृष्टि के कारण यही एकमात्र सत् है जिसे परमसत् भी कह सकते हैं। यही परमेश्वर, महेश्वर एवं परमशिव भी कहा जाता है। 'अस्ति', 'विद्यते' व 'भासते' की प्रक्रिया सत् के ये दोनों पक्ष मिलकर निष्पन्न करते हैं। वैसे प्रकाश पक्ष का कार्य भावाभाव-व्यवस्थापन तथा विमर्श पक्ष का कार्य भेदाभेद-व्यवस्थापन भी कहा गया है। यहाँ सब कुछ एक ही सत् का प्रसार है या यह कह सकते हैं कि सत् के संकोच का नाम ही जगत् का प्रसार है। सत् के प्रकाश पक्ष का अनिवार्य अर्थ है कि जो ज्ञान रूप है और प्रकाशमान है, वही सत् है। प्रकाश के संकोच का नाम है आभास और यह संकुचन होता है विमर्श पक्ष के द्वारा। विमर्श पक्ष सत् में क्रियात्मकता (गति) का आधान करता है। क्षणिकवाद में विज्ञानवाद की निष्ठा का एक ही परिणाम है कि विज्ञानवाद में सत्ता खण्डित है, जबकि यहाँ सत्ता अखण्ड व निरन्तर है। अतः सरल अर्थों में हम यह कह सकते हैं कि एक ही चेतन तत्त्व विविध रूपों में भासित होता है। फलतः यहाँ चेतना से बाहर कुछ भी नहीं है। सब कुछ चित् या संवित् में ही घटित हो रहा है। अपनी इस स्थापना को पुष्ट करने के लिए यहाँ पाँच युक्तियाँ दी गई हैं –

- विज्ञानवाद द्वारा सौत्रान्तिकों के खण्डन की युक्तियाँ
- दर्पण में प्रतिबिम्बित नगर की युक्ति
- योगी की संकल्पजन्मा सृष्टि की युक्ति
- रसानुभूति की युक्ति
- भक्त या साधक द्वारा उपास्य देवता की भावना की युक्ति

इस चेतना के संकोच की मात्रा के तरतमभाव से ही छत्तीस तत्त्वों की उद्भावना की गई है। संकोच कई प्रकार से घटित होता है – देशिक संकोच, कालिक संकोच, आकारगत संकोच और शब्दगत संकोच। अब प्रारम्भ होती है तत्त्वविकास की यात्रा। पहले, परमसत् के स्वरूप-संकोच से उसका द्वैधीभाव होता है जो यहाँ शिव-तत्त्व तथा शक्ति-तत्त्व के रूप से वर्णित है। तदुपरान्त संकोच की मात्रा के घनीभवन के क्रम में सदाशिव, ईश्वर व शुद्धविद्या तत्त्वों का उद्भव होता है, जब अभेदभाव क्रमशः गौण होने लगता है और भेदभाव प्रधान।

यहाँ अभेद है 'अहम्' रूप से अविच्छिन्न प्रतीति और भेद है 'इदम्' रूप से विच्छिन्न प्रतीति। फलतः पहले प्रमातृभाव का संकोचन प्रारम्भ होता है और माया के साथ कला, विद्या, राग, नियति और काल ये पाँच तत्त्व आविर्भूत होते हैं, जिन्हें पञ्च-कञ्चुक कहा गया है। ये पञ्च-कञ्चुक जब आत्मतत्त्व को आवृत्त कर लेते हैं तब वह जीव बन जाता है। अब प्रारम्भ होता है प्रमेय या विषय जगत् का आभासन। पुरुष और प्रकृति तत्त्व से पञ्च-भूतों तक के पच्चीस तत्त्व प्रायेण सांख्य-पद्धति से स्वीकारे गए हैं। इस तत्त्व-क्रम में ही यह सारा जड-चेतन विश्व समाहित है। एक प्रकाश तत्त्व का यह विभवन ही इस सम्प्रदाय में आभासवाद कहलाता है, तथा सत् का सर्वक्रियासामर्थ्य उसका स्वातन्त्र्य। सत्-मीमांसा में कारणकार्यभाव का विशेष स्थान है। इस सम्प्रदाय में कारणकार्य सब एक ही सत् में समाहित हैं और वह व्याकरण दर्शन के 'कर्ता' की तरह ही सर्वतन्त्रस्वतन्त्र है, अतः उससे अतिरिक्त सारे पदार्थ उसके कर्म ही हैं। अतः सर्वप्रचलित कारणकार्यभाव की धारणा यहाँ 'कर्तृकर्मभाव' में पर्यवसित होती है।

ज्ञानमीमांसा : यहाँ ज्ञान के दो सन्दर्भ हैं, एक है सत्तापरक और दूसरा बोधपरक। प्रथम सन्दर्भ में तो ज्ञान सत्ता का पर्याय है, क्योंकि यहाँ जिसका ज्ञान होता है उसी का अस्तित्व है। इसको दूसरे प्रकार से ऐसे भी कहा गया है कि सारे जड पदार्थ एक स्थिर चेतन प्रमाता में ही प्रतिष्ठित होकर सत्ता प्राप्त करते हैं। ज्ञान सत् का या आत्मा का स्वभाव है, इस बात पर यह सम्प्रदाय विशेष बल देता है। परन्तु इसका वैशिष्ट्य इसमें है कि यह क्रिया को ज्ञान का अनिवार्य स्वभाव बतलाता है, अतः सांख्य, न्याय, वेदान्त सभी से इसकी दृष्टि भिन्न हो जाती है। दूसरा सन्दर्भ है बोधपरक। इसमें बुद्धि के माध्यम से घटित ज्ञान-प्रक्रिया का विवेचन है। बुद्धि के द्वारा ज्ञान प्राप्त करने की यहाँ तीन विधाएं हैं –

- इन्द्रियों के द्वारा (प्रत्यक्ष)
- व्याप्ति के द्वारा (अनुमान)
- माहेश्वर विमर्श या प्रसिद्धि के द्वारा (आगम)

इन तीनों को प्रमाण भी कहते हैं। जिन साधनों से विषय की प्रकारता और इयत्तापरक स्वरूप-व्यवस्था होती है अर्थात् यथाभूत वस्त्वनुसारी ज्ञान प्राप्त होता है, वे प्रमाण कहलाते हैं। यहाँ की ज्ञान-प्रक्रिया काफी कुछ सांख्य जैसी है। सांख्य में महत् तत्त्व (बुद्धि) पर विषय की प्रतिमा तो बनती है लेकिन प्रकाशित होती है उस प्रकाश से जो पुरुष से उधार लिया गया है। जबकि इस सम्प्रदाय में एक स्थिर चेतन प्रमाता ही किसी विषय के सम्पर्क में आने पर अपना प्रकाश इन्द्रियविशेष के द्वारा उस वस्तु पर डालता है। तब वह प्रकाश वस्तु की प्रतिमा को ग्रहण कर पुनः बुद्धि तक लौटता है जहाँ वह प्रमाता के प्रकाश से अनुगृहीत होता

है। इस इन्द्रियज प्रतिमा से बुद्धि पर एक दूसरी प्रतिमा बनती है जिसका आधार है विषयप्रकाश व प्रमातृप्रकाश का एकत्व। इस ज्ञान-प्रक्रिया में इन्द्रियाँ माध्यम हैं इसलिए इसे प्रत्यक्ष प्रमाण कहा जाता है। जहाँ कार्य रूप या स्वभाव रूप आभास (हेतु) के द्वारा वस्त्वन्तर का ज्ञान होता है वहाँ अनुमान प्रमाण की स्थिति होती है। इसी प्रकार जहाँ किसी प्रसिद्धि, शास्त्र-वाक्य, या आप्त जन के वाक्य (ये सभी मूलतः पारमेश्वर विमर्श के प्रतीक हैं) के द्वारा ज्ञान होता है, वहाँ आगम प्रमाण की स्थिति होती है। इन तीनों को प्रमाण इसलिए कहा जाता है क्योंकि ये प्रमा (यथार्थ ज्ञान) के कारण हैं। यथार्थ ज्ञान के लिए आवश्यक है कि वह अबाधित रूप से स्थिर रहे अर्थात् उसके विमर्श की अनुवृत्ति अप्रतिहत भाव से होती रहे। प्रमाणों का कार्य है प्रमेय की सिद्धि। सभी प्रमाण व्यवहारसाधन मात्र हैं, क्योंकि परम सत् या चेतन प्रमाता को आदिसिद्ध माना गया है जो किसी भी सिद्धि या निषेध का पूर्वभावी है। अतः उसके सन्दर्भ में किसी प्रमाण की अपेक्षा नहीं है, मात्र मायिक सन्दर्भों में इनकी आवश्यकता होती है।

परमार्थमीमांसा : वस्तुतः इस सम्प्रदाय का मुख्य प्रयोज्य यही मीमांसा है। अपने पारमेश्वर रूप का ज्ञान ही यहाँ परमार्थ है, क्योंकि परमेश्वर पूर्ण अद्वैत तत्त्व है। अपने स्वरूप को जानने का अर्थ है, अपने विस्मृत पारमेश्वर रूप को पुनः पहचानना। यही स्थिति है आत्मलाभ की। इसे तान्त्रिक भाषा में समावेश कहा गया है। यही यहाँ परम प्राप्तव्य है। अन्य दार्शनिक दृष्टियाँ जिसे जीवन्मुक्ति कहती हैं, उसे ही यहाँ समावेश कहा गया है। यहाँ मोक्ष व बन्ध एक अद्वय तत्त्व की क्रीडा के दो स्पन्द हैं। जब वह अपने पूर्ण स्वरूप का संकोच करता है तो उसका वह अंश पौरुष अज्ञान और बौद्ध अज्ञान से आवृत्त होकर सीमित प्रमाता बन जाता है और त्रिविध मलों – आणव मल, कार्म मल व मायीय मल, में बँधकर विविध व्यवहार करता है। परन्तु जब वह परतत्त्व उस अंश को सीमाओं से मुक्त करना चाहता है तो अपनी अनुग्रह शक्ति के माध्यम से सीमित प्रमाता पर योग्यतानुगुण शक्तिपात करता है। फलतः तदनुसार मार्ग तथा साधन का चयन कर वह उसके माध्यम से पुनः अपने वास्तविक स्वरूप को प्राप्त कर लेता है। यहाँ उस पारमार्थिक स्वरूप तक पहुँचने के कई मार्ग हैं। एक तो, तन्त्रों में प्रतिपादित चार मार्ग – ज्ञान, योग, क्रिया, चर्या हैं। परन्तु **अभिनवगुप्त** का आग्रह चार प्रकार के उपायों पर अधिक है। वे उपाय हैं – आणवोपाय, शाक्तोपाय, शाम्भवोपाय तथा अनुपाय। आणवोपाय में भेद-बुद्धि ही उस स्वात्मतत्त्व तक पहुँचने का साधन बनती है, अतः इसके अंतर्गत सारी स्थूल साधना-प्रक्रियाएँ आती हैं। यह अशुद्ध विकल्पों की भूमि है। शाक्तोपाय में भेदाभेद-प्रधान बुद्धि से उस तक पहुँचने का प्रयास किया जाता है। यह शुद्ध विकल्पों के संस्कार या मानस साधना की भूमि है। शाम्भवोपाय में अभेद-प्रधान बुद्धि ही माध्यम है, यह निर्विकल्प भूमि है। और अनुपाय में यह प्रत्यभिज्ञान

इतना अकस्मात् होता है कि किसी तरह के उपाय की कोई भूमिका नहीं रह जाती। अनुपाय एक प्रकार से शाम्भवोपाय की पराकाष्ठा है। वस्तुतः परमशिव का स्वातन्त्र्य ही इस बन्ध व मोक्ष की क्रिया का सूत्रधार है, अतः उसी की इच्छा से सीमाएँ जन्म लेती हैं और उसी की इच्छा से विलीन हो जाती हैं। परन्तु सब कुछ ईश्वरीय इच्छा से नियन्त्रित होने पर समस्या उत्पन्न होती है कि तब मनुष्य के कर्मों का क्या स्थान है या अपने किसी कार्य के प्रति उसका कोई उत्तरदायित्व है या नहीं। काश्मीर शिवाद्वयवाद की दृष्टि में पारतात्त्विक स्तर पर तो कर्म का सिद्धान्त महत्त्वहीन है। यद्यपि एक व्यवस्था वहाँ भी है पर वह नियमित है परमेश्वर की इच्छा से, जीवों के कर्म से नहीं क्योंकि वहाँ तो परमेश्वर के अतिरिक्त कुछ है नहीं। हाँ जागतिक स्तर पर कार्म-मल के रूप में इस कर्म-सिद्धान्त को पूर्ण स्वीकृति दी गई है। अब कर्म उसके भाग्य-निर्माण में उतने ही निर्णायक हैं जितना अन्य दर्शन सम्प्रदायों में।

मूल्यमीमांसा : आधुनिक परिप्रेक्ष्य में इस सम्प्रदाय का मूल्यात्मक विश्लेषण इस सम्प्रदाय की प्रासंगिकता को पूर्णतया प्रकट करता है। यहाँ की पूर्णतावादी दृष्टि जीवन के सभी क्षेत्रों में व्याप्त है, अतः सर्वस्वीकरण ही यहाँ का मूल मन्त्र है जो "*सर्वं सर्वात्मकम्*" की शब्दावली में व्यक्त होता है। न कुछ हेय है, न त्याज्य। सब कुछ परमेश्वर का ही अंश है, अतः उस तक पहुँचने का साधन भी वही बन सकता है। इस दृष्टि से सभी जीवन दृष्टियाँ सम्माननीय हैं। कुछ भी यहाँ कुत्सित या निन्दनीय नहीं है, क्योंकि सब कुछ परमशिव के स्वात्मगोपन की क्रीडा से ही उदित है। अतः सर्वत्र आत्मभाव की दृष्टि रखना ही इस सम्प्रदाय का मूल संदेश है। सामरस्य इस सम्प्रदाय की विशेष दृष्टि है, जो सारे विरोधों को आत्मसात् कर लेती है। फलतः वर्ण, जाति, सम्प्रदाय, लिङ्गगत भेद या विद्वेष के लिए यहाँ कोई स्थान नहीं है। तभी तो वैदिक संस्कृति के विपरीत लिङ्ग, वर्ण, जाति आदि बन्धनों का भी परिहार किया गया है और मनुष्यमात्र को अधिकारी माना गया है। यहाँ अहंभाव का विलय या उदात्तीकरण पूर्णता तक पहुँचने की अनिवार्य सीढ़ी है। इस दृष्टि को जीवन के सभी क्षेत्रों में लागू करने से 'स्व'-केन्द्रित मनोवृत्ति का त्याग कर विराट् विश्व की कल्पना को साकार किया जा सकता है। सर्वत्र आत्मभाव की दृष्टि का विकास कर जीवन और जगत् के सभी पक्षों में उस पूर्ण तत्त्व का दर्शन करना ही यहाँ की साधना का चरम लक्ष्य है। अपनी इसी सामरस्यवादी दृष्टि के कारण यह सम्प्रदाय आज की भोगवादी एवं तनावपूर्ण जीवन-शैली में मानसिक शान्ति पाने का एक सार्थक और समर्थ सम्बल बनकर उभरता है। स्पष्ट है, यह सम्प्रदाय भारतीय संस्कृति के मूल मन्त्र 'विश्वबन्धुत्व' की भावना का सशक्त उद्घोष है और इसके द्वारा प्रस्तुत जीवन-दृष्टि आधुनिक परिप्रेक्ष्य में विशेष रूप से आत्म-संभावनाओं का व्यापक मार्ग प्रशस्त करती है।

५

क्रम दर्शन की साधना-पद्धति

काश्मीर में पल्लवित शिवाद्वयवाद की परम्परा में, मुख्य रूप से उस परम्परा में जिसे **अभिनवगुप्त** ने तन्त्र-प्रक्रिया के अन्तर्गत रखा है, क्रम दर्शन प्राचीनतम सम्प्रदाय है, यद्यपि वर्तमान काल के विद्वानों के बीच यह अपेक्षाकृत नया नाम मालूम होता है। कुल, स्पन्द और प्रत्यभिज्ञा अथवा त्रिक सम्प्रदायों के साथ ही क्रम की भी गणना हुई है।[१] महानय, महार्थ, कालीनय इत्यादि[२] इसकी अनेक संज्ञाएं हैं और *तन्त्रालोक* में इसका सविस्तार प्रतिपादन शाक्तोपाय के अन्तर्गत हुआ है। क्रम दर्शन की विशेषता इस बात में है कि मूलतः शिवाद्वयवाद का अंग होते हुए भी यह अपनी निष्ठा में शक्तिपरक है और शिवाद्वयवाद में शाक्त प्रवृत्तियों के क्रमबद्ध उद्रेक का द्योतक है। फलतः अन्य सहोदर सम्प्रदायों के विपरीत क्रम दर्शन में आगे चलकर शिवपरक और शक्तिपरक निष्ठाओं के इर्द-गिर्द दो अवान्तर सम्प्रदायों का विकास होता है। इन्हें हम एक प्रकार से क्रम के उत्तरी और दक्षिणी या पारम्परिक और अर्वाचीन सम्प्रदाय कह सकते हैं। क्रमगत साधना-पद्धति के सम्पूर्ण आकलन के लिए इस विकास को ध्यान में रखना प्रासंगिक होगा। यह बात भी ध्यान में रखनी उचित होगी कि काश्मीर शिवाद्वयवाद के सभी सम्प्रदाय एक पूर्ण दर्शन का निर्माण करते हैं, एक-दूसरे के पूरक हैं, उनका मौलिक लक्ष्य एक है, अन्तर है केवल उपासना-विधि में या साधना की परिपाटी में।[३]

साधना-पद्धति की पूर्वपीठिका के रूप में क्रम दर्शन की कुछ मौलिक स्थापनाओं का आकलन उचित होगा। शाक्तोपाय संज्ञा दो बातों की ओर स्फुट रूप से ध्यान खींचती है– एक तो, इस दर्शन की उपाय-रूपता और दूसरे, इसका शक्ति से आन्तरिक सम्बन्ध। इन

---

* इस लेख का पहला प्रारूप "काश्मीर शिवाद्वयवाद के अन्तर्गत क्रम दर्शन की साधना-पद्धति" शीर्षक से *कोसल, जर्नल ऑफ़ दि इन्डियन रिसर्च सोसायटी,* फैजाबाद, खण्ड ४, अंक १-२ (जनवरी १९८२–जनवरी १९८३) में प्रकाशित (पृ. १५९-६६)

[१] अतिमार्गक्रमकुलत्रिकस्रोतोन्तरादिषु। – *मा.वि.वा.* १.१९२

[२] *तं.वि.*, ३, पृ. ८०५-०६, ८११-१२; *म.प्र.(शिति.),* पृ. ५६; *म.मं.प.*, पृ. १७२,१८७; *तं.* ३०.१

[३] क्रियादिभेदभेदेन तन्त्रभेदो यतः स्मृतः। – उद्धृत, *तं.वि.*, ३, पृ. ८६५

दोनों का समन्वित तात्पर्य है कि शक्तिमान् अर्थात् आत्म-तत्त्व का प्रत्यभिज्ञान उसकी शक्तियों के आविष्करण द्वारा होता है।[४] शक्ति से आन्तरिक सम्बन्ध सत् के प्रति इसकी भेदाभेदमयी दृष्टि का नियामक है।[५] अभेदात्मक इसलिए कि स्वरूप-उपलब्धि में बाह्य अंश का पूर्णतः अभाव रहता है, और भेदात्मक इसलिए कि विकल्प के अपने शुद्ध रूप में उपलब्ध होने पर भी यह विकल्प भूमि ही रहती है। विकल्प की शुद्धि इस अनुसन्धान में है कि 'यह सब मैं हूँ', अर्थात् विविधता एकता की विरोधिनी न होकर उसी की अभिव्यक्ति है। इसे भेदाभेदोपाय कहकर इसी बात को वाणी दी गई है।[६] यह बात महत्त्वपूर्ण है – **महार्थमञ्जरीकार** हमें आगाह करते हैं – कि भेद अभेद की अवान्तर कोटि है,[७] और इसीलिए भेद और अभेद के आपाततः भिन्न ध्रुवों का सामञ्जस्य सम्भव है।[८] क्रम दर्शन में भोग-मोक्ष के सामरस्य के रूप में मोक्ष के जिस स्वरूप की भावना की गई है, वह उपर्युक्त दृष्टि का ही यौक्तिक पल्लवन है।[९]

अस्तित्व के स्तर पर होने वाली सत् की इस भेदाभेदात्मक अभिव्यक्ति का वास्तविक अर्थ अनुभूति के स्तर पर ही उभरता है। शाक्तोपाय को ज्ञानात्मक, विशेषतः प्रमाणात्मक, कहा गया है। इसे स्पष्ट करते हुए यह बताया गया है कि शाम्भवोपाय अर्थात् कुलदर्शन जहाँ प्रमातृनिष्ठ है और आणवोपाय अर्थात् द्वैतभूमि में आसूत्रित बोध-प्रक्रिया पूर्णतः विषयनिष्ठ है, वहाँ यह शाक्तोपाय दोनों का सम्पर्कसूत्र बनता हुआ प्रमाणनिष्ठ है – भिन्न विषय को ऐक्यभाव से ग्रहण करते हुए प्रमाता उसे अपने में विश्रान्त करता है। दूसरे शब्दों में, विकल्प ज्ञान के निर्विकल्प बोध में उदात्तीकरण के माध्यम से "यह ऐसा है" से प्रारम्भ होने वाली प्रक्रिया "मै यह हूँ" में पर्यवसित होती है।[१०] इससे क्रम दर्शन की एक अन्य विशेषता भी उजागर होती है। वह है क्रम-मुक्ति की भावना, जैसा कि सम्प्रदाय के नाम से ही स्पष्ट है। प्रत्यभिज्ञा और कुल, जो एक प्रकार से अक्रम या तत्क्षण मुक्ति के पक्षधर हैं, से भिन्न यहाँ

---

[४] शक्त्याविष्करणेनेयं प्रत्यभिज्ञोपदर्श्यते। – *ई.प्र.का.* १.१.३

[५] भेदाभेदौ हि शक्तिता। – तं. १.२२०

[६] . . . शाक्तमुच्यते। भेदाभेदात्मकोपायं. . .। – तदेव १.२३०

[७] तत्र चाभेदः प्रकृतिरन्यो विकृतिरिति अभ्युपगन्तव्यम्। – *म.मं.प.*, पृ. ४७

[८] भगवत एव भेदने च अभेदने च स्वातन्त्र्यं घटगताभासभेदाभेददृष्टिरेव च परमार्थाद्वयदृष्टिप्रवेशे उपायः समवलम्बनीयः। – *भा.(वि.)*, भा.२, पृ. १२६

[९] भोगमोक्षसामरस्यसाक्षात्कारलक्षणो जीवन्मोक्षः। – *म.मं.प.*, पृ. १३२

[१०] भूयो भूयो विकल्पांशनिश्चयक्रमचर्चनात्।
यत्परामर्शमभ्येति ज्ञानोपायं तु तद्विदुः।। – *तं.* १.१४८

बुद्धिनिर्माण या विकल्प के क्रमबद्ध संस्कार के कारण मुक्ति की प्रक्रिया सोपानात्मक या श्रेणीबद्ध प्रक्रिया है, जो इस बात पर बल देती है कि आध्यात्मिक आरोहण का प्रत्येक चरण स्वयं आत्मचेतना का प्रतीक है और मुक्ति की सम्भावना का वाहक है। अन्य दर्शनों में जीवन्मुक्ति का प्रतिपादन जहाँ सम्भावना-बुद्धि से हुआ है, यहाँ वह वास्तविकता के रूप में स्वीकार की गई है। जीवन्मुक्ति के इस प्रत्यय की प्रकृत सन्दर्भ से हटकर एक अन्य सन्दर्भ में भी सार्थकता है। वह है आज के मानवतावादी आन्दोलन के सन्दर्भ में। तन्त्र-सम्प्रदायगत सारी धार्मिक और विशुद्ध प्रत्ययात्मक सम्बद्ध अवधारणाओं का यदि परित्याग कर दिया जाए, तब भी अकेले जीवन्मुक्ति का प्रत्यय एक मानवतावादी प्रत्यय है और जीवन की गत्यात्मकता और प्रगतिशील मूल्यवत्ता के प्रति आन्तरिक आश्वासन को जगाने में सहायक होता है।

क्रम दर्शन की एक अन्य विशेषता का उल्लेख किए बिना यह पूर्वपीठिका अधूरी रह जाएगी। सच पूछिए तो इसी बिन्दु से हमारी यात्रा प्रारम्भ होती है। विकल्प के उदात्तीकरण और संस्करण से क्रम दर्शन जहाँ प्रतिबद्ध है, वहाँ उस उदात्तीकरण की किसी एक विधा से उसने अपने को नहीं बाँधा है। *तन्त्रालोक* के चतुर्थ आह्निक के आदि में ही, जहाँ शाक्तोपाय की चर्चा प्रारम्भ होने जा रही है, **अभिनवगुप्त** ने यह बात स्पष्ट कर दी है और शाक्त उपाय को उपाय-मण्डल के रूप से प्रस्तुत किया है।[११] ईश्वर का अनुग्रह या साधक की सामर्थ्य इस विविधता में निमित्त बनते हैं। यह उपाय-वैविध्य क्रम दर्शन का सबसे महत्त्वपूर्ण वैशिष्ट्य है। इस उपाय-वैविध्य का एक ऐतिहासिक पक्ष भी है। क्रम की तान्त्रिकता की दो अवस्थाएँ (फ़ेज़ेज़्) हैं। अपने दार्शनिक रूप में क्रम का सम्बन्ध तत्त्वचिन्तामूलक और प्रातिभ प्रमेयों से है। तान्त्रिक शब्दावली में चर्या और क्रिया की अपेक्षा ज्ञान और योग अधिक महत्त्वपूर्ण हैं। वस्तुतः कुल और सिद्धान्त की तुलना में क्रम अपनी इस विशिष्टता का विशेष रूप से उपयोग करता है।[१२] क्रम के परवर्ती विकास वाले रूप में आग्रह पलट जाता है। फलतः कर्मकाण्डात्मक तथा क्रियात्मक पक्ष प्रधान हो उठता है और गोपनीयता तथा रहस्यात्मकता को अतिरिक्त श्रद्धा से मण्डित किए जाने का प्रयास स्पष्ट परिलक्षित होता है। मुद्रा, मन्त्र, पूजन और पीठ, जिनका केवल सरसरी तौर पर ही पहले उल्लेख होता है, बाद के केन्द्रीय विलक्षणताओं के रूप में सामने आते हैं, यहाँ तक कि पीठ का सम्प्रदाय में सर्वाधिक गरिमा के साथ अभिषेक

---

[११] अथ शाक्तमुपायमण्डलं कथयामः परमात्मसंविदे। – *तं.* ४.१

[१२] एवं क्षेत्रप्रवेशादि संताननियमान्ततः।।

नास्मिन् विधीयते तद्धि साक्षान्नौपयिकं शिवे।

न तस्य च निषेधो यत्र तत्तत्त्वस्य खण्डनम्।। – *तदेव* ४.२७०-७१

होता है।[१३] शाक्तोपाय की साधनात्मक प्रक्रिया को **अभिनवगुप्त** ने *तन्त्रालोक* के प्रथम आह्निक के अन्त में ६ हिस्सों में बाँटा है।[१४] देखा जाए तो इनमें सभी प्रमेय महत्त्वपूर्ण हैं। परन्तु जब हम क्रम दर्शन का सम्पूर्ण ऐतिहासिक विस्तार अपने सामने रखते हैं, तो इनमें से विकल्प-संस्क्रिया और संविच्चक्रोदय सबसे अधिक महत्त्वपूर्ण लगते हैं। इनके अतिरिक्त शक्त्याविष्करण, क्रमचतुष्टयार्थ (या पञ्चार्थ) भी काफ़ी महत्त्वपूर्ण हैं। इनमें संविच्चक्र का महत्त्व इसलिए सर्वाधिक है, क्योंकि वह अपने में अपने अतिरिक्त तीनों को ही समाविष्ट कर लेता है।

शक्तियों के आविष्करण द्वारा शक्तिमान् का प्रत्यभिज्ञान यह क्रम दर्शन की दूसरी आधारपीठिका है। शक्त्याविष्करण शब्द का प्रयोग **उत्पल** ने किया है (*ई.प्र.का.*१.१.३)। **क्षेमराज** ने इसी को 'शक्तिचक्रविकास' कहकर शाक्तोपाय की प्रक्रिया-सूची में जोड़ा है। चाहे संसार की स्थिति हो या संसारोत्तीर्णता की, प्रमाता की पञ्चकृत्यकारिता – सृष्टि, स्थिति, संहार, तिरोधान और अनुग्रह – सदा बनी रहती है। यदि प्रमाता इन शक्तियों के कर्तृभाव से अपने को पहचान ले तो, परमेश्वर का स्वरूपबोध तुरन्त हो जाता है।[१५] जैसे ईश्वर इच्छादि शक्तियों के द्वारा विश्व का निर्माण करता है, वैसे ही पशु बुद्ध्यादि के द्वारा विकल्प आदि का। जैसे ज्ञान, क्रिया ईश्वर की शक्तियाँ हैं, वैसे ही सीमित क्षेत्र में पशु प्रमाता की भी। यह बोध ईश्वर का, स्वात्मदेवता का प्रत्यभिज्ञान कराता है।[१६] सम्प्रदाय में पञ्चकृत्यपरिशीलन की शब्दावली में इसे अनेक जगह स्मरण किया गया है। क्रम-चतुष्टयार्थ[१७] या क्रम-पञ्चार्थ[१८] की धारणा शक्त्याविष्करण की धारणा का ही स्वाभाविक विस्तार है। ईश्वर के पञ्चकृत्यों को ही पञ्चार्थ कहा गया है। चतुष्टयार्थ में चतुर्थ कृत्य तिरोधान में पञ्चम (अनुग्रह का) ही अन्तर्भाव किया गया है। यहाँ की विशिष्ट शब्दावली में अन्तिम दो कृत्यों को क्रमशः अनाख्या और भासा भी कहा जाता है। परवर्ती क्रम सम्प्रदाय में इनका प्रयोग अधिक हुआ है। पञ्चकृत्यपरिशीलन और चतुष्टयार्थ के प्रत्यय शक्त्याविष्करण के सन्दर्भ में तो समानार्थक

---

[१३] तत्पीठमेव सर्वप्रकारं समस्तमहानयालङ्कारभूतम्। – *म.प्र.(शिति.)*, पृ. ५०

[१४] विकल्पसंस्क्रिया तर्कतत्त्वं गुरुसतत्त्वकम्।
योगाङ्गानुपयोगित्वं कल्पितार्चाद्यनादरः।।

संविच्चक्रोदयो मन्त्रवीर्यं जप्यादि वास्तवम्।
निषेधविधितुल्यत्वं शाक्तोपायेऽत्र चर्च्यते।। – *तं.* १.२८६-९०

[१५] *प्र.हृ.* (*जय.*), पृ. ६२-६४।

[१६] *तं.वि.*, ३, पृ. ८५६।

[१७] 'चतुष्टयार्थ' इति . . . सृष्ट्यादिचतुष्टयमेव क्रमार्थत्वेन प्रतिज्ञायते। – *म.प्र.(शिति.)*, पृ. ४२

[१८] प्रपञ्चवैचित्र्यभुवं प्रपञ्चयन् प्ररूढपञ्चार्थरहश्चमत्क्रियाम्। – *म.मं.प.*, पृ. ६०

हैं, परन्तु पञ्चार्थ या चतुष्टयार्थ को लेकर उनके विशिष्ट सन्दर्भ में थोड़ा अन्तर है। एक ही शक्ति में – चाहे वह सृष्टि रूप हो या स्थिति, संहार हो या तिरोधान – कृत्यभेद से क्रम की कल्पना करना चतुष्टयार्थ है।[१९] क्रम दर्शन में परम तत्त्व को कहीं पर परमशिव और कहीं पर कालसंकर्षिणी के रूप में प्रतिपादित किया गया है। जहाँ परम तत्त्व को परमशिव के रूप में ग्रहण किया गया है, वहाँ कालसंकर्षिणी को उसकी स्वातन्त्र्य या विमर्शरूपिणी शक्ति माना गया है। कलनात्मकता के कारण इसे कालसंकर्षिणी कहा जाता है। कलन के धातुगत पाँच अर्थ हैं – क्षेप, ज्ञान, संख्यान, गति और नाद। कलनपञ्चक और कृत्यपञ्चक अथवा पञ्चार्थ के समीकरण द्वारा शक्ति के सातत्य और भेदन दोनों की अवधारणाओं की व्याख्या की गई है। व्यक्ति-प्रमाता के सन्दर्भ में साधक को आग्रहपूर्वक समझाया गया है कि वह इन्द्रियों को आन्तरिक शक्तियों के केन्द्र के रूप में और विषय-जगत् को आत्म-चैतन्य के अन्दर प्रत्यावर्तन या प्रत्याहरण के उपकरण के रूप में ग्रहण करे। यदि ऐसी दृष्टि के अर्जन में साधक समर्थ हो पाता है, तो सहज स्वातन्त्र्य के अनायास उन्मेष में समय नहीं लगता।[२०] **क्षेमराज** ने इस पञ्चकृत्यपरिशीलन से मध्य का विकास माना है।[२१] यद्यपि सभी सोदर सम्प्रदायों में मध्य-विकास की धारणा का उल्लेख हुआ है, परन्तु मध्य का स्वरूप सब में भिन्न है। शाम्भव उपाय में यह अहंपरामर्श रूप है, शाक्त में परासंवित् रूप और आणव में सुषुम्णा रूप। इस मध्य-विकास अर्थात् परासंवित् के विकास के कारण रूप में **क्षेमराज** का अनुगमन करते हुए **शिवोपाध्याय** ने 'शक्तिविकास और शक्तिसंकोच' रूप उपाय का उल्लेख किया है।[२२] शक्ति के संकोच का अर्थ है, इन्द्रिय के माध्यम से बाहर फैलने वाली चेतना का अन्तरभिमुखन (प्रतिलोमन) और विकास का अर्थ है, अन्तःस्थ शक्ति का बिना किसी क्रम के सारी इन्द्रियों के माध्यम से एक साथ बाह्य प्रसार।[२३] इसी को

---

[१९] भेदैश्चतुर्भिरेकस्यां शक्तौ यत्क्रमणं क्रमात्।
सृष्टिस्थितिलयानाख्यैः स क्रमः परिकीर्तितः।। – *म.प्र.(शिति.)*, पृ. ४५

[२०] चक्षुरादिकरणेश्वरीणां . . . वृत्तिरूपतापरिहारेण शक्तिरूपतया परिज्ञानात् . . . स्वात्ममात्ररूपतया प्रस्फुरत्परप्रमात्रात्म ज्ञानम् अवश्यं प्राप्यते। – *तं.वि.*, ३, पृ. ६८०-८१

[२१] प्रागुपदिष्टपञ्चविधकृत्यकारित्वाद्यनुसरणेन सर्वमध्यभूतायाः संविदो विकासो जायते इति अभिहितप्रायम्।– *प्र.हृ.(जय.)*, पृ. ८२

[२२] शक्तिसंकोचादयस्तु यद्यपि प्रत्यभिज्ञायां न प्रतिपादिताः, तथापि आम्नायिकत्वात् अस्माभिः प्रसङ्गात् प्रदर्श्यन्ते। – तदेव, पृ. ८४;
मध्यविकासकारणं शक्तिसङ्कोचशक्तिविकासोपायमाह। – *वि.भै.उ.*, पृ. ५७

[२३] 'शक्तेःसंकोच' इन्द्रियद्वारेण प्रसरन्त्या एव आकुञ्चनक्रमेण उन्मुखीकरणम्।. . . 'शक्तेर्विकासः' अन्तर्निगूढाया अक्रममेव सकलकरणचक्रविस्फारणेन. . . बहिः प्रसरणम्। – *प्र.हृ. (जय.)*, पृ. ८५-८६; *तं.वि.*, ३, पृ. ६६५

निमीलन-उन्मीलन-समाधि कहा गया है। इसे ही क्रमशः अन्य प्रसङ्ग में सर्वात्मसंकोच और व्याप्ति या विकाससमाधि कहा गया है।[२४]

प्रकृत प्रसंग में इस बात की ओर ध्यान दिलाना अप्रासंगिक न होगा कि सम्पूर्ण काश्मीर शिवाद्वयवाद में सत् को गतिशील माना गया है। यह गति चक्रात्मक है। इसलिए परम तत्त्व को 'चक्रेश्वर' या 'स्वशक्तिचक्रविभवप्रभव' कहा गया है। अतः शक्तिचक्रविकास के प्रत्यय में शक्ति चक्ररूप ही है। सृष्टिचक्र में दश कलाएँ (पञ्चकृत्य-पञ्चकर्तृ-भेद से) मानी गई हैं, इन्हें योनि और सिद्ध कहा गया है। स्थितिचक्र में बाइस कलाएँ हैं – शिर में अवस्थित ओड्डियाण, जालन्धर, पूर्णगिरि और कामरूप चार पीठों के युगनाथ (कर्ता, गाता, व्यवसिता, चेता) और उनकी शक्तियाँ (क्रिया, ज्ञप्ति, व्यवसिति, चिति=८), हृदय के षट्कोण में रहने वाले ६ निरधिकार और ६ साधिकार राजपुत्र (अर्थात् बुद्धि, पञ्च कर्मेन्द्रियाँ, मन और ५ ज्ञानेन्द्रियाँ=१२) और हृदय-षट्कोण के मध्य में वर्तमान कुलेश्वर और कुलेश्वरी (अहंकार और अभिमानशक्ति=२)। संहारचक्र में ११ कलाएं हैं – अन्तःकरण (मन, बुद्धि, अहंकार) और दस इन्द्रियाँ। सृष्टि-कलाएँ आत्म-आश्यानीभाव की ओर प्रथम औन्मुख्य की प्रतीक हैं। आविर्भूत का संहारणेच्छापर्यन्त बने रहना स्थिति-शक्तियों का काम है। बाह्यतया आभासित पदार्थों का अपने में (अगली सृष्टि की प्रजननक्षमता से युक्त) वासनात्मतया प्रत्याहरण संहार-शक्तियों का काम है। इसके बाद क्रम में आता है अनाख्या चक्र,[२५] जिसे संविच्चक्र भी कहा जाता है और जिसका **अभिनव** ने स्वतन्त्र रूप में उल्लेख किया है। यहाँ पर यह ध्यान रखना है कि यद्यपि अनाख्या-चक्र शक्तिचक्रविकास या क्रम-चतुष्टयार्थ के अन्तर्गत आता है, तथापि यह एक आत्मनिर्भर प्रत्यय है, जिस पर पूर्व के तीनों चक्र आश्रित हैं। यह अनाख्या ही सृष्टि के सन्दर्भ में व्यापिनी, स्थिति के सन्दर्भ में समना और संहार में उन्मना कहलाती है।[२६] चतुष्टयार्थ में अनाख्या और भासा को एक ही माना गया है। वस्तुतः अनाख्याचक्र को संविच्चक्र कहने का अर्थ ही है संवित् या ज्ञान की प्रधानता। अतः प्रमाता,

---

[२४] 'व्याप्तौ' इति सार्वात्म्यप्रतिपत्त्या सर्वाक्षेपकारिणि विकाससमाधौ . . . 'सर्वात्मसंकोच' इति सर्वेणात्मना बाह्यस्य संकोचे 'नैतद्वस्तु सत् किंचित्' इति भावनायामित्यर्थः। – *तं.वि.*, ३, पृ. ६६५

[२५] सृष्टौ दश कलाः स्थितौ द्वाविंशतिर्भवन्ति शक्तयः।
एकादश संहारे त्रयोदश तास्तुरीयपर्वणि।। – *म.मं.* ३६

[२६] द्र. **शितिकण्ठ** द्वारा उद्धृत आगमः
"यदागमः
व्यापिनी सृष्टिकार्यस्था समना संस्थिता स्थितौ।
संहारे चोन्मना ज्ञेया शक्तिराद्या तु सर्वगा।।" – *म.प्र.(शिति.)*, पृ. ४२

प्रमाण और प्रमेय में प्रत्येक से सृष्ट्यादि क्रमचतुष्टय को जोड़ने पर बारह देवियाँ प्राप्त होती हैं।[२७] चूँकि ये सारी देवियाँ विचार की आन्तरिक क्रिया से एकरूप हैं, साधक में निर्विकल्प चित्, शुद्ध बोध का उदय इन्हीं की शक्ति से सम्भव होता है। *क्रमकेलि* के अनुसार अनाख्याचक्र की बारह कलाएँ हमें दूसरी तरह से भी प्राप्त होती हैं। सृष्टि, स्थिति, संहार में से प्रत्येक कृत्य की सृष्टि आदि भेद से चार-चार स्थितियाँ होती हैं।[२८]

इन द्वादश देवियों की दूसरी संज्ञा काली भी है। व्यक्ति-प्रमाता के सन्दर्भ में इनका स्मरण करणेश्वरी या इन्द्रिय-शक्तियों के रूप में भी किया गया है।[२९] इन बारह कालियों में आध्यात्मिक विकास की दृष्टि से सभी महत्त्वपूर्ण हैं। परन्तु पञ्चकृत्यपरिशीलन से जिस मध्यधाम के विकास की कल्पना की गई है, वह संहार काली से व्याप्ति की अवस्था में, अर्थात् प्रमाणगत चार कालिकाओं में ही सम्भव होता है।[३०] व्याप्ति अर्थात् सर्वात्मविकास, "यह सब मेरा है" इस प्रकार का शुद्धविकल्प, कालानलरुद्रकाली अर्थात् प्रमातृगत स्थितिस्वरूप में सम्भव होता है और अलंग्रास तथा हठपाक, जिनकी चर्चा हम आगे करेंगे, महाकाली अर्थात् प्रमातृगत संहारस्वरूप में सम्भव होता है। **क्षेमराज** ने *प्रत्यभिज्ञाहृदय* में जिस क्रम मुद्रा का उल्लेख किया है, वह इसी संवित्क्रम में ही सम्भव हो पाती है।[३१] इस अनाख्याचक्र के षोडशार, द्वादशार, अष्टार, चतुरार एवं सहस्रार इत्यादि अनुचक्रों का भी उल्लेख हुआ है, परन्तु उनके नामकरण मात्र से ही हम सन्तोष करते हैं। यह भी ध्यान देना आवश्यक होगा कि द्वादश कालियों का दो सन्दर्भों में उल्लेख हुआ है – पूजनक्रम में और संवित्क्रम में। इस सन्दर्भ में परवर्ती सम्प्रदाय के एक देश के दृष्टिकोण का उल्लेख अनावश्यक न होगा। *महानयप्रकाश* (त्रिवेन्द्रम्) के रचयिता **शिवानन्द** ने अनाख्या-चक्र में मैथुन, मद्य और मांस में लिप्त व्यक्तियों की निष्कृति मानी है :

---

[२७] स्वस्वरूपानुगुण्येन प्रत्येकं कलनावशात्।
सृष्टिस्थित्यादिभिर्भेदैश्चतुर्धा अपि ताः स्थिताः।। – *म.प्र.(त्रि.)* ६.१६

[२८] इहैकैकत्र सृष्ट्यादौ चक्ररूपता विद्यते इति श्रीक्रमकेलिक्लृप्त्या. . .। – तुलनीय *म.मं.प.*, पृ. १००

[२९] स्वात्मीया याः संवित्तय इन्द्रियवृत्तयः ता एव. . . प्रमात्रैकात्म्यम् अभिद्योतयन्त्यो देव्यः। – *तं. वि.*, ३, पृ. ६६३

[३०] प्रतिबिम्बमहाभोगमध्यभूमिविकासतः।
प्रमाणभूमिमाश्रित्य चतस्रः कालिकाः स्थिताः।। – *म.प्र.(त्रि.)* ६.४४

[३१] 'क्रममुद्रया अन्तःस्वरूपया बहिर्मुखः समाविष्टो भवति साधकः। तत्रादौ बाह्यात् अन्तःप्रवेशः, आभ्यन्तरात् बाह्यस्वरूपे प्रवेशः आवेशवशात् जायते; इति सबाह्याभ्यन्तरोऽयं मुद्राक्रमः' इति। अत्रायमर्थः – सृष्टि-स्थिति-संहृतिसंविच्चक्रात्मकं क्रमं मुद्रयति। – *प्र.हृ.(जय.)*, पृ. ६२

प्रायो हि मैथुने मद्ये मांसे च परिदृश्यते।
आसक्तिः सर्वजन्तूनाम् विशेषात् कस्यचित् क्वचित्।।

यदि तत्त्यागसंरम्भः पूर्वं तेषां विधीयते।
उपदेशो न स मनागपि चित्ते प्ररोहति।। – *म.प्र.*(त्रिवेन्द्रम्) ६.४-५

इसी प्रसंग में आगे चलकर प्रथम चार अवस्थाओं का सम्बन्ध कामियों से, द्वितीय चार का मद्यपों से और अन्तिम चार का माँसभक्षियों से जोड़ा गया है।[३२] इन्हीं का आश्रय लेकर उनके चित्त का उदात्तीकरण होता है।

शक्तिचक्रविकास के अन्तर्गत अन्तिम चक्र है भासाचक्र। **महेश्वरानन्द** के अनुसार शक्ति का वास्तविक विकास और संकोच यहीं सम्भव है। विकास में पचास मातृकाएँ और संकोच में नव चक्र (सृष्ट्यादि पाँच चक्र + मूर्तिचक्र, प्रकाशचक्र, आनन्दचक्र और वृन्दचक्र) एवं पञ्च पिण्ड का आविर्भाव होता है। इन नव चक्रों की 'पीठनिकेतन' (देह का स्थूलभाव) की ओर पञ्चवाहात्मक प्रवृत्ति होती है। 'पञ्चवाह' में परिणत होता हुआ अनुत्तर-कला में पर्यवसित विषय-जगत् पिण्ड का नाम पाता है, जो वाग्भव बीज में परिणत होता हुआ अनुत्तर-कला में पर्यवसित होता है।

इन शक्ति चक्रों को *क्रमसद्भाव* नामक आगम में पञ्चवाह-महाक्रम भी कहा गया है। सम्प्रदाय में प्रचलित योग और पूजन आदि के सन्दर्भ में प्रथम चार की पूजा को क्रमपूजा और भासाचक्र की अर्चना को अक्रमपूजा कहा गया है।[३३]

क्रम दर्शन में संवित्क्रम या पञ्चकृत्य-परिशीलन के प्रत्यय का असामान्य महत्त्व अकारण ही नहीं है। परम तत्त्व की स्वतःस्फूर्ति में केवल सैद्धान्तिक ही नहीं, वास्तविक सातत्य भी है। यह सातत्य इस क्रम-संसार में क्रमिक दशाओं में अन्तःस्यूत पारस्परिक व्याप्ति की प्रत्यभिज्ञा से ही उपलब्ध होता है। इस बात को अलातचक्र और उत्पलदलशतविदलन के रूपकों से समझाने का यत्न किया गया है। यह अन्तर्वर्ती अन्विति केवल अत्यन्त अभ्यास से या अत्यन्त तीव्र शक्तिपात से ही उपलब्ध होती है। इसका परामर्श कर लेना ही जीवन्मुक्ति

---

३२ *म.प्र.(त्रि.)* ६.३७, ४१, ४६

३३ यथा *श्रीक्रमसद्भावे*

पुरा यत्कथितं देव पञ्चवाहमहाक्रमम्।
तेषां तु क्रमराजानां सृष्टिरूपोऽग्रतः सदा।।

ततस्तु स्थितिसंहारमनाख्यं च ततः परम्।
भासाख्य च ततः पश्चात् पूजयेदक्रमक्रमम्।। – *म.मं.प.*, पृ. १०४

है।[३४] *तान्त्रिक वाङ्मय में शाक्त दृष्टि* नामक अपने विश्रुत ग्रन्थ में **कविराज जी** ने इसे तान्त्रिक पूजा का चरम आदर्श माना है।[३५]

विकल्प-संस्क्रिया का उल्लेख **अभिनवगुप्त** ने शाक्तोपाय की अन्यतम प्रक्रिया के रूप में सबसे पहले ही किया है।[३६] **भर्तृहरि** के शब्दपूर्वयोग और विज्ञानवादी बौद्धों के प्रभाव में यद्यपि इस पद्धति की अवधारणा की गई जान पड़ती है, परन्तु शाक्तोपाय की यह मौलिक पद्धति है। यह इस बात से ही प्रमाणित है कि सारी पद्धतियों के मूल में विकल्प-संस्कार की ही धारणा बीज भाव से वर्तमान है : विकल्प का बार-बार चिन्तन करते हुए अस्फुट से अस्फुटतम तक की प्राप्ति तक इस प्रकार से गुणान्तराधान करना कि निर्विकल्प की प्राप्ति हो जाए। मोटे तौर पर विकल्प-संस्कार में अस्फुट, स्फुटताभावी, प्रस्फुटन्, स्फुटतात्मक, स्फुटतर और स्फुटतम अवस्थाओं की कल्पना की गई है और इनमें प्रत्येक दो दशाओं के अन्तराल में भ्रश्यत्स्फुटत्व, ईषत्स्फुटत्व, अंकुरितस्फुटत्व, आसूत्रितस्फुटत्व और उद्गच्छत्स्फुटत्व की सम्भावना की गई है। अन्तिम स्थिति को शुद्धविद्यात्मक माना गया है और षडङ्ग योग की अन्तिम स्थिति सत्तर्क से इसका समीकरण किया गया है। विषय-बोध की 'इदम् इदम् अस्ति' से लेकर 'इदम् अहम् अस्मि' तक पहुँचने की प्रक्रिया ही विकल्प-संस्कार है। धर्म-प्रत्यभिज्ञान– "सर्वो ममायं विभवः", और धर्मि-प्रत्यभिज्ञान – "सोऽहम्", दोनों शुद्ध अनुसन्धान रूप ज्ञानों से विशुद्ध परामर्श की प्राप्ति ही निर्विकल्प स्वरूप का आसादन है। इसकी तुलना योग के प्रातिभ ज्ञान से की जा सकती है, उसी के अनुकरण पर इसे भी प्रातिभ ज्ञान कहा गया है।[३७] इसका वैशिष्ट्य यह है कि समाधि की व्युत्थानावस्था में भी स्वात्मबोध की सद्यस्कता बनी रहती है। *विज्ञानभैरवोद्योत* में इसे मध्यदशा-विश्रान्ति-संस्कार की अभिधा मिली है।[३८]

जैसा कि हम पहले कह चुके हैं कि क्रम दर्शन प्रारम्भिक अवस्था में लिङ्ग-पूजा, व्रत, क्षेत्र, पीठ, उपपीठ इत्यादि के प्रति उदासीन ही रहा, किन्तु (१) तान्त्रिक विचारधारा में पिण्ड और ब्रह्माण्ड के सामान्यतः स्वीकृत समीकरण, (२) अन्तर्याग की धारणा के प्रति पारम्परिक

---

[३४] एतत्क्रमपरामर्श एव स्वात्मविमर्शरूपो जीवन्मोक्षः। – तदेव, पृ. १०५

[३५] *तां.वा.शाःदृ.*, पृ. ६५।

[३६] *तं.* ४.२-६।

[३७] इत्थं प्रातिभविज्ञानं किं किं कस्य न साधयेत्।
यत्प्रातिभाद्वा सर्वं चेत्यूचे शेषमहामुनिः।। – *तं.* १३.१४६

[३८] *वि.भै.(उद्योत)*, पृ. ५१।

निष्ठा के कारण स्वात्मदेवता के उपास्यभाव से अंगीकरण,[३९] (३) क्रम दर्शन की करणेश्वरी चक्र के प्रति असन्दिग्ध आस्था, (४) **अभिनवगुप्त** के *देहस्थदेवताचक्रस्तोत्र* में देवताओं के अधिष्ठान रूप में देह के ग्रहण और (५) बाह्य आचार के प्रति परवर्ती सम्प्रदाय के बढ़ते हुए आकर्षण का सम्भवतः परिणाम यह हुआ कि देह ने क्रम दर्शन के समादृत साधनों में असामान्य महत्त्व ग्रहण कर लिया। परवर्ती सम्प्रदाय में प्राप्य साधना की चार परस्पर उपस्कारक पद्धतियाँ – पीठनिकेतन, वृन्दचक्र, पञ्चवाह और नेत्रत्रितय – देह को केन्द्र मानकर प्रवर्तित की गई हैं। वस्तुतः अर्चनीय देवताचक्र के रूप में प्रक्रियाएँ[४०] एक व्यापकतर प्रक्रिया का अंग हैं।[४१] इस सर्वोत्तम पूजा के सम्पादन के लिए **परिमलकार** का कहना है कि साधक को इस शरीर की क्रमशः पीठनिकेतन, वृन्दचक्र और पञ्चवाह के रूप में भावना और उपलब्धि करनी चाहिए। यह पीठ के क्रमशः स्थूल, सूक्ष्म और पर रूपों के प्रतीक हैं।[४२]

पीठनिकेतन को पीठक्रम भी कहा गया है। इनमें नव कलाएँ मानी गई हैं– प्रमाता, औन्मुख्य, इन्द्रिय रूप प्रमाण, वस्तुव्यवस्थापन रूप प्रमा और पञ्चभूतात्मक प्रमेय। सबसे पहले अपनी चिद्रूपता का परामर्श, फिर उस परामर्श की स्थिरता, तदनु उस परामर्श के उद्योग रूपी स्पन्दन का अनुवर्तन, फिर उसी में और उज्ज्वलता का आधान और अन्त में आत्म-विश्रान्ति रूप तृप्ति – इस क्रम में ये कलाएँ व्यापृत होती हैं। कुछ लोग यहाँ पीठ, श्मशान, क्षेत्रेश, मेलाप और यजन इन पाँच की स्थिति मानते हैं। इन नव कलाओं का व्योमेशी, खेचरी, भूचरी, संहारभक्षिणी और रौद्रेश्वरी रूप पञ्चवाह से अभेद है।[४३]

वृन्दचक्र का सम्बन्ध हमारे सूक्ष्म शरीर से है, जिसे काश्मीर शिवाद्वयवाद में पुर्यष्टक शब्द से अभिहित किया गया है। पीठनिकेतन का सम्बन्ध हमारे स्थूल मनोभौतिक पार्थिव शरीर से है और वृन्दचक्र का सूक्ष्म लिङ्गशरीर से। सामान्यतः मन, बुद्धि, अहंकार और पाँच तन्मात्राओं से या पञ्चप्राण, ज्ञानेन्द्रिय वर्ग, कर्मेन्द्रिय वर्ग और बुद्धि से पुर्यष्टक की रचना होती है। पुर्यष्टक का शाब्दिक अर्थ है – आठ की नगरी। वृन्द का अर्थ है समूह।[४४] वृन्दचक्र का अर्थ है समूहों का चक्र। ये समूह हैं – १६ ज्ञानसिद्धों के, २४ मन्त्रसिद्धों के,

---

[३९] स्वात्मैव देवता प्रोक्ता ललिता विश्वविग्रहा। – *उद्धृत, म.मं.प.*, पृ. ११६

[४०] *म.मं.प.*, पृ. ३६-३६।

[४१] *म.मं.प.*, पृ. ८३-८४।

[४२] इत्थं स्वदेहमेव पीठनिकेतनतया स्थूलं वृन्दचक्रात्मना सूक्ष्मं पञ्चवाहस्वभावतया परं च पीठतया पर्यालोच्य . . .। – *तदेव*, पृ. ६५

[४३] तदेव, पृ. ८५।

[४४] तदिदं समुदायपूर्वकं किल वृन्दक्रमचक्रमुच्यते। – *म.प्र.(त्रि.)* ७.२

१२ मेलापसिद्धों के और ४ शाम्भवसिद्धों के। इन्हें शाकिनी भी कहा जाता है और वृन्दचक्र को शाकिनीचक्र। इसी में यदि पञ्चवाह और रौद्रेश्वरी को जोड़ दिया जाए तो क्रम दर्शन के ७० रहस्यात्मक गूढ तत्त्वों की प्राप्ति होती है। वृन्दचक्र में सारे कर्मप्रपञ्च की विश्रान्ति मानी जाती है।[४५] वृन्दचक्र की ६४ कलाएँ वस्तुतः समस्त सविकल्प और निर्विकल्प विचार-प्रक्रियाओं की बोधक हैं। क्योंकि मन, बुद्धि और दश इन्द्रिय-वृत्तियाँ (१+१+१०=१२) जब पञ्चवाह में से प्रत्येक के सम्बन्ध में गृहीत होती हैं तो हमें ६० वृत्तियाँ और उनमें जब हम सृष्टि से अनाख्या तक का अर्थचतुष्टय जोड़ते हैं तो ६४ कलाओं की प्राप्ति होती है। भासा मानने वाले ६५ कलाएँ स्वीकार करते हैं।[४६] ये वृत्तियाँ संवित् के स्वरस से प्रवाहित हो रही हैं – यह भाव प्रत्यावृत्तिक्रम से हठपाक की प्रक्रिया के द्वारा सम्भव होता है।[४७] सृष्टि, स्थिति, संहार रूप तीनों उपाधियों का प्रशम जिस स्थिति में होता है, उसे अनाख्या कहा गया है। प्रशम दो प्रकार से सम्भव है – शान्तिक्रम से या हठपाकक्रम से। हठपाक के लिए आवश्यक अलंग्रास नामिका पद्धति का प्रयोग होता है।[४८] वस्तुतः मौलिक रूप से यह कुलदर्शन की प्रक्रिया थी, परन्तु क्रमशः मन्द शक्तिपात और तीव्र शक्तिपात के आधार पर ये प्रक्रियाएँ क्रम दर्शन में भी स्वीकृत हुईं, यहाँ तक कि क्रम दर्शन का अवान्तर सम्प्रदाय – महासाहसचर्चा सम्प्रदाय, जिसका प्रतिपादन *वातूलनाथसूत्र* में मुख्य रूप से हुआ है – इसको अपना प्राण मान बैठा।[४९] वृन्दचक्र का आठ दृष्टियों से क्रम-ग्रन्थों में प्रतिपादन हुआ है – धाम-, मुद्रा-, वर्ण-, कला-, संवित्-, भाव-, पात-, और अनिकेतन-क्रम। वर्ण के लिए मन्त्र और संवित् के लिए निरीह शब्दों का प्रयोग भी होता है।

इस क्रम में अन्तिम है पञ्चवाह के रूप में देह की पीठ के रूप में भावना। यह देह का आध्यात्मिक भावन है। इसे पञ्चवाह-क्रम के रूप में भी उपस्थापित किया गया है। ये पञ्चवाह हैं – (१) व्योमवामेश्वरी, (२) खेचरी, (३) दिक्चरी, (४) गोचरी और (५) भूचरी। महाक्रम, खचक्र, कुलपञ्चक, वामेशीचक्र और वामाचक्र – इसकी अन्य संज्ञाएँ हैं। परासंवित् मानो

---

[४५] किञ्च, श्रीमन्महार्थक्रमप्रपञ्चः सर्वोऽपि वृन्दचक्रे विश्राम्यति।– *म.मं.प.*, पृ. १८७

[४६] ताश्चतुःषष्टियोगिन्योऽभेदेन यत्र वर्तन्ते सा रौद्रेश्वरीभूमिगता पञ्चषष्टितमा. . ..सैव परधाराधिरूढा सामरस्यभूः। – *वि.भै.उ.*, पृ. ६८

[४७] संवित्स्वरसवाहित्वाच्छून्यं स्थापयितुं यथा।
तथैव हठपाकेन प्रत्यावृत्तिक्रमात्मना।। – *म.प्र.(त्रि.)* ७.३७

[४८] प्रशमश्च द्विधा शान्त्या हठपाकक्रमेण तु।।
अलंग्रासरसाख्येन सततं ज्वलनात्मना। – *तं.* ३.२६०-६३

[४९] महासाहसवृत्त्या स्वरूपलाभः। – *वा.ना.सू.* १; *वा.ना.सू.वृ.*, पृ. ३

एक बड़ी झील है, जिससे चेतना की धाराएं फूटती हैं – इस रूपक के आधार पर इन्हें 'वाह' कहा गया है।[५०] इन पञ्चवाहों के क्रम को लेकर आचार्यों में मतभेद है। स्पन्द-तत्त्व या चित्शक्ति को वामेश्वरी कहते हैं, क्योंकि यह विश्व का अन्दर-बाहर वमन करती है। जीव-प्रमाता खेचरी है, अन्तःकरण गोचरी, कर्मेन्द्रियाँ और ज्ञानेन्द्रियाँ दिक्चरी और स्थूल विषय भूचरी। इनका सम्बन्ध क्रमशः चित्, आनन्द, इच्छा और क्रिया शक्तियों से है। इसी प्रकार वाणी के सन्दर्भ में परा, सूक्ष्मा, पश्यन्ती, मध्यमा और वैखरी अथवा विमर्श, बिन्दु, नाद, स्फोट और शब्द से इनका समीकरण या पर्यायता बैठाई जा सकती है। पञ्चवाह का व्यापार द्विविध है : एक, अनुभव और उसके आदिसिद्ध आधार के विश्लेषण द्वारा अनुभूति के मूल स्वरूप की उपलब्धि कराना; और दूसरे, प्रमाता, प्रमेय और उनको जोड़ने वाला प्रमाण अनिवार्यतः परम् सत् से आभास के रूप में, फलतः उससे अभिन्न रहते हुए, प्रवाहित होते हैं – इस बात का प्रत्यभिज्ञान कराना। यही कारण है कि सारे प्रकार के आवरणों के क्षय के लिए पञ्चवाह का उपदेश किया गया है।[५१]

---

[५०] खेचर्यादिमहास्रोतोवाहप्रसरकारणे।।
स्वच्छत्वादिगुणैर्युक्ते स्वानन्दभरिते ह्रदे। – *शि.सू.वा. (वरद.)* ३.६१-६२

[५१] एतस्य ज्ञप्तिमात्रेण देहाद्यावरणक्षयः।
पूजनेन तु संरूढिरतः पूज्यतमं हि तत्।। – *म.प्र.(त्रि.)* ३.१३०

६

पाशुपत दर्शन एवं नकुलीश पाशुपत दर्शन
एक तुलनात्मक अनुशीलन

पाशुपत दर्शन

पाशुपत दर्शन का आज दार्शनिक से अधिक ऐतिहासिक महत्त्व रह गया है। **डॉ. पाण्डेय** ने यह बात सप्रमाण सिद्ध करने की चेष्टा की है कि पाशुपत दर्शन और नकुलीश पाशुपत दर्शन दोनों भिन्न हैं, यद्यपि दोनों की पदार्थमीमांसा में इस अर्थ में आपातिक साम्य है कि दोनों पाँच पदार्थ मानते हैं और उनके नाम भी एक हैं – (१) कारण, (२) कार्य, (३) योग, (४) विधि और (५) दुःखान्त।[1] यह विशेष देखने की बात है कि **शंकर** ने *ब्र.सू.* २.२.३७ के अन्तर्गत जिन माहेश्वरों की आलोचना की है, वे भी यही पाँच सिद्धान्त मानते हैं। इस आधार पर **दासगुप्त** का विचार है कि ये पाशुपत और नकुलीश पाशुपत एक ही हैं। यह धारणा थोड़ी चिन्त्य मालूम होती है, क्योंकि नकुलीश पाशुपत के मन्तव्य द्वैताद्वैतवाद के काफी निकट हैं जबकि पाशुपत सम्प्रदाय द्वैतवाद के निकट है। एक तो, **श्रीकण्ठ** अपने *भाष्य* से सम्बन्धित पुष्पिका में इस अधिकरण का नाम "नकुलीश-पाशुपताधिकरण" न मानकर "पाशुपताधिकरण" मानते हैं; और दूसरे, **शंकर** व उनके टीकाकारों में उपलब्ध सामग्री में ईश्वर को निमित्तकारण मानकर उसे उपादानकारण, अर्थात् प्रकृति, से भिन्न माना गया प्रतीत होता है। प्रकृति को उपादान मानने का कारण यह है कि **वाचस्पति** और **आनन्दगिरि** 'महदादि' (महत् से पृथ्वी पर्यन्त तत्त्व) को द्वितीय पदार्थ 'कार्य' के अन्तर्गत ग्रहण करते हैं। 'महदादि' को 'कार्य' मानने से इतना तो स्पष्ट है कि नकुलीश पाशुपत में कार्य की धारणा से यह नितान्त भिन्न है, क्योंकि वहाँ कार्य के अन्तर्गत तीन गौण तत्त्व – विद्या, कला और पशु – स्वीकार किए जाते हैं और फिर कला के अन्तर्गत महदादि का ग्रहण होता है। दूसरे शब्दों में महदादि को नकुलीश दर्शन में कार्य किसी रूप में स्वीकार नहीं किया गया है। ***सर्वदर्शनसंग्रहकार*** ने नकुलीश

---

* अपने मूलरूप में *शोध-प्रभा* (लालबहादुरशास्त्री केन्द्रीय संस्कृत विद्यापीठ की त्रैमासिक शोधपत्रिका), डॉ. राजेन्द्रप्रसाद-जन्मशताब्दी स्मृति अंक, १६८५ (पृ. १८६-६२) में प्रथमतः प्रकाशित।

[1] *पाशुपतसूत्र* १.१ पर *कौण्डिन्य-भाष्य* तथा *गणकारिका* ६ पर *रत्नटीका*।

पाशुपत की 'अन्य' दर्शन से तुलना करते हुए पाँच पदार्थों की मान्यता में मौलिक अन्तर का निर्देश किया है। यह 'अन्य' दर्शन पाशुपत के अलावा और कोई इसलिए नहीं हो सकता, क्योंकि नकुलीश के अतिरिक्त पाशुपत दर्शन ही ऐसा है जो वही पाँच तत्त्व स्वीकार करता है। ये भिन्नताएँ इस प्रकार हैं –

१. पाशुपत दर्शन में दुःखान्त का अर्थ है दुःखनिवृत्ति, जबकि नकुलीश पाशुपत में ईश्वरभाव की प्राप्ति दुःखान्त है।

२. पाशुपत दर्शन में कार्य उत्पत्ति के पूर्व असत् रहता है, अर्थात् अनित्य है (अर्थात् महदादि की उत्पत्ति होती है – दूसरे शब्दों में तत्त्व सांख्य के हैं, प्रक्रिया न्याय की); जबकि नकुलीश पाशुपत में नित्य पशु आदि (आदि का अर्थ है कला और विद्या?) कार्य हैं।

३. पाशुपत में कारण, सापेक्ष है अर्थात् ईश्वर निमित्तकारण है और लोक के कर्मों पर आश्रित है, जबकि नकुलीश में निरपेक्ष अर्थात् ईश्वर कर्मों से निरपेक्ष रहकर इच्छा-सृष्टि कर सकता है।

४. पाशुपत में योग का फल है कैवल्य अर्थात् जीव का केवलीभाव, जबकि नकुलीश में पारमैश्वर्य की प्राप्ति है।

५. पाशुपत में विधि का फल है पुनरावृत्ति वाला स्वर्ग, जबकि यहाँ फल है पुनरावृत्तिरहित ईश्वर का सामीप्य।[२]

'अन्यत्र' कहकर यहाँ पर जिन धारणाओं का उल्लेख किया गया है, वे *भामती* में उद्दिष्ट माहेश्वरों की विशेषताओं से लगभग मिलती हैं। यदि हम गौर से देखें तो मोक्ष, कार्य और कारण आदि की धारणाओं में न्याय और वैशेषिक की धारणाओं से पर्याप्त साम्य मिलता है और हम देख चुके हैं कि नैयायिक और वैशेषिक दोनों आस्था की दृष्टि से पाशुपत शैव ही सिद्ध होते हैं।[३]

---

[२] अन्यत्र दुःखनिवृत्तिरेव दुःखान्तः, इह तु पारमैश्वर्यप्राप्तिश्च। अन्यत्र अभूत्वा भावि कार्यम्, इह तु नित्यं पश्वादि। अन्यत्र सापेक्षं कारणम्, इह तु निरपेक्षो भगवानेव। अन्यत्र कैवल्यादिफलको योगः, इह तु पारमैश्वर्यदुःखान्तफलकः। अन्यत्र पुनरावृत्तिरूपस्वर्गादिफलको विधिः, इह पुनः पुनरपुनरावृत्तिरूपसामीप्यादिफलकः। – *स.द.सं.*, पृ. १७१

[३] दोनों – पाशुपत और लकुलीश पाशुपत – की भिन्नता **भासर्वज्ञ** की *गण-कारिका* की *रत्नटीका* के इस कथन से भी प्रमाणित होती है – "तथा हि शास्त्रान्तरे दुःखनिवृत्तिरेव दुःखान्तः, इह तु पारमैश्वर्यप्राप्तिश्च" (*गणकारिका*, पृ. १४-१५) इत्यादि। *रत्नटीका* का यह मन्तव्य *सर्वदर्शनसंग्रह* के उपर्युक्त उद्धरण से तुलनीय है।

इससे यह तो निर्भ्रान्त रूप से कहा जा सकता है कि कार्य और कारण, निमित्त और उपादान आदि के भेद के कारण पाशुपत मत द्वैतवादी है। इस बात की पुष्टि इस बात से भी होती है कि *ब्रह्मसूत्र* के दो भाष्यकारों, **श्रीकण्ठ** और **श्रीकर**, जो द्वैतमत के घोर आलोचक हैं, का कहना है कि *ब्रह्मसूत्र* में **बादरायण** जिस शैव मत की आलोचना कर रहे हैं, वह द्वैतवादी शैवमत है। सामग्री के अभाव में पाशुपत सम्प्रदाय के सम्बन्ध में हमारे ज्ञान की सीमा यहीं तक है।

नकुलीश पाशुपत

नकुलीश या लकुलीश पाशुपत दर्शन ज्ञात शैव दर्शनों में ऐसा है, जिसकी प्राचीनता के बारे में पुष्ट ऐतिहासिक प्रमाण उपलब्ध हैं। **माधव** अपने *सर्वदर्शनसंग्रह* में स्वयं **लकुलीश** कृत *पाशुपतसूत्र* और उस पर **राशीकर** के *भाष्य* का उल्लेख करते हैं। **दासगुप्त** ने **राशीकर** और **कौण्डिन्य** को एक ही माना है। **माधव** द्वारा दिए गए उद्धरण प्रकाशित *कौण्डिन्यभाष्य* में प्राप्त होते हैं। **डॉ. पाण्डेय** ने **चन्द्रगुप्त द्वितीय** के मथुरा स्तम्भ-लेख और सोमनाथ के शिलालेख एवं पुराणादि से प्राप्त सामग्री के आधार पर **लकुलीश** का समय ईसा की दूसरी शताब्दी निश्चित किया है।[४] उनके अनुसार **लकुलीश** की दो शिष्य-परम्पराएँ थीं, जो **गार्ग्य** और **कौशिक** से प्रारम्भ हुई थीं। इसमें से एक मथुरा जाकर बस गई थी और दूसरी सोमनाथ। इस सम्प्रदाय की परम्परा चौदहवीं शताब्दी तक तो निश्चय ही चली। **भासर्वज्ञ** की *गणकारिका* और उस पर अज्ञात लेखक की *रत्नटीका* इसके प्रमाण हैं। **डॉ. पाण्डेय** ने *गणकारिका* के सम्पादक श्री **दलाल** का अनुसरण करते हुए *यमप्रकरण* और **विशुद्धमुनि** के *आत्मसमर्पण* को भी इसी सम्प्रदाय का ग्रन्थ स्वीकार किया है। **माधव** ने **कौण्डिन्य** के *पञ्चार्थभाष्य* पर *दीपिका* नामक एक वृत्ति का ("तत्रप्रपञ्चस्तु पञ्चार्थभाष्यदीपिकादौ द्रष्टव्यः", पृ. १२८) और किसी **हरदत्ताचार्य** ("तदाह हरदत्ताचार्य":, पृ. १६२) का भी उल्लेख किया है। **दासगुप्त** और **पाण्डेय**[५] दोनों इनकी चर्चा नहीं करते। **माधव** के काल तक यह परम्परा अप्रतिहत चलती आई है, इस बात का प्रमाण 'आचार्यों' और 'सम्प्रदायविदों' के उद्धरणों से मिल जाता है।

लकुलीश पाशुपत सम्प्रदाय एक प्रकार से वैदिक और शैव दोनों परम्पराओं की सन्धि-रेखा पर अवस्थित है। *यजुर्वेद* के *तैत्तिरीय* आरण्यक के दसवें अनुवाक, जिसे आज

---

[४] *भास्करी*, भा.३, भूमिका, पृ. २८-३१

[५] **हरदत्ताचार्य** के विषय में **डॉ. पाण्डेय** ने अपने विचार आगे चलकर अन्यत्र *शैवदर्शनबिन्दु*, पृ. ३१ पर प्रकट किए हैं।

हम *याज्ञिकी* या *नारायण-उपनिषद्* के नाम से जानते हैं, पर भाष्य करते हुए **सायण** ने दोनों परम्पराओं के प्रभूत साम्य का निर्देश किया है। यह बात महत्त्वपूर्ण है कि जहाँ **सायण** वेदभाष्यों के यशस्वी भाष्यकार हैं, वहाँ उनका नाम *सर्वदर्शनसंग्रह* के सह-रचनाकार के रूप में भी साथ जोड़ा जाता है। यह भी विचित्र बात है कि स्वयं **लकुलीश** भी इस उपनिषत् के कई मन्त्रों को उद्धृत करते हैं और कहीं-कहीं पर उसमें परिवर्तन भी करते हैं।[६] तुलनात्मक भारतीय दर्शन के भावी अध्येताओं के लिए इस क्षेत्र में गवेषणा की काफी गुंजाइश है।

नकुलीश पाशुपत दर्शन के सारे दार्शनिक सिद्धान्त उसकी पदार्थ-मीमांसा के माध्यम से पल्लवित हुए हैं। यहाँ पदार्थ योजना के पाँच पदार्थ वही हैं, जो पाशुपत दर्शन में – (१) कार्य, (२) कारण, (३) योग, (४) विधि और (५) दुःखान्त, किन्तु उनकी परिभाषाएँ दूसरी हैं और उस नाते तत्त्व दर्शन में भी भेद है। इस विषय पर पाशुपत दर्शन के अन्तर्गत विचार कर चुके हैं।

इन पाँच पदार्थों को पञ्चार्थ कहा गया है। इनमें पहले दो – कार्य और कारण, दूसरे शब्दों में पशु और पति, दार्शनिक पदार्थ हैं, जबकि अन्य तीन धार्मिक। ईश्वर कारण है। सत् और आद्य है। वह नित्य है, किन्तु मुक्ति में होने वाली नित्यता से उसकी नित्यता इस अर्थ में भिन्न है कि उसका न तो आदि है न अन्त, जबकि मुक्ति में आदि तो है परन्तु अन्त नहीं। वह पशु, कला और विद्या का उद्भवस्थानीय होने के नाते कारण कहा गया है।[७] वह जगत् का उपादान और निमित्तकारण दोनों हैं। वह केवल कार्यों का उत्पादन ही नहीं करता, अपितु उन पर अनुग्रह भी करता है। अपनी दृक् और क्रिया शक्ति से पशुओं में व्याप्त रहता है। सच पूछिए तो उसी की इच्छा के प्रताप से पशुओं का सांसारिक व्यक्तित्व – शरीर से सम्बन्ध, प्रवृत्ति और निवृत्ति – जन्म लेता है। जगत् के सम्बन्ध में इनकी प्रवृत्ति उसकी सहज क्रियाशीलता या अनुग्रहशीलता का परिणाम है।

दूसरे तत्त्व को कार्य या द्रव्य[८] कहा गया है। यह एक प्रकार का त्रिक है, जिसके अन्तर्गत व्यक्ति, प्रमाता का ज्ञान ("पशुगुणो विद्या") और उस ज्ञान के साधन (कला) आते हैं। इन्हें कार्य उपचारतः कहा गया है। अर्थात् होने के कारण ये 'कार्य' या 'उत्पाद्य' नहीं हैं, अपितु परमेश्वर की इच्छा से नियन्त्रित होने के कारण कार्य हैं। अर्थात् ईश्वर कलाओं (पञ्चभूतों) का पदार्थों और अहंकार, बुद्धि आदि से कार्य एवं कारण के रूप में संयोग करता है। यह

---

[६] **पाण्डेय** ने इस साम्य-वैषम्य का पर्याप्त अध्ययन किया है। देखिए *भास्करी,* भा.३, भूमिका, पृ. २८-२९, ६२-६७।

[७] *पाशुपतसूत्र* १.४४; **पाण्डेय** द्वारा उद्धृत, उपर्युक्त पृ. १२०, पादटिप्पणी ४।

[८] *गणकारिका* ५; द्रष्टव्य *रत्नटीका,* पृ. ८ भी।

बात इससे और स्पष्ट हो जाएगी कि इनमें सांख्य की प्रकृति और विकृति के अलावा पुरुष, जो इन दोनों से भिन्न है, भी शामिल है। इस दृष्टि से सब कुछ उस ईश्वर की शक्ति में वर्तमान है। सृष्टि का अर्थ है इच्छास्थित पदार्थ का और बाह्य पदार्थों का एक अवयवी के रूप में स्थूलीकरण ("वृत्तिलाभश्चोत्पत्तिरित्युच्यते" – *पञ्चार्थभाष्य,* पा.सू.२.५, पृ. ६०)। कार्य और कारण में वृत्ति-संकरता नहीं है। इस प्रकार कारण-कार्य का सहभाव होने पर भी ऐकात्म्य नहीं है। दोनों में एक बात को लेकर साम्य है कि ईश्वर या पति जहाँ सर्वव्यापक है, पशु की व्याप्ति अपने अधीन २५ तत्त्वों में है। ये सांख्य से लिए गए हैं और जिनमें से प्रत्येक ऊपर वाला तत्त्व अपने से नीचे आने वाले समस्त तत्त्वों में व्याप्त है। सिद्ध के अतिरिक्त सारी जीवात्माएँ पशु हैं, पाश्य होने के कारण। पाश की धारणा यहाँ मल की शब्दावली में की गई है। पाँच प्रकार के मलों में पशुत्व मुख्य मल है, जो सांसारिक बन्धन का कारण है और जो मुक्तावस्था के सर्वज्ञत्व और सर्वकर्तृत्व के अभाव का वाचक है।

पाशुपत सूत्रों में से प्रथम है – "अथातः पशुपतेः पाशुपतं योगविधिं व्याख्यास्यामः", जो हमें तीसरे तत्त्व की महत्ता का संकेत देता है। आत्मा और ईश्वर के संयोग का नाम है योग ("आत्मेश्वरसंयोगो योगः"[९])। योग की यह धारणा हमें पाशुपत मुक्ति की धारणा, जो सायुज्य मुक्ति की धारणा है, तक पहुँचा देती है। किन्तु यह सायुज्य **रामानुज** और **आनन्दतीर्थ** के 'दासत्व' अर्थात् 'परतन्त्रत्व' से भिन्न है। यह योग दो प्रकार का है – क्रियालक्षण और क्रियोपरमलक्षण। जैसा कि नाम से स्पष्ट है कि प्रथम प्रकार क्रिया या साधना का आश्रय लेकर चलता है, दूसरे का सम्बन्ध केवल मानसिक ध्यान से है। जैसा कि हम अन्यत्र उल्लेख कर चुके हैं कि यहाँ योग का अभिप्राय चित्तवृत्ति के निरोध से न होकर चित्त के ईश्वर के साथ 'निरन्तर सायुज्य' से है।[१०]

यह योग 'विधि' या 'योगविधि' से सम्भव है। विधि का तात्पर्य प्रायः उसी से है जिसे सामान्यतः तन्त्रों में चर्यापक्ष कहा गया है। इसमें तापस जीवन, भक्तिपूर्ण क्रियाएँ, उपासना और इन्द्रियनिग्रह आदि अन्तर्भूत हैं। इन्द्रियनिग्रह का अर्थ है इन्द्रियों का ईश्वर में विनियोजन।

पञ्चम पदार्थ है 'दुःखान्त', जो आपाततः निषेधात्मक होते हुए भी स्वरूपतः भावात्मक है। दुःखान्त को **माधव** ने पारमैश्वर्य-प्राप्ति के रूप में निरूपित किया है। पारमैश्वर्य-प्राप्ति तादात्म्यमूलक न होकर सायुज्यमूलक है। अर्थात् जीव मुक्त होकर ईश्वर नहीं बन जाता,

---

[९] *पञ्चार्थ-भाष्य (पाशुपतसूत्र),* पृ. ६।

[१०] साक्षाद् रुद्रेण सह संयोगः सायुज्यम्। . . . योगस्य सम्यक्त्वं सायुज्यमिति योगपर्यायोऽवगम्यते।
– तदेव, पृ. १३१ (*पा.सू.५.३३*)

परन्तु ईश्वर के गुणों – ऐश्वर्य और ज्ञातृत्व, को प्राप्त कर लेता है। दुःखान्त दो प्रकार का है – अनात्मक और सात्मक। प्रथम है दुःखों का उच्छेद रूप, और द्वितीय है ज्ञानशक्ति और क्रियाशक्ति रूप ऐश्वर्य की प्राप्ति।[११] वस्तुतः यह मोक्ष का दूसरा रूप है जो पाशुपत को आकर्षित करता है। इसलिए मुक्त का अर्थ योग या न्याय का दुःखहीन नहीं है, अपितु सर्वज्ञ और स्वतन्त्र है। सर्वज्ञता और स्वातन्त्र्य का जीव के सन्दर्भ में अर्थ है कि दुःख और काल के अंकुश से परे चले जाना।

इस सम्बन्ध में विशेष रूप से ध्यान देने की बात यह है कि मुक्ति ज्ञान से नहीं बल्कि अनुग्रह से सम्भव मानी गई है।[१२] योग का काम एक प्रकार से अनुग्रह की पात्रता को उत्पन्न करना है। पूर्ण आत्मसमर्पण मुक्ति का द्वार है। ईश्वर का स्वातन्त्र्य इसी अर्थ में है कि वह मुक्ति के लिए जीव के कर्मों पर निर्भर नहीं करता।[१३] ईश्वर का स्वातन्त्र्य इस अर्थ में सीमित है कि वह मुक्तात्मा को फिर से बन्धन में नहीं डाल सकता। दूसरे, कार्य और कारण चूँकि पृथक् हैं और जगत् नित्य है, अतः अनुग्रह का अर्थ रह जाता है भिन्न-भिन्न अवयवों में एक उपयुक्त क्रम में उचित सामञ्जस्य या सम्बन्ध को सम्भव बनाना।

नकुलीश पाशुपत प्रमाणों की सांख्यसम्मत योजना को स्वीकार करता है, यद्यपि दोनों जगह की परिभाषाओं में अन्तर है। प्रत्यक्ष को लेकर यहाँ पर एक नई शब्दावली का प्रयोग किया गया है[१४] – इन्द्रिय-प्रत्यक्ष और आत्म-प्रत्यक्ष के रूप में। प्रथम में जहाँ इन्द्रिय और अर्थ का सन्निकर्ष है, दूसरे में चित्त और अन्तःकरण का। चित्त यहाँ पर अन्तःकरण का पर्याय नहीं है, अपितु वह पशु की स्वयंप्रकाश चेतना का प्रतीक है।

यद्यपि भारतीय दर्शन के आधुनिक इतिहासों में शैव परम्परा के इस अंग की ओर नगण्य ध्यान दिया गया है और इसकी सामग्री भी आज विशेष उपलब्ध नहीं है, फिर भी हम देखेंगे कि शैव दर्शन के अवधारणागत विकास में इस सम्प्रदाय का बड़ा महत्त्व है और इसी कारण हमने यहाँ पर इस ओर ध्यान आकृष्ट करने की चेष्टा की है।

उपर्युक्त विवेचन से एक बात और स्पष्ट होती है कि तन्त्रों में अनुग्रह की धारणा सर्वत्र

---

[११] तत्र दुःखान्तो द्विविधः – अनात्मकः सात्मकश्चेति। तत्रानात्मकः सर्वदुःखानामत्यन्तोच्छेदरूपः। सात्मकस्तु दृक्क्रियाशक्तिलक्षणमैश्वर्यम्। – *स.द.सं.*, पृ. १६५-६६।

[१२] तस्मात्प्रसादात् स दुःखान्तः प्राप्यते, न तु ज्ञानवैराग्यधर्मैश्वर्यत्यागमात्रादित्यर्थः। – *पा.सू.* (*पञ्चार्थभाष्य*), पृ. ६

[१३] कर्मकामिनश्च महेश्वरम् अपेक्षन्ते, न तु भगवान् ईश्वरः कर्म पुरुषं वापेक्षते। अतो न कर्मापेक्ष ईश्वरः। – तदेव २.६, पृ. ६०

[१४] तदेव, पृ. ७।

दिखाई देती है और यह धारणा ईश्वर के स्वातन्त्र्य में निहित है। आगे चलकर आगमिक दर्शनों में इस धारणा का और विकास हुआ है। स्वातन्त्र्य की धारणा का अर्थ है सृष्टि की प्रयोजनवादी धारणा का भङ्ग्यन्तर से निषेध, क्योंकि प्रयोजन-पारतन्त्र्य भी स्वातन्त्र्य के साथ सामञ्जस्य नहीं बिठा पाता। इसलिए ईश्वर को क्रीडाशील और सृष्टि को उसकी क्रीडा के रूप में लिया गया है। काश्मीर शिवाद्वयवाद में इस धारणा का चरम परिपाक मिलता है। स्वातन्त्र्य और उसकी अभिव्यक्ति के प्रकार के रूप में अनुग्रह एक अर्थ में कर्म-सिद्धान्त की धारणा को निरर्थक बना देता है, क्योंकि यदि सृष्टि के पीछे ईश्वर का कोई प्रयोजन नहीं है, तो अपनी इच्छा और उसके फल के मध्य कर्म का व्यवधान वह क्यों सहे। कर्मानपेक्ष होने का यही अर्थ है। स्वातन्त्र्य की धारणा को यदि उसकी तार्किक परिणति पर लाया जाए तो स्वातन्त्र्य का अर्थ होना चाहिए द्वैत तक का निषेध। परन्तु यहीं पर लकुलीश पाशुपत का सिद्धान्त रुकता है। चूँकि यह ईश्वर से पृथक् अन्य पदार्थों की सत्ता स्वीकार करता है और कारण-कार्यभाव की अलङ्घनीयता प्रतिपादित करता है, अतः उसे 'यौक्तिक स्वेच्छावाद' (रैशनलिस्टिक् वालंटरिज़्म) कहा जा सकता है। इसका अर्थ इतना ही है कि कार्य कारण पर आश्रित है। अर्थात् पृथक् होने पर भी कार्य कारण पर निर्भर है। ईश्वर की सर्वव्यापकता का यही अर्थ है।

इसी प्रकार लकुलीश शैवमत शुद्ध प्रत्ययवाद भी नहीं है, क्योंकि भूत पदार्थ अचित् है और चित् से भिन्न है किन्तु ईश्वर में वह शक्ति रूप से अधिष्ठित या वर्तमान है। पति के पतित्व का यही अर्थ है कि जगत् और जीवात्मा के भिन्न होने पर भी उनका पति में अधिष्ठित रहना, जैसे कि तारे आकाश में, बीज पृथ्वी में और ऊष्णता अग्नि में रहती हैं। डॉ. पाण्डेय की दृष्टि में इसे एक प्रकार के द्वैताद्वैतवाद से समीकृत किया जा सकता है,[१५] जबकि दासगुप्त की दृष्टि में यह एकेश्वरवाद (मोनोथीइज़्म) है, अभेदवाद (मोनिज़्म), सर्वेश्वरवाद (पैनथीइज़्म) तथा ईश्वरस्थसर्ववाद (पैनेनथीइज़्म) नहीं।[१६] दार्शनिक शब्दाडम्बर को यदि छोड़ दिया जाए तो यह निःसन्देह कहा जा सकता है कि नकुलीश पाशुपत के द्वैतवादी होने पर भी उसका सैद्धान्तिक स्थान उस द्वैत को लाँघकर उससे परे जाने की ओर है।

यह बात ध्यातव्य है कि शैव दर्शन होने पर भी यह ब्राह्मण-परम्परा का दर्शन प्रतीत होता है, कम-से-कम अपने प्रारम्भ में अवश्य ऐसा रहा होगा। क्योंकि पाशुपत साधु के लिए ब्राह्मण होने का विधान किया गया है, स्त्री और शूद्र में उपदेश तक की पात्रता नहीं मानी

---

[१५] *भास्करी,* भा.३, पृ. ६५ और ११६।

[१६] *हिस्ट्री.,* भा.५, पृ. १४२ (अंग्रेज़ी संस्करण)।

गई है।[१७] किन्तु इसके भावी विस्तार के क्रम में चर्यांश के अन्तर्गत ऐसी बातों का प्रवेश हो गया है जो प्रकृति में शैव हैं या वेदबाह्य हैं। इन सीमाओं के बावजूद यहाँ काश्मीर शिवाद्वैत और द्वैत शैवसिद्धान्त की अनेक धारणाओं का, जो वस्तुतः एक प्रकार से तान्त्रिक परम्परा के अंग हैं, पूर्वाभास अपने तान्त्रिक रूप में नहीं, बल्कि विशुद्ध दार्शनिक रूप में पाते हैं। इनमें पञ्चकृत्य, परमतत्त्व की क्रीडाशीलता, अनुग्रह-स्वातन्त्र्य, तत्त्वों में अधोमूला क्रमिक व्याप्ति और पञ्चकों की धारणा का नाम लिया जा सकता है।

[१७] तदेव, पृ. १३४।

७

काश्मीर के अद्वैत शैव तन्त्रों में सामाजिक समता

एक बात हमें ईमानदारी से स्वीकार करनी होगी कि सामाजिक समता के सिद्धान्त का पल्लवन भारतीय दर्शन में उस रूप में नहीं हुआ है, जिस रूप में पाश्चात्य दर्शन या आज का विवेच्य विषय हमसे अपेक्षा करता है। शायद इसका कारण यह है कि दर्शन किसी भी समाज के व्यापकतर सांस्कृतिक व्यापार का अङ्ग है, उसका पर्याय नहीं, और इस रूप में वह उस संस्कृति के अवचेतन में छिपे चरम मूल्य को ही प्रतिबिम्बित करता आया है। मोक्ष की धारणा, उसके स्वरूप को लेकर हम चाहे जितना झगड़ते क्यों न आए हों, भारतीय दर्शन की धुरी रही है और यह साधनात्मक स्तर पर एक नितान्त वैयक्तिक, समाजोत्तीर्ण 'अत्याश्रमी' प्रक्रिया रही है। धर्मशास्त्रों में चर्चित तीन पुरुषार्थों का केन्द्र जहाँ समाज रहा है, वहाँ मोक्ष समाज से हटकर व्यक्ति पर केन्द्रित हो गया है, भले ही वह मुक्त व्यक्तित्व कितना ही व्यापक और सर्वाङ्गीण माना जाए। ऐसा लगता है कि सामाजिक समता के लिए यदि हम धर्मशास्त्रों से नितान्त व्यतिरिक्त रूप में दर्शन को लें तो समता की समस्या का सन्दर्भ ही नहीं बनता है। अध्ययन की वस्तुनिष्ठ पद्धति का आश्रय लेने पर हम पाते हैं कि समता की बात जहाँ आई है, वहाँ वह आनुषंगिक बनकर आई है और वहाँ भी तात्त्विक या दार्शनिक आयाम ही अधिक उभरे हैं, सामाजिक नहीं।

कटे हुए सन्दर्भ में विचार करना दुस्तर भी है और शायद असार्थक भी। अतः सन्दर्भ की पूर्णता के लिए आवश्यक है कि समस्या को उसके सम्पूर्ण सांस्कृतिक सन्दर्भ में उठाया जाए। इसके लिए आवश्यक होगा कि दर्शन को हम उसके सांस्कृतिक या ऐतिहासिक गतिशास्त्र की दृष्टि से देखें। सामाजिक समता का प्रश्न सामाजिक व्यवस्था और उससे भी अधिक हमारे सांस्कृतिक अवचेतन से जुड़ा हुआ है। सामाजिक व्यवस्था और सांस्कृतिक अवचेतन की पारस्परिकता में सहजता की मात्रा से सामाजिक समता की गति निर्धारित होती है।

---

* मूलरूप में यह लेख सम्पूर्णानन्द संस्कृत विश्वविद्यालय, वाराणसी द्वारा आयोजित "भारतीय चिन्तन की परम्परा की नवीन सम्भावनाएँ" शीर्षक परिचर्चा के अन्तर्गत 'सामाजिक समता' को समर्पित द्वितीय परिसंवाद में पढ़ा गया था। *परिसंवाद-२* शीर्षक से प्रकाशित, १९८१ (पृ. २६४-७३)।

विश्व का इतिहास इस बात के लिए संस्कृति-पुरुष **मनु** का ऋणी रहेगा कि उन्होंने भारतीय समाज को एक यथाशक्य सम्पूर्ण व्यवस्था दी। इसमें समाज, व्यक्ति तथा उसके सम्बन्ध को निर्धारित करने वाले मूल्यों का इस प्रकार सामञ्जस्य किया गया, जिससे कि भारतीय समाज में ऐतिहासिक कालानुरोध से आने वाली विकृतियों का परिहार होता रहे और समाज का प्रातिस्विक निर्बन्ध प्रवाह अखण्ड चलता रहे। इसका मूल कारण यह था कि जीवन को उसकी सम्पूर्ण विविधता और वैचित्र्य में स्वीकार करने की प्रवृत्ति। इसे हम जीवन-स्वीकरण दृष्टि (लाइफ़-अफ़र्मिङ् ऍटीट्यूड) कह सकते हैं। परन्तु यह विरोधाभास ही कहा जाएगा कि मोक्ष, जिसमें वर्णाश्रम व्यवस्था के सिरजनहारों ने जीवित व्यक्तित्व के सम्पूर्ण और चरम उन्मेष की पराकाष्ठा मानी थी, अपने समाजोत्तीर्ण और आपाततः वैयक्तिक आग्रहों के कारण पूरे जीवन की कीमत पर, न कि जीवन की गतिशीलता के सहज परिपाक के रूप में, दर्शन में समादृत हुआ और आस्तिक दर्शनों में मोक्ष के जीवन-विरोधी या जीवन-निषेधी रूप का वरण हुआ। सामाजिक सन्दर्भ के अभाव में जीवन का चूँकि कोई अर्थ नहीं, अतः सामाजिक सन्दर्भ अपने आप कटता गया।

इस सामाजिक सन्दर्भ को फिर से प्रतिष्ठित किया नास्तिक दर्शन ने (नास्तिक यहाँ व्यापक सन्दर्भ में प्रयुक्त हुआ है – आस्तिकेतर के अर्थ में, केवल श्रमण या जैन परम्परा के अर्थ में नहीं) मोक्ष को जीवन से जोड़कर। मोक्ष को जीवन की ही व्यापक प्रक्रिया का पार्यन्तिक अवयव या अवस्था मानकर। अतः जीवन-निषेध की आन्तरालिक दृष्टि जीवन-अंगीकरण की दृष्टि के रूप में फिर से कुछ क्षेत्रों में प्रतिष्ठित हुई। जीवन-अंगीकरण के इस पुनरभियान से हम सामाजिकता से जुड़े और समता की समस्याओं को एक सन्दर्भ प्राप्त हुआ। परन्तु सामाजिकता से जोड़ की यह प्रक्रिया कई रूपों में चरितार्थ हुई, और कई कठिनाइयाँ भी सामने आईं। श्रमण और जैन परम्परा में जीवन-निषेध और जीवन-अङ्गीकरण का यह विरोधाभास खुलकर सामने आया। सामाजिक स्तर पर समता, परम करुणा और संघीय जीवन के न केवल उपदिष्ट वरन् व्यवहृत आदर्शों के बाद भी मोक्ष का स्वरूप मूलतः जीवन-निषेधात्मक ही रहा और परम कारुणिक **तथागत** के निर्वाण और *अभिज्ञानशाकुन्तल* के 'नेत्रनिर्वाण' में प्रयुक्त निर्वाण का अन्तर गहराता ही गया। एक तरह से यह वर्णाश्रम व्यवस्था के चरम मूल्य के स्वीकार के साथ उसकी सम्पूर्ण प्रक्रिया या आधार का निषेध था। तन्त्र परम्परा में जीवन का अङ्गीकरण ज्यादा सार्थक स्तर पर हुआ। जीवन और मोक्ष के तथाकथित द्वैत का परिहार करते हुए यह प्रयास, साफ़ चेतन स्तर पर, किया गया कि मोक्ष को जीवन की चरम परिणति – सहज और स्वाभाविक – माना जाए। परन्तु कहीं-कहीं पर इस ज्वार का उन्मेष आपाततः समाज-विरोधी रूप में हुआ, अतः समाज में व्यापक स्तर पर इसकी प्रतिष्ठा में अक्सर बाधाएँ आती रहीं। भागवत, भक्त और सन्त आन्दोलनों की

तमाम मिली-जुली परम्पराओं में भी मनुष्य की आस्थाओं को एक आशामय उपलब्धिमान् आलम्बन देने की चेष्टा की गई और मोक्ष यहाँ जीवन के आनन्द का पुंजीभूतरूप बनकर आया। पर जहाँ इस आन्दोलन ने सामाजिकता और लोकानुकूलन के क्षेत्र में अनेक सम्भावनाएँ दीं, वहाँ आत्मसंकुलन की प्रवृत्ति ने इसे केन्द्राभिसारी और आत्मपरितुष्ट ही बने रहने दिया। इसके अतिरिक्त इन सभी धाराओं और प्रयासों की एक मौलिक कठिनाई यह रही कि इनमें से कोई भी धारा एक स्थानापन्न लोक-व्यवस्था नहीं दे सकी। अर्थात् जीवन-निषेध का यह विरोध एक ऐसे वृत्त के रूप में आया, जिसमें केन्द्र और परिधि तो नयी थी, लेकिन बीच में आन्तरिक सत्त्व (कॉन्टेन्ट) कुछ भी नया नहीं था। अर्थात् समाज के उसी मूलभूत ढाँचे के अङ्गीकरण का अर्थ हुआ कि व्यवस्थागत विकृतियाँ और असामाजिकता की ऐतिहासिक प्रकृति में मौलिक की जगह आपातिक परिवर्तन ही हो पाए। अतः सामाजिक समता के क्षेत्र में प्रगति तो हुई, किन्तु आमूलचूल परिवर्तन नहीं हुआ। इससे यह अर्थ नहीं लगाना चाहिए कि इन सारे प्रयोगों का कोई परिणाम नहीं हुआ। इनका भारतीय समाज रूप अवयवी में गहरा प्रभाव पड़ा। पुंजीभूत और समग्र परिणाम यह हुआ कि वर्णाश्रम व्यवस्था के विखण्डन की पृष्ठभूमि तैयार हो गई।

इस लम्बी भूमिका का एक प्रयोजन है। हम तन्त्र साहित्य पर इसी दृष्टि से विचार करेंगे और देखेंगे कि समता की सामाजिक व्यञ्जनाएँ हमें कहाँ तक ले जाती हैं। यदि वे व्यञ्जनाएँ सीमित भी हों तो उनकी सम्भावनाएँ क्या हमें एक नए मानववादी, समतावादी भविष्य की ओर ले जाती हैं?

जहाँ तक सामाजिक समता की शब्दावली का प्रश्न है, तन्त्र साहित्य भी इस बात का अपवाद नहीं है कि सामाजिक समता का कोई लोकव्यवस्थात्मक ठोस स्वरूप नहीं उभरता। पर तान्त्रिक और वैदिक परम्परा में कोई मौलिक अन्तर अवश्य था और इस अन्तर की चेतना निगम परम्परा के स्मृतिकारों और आगम परम्परा के आचार्यों को भी रही है। *मनुस्मृति* के प्रसिद्ध टीकाकार **कुल्लूक भट्ट** दो प्रकार की श्रुतियों की चर्चा करते हैं – वैदिक और तान्त्रिक : "द्विविधा च श्रुतिः वैदिकी तान्त्रिकी च"। इसी प्रकार **श्रीकण्ठ** अपने *ब्रह्मसूत्र-भाष्य* में शैवागमों के दो विभागों का उल्लेख करते हैं – वेद, जिनका साक्षात् सम्बन्ध तीन वर्णों से है और दूसरे, जिनका सम्बन्ध सभी वर्णों से –

> **अतः शैवागमो द्विविधः त्रैवर्णिकविषयस्सर्वविषयश्चेति। वेदः त्रैवर्णिकविषयः। सर्वविषयकश्चान्यः। उभयोरेक एक शिवः कर्ता।**
>
> – *ब्रह्मसूत्र* २.२.३७ पर *श्रीकण्ठभाष्य*

तन्त्रालोक के विश्रुत टीकाकार **जयरथ** भी दो भी दो प्रकार के शास्त्रों में अन्तर बताते हैं –

तत्र भेदप्रधानानि वेदादीनि शास्त्राणि अभेदप्रधानानि च शैवादीनि।
– *तन्त्रालोक* ४.२५२ पर *विवेक* टीका

इसी प्रकार *योगसुधाकर* के प्रख्यात रचनाकार **सदाशिवेन्द्र सरस्वती** दो प्रकार के मन्त्रों की ओर ध्यान ले जाते हैं –

ते च मन्त्राः द्विविधाः। वैदिकास्तान्त्रिकाश्च। वैदिकाः प्रगीताप्रगीतभेदेन द्विविधाः। तान्त्रिकाः स्त्रीपुंनपुंसकभेदेन त्रिविधाः। – *यो.सू.* २.३२ पर, पृ.३३

सच पूछा जाए तो वैदिक और तान्त्रिक धारा का मूलभेद यहीं से प्रारम्भ होता है। वैदिक संस्कृति वर्णाश्रमव्यवस्थामूलक और पुरुषप्रधान संस्कृति है और तान्त्रिक संस्कृति वर्ण–, आश्रम- और लिङ्ग-भेद की उपेक्षा करके चली है। *कुलार्णव तन्त्र* में कहा गया है –

गतं शूद्रस्य शूद्रत्वं विप्रस्यापि विप्रता।
दीक्षासंस्कारसंपन्ने जातिभेदो न विद्यते।। – *कुलार्णवतन्त्र* १४.६१

आध्यात्मिक संस्कार से सम्पन्न व्यक्ति में जाति का यह विगलन और संस्कारिता का समीकरण सबसे ऊँचे और सबसे नीचे दोनों स्तरों पर होता है। **अभिनवगुप्त** *गीतार्थसंग्रह* में इसी अन्तर को फिर से रेखांकित करते हैं –

शूद्रा इति कार्त्स्न्येन वैदिकक्रियानधिकृताः परतन्त्रवृत्तयश्च।
तेऽपि मदाश्रिता मामेव यजन्ते। – *गीता* ६.३५ पर *गीतार्थसंग्रह*

वर्ण-भेद के इस निषेध की भाँति लिङ्ग-भेद का भी **अभिनव** ने साफ़ निषेध किया है और इस निषेध का कारण भी बताया है कि लिङ्ग के आधार पर पात्रता का अपलाप परमेश्वर के सामर्थ्य और उसकी अगाध अनुग्रह शक्ति का उपहास उड़ाना है –

केचिदाचक्षते– 'द्विजराजन्यप्रशंसापरमेतद्वाक्यं न तु स्त्र्यादिष्वपवर्गप्राप्तितात्पर्येण', इति। ते हि भगवतः सर्वानुग्राहिकां शक्तिं मितविषयतया खण्डयन्तः तथा परमेश्वरस्य परमकृपालुत्वमसहमानाः . . . निरतिशययुक्तिप्रपञ्चसाधिताद्वैतभगवत्तत्त्वे भेदलिङ्गं बलादेवानयन्तो अन्यांश्चागमविरोधानचेतयमानाः . . . परमन्तर्गर्भीकृतजात्यादिमहाग्रहाविष्टान्तःकरणाः मात्सर्यावहित्थलज्जाजिह्मीकृतावाङ्मुखदृष्टयः . . . इति हास्यरसविषयभावम् आत्मनि आरोपयन्ति। – *गीता ६.३५ पर गीतार्थसंग्रह*

वर्णाश्रम परम्परा और लिङ्गभेद की यह उपेक्षा दो तरह से की गई है – कहीं पर पूर्ण निषेध, अस्वीकार या उल्लंघन के द्वारा और कहीं पर उसके साथ समझौता करके। पहले प्रकार की अभिव्यक्ति वाममार्ग की पद्धति में और दूसरे की दक्षिण मार्ग में हुई है। परन्तु मूल भाव एक ही है। जीवन को उसकी समग्रता (टोटेलिटी) में स्वीकार करना तान्त्रिक संस्कृति का पहला लक्षण है।

तन्त्रों में यह बात बार-बार आई है कि मनुष्य के वैयक्तिक (आश्रम), सामाजिक (वर्ण) और आध्यात्मिक (मोक्ष) व्यक्तित्व परस्पर विरोधी नहीं हैं, बल्कि एक ही चेतना के क्रमिक विकास हैं। इनमें से प्रत्येक पक्ष की विभिन्न अवस्थाओं में केवल स्तर-भेद है, गुणात्मक भेद नहीं। *प्रत्यभिज्ञाहृदय* में "तद्भूमिकाः सर्वदर्शनस्थितयः" (सूत्र ८) कहकर **क्षेमराज** ने इस बात को अभिव्यक्ति दी है। **क्षेमराज** की इस सूक्ष्म वाणी का पल्लवन **लल्लद्यद** की इस उक्ति में और भी विशद रूप से हुआ है –

शिवो वा केशवो वापि जिनो वा द्रुहिणोऽपि वा।
संसाररोगेणाक्रान्तामबलां मा चिकित्सतु ।। – *लल्लेश्वरीवाक्यानि* ८

जो इस रहस्य को नहीं समझ पाते, उनके प्रति **अभिनवगुप्त** की कटुता दर्शनीय है –

परमात्मनः सर्वगतं रूपं यो न पश्यति, तस्य परमात्मा पलायितः,
स्वरूपप्रकटीकाराभावात्। – *गीता* ६.३१ पर *गीतार्थसंग्रह*

सच पूछिए तो साम्य के तात्त्विक स्वरूप की यह प्ररोचना ही सामाजिक साम्य के बीज बोती है। तन्त्रों का स्पष्ट उद्घोष है कि समता का अर्थ विषमता का अभाव नहीं है, बल्कि उस वैषम्य को एक व्यवस्था के अन्तर्गत समञ्जस ओर परस्परानुजीवी स्थान प्रदान करना है ताकि आपातिक भेद, मौलिक अभेद का सम्पन्नतर प्रतीक बन सके। साथ ही समता का यह अर्थ भी नहीं है कि वस्तु के विशेष स्वरूप की अवधारणा या उसके स्वरूपगत वैशिष्ट्यों का अपलाप कर दिया जाए। समता का अर्थ है पदार्थ के अस्तित्व को दो चरणों में समझना – १. पहले तो उसकी विशिष्ट प्रकृति के सन्दर्भ में; २. फिर उस प्रकृति को ज्यादा मौलिक और सार्थक तत्त्व की सहज परिणति के रूप में। *गीता* ५.१६ ("विद्याविनयसम्पन्ने ब्राह्मणे गवि हस्तिनि। शुनि चैव श्वपाके च पण्डिताः समदर्शिनः।।") की व्याख्या में **अभिनवगुप्त** बड़ी ही मार्मिक बात कहते हैं –

तथा च; तेषां योगिनां ब्राह्मणे नेदृशी बुद्धिः – 'अस्य शुश्रूषादिनाहं पुण्यवान्भविष्यामि', इत्यादि। गवि न पावनीयमित्यादि। हस्तिनि नार्थादिधीः शुनि नापवित्रापकारितादिनिश्चयः। श्वपाके च न पापापवित्रादिधिषणा। अत एव समं पश्यन्ति इति, न तु व्यवहरन्ति।

तन्त्रों में इस समग्रतावादी दृष्टि को प्रत्येक स्तर पर अनेक प्रकार से उपपन्न करने का प्रयास हुआ है –

(१) मनुष्य की चेतना के उदात्तीकरण –

सर्वो ममायं विभव इत्येवं परिजानतः। – *ई.प्र.का.* ४.१.१२;

(२) फलतः सर्वभौमीकरण –

विश्वात्मनो विकल्पानां प्रसरेऽपि महेशता।। – *ई.प्र.का.* ४.१.१२;

(३) चैतन्य के निमित्त और उपादान रूपों के अभेदीकरण –
चिदात्मैव हि देवोऽन्तःस्थितमिच्छावशाद्बहिः।
योगीव निरुपादानमर्थजातं प्रकाशयेत्।। – *ई.प्र.का.* १.५.७;

(४) परम तत्त्व से विषय-जगत् की आवयविक विकासरूपता
विमतिपदमङ्ग सर्वं मम चैतन्यात्मनः शरीरमिदम्।
शून्यपदादीलावधि दृश्यत्वात् पिण्डवत् सिद्धम्।। – *विरूपाक्ष-पंचाशिका* १.२;

(५) ब्रह्माण्ड और पिण्ड के समीकरण –
अण्डपिण्डरुभयोरैकरूप्यमाम्नायेषु प्रसिद्धम्। – *महार्थमञ्जरी-परिमल,* पृ. ८०;

(६) समग्रतामूलक साधना के अन्तर्गत भक्ति और ज्ञान के एकीकरण;

(७) आगमों के अङ्गचतुष्टय – ज्ञान, योग, क्रिया, चर्या – द्वारा दर्शन, धर्म, आचार और साधना के समञ्जसीकरण;

(८) कूटस्थता और परिणामिता की भिन्नध्रुवीय धारणाओं के विमर्श या स्पन्द में समन्वयन;

(६) जागतिक विकास की शाब्दिक और आर्थिक धारा के परस्परान्वयन;

(१०) विविधता में अन्तर्हित एकता के प्रत्यय के बोधन; और,

(११) परमशिव और योगी के समीकरण

आदि के द्वारा पदार्थगत विरोधों का परिहार करके उसी समग्रता दृष्टि का पल्लवन हुआ है। इन सबका फल यह होता है कि मोक्ष और जीवन क्रमशः स्वातन्त्र्य एवं बन्धन के प्रतीक न होकर जीव की आध्यात्मिक चेतना के पूर्ण और अपूर्ण विकास के प्रतीक बन जाते हैं, पाप और पुण्य केवल दृष्टिभेदमात्र रह जाते हैं – "यः पापपुण्यहेतुत्वेन मम पूर्वं प्रसिद्धः नीलसुखादिर्भावः स एव मोक्षसाधनमिति।" (*भा.*, भा.१, पृ. ४०) और भोग एवं योग अथवा मोक्ष एक-दूसरे के विरोधी न रहकर पूरक बन जाते हैं – "भोगमोक्षसामरस्यसाक्षात्कारलक्षणो जीवन्मोक्षः"।[1] (*म.मं.प.*, पृ. १३२) जो इनमें गुणात्मक भेद पाती है, उस दृष्टि को ज्ञान की 'विवेकमूला' और इससे भिन्न दृष्टि को 'सामरस्यमूला' कह सकते हैं। ज्ञानमीमांसा के क्षेत्र में इसका प्रभाव ज्ञान की अध्यवसानमूला (इतरनिषेधपूर्वक निश्चयन) और अनुसन्धानमूला (इतरग्रहणपूर्वक ज्ञान)

---

[1] *गीता* ७.११ पर अपने व्याख्यान में अभिनवगुप्त इसका उद्घोष बड़े दर्प के साथ करते है – "एवं व्याख्यानं त्यक्त्वा ये 'परस्परानुघातकं त्रिवर्गं सेवेत' इत्याशयेन व्याचक्षते, ते सम्प्रदायक्रममजानाना भगवद्रहस्यं च व्याचक्षाणा नमस्कार्या एव।"

प्रक्रियाओं में क्रमशः मिलता है।[२]

इस दृष्टिकोण से *शिवदृष्टि* में समता के प्रत्यय का जो विकास हुआ है, वह समता के सामाजिक आयामों और सम्भावनाओं को दृढ आधार प्रदान करता है। *शिवदृष्टि* के अनुसार जिसे हम कुत्सित कहते हैं, वह भी परम शक्ति का ही रूप-प्रसार मात्र है, अतः उसकी निन्दा अनुचित है –

कुत्सितेऽकुत्सितस्य स्यात् कथमुन्खतेति चेत्।।
रूपप्रसाररसतो गर्हितत्वमयुक्तिमत्। – *शि.दृ.* १.११-१२

सभी पदार्थों में परमेश्वर की सारी शक्तियों का संस्पर्श रहता है –

यदेकतरनिर्याणे कार्यं जातु न जायते।
तस्मात्सर्वपदार्थानां सामरस्यमवस्थितम्।। – *शि.दृ.* १.२३

यहाँ पर यह ध्यान देना चाहिए कि समता के विकास के लिए 'आत्मौपम्य' की भावना अनिवार्य मानी गई है –

आत्मनः प्रतिकूलानि परेषां न समाचरेत्।

गीता में आता है –

आत्मौपम्येन सर्वत्र समं पश्यति योऽर्जुन।
सुखं वा यदि वा दुःखं स योगी परमो मतः।। – *गीता* ६.३३

इससे भिन्न तन्त्र वस्तुतः एक कदम आगे बढ़कर आत्मैक्य या आत्माभेद के सिद्धान्त की स्थापना करते हैं। कहना न होगा कि यह अभेदन व्यापार भेद का निषेध नहीं करता, बल्कि भेद का अभेद में उदात्तीकरण करता है –

तथा नानाशरीराणि भुवनानि तथा तथा।
विसृज्य रूपं गृह्णाति प्रोत्कृष्टाधममध्यमम्।। *शि.दृ.* १.३४

एवं सर्वपदार्थानां समैव शिवता स्थिता।
परापरादिभेदोऽत्र श्रद्दधानैरुदाहृतः।।

एवं भेदात्मकं नित्यं शिवतत्त्वमनन्तकम्।
तथा तस्य व्यवस्थानान्नानारूपेऽपि सत्यता।। – तदेव १.४८-४९

---

[२] देखिए, इसी संग्रह में "तान्त्रिक दर्शन : प्रकृति और सांस्कृतिक सन्दर्भ" शीर्षक लेख।

महार्थमञ्जरीकार ने *त्रिकशास्त्र* को उद्धृत करते हुए समताष्टक के द्वारा इस सार्वात्म्य-भाव का प्रतिपादन बड़ी ओजस्विता के साथ किया है –

समता सर्वभावानां वृत्तीनां चैव सर्वशः।
समता सर्वदृष्टीनां द्रव्याणां चैव सर्वशः।।

भूमिकानां च सर्वासामोवल्लीनां च सर्वशः।
समता सर्वदेवानां वर्णानां चैव सर्वशः।। – *म.मं.प.*, पृ. १६८

परम तत्त्व की और मोक्ष की 'अहम्-इदम्' के सामरस्य के रूप में जो परिकल्पना की गई है, वह दोनों ध्रुवों का समञ्जसीकरण ही है। उसी से समता की उपर्युक्त कल्पना स्वतः प्रवाहित होती है। इसी प्रकार परमेश्वर के विश्वमय स्वरूप को प्रकाशविमर्शमय कहने का भी निहितार्थ यही है। प्रकाश का काम है भावव्यवस्था और विमर्श का काम है अभेद में भेदन तथा भेद में अभेदन की व्यवस्था। इन दोनों व्यवस्थाओं का परस्पर अन्वयन और सामञ्जस्यीकरण ही शिव के स्वरूप का पूर्णभाव है। सत् मात्र शुद्ध संवित् न होकर पूर्ण संवित् है और जिस चरम अभेद की कल्पना यहाँ की गई है, वह एक अपोद्धृत या अमूर्त्त ऐक्य न होकर सघन ऐक्य है। **हीगेल** की भाँति वह केवल विरोधियों की एकता मात्र नहीं है, अपितु **क्रोचे** की भाँति वह भिन्नों की एकता भी है।[३] अतः सत् अनिवार्य रूप से भेद में अभेद है। सत् की पूर्णता का अभ्युपगम उसके अन्तर्निहित स्वातन्त्र्य या सद्यःस्फूर्ति के प्रत्यय के बिना सम्भव नहीं है। अतः सारी कारणात्मक व्याख्याएँ एक तरह से अधकचरी और अधूरी रह जाती हैं। **हीगेल** में घटनाएँ या पदार्थ 'परतत्त्व' से 'निगमित' होते हैं, यहाँ पर 'आभासित' या अभिव्यक्त।

तन्त्रों की इस विचारधारा को यदि उसके ऐतिहासिक अनुवदन की दृष्टि से देखा जाए तो कहना पड़ेगा कि तन्त्रों के प्रभाव से एक मानवतावादी आन्दोलन का सूत्रपात अनजाने में ही काश्मीर की घाटी में होने लगा था। तन्त्र-प्रतिपादित भक्ति की जो अन्तर्धारा घाटी में बही, वह चौदहवीं शताब्दी में जाकर **लल्लद्यद** (**लल्लदे** के रूप में अधिक प्रसिद्ध) के वाक्यों में अपने प्रकर्ष को प्राप्त हुई –

यथा शिलैकैव स्वजातिभेदात् पीठादिनानाविधरूपभागिनी।
तथैव योऽनन्ततया विभाति कष्टेन लभ्यं श्रृणु तं गुरोः शिवम्।।

– *लल्लवाक्यानि* ५२

---

[३] देखिए लेखक का "कॉन्ट्रिब्यूशन ऑफ़ काश्मीर टु फ़िलॉसफ़ी, थॉट एण्ड कल्चर" शीर्षक लेख, पृ.३२-३३।

नीला क्रैम कुक ने अपनी पुस्तक *दी वे ऑफ़ द स्वान* में मध्य एशिया में इरफ़ान के कवि-दार्शनिकों और काश्मीर के शैव लेखकों के मध्य एक घनिष्ठ सामनन्तर्य के दर्शन किए हैं। इरफ़ान और काश्मीर के ये दोनों आन्दोलन चौदहवीं शती में **शाह-इ-हमदान** से लल्ला की कथित भेंट के साथ ही एक-दूसरे के सम्पर्क में आते हैं, जिसका परिणाम होता है शिवाद्वयवाद एवं सूफ़ीमत की इरफ़ान परम्परा का परस्पर मिश्रण। सांस्कृतिक आश्लेषण की यह प्रक्रिया, जो कि भक्ति आन्दोलन से प्रेरित और उद्भूत थी, बादशाह **ज़ैन-उल्-आबिदीन** (१४२०-७० ई.) के हाथों परवान चढ़ी। सहिष्णुता, उदारता और सर्वधर्मसद्भाव से यह बादशाह प्रतिश्रुत और प्रतिबद्ध था। यह पहला और सम्भवतः एकमात्र मुस्लिम शासक था, जिसने काश्मीर में गोहत्या पर प्रतिबन्ध लगाया था और संस्कृत के पठन-पाठन को प्रोत्साहित किया था। **कुक** का कहना है कि यदि कहीं **अक्बर** ने **ज़ैन-उल्-आबिदीन** के आदर्श का पालन किया होता तो एक धर्मनिरपेक्ष भारत का अभ्युदय उसी क्षण वहीं हो जाता।[४] धार्मिक समता और सहिष्णुता की इस परम्परा को **शेख़ नूरुद्दीन**, जो एक हिन्दू सन्त थे और बाद में मुसलमान हो गए थे और जिनसे काश्मीरी सूफ़ियों की रिशि ('ऋषि' का व्यत्यय) परम्परा का सूत्रपात होता है, ने आगे बढ़ाया।[५]

इतनी दौड़भाग का प्रयोजन सिर्फ इस बात को रेखांकित करना है कि तन्त्रों में इस बात के प्रभूत आधार मिलते हैं कि यहाँ एक नए समतावादी दर्शन की ठोस सम्भावनाएँ हैं। परमार्थ और व्यवहार के दो स्तरों की यहाँ पर भी प्रतिष्ठा की गई है, परन्तु ऐसा लगता है कि परमार्थ और व्यवहार में यहाँ समन्वय का प्रयास किया गया है, साङ्कर्य का नहीं। इस बात की पुष्टि इससे भी होती है कि यहाँ व्यवहार के स्तर पर कम-से-कम सिद्धान्त और व्यवहार का भेद नहीं मिलता। इससे यह नहीं समझना चाहिए कि हम तन्त्रों का माहात्म्य-साधन करना चाहते हैं। हमारा लक्ष्य तन्त्रों का औचित्य सिद्ध करना नहीं है, परन्तु छिपी हुई सम्भावनाओं को उजागर करना है। डॉ. **हर्षनारायण** ने पाँच प्रकार की जो अर्हताएँ रखी हैं,[६] वे सभी किसी न किसी रूप में तन्त्रों में प्राप्त होती हैं। हम संक्षेप में तान्त्रिक परिप्रेक्ष्य में उनका पुनराकल्पन निम्न प्रकार से कर सकते हैं –

(१) तन्त्र पूर्णतावादी होते हुए भी, सभी सत्यों को मानव सत्य के रूप में स्वीकार करता है – "तद्भूमिकाः सर्वदर्शनस्थितयः" (*प्रत्यभिज्ञाहृदय सूत्र* ८)। हर व्यक्ति की दृष्टि

---

[४] देखिए, *काश्मीर रिसर्च बाइ-एनुअल*, पृ. ८६-६०।

[५] देखिए, *डॉक्ट्रिन.*, पृ. ३६६।

[६] देखिए, "भारतीय धर्म-दर्शन का स्वर सामाजिक समता अथवा विषमता" शीर्षक लेख, **हर्षनारायण**, *परिसंवाद-२*, पृ. २६१-६३।

में उसका मत यद्यपि अन्तिम है, परन्तु अभिव्यक्ति की अनन्त सम्भावनाएँ उसके साथ अशेष नहीं हो जातीं।

(२) व्यक्ति में समष्टि की अनुस्यूति का अर्थ है प्रत्येक विचार में सार्वभौम मूल्ययोग्यता अन्तर्निहित है और दर्शन का काम है उस चेतना को पल्लवित करना।

(३) पिण्ड और ब्रह्माण्ड, योगी और परमशिव, के समीकरण और व्यक्ति-चेतना और समष्टि-चेतना की एकरूपता का एक ही अर्थ है, व्यक्ति को साध्य मानकर उसके विकास की चरम सम्भावनाओं का अनुसन्धान।

(४) व्यावहारिक स्तर पर भी प्रमेय-जगत् की तुलना में प्रमाता को अपेक्षाकृत स्वतन्त्र और स्थायी स्वीकार करने से व्यक्ति की स्वतन्त्रता और स्थायिता की धारणा को बल मिलता है।

(५) यह बात बार-बार सामने आ चुकी है कि तन्त्र-दर्शन की अस्तित्वगत प्रवृत्ति पदार्थों के किसी गहरे अन्योन्याश्रयत्व का अनुसन्धान करने में है। यह प्रवृत्ति एक प्रकार से भेद में निहित मौलिक अभेद का अन्वेषण मात्र है। तन्त्रों में यह बात कई बार दुहराई गई है कि लोकयात्रा के सन्दर्भ में यह भेदाभेद व्यवहार ही परमार्थ दृष्टि में प्रवेश कराता है।[७]

पर इस प्रकार के प्रयासों में अतिसरलीकरण का आरोप आसानी से लगाया जा सकता है और विषय के हित में एक हद तक इसे स्वीकार करने के लिए हमें तैयार भी रहना चाहिए। तथापि एक खतरे की ओर यहाँ पर ध्यान दिलाना उचित होगा। समता की बात लोक-व्यवस्था के सन्दर्भ में की गयी है और समता को आधुनिक जीवन-बोध के एक आधारभूत मूल्य के रूप में स्वीकार किया गया है। परन्तु व्यवस्था के व्यापक सन्दर्भ में समता को यदि हम एकमात्र मूल्य स्वीकार करके चलते हैं, तो यह शायद वदतोव्याघात होगा और व्यवस्था के ही अर्थ के विपरीत जा पड़ेगा। अतः दर्शन का एक मूल कृत्य रहेगा कि सार्वभौम मूल्यों में एक तारतम्यमूलक वरीयताक्रम को खोजना और फिर उसमें परस्परान्वयित्व का बोध कराना। एक ही कीमत पर दूसरे की प्राप्ति व्यवस्था के मूल भाव समञ्जसीकरण के विपरीत है। उदाहरण के लिए स्वातन्त्र्य की कीमत पर समता या राष्ट्र-पारतन्त्र्य की कीमत पर व्यक्ति-स्वातन्त्र्य वाँछनीय नहीं होगा। अतः सामाजिक समता की उचित और निर्बाध

---

[७] "सर्वथा तावदत्र प्रमेये भगवत एव भेदने च अभेदने च स्वातन्त्र्यं घटगताभासभेदाभेददृष्टिरेव परमार्थाद्वयदृष्टिप्रवेशे उपायः समवलम्बनीयः, न तु व्यवहारोऽपि अयं परमेश्वरस्वरूपानुप्रवेशविरोधी।" – *भा.(वि.),* २, पृ. १२९

उपलब्धि के लिए आवश्यक है कि व्यापक मूल्यचेतना के अन्तर्गत ही हम प्रयत्न करें। सर्वाङ्गीणत्व पर आग्रह करके तन्त्र हमें एकाङ्गिता के दोष से बचाने की बार-बार चेष्टा करते हैं। स्वातन्त्र्य, साम्य, आत्मबोध, स्वस्थता/स्वास्थ्य ("स्वस्य स्वस्मिन् अवस्थानम्"), लोकचेतना के उदात्तीकरण (विकल्पसंस्कार), व्यक्तिचेतना के साधारणीकरण आदि मूल्यों में तन्त्रों ने जिस प्रकार सामञ्जस्य बैठाया है, उससे आज के समाज-वैज्ञानिकों को प्रेरणा लेनी चाहिए।

खण्ड तीन : दर्शन

८

प्रत्यभिज्ञा

भारतीय दर्शन में प्रत्यभिज्ञा का विशेष रूप से स्थिर आत्मा या विषयी को सिद्ध करने में उपयोग हुआ है। अनात्मवादी मतों में, जिनमें बौद्ध प्रमुख हैं, के विरुद्ध इस प्रमाण का उपयोग यह बताने में किया गया है कि स्मृति और प्रत्यभिज्ञा आदि ज्ञान-प्रक्रियाओं को एक स्थिर आधार की अपेक्षा होती है, अतः धर्मी का अपलाप नहीं किया जा सकता।[1] अस्तु, प्रत्यभिज्ञान के बल पर ही धर्म के बदल जाने पर भी धर्मी पहचान लिया जाता है।

प्रत्यभिज्ञा प्रमाण के सम्बन्ध में प्रचलित विचारों का तीन श्रेणियों में वर्गीकरण किया जा सकता है। एक, जो 'यह वही घड़ा है' इस ज्ञान को एक मानते हैं। इस श्रेणी में नैयायिक आदि की गिनती होती है। दूसरे, जो इसमें ग्रहण और स्मरण के अंशों को पृथक् मानते हैं, उनके लिए इस वाक्य में दो ज्ञान हैं। इनमें बौद्ध प्रमुख हैं। तीसरे, जो इसे उभयात्मक मानते हैं। काश्मीर के त्रिक या प्रत्यभिज्ञा दर्शन को इसी श्रेणी में रखा जा सकता है।[2]

नैयायिकों की दृष्टि में प्रत्यभिज्ञा सविकल्पक प्रत्यक्ष का ही रूप है। एक वस्तु को पहचानना, प्रत्यभिज्ञा करना, उसे एक निश्चित वस्तु के रूप में जानना है। इसलिए मोटे तौर पर प्रत्यभिज्ञा सविकल्पक प्रत्यक्ष है। किन्तु पारिभाषिक अर्थ में हम प्रत्यभिज्ञान को साधारणतया बिम्बात्मक या साम्प्रतिक और प्रतिरूपक या प्रतिबिम्बात्मक (प्रेज़ेन्टेटिव और रि-प्रेज़ेन्टेटिव) प्रक्रियाओं की अन्तःकरणवृत्ति (कॉम्प्लेक्स सायकोसिस) के रूप में लेते हैं। जो कुछ भी हम देखते हैं उसी का पूर्व-प्रत्यक्ष के विषय रूप में स्मरण भी करते हैं और दोनों मिलकर प्रत्यभिज्ञान का साधारणतया परिचित अर्थ देते हैं। इससे लगता है कि प्रत्यभिज्ञा स्मृति के अधीन है और यह एक जटिल प्रक्रिया है। किन्तु नैयायिकों का विश्वास है कि यह

---

* अपने मूलरूप में *दार्शनिक त्रैमासिक*, वर्ष ११, जनवरी १९६५ के अंक (पृ. ३५-५०) में प्रथमतः प्रकाशित।

[1] धर्मिशून्यता के खण्डन में योगभाष्यकार **व्यास** ने तीन युक्तियाँ दी हैं – स्मृत्यभाव, भोगाभाव और प्रत्यभिज्ञा। अंतिम के सम्बन्ध में देखिए, *योगभाष्य* ३.१४ – वस्तुप्रत्यभिज्ञानाच्च स्थितोऽन्वयी धर्मी यो धर्मान्यथात्वमभ्युपगतः प्रत्यभिज्ञायते। तस्मान्नेदं धर्ममात्रं निरन्वयमिति।

[2] *मानमेयरहस्यश्लोकवार्त्तिक*, पृ. ३१०।

जटिल अन्तःकरणवृत्ति का क्षेत्र न होकर एक विशेषित अन्तःकरणवृत्ति का क्षेत्र है।[३]

पूर्व प्रत्यक्षीकृत वस्तु का उसी व्यक्ति द्वारा प्रत्यक्ष या ज्ञान प्रत्यभिज्ञान है जो 'मैंने इस वस्तु को पहले देखा है' के शब्दों में व्यक्त होता है। *न्यायवार्तिक* (३.२.३६, ३.२.४२) से पता चलता है कि प्रत्यभिज्ञा केवल एक वृत्ति, एक प्रत्यक्षात्मक क्रिया मात्र नहीं है, अपितु यह स्मरण-क्रिया से भी अत्यन्त भिन्न नहीं है। संस्कारजन्य स्मरण होता है और प्रत्यभिज्ञा यह जानना है कि इस समय दिखलाई पड़ रही चीज वैसी ही है जो पहले देखी जा चुकी है।[४] चूँकि प्रत्यभिज्ञा एक अवसर पर एक ही वस्तु से सम्बद्ध रहती है, अतः वह एकतामूलक प्रत्यक्ष है। पदार्थ का पुराना अनुभव अपने संस्कार छोड़ जाता है जो वर्तमान इन्द्रिय संस्कारों को रंग देते हैं। यह एक प्रकार का प्रत्यक्ष है, जहाँ प्रतिरूपक या संस्कार अंश की प्रधानता रहती है और प्रत्यक्षात्मक अंश गौण रहता है। **न्यायभाष्यकार** के शब्दों में, जब एक ही पदार्थ दो भिन्न समयों में होने वाले दो ज्ञानों से जोड़ा जाता है तो प्रत्यभिज्ञान जन्म लेता है।[५] नैयायिकों के लिए प्रत्यभिज्ञा प्रत्यक्षात्मक और अव्यवहित है, क्योंकि जो भी बहिरिन्द्रिय-उत्तेजना से जन्य है वह अव्यवहित और प्रत्यक्षात्मक होता है।[६] प्रत्यभिज्ञा में इन्द्रिय-सन्निकर्ष और पदार्थ का व्यधानरहित प्रत्यक्ष दोनों निहित हैं। इसलिए यह सारा अनुभव ही प्रत्यक्षमूलक और अव्यवहित है बावजूद इसके कि प्रस्तुत विषय (कॉन्टेन्ट) मन में छिपे अवचेतन संस्कार के योग से ही सार्थक बन पाता है। एक ही विषय के भूत और वर्तमान ग्रहण की सहचेतना ही प्रत्यभिज्ञा है।[७-८]

मीमांसक और जैन भी करीब-करीब इसी श्रेणी में आते हैं। मीमांसक प्रत्यभिज्ञा को सामान्य सविकल्पक प्रत्यक्ष से भिन्न नहीं करते। यह एक प्रकार का प्रत्यक्ष है जिसमें वस्तु का नाम उसका विशेषण बन जाता है, अर्थात् वस्तु उस नाम से विशिष्ट होती है जिससे उसे पुकारा जाता है : यह वही देवदत्त है। **भर्तृहरि** के मत से इसका काफी हद तक साम्य मिलेगा। जैन प्रत्यभिज्ञा के स्वतन्त्र अस्तित्व में विश्वास करते हैं। यह ज्ञान की स्वतन्त्र कोटि है। यह जानना कि पदार्थ का एक बार प्रत्यक्ष हो चुका है, प्रत्यभिज्ञा है। यह ऐक्यमूलक ज्ञान है। जैन उपमान को भी प्रत्यभिज्ञानरूप ही मानते हैं।

---

[३] *द कान्सेप्ट ऑफ् माइन्ड इन इंडियन फ़िलॉसफ़ी,* पृ. ७१।

[४] *मितभाषिणी,* पृ. २५; उद्धृत, तदेव, पृ. ७३।

[५] पूर्वापरयोर्विज्ञानयोरेकविषये प्रतिसंधितज्ञानं प्रत्यभिज्ञानम्। – *न्यायभाष्य* ३.१.७

[६] *न्यायसूत्र* १.१.४।

[७] पूर्वाभिज्ञानविशिष्टग्राह्यमाणयिष्यतां प्रत्यभिज्ञानम्। - *न्यायमंजरी,* पृ. ४६१

[८] अतीतकालविशिष्टो वर्तमानकालावच्छिन्नश्चार्थ एतस्यामवभासते। - तदेव, पृ. ४५६

प्रत्यभिज्ञा में ग्रहण और स्मरण के अंशों को अलग-अलग मानने वाले बौद्ध दार्शनिकों की दृष्टि में वस्तु की प्रत्यभिज्ञा देश और कालकृत भेदों के बावजूद भी स्मृत और अनुभूत में सादृश्य के कारण होती है। एक क्षण से विशिष्ट दीपशिखा दूसरे क्षण से विशिष्ट दीपशिखा से भिन्न है फिर भी वह एक ही शिखा है, यह प्रतीति बनी रहती है। साधारण जीवन में एक व्यक्ति मूँछ-दाढ़ी, नख, रंग आदि में फर्क आ जाने पर भी उसी रूप में गृहीत होता है। **भास्कर** के शब्दों में, यह सादृश्य (अभेद नहीं) भेदप्राणसादृश्य है।[९] क्योंकि विशेषकृत भेद वस्तु के स्वरूप को छूते तक नहीं। वस्तु का स्वरूप या क्षण दूसरे क्षण से नितान्त भिन्न है। दोनों में एकता का भान बुद्धि-विकल्प मात्र है।[१०] देखा जाए तो हमारा सारा अनुभवजगत् इसी सादृश्य-प्रत्यभिज्ञा के सहारे चल रहा है। बौद्ध प्रत्यभिज्ञा को प्रत्यक्ष और स्मृति का यान्त्रिक सङ्घात मानते हैं। न तो यह दोनों का समन्वय है और न एकता। यह एक प्रकार का द्वैतज्ञान है जो क्रमशः दोनों पक्षों की ओर संकेत करता है।

प्रत्यभिज्ञा को उभयात्मक ज्ञान मानने वाले काश्मीर शैवदर्शन से पहले हम एक-आध अन्य दर्शनों की ओर देख लें। अद्वैत वेदान्त में प्रत्यभिज्ञा का स्वतन्त्र विवेचन नहीं के बराबर है, फिर भी ध्यान से देखने पर पता चलता है कि वहाँ भी यह अभेदज्ञान ही है। अद्वैत वेदान्त में "वह तुम हो" ("तत्त्वमसि"), "यही वह देवदत्त है" ("सोऽयं देवदत्तः") आदि वाक्यों को अखण्डार्थ का प्रतिपादक माना गया है। "यह वही देवदत्त है" वाक्य की यदि व्याख्या करें तो कोई संगत अर्थ निकालना असम्भव सा लगता है। 'यह' (अयम्) का अर्थ है – 'वर्तमान समय और देश से अवच्छिन्न', अर्थात् इस समय यहाँ पर दिखाई पड़ने वाला; 'वह' (सः) का अर्थ है 'अन्य काल व देश से अवच्छिन्न' अर्थात् कभी अन्यत्र देखा हुआ। चूँकि दोनों ही विशेषण परस्पर विरोधी हैं अतः 'यह' 'वही' नहीं हो सकता। दो भिन्न प्रकार से विशिष्ट होकर विशेष्य तार्किक दृष्टि से भिन्न हो जाता है। अतः एक ही रास्ता बच रहता है जिसमें ऐसे वाक्यों को सार्थक और संगत कहा जा सकता है : विशेष्य – देवदत्त, के तादात्म्य को उपाधि हटाकर या निषेध कर समझना। इसी प्रकार औपनिषदिक महावाक्य "वह तुम हो" ("तत्त्वमसि", जहाँ 'तुम' का अर्थ है जीव चैतन्य और 'वह' का अर्थ है पूर्ण चैतन्य) में अपेक्षित तादात्म्य दोनों विशेषणों (जीवत्व और पूर्णत्व) के निषेध और उभयनिष्ठ चैतन्य को बचाने से सधता है। इस प्रकार के वाक्य

---

[९] *भास्करी*, भा.१, पृ. ११२।

[१०] (अ) सादृश्याच्च तत्र प्रत्यभिज्ञा भिन्नेऽपि कायकेशनखादाविव। – *भास्करी(वि.)*, भा.१, पृ. ११२

(ब) सा च केशनखादौ सर्वत्रैव भिन्ने भवन्ती न वस्तु अपेक्षते वस्तुनस्तथाभूतस्य अयोगादिति बाधकाधीनमेव प्रत्यभिज्ञाप्रामाण्यमिति तदेव परदूषणे प्रपततीति प्राक् बाधकमुक्तम्। विरुद्धेन अन्योन्यमभवनमाक्षिपता धर्मेण योऽध्यासोऽधिष्ठानम्। – *ई.प्र.वि.वि.*, भा.१, पृ. १६२

में अर्थ वस्तुतः बचा हुआ भाग है और विश्लेषण की इस पद्धति को जहत्-अजहत्-लक्षणा कहा गया है।[११]

विशिष्टाद्वैत का **शंकर** के इस मन्तव्य से विरोध है। उसके लिए हमारा सारा प्रत्यक्षात्मक अनुभव निर्णयमूलक है – सविकल्पक, निर्विकल्पक दोनों ही। फिर भी सविकल्पक और प्रत्यभिज्ञा में अन्तर है। 'यह वही देवदत्त है' (प्रत्यभिज्ञा), इसमें एक ही पदार्थ का दो बार प्रत्यक्ष होता है जबकि सविकल्पक में एक तरह के कई पदार्थों का ज्ञान होता है। जहाँ दोनों में ही वर्तमान विषय समान रूप से पूर्वसंस्कारों के उद्बोध से सम्पृक्त रहता है वहाँ प्रत्यभिज्ञा में व्यक्ति-अंश का भी संस्कार रहता है। और भी, जहाँ सारे प्रत्यक्ष में निर्णय निहित रहता है वहाँ प्रत्यभिज्ञा में समय और स्थान के भेद की ओर भी इशारा रहता है। न केवल प्रत्यक्ष की पहली स्थिति में सविशेष वस्तु का ज्ञान होता है बल्कि सारा का सारा ज्ञान – चरमसत्य के बोध समेत – आवश्यक रूप से सविकल्पक और सगुण वस्तु का ज्ञान है।[१२] इस प्रकार "तत्त्वमसि" (वह तुम हो) जैसे वाक्य एकता के वाचक न होकर 'वह' और 'तुम' के सामानाधिकरण्य के वाचक हैं। 'वह' असंख्य कल्याण गुणों के आश्रय ब्रह्म और 'तुम' चित्-अचित्-विशिष्ट जीवशरीरक ब्रह्म का वाची है। सामानाधिकरण्य की विशिष्टवस्तुपरकता के दो तरीके हैं। 'किंचित्-ज्ञता' और 'सर्वज्ञ-ता' आदि विरुद्धांशों का निषेध नहीं होता; क्योंकि एक ही पदार्थ का भूत और वर्तमान दो कालों से सम्बन्ध परस्पर विरुद्ध नहीं है – दूसरी जगह स्थिति 'थी', यहाँ स्थिति 'है'। विभिन्न देशगत सम्बन्ध विरोध तो कालभेद के कारण नहीं होता। इसी प्रकार शरीर और आत्मा के रूप में जीव और परमात्मा का तादात्म्य विरुद्ध नहीं होता।[१३]

अब हम प्रत्यभिज्ञा और उससे सम्बन्धित विचारों की तीसरी कोटि की ओर आते हैं। प्रत्यभिज्ञा को प्रमाण और प्रमा के रूप में जो असामान्य महत्त्व काश्मीर के शिवाद्वयवाद में मिला है, वह अन्यत्र कहीं नहीं। **सोमानन्द** द्वारा प्रवर्तित इस दार्शनिक सम्प्रदाय का नाम ही प्रत्यभिज्ञा-दर्शन पड़ गया है।[१४] इस नामकरण के पीछे आत्मा की ईश्वर या चरम तत्त्व के अनुभव के रूप में प्रत्यभिज्ञा की कल्पना निहित है। 'मैं वह हूँ' (सोऽहम्), 'मैं ही वह अद्वय तत्त्व हूँ' यह चरम प्रत्यभिज्ञा की अभिव्यक्ति है। अतः प्रत्यभिज्ञा के विषय के प्रति मोह का अपसारण और उसका (प्रत्यभिज्ञेय का) ज्ञान-साधन इस दर्शन के अवान्तर प्रयोजन हो जाते हैं।[१५]

---

[११] *वेदान्तपरिभाषा*, पृ. ३६-३७, १००-०३; *दी सिक्स वेज़ आफ नोइङ्*, पृ. ३१६-२०।

[१२] देखिए *श्रीभाष्य*, पृ. ६६-६८; और भी, *आउटलाइन्स ऑफ् इन्डियन फ़िलॉसफ़ी*, पृ. ३८७।

[१३] *स.द.सं.*, पृ. १०१-०४।

[१४] *ई.प्र.का.* १.१.१, ४.१.१७।

[१५] *भास्करी*, भा.१, पृ. ८, १६, ३४५; *ई.प्र.वि.*, भा.१, पृ. ४०-४१; *ई.प्र.वि.वि*, भा.१, पृ. ४७।

प्रत्यभिज्ञा की धारणा को ठीक से समझने के लिए त्रिक में प्रमाण के स्वरूप को समझना जरूरी है। न्याय या अन्य दर्शनों में प्रमाण वह ज्ञान-साधन है जो 'नवीन', 'अनधिगत' (अद्वैत वेदान्त में 'अबाधित' भी) वस्तु का प्रकाशन करता है।[१६] **उद्योतकर** आदि ने प्रमाण के जोर से ईश्वर आदि की सिद्धि इसी प्रकार की है। परन्तु यह परिभाषा टिकती नहीं। चेतन और कर्ता रूप में जो ईश्वर अनुमित होता है वह अपूर्व या नवीन नहीं है, क्योंकि व्याप्तिग्रह के अवसर पर सामान्यात्मना हर वस्तु का ज्ञान होता है। अतः वह ईश्वर भी सामान्यात्मना अपूर्व नहीं है। ज्ञान के एक विशिष्ट साधन का प्रयोग वस्तुतः पदार्थ का विशेषात्मना ज्ञान कराता है, उसकी अपूर्वता का नहीं। इसीलिए यहाँ प्रमाण का कार्य पहले से ही सिद्ध वस्तु या प्रमेय के प्रति मोह का अपसारण मात्र है। 'सामने घड़ा है क्योंकि दिखाई पड़ रहा है' – इस अनुमान से घट का ज्ञापन नहीं होता, वह तो प्रत्यक्ष से ही सिद्ध है, अन्यथा पक्ष में हेतु असिद्ध रह जाएगा। इस प्रकार प्रमाण न तो पदार्थ की सिद्धि करता है और न ज्ञापन, उसका एक निषेधमुख कार्य है – प्रमेय के प्रति मोह-आवरण को हटाना।[१७] यही कार्य प्रत्यभिज्ञा का भी है।[१८] इस आवरण को तोड़कर प्रमाण वस्तु के सहज और वास्तविक स्वरूप तक पहुँचने की चेष्टा करता है, वैषयिक अस्तित्व की प्रतिष्ठा उसके कार्य क्षेत्र से बाहर है।

प्रत्यभिज्ञा एक ही वस्तु का फिर से (प्रति) जानना या पहचानना (अभिज्ञान) है। यह ऐक्य ज्ञान है। प्रत्यभिज्ञा एक बार भात पदार्थ से इस समय भासमान पदार्थ के एकीकरण की प्रक्रिया है, जैसे इस निर्णय में – 'यह वही चेतराम है'। यह 'वहीपन' का अंश दो अनुभवों के ऐकात्म्य, न कि सादृश्य, का फल है। प्रत्यभिज्ञा के घटक शब्द प्रति, अभि और ज्ञा क्रमशः संस्कृत के प्रतीप या प्रतिसन्धान, आभिमुख्य और ज्ञान के लिए प्रयुक्त होते हैं।[१९] प्रतीप का अर्थ है उल्टा, ठीक वही जो अंग्रेज़ी का 'ऑपोज़िट' शब्द व्यक्त करता है (ऑपोज़िट माय् हाउस – मेरे घर के सामने) अर्थात् जब विषय पलटकर पुनः सामने (अभिमुख) आता है उस समय उसका ज्ञान (ज्ञा) प्रत्यभिज्ञा कहलाता है।[२०] अभिप्राय है कि पहले जाने हुए पदार्थ

---

[१६] अपूर्वप्रकाशनरूपं तत्र ज्ञानं यतो भवति, तादृग् प्रमाणं वक्तव्यम्। – तदेव, पृ. ४०

[१७] न कारकव्यापारो भगवति नापि ज्ञापकव्यापारोऽयम्, अपितु मोहापसारणमात्रमेतत् व्यवहारसाधनानां प्रमाणानां तावत्येव विश्रान्तेः। – *भास्करी(वि.),* भा.१, पृ. ५९

[१८] व्यवहारसाधनरूपं प्रत्यभिज्ञानं मोहापसारणफलम्। – *ई.प्र.वि.वि.,* भा.१, पृ. ३९

[१९] यहाँ शब्द का विग्रह है – प्रति+अभि+ज्ञान, अन्यत्र है – प्रति+अभिज्ञान।

[२०] प्रतीपमात्माभिमुख्येन ज्ञानं प्रकाशः प्रत्यभिज्ञा। . . . प्रत्यभिज्ञा च भातभासमानरूपानुसन्धानात्मिका, स एवायं चैत्रः इति प्रतिसन्धानेन अभिमुखीभूते वस्तुनि ज्ञानम्। – *भास्करी(वि.),* भा. १, पृ. ३९; उसी पर *भास्करी;* "पूर्वं भातमद्य भासमानं तयोर्यदनुसन्धानम् एकीकरणम्"।

से हमारा सम्पर्क बीच में छूट जाता है और पुनर्दर्शन के समय प्रथम सम्पर्क की स्मृति ताजी हो जाती है।[२१]

एकीकरण का शास्त्रीय शब्दावली में अर्थ है दोनों अनुभवों के बीच के मोह को हटा देना। अतीत में क देखा था, अब फिर उसे देखते हैं। यदि उससे हमारा सम्बन्ध बीच में न टूटता तो प्रतिफलित ज्ञान का आकार होता – 'यह क है', परन्तु हमारे ज्ञान का आकार है – 'यह वही क है'। यह प्रत्यभिज्ञान तभी सम्भव है जब वस्तु के साथ हमारा ज्ञान-सम्बन्ध पहले प्रत्यक्ष के बाद टूट गया हो। विषय के प्रति अनुभव की यह विच्छिन्नता या मध्य का बोधाभाव परवर्ती प्रत्यक्ष के अवसर पर दूर हो जाता है। प्रमेय विषयक मोह का अपसारण इसे ही कहते हैं।

परन्तु यह एकीकरण-प्रक्रिया एक ही अधिकरण पर घटित होनी चाहिए। दूसरे शब्दों में, अनुभव और स्मृति की एक साथ क्रियाशीलता से उत्पन्न होने वाला यह ज्ञान उस एक पदार्थ को विषय करता है जिसमें 'यह' और 'वह' अंश समन्वित हैं। इससे यह निष्कर्ष निकलता है कि इन्द्रिय-सन्निकर्ष और संस्कार-उद्‌बोध दोनों ही प्रत्यभिज्ञान के कारण हैं।[२२] स्मृति-संस्कार में विषय का पहला अनुभव अवचेतन में छिपा रहता है और इन्द्रिय के द्वारा विषय का निरीक्षण संस्कारों को उद्‌बुद्ध कर देता है। स्मृति और प्रत्यक्ष का विषय एक होने के कारण प्रत्यभिज्ञान में दोनों की एकता उभर आती है। इस दृष्टि से त्रिक धारणा प्रत्यभिज्ञा के बौद्ध मन्तव्य से भिन्न है जिसके अनुसार यह द्वैत ज्ञान है और 'यह' और 'वह' अंश पृथक् पदार्थों के वाचक हैं। प्रत्यभिज्ञान एक ऐक्यमूलक 'यह-वह' अंशों का एकीकृत ज्ञान है क्योंकि हमें दोनों का पृथक् ज्ञान न होकर उस एक का ही ज्ञान होता है जिसमें दोनों ही अंश घुल गए हैं।[२३]

न्याय में प्रत्यभिज्ञा को एकतामूलक माना गया है, अर्थात् ग्रहण और स्मरण के अंशों को पृथक् नहीं किया जाता। इसके लिए न्याय खास प्रक्रिया का आश्रय लेता है। वहाँ यह अतीत और वर्तमान काल से विशिष्ट विषय का ज्ञान है। अर्थात् ज्ञान का विषय एक होने पर भी उसका ग्रहण दो कालों से विशिष्ट रूप में होता है। और भी स्पष्ट शब्दों में, प्रत्यभिज्ञा

[२१] प्रतिसन्धानेन अभिमुखे वस्तुनि ज्ञानम्। – *भास्करी(वि.)*, भा.१, पृ. ३६

[२२] स्मरणानुभवारूढा सामानाधिकरण्यधीः।
संस्कारेन्द्रियजन्या च प्रत्यभिज्ञा प्रकीर्तिता।। – *ई.प्र.वि.*(का.ग्र.), भा.१, पृ. २० (पाद-टिप्पणी ४४)

प्रसंगवश एक बात और भी कही जा सकती है। दार्शनिक सन्दर्भ में शुद्धविद्या की स्थिति में होने वाला *अहम्-इदम्* (मैं यह हूँ) बोध भी सामानाधिकरण्यमूलक और प्रत्यभिज्ञात्मक है।

[२३] प्रतिसंधिना सोऽयमिति एकीकरणेन प्राणितं सत्तायुक्तं कृतम्। - भास्करी, भा.१, पृ. ३७

हमें ऐसे विषय का ज्ञान देती है जो इस समय वर्तमान है और अतीत के प्रति अपने सम्बन्ध से विशेषित है। यह ऐकिक (यूनीटरी) मानसिक वृत्ति है क्योंकि संस्कार-रूप प्रतिरूपक तत्त्व अलग न रहकर साम्प्रतिक अंश के साथ आत्मसात् हो जाते हैं ताकि हमें एक ज्ञानाकार (प्रिसेप्ट) दे सकें। यह सही है कि प्रत्यभिज्ञा में भी पदार्थ दोनों ही कालों में रहता है – एक बार अतीत में और एक बार इस समय अनुभव के क्षण में। परन्तु यहाँ अतीत और वर्तमान में एकता के लिए 'उभयमेलनात्मक प्रक्रिया'[२४] का सहारा लेते हैं। पदार्थ का हमारा ज्ञान दो कालों से उपहित नहीं होता। यदि यह किसी से कुछ लेता भी है तो केवल समय के भिन्न बिन्दुओं पर होने वाले अनुभवों की एक-विषयता लेता है। स्मृति अर्थ की नहीं उसके अनुभव की होती है। 'वह' के द्वारा स्मृतिमूलक अनुभव का ग्रहण होता है न कि अर्थ का। जब स्मृति और अनुभव दोनों ही इन्द्रियगोचर पदार्थ की ओर उन्मुख होकर एक-प्रत्यय का रूप धारण करते हैं, इस समय उनकी यह प्रत्ययमूलक एकता ही प्रत्यभिज्ञा है। दोनों अनुभवों के विषय की एकता तो दो परामर्शों के योग से सहज ही प्रतिफलित होती है।[२५]

इस प्रकार त्रिक दार्शनिकों की दृष्टि में प्रत्यभिज्ञा नैयायिकों की भाँति सरल या एकवृत्तिक (सिंगिल सायकोसिस) न होकर जटिलवृत्तिक (कॉम्प्लेक्स सायकोसिस) है, क्योंकि यह भूलना मुश्किल है कि प्रत्यक्ष और स्मरण क्रमशः वर्तमान संवेदन और पूर्व-घटित के संस्कार से जन्मते हैं। इन दोनों को एक में घपलाया नहीं जा सकता। यदि ऐसा कर दिया जाए तो प्रश्न उठेगा कि इस प्रकार प्रत्यक्षीकृत विषय का स्वरूप क्या है? यदि यह अतीत अनुभव का विषय मात्र है तो प्रत्यभिज्ञा और स्मरण में नाम भर का अन्तर रह जाता है और उसकी वर्तमान प्रत्यक्षविषयता की व्याख्या नहीं हो सकती। यहाँ यह केवल एक साम्प्रतिक घटना मात्र नहीं हो सकती क्योंकि इसका भूत में घटित किसी चीज के साथ तादात्म्य भी निहित है। अतः भात और भासमान का एकीकरण ही प्रत्यभिज्ञा है। भान या प्रत्यक्ष, वस्तु के ज्ञान का कारण है और स्मृति, अतीत अनुभव-विषय और वर्तमान अनुभव-विषय के एकीकरण का।[२६] यह निष्कर्ष इस बात की घोषणा है कि प्रत्यभिज्ञा का

---

[२४] अनुसन्धानं स्मृतानुभूतयोरेकीकरणम्, प्रत्यभिज्ञानम् प्रत्यभिज्ञा, एतदुभयमेलनात्मकम् प्रोक्तानुभव-स्मरणपरामर्शमेलनस्वरूपम्। – *भास्करी,* भा.१, पृ. १८६

[२५] ज्ञातस्य पुनरभिमुखीभावावसरे प्रतिसंधिप्राणितमेव ज्ञानं प्रत्यभिज्ञा। – *भास्करी(वि.),* भा.१, पृ. ३७; देखिए इसी पर **भास्कर** की वृत्ति – "प्रतिसंधिना सोऽयमिति एकीकरणेन प्राणितं सत्तायुक्तं कृतम्।"

[२६] अनुभवस्य भानम् अयं नील इत्याद्यर्थविषयस्य ज्ञानस्य यदेतत् भानं, तन्नीलाद्यर्थव्यपेक्षया स्मृतिः। सोऽर्थस्य स इति स्मृतिमूलतानुभवः परामृश्यते। . . . अर्थस्य भानं त्वनुभव इत्यर्थः। द्वौ सह तावेतौ स्मृत्यनुभवौ द्वावपि दृष्टचरार्थप्रतिसन्धानवेलायामेकप्रत्ययतापन्नौ अनुसन्धानं प्रत्यभिज्ञोच्यते। – *विरूपाक्षपंचाशिका,* ३.३६ पर **विद्याचक्रवर्ती** कृत *टीका,* पृ. २१

कुछ-न-कुछ अंश ज्ञानों और विचारों में अवश्य रहता है। केवल वर्तमान प्रत्यक्ष (सविकल्पक) में यह स्मृति अंश, प्रतिरूपक तत्त्व, इतना गौण हो जाता है कि उसका साधारण तौर पर दर्शन नहीं होता। प्रत्यभिज्ञा में यह स्मृति-अंश उभर आता है और साम्प्रतिक अंश को दबा हुआ ही छोड़ जाता है।[२७] दूसरे शब्दों में, साम्प्रतिक अंश (यह) की व्याख्या स्मृति अंश (वह) के आधार पर होती है। एक दूसरी स्थिति भी हो सकती है कि स्मृति का अंश चेतन धरातल पर आ जाए परन्तु प्रतिरूपक अंश के प्रति आग्रह बना रहे। इस दशा में स्मृति अनुभव से गौण रह जाती है, पर यह गौणता का अंश सविकल्पक प्रत्यक्ष में होने वाले स्मृति-अंश की नगण्यता से बहुत कम है। अतः जहाँ इस स्थिति में प्रत्यभिज्ञा का सविकल्पक प्रत्यक्ष से अन्तर स्पष्ट है, वहाँ स्मृति-अनुभव का यह प्रधानगुणभाव प्रत्यभिज्ञा के उभयस्पर्शी होने पर भी उसे ऐक्यमूलक वृत्ति बनाए रखता है। प्रत्यभिज्ञा की पहली स्थिति में न्याय से त्रिक एकमत है, परन्तु दूसरी त्रिक की अपनी कल्पना है। इसीलिए ऐसा लगता है कि त्रिक दार्शनिकों के लिए प्रत्यभिज्ञा एक जटिल वृत्ति है, सरल नहीं, क्योंकि स्मरण के अंश की उपेक्षा सम्भव नहीं है। इसे उभयज, उभयमेलनात्मक कहकर वृत्तिजटिलता का ही संकेत किया गया है।

प्रत्यभिज्ञात्मक प्रतीति के दो घटक हैं – स्मृति और अनुभव। पूर्व अनुभव के संस्कार हमारे अवचेतन में निहित रहते हैं। यह प्रत्यभिज्ञा का प्रतिरूपक अंश (रि-प्रेज़ेन्टेटिव फ़ैक्टर) है। और दूसरा घटक है वर्तमान अनुभव, जो प्रत्यभिज्ञा का साम्प्रतिक अंश है। अतीत अनुभव की व्यवहित और वर्तमान अनुभव की अव्यवहित प्रतीति प्रत्यभिज्ञानात्मक प्रक्रिया के आवश्यक अंग हैं।[२८] साम्प्रतिक अंश का अनुभव तो अनिवार्यतः प्रत्यक्षात्मक है। प्रश्न है कि अतीत अनुभव का स्वरूप क्या है – क्या यह भी प्रत्यक्षात्मक है या उससे भिन्न? प्रत्यभिज्ञा दर्शन में इस पर सीधे कुछ नहीं कहा गया है, फिर भी जो विवेचन हुआ है उससे इस दर्शन के दृष्टिकोण का अच्छा परिचय मिल जाता है। अतीत में विषय के ज्ञान के दो प्रकार हैं – या तो सामान्यात्मना ज्ञान हो और या फिर विशेषात्मना। 'यह कोई है' यह पहले ज्ञान का आकार है, और यह 'अमुक का लड़का, ऐसी शक्ल सूरत और इन गुणों वाला है' यह दूसरे ज्ञान का आकार है। इस दर्शन के सन्दर्भ में पहली विधा ज्यादा महत्त्वपूर्ण बताई गई है। प्रश्न था कि क्या पदार्थ का यह (अतीत) सामान्य या विशेष ज्ञान प्रत्यक्षात्मक है? प्रत्यभिज्ञान की धारणा को समझने के लिए दिए गए उदाहरणों[२९] से यह स्पष्ट है कि अतीत ज्ञान का प्रत्यक्षात्मक होना अनिवार्य नहीं है। अधिकतर सम्भावनाएँ प्रत्यक्ष की ही हैं, परन्तु

---

[२७] तदौन्मुख्यं विना तदवस्थाग्रहणासम्भवात् तत्प्रतिसन्धानेन तत्स्मृत्या एकीकरणेन ज्ञानं प्रत्यभिज्ञा।– *भास्करी*, भा.१ पृ. ३७

[२८] देखिए, द कॉन्सेप्ट ऑफ़ *माइन्ड इन इंडियन फ़िलॉसफ़ी*, पृ. ७४।

[२९] *भास्करी*, भा.१, पृ. ३६-३७।

ऐसी स्थितियों का अभाव नहीं है[३०] जहाँ पूर्वज्ञान हमें युक्ति, आगम या श्रवण से प्राप्त हुआ है। अर्थात् अतीत अनुभव व्यवहित भी हो सकता है और किसी से सुनकर या अनुमान से भी जान सकते हैं।[३१] इस प्रकार की शैव घोषणा हमें प्रत्यभिज्ञा के पाश्चात्य मन्तव्य[३२] के काफी निकट ला देती है कि प्रत्यभिज्ञान स्मृति-चित्र या मानस-प्रतिमा और परवर्ती विषय की तुलना से भी सम्भव है। किसी धारणा से (जिनमें प्रत्यक्षेतर कारण भी शामिल हैं), जैसे अध्ययन, गुण-गान, कल्पना से यदि कोई वस्तु-चित्र मन में खिंच गया है और बाद के अनुभव-विषय से उसका साम्य या ऐक्य है तो प्रतीति का स्वरूप प्रत्यभिज्ञात्मक ही होगा।

इस प्रसंग में एक प्रश्न और उठाया जा सकता है कि प्रत्यभिज्ञा एक स्वतन्त्र प्रमाण है या अनुभव, युक्ति और आगम (प्रत्यक्ष, अनुमान और शब्द) में अन्तर्भूत है। प्रत्यभिज्ञा के असामान्य महत्त्व के बावजूद भी उसे एक स्वतन्त्र प्रमाण न मानकर तीनों में (न कि किसी एक में) उसका अन्तर्भाव किया गया है।[३३] प्रत्यभिज्ञा को विकल्प-ज्ञान माना गया है, परन्तु सविकल्पक प्रत्यक्ष से उसे अलग रखा गया है। इसी विकल्प स्वभाव के कारण इसे कभी प्रत्यक्ष[३४] कभी आगम,[३५] तो कभी अनुमान[३६] से समीकृत किया गया है। यह सम्प्रदाय की दार्शनिक व्यञ्जनाओं से समञ्जस भी बैठ जाता है, क्योंकि सब प्रमाण मोहापसारण कर आखिर में आत्म-प्रत्यभिज्ञान ही कराते हैं।[३७]

त्रिक दार्शनिक इस बात में **भर्तृहरि** से सहमत हैं कि हमारी सम्पूर्ण बोध-प्रक्रिया प्रत्यभिज्ञात्मक है।[३८] 'यह वह है' (**सोऽयम्**) के द्वारा सामान्य विषय का ग्रहण होता है।

---

[३०] देखिए *अभिनवगुप्त.*, पृ. ३००।

[३१] द्रष्टान्तों के लिए देखें, तदेव, पृ. ३०१-०२।

[३२] *डिक्शनरी ऑफ़ फ़िलॉसफ़ी,* **डी.डी. र्‌यून्स** द्वारा सम्पादित, लंदन, पृ. २६५।

[३३] इह दीर्घदर्शिना प्रत्यक्षानुमानागमान्यतमप्रमाणमूलां प्रत्यभिज्ञामाश्रित्य . . . । – *भास्करी(वि.),* भा.२, पृ. १६५

यहाँ पर गृहीत अर्थ में 'प्रमाणमूलां' शब्द पर आग्रह स्पष्ट है।

[३४] निर्बाधप्रत्यभिज्ञाप्रत्यक्षप्रसाधितैकभावः पदार्थः। – *ई.प्र.वि.वि.,* भा.३, पृ. २

[३५] प्रत्यक्षानुमानागमाद्यन्यतममानप्रत्यभिज्ञानबलेन . . . । – तत्रैव, पृ. २३३

[३६] एतेन शक्तीनाम् इच्छाज्ञानक्रियाणां प्रकाशकेन प्रत्यभिज्ञारूपेण व्यवहारसाधनपरार्थानुमानात्मना शास्त्रेण तं व्यवहारं प्रवर्तयतां तत्समर्थाचरणं क्रियते। – *भास्करी(वि.),* भा.२, पृ. १४३

[३७] प्रत्यभिज्ञा के अन्य प्रमाणों से ऊपर बताए गए सम्बन्ध को लेकर लेखक पूर्णतः निश्चित नहीं है, फिर भी उपलब्ध सामग्री के आधार पर ऊपर का निष्कर्ष सहज निकल आता है। इस समस्या को भावी अनुसन्धान के लिए छोड़ा जा सकता है।

[३८] सोऽयमित्यऽभिसम्बन्धाद्रूपमेकीकृतं यदा।

→

संकेत-ज्ञान के समय का 'वह' व्यावहारिक ज्ञान के 'यह' से एक रूप हो जाता है। 'गाय' प्रतीक गाय लाने के समय 'गाय' पदार्थ से एक हो जाता है। शब्द और अर्थ के एकीकरण की यही प्रक्रिया है। इस अंश में मीमांसक भी सहमत जान पड़ते हैं। इसीलिए सारे विकल्प-भेद अभिलाप या शब्द के भेद पर आधारित हैं। इस विकल्पज्ञान के अवान्तर भेदों में 'वह' अनुसन्धान में स्मृति, 'वह यह है' अनुबोध में प्रत्यभिज्ञा, 'मानो यह वही है' अनुयोग में व्यवच्छेद आदि की गिनती होती है। परन्तु सबका सामान्य स्वरूप विकल्पात्मक ही है। निर्विकल्प, सविकल्प, प्रत्यभिज्ञा, उत्प्रेक्षा – ज्ञान के इन विविध रूपों के काल, विषय और आकार भिन्न हैं।[३९] इसलिए प्रत्यभिज्ञा, उत्प्रेक्षा, आदि सभी को विकल्परूप माना गया है और उनसे होने वाले ज्ञानाकार भी अलग-अलग हैं।[४०] इसी प्रकार इन ज्ञानों की सविकल्पात्मक प्रकृति को उनके दैशिक व कालिक सम्बन्धभेद के बल पर भी समझाने की चेष्टा की गई है। पूर्व देश और काल के योग से विषय का स्मरण, वर्तमान देश और काल के योग से अनुभव, दोनों के योग से सम्भाव्य रूप में उत्प्रेक्षा होती है।[४१]

प्रत्यभिज्ञा यद्यपि विकल्पज्ञान है, फिर भी अधिक स्पष्ट शब्दों में उसे उभयज अर्थात् सविकल्प और निर्विकल्प दोनों से उत्पन्न होने वाला कहा गया है।[४२] अर्थात् प्रतिरूपक और साम्प्रतिक दोनों ही अंशों की सह-क्रियता से प्रत्यभिज्ञान फलता है। 'वह' निर्विकल्पक और 'यह' सविकल्पक ज्ञान का संकेतन करते हैं। घट का प्रकाश या अस्तित्वेन भान निर्विकल्पक है, घट का उसके विकल्पों या वैशिष्ट्य के साथ ज्ञान सविकल्पक है। उभयज कहकर प्रत्यभिज्ञा की प्रकृति को विश्लेषणात्मक ढंग से रखा गया है, परन्तु इससे प्रत्यभिज्ञान के विकल्प-स्वभाव में अन्तर नहीं रहता। दो अनुभव-विषयों का सम्मिलन विकल्प-व्यापार ही है। निर्विकल्पक दशा में प्रमाण की आवश्यकता नहीं रहती क्योंकि वह अभेद की स्थिति है, परन्तु सविकल्पक में भेद रहता है, प्रमाण-प्रमेय का द्वैत रहता है। प्रत्यभिज्ञा भी प्रमाण होने के नाते विकल्प-बोध बनती है।[४३] परन्तु इस भेद के पीछे छिपी दो अनुभव-विषयों की एकता

← शब्दस्यार्थेन तं शब्दमभिजल्पं प्रचक्षते।। – *वाक्यपदीय* २.१३०

[३९] *ई.प्र.वि.वि.*, भा.१, पृ. ११५।

[४०] *भास्करी(वि.)*, भा.१, पृ. ८६; आदिग्रहणात् प्रत्यभिज्ञोत्प्रेक्षणाध्यवसायादिविकल्पेषु अपि यथायोगं तदिदमिति, इदं तदिति, तदिव इदमिति, तदेव इदम्, इत्यादिनिर्देश्यता मन्तव्या उभयतः। – *ई. प्र.वि.वि*, भा.२, पृ. १६

[४१] तदेव, भा.१, पृ. १४८।

[४२] घटप्रकाशः - घटविषयं निर्विकल्पज्ञानम्, विकल्पः सविकल्पज्ञानम्। प्रत्यभिज्ञा - सोऽयमित्युभयजं ज्ञानम्। – *भास्करी*, भा.१, पृ. ८४

[४३] *ई.प्र.वि.वि.*, भा.१, पृ. ७५।

खण्डित नहीं होती। दूसरे शब्दों में, दो परामर्शों (स्मृति-अनुभव) का मिलन होता है और उससे विषय की एकता निष्पन्न होती है। **भास्कर** का बौद्ध प्रत्यभिज्ञा को "भेदप्राणसादृश्यनिमित्तक"[४४] कहने का लक्ष्यार्थ यही है कि त्रिकगत प्रत्यभिज्ञा अभेदप्राणसादृश्यनिमित्तक है। प्रत्यभिज्ञात्मक ज्ञानाकार 'यह वह है' के दो घटक हैं – 'वह' और 'यह'। हम देखेंगे कि इनका अर्थ क्या है? दो संवेदन-विषयों के एकीकरण का अर्थ, हम पहले ही देख चुके हैं, है उनके मध्य के अवकाश को हटा देना। वस्तुतः अनुभव एक ही है, बीच में विस्मृति के आवरण से वह विच्छिन्न हो जाता है। यों तो दोनों अनुभव (अनुभव, स्मृति) विस्मृति के आवरण के कारण बीच में विच्छिन्न हो जाते हैं, फलतः दोनों में कालभेद भी हो जाता है, परन्तु प्रणिधान, पुनर्प्रत्यक्ष या अन्य किसी कारण से यदि पुराना अनुभव फिर से उद्बुद्ध हो जाए तो यह विच्छेद समाप्त हो जाता है, इससे कालभेद की सम्भावना भी नहीं रहती। और अगर काल रहता भी है तो प्रमाता और प्रमेय में समकालता रहती है, अर्थात् बोधक्षण में विषयी-विषय का सहभाव, वर्तमानकालता रहती है। कालभेद की बात इसी दृष्टि से सधती है। हम जिसका 'वह' शब्द से परामर्श करते हैं वह 'उस समय' के अनुभव में बोध को विषयनिष्ठ बताता हुआ 'इस समय' के बोध या परामर्श की विषयीनिष्ठता को प्रधान रूप से विषय करता है। योगी के लिए तो पूर्व ज्ञान के अर्थ में ही काल आरोपित है, अनुभव के समय अर्थ में काल का आरोपण नहीं होता क्योंकि अनुभव का काल वही है जो उस समय के प्रमाता का। जब इन दोनों (अतीतज्ञान और अनुभव) को मिलाकर विकल्प व्यापार चलता है, उस समय 'वह यह है' ऐसा प्रत्यभिज्ञान जन्म लेता है।[४५] उस प्रत्यभिज्ञान के भी दोनों में से एक के अनुवाद और एक के विधान के कारण दो भेद हो जाते हैं। अतीतज्ञान और अनुभव के एक साथ अनुवदन व एक साथ विधान से भी प्रत्यभिज्ञा के दो भेद हो जाते हैं। दूसरे शब्दों में, दोनों अंशों का समान महत्त्व भी हो सकता है अथवा दोनों में से एक की प्रधानता (विधान) और दूसरे की गौणता (अनुवाद) भी हो सकती है या इसका उल्टा भी हो सकता है।[४६] न्याय में प्रत्यभिज्ञा एकवृत्ति ही रहती

---

[४४] *भास्करी,* भा.१, पृ. ११२।

[४५] *ई.प्र.वि.वि.,* भा.२, पृ. १६।

[४६] 'यह' 'वह' परस्पर विच्छिन्न अनुभव हैं। परन्तु प्रत्यभिज्ञा में 'यह वह' या 'वह यह' हो जाता है। प्रकारान्तर से 'यह वही' या 'वही यह' का रूप भी धारण कर सकता है –

तथाहि अनुभवं तत्कालं परामर्शस्य अर्थनिष्ठत्वात् मन्यमानः एतत्कालपरामर्शस्य प्रमातृनिष्ठतां प्राधान्येन स्पृशति इदानीम् भवत इव मम नीलानुभवोऽभूदिति। . . . यदा तु द्वय मेतत् सम्मील्य विकल्पयति तदा प्रत्यभिज्ञानं सोऽयमिति। तत्र च एकतरानुवादैकतरविधेश्च भेदद्वयम्, सममनुवादात् समं विधेश्च भेदद्वयम्, इत्यलं बहुना। – *ई.प्र.वि.वि.,* भा.२, पृ. १६-१७

है क्योंकि स्मृति अंश का विधान होता है और अनुभव का अनुवदन। परन्तु यहाँ यह द्वैध-प्रक्रिया का मिलन व्यापार चलता रहता है। अतः यह एक जटिल वृत्ति बनकर आ पाती है।

प्रत्यभिज्ञान के तमाम अवान्तर गिनाए गए हैं। स्मृत और अनुभूत पदार्थ के एकतानुसन्धान की दृष्टि से सोलह और भेदानुसन्धान की दृष्टि से चौंसठ भेदों की गिनती की गई है। अनुभव की दो सम्भावनाएँ हैं – एक तो 'मैं देख रहा हूँ' जैसे स्थलों में, जहाँ आत्मपरामर्शपूर्वक विषय का परामर्श या ज्ञान होता है। यहाँ विषयी और विषय के ऐक्य पर ज़ोर है। दूसरे 'यह है' जैसे स्थलों में, जहाँ प्रत्यक्ष के विषय की प्रधानता है। यहाँ पर इच्छा न रहने पर भी वस्तु-बल से या किसी अर्थक्रिया के प्रति आग्रह विशेष से विषय का प्रत्यक्ष होता है। इस प्रकार प्रत्यक्ष दो प्रकार का होता है। चूँकि अनुभूत अर्थ का ही स्मरण होता है, अतः स्मृति भी दो प्रकार की हो जाती है। अपने उपविभागों को लेकर यह स्मृति चार प्रकार की है। प्रत्येक अनुभव में दो-दो परामर्श होते हैं – अनुभव-क्रिया ('देखता हूँ' – दृश्यते) और अनुभवविषय ('यह'– अयम्)। दोनों प्रकार के अनुभव (स्वात्मपरामर्शपूर्वक विषयबोध और प्रधानतया विषयबोध) में इस प्रकार चार परामर्श हो जाते हैं। इनको लेकर स्मृति की चार विधाएं हो जाती हैं। अनुभव और स्मृति के इन्हीं छह भेदों में स्मृत और अनुभूत विषयों का एकीकरण रूप प्रत्यभिज्ञान, जिसमें अनुभव और स्मरण दोनों के परामर्श सम्मिलित हैं, अन्तर्भूत हैं। अनुभव के दो भेद और स्मरण के चार भेदों के कारण प्रत्यभिज्ञा आठ प्रकार की हो जाती है, क्योंकि परामर्शों का सम्मिलन ही प्रत्यभिज्ञा का स्वरूप है। अतीत अनुभव की स्मृति चतुर्विध हो सकती है और वर्तमान अनुभव द्विविध हो सकता है। फलतः प्रत्यभिज्ञा के आठ प्रकार सध जाते हैं। यद्यपि प्रत्यभिज्ञा दो अनुभव-विषयों का एकीकरण है, फिर भी कभी पूर्वकाल से अवच्छिन्न विषय पर आग्रह अधिक हो सकता है, कभी अपरकाल से अवच्छिन्न विषय पर।[४७] 'यह वही है' और 'यही वह है' को क्रमशः दोनों के उदाहरण के तौर पर लिया जा सकता है। दूसरे शब्दों में, कभी प्रत्यभिज्ञा में साम्प्रतिक अंश प्रधान हो जाता है तो स्मृति अंश गौण, कभी स्मृति अंश प्रधान हो जाता है तो साम्प्रतिक अंश गौण । इस आग्रहभेद के सोलह भेद फलते हैं।[४८] परन्तु प्रत्यभिज्ञा चूँकि स्मृत और अनुभूत विषय के एकीकरण की प्रक्रिया है अतः इस ऐक्यानुसन्धान में प्रमातृ अंश की प्रधानता रहती है,

---

[४७] *भास्करी(वि.)*, भा.१, पृ. १८७-८६

[४८] इति चत्वारः स्मरणभेदाः द्वौ अनुभवभेदौ। अनुसंधान प्रत्यभिज्ञानमपि . . . पूर्वापरविश्रान्तिकृतात् प्रत्येकं द्विधाभेदाच्च षोडशधा। – तदेव, पृ.१८८-८६

फलतः ज्ञानांश का भी प्रधानतया परामर्श होता है। परन्तु जिस समय हम दोनों को पृथक् रखते हैं उस समय दृश्य या विषय की प्रधानता रहती है और ज्ञान का आदर नहीं होता। इस प्रकार अनुभव में चार प्रकार, स्मृति में सोलह और उभयस्पर्शी प्रत्यभिज्ञान में चौंसठ प्रकार के विषय का अंश होता है।[४६-५०]

अपने विषय की दृष्टि से प्रत्यभिज्ञा के दो भेद किए जा सकते हैं।[५१] प्रत्यभिज्ञा में होने वाले ज्ञानाकार दो तरह के हो सकते हैं – 'वह मैं हूँ' (सोऽहम्) और 'यह मेरा है' (ममेदम्)। स्वाभाविक है कि ये प्रतीकात्मक ज्ञानाकार हैं। पहले प्रतीक में दो धर्मियों में एकता का अनुसन्धान किया जाता है और दूसरे प्रतीक में गुण या धर्म का ग्रहण वस्तु-सम्बद्ध रूप में होता है। पहले को हम आत्म-प्रत्यभिज्ञान या धर्मिप्रत्यभिज्ञान की संज्ञा दे सकते हैं और दूसरे को धर्म-प्रत्यभिज्ञान या आत्मीय-प्रत्यभिज्ञान की। धर्मी-धर्म-प्रत्यभिज्ञान की इस द्वैधता से परमार्थ-मीमांसा (मेटाफ़िज़िक्स) में अनुभव-जगत् या विकल्प-सृष्टि का आत्मतया या आत्माभासतया ग्रहण होता है। सम्प्रदाय की विशिष्ट शब्दावली में ऐश्वर्य-प्रत्यभिज्ञान ईश्वर-प्रत्यभिज्ञान में सहायक होता है।

प्रत्यभिज्ञा में वस्तु-बोध में शब्द भी कभी-कभी सहकारी का कार्य करता है। साधारण जीवन में अक्सर ऐसे अवसर आते रहते हैं जहाँ हमें विश्वस्त कथन के आधार पर प्रत्यभिज्ञान होता है। "आप कौन हैं?" "तुम नहीं जानते, आप भारद्वाज हैं", "अच्छा आप वही भारद्वाज हैं, चलिए खूब मुलाकात हुई" इस प्रकार की प्रत्यभिज्ञाएँ अक्सर होती रहती हैं। दार्शनिक सन्दर्भ में यदि हम इसी बात को लें तो अहं-बोध के लिए हमें गुरु या शास्त्र

---

[४६] इह अभिसन्धाने द्रष्टृभागबहुमाने च दृक् प्राधान्येन परामृश्यते। . . . तथा हि अनभिसंधौ दृश्यभागबहुमाने च दृग्भागो न आद्रियते अपितु अर्थभाग एवेति चतुर्धा अनुभवे, षोडशधा च स्मृतौ, उभयस्पृशि प्रत्यभिज्ञाने च चतुःषष्टिधा . . . । – *ई.प्र.वि.वि.*, भा.२, पृ. ५७-५८

[५०] प्रत्यभिज्ञान के पीछे जो मानसिक प्रक्रियाएँ और अनुभव-क्रम छिपे हैं उनमें पैठने का आग्रह इस प्रकार स्पष्ट है। परन्तु अपने अध्ययन की इस शैशवास्था में इससे अधिक कहने की स्थिति में अभी हम नहीं हैं।

[५१] (अ) ''सोऽहं ममायं विभव इति प्रत्यभिजानतः। . . . इति उक्तनयेन . . . द्विविधां प्रत्यभिज्ञां दर्शयन् . . .। – *विज्ञान-भैरव-उद्योत*, पृ. ६५

(ब) एवकारौ निपातौ प्रत्यभिज्ञाद्वैधं सूचयतः। – तदेव, पृ. ६६

(स) इति सिद्धा द्विविधा प्रत्यभिज्ञा। – तदेव, पृ. ६७

(द) तत् ईश्वरविषयम् ऐश्वर्यम् ममैवेदमैश्वर्यमिति प्रत्यभिज्ञाविषयीकार्यम्। – *भास्करी*, भा.१, पृ. ३४२-४३

(इ) *ई.प्र.वि.वि.*, भा.१, पृ. ४५।

के उद्बोधन की आवश्यकता पड़ जाती है।[५२] इस दृष्टि से वेदान्त का "दशमस्त्वमसि" ("दसवें तुम हो") त्रिक में प्रत्यभिज्ञा का उदाहरण बनता है।

प्रत्यभिज्ञा प्रमाण से जो प्रमा जन्म लेती है उसका नाम भी प्रत्यभिज्ञा ही है। प्रमा है 'तथात्वप्रकाश' – जो जैसा है उसका वैसा ही भान।[५३] प्रत्यक्ष-प्रमा में वस्तु का यथातथ्य भासन होता है, अर्थात् नील का नील के रूप में, सुख आदि आन्तरिक वृत्तियों का उन्हीं के रूप में, ग्रहण प्रत्यक्ष है – 'यह नील है', 'मै सुखी हूँ' इत्यादि। लेकिन प्रत्यभिज्ञा-प्रमा में वस्तु का बोध स्फुटतर होता है – 'यह वही नील है।' परमार्थमीमांसा में वस्तु का यह स्फुटतर बोध उसका तात्त्विक और सम्यक् स्वरूप-बोध है। यह वही है, अर्थात् अपने वास्तविक स्वरूप में यह अनुभव के चरम तत्त्व (महेश्वर) से एकरूप है।[५४] इसका कारण यह बताया गया है कि ज्ञाता-ज्ञेय के मध्य प्रत्यभिज्ञान-सम्बन्ध साधारण सम्बन्धों के स्वभाव को अतिक्रान्त कर तादात्म्य में पर्यवसित होता है, फलतः प्रमा और प्रमाता एक ही हो जाते हैं।[५५]

इसमें शायद इस प्रश्न का उत्तर भी ढूँढा जा सके कि सविकल्पक बोध (प्रत्यभिज्ञा) से निर्विकल्पक प्रमा कैसे जन्म लेगी, क्योंकि चरम अहंबोध (सोऽहम्) तो निर्विकल्पक है। वस्तुतः होता यह है कि ज्ञान की प्रकृति अर्थ की प्रकृति से निर्धारित होती है, अपने आप में तो ज्ञान विकल्पहीन है। ज्ञानविकल्प अर्थविकल्प-जन्य है। काल आदि का आरोपण अर्थ में है, ज्ञान में नहीं (यह हम देख चुके हैं)। क्षण से पदार्थ विशिष्ट होता है, बोध नहीं। चरम प्रत्यभिज्ञा-प्रमा निर्विकल्पक है क्योंकि 'अहम्' प्रमेय निर्विकल्पक है। बोध में चूँकि विकल्प होते नहीं, अतः चरम प्रत्यभिज्ञान की निर्विकल्पता सध जाती है। इसीलिए साधारण प्रत्यभिज्ञा

---

[५२] (अ) *भास्करी(वि.)* भा.१, पृ. ३७।

(ब) गुरुणा ईश्वरोऽहम् इति प्रत्यभिज्ञापित इति व्यवहारः सम्भवत्येवेति नान्यथा भ्रमितव्यम्। – तदेव, पृ. ३८

(स) गुरुवचनाज्ज्ञानक्रियालक्षणशक्त्यभिज्ञानादेर्वा। – तदेव, भा.२, पृ. ३१४

(इ) *स.द.सं.,* पृ. २००-०१

[५३] तथात्वेन नीलसुखादिभावेन प्रकाशः भानं प्रमा। – *भास्करी,* भा.१, पृ. ३४

[५४] तथाहि स्फुटतरभासमाननीलसुखादिप्रमान्वेषणद्वारेणैव पारमार्थिकप्रमातृलाभ इह उपदिश्यते। – *भास्करी(वि.),* भा.१, पृ. ३४-३५

[५५] एवमहमलौकिकः कश्चित् प्रमाता इति प्रत्यभिज्ञानात्मा यो विमर्शः . . . लौकिकसम्बन्धस्वभावातिक्रान्त्या तादात्म्यपर्यवसितोपश्लेषः . . .। – *म.मं.प.,* पृ. १०-११; तुलना कीजिए: ईश्वरत्वप्रदर्शनं तद्व्यवहारसिद्धिनिबन्धनं प्रमाणं, ततो या प्रतिपत्तिरीश्वरताविमर्शरूपा प्रमात्मिका। – *ई.प्र.वि.वि.,* भा.१, पृ. १११

का विषय विकल्पात्मक होने के कारण उसकी प्रत्यभिज्ञा निर्विकल्पक न होकर सविकल्पक ही रहती है।[५६] 'यह वही घड़ा है' – यहाँ पर पूर्व अनुभव की प्रत्यावृत्ति और वर्तमान की अभिमुखता से जो ज्ञान हो रहा है उसमें दो घड़ों में एकता का अनुसन्धान होने पर भी विकल्पता बनी रहती है। देश, काल आदि भेदों के बने रहने पर भी विकल्प की अपेक्षा चूँकि आकार की एकता का स्फुरण यहाँ अधिक होता है, अतः साधारण प्रत्यभिज्ञा को परम पद के अनुसन्धान की दिशा की ओर पहला कदम मान लिया जाता है।[५७] विकल्प का स्वरूप है दूसरे से व्यवच्छेद।[५८] साधारण अनुभव में प्रमाता-प्रमाता और प्रमेय-प्रमेय में भेद का भान होता है। जहाँ पर भी बोध का प्रतियोगी है,[५९] अर्थात् उसका विषय अन्य विषय से भिन्न, व्यवच्छेद्य है, वह ज्ञान हमेशा विकल्परूप होता है। चरम प्रत्यभिज्ञा (सोऽहम् – "वह मैं हूँ") में जो 'अहम्' (मैं) है वह साधारण अहंबोध से इस अर्थ में भिन्न है कि पहला केवल संवित्-रूप है जबकि दूसरा वेद्यपरामर्शी। समझने के लिए इन्हें क्रमशः शुद्ध और अशुद्ध अहंविमर्श कह दिया जाता है। शुद्ध अहंबोध में कोई भी ऐसा प्रतियोगी नहीं है जिसका अपोहन या व्यवच्छेद किया जा सके, क्योंकि वह सम्पूर्णता का, प्रकाश मात्र का बोध है (अनुभव की इस समग्रता में हमारा सारा अनुभव-जगत् समाविष्ट है)। दूसरी ओर अशुद्ध या साधारण अहंबोध में अहंतया ग्राह्य शरीर या वस्तु का दूसरे देह, घड़े से भेद स्पष्ट है, अतः वह विकल्परूप है। शुद्ध और अशुद्ध (चरम और दैहिक) अहंप्रत्यय में से प्रत्येक दो तरह का है – अनुभवरूप और अनुसन्धानरूप। निर्विकल्परूप 'अहं' अनुभवमात्र हो (सम्प्रदाय में शिव की अवस्था) या 'अहमिदम्' (यह मैं हूँ) रूप दो की अभेद-योजना हो (सदाशिव आदि की स्थिति), अर्थात् अहं-प्रत्यवमर्श हो या अहं-प्रत्यभिज्ञान, यह शुद्ध अहम् की स्थिति है। इस 'अहं'-प्रत्यभिज्ञान (अहम्-इदम्) में पूर्ण अहम् की ही इदन्तया आवृत्ति होती है। अतः व्यवच्छेद-वर्जना और पूर्णता के कारण अनुसन्धानात्मक होने पर भी यह निर्विकल्पात्मक स्थिति है।[६०] इसी तरह साधारण या अशुद्ध अहंबोध में भी 'मैं मोटा हूँ' यह अहम् के अनुभवमात्र का निदर्शन है। और 'जो मैं मोटा था, वही दुबला हो गया हूँ' या 'जो मैं लड़का

---

[५६] भिन्नं तात्कालिकमभिन्नं पूर्वावस्थया एकीकृतं देहादि यतोऽस्या विषयस्तत् इयं न शुद्धो विकल्पो, नापि शुद्धः साक्षात्कारः अपितु च्छायामयी प्रत्यभिज्ञा, इत्युच्यते। – *ई.प्र.वि.वि.*, भा.२, पृ. ३१४

[५७] *भास्करी(वि.)*, भा.१, पृ. ३२७।

[५८] अन्यवस्तुव्यच्छेदप्राणो विकल्पो। – *भास्करी*, भा.१, पृ. ३२७

[५९] प्रतियोगी – समकक्षतया प्रतिस्पर्धी। – तदेव, पृ. ३१३

[६०] यदि हि तस्य देहादेः सर्वतः पूर्णत्वम् अवच्छेदहीनत्वं पश्यन् अनुसन्धानम् "अहमिदम्" इति विदध्यात् तदियं सदाशिवभूः केन विकल्पास्पदत्वेन भण्येत यावता विच्छिन्ने एव सोऽनुसंधिः। – *भास्करी(वि.)*, भा.१, पृ. ३२६

था, फिर युवा हुआ, वही मैं बूढ़ा हो गया हूँ' यह अहम् का अनुसन्धानात्मक या प्रत्यभिज्ञानात्मक ज्ञान है। ये दोनों ही स्थितियाँ विकल्पात्मक हैं।[६१] साधारण अहंप्रत्यभिज्ञान को, सारे अनुसन्धानात्मक ज्ञानों अर्थात् समस्त बाह्य प्रत्यभिज्ञाओं से समीकृत किया जा सकता है।

प्रत्यभिज्ञा के दार्शनिक फलक को मनोवैज्ञानिक आधार देने की चेष्टा की गई है। यदि आत्मा चरम तत्त्व से स्वभावतः एक है तो फिर प्रत्यभिज्ञा का कोई प्रयोजन नहीं रह जाता, अधिक-से-अधिक प्रत्यक्ष से कार्य लिया जा सकता है। अतः आत्मप्रत्यभिज्ञान में कोई व्यावहारिक (प्रैगमेटिक) विवशता नहीं है। प्रत्यभिज्ञा दर्शन उत्तर में अर्थक्रिया की दो कोटियाँ मानता है – बाह्य और आन्तरिक। बीज को कोई पहचाने या न पहचाने वह अंकुर तो देगा ही (कहा जा सकता है कि विशिष्ट पेड़ को उगाने के लिए बीज के प्रत्यभिज्ञान की आवश्यकता है ही)। अंकुरादिरूप यह बाह्य अर्थक्रिया है और यहाँ प्रत्यभिज्ञान आवश्यक नहीं है। परन्तु प्रमाता की प्रसन्नता और सन्तोषरूपी आत्मनिष्ठ अर्थक्रियाओं के लिए प्रत्यभिज्ञान के महत्त्व की अवहेलना नहीं की जा सकती। 'वह यह है' की भाँति, जहाँ तत्-त्व और इदं-त्व की एकता मुखर है, "सोऽहम्" (वह मैं हूँ) में अहं-त्व और चरम तत्-त्व की एकता की जो अभिव्यक्ति है वह प्रत्यभिज्ञानात्मक है। और पहले में जहाँ ज्ञाता की मानसिक प्रतिक्रिया प्रसन्नता (दुःख, घृणा, तिरस्कार कुछ भी हो सकता है), वहाँ दूसरे में यह पूर्ण आनन्द की स्थिति है। आशय यह है कि प्रत्यभिज्ञा से होने वाली ज्ञाता की मानसिक प्रतिक्रियाएँ अन्य प्रमाणजन्य प्रतिक्रियाओं से भिन्न हैं और ये प्रतिक्रियाएँ ही प्रत्यभिज्ञा के प्रमाण व्यापार को आवश्यक बनाती हैं।[६२]

प्रत्यभिज्ञा दर्शन में स्वरूप बोध के लिए प्रत्यभिज्ञा को ही एकमात्र प्रमाण मानने के पीछे जो दार्शनिक तन्तु छिपे हैं, हम उन्हें समझने की चेष्टा करेंगे। ज्ञान सम्बन्धी प्रक्रियाएँ दो प्रकार की हो सकती हैं – एक ज्ञानात्मक (कॉग्निटिव) और दूसरी प्रत्यभिज्ञानात्मक (रिकॉग्निटिव)। पहली प्रक्रिया किसी भी विषय को चुनने में निहित है, अर्थात् वह विषय को चुनती है और तदितर का तिरस्कार, उपेक्षा या निषेध करती है। दूसरी प्रक्रिया में चयन नहीं है, वहाँ पूर्ण स्वीकृति है, अपने पिछले अनुभव का पूरा अनुमोदन है, आवृत्ति है, अर्थात् वहाँ निषेध, बाध, तिरस्कार, या उन्मूलन कुछ भी नहीं है।

---

[६१] तत्र शुद्धे विकल्परूपत्वमप्रतिष्ठमेव इत्युक्तम्, अशुद्धे तु अनुभवरूपे विकल्पत्वमुपपादितम्, अशुद्धेऽपि तु अनुसन्धानात्मकतया अभेदस्य प्रस्फुरणात् कश्चिदविकल्पकत्वं शङ्केत तस्य व्यामोहं व्यपोहितुमाह. . . सर्वा कल्पना विकल्प एव, न तु शुद्धः प्रत्यवमर्शः। – तदेव, पृ. ३२४-२५

[६२] *भास्करी(वि.),* भा.२, पृ. ३१२-१५; *ई.प्र.वि.वि.,* भा.३, पृ. ४०३; *अनुत्तराष्टिका* ४।

भारतीय दर्शन के प्रायः सभी सम्प्रदाय, चाहे वह वेदान्त हो या सांख्य या न्याय, वहाँ चरम बोध की प्रक्रिया ज्ञानात्मक है। आत्म-ज्ञान स्वरूप-लाभ का पर्याय है। अतः अनुभव के एक विषय (आत्मा) का स्वीकरण है और अन्य (अनात्मतत्त्व) का निषेध या तिरस्कार। "सर्वं खल्विदं ब्रह्म, नेह नानास्ति किंचन" में 'सर्व' की ब्रह्मरूप 'एकता' की घोषणा तो है परन्तु 'सर्व' की 'सर्वता' (नानारूपता) का निषेध है, किन्तु प्रत्यभिज्ञा दर्शन में सभी पदार्थ शिवतया भी एक हैं और उनकी 'सर्वता' भी सत् है : "सर्वपदार्थानां समैव शिवता स्थिता"।[६३] यहाँ पर निषेध, बाध या तिरस्कार अप्रासंगिक हो जाता है।

इस विश्लेषण से हम एक अन्य दिशा की ओर भी बढ़ते हैं। सांख्य, वेदान्त और न्याय एक विशेष सीमा के आगे नहीं बढ़ते। सांख्य में यह कैवल्य है, योग में निरोध, न्याय में स्वस्थता और वेदान्त में अविद्यानिवृत्ति। स्वरूपलाभ की प्रक्रिया सब में मोटे तौर पर एक ही है – आत्म और अनात्मतत्त्व में विवेक करना, दोनों को पृथक् कर सकना। आत्म और अनात्म तत्त्व के स्वरूप और दोनों की पारस्परिक क्रिया-प्रतिक्रिया को लेकर इन दर्शनों में चाहे जितना मतभेद हो परन्तु मुक्ति या स्वरूप-बोध आत्मा को अनात्म तत्त्व से विविक्त करने पर ही सम्भव है, इसमें मतभेद नहीं। यह सारा मनो-भौतिक संस्थान और जगत् अनात्म-स्वभाव है और आत्मा में अध्यस्त, प्रतिबिम्बित, सम्पृक्त या समवेत है। इसलिए दोनों का विवेक कहीं निषेधरूप है और कहीं निषेध जैसा है। मुक्ति अनात्मा का निरोध या निषेध है।

किन्तु प्रत्यभिज्ञा में स्वरूपबोध दो विरोधी बिन्दुओं (शिव और शक्ति) के समन्वय में है। अतः यह दो तत्त्वों का सामरस्य है न कि दो में से एक का निषेध। इसलिए हमारे सांसारिक अनुभवों का विशुद्धीकरण और अतिसंसारी अनुभवों में उदात्तीकरण सम्भव हो पाता है। अनुभव का प्रत्येक स्तर स्वरूपबोध की ओर एक कदम है – जहाँ दोनों ही विरोधी सत् हैं। प्रत्यभिज्ञा इसी उपलब्धि की व्याख्या करती है जिसमें इदन्ता (अनात्मतत्त्व) और अहन्ता (आत्मतत्त्व) दोनों ही निहित हैं, दोनों ही विहित हैं और दोनों ही एक-दूसरे से समञ्जस हैं।[६४]

---

[६३] *शि.दृ.* १.४८।

[६४] तत्र दर्पणस्य इव अनेकाभासभेद एकतामनपबाधमानो न विरोधमावहति, इति उक्तेर्निर्बाधप्रत्यभिज्ञा-प्रत्यक्षप्रसाधितैकभावः पदार्थ आभाससारस्तथाभूतानेव विरुद्धानाकारान् स्वात्मनि उपगच्छन् . . . क्रमिकांस्तानाभासभेदानात्मनि अभिन्ने भासयन् . . . । – *ई.प्र.वि.वि.*, भा.३, पृ. २

९

काश्मीर शैवदर्शन
आधारभूत अवधारणा और प्रतिमानक के रूप में प्रत्यभिज्ञा की भूमिका

कविराज जी की दृष्टि में दर्शन की मूल प्रेरणा व्यक्ति की चेतना को ऊर्ध्वगामी बनाने और उसकी जीवनदृष्टि को रूपान्तरित करने में है। सत्य को उसकी सम्पूर्णता में जानने की अदम्य पिपासा में इस दृष्टि का स्रोत छिपा है। पूर्णता के प्रति यह तड़प उसकी आंशिक अभिव्यक्तियों का भी आदर करती है। उनकी मान्यता थी कि "भारतीय दर्शन प्रणालियों में सचमुच एक व्यवस्था है जिसे सावधानीपूर्वक अध्ययन करके ढूँढा जा सकता है।"[१] सत्य की अखण्डता और व्यक्ति की क्षमता तथा स्वभाव के प्रति दार्शनिक बोध की सापेक्षता की उनकी धारणा **मधुसूदन सरस्वती, माधवाचार्य** (*सर्वदर्शनसंग्रह* के प्रणेता) आदि की याद दिलाती है। यद्यपि यह भारतीय सनातन दृष्टि की विशेषता है परन्तु इसका मूल प्रभाव आया है काश्मीर के शैव दार्शनिकों से, जिनकी दृष्टि में विभिन्न दर्शनों में पारस्परिक भेद मौलिक न होकर अवस्थागत हैं – जिन्हें परम सत् की भूमिका-भेद के रूप में लेना चाहिए।[२] **कविराज** जी कहते थे कि काश्मीर की अद्वयवादी शैव परम्परा जो प्रत्यभिज्ञा दर्शन के नाम से प्रसिद्ध है "भारतीय विचार साम्राज्य की एक अति प्राचीन दुर्लभ सम्पदा है।"[३] उनकी यह भी मान्यता है, काश्मीरी शैव दर्शन का मूल दोहरा है। एक ओर यह आगम परम्परा का गलित फल है तो दूसरी ओर वैदिक पूर्णता-दृष्टि का परिपाक भी। काश्मीर शैव मत के प्रति इस आकर्षण का मुख्य कारण है, उसका सत् की चिन्मयता में और चिन्मय सत् की सहज गतिमत्ता में अटूट विश्वास। इससे वह अपने प्राप्य का निर्धारण भी करती है और उसकी राह का निर्माण भी। इस गतिशीलता से चेतना अपने में अपना ही अनुसन्धान करती हुई अनन्त विश्वों का

* इस निबन्ध का प्रथम आलेख महामहोपाध्याय गोपीनाथ कविराज स्मारक भाषणमाला के रूप में काशी हिन्दू विश्वविद्यालय (२८-२९ मार्च २००३) के समक्ष पढ़ा गया था।

[१] उद्धृत, *गोपीनाथ कविराज*, पृ. २२।

[२] तद्भूमिकाः सर्वदर्शनस्थितयः। – *प्र.हृ.*, सूत्र ८

[३] *भा.सं.सा.*, पृ. १, ३।

सर्जन करती है और उसी समय स्रष्टा होने के नाते उनसे परे भी रहती है। **व्हाइटहेट** के शब्दों में यह दर्शन का ब्रह्माण्डविद्यात्मक (कॉस्मोलॉजिकल) व्यापार है। इस संसृति, संसरण व्यापार को एकाकी पुरुष के दार्शनिक मिथक से जोड़ा जा सकता है। अकेलेपन की ऊब से मनुष्य फैलना शुरू करता है – "तदैक्षत बहु स्यां प्रजायेय"[४] । इस फैलने में मनुष्य अपने को भूलता जाता है। सृष्टि, परिवार, संस्थाएँ, सभ्यताएँ सब उसी फैलाव के प्रतीक हैं। यह विस्मृति ही अज्ञान है। आदिम विस्मृति के इस भटकाव से जब ऊबता है तो लौटता है अपने उत्स की ओर, आदिम स्मृति की ओर, अपनी इन्हीं निर्मितियों में और इन्हीं के द्वारा अपने को ढूँढता हुआ –

> **ढूँढता फिरता हूँ ऐ इक़बाल अपने आपको**
> **आप ही गोया मुसाफ़िर आप ही मंज़िल हूँ मैं।**

कविराज जी की दृष्टि में न्याय आदि की भाँति प्रत्यभिज्ञा एक सम्प्रदाय विशेष नहीं है बल्कि एक विशिष्ट चिन्तन सरणि है,[५] जिसकी आन्तरिक संरचना में तमाम अवान्तर सम्प्रदायों और बहुतर अनुभव-भङ्गियों की विनियोजना और व्याख्या सम्भव है। इस चिन्तन सरणि की पारिभाषिक तौर पर पहचान उसकी प्रक्रियागत और स्वरूपगत अनुसन्धानरूपता से होती है, जो इस बात की भी व्याख्या करती है कि अपूर्ण ज्ञान, जो बहुलता का कारण है, का पर्यवसान पूर्णता में कैसे होता है। कहना न होगा कि प्रस्तावित चर्चा का बीज **कविराज** जी की इसी दृष्टि में निहित है। आज की चर्चा में हम प्रत्यभिज्ञा दर्शन की इसी आन्तरिक संघटना पर विचार करेंगे कि कैसे प्रत्यभिज्ञा प्रत्यय के साँचे से ढलकर इसकी चिन्तन सरणि ठोस रूप ग्रहण करती है।

अपने प्रस्थान ग्रन्थ *ईश्वर-प्रत्यभिज्ञाकारिका* के आदिश्लोक[६] की व्याख्या करते हुए **उत्पल** और **अभिनव** प्रत्यभिज्ञा की, सन्दर्भ भेद से, चार प्रकार की अवधारणा करते हैं –

---

[४] *छान्दोग्य उपनिषद्* ६.२.३; **उत्पल** भी कहते हैं, अकेले होने की लज्जा न झेल पाने के कारण ("अहमेकाकिसंपदा लज्जमानो" - *ई.प्र.का.वृत्ति* १.१) वह अपने को पहचानने और पहचनवाने के लिए प्रवृत्त होता है।

[५] *भा.सं.सा.*, पृ. १। **कविराज जी** के प्रत्यभिज्ञा सम्बन्धी विचारों के लिए देखें : "प्रत्यभिज्ञादर्शनेर भूमिका", *अलका*, बनारस, १९२२; "काश्मीरीय शैव दर्शन", *भा.सं.सा.*, भा.१, पृ. १-२२; "गोपीनाथ कविराज ऑन् काश्मीर शैविज़्म", **नवजीवन रस्तोगी**, *नवोन्मेष : महामहोपाध्याय गोपीनाथ कविराज स्मृतिग्रन्थ*, वाराणसी, १९८७, पृ. ३०-५७।

[६] कथंचिदासाद्य महेश्वरस्य दास्यं जनस्याप्युपकारमिच्छन् ।
समस्तसंपत्समवाप्तिहेतुं तत्प्रत्यभिज्ञामुपपादयामि।।

१. सम्प्रदाय के रूप में

२. शास्त्र, प्रमाण, या उपाय के रूप में

३. सिद्धान्त, ज्ञान, अवधारणा या व्यापार के रूप में

४. फल, उपेय या पर्यन्त मूल्य के रूप में

हम क्रमशः एक एक पक्ष पर संक्षिप्त विचार करेंगे।

सम्प्रदाय

इस सम्प्रदाय का प्रवर्तन नवीं शताब्दी के आचार्य **उत्पलदेव** 'नवीन मार्ग' (मार्गो नवो)[७] कहकर करते हैं, इस घोषणा के साथ कि यहाँ प्रतिपादित सिद्धान्त **सोमानन्द** की *शिवदृष्टि* के विचारों को आगे बढ़ाते हैं।[८] इस अर्थ में यह काश्मीर शैवमत की अद्वैतवादी धारा का ख्यापक है। *तन्त्रालोक* की विशिष्ट शब्दावली में प्रत्यभिज्ञा की गणना 'तन्त्र-प्रक्रिया' में अन्तर्भूत चार सम्प्रदायों (त्रिक, क्रम, प्रत्यभिज्ञा और स्पन्द) में से एक अन्यतम सम्प्रदाय के रूप में की जाती है।[९] इससे भिन्न 'कुल-प्रक्रिया' है जिसके अन्तर्गत पाँचवें सम्प्रदाय कुल की गणना होती है। वस्तुतः *तन्त्रालोक* का सारा उद्यम मूल त्रिक को 'अनुत्तरत्रिक', जिसमें 'कुल-प्रक्रिया' भी अन्ततः पर्यवसित होती है, के रूप में विकसित करने में है। अनुत्तरत्रिक मूल त्रिक से कहीं अधिक व्यापक है और पूरी काश्मीर शिवाद्वयवादी दृष्टि का समग्र भाव से प्रतिनिधि बनकर सामने आता है।

इतिहास, अवतारक क्रम, गुरु-परम्परा और साहित्य इन चार आधारों पर परस्पर भिन्न होने के बाद भी अपने तान्त्रिक और आगमिक उद्गम के कारण ये सभी सम्प्रदाय सोदर और सजातीय हैं। तन्त्राश्रयी सम्प्रदायों के प्ररोह की दो दिशाएँ हैं – व्यवस्थित प्रक्रियीकरण और दार्शनिकीकरण। तान्त्रिक शिवाद्वयवाद के विशिष्ट प्रक्रियीकरण या पद्धतीकरण की प्रक्रिया से क्रम, कुल और त्रिक जन्म लेते हैं और उसके दार्शनिकीकरण की प्रक्रिया में दो सम्प्रदायों का जन्म होता है – स्पन्द तथा प्रत्यभिज्ञा। तन्त्रों पर आश्रित व्यवस्थित दार्शनिक चिन्तन का क्रम आरम्भ होता है **वसुगुप्त** के *शिवसूत्र* से। इसे आधार बनाकर एक ओर *स्पन्दकारिका* के माध्यम से स्पन्द दर्शन विकसित होता है और दूसरी ओर *शिवदृष्टि* के माध्यम से

---

[७] इति प्रकटितो मया सुघट एष मार्गो नवो।
महागुरुभिरुच्यते स्म शिवदृष्टिशास्त्रे यथा।। – *ई.प्र.का.* ४.१.१६

[८] यद्यपि **अभिनवगुप्त** यहाँ पर मार्ग का अर्थ उपाय करते हैं। इसकी चर्चा हम आगे करेंगे।

[९] *तं.वि.*, १, पृ. २४, २७, ३१; और भी देखिए, *क्र.ता.*, पृ. ३२।

प्रत्यभिज्ञा।[१०] स्पन्द दर्शन अपने दोनों अवान्तर (शिवप्रधान और शक्तिप्रधान) संस्करणों के द्वारा परमार्थ सत्ता की अन्तरंग गतिमत्ता को केन्द्र में रखता है और पारिभाषिक तौर पर इसे स्पन्द संज्ञा से पुकारता है। स्पन्द की शक्ति या शक्तिचक्र के रूप में भावना करके शिवाद्वयवाद की विशिष्ट सन्मीमांसा (ऑन्टोलॉजी) को विकसित करता है। प्रत्यभिज्ञा सम्प्रदाय का उदय काश्मीर शिवाद्वयवाद के आधिकारिक प्रमाण-शास्त्र या ज्ञान-मीमांसा के रूप में होता है। यहाँ सर्वोच्च चिन्मयी सत्ता को प्रकाश और उसकी आन्तरिक क्रियाशीलता को स्वभाव मानते हुए सारी कालातीत और ऐतिहासिक सर्जनाओं को परम सत् का विमर्श माना जाता है। वस्तुतः प्रत्यभिज्ञा सम्प्रदाय काश्मीर शिवाद्वयवाद का तर्कदृष्ट्या सबसे पुष्ट दार्शनिक अवान्तर सम्प्रदाय है। यही कारण है कि **जयरथ** *तन्त्रालोक* की अपनी *विवेक* टीका में **सोमानन्द, उत्पल, लक्ष्मणगुप्त** और **अभिनव** आदि आचार्यों को "तर्कस्य कर्तारः व्याख्यातारश्च" कहकर प्रणाम करते हैं।[११] बाद के आचार्य भी "युक्तितत्त्वविचक्षणैः" के रूप में ही उनका स्मरण करते हैं।[१२] प्रत्यभिज्ञा द्वारा इस यौक्तिक कवच के निर्माण और भरपूर प्रयोग का कालान्तर में परिणाम यह हुआ कि **माधवाचार्य** के *सर्वदर्शनसंग्रह* तक आते-आते यह सम्प्रदाय काश्मीर की अद्वैतवादी दार्शनिक दृष्टि के प्रतिनिधि के रूप में कीर्तित होने लगता है।

इन्हें "तर्कस्य कर्तारः व्याख्यातारश्च" कहे जाने का ऐतिहासिक आधार भी है। **वसुगुप्त** और **कल्लट** का सम्प्रदाय जहाँ अपना मूल प्रधानतः आध्यात्मिक और रहस्यात्मक अनुभूतियों में पाता है, **सोमानन्द** और उनके शिष्य **उत्पल** का मुख्य आधार तार्किक विश्लेषण है। प्रत्यभिज्ञा दर्शन का इतिहास सर्वतोमुखी द्वन्द्वात्मक दार्शनिक अन्तःक्रिया का इतिहास है, इसका स्पष्ट संकेत **उत्पल** के "प्रकटितः"[१३] शब्द की "परवादकलङ्कशङ्कापसारणेन नीतः"[१४] व्याख्या में **अभिनवगुप्त** देते हैं। इस दार्शनिक अन्तःक्रिया के दो सन्दर्भ हैं – आन्तरिक और बाह्य। अन्तःसन्दर्भ में इस सम्प्रदाय की पहली प्रतिबद्धता रही है वैदिक जीवन दृष्टि, शैवों

---

[१०] यहाँ पर यह टिप्पणी प्रासंगिक होगी कि प्रत्यभिज्ञा आचार्यों ने *शिवसूत्र* को प्रामाणिक मानते हुए भी उसे आगमान्तर, अर्थात् प्रत्यभिज्ञा धारा से अवान्तर, माना है – देखिए *ई.प्र.का.* १.५.१२ पर *विमर्शिनी* की अवतरणिका ("आगमान्तरैः")। परन्तु जब हम सन्दर्भ-साकल्य पर विचार करते हैं तो उपर्युक्त निर्णय सहज जान पड़ता है।

[११] *तं.वि.*, २, पृ. ३०।

[१२] *महानयप्रकाश* (त्रिवेन्द्रम) ३.६४।

[१३] इति प्रकटितो मया सुघट एष मार्गो नवो। – *ई.प्र.का.* ४.१.१६

[१४] *ई.प्र.वि.*, २, पृ. ३१०।

के अन्दर जिसका मुख्य प्रतिनिधित्व शैव सिद्धान्त करता था, से भिन्न नई जीवन-दृष्टि विकसित करने के प्रति। "मार्गो नवो" कहकर **उत्पल** इसी आग्रह को प्रकट करते हैं। इस अन्तःसन्दर्भ का दूसरा पक्ष स्वयं प्रत्यभिज्ञा के सहोदर सम्प्रदायों में प्रत्यभिज्ञा के प्रत्यय की बीजरूप अनभिव्यक्तता को स्फुटता या आकार देने की चेतना है। **कल्लट** और **वसुगुप्त** में प्रत्यभिज्ञा शब्द या इस प्रत्यय की साक्षात् प्रतिपत्ति अप्राप्त है। परन्तु प्रत्यभिज्ञा का प्रत्यय एक दिशा में पनप रहा था, इसमें सन्देह नहीं। 'अस्फुट अर्थ का सावधान चित्त में स्फुटतर भावन'[१५] प्रत्यभिज्ञा का वह आयाम है जो एक ओर हमें उसके पूर्व की आगमिक परम्परा में *विज्ञानभैरव*[१६] आदि से 'ग्राह्य-ग्राहक की सम्बन्ध-चेतना में सावधानता' के रूप में प्राप्त होता है और आगे चलकर *लोचन* में प्रत्यभिज्ञा की 'विशेष निरूपण रूप अनुसन्धान' रूप अवधारणा में पर्यवसित होता है।[१७] ऐसा लगता है कि प्रत्यभिज्ञा का यह अस्फुट विचार घाटी के तत्कालीन वैचारिक परिदृश्य में तैरता हुआ धीरे-धीरे आदर पाता जा रहा था। अन्यथा कोई कारण नहीं था कि **कल्लट** के दरबारी बन्धु (**अवंतिवर्मा** के पारिषद् होने के नाते) **आनन्दवर्धन** अपने ध्वनि-सिद्धान्त के प्रवर्तन और प्रबोधन के लिए प्रत्यभिज्ञा के प्रत्यय का नामग्रहणपूर्वक आलम्बन लेते।[१८] परन्तु ये संकेत अस्फुट और अस्पष्ट हैं और सोदर सम्प्रदायों की पारस्परिक अन्तःक्रिया में इनका स्पष्टीकरण और यौक्तिक निबन्धन प्रत्यभिज्ञा सम्प्रदाय का ऐतिहासिक दायित्व था। दूसरी ओर प्रत्यभिज्ञा दर्शन का विकास भारतीय दर्शन की मुख्य धारा के व्यापकतर सन्दर्भ में हुआ है। न्यायभूषणकार **भासर्वज्ञ**, *न्यायमञ्जरी* के प्रणेता **जयन्त भट्ट** जैसे दिग्गज नैयायिक, बौद्ध दर्शन की प्रायः सभी धाराएँ, विशेषतः विज्ञानवाद और बौद्धन्याय जिसकी काश्मीरी धारा के प्रधान मल्ल **धर्मोत्तर** और **रत्नकीर्ति**, अद्वैत वेदान्त, मीमांसा, सांख्य और **भर्तृहरि** का व्याकरण दर्शन, जिसके यशस्वी टीकाकार **हेलाराज** और **पुण्यराज अभिनव** के कुछ ही पूर्व हुए थे, इनके साथ चली आलोचनाओं और प्रत्यालोचनाओं के दौर में यह सम्प्रदाय एक तार्किक ढाँचा और स्वतन्त्र विचार-संस्थान विकसित करता है। इसे मोटे तौर पर द्वन्द्वात्मक अन्तःक्रिया का बाह्य सन्दर्भ या स्रोत कहा

---

[१५] यथा ह्यर्थोऽस्फुटो दृष्टः सावधानेऽपि चेतसि।
भूयः स्फुटतरो भाति स्वबलोद्योगभावितः।। – *स्प.का.* ३.४

[१६] ग्राह्य-ग्राहकसंवित्तिः सामान्या सर्वदेहिनाम्।
योगिनां तु विशेषोऽस्ति सम्बन्धे सावधानता।। – *वि.भै.* १०६

[१७] तेन ज्ञातस्यापि विशेषतो निरूपणम् अनुसन्धानात्मकम् अत्र प्रत्यभिज्ञानम्।
– *ध्व.लो.लो.*, पृ. ३५-३६

[१८] सोऽर्थस्तद्व्यक्तिसामर्थ्ययोगी शब्दश्च कश्चन।
यत्नतः प्रत्यभिज्ञेयौ तौ शब्दार्थौ महाकवेः।। – *ध्व.लो.* १.८

जा सकता है। प्रत्यभिज्ञा दार्शनिकों की प्रवृत्ति की तीसरी दिशा दर्शनगत मौलिक समस्याओं का समाधान विशुद्ध तान्त्रिक परिप्रेक्ष्य में ढूँढने की उनकी तत्परता में दिखाई पड़ती है : ऐसी तर्क-प्रणाली जो तान्त्रिक प्रमेयों के आनुभविक आधार से पुष्ट भी हो और उनकी पोषक भी।[19] इन सबसे हटकर प्रत्यभिज्ञा आचार्यों का आग्रह, इसे केन्द्रीय आग्रह कहना चाहिए, ऐसी सर्वाङ्गीण दार्शनिक दृष्टि के खोजने में है जो एक ओर तान्त्रिक परम्परा के सभी सम्प्रदायों को ग्राह्य हो, भारतीय आध्यात्मिक परम्परा की अन्तर्धारा से जुड़ी हो और हमारे सांस्कृतिक अनुभवों की जीवन्त व्याख्या कर सके। इसे प्रत्यभिज्ञा का सनातन सन्दर्भ कहा जा सकता है।

उपर्युक्त चिन्तनात्मक विकास के अभाव में प्रत्यभिज्ञा सम्प्रदाय सम्भवतः एक साधारण सम्प्रदाय बनकर रह जाता। **सोमानन्द** उस परम्परा में आते हैं जो काश्मीर में तान्त्रिक अद्वैतवादी धारा के आदि पुरुष **त्र्यम्बक** से प्रारम्भ होती है। उनकी *शिवदृष्टि*, जिसको **उत्पल** प्रत्यभिज्ञा का प्रेरक ग्रन्थ तो मानते हैं पर प्रवर्त्तक नहीं,[20] से **सोमानन्द** का तात्कालिक परिदृश्य साफ झलकता है। एक ओर, उनका फलक विशुद्ध रूप से शैव फलक है, जिसमें वह अपने ही कुटुम्बी शाक्तों – **प्रद्युम्नभट्ट** आदि – के शक्ति-पारम्यवाद की आलोचना करते हैं। दूसरी ओर, उनकी प्राथमिकता थी शैव सिद्धान्तियों के द्वारा आगमों की व्याख्याओं में प्रतिष्ठित शिव की सर्वोच्चता को अपने दर्शन में प्रतिष्ठित करना, जहाँ शक्ति उससे अभिन्न होती हुई भी उससे गौण है[21]। सिद्धान्तियों के तान्त्रिकीकरण से दार्शनिकीकरण की ओर उनका यह पहला कदम था। जिस शिव की परिकल्पना उन्होंने की उसकी स्थापना में तो नहीं, वरन् बौद्धों के विरुद्ध ज्ञानों की आत्यन्तिक एकता को बताने के लिए प्रत्यभिज्ञा की धारणा का वह आसूत्रण मात्र करते हैं, पल्लवन नहीं। वेदान्त की तमाम विचारभङ्गियों की समीक्षा द्वारा जगत् की शिवरूपता और शिवरूपतया सत्यता की घोषणा करते हैं।[22] सर्वशिवता, समशिवता और एकशिवता की शब्दावली में अपने अद्वैतवादी सिद्धान्त की नींव रखते हैं।

शिव की परिकल्पना शक्तिमान् के रूप में करते हुए उसे चित्, आनन्द, इच्छा, ज्ञान और क्रिया रूप शक्तिपञ्चकमय मानते हैं।[23] वस्तुता या सत्त्व को एक ओर इच्छा, ज्ञान और

---

[19] यत एवं शास्त्रगुरुस्वप्रत्ययसिद्धोऽयमर्थः। - *ई.प्र.वि.*, २, पृ. ३१०-११

[20] महागुरुभिरुच्यते स्म शिवदृष्टिशास्त्रे यथा। - *ई.प्र.का.* ४.१.१६

[21] न शिवः शक्तिरहितो न शक्तिर्व्यतिरेकिणी। – *शि.दृ.* ३.२

[22] *शि.दृ.* ५.१-५, ५.९८, ५.१०४-१०; और भी देखिए, *डॉक्ट्रिन.*, पृ. १०३ और आगे।

[23] आत्मैव सर्वभावेषु स्फुरन्निर्वृतचिद्विभुः।
अनिरुद्धेच्छाप्रसरः प्रसरद्दृक्क्रियः शिवः।। – *शि.दृ.* १.२

क्रिया का संगमन मानते हैं,[२४] तो दूसरी ओर विज्ञानवाद के आलोक में परमार्थ सत्ता को चित् की अभिव्यक्ति से जुड़ा पाते हैं[२५]। 'चिद्व्यक्ति' से 'सत्ता' की यह योगिता आगे चलकर चित् और सत्ता के समीकरण का मार्ग प्रशस्त करती है। बौद्धों के क्षणिकवाद, वेदान्तियों के विवर्तवाद और सांख्य के जडवाद को नकारते हुए वह वैयाकरणों के पश्यन्ती रूप शब्दब्रह्म को भी नकारते हैं। वैयाकरणों का यह तिरस्कार **उत्पल** के द्वन्द्वात्मक चिन्तन में बिल्कुल विरोधी व्यञ्जनाओं के साथ उभरता है, जैसा कि हम आगे देखेंगे। आपाततः अप्रासंगिक लगने वाला एक उल्लेख यहाँ आवश्यक होगा। *तन्त्रालोक* के टीकाकार **जयरथ सोमानन्द** का क्रम दर्शन से गहरा सम्बन्ध बताते हैं।[२६] प्रत्यभिज्ञा दर्शन के स्वरूप विकास में इसका महत्त्व हम शीघ्र ही देखेंगे।

उत्पल की प्रत्यभिज्ञा-कारिकाओं के साथ हम एक क्रान्तिकारी दौर में प्रवेश करते हैं। शैव सिद्धान्त के प्रमातृ-भेद का अद्वैती रूपान्तरण कर और अनुभव और ज्ञान की समग्र प्रकारता में प्रत्यभिज्ञान की अन्तर्व्याप्ति का आविष्कार कर वह एक ऐसे अतिक्रामी (ट्रान्सेन्डेन्टल) महाद्वैत का बीजारोपण करते हैं जो **अभिनवगुप्त** तक आते-आते सर्वहारी पूर्णतावादी दर्शन के रूप में विकसित होता है। यहाँ सोपानीकरण और व्यवस्थितीकरण के माध्यम से सत्ता और अनुभव के किसी भी स्तर का निषेध या अवमूल्यन नहीं होता। वह सत्य की सापेक्षिक और आंशिक अभिव्यक्ति होते हुए भी समष्टि से इस तरह जुड़ा होता है कि प्रत्येक पूर्ववर्ती, परवर्ती में अनुस्यूत रहता है और प्रत्येक परवर्ती अपने पूर्ववर्ती में आरोहण का सोपान बनता है।[२७] जुड़ाव की यह प्रक्रिया केवल आनुपूर्वी ही नहीं है, वह अपने समानान्तर क्षैतिज विस्तार में भी ऐसी रहती है। **उत्पल** ने कई महत्त्वपूर्ण समीकरण प्रतिपादित किए हैं। सत्ता को विज्ञानात्मक बताते हुए उन्होंने उसे प्रकाश संज्ञा दी और विमर्श को उसका स्वभाव बताते हुए विचार की स्वतन्त्र गतिशीलता को रेखांकित किया।[२८] इसी विमर्श को परावाक् के रूप में ग्रहण कर उन्होंने दूसरे समीकरण का प्रतिपादन किया। इस प्रकार चिति

---

[२४] वस्तुता चेत्तथाभूतशक्तित्रितयसंगमः।। – तदेव ३.५६

[२५] तस्मादवस्थितं सर्वं सत्त्वं चिद्व्यक्तियोगिता। – तदेव ४.२६; और भी देखिए *वृत्ति*, भूमिका, पृ. १५-१६

[२६] श्रीदेवीपंचदशिकेऽपि अस्य श्रीसोमानन्दभट्टपादेभ्यः प्रभृति त्रिकदर्शनवदेव गुरवः। – *तं.वि.*, ३, पृ. १६४; देखिए *क्र.ता.*, पृ. १२८-२६

[२७] प्रसिद्ध दार्शनिक **कालिदास भट्टाचार्य** ने इस दिशा में बहुत अच्छा कार्य किया है। देखिए *गोपीनाथ कविराज'ज़ थॉट्स टुवर्ड्स् अ सिस्टमेटिक स्टडी*।

[२८] स्वभावमवभासस्य विमर्शं विदुरन्यथा। – *ई.प्र.का.* १.५.११

की परावाक्-रूपता और परावाक् की शक्ति-रूपता[२९] के आसूत्रण से वह एक ओर तो **सोमानन्द** द्वारा किए गए **भर्तृहरि** के निर्वासन को रद्द करते हुए उन्हें वापस लाए, और दूसरी ओर समग्र अस्तित्व को शब्दनात्मक घोषित करते हुए बौद्धों के अभिलाप द्वारा सत् की अग्राह्यता और सत् की अपोद्धृत ऐकान्तिकता का उन्होंने निराकरण किया। आभासवाद का प्रतिपादन कर उन्होंने[३०] सारे पदार्थों में प्रकाश के सातत्य द्वारा शिवरूपता और उनकी वस्तुता को स्थापित करते हुए **सोमानन्द** के सर्वशिवता और सर्वसमता को एक तार्किक आधार प्रदान किया और शैव सिद्धान्त से लिए गए छत्तीस तत्त्वों को शिव से और शिव में आभासित माना। प्रत्यभिज्ञा के अद्वैतपरक आगमिक स्वरूप को दृढ़ करने के लिए उन्होंने अज्ञान की परिकल्पना आत्मा पर पड़े मल के रूप में की, यद्यपि इस मान्यता का बीज उन्हें शैव सिद्धान्त और आगमों की शैवसिद्धान्ती व्याख्या में पाश के सिद्धान्त में मिला था। उसकी पृथग्रूपता को अस्वीकार करते हुए उन्होंने आत्मा के बोध और स्वातन्त्र्य रूप स्वरूप के संकोच की शब्दावली में मल को प्रस्तुत किया और उसे तिरोधान शक्ति की ही प्रकारता में पर्यवसित माना। **उत्पल** के दो महत्त्वपूर्ण अवदानों में एक था *मालिनीविजयोत्तर तन्त्र* से प्राप्त समावेश के प्रत्यय को मोक्ष के प्रत्यय के रूप में विकसित करते हुए प्रत्यभिज्ञा की ही भाँति उसकी साधन और साध्य की दृष्टि से उभयमुखी प्रवृत्ति की अवधारणा। *विवृत्तिविमर्शिनी*[३१] में प्राप्त संकेतों के आधार पर **उत्पल** का दूसरा महत्त्वपूर्ण अवदान था, विमर्श की चमत्कार के रूप में प्रस्तुति जो आगे चलकर **अभिनवगुप्त** द्वारा प्रस्तुत सौन्दर्यानुभूति के विश्लेषण का अन्यतम कारण सिद्ध होती है। सौन्दर्यशास्त्रीय शब्दावली में जहाँ प्रकाश का अपना आस्वादन चमत्कार है, दार्शनिक शब्दावली में वहीं प्रकाश की आत्मविश्रान्ति अहंविमर्श है।[३२] काश्मीर शैव दर्शन के विद्वान् **मार्क डिस्कॉउस्की** इस अहंविमर्श को **उत्पल** का सबसे बड़ा योगदान मानते हैं।[३३] **उत्पल** का सबसे बड़ा योगदान है, परम सत् की एकमात्र लोकातिक्रामी किन्तु अन्तर्यामी कर्ता और ज्ञाता के रूप में भावना, जो सारी बहुलता को एक सूत्र में पिरोता है और उनका आश्रय बनता है।

अभिनवगुप्त **उत्पल** की तीसरी पीढ़ी में आते हैं, **लक्ष्मणगुप्त** के माध्यम से। **लक्ष्मणगुप्त** के प्रत्यभिज्ञा के प्रति साक्षात् योगदान की सूचना काल ने हम तक आने नहीं दी है परन्तु

---

[२९] चितिः प्रत्यवमर्शात्मा परावाक् स्वरसोदिता। – तदेव १.५.१३

[३०] समस्तसंपत्समवाप्तिहेतुं तत्प्रत्यभिज्ञामुपपादयामि। – *ई.प्र.का.* १.१.१

[३१] ननु विमर्शाभावात् जडता स्यादिति वक्तव्ये 'चमत्कृतेरभावात्' इति कथं वृत्तिः। – *ई.प्र.वि.वि.*, २, पृ. १७७; अप्यस्य स्वच्छतामात्रं न त्वजाड्यं चमत्कृतेरभावात्। – *ई.प्र.का.वृ.*, पृ. २२

[३२] प्रकाशस्यात्मविश्रान्तिरहंभावो हि कीर्तितः। – *अ.प्र.सि.* २२

[३३] तुलना कीजिए : "अहंमृश्यतयैवास्य सृष्टेः तिङ्वाच्यकर्मवत्।" – *ई.प्र.का.* १.५.१७

उनके ही समकालीन, **उत्पल** के दूसरे शिष्य **रामकण्ठ** के माध्यम से प्रत्यभिज्ञा की एक अवान्तर अन्तर्धारा का विकास होता हुआ अवश्य दिखाई देता है। विद्वानों के एक वर्ग के मतानुसार ये *गीता* पर *सर्वतोभद्र* टीका और *स्पन्दकारिका* पर *विवरण* के मेधावी प्रणेता **रामकण्ठ** से संभवतः अभिन्न हैं। दोनों स्थलों पर प्रत्यभिज्ञा-विषयक निरूपण को लेकर उनके मन्तव्यों में गहरी एकरूपता दिखाई देती है। इस धारा को प्रत्यभिज्ञा और स्पन्द की उभयस्रोतोवहा धारा कह सकते हैं। *स्पन्दकारिकाविवृति* में वह शंकर की अव्यतिरिक्ता शक्ति, जिसे पारिभाषिक तौर पर स्पन्द कहा गया है, को आत्मैश्वर्य की प्रत्यभिज्ञारूपी सिद्धि का हेतु मानते हैं।[३४] स्पन्द को वह उपायरूप शास्त्र और आत्मैश्वर्य की प्रत्यभिज्ञा को वह उपेय मानते हैं[३५] और इसी को परम प्रयोजन मानते हैं।[३६] *सर्वतोभद्र* में वह आत्मतत्त्व की प्रत्यभिज्ञा को ही ज्ञान मानते हैं और तद्विषयक समाधि को योग का नाम देते हैं।[३७] स्पन्ददर्शन एक प्रकार से काश्मीर शैव दर्शन की सन्मीमांसा (ऑन्टोलॉजी) की वैचारिक धुरी है। **रामकण्ठ** का योगदान स्पन्द के परिप्रेक्ष्य में शक्तिचक्र और चक्रेश्वर का परस्पर एकाभिसन्धान और योग की ज्ञानकर्मसमुच्चयात्मक निष्ठा की चिन्मयी अद्वयात्मक व्याख्या के लिए प्रत्यभिज्ञा के प्रत्यय का भरपूर दोहन करने में है।

लक्ष्मणगुप्त का योगदान इतना ही है कि उन्होंने **अभिनवगुप्त** जैसा मेधावी शिष्य भारत की मनीषा को दिया। **उत्पल** की भाँति **अभिनवगुप्त** के योगदान को सिद्धान्तों के नामग्रहणपूर्वक परिभाषित नहीं किया जा सकता। ज्ञानचतुष्क या उपायों का सिद्धान्त, बिम्बप्रतिबिम्बवाद की शब्दावली में संसृति-प्रक्रिया और अनुत्तरत्रिक की अवधारणा, *तन्त्रालोक* के रूप में त्रिक-प्रक्रिया के साथ ही अनुत्तरत्रिक प्रक्रिया और *परात्रिंशिकाविवरण* के रूप में अनुत्तर-प्रक्रिया की संरचना उनके अत्यन्त महत्त्वपूर्ण अवदान हैं। परन्तु इनका सम्बन्ध प्रत्यभिज्ञा से इतर या अतिदिष्ट क्षेत्रों से है। प्रत्यभिज्ञा में उनका योगदान प्रत्यभिज्ञा के प्रत्यय का असाधारण विस्तार और गहनीकरण है। **उत्पल** के संकेतों का लाभ उठाते हुए वह सारे प्रभावस्रोतों का भरपूर दोहन करते हैं और *विमर्शिनी* और *विवृतिविमर्शिनी* के रूप में प्रत्यभिज्ञा का मीमांसा-शास्त्र (हर्मेन्यूटिक्स) प्रस्तुत करते हैं। प्रत्यभिज्ञा सम्प्रदाय की सारी

---

[३४] सा च अव्यतिरिक्ता शंकरस्य शक्तिः, तदवगम एव च आत्मैश्वर्यप्रत्यभिज्ञालक्षणसिद्धेर्हेतुः। – *स्प.का.वि.*, (रामकण्ठ), पृ. ५

[३५] यतः उपायलक्षणं श्रेयःशास्त्रं मुख्यतया, उपेयलक्षणां च आत्मैश्वर्यप्रत्यभिज्ञारूपम्। – तदेव, पृ. १२

[३६] प्रयोजनं च आत्मैश्वर्यप्रत्यभिज्ञापकम्। – तदेव, पृ. १३

[३७] यथाप्रतिपादिताद्वयचिन्मात्रस्वरूपस्य आत्मतत्त्वस्य प्रत्यभिज्ञानलक्षणा प्रतिपत्तिरिह ज्ञानमुच्यते, तद्विषयो योगः समाधिः। – *सर्वतोभद्र*, पृ. ६२

अवधारणाओं के मूल में वह प्रत्यभिज्ञानात्मक संरचना का उन्मेषण करते हैं। वस्तुतः 'तर्क के कर्ता' की भूमिका में प्रतीकात्मकता, चर्या और अनुष्ठान के आग्रहों से परे हटकर विचार-प्रक्रिया का निष्कर्षण और अपोद्धरण करते हैं। ज्ञान, भाषा, सामान्य और आनुभविक संरचनाओं की बौद्धिक कोटियों का, एक परस्परानुबन्धी दार्शनिक योजना के सन्दर्भ में वे उन्हें वस्तु-सत् से उनके संवाद पर कसते हुए, विश्लेषण करते हैं। इसके साथ ही वह प्रत्यभिज्ञा का एक तर्कशास्त्र विकसित करते हैं, जहाँ पूरा ग्रन्थ एक परार्थानुमान के रूप में विकसित होता है। न्याय दर्शन की प्रक्रिया को वह व्यावहारिक स्तर पर स्वीकार अवश्य करते हैं, परन्तु बौद्धों के द्वारा न्याय-पदार्थों के विखण्डन के बाद यह भी जता देते हैं कि न्याय का उद्धार प्रत्यभिज्ञा-सम्मत ईश्वर और प्रत्यभिज्ञान्वयी चिन्तन-प्रारूप को स्वीकार करने पर ही सम्भव है। प्रत्यभिज्ञा दर्शन का द्वन्द्वात्मक चिन्तन **अभिनव** में अपनी पराकाष्ठा पर है। बौद्ध दर्शन के प्रायः सभी सम्प्रदायों का विखण्डन करते हुए बौद्ध न्याय से अभिलाप की मौलिक (यद्यपि भ्रान्त) अनुसन्धानात्मकता (रूडिमेन्टरी सिन्थेसिस) का वह प्रत्यभिज्ञान की अनुसन्धानात्मक संघटना में और संवित् के प्रत्यय को विकसित करने में विज्ञानवाद के चिन्तन-प्रारूप का विनियोग करते हैं। शब्द की वास्तविक अनुसन्धानात्मकता उनको **भर्तृहरि** से प्राप्त होती है और वाक्य-संरचना में कारक और क्रिया की पारस्परिक क्रियाशीलता से वह अपने कर्ता और कारणता के सिद्धान्त को विकसित करते हैं। सारी आनुभविक स्थितियों में प्रत्यभिज्ञानात्मकता की अनिवार्य आन्तरिक विद्यमानता में उनकी दृढीभूत मान्यता उनसे उनका सबसे बड़ा योगदान कराती है वह है काव्य तथा कला के क्षेत्र में इस विचार के अतिदेशन द्वारा एक सर्वाङ्ग सौन्दर्यशास्त्र की संघटना। वस्तुतः वीक्षा की अन्वीक्षा द्वारा ज्ञान में पूर्णता की खोज करते हुए **अभिनव** प्रत्यभिज्ञा का पूर्णता-दर्शन रचते हैं।

अभिनवगुप्त के शिष्य **क्षेमराज** के *प्रत्यभिज्ञाहृदय* में हम प्रत्यभिज्ञा के अन्तिम चरण में पहुँचते हैं। **सोमानन्द** के साथ आगमों की व्याख्या का जो क्रम छूटा था, **क्षेमराज** उस क्रम को फिर से पकड़ते हैं। उनकी अद्वैतवादी व्याख्या की तार्किक परिणति भी इसी *प्रत्यभिज्ञाहृदय* में दिखाई देती है। प्रत्यभिज्ञा के मूल ढाँचे को अपनाते हुए सारे तत्त्वों और अनुभवों की शक्तिरूपता सिद्ध करते हुए, *शिवसूत्र* और *स्पन्दकारिका* के साथ परस्पर सूत्र-समन्वय करते हुए, **रामकण्ठ** के स्पन्द दर्शन के सन्दर्भ में किए गए प्रयत्न का अनुस्मरण कराते हुए, प्रत्यभिज्ञा के चरम साध्य के रूप में 'चक्रेशत्व-लाभ' का प्रतिपादन करते हैं। इसी चक्रेशत्व-लाभ को वह 'प्रत्यभिज्ञा का हृदय' बताते हैं और इसकी व्याख्या प्रत्यभिज्ञेतर पर प्रत्यभिज्ञा के सहोदर सम्प्रदाय क्रम दर्शन के आलोक में करते हैं।[३८] दूसरे शब्दों में प्रत्यभिज्ञा

---

[३८] देखिए *क्र.ता.*, १, पृ. १६७-६८, और भी दे. *स्टैन्ज़ाज़्*, पृ. ५८।

का हृदय 'क्रम' है।[३९] प्रत्यभिज्ञा सम्प्रदाय की चर्चा के प्रारम्भ में हमने **सोमानन्द** के क्रम दर्शन के साथ जिस सम्बन्ध की चर्चा की थी, उसकी चरितार्थता यहाँ स्पष्ट होती है। यहाँ यह कहना अवश्य उचित होगा कि **अभिनवगुप्त** में प्रत्यभिज्ञा का फलक कहीं अधिक व्यापक है और उसका सम्बन्ध युक्ति और अनुभव की एक सार्वभौम कसौटी से है। इसी अर्थ में वह एक दार्शनिक चिन्तन सरणि की माँग पूरी करती है।

इस प्रकार **उत्पल** और **अभिनव** द्वारा विकसित प्रत्यभिज्ञा सम्प्रदाय दार्शनिक मीमांसा और तान्त्रिक आचार दोनों का ज्ञानात्मक आभ्यन्तरीकरण है। उसके द्वारा अभ्युपगत व्याख्या की मुख्य प्रणाली ज्ञानमीमांसीय है। और ज्ञान की प्रक्रिया अनुसन्धानात्मक है। शक्ति के द्वारा शिव के जागतिक अवभासन के रूपक का उन्मीलन शैव आचार्य शिव के अहं-प्रत्यभिज्ञान या अहं-प्रत्यवमर्शन की शब्दावली में करते हैं। **भर्तृहरि** से प्रेरणा लेते हुए अहंप्रत्यवमर्श को वे शब्दब्रह्म या परा वाक् से समीकृत करते हैं, ताकि सृष्टि की शब्दनात्मकता की व्याख्या की जा सके। बौद्ध नैयायिकों के साथ शास्त्रार्थ में शैव आचार्य यह दिखाने का प्रयास करते हैं कि प्रत्यभिज्ञा सारे व्यवहारों का घटक और आधारभूत तत्त्व है। तान्त्रिक प्रक्रिया के रूप में शिव के आत्म-प्रत्यभिज्ञान की अपरिहार्यता और सार्वत्रिकता के उद्घोष द्वारा, शैव दार्शनिक जिज्ञासु शिष्य को इसमें पूरी तरह से भाग लेने के लिए प्रवृत्त करते हैं।[४०]

शास्त्र, प्रमाण, उपाय

प्रत्यभिज्ञा शब्द का प्रयोग, अपने दूसरे अर्थ में, शास्त्र या उपाय के वाचक के रूप में हुआ है। *विमर्शिनी* के मंगल श्लोकों में **अभिनवगुप्त** ने **उत्पल** की *ईश्वरप्रत्यभिज्ञा* को शास्त्र की संज्ञा दी है, जो अनुत्तर और अनन्य साक्षी मोक्ष नामक पुरुषार्थ का उपाय है।[४१] लक्षणया ये तीनों विशेषण जिज्ञासु अधिकारी और जिज्ञास्य परम तत्त्व के वाची भी हैं, क्योंकि वही सबका साक्षी है जो अनुत्तर से अनन्य अर्थात् अभिन्न है। इस शास्त्र की विशेषता है कि यह **सोमानन्द** के विज्ञान को प्रतिबिम्बित करता है।[४२] **त्र्यम्बक** की मठिका में उत्पन्न **सोमानन्द**

---

[३९] 'हृदय' का एक अर्थ 'शक्तिसूत्र' भी किया गया है। यह विचित्र बात है कि **जयरथ** *तन्त्रालोक* के आदि मंगलश्लोक की वैकल्पिक व्याख्या में ठेठ क्रमदर्शनपरक शब्दावली का प्रयोग करते हैं।

[४०] देखिए "दी मिथिको-रिचुअल सिन्टैक्स ऑफ़ ओम्नीपोटेंस", डेविड पी. लारेन्स, पृ. १ (अप्रकाशित लेख)। सप्रति प्रकाशित; देखिए : संदर्भग्रन्थ सूची

[४१] अनुत्तरानन्यसाक्षिपुमर्थोपायमभ्यधात्।
ईश्वरप्रत्यभिज्ञाख्यं यः शास्त्रं यत्सुनिर्मलम्।। – *ई.प्र.वि.*, मंगलश्लोक ३

[४२] श्रीत्रैयम्बकसद्वंशमध्यमुक्तामयस्थितेः।
श्रीसोमानन्दनाथस्य विज्ञानप्रतिबिम्बकम्।। – तदेव, २

से जोड़कर **उत्पल**[४३] तथा **अभिनवगुप्त** उस शास्त्र की आम्नायिकता और त्रैयम्बक मठिका के परम्परागत रहस्य के प्रतिनिधि शास्त्र के रूप में इस ग्रन्थ को चित्रित करते हैं।[४४] **उत्पल** आदिश्लोक में महेश्वरप्रत्यभिज्ञा के उपपादन की प्रतिज्ञा[४५] करते हैं और अन्तिम श्लोक में अपनी प्रतिज्ञा पूर्ति की सूचना देते हैं।[४६] शास्त्र-ग्रन्थ होते हुए भी इस ग्रन्थ का वैशिष्ट्य यह है कि प्रत्यभिज्ञोपाय के रूप में यह परमेश्वरतन्मयता को जिज्ञासु में संक्रमित करता है।[४७] **उत्पल** का यह ग्रन्थ इस प्रकार प्रत्यभिज्ञा-सम्प्रदाय के प्रस्थान ग्रन्थ अर्थात् प्रवर्तक शास्त्र के रूप में प्रस्तावित है।

पारम्परिक ढंग से शास्त्रों की प्रवृत्ति चार अनुबन्धों की चर्चापूर्वक होती है। यहाँ अभिधेय है प्रत्यभिज्ञा-कारिकाएँ क्योंकि प्रत्यभिज्ञा ज्ञान की वे साधन हैं। केवल यही नहीं, शास्त्र के अन्त में आ रहे "मार्गो नवो" की भी प्रस्तुति इस अर्थ में हुई है, यह हम देख चुके हैं।[४८] प्रयोजन को तीन श्रेणियों में बांटा गया है : प्रत्यभिज्ञोपाय का ज्ञान (पहला), उसका प्रयोजन है वास्तविक प्रत्यभिज्ञान (दूसरा), और उसका भी प्रयोजन है माहेश्वर्य-लाभ (तीसरा)। वस्तुतः अन्तिम प्रयोजन ही पार्यन्तिक प्रयोजन है और पहले दो प्रयोजनों को चरम प्रयोजन की अपेक्षा से उपाय श्रेणी में रखा जा सकता है। अधिकारी है बन्धनग्रस्त मानव मात्र। और सम्बन्ध है – गुरु-परम्परा सम्प्रदायरूप अर्थात् परम्परा से आगमिक अर्थ का अभिधेय-अभिधायक भाव। यह सम्बन्ध दो रूपों में प्रकट होता है। ग्रन्थ के पार्यन्तिक प्रयोजन अर्थात् माहेश्वर्यलाभ से साध्यसाधनभाव का सम्बन्ध है और प्रत्यभिज्ञा के प्रत्यय और शास्त्र के मध्य व्युत्पाद्य-व्युत्पादकता सम्बन्ध है। इस सम्बन्ध का उपाय होने के नाते इस शास्त्र का नाम पड़ा है ईश्वर-प्रत्यभिज्ञा।[४९] यथावसर हम सबकी चर्चा करेंगे।

---

[४३] महागुरुभिरुच्यते स्म शिवदृष्टिशास्त्रे यथा। – *ई.प्र.का.* ४.१.१६

[४४] "विज्ञानम्" इत्यनेन ज्ञानोपदेशमात्रस्य सम्प्रदायागतत्वं सूचितम्। . . . रहस्योपदेशस्य संप्रदायापेक्षा वर्तत एव। – *भा.*, १, पृ. ६

[४५] कथंचिदासाद्य महेश्वरस्य . . . तत्प्रत्यभिज्ञामुपपादयामि। – *ई.प्र.का.* १.१.१

[४६] ईश्वरप्रत्यभिज्ञेयमुत्पलेनोपपादिता।। – तदेव ४.१.१८

[४७] ग्रन्थकारः . . . परमेश्वरतन्मयतां परत्र संचिक्रमयिषुः। – *ई.प्र.वि.*, १, पृ. १७

[४८] प्रत्यभिज्ञायते अनया इति करणव्युत्पत्त्या उपायः . . . 'मार्गो नव' इति शास्त्रान्ते निरूपयिष्यमाणं सूचयता उपायः दर्शितः अभिधेयत्वेन। – तदेव, पृ. ४०-४१

[४९] *ई.प्र.वि.वि.*, १, पृ. ३७; *ई.प्र.का.* २.३.१७ पर अपनी *विवृतिविमर्शिनी* में अभिनवगुप्त इस पर गहन विचार करते हैं : क्रिया च करणस्वरूपविवेचनद्वारेण वाच्येति प्रत्यभिज्ञानं प्रमाणमस्य शास्त्रस्य अभिधेयम्, लक्षणीयत्वेन इति तत्प्रतिपादनं प्रयोजनं प्रमाणस्वरूपप्रतिपत्तिः, तस्याः फलं तद्व्यापारणम्, तस्य फलं प्रत्यभिज्ञोदयः, ततः पर्यन्तफलम् अपर्यनुयोज्यं फलान्तरं पूर्णानन्दानन्तशक्तिपरमेश्वररूपतोन्मेष इति तात्पर्यम्। – *ई.प्र.वि.वि.*, ३, पृ. १७३

अभिनव की दृष्टि में केवल *कारिकाएँ* ही प्रत्यभिज्ञाशास्त्र नहीं हैं अपितु **उत्पल** की *वृत्ति*[५०] और *विवृत्ति* तीनों को मिलाकर प्रत्यभिज्ञाशास्त्र के रूप में लेना होगा, अन्यथा **उत्पल** की प्रतिज्ञा पूरी नहीं होगी।[५१] उचित होगा कि हम इसमें **अभिनवगुप्त** की *ईश्वरप्रत्यभिज्ञाविमर्शिनी* और *विवृत्तिविमर्शिनी* को भी जोड़ें। उन्हें क्रमशः *लघुविमर्शिनी* और *बृहतीविमर्शिनी* भी कहा गया है। **माधवाचार्य** ने *सर्वदर्शनसंग्रह* में इन पाँचों को प्रत्यभिज्ञा शास्त्र में समाहृत किया है।[५२] चूँकि प्रत्यभिज्ञा शास्त्र की प्रवृत्ति अधिकारी जिज्ञासु को परमेश्वर, जो कि वह स्वयं है, की प्रत्यभिज्ञा कराने के लिए हुई है, इसलिए यह पूरा शास्त्र पञ्चावयवी अनुमान का रूप ग्रहण कर लेता है। परार्थानुमान की प्रक्रिया में ये बौद्धों के त्र्यवयवी अनुमान की जगह न्याय की पद्धति का आश्रय लेते हैं।[५३] आदिश्लोक ("कथंचिदासाद्य" इत्यादि) प्रतिज्ञावाक्य के रूप में प्रत्यभिज्ञायोग्य सभी वस्तुओं को समेटता है; बीच का ग्रन्थ हेतु और उदाहरण आदि का निरूपण करता है; और अन्तिम श्लोक ("इति प्रकटितो मया" ४.१.१६) समस्त प्रतिज्ञातव्य पदार्थ का निगमन करता है।[५४] यहाँ यह देखना महत्त्वपूर्ण है कि यद्यपि शास्त्र का तात्कालिक प्रवृत्तिनिमित्त (प्रथम प्रयोजन) प्रत्यभिज्ञा का उपाय बताना है, परन्तु उसमें मध्य प्रयोजन (प्रत्यभिज्ञा का ज्ञान) और पर्यन्त प्रयोजन (महेश्वरतालाभ) भी मध्यग्रन्थ में समाहित हो जाते हैं। यह बात आती है प्रतिज्ञावाक्य (आदिश्लोक) के "समस्तसंपत्समवाप्तिहेतुं" से जो "तत्प्रत्यभिज्ञां" का विशेषण है : जिस प्रत्यभिज्ञा का हेतु है सारे भाव-अभावरूप बाहरी और आन्तरिक नील और सुख जैसे विषयों का उनके वास्तविक रूप में प्रकाशन और उस प्रकाशन का विमर्श में प्ररूढ़ होना। उसका प्रतिपादन ही मध्यग्रन्थ का प्रयोजन है। दूसरे शब्दों में, जो हमारे दैनन्दिन प्रमा-विषय हैं उनको आत्मरूप महेश्वर से अभिन्न जानना ही

---

[५०] काश्मीर ग्रन्थावली में प्रकाशित *वृत्ति* अपूर्ण थी। हमारे सौभाग्य से इटैलियन विद्वान् **रफ़ेल टोरेला** ने बड़े श्रम से पूरी *वृत्ति* को प्रकाशित कर दिया है। दुर्योग से कुछ ही कारिकाओं को छोड़कर *विवृत्ति* अनुपलब्ध है। परन्तु हम **अभिनवगुप्त** के ऋणी हैं जिन्होंने अपनी *विवृत्तिविमर्शिनी* में **उत्पल** की *विवृत्ति* तक पहुँचने के प्रभूत संकेत छोड़े हैं।

[५१] सूत्रे स्फुरद्हृदया, वृत्तौ स्फुरितसारा, विवृतौ तु व्यक्ता सर्वजनगोचरतां गता। – *ई.प्र.वि.वि.*, १, पृ. १६

[५२] सूत्रं वृत्तिर्विवृतिर्लघ्वी बृहतीत्युभे विमर्शिन्यौ।
प्रकरणविवरणपञ्चकमिति शास्त्रं प्रत्यभिज्ञायाः।। – *स.द.सं.* (अभ्यङ्कर), पृ. १६१

[५३] नैयायिकक्रमस्यैव मायापदे पारमार्थिकत्वम् – इति ग्रन्थकाराभिप्रायः। – *ई.प्र.वि.*, १, पृ०. ४३

[५४] एवं प्रत्यभिज्ञातव्यसमस्तवस्तुसंग्रहणेन इदं वाक्यमुद्देशरूपं प्रतिज्ञापिण्डात्मकं च, मध्यग्रन्थस्तु हेत्वादिनिरूपकः . . . अन्त्यश्लोको निगमनग्रन्थः – इत्येवं पञ्चायवात्मकमिदं शास्त्रं परव्युत्पत्तिफलम्। – तदेव पृ. ४२-४३

पारमार्थिक प्रमाता अर्थात् महेश्वर को जानना है।[५५] इसी अर्थ में यह उपाय है।[५६] इस प्रकार इस अनुमान का आकार देखने में तो परार्थानुमान का है, पर वस्तुतः अतिक्रामी युक्ति (ट्रान्सेन्डेन्टल रीज़निङ्) के द्वारा शैव अद्वैती दूसरों की मान्य पद्धति के सहारे अपने पारमार्थिक मूल्यों को प्रतिपादित करते हैं।

इस अनुमान की अतिक्रामी संरचना को **उत्पल** अपने उपोद्घात में पारतात्त्विक सन्दर्भ में उद्घाटित करते हैं और प्रमाणमीमांसा के सन्दर्भ में फिर से दुहराते हैं।[५७] इससे प्रेरणा लेते हुए **अभिनवगुप्त** तर्क की इस पद्धति का और भी गहरे स्तर पर प्रयोग करते हैं। 'ज्ञानक्रियाशक्तिमान् आत्मा ही महेश्वर है' यह प्रागनुभविक सत्य है, अतः प्रमाणातीत है। इसलिए अनुमान भी उसका न तो ज्ञापन करता है न सिद्धि, वह केवल उसके सम्बन्ध में विस्मृति या मोह या मल के आवरण को हटा देता है। इस अर्थ में परार्थानुमान व्यवहारसाधन भर है, परन्तु उससे उसकी अतिक्रामी प्रासंगिकता का अपलाप नहीं होता। परार्थानुमान के मौलिक मानक रूप में साध्य है शक्तिमान् आत्मा, उसका हेतु है शक्ति या शक्तिमत्ता, और शक्ति के द्वारा शक्तिमान् का आविष्करण ही प्रत्यभिज्ञा है। अनुमान का सामान्य आकार है –

प्रतिज्ञा	=	**अयमात्मा सर्वविषयज्ञानक्रियाशक्तिमान् महेश्वरः,**
हेतु	=	**ज्ञानक्रियाशक्तियोगात्,**
उदाहरण	=	**यो यावति ज्ञाता कर्ता च स तावति राजेव,**
उपनय	=	**तथा चायम् आत्मा विश्वत्र ज्ञाता कर्ता च,**
निगमन	=	**तस्मात् अयमात्मा सर्वज्ञाता सर्वकर्ता महेश्वरः।**[५८]

अभिनवगुप्त इस मूल संरचना पर आश्रित अनुमान के अनेकों प्रकार परिकल्पित करते हैं।[५९] यद्यपि अभ्यास और भावना के बल से जिनमें पारमेश्वर्य धर्म का उद्गम हो गया है उनके

---

[५५] बहुव्रीहिणा तु उपायः सूच्यते। समस्तस्य भावाभावरूपस्य बाह्याभ्यन्तरस्य नीलसुखादेः या सम्पत् संपत्तिः सिद्धिः तथात्वप्रकाशः तस्याः सम्यगवाप्तिः विमर्शरूढिः सैव हेतुः यस्यां तत्प्रत्यभिज्ञायाम् तथाहि स्फुटतरभासमाननीलसुखादिप्रमान्वेषणद्वारेणैव पारमार्थिकप्रमातृलाभ इह उपदिश्यते। – तदेव, पृ. ३४-३५

[५६] किन्तु मोहवशादस्मिन् दृष्टेऽप्यनुपलक्षिते।
शक्त्याविष्करणेनेयं प्रत्यभिज्ञोपदर्श्यते।। – *ई.प्र.का.* १.१.३

[५७] अप्रवर्तितपूर्वोऽत्र केवलं मूढतावशात्।
शक्तिप्रकाशेनेशादिव्यवहारः प्रवर्त्यते।। – तदेव २.३.१७

[५८] *ई.प्र.वि.*, १, पृ. ६८; *भास्करी* भी देखिए।

[५९] तदेव, २, पृ. १४४-४७।

लिए व्यवहार-साधन प्रमाण की उतनी सार्थकता नहीं रहती, परन्तु जिन्हें व्यवहार के साधनों में ही शंका है उनके लिए इसकी उपयोगिता असन्दिग्ध है।[६०] **अभिनवगुप्त** यहाँ पर आत्मज्ञानपरक सभी शास्त्रों के सम्बन्ध में एक अत्यन्त महत्त्वपूर्ण सामान्य टिप्पणी करते हैं –

> **यावन्ति हि आत्मज्ञानशास्त्राणि श्रुत्यन्तसिद्धान्तरहस्यतन्त्ररूपाणि, तानि आत्मनि नैव सिद्धिमपूर्वरूपां रचयन्ति। तस्मात् व्यवहारमात्रसाधनफलानि एव तानीति भावः।**[६१]

परन्तु मेरे विचार में **अभिनवगुप्त** का मन्तव्य यदि पूरे परिप्रेक्ष्य में लिया जाए, तो वह व्यवहारसाधन से परे जाता है, क्योंकि प्रत्यभिज्ञान में जो शक्तिरूप हेतु है वह स्वभावहेतु है[६२] – "अयमात्मा शक्तिमान् शक्तिमत्त्वात्"। 'हेतु' की 'शक्तिरूपता' से हम आत्मा के अतिक्रामी स्वभाव तक ही पहुँच जाते हैं। कारण यह है कि स्वभावहेतु एक प्रकार का कल्पित हेतु है जो प्रमाता में संवेद्यभेद के कारण तराशा गया है; उससे आत्मा, उसके ज्ञान और उसके ऐश्वर्य की मौलिक स्वप्रकाशता खण्डित नहीं होती।[६३] व्यवहार-साधन का अर्थ है मोह को हटाना। पर यह मोहापसारण बौद्धिक व्यायाम नहीं है, हृदयङ्गमन व्यापार है। स्वभाव-हेतु होने के नाते वह ठीक हृदय में जा बैठता है, यही इसका कार्य है।[६४] इस अर्थ में प्रत्यभिज्ञा का ज्ञानक्रियाशक्ति[६५] स्वरूप ही है शक्ति, जिससे दृढनिश्चयरूप प्रत्यभिज्ञान उत्पन्न होता है।[६६]

---

[६०] यस्य तु व्यवहारसाधने हेतुकलापेऽपि असिद्धताभिमानः, तस्य तत्रापि व्यवहारसाधनैरेव व्यामोहोऽपसार्यः। – तदेव, पृ. १४७-४८

[६१] *ई.प्र.वि.वि.*,३, पृ. १७६। इस कथन के प्रति **टोरेला, उत्पल** की *वृत्ति* (२.३.१७) पर अपनी टिप्पणी में, ध्यान आकर्षित करते हैं, पृ. १७४।

[६२] पंचावयवी अनुमान के लिए न्यायदर्शन के ऋणी होने पर भी हेतु की परिकल्पना में वे बौद्ध न्याय को स्वीकार करते हैं।

[६३] 'स्वशक्त्याविष्करणेन निश्चयप्रदर्शनमिति लोके दृष्टम्', इति स्वभावहेतुः। – *ई.प्र.वि.वि.*, १, पृ. ७६; यत एव ज्ञानस्यैव क्रिया पुच्छभूता, ज्ञानं च प्रमातुरपृथग्भूतं, संवेद्यभेदात्कल्पितभेदम्, तत एव स्वभावहेतुरयं वस्तुतः, न कार्यहेतुः। . . . स्वभावहेतुश्च सर्वो मोहवशादारोपितापारमार्थिक-रूपान्तरपराकरणमात्रपर्यवसित . . . इति वास्तवं स्वप्रकाशत्वं ज्ञानस्य प्रमातुस्तदैश्वर्यस्य च मौलिकं न विघटते इति अत्र ग्रन्थकारस्य आशयः। – तदेव, पृ. १०५-०६

[६४] अतस्तद्व्यवहारमात्रमपि नेह साध्यते अपितु उपांशुच्छन्नं स्थितं सत्, उप समीपे इति हृदयसंगमनेन प्रधानतया दर्श्यते। – तदेव, पृ. ८७

[६५] वक्ष्यमाणशास्त्रस्य सा प्रत्यभिज्ञैव ज्ञानक्रियाशक्तिरूपा अर्थोऽभिधेयः। – तदेव, पृ. ८७

[६६] मायाव्यामोहाद् अहृदयङ्गमत्वाद् . . . दृढनिश्चयरूपं प्रत्यभिज्ञानमात्रम् उपदर्श्यते। – *वृत्ति*, पृ. ३; **अभिनव** *बृहती-विमर्शिनी* में इसे दुहराते हैं : **तस्य या प्रत्यभिज्ञा करणभावसाधनत्वेन आविष्क्रियमाणा शक्तिस्तत्कृतश्च दृढनिश्चयः।** – *ई.प्र.वि.वि.*, १, पृ. ८७

प्रत्यभिज्ञा शास्त्र को व्यवहार-साधन परार्थानुमान के रूप में पल्लवित करने के पीछे प्रत्यभिज्ञा के आचार्यों का क्या इतना ही कारण था या कुछ और? प्रत्यभिज्ञा आचार्यों के लिए इस 'व्यवहार' का एक अन्य अर्थ भी था। अनात्मवादी मतों, विशेष रूप से बौद्धों के विरुद्ध, स्थायी आत्मा की सिद्धि के लिए आत्मवादियों का प्रधान तर्क यह था कि स्मृति, प्रत्यभिज्ञा आदि ज्ञान-प्रक्रियाओं के लिए एक स्थिर आधार की अपेक्षा होती है, अतः आत्मा या धर्मी की सत्ता से इन्कार नहीं किया जा सकता। बौद्धों ने इस तर्क का उपयोग उल्टे आत्मवादियों के ही खण्डन में किया। उनकी खण्डनात्मक युक्ति थी –

> ज्ञान-स्वभाव स्थिर आत्मा की सत्ता नहीं है (साध्य); क्योंकि ज्ञान और क्रिया आदि धर्मों को किसी आधार की अपेक्षा नहीं है और उनका अपना प्रतीयमान सातत्य भ्रन्ति है (हेतु); दोनों के मध्य कोई सम्बन्ध नहीं है - जहाँ जहाँ सम्बन्ध है वहाँ भ्रन्ति है (व्याप्ति)।

इसके विरोध में प्रत्यभिज्ञा आचार्यों ने साधक युक्ति के रूप में प्रत्यभिज्ञा को परार्थानुमान के रूप में विकसित किया। ज्ञान-क्रिया शक्ति या शक्तिमत्त्व (हेतु) के द्वारा शक्तिशक्तिमद्भाव (व्याप्ति) के आधार पर आत्मा (पक्ष) का अभिज्ञान कराया गया।[६७] सच पूछा जाए तो बौद्ध दार्शनिकों और प्रत्यभिज्ञा चिन्तकों का यह वैचारिक संघर्ष भी उतना ही सुदीर्घ और सघन रहा है जितने स्थूल और संक्षिप्त रूप में हमने उसकी यहाँ प्रस्तुति की है। सम्भवतः इसे 'पूर्णपरार्थानुमान'[६८] कहने के पीछे **अभिनवगुप्त** का यही संकेत है। व्यवहार[६६] का निहितार्थ यह भी है कि हमारे दैनिक प्रयोग के आत्मा शब्द का संकेतार्थ है ईश्वर, जबकि बौद्धों के लिए आत्मा की रोजमर्रा की धारणा केवल विकल्प मात्र है जिसका कोई धर्मिभूत या ठोस मुख्यार्थ नहीं है। ठीक इसी प्रकार जहाँ **धर्मकीर्ति** के लिए ऐक्य या तादात्म्य केवल एक व्यावहारिक धारणा (सांवृतत्व) मात्र है जिसका वास्तविकता में कोई आधार नहीं है, **उत्पल** के लिए विकल्पन, जो वस्तुतः विमर्शन की विधा मात्र है, आत्मा की सहज क्रिया है जिसे एक प्रकार की प्रत्यभिज्ञा कहा जा सकता है।

प्रत्यभिज्ञा की शास्त्र और उपाय के रूप में चर्चा के समय यह उचित होगा कि हम

---

[६७] विशेष विस्तार के लिए देखिए *आर्ग्युमेन्ट.*, पृ. ७६ और आगे।

[६८] सोऽनेन इच्छादिशक्तिप्रभावप्रख्यापकेन पूर्णपरार्थानुमानरूपेण व्यवहारसाधनेन प्रत्यभिज्ञाख्येन शास्त्रेण अवबोध्यते। – *ई.प्र.वि.वि.*, ३, पृ. १८१

[६६] 'व्यवहार' शब्द में प्रतिदिन का सत्य और उसका शब्द से अभिधान (व्याहार) दोनों गर्भित होते हैं। **टोरेला** ने यह प्रदर्शित किया है कि तिब्बत और पालि दोनों भाषाओं में ये दोनों शब्द – व्यवहार और व्याहार – एक ही शब्द से अनूदित होते हैं। – *वृत्ति,* पृ. १७३

तान्त्रिक सन्दर्भ के अन्तर्गत भी प्रत्यभिज्ञा की उपायरूपता पर विचार कर लें। *तन्त्रालोक* में **अभिनवगुप्त** ने सारी तान्त्रिक दर्शन- और उपासना-परम्पराओं को चार उपायों (प्रचलित तौर पर 'उपाय-चतुष्क' या 'ज्ञान-चतुष्क') में वर्गीकृत किया है[७०]। वे चार उपाय हैं – अनुपाय, शाम्भवोपाय, शाक्तोपाय और आणवोपाय। इसमें द्वारिद्वारभाव है। प्रत्येक पूर्ववर्ती द्वारी है और परवर्ती द्वार। जागतिक विकल्प या भेदानुभव के दैनिक जीवन से अविकल्प तक, अनेकता से एकता तक, विकल्पचेतना के क्रमिक संस्कार द्वारा पहुँचना उपाय-योजना का लक्ष्य है। पहला एक प्रकार से विकल्पातीत अर्थात् उपाय न होने जैसा है, शाम्भव में अभेद या निर्विकल्प है, शाक्त में भेदाभेद या शुद्ध विकल्प और आणव में भेद या अशुद्ध विकल्प है। तन्त्र में हम क्रिया के माध्यम से उसे पाते हैं, जिसे दर्शन में ज्ञान से। अन्त में अविकल्प स्थिति या स्वरूप-प्रथन की स्थिति में ज्ञान और क्रिया भी समरस हो जाते हैं। दार्शनिक चिन्तना का भी यही प्रवृत्तिनिमित्त है। तन्त्र-प्रक्रिया के अन्तर्गत एक सम्प्रदाय होने के बावजूद भी प्रत्यभिज्ञा आचार्यों का एकमात्र लक्ष्य रहा है सर्वग्राहिणी दर्शन-पद्धति के प्रवर्तन का और सर्वान्वयी यौक्तिक ढाँचे की संरचना का। अतः यह देखना आवश्यक होगा कि उपर्युक्त उपाय-परिपाटी में प्रत्यभिज्ञा किस उपाय से समीकृत की जा सकती है।

अज्ञान दो प्रकार का है – पौरुष और बौद्ध। ये दोनों अज्ञान एक प्रकार से प्रागनुभविक (ए प्रायरॉय्) हैं। वह अज्ञान जिससे हमारा अखण्ड अस्तित्व परिसीमित हो जाता है और हम समष्टि से व्यष्टीभूत इकाई बन जाते हैं, पौरुष अज्ञान है। इसे ही आणव मल कहते हैं। यही पशुत्व-वासना है। यह हमारे असीम बोध-स्वातन्त्र्य का संकुचन है। उसी प्रकार प्रागनुभविक स्वातन्त्र्य-बोध का संकोच बौद्ध अज्ञान है। पौरुष अर्थात् अस्तित्वगत अज्ञान की निवृत्ति दीक्षा, जो क्रिया शक्ति का ही प्रकार है, से होती है और बौद्ध अज्ञान की द्वैत विकल्प के शुद्ध विकल्प या अविकल्प में संस्कार द्वारा। बौद्ध ज्ञान से बौद्ध अज्ञान समाप्त होता है और वही क्षण जीवन्मुक्ति का है। पौरुष ज्ञान से पौरुष अज्ञान की निवृत्ति होने पर विदेहमुक्ति होती है।[७१] बौद्ध अज्ञान के लिए शास्त्र की आवश्यकता पड़ती है।[७२] प्रत्यभिज्ञाशास्त्र की यही प्रासंगिकता है।

---

[७०] इति ज्ञानचतुष्कं यत्सिद्धिमुक्तिमहोदयम्।
तन्मया तन्त्यते तन्त्रालोकनाम्न्यत्र शासने।। – *तं.* १.२४५

[७१] बौद्धज्ञानेन तु यदा बौद्धमज्ञानजृम्भितम्।
विलीयते तदा जीवन्मुक्तिः करतले स्थिता।। – तदेव १.४४

[७२] तदेव १.४७।

प्रत्यभिज्ञा को किस उपाय से जोड़ा जाए इसे लेकर विद्वानों में ऐकमत्य नहीं है।[७३] *प्रत्यभिज्ञाकारिका* में **उत्पल** पहले विकल्पक्षय से,[७४] और फिर विकल्प-सृष्टि के आत्मधर्मतया ग्रहण[७५] से, माहेश्वर्य अर्थात् "मैं ही सर्वत्र ज्ञाता और कर्ता हूँ" इस भाव की प्राप्ति बताते हैं। पहली स्थिति को **क्षेमराज** *प्रत्यभिज्ञाहृदय* में[७६] और **शिवोपाध्याय** *विज्ञानभैरव* की *विवृति* में शाम्भवोपाय से जोड़ते हैं। एक निर्विकल्पक स्थिति है तो दूसरी शुद्ध विकल्पों की। इस नाते इसे शाक्तोपाय से जोड़ा जा सकता है। यह ज्ञान हमें जीवनकाल में ही मुक्ति दे देता है।[७७] चूँकि शाम्भवोपाय से पहली बार जीवन्मुक्ति का सम्बन्ध जोड़ा गया है,[७८] अतः इस बात को बल मिलता है कि प्रत्यभिज्ञा-प्रतिपादित ज्ञान को शाम्भवोपाय के अन्तर्गत रखना चाहिए।[७९] परन्तु जहाँ तत्क्षण जीवन्मुक्ति की बात की गई है वहीं परापरसिद्धि की भी, यह बात भेदाभेदमयी स्थिति के प्रतीक शाक्तोपाय के पक्ष में ले जाती है। सामान्य रूप में भेद और अभेद का समन्वय करने के कारण प्रत्यभिज्ञा को भेदाभेद से जोड़ा जाता है। और शाक्तोपाय का भी भेदाभेद या शुद्ध विकल्प से स्वरूपात्मक सम्बन्ध है। मानसिक चिन्तन शाक्तोपाय का लक्षण है और प्रत्यभिज्ञा का भी। *विवृतिविमर्शिनी* प्रत्यभिज्ञा को ज्ञानोपाय के रूप में वर्णित करती है।[८०] ज्ञानोपाय शाक्तोपाय का ही एक विरुद है। अतः शाक्तोपाय से प्रत्यभिज्ञा की

---

[७३] **डेविड लॉरेन्स** इसे शाक्तोपाय से, **टोरेला** शाम्भवोपाय से जोड़ते हैं। **लॉरेन्स** ने मुझे प्रमाणरूप से उद्धृत किया है कि मैं भी इसे शाक्तोपाय से एकरूप मानता हूँ। यह बात अंशतः सही है। वस्तुस्थिति के लिए आगे देखें।

[७४] विकल्पहानेनैकाग्र्यात् क्रमेणेश्वरतापदम्।। – *ई.प्र.का.* ४.१.११

[७५] सर्वो ममायं विभव इत्येवं परिजानतः।
विश्वात्मनो विकल्पानां प्रसरेऽपि महेशता। – तदेव ४.१.१२

[७६] विकल्पं अकिंचिच्चिन्तकत्वेन प्रशमयन् . . . 'विकल्पहानेनैका ग्रयात् क्रमेणेश्वरतापदम्' इति श्रीप्रत्यभिज्ञायाम्। अयं च उपायो मूर्धन्यत्वात् प्रत्यभिज्ञायां प्रतिपादितत्वात् आदौ उक्तः। – *प्र. हृ.*, पृ. ४०-४१; *विज्ञानभैरव* ६५-६६ पर *विवृति* भी द्रष्टव्य। **क्षेमराज** का विवेचन *मालिनीविजयोत्तर* २.२१ की शब्दावली को प्रतिध्वनित करता है। यहाँ यह देखने की बात है कि **क्षेमराज** के अनुसार इस बात को लेकर प्रत्यभिज्ञा तथा स्पन्द की स्थिति एक है। यदि ऐसा है तो **कविराज जी** की मान्यता, कि प्रत्यभिज्ञा-स्पन्द का युग्म काश्मीर शैवमत है, को बल मिलता है।

[७७] तदा तत्क्षणमेव पूर्णतात्मिका जीवन्मुक्तिः। – *ई.प्र.वि.*, २, पृ. ३१५

[७८] इत एव प्रभृत्येषा जीवन्मुक्तिर्विचार्यते।
यत्र सूत्रणयापीयमुपायोपेयकल्पना।। – *तं.* ३.२७२

[७९] *वृत्ति*, भूमिका, पृ. ३८।

[८०] प्रत्यभिज्ञायते यया . . . ज्ञानोपायभूतया . . . ईश्वरव्यवहारसाधनप्रमाणपद्धत्या। – *ई.प्र.वि. वि.*, १, पृ. १६

घनिष्ठता की बात भी युक्तियुक्त लगती है।

परन्तु प्रत्यभिज्ञा के अन्तःसाक्ष्य के आधार पर प्रत्यभिज्ञा को अनुपाय के साथ एक कोष्ठक में रखा जाना उचित प्रतीत होता है। अनुपाय का अर्थ एक प्रकार से वह उपाय है, जिसमें उपायत्व न हो। यह स्थिति अत्यन्त निर्मल हृदय वाले साधक के लिए है। यहाँ न कोई विकल्प है, न कोई उपाय। केवल एक हल्का सा स्पर्श, एक बार का दृष्टिपात ही तत्क्षण प्रत्यभिज्ञान कराने में समर्थ होता है।[८१] अनुपाय में जहाँ आन्तर, बाह्य किसी भी प्रकार के उपाय का निषेध किया गया है[८२] वहीं इसके विशेष स्वभाव का निरूपण अनेक युक्तियों से बौद्ध अज्ञान के नाश और बौद्ध ज्ञान के उदय द्वारा किया गया है।[८३] विचित्र बात यह है कि अनुपाय का स्रोत *ऊर्मिमहाशास्त्र* और **सोमानन्द** में ढूँढा गया है, जो प्रत्यभिज्ञा के प्रति प्रतिश्रुत हैं।[८४] और **जयरथ** *शिवदृष्टि* ७.५.६ और ७.१०० को उद्धृत करते हैं, जहाँ एक बार शिवत्व का बोध हो जाने पर ("सकृज्ज्ञाते") किसी भी साधन, करण, भावना या उपाय का निषेध किया गया है।[८५] *शिवदृष्टि* की यही पंक्तियाँ **अभिनवगुप्त** भी उद्धृत करते हैं, इस तथ्य के अनुमोदन में कि प्रत्यभिज्ञा के परामर्श मात्र से जीवनकाल में ही मुक्ति और शिवत्वलाभ हो जाता है।[८६] जीवन्मुक्ति को शाम्भव उपाय से ही जोड़ा जाना बहुत बलशाली नहीं प्रतीत होता क्योंकि बौद्ध ज्ञान मात्र से जीवन्मुक्ति का उदय सम्भव है, यह हमने कुछ ही पूर्व देखा था। स्वयं **सोमानन्द** भी *शिवदृष्टि* में सर्वभावग्रहणयोग्यता की, उपायों से क्रमशः और निरुपाय से सद्यः प्राप्ति की बात करते हैं।[८७]

---

[८१] अनुपायं हि यद्रूपं कोऽर्थो देशनयात्र वै।
सकृत्स्याद्देशना पश्चादनुपायत्वमुच्यते।। – *तं.* २.२

[८२] अनुत्तरपथे रूढास्तेभ्युपायानियन्त्रिताः। – तदेव २.३४

[८३] गुरोर्वाक्याद्युक्तिप्रचयरचनोन्मार्जनवशात्
समाश्वासाच्छास्त्रं प्रति समुदिताद्वापि कथितात्। – तदेव २.४६

[८४] श्रीमदूर्मिमहाशास्त्रे सिद्धसन्तानरूपके।
इदमुक्तं तथा श्रीमत्सोमानन्दादिदैशिकैः।। – तदेव २.४८

[८५] सकृज्ज्ञाते सुवर्णे किं भावना करणं व्रजेत्।
एकबारं प्रमाणेन शास्त्राद्वा गुरुवाक्यतः।।
ज्ञाते शिवत्वे सर्वस्थे प्रतिपत्त्या दृढात्मना।
करणेन नास्ति कृत्यं क्वापि भावनयापि वा।। – *तं.वि.*, २, पृ. ३५० पर उद्धृत

[८६] यथोक्तं परमेष्ठिपादैः . . .। – *ई.प्र.वि.*, २, पृ. ३११। **अभिनव** यहाँ पर *शि.दृ.* ७.८२ की भी एक पंक्ति उद्धृत करते हैं।

[८७] सर्वभावग्रहणतायोग्यत्वाद्वा क्रमस्थितेः।
प्रत्यक्षाद्यैरुपायैर्वा निरुपायतयाऽपि वा।। – *शि.दृ.* ५.१०३

इस विवेचन से यह निष्कर्ष निकाला जा सकता है कि प्रत्यभिज्ञा का भी लक्ष्य चूँकि ज्ञान के सभी प्रकारों की एक आन्तरिक संरचना को प्रकट करना है, अतः सर्वोच्च और मुख्य रूप से उसका स्वर अनुपाय का है। परन्तु बुद्धि के परिष्कार की अक्रमता और क्रमता से शाम्भव और शाक्त की विनियोजना होती है। इसी प्रकार आगमाधिकार की अन्तिम दो कारिकाओं में[८८] आणव उपाय को भी ढूँढा जा सकता है। वस्तुतः अनुपाय एक अर्थ में प्राप्य प्रत्यभिज्ञा – माहेश्वर्यलाभ या विश्वात्मताबोध – से एक रूप है। अनुपाय रूप प्रत्यभिज्ञा के सम्बन्ध में विशेष महत्त्वपूर्ण बात यह है कि यहाँ पौरुष अज्ञान की निवृत्ति के लिए बाह्य अज्ञान की निवृत्ति तो होगी ही, दीक्षा भी इसी से हो जाती है। इसी कारण तत्क्षण जीवन्मुक्ति की सम्भावना की गई है।[८९] अनुपाय को समझाते हुए **कविराज** जी कहते हैं – "इन सबसे भिन्न, अनुपाय का अर्थ यह है कि ईश्वर के विशेष अनुग्रह से कभी सन्देह उत्पन्न नहीं होता – वस्तुस्थितियाँ स्वतः अतिक्रामी रीति से अधिकाधिक स्पष्ट होती चली जाती हैं। उच्च से उच्चतर और सूक्ष्म से सूक्ष्मतर सत्य अनायास सहज रूप से उद्‌घाटित होते चले जाते हैं।"[९०]

सिद्धान्त, ज्ञान, अवधारणा, व्यापार

प्रत्यभिज्ञा का तीसरा प्रयोग प्रत्यय या अवधारणा के अर्थ में हुआ है। इस अर्थ में इसे प्रत्यभिज्ञा का फल तथा प्रक्रिया दोनों का सैद्धान्तिक उन्मीलन भी कहा जा सकता है। इस तरह प्रत्यभिज्ञा प्रमाण के लिए भी प्रयुक्त हुई है और प्रमा के अर्थ में भी। आदिश्लोक की व्याख्या में **अभिनवगुप्त** ने प्रत्यभिज्ञा के इस रूप को मध्यप्रयोजन[९१] के रूप में प्रस्तुत किया है। देखा जाए तो विश्लेषणात्मक सन्दर्भों की दृष्टि से यह अर्थ सबसे अधिक प्रासंगिक और महत्त्वपूर्ण है। प्रत्यभिज्ञा दार्शनिकों के सामने कई तरह की चुनौतियाँ थीं। ऐतिहासिक सन्दर्भ में मुख्य चुनौती थी बौद्धों के संशयवाद की।[९२] उसका सामना करने के लिए एक तरीका

---

[८८] ई.प्र.का. ३.२.१९-२०; इनकी ओर **टोरेला** ध्यान दिलाते हैं। – *वृत्ति*, भूमिका, पृ. ३६

[८९] तीव्रतमशक्तिपातादौ पुनरनुपायादिक्रमेण दीक्षा भवेत्, येनास्य तत्कालमेवापवर्गः। तदुक्तं 'तत्सम्बन्धात्ततः कश्चित् क्षणाद् अपवृज्यते।'

[९०] "What *anupāya,* as distinct from all these, means is that because of God's special grace, there never arises any doubt: situations get automatically more and more transcendentally clarified. There is spontaneous unfoldment of higher and higher, subtler and subtler truths". – द्र. *गोपीनाथ कविराज'ज़ थॉट्स*, पृ. १७६, टिप्पणी ४६

[९१] प्रयोजनं च प्रत्यभिज्ञोपायज्ञानम्, तस्य प्रयोजनं प्रत्यभिज्ञानं, तस्यापि प्रयोजनम् . . . । – *ई. प्र.वि.*, १, पृ. ४१

[९२] देखिए *आर्ग्युमेन्ट.*, पृ. ८५-८६।

था – निरन्वय धर्म का निषेध करना और धर्मी या सान्वय प्रदत्त की उपपत्ति करना और इस प्रकार संशय के औचित्य को ही नकार देना, जैसा कि **योगभाष्यकार** ने किया[६३]। इस तरीके का उपयोग नव्यन्याय के पूर्व के आस्तिक दर्शनों ने सामान्यतः किया। लेकिन काश्मीरियों ने इससे भिन्न तरीका अपनाया जो यौक्तिक न होकर अन्तःसंरचनात्मक था। वह था, शक्ति के माध्यम से शिव के जगत्तया अवतरण और जगत् के शिवतया आरोहण के केन्द्रीय मिथक की आत्म-प्रत्यभिज्ञानरूप प्रक्रिया की शब्दावली में व्याख्या द्वारा। चुनौती का दूसरा आयाम दार्शनिक था और उसका परिप्रेक्ष्य अपेक्षाकृत बड़ा था, जिसमें निगम, आगम, आस्तिक दर्शन और विज्ञानवाद शामिल थे। इस सन्दर्भ में, जैसे पुष्ट अन्न को उपजाने के लिए भूमि के सभी रसों और वर्षा के जलों का बीज से समन्वय करने में सूरज के अतिरिक्त अन्य कोई समर्थ नहीं होता;[६४] ठीक वैसे ही, तमाम प्रत्ययों के मध्य अन्योन्यान्वयी आन्तरिक संरचना के केन्द्रीय आधार के रूप में आत्मा के स्वरूप का अनुसन्धान करना उनकी दूसरी प्राथमिकता थी।[६५] यही कारण था कि अपने अद्वयवाद को समझाने के लिए उन्होंनें पूर्णता और सामरस्य जैसे प्रत्ययों का सहारा लिया। इससे जन्मी एक उपचुनौती यह थी, इस पूर्णतामूलक संरचना को एक साँचागत प्रारूप (कॉन्स्टिट्यूटिव मॉडेल) का रूप देना, जिसमें ढलकर अवान्तर और अन्तर्व्याप्त संरचनाएँ इस प्रकार से विकसित हों कि उनकी वैयक्तिकता भी बनी रहे और उस वैयक्तिकता को वे गतिशील सत्य की उच्चतर और व्यापकतर योजना में अपनी निरन्तर भागीदारी से प्राप्त करें। इसके लिए प्रत्यभिज्ञा के प्रत्यय से उपयुक्त दूसरा प्रत्यय नहीं हो सकता था। यह आगे की विवेचना से स्पष्ट होगा।

चार्वाक, निम्बार्क तथा माध्व सम्प्रदाय, जो प्रत्यभिज्ञा की चर्चा प्रमातृसिद्धि के लिए नहीं करते, को यदि छोड़ दिया जाए तो भारतीय दर्शन के प्रायः सभी सम्प्रदाय किसी-न-किसी रूप

---

[६३] वस्तुप्रत्यभिज्ञानाच्च स्थितोऽन्वयी धर्मी यो धर्मान्यथात्वम् अभ्युपगतः प्रत्यभिज्ञायते। तस्मान्नेदं धर्ममात्रं निरन्वयम् इति। – *यो.सू.भा.* ३.१४

[६४] वाक्यप्रमाणपदतत्त्वसदागमार्थाः
स्वात्मोपयोगमुपयान्त्यमुतः स्वशास्त्रात्।
भौमान् रसाञ्जलमयांश्च न सस्यपुष्टौ
मुक्त्वार्कमेकमिह योजयितुं क्षमोऽन्यः।। – *ई.प्र.वि.*, २, पृ. ३१७ (उपान्त्य श्लोक); थोड़े से अन्तर के साथ यही श्लोक *ई.प्र.वि.वि.* के उपसंहारात्मक श्लोक संख्या १२ के रूप में प्राप्त होता है।

[६५] आत्मानमनभिज्ञाय विवेक्तुं योऽन्यदिच्छति।
तेन भौतेन किं वाच्यं प्रश्नेऽस्मिन् को भवानिति।। – तदेव (अन्त्य श्लोक)

में प्रत्यभिज्ञा के महत्त्व को स्वीकार करते हैं।[६६] अद्वैत वेदान्त में प्रत्यभिज्ञा का नामतः अभ्युपगम नहीं हुआ है, परन्तु अखण्डार्थप्रतिपादक वाक्यों में बोध की प्रकारता प्रत्यभिज्ञात्मक ही है। उसे स्वतन्त्र प्रमाण की मान्यता केवल जैनों में ही मिली है। अन्यत्र सभी स्थलों पर प्रत्यभिज्ञा किसी-न-किसी प्रमाण या ज्ञानात्मक प्रकार में अन्तर्भूत हुई है। प्रत्यभिज्ञा दर्शन में यह प्रक्रिया पलट गई है। यहाँ सारे प्रमाणों में प्रत्यभिज्ञानात्मकता को अन्तर्स्यूत माना गया है। इस दृष्टि से प्रत्यभिज्ञा दर्शन बौद्धों और **भर्तृहरि** के निकट है। क्योंकि बौद्ध भी प्रत्यभिज्ञा को सांवृत ज्ञान का प्रागनुभविक सामान्यीकृत प्रकार मानते हैं। **भर्तृहरि** एक कदम आगे जाते हैं। वे सारी बोध-प्रक्रिया को प्रत्यभिज्ञानात्मक मानते हैं, परन्तु उनके यहाँ यह प्रत्यभिज्ञानात्मकता शब्दन तक सीमित है। प्रत्यभिज्ञावादियों को मूल प्रेरणा **भर्तृहरि** से मिलती है परन्तु इसका अतिक्रामी और सर्वग्रासी विस्तार प्रत्यभिज्ञावादियों का अपना है, जो इसे परम तत्त्व की स्वरूप-परिघटना और मोक्ष के प्रत्यय तक ले जाते हैं। उस पक्ष पर हम कुछ समय बाद विचार करेंगे।

प्रत्यभिज्ञा का शाब्दिक अर्थ है पहचानना। अर्थात् प्रत्यभिज्ञा में जानने का अभिप्राय अनिवार्यतः पहचानने से है। मोटे तौर पर पूर्वप्रत्यक्ष या ज्ञात वस्तु का उसी व्यक्ति द्वारा प्रत्यक्षीकरण या ज्ञान प्रत्यभिज्ञा है। पूर्व प्रत्यक्ष का स्मरण और वर्तमान में उसका प्रत्यक्ष अर्थात् प्रतिरूपक (रिप्रेज़ेन्टेटिव) और साम्प्रतिक (प्रेज़ेन्टेटिव) अंशों के योग से यह ज्ञान निष्पन्न होता है। प्रत्यभिज्ञा सम्बन्धी प्रमाणात्मक चिन्तन की तीन कोटियाँ हैं। 'यह वही घड़ा है' इस ज्ञान को जो एक मानते हैं। यह पहली कोटि है। इस वर्ग का प्रतिनिधि दर्शन न्याय है। ज्ञान को एकतामूलक मानने का कारण है ज्ञान के दो कालों से विशिष्ट होने पर भी विषय की एकता। देशगत और कालगत भेद के कारण स्मृत्यंश और प्रत्यक्षांश को पृथक् मानने वाले बौद्ध दार्शनिक इसे दो ज्ञान मानते हैं। यह दूसरी कोटि है। दो ज्ञान क्रमशः दो पक्षों का संकेत करते हैं। दोनों अंशों में सादृश्य के कारण होने वाला ज्ञान बुद्धिविकल्प मात्र है। तीसरी कोटि प्रत्यभिज्ञावादियों की है, जो इसे उभयात्मक या उभयज मानते हैं और अतीत तथा वर्तमान में एकता के लिए एक खास प्रक्रिया 'उभयमेलनात्मक प्रक्रिया' का आश्रय लेते हैं। हम यथावसर देखेंगे कि प्रत्यभिज्ञा आचार्यों के लिए यह प्रक्रिया कितने महत्त्व की है।

आगे बढ़ने के पूर्व अच्छा होगा कि हम सम्प्रदाय द्वारा प्रत्यभिज्ञा के सन्दर्भ में प्रयुक्त आधारभूत पदावली तथा उनकी निरुक्तियों पर एक नजर डाल लें।[६७] प्रत्यभिज्ञा की धारणा

---

[६६] प्रत्यभिज्ञा के प्रत्यय पर, विभिन्न सन्दर्भों में, हमने अन्यत्र विचार किया है। देखिए : "प्रत्यभिज्ञा" शीर्षक लेख इसी संग्रह में; "रिकॅग्नीशन इन् प्रत्यभिज्ञा स्कूल : ए स्टडी इन् एपिस्टेमॉलोजी" *एनल्स.*, पृ. ८४९.६१ और, *काश्मीर शिवाद्वयवाद की मूल अवधारणाएँ,* पृ. १६५-८१।

[६७] इस सम्बन्ध में देखें प्रत्यभिज्ञा पद के लिए *अभिनवगुप्त.*, पृ. २९०-३०४; *काश्मीर शिवाद्वयवाद.*, पृ. १६५-६६, १७७; मृश् पद समूह के लिए "स्वभावमवभासस्य", और प्रधान तीन पद-समूहों के संग्रह के लिए *आर्ग्युमेन्ट.*, पृ. ८७ और आगे।

का विशदन सामान्यतः तीन पदसमूहों द्वारा हुआ है। पहला है, **अभिज्ञा पदसमूह**।[९८] यह साक्षात् प्रत्यभिज्ञान का वाचक है और सामान्यतः प्रति उपसर्ग लगाकर इसका प्रयोग करते हैं। परि उपसर्ग के साथ भी (परिज्ञान) इसका प्रयोग मिलता है।[९९] दूसरा है, **मृश् पदसमूह**। **मृश्** धातु का शाब्दिक अर्थ है स्पर्श करना। विभिन्न उपसर्गों के साथ हमें विमर्श, परामर्श, प्रत्यवमर्श, आमर्श, अवमर्श आदि शब्दों की एक पदमाला प्राप्त होती है, जिनका सामान्य अर्थ है आन्तर शब्द या विचार से पदार्थ का स्पर्श अर्थात् विचार की ऐसी प्रक्रिया जो कहीं गहरे जा कर पदार्थ के अस्तित्व को प्रभावित करती हो। स्वयं पहले पदसमूह से इसका अन्तर इस अर्थ में है कि ये शब्द पहले से अन्य सन्दर्भों में भारतीय दर्शन में प्रयुक्त होते आ रहे थे, परन्तु काश्मीर शिवाद्वयवाद में इनका प्रयोग विचार, शब्दन, बोध, जिनकी संघटना प्रत्यभिज्ञानात्मक है, के अर्थ में हुआ है। भर्तृहरि में प्रत्यवमर्श शब्द इसी अर्थ में प्रयुक्त हुआ है।[१००] बौद्ध न्याय के पुरोधा स्वयं **धर्मकीर्ति** ने प्रत्यवमर्श का प्रयोग प्रत्यभिज्ञान के अर्थ में किया है।[१०१] कई बार परामर्श या प्रत्यवमर्श की व्याख्या भी प्रत्यभिज्ञान पद से की गई है,

---

[९८] उदाहरणार्थ : "गुरुवचनाज्ज्ञानक्रियालक्षणशक्त्यभिज्ञानादेर्वा।" – *ई.प्र.वि.*, २, पृ. ३१४; आत्मानमनभिज्ञाय विवेक्तुं योऽन्यदिच्छति। – तदेव, पृ. ३१७

स्वयं उत्पल अभिज्ञा शब्द का प्रयोग इसी अर्थ में करते हैं – "विद्याभिर्ज्ञापितैश्वर्यः" (*ई.प्र.का.* ३.२.२)। इसी पर स्वोपज्ञ *वृत्ति* में व्याख्या करते हैं – "आत्मतत्त्वाभिज्ञया" पृ.६६। इस 'अभिज्ञापन' (जहाँ 'प्रति' छोड़ दिया गया है, या अन्तर्गर्भित है) से वह 'प्रकाशन' अर्थ लेते हैं ("तस्यैश्वर्यस्वभावस्य पशुभावे प्रकाशिका। विद्या शक्तिः . . ." – *ई.प्र.का.* ३.१.७)। अभिनवगुप्त अपनी टीका में अभिज्ञापन को प्रत्यभिज्ञापन से जोड़ते हैं – "(अभिज्ञापितं) प्रत्यभिज्ञापदं प्रापितम्।" – *ई.प्र.वि.*, २, पृ.२४६

[९९] देखिए *ई.प्र.का.* ४.१.१७ ("अपरिज्ञातः"), ४.१.१२ ("परिजानतः") व्यतिरेक मुख से (अ) परिज्ञान ("स्वस्वरूपापरिज्ञानमयोऽनेकः पुमान् मतः।" – *ई.प्र.का.* ४.१.३) का अर्थ उत्पल (अ) प्रत्यभिज्ञान से लेते हैं। अप्रत्यभिज्ञान को 'परिमितत्वकरण' के अर्थ में समझते हुए वे लक्षणया प्रत्यभिज्ञान का वास्तविक अर्थ अपरिमितत्वकरण से लेते हैं – "एतदेव विश्वात्मनः परिमितत्वकरणम् अप्रत्यभिज्ञानमुच्यते। एवं च अनेकबुद्धिप्राणादिखण्डगतापराहंकारपरामर्शः परापरिज्ञानसंज्ञः।" (*ई.प्र.का.* ४.१.३ पर *वृत्ति*, पृ. ७४)

[१००] न प्रकाशः प्रकाशेत सा हि प्रत्यवमर्शिनी। – *वाक्य.* १.११६। अय्यर प्रत्यवमर्श का "रिकग्नीशन-कम्-आयडेन्टिफ़िकेशन" से अनुवाद करते हैं। देखिए *भर्तृहरि.*, पृ. १०६।

[१०१] *ई.प्र.का.* २.३.३ पर *वृत्ति*, पृ. ४८ ("एकप्रत्यवमर्शसामर्थ्योपपादिते") और ई.प्र.का. २.३.११ ("एकप्रत्यवमर्शाख्याद्") में एकप्रत्यवमर्श शब्द **धर्मकीर्ति** से इसी अर्थ में **उत्पल** ने लिया है। *प्रमाणवार्तिक* श्लोक ७३ में आए "एकप्रत्यवमर्श" पर **धर्मकीर्ति** स्वोपज्ञ *टीका* में इसका अर्थ प्रत्यभिज्ञान ("एकम् एकाकारं प्रत्यभिज्ञानम्") करते हैं। देखिए *वृत्ति.*, पृ. १६३-६४ (पादटिप्पणी ७)।

कभी साक्षात्[१०२] तो कभी दृष्टान्त के माध्यम से[१०३]। ध्यान देने की बात है कि **अभिनव** विमर्श की व्याख्या "तम के अपसारण द्वारा स्फुटीकरण"[१०४] के माध्यम से करते हैं। व्यवहार साधन के रूप में प्रमाण का भी यही काम – तमोऽपसारणम् – हमने देखा था। इस बात की व्यञ्जना दूरगामी है क्योंकि यदि प्रकाश, जिसका विमर्श स्वभाव है, की कल्पना हमने स्वच्छता या निर्मलता (अर्थात् मलाभाव) के अर्थ में की है और विमर्श का काम तम का अपसारण है, तो प्रकाश और विमर्श का नैसर्गिक तादात्म्य अपने आप स्फुटित हो जाता है। तीसरा पदसमूह है, **सन्धान (सम् + धा पदसमूह)**। यहाँ पर भी भिन्न उपसर्गों के योग से हमें अनुसन्धान, प्रतिसन्धान, अभिसन्धान आदि अनेक शब्द प्राप्त होते हैं।[१०५] ज्ञानात्मक सन्दर्भों में इस शब्द का प्रयोग भारतीय दर्शन में अपरिचित नहीं है। न्याय में अभिसन्धि, प्रतिसन्धि, प्रतिसन्धान इनका प्रयोग खूब हुआ है विशेषतः उपनय, लिङ्गपरामर्श आदि के सन्दर्भ में। प्रत्यभिज्ञा दर्शन में इसका प्रयोग प्रत्यवमर्श, एकीकरण, स्मरण, योजन, अभिमुखन, और प्रत्यभिज्ञान के अर्थ में हुआ है।[१०६] देखने की बात है कि ये सारे प्रयोग एक वर्ग के हैं और इनका उपयोग सातत्य, अनुवर्तन, एकीकरण बताने के लिए हुआ है। ज्ञात की विशेषतः निरूपणा भी अनुसन्धान की ही एक विधा है। अनुसन्धान को एक पारिभाषिक शब्द के तौर पर **अभिनवगुप्त** विकसित करते हैं और सौन्दर्यशास्त्रीय ग्रन्थों में इसका जमकर प्रयोग करते हैं।[१०७] प्रक्रिया के तौर पर इसे पूर्वचर्चित 'उभयमेलन-प्रक्रिया' से जोड़ते हैं और इसका प्रधानतम अर्थ प्रत्यभिज्ञान लेते हैं। इसके उल्टे *विरूपाक्ष-पञ्चाशिका* प्रत्यभिज्ञा के लिए अनुसन्धान या अनुसंहिति का ही प्रयोग करती है।[१०८] यद्यपि अनुसन्धान के प्रत्यय पर हम आगे विचार करेंगे, यहाँ एक

---

[१०२] "परामर्शबलादेव" की भास्कर व्याख्या करते हैं : "तदेवेदमिति प्रत्यभिज्ञानबलादेव।" – *ई.प्र.वि.*, २, पृ. ३६

[१०३] स एवायं पदार्थः इति एकप्रत्यवमर्शरूपः। – *ई.प्र.वि.*, २, पृ. ११७, ११८

[१०४] विमर्शस्तमोऽपसारणेन स्फुटीकरणम्। – *ई.प्र.वि.वि.*, २, पृ. १०

[१०५] उपसर्ग बदलकर प्रतिसन्धि, अनुसन्धि, अभिसन्धि या अनुसंहिति आदि शब्दों का प्रयोग भी हुआ है। इसी वर्ग के आलोक में ज्ञान-प्रकारों के व्यापकतर वर्ग को सूचित करने के लिए **अभिनवगुप्त** एक विशिष्ट शब्दावली की ही रचना कर डालते हैं – अनुसन्धान, अनुवेध, अनुयोग इत्यादि (*ई.प्र.वि.वि.*, १, पृ. ११५)।

[१०६] उदाहरणार्थ देखिए *ई.प्र.वि.*, १, पृ. ३६-३७ (अभिमुखीभूते वस्तुनि ज्ञानम्); पृ. १८८-८९ (प्रत्यभिज्ञानम्); *भास्करी*, पृ. २६१ (परामर्श); पृ. ३४० (योजना/प्रत्यवमर्श)।

[१०७] तेन ज्ञातस्यापि विशेषतो निरूपणम् अनुसन्धानात्मकम् अत्र प्रत्यभिज्ञानम्। – *ध्व.लो.लो.*, पृ. ३५-३६

[१०८] "स्मृत्यनुभवानुसंहितिवशतः" (वि.पं. ३.३८), "अर्थस्य द्वौ सहानुसन्धानम्" (३.३९)। विद्याचक्रवर्ती दोनों स्थानों पर अनुसन्धान की व्याख्या प्रत्यभिज्ञा से करते हैं।

प्रश्न पर अवश्य ध्यान दे लें। प्रश्न है कि सम्प्रदाय या सिद्धान्तवाची संज्ञा के लिए अनुसन्धान की तुलना में प्रत्यभिज्ञा शब्द के प्रति **उत्पल** की परम्परा का इतना मोह क्यों है? पहली बात तो यह समझ में आती है कि अनुसन्धान के अनेक अर्थ हैं जबकि प्रत्यभिज्ञा का एक ही अर्थ है, अतः अपनी पहचान बताने के लिए प्रत्यभिज्ञा अधिक वाचक है। दूसरे, अनुसन्धान मुख्यतः प्रक्रियावाचक शब्द है जबकि प्रत्यभिज्ञा प्रक्रिया से अधिक है – वह व्यापार, फल और मूल्य तीनों ही है। इन पदसमूहों के अतिरिक्त एक आन्तरालिक या अवान्तर पद समूह और भी है, जिसमें जात्या तो एकरूपता नहीं है परन्तु अर्थ की दृष्टि से साजात्य है। उसमें एक प्रकार से मध्यवर्ती प्रत्यय आते हैं जिनमें प्रत्यभिज्ञा की अर्थच्छाया दिखाई देती है। इस भाँति 'प्रतिभा' को प्रकाश और विमर्श के, 'स्फुरत्ता' को प्रकाश और स्पन्दन के और 'भास' को भासन (प्रकाश) और भान (विमर्श) के आन्तरालिक प्रत्यय के रूप में लिया जा सकता है, जो प्रसंगभेद से दोनों अर्थों में दोलारूढ है। इसी क्रम में 'प्रकाश' शब्द को लिया जा सकता है, जिसमें अक्सर प्रत्यभिज्ञान की पर्यायता प्रतिच्छायित हुई है। जैसा कि हम ऊपर देख चुके हैं कि स्वयं **उत्पल** 'प्रकाशन'[१०९] को प्रत्यभिज्ञान की शब्दावली में ढालते हैं।[११०] इतना ही नहीं वह प्रकाश ("शक्तिप्रकाशेन" – *ई.प्र.का.* २.३.१७) को आविष्करण ("शक्त्याविष्करणेन" – *ई.प्र.का.* १.१.३) के अर्थ में प्ररूढ करते हुए उसे एक प्रकार से प्रत्यभिज्ञा का पर्याय बना देते हैं। रहा- सहा सन्देह **अभिनव** की *विमर्शिनी* दूर कर देती है।[१११] वस्तुतः प्रकाश की प्रत्यवमर्शस्वभावता उसकी इसी आन्तरालिकता का स्रोत बन जाती है।

प्रत्यभिज्ञा की आर्थिक निरुक्ति के व्याज से प्रत्यभिज्ञा आचार्यों ने एक प्रकार से उसकी पद-मीमांसा (हर्मेन्यूटिक्स) भी विकसित कर ली है, उससे संक्षिप्त साक्षात्कार प्रासंगिक भी होगा और अवबोधक भी। सामान्यतः भारतीय दर्शन में प्रत्यभिज्ञा के दो अवयव माने जाते हैं – प्रति+अभिज्ञा, और संस्कारसहकृत प्रत्यक्ष के एक भेद को बताने के लिए उसका प्रयोग होता है।[११२] काश्मीर शैव दर्शन में इसके तीन अवयव माने गए हैं – प्रति+अभि+ज्ञा।[११३] और इस प्रकार प्रत्यभिज्ञा शब्द की सामान्येन व्याख्या होती है – पलटकर (**प्रति**) सामने आने पर (**अभि**) प्रकाशित होना (**ज्ञान**)।[११४] इनमें से प्रत्येक अवयव को स्वतन्त्र रूप से लेने

---

[१०९] तस्यैश्वर्यस्वभावस्य पशुभावे प्रकाशिका। – *ई.प्र.का.* ३.१.७

[११०] संसारिणाम् ऐश्वर्यस्य स्वात्मनः प्रत्यभिज्ञानं विद्यया। – उपर्युक्त पर *वृत्ति,* पृ. ६३

[१११] एतेन शक्तीनाम् इच्छाज्ञानक्रियाणां प्रकाशकेन प्रत्यभिज्ञारूपेण. . .। – *ई.प्र.वि.,* २, पृ.१४३

[११२] प्रतिगता अभिज्ञाम् इति प्रत्यभिज्ञा। – *वाचस्पत्यम्,* ६, पृ. ४४६१

[११३] प्रत्यभिपूर्वो जानातिः। – *ई.प्र.वि.वि.,* १, पृ. ३१

[११४] प्रतीपम् . . . आभिमुख्येन ज्ञानं प्रकाशः प्रत्यभिज्ञा। – *ई.प्र.वि.,* १, पृ. ३६

पर हम देखते हैं कि 'प्रति' का अर्थ है 'प्रतीप' अर्थात् पलटा हुआ। पलटकर आने की स्वाभाविक स्थिति है – सामने आना। यह प्रयोग लगभग ठीक उसी अर्थ में है जिसमें 'प्रत्यक्' का प्रयोग "प्रत्यकूचिति" में हुआ है।[११५] इसके अतिरिक्त जिन अन्य चार अर्थों में प्रति का प्रयोग हुआ है वे हैं – अनुसन्धान,[११६] आभिमुख्य,[११७] आन्तर्य[११८] और प्रत्यावृत्ति[११९]। आपाततः इन सबके अलग-अलग अर्थ हैं, पर थोड़ा-सा विश्लेषण करने पर यह बात स्पष्ट दीखने लगती है कि इन सारे अर्थों में प्रत्यभिज्ञावित् क्रमिक तरतमभाव ढूँढ लेते हैं। पूर्वानुभव के विषय की फिर से प्रत्यावृत्ति होने अर्थात् लौटने पर, वर्तमान में उसके अभिमुख होने पर, पूर्व और वर्तमान का अनुसन्धान एक आन्तरिक विमर्श को जन्म देता है – "यह वही देवदत्त है"। यद्यपि इस बोध में आन्तर अवमर्श का प्रत्यायक कोई शब्द नहीं है, फिर भी सारे ज्ञानों की आत्मविश्रान्ति हुए बिना कोई भी ज्ञान आकार नहीं ग्रहण कर पाता, अतः 'मैं जानता हूँ' या 'मैं जान गया हूँ' यह विषयिगत चेतना तो रहती ही है। प्रत्यभिज्ञा के सन्दर्भ में प्रतीप का – वापसी का – भाव अत्यन्त उद्रिक्त है। इसलिए 'प्रतिभा' (प्रति+भा) में भी प्रति की व्याख्या कभी-कभी प्रतीप की शब्दावली में की गई है।[१२०] इस प्रकार प्रतीप → प्रत्यावृत्ति → आभिमुख्य → अनुसन्धान → आन्तर्य, यह क्रम सहज ही ढूँढा जा सकता है।

प्रत्यभिज्ञा का दूसरा अवयव है अभि। यद्यपि प्रति में ही हमने आभिमुख्य को गतार्थ देखा था, परन्तु इसकी विशिष्ट अर्थवत्ता को देखते हुए अभि की व्याख्या सामान्यतः, प्रति से अलग, 'अभिमुख' के अर्थ में की गई है।[१२१] यों तो जैसा कि हम देख चुके हैं कि प्रतीप अर्थात् लौटने या पलटने की सहज परिणति विषय के प्रति अभिमुखता है – लौटकर हम विषय के आमने-सामने होते हैं। परन्तु यह केवल यान्त्रिक या प्रतिस्फूर्त (रिफ्लेक्स) प्रतिक्रिया ही नहीं है, इसमें सामने का विषय पूरी तरह से आलोक-परिदृश्य में होने के कारण हमारी

---

[११५] प्रतिकूलं स्वात्माभिमुखम् अञ्चति। – *ललितासहस्रनाम* पर भास्करराय की *सौभाग्यभास्कर* टीका, *भास्कररायभारती दीक्षितः व्यक्तित्व एवं कृतित्व*, ब० ना० शास्त्री खिस्ते, तथा शी.प्र. उपाध्याय, वाराणसी, १९९४, पृ. ३५८ पर उद्धृत।

[११६] प्रतिशब्दस्यार्थः अनुसन्धानं स एव प्रतीपम् इत्यस्यापि पूर्वापरविरोधो न शङ्कनीयः। – *भा.*, १, पृ. ३६

[११७] प्रति . . . आभिमुख्येन। – *भा.*, १, पृ. ३५७

[११८] प्रति आन्तरत्वेन अवमर्शः। – *भा.*, १, पृ. ३०२

[११९] पूर्वस्य प्रत्यावृत्त्या वर्तमानस्य च आभिमुख्येन ज्ञानमिति। – *ई.प्र.वि.वि.*, २, पृ. ३१४

[१२०] प्रतीपभानं प्रतिभा भावानाम् . . .। – अभिनव द्वारा उद्धृत, तदेव, २, पृ. ३३९

[१२१] प्रतीपम् . . . अभिमुख्येन ज्ञानं प्रकाशः प्रत्यभिज्ञा। – *ई.प्र.वि.*, १, पृ. ३६

धारणा के केन्द्र में होता है।[१२२] अतः परिणमनीय ज्ञान की प्रकृति विशुद्ध रूप से अव्यवहित होती है, जिसमें किसी भी आगन्तुक उपाधि की परवशता से मुक्त रहने के कारण विषयी और विषय का तादात्म्य सहज होता है।[१२३] यह बात और भी स्पष्ट होती है अभि अर्थात् आभिमुख्य को दिए गए तीन अन्य अर्थों से। एक अर्थ है 'हृदयङ्गमीभाव'।[१२४] ज्ञात जब मोह या विस्मृति के कारण हमारे लिए अज्ञात सा हो जाता है, उसका फिर से सामने होना सिर्फ एक मानस व्यापार ही नहीं होता, उसमें हृदय का आश्वासन, एक प्रकार की बोध से होने वाली हार्दिकता, भी होती है। इस अर्थच्छाया को **अभिनवगुप्त** समावेश की अवधारणा में उपयोगी पाते हैं।[१२५] दूसरा अर्थ है 'स्फुटता'। भूला हुआ जब सामने फिर से आता है तो वह हमारी चेतना में स्मरण के विषय की तरह नहीं, अपितु प्रत्यक्ष द्वारा स्फुट विषय के रूप में गृहीत होता है।[१२६] स्फुटता के कारण ही "यह वही है" इस प्रकार उस ज्ञान की अनपह्नवनीयता का ख्यापन होता है।[१२७] तीसरा अर्थ है 'स्वरूपसर्वस्वस्वीकार', अर्थात् विषय का उसकी सम्पूर्णता में ग्रहण।[१२८] इस अर्थ में काश्मीर शैवदर्शन में ज्ञान की अनुसन्धानमूला प्रकृति को भारतीय दर्शन की अध्यवसानमूला प्रकृति से अलग करके देख पाने का आधार मिलता है। इस अर्थ से समावेश की धारणा को भी अतिरिक्त पोषण मिलता है।

तीसरा अवयव है 'ज्ञान'। इसका अर्थ प्रसिद्ध है, प्रकाशन या ख्यापन। ज्ञान के प्रमाण रूप में प्रत्यभिज्ञा[१२६] की चर्चा सबसे पहले **सोमानन्द** करते हैं। उनके अनुसार एक पक्ष के

---

[१२२] आभिमुख्येन धारणापूर्वकतया। – *ई.प्र.वि.वि.*, २, पृ. २४

[१२३] आभिमुख्येन विषयिविषयपरवशतात्यागेन . . . तादात्म्यापादनेन। – तदेव, १, पृ. ११४-१५

[१२४] ज्ञातस्यापि मोहवशादज्ञातस्य इव आभिमुख्येन हृदयङ्गमीभावेन ज्ञानं प्रत्यभिज्ञानम्। – *ई.प्र.वि. वि.*, १, पृ. ३१

[१२५] सम्यगावेशः आ समन्तात् तत्कर्तृकः स्वीकारः . . . एतदुपलक्षणं हृदयस्य आवर्जनं तदुन्मुखीकरणं सत्यमेतद्रूपमिति हृदयङ्गमत्वं च उच्यते। – तदेव, पृ. ८५-८६

[१२६] प्रतीपं ज्ञातस्यापि विस्मृतस्येव . . . पुनराभिमुख्येन, न तु स्मर्यमाणतया अपितु स्फुटत्वेन, ज्ञानं प्रत्यभिज्ञानं स एवाऽयमिति। – *ई.प्र.वि.वि.*, १, पृ. ३२

[१२७] स्फुटदृष्टाभिमतघटादितुल्यताप्रतिपादनेन अनपह्नवनीयत्वप्रख्यापनम्। – तदेव, पृ. ७६

[१२८] अभितः स्वरूपसर्वस्वस्वीकारेण। – तदेव, पृ. ८६

[१२६] **कॉव** के अनुसार प्रत्यभिज्ञा का प्रयोग सर्वप्रथम बौद्ध पालि ग्रन्थों में मिलता है। पहचान चिह्न (**अभिञ्ञानेन**) के सहारे वस्तु को पहचानना (**पच्चभिञ्ञा**) में विकल्पज्ञान (**सञ्ञा**) का इसे मुख्य लक्षण बताया गया है (*डॉक्ट्रिन.*, पृ. १०७)। *नीलमतपुराण* में "अभिज्ञात" का प्रयोग आया है। इन्द्र के पूछने पर ब्रह्मा कहते हैं कि हे शक्र अब तुम "जान गए हो" कि महेश्वर ही सर्वकर्ता और सर्वज्ञ हैं (*नीलमतपुराण* १२७०-७३)। यहाँ पर "अभिज्ञातोऽसि" शब्द के सन्दर्भगत प्रयोग

→

प्रत्यक्ष (दृष्टता) से वस्तु की पूर्वदृष्ट सारी विशेषताओं का स्मरण प्रत्यभिज्ञान कहलाता है।[१३०] यह विविधता भरा विश्व शिव में ही प्रतिष्ठित है और उसकी एक विशेषता का दर्शन शिव के समग्र स्वरूप का स्मरण कराता है। इस तर्क का प्रयोग वह बौद्धों के विरुद्ध पदार्थों की आन्तरिक एकता या ज्ञानों के एकीकरण की सम्भावना को प्रदर्शित करने के लिए करते हैं।[१३१] एक के दर्शन से सबका बोध, यह युक्ति **सोमानन्द** की 'सर्वशिवता' को स्थापित करने में सहायक होती है।

प्रत्यभिज्ञा की दार्शनिक सिद्धान्त के रूप में प्रतिष्ठा और अवधारणा के अंकुरण में

← से प्रत्यभिज्ञा के बीज वपन की बात सोची जा सकती है, परन्तु उसके स्वरूप को लेकर कोई प्रकाश नहीं पड़ता। *दी बर्थप्लेस ऑफ़ कालिदास* (दिल्ली, १९२६) में **लक्ष्मीधर कल्ला** ने **कालिदास** के प्रायः सभी ग्रन्थों के उद्धरण और घटना-व्यापार के विश्लेषण के द्वारा **कालिदास** को प्रत्यभिज्ञा दर्शन का अनुयायी मानते हुए प्रत्यभिज्ञा की धारणा को प्रदर्शित करने का प्रयास किया है {"किन्तु अभिज्ञानाभरणदर्शनेन शापो निवर्तिष्यते (*शाकु.* अंक ४), त्वया प्रत्यभिज्ञातमात्मानं पश्यामि।" (*शाकु.* अंक ७) इत्यादि}। यद्यपि प्रथम दर्शन, मोह से विस्मरण, फिर अभिज्ञान या चिह्न-दर्शन से वस्तु का स्वरूप-बोध यह सामान्य प्रक्रिया वहाँ मिलती है, परन्तु उसे प्रत्यभिज्ञा का दार्शनिक विश्लेषण मानना और प्रत्यभिज्ञा दर्शन की परम्परा से जोड़ना कठिन होगा। प्रत्यभिज्ञा दर्शन से भिन्न शाङ्कर अद्वैत की धारा में **शंकर** के *दक्षिणामूर्तिस्तोत्र* पर **सुरेश्वराचार्य**, जिनका समय **शंकर** से थोड़ा ही परवर्ती है, के *मानसोल्लासवार्तिक* और उस पर **स्वयंप्रकाश यति** की *तत्त्वसुधा* टीका है। इसमें स्तोत्र के छठे श्लोक में **शंकर** प्रत्यभिज्ञा का उल्लेख करते हैं ("प्रागस्वाप्समिति प्रबोधसमये यः प्रत्यभिज्ञायते")। परन्तु मुख्य चर्चा **सुरेश्वर** सातवें श्लोक की व्याख्या में करते हैं, जहाँ काश्मीरी प्रत्यभिज्ञा के अनेक बिन्दुओं की पूर्व सम्भावना हुई है। यह अवश्य एक दार्शनिक प्रयास कहा जा सकता है। और यदि यह वस्तुतः आचार्य **शंकर** की कृति है और *मानसोल्लासवार्तिक* भी उन्हीं **सुरेश्वराचार्य** का है (**कविराज** जी ऐसा ही मानते थे), तो प्रत्यभिज्ञा दर्शन में प्रत्यभिज्ञा की धारणा पर उनका गहरा प्रभाव मानना होगा। परन्तु यह स्वतन्त्र अध्ययन का विषय है। यहाँ पर हमें संकेतमात्र से संतोष करना होगा।

१३० तस्माज्ज्ञेयं समग्रैक्यवस्तु शैवं व्यवस्थितम्।
तथा स्मरणयोगाच्च स्मर्यते किं तथाविधम्।।

यादृग्दृष्टं दृष्टता स्यादथवा ज्ञानमेव तत्।
दृष्टस्मरणयोरैक्ये स्थिते तदुपपद्यते।।

तथा सा प्रत्यभिज्ञानात् स एवायमिति स्थितिः। – *शि.दृ.* ४.११८-२०

१३१ युज्यते कथमत्रैव ज्ञानयोः कालभिन्नयोः।।
द्वयोरैक्यमनैक्यं वा तदैक्यं भिन्नयोः कथम्।
अनैक्ये न स एवायमिति स्याद् घटदण्डयोः।।

तस्मादैक्यमिह स्पष्टं संसारे समवस्थितम्। – *शि.दृ.*, ४.१२०-२२; देखिए *डॉक्ट्रिन.*, पृ. १०७

वास्तविक योगदान **उत्पल** का है। यह अवश्य विचित्र लगता है कि वे प्रत्यभिज्ञान की कहीं परिभाषा नहीं करते। दूसरे, उनका आग्रह पारमार्थिक अधिक है, अपेक्षया ज्ञानमीमांसा के। आदिश्लोक में "प्रत्यभिज्ञापयामि" में प्रयोजक व्यापार का अर्थ है जिज्ञासु को परमार्थ लाभ कराकर तोष पाना।[१३२] तीसरी कारिका[१३३] में वह प्रत्यभिज्ञा का अर्थ लेते हैं दृढनिश्चय।[१३४] ज्ञान है निश्चय और उसमें दृढता का अंश प्रत्यभिज्ञा की देन है। **उत्पल** के अनुसार व्यवहार में होने वाले हमारे अशुद्ध अनुसन्धानमूलक बोध ("जो मैं मोटा था वही अब दुबला हो गया हूँ" – जहाँ 'मैं' का ग्राह्य 'देह' है न कि आत्मा) भी, जो आपाततः अहंविमर्शमूलक होने के कारण विकल्प नहीं लगते, वस्तुतः विकल्प हैं। परन्तु यह विकल्प भी प्रमातृव्यापार होने के नाते प्रत्यभिज्ञा ही है।[१३५] इस प्रकार उनका संकेत प्रत्यभिज्ञा को ज्ञान का सामान्यीकृत प्रकार मानने में है। परन्तु देह, बुद्धि आदि बाह्य और विच्छिन्न प्रमाताओं की कल्पना प्रमाता की वास्तविक प्रत्यभिज्ञा नहीं है। वास्तविक प्रत्यभिज्ञा तो शुद्ध विद्या या विद्याशक्ति के द्वारा ज्ञानक्रियारूप ऐश्वर्य का अभिज्ञापन है।[१३६] यहाँ पर **उत्पल** अभिज्ञा या अभिज्ञापन शब्द का प्रयोग करते हैं। इस प्रसंग में वे माया-शक्ति और विद्या-शक्ति का अन्तर पहले ही बता चुके हैं। माया-शक्ति वह है जो व्यक्ति के स्वाभाविक ऐश्वर्य को ढँक देती है, जबकि विद्या-शक्ति बन्धन की स्थिति में भी उस ऐश्वर्य का अनावरण करती है।[१३७] **उत्पल** का संकेत है कि सांसारिक स्थिति में भी मोक्ष की सम्भावना वास्तविक और प्राप्य है। प्रत्यभिज्ञा के द्वारा इस प्रकार प्राप्य फल अपनी कोटि का एक ही है – वह 'अपूर्व' है।[१३८] यहाँ प्रत्यभिज्ञा को समझने के लिए **उत्पल** ने एक दृष्टान्त दिया है – एक नायिका ने अपने प्रिय नायक की अत्यन्त प्रशंसा सुन रखी थी। बड़ी मनुहार से जब वह उसके पास आया तो पास खड़ा रहने पर भी, सुने हुए गुणों के दिखाई न देने के कारण, वह उसे साधारण लोगों जैसा ही लगा। फलतः उसके साथ वह रमण का आनन्द न ले सकी। जब सखियों ने उसके गुण बताते हुए उस नायक की पहचान कराई तो युवती को रमण का अपूर्व आनन्द मिला। ठीक वैसे ही हमारी

---

[१३२] तस्यापि परमार्थलाभेन परितुष्येयम्। – *वृत्ति.*, पृ. २

[१३३] शक्त्याविष्करणेनेयं प्रत्यभिज्ञोपदर्श्यते। – *ई.प्र.का.* १.१.३

[१३४] दृढनिश्चयरूपं प्रत्यभिज्ञानम्। – *वृत्ति*, पृ. ३

[१३५] ऐक्ययोजनान्तःपूर्वाभासस्थितिलक्षणसंस्काराश्रिता प्रमातृव्यापाररूपा कल्पनैव प्रत्यभिज्ञाख्या।
– तदेव, पृ. २६

[१३६] विद्याभिज्ञापितैश्वर्यश्चिद्घनो मुक्त उच्यते।। – *ई.प्र.का.* ३.२.२; मायीयशून्यादिप्रमाता नियत्या कर्माधीनः संसारी, विद्यावशाद् आत्मतत्त्वाभिज्ञया मुक्तः। – *वृत्ति*, पृ. ६६

[१३७] संसारिणाम् ऐश्वर्यस्य स्वात्मनः प्रत्यभिज्ञानं विद्यया, पशुभावो मायया। – तदेव; पृ. ६३

[१३८] कान्तदृष्टान्तेन ईश्वरप्रत्यभिज्ञोपपादनीया चापूर्वफला च। – तदेव, पृ. ८०

यह आत्मा, जो सारे संसार की स्वामी है, उसके गुण भी जब लोग देख नहीं पाते तो उसका ऐश्वर्य भी प्रकट नहीं हो पाता। इसीलिए इस प्रत्यभिज्ञा का प्रतिपादन उसकी पहचान कराने के लिए किया जा रहा है।[१३९] इस दृष्टान्त का विश्लेषण करने पर हम देखते हैं कि यह एक प्रकार की जटिल प्रत्यभिज्ञा है। क्योंकि अतीत और वर्तमान, प्रतिरूपक और साम्प्रतिक अंश, का एकीकरण यहाँ अवश्य है, परन्तु अतीत अनुभव प्रत्यक्षात्मक नहीं है अपितु सूचनाओं पर आधारित बुद्धि-निर्माण या मानस चित्र है। वर्तमान अनुभव के दो अंश हैं। अंशतः वह प्रत्यक्षात्मक है और अंशतः दूतीवचन या लक्षण बताने वाले अन्य उपायों द्वारा प्रयोजित अर्थात् सूचनात्मक है। अर्थात् प्रत्यभिज्ञान स्मृति-चित्र, मानस-प्रतिमा के परवर्ती विषय की तुलना से भी सम्भव है। जब हम स्वात्मा-रूप इस दृष्टान्त को दार्ष्टान्तिक अर्थात् ईश्वर में लगाते हैं तो पाते हैं कि यद्यपि ईश्वर को हमने आगम, श्रुति, पुराण आदि सभी से जान रखा है, फिर भी इस सूचना से वह परमेश्वर पूरी तरह से हमारे मन में भासकर हमें तृप्ति नहीं देता। परन्तु गुरुवचन, शास्त्र या उसकी शक्ति आदि की पहचान से जैसे ही परमेश्वर का ऐश्वर्य भासित होता है, उसी समय उसका प्रत्यभिज्ञान हो जाता है। **अभिनवगुप्त** के शब्दों में वह क्षण पूर्णतात्मिका जीवन्मुक्ति का है।[१४०] इसके पूर्व **उत्पल** एक और प्रत्यभिज्ञात्मक अनुभव की चर्चा कर चुके हैं, जिसमें समस्त सृष्टि का प्रत्यभिज्ञान "यह सब मेरा वैभव है" इस प्रकार आत्मधर्मतया होता है।[१४१] यहाँ विकल्पों का विमर्शीकरण होता है। इस स्थल पर **उत्पल** प्रत्यभिज्ञा में नया आयाम जोड़ते हैं। वह प्रत्यभिज्ञान के पर्याय परिज्ञान ("परिजानतः") को आवेश के प्रत्यय से समीकृत करते हैं।[१४२] इस प्रत्यय की दिशा महेश्वर की ओर से विश्व के आवेशन की है, जबकि कारिकाओं के अन्त में दिशा आत्मा की ओर से शिव के आवेशन की है।[१४३] **उत्पल** ज़ोर देकर यहाँ कहते हैं कि प्रत्यभिज्ञा का एकमात्र प्रयोजन शिवता की उपलब्धि करना है।[१४४] पर इस बिन्दु का सम्बन्ध हमारे वक्तव्य के अगले चरण से है, हम

---

[१३९] तैस्तैरप्युपयाचितैरुपनतस्तन्व्याः स्थितोऽप्यन्तिके।
कान्तो लोकसमान एवमपरिज्ञातो न रन्तुं यथा।
लोकस्यैष तथानवेक्षितगुणः स्वात्मापि विश्वेश्वरो
नैवालं निजवैभवाय तदियं तत्प्रत्यभिज्ञोदिता।। – *ई.प्र.का.* ४.१.१७

[१४०] तदा तत्क्षणमेव पूर्णतात्मिका जीवन्मुक्तिः। – *ई.प्र.वि.*, २, पृ. ३१४-१५

[१४१] सर्वो ममायं विभव इत्येवं परिजानतः।
विश्वात्मनो विकल्पानां प्रसरेऽपि महेशता।। – *ई.प्र.का.* ४.१.१२

[१४२] परिज्ञातेश्वरभावस्य ममायं संसारमयो विभव इत्यभेदेन विश्वमाविशतः। – *वृत्ति*, पृ. ७६

[१४३] विभाव्य शिवतामयीमनिशमाविशन्सिध्यति। – *ई.प्र.का.* ४.१.१६

[१४४] यत्र यथावस्थित एव व्यवहारे प्रत्यभिज्ञामात्रात् शिवतालाभः। – *वृत्ति*, पृ. ८०

तभी इस पर विचार करेंगे।

हमने अभी कुछ देर पहले देखा था और आगे भी अपने अध्ययन-प्रसंग में यह बात देखने को मिलेगी कि **अभिनवगुप्त** ने प्रत्यभिज्ञा के प्रत्यय में अनुसन्धान की अवधारणा को केन्द्रीय माना है।[१४५] परन्तु **उत्पल** में ऐसा प्रयत्न नहीं मिलता, कम-से-कम आपाततः तो नहीं। अनुसन्धान का **उत्पल** दो अर्थों में प्रयोग करते हैं – एकप्रत्यवमर्श[१४६] और अन्योन्यविषयसंघट्टना[१४७]। ऐक्य की व्याख्या भी वह अनुसन्धान[१४८] और अन्योन्यान्वयरूपता की शब्दावली में करते हैं। इस प्रकार ऐक्य और अनुसन्धान में परस्पर विनिमय सम्भव है। ऐक्य सरल एकता न होकर विविधता में पारस्परिक अनुप्रवेश है। इससे प्रत्यभिज्ञा की निकटता तो प्रतीत होती है, पर दोनों की एकता अनुमानगम्य ही कही जाएगी। हम दिखा चुके हैं कि **उत्पल** के एकप्रत्यवमर्श को प्रत्यभिज्ञान के अभिप्राय में ग्रहण किया जा सकता है, पर यह भी व्याख्यासह है। कम-से-कम वह साक्षात् कुछ नहीं कहते।

उत्पल ने जो नहीं कहा या जो कहने से रह गया, उसको कहने की जिम्मेदारी **अभिनवगुप्त** पर आई। प्रत्यभिज्ञा की अवधारणा के विकास में उनका अवदान असामान्य महत्त्व का है। प्रत्यभिज्ञा की प्रमाण-मीमांसा को विकसित करना, प्रत्यभिज्ञा का परार्थानुमान के रूप में पल्लवन, प्रत्यवमर्श, अनुसन्धान और प्रत्यभिज्ञान की पारस्परिकता को एक व्यवस्थित समञ्जस रूप देना, सन्मीमांसा और परमार्थमीमांसा के साथ उनकी संगति बैठाना और प्रत्यभिज्ञा दर्शन के सभी उपप्रत्ययों को प्रत्यभिज्ञात्मक संरचना का अंग बनाना, तान्त्रिक साधना के मूलाधारों के साथ उसकी अन्विति ढूँढना और दर्शनेतर कला, काव्य इत्यादि क्षेत्रों में इसका सार्थक और उर्वर विनियोग करना और अन्तर्व्याप्त संरचनात्मक और मूल्यात्मक एकसूत्रता का निष्पादन करना **अभिनवगुप्त** की महती मेधा की ही क्षमता थी। आगे के सारे प्रतिपादन में **अभिनवगुप्त** हमारे उपजीव्य रहेंगे।

हम थोड़ा पीछे लौटते हैं। तीनों अवयवों को समन्वित करके अर्थ निकलता है कि वस्तु का फिर से (प्रति) सामने आने पर (अभि) जानना या पहचानना (ज्ञान) प्रत्यभिज्ञा है। इस प्रकार हम देखते हैं कि भात का भासमान से एकीकरण प्रत्यभिज्ञा है। प्रत्यभिज्ञान तभी सम्भव है, जब वस्तु के दो क्षणों के मध्य ज्ञानसम्बन्ध, चाहे जिस भी कारण से हो, टूट जाए। इस विच्छिन्नता को मोह या विस्मृति कहा जाता है। इस प्रकार यह अनुसन्धान या एकीकरण ही

---

[१४५] भातभासमानरूपानुसन्धानात्मिका। – *ई.प्र.वि.*, १, पृ. ३६

[१४६] *ई.प्र.का.* २.३.३ और उस पर *वृत्ति*, पृ. ४८।

[१४७] तदेव १.३.६ और उस पर *वृत्ति*, पृ. १३।

[१४८] तदेव १.८.१० और *उस पर वृत्ति*, पृ. ४०।

प्रमेय-विषयक मोह का अपसारण है।

एकीकरण की यह प्रक्रिया एक ही अधिकरण पर घटित होती है। इन्द्रियसन्निकर्ष और संस्कारोद्‌बोध दोनों ही इसमें कारण हैं। दर्शन और स्मरण के अन्तर्मुख परामर्श से अभिन्नविषयता का जन्म होता है।[१४६] यही प्रमा है। अभिन्नविषयता का अर्थ विषयों का एकीकरण नहीं है, अपितु दो ज्ञानों का मेलन है। इसीलिए हम जैसा कि पहले संकेत कर चुके हैं, यहाँ इस प्रक्रिया को 'उभयमेलनात्मक प्रक्रिया' कहा गया है।[१५०] प्रश्न है कि परवर्ती अनुभव के समय प्रत्यक्षीकृत वस्तु का स्वरूप क्या है? यदि वह विगत अनुभव का विषय मात्र है तो प्रत्यभिज्ञा और स्मरण में कोई भेद नहीं रहेगा, और यदि वह एक साम्प्रतिक घटनामात्र है तो प्रत्यक्ष और प्रत्यभिज्ञा में कोई अन्तर नहीं रहेगा। पर ऐसा नहीं है, क्योंकि इसमें भूत में घटित का संस्कार भी है। अतः प्रत्यक्ष और स्मृति को एक-दूसरे में विगलित नहीं किया जा सकता। प्रत्यभिज्ञा सरल वृत्ति न होकर जटिल वृत्ति है। *विरूपाक्षपंचाशिका* के वृत्तिकार **विद्याचक्रवर्ती** ने इसे बहुत अच्छे ढंग से समझाया है।[१५१] पदार्थ का ज्ञान यहाँ न्याय की भाँति दो कालों से उपहित नहीं होता, अपितु दो कालों के अनुभवों की एकविषयता का ग्रहण प्रत्यभिज्ञा है। "यह वही है" इस ज्ञान में 'यह' वर्तमानकालिक अनुभव का ग्राहक है न कि अनुभव के विषय का, और 'वह' स्मृतिमूलक अनुभव का ग्राहक है न कि स्मृति के विषय का। इस प्रकार स्मृति और अनुभव की इन्द्रियगोचर पदार्थ की ओर उन्मुख होकर एकप्रत्ययरूपता ही प्रत्यभिज्ञा है।

प्रत्यभिज्ञा के दो घटक हैं – प्रत्यक्ष और स्मृति। इनमें साम्प्रतिक अंश अनिवार्यतः प्रत्यक्षात्मक होता है। परन्तु अतीत ज्ञान भी प्रत्यक्षात्मक हो, ऐसा शैव नहीं मानते। **अभिनवगुप्त** और **उत्पल** के दिए हुए दृष्टान्तों का विश्लेषण किया जाए तो कहा जा सकता है कि अतीत ज्ञान प्रत्यक्ष, अनुमान और आगम तीनों से सम्भव है। इनमें अतीतगत प्रत्यक्ष भी सामान्यात्मना या विशेषात्मना किसी भी प्रकार से हो सकता है तथा आगम में स्मृति-चित्र और मानस-प्रतिमा को भी समेटा जा सकता है। इस प्रकार प्रत्यभिज्ञा की संघटना का आन्तरिक सघनीकरण किया गया है।

---

[१४६] यत्किल दर्शनस्य स्मरणस्य च यद्येकमन्तर्मुखं परामर्शमयं चित्तत्त्वम्, तदा भवति अभिन्नविषयत्वं न अन्यथा। – *ई.प्र.वि.वि.*, २, पृ. २२६

[१५०] एतदुभयमेलनात्मकं प्रोक्तानुभवस्मरणपरामर्शमेलनं रूपम्। – *भा.*, १, पृ. १८६

[१५१] अयं नील इत्याद्यर्थविषयस्य ज्ञानस्य यदेतत् भानं, तन्नीलाद्यर्थव्यपेक्षया स्मृतिः। सोऽर्थस्य स इति स्मृतिमूलतानुभवः परामृश्यते। . . . द्वौ सह तावेतौ स्मृत्यनुभवौ द्वावपि दृष्टचरार्थप्रति-सन्धानवेलायामेकप्रत्ययतापन्नौ अनुसन्धानं प्रत्यभिज्ञोच्यते। – *वि.पं.वि.*, पृ. १६-१७

दूसरी महत्त्वपूर्ण बात है कि प्रत्यभिज्ञा को स्वतन्त्र प्रमाण न मानकर उसका तीनों – प्रत्यक्ष, अनुमान और आगम – में अन्तर्भाव किया गया है।[१५२] सच कहा जाए तो प्रत्यभिज्ञा की इन तीनों में अंतर्व्याप्ति स्वीकार की गयी है। प्रमाण के मोहापसरणरूप होने के कारण यह सारे ज्ञानों (प्रत्यभिज्ञा सहित) की मौलिक प्रकृति का संकेतन करती है, अतः यह समीकरण समीचीन प्रतीत होता है। पर प्रत्यभिज्ञा प्रमाण के इस सामान्य लक्षण पर ही नहीं रुकती, उनके विशेष लक्षणों तक जाकर उनकी प्रत्यभिज्ञानात्मकता का अन्वेषण करती है। सारे प्रमाणों में अन्तरनुस्यूति की मान्यता का स्रोत है बौद्ध। बौद्ध न्याय ने प्रत्यभिज्ञा की दो स्थितियों की परिकल्पना की है। पहली, विकल्प बोध या ज्ञान की विशिष्ट प्रकारता के रूप में – "सोऽयं देवदत्तः", जहाँ अतीत और वर्तमान के सादृश्य से प्रत्यभिज्ञा अस्तित्व में आती है। विकल्प ज्ञान होने के नाते यह भ्रान्तिजन्य ज्ञान है क्योंकि, जैसा हम देख चुके हैं, स्मरण और प्रत्यक्ष दोनों में देश और काल का भेद होने के कारण इस ज्ञान में सत् का विषयन या सन्दर्भण नहीं होता। परन्तु हमारे लिए महत्त्वपूर्ण है दूसरी स्थिति, जिसे कल्पनाजन्य प्रत्यभिज्ञा कहा जा सकता है और जो सारे विकल्पज्ञान की विकल्परूपता का आधायक है। विकल्परूपता का कारण है अभिलापसंसर्ग, जिसका विषय है सामान्यलक्षण। सामान्यलक्षण का अर्थ है नाम-जाति-गुण-क्रिया-द्रव्य-कल्पना की स्वलक्षण में योजना।[१५३] कल्पना ऐसी प्रत्यवमर्श योजना है जिसमें उद्देश्य विधेय का प्रतिनिधि बन जाता है – अर्थात् अनिश्चित वस्तु विधेय के द्वारा निश्चिततर बनती है – "स एवाऽयम्"। "अयं डित्थः" यह नामकल्पना है, "इदं नीलम्" यह गुणकल्पना है, "गोरयम्" यह जातिकल्पना है और "अयं देवदत्तः" यह द्रव्यकल्पना है। यह निश्चय का प्रमाणशास्त्रीय आकार है और प्रत्येक ज्ञानाकार इसी में पर्यवसित होता है।[१५४] **अभिनवगुप्त** इसलिए बौद्ध मत के अभिलाप को 'विकल्पलक्षणमहासामान्य' कहते हैं।[१५५]

अभिनवगुप्त को बौद्ध दार्शनिकों से दो प्रेरणाएँ मिलती हैं। बौद्धों की ही भाँति वह भी प्रत्यभिज्ञा को ज्ञान का सामान्यीकृत प्रकार मानते हैं। और इसका मूल भी वही मानते हैं जो बौद्धों ने माना है – अभिलाप। विभिन्न प्रमाणों के साथ समीकरण के मूल में यही कारण

---

[१५२] प्रत्यक्षानुमानागमाद्यन्यतममानप्रत्यभिज्ञानबलेन। – *ई.प्र.वि.वि.*, ३, पृ. २३३

[१५३] *प्रमाण-समुच्चय* १.३; देखिए *बुद्धिस्ट लॉजिक*, भाग २, पृ. २०-२१।

[१५४] कुतः पुनरेतद्विकल्पोऽर्थान्नोत्पद्यत इति? अर्थसन्निधिनिरपेक्षत्वात्। बालोऽपि हि यावत् दृश्यमानं स्तनं 'स एवायं' इति पूर्वदृष्टत्वेन न प्रत्यवमृशति तावन्नोपरतरुदितो मुखमर्पयति स्तने। पूर्वदृष्टापरदृष्टं चार्थमेकीकुर्वद् . . . तादृशं चाभिलापसंसर्गयोग्यम्। – *न्या.बि.टी.*, पृ. ५०-५१

[१५५] स्मृत्युत्प्रेक्षादेश्च अवान्तरजातिभेदयोगेऽपि विकल्पलक्षणमहासामान्ययोग इत्यपि सूचितम्। – *ई.प्र.वि.वि.*, २, पृ. ११५

है। परन्तु **अभिनव** के यहाँ यह अभिलाप से 'संसर्ग' या 'योग' न होकर 'तदात्मकता' है। अर्थात् अभिलाप, जिसे **अभिनवगुप्त** प्रत्यवमर्श कहते हैं (और जो शब्द इस प्रसंग में उन्हें बौद्धों से ही मिला है), विषय का स्वभाव है। यह प्रत्यवमर्श हमारी चेतना का अन्तरंग संश्लेषणात्मक व्यापार है, जिसे प्रत्यभिज्ञावादी आचार्य अनुसन्धान कहते नहीं थकते। यही कारण है कि इस अभिलाप में पूर्वापरज्ञानमेलन (अतीत ज्ञान और प्रत्यक्ष) संगत हो जाता है, जबकि बौद्धमत में यह असम्भव है। इस प्रकार दोनों ही दर्शन एक ही मूलबिन्दु को आधार बनाते हुए सिद्धान्त-विलोमन के द्वारा दो विरोधी निष्कर्षों तक पहुँचते हैं। दूसरी प्रेरणा **अभिनवगुप्त** को प्रत्यभिज्ञानजन्य ज्ञान के विशिष्ट स्वभाव को बताने में मिलती है। बौद्धों ने कल्पनाजन्य प्रत्यभिज्ञा का प्रभाव ज्ञान की निश्चिततरता में देखा था। अपनी *लोचन* टीका में **उत्पल** की अन्तिम कारिका को, जहाँ कारिकाकार प्रत्यभिज्ञा का दृष्टान्त देते हैं, को उद्धृत करते हुए **अभिनवगुप्त** का कहना है कि दो अनुभवों का मेलन वस्तुतः ज्ञात का 'विशेषतः' निरूपण करना है। और यह 'विशेष' निरूपण हजारों रूप धारण कर सकता है। 'यह वही है' (तदेवेदम्) यह ज्ञानाकार प्रत्यभिज्ञानात्मक ज्ञान के आकार की एक विधा मात्र है, एकमात्र विधा नहीं है। 'यह ऐसा है' (इदमित्थम्) यह ज्ञान भी प्रत्यभिज्ञानात्मक है।[१५६] **अभिनव** का यह मन्तव्य एक ओर तो उन्हें **उत्पल** के प्रमाणलक्षण[१५७] से जोड़कर सारे ज्ञान को प्रत्यभिज्ञानात्मक बना देता है और दूसरी ओर जिस विशिष्ट प्रसंग में वह चर्चा कर रहे हैं वह पूरे काव्यार्थ-बोध को काव्यगत शब्द और अर्थ की प्रत्यभिज्ञा में पर्यवसित कर देता है।

इन निष्कर्षों में **अभिनवगुप्त** की प्रेरणा का दूसरा स्रोत है – **भर्तृहरि**। देखा जाए तो बौद्धों ने अपने सिद्धान्त को **भर्तृहरि** की प्रत्यालोचना से शुरू किया और **अभिनवगुप्त** ने बौद्धों का खण्डन कर **भर्तृहरि** को पुनर्प्रतिष्ठित किया। वाग्रूपता को, जिसे बौद्ध अभिलाप कहते हैं, **भर्तृहरि** ज्ञान का शाश्वत स्वभाव मानते हैं। इस वाग्रूपता का स्वभाव है प्रत्यवमर्श, जिसके द्वारा वह प्रकाश का निरन्तर विषयन करती है। यह प्रत्यवमर्शन एक प्रकार से प्रत्यभिज्ञानात्मक है, अन्यथा ज्ञान और वस्तु के स्वरूप की पहचान नहीं हो सकेगी। इस प्रक्रिया का अनुवाद शब्दार्थ-बोध में भी होता है। 'यह वह है' (सोऽयम्) ज्ञान के द्वारा हम सामान्य विषय का ग्रहण करते हैं। इस ज्ञान में संकेतकाल का 'वह', व्यावहारिक ज्ञान के 'यह' से एक रूप हो जाता है। 'गाय' प्रतीक 'गाय' पदार्थ से एक रूप हो जाता है। शब्द

---

[१५६] प्रत्यभिज्ञेयशब्देन इदमाह . . . तथापीदमित्थमिति विशेषतो निरूप्यमाणं सहस्रशाखी भवति। यदुक्तम् . . . 'तैस्तैः . . . तत्प्रत्यभिज्ञोदिता' इति तेन ज्ञातस्यापि विशेषतो निरूपणमनुसन्धानात्मकमत्र प्रत्यभिज्ञानं न तु तदेवेदमित्येतावन्मात्रम्। – *ध्व.लो.लो.* (निर्णयसागर), पृ. ३५-३६

[१५७] इदमेतादृगित्येवं यद्वशाद्व्यवतिष्ठते।
वस्तु प्रमाणं . . . ।। – *ई.प्र.का.* २.३.१

और अर्थ के एकीकरण की यही प्रक्रिया है।[१५८] वस्तुतः प्रकाश और विमर्श की शब्दावली प्रत्यभिज्ञावादियों को **भर्तृहरि** से प्राप्त होती है। **अभिनवगुप्त** एक प्रकार से उनके सिद्धान्त को आगे बढ़ाते हैं। मुख्य अन्तर है जहाँ **भर्तृहरि** अर्थ को शब्द पर 'अध्यस्त' मानते हैं। **अभिनवगुप्त** व्यवहार में इस अध्यस्तता को स्वीकार करते हुए भी अर्थ को शब्दन-क्रिया मानते हैं और परमार्थमीमांसा में भी अर्थ को शब्द का विवर्त न मानते हुए परमाद्वैत को मूलतः अर्थरूप या प्रकारान्तर से शब्द और अर्थ का सामरस्य मानते हैं।

स्मृति और अनुभव में मेलन का कृत्य 'अनुसन्धान' पर आश्रित है। एक ही अधिकरण पर भिन्न माने गए ज्ञानों में एकान्वयिता को ढूँढ लेना ही अनुसन्धान है। इस अर्थ में प्रमाता की अन्तर्मुख चेतना ही वास्तविक अनुसन्धान है, क्योंकि वही एक सूत्र है जिसमें सारे ज्ञान पिरोए हुए हैं।[१५९] अन्तर्मुख तादात्म्य के विमर्श रूप में परिभाषित यही अनुसन्धान प्रत्यभिज्ञा है। ज्ञानात्मक सन्दर्भों में एकविषयता की प्राप्ति इसका लक्षण है।[१६०] शब्दनात्मक सन्दर्भों में इसकी संज्ञा है अध्यास।[१६१] क्रियात्मक सन्दर्भों में इस अनुसन्धान की संज्ञा है सम्बन्ध। नाना आभासों के मध्य व्यामिश्रण की संज्ञा है योजना। ये तीनों प्रत्यय एक सीढ़ी बनाते हैं। नाना आभासों के मध्य मेलन योजनाश्रित है। दो वस्तुओं (स्वलक्षणाभासों) के मध्य मेलन सम्बन्धाश्रित है। एक पदार्थ की विभिन्न कालों/देशों में अवस्थिति के मध्य मेलन अनुसन्धानाश्रित है। योजना बहुलता की, सम्बन्ध दो की और अनुसन्धान एक की स्थिति में होता है। इन तीनों ही धारणाओं का लक्ष्य है एकत्व की खोज, परन्तु योजना का क्षेत्र है भेदरूप भासन, सम्बन्ध का भेदाभेदरूप भासन और अनुसन्धान का अभेदरूप भासन। थोड़ा महीन विश्लेषण करने पर देखते हैं कि योजना को पदार्थ का नाम दिया जा सकता है, सम्बन्ध को बुद्धि का और अनुसन्धान को विमर्श का। प्रत्यभिज्ञा चूँकि सभी स्तरों पर सक्रिय है, अतः ये सभी अनुसन्धान में जाकर पर्यवसित होते हैं। इसीलिए प्रत्यभिज्ञा 'पदार्थ' या 'बुद्धि' रूप न होकर, 'विमर्श' रूप है। परन्तु 'तादात्म्य का विमर्शन' या 'स्वात्मरूप में विश्रान्ति' के अर्थ में ही अनुसन्धान प्रत्यभिज्ञा का पर्याय कहा जाना

---

[१५८] सोऽयमित्यभिसम्बन्धाद्रूपमेकीकृतं यदा।
शब्दस्यार्थेन तं शब्दमभिजल्पं प्रचक्षते।। – *वा.प.* २.१३०

[१५९] सामानाधिकरण्येन अनुगामित्वेन सन्धानं विच्छिन्नसम्मतानामपि ज्ञानानाम् एकीभवनं नाम चिदेव अन्तर्मुखा, न अन्यत् किंचिदिति। – *ई.प्र.वि.वि.*, १, पृ. २७६; और देखिए, *ई.प्र.का.* १.३.७ पर *वृत्ति*।

[१६०] सर्वं च अनुसन्धानं स्मरणानुसन्धानप्राणं विषयमेलनेन विना न सम्भवत्येव। – तदेव, पृ. २८०

[१६१] संविद्रूपावेशी शब्दनात्माभिलापो वागित्यनेनोक्तः - वक्ति अर्थं स्वाध्यासेन सोऽयमित्यभिसन्धानेन। – *ई.प्र.वि.*, १, पृ. ३०३; इस विचार का पल्लवन इस वक्तव्य में नहीं किया गया है। यहाँ पर प्रतिपादित विचारों के विस्तार के लिए भी और देखिए, *काश्मीर शिवाद्वयवाद की मूल अवधारणाएँ*, पृ. १७१-७२।

चाहिए, अन्यथा अनुसन्धान प्रत्यभिज्ञा की सिद्धि का साधन ही रहता है। इस प्रकार प्रत्यभिज्ञा-प्रतिपादक शब्दों में एक अवरोहमूलक तारतम्य का अनुसन्धान करने का साहस किया जा सकता है जिसकी प्रामाणिकता की परीक्षा भविष्य के अध्ययनों के हाथ रहेगी : प्रत्यभिज्ञान → प्रत्यवमर्श → अनुसन्धान → सम्बन्ध → योजना → अध्यवसाय → अध्यास → अभिलाप → आभास।[१६२]

अनुसन्धान की चर्चा के दौरान उभयमेलनात्मक प्रक्रिया का सन्दर्भण आवश्यक होगा। यथाप्रसंग पहले उसका नामोल्लेख हुआ है। अनुसन्धान के प्रक्रियांश को स्पष्ट करने के लिए प्रत्यभिज्ञा दार्शनिक इसका आश्रय विशेष कारण से लेते हैं।[१६३] यों तो उभयमेलन-प्रक्रिया बड़ी व्यापक है। जैसा शब्द से स्पष्ट है, यह दो का मिलन है। एक से अधिक ग्राह्यों के बीच, ग्रहक और ग्राह्य के बीच, दो प्रमाताओं के बीच, दो ज्ञानों के बीच, ज्ञान और प्रमाता के बीच सभी के मिश्रण इसकी परिधि में आते हैं। परन्तु प्रत्यभिज्ञा के सम्बन्ध में यह मिलन या अनुसन्धान दो ज्ञानों के बीच माना जाता है। अतीत ज्ञान अर्थात् स्मृति और वर्तमानकालिक बोध अर्थात् प्रत्यक्ष, उनके पारस्परिक अनुसन्धान या मेलन से प्रत्यभिज्ञा अस्तित्व में आती है अर्थात् दो ज्ञानों की विषयगत एकता की निष्पत्ति होती है। अर्थात् यहाँ अनुसन्धान या एकीकरण की व्याख्या मेलन के शब्दों में होती है। उसके दो कारण हैं। एक तो सत् की यहाँ जो भावना की गई है वह निर्विशेष, सरल एकता मात्र नहीं है, वह भिन्न ही नहीं विरोधियों की भी, उनके पारस्परिक अन्तरालों के समञ्जसनपूर्वक एकतानता है। इस बात को वह दोनों ज्ञानों की निजी प्रकृति को सुरक्षित रखते हुए विषयद्वार से उनकी एकता में अनूदित करते हैं। इस वृत्तिजटिलता की बात की ओर हम इंगित कर आए हैं। दूसरा कारण वह ज्ञान के नैसर्गिक स्वभाव में देखते हैं। ज्ञान की स्वयंप्रकाशता का अर्थ है, वह अन्य ज्ञान से प्रकाशित नहीं होता। स्मृति और प्रत्यक्ष दोनों ज्ञानत्वेन स्वयंप्रकाश है, अतः प्रत्यक्ष स्मृति का विषय नहीं हो सकता। एतदर्थ उनका एकीकरण पारस्परिक विगलन द्वारा सम्भव नहीं है, वह एकता विषय के माध्यम से ही सम्भव है।[१६४]

---

[१६२] इस प्रकार के प्रयासों में कठिनाई यह है कि इन शब्दों का सन्दर्भ-भेद से पर्यायशः प्रयोग मिलता है। व्यापकवाच्यता वाले शब्दों का व्याप्यवाच्यता वाले क्षेत्रों में तो बहुतायत से प्रयोग दीखता है, परन्तु कभी-कभी इसका विलोम भी देखने को मिलता है। अतः इस प्रकार के प्रयास अन्तरिम ही कहे जा सकते हैं।

[१६३] अनुसन्धानं प्रत्यभिज्ञानमपि एतदुभयमेलनात्मकम् अत्रैव अन्तर्भूतम्। – *ई.प्र.वि.*, १, पृ. १८८-८९

[१६४] न केवलं पूर्वोक्तयुक्तिभिर्ज्ञानस्य ज्ञानान्तरवेद्यत्वं नास्तीत्येतावतैव स्मरणज्ञानेन पूर्वानुभवस्य विषयीकारो निषिध्यते, यावत् युक्त्यन्तरेण अपि। तथा हि घटं स्मरामि इति ज्ञाने घटस्यैव विषयतया प्रतिभासः, न पूर्वानुभवस्य। स केवलं स्मरणज्ञानेनैव सह मिलितो भाति। – *ई.प्र.वि.वि.*, १, पृ. २६२

अभिनवगुप्त अनुसन्धान के प्रत्यय का एक अत्यन्त महत्त्वपूर्ण उपयोग एक मौलिक दार्शनिक गुत्थी को सुलझाने के लिए करते हैं। प्रश्न को दो हिस्सों में बाँटा जा सकता है। स्मृति और प्रत्यक्ष की सह-क्रियाशीलता से उत्पन्न ज्ञान प्रकृत्या सविकल्पक होता है। अतः चरम प्रत्यभिज्ञा का निदर्शक "सोऽहम्" आकार वाला निर्विकल्पक बोध सविकल्प ज्ञान से कैसे उत्पन्न होता है और "सोऽहं" में 'अहं' और 'सः' के भिन्न अंश उस ज्ञान को निर्विकल्पक कैसे रहने देते हैं? **अभिनव** का कहना है कि ज्ञान की प्रकृति अर्थ की प्रकृति से निर्धारित होती है। काल आदि का आरोपण अर्थ में होता है, ज्ञान में नहीं, अपने में ज्ञान विकल्पहीन है। साधारण प्रत्यभिज्ञा का विषय विकल्पात्मक है, अतः उसकी प्रत्यभिज्ञा भी सविकल्पक है। यद्यपि "स एवायं घटः" (यही वह घड़ा है) जैसे स्थलों में एकता का अनुसन्धान होने पर भी वह विकल्पक ही रहता है, फिर भी देश, काल आदि भेदों के बावजूद उनकी तुलना में आकार की एकता के अधिक स्फुटित होने के कारण, जैसे एकदम से बिजली कौंधने पर एक क्षण के लिए चीज प्रकाशित हो जाती है, वैसे ही यह प्रत्यभिज्ञा भी मौलिक प्रत्यभिज्ञा की ओर पहला कदम मानना चाहिए।[१६५] जहाँ तक अहंविमर्श का प्रश्न है, यहाँ अहंप्रमेय निर्विकल्प है।[१६६] अतः इसकी प्रत्यभिज्ञा की निर्विकल्पकता भी असन्दिग्ध है। विकल्प का स्वरूप है, दूसरे से व्यवच्छेद। जहाँ भी बोध का प्रतियोगी होगा अर्थात् उसका विषय अन्य से व्यवच्छेद्य होगा, वह ज्ञान विकल्परूप होगा।[१६७] बौद्धों के अपोह सिद्धान्त के विरोध में महेश्वर की अपोहन शक्ति का प्रतिपादन करते हुए **अभिनवगुप्त** प्रकृत समस्या पर विचार करते हैं। यहाँ भी अपोहन व्यापार की शक्तिरूपता के आविष्करण से महेश्वर का प्रत्यभिज्ञान कराना ही उनका लक्ष्य है। वाग्रूपता अर्थात् ज्ञान की शब्दनरूपता विकल्प का कारण नहीं है, कारण है बोधविषय के प्रतिस्पर्धी विषय की सम्भावना का आरोप ताकि उससे व्यवच्छेद किया जा सके। वह्नि के लिए आवश्यक है अवह्नि की सम्भावना का आरोपण और फिर उसका निषेध करते हुए वह्नि का निश्चयन। यही विकल्प ज्ञान की प्रक्रिया है। यदि थोड़ा विषयान्तर करें (वस्तुतः व्यापकतर सन्दर्भ में विषयान्तर नहीं होगा) तो **अभिनवगुप्त** अपोहन की परिभाषा में भी उभयमेलन का आश्रय लेते हैं। **रत्नकीर्ति** की व्याख्या का अनुवदन करते हुए वे कहते हैं कि यहाँ दो विषयों

---

[१६५] एवं 'स एवाऽयं घटः' इति घटाद्यनुसन्धानेऽपि विकल्पत्वं मन्तव्यम्, किन्तु एतासु अनुसन्धानभूमिषु विद्याशक्तिराधिक्येन अचिरद्युतिवद् दीप्यते इति तासां परपदपरिशीलनप्रथमकल्पाभ्युपायत्वम् अभ्युपागमन् गुरवः। – *ई.प्र.वि.*, १, पृ. ३२६-२७

[१६६] अहंप्रत्यवमर्शो यः प्रकाशात्माऽपि वाग्वपुः।
नासौ विकल्पः स ह्युक्तो द्वयाक्षेपी विनिश्चयः।। – *ई.प्र.का.* १.६.१

[१६७] अन्यव्यवच्छेदनं विकल्पः . . . तेन विकल्पे . . . तच्च निश्चेतव्यम्, अतच्च अपोहितव्यं भवति। – *ई.प्र.वि.*, १, पृ. ३०३-०५

का निषेधात्मक मेलन है, निषेधभाग का विषय है 'अतद्रूप' और विधि भाग का विषय है 'तद्रूप'। इस प्रकार विकल्पन का अर्थ है, एक ही वस्तु को लेकर विधीयमान और निषिध्यमान दोनों रूपों में कल्पना।[१६८] अहंप्रत्यवमर्श इसलिए निर्विकल्प है क्योंकि यहाँ अहं का कोई भी प्रतियोगी नहीं है जिससे अहं का व्यवच्छेदन किया जा सके।[१६९]

अहंप्रत्यवमर्श दो प्रकार का है – शुद्ध और मायाजन्य। शुद्ध अहंप्रत्यवमर्श की दो भूमियाँ हैं। एक तो शिवतत्त्व, जहाँ किसी भी प्रकार का विषयगत उपराग नहीं है, केवल संविन्मात्र है। उसमें शक्तितत्त्व अन्तर्भुक्त है। और दूसरे सदाशिव आदि शुद्धसृष्टि के तीन तत्त्व, जहाँ तत्त्वों की निर्मलता में केवल विश्व की अर्थात् इदन्तासामान्य की हलकी छाया सी पड़ती है। मायिक अहंविमर्श की भूमि है देह, प्राण, बुद्धि, शून्य आदि प्रमाता, जो स्वतः तो वेद्यरूप हैं, परन्तु अहंविमर्श के कारण उनमें प्रमातृत्व का अभिमान होता है। शुद्ध अहंप्रत्यवमर्श की दोनों अवस्थाओं में कोई भी व्यवच्छेद्य नहीं होता, यहाँ तक कि जो प्रतिबिम्बित सामान्यवेद्यता है उसके प्रकाशरूप, अहं, से एकरूप होने के कारण, उसका भी कोई प्रतियोगी नहीं होता। ऐसी स्थिति में शुद्ध अहंविमर्श को किसी प्रकार विकल्प नहीं कहा जा सकता।[१७०]

शुद्ध और मायीय अहंप्रतीतियाँ दोनों दो प्रकार की हैं[१७१] – अनुभव और अनुसन्धान रूप। अनुभव रूप शुद्ध "अहं"-प्रतीति शिवतत्त्व की अवस्था है और शुद्ध "अहम्-इदम्" रूप अनुसन्धानात्मक प्रतीति सदाशिव, ईश्वर और शुद्धा विद्या तत्त्वों की। शुद्धसृष्टि के इन सदाशिवादि तत्त्वों में इदं अभी भी अहं से अभिन्न है और अहं की ही इदन्तया आवृत्ति होती है, इसलिए व्यवच्छेदवर्जना तथा पूर्णता के कारण इन तत्त्वों का अनुसन्धानात्मक अनुभव निर्विकल्पक ही रहता है। मायीय या अशुद्ध अहंप्रत्यय की अनुभवरूपता तथा अनुसन्धानरूपता दोनों ही देह आदि में स्थितिभेद से समान रूप से पाई जाती है। "मैं मोटा हूँ", "मैं साँस ले

---

[१६८] उभयविषयतया इति निषेधभागस्य हि अतद्रूपं विषयो, विधिभागस्य तु तद्रूपं, विविधं हि कल्पनं विधीयमाननिषिध्यमानतयेति विकल्पनम्। – *ई.प्र.वि.वि.*, २, पृ. २८१

[१६९] तत्र शुद्धेऽहंप्रत्यवमर्शे प्रतियोगी न कश्चिदपोहितव्यः संभवति। – *ई.प्र.वि.*, १, पृ. ३१३

[१७०] अहमित्यवमर्शो द्विधा – शुद्धो मायीयश्च। तत्र शुद्धो यः संविन्मात्रे विश्वाभिन्ने विश्वच्छायाच्छुरिताच्छात्मनि वा। अशुद्धस्तु वेद्यरूपे शरीरादौ। तत्र शुद्धेऽहंप्रत्यवमर्शे प्रतियोगी न कश्चिदपोहितव्यः सम्भवति। अशुद्धस्तु वेद्यरूपे शरीरादौ अन्यस्माद् देहादेर्घटादेश्च व्यवच्छेदेन भवन् विकल्प एव। - तदेव, पृ. ३१३-१४

[१७१] द्विविधोऽपि चायम् अहंप्रत्ययो द्विधा – अनुभवमात्ररूपश्चानुसन्धानात्मा च . . .। तत्र शुद्धे विकल्परूपत्वमप्रतिष्ठमेव इत्युक्तम्, अशुद्धे तु अनुभवरूपे विकल्पत्वमुपपादितम्, अशुद्धेऽपि तु अनुसन्धानात्मकतया अभेदस्य प्रस्फुरणात् कश्चिदविकल्पकत्वं शङ्केत तस्य व्यामोहं व्यपोहितुमाह. . . सा योजना सर्वा कल्पना विकल्प एव, न तु शुद्धः प्रत्यवमर्श.। – *ई.प्र.वि.*, १, पृ. ३२३-२५

रहा हूँ" इत्यादि स्थलों में अहंप्रतीति अनुभवरूप है। विभिन्न स्थितियों में एकरूपता का आसूत्रण करती हुई प्रतीति का आकार अनुसन्धानरूप होता है – "जो मैं मोटा था, वही अब दुबला हो गया हूँ"।[१७२] यहाँ ये दोनों स्थितियाँ अहंरूपता के उपरान्त भी विकल्प हैं, क्योंकि शरीरादिगत अहं का घट या अन्य प्राणियों से भेद है। जहाँ भी बाह्य योजना है वहाँ सभी जगह विकल्परूपता ही है। यहाँ अशुद्ध अहमनुसन्धान सारी बाह्य प्रत्यभिज्ञाओं का उपलक्षण है। **अभिनव** की मान्यता है कि सारी प्रत्यभिज्ञाएँ शिव के आत्म-प्रत्यभिज्ञान – मौलिक अहंविमर्श – में परिनिष्ठित हैं, अतः यदि किसी में देह आदि का अपोद्धार (एब्सट्रैक्शन) करते हुए उसकी 'पूर्णता और अवच्छेदहीनता', को देखकर "मैं यह हूँ" इस प्रकार का अनुसन्धान अर्थात् प्रत्यभिज्ञानात्मक परामर्श उदित हो जाए तो यह विकल्पशून्य सदाशिव की ही अवस्था होगी।[१७३]

प्रत्यभिज्ञा दार्शनिक यहाँ कई चीजों की भूमिका तैयार कर रहे हैं। निम्नतम स्तर पर देह के साथ अहमनुसन्धान में चेतना का, भले ही हम उसे अशुद्ध क्यों न कहें, सबसे सहज स्वाभाविक विषयीकरण है। भारतीय दर्शन की अतिक्रामी परम्परा, जिसमें काश्मीरी आचार्य मूर्धन्य हैं, पूरे ब्रह्माण्ड को देह का ही संघटनात्मक विस्तार मानती है। इसीलिए साधना और उपासना में देह का इतना महत्त्व माना गया है। देह का अर्थ केवल स्थूल शरीर ही नहीं है, यह वह सब है जिस रूप में शुद्ध चैतन्य विषयरूप में आश्यानीभूत है।[१७४] "पिण्डे ब्रह्माण्डम्" के समीकरण की यात्रा यहीं से प्रारम्भ होती है। काश्मीर शैव दर्शन इसी अर्थ में संसृतिविद्या (कॉस्मोलॉजी) है। विश्वचेतना का अवरोहण-क्रम, जिसमें वह अपना प्रमेयीकरण करती हुई शिव से प्रारम्भ कर पृथ्वी तत्त्व तक आती है, वह उसका अपने को पहचानने का उद्यम है – "यह सब मैं हूँ" "अहम्-इदम्"। इसी प्रकार पृथ्वी से शिव तक लौटने का आरोहण-क्रम भी पारमार्थिक प्रत्यभिज्ञा है – "इदमहम्", जो अन्ततः वेद्यता के अभाव में अहंप्रत्यवमर्श में सिमट जाता है। इस प्रकार जहाँ यह आरोहण-/अवरोहण-क्रम प्रत्यभिज्ञानात्मक है, वहीं प्रत्येक चरण की आन्तरालिक अनुभूतियाँ भी इस अर्थ में प्रत्यभिज्ञानात्मक और अतिक्रामी हैं कि अवरोहण-क्रम में हर पूर्ववर्ती तत्त्वावस्था परवर्ती प्रत्यभिज्ञाओं का पूर्वसम्भावन और

---

[१७२] अहं सुखी च दुःखी च रक्तश्चेत्यादिसंविदः।
सुखाद्यवस्थानुस्यूते वर्तन्तेऽन्यत्र ताः स्फुटम्।। – *स्प.का.* १.४

भट्टोत्पल और **क्षेमराज** दोनों की दृष्टि में यहाँ प्रत्यभिज्ञा का निरूपण हुआ है।

[१७३] यदि हि तस्य देहादेः सर्वतः पूर्णत्वम् अवच्छेदहीनत्वं च पश्यन् अनुसन्धानम् अहमिदम् विदध्यात् तदियं सदाशिवभूः केन विकल्पास्पदत्वेन भण्येत यावता विच्छिन्ने एव सोऽनुसंधिः। – *ई.प्र.वि.*, १, पृ. ३२६

[१७४] *गो.क. थॉट्स*, पृ. ७७।

अपने में अन्तर्भावन करती है, और आरोहण क्रम में हर पूर्ववर्ती अवस्था उत्तरवर्ती में अन्तर्भुक्त होते चलती है। अहन्ता से विश्व-इदन्ता और विश्व-इदन्ता से व्यष्टि-इदन्ता का उदय अहन्ता की इस प्रागनुभविक सम्भावनसामर्थ्य (ए प्रॉयरॉयू ऍन्टीसिपेशन) को अपना ही निरन्तर विषयीकरण करते हुए अपने से ऐक्यानुसन्धान करने में व्यक्त करता है। **अभिनवगुप्त** की स्पष्ट घोषणा है कि विश्वरूप में आत्मप्रमेयीकरण अपने से परे अतिक्रामी विषयिता का दृढ़ बोध कराता है। इसे वह प्रतिलाभ कहते हैं।[१७५] यहाँ प्रतिलाभ शब्द में प्रत्यभिज्ञा की छाया स्पष्ट है। **अभिनवगुप्त** इसका कारण भी देते हैं, जो प्रत्यभिज्ञा की मौलिक धारणा से उपजता है। संसृति-प्रक्रिया (कॉस्मोगोनी) के ये सारे तत्त्व परमार्थतः परमशिव की शक्तियाँ ही हैं।[१७६] अतः यह बोध कि तत्त्व वस्तुतः परमेश्वर की शक्तियाँ है, हमें शक्तिमान् की प्रत्यभिज्ञा करा देता है।[१७७] इसी अर्थ में सारी सृष्टि प्रत्यभिज्ञानात्मक व्यापार है। यहाँ हर तत्त्व स्वरूपमात्रनिष्ठ होने से अतिक्रामी है और अन्य तत्त्वों को अन्तर्गर्भित करने के कारण अन्तर्व्यापक, अन्तर्यामी भी। वह दैनिक जीवन से दृष्टान्त देते हुए कहते हैं, जैसे घट पाने के लिए घटत्व का ज्ञान हमें घट तक अनायास पहुँचा देता है, परन्तु इस घटत्व की गोद में अनेक शक्तियाँ हैं जैसे सत्ता, द्रव्यत्व, पृथिवीत्व आदि। यदि सत्ता का आश्रय लेकर घट तक पहुँचना पड़े तो यह लम्बी यात्रा होगी, क्योंकि सत्ता तो स्वरूपमात्रनिष्ठ है और उसके बोध से घट को पाने के लिए अन्य शक्तियों की अपेक्षा पड़ेगी। इसलिए सत्ता को घट से दूर कहा जाएगा। परमार्थ-लाभ में इस दृष्टान्त को पलटा जा सकता है।[१७८] *महार्थमञ्जरी* के प्रणेता **महेश्वरानन्द** इस तथ्य को रेखांकित करते हैं।[१७९] **अभिनवगुप्त** अपने इस प्रतिपादन में समस्त उपासना-वैचित्र्यों, उनके स्तर-भेदों और अपने मूल सिद्धान्त के साथ प्रासंगिकता भी ढूँढ लेते हैं।[१८०]

---

[१७५] पदार्थनिर्णयं विश्वप्रमेयीकरणप्रतिलब्धतद्विश्वोत्तीर्णप्रमातृपदहृदयङ्गमीकाराभिप्रायेण निरूपयितुम्। – *ई.प्र.वि.*, २, पृ. २१३

[१७६] परमेश्वरस्य हि परमार्थत एताः शक्तयो यस्तत्त्वग्रामः, काचित्तु शक्तिरन्यबहुतरशक्तिक्रोडीकारं कुर्वती निकटत्वादुपास्या घटस्येव घटत्वात्मिका, काचिदन्यापेक्षिणी स्वरूपमात्रनिष्ठा दूरा घटस्येव सत्तात्मिका। – *ई.प्र.वि.*, २, पृ. २२२

[१७७] तावन्मलानासादनात् सत्वरं शक्तिमत्प्रापकत्वात् वा उपासितुं योग्या। – *भा.*, २, पृ. २२२

[१७८] इति घटे एव यथा भेदाभेददृष्टिः तथा पारमेश्वरे प्रकाश इति व्यवहारोऽपि अयं भगवदनुगृहीतानां परमार्थप्रवेशे प्रत्युत अभ्युपायः न तु विरोधी। – *ई.प्र.वि.वि.*, ३, पृ. १५७

[१७९] परमशिवभट्टारकस्य शक्तिः स्वातन्त्र्यलक्षणा महती तत्त्वानाम् अन्योन्यप्रयोजकभावे पर्यन्ततः सामान्यप्रयोजकत्वे च प्रगल्भा भवत्युज्जृम्भते पृथिव्यादिं भाववर्गमिव अनाश्रितशिवभट्टारकमपि क्रोडीकृत्य अभिवर्तते तत्तद्रूपतया परिस्फुरति इत्यर्थः। – *म.मं.प.*, पृ. ६७

[१८०] सर्वाणि हि तत्त्वानि भगवतः शक्तिरूपाणि स्पन्द एव। . . . काचित्तु शक्तिरनन्ताः शक्तीराक्षिप्यैव वर्तमाना नेदीयसी भगवतः, अन्यास्तु दूरा अल्पतमा दवीयस्तमा इति उपासना विचित्रा आगमेषु दर्शिताः। – *ई.प्र.वि.वि.*, ३, पृ. २६५

उपर्युक्त विवेचन के आलोक में अन्तर्विषय (कॉन्टेन्ट) की दृष्टि से किए प्रत्यभिज्ञा-विभाग की अर्थवत्ता समझ में आने लगती है। *विज्ञानभैरव* में शुद्ध अनुसन्धानमूलक दो अहंप्रत्ययों की चर्चा आई है।[१८१] इसके दो प्रतीकात्मक ज्ञानाकार हैं –

१. **सोऽहम्** (वह मैं हूँ), **अहम्-इदम्** (यह मैं हूँ), और

२. **ममेदम्** (यह मेरा है)

प्रथम में, धर्मियों की एकता का अनुसन्धान है – "यः शुद्धबोधस्वरूपः कर्ता च सोऽहम्"। इसे अहंप्रत्यवमर्श कह सकते हैं। यहाँ विकल्पातीत या निर्विकल्प स्थिति है। दूसरे में, सारी विकल्प सृष्टि का सारा प्रसार मेरा ही स्वातन्त्र्य रूप ऐश्वर्य है - "सर्वो ममायं विभवः"। इन्हें क्रमशः धर्मी-प्रत्यभिज्ञान और धर्म-प्रत्यभिज्ञान कहा जा सकता है।[१८२] **उत्पल** और **अभिनवगुप्त** *विज्ञानभैरव* कृत इस भेद का आदर करते हैं।[१८३] इस द्वैध से अनुभव जगत् का आत्मतया या आत्माभासनतया ग्रहण परमार्थ तत्त्व तक हमें सहज ही ले जाता है, दूसरे शब्दों में धर्म-प्रत्यभिज्ञान की अनिवार्य परिणति है धर्मी-प्रत्यभिज्ञान।[१८४]

विकल्प-प्रवृत्ति की दृष्टि से प्रत्यभिज्ञा के तीन भेद किए जा सकते हैं –

१. मायीय या सविकल्प प्रत्यभिज्ञा

२. निर्विकल्प प्रत्यभिज्ञा और

३. परा प्रत्यभिज्ञा

ये तीनों प्रकार अहंप्रत्यवमर्श के क्रमशः अशुद्ध, मिश्रित और शुद्ध विभाजन पर आधारित हैं। विकल्प और प्रत्यभिज्ञा में मौलिक अन्तर है। विकल्प है अभेद में भेदन, जबकि

---

[१८१] स एवाहं शैवधर्मा इति दाढ्र्याद्भवेच्छिवः।। – *वि.भै.* १०६

ममैव भैरवस्यैता विश्वभङ्ग्यो विभेदिताः। – तदेव ११०

[१८२] 'सोऽहं ममायं विभव इति प्रत्यभिजानतः' . . . इति उक्तनयेन . . . द्विविधां प्रत्यभिज्ञां दर्शयन्। – *वि.भै.उ.*, पृ. ६५

यहाँ **उद्योतकार** मुद्रित पाठ 'परिजानतः' के स्थान पर 'प्रत्यभिजानतः' पढ़ते हैं।

[१८३] **अभिनवगुप्त** (*ई.प्र.का.* ४.१.१२ पर) *विमर्शिनी* में इन दोनों ज्ञानाकारों की व्याख्या इस प्रकार देते हैं –

१. **न हि पृथगात्मा नाम पशुः कश्चिदन्योऽप्यहम्, अपितु यः प्रकाशात्मा स एव अहम्,**

२. **विकल्पसृष्टिरपि मम स्वातन्त्र्यलक्षणो विभवः।** – *ई.प्र.वि.*, २, पृ. ३०४

[१८४] **भास्कर** का निष्कर्ष हैः तत् ईश्वरविषयम् ऐश्वर्यम् ममैवेदमैश्वर्यमिति प्रत्यभिज्ञाविषयीकार्यम्, फलतः स ईश्वरः 'अयम् अहमेव' इति प्रत्यभिज्ञा कार्या इति भावः। – *भा.*, १, पृ. ३४२

प्रत्यभिज्ञा है भेद में अभेदन। अतः समस्या है दोनों विरोधी बिन्दुओं का समन्वय कैसे हो। उपर्युक्त विभाजन के द्वारा यह बताने का प्रयास किया गया है कि सामान्यतः भेद में अभेद रूप होने पर भी प्रत्यभिज्ञा भेद, भेदाभेद और अभेद इन तीनों स्तरों पर प्रवृत्त होती है और स्तर-भेद के कारण उसकी प्रवृत्ति के प्रकार में विशिष्टता आती जाती है।

यहाँ उल्लिखित प्रथम प्रकार, मायीय प्रत्यभिज्ञा, का सन्दर्भ जागतिक है। इस स्थिति में "यह वही घट है" ("सोऽयं घटः") में घट का निश्चयन विकल्प से और तद्रूपता ("सोऽयं") का प्रत्यभिज्ञान से होता है। यहाँ पर भी हमारे अनुभव दो प्रकार के हो सकते हैं : "अयं घटः" और "सोऽयं घटः"। इसमें पहला अनुभवरूप है और दूसरा अनुसन्धानरूप। **भास्कर** का कहना है कि ये दोनों ही अनुसन्धानरूप हैं, केवल पहले में देश-काल की तुलना में आकार की उल्वणता के कारण अनुसन्धानरूपता पर ध्यान नहीं जाता। ये बाह्यवस्तुविषयक प्रत्यभिज्ञाएँ हैं और विकल्परूप हैं। पर यहाँ पर भी जो अनुसन्धान है वह प्रमाता का व्यापार है, अतः अत्यन्त क्षीण होने पर भी ये हमें मूल प्रत्यभिज्ञा से जोड़ने की सम्भावना रखती हैं।

दूसरे प्रकार, निर्विकल्प प्रत्यभिज्ञा, का सम्बन्ध भेदाभेद स्तर से है। जैसा कि हम देख चुके हैं कि शिव का सम्बन्ध शुद्ध स्तर से और सदाशिव आदि का शुद्धाशुद्ध से है। वस्तुतः तत्त्वों का उल्लेख यहाँ प्रतीकात्मक या उपलक्षणात्मक मानना चाहिए। षडध्व के विकास में सभी समकक्ष स्थितियों में यह लागू होगा। जैसे परावाक् की स्थिति शुद्ध और पश्यन्ती की शुद्धाशुद्ध मानी जाएगी।[१८५] यहाँ, जैसा कि हम प्रसंग भेद से देख चुके हैं, अपोहन व्यापार के अभाव के कारण विकल्प का अभाव है। क्योंकि विनिश्चनीय की अपोहनीय से अलग सत्ता नहीं है। इस अविच्छेद की प्रत्यायक प्रतीति अनुसन्धान है।

तीसरा प्रकार इन सभी विकल्पों से परे जाता है। इसीलिए इसे परा प्रत्यभिज्ञा कहते हैं, जिसका सम्बन्ध परमशिव की विश्वोत्तीर्ण स्थिति से है। उसे ही **अभिनवगुप्त** ने *विमर्शिनी* के मंगलश्लोक में 'निराभास' कहा है।[१८६] यह दो अभेदों – प्रकाश और विमर्श – के मध्य अभेद की स्थिति है।

जैसा कि हमने प्रारम्भ में कहा था कि प्रत्यभिज्ञा का प्रयोग प्रमा और प्रमाण दोनों अर्थों में हुआ है। शैव दार्शनिक प्रमाण और प्रमाणफल अर्थात् प्रमा में अभेद मानते हैं। इस दृष्टि से प्रत्यभिज्ञा प्रमाण और प्रत्यभिज्ञा प्रमा एक हैं। "शक्त्याविष्करणेनेयं प्रत्यभिज्ञोपदर्श्यते" में

---

[१८५] वस्तुतः शुद्धाशुद्ध और अशुद्ध की उपलक्षणात्मकता को लेकर सम्प्रदाय में दृष्टि-भेद मिलता है। एक दृष्टि है जो परमशिव को शुद्ध, शुद्ध सृष्टि को शुद्धाशुद्ध और अशुद्ध सृष्टि को अशुद्ध मानती है। दूसरी दृष्टि की चर्चा ऊपर की गई है।

[१८६] निराभासात् पूर्णादहमिति पुरा भासयति यत्।

'शक्त्याविष्करणेन' अंश प्रमाण और 'प्रत्यभिज्ञोपदर्शन' (अर्थात् बोध/प्रतीति) अंश प्रमा है। यह बात शैवों ने बौद्धों से ली है। बौद्धों की मान्यता है कि वस्तुतः बोध एक है, केवल विश्लेषणात्मक दृष्टि से हम प्रमाण और प्रमा में भेद करते हैं। इनमें जन्यजनकभाव सम्बन्ध भी नहीं माना जा सकता, क्योंकि इसका सीधा अर्थ होगा दोनों अंशों में वास्तविक भेद मानना। इस सम्बन्ध को बौद्धों के शब्दों में व्यवस्थाप्य-व्यवस्थापक भाव कहा जा सकता है।[१८७] प्रमाण व्यवस्थापक या व्यवस्था-हेतु है और प्रमा या प्रमाणफल व्यवस्थाप्य। बौद्धों के प्रभाव का साक्षात् प्रमाण है, **अभिनव** द्वारा इस प्रसंग में *विमर्शिनी*[१८८] और *बृहतीविमर्शिनी*[१८९] में **धर्मकीर्ति** की सम्बन्धित कारिका को अभ्युपगमपूर्वक उद्धृत करना। परन्तु यह समता केवल यहीं तक सीमित है। **अभिनवगुप्त** इस शब्दावली को स्वीकार तो करते हैं, परन्तु हेतुफलभाव की शब्दावली को वह अपेक्षाकृत अधिक उपयुक्त पाते हैं।[१९०] ज्ञान के अन्दर पाए जाने वाले व्यापार को लेकर दोनों के दृष्टिकोण एक-दूसरे के नितान्त विरोधी हैं। क्षणिकवाद की अपनी मान्यता के कारण बौद्ध व्यापारमात्र का निषेध करते हैं और जो भी व्यापार दिखाई देता है वह 'उत्प्रेक्षित' ("सव्यापारमिव") है, जबकि **अभिनव** की दृष्टि में व्यापार प्रमा की आत्मा है और वही वह आधार है जिसको लेकर प्रमाण और प्रमा में अभेद की सिद्धि होती है। फल अर्थात् प्रमा 'व्यापार' है, जो व्यापार करने वाले प्रमाता और व्यापारित किए जा रहे प्रमाण से एकरूप है।[१९१] परन्तु दोनों के अभेद का अर्थ यह नहीं है कि वे पर्यायवाची हैं। वस्तुतः प्रमाण है विषय का बाह्योन्मुख प्रकाश और प्रमा है विषय से संकुचित उसी का अन्तर्मुख विमर्श। इस प्रकार प्रत्यभिज्ञान प्रमाण है शक्ति का बहिर्मुख प्रकाशन और प्रत्यभिज्ञान प्रमा है उन शक्तियों द्वारा निरूपित शक्तिमत्त्व रूप आन्तरिक विमर्श। यहाँ शैव

---

[१८७] न चात्र जन्यजनकभावनिबन्धनः साध्यसाधनभावः, येनैकस्मिन् वस्तुनि विरोधः स्यात् अपितु व्यवस्थाप्यव्यवस्थापकभावेन। तत एकस्य वस्तुनः किञ्चिद्रूपं प्रमाणं किञ्चित् प्रमाणफलं न विरुध्यते। – *न्या.बि.* १.२१ पर **धर्मोत्तर**, पृ. ८२

[१८८] यथोक्तं 'तद्वशात्तद्व्यवस्थानात् . . . ' इति। – *ई.प्र.वि.*, २, पृ. ७५

[१८९] तत एव उक्तं 'तद्वशात् तद्व्यवस्थानात्, इति। – *ई.प्र.वि.वि.*, ३, पृ. ७२

उद्धृत कारिका का अंश *प्रमाणवार्तिक* २.३०८ से लिया गया है, यह संकेत सबसे पहले *ई.प्र.वि.वि.*, ३, पृ. ७२ में मिलता है। **टोरेला** ने वहीं से लिया है। देखिए *वृत्ति*, पृ. १६२, पादटिप्पणी ४।

[१९०] व्यापारश्च व्याप्रियमाणात् कर्तुर्व्यापार्यमाणाद्वा करणाद् अनन्यात्मक एव युक्तः इति मुख्यत्वेन प्रमाणफलयोरभेद एव न्याय्यः। – *ई.प्र.वि.वि.*, ३, पृ. ७२; और भी, *ई.प्र.वि.*, २, पृ. ७५

[१९१] ननु एवं पर्यायत्वमुक्तं भवेत् न तु फलभावः, आह बाह्योन्मुखतया प्रकाशरूपया तत्र तत् प्रमाणम्, या तु तस्यैव अन्तर्मुखात्मा विमर्शरूपता प्राक् उपपादिता तत्स्वभावेन केवलं विषयदशासंकुचितेन स एव बोधः फलम्। – *ई.प्र.वि.*, २, पृ. ७४; और भी, *ई.प्र.वि.वि.*, ३, पृ. ७२

दार्शनिक हेतुफलभाव या व्यापारफलभाव की आन्तरिक एकता बताने के लिए जिस पद्धति का आश्रय लेते हैं, वह भी आकार में प्रत्यभिज्ञात्मक है[१६२] जिसका आधार प्रकाश-विमर्श का समीकरण है। प्रकाश व्यवस्थापक है, विमर्श व्यवस्थाप्य; प्रकाश प्रमाण है विमर्श प्रमा; दोनों का अनुसन्धान या एकीकरण ही प्रत्यभिज्ञा है।[१६३]

प्रत्यक्ष और स्मृति के एकीकरण या अनुसन्धान को प्रत्यभिज्ञा कहते हैं। प्रश्न है कि निर्विकल्पक स्थिति में तो केवल साक्षात्कारात्मक अनुभूति होती है या अखण्ड वर्तमानकालता होती है, स्मृति तो विकल्प है वह वहाँ होती नहीं तो इस चरम अनुभव को प्रत्यभिज्ञा किस आधार पर कहते हैं। **अभिनवगुप्त** के टीकाकार **भास्करकण्ठ** ने यह प्रश्न *भास्करी* के प्रारम्भ में ही उठाया है।[१६४] वे इस प्रश्न को निराधार मानते हैं क्योंकि आत्मा तो सदा भात (स्मृति) और भासमान (प्रत्यक्ष) है। अपने ही स्वातन्त्र्य से उसे अपने ऐश्वर्य की विस्मृति हो जाती है, उस ऐश्वर्य की "वह ईश्वर मैं ही हूँ" यह प्रत्यभिज्ञा होती है। भात की ही विस्मृति हो ऐसा कोई नियम नहीं है। भासमान की भी विस्मृति होती है। यदि ऐसा न हो तो "दशमस्त्वमसि" की भाँति "तत् त्वमसि" जैसे महावाक्यों के उपदेश का कोई अर्थ नहीं रहेगा। **भास्कर** का समाधान ज्ञानमीमांसा के सन्दर्भ में उठाए गए प्रश्न का पारमार्थिक समाधान है। प्रतिप्रश्न से हम समस्या का पुनर्कथन कर देते हैं। दूसरे इस उत्तर में एक कठिनाई है – विस्मृति का सम्बन्ध अतीतानुभव से होना चाहिए, वर्तमान से नहीं।[१६५] इस बात में सन्देह नहीं कि ज्ञानमीमांसा में भी मौलिक साँचा पारमार्थिक ही रहेगा। जैसे कि स्मृति भी शक्ति है और शक्ति होने के नाते शक्तिमान् का स्वभाव है, अतः उनमें तादात्म्य स्वाभाविक है।[१६६] परन्तु देखना होगा कि शैव दार्शनिक इसमें क्या पद्धति अपनाते हैं।

---

[१६२] एवं यतो नीलप्रकाशः ततो नीलमिदम् इति परामर्श इति एकरूपत्वेऽपि हेतुफलभावः। – *ई.प्र. वि.*, २, पृ. ७४-७५

[१६३] बौद्ध स्रोतों में और भी विस्तार के लिए देखें "दी प्रत्यभिज्ञा ऍण्ड दी लॉजिकल एपिस्टेमॉलॉजिकल स्कूल ऑफ़ बुद्धिज़्म", रफ़ेल टोरेला, *रिचुअल ऍण्ड स्पेकुलेशन*, सं. टी. गुड्रियान, आलबेनी, १९९२, पृ.३३०-३१, और *वृत्ति*, पृ.१६२-६३ पादटिप्पणी ४।

[१६४] ननु भातभासमानैकीकरणरूपा प्रत्यभिज्ञात्र न युक्ता। असदेतत्। आत्मा हि भातो भासमानश्च। तदीश्वरत्वं तु तदीयस्वातन्त्र्येण मध्ये विस्मृतं तद्विषयत्वेन प्रत्यभिज्ञायते स ईश्वरोऽहमेवेति। भासमानस्याप्यात्मनो विस्मृतिर्जायते एव अन्यथा दशमस्त्वमसि इति न्यायेन तत्त्वमसि इत्युपदेशायोगात्। – *भा.*, १, पृ. ११

[१६५] **भास्कर** यहाँ पर प्रतितर्क कर सकते हैं कि 'भासमान' की विस्मृति होते ही वह 'भात' हो जाएगा, अतः इस प्रस्तुति में कोई अनौचित्य नहीं है।

[१६६] अतएव आत्मनोऽमी विकल्पाद्याः शक्तिविशेषाः तद्विश्रान्तशरीरत्वात् इति दर्शितं 'ज्ञानस्मृत्यपोहनशक्तिमान्' इत्यत्र। – *ई.प्र.वि.*, १, पृ. १८६

हमें लगता है कि प्रत्यभिज्ञा आचार्य स्मृति की आन्तरिक संरचना इस प्रकार प्रस्तुत करते हैं कि वह स्वयं गहरे स्तर पर प्रत्यभिज्ञा के रूप में उन्मिषित होती है। प्रत्यभिज्ञा की अनुसन्धानात्मक ज्ञान के रूप में अवधारणा की गई है। ध्यातव्य है कि स्मृति को इस अनुसन्धान का प्राण कहा गया है। स्मृति तभी उपपन्न हो पाती है जब उसका विषय पूर्वानुभव का विषय हो – इस एकता के भान वाली स्थिति का नाम अनुसन्धान है।[१९७] हमारी सभी लोकयात्रा उन ज्ञानों के आश्रित है जो इस स्मरणानुसन्धान से जन्म लेते हैं।[१९८] **अभिनव** का मानना है कि "अहं पश्यामि" रूप जो हमारा प्रथम प्रत्यक्ष है वह भी पूर्वापरानुसन्धानरूप स्मरण से अनुप्राणित हुए बिना नहीं हो सकता,[१९९] क्योंकि वहाँ पहले 'अहं' का तब 'पश्यामि', जिसका भी विषय 'अहं' है, परामर्श होता है।[२००] क्योंकि प्रमाता में विश्रान्त हुए बिना तो प्रत्यक्ष भी सम्भव नहीं होगा।

इस प्रकार सभी अनुसन्धानों का प्राण होते हुए भी विषय के बिना स्मरणानुसन्धान सम्भव नहीं होता।[२०१] स्मृति में यह विषय पूर्वानुभव के भासन द्वारा ही सम्भव है। पूर्वानुभव में जो विषय है उसका रूप है "बहिरिव भासते" (बाहर जैसा भासता है)। परन्तु वह तो पूर्व में था। इस समय स्मृति में उसका विमर्शन मात्र है। अतः स्मृति की परिभाषा है : 'विमर्श द्वारा गृहीत पूर्वदृष्टता' अर्थात् 'यह देखा जा चुका है इस भाव का' जब वर्तमानकाल में फिर से विमर्शन होता है तब उसे "सः" (वह) कहते हैं।[२०२] यह व्याख्या बताती है कि अनुभव और विमर्शन के मध्य विरोध का समन्वय होता है, उस अहं के द्वारा जो विभिन्न कालों में घटित अनुभवों के मध्य ऐक्यानुसन्धान करने में समर्थ है। प्रकाश-विमर्श समीकरण का आश्रय लेते हुए **अभिनव** इसे और भी समझाते हैं। 'विषयांश में प्रकाश' का सम्बन्ध तो 'पूर्वकाल' से है। परन्तु 'विमर्श द्वारा गृहीत प्रकाश' का सम्बन्ध हमारी चेतना के अंशभूत

---

[१९७] अनुसन्धानम् एकविषयभावोपपन्नस्मृतिताप्राप्तिरूपम्। – तदेव, १, पृ. १३६

[१९८] एवमन्योन्यभिन्नानामपरस्परवेदिनाम्।
ज्ञानानामनुसन्धानजन्मा नश्येज्जनस्थितिः।। – *ई.प्र.का.* १.४.६

[१९९] प्रथममपि . . . पूर्वापररूपानुसन्धानेन स्मरणानुप्राणितेन विना न घटते, प्रमातरि विश्रान्त्यभावात् अप्रत्यक्षत्वप्रसंगात्। – *ई.प्र.वि.*, १, पृ. १३७

[२००] स्मरणानुप्राणितेन पूर्वकालविशेषितात्मरूपविषयानुभवनेन सह एकविषयापरकालविशेषित-स्वात्मरूपविषयस्मृतिदत्तसत्ताकेन। – *भा.*, १, पृ. १३७

[२०१] सर्वं चानुसन्धानं स्मरणानुसन्धानप्राणं विषयमेलनेन विना न सम्भवत्येव। – *ई.प्र.वि.वि.*, २, पृ. २८०

[२०२] पूर्वदृष्टतैव सविमर्शा सती इदानींतनविमर्शभूमिपतिता स इति विमर्श उच्यते। – तदेव, २, पृ. ३०

स्मरण से है, जो काल से परिच्छिन्न नहीं है।[२०३] फलतः स्मरणगत विमर्श का अनुभवगत विमर्श से योग होने में न कोई बाधा है और न इसके माध्यम से अर्थ या विषय के प्रकाश से योग होने में। इस प्रकार प्रकाश और विमर्श का यह एकीकरण स्मृति की अनुसन्धानरूपता का आन्तरिक स्रोत बन जाता है। स्मृति में वस्तुतः क्या होता है, इसका **अभिनवगुप्त** सूक्ष्म परीक्षण करते हैं। पूर्वानुभव के विषय का ग्रहीता प्रमाता परवर्ती काल में उस विषय का 'सः' रूप से विमर्शन करता है, तब हम कहते हैं कि प्रमाता "स्मरण करता है"।[२०४] प्रश्न है कि यहाँ 'सः' विमर्श का रूप क्या है। न तो वह अहंरूप में अभेद-परामर्श है और न इदंरूप में भेद-परामर्श। अनुभवगत देश और काल से विशिष्ट परिमित प्रमाता की चेतना के साथ वह पृथक् विषय के रूप में अहन्ता में भी लीन नहीं होता, ऐसा होता तो तत्तद् विषय का स्मरण न होता। अतः जब स्मृति नहीं होती, उस समय वह विषय एक प्रकार से अज्ञान या विस्मृति के अन्धकार से आच्छादित होकर हृदय में संस्काररूप से बना रहता है। स्मृति, संस्कार रूप से स्थित इस विषय पर से अन्धकाररूप आवरण को केवल हटा देती है।[२०५] फलतः वह पूर्वकालीन विषय और उस काल का अनुभव दोनों स्मृति में भासित होते हैं, पर साथ ही वर्तमान स्मरणकालिक परामर्श की प्रधानता होने के कारण वह अब 'इदं' रूप की जगह 'सः' या 'तद्' रूप में परामृष्ट होता है। पहले और पीछे इन दोनों परामर्शों की सहचेतना 'सः' परामर्श में प्रतिफलित होती है।[२०६] इसी कारण से यहाँ स्मरण को अनुसन्धान भी कहते हैं। यहाँ महत्त्वपूर्ण बात यह देखने की है कि मलापसारण की जो प्रक्रिया हम ज्ञान-मीमांसा के क्षेत्र में प्रमाण के व्यापार के सन्दर्भ में या पारतात्त्विक क्षेत्र में मोक्ष के सन्दर्भ में देखते हैं, वही प्रक्रिया शैव दार्शनिक स्मृति के सन्दर्भ में भी अपनाते हैं। मोह को दूर करने के कारण यह प्रमाता की स्मृतिशक्ति कहलाती है।[२०७] दूसरी बात है कि 'स्मरति' या 'स घटः' का अर्थ है "मैंने इस घड़े का अनुभव किया"। इससे हम अनुसन्धाता और अनुसन्धान की एकता पर पहुँचते हैं। क्योंकि वेदिता या स्मर्ता इस ऐक्य

---

[२०३] ततश्च स्मरणे स्वात्मांशे सविमर्शः प्रकाशः कालानवच्छिन्न एव। अर्थांशे तु प्रकाशः प्राच्य एव। तन्नान्तरीयकविमर्शसहितः पुनर्विमर्शस्तु इदानीन्तनः। – तदेव, पृ. ३२; देखिए *वृत्ति,* पृ. १०६

[२०४] स हि पूर्वानुभूतार्थोपलब्धा परतोऽपि सन्।
विमृशन् स इति स्वैरी स्मरतीत्यपदिश्यते।। – *ई.प्र.का.* १.४.१

[२०५] स तादृगेव तमसेव आच्छाद्य अवस्थापितः संस्कारशब्दवाच्यः, तस्य तमाच्छादकम् अपहस्तयति। – *ई.प्र.वि.,* १, पृ. १५२

[२०६] इति तत्परामर्शभित्तिप्राधान्येन पूर्वकालपरामर्शः इति विरुद्धपूर्वापरपरामर्शस्वभाव एव स इति परामर्श उच्यते। – तदेव, पृ. १५३

[२०७] एतदेव हि तस्य स्मर्तृत्वम्। – तदेव, १५३-५४

से अतिरिक्त नहीं है। स्मरण से स्मर्ता का अवभासन एक गहरी प्रत्यभिज्ञा है – कथन की इस पद्धति को **अभिनवगुप्त** 'विस्मयगर्भा' कहते हैं।[२०८] इस प्रकार स्मृति में द्विचरणात्मिका प्रत्यभिज्ञा है – एक, तात्कालिक बाह्य पदार्थ का प्रकाश और इदंकालिक अन्तर्मुख विमर्श[२०९] इनकी प्रत्यभिज्ञा, और दूसरे, "मैंने अनुभव किया" इस रूप में अनुसन्धान द्वारा अनुसन्धाता की प्रत्यभिज्ञा।

इससे हम मूल प्रश्न पर आ जाएँ। हमने देखा कि विमर्श में काल नहीं होता, कालस्पर्श होता है विषय अर्थात् प्रकाश में। स्मृति आन्तरिक संरचना में विमर्श है, जो मल का अपसारण करती हुई कालानवच्छिन्न परामर्श करती है। स्मृति और अनुभव प्रमाणावस्था की ज्ञानप्रकारताएँ हैं, अनुत्तर में तो उनकी शक्तिरूपता है। चरम प्रत्यभिज्ञा में भी स्मृति और अनुभव का समीकरण प्रकाश और विमर्श के समीकरण के रूप से ही अपनी प्रमाणातीत भूमिका में अभिव्यक्त होता है।[२१०] प्रमाणातीत स्मृति का सम्बन्ध प्रमाणातीत विस्मृति से करना होगा।[२११] यह प्रमाणोत्तीर्ण आद्य विस्मृति परमशिव की तिरोधान शक्ति है। अतः अपना संकोच विस्मृति है और विकास प्रत्यभिज्ञान। अभेद में भेदन आद्य विकल्पन या तिरोधान है और भेद में अभेदन परम प्रत्यभिज्ञा या अनुग्रह। यही कारण है कि **उत्पल** भावित चित्त वालों के स्मरण को "दृष्ट (दृश्यमान नहीं) अर्थ का प्रत्यक्षीकरण" मानते हैं।[२१२] **अभिनव** बताते हैं कि आगम परम्परा में स्मृति ही मन्त्र है और वही ध्यान है।[२१३] स्मृति की यह आध्यात्मिक संरचना ही प्रत्यभिज्ञा में उसके महत्त्व का कारण है।

---

[२०८] 'एष सः' इति आच्छादितस्येव प्रमातृतत्त्वस्य स्फुटावभासनं कृतम्, इदम् (एषः) इति विस्मयगर्भया अनया उक्त्या प्रत्यभिज्ञा एव सूचिता। – *ई.प्र.वि.,* १, पृ. १६५

[२०९] अस्मद्दर्शने तु भिन्नकाला अपि संविदः तत्कालात्यागेनैव एकतावभासनेन स्वतन्त्रः प्रमाता यावदन्तर्मुखतया तावत्यंशे विमृशति तावत्प्रकाशस्य तात्कालिकबहिर्भावावभासो विमर्शस्य इदानीन्तनान्तर्मुखा स्थितिरिति। – तदेव, पृ. १६४

[२१०] यहाँ आकर अनुभव और प्रत्यभिज्ञा भी अपना भेद खो बैठते हैं। अनुभव प्रत्यभिज्ञानात्मक होता है और प्रत्यभिज्ञान अनुभवात्मक, क्योंकि दोनों ही में प्रकाश का विमर्श से अभेदानुसन्धान होता है। अनुभव का अभिप्राय, **अभिनवगुप्त** के अनुसार, ऐसे अभेदविमर्श से है जिसका जीवन प्रकाश है: "तेन निर्विकल्पकेन अभेदविमर्शेन प्रकाशमात्रजीवितेन अनुभवशब्दवाच्येन।" – *ई.प्र. वि.वि., १,* पृ. ७६। यहाँ पर भी हम प्रकाश-विमर्श का समीकरण देखते हैं।

[२११] सर्वाद्वैतपदस्य विस्मृतनिधेः प्राप्तिः प्रकाशोदयः। – *अनुत्तराष्टिका ४, अभिनवगुप्त.,* परिशिष्ट 'सी', पृ. ६४३

[२१२] अतिशयनिरन्तरावहितचेतसस्तु दृष्टार्थप्रत्यक्षीकार एव। – *वृत्ति,* पृ. १५

[२१३] आगमिकाः स्मरणमेव मन्त्रादिप्राणितं मन्यन्ते। तथा च 'ध्यानादिभावं स्मृतिरेव लब्ध्वा चिन्तामणिस्तद्विभवं व्यनक्ति' इति। – *ई.प्र.वि.,* १, पृ. १५४

फल, उपेय, पर्यन्त मूल्य

इस सारे व्यापार का फल या साध्य भी प्रत्यभिज्ञा है, यह प्रत्यभिज्ञा का चतुर्थ आयाम है। आदिश्लोक की व्याख्या में **अभिनवगुप्त** ने पार्यन्तिक प्रयोजन के द्वारा इसी का निर्देश किया है।[२१४] सम्प्रदाय की पारिभाषिक पदावली में तीनों प्रयोजनों को क्रमशः अग्र, मध्य और मूल कहा जा सकता है। इस प्रकार पार्यन्तिक प्रयोजन, मूल प्रयोजन, फल, उपेय या चरम मूल्य सब एक ही अर्थ ध्वनित करते हैं। यह पर्यन्त मूल्य है, समस्तसम्पत् रूप माहेश्वर्य-लाभ या पारमार्थिक प्रमातृता का प्रकाशन अर्थात् स्वरूप प्रत्यभिज्ञान। भारतीय दर्शन के व्यापकतर सन्दर्भ में हम इसे मुक्ति शब्द से व्यक्त करते हैं।[२१५]

अभिनव इसे एक दृष्टान्त से समझाते हैं। जब वैद्य रोगी से कहता है "आरोग्य की कामना वाले लोग हरीतकी (हड़) का सेवन करें" ("आरोग्यकामाः शिवां सेवन्ताम्"), तो विश्लेषण करने पर इस वाक्य की चार कक्ष्याएँ स्पष्ट प्रकट होती हैं। पहली कक्ष्या है, वाक्य-प्रयोग की। दूसरी कक्ष्या है, उत्तम (या अँग्रेज़ी भाषा के प्रथम) पुरुष में अर्थबोध की – "मुझे हड़ का सेवन करना चाहिए"। तीसरी कक्ष्या है व्यापार, प्रयत्न या क्रिया की – रोगी द्वारा हड़ का सेवन। और चौथी कक्ष्या है, आरोग्य या आरोग्य-लाभ की।[२१६] यहाँ महत्त्वपूर्ण बात यह है कि चौथी कक्ष्या – आरोग्यलाभ – तो आगे भविष्य में घटित होगी, फिर भी चौथी कक्ष्या तीसरी कक्ष्या के अन्दर अर्थात् सेवनकाल में रोगी की चेतना में समाई रहती है। उसी से वह अर्थ सम्पूर्ण होता है, अन्यथा रोगी की उस उपचार के प्रति रुचि नहीं रहेगी। फलतः वह उपचार का अधिकारी भी नहीं रहेगा। "समस्तसम्पत्" यहाँ आरोग्य का स्थानी है और अन्वर्थतया महान् ऐश्वर्य (माहेश्वर्य) या परम ऐश्वर्य का वाचक है। पारमैश्वर्य है, अपने को ईश्वर जानते हुए और ज्ञान-क्रिया को अपने से अभिन्नतया अपने में ही उपलब्ध करते हुए कर्ता और ज्ञाता होना। **अभिनव** के लिए यह पूरे प्रत्यभिज्ञा शास्त्र का फलित है[२१७] और "कर्तरि ज्ञातरि स्वात्मन्यादिसिद्धे महेश्वरे" (*ई.प्र.का.* १.१.२) से प्रारम्भ होने वाली आत्माविष्करण-यात्रा का पर्यन्त बिन्दु भी। पार्यन्तिक शब्द द्वारा भङ्गिमान्तर से शैव दार्शनिक द्वारा यह सिद्ध करने का ठोस दार्शनिक प्रयत्न है कि सारी प्रत्यभिज्ञाएँ शिव के 'आत्मप्रत्यभिज्ञान'

---

[२१४] तस्यापि प्रयोजनं समस्तसंपल्लक्षणपारमैश्वर्यरूपैकप्रथनम्। – *ई.प्र.वि.*, १, पृ. ४१-४२

[२१५] प्रत्यभिज्ञात्मकं मोक्षतत्त्वमिति विमर्शस्य तात्पर्यम्। – *ई.प्र.वि.वि.*, ३, पृ. ३५५

[२१६] *ई.प्र.वि.*, १, पृ. ४५-४६।

[२१७] एवमधिकारचतुष्टयोक्तं यद्वस्तु तत्फलितमाह –
एवमात्मानमेतस्य सम्यग्ज्ञानक्रिये तथा।
जानन्यथेप्सितान्पश्यन्जानाति च करोति च।। – (*ई.प्र.का.* ४.१.१५) – *ई.प्र.वि.*, २, पृ. ३०८

के रूप में निहित हैं। चरम प्रत्यभिज्ञा को इसीलिए 'महाविमर्श' कहते हैं।[२१८] इस अर्थ में प्रत्यवमर्श की 'प्रत्यभिज्ञा' से पर्यायता है : प्रति + अव + मृश् का अर्थ है – उल्टा अपना विमर्श करना।[२१९]

प्रयोजनों के तारतम्य-निर्देश से और विशेषतः पार्यन्तिक प्रयोजन की चर्चा से कुछ आधुनिक विद्वान् प्रत्यभिज्ञा सम्प्रदाय द्वारा पल्लवित आत्म-प्रत्यभिज्ञान के आविष्करण को प्रयोजनमूलक (टीलिओलॉजिकल) मानने के पक्ष में है।[२२०] दृश्यमान जगत् का अहंविमर्श की ओर लौटना अन्ततः उसके वास्तविक स्वरूप का आत्मप्रत्यभिज्ञान है। इस दृष्टि से सृष्टि का प्रत्यावर्तन और प्रयोजन एक ही बात है। परन्तु मुझे लगता है कि इस तरह की धारणा अतिसरलीकरण होगी। व्यवहार की दृष्टि से इस प्रक्रिया को प्रयोजनमूलक हम भले ही कह लें, पर तत्त्वतः यह आत्मा के कर्तृत्व में अन्तर्भूत है।[२२१] सृष्टि में स्वात्मरूप शिव का जगत् के रूप में अवरोहण अपने कर्तृत्व का प्रत्यभिज्ञान है, और उपसंहार में आत्मा का शिव की ओर प्रत्यावर्तन आत्मा के ज्ञातृत्व का प्रत्यभिज्ञान है। लेकिन सृष्टि-प्रक्रिया "के लिए" आत्मप्रत्यभिज्ञान और आत्मप्रत्यभिज्ञान "के लिए" संहार-प्रक्रिया नहीं है। आत्मप्रत्यभिज्ञान का अर्थ ही है चेतना की अविच्छिन्न धारा, जिसमें हमारी जीवन-यात्रा और सामान्य अनुभव, आद्य विश्रान्ति और पार्यन्तिक विश्रान्ति (जो अहंविमर्श होने के नाते एकरूप हैं) के मध्य बीच के पड़ाव मात्र हैं।[२२२]

प्रत्यभिज्ञा को **अभिनवगुप्त** 'महाफल' कहते हैं। महाफल कहने का विशेष प्रयोजन है कि फल के प्ररोह की दिशा उभयमुखी है – अर्थात्, मनुष्य की ईश्वरविषयक प्रत्यभिज्ञा और ईश्वर की मनुष्यविषयक प्रत्यभिज्ञा।[२२३] ईश्वर और मनुष्य के बीच जो प्रत्यभिज्ञामूलक

---

[२१८] इत्येवंविमर्शे दृढीभूते विकल्पा अपि महाविमर्शपतिता अविकल्पीभवन्ति। – *ई.प्र.वि.वि.*, ३, पृ. ३६३

[२१९] प्रत्यभिज्ञापरपर्यायस्य विमर्शस्य। – *म.मं.प.*, पृ. ७

[२२०] The soteriological reintegration-clarification of self-recognition is cast by the thinkers in a manner which may be described as teleological . . . cosmogony and teleology are the same. – *आर्ग्युमेन्ट.*, पृ. १४८-५०

[२२१] इदमित्यस्य विच्छिन्नविमर्शस्य कृतार्थता।
या स्वस्वरूपे विश्रान्तिर्विमर्शः सोऽहमित्ययम्।। – *अ.प्र.सि.* १५

[२२२] एतदुक्तं भवति - परामर्शो नाम विश्रान्तिस्थानम् तच्च पार्यन्तिकमेव पारमार्थिकम्। . . .अनेन नीलादेः अपि इदं नीलम् इति मध्यपरामर्शेऽपि मूलपरामर्शे अहमित्येव विश्रान्तेः आत्ममयत्वम् उपपादितमेव। – *ई.प्र.वि.*, १, पृ. २७८-७९

[२२३] तस्य जनस्य ईश्वरविषये प्रत्यभिज्ञा तस्येश्वरस्य च जनविषये प्रत्यभिज्ञा। – *भा.*, १, पृ. ४३

सम्बन्ध है अर्थात् स्वामी जब अपने को पहचानता है, तब सम्बन्ध है प्रत्यभिज्ञातृ-प्रत्यभिज्ञेयता रूप। और जब मनुष्य से कहा जाता है कि तुम स्वामी को पहचानो, तो यह प्रत्यभिज्ञापयितृ-प्रत्यभिज्ञाप्यतारूप सम्बन्ध है।[२२४] अर्थात् आत्मप्रत्यभिज्ञानपूर्वक जनप्रत्यभिज्ञान सम्पूर्ण प्रत्यभिज्ञान बनता है। पूर्ण प्रत्यभिज्ञान समस्त सम्पत्तियों की प्राप्ति का हेतु होने के नाते महाफल है। आदिश्लोक में उपात्त "दास्य" और "समस्त सम्पत् (समग्र ऐश्वर्य) की प्राप्ति" दोनों को **उत्पल** एक ही मानते हैं, यह **अभिनवगुप्त** के व्याख्यानों से पता चलता है।[२२५] दास वह है जिसे स्वामी अपना सब कुछ दे देते हैं, अतः परमेश्वराकार स्वातन्त्र्य के प्रति यह पात्रता-आसादन है।[२२६] ईश्वर और जन की यह पारस्परिकता गुरु और शिष्य, शास्त्रकार और पाठक, कारिकाकार और टीकाकार सबमें संक्रान्त होती है। इसीलिए **अभिनव** आगमों में प्रतिपादित महाव्याप्तिभावना का तात्पर्य इसे ही मानते हैं।[२२७] दास्य शब्द के प्रयोग द्वारा **उत्पल** प्रत्यभिज्ञा के अर्थ को एक नया विस्तार देते हैं। दास्य भक्ति को प्रत्यभिज्ञानमयी मानकर वह भावगोचरता और तर्कगोचरता के मध्य पड़े तथाकथित पर्दे को हटा देते हैं। और इस बात की उद्घोषणा करते हैं कि भाव भी ज्ञान दे सकता है। समग्रता की उपलब्धि में जो आस्वाद है, वही समावेशमयी भक्ति है और वही मोक्ष।[२२८] **कविराज** जी ने प्रत्यभिज्ञा के इस पक्ष पर अत्यन्त गम्भीर चर्चा की है,[२२९] हमने अन्यत्र इस पर विचार किया है।[२३०] वस्तुतः *कारिका, वृत्ति* और *विवृत्ति* के महान् दार्शनिक और *शिवस्तोत्रावली* के भावविह्वल भक्त **उत्पल** ने इसे अपने जीवन से प्रमाणित किया था।

प्रत्यभिज्ञा को दास्य और दास्यभक्ति को 'समावेश' कहकर शैव दार्शनिक तान्त्रिक परम्परा के अत्यन्त महत्त्वपूर्ण प्रत्यय 'समावेश' को प्रत्यभिज्ञा विचार-प्रणाली का अंग बना

---

[२२४] तस्य प्रभोरसौ सम्बन्धः प्रत्यभिज्ञातृप्रत्यभिज्ञेयतालक्षणो महाफलः समस्तसंपदवाप्तिहेतुः, तस्येति वा प्रत्यभिज्ञापयितुरार्द्राशयस्य ईश्वरसमावेशात् सर्वशक्तेर्जनैर्यः सम्बन्धः प्रत्यभिज्ञापयितृप्रत्यभिज्ञाप्यलक्षणः।– . *ई.प्र.वि.वि.*, १, पृ. २९-३०

[२२५] महाफलम् समस्तसंपत्समवाप्तिरूपफलयुक्तदास्यासादनरूपं श्रेष्ठफलम्। – *भा.*, १, पृ. ३०

[२२६] तस्य दास्यमित्यनेन तत्प्रत्यभिज्ञोपपादनस्य महाफलत्वमासूत्रयति . . . इत्यनेन परमेश्वररूपस्वातन्त्र्यपात्रता उक्ता। – *ई.प्र.वि.* १, पृ. २९

[२२७] महाव्याप्तिभावनेऽयमेव तात्पर्यार्थः। – *ई.प्र.वि.वि.*, १, पृ. २३

[२२८] सततसमावेशप्राबल्यं विद्यालक्षणं भक्तिः तया। अनन्तफलार्थित्वेन मोक्षलक्षणो य आस्वादः परिपूर्णो विश्वरूपतामयो दृक्क्रियात्मा विमर्शः, स एव प्रकृतो यत्र। – तदेव, पृ. २४-२५

[२२९] "काश्मीरीय शैवदर्शन", *भा.सं.सा.*, भा.१, पृ. ७-११।

[२३०] देखिए "गोपीनाथ कविराज ऑन् काश्मीर शैविज़्म", पृ.४०-४४।

देते हैं। काश्मीर के कापालिकों से[२३१] यह प्रत्यय *मालिनीविजयोत्तरतन्त्र* के माध्यम से आता है।[२३२] समावेश की धारणा को समझाते हुए **उत्पल** कहते हैं कि सांसारिक प्राणी, पशु प्रमाता, के क्रमशः देह, बुद्धि, प्राण और शून्य अंशों से तादात्म्य होने के कारण उसके मूलभूत व्यक्तित्व के दोनों पक्ष –स्वातन्त्र्य और बोध, क्रिया और ज्ञान – संकुचित होने के कारण देह आदि की तुलना में गौण होकर पृष्ठभूमि में चले जाते हैं। वस्तुतः दो प्रकार का यही आणव मल – हमारे व्यक्तित्व का आद्य संकुचन – है।[२३३] गुरु के उद्‌बोधन आदि से इस सम्बन्ध का विपर्ययन अर्थात् शून्य, प्राण, बुद्धि और देह का मौलिक ज्ञानक्रियात्मक स्वभाव के सामने गुणीभूत हो जाना समावेश कहलाता है।[२३४] समावेश है कर्तृता और बोध रूप संवित् में डूब जाना। इस प्रकार यह ज्ञान की प्रकृति को परिभाषित करता है। समावेश में *विश्* का साधारण और प्रेरणार्थक दोनों अर्थों में ग्रहण[२३५] समावेश की दोहरी प्रवृत्ति का परिचायक है – पूरी तरह से प्रवेश करना और पूरी तरह से घेर लिया जाना, आविष्ट कर लिया जाना। आवेशन व्यक्तित्व के आमूल-चूल आन्तरिक परिवेष्टन की प्रक्रिया है। इस प्रक्रिया का द्विमुखत्व ठीक प्रत्यभिज्ञा जैसा है। प्रत्यभिज्ञा और समावेश की पर्यायता में **उत्पल** का अभिनिवेश इसी से

---

[२३१] **शिवाग्रयोगिन्** ने अपनी *शैव परिभाषा* में समावेश को कापालिकों की मुक्ति की विशेषता माना है (पृ० १५६-५७)। **ब्रजवल्लभ द्विवेदी** ने अपने *अष्टप्रकरण* की भूमिका (पृ. ४१-४२) में इस मत को सानुमोदन उद्धृत किया है। आधुनिक विद्वानों के एक बड़े वर्ग की मान्यता है कि समावेश की धारणा कापालिकों से काश्मीर शैव अद्वैत परम्परा में आई। हो सकता है, ये विद्वान् **शिवाग्रयोगिन्** से प्रभावित रहे हों, यद्यपि इस स्रोत का वह शब्दशः अभ्युपगम नहीं करते। देखिए, "प्योरिटी ऍण्ड पॉवर एमङ् दी ब्राह्मन्स ऑफ़् काश्मीर", *दी कैटेगॅरी ऑफ़् पर्सन* में संकलित, ए. सैन्डर्सन, सं. एम. केरिथर्स एवं अन्य, कैम्ब्रिज, १९८५, पृ. २९०, टिप्पणी ९०; सिद्धान्त शैवों में भी इस धारणा का उल्लेख मिलता है। देखिए, *वृत्ति*, भूमिका, पृ० ३३, टिप्पणी ४९। जहाँ तक प्रत्यभिज्ञा आचार्यों का प्रश्न है, वे इस धारणा का प्रभाव-स्रोत *गीता* को स्वीकार करते हैं। देखिए *ई.प्र.वि.*, २, पृ. २५८; *ई.प्र.वि.वि.*, ३, पृ. ३२८ जहाँ **अभिनवगुप्त** *गीता* १२.२ इत्यादि को उद्धृत करते हैं। आवेश की धारणा के महत्त्वपूर्ण स्रोतों में *नाट्यशास्त्र* और **भर्तृहरि** भी हैं। वस्तुतः अपने आप में यह स्वतन्त्र विचार का विषय है।

[२३२] *मा.वि.तं.* २.२१-२३।

[२३३] स्वातन्त्र्यहानिर्बोधस्य स्वातन्त्र्यस्याप्यबोधता।
द्विधाणवं मलमिदं स्वस्वरूपापहानितः।। – *ई.प्र.का.* ३.२.४

[२३४] मुख्यत्वं कर्तृतायाश्च बोधस्य च चिदात्मनः।
शून्यादौ तद्‌गुणे ज्ञानं तत्समावेशलक्षणम्।। – तदेव ३.२.१२

[२३५] **सैन्डर्सन, हारा, टोरेला** आदि पाश्चात्य विद्वान् समावेश के ये दो अर्थ विश् को सकर्मक और अकर्मक मानकर करते हैं। दे. *वृत्ति*, भूमिका, पृ. ३२। परन्तु क्या संस्कृत भाषा इसकी अनुमति देती है, यह विचार का विषय है।

सिद्ध होता है कि प्रारम्भ में की गई प्रत्यभिज्ञा के उपपादन की प्रतिज्ञा की सिद्धि वह अपनी शिवतामयी विश्वकर्तृता के आवेश में देखते हैं।[२३६] यहाँ यह प्रवेश जिज्ञासु या मनुष्य का शिव की सत्ता में है। समावेश की धारणा **उत्पल** अपने गुरु **सोमानन्द** से लेते हैं। *शिवदृष्टि* के मंगलाचरण में ग्रन्थकार उस शिव को प्रणाम करते हैं जो प्रमाता या पाठक या ग्रन्थकार के अस्तित्व में आविष्ट है।[२३७] यह प्रक्रिया शिव की ओर से मनुष्य की शिवतामयी सत्ता में प्रवेश की है। **सोमानन्द** वस्तुतः शिवरूपता की पहचान उसकी अपनी शक्तियों के द्वारा आवेश से करते हैं। सारे ज्ञानाकारों, सारे विषयाकारों में शक्ति के आवेशन के द्वारा ही उनकी शिवरूपता का अभिज्ञान सम्भव है।[२३८] इस आवेशन को **उत्पल** चित्, आनन्द इत्यादि पञ्चशक्तियों की समरसता मानते है।[२३९] समावेश की मात्रा से सिद्धि का समानुपातिक सम्बन्ध है – जिस सीमा तक भिन्न प्रमेयों में शिवत्व का समावेश पाते हैं, उसी सीमा तक सिद्धि सम्भव है। अर्थात् समावेश का निरन्तर दृढीकरण होते रहना चाहिए। *विमर्शिनी* और *विवृत्तिविमर्शिनी* में **अभिनवगुप्त** समावेश के आधार पर दो प्रकार की जीवन्मुक्ति का निरूपण करते हैं।[२४०] जीवन्मुक्ति इसलिए कि देहपात के बाद तो केवल एकघन शिवता ही बचती है, वहाँ कौन किसमें समावेश करेगा।[२४१] पहले प्रकार में समावेश का अर्थ है "सत्य के स्वरूप में पूरा और चारों ओर से ज्ञानात्मक प्रवेश", उस ज्ञान को पाकर व्यक्ति ज्ञानी और इसके अभ्यास से योगी हो जाता है।[२४२] बुद्धि, देह, प्राण आदि में व्यापकत्व, नित्यत्व आदि, अनन्त संविद्धर्मों के आसादन से योगी को तुर्यातीत दशा की प्राप्ति होती है। इस परामर्श के बल से शून्यादि

---

[२३६] तदत्र निदधत्पदं भुवनकर्तृतामात्मनो
विभाव्य शिवतामयीमनिशमाविशन् सिद्धयति। – *ई.प्र.का.* ४.१.१६

[२३७] अस्मद्रूपसमाविष्टः स्वात्मनात्मनिवारणे।
शिवः करोतु निजया नमः शक्त्या ततात्मने।। – *शि.दृ.* १.१

[२३८] तस्मात्समग्राकारेषु सर्वासु प्रतिपत्तिषु।
विज्ञेयं शिवरूपत्वं स्वशक्त्यावेशनात्मकम्। – तदेव ३.१७

[२३९] तेषु सर्वेष्वेव शक्तिमद्भगवच्छिवरूपत्वं स्थितं ज्ञेयं पूर्वोक्तसर्वनिजशक्तिसामरस्यमयम् उपदेशगम्यम्। – *शि.दृ.वृ.*, पृ. १०५

[२४०] सेयं द्वय्यपि जीवन्मुक्तावस्था समावेश इत्युक्ता शास्त्रे। – *ई.प्र.वि.*, २, पृ. २५८;
सा इयं द्वयी अपि दशा समावेशः। – *ई.प्र.वि.वि.*, ३, पृ. ३२८

[२४१] देहपाते तु एकघना एव शिवतेति तदा समावेशादिव्यवहारो न कश्चिदिति सूत्रस्य पिण्डार्थः। – *ई.प्र.वि.वि.*, ३, पृ. ३२८; देहपाते तु परमेश्वर एवैकरसः इति कः कुत्र कथं समाविशेत्। – *ई.प्र.वि.*, २, पृ. २५८

[२४२] समावेशलक्षणं सत्यस्वरूपे सम्यगासमन्तात् प्रवेशलक्षणं ज्ञानं यल्लाभेन ज्ञानी, यदभ्यासेन च देहप्राणादावनन्तसंविद्धर्मात्मकविभवसमासादनात् योगी भवति। – *ई.प्र.वि.वि.*, ३, पृ. ३२७

रूप कल्पित व्यक्तित्व से निकलकर अहंभाव ऊपर आकर 'उतराने-सा' लगता है, 'सा' इसलिए क्योंकि शून्य आदि का संस्कार बना रहता है। इस स्थिति की तुलना **अभिनवगुप्त** 'अव्यतिरेकतुर्यातीत' से करते हैं।[२४३] उनके अनुसार **उत्पल** इसको 'विशेष दर्शनों', अर्थात् शाक्ताद्वैतवादी दर्शनों, की विशेषता मानते हैं, जो आत्मा का लक्षण शक्ति को स्वीकार करते हैं। फलतः 'सामान्य दर्शन' वालों की स्थिति भिन्न है, जो शुद्ध चैतन्य रूप सर्वोत्तीर्ण, मात्र प्रमाता को ही स्वीकार करते हैं।[२४४] स्वाभाविक है कि सामान्य दर्शनों का तुर्यातीत 'व्यतिरेकतुर्यातीत' कहलाएगा। दूसरे प्रकार के समावेश में शक्तिरूप संविद्धर्म धीरे-धीरे अभ्यास के द्वारा संकुचित व्यक्तित्व के निर्मायक तत्त्वों में पूरी तरह आविष्ट होते हुए तमाम सिद्धियों को प्राप्त करते हैं, जैसे ताम्बे के बर्तन में रखा गया पारा धीरे धीरे ताम्बे के बर्तन को सोने में बदलने लगता है। इसे तुर्या स्थिति कहते हैं। बिना अभ्यास के भी तत्क्षण आवेश में आनन्द, उद्भव, कम्प आदि संविद्धर्मों के धीरे धीरे प्रकट होने से जीवन्मुक्ति प्राप्त होती है।[२४५] यहाँ शून्यादि मानों अपनी प्रमेयता छोड़ने लगते हैं। इस प्रकार देहाभिमान के स्पर्श वाली अवस्था तुर्या है, और देहादि के अभिमान के स्पर्श से अछूती दशा तुर्यातीत है।

दोनों प्रकार के – तुर्यातीत और तुर्य – समावेश को क्रमशः पर और अपर सिद्धि कहा गया है। आदिश्लोक में आए "समस्तसम्पत्" का यह अन्वर्थ विनियोग है।[२४६] पर सिद्धि है पूर्णतात्मक जीवान्मुक्ति, और अपर सिद्धि है समावेश के अभ्यास से विभूतियों या परमेश्वर के ऐश्वर्य का क्रमिक उन्मीलन।[२४७] महाफल कहकर इस समीकरण को **अभिनव** अनवद्य घोषित कर देते हैं।[२४८] इस विश्लेषण से यह स्पष्ट है कि वेद्यता के निमज्जनपूर्वक स्वरूपोन्मेषी प्रत्येक अनुभव अपर सिद्धि या विभूतिरूप है और उसकी एक ही दिशा है : संकुचित व्यक्तित्व देह आदि के किसी एक अंश का, दो अंशों का या सभी अंशो का निमज्जन और पर्यन्ततः

---

[२४३] इति अव्यतिरेकतुर्यातीतसमता एव। – तदेव, पृ. ३२८

[२४४] 'विशेषदर्शनेषु' इति शाक्ताद्वैतप्रधानेषु, विशेषः शक्तिलक्षण आत्मनो दर्श्यते साक्षात्कारं नीयते येषु। . . . शुद्धचैतन्यमिति सामान्यदर्शनेषु सर्वोत्तीर्णैकतद्रूपवेदकेषु दर्शितेति सूचयति। – तदेव, पृ. ३३१

[२४५] अभ्यासात्तस्य संविद्धर्माः शक्तिविशेषाः सम्यगाविशन्तो विभूतीरुत्थापयन्ति, अनभ्यासेऽपि तु तत्क्षणावेश एव आनन्दोद्भवकम्पनिद्राव्याप्तिरूपघूर्ण्याविर्भावनक्रमेण जीवन्मुक्ततालाभः। – *ई.प्र.वि.वि.*, ३, पृ. ३३०

[२४६] समस्त = पर अपर + संपत् = संपत्ति = सिद्धि।

[२४७] तदा तत्क्षणमेव पूर्णतात्मिका जीवन्मुक्तिः, समावेशाभ्यासरसे तु विभूतिलाभः - इति तस्य प्रत्यभिज्ञैव परापरसिद्धिप्रदायिनी भवति। – *ई.प्र.वि.*, २, पृ. ३१५

[२४८] जीवन्मुक्तिविभूत्यात्मकपरापरसिद्धिरूपमहाफलप्रदम्। – *भा.*, २, पृ. ३१५

महाविभूति का लाभ। इस अर्थ में मुक्ति और महाविभूति एक ही हैं।[२४९]

मुक्ति और विभूति, मुक्ति और ऐश्वर्य, के तादात्म्य की पृष्ठभूमि में तन्त्रों का एक प्रसिद्ध वैचारिक समीकरण कार्यरत है। शैव दार्शनिकों ने मोक्ष की अवधारणा भोग और मोक्ष के सामरस्य के रूप में की है।[२५०] आत्मरूप परमेश्वर के वैभव का उन्मीलन, अपनी स्वातन्त्र्यरूपता की क्रमिक उपलब्धि ही भोग है। लौकिक उपमान की रक्षा करते हुए **अभिनव उत्पल** का अनुगमन करते हुए प्रत्यभिज्ञा को मुक्ति और दास्य को लक्ष्मी की संज्ञा देते हैं।[२५१] इतना ही नहीं वह स्पष्ट शब्दों में पर सिद्धि प्रत्यभिज्ञा को मोक्षपरक और अपर सिद्धि विभूतिलाभ को भोगपरक घोषित करते हैं।[२५२]

प्रत्यभिज्ञा की अवधारणा के निरूपण में शैव दार्शनिक जिस विचारसरणि का आश्रय लेते हैं, समावेश के प्रतिपादन में ठीक उसी की समानान्तरता दिखाई देती है। महाफल की दास्यरूपता के प्रसंग से समावेश के प्रत्यय का आसूत्रण हुआ था। प्रत्यभिज्ञावादियों का बद्धमूल विश्वास है कि समावेश की प्राप्ति ही सारे ज्ञानात्मक, क्रियात्मक और आध्यात्मिक उद्यम का स्रोत है।[२५३] सारी उपासना, सारी भक्ति समावेश का ही पल्लव है। सारी भक्ति-साधना का, विशेषकर दास्य-भक्ति का, ठीक वही रूप है जो समावेश का – अपने सीमित अस्तित्व का गुणीकरण और परमेश्वर के स्वरूप की प्रधानता का आपादन।[२५४] यही भक्ति का प्रह्वीभाव है। कल्पित व्यक्तित्व के निरन्तर प्रगुणीकरण द्वारा चेतना के मलहीन स्वरूप

---

[२४९] तां विभाव्य यद्यनिशमाविशति शरीरप्राणबुद्धिशून्येभ्योऽन्यतमं द्वयं सर्वं वा तत्रैव निमज्जयति, अनवरतं तत्तां तां विभूतिं महाविभूतिपर्यन्तां लभते। – *ई.प्र.वि.*, २, पृ. ३११

[२५०] एतदेव ह्यस्य दर्शनान्तरेभ्यो वैशिष्ट्यं यद् भोगमोक्षद्वितयानुभूतिसामरस्यं नाम। – *म.मं.प.*, पृ. १२; **कविराज** जी इसी सन्दर्भ में *प्रबोधपंचदशिका* की प्रसिद्ध पंक्तियों को उद्धृत करते हैं:

तस्याः भोक्त्र्याः स्वतन्त्राया भोग्यैकीकार एष यः।
स एव भोगः सा मुक्तिः स एव परमं पदम्।। – *भा.सं.सा.*, १, पृ. २५३, पाद टिप्पणी १

[२५१] ऐश्वर्यमयी महेश्वरसमावेशरूपा या प्रकृष्टा भक्तिः . . . सा लक्ष्मीशब्देन संपत्पदेन च समस्तेत्यस्य दास्यविशेषणतासूचनेन निर्दिष्टा। – *ई.प्र.वि.वि.*, १, पृ. २८; देखिए, *ई.प्र.का.* १.१.१ पर *वृत्ति :* "लब्धात्यन्तदुर्लभतद्दास्यलक्ष्मीर् अहमेकाकिसंपदा" – पृ. १

[२५२] प्रत्यभिज्ञानमात्रादानन्दलाभः, परिशीलनात् तु संभोगसहस्रप्राप्तिरिति तुल्यमुभयत्र। – *ई.प्र.वि.वि.*, ३, पृ. ४०३

[२५३] सम्यगावेशनमेव हि तत्र तत्र प्रधानम्, तत्सिद्धये तूपदेशान्तराणि। . . . समावेशपल्लवा एव च प्रसिद्धदेहादिप्रमातृभागप्रह्वीभावभावनानुप्राणिताः परमेश्वरस्तुतिप्रणामपूजाध्यानसमाधिप्रभृतयः। – *ई.प्र.वि.*, २, पृ. २५८

[२५४] तेषां हि प्रह्वीभावः स्वात्मगुणीकरणं परमेश्वररूपप्रधानतापादनं तत्त्वम्। – *ई.प्र.वि.वि.*, ३, पृ. ३२८

की प्राप्ति ही भगवान् का अनुग्रह है, प्रसाद है। वही वस्तुतः भगवत्ता है और मोक्ष तदाकारक है।[२५५]

अभिनवगुप्त सारे प्रत्यभिज्ञा-निर्णय की सार्थकता पर प्रश्नचिह्न लगाते हैं। यदि आत्मा नामक वस्तु शिवरूप है तो प्रत्यभिज्ञान होने-न-होने से उसकी शिवाकारता पर कोई प्रभाव नहीं पड़ता। अतः आत्मा ईश्वर है, इस प्रत्यभिज्ञान में कोई व्यावहारिक, यौक्तिक या प्रयोजनमूलक बाध्यता नहीं है। अपने उत्तर में **अभिनवगुप्त** अर्थक्रिया को दो प्रकार का मानते हैं – बाह्य और आन्तरिक। बाह्य का सम्बन्ध विषय आदि से है, और आन्तरिक का प्रमाता या विषयी से। बीज पहचाना जाए या न जाए, कारण सामग्री के होने पर वह अंकुर को अवश्य जन्म देगा। अंकुरण एक प्रकार की बाह्य अर्थक्रिया है, यहाँ एक प्रकार की यान्त्रिकता है, अतः प्रत्यभिज्ञान[२५६] ऐसे स्थलों पर आवश्यक नहीं है। परन्तु प्रसन्नता या संतोष जैसी आन्तरिक अर्थक्रियाओं के स्थल में प्रत्यभिज्ञान की उपयोगिता को नकारा नहीं जा सकता।[२५७] आन्तरिक अर्थक्रियाएँ अनिवार्यतः प्रमातृनिष्ठ होती हैं, अतः स्वरूपतः आत्म-विमर्शनात्मक होने के कारण प्रमाता के सुख, दुःख, वितृष्णा आदि रूपों में प्रकट होती हैं। "सोऽयं" – यह वह है – जहाँ इदन्ता और तत्ता का तादात्म्य प्रधानतया गोचर है और "सोऽहम्" – मैं वह हूँ – जहाँ अहन्ता और सामान्य इदन्ता का तादात्म्य प्रतीयमान है, जैसे स्थल अनिवार्यतः प्रत्यभिज्ञानात्मक हैं। क्योंकि जहाँ पहले में हमें प्रसन्नता की प्रतीति है (यहाँ हमें विषयिभेद से सुख, दुःख किसी भी भाव की प्रतीति हो सकती है), दूसरे में हमें पूर्ण आनन्द मिलता है। इसका सीधा सा अर्थ है, प्रत्यभिज्ञान से उपजने वाली विषयिगत प्रतिक्रियाएँ अन्य ज्ञानों से उत्पन्न प्रतिक्रियाओं से भिन्न हैं। ये प्रतिक्रियाएँ ही प्रत्यभिज्ञा की सार्थकता को प्रमाणित करती हैं। **अभिनव** यहाँ एक महत्त्वपूर्ण व्याप्ति बनाते हैं - प्रमाता के आत्मविमर्शन या स्वविषयक आस्वादन पर जो अर्थक्रियाएँ निर्भर करती हैं, वे बिना प्रत्यभिज्ञान के सम्भव नहीं है।[२५८] अतः "सोऽहं" "अहं महेश्वरः" – इन स्थलों पर जहाँ समग्र सत्ता आत्ममयी है, इस प्रकार की आत्म-प्रत्यवमर्शात्मक विश्रान्ति के कारण जीवन्मुक्तिमयी

---

[२५५] सर्वथा नैर्मल्यात्मा प्रसादो भगवद्रूपता, तादात्म्यं मोक्ष एव। – तदेव, पृ. २५-२६

[२५६] प्रत्यभिज्ञा दार्शनिक सूक्ष्म विवेचना के समय बाह्य अर्थक्रिया जैसे स्थलों पर भी चैतन्य का अभिनिवेश मानते हुए वहाँ भी प्रत्यभिज्ञा को आवश्यक मानते हैं। पर सम्प्रति हमारे लिए उस विवेचन में जाना विषयान्तर होगा।

[२५७] तत्क आत्मप्रत्यभिज्ञाने निर्बन्धः? उच्यते द्विविधार्थक्रियास्ति, बाह्या चाङ्कुरादिका, प्रमातृविश्रान्तिचमत्कारसारा च प्रीत्यादिरूपा। तत्राद्या सत्यं प्रत्यभिज्ञानं नापेक्षते, द्वितीया तु तदपेक्षते एव। – *ई.प्र.वि.*, २, पृ. ३१२

[२५८] प्रमातृविश्रान्तिसारार्थक्रिया प्रत्यभिज्ञानेन विना न दृष्टा। – तदेव, पृ. ३१३

और विभूतिमयी अर्थक्रिया के कारण ईश्वर-प्रत्यभिज्ञान वहाँ अपरिहार्य है।[२५९]

प्रमातृविश्रान्ति को आन्तरिक अर्थक्रिया का प्राणतत्त्व बताने के पीछे **अभिनव** का आग्रह यह इंगित करने में रहा है कि प्रत्यभिज्ञान को केवल ज्ञानमीमांसीय चौखटे में रखकर नहीं देखा जा सकता। प्रत्यभिज्ञान केवल वस्तु-बोध ही नहीं देता, वह वस्तु को हृदयङ्गम कराता है। यह स्मरण कराना अस्थाने न होगा कि प्रत्यभिज्ञा के अवयव 'अभि' का एक अर्थ हृदयङ्गमीभाव भी है।[२६०] हृदयङ्गम होने का अर्थ है कि बोध का बुद्धि के स्तर से हटकर हृदय के स्तर पर आना, यह तभी सम्भव है जब प्रमाता की चेतना आश्वस्त होती है कि वस्तु-बोध सम्पूर्ण है, कुछ भी छूटा नहीं है। अज्ञान में कुछ अंश छिपा या अदृष्ट रह जाने के कारण हमेशा मन में बेचैनी का भाव बना रहने के कारण पूर्णतासाध्य चित्तविश्रान्ति रूप अर्थक्रिया सम्भव नहीं हो पाती, इसलिए 'प्रमातृविश्रान्तिसारा' का अर्थ है 'पूर्णतावभासनसाध्या'।[२६१] यह प्रत्यभिज्ञा से ही सम्भव है, जिसका कारण उसकी अनुसन्धानात्मकता में निहित है। हृदयङ्गमतापूर्वक पूर्णताबोध एक जीवन्त प्रक्रिया है जो एक प्रतिक्रिया-शृंखला को जन्म देती है, जिससे प्रत्यभिज्ञानात्मक अनुभव सम्पन्नतर बनता है। **उत्पल** ने नायिका द्वारा कान्त के प्रत्यभिज्ञान का जो दृष्टान्त दिया है, उसमें **अभिनव** दिखाते हैं कि दूती के बताने या किसी 'अभिज्ञान' (पहचान/पहचान-चिह्न) से नायिका जैसे ही अपने प्रेमी को पहचानती है, तुरन्त उसके उत्तम गुण बड़ी हार्दिकता से उसे याद आते हैं, मन में अनिर्वचनीय भरापन (पूर्णता) उमगने लगता है और कान्त के साथ सहवास के अन्तरंग क्षणों में न जाने कितनी और विश्रान्तियाँ जन्म लेती हैं। ठीक वैसे ही, गुरु के वचन या ज्ञान और क्रिया-शक्ति के अभिज्ञान द्वारा जैसे ही परमेश्वर के गुणोत्कर्ष में मन रमता है, उसी क्षण पूर्णतात्मक जीवन्मुक्ति और समावेश के अभ्यासरस से पूरे विश्व को अपने अधीन करने वाली विभूति की प्राप्ति हो जाती है।[२६२] सांख्य के अचेतन परिणामवाद के प्रसंग में **अभिनवगुप्त** एक अत्यन्त महत्त्वपूर्ण टिप्पणी करते हैं कि सांख्य की प्रकृति में यदि परिणमन-कर्तृता मान भी ली जाए तो भी उसका स्वातन्त्र्य उभयमेलनात्मक अर्थात् प्रत्यभिज्ञानात्मक रस से शून्य है, इसीलिए सांख्य के कार्यकारणभाव

---

[२५९] इह च 'अहं महेश्वरः, इत्येवंभूतचमत्कारसारा परापरसिद्धिलक्षणा जीवन्मुक्तिविभूतियोगमय्यर्थक्रिया इति ईश्वरप्रत्यभिज्ञानमत्रावश्यापेक्षणीयम्। – तदेव

[२६०] ज्ञातस्यापि मोहवशादज्ञातस्य इव आभिमुख्येन हृदयङ्गमीभावेन ज्ञानं प्रत्यभिज्ञानम्। – *ई.प्र.वि.वि.*, १, पृ. ३१

[२६१] अप्रकाशनवशाद् 'अनुपलक्षिते' सर्वथा हृदयङ्गमीभावमप्राप्ते अत एव पूर्णतावभासनसाध्याम् अर्थक्रियाम् अकुर्वति, तत्पूर्णतावभासनात्मकाभिमानविशेषसिद्धये 'प्रत्यभिज्ञा' . . .। – *ई.प्र.वि.*, १, पृ. ५८

[२६२] *ई.प्र.वि.*, २, पृ. ३१४।

को अभिनव 'शुष्क' कहते हैं।[२६३] **अभिनव** की यह टिप्पणी हमें प्रत्यभिज्ञा के एक भिन्न और व्यावर्त्तक आयाम की ओर ले चलती है। वह है उसकी अविनाभूत आनन्दात्मकता। प्रत्यभिज्ञान मन को आर्द्र बना देता है, यह आर्द्रता है जो मल के निकल जाने से आती है, फलतः यह सरस, आर्द्र, मलरहित चित्त विश्वरूप परमेश्वर के समावेश के लिए उपयुक्त मनोभूमिका प्रस्तुत करता है।[२६४] इस पीठिका के साथ **अभिनवगुप्त** पर और अपर दोनों सिद्धियों की आनन्दात्मकता को रेखांकित करते हैं। दोनों स्थितियाँ आनन्द के द्विविध उन्मेष हैं। महाकवि **प्रसाद** का "लीला का स्पन्दित आह्लाद" (*कामायनी*, दर्शनखण्ड) सम्भवतः यही व्यञ्जित करता है। जीवन्मुक्ति तो प्रत्यभिज्ञान मात्र से होने वाली विशुद्ध आनन्द की स्थिति है और विभूति-योग निरन्तर परिशीलन से क्रमशः उन्मीलित सहस्रों भोगों की।[२६५] पहली स्थिति पूर्वदृष्ट या भात के ऊपर पड़े मोहावरण के हटने के साथ-साथ अनिवार्य रूप से होती (नान्तरीयक) है, और दूसरी भात होने पर भी बिना भात जैसी है – वहाँ हमें प्रत्यभिज्ञा निश्चय के दृढीकरण के द्वारा वैसा अभिमान कराती है।[२६६] प्रत्यभिज्ञा को स्फुटतर बोध कहे जाने का यही अर्थ है।[२६७] जीवन्मुक्ति का सम्बन्ध दर्शन और साधना से जोड़ा जा सकता है और विभूति या भुक्ति का दर्शनेतर सांस्कृतिक व्यापारों से। कला, काव्य, साहित्य इसी अर्थ में विभिन्न रूपों में अन्तर्व्याप्त अपने स्वरूप का निरन्तर परिशीलन हैं और एतज्जन्य सारे बोध स्फुटतर बोध की ही विभिन्न भंगिमाएँ हैं और ये सारे बोध तत्त्वतः आनन्दात्मक हैं।

काश्मीर के शैव दार्शनिकों का प्रत्यभिज्ञान-चिन्तन ज्ञानविषयक हमारे चिन्तना-प्रकार को मौलिक रूप से परिवर्तित कर देता है। प्रत्यभिज्ञा को आत्मलाभ का एकमात्र उपाय मानने और सारे ज्ञानों को अन्ततः प्रत्यभिज्ञा के सांचे में निगमित करने के पीछे एक दार्शनिक सोच है। मानसिक व्यापार दो प्रकार का हो सकता है – एक, ज्ञानात्मक और दूसरा, प्रत्यभिज्ञानात्मक। पहली प्रक्रिया एक विषय को चुनकर उसका अध्यवसान करने में निहित है। एक का चयन करने का अर्थ है तदितर का तिरस्कार, उपेक्षा या निषेध करना। दूसरी

---

[२६३] शुष्कः कर्तृतात्मस्वातन्त्र्यलक्षणोभयमेलनात्मकरसशून्यः। – *ई.प्र.वि.वि.*, ३, पृ. २३४

[२६४] ईदृशेन य एकाकिसंपदा लज्जते, तत एव आर्द्राशयः सरसविमलहृदयः, अत एव विश्वरूपपरमेश्वरसमावेशोचितहृदयस्तेन। – *ई.प्र.वि.वि.*, १, पृ. २६

[२६५] प्रत्यभिज्ञानमात्रादानन्दलाभः, परिशीलनात् तु संभोगसहस्रप्राप्तिरिति तुल्यमुभयत्र। – *ई.प्र.वि.वि.*, ३, पृ. ४०३

[२६६] वस्तुनि अर्थक्रियालाभे . . . पूर्वदृष्टेऽपि मोहात्पूर्वमविज्ञाते इति भावः। यद्वा इति निर्भाते अपि अनिर्भातकल्पत्वं, ततो दृढनिश्चये तथाभिमान इति उभयत्रापि तुल्यमिति यावत्। – तदेव

[२६७] तथाहि स्फुटतरभासमाननीलसुखादिप्रमान्वेषणद्वारेणैव पारमार्थिकप्रमातृलाभ इह उपदिश्यते। – *ई.प्र.वि.*, १, पृ. ३४-३५

प्रक्रिया, प्रत्यभिज्ञान, इससे भिन्न है। यहाँ कोई चयन या व्यावृत्ति नहीं है। यह पूर्ण स्वीकार की स्थिति है, जहाँ पिछले अनुभव का अनुमोदन है और एक जीवित प्रक्रिया के रूप में घटित की पुनरावृत्ति है। अनुभूति का विखण्डन न होकर नैरन्तर्य है। इसी को प्रत्यभिज्ञावादी पारिभाषिक तौर पर अनुसन्धान शब्द से व्यक्त करते हैं।

भारत के सारे दार्शनिक सम्प्रदायों द्वारा आश्रित प्रक्रिया प्रायः ज्ञानात्मक है। अतः आत्मोपलब्धि या मोक्ष को सामान्यतः ज्ञान या अनुभूति रूप माना जाता है। फलतः अनुभव के एक विषय (आत्मा) का स्वीकरण या अभ्युपगम होता है और अन्य (अनात्मा) का निषेध या तिरस्कार होता है। उदाहरण के तौर पर वेदान्त के "सर्वं खल्विदं ब्रह्म" में ब्रह्म की एकता का अभ्युपगम है, परन्तु सर्व की सर्वता का निषेध है। इसके विपरीत, प्रत्यभिज्ञा में सभी पदार्थ शिवतया एक हैं। लेकिन उनकी सर्वता भी सत् है। यही नहीं, यहाँ सर्व भी सर्वात्मक है। अर्थात् एक एकतया भी सत् है और सर्वतया भी, और इसी प्रकार सर्व सर्वतया भी सत् है और एकतया भी। *शिवदृष्टि* की प्रसिद्ध घोषणा है "एवं सर्वपदार्थानां समैव शिवता स्थिता" (१. ४८-४९)। इस प्रकार यहाँ बाध, निषेध, तिरस्कार, अपोहन सब अप्रासंगिक हो जाते हैं। प्रकृत विश्लेषण हमें एक दूसरी दिशा में ले जाता है। सांख्य, न्याय, वेदान्त आदि विभिन्न सम्प्रदाय केवल एक सीमा तक ही जाते हैं। सांख्य में यह पुरुष का अकेलापन (कैवल्य) है, योग में चित्तवृत्तियों का उपराम (निरोध) है, न्याय में आत्मा का अपने में अवस्थान (स्वस्थता) है, और वेदान्त में अविद्या-निवृत्ति है। स्वरूपलाभ की प्रक्रिया मोटे तौर पर प्रायः सभी दर्शनों में एक है – आत्मा और अनात्मा में विवेक करना। कहीं यह विवेक निषेधरूप है और कहीं निषेध जैसा है। आपस में इन दर्शनों में आत्मा या अनात्मा के स्वरूप और इन दोनों के मध्य अन्तःक्रिया के स्वरूप को लेकर मतभेद हो सकता है, परन्तु एक बात में सब सहमत हैं कि आत्मतत्त्व के अनात्मतत्त्व से भेदनपूर्वक ही मुक्ति प्रतिफलित होती है। यह सारा मनोभौतिक संस्थान और आनुभविक जगत् जो अनात्मा का प्रतीक है, आत्मा में समवेत है, या अध्यस्त या प्रतिबिम्बित या अन्य प्रकार से तदात्मीकृत है। इसलिए दोनों तत्त्वों का भेदन कहीं निषेधाकार है और कहीं निषेध जैसा है। इस प्रकार मुक्ति अनात्मा के निषेध या न्यग्भाव का नाम है।

इसके विपरीत प्रत्यभिज्ञा में स्वरूपबोध दो विरोधी बिन्दुओं – शिव और शक्ति – के समन्वय में है। सारा अनात्मजगत् शक्ति से एक रूप है, जो कि चेतना के आत्मनिषेधन व्यापार का प्रतिफलित-रूप है। इसलिए यहाँ स्वरूप-लाभ का अर्थ आत्मा और अनात्मा, दो के सामरस्य से है, न कि एकतर के निषेध से।[२६८] इसलिए अद्वैत शब्द का अर्थ यहाँ 'द्वैत का

---

[२६८] यदेकतरनिर्याणे कार्यं जातु न जायते।
तस्मात् सर्वपदार्थानां सामरस्यमवस्थितम्।। – *शि.दृ.* १.२३

निषेध' न होकर 'सामरस्य' या 'पूर्णता' से लिया गया है। कूटस्थता और परिणामिता, धर्मिचेतना और धर्मचेतना, द्रव्य और व्यापार की दो धाराओं का चितिकर्तृता और चित्क्रिया[२६९] के रूप में यह समन्वयन प्रत्यभिज्ञा की पूर्णतावादी प्रवृत्ति का निदर्शन कराता है।

फलतः हमारे सांसारिक अनुभवों का उच्चतर अनुभव-भूमियों में उदात्तीकरण सम्भव हो पाता है। काश्मीर शैव दर्शन में इसकी पारिभाषिक संज्ञा 'विकल्पसंस्कार' है।[२७०] विकल्प-बुद्धि में अनात्मा का आत्मतया नैरन्तर्य-क्रम में इतना सघन अनुशीलन कि विरोधी अर्थात् आत्मा को अनात्मतया ग्रहण करने वाला विकल्प अंकुरित न होने पाए। उदात्तीकरण की इस प्रक्रिया की परिणति अपनी निर्विकल्प संवित् के उदय में होती है।[२७१] यहाँ विकल्प-संस्कार एक वास्तविक सम्भावना है, क्योंकि यहाँ विकल्प निर्विकल्प का विरोधी नहीं बल्कि उसी की अभिव्यक्ति है। विकल्प और निर्विकल्प दोनों की समरसता है, अतः अनुभव का प्रत्येक स्तर स्वरूप-प्रत्यभिज्ञान की ओर एक कदम है, जहाँ दोनों ही विरोधी सत् हैं, विहित (प्रेडिकेटेड) हैं और परस्पर समञ्जस हैं। जहाँ दोनों अहन्ता और इदन्ता एक-दूसरे का निषेध नहीं करते, बल्कि एक-दूसरे में अपनी परिपूर्णता खोजते हैं।

प्रत्यभिज्ञा इस उपलब्धि की व्याख्या भी है और उसका तर्क भी।[२७२] दो विरोधी ध्रुवों की एकता प्रत्यभिज्ञा है, क्योंकि उसी के माध्यम से अनुभव-जगत् का दृश्यमान भेद तादात्म्य में पर्यवसित होता है। अतः प्रत्यभिज्ञान अनुवाद या पुनरुक्तिमात्र नहीं रहता – प्रत्यभिज्ञानात्मक बोध से नए अंश का उदय होता है। **आनन्दवर्धन** के प्रसिद्ध दृष्टान्त के सहारे से कहा जा सकता है कि साल भर देखे जाने वाले वृक्ष जैसे वसन्त में बिल्कुल नए लगते हैं, जैसे हमारे चिर-परिचित सारे के सारे अनुभूत विषय रस के स्पर्शमात्र से नए प्रतीत होते हैं, ठीक वैसे

---

[२६९] आत्मात एव चैतन्यं चित्क्रियाचितिकर्तृता –
तात्पर्येणोदितस्तेन जडात्स हि विलक्षणः।। – *ई.प्र.का.* १.५.१२

[२७०] अनन्तराह्निकोक्तेऽस्मिन् स्वभावे पारमेश्वरे।
प्रविविक्षुर्विकल्पस्य कुर्यात्संस्कारमञ्जसा।। – *तं.* ४.२

[२७१] ततः स्फुटतमोदारताद्रूप्यपरिबृंहिता।
संविदभ्येति विमलामविकल्पस्वरूपताम्।। – तदेव ४.६

[२७२] काश्मीर शैव दर्शन में, विशेषतः क्रमदर्शन में इसे 'सत्तर्क' की अवधारणा द्वारा शब्दशः अभिव्यक्ति दी गई है। सत्तर्क शुद्धविद्या-रूप होने के कारण प्रत्यभिज्ञानात्मक है और द्वैत-निर्मूलनपूर्वक समरस चेतना का आपादक है –

द्वैतशङ्काश्च तर्केण तर्क्यन्त इति वर्णितम्।
शुद्धविद्यात्मकं सर्वमेवेदमहमित्यलम्।। – *तं.* ४.१०५-१३

ही प्रत्यभिज्ञा हमारे अनुभव में एक नएपन का आधान करती है।[२७३] यह अपूर्वता और कुछ न होकर प्रस्तुत में अतिशय का विधान मात्र है। यहाँ अपूर्वता, यह नया अंश अपनी पुनर्व्याख्या या प्रत्यवमर्शन है, जो एक ही विचार-विषय की विविध अवस्था-भेदों के मध्य ऐकात्म्यबोध में प्रतिबिम्बित होता है – "सनातनो नित्यनूतनः"। साम्प्रदायिक शब्दावली में यही स्वरूपबोध या दो विरोधी बिन्दुओं का समरसन है।

तान्त्रिक विचार-सम्पदा के चरम मूल्य के रूप में प्रत्यभिज्ञा तान्त्रिक संस्कृति के मौलिक आयामों का उद्घाटन करती है। उपर्युक्त विवेचन में हमने देखा है कि प्रत्यभिज्ञा के प्रत्यय के द्वारा शिवाद्वयवादी आचार्य समग्र ज्ञानप्रक्रिया को प्रत्यभिज्ञानात्मक सिद्ध करते हैं। उनकी दृष्टि में सारी सृष्टिप्रक्रिया, सारी सत्तामूलक प्रक्रिया, सारी कारणात्मक प्रक्रिया, अर्थबोध की प्रक्रिया, जागतिक व्यवहार की प्रक्रिया प्रत्यभिज्ञानात्मक ठहरती है। इससे हम जिस निर्णय पर पहुँचते हैं वह यह है कि तन्त्रेतर विचारधारा जहाँ अपनी परमार्थमीमांसा में विवेकमूला है अर्थात् आत्मा और अनात्मा के भेदन पर आश्रित है, प्रत्यभिज्ञा की परमार्थदृष्टि सामरस्यमूला है, जहाँ अहन्ता और इदन्ता एक-दूसरे से समञ्जस हैं। तन्त्रेतर ज्ञानमीमांसाओं का आधार अध्यवसान या तदितरपरिहारपूर्वक निश्चयन है, प्रत्यभिज्ञा ज्ञानमीमांसा की ज्ञानप्रक्रिया अनुसन्धानमूला है जो विरोध और भेद में आन्तरिक अन्विति की खोज करती है। निष्कर्षतः तन्त्रेतर समाजदर्शन या जीवनदृष्टि वर्ण, लिङ्ग आदि का परिहार करती हुई व्यावृत्ति या अलगाव को प्रश्रय देती है, तान्त्रिक जीवनदृष्टि सभी का समाहार करती हुई अनुवृत्तिमूलक सिद्ध होती है। **कविराज** जी के शब्दों में वैदिक संस्कृति का मूल स्वर है संन्यास, त्याग, जब कि तान्त्रिक संस्कृति का है अभ्युपगम, अङ्गीकार। एक अपनी एकलता में खण्डनामयी, वर्जनामयी, निषेधात्मक है; दूसरी अपनी सकलता में निरवच्छिन्न, मण्डनात्मक और सकारात्मक। इन सबकी धुरी है प्रत्यभिज्ञा।

प्रश्न है कि क्या प्रत्यभिज्ञा दर्शन का कोई समसामयिक सन्दर्भ भी है। हम इसका उत्तर ढूँढने की चेष्टा करेंगे।

एक अतिक्रामी दर्शन, विशेषतः प्रत्ययवादी दर्शन, का परमार्थ सत् कालातीत होता है जबकि समसामयिकता का सम्बन्ध कालखण्ड से है। आपाततः दोनों में विरोध है। यही बात इतिहास के साथ है। इतिहास सत्य को कालिकता के आवरण में लपेटता है, जबकि दर्शन का सत्य निरवच्छिन्न और नित्य है। सन्दर्भ-भेद से यह विरोध अनेक स्थलों पर दिखाई देता

---

[२७३] दृष्टपूर्वा ह्यपि अर्थाः काव्ये रसपरिग्रहात्।
सर्वे नवा इवाभान्ति मधुमास इव द्रुमाः।। – *ध्व.लो.* ४.४
प्रस्तुतातिशयविधानमन्तरेण नहि किंचिदपूर्वमस्ति। – *ध्व.लो.लो.*

है। अपने अत्यन्त निकट रामजन्मभूमि/बाबरी मस्जिद के सन्दर्भ में कालजयिनी आस्था जो स्वयं साक्षी है और घटनानिष्ठ साक्ष्य पर झूलती निष्ठा जिसका सम्बन्ध इतिहास से है, इन दोनों का विरोध राष्ट्रीय जीवन में कटुता बो रहा है। दम्भ की नींव पर चलते समय-सापेक्ष स्वार्थ के प्रति तर्क की दासता और देशकालोल्लंघी मानवीय गरिमा के बीच का विरोध ईराक के बहाने पूरी मानवता को युद्ध में झोंक रहा है। अपने मूल से विच्छिन्न, अपने ही रस से वंचित, अपने में विखण्डित, आत्मविरोध से ग्रस्त कभी हम सभ्यताओं के संघर्ष को आप्तवचन के रूप में श्रद्धापूर्वक मान्यता देते हैं और कभी अपने ही देश में, समकालीन कालखण्ड में, पूरी जाति को काश्मीरी पण्डितों की भाँति विस्थापित और प्रवासी हो जाने देते हैं और इस प्रक्रिया में **अभिनवगुप्त** जैसे महाप्राण मनीषी और उनसे जुड़ी, शताब्दियों से जुगोई, सम्पूर्ण वैचारिक धरोहर को ही उस भू-भाग से निष्कासित कर देते हैं, जहाँ से उसने हमारी सांस्कृतिक अस्मिता और बौद्धिक जिजीविषा को आलोडित किया था और हम संवेदनाशून्य होकर आत्मघाती क्लीव सिद्धान्तों और भरोसों की फसल काटते चले जाते हैं। प्रत्यभिज्ञा और स्पन्द से प्रेरित *कामायनी* के कवि **प्रसाद** ने सम्भवतः यही सब देखकर लिखा था –

जीवन सारा बन जाए युद्ध।
उस रक्त अग्नि की वर्षा में बह जाएँ सभी जो भाव शुद्ध।
अपनी शंकाओं से व्याकुल तुम अपने ही होकर विरुद्ध।
अपने को आवृत किए रहो दिखलाओ निज कृत्रिम स्वरूप।
हो वर्तमान से वंचित तुम अपने भविष्य में रहो रुद्ध।
सारा प्रपंच ही हो अशुद्ध। – इडा, पृ. १६६

मुझे लगता है कि प्रत्यभिज्ञा आज के सन्दर्भ में भी एक विचारणीय प्रतिमानक है। चेतना, स्वातन्त्र्य और मूल्य – ये तीनों किसी भी सांस्कृतिक चिन्तन की केन्द्रीय धारणाएँ हैं। स्वतन्त्र चेतना के अतिरिक्त मूल्य का कोई उद्गम नहीं है। प्रत्यभिज्ञा में सत् की भावना स्वतन्त्र, पूर्ण और समरस सत् के रूप में की गई है। एतदर्थ सत् को एक जटिल, आत्मनिष्ठ क्रिया से स्पन्दित, और विरोधियों के मध्य स्वतन्त्र आन्तरिक व्यवस्था से समरस पूर्ण के रूप में प्रस्तुत करके प्रत्यभिज्ञा हमारे प्रश्न का उत्तर देने की चेष्टा करती है। प्रत्यभिज्ञा अनुभव की अभ्युपगमपूर्वक व्याख्या के द्वारा, चेतना के रूप में प्रदत्त सत् के विमर्शन द्वारा, वीक्षा की अन्वीक्षा द्वारा ज्ञान में, क्रिया में, अस्तित्व में पूर्णता की खोज है। सामरस्य या समन्वय इस अर्थ में मूल्यानुसन्धान की प्रक्रिया है कि सत् स्वयं अपने ही विकास और संकोच, अपने ही विमर्श से अपना विषयन करता हुआ, अपनी शक्तियों का आविष्करण करते हुए अपने को निरन्तर पहचानने की चेष्टा कर रहा है। कालातीत तत्त्व की यह यात्रा ही इतिहास है,

इस प्रकार हर खण्ड सत्य इतिहासोत्तीर्ण तत्त्व की इतिहासान्तर्गत अभिव्यक्ति है। इतिहास या भूगोल के सत्य को जब निरवधि, अखण्ड, कालजयी सत् की अभिव्यक्ति मानते हैं तो कालिक से अकालिक में निरायास प्रवेश कर जाते हैं। यही मूल्यानुसन्धान है। यहीं यदि चूक जाते हैं – खण्ड और सापेक्ष को अतिक्रामी सत् के रूप में ग्रहण करने लगते हैं तो तर्क और अनुभव का, इतिहास और दर्शन का, कालिक और कालोत्तर का विरोध प्रारम्भ हो जाता है। **इक़बाल** का बड़ा सारगर्भित शेर है –

> **तू है मुहीते-बेकरां,**[२७४] **मैं हूँ ज़रा सी आबे-जू**[२७५]
> **या मुझे हमकिनार**[२७६] **कर, या मुझे बेकिनार**[२७७] **कर**

आध्यात्मिक सत्य समाज या आचरण के सत्य का विरोधी नहीं है, दोनों समरस हैं। **सोमानन्द** कहते हैं कुत्सित या गर्हित कुछ भी नहीं है। कुत्सा या गर्हणा हमारी दृष्टि में है। समग्र सृष्टि में व्याप्त अखण्ड सत्य से तोड़कर देखने पर ही सुन्दर एकबारगी कुत्सित में बदल जाता है।[२७८] इसी प्रकार **अभिनवगुप्त** के अनुसार दुर्जनता, दूसरे का अपकार, इसी खण्डित दृष्टि की अनिवार्य परिणतियाँ हैं। अखण्ड सत्य के साथ एकतानता का बोध सज्जनता है – सम्पूर्ण सृष्टि उस सत् की अभिव्यक्ति होने के नाते उसके लिए मूल्यवती है। जिसकी दृष्टि अपूर्ण है, वही सब ओर से लूटकर अपने को भरना चाहता है और इस प्रक्रिया में सामाजिक अपकारों की अन्धी दौड़ शुरू हो जाती है।[२७९] **अभिनवगुप्त** का अद्वय-बोध और उससे वासित उनकी मानवीय संवेदना से कोई क्षेत्र छूटा नहीं है। सामाजिक न्याय, मानवीय अधिकार, नारी-मुक्ति, दलित चेतना इन सबके सन्दर्भों को वह इसी खण्ड दृष्टि और आत्मविस्मृति से ही उपजा पाते हैं। *गीता* के बहु-चर्चित श्लोक –

> **मां हि पार्थ व्यपाश्रित्य येऽपि स्युः पापयोनयः।**
> **स्त्रियो वैश्यास्तथा शूद्रास्तेऽपि यान्ति परां गतिम्।।** – ९.३२

की व्याख्या की तीक्ष्णता आज के बड़े-से-बड़े प्रतिबद्ध सक्रियतावादी को लज्जित करने के

---

[२७४] अथाह सागर।

[२७५] छोटी सी नदी।

[२७६] अपने से मिला ले।

[२७७] किनारों को मिटा दे।

[२७८] अभेदापरामर्शनमेव भ्रान्तिरूपं कुत्सितम्, तच्च न किंचित्, अख्यातिमात्ररूपत्वात्। – *शि.दृ.*, पृ. १४ (*शि.दृ.* १.११-१२)

[२७९] ईश्वरदास्यासादनादेव पूर्णतात्मकः सज्जनभावः। अपूर्ण एव हि स्वात्मानं सर्वतः पूरयिष्यामि इति परम् अपकरोति, नोपकरोति या, ततो दुर्जनः। – *ई.प्र.वि.वि.*, १, पृ. २७

लिए पर्याप्त है–

> **केचिदाचक्षते – 'द्विजराजन्यप्रशंसापरमेतद्वाक्यं न तु स्त्र्यादिष्वपवर्गप्राप्ति-तात्पर्येण' इति। ते हि भगवतः सर्वानुग्राहिकां शक्तिं मितविषयतया खण्डयन्तः, तथा परमेश्वरस्य परमकृपालुत्वमसहमानाः ...अद्वैतभगवत्तत्त्वे भेदलिंङ्गबलादेव आनयन्तः ... अन्तर्गर्भीकृतजात्यादिमहाग्रहाविष्टान्तः करणाः मात्सर्यावहित्थलज्जाजिह्मीकृतावाङ्मुखदृष्टयः समग्रस्य जनस्य असत्प्रलापिनः इति हास्यरसविषयभावम् आत्मनि आरोपयन्ति।**
>
> – *गीतार्थ-संग्रह,* पृ. १०८

प्रत्यभिज्ञा दार्शनिकों के द्वारा दिए गए इन सूत्रों को परिनिष्ठित विचार के रूप में विकसित किया जा सकता है। **उत्पल** के "मार्गो नवो" की तार्किक परिणति के रूप में नए जीवन दर्शन, जिसकी जड़ें परम्परा की सनातनता में गहरे जाती हैं, की सम्भावना का दोहन किया जा सकता है। प्रत्यभिज्ञा दर्शन आनन्द का दर्शन है, जीवन की पार्यन्तिक मूल्यवत्ता का दर्शन है और मनुष्य की अपनी सम्भावनाओं और संवेदनाओं में पूरी आस्था का दर्शन है। यह जीवन का उत्सव और अस्तित्व का अभिषेक है।

१०

बाह्य पदार्थों की अनुमेयता और अभिनवगुप्त

ईविंग ने अपनी प्रसिद्ध पुस्तक *आइडियलिज़्म : ए क्रिटिकल सर्वे* में एक सिद्धान्त प्रतिपादित किया है[१] कि ऐतिहासिक रूप से शायद यह कहना सही होगा कि प्रत्ययवाद (आइडियलिज़्म) का पहले-पहल विकास प्रत्यक्ष के प्रतिबिम्बवादी[२] (रिप्रेजेन्टेटिव) सिद्धान्त से हुआ है। यह माना जाता था कि हमें भूत पदार्थों का प्रत्यक्ष नहीं होता अपितु उनसे जन्म लेने वाले विज्ञानों या प्रतिबिम्बों का प्रत्यक्ष होता है। तब से यह समस्या उठती रही है कि हमें यदि प्रारम्भ से बाह्य पदार्थों का सीधा अनुभव न होकर केवल अपने विचारों या विज्ञानों का ही होता है तो फिर यह बताना कठिन है कि हम कैसे विज्ञान-सामग्री से बाह्य पदार्थों को निगमित कर सकते हैं। **बर्कले** और **ह्यूम** के दार्शनिक पल्लवन के पीछे सम्भवतः यही ऐतिहासिक आधार रहा है।

भारतीय दर्शन के विकास में भी ठीक एक ऐसा ही अध्याय हमें देखने को मिलता है। बौद्धों के सौत्रान्तिक सम्प्रदाय के लिए बाह्य पदार्थों का अपना अस्तित्व है और उन्हें उनके ज्ञानगत प्रतिबिम्बों से जाना जा सकता है। स्वयं योगाचार सम्प्रदाय के विज्ञानवादियों को और काश्मीर दर्शन के आचार्यों को विशुद्ध विज्ञान तत्त्व की स्थापना में इन सौत्रान्तिकों से गहरी और कठिन टक्कर लेनी पड़ी है। पदार्थ सत् और अनुमेय है, यह सौत्रान्तिक मत है और इस मत को बाह्यार्थानुमेयवाद की संज्ञा दी गई है।

धर्मकीर्ति की *न्यायबिन्दु* और उस पर धर्मोत्तर की प्रसिद्ध *टीका* के अतिरिक्त **उत्पल** की *प्रत्यभिज्ञा-कारिका* और उस पर **अभिनवगुप्त** की विद्वत्तापूर्ण टिप्पणियों में इस मत का

---

* अपने मूल रूप में *दार्शनिक त्रैमासिक,* वर्ष १०, अंक १, जनवरी १९६४, (पृ. २८-३८) में प्रथमतः प्रकाशित।

[१] "आइडियलिज़्म एण्ड थ्योरी ऑफ़् परसेप्शन्" नामक अध्याय, पृ. २६४।

[२] यहाँ पर "प्रतिबिम्बवाद" शब्द का प्रयोग "रिप्रेज़ेन्टेशनिज़्म" के लिए हुआ है। यह शब्द नया नहीं है और स्वयं भारतीय दर्शन के विभिन्न सम्प्रदायों में इसका प्रयोग भिन्न अर्थों में हुआ है। परन्तु सौत्रान्तिकों के मत को प्रस्तुत करते समय **अभिनवगुप्त** ने इसी शब्द का प्रयोग किया है।

विस्तृत उल्लेख मिलता है।[३] **अभिनवगुप्त** ने, जिनके विवेचन तक ही यह निबन्ध सीमित है, इस मत को पूर्वपक्ष के रूप में रखा है। हम देखेंगे कि **अभिनव** का यह उपस्थापन मूल सौत्रान्तिक विचारधारा का कितना सच्चा अनुयायी है, और जिन-जिन युक्तियों से **अभिनव** ने उनकी परीक्षा की है उनका दार्शनिक आधार क्या है?

सौत्रान्तिकों की गिनती सर्वास्तिवादी बौद्धों में होती है। सौत्रान्तिक सद्वादी (रियलिस्ट) हैं। बाह्य पदार्थों का अपना अस्तित्व है पर वे प्रत्यक्ष के विषय नहीं हैं। इस दृष्टि से वे वैभाषिक बौद्धों से भिन्न हैं जो बाहरी वस्तु को प्रत्यक्ष का विषय मानते हैं।[४] ज्ञान बाह्य वस्तुओं का कार्य है। ज्ञान कार्य के कारणरूप में बाह्य वस्तुओं का अनुमान होता है। इस प्रकार सौत्रान्तिक प्रत्यक्ष के प्रतिबिम्बवादी सिद्धान्त (रिप्रेज़ेन्टेटिव थ्योरी) के समर्थक हैं। यहाँ यह बात ध्यान देने योग्य है कि बाह्य वस्तुओं को अनुमेय बनाकर भी वे विज्ञानवाद में प्रवेश नहीं करते। बाह्यता विज्ञानों में नहीं किन्तु पदार्थों में है।[५]

विज्ञानवाद की आलोचना में मीमांसकों द्वारा प्रयुक्त इस तर्क का उपयोग सौत्रान्तिकों ने भी किया है कि बाह्य पदार्थ को माने बिना विज्ञान की विचित्रता और विविधता की व्याख्या नहीं की जा सकती। उसके अनुसार बाह्य पदार्थ ज्ञान को जन्म देते हैं और उस पर अपनी छाप छोड़ जाते हैं। फल यह होता है कि ज्ञान का आकार बाहरी वस्तु के आकार के समान रहता है। विषयाकार और ज्ञानाकार के बीच का यह सारूप्य (कॅरेस्पॉन्डेन्स) ही सत्यता और प्रामाणिकता का नियामक है। इस दृष्टि से सौत्रान्तिक की धारणा सत्य के सारूप्यवादी सिद्धान्त (कॅरेस्पॉन्डेन्स नोशन ऑफ़् ट्रूथ) के काफ़ी निकट है।

प्रत्यक्ष का प्रतिबिम्बवादी सिद्धान्त प्रत्यक्ष-सम्बन्धी कारणात्मक धारणा पर आधारित है। अर्थात् प्रत्यक्ष कार्य है और वस्तु कारण। **देकार्त**[६] और **लॉक** दोनों में इस बात को लेकर समानता है कि भूत पदार्थों का साक्षात् अनुभव सम्भव नहीं है, इनका अनुमान होता है।[७]

---

[३] **डॉ. जदुनाथ सिन्हा** ने अपनी *इंडियन रियलिज़्म* में *सर्वदर्शनसंग्रह* के तर्कों का संग्रह किया है (देखिए "सौत्रान्तिक रियलिज़्म" नामक अध्याय)। इस दृष्टि से **अभिनव** के उपस्थापन और खण्डन का अपना महत्त्व है।

[४] अर्थो ज्ञानान्वितो वैभाषिकेण बहु मन्यते।
सौत्रान्तिकेन प्रत्यक्षग्राह्योऽर्थो न बहिर्मतः।। – *स.द.सं.,* "बौद्धदर्शनम्" नामक अध्याय, पृ. ४६

[५] देखिए, **भरतसिंह उपाध्याय** कृत *बौद्ध दर्शन तथा अन्य भारतीय दर्शन,* भा.१, पृ. ६४४।

[६] **देकार्त** भूत पदार्थ की मन से पृथक् सत्ता को स्वीकार करता है।

[७] तुलना कीजिए : "एक ओर एक पदार्थ है – मन, और दूसरी ओर दूसरा – भूत द्रव्य। बाद वाला पहले में एक कार्य को जन्म देता है। यही संवेदन है, और चूँकि यह एक कार्य है इसलिए →

विचार वस्तुओं के चिह्न हैं और वे वस्तु का अनुमान कराते हैं।

अभिनवगुप्त ने सौत्रान्तिक मत के उपस्थान के लिए जो स्पष्टीकरण दिया है उसका मूल उनका तत्त्वदर्शन ही है।[८] उनका लक्ष्य है संवित् (इंटेलिजेन्स/कॉन्शसनेस) के परम सामर्थ्य को स्थापित करना जो समस्त क्रम, अक्रम, कार्यकारणभाव और विचित्र भेद भरी विश्वरूपता के लिए उत्तरदायी है। संवित् का यह वैचित्र्य अपना निजी है, यह बिना सन्देह के तभी माना जा सकता है जब संवित् की विविधरूपता में सौत्रान्तिकों द्वारा मान्य बाह्य रूप हेतु टूट जाए। इसी दृष्टि से **अभिनवगुप्त** का सारा विवेचन हुआ है।

सौत्रान्तिक भी बोध या संवित् को अपने आप में एकरूप, अभिन्न मानता है। बोध या संवित् विचित्रता से परे है, इसलिए ज्ञान या बोध में होने वाली इस विचित्रता का कारण ढूँढना होगा। यह कारण ज्ञान में वस्तु के प्रतिबिम्ब को देने वाला है और उस प्रतिबिम्ब की ही जाति का है। प्रतिबिम्ब के कारण को बिम्ब कहते हैं और यह बिम्ब 'क' आदि रूप बाह्य वस्तु ही है, चूँकि इस बिम्बभूत कारणरूप बाह्य पदार्थ का ज्ञान प्रतिबिम्बरूप लिङ्ग या हेतु से होता है इसलिए इसे अनुमेय या अनुमान का विषय कहते हैं। तब भी 'यह क है' यह अध्यवसाय प्रत्यक्ष प्रमाण से होता है। अतः 'यह क है'-ज्ञान को साधारण तौर पर प्रत्यक्ष कहते हैं। कारण यह है कि जो प्रमाण जिस विषय में जिस तरह से अध्यवसाय को जन्म देता है उसको वहाँ पर उसी तरह से ग्रहण करते हैं।[९] अर्थात्, 'यह क है' ज्ञान हमें प्रत्यक्ष से हो रहा है, इस प्रत्यक्षात्मक ज्ञान से हम क वस्तु का अनुमान करते हैं।

बाह्यार्थवादी के लिए पदार्थ संवित् से भिन्न है। 'क' का रूप यदि असंविद्रूप है, ज्ञानबाह्य है, तो फिर उसका ज्ञान नहीं होना चाहिए। पर 'यह क है, ख है' यह ज्ञान होता ही है। यदि क ख ज्ञानरूप हो तो हमें 'यह क है' के स्थान पर 'मैं क हूँ' की प्रतीति होनी चाहिए। इससे स्पष्ट है कि संवित् या ज्ञान में रूपान्तर नहीं होता। और यह अभिन्न बोध या ज्ञान कभी 'क' पदार्थ के ज्ञान के रूप में, कभी 'ख' के ज्ञान के रूप में भासित होता है।

← यह निष्कर्ष अनिवार्य रूप से निकलता है कि इसका कारण है। अतएव वस्तु का भाव एक अनुमान है।" – **हैसन** कृत *रियलिज़्म,* पृ. ६३, **सिन्हा** द्वारा उद्धृत *इंडियन रियलिज़्म,* पृ. ३६ पर; और भी मिलाइए। **बर्कले** भी एक स्थान पर स्वीकार करता है – "यद्यपि मन के बिना विचारों का अस्तित्व नहीं होता फिर भी तत्सदृश वस्तुएँ तो होती हैं जिनके सदृश वे विचार होते हैं। ये वस्तुएँ वे हैं जो अचेतन द्रव्य में मन के बिना भी वर्तमान हैं।" – **बर्कले,** *प्रिंसिपल्स ऑफ़् ह्यूमन नॉलेज,* पृ. ३८, **सिन्हा** द्वारा उद्धृत, तदेव, पृ. ३६ पर।

[८] *ई.प्र.वि. (का.ग्र.),* भा.१, पृ. १६३-६४।

[९] *भास्करी(वि.),* भा.१, पृ. २१०।

कार्य-कारण के अभिन्न होने पर कार्य में भेद असम्भव है। हेतु-भेद के अधीन ही कार्य-भेद रहता है, अतः कारण के अभाव में यह विविध ज्ञान आकस्मिक (ऐक्सिडेन्टल), अर्थात् बिना किसी आलम्बन के, उत्पन्न माने जाएँगे। कौन किस से उत्पन्न हुआ है, प्रत्यक्ष से इसका उत्तर मिलेगा नहीं।[१०] अतः यह ज्ञान बाह्य पदार्थ का अनुमान कराता है। बाह्यता पदार्थ के विशिष्ट धर्मों का संकेत करती है। विज्ञान का स्वभाव है ज्ञानाकारतया भासित होने वाली प्रतिबिम्बरूपता, और इस स्वभाव का सम्पादक है यह पदार्थ। प्रतिबिम्ब बिम्ब के समान होता है, अतः यह ज्ञानाकार के सदृश भी है और साथ ही अनन्त भेदों से युक्त भी है।[११]

इससे यह सिद्ध है कि यह बाह्य[१२] चेतना का एक प्रकार (मोड) मात्र नहीं है, यह प्रदत्त है। यह प्रमाता से भिन्न है और अनात्म-स्वभाव है। अनुमान के सिवाय इसे और किसी से जानने का उपाय नहीं है। यहाँ अनुमान का रूप है : विज्ञान के अन्दर रहने वाला 'क' आदि ज्ञान अपने जैसे हेतु की अपेक्षा करता है, क्योंकि यह प्रतिबिम्ब है, दर्पणगत प्रतिबिम्ब की भाँति। अतः 'क' ज्ञान के सदृश ही 'क' पदार्थ है, यह अनुमान से सिद्ध होता है। बाह्य अर्थ देश और काल के कारण भिन्न है, इसलिए उससे उत्पन्न आकार वाले संवेदन भी विभिन्न हैं।[१३]

यहाँ पर प्रमाणमीमांसा की तरफ से एक प्रश्न उठाया गया है– अनुमान उसी का होता है जिसकी व्याप्ति का ग्रहण हो चुका है। यहाँ बाह्य पदार्थ को अनुमान विषय माना गया है। इस बाह्य को कभी प्रत्यक्ष से तो देखा नहीं गया है, अतः इसकी व्याप्ति का ग्रहण भी नहीं हुआ है, यह मानना होगा। ऐसी स्थिति में इसका अनुमान कहाँ तक संगत है? सौत्रान्तिकों ने इसे समझाया है[१४] इन्द्रिय-अनुमान[१५] को दृष्टान्त बनाकर। पूरे भारतीय दर्शन में इन्द्रिय

---

[१०] *ई.प्र.वि. (का.ग्र.)*, भा.१, पृ. १६६।

[११] बाह्याः, . . . विषयव्यवस्थानियतस्वभावानां बोधानां क्रमेण. . . एकसामग्रीरूपतानुपातेन हेतवो भविष्यन्ति। . . . तेन यदाह आचार्य धर्मोत्तरः – अनुभवसिद्धो बाह्यस्य भेदः, यस्तु अभेदः स
"तत्रानुभवमात्रेण ज्ञानस्य सदृशात्मना।
भाव्यं तेनात्मना येन प्रतिकर्म विभज्यते।।"
इति युक्तिबलेन व्यवस्थाप्यमानोऽनानुभविक इति। – *ई.प्र.वि.वि.*, भा.२, पृ. ८२-८३

[१२] बाह्य के अन्तर्गत केवल ज्ञानबाह्य नहीं अपितु ज्ञानबाह्य होने पर भी जो अर्थक्रियाकारी है वह बाह्य है।

[१३] तुलना कीजिए : "न हि वित्तिसत्तैव तद्वेदना युक्ता। तस्य सर्वत्राविशेषात्। तां तु सारूप्यमाविशत् सरूपयितुं घटयेत्।" – *स.द.सं.*, "बौद्धदर्शनम्" नामक अध्याय, पृ. ३६-३७

[१४] *ई.प्र.वि.वि.*, भा.२, पृ. ८३।

[१५] ज्ञानेन्द्रिय का अनुमान।

का ज्ञान अनुमान से माना गया है। क्योंकि ज्ञान के कारण (इन्स्ट्रुमेन्ट) रूप से तो व्याप्ति का ग्रहण हुआ है अतः इन्द्रिय का अनुमान भी कारण मात्र के ही रूप में होता है, परन्तु व्यवहार में हमारा संकेत इन्द्रिय विशेष, आँख, कान आदि की ओर होता है। कारण यह है कि यह कारण तथा अनुमित इन्द्रिय अपने आधार के आग्रह से[१६] विशेष का ही सहारा ढूँढती है। रंग के ज्ञान में जो अपने में रहने वाला (आत्मवर्ती) नियत कारण है वह आँख[१७] है, उसी प्रकार यहाँ पदार्थ ग्रहण में भी आशय है। अर्थात् पदार्थ की व्याप्ति का ग्रहण ज्ञानाकारों के प्रति कारणरूप में होता है।

इस कारणानुमान में एक खास बात छिपी है। इन्द्रिय से जन्मने वाले प्रत्यक्षसंवेदन रूप ज्ञानों का इन्द्रिय सचमुच कारण है, न कि विषय। क्योंकि उस अध्यवसाय (रूपाध्यवसाय) से ही इसका भी अध्यवसाय होता है। यदि यह मान भी लिया जाए, तो जिसका पहले ग्रहण नहीं हुआ उसका आँखों देखे रूप में अध्यवसाय कैसे होता है ? कहते हैं, यह बात सारूप्य (कॅरेस्पॉन्डेन्स) के कारण सम्भव होती है।[१८] ज्ञान के अन्दर रहने वाले 'क' आदि का देश-काल के साथ-साथ चलने वाला जितना कुछ भी स्वरूप-वैचित्र्य है उतना ही सारे का सारा उसके समर्पक कारण का भी। इससे ज्ञान का आकार-विषयक अध्यवसाय उत्पन्न होता है। "देखता हूँ" इस प्रकार के अध्यवसाय का ग्रहण प्रत्यक्ष से होता है,[१९] परन्तु अनुमान का व्यापार मूलकारणभूत, आकारों के अर्पक और उन आकारों के समान वस्तु में होता है। यदि इस अध्यवसाय से बाह्य पदार्थ का अनुमान न हो तो बाह्यता के अध्यवसाय में प्रमाण का कोई फल न होगा और यदि बाह्य वस्तु का ग्रहण न हो तो मृग-मरीचिका की जगह भी जल का अध्यवसाय होगा। किन्तु उसके विषय जल का ग्रहण न होने पर वह अध्यवसाय

---

[१६] पारिभाषिक शब्दावली में कहेंगे "पक्षधर्मता के बल पर" देखिए *ई.प्र.वि.वि.*, भा.२, पृ. ६०। पक्षधर्मता है – हेतु का पक्ष में रहना। पक्ष कहते हैं जहाँ पर साध्य की सिद्धि की जाती है। जैसे 'पर्वत पर धुआँ है, क्योंकि वहाँ आग है में पर्वत पक्ष है' और वहाँ पर आग का होना पक्षधर्मता है। देखिए, *न्यायकोश,* पृ. ४५३, ४५५।

[१७] वस्तु के रूप अर्थात् रंग के ज्ञान में आँख, शब्द के सुनने में कान आदि कारण हैं।

[१८] अर्थसारूप्यमस्य प्रमाणम्। तद्वशादर्थप्रतीतिसिद्धेरिति। – **धर्मकीर्ति** का *न्यायबिन्दु,* प्रथमपरिच्छेद। पदार्थ के साथ ज्ञान का सारूप्य प्रमा का साधन या प्रमाण है। जिस विषय से ज्ञान उत्पन्न होता है उस विषय के सदृश ही वह ज्ञान होता है। सारूप्य को इसलिए प्रमाण माना जाता है क्योंकि उसी के सामर्थ्य से वस्तु-बोध सम्भव हो पाता है। अर्थ-प्रतीति रूप प्रत्यक्षविज्ञान सारूप्य के कारण प्रतीत होता है। देखिए, **धर्मोत्तर** *की टीका*।

[१९] अर्थस्यासम्भवेऽभावात् प्रत्यक्षेऽपि प्रमाणता।
प्रतिबद्धस्वभावस्य तद्धेतुत्वे समं द्वयम्।। – **अभिनव** द्वारा उद्धृत, *ई.प्र.वि.वि.*, भा.२, पृ. ६१। यह कारिका है *प्रमाण-विनिश्चय* १.३

अप्रामाणिक होगा। यदि अध्यवसाय न हुआ तो प्रतिबिम्ब रूप हेतु बाहरी पदार्थ को सिद्ध न कर सकेगा। फलतः प्रत्यक्ष से देखे गए किसी भी पदार्थ से लौकिक व्यवहार सम्भव न हो पाएगा। इससे यह निष्कर्ष निकलता है कि जैसे ज्ञानों में इन्द्रिय के उपयोग के कारण उसका अनुमान होता है वैसे ही बाह्य विषय का अनुमान होता है, और इस बात तक हम अध्यवसाय के द्वारा पहुँचते हैं। इस प्रकार सौत्रान्तिक की दृष्टि में विषयता का ज्ञान चेतना के प्रकारों से निगमित नहीं किया जा सकता। संवेदन विषय (कॉन्टेन्ट) का अनुभव है, इससे विषय और संवेदन की एकात्मता की सिद्धि नहीं होती।

स्वाभाविक है कि अद्वैतवादी **अभिनव** को यह तर्क रुचिकर नहीं लगते। पदार्थ है, परन्तु उसका संवित् से अलग व्यक्तित्व नहीं है। बाह्यता उस संवित् की अभिव्यक्ति की एक विधा मात्र है। इस दृष्टि से **अभिनव** ने सौत्रान्तिक विचारधारा के विरुद्ध जो मुख्य आपत्तियाँ उठाई हैं उन्हें हम क्रम से देखेंगे।

सौत्रान्तिक के तर्कों का मूल स्वर है कि बाह्य वस्तु को माने बिना हमारे साधारण व्यवहार की व्याख्या नहीं की जा सकती। किन्तु देखा जाए तो अनुमान सिद्ध बाहरी पदार्थों से भी कोई मतलब सिद्ध नहीं होता। सौत्रान्तिक द्वारा अर्थप्रतिबिम्ब रूप में कल्पित वस्तुओं से ही व्यवहार चल जाता है।[२०] हमेशा वस्तु का अनुमान करके व्यवहार नहीं होता, अतः व्यवहार के लिए अनुमेय बाह्य पदार्थ की आवश्यकता नहीं पड़ती।[२१] प्रमाण का कार्य है वस्तु का प्रकाशन। यदि वस्तु ज्ञान से भिन्न है तो उसकी अनुमेयता का अर्थ है[२२] कि उसका प्रकाशन नहीं होता।[२३] इसी प्रसंग में एक बात और कही जा सकती है। व्यावहारिक प्रयोजन, जिसे अर्थक्रिया कहते हैं, की सिद्धि की दृष्टि से भी सौत्रान्तिक बाह्य पदार्थ की कल्पना करता है, परन्तु स्वयं यह अर्थक्रिया भी व्यवहार के समय प्रतिबिम्ब के रूप में ही जानी जा सकती है। वह अर्थक्रिया भी ज्ञानाकार है, इससे बाह्य सिद्ध नहीं होता है।[२४]

---

[२०] *भास्करी(वि.),* भा.१, पृ. २२२।

[२१] *ई.प्र.वि. (का.ग्र.),* भा.१, पृ. १७८।

[२२] *ई.प्र.वि.वि.,* भा.२, पृ. १३०।

[२३] *प्रज्ञालंकार* के कर्ता **शंकरनन्दन** से प्रभाव लेकर **अभिनव** ने अनेक गौण आपत्तियाँ भी उठाई हैं; देखिए *ई.प्र.वि. (का.ग्र.),* भा. १, पृ. १८१। परन्तु उनके द्वारा मीमांसक, नैयायिक आदि बाह्यवादियों का भी खण्डन हुआ है। वे तर्क बाह्य पदार्थ की अनुमेयता से अधिक सम्बद्ध न होकर उसकी सिद्धि से सम्बन्धित है। विषयान्तर के भय से उनकी ओर संकेत नहीं किया गया है।

[२४] अर्थक्रियापि च आभासमानतयैव अभिलषणीया इति साऽपि आभासविश्रान्ता इति ततोऽपि न बाह्यसिद्धिः। यथा च भट्टः . . . आभासपरम्परामेव व्यवहारोपकरणभूतामवादीत्। – *ई.प्र.वि. वि.,* भा.२, पृ. १३२

अभिनव का दूसरा तर्क करीब-करीब सभी प्रत्ययवादी विचारकों से मिलता है। अन्तर इतना है कि **अभिनव** संवित् (इन्टेलिजेन्स) को स्वातन्त्र्य रूप मानते हैं। यह उस संवित् का स्वातन्त्र्य है जो अन्तःस्थ भावों को बाहरी रूप से भासित करता है। इसी से बाहर आभासित होकर भी संवित् से बाहरी पदार्थों की एकता सुरक्षित रहती है क्योंकि बाह्यता का अर्थ पृथक् होना न होकर केवल पृथक् रूप से भासित होना है। हम देखते हैं कि विषय में भी चेतना का अंश होता है, वह भी उसी संवित् का अंश है। यह एकात्मता हमारी साक्षात् प्रतीति का अंग भी है। हमारे अनुभव का आकार क्या है, यही तो कि "क है" या "क का भान हो रहा है" ? यहाँ पर 'क', जिसे हम ज्ञान द्वारा विषय कर रहे हैं, उस ज्ञान से अधिक तो कुछ भी नहीं है, अतः प्रत्यक्ष से भी व्यावहारिक विषयों की बाह्यता प्रमाणित नहीं होती।[२५]

सौत्रान्तिक के लिए किसी विषय में प्रमाण की प्रवृत्ति उस प्रमाण से उत्पन्न अध्यवसाय पर निर्भर करती है। "यह क है" इस प्रत्यक्ष ज्ञान का प्रामाण्य अध्यवसाय पर आधारित है – परन्तु यह बात भी कसौटी पर नहीं टिकती। प्रत्यक्ष की अध्यवसाय-सापेक्षता का मतलब यह है – क-रूप स्वसंवेदन में प्रत्यक्ष का व्यवहार होता है और यह व्यवहार विकल्पमूलक है, अर्थात् प्रत्यक्षज्ञान का अध्यवसाय होता है, प्रत्यक्षविषय का नहीं। विषय का ग्रहण हुआ नहीं है, अतः अगृहीत विषय (क रूप वस्तु) का गृहीत रूप में अध्यवसाय कराने के कारण प्रत्यक्ष की प्रामाणिकता ढह पड़ती है।[२६]

अभिनव की चौथी और सबसे महत्त्वपूर्ण युक्ति है कि बाह्य पदार्थ की सिद्धि में एक तो अनुमान व्यापार की सम्भावना नहीं है और अगर किसी तरह अनुमान की प्रवृत्ति हो भी जाए तो वह बाह्य पदार्थ की सिद्धि नहीं करता।[२७] इस प्रकार प्रत्यक्ष या अनुमान किसी से संवित्-भिन्न बाह्य पदार्थ की सिद्धि नहीं होती।[२८] **अभिनव** का कहना है कि पदार्थ की अनुमेयता का सवाल दर्शन की एक दूसरी अधिक मौलिक समस्या से गुँथा हुआ है। समस्या का रूप है – ज्ञान के सम्बन्ध में वस्तु का स्वरूप और स्थान क्या है? यह सारी बहस संवित् और पदार्थ-वैचित्र्य के आपसी सम्बन्ध को लेकर है। हम दो प्रकार की चीजें देखते हैं – एक तो हम, दर्पण में प्रतिबिम्बित घट को देखते हैं, अर्थात् प्रतिबिम्ब किसी सदृशात्मक की छाया है। यही सम्बन्ध संवित् और उसमें प्रतिबिम्बित पदार्थ का है। अर्थात् वस्तु की अपनी सत्ता है और वह ज्ञान के आश्रित नहीं है; और दूसरे, सब कुछ अपनी शक्ति से उल्लसित होता है, जैसे स्वप्न में। अर्थात् वस्तु की अपनी निजी सत्ता नहीं है, स्वप्न और स्वप्नगत

---

[२५] *ई.प्र.वि. (का.ग्र.),* भा.१, पृ. १८७।

[२६] *ई.प्र.वि.वि.,* भा.२, पृ. १५७।

[२७] तदेव, भा.१, पृ. १८७।

[२८] तदेव, पृ. १६१।

पदार्थ की तरह संवित् और उसका विषय एक रूप है। अतः हमें निश्चय करना होगा कि हमारे ज्ञान में आने वाला यह सारा पदार्थ-जगत् अपने से भिन्न किन्तु सदृश पदार्थ के संक्रमण के कारण है या स्वप्न की तरह अपने बोध-स्वातन्त्र्य से उल्लसित हुआ है?[२९]

एतदर्थ हम परीक्षा करेंगे कि अनुमान हमें किस निश्चय पर पहुँचाता है। इस बात में सब एकमत हैं कि अनुमान विकल्प रूप होता है और विकल्प वहीं होता है जिसका अनुभव हो चुका है। प्रश्न है कि क्या इन्द्रिय-अनुमान में पहले अनुभव हो चुका है? इसे मानना होगा, क्योंकि इन्द्रिय का अनुमान हम विशेष रूप से न करके प्रत्यक्ष ज्ञान के कारण-सामान्य रूप से करते हैं। कारणता का सामान्य प्रत्यक्ष हमें बीज से अंकुर और मिट्टी से घट आदि स्थलों में पहले हो चुका है। यहाँ बीज या मिट्टी का ग्रहण विशुद्ध कारणरूप में होता है। अनुमान एक प्रकार का विकल्प व्यापार ही है। वस्तु का अनुमान ठीक वैसा होगा जैसा कि विकल्प से उस वस्तु का सम्बन्ध है, अर्थात् सामान्य या विशेष जिस तरह से उसका अनुभव हुआ है। इन्द्रिय का अनुमान उपलब्धि के कारण रूप में होता है और कारणता का ग्रहण प्रत्यक्ष से हो चुका है, अतः सामान्य तौर पर इन्द्रिय का पूर्व अनुभव हो चुका है, इसलिए सामान्य साधन के रूप में ही उसका अनुमान भी होता है। प्रत्यक्ष और अनुपलम्भ (न पाया जाना) से कार्यकारण भाव की सिद्धि करते हैं। 'मिट्टी का घड़ा' प्रत्यय में जो जिसकी नियमित रूप से स्वरूप-लाभ के प्रति अपेक्षा (अनुविधान) करता है वह उसका कारण है। इस प्रकार कारण-सामान्य अवभात ही है। इससे वस्तु के रंग और रूप का ज्ञान जिसका नियमपूर्वक अनुविधान करता है वह आँख है। इस प्रकार कारणभाव-ग्रहणपूर्वक ही प्रमाण का ग्रहण होता है। अतः इसका "सामान्यतो दृष्ट" (सामान्य रूप से देखा गया) नाम उचित है।[३०]

एक क्षण के लिए हम यहाँ रुकेंगे। इस स्थापना में सौत्रान्तिक की एक और आलोचना छिपी है। प्रत्येक वस्तु का प्रत्यक्ष या अनुभव सामान्य या विशेष ढंग से होता है। दूसरे शब्दों में प्रत्येक चीज, जिसका कुछ भी नाम है या दिया जा सकता है, प्रत्यक्ष का विषय है। **भास्कर** ने यहाँ पर संकेत किया है कि स्वलक्षण का, वस्तु के असाधारण स्वभाव का, प्रत्यक्ष तो बौद्ध मानते ही हैं;[३१] हाँ, स्फुट बोध में विकल्प अवश्य आते हैं। अतः पदार्थ अनुमेय हैं, यह प्रतिज्ञा खण्डित हो जाती है।

इसी प्रसंग में **अभिनव** ने बौद्धों पर एक कटाक्ष भी किया है। सौत्रान्तिक यह मानते

---

[२९] तदेव, भा.२, पृ. १५५।

[३०] सौत्रान्तिक और **अभिनव** दोनों ही इन्द्रिय को अनुमान का विषय मानते हैं। परन्तु सौत्रान्तिक इस अनुमान को जिस व्याप्ति से गृहीत मानते हैं वह प्रत्यक्षगृहीत नहीं है, **अभिनव** के लिए वहाँ व्याप्ति प्रत्यक्षगृहीत है।

[३१] *भास्करी,* भा.१, पृ. २३३।

हैं कि विकल्प वस्तु के स्वरूप को नहीं छूते।[३२] किन्तु सौत्रान्तिक विकल्प के बल पर बाह्य वस्तु की सिद्धि करना चाहता है। उसके लिए अध्यवसाय का विषय वस्तु का ज्ञान है न कि वस्तु, वस्तु तो अनुमेय है। परन्तु अनुमान विकल्प रूप है अतः बाह्य वस्तु के स्वरूप का बोध अनुमान से हो ही नहीं सकता। सौत्रान्तिक का अपना सिद्धान्त ही उसे काट बैठा है।[३३] अभिनव मानते हैं कि अध्यवसाय का विषय केवल ज्ञान ही नहीं अपितु ज्ञान में भासित होने वाला विषय भी है।[३४] अतः उसे अनुमान से जानने की आवश्यकता रह नहीं जाती। सहज ही कहा जा सकता है कि यदि अनुमान-विकल्प बाह्य पदार्थों को छूता भी नहीं, तो बाह्य पदार्थ को अनुमानगम्य मान लेने पर भी वह अनुमिति या ज्ञान से एकरूप रहकर ही उभरता है। उस समय अनुमेय होकर भी वह बाह्य नहीं रहता।

अभिनवगुप्त ने बाह्यानुमेयवाद की जड़ पर ही चोट की है। दर्पणगत प्रतिबिम्ब का बाहरी बिम्ब सिद्ध रहता है, क्योंकि उसका सदृश हेतु हमारे अनुभव का विषय है। इस दृष्टान्त को लेकर सौत्रान्तिक ने ज्ञानों या ज्ञानाकारों के कारणरूप में बाह्य पदार्थ की अनुमानतः सिद्धि की है, परन्तु यह दृष्टान्त ही गलत है। वहाँ कौन क्या अर्पित करता है यह निश्चित रूप से नहीं कहा जा सकता; दूसरे सदृश हेतु के बिना ज्ञानाकार का जन्म नहीं होता, यह सिद्धान्त स्वप्न और द्विचन्द्र (आँख के दबाने पर दो चाँदों का दिखाई पड़ना) जैसी घटनाओं की व्याख्या नहीं कर पाता। इसके अलावा, विषय का आकार ज्ञान के आकार का कारण माना जाता है। यदि यह सही है तो यह भी कहना उचित होगा कि गजाकार के कारण दर्पण भी गजाकार हो जाता है। और चूँकि बौद्ध अपनी जैसी (आत्मसदृश) सन्तान की अनुवृत्ति मानता है इससे गज के हट जाने पर भी दर्पण की गजाकारता बनी रहेगी।[३५] इसी से यह

---

[३२] **धर्मकीर्ति** के अनुसार प्रत्यक्ष के द्वारा केवल स्वलक्षण वस्तु को, अर्थात् वस्तु के असाधारण स्वभाव को, जाना जा सकता है। यही वास्तविक रूप में सत् है। इसीलिए बौद्धों के यहाँ निर्विकल्पक प्रत्यक्ष ही स्वीकार किया गया है, पर उससे व्यवहार सम्भव नहीं है। अतः दूसरा विषय, जिसे पारिभाषिक शब्दावली में सामान्यलक्षण कहा गया है, विकल्पज्ञान का विषय है। सामान्यलक्षण का अर्थ है दूसरी वस्तुओं से समान स्वभाव वाला। यह अनुमान से जाना जाता है। तुलना कीजिए –

तस्य विषयः स्वलक्षणम्। तदेव परमार्थ सत्। अन्यत् सामान्यलक्षणम्। – *न्यायबिन्दु*, प्रथम परिच्छेद और इस पर **धर्मोत्तर** की *टीका*

[३३] *ई.प्र.वि. (का.ग्र.)*, भा.१, पृ. १९०-९१।

[३४] *ई.प्र.का.* १.३.५; तदेव, पृ. १९१।

[३५] *ई.प्र.वि.* भा.१, पृ. १९१।

अभिनव का यह तर्क जोरदार नहीं है। सौत्रान्तिक के लिए गज का आकार दर्पण के आकार का नहीं, दर्पण में पड़ने वाले गजप्रतिबिम्ब के आकार का नियामक है।

कहना अनुचित न होगा कि उस उदाहरण में पारमार्थिक कारणता न होकर बिम्ब-प्रतिबिम्ब का व्यवहार भर है। यह भ्रम है वस्तुसत्य नहीं, परन्तु सौत्रान्तिक के लिए ज्ञानाकार और विषयाकार में कारणता इसी दृष्टान्त से सिद्ध की जाती है।

परन्तु दृष्टान्त के निर्दोष न होने पर भी बाह्यार्थानुमेयवाद में ज्ञान और विषय में कारणता-सम्बन्ध तो रहता ही है। इसीलिए पदार्थ ज्ञान की अपेक्षा पहले या पूर्वकालिक होता है। जिसे हम पदार्थ की प्रमेयता कहते हैं वह ज्ञानाकार को जन्म देने में समर्थ कारणता के अतिरिक्त और कुछ भी नहीं है।[३६] परन्तु देखा जाए तो यह निर्णय प्रमाणसम्मत नहीं। ज्ञान-विषय और ज्ञान में कालभेद नहीं होता, क्योंकि "मैं यह जान रहा हूँ" यह अध्यवसाय एक समय में ही हो सकता है। अतः यह कहना निस्सार है कि बाह्य आकार का प्रत्यक्षतया अध्यवसाय होता है और उस अध्यवसाय के आधार पर बाह्य सिद्ध है, क्योंकि इन दो क्षणों (विषय या कारण-क्षण और ज्ञान या कार्य-क्षण) में विषय क्षण, जो हेतु है, उस ज्ञान के सदृश है – यह बात नहीं सधती। दर्पण प्रतिबिम्ब में हमें बिम्ब भी उपलब्ध है – दोनों के सादृश्य से यही निश्चित होता है। परन्तु यहाँ ज्ञानाकार में बिम्ब के कुलशील का पता भी नहीं है तो बिम्ब-प्रतिबिम्ब में सादृश्य का निर्धारण कैसे होगा। अतएव यदि अनुमान के पहले प्रत्यक्ष की प्रवृत्ति हो तो संवेदकता के क्रम में अनुमान को बाद में रखा जा सकता है। यहाँ ऐसी स्थिति तो है नहीं। अतः बाह्य पदार्थ अनुमेय है, यह चल नहीं पाता।

यदि बिम्ब और प्रतिबिम्ब या ज्ञानाकार और विषयाकार जैसे एक ही चीज के दो आभास न माने जाएँ तब भी बाह्य प्रत्यक्षगम्य होगा अनुमानगम्य नहीं। प्रत्यक्ष प्रमाण का विषय है – "देखता हूँ" या "क को देखता हूँ", यहाँ एक ही 'क' प्रत्यक्ष का विषय है, वही बाह्य है। दूसरे ज्ञानभिन्न 'क' की खोज से कोई लाभदायक फल निकलने का नहीं। दूसरे शब्दों में 'क' रूप एक ही है। यह ज्ञानवर्ती है अतः ज्ञान से अलग रूप में वह भास नहीं सकता। यह ज्ञान से अभिन्न है। इसलिए दर्पणगत आकार की भाँति उसका समर्पक दूसरा आकार आभासित नहीं होता।[३७]

यद्यपि अनुमान विकल्प रूप है, फिर भी यह एक विशेष प्रकार का विकल्प है। **अभिनव** ने अनुमान की परिभाषा करते हुए कहा है कि देश और काल से विशिष्ट प्रवृत्तियोग्य अर्थ

---

[३६] *ई.प्र.वि.वि.*, भा.२, पृ. १५६।

[३७] भिन्नकालं कथं ग्राह्यमिति चेद्ग्राह्यतां विदुः।
हेतुत्वमेव युक्तिज्ञा ज्ञानाकारार्पणक्षमम्।। – **अभिनवगुप्त** द्वारा उद्धृत; तदेव, पृ. १५६; और भी देखिए, *स.द.सं.*, पृ. ३६

के सम्बन्ध में प्रमाण का जो अविसंवादी विकल्प रूप व्यापार है वही अनुमान है।[३८] इसीलिए 'घड़ा', 'दस अनार', 'वह रस', 'नदी किनारे', 'जहाँ धुआँ है' आदि विकल्प प्रमाण नहीं हैं क्योंकि वे प्रवृत्तियोग्य विषय के सम्बन्ध में नहीं है। अनुमान इस तरह के विकल्पों से भिन्न है। इस भेद का कारण है उसका व्याप्ति पर आश्रित होना। व्याप्ति का रूप है "जहाँ धुआँ है वहाँ आग है"। पर्वत में जिस आग की सम्भावना की गई है वह उस व्याप्ति के द्वारा स्वीकृत है, क्योंकि व्याप्ति का ग्रहण हमेशा सामान्यरूप से होता है। पहाड़ पर इस व्याप्ति से विशिष्ट आग की सिद्धि होती है। सौत्रान्तिक को शंका हो सकती है कि इस प्रकार अनुमान का विषय विशेष हो सकता है, सामान्य नहीं। अतः इन्द्रिय का सामान्य रूप से अनुमान सम्भव नहीं। **अभिनव** इन्द्रिय का कारण-सामान्य के रूप में अनुमान मानते हैं। इसकी स्थापना में उन्होंने सौत्रान्तिकों के ही तर्क का उनके विरुद्ध प्रयोग किया है। इन्द्रिय के सामान्य रूप से अनुमान करने में कोई कठिनाई खड़ी नहीं होती। क्योंकि अन्वय और व्यतिरेक के उपरान्त पक्षधर्मता नामक अनुमान का तीसरा अंग भी है। वह वर्तमान प्रत्यक्ष से ज्ञात है। इस प्रत्यक्ष से अनुगृहीत व्याप्ति, विशेष को अनुमान का विषय नहीं बनाती क्योंकि यह विशेषांश प्रत्यक्ष से सिद्ध है और व्याप्ति में आधाराधेय भाव – "जहाँ जहाँ, वहाँ वहाँ" – का स्फुरण होता है।

इस प्रकार **अभिनव** के लिए सब कुछ संवित् से एकरूप है। एकरूपता में कार्यकारण भाव नहीं पलता। संवित् और जड़ पदार्थ में यही अन्तर है कि उसके प्रकाश की सीमा नहीं है, वह 'क' के रूप में भी भासित होती है और और 'ख' के रूप में भी। पदार्थों में भेद या कारणता उस संवित् की अभिव्यक्ति है।[३९] अतः बाह्य का अर्थ है संवित्-बाह्य, और वह एक असम्भावना है। अतः पदार्थ आन्तरिक है। सौत्रान्तिक के बाह्य वस्तु का निषेध कर लेने के कारण शैव चिन्तक के लिए बाहरी विषयों की आन्तरिकता और संवित् से अभिन्नता का अभ्युपगम सरल हो जाता है और ज्ञानगत भेद की व्याख्या के लिए हमें संवित् से दूर नहीं जाना पड़ता।

वस्तुतः सौत्रान्तिक और शिवाद्वैती का यह विचार-भेद उनके दार्शनिक मूलाधार में ही विभेद का संकेत करता है। शैव मत में एक परम सत्य का ही अस्तित्व है, सारा पदार्थ जगत् उसी संवित् से स्फुरित होता है, अतः संवित् से पृथक् उसे स्वीकार करने का अर्थ होगा आत्मघात करना। सौत्रान्तिक बाह्यास्तित्ववादी हैं। बाह्य जगत् में विश्वास करने का अर्थ है कि बाह्य वस्तुओं का स्वतन्त्र अस्तित्व माना जाए, अन्यथा ज्ञान और वस्तु के विशिष्ट

---

[३८] तदेव, पृ. १६२।

[३९] तदेव, पृ. १६२।

धर्मों का संकेत नहीं किया जा सकता। और यदि बाह्य वस्तु है तो उसका प्रत्यक्ष नहीं हो सकता, उसका अनुमान करना होगा। इसके दो कारण हैं –

१. पदार्थों का निर्माण उन अंशों से होता है जो परिवर्तमान हैं। यदि घटक तत्त्व परिवर्तनमान है और प्रत्यक्ष 'दत्त' है तो वस्तु का पूर्ण प्रत्यक्ष न होकर केवल उसके प्रकार मात्र का या अवस्था विशेष का ही प्रत्यक्ष हो पाएगा। परन्तु हम वस्तु, उदाहरण के लिए पुस्तक, को सत्य मानते हैं। सत्यता का आधार अनुमान है। जब तक आप प्रत्यक्ष करेंगे समय परिवर्तन के कारण वस्तु बदल चुकेगी। अतः, यद्यपि वस्तु है तब भी उसके अस्तित्व की सूचना अनुमान से ही मिलती है।

२. इस प्रश्न का मनोवैज्ञानिक पहलू भी है। जब हम एक पदार्थ को देखते हैं तो क्या यह पूर्णतः 'दत्त' है? निश्चय ही इसकी प्रतिमा (इमेज) भी वहाँ होती है। अतएव जब एक पुस्तक का ज्ञान होता है तो पूर्णतः प्रत्यक्ष के द्वारा नहीं अपितु अनुमान के द्वारा भी, क्योंकि इसके स्मरणात्मक और प्रतिबिम्बवादी (रिप्रेज़ेन्टेटिव) पहलू केवल अनुमित ही किए जा सकते हैं। प्रत्यक्ष केवल 'दत्त' हो सकता है, अतः कोई भी प्रत्यक्ष पूर्ण प्रत्यक्ष नहीं है। क्योंकि प्रत्यक्ष में सविकल्पात्मकता का अंश अनेक परवर्ती तत्त्वों की देन है।

शैव विवेचन में इस मनोवैज्ञानिक कमी को दार्शनिक प्रौढ़ता के द्वारा दूर करने का प्रयत्न किया गया है। यहाँ प्रश्न का रूप ही बदल जाता है। वस्तु का वस्तुत्व प्रकाश से ही सम्भव हो पाता है। यह प्रकाश संवित् से एक है, अतः वस्तु बाह्य रहते हुए भी अन्तःस्थ है, संविदाधारित है। अतः प्रत्यक्ष हो या अनुमान, कोई भी उसकी बाह्यता का उपपादन नहीं कर पाता। यहाँ मनोवैज्ञानिक कठिनाई खड़ी ही नहीं होती।

११

पदार्थ

काश्मीर शिवाद्वयवाद में पदार्थ सम्बन्धी विचारों का विकास आभासवाद की त्रिक धारणा के अनुरूप ही हुआ है। अर्थात् पदार्थ की चर्चा आभास-वैचित्र्य की दृष्टि से की गई है। वस्तु को इस दर्शन की पारिभाषिक शब्दावली में आभास कहा गया है। इसका तात्पर्य यह है कि प्रमेय, तत्त्व और पदार्थ ये सब आपस में पर्याय हैं[१] और एक ही वस्तु के सूचक हैं। यह मनोरंजक बात है कि तत्त्व और पदार्थ शब्दों के परम्परागत अर्थों (क्रमशः, "तस्य भावः" उसका होना, "पदस्यार्थः" पद का अर्थ) को यद्यपि शैव मीमांसा में स्थान मिला है, फिर भी उसने यहाँ कुछ वैशिष्ट्य अर्जित किया है। यहाँ तत्त्व उस वस्तु का नाम है जो सब में या एक वर्ग के अन्तर्गत सभी वस्तुओं में व्याप्त रहती है।[२] व्याप्ति की प्रणाली या ढंग को लेकर कोई कठोर नियम नहीं है। एक जगह एक तरीके से व्याप्ति सम्भव है तो अन्यत्र दूसरी तरह से। यह बात और भी स्फुट हो जाती है जब शैव दार्शनिक पदार्थ को इतर दर्शन के 'सामान्य' से समीकृत करते हैं।[३] **अभिनव** ने अपनी *विवृत्ति-विमर्शिनी* में इसे प्रतिध्वनित किया है – पदार्थ आभास-सामान्य के अतिरिक्त और कुछ नहीं है।[४] तत्त्व और साधारण वस्तु में यदि अन्तर करना इतना ही आवश्यक हो तो कहा जा सकता है कि जहाँ प्रत्येक वस्तु आभास रूप है वहाँ तत्त्व आभास-सामान्य रूप है। यद्यपि इस सम्प्रदाय में न्याय-वैशेषिकों की भाँति सामान्य या जाति की एक स्वतन्त्र पदार्थ के रूप में कल्पना नहीं की गई है, फिर भी इस तुलना से इसके अनुसार तत्त्व का स्वरूप सरलता से समझा जा सकता है। विभिन्न वस्तुओं

---

* अपने मूल रूप में *दार्शनिक त्रैमासिक*, वर्ष १०, अंक २, अप्रैल १९६४ (पृ. ८३-९७) में प्रथमतः प्रकाशित।

[१] एवमाभासस्तन्मेलनं च नियमानुप्राणितम् – इत्येतावदेव प्रमेयम्। एतान्येव आगमे तत्त्वानि वक्ष्यन्ते।

[२] अतएव च तनोति सर्वमिति . . . तत्त्वमित्यर्थः। – *तन्त्रालोक* ९.१ पर **जयरथ** कृत *विवेक* भा. ४, पृ. १६३७

[३] एकैकाभासरूपतात्मकं दर्शनान्तरे "सामान्यम्" इति यद् व्यवहृतम्।। – *भास्करी(वि.), भा.* २, पृ. २१४; **भास्कर** की व्याख्या है – "अवभाससामान्यतया व्यवहारविषयीकृतम्"।। – तदेव

[४] सामान्यरूपमाभासात्मकमेव वस्तु इति तत्त्वम्। - *ई.प्र.वि.वि.*, भा.३, पृ. १६३

में जो रूप सब में समान है उसे तत्त्व संज्ञा दी जाती है।[५] सब में क्या चीज समान है, यह जानने के लिए हमारे पास एक सुनिश्चित और सुनिर्धारित आधार होना चाहिए। एक सी शब्दावली का प्रयोग या अभिधान-समता इस समता का निर्धारण करती है।[६] वस्तुतः पदार्थ (पदस्य अर्थः) शब्द से भी यही ध्वनित होता है। यद्यपि पदार्थ का साधारण तौर पर प्रचलन एक वस्तु अथवा अस्तित्व (बीइङ्) के एक प्रकार (मोड) के अर्थ में होता है, परन्तु पदार्थ शब्द का अक्षरशः अर्थ यह नहीं है। 'पदार्थ' शब्द एक 'शब्द के अभिप्राय या अर्थ' को द्योतित करता है। दूसरे शब्दों में, पदार्थ उस वस्तु का प्रतीक है जिसके विषय में भाषात्मक अभिव्यक्ति सम्भव है। इससे यह निष्कर्ष निकलता है कि यदि एक शब्दावली का प्रयोग तमाम वस्तुओं को द्योतित करने के लिए किया जाए तो वह उनके समान अंश का ही संकेतन करेगी। और वह संकेतित वस्तु स्वभावतः ही तत्त्व से भिन्न न होगी। इस प्रकार सम्भवतः यह कहा जा सकता है कि तत्त्व या पदार्थ की धारणा एक वर्ग-धारणा (क्लास-कॉन्सेप्ट) है। इस विचार को एक अन्य बात से भी समर्थन मिलता है। पदार्थ को शिवाद्वयवादियों ने 'वर्गीकरण का आधार या निमित्त' कहा है।[७] इसके अनुसार तत्त्व (अर्थात् 'उसका वास्तविक स्वरूप') वह चीज है जो वस्तुओं के विशेष रूप वाले वर्गों में अविभक्त, अखण्डित प्रकाशित होता है, और इस प्रकार, वे सब वस्तुएँ एक वर्ग के अन्तर्गत हैं, इस बात के औचित्य को प्रमाणित करता है। उदाहरण के लिए मिट्टी, पत्थर, हड्डी और माँस ये सब अपने आन्तरिक स्वरूप में पृथ्वी हैं या पार्थिव पदार्थ हैं, और नदी, कूप, पोखर, समुद्र आदि अन्ततः पानी हैं। इससे यह भी निष्पन्न होता है कि तत्त्व केवल वर्गीकरण का ही नहीं वर्गों के एकीकरण का भी कारण है।[८] इस प्रसंग में यह याद रखना आवश्यक है कि 'सामान्य' के न्याय-दर्शन के सिद्धान्त ने तत्त्व की शैव धारणा को काफी हद तक प्रभावित किया है। **अभिनव** ने 'तत्त्व' की जगह 'सामान्य' शब्द का जो प्रयोग किया है वह शायद इस बात पर जोर

---

[५] यद्रूपं बहुधानुगामि तदिदं तत्त्वं विभोः शासने। – *तं.* ९.२। न्याय दर्शन में सामान्य की इस परिभाषा से कितनी समता है, देखें : "नित्यमेकमनेकानुगतं सामान्यम्।" – *तर्कसंग्रह*)। नित्यता का अंश भी शैव पदार्थ में निषिद्ध नहीं है। तुलना कीजिए : "आ महाप्रलयस्थायि सर्वप्राप्त्युपभोगकृत्।। तत्त्वमुच्यते तज्ज्ञैर्न शरीरघटाद्यतः।" – (**जयरथ** द्वारा *तं.*९.५-६ पर अपने *विवेक* में उद्धृत)। यहाँ पर नित्यता का अर्थ है, तत्त्व का महाप्रलय तक स्थायी रहना।

[६] अभिलापसाधारणार्थत्वमेकसामान्यविषयतायां हेतुः। – *ई.प्र.वि.वि.*,भा.३, पृ. ७१। तुलना कीजिए : "सतो वा वस्तुनः प्रमाणपरिनिश्चितस्वरूपं शब्दप्रवृत्तिनिमित्तं तदित्युच्यते। तस्य भावस्तत्त्वम्।" – *न्यायमंजरी,* भा.१, पृ. ८

[७] वर्गीकरणनिमित्तम्। – *भास्करी(वि.),* भा.२, पृ. २१६

[८] इह तस्य भावस्तत्त्वमिति वर्गाणां विशेषरूपाणामेकीकरणनिमित्तं सामान्यमुच्यते। – *ई.प्र.वि.वि.,* भा. ३, पृ. २६४

देने के लिए ही।[९] सम्भवतः यह निर्देश प्रासंगिक होगा कि प्रभाव एक दूसरी दिशा से भी आया है और वह दिशा है आगमों की। *मतङ्गागम* से **जयरथ** द्वारा दिया गया उद्धरण इस कथन की प्रामाणिकता में सन्देह नहीं रहने देता और स्वयं **अभिनवगुप्त** ने भी इसकी पुष्टि की है।[१०] इसकी दृष्टि में तत्त्व वह वस्तुरूप है जिसमें उसका आत्मधर्म स्फुट है और जो कभी भी स्वाभाविक आचरण से च्युत नहीं होता और किसी दूसरे से अपनी व्याप्ति की अपेक्षा नहीं करता।

अब तक हमने देखा कि एक की अनेक में अनुवृत्तियाँ, एक के द्वारा अनेकों की व्याप्ति अथवा 'अनुगामिता' किसी भी वस्तु को तत्त्व या पदार्थ का नाम देने में प्रमुख आधार हैं। किन्तु इस अनुगामिता का क्षेत्र अबाधित नहीं है। मानवीय देह और भुवनादि में भी परस्पर काफी साम्य पाया जाता है और अनेक विशेषताओं की एक-दूसरे में अनुवृत्ति सम्भव है। परन्तु देह और भुवनादि में अनुगामी अंश को तत्त्व की संज्ञा नहीं मिलती,[११] यद्यपि अनुगामिता के आधार पर दी गई तत्त्व की परिभाषा लागू तो इन पर होती है। अतः परिभाषा को अतिव्याप्ति दोष से बचाने के लिए उसे और भी निश्चित और ठोस बनाया गया है। इस परिभाषा को शैव दर्शन द्वारा स्वीकृत छत्तीस तत्त्वों पर ही लागू होना चाहिए। इस परिभाषा में **अभिनवगुप्त** ने तत्त्व के सभी लक्षणों को संक्षेप में एकत्र कर दिया है।[१२] तत्त्व वह है जो अपने कार्यों में, संघातों में (जहाँ गुणों के पारस्परिक अभिभव के कारण एकरूपता नहीं है) और अपने जैसे गुण वाले प्रमाताओं में (चाहे वह संकुचित प्रमाता हो और चाहे विश्वप्रमाता)[१३] आत्मस्वरूप को संक्रान्त करता है; दूसरे शब्दों में, निज-स्वरूप से उन्हें व्याप्त

---

[९] तदेव ।

[१०] तत्त्वं यद्वस्तुरूपं स्यात् स्वधर्मप्रकटतात्मकम्।
तत्त्वं वस्तुपदं व्यक्तं स्फुटमाम्नायदर्शने।।

यदच्युतं स्वकाद् वृत्तात् ततं चात्मवशंगतम्।
ततमन्येन नो तस्मात् तत्तत्त्वं तत्त्वसन्ततौ।। – *मतङ्गागम* १.५.४; **जयरथ** द्वारा *विवेक* (तं.९.६) में और **अभिनवगुप्त** द्वारा *ई.प्र.वि.वि.*,भा.३, पृ. २६४ पर उद्धृत

[११] *तं.* ९.४-५।

[१२] स्वस्मिन् कार्येऽथ धर्मौघे यद्वापि स्वसदृग्गुणे।।

आस्ते सामान्यकल्पेन तननाद् व्याप्तृभावतः।
तत्तत्त्वं क्रमशः पृथ्वी प्रधानं पुंशिवादयः।।

देहानां भुवनानां च न प्रसंगस्ततो भवेत्। – *तं.* ९.$४_{ब}$-$६_{अ}$; और भी देखिएः
स्वस्मिन् स्वस्मिन् गणे भाति यद्यद्रूपं समन्वयि।।
तदेषु तत्त्वमित्युक्तं. . .। – तदेव ९.$५४_{ब}$-$५५_{अ}$

[१३] यही बात शिव-तत्त्व आदि की ऐसी व्याख्याओं का प्रेरक आधार है – "तस्य चैतन्यवर्गस्य तादृशि भावराशौ तथाप्रथनं नाम यच्चिद्विशेषत्वम्।" – *भास्करी(वि.)*, भा.२, पृ. २२०

करता है। यहाँ यह उल्लेख आवश्यक होगा कि सभी स्थितियों में व्यापन की शैली एक ही नहीं है। पृथ्वी, प्रकृति, पुरुष और शिव (ये सभी तत्त्व हैं), सभी व्यापक हैं पर उनका व्यापन-प्रकार पृथक् है। सभी पार्थिव सृष्टियों में पृथ्वी उपादान के रूप में व्याप्त रहती है। अर्थात् सारे पार्थिव पदार्थ अन्ततः पृथ्वी रूप ही हैं। प्रकृति अपने विकारों में उस तरह से व्याप्त होती है जैसे गुण अपने संघातों में। पुरुष और शुद्ध सृष्टि के शिव आदि तत्त्व अपने समान गुण वालों में उसी तरह अनुवृत्त होते हैं जैसे एक सामान्य व्यक्तियों में व्याप्त रहता है। उदाहरणों की संख्या बढ़ाई जा सकती है। इसी प्रकार अहंकार आदि (अन्तःकरण) भी तत्त्व हैं क्योंकि ये इन्द्रियरूप अपने कार्यों में व्याप्त रहते हैं। इस प्रकार हम देखेंगे कि यद्यपि व्यापन का एक निश्चित प्रकार नहीं है फिर भी स्थूल रूप से व्यापन-प्रकारों का तीन रूपों में विभाग किया जा सकता है। एक है कार्य में उपादान की व्याप्ति, दूसरी है संघात में संघात-घटकों की व्याप्ति या अनुस्यूति, और तीसरी है व्यक्ति में सामान्य की अनुगति या अनुवृत्ति। विभिन्न वर्गों या वस्तुओं में यदि किसी वस्तु की, उपर्युक्त व्यापन प्रकारों में से किसी भी एक प्रकार से, व्याप्ति या अनुवृत्ति है तो उसे तत्त्व संज्ञा देने में शैव पदार्थवादी को संकोच न होगा। देह, भुवन आदि वस्तुओं को तत्त्व अथवा पदार्थ मानने के पीछे यही युक्ति दी जाती है कि वे अपने कार्यों में व्याप्त नहीं होते। देह का कार्य है विविध चेष्टाएँ और भुवनादि फल-भोग की भूमि हैं, ये दोनों ही चेष्टा या फलादि में व्याप्त नहीं होते।[१४] यही नहीं, घट जैसे स्थूल कार्य आदि भी स्वतन्त्र तत्त्व नहीं माने जाते, क्योंकि अपने से परवर्ती किसी पदार्थ में वे व्याप्त नहीं होते। इसके भी मूल में एक कारण है। तत्त्व का विचार शैव दर्शन में कारणकार्यभाव के सन्दर्भ में हुआ है। परम शिव प्रथम कारण है और पृथ्वी अन्तिम कार्य। इन दोनों के बीच सारा तत्त्व-जगत् एक आनुपूर्वी में आ रहा है।[१५] इस आनुपूर्वी-सम्बन्ध (क्रम सम्बन्ध) को **महेश्वरानन्द** ने स्पष्टतः कारणतामूलक माना है।[१६] तत्त्वों में पारस्परिक प्रयोज्य-प्रयोजक भाव है और अन्तिम कारण – परमशिव – की स्वातन्त्र्य शक्ति को सामान्य प्रयोजक माना गया है।[१७] इस प्रकार तत्त्व-विचार के मूल में कारणता-दृष्टि रही है। इसका सहज परिणाम यही हुआ है कि घट, भुवन आदि तत्त्व नहीं माने जा सके हैं। ऊपर की सभी

---

[१४] ततश्च देहभुवनादौ नैवं प्रसंगः, नहि स्वकार्ये चेष्टादौ तत्तद्भोगादौ च देहादित्वमनुगामितामियात्। – *तं.वि.*, भा.४, पृ. १६३६

[१५] परमशिवादुपरि न कर्त्रन्तरस्फुरणम्। पृथिव्या उपरि न कार्यान्तरोत्पत्तिश्च। तयोर्यः प्रतिपदार्थमानुपूर्व्येण व्यवह्रियमाणो . . . मध्यवर्ती तत्त्वसंघातरूपोऽर्थः। – *म.मं.प.*, पृ. ३६

[१६] ततश्च पृथिव्याम् अनाश्रितप्रभृतीनि पंचत्रिंशदपि तत्त्वानि कारणवासनानुवृत्तिद्वारा परिस्फुरन्ति . . . । – तदेव, पृ. ६५

[१७] तदेव, पृ. ६७-७०

व्यापन-पद्धतियों में अनुगामिता की सम्भावना का निषेध सहज नहीं है। पर देह, भुवन आदि को इस दृष्टि से घट के समकक्ष ही माना गया है कि वे तत्त्व नहीं हैं। अर्थात् देहादि में पाया जाने वाला सामान्य तत्त्वरूप नहीं है। **अभिनवगुप्त** ने अपनी *विवृत्ति-विमर्शिनी* में इस प्रसंग में एक अत्यन्त महत्त्वपूर्ण बात कही है। वह यह मानते हैं कि आभास-सामान्य ही तत्त्वरूप हो सकता है। परन्तु यह आभास-सामान्य, चाहे यह सीमित प्रत्यक्ष का विषय हो या सार्वजनीन अनुभव का, 'विभव-रूप' में जब तक विकसित नहीं होता तब तक तत्त्व नहीं हो सकता। विभव का यहाँ एक पारिभाषिक शब्द के तौर पर प्रयोग हुआ है। तत्त्व शब्द की निष्पत्ति संस्कृत की तन् धातु (तनु विस्तारे) से हुई है, जिसका अर्थ है विस्तार करना। 'विभव' शब्द आभास-सामान्य के उस आत्म-विस्तार की ही व्याख्या करता है। विभव का अर्थ है 'विचित्र प्रकार से होना' (विचित्रेण भवनम्)। भवन-क्रिया का यह वैचित्र्य मिश्रण, पारस्परिक व्याप्ति और विभाग की त्रिविध पद्धति के सहारे पलता है। घट का आत्मविस्तार किसी भी दूसरे रूप में सम्भव नहीं है, परन्तु मिट्टी या पृथ्वी का आत्मविस्तार नाना रूपों में सम्भव है। उदाहरण के लिए घट पृथ्वी से मिश्रित प्रतीत होता है, मिट्टी में यह व्याप्त है और मिट्टी इसमें व्याप्त रहती है, फिर भी वह मिट्टी से पृथक् दिखाई पड़ता है। वस्तु-घटना का यही प्रकार है। मिट्टी तत्त्व है क्योंकि घट रूप में इसका विभव सम्भव है, परन्तु घट का अन्य रूपों में 'विभव' सम्भव नहीं है। इस विविधता का उल्लास उपर्युक्त त्रिविध पद्धति के सहारे ही हो पाता है। मिट्टी का उपयोग यहाँ पर एक तरीके से उपलक्षणार्थक है। सभी तत्त्वों में यह बात समान रूप से पाई जाएगी कि वे (१) किसी-न-किसी के अनुभव-विषय हैं, (२) आभास-सामान्य रूप हैं और (३) विभवतया विकसित हो सकते हैं।[१८] इससे यह स्पष्ट हो जाएगा कि तत्त्व होने के लिए वस्तु का आभास-सामान्य रूप होना ही आवश्यक नहीं है, उसके अन्दर आत्म-विस्तार की सम्भावना भी उतनी ही आवश्यक है। इसीलिए और गहरे जाने पर पता चलेगा कि तत्त्वजगत् का विकास निरन्तर दो दिशाओं में हो रहा है – समानान्तर (पैरेलल) और क्रमिक (सक्सेसिव)। एक ओर सम इकाइयों (आइडेन्टिकल यूनिट्स) में हर तत्त्व फैलता है और दूसरी ओर आनुपूर्वी में किसी दूसरी वस्तु को व्यक्त या प्रकट करता है। तत्त्व की यह विभव-सामर्थ्य ही उसका प्राण है जबकि देह, घट, भुवन आदि में इस सामर्थ्य का अभाव है। वस्तुतः इस सामर्थ्य के बल पर समस्त प्राणिजगत्, भावजगत् और भुवन-संसार के रूप में तत्त्व ही भासित होते हैं। साधारण आभास, तत्त्व का केवल इसी अर्थ में पर्याय है कि तत्त्व उस रूप में आभासित हुआ है। इस बात में सन्देह

---

[१८] कतिपयदृश्यं सर्वजनदृश्यं च यदाभासरूपं सामान्यं, तद् यतो विभवात्मना तन्यते, ततस्तत् तत्त्वमुच्यते। घटादि च न अन्येन रूपेण तन्यते। तद्धि पृथिव्यादेर्विमिश्रतया अन्योन्यव्याप्त्या विभागेन च विचित्रेण भवनम् इति विभव उच्यते। – *ई.प्र.वि.वि.*, भा.२, पृ. १४८

और ऊहापोह की कुछ भी गुंजाइश नहीं रखी गई है। **अभिनव** स्पष्ट कहते हैं कि तत्त्व आभास-सामान्य रूप हैं और गुणगुणिभाव से, शेषशेषिभाव से, अंगागिभाव से विचित्र सामस्त्य के साथ मिलकर भोक्ता, भोग्य और उन दोनों के अधिकरण के रूप से भासित होते हैं।[१९] 'भूत' शब्द भोक्ता का, 'भोग्य' भाव का और 'भुवन' इन दोनों के अधिकरण का वाचक है। दूसरे शब्दों में, हमारे भोग और अनुभव का सारा जगत् इन तत्त्वों का ही विलास मात्र है। भूत-सृष्टि प्राणी और देह की सृष्टि है, भाव-सृष्टि घटादि रूप विषयसृष्टि है, और अधिकरण-सृष्टि भुवनसृष्टि है। कह सकते हैं कि तत्त्व का क्रमिक इकाइयों में विश्लेषण और उसकी व्याप्ति का अनुसन्धान सम्भव है जबकि भूत, भाव और भुवनादि के सम्बन्ध में यह विश्लेषण सम्भव नहीं है। इसीलिए शिवाद्वयवाद में तत्त्व की भूत,भाव और भुवन से हमेशा अलग गिनती की गई है और एक क्षण के लिए उन्हें मिलाया नहीं गया है।[२०]

इससे यह भी स्पष्ट है कि न्याय के 'सामान्य' की शब्दावली में तत्त्व-निर्णय समझने की सुविधा के लिए हुआ है अन्यथा दोनों में मौलिक अन्तर है। न्याय में केवल नित्य अनुगामिता ही सामान्य का रूप है यहाँ मात्र अनुगामिता सामान्य का रूप-निर्धारण नहीं करती, यह हमने ऊपर देखा है।[२१] इस अनुगामिता का स्वरूप न्याय दर्शन की अनुगामिता से व्यापक है, शैव मत में यह अनुगामिता त्रिविध है। इसके अतिरिक्त, न्याय में पदार्थ का अर्थ एवं क्षेत्र सामान्य के अर्थ एवं क्षेत्र की अपेक्षा कहीं व्यापक है। पदार्थ के व्यापक वर्ग में सामान्य का अवान्तर वर्ग अन्तर्भूत है। काश्मीर शैवदर्शन में पदार्थ और सामान्य को प्रायः समानार्थक माना गया है। एक दूसरा अन्तर भी है। जहाँ न्याय में पदार्थ की स्वरूप-धारणा सामान्य को पदार्थ की ख्याति देने के लिए उत्तरदायी है, वहाँ काश्मीर शैव मत में सामान्य की धारणा पदार्थ-लक्षण का मूलाधार है। परन्तु सामान्य के ग्रहण में यहाँ नैयायिक के पदचिह्नों का अन्धानुकरण नहीं हुआ है, अपितु सामान्य के स्वरूप का शैव मन्तव्यों के अनुरूप विकास हुआ है।

अब हम समस्या के दूसरे पहलू की ओर मुड़ते हैं। यद्यपि यह संकेत किया जा चुका है कि प्रमेय और आभास दोनों ही तत्त्व, वस्तु या आभास के पर्याय हैं,[२२] फिर भी उनकी ज्ञेयता या प्रमेयता पर अभी तक कुछ नहीं कहा गया है।

---

[१९] तत्त्वानि हि सामान्यवभासरूपाणि गुणगुणिभावेन विचित्रेण सामस्त्येन मिलितानि भोक्तृभोग्यतद्द्वयाधिकरणरूपतया भूतभावभुवनात्मना भान्ति। – तदेव, पृ. १४६

[२०] तत्सकलोऽयम् तत्त्वभूतभावभुवनसंभारः संविद्विश्रान्तः। – *भास्करी(वि.)*, भा.१, पृ. २४६

[२१] अत्र पक्षद्वये वस्तु निभिन्नं भासते यतः।
अनुगामि न सामान्यमिष्टं नैयायिकादिवत्।। – *तं.* ११.५

[२२] इयता आभासानामेव वस्तुत्वं दर्शयता आगमसिद्धान्येव तत्त्वानि वस्तूनीति दर्शितम्। – *ई.प्र.वि.वि.*, भा.३, पृ. १५७

शिवाद्वयवाद में आभास शब्द का प्रयोग अद्वैत वेदान्ती **सुरेश्वराचार्य** के आभासवाद से भिन्न अर्थों में हुआ है। परम सत्य के परिच्छिन्न अवभासन (आ ईषत् भासनम्) के लिए आभास शब्द का प्रयोग हुआ है। यह परिच्छिन्न या 'ईषत्' भासन स्वयं ज्ञेयता का धर्म है।[२३] इस बात पर विशेष रूप से ध्यान आकर्षित किया गया है कि जिसे हम 'धर्म' कहते हैं वह अर्थ या वस्तु का आभास (अर्थावभास) है,[२४] और जिसे 'धर्मी' कहते हैं वह स्वरूपावभास है। प्रमेयता स्वयं धर्मरूप है, अर्थात् अर्थावभास और प्रमेयता धर्म एक ही चीज हैं। परम सत्य या तत्त्व की अपेक्षा से यह आभास मेय या परिच्छिन्न है। अवभास्य होने के कारण ही वह मेय है, क्योंकि चरम सत् का वह व्याप्य है। प्रमाण-विज्ञान की दृष्टि से भी वह वस्तु या ज्ञेय है। प्रमाण-व्यापार की पहुँच के वह भीतर है, क्योंकि हमारे दैनन्दिन व्यवहार में उसके द्योतन के लिए किसी-न-किसी पदावली का उपयोग होता है।[२५] वह प्रमेय है क्योंकि वह हमारे ज्ञान का विषय है। उसके ज्ञान-विषय होने का सीधा सा कारण यही है कि व्यवहार जगत् में हमारे प्रवेश के लिए आवश्यक है कि हम पहले उसे जान लें।

इसीलिए उसको लेकर प्रत्यक्ष और अनुमान आदि व्यावहारिक प्रमाणों की प्रवृत्ति होती है, ऐसा माना गया है। तत्त्व की विभव-सामर्थ्य के विवेचन प्रसंग में हमने देखा था कि **अभिनव** ने किसी वस्तु के तत्त्व हो सकने के लिए तीन अनिवार्य शर्तें रखी हैं : सबसे पहले वह सामान्य रूप हो, फिर "ज्ञान का विषय" हो और तीसरे वह विभवतया परिणत हो सकता हो। यह आवश्यक नहीं है कि वह सबके ज्ञान का विषय हो। यह सबके ज्ञान का भी विषय हो सकता है और कुछ लोगों के ज्ञान का विषय भी। पारिभाषिक शब्दावली में ज्ञान का विषय होने का अर्थ है कि उस विषय का प्रमाता में दर्शन इत्यादि द्वारा उपलक्षित किसी भी अर्थक्रिया को सम्पादित करने की योग्यता का होना, जैसे रूप-विषय दर्शन नामक अर्थक्रिया को सम्पन्न करता है। दूसरे शब्दों में, प्रमाता को रूप का चाक्षुष प्रत्यक्ष होता है, अतः रूप प्रत्यक्ष का विषय है।[२६] *प्रत्यभिज्ञा-कारिका* (३.१.५) के ऊपर अपनी *विमर्शिनी* नामक वृत्ति में **अभिनवगुप्त** ने वस्तु की वेद्यभाव में परिनिष्ठित दशा को ही तत्त्व का स्वरूप कहा है। दूसरे शब्दों में, वेद्यभाव ही जाकर तत्त्वभाव में परिणत होता है।[२७] इसको हम यों समझ सकते

---

[२३] आगमे तु आकारेण ईषदर्थवाचिना प्रमेयताधर्म आभासशब्देन उक्त इति यावत्। – तदेव, पृ. १६३

[२४] अर्थावभासो हि धर्मत्वेन उच्यते, न तु स्वरूपावभासः। – तदेव

[२५] एकाभिधानविषये मितिर्वस्तुन्यबाधिता *(ई.प्र.का. ३.२.२)* . . . अभिलापेन साधारणो य एव अभिलापविषयः, स एव अर्थो यस्य तद्भावस्तत्ता तया। – तदेव, भा.३, पृ. ७८

[२६] द्रष्टव्य *ई.प्र.वि.वि.*, भा.२, पृ. १४८।

[२७] वेद्यभावनिष्ठा दशा तत्त्वस्वरूपा। – *भास्करी(वि.)*, भा.२, पृ. २२७। यहाँ पर **भास्कर** का व्याख्यान बड़ा सारगर्भित है। देखिए, *तत्रैव*।

हैं कि तत्त्व-जगत् ही वस्तुतः व्यवहार-जगत् है। हमारा सारा व्यवहार अनुभवमूलक है अर्थात् तत्त्व-भूमि अनुभव की भूमि है। हर तत्त्व एक विशिष्ट अनुभव का संकेत करता है। तत्त्व के लिए दूसरा पर्याय 'आभास' इसी का द्योतन करता है। 'आभासते' का अर्थ है प्रमाता के प्रति पदार्थ का आभासन। इस प्रकार अनुभव प्रमाता का धर्म है। अनुभवरूप प्रत्येक तत्त्व प्रमातृ-विशेष की संवेद्य वस्तु है। यही संवेद्य वस्तु सामान्य रूप में तत्त्व बनती है। इसीलिए अन्यत्र **अभिनव** ने सामान्यरूप विमर्श को ही पदार्थ माना है।[२८] प्रमाणमीमांसा की दृष्टि से वस्तु का सामान्यात्मक ज्ञान ही पदार्थ रूप से गृहीत होता है। इसलिए सारा तत्त्वसंघात प्रत्यक्ष आदि प्रमाणों से ग्राह्य माना गया है।[२९] न्याय दर्शन में भी हमें करीब-करीब यही दृष्टिकोण मिलता है। **उद्योतकर** ने बिल्कुल साफ स्वर में कहा है कि सारे पदार्थ ज्ञेय हैं।[३०] **वाचस्पति** ने इसी विचार का अनुमोदन किया है।[३१] यहाँ भी बार-बार यह बात कही गई है कि यह सारा तत्त्व-राज्य प्रमेयरूप या विषयरूप है।[३२] वस्तुतः चरम सत्य से अभिन्न होने के कारण तत्त्व भी अप्रमेय है, परन्तु तत्त्वरूप में स्फार का अर्थ है कि परमार्थतः अप्रमेय भी प्रमेय बन जाता है। उदाहरण के लिए, स्वयं शिवतत्त्व (प्रथम तत्त्व) भी प्रमेय या आभास माना गया है। जैसे पृथ्वी कठिनता का अवभास है, माया भेद का अवभास है, उसी प्रकार मायातत्त्व से परे शुद्ध प्रकाश का, चित् का, अवभास शिवतत्त्व की संज्ञा पाता है। अतः निष्कर्ष निकलता है कि तत्त्व प्रमेय है।[३३] इन प्रमेयों को आगमाधिकार में तत्त्व कहा गया है। यहाँ

---

[२८] परो यो विमर्शः स एवायं पदार्थ इति एकप्रत्यवमर्शरूपः। – तदेव, भा.२, पृ. ११७। भास्कर कहते हैं : परः सामान्यरूपः। – *तत्रैव*

[२९] यहाँ पर एक विप्रतिपत्ति उठती हैः आगमाधिकार के तत्त्वनिरूपण नामक आह्निक के प्रारम्भ में **अभिनवगुप्त** ने पदार्थ निर्णय का आधार आगमों को माना है, क्योंकि प्रत्यक्ष का व्यापार सीमित है और अनुमान के तदाश्रित होने के कारण उसकी भी निश्चित सीमा है। केवल आगम ही अपरिच्छिन्न ज्ञान में समर्थ हैं। अतः पदार्थमीमांसा आगम का आधार लेकर ही चल सकती है। परन्तु अभी-अभी ऊपर कहा गया है कि पदार्थ प्रत्यक्ष आदि के भी विषय हैं। वस्तुतः इन दोनों ही स्थितियों में विरोध नहीं है। पदार्थों के वास्तविक स्वरूप, उनके धर्म और संख्या के निर्धारण में आगम समर्थ हैं। परन्तु व्यवहार जगत् में जहाँ उनमें से प्रत्येक के बोध या अनुभव का प्रश्न उठता है वहाँ व्यावहारिक प्रमाणों के व्यापार-सामर्थ्य के भीतर ही वे रहते हैं। इसलिए वे प्रमेय, प्रमाण-माप्य, प्रमाणगम्य हैं।

[३०] सर्वे पदार्थाः ज्ञेयतयोपक्षिप्यन्ते। – *न्याय-वार्तिक* १.१, पृ. २३; पृ. १२ भी देखिए।

[३१] जात्यभिप्रायमेकवचनं, प्रकृते प्रमेये यथायथं प्रमाणानामुपयोगात्। – *न्यायवार्तिक-तात्पर्यटीका* १.१.६, पृ. २०८

[३२] विश्वप्रमेयीकरणप्रतिलब्ध . . . । –*भास्करी(वि.)*; **भास्कर** व्याख्या करते हैं : परमार्थतोऽप्रमेयत्वेऽपि प्रमेयतासम्पादनम्। – *भास्करी,* भा.२, पृ. २१३

[३३] इत्येतावदेव प्रमेयम्। एतान्येव आगमे तत्त्वानि वक्ष्यन्ते। – *भास्करी(वि.),* तदेव, पृ. १२८

पर एक प्रश्न किया जा सकता है कि हम तत्त्व की प्रमेयता या विषयता की बात ही क्यों करें या उठाएँ? इस प्रश्न के उत्तर में पदार्थमीमांसा (ऑन्टोलॉजी) परमार्थमीमांसा (मेटाफ़िज़िक्स) का आश्रय लेती है। शैव चिन्तकों का केवल एक ही लक्ष्य है। वे सत्य का सन्धान, चरम सत्य की उपलब्धि करना चाहते हैं। यह तत्त्व-विमर्श चरम सत्य की प्राप्ति का द्वार है। युक्ति यह है कि विषयता के वास्तविक मर्म से यदि हम एक बार भी परिचित हो जाएँ तो तत्त्वजगत् से परे 'सत्य' का बोध सहज हो जाता है। स्वरूप-बोध ही अद्वैत दर्शन का उद्देश्य है। स्वरूप-बोध या आत्मप्रमातृत्व का हृदयङ्गम होना दोनों एक ही बातें हैं। यह आत्मप्रमातृता निश्चय ही प्रमेय से भिन्न है। अतः प्रमेय के वास्तविक रूप का यदि ज्ञान हो जाए तो आत्म-स्वरूप का विवेक कठिन नहीं रहता।[३४] शिवाद्वयवाद की दार्शनिक शब्दावली में कहें तो परतत्त्व विषयता से अतीत है। वह अपने स्वरूप में सर्वदा प्रकाशित है, प्रकाशरूप है। यदि हम सृष्टि प्रक्रिया के व्यावहारिक छोर से चलें तो शिव-तत्त्व जगत् का अन्तिम तत्त्व ठहरता है जिसका वर्णन 'चित् या प्रकाश के आभास' के शब्दों में किया जाता है। जागतिक व्यापार में हमारी दृष्टि भेदाभेदमूलक रहती है। जिस प्रकार प्रकार हम घड़े का ज्ञान करते हैं उस प्रकार शिवगत प्रकाश का भी। अतः शिव तत्त्व का यथार्थ बोध हो जाने पर परमशिव की उपलब्धि का द्वार उन्मुक्त हो जाता है।[३५] पर चूँकि शिव-तत्त्व का बोध भी एकदम से सम्भव नहीं है हम सोपान की प्रथम सीढ़ी, पृथ्वी तत्त्व, से प्रारम्भ करते हैं जहाँ प्रमेयता स्फुटतम है। परन्तु जिस तरह से ईख के रस की मिठास गुड़ की धेली में बची रहती है उसी प्रकार शिव की प्रकाशरूपता का अपलाप पृथ्वी आदि में कहीं नहीं होता। शिव और शिवेतर तत्त्वों में केवल स्त्यानता, काठिन्य या जमाव की क्रमिक अधिकता को लेकर ही भेद है। स्त्यानता का अर्थ प्रमातृभाव की अप्रधानता और वेद्यता का उत्कर्ष है। शिवाद्वयवाद के एक अवान्तर सम्प्रदाय क्रमदर्शन का भी इस विषय में यही मन्तव्य है।[३६] पाञ्चरात्र मत में

---

[३४] न च विश्वप्रमेयतापादनम् न उपयोगि प्रकृतायामीश्वरप्रत्यभिज्ञापनायाम्। विश्वप्रमेयीकरणे हि तावत्प्रमेयपदोत्तीर्णा तावदन्तःकरणप्रतिलब्धपूर्णभावा सत्यप्रमातृता हृदयङ्गमीकृता भवेत्। – *ई.प्र. वि.वि.,* भा.३, पृ. २५५; तुलना कीजिए –

दिदृक्षयेव सर्वार्थान्यदा व्याप्यावतिष्ठते।
तदा किं बहुनोक्तेन स्वयमेवावभोत्स्यते।। – *स्प.का.* ३/२१

[३५] इति घटे एव यथा भेदाभेददृष्टिस्तथा पारमेश्वरे प्रकाश इति व्यवहारोऽपि अयं भगवदनुगृहीतानां परमार्थप्रवेशे प्रत्युत अभ्युपायः न तु विरोधी। – *ई.प्र.वि.वि.,* भा.३, पृ. १५७

[३६] शिवात्मा खलु प्रकाशः शक्तिसदाशिवपरिपाट्यनुसारेण प्रस्तुतभूतपंचकपर्यन्तं स्त्यानी भवति . . . केवलं शिवात् स्वच्छस्वभावात् स्त्यानताधिक्यमेतेषां भेदः। – *म.मं.प.,* पृ. ६४

भी कहीं-कहीं यही विचार देखने को मिलता है।[३७] न्याय-वैशेषिक दर्शन में भी तत्त्व या प्रमेय विचार के पीछे परम पुरुषार्थ की प्राप्ति का आग्रह रहा है।[३८]

यह निश्चित रूप से कहा जा सकता है कि ये पदार्थ अथवा 'ज्ञान-विषय' स्वरूपतः सारे व्यवहार जगत् को समेट लेते हैं। इसका कारण है कि उन्हें 'ऑन्टोलॉजिकल' पदार्थ माना गया है। तात्पर्य यह है कि वे केवल प्रमाणमूलक (एपिस्टिमॉलोजिकल) विषय ही नहीं हैं अपितु अस्तित्वमूलक विषय (ऑब्जेक्ट्स ऑफ़् बीइङ्) भी हैं। यहाँ पर एक प्रश्न हो सकता है कि क्या सत्यता का विषय (कॉन्टेन्ट) उन पदार्थों में ही निगमित और समाप्त किया जा सकता है, या वे अपेक्षाकृत अधिक मौलिक और चरम पदार्थ की अभिव्यक्तियाँ हैं? शैव दार्शनिकों ने इस समस्या पर गम्भीरता से विचार किया है। वे पहले प्रश्न का निषेध में और दूसरे प्रश्न का स्वीकृति में उत्तर देते हैं। चरम सत्य का कॉन्टेन्ट उन पदार्थों में समाप्त नहीं किया जा सकता, अपितु वे एक परतत्त्व के स्फार हैं। शिवाद्वयवादियों की एक बड़ी संख्या उन्हें अधिक चरम पदार्थ का स्फुरण मानती है जिसे उन्होंने परमशिव का नाम दिया है। इस सन्दर्भ में परम शिव को भी लाक्षणिक शब्दों में पदार्थ माना गया है। वह चरम पदार्थ है।[३९] लेकिन बहुमत की दृष्टि में परमशिव तत्त्वरूप नहीं है, फिर भी परम शिव वह 'परम तत्त्व' है जिसके सारे पदार्थ अभिव्यक्ति, आभास, अंश या पहलू हैं।[४०] इस निष्कर्ष के लिए हमारे

---

[३७] संविदेव हि रूपं मे स्वच्छस्वच्छन्दनिर्भरा।।
सापीक्षुरसवद् योगात् स्त्यानतां प्रतिपद्यते।
अतो निरूप्यमाणं तच्चैत्यं चित्त्वमुपैष्यति।। – *लक्ष्मीतन्त्र,* उद्धृत, तदेव, पृ. ६५

[३८] ज्ञातं सम्यगसम्यग्वा यन्मोक्षाय भवाय वा।
तत्प्रमेयमिहाभीष्टं न प्रमाणार्थमात्रकम्।। – *न्यायमंजरी,* भा.२, पृ. २; और भी : "न प्रमेयपदं प्रमेयमात्रे वर्तते, किन्तु यत्तत्त्वतो ज्ञायमानमपवर्गसाधनं तस्मिन् तच्चात्माद्येव नान्यत् . . .।"– *न्यायवार्तिकतात्पर्यटीका* १.१.९, पृ. २०८। मल्लिनाथ कहते हैं – "न प्रमेयमपवर्गार्थं ज्ञेयं तत्प्रमेयम्"। – तदेव; उपर्युक्त उद्धरण **हर्षनारायण** द्वारा "दी कॉन्सेप्ट ऑफ़् कैटेगॅरी इन न्याय ट्रैडीशन" में उद्धृत, *भारती,* पृ. ६४-६८

[३९] कुछ लोगों ने अड़तीसवें पदार्थ की सत्ता भी स्वीकार की है। परन्तु उससे कोई सैद्धान्तिक कठिनाई नहीं खड़ी होती। **महेश्वरानन्द** स्पष्ट कहते हैं – "सोऽयं स्वात्मसात्कृताशेषषट्त्रिंशत्तत्त्वकलापो महान् परमशिवभट्टारकाह्वयः प्रमाता सप्तत्रिंशतया स्वीक्रियते। तस्य तादृग्रूपताऽपि पर्यन्ततो विकल्पकक्ष्यामनुप्रविशति। अविकल्पात्मना च भाव्यं विश्वोत्तरेणेत्यतोऽत्राप्यविकल्पवृत्तिरष्टात्रिंशः कश्चिदागमेष्वङ्गीक्रियते।" – *म.मं.,* २६वीं कारिका की *परिमल* टीका, पृ. ६७; और भी देखिए – "व्याख्यातवेषाणां तत्त्वानां मध्ये परमशिवभट्टारकः सर्वोपायप्रतिपाद्य इति . . .।" – तदेव, पृ. १४१

[४०] परमशिवभट्टारकस्य शक्तिः स्वातन्त्र्यलक्षणा महती तत्त्वानामन्योन्यप्रयोजकभावे पर्यन्ततः सामान्यप्रयोजकत्वे च प्रगल्भा भवत्युज्जृम्भते पृथिव्यादिं भाववर्गमिवानाश्रितशिवभट्टारकमपि क्रोडीकृत्याभिवर्धते तद्रूपतया परिस्फुरतीत्यर्थः। – तदेव, पृ. ६७

पास एक ठोस आधार है। परम शिव के साथ इन छत्तीस तत्त्वों के वर्गीकरण के कई प्रयास हुए हैं। आगमों में परम शिव को तत्त्वातीत कहा गया है और शेष तत्त्वों को दो शीर्षकों में बाँटा गया है – शुद्ध तत्त्व और अशुद्ध तत्त्व। शिव से लेकर शुद्ध विद्या तक के पाँच तत्त्व शुद्ध सृष्टि या शुद्ध तत्त्व कहलाते हैं, क्योंकि इस दशा का अनुभव अभेदमूलक होता है। शेष इकत्तीस तत्त्वों में भेदानुभूति की प्रधानता के कारण उन्हें अशुद्ध सृष्टि या अशुद्ध तत्त्व माना जाता है। **सोमानन्द** ने अपनी *शिवदृष्टि* के प्रारम्भ में ही इस आगमिक पद्धति का अनुवर्तन करते हुए तत्त्वों को तीन शीर्षकों में विभाजित किया है – पर, परापर और अपर।[४१] परम शिव परतत्त्व है (पदार्थ दृष्टि से ही परम शिव को पर 'तत्त्व' की आख्या मिली है)। अनुभूति की यह निर्विकल्प सामरस्यमयी स्थिति है। शिव से शुद्धविद्या या शुद्ध सृष्टि तक तत्त्वपञ्चक परापर कोटि में आते हैं – यहाँ अभेदानुभूति की मुख्यता होने पर भी भेद की सम्भावना बीजरूप से उगती है। परतत्त्व की अपेक्षा से अपर और अपर तत्त्वों की अपेक्षा से पर होने के कारण इन्हें परापर कहते हैं। अपर के अन्तर्गत भेदानुभूति-प्रधान वही इकत्तीस तत्त्व (माया-तत्त्व से लेकर पृथ्वी-तत्त्व पर्यन्त) आते हैं। परन्तु परतत्त्व की दृष्टि से बाद की दोनों कोटियाँ परापर एवं अपर केवल अपर रूप रह जाती हैं। *स्पन्दकारिका* के यशस्वी टीकाकार **रामकण्ठ** को यही क्रम मान्य है। उन्होंने सामान्य स्पन्द और विशेष स्पन्द नामक दो कोटियाँ मानी हैं और उन्हें क्रमशः परापर और अपर तत्त्वों से समीकृत किया है।[४२] **महेश्वरानन्द** ने स्पष्टता के आग्रह से और क्रम दर्शन की पञ्चात्मिका प्रकृति से प्रभावित होकर अपने वर्गीकरण में पाँच कोटियाँ रखी हैं - पर, सूक्ष्म, स्थूल, स्थूलतर और स्थूलतम।[४३] परम शिव परतत्त्व है। शुद्धतत्त्व-पञ्चक सूक्ष्म कोटि में आते हैं। प्रकृति, पुरुष आदि तत्त्वों को स्थूल माना गया है। पृथ्वी आदि पञ्चभूतों की गिनती स्थूलतर में हुई है। घड़ा, कपड़ा जो विशुद्ध कार्य रूप हैं वे स्थूलतम वर्ग के अन्तर्गत हैं। परन्तु अन्तिम कोटि को, जिसमें शुद्ध कार्यों की गणना हुई है, तत्त्वरूप नहीं माना जाता। अतः **महेश्वरानन्द** का यह वर्गीकरण चार कोटि वाला ही रह जाता है। हमारे इस विवेचन का एक ही अभिप्राय है। ऊपर के समस्त वर्गीकरणों में हमने देखा है कि परम शिव का सर्वत्र उल्लेख हुआ है और उस उल्लेख में परमशिव का पर तत्त्व के रूप में उन्मेष हुआ है। परम शिव की परतत्त्व रूप सार्वत्रिक मान्यता ऊपर प्रतिपादित इसी निष्कर्ष का पोषण करती है कि इन छत्तीस तत्त्वों

---

[४१] *शिवदृष्टि* १.३-४ और उस पर **उत्पल** की *वृत्ति*, पृ. ६-७।

[४२] गुणादिस्पन्दनिष्यन्दाः सामान्यस्पन्दसंश्रयात्। लब्धात्मलाभाः सततं स्युः. . .।। – *स्पं.का.* २.३

[४३] व्याख्यातवेषाणां तत्त्वानां मध्ये परमशिवभट्टारकः सर्वोपायप्रतिपाद्य इति परत्वेनावतिष्ठते। अन्येषु च शिवादीनि कानिचित् सूक्ष्माणि प्रकृतिपुरुषप्रभृतीनि स्थूलानीति कल्पनायां पृथिव्यादीनां स्थूलतरत्वमपि प्रतिपन्नम्। यत्कार्यभूताः स्तम्भकुम्भादयः स्थूलतमा इति व्यपदिश्यन्ते। – *म.मं.प.*, पृ. १४१

में ही सत्य की अभिव्यक्ति पूरी नहीं हो जाती अपितु ये तत्त्व अपने से अतीत, व्यापक और पूर्णतर सत्ता के आभास हैं। इस सन्दर्भ में पूर्वोक्त कही हुई एक बात को दुहराना प्रासंगिक होगा। **महेश्वरानन्द** के अनुसार तत्त्वों के आपसी सम्बन्ध को प्रयोज्य-प्रयोजकभाव की शब्दावली में व्यक्त किया जा सकता है। अर्थात् एक तत्त्व दूसरे को या तो प्रेरित करता है या उससे प्रेरित होता है। परन्तु उन सभी तत्त्वों का पार्यन्तिक प्रयोजक या प्रेरक एक है – वह किसी का भी प्रयोज्य नहीं है, वह प्रेरक है परम शिव का प्रगल्भ स्वातन्त्र्य।[४४] वही तत्त्वरूप में उल्लसित होता है। इस सम्प्रदाय में शक्ति और शक्तिमान्, स्वातन्त्र्य और परम शिव, अन्ततः एक ही ठहरते हैं। इस दृष्टि से भी उपर्युक्त सिद्धान्त की सिद्धि होती है। इसलिए शिवाद्वयवाद के आचार्यों ने इन पदार्थों को पर तत्त्व की शक्तियाँ या स्पन्द माना है।[४५]

ये शक्तियाँ या तत्त्व, परतत्त्व से दो तरह से अनुबद्ध हैं। या तो वे 'समीपतर-वर्ग' के अन्तर्गत आते हैं या 'दूर-दूरतर वर्ग' के। यही दो वर्ग हैं। सरल शब्दों में, वे शक्तियाँ जो परमेश्वर से अपरोक्षतः सम्बन्धित हैं उन्हें पहले और जो परोक्ष ढंग से सम्बन्धित हैं उन्हें दूसरे वर्ग में रखा जाता है। परतत्त्व से पदार्थ-जगत् के सम्बन्ध की यह आपेक्षिक धारणा है। परतत्त्व की व्याप्ति या अनुस्यूति सभी तत्त्वों में है, यह हम देख चुके हैं। यह व्याप्ति जहाँ अपेक्षाकृत अव्यवहित (इमीडिएट) है वे 'समीपतर' तत्त्व हैं और जहाँ व्यवहित है वे 'दूरतर' तत्त्व हैं। पहले वर्ग का परतत्त्व से सम्बन्ध न्याय के अपर-सामान्य (जाति और व्यक्ति की तुलना द्वारा) द्वारा समझाया गया है – जैसे घट घटत्व से सम्बन्धित है। घटत्व और घट का निकटतम सम्बन्ध है। दूसरे वर्ग के लिए पर-सामान्य (सत्ता) और व्यक्ति के सम्बन्ध के दृष्टान्त का आश्रय लिया गया है। सत्ता का घट से सम्बन्ध दूर का और व्यवहित सम्बन्ध है। सत्ता घट से द्रव्यत्व-पृथ्वीत्व-घटत्व के माध्यम से सम्बन्धित है। पहले वर्ग में सभी आवश्यक पूर्वावस्थाएँ उसी में निहित रहती हैं जबकि दूसरे में सम्बन्धसूत्र की पूर्ति के लिए मध्यवर्ती अवस्थाओं की अपेक्षा पड़ती है।[४६] ये दोनों वर्ग स्वयं में निरपेक्ष वर्ग नहीं हैं। उनमें भी तारतम्य है। जिस सीमा तक परतत्त्व से अव्यवहित-व्यवहित सम्बन्धित हैं उसी अंश तक

---

[४४] परमशिवभट्टारकस्य स्वातन्त्र्यलक्षणा महती तत्त्वानां अन्योन्यप्रयोजकभावे पर्यन्ततः सामान्यप्रयोजकत्वे च प्रगल्भा . . . तद्रूपतया परिस्फुरति। – तदेव, पृ. ६७

[४५] सर्वाणि तत्त्वानि भगवतः शक्तिरूपाणि स्पन्द एव। – *ई.प्र.वि.वि.*, भा.३, पृ.२६५। यहाँ पर एक बात और कह दी जाए तो अच्छा रहेगा। इस दर्शन में शक्ति और शक्तिमान् में अभेद माना गया है। शक्ति का स्वरूपग्रह शक्तिमान् (परतत्त्व) के स्वरूपग्रह में अत्यन्त सहायक है। यही बात पहले भी दूसरे प्रसंग में कही जा चुकी है कि प्रमेय या तत्त्व-बोध स्वरूपबोध का उपाय है।

[४६] परमेश्वरस्य हि परमार्थतः एताः शक्तयो यस्तत्त्वग्रामः काचित्तु शक्तिरन्यबहुतरशक्तिक्रोडीकारं कुर्वती निकटत्वादुपास्या घटस्येव घटत्वात्मिका, काचिदन्यापेक्षिणी स्वरूपमात्रनिष्ठा दूरा घटस्येव सत्तात्मिका। – *भास्करी(वि.)*, भा.२, पृ. २२२

वह समीप या दूर हैं। उदाहरण के लिए, परशिव से शिवतत्त्व का सम्बन्ध निकटतम और पृथ्वी से दूरतम है, परन्तु उसी परशिव से मायातत्त्व शिवतत्त्व की तुलना में दूर और पृथ्वी या प्रकृति की अपेक्षा निकट है। **भास्कर** ने बताया है कि तत्त्वों का परम तत्त्व से यह अपेक्षा-सम्बन्ध उसकी प्राप्ति की सुकरता की दृष्टि से है। जितना निकट तत्त्व होगा मल की उतनी कमी के कारण वह परम तत्त्व की प्राप्ति उतनी ही शीघ्रता से कराएगा। सत् वस्तु के अन्वेषण में घट देर से मिलता है जबकि घटत्व-युक्त वस्तु की खोज करते समय घट फौरन ही मिल जाता है।[४७]

पदार्थ परतत्त्व या परमशिव के शक्ति रूप हैं – यह सिद्धान्त त्रिक दार्शनिकों ने व्याकरण दर्शन से लिया है। व्याकरण दर्शन में बाहरी जगत् शब्दब्रह्म की विभिन्न शक्तियों का विवर्त माना गया है। किसी भी विषय का विश्लेषण अनेक शक्तियों के समाहार रूप में किया जा सकता है। उदाहरण के लिए, घट उन अनेक शक्तियों का समूह है जिसमें से उसकी जल-आहरण की क्षमता भी एक है।[४८] इसलिए **भर्तृहरि** ने काल, दिक्, क्रिया और साधन या कारक जैसे पदार्थों की कल्पना शक्तियों के रूप में ही की है। पदार्थ शक्तियों से अधिक कुछ भी नहीं हैं।[४९] त्रिक आचार्यों ने इस सिद्धान्त को प्रायः सर्वांश में ग्रहण किया है। शक्ति स्वरूपतः भेदरहित है परन्तु व्यापार और फल-भेद से शक्तिभेद की कल्पना होती है। और यह शक्तिभेद ही पदार्थरूप में उल्लसित होता है। **जयरथ** ने साफ शब्दों में पदार्थ को अनेक शक्तियों का योग माना है।[५०] अन्यत्र भी यही बात दुहराई गई है।[५१] शक्ति विशेष की पदार्थ विशेष के रूप में कल्पना का आधार है पदार्थों का अपना नियत रूप, जिससे वे कभी च्युत

---

[४७] तावन्मलासादनात् सत्वरं शक्तिमत्प्रापकत्वात् वा उपासितुं योग्या। सद्वस्त्वन्वेषणे हि घटः चिरेण प्राप्यते घटत्वयुक्तवस्त्वन्वेषणे तु सद्य एवेति भावः। – भास्करी, तदेव

[४८] घटादयो भावा विश्वशब्दवाच्यास्ते च तत्तदुदकाहरणादिकार्यसाधिकानां शक्तीनां समूहरूपः। अतएव ताश्शक्तयस्तत्र मात्राभागा इति शक्तिसमाहारमात्रं घटादयः। – *वाक्यपदीयम्* पर **हेलाराज** की *वृत्ति* (*काशी संस्कृत ग्रन्थावली*), पृ. १७४

[४९] शक्तिरूपे पदार्थानां अत्यन्तमनवस्थिताः।
दिक्साधनं क्रियाकाल इति वस्त्वभिधायिनः।। – *वाक्यपदीयम्* ३.५.१; और भीः नित्याष्षट्शक्तयोऽन्येषाम्। – तदेव ३.७.३५; ये दोनों और ऊपर का उद्धरण **डॉ. गौरीनाथ शास्त्री** द्वारा *द फ़िलासफ़ी ऑफ़ वर्ड एण्ड मीनिङ्*, पृ. २६-२७ पर उद्धृत; इसी ग्रन्थ का पृ.६४ भी देखिए। **डॉ. शास्त्री** का मत है कि **भर्तृहरि** के विवर्त और परिणाम शब्दों का अर्थ त्रिक दर्शन के आभास शब्द से अधिक भिन्न नहीं है।

[५०] यदाहुः 'फलभेदादारोपितभेदः पदार्थात्मा शक्तिः' इति अतएव चास्या व्यापारभेदात् भेदो येनानेकशक्तियोगी पदार्थ इत्युच्यते,. . . स्वतः पुनरेकैकस्याः शक्तेर्भेदो न युक्तः . . .। – *तं.* ९.६८-६९ पर **जयरथ** *कृत विवेक*

[५१] तदेव, भा.२, पृ. १०९-१०।

नहीं होते।[५२] इस कथन से सम्भवतः यह भी ध्वनित होता है कि स्वयं पदार्थ स्वरूपतः प्रकार-वैचित्र्य से परे हैं। पदार्थभेद या विविध पदार्थों की धारणा आरोपित धारणा है जिसका उद्‌गम व्यापार और फल के प्रक्रियागत भेद में छिपा है।[५३]

यहाँ पर यह बताना अप्रांसगिक न होगा कि शैव दार्शनिकों के लिए तत्त्व, पदार्थ या प्रमेय शब्द उपाधि नहीं हैं (यद्यपि इसे वर्गीकरण का निमित्त कहा गया है), अपितु वास्तविक सामान्य है (वस्तुतः यहाँ सामान्य आदि की परतत्त्व से भिन्न कोई सत्ता नहीं है और न सामान्य का कोई स्वतन्त्र स्वरूप है। यह सामान्य उस अर्थ में वास्तविक है जिस अर्थ में यह व्यवहार जगत् या पदार्थ जगत्। पदार्थ जगत् की कल्पना व्यावहारिक है, उसी प्रकार यह सामान्य की धारणा भी व्यावहारिक है) जो सभी तत्त्वों और पदार्थों में व्याप्त है और उनकी पदार्थ या तत्त्व संज्ञा का कारण बनता है। इससे सम्भवतः यह भी निष्कर्ष निकलता है कि प्रमेय या पदार्थ मौलिक पदार्थ है और छत्तीस तत्त्व उसके अन्तर्गत अवान्तर या आश्रित तत्त्वों के रूप में गृहीत होते हैं। 'तत्त्व-प्रविभाग' या 'तत्त्व-ग्राम' जैसे शब्द इसी के सूचक हैं।[५४] काश्मीर शिवाद्वैतवाद के सभी सम्प्रदायों में जिन छह अध्वों (मार्गों) की गणना हुई है, तत्त्व-मार्ग या तत्त्वाध्वा भी उनमें से एक है। इस तत्त्वाध्वा में ही सारे तत्त्वों का सन्निवेश हुआ है। इस दृष्टि से भी 'तत्त्व' स्वयं में एक मौलिक पदार्थ (कैटैगॅरी) है।

'तत्त्व' की अध्वों में गिनती यह बताती है कि शैवों की परमार्थ-विचार की योजना का यह आवश्यक अंग है। भेद दशा से अभेदभाव की प्राप्ति ही इसका लक्ष्य है और ये षट्त्रिंशत्तत्त्व मूलतत्त्व की इस योजना में अन्तर्भूत और सहायक हैं।[५५]

त्रिक दर्शन की तत्त्वमीमांसा पर सांख्य के पदार्थ विचार का भी व्यापक प्रभाव पड़ा है। शिवाद्वयवाद में कारणता सिद्धान्त का पल्लवन आभासवाद में हुआ है, परन्तु पदार्थ विचार में सत्कार्यवाद की प्रक्रिया स्वीकार की गई है।[५६] सत्कार्यवाद कार्य में कारण की वासनात्मक

---

[५२] "यदाहुः फलभेदादारोपितभेदः पदार्थात्मा शक्तिः" इति . . . पदार्थानां प्रतिनियतरूपपरित्यागे प्रत्यवाये भीरुत्वात्। – *म.मं.प.*, पृ. ७१

[५३] प्रत्यभिज्ञानबलात् एकोऽपि असौ पदार्थात्मा स्वभावभेदान् विरुद्धान् यावत् अंगीकुरुते। – *भास्करी(वि.)*, भा.२, पृ. ६

[५४] सामूह्यं चैव तत्त्वानां ग्रामशब्देन कीर्तितम्। – *तं.* १.८३

[५५] *तं.* ६.३० पर **जयरथ** कृत *विवेक*।

[५६] ततश्च . . . पंचत्रिंशदपि तत्त्वानि कारणवासनानुवृत्तिद्वारा परिस्फुरन्ति इति अनया भङ्ग्या तत्र शिवतत्त्वे पृथिव्यादीनि सर्वाण्यपि सत्कार्यवादमर्यादयावतिष्ठन्ते। . . . इति सर्वं सर्वात्मकम् इत्यर्थनिष्कर्षः स्यात्। – *म.मं.प.*, पृ. ६५

अनुवृत्ति मानता है। सत्कार्यवाद की स्वीकृति का अर्थ है सभी तत्त्वों में निखिल तत्त्वराशि की अनुस्यूति मानना। उदाहरण के लिए शिव में अपने अलावा पैंतीस तत्त्वों की सम्भावना बीज रूप से निहित है। उसी प्रकार मध्यवर्ती प्रकृति-पुरुष आदि में ऊपर-नीचे के सभी तत्त्व रहते हैं। इसीलिए सभी तत्त्व सर्वात्मक माने गए हैं। इसलिए त्रिक दर्शन की रहस्यात्मक धारा में पञ्चतत्त्व की दीक्षा में अनाश्रित तत्त्वों (शुद्ध तत्त्वपञ्चक) तक भूतव्याप्ति मानी गई है।[५७]

---

[५७] *विज्ञानभैरव* (**शिवोपाध्याय** कृत *उद्योत* टीका), पृ. ४७।

१२

इच्छा-स्वातन्त्र्य तथा नियमनवाद के परिप्रेक्ष्य में शिवाद्वयवादी कारणता-मीमांसा

इच्छा-स्वातन्त्र्य और नियमनवाद की समस्या वैश्विक तत्त्वचिन्तन की तत्तत् विश्वदृष्टियों से कहीं गहरे स्तर पर जुड़ती है। देखा जाए तो, इच्छा-स्वातन्त्र्य और नियमनवाद इन दोनों अवधारणाओं की पारस्परिक गहरी असंगति पहली ही दृष्टि में नज़र आने लगती है। मौलिक समस्या है : नैतिकता, उत्तरदायित्व और क्रमविकास की सम्भावनाएँ नियमन को मानने पर कैसे सम्भव हैं? देखा जाए तो कर्मसिद्धान्त और मोक्ष की धारणाओं के प्रतीयमान अन्तर्विरोध से ही भारतीय दर्शन का प्रारम्भ होता है। अतः मूल्य-, तत्त्व- और आचार-परक मीमांसाओं का प्रवृत्तिनिमित्त रहा है कि इन दोनों का पारस्परिक यौक्तिक अनुकूलन कैसे किया जाए। क्योंकि वे दर्शन जो वस्तु और चेतना में भेद करते हैं या वे जो सत्ता को खंडों में विभाजित पाते हैं उनके लिए स्वातन्त्र्य और नियमन में समन्वयन दुःस्वप्न है, और वे दर्शन जिनके लिए सत्ता अखण्ड और अविभाज्य है या जिनके लिए चेतना और सत्त्व नामभेद मात्र हैं, फलतः पार्यन्तिक बोध और आनुभविक जगत् एक ही सत्ता के दो छोर मात्र रहते हैं, के लिए समस्या या तो उठती ही नहीं या नकार दी जाती है। ऐसी स्थिति में वे सारे आनुषङ्गिक प्रत्यय जिनका सम्बन्ध व्यवस्था या समन्वय से है चाहे उनका क्षेत्र आध्यात्मिक अनुशीलन हो, चाहे प्रेक्षापूर्व अन्वीक्षण, चाहे अनुभव जगत् का पदार्थ-व्यवस्थापन और चाहे आचारगत मर्यादा-विधान, भ्रम, आरोप, अध्यास या बुद्धिनिर्माण आदि में से किसी-न-किसी व्याज का आश्रय लेकर अवमूल्यित कर दिए जाते हैं। इस पृष्ठभूमि के परिप्रेक्ष्य में काश्मीर शैव दर्शन, जो अपना परिचय घोर महाद्वैत या पूर्णाद्वैत के पोषक सम्प्रदाय के रूप में देता है, की दृष्टि का अनुसन्धान फलप्रद होगा।

त्रिक, प्रत्यभिज्ञा या शिवाद्वैतवाद की स्वोपज्ञ संज्ञाओं से आसूत्रित एवं प्रचारित काश्मीरी शिवाद्वयवाद काश्मीर की घाटी में आज से लगभग बारह-तेरह सौ वर्ष पूर्व पनपा। भौगोलिक

---

* मूल रूप से यह लेख सुश्री डॉ. मीरा रस्तोगी की पुस्तक *तान्त्रिक शिवाद्वयवाद में इच्छास्वातन्त्र्य तथा नियमनवाद*, दिल्ली: क्लासिक पब्लिशिंग कम्पनी, २००६, की भूमिका के रूप में लिखा गया था।

दुर्गमता के कारण भारतीय दर्शन की मुख्य धारा में अपेक्षाकृत अल्प छाप वाला यह दर्शन आधुनिक विद्वानों की दृष्टि में अधिदर्शन/महादर्शन (मेटाफ़िलॉसफ़ी) से लेकर दार्शनिक ईश्वरमीमांसा (फ़िलॉसॉफ़िकल थ्योलॉजी) तक की विविध सरणिगत भंगिमाओं में उन्मिषित होता है। इस प्रकार यह वैष्णव दर्शन जैसी विशुद्ध ईश्वरमीमांसाओं और मीमांसा जैसे कठोर दर्शनों दोनों से परे जाता है। यहाँ समग्र सत्ता एकल होकर भी जटिल व आत्म-संश्लिष्ट है। वह चिद्रूप है और उसे परम शिव कहा गया है। अपने ही स्पन्दन से वह निरन्तर क्रियाशील है। यही उसकी पूर्णता है कि वह अपनी भवनक्रिया (बिकमिङ्) से विरोधी खण्ड प्रत्ययों के उद्भव और परिहारपूर्वक संश्लेषण द्वारा अपने अन्तर्सत्त्व (कॉन्टेन्ट) का निर्माण करने में स्वतन्त्र और समर्थ है। इस दृष्टि से कृति, क्रिया और कर्ता की एकता है। चिन्मय की यह क्रिया चिन्मयी होने के कारण विमर्श रूप में पर्यवसित होती है। पूर्णता-बोध ही चरम मूल्य और उपेय है। पूर्ण का अपना अपूर्णतया या खण्डतया आकलन व्यष्टि सत्ताओं तथा खण्ड प्रतीतियों का उत्स है और आत्म-प्रतिबिम्बतया स्थित आनुभविक संसार का भी। पारिभाषिक शब्दावली में यह प्रकाशविमर्शमय परमेश्वर है, वही एकमात्र कर्ता है और निखिल भासनात्मक समग्रता उसका ऐश्वर्य है। यही उसकी चिन्मयी इच्छा है, यही उसका अन्वर्थ देवत्व है।

काश्मीर शैव दर्शन की विशेषता जो उसे अन्य दर्शनों से भिन्न करती है, वह है उसकी विश्वदृष्टि की सौन्दर्यप्रवणता जिसके कारण सन्दर्भ-निरपेक्ष रूप से उसे प्रत्येक प्रत्ययात्मक संरचना में एक आधारभूत सौन्दर्य का प्रत्यक्ष होता है। यही कारण है कि इच्छा-स्वातन्त्र्य और नियमनवाद के व्यापकतर सन्दर्भ में अन्य दर्शनों की कारणता-मीमांसाएं **अभिनवगुप्त** के मूल्याङ्कन में 'सूखी' या 'रसहीन' ठहरती हैं। उनकी दृष्टि में कर्तृता और आत्मस्वातन्त्र्य का परस्परान्वयन ही रस है और जो व्याख्याएँ इस आधारभूत तथ्य की अनदेखी करती हैं वे वस्तुतः शुष्क हैं – "शुष्कः कर्तृतात्मस्वातन्त्र्यलक्षणोभयमेलनात्मकरसशून्यः"[1] । ऐसा नहीं है कि स्वातन्त्र्य के प्रत्यय की परिकल्पना पूर्वतर चिन्तन परम्पराओं में थी ही नहीं। सामान्य दार्शनिक सम्प्रदायों में वैयाकरण दर्शन और विशेष या स्वयूथ्य दार्शनिक सम्प्रदायों में सिद्धान्तशैव मत के नाम अपने आप सामने आते हैं। परन्तु दार्शनिक प्रसङ्ग में भी स्वातन्त्र्य की रसान्द्रता का भावन निश्चय ही काश्मीर शैव दर्शन का निजी वैशिष्ट्य है।[2] इसका सहज परिणाम हुआ है कि कारण की धारणा का पर्यवसान कर्ता की अवधारणा में होता है, कारणता

---

[1] *ई.प्र.वि.वि.*, ३, पृ. २३४; **जयरथ** एक अनाम स्रोत को उद्धृत करते हुए भुवन, तत्त्व और कला तीनों अध्वों को चिद्रस का घनतापादन, आश्यानीभवन मानते हैं –

आश्यानं चिद्रसस्यौघं साकारत्वमुपागतम्।
जगद्रूपतया वन्दे प्रत्यक्षं भैरवं वपुः।। – *तं.वि.*, ५, पृ. १३५२

[2] स्वातन्त्र्य ही चिद्रस है। – द्र. *तं.* ६.२

या कारणव्यापार का कर्तृत्व या कर्तृता में, और तज्जन्मा कार्य का कर्म या कृति में। कारण की दृष्टि से कार्यकारणभाव का निष्कर्षण (रिडक्शन) कर्तृकर्मभाव के रूप में होता है और कार्य की दृष्टि से कारण से कार्य तक की यात्रा को आभासन या प्रतिबिम्बन कहा जाता है।

काश्मीर शैव दर्शन में इस प्रकरण पर विचार विभिन्न सन्दर्भों में हुआ है। *ईश्वर-प्रत्यभिज्ञा-कारिका* में **उत्पलदेव** और उस पर अपनी *लघु-* तथा *बृहती-विमर्शिनी* नामक टीकाओं में **अभिनवगुप्त** सम्बन्ध के प्रत्यय के अन्तर्गत कार्यकारणभाव की गवेषणा जहाँ क्रियाधिकार में करते हैं, वहीं अनुभव-विषयों या आभासों के पार्यन्तिक कोटि-प्रकल्पन और रूप-संग्रह की दृष्टि से तत्त्व-प्रविभाग की चर्चा आगमाधिकार में।[३] इससे विपरीत *तन्त्रालोक* में **अभिनवगुप्त** तत्त्व-प्रविभाग या पदार्थों के निर्धारक तत्त्व के रूप में इच्छा-स्वातन्त्र्य और कार्यकारण-भाव की चर्चा करते हैं।[४] क्रियाधिकार में शैव मनीषियों का प्रेरणा-स्रोत है व्याकरण दर्शन, जहाँ कर्तृ-स्वातन्त्र्य ("स्वतन्त्रः कर्ता।" – *पा.*१.४.५४) के अन्तर्गत क्रियाकारकभाव के रूप में विभिन्न घटनाओं या भावों का समन्वय किया जाता है।[५] शिवाद्वैतियों की प्रेरणा के दूसरे स्रोत के दो छोर हैं – एक ओर बौद्ध मत है और दूसरी ओर सांख्य। इन दोनों की आलोचना द्वारा पदार्थ-निर्णय की पूर्वपीठिका प्रशस्त होती है। दोनों को एक साथ लक्ष्य बनाने के पीछे योजना यह जताने की है कि सत् के अखण्ड-प्रवाह और खण्ड-प्रवाह पर आश्रित दोनों प्रकार की दार्शनिक संरचनाओं में प्रमातृनिरपेक्षता और जड़ता के आधार पर अर्थात् इच्छा-स्वातन्त्र्य के अभाव में नियमन के प्रतीक कार्यकारणभाव की युक्तिसह परिकल्पना सम्भव नहीं है। प्रेरणा के तीसरे स्रोत का संकेतन **अभिनवगुप्त** *तन्त्रालोक* में करते हैं। वह है काश्मीर का ही सिद्धान्ती शैवों का द्वैतवाद।[६] इससे मूल प्रेरणा लेते हुए भी उसका प्रत्याख्यान करते हुए **अभिनवगुप्त** *मालिनीविजयोत्तर* का आश्रय लेते हैं।[७]

---

[३] क्रिया नाम विश्वपदार्थावभासनलक्षणा। . . . के च ते विश्वे पदार्थाः इति। तत्राभासरूपा एव जडचेतनलक्षणाः पदार्थास्ते च कियता रूपेण संगृह्यन्ते . . . इति . . . शिवादिधरणीप्रान्तम् एकैकाभासरूपतात्मकं . . . प्रत्येकतस्तत्त्वग्रामं दर्शयति। – *ई.प्र.वि.*, २, पृ. २१२-१४

[४] तदेवमवस्थिते कार्यकारणभावात्मा तत्त्वानां प्रविभागो वक्तव्यः, इत्याह . . . कार्यकारणभावो यः शिवेच्छापरिकल्पितः। – *तं.* ९.७; *तं.वि.*, ४, पृ. १६४१

[५] क्रियाकारकभावलक्षणः स एव तावद्भावानां समन्वयो नान्यः शुष्कः कश्चित्। – *ई.प्र.वि.*, २, १९२। ध्यान दें, यहाँ पर भी जोर "नान्यः शुष्कः" पर है।

[६] श्रीमन्मतङ्गशास्त्रादौ तदुक्तं परमेशिना।। – *तं.* ९.६

[७] कार्यकारणभावीये तत्त्वे इत्थं व्यवस्थिते।।
श्रीपूर्वशास्त्रे कथितां वच्मः कारणकल्पनाम्। – *तं.* ९.४८$_{ब}$-४९$_{अ}$

→

कार्यकारणभाव-योजना में मौलिक तत्त्वगत संरचना की दृष्टि से इस बात का बहुत महत्त्व है। यह इस बात का संकेत है कि कार्यकारणभाव की त्रिक संकल्पना का मूल स्रोत उनकी अपनी निज की परम्परा में है। इस प्रकार शिवाद्वयवाद व्याकरण दर्शन के कर्तृ-स्वातन्त्र्य और क्रियाकारकभाव का अपने में समाहार करता है और फिर उससे आगे जाता है; बौद्ध न्याय और विज्ञानवाद को मान्य सत् की विज्ञानरूपता और क्षणों से निर्मित अनुभव जगत् में प्रतीत्य-समुत्पादरूपता पर आश्रित नियमन की विकल्परूपता का समाहार करता है, फिर उससे परे जाता है; सांख्य से सत् के सातत्य और अखण्ड प्रवाहधर्मत्व के प्रतिपादक सत्कार्यवाद के रूप में व्यवस्था प्रकृति के स्वभाव का अङ्गभूत है इस मान्यता का समाहार करता है, फिर उससे भी परे जाता है; शैव सिद्धान्तियों के पारमेश्वर इच्छा-स्वातन्त्र्य, कार्यकारणभाव में उसका अनुविधायित्व और कार्यों में व्याप्ति का समाहार करता है, फिर उससे परे जाता है। यह परे जाना ही काश्मीरी शिवाद्वयवाद को अतिरिक्त विशिष्टता प्रदान करता है।

जैसा कि हमने ऊपर संकेत किया है कि इस सम्प्रदाय में प्रस्तुत समस्या पर विचार सम्बन्ध की अवधारणा के अन्तर्गत हुआ है। सम्बन्ध का प्रश्न इस दर्शन के, सच पूछा जाए तो अद्वैतवाद मात्र के, मूल प्रश्न से जुड़ा हुआ है। यों तो पूर्वपक्ष के रूप में यह प्रश्न बौद्धों की ओर से दिखाया गया है, पर वह यों भी सामान्यतः उठता ही है। अद्वैतवाद की समस्या है एक और अनेक के मौलिक विरोध की : एक का अनेक होकर वर्तन कैसे सम्भव है? काश्मीरी शिवाद्वयवाद का आरम्भबिन्दु है : एक की अनेकता का स्रोत परम सत्-चित् की स्वरूपभूत क्रिया है। उस एक क्रिया का क्रमिक प्रवाह ही उसका वैविध्य-भासन है। इस स्थापना के अङ्गतया प्रस्तावित प्रतिसमाधान के चार अंश हैं :

१. चिदात्म सत् दर्पण जैसा है। दर्पण में प्रतिबिम्बों की अनेकता होने पर भी दर्पण की एकता का भञ्जन नहीं होता, अतः एकता और अनेकता में मौलिक विरोध नहीं है। उसी प्रकार सभी पदार्थों का सारभूत चिदात्म तत्त्व भी विरोधी स्वभाव-भेदों को अपना ही अङ्ग बनाकर भासित करता है।

२. पारस्परिक परिहारपूर्वक क्रमरूप से भासित होते हुए ये भिन्न-भिन्न स्वभाव क्रिया के एक ही आश्रय का सम्पादन करते हैं। क्रियाश्रय की इस एकता का बीज है : आधार दर्पण और उसमें भासमान प्रतिबिम्बों की भाँति, चिदाकार क्रियाश्रय और उसमें

← **अभिनवगुप्त** की गुरु-परम्परा में *सिद्धयोगीश्वरीमत* और उस पर आश्रित *मालिनीविजयोत्तरतन्त्र*, जिसकी *श्रीपूर्वशास्त्र* संज्ञा **अभिनवगुप्त** को बहुत प्रिय है, त्रिक दर्शन का आदिम आगम-प्रमाण है। परन्तु आज के विद्वान् उसका मूल स्वर द्वैतवादी ही मानते हैं। यदि यह बात मानी जाए तो द्वैतवाद का प्रभाव और भी उजागर हो जाता है। *श्रीपूर्वशास्त्र* की द्वैतनिष्ठा या अद्वैतनिष्ठा के प्रश्न पर विचार प्रकृत उद्यम का अङ्ग नहीं है।

(उसी के द्वारा) भासमान पदार्थों के बीच एकता की अबाधित प्रत्यभिज्ञा।

३. सम्बन्ध आदि सारे व्यवस्थामूलक प्रत्ययों की सिद्धि की यही मौलिक प्रकारता है।[८]

४. दृष्टान्त दर्पण और दार्ष्टान्तिक परम चित् में केवल एक ही अन्तर है – परमेश्वर में उस प्रकार होने की इच्छा है और दर्पण में वह इच्छा नहीं है।[९]

चौथा बिन्दु महत्त्वपूर्ण है, कई कारणों से। ईश्वर-मीमांसा की प्रकृति के अनुरूप होने के अतिरिक्त इससे पारगामी दार्शनिक महत्त्व के कतिपय निष्कर्ष भी निकलते हैं। **अभिनव** के लिए सीधा सा फलागम है कि इससे क्रियाशक्ति की द्विरूपता सिद्ध होती है। यह द्विरूपता है – (१) क्रमरूप क्रिया के निर्माण की सामर्थ्य और (२) क्रमरूप क्रिया का उपरागयोग अर्थात् उपराग से सम्बन्ध। दर्पण में जहाँ क्रिया की क्रमरूपता से मात्र उपरंजन होता है – जैसे बहती हुई नदी में लहरें उठती हैं, चित् में क्रिया की ये दोनों वर्तनियाँ सुलभ हैं। इनमें से प्रथम प्रकार पारमेश्वरी क्रिया का प्रातिस्विक स्वभाव है। क्रियानिर्माण की यह सामर्थ्य इच्छारूप है। इस प्रकार इच्छा ही क्रिया है। इसका प्रारम्भिक छोर है परमेश्वर में आत्मविश्रान्तिरूप अनन्योन्मुखता, जहाँ स्पन्दनात्मकता तो है पर क्रम नहीं; और अन्तिम छोर है शरीर आदि के द्वारा होने वाली विषयनिष्ठ अर्थात् अन्योन्मुखतारूप क्रिया, जहाँ स्पन्दनात्मकता क्रम का रूप धारण कर लेती है। निष्कर्ष की तार्किक परिणति के तौर पर कहा जा सकता है कि जहाँ पार्यन्तिक एकता का उपलक्षण है इच्छा, वहीं भासमान अनेकता का उपलक्षण है उपरागमयी क्रिया। अतः क्रिया का एकानेकरूपता के रूप में भावन साम्प्रदायिक चिन्तन-पद्धति का तर्कानुगत निगमन है। स्वातन्त्र्य इसी इच्छा का अपोद्धृत (ऍब्सट्रैक्ट) रूप है, और व्यवस्थागत नियमन के प्रतीक सम्बन्ध आदि के प्रत्यय इसी के यौक्तिक अनुषङ्ग के रूप में एकानेकरूप क्रिया के।

इस प्रसङ्ग में काश्मीर शिवाद्वयवाद कुछ और आधारभूत घोषणाएँ करता है। अन्तरङ्ग विश्लेषण से इतना निश्चयपूर्वक कहा जा सकता है कि यहाँ दो प्रकार के पदार्थों की परिकल्पना हुई है : एक, जो सृष्टि-प्रक्रिया में समागत तत्त्व हैं, जिन्हें पारिभाषिक तौर पर 'आभास' और जिनकी नियमानुप्राणित वर्गीकृत अवस्थिति को 'तत्त्व' कहा गया है।[१०] और दूसरे, जो इन आभासों और आभास-समूहों के व्यवस्थापक पदार्थ हैं, जिनकी पारिभाषिक संज्ञा 'बुद्धि' है। प्रथम की वस्तुसत्ता या तात्त्विक सत्ता (ऑन्टिक् एक्ज़िस्टेन्स) है। दूसरे वर्ग

---

[८] *ई.प्र.वि.*, २, पृ. ६, १६६; *ई.प्र.वि.वि.*, ३, पृ. २।

[९] अत्र च केवलं दर्पणस्य तथा इच्छा नास्ति, परमेश्वरस्य तु सा अस्ति। – *ई.प्र.वि.*, २, पृ. २७

[१०] इनमें पृथ्वी से लेकर शिव पर्यन्त तत्त्वों की गणना होती है। तत्त्वाध्व या छत्तीस तत्त्वों से घटित इस तत्त्व-प्रविभाग को कार्यकारणभावात्मक माना गया है।

के पदार्थों की सत्ता बुद्धिगत है और इस अर्थ में वे विकल्परूप या अनुव्यवसायरूप हैं। **प्रो. पांडेय** के शब्दों में उन्हें ज्ञान की आश्रित या सापेक्ष कोटि (डिपेन्डेन्ट कैटेगॅरी ऑफ़् नॉलेज) कहा जा सकता है। इनमें क्रिया (शाब्दिकों में समादृत), सम्बन्ध, जाति, द्रव्य, दिक् और काल के प्रत्यय आते हैं। इनमें भी सम्बन्ध[११] का प्रत्यय मूलभूत प्रत्यय है।[१२] अन्तःकरण द्वारा किए जाने वाले निश्चयात्मक अनुव्यवसाय द्वारा ज्ञान की इन सापेक्ष कोटियों का सम्पादन होता है। यहाँ प्रमाता का अन्तःकरणात्मक व्यापार एकत्व और अनेकत्व के संयोग के अतिरिक्त कुछ नहीं है। अतः इस निश्चय का मौलिक रूप है प्रत्यभिज्ञानात्मक अनुव्यवसाय, जिसका भासन "वही यह है" (स एवायम्) का आकार धारण करता है – जहाँ अनेकता भासित तो होती है परन्तु एकता को छोड़े बगैर, उसे लिए हुए।[१३] समझने की सुविधा के लिए उसे हम तत्त्व के स्थान पर तथ्य कह सकते हैं। निश्चयात्मक होने के कारण यह विकल्प भी सामान्य तौर पर गृहीत 'ऑन्टोलॉजिकल' या अस्तित्वपरक (एक्ज़िस्टेन्शियल) अर्थ में सत् न होकर, 'सत्यता' या वस्तुभूतता (रियलिटी) के अर्थों में सत् है। 'चेतना में प्रकाशित होना' या तद्गत 'विमर्श की अनुवृत्ति का बना रहना' ही वस्तुता की परिभाषा है – "प्रकाशतैव वस्तुत्वम्"[१४]। अस्तित्व या सत्ता धर्म से युक्त होना वस्तुता की शर्त नहीं है। इस परिभाषा में विज्ञानवाद की अनुगूँज स्पष्ट सुनाई देती है। इन निश्चय-विकल्पों की वस्तुसत्ता व्यवस्था और व्यवहार की नियामक है, क्योंकि निश्चयानुवृत्ति के कारण इनमें स्थिरता है[१५] और अर्थक्रिया के परितोष की क्षमता है। इन्हीं दो मानकों के आधार पर ये सत्य हैं।[१६] इस 'एकानेकरूपक्रियातत्त्वालम्बनबुद्धि'[१७] में एकत्व और अनेकत्व के विरोध के परिहार का बीज छिपा है और नियमाश्रयी व्यवहार का भी। एक की अनेकता विषयभेद से उपपन्न होती है। **उत्पल** का मानना है कि अनुवर्तमान आन्तर तत्त्व एक ही है, वही जब देश, काल और स्वभाव (यहीं, अभी या तभी, दुबला या मोटा) के स्पर्श से इन्द्रियों का विषय बनता है तभी

---

[११] जिसके अन्तर्गत कार्यकारणभाव, ज्ञाप्यज्ञापकभाव, भाव्यभावकभाव आदि की गणना होती है।

[१२] क्रियाशक्तेरेव अयं सर्वो विस्फारः, तत्रापि सम्बन्ध एव मूलभूतः। – *ई.प्र.वि.*, २, पृ. ४६-४७

[१३] 'स एवाऽयम्' इति एकरूपताम् अपरित्यजन्नेव निर्भासते।' – तदेव, पृ. ३३-३४; यदा तु गाढप्रत्यभिज्ञाप्रकाशबलात् . . . न भेदः। – तदेव, पृ. १७

[१४] *ई.प्र.वि.*, २, पृ. ४४; अध्यवसाय आदि को भी इसी अर्थ में 'वस्तुसत्' माना जाता है – "अध्यवसायस्यापि आभासमानविषयत्वम्"। – *ई.प्र.वि.*, १, पृ. २३५

[१५] बौद्ध मत से यह विभेदक प्रत्यय है।

[१६] क्रियासम्बन्धसामान्यद्रव्यदिक्कालबुद्धयः।
सत्याः स्थैर्योपयोगाभ्यामेकानेकाश्रया मताः।। – *ई.प्र.का.* २.२.१

[१७] *ई.प्र.वि.*, २, पृ. ३५।

अनेक बनता है।[१८] **उत्पल** इसी स्थल पर स्वाभिमत कार्यकारणभाव का भी आसूत्रण कर देते हैं। अखिल विश्व आन्तर भाव में एक और सत् है। देश, काल, स्वभाव आदि आभासान्तरों से अमिश्रित सामान्य अवस्था में वह एकमात्र अन्तःकरण का विषय होकर अपनी चिन्मात्रता को बनाए रखता है, वही जब उपर्युक्त भिन्न-भिन्न आभासों से मिश्रित होकर विशेष अवस्था में अन्तः-बाह्य दोनों इन्द्रियों का विषय बनता है, उसकी एकता अनेकता में परिणत हो जाती है और वह चित् से अतिरिक्त रूप में भासित होने लगता है। दोनों के मूल में विषयभेद स्फुट है। आन्तरावस्था ही कारण है और इन्द्रियवेद्य बाह्य अवस्था ही कार्य। यह निश्चय एकानेकत्व या भेदाभेद के प्रत्यभिज्ञानात्मक परामर्श से होता है। यहाँ पर प्रत्यभिज्ञा का व्यापार (तस्यैव च तथात्वम्) द्विचरणात्मक है – पहला, एक ही बीज अङ्कुर के प्रति कारण है पर घट का कारण नहीं (अकारण) है; दूसरा, मिट्टी घट का उपादान कारण है पर अङ्कुर का सहकारी कारण है। यहाँ पर ध्यान देने की बात है कि ज्ञानात्मक और क्रियात्मक दोनों प्रकार के सन्दर्भों में **अभिनवगुप्त** के उपपादन में पद्धतिगत एकसूत्रता है। ज्ञानों का मेलन जहाँ प्रत्यभिज्ञान को परिभाषित करता है, आभासों का मेलन कार्यकारणभाव को।

शिवाद्वयवाद में कारणता-विचार के आगमिक स्रोतों के दोहन और विश्लेषणात्मक पल्लवन में काश्मीर के ही शैव सिद्धान्तियों का बड़ा योगदान रहा है। इस ओर ऊपर इंगित किया जा चुका है। शैव सिद्धान्त और शिवाद्वयवाद में कारणता की चर्चा एक जैसे सन्दर्भ में हुई है। वह सन्दर्भ है, ईश्वर की चरम कर्ता के रूप में प्रतिष्ठा। आगमिक परम्परा में क्रिया और शक्ति को प्रायः एक माना गया है और उसे शिव का एक प्रकार से स्वरूप या स्वभाव बताया गया है। शैव सिद्धान्त इस मान्यता को स्वीकार करता है। कारण-शृंखला में बँधे हुए छत्तीस तत्त्व मूल आगमिक परम्परा की देन हैं, जो शिव से प्रारम्भ होते हैं। शिव जगत् का स्रष्टा है, क्योंकि सृष्टि का सम्पादन उसकी शक्ति द्वारा होता है।

शैव द्वैतवाद इस जगत् की सद्रूपता में विश्वास करता है, असत् न होने के कारण जगत् की उत्पत्ति या आरम्भ नहीं होता। कारणात्मक सम्बन्ध में अभाव किसी भी रूप में सम्बन्धी नहीं बनता। जगत् की प्रदत्त सत्ता, जिसकी अभिव्यक्ति और लय होता है, आवश्यक रूप से एक चेतन कर्ता की ओर इशारा करती है, जो इन प्रक्रियाओं का प्रवर्तक भी है और अधिष्ठान भी : क्योंकि जो कुछ भी है वह इच्छा-कारणता, जिसे पारिभाषिक तौर पर निमित्त कारणता कहा गया है, के बिना अस्तित्व में नहीं आता।[१९] दूसरे शब्दों में कारण अर्थात्

---

[१८] *ई.प्र.का.* २.२.२।

[१९] सिद्धान्त शैव दर्शन का प्रकृत उपस्थापन मुख्यतः **के. शिवरमन्** के महत्त्वपूर्ण ग्रन्थ *शैविज़्म इन् फ़िलॉसॉफ़िकल पर्सपेक्टिव* (पृ. ६६-६६) पर आश्रित है।

निमित्त कारण है विश्वोत्तीर्ण चित् तत्त्व। यह विश्वोत्तीर्ण चित् विश्वोत्तीर्ण इच्छा से एकरूप है। यह इच्छा वैश्विक कृत्यों का अपरिहार्य उपाय अर्थात् कारण या सहकारी कारण है। परम अधिष्ठान के रूप में, जहाँ से सारी विश्व-प्रक्रिया का उदय और जहाँ लय होता है, शब्द के गम्भीर अर्थों में वह उपादान कारण भी है। परिवर्तन को उद्रिक्त करने वाली शक्ति के रूप में कारण को कार्य का अतिक्रामी मानना ही होगा। कारण प्रक्रिया स्वतःस्फूर्त नहीं होती, चेतन कर्ता के स्वतःस्फूर्त संकल्प से उसका उन्मेष होता है। कारणता के प्रचलित प्रारूपों में शैव सिद्धान्त सत्कार्यवाद का अनुगमन करता है। इसके तीन फलित हैं। एक, उत्पत्ति का अर्थ है कार्य का कारण में अव्यक्त रूप से वर्तमान होना, कारण प्रक्रिया का अर्थ है अव्यक्त कार्य का व्यक्तीकरण। इस व्यक्तीकरण के लिए कर्ता या कर्तृव्यापार की अपेक्षा है। दो, कार्य-विशेष के आविर्भाव के लिए आवश्यक शर्त है उपादान का कार्य के अनुरूप या उपयुक्त होना। तन्तु से पट उत्पन्न होता है, बालू से नहीं। तीन, परिणाम या भवन का अर्थ है स्व-परिणाम या आत्म-भवन। परिवर्तन आकारों या रूपों में होता है, जबकि आश्रय धर्मी परिवर्तन से परे है। कारण और कार्य के नैरन्तर्य का अर्थ है परिवर्तमान रूपों का भेदाभेद सम्बन्ध से और स्थायी आधार का अभेद सम्बन्ध से विद्यमान होना।

द्वैती कार्यकारणभाव के प्राथमिक प्रारूप में जगत् को कार्य माना गया है। कार्य बिना कारण नहीं होता, अतः उसका उपादान कारण होना चाहिए। वह उपादान माया है। शैव सिद्धान्त यहाँ प्रथम कारण की समस्या को भी उठाता है। माया जगत् का प्रथम कारण है और सत्कार्यवाद को मानने का अर्थ है कि जगत् माया में पूर्वशः स्थित है। यहाँ माया अचिद्रूपिणी है। अतः कार्यस्थानी अव्यक्त जगत् को अस्तित्व में लाने के लिए चेतन कर्ता की आवश्यकता है। यह भूमिका शिव निभाता है। शिव की भूमिका निमित्त कारण की है। अर्थात् जगत् शिव का कर्म नहीं है, अपितु जगत् के उदय और प्रलय की प्रक्रिया का संचालक है शिव। कार्य की उत्पत्ति के लिए कर्ता स्वतन्त्र है, कार्य को उत्पन्न करना उसकी बाध्यता नहीं है। उसका यह स्वातन्त्र्य उसकी इच्छा, चिकीर्षा, में मुखरित होता है। फलतः शिव अपनी स्वतन्त्र इच्छा से उपादान माया को व्यापारित करता है। यह इच्छा ही शिव की शक्ति है, अतः शक्ति कार्य के उत्पादन में सहकारी कारण है। कारणता-सिद्धान्त के सन्दर्भ में इसका सामान्यीकरण यह होगा कि कर्ता की इच्छा कार्य का सहकारी कारण है। इस प्रकार निमित्त, उपादान तथा सहकारी मिलकर कार्योत्पत्ति में कारण बनते हैं। सिद्धान्त शैवों के द्वारा शक्ति के सहकारित्व का अभ्युपगम उनके करणत्व-विचार का फल है। न्याय में असाधारण कारण या व्यापार के रूप में तीनों कारणों से पृथक्तया करण की परिकल्पना की गई है। सिद्धान्त शैवमत इससे सहमत नहीं है। उसकी दृष्टि में एक तत्त्व के रूप में शक्ति या दाहकता अग्नि के दाहव्यापार का सक्रिय कारण है। अतः शक्ति कारण में, कारणतया, अन्तर्लीन है। शक्ति

का व्यक्ति में परिणमन ही उत्पादन या कार्यता का अभिप्राय है। अर्थात् इच्छा द्वारा अपने अन्तःस्थ विषय (कॉन्टेन्ट) को स्वयं उपस्थापित करना कार्यता है।[२०] करणत्व को विचार के स्तर पर कर्ता से भिन्न समझना होगा अस्तित्व के स्तर पर नहीं, क्योंकि करणत्व का अर्थ है कर्ता के व्यापार की अन्तरात्मा होना। चूँकि कर्तृत्व की अवधारणा का, कर्तृत्व के अर्थ के रूप में, करणत्व अङ्ग नहीं है, शक्ति की चिद्रूपता और चित्तत्त्व से उसके तादात्म्य को मानना होगा। 'समवेत' की व्याख्या 'तदात्मक' की शब्दावली में करनी होगी। शक्ति एक प्रकार की एकता है, जो उपाधिवशात् अनेक हो जाती है। इच्छा, ज्ञान, क्रिया – ये शक्ति के अन्दर घटित भेद नहीं हैं, अपितु कृत्यविशेषों की दृष्टि से उसकी प्रतीकात्मक अवस्थितियाँ या प्रकारताएं हैं।

शिव जगत् का निमित्त कारण है, इससे शिव की विश्वोत्तीर्णता रेखाङ्कित होती है। अन्यथा वह उपादान कारण होता, निमित्त नहीं। चित् शक्ति शिव का करण है। करण ही सहकारी कारण है। विश्वातीत होते हुए भी अपनी शक्ति के माध्यम से वह माया और जगत् में व्याप्त है। इस 'व्याप्ति' के कारण वह 'उपचारतः' उपादान भी कहा जा सकता है। कार्य में कारण की व्याप्ति दो प्रकार से कल्पनीय है – एक संकल्प द्वारा और दूसरे उपादान के रूपान्तरण द्वारा। कुम्हार की इच्छा उसकी सृष्टि को व्याप्त करती है, अन्यथा घट के सभी अङ्ग यथामाप अस्तित्व में न आते। कार्य में इच्छा का ही विकास होने के फलस्वरूप कारण-कार्य की निरन्तरता बनी रहती है। फलतः निमित्त (शिव/कुम्हार) उपादान (माया/मिट्टी) में अन्तर्भूत कहा जा सकता है। निमित्त चूँकि कार्योत्तीर्ण है (अर्थात् शिव विश्वोत्तीर्ण है), अतः शिव (निमित्त) में विकारशीलता नहीं है। संकोच और विकास अवस्थाएँ केवल माया (उपादान) पर आरोपित होती हैं। जगत् में शिव की अन्तर्यामिता या अन्तर्व्याप्ति का एक प्रयोजन भी है, वह है इस अन्तर्व्याप्ति के द्वारा आत्माओं को अनुगृहीत करना। अर्थक्रिया की तुष्टि कुम्भकार का भी प्रयोजन कहा जा सकता है। कुम्हार की सृष्टि और जागतिक सृष्टि का धरातल समकक्ष नहीं है, क्योंकि कुम्हार स्वयं शिव की सृष्टि है। अतः शिव की इच्छा से ही कार्य सम्पादन होता है। अतः जैसा कि **शिवरमन्** कहते हैं, निमित्तकारण एक कारण-परम्परा में केवल एक कारण मात्र नहीं है अपितु कारण-कार्य की सम्पूर्ण शृंखला का कारण है[२१]। विषय का थोड़ा अतिदेशन करते हुए कहा जा सकता है कि न केवल सृष्टि और अनुग्रह कृत्यों में अपितु स्थिति, संहार और तिरोधान के साथ सभी पञ्चकृत्य जहाँ एक ओर समग्र सृष्टि-प्रक्रिया में शिव की व्यापारशीलता और सक्रिय भागीदारी को रूपायित

---

[२०] "... the will positing its content" – *शैविज़्म.*, पृ. ८६

[२१] "The prima causa as well as the ultimate substantia" – तदेव, पृ. ८६

करते हैं, वहीं जगत् के साथ इन सभी कृत्यों के माध्यम से उसकी निमित्तता अक्षुण्ण बनी रहती है।

काश्मीरी शिवाद्वयवाद भी जगत् को षट्त्रिंशत्तत्त्वमय मानता है। तत्त्वों के विशिष्ट सन्दर्भ में कारणता का घटक प्रत्यय के रूप में अभ्युपगम द्वैतवाद का साक्षात् प्रभाव है। तत्त्व का प्राण है 'तनन' अर्थात् विकास, विभवन।[२२] यह तनन दो प्रकार का है – (१) कारणतामूलक और (२) गुणसादृश्यमूलक। गुणसादृश्यमूलक तनन क्षैतिज या समविस्तारी (हॉरिज़ॉन्टल) और स्वभाव में सामान्य या जाति जैसा है, जबकि कारणतामूलक तनन आनुपूर्वी में विकसित होता हुआ अपने कार्यों को व्याप्त करता है। अतः इसे व्याप्तृभावात्मक कहा गया है। अर्थात् प्रत्येक तत्त्व अपने में एक व्यवस्थित समष्टि है और सारी सृष्टि इन समष्टियों की तारतम्यमयी व्यवस्था है, जिनमें प्रत्येक ऊर्ध्वतर अपने से निम्नतर सभी समष्टियों में व्याप्त है। प्रत्येक निम्नतर अपने से उच्चतर का इस अर्थ में कार्य है कि उच्चतर समष्टि व्यापन-व्यापार की वास्तविक कर्त्री है। तत्त्वमीमांसात्मक शब्दावली में उच्चतर समष्टि उच्चतर अतिक्रामिता (ट्रान्सेन्डेन्स) को द्योतित करती है और सभी भविष्यत् समष्टियों का पूर्वसम्भावन (ऍन्टीसिपेशन) करती है। इस प्रकार सृष्टि ऊर्ध्वोर्ध्व अतिक्रामिताओं का तारतम्यमूलक समन्वय है, जो शिव में विश्रान्त होता है। इसलिए शिव का व्याप्तृभाव सर्वात्मक है और शिवेतर तत्त्वों का व्याप्तृभाव बहुत्वात्मक।[२३] शिव से प्रारम्भ होकर पृथ्वी पर्यन्त व्याप्तृता की यह अवरोहण-प्रक्रिया अनवरत चलती है। इसी अर्थ में सारा तत्त्व-प्रविभाग कार्यकारणभावात्मक है। कारण की कार्य को व्याप्त करने की यही पद्धति है। इसे कारणता के प्रारूपों में ढालें तो यह बहुत कुछ सत्कार्यवाद जैसी दिखाई देती है। पर यहाँ तकनीकी तौर पर कार्य की दृष्टि से आभासवाद और कारण की दृष्टि से स्वातन्त्र्यवाद की स्वीकृति हुई है, जिसे कारणता की भाषा में कर्तृकर्मवाद के रूप से प्रस्तुत किया गया है। इस पर हम आगे विचार करेंगे। परन्तु जैसा कि *महार्थमञ्जरी* के यशस्वी प्रणेता **महेश्वरानन्द** ने संकेत किया है, तत्त्व-प्रक्रिया में सत्कार्यवाद यहाँ भी मान्य हुआ है। पर यह मान्यता आंशिक है क्योंकि कार्य की कारण में पूर्वस्थिति को मानकर भी कार्य को परिणाम नहीं माना गया है, बल्कि आभास या प्रतिबिम्ब की शब्दावली में उसे व्यक्त किया गया है। अद्वयवाद में

---

[२२] स्वस्मिन् कार्येऽथ धर्मौघे यद्वापि स्वसदृग्गुणे।।
आस्ते सामान्यकल्पेन तननाद् व्याप्तृभावतः।
तत्तत्त्वं . . . ।। – *तं.* ६.४ख-५

[२३] जयरथ का संकेत है – "शिवः . . . तस्यैव ह्ययं स्फारो . . . अतएव तनोति सर्वमिति 'तत्' परं रूपं, तस्य भावः तत्त्वमित्यर्थः तथा 'यद्रूपं पृथिवीतत्त्वादि अनेकैः प्रकारैरनुगामि"। – *तं.वि.*, ४, पृ. १६३६-३७

सत्कार्यवाद के आगमन का एक मार्ग और भी रहा है, वह है सांख्य। उस पर आगे चर्चा होगी। सत्कार्यवाद का अत्यन्त सूक्ष्म प्रभाव सम्प्रदाय में मान्य "सर्वं सर्वात्मकम्", जो अद्वैतवाद की मान्यता की अनिवार्य परिणति है, की धारणा में दिखाई देता है। सूक्ष्म इसलिए कि तत्त्वों की पारस्परिक अन्तर्व्याप्ति दोहरी है। इसका अर्थ है कि जहाँ ऊपर के तत्त्वों की नीचे के तत्त्वों में यथाक्रम व्याप्ति विभवनात्मक है, वहीं नीचे के तत्त्व ऊपर के तत्त्वों में यथाक्रम शक्तिरूप (पोटेन्शियली) से अवस्थित हैं। पिण्ड और ब्रह्माण्ड की एकता का यह महत्त्वपूर्ण उपकरण है।

ईश्वर (शिव) को चरम कारण मानने की बात शैव अद्वैतियों ने यद्यपि शैव द्वैतियों से ली है, परन्तु अद्वयवादी उसे एकमात्र कारण भी मानकर अपने को अलग कर लेते हैं। शिव चरम व एकमात्र कारण है। अतः शिव ही एकमात्र कारण है। शक्ति और शक्तिमान् का अभेद अद्वैती मुख्या वृत्ति से मानते हैं, अतः सृष्टि का कारण चित्तत्त्व या उसकी इच्छा को ही माना जा सकता है। इस दृष्टि से सृष्टि को निरुपादाना या अधिक-से-अधिक इच्छोपादाना कहा जा सकता है। शिव कार्य में व्याप्त ही नहीं है वह उससे एकरूप है, वस्तुतः शिव ही कार्य है अतः उसकी निमित्तकारणता का कोई अर्थ नहीं रहता। या उपचार से, कहना चाहें, तो अद्वैत वेदान्त की भाँति इसे अभिन्ननिमित्तोपादाना कहा जा सकता है। माया, जो सिद्धान्तियों के लिए शिव से भिन्न है और जगत् का उपादान है, को शैव अद्वैती शिव के स्वातन्त्र्य का ही उन्मेष मानते हैं। फलतः शिव से भिन्न अस्तित्व न रह जाने के कारण उसका तथाकथित उपादानत्व शिव में ही विश्रान्त होता है। परिमित प्रमाता, जिसे पारिभाषिक तौर पर पशु या जीव कहा गया है, भी शिव का ही स्वरूप-परिसीमन या अणूभवन है, उसकी कर्तृता भी मूलतः शिव की ही कर्तृता है। इस प्रकार शिव ही वास्तविक अर्थों में, द्वैत शैवियों की भाँति उपचारतः नहीं, कारण है। अतः उपादान, निमित्त और सहकारी शिव में एकाकार हो जाते हैं। आनुभविक प्रमाता के यहाँ भी ये भेद स्वतन्त्रतया मान्य न होकर कारण-सामग्री की धारणा में विश्रान्ति पाते हैं। किसी भी कार्य की कारणता एक कारण-सामग्री में निविष्ट होती है न कि पृथक्-पृथक कारणों में। देखा जाए तो यहाँ सत्ता (बीइङ्) और भवन (बिकमिङ्) की धारणाएँ शिव के प्रत्यय में एकीभूत हैं, न तो पृथक् हैं और न ही भ्रमरूप। शिव के सहज स्पन्दन के रूप में अपने ही स्वाभाविक, न कि आरोपित, संकोच-विकास से सृष्टि के उदय और प्रलय का अर्थ है कार्य या सृष्टि को स्वतःस्फूर्त मानना। शिव के आत्मशरीर में होने वाला स्वाभाविक स्पन्दन किसी प्रयोजन की विवशता के अभाव में लीला या आत्मक्रीडा के रूप में उभरता है। इस प्रकार शिवाद्वयवाद वेदान्त की भाँति सत्कारणवादी और सांख्य की भाँति सत्कार्यवादी दोनों ही अन्वर्थतः है।

यहाँ पर विकसित कार्यकारण भाव की आन्तरिक संरचना पर व्याकरण दर्शन का प्रभाव

गहराई तक परिलक्षित होता है। क्रिया, सम्बन्ध, फलतः तदन्तर्गत कारणता-सम्बन्ध, की बुद्धि की सापेक्ष कोटि के रूप में परिकल्पना इसका दृष्टान्त प्रस्तुत करती है। व्याकरण में कारणता के प्रत्यय पर विचार प्रायः साधन-विचार का अङ्ग बना है। साधन वस्तुतः बौद्धिक है। **भर्तृहरि** शब्दार्थ और वस्त्वर्थ अर्थात् शब्दों द्वारा अभिव्यक्त अर्थों और बाह्य जगत् में उपलब्ध वस्तुओं में अन्तर करते हैं। क्रिया की निष्पत्ति में मूर्त्त द्रव्यों को साधन कहा जाता है। इसका अर्थ यह लिया जाता है कि अपनी अनेक शक्तियों या क्षमताओं में से एक किसी-न-किसी क्रिया का सम्पादन करने में समर्थ है। अर्थात् साधन स्वयं वस्तु न होकर वस्तु की शक्ति है, जो वक्ता के ज्ञान और विवक्षा के अनुसार कभी कर्ता, कभी कारण, कभी अधिकरण बनती है। वस्तु तो शक्तियों का समाहार है, पर कर्ता के स्वातन्त्र्य के द्वारा विशेष सन्दर्भ में विशेष शक्ति पर ज़ोर दिए जाने के कारण तद्रूप में उसका ग्रहण उसे शब्दों या बुद्धि के संसार से जोड़ता है।[२४] जो बुद्धि में आता है वह शब्दार्थ है, न कि वस्त्वर्थ – "बुद्धिप्रतिभास्येव ह्याकारो शब्दार्थो न वस्त्वर्थः"।[२५]

वाक्यगम्य क्रिया साध्य है और उस की निष्पत्ति में सहायक सारे साधन कारक कहलाते हैं। कारक शब्द से द्रव्य और शक्ति दोनों का ग्रहण होता है। प्रातिपदिक द्रव्य को बताता है और विभक्तियाँ उसकी शक्ति को।[२६] इसलिए वाक्य में शब्दशः न कही जाकर भी विभक्तियाँ कारकों को व्यक्त करती हैं।[२७] सभी कारक अपने-अपने विशेष व्यापारों का निष्पादन करते हुए वाक्यगम्य क्रियापदवाच्य मुख्य क्रिया – प्रधान साध्य – की सिद्धि करते हैं। इस अर्थ में वे सभी कर्ता बन जाते हैं। सारे अवान्तर व्यापार मुख्य क्रिया की दृष्टि से सामान्य अर्थ में कारक तथा विशिष्ट अर्थ में कर्म, करण आदि के नाम से पहचाने जाते हैं।[२८] इस दृष्टि से प्रत्येक कारक अपने अवान्तर व्यापार में स्वतन्त्रता बनाए रखता है, परन्तु यह स्वतन्त्रता प्रधान कर्ता के प्रति परतन्त्रता या गौणरूपता धारण कर लेती है। इसीलिए सारे कारक कर्ता होते हुए भी कर्ता नहीं कहे जाते। इनका स्वातन्त्र्य सापेक्षिक और परतन्त्रता का स्पर्श लिए

---

[२४] साधनव्यवहारश्च बुद्ध्यवस्थानिबन्धनः।
सन्नसन् वार्थरूपेषु भेदो बुद्ध्या प्रकल्प्यते।। – *वाक्य.*, भाग ३-१, पृ. २३३, १.१०-११ (*भर्तृहरि.*, **अय्यर** द्वारा उद्धृत, पृ. ३१२)

[२५] तदेव, पृ. २३६, १.१८ (तदेव, पृ. ३१४ पर उद्धृत)।

[२६] 'कारकम्' इति द्रव्यं शक्तिश्च। – *ई.प्र.वि.वि.*, ३, पृ. ६१

[२७] तथा च प्रातिपदिकेन द्रव्येऽभिहिते शक्तौ कृतबन्धा विभक्तिः प्रवर्तते। – *वाक्य.*, भाग ३-१, पृ. २४४, १.२ (**अय्यर** द्वारा उद्धृत, पृ. ३१८)

[२८] निष्पत्तिमात्रे कर्तृत्वं सर्वत्रैवास्ति कारके।
व्यापारभेदापेक्षायां करणत्वादिसम्भवः।। – तदेव, पृ. २४६, १.१-२ (तदेव, पृ. ३१६ पर उद्धृत)

है, अतः निरपेक्ष स्वातन्त्र्य का स्वामी होने के कारण मुख्य कर्ता को ही कर्ता कहा जाता है।[२९]

यहाँ पर कुछ बातें ध्यान देने की हैं। सारे अवान्तर व्यापार कर्ता में समन्वित होते हैं, जो व्यापाराश्रय है। इस प्रकार साध्य – वाक्यगम्य मुख्य क्रियार्थ – की सिद्धि का भी वही आश्रय है। यह बात एक और दिशा से भी प्रतिफलित होती है। वास्तविक कर्ता उसे कहते हैं जो दूसरे साधनों को प्रवृत्त करे। इस प्रकार प्रत्येक प्रयोजक, जिस सीमा तक वह प्रवृत्त करता है, कर्त्ता है। चरम प्रयोजक इस अर्थ में चरम या एकमात्र कर्ता है, क्योंकि प्रधान क्रिया के निर्वर्तक होने के नाते सारे व्यापारों को वह परम्परया प्रायोजित करता है। अतः उसका ही कर्तृत्व अवशिष्ट रहता है। कार्यकारणभाव, विशेषतः सत्कार्यवाद, के सम्बन्ध में प्रयोजकप्रयोज्यभाव का प्रयोग इसी को दर्शाता है। यदि यह विश्लेषण सही है तो सभी विशिष्ट या गौण कारक, विशिष्ट व्यापार के निष्पादक होने पर भी प्रयोज्य होने के नाते, प्रधान कर्ता के कर्म ही ठहरते हैं। इससे सहज ही यह अर्थ निकाला जा सकता है कि सारे अवान्तर व्यापारों और प्रधान व्यापार का फल एक है और यह भी कि इन व्यापारों का समन्वय कर्ता में होता है। यह प्रतिपत्ति हमें फल और व्यापार की एकता की ओर ले जाती है। काश्मीर शिवाद्वयवादी इसकी तार्किक परिणति थोड़ा आगे जाकर कर्ता और क्रिया, जो वस्तुतः कर्तृत्व का रूप लेती है, की एकता में ले जाकर देखते हैं और अपने कारणता सिद्धान्त को कर्तृकर्मभाव के रूप में प्रतिष्ठित करते हैं।

कर्म व्यापार भी है और विषय भी। कर्ता का जो क्रिया के द्वारा अभीष्टतम प्राप्य है, वह कर्म है। इस अर्थ में वह क्रियाफल का साक्षात् विषय है, इसलिए **पाणिनि** इसे 'ईप्सिततम'[३०] कहते हैं। यह ईप्सा ही वस्तुतः प्रयोजक व्यापार है जो कारणव्यापार की आन्तरिक प्रेरणा होने के नाते, प्रधान व्यापार के साक्षात् और अवान्तर व्यापारों के परम्परया आश्रय रूप में, कर्ता की भूमिका की व्याख्या करती है। प्रत्यभिज्ञा-सम्मत संश्लेषणात्मक क्रिया की अवधारणा में कर्ता का यह प्रयोजक स्वातन्त्र्य, कर्तृकर्मभाव के आनुभविक सन्दर्भ में 'चिकीर्षा' के रूप में और पारमार्थिक सन्दर्भ में 'सिसृक्षा' के रूप में हेतुता के प्रत्यय के अपोद्धरण (ऍब्सट्रैक्शन) का मार्ग प्रशस्त करता है। प्रत्येक कर्मस्थ भात होने वाली क्रिया, प्रकाशनव्यापार का अनन्य अङ्ग बनकर, कर्ता के प्रत्यभिज्ञानात्मक समन्वय के द्वारा कर्ता या प्रमाता में विश्रान्त होती है। शिवाद्वयवाद में क्रमातीत यह चरम क्रिया अर्थात् कर्तृत्व ही

---

[२९] कारकाधिकाराल्लब्धे स्वातन्त्र्ये स्वतन्त्रः कर्तेति पुनः श्रुतिः पारतन्त्र्यानाच्छुरितस्वातन्त्र्यप्रतिपत्त्यर्थेति मुख्य एव स्वतन्त्रे कर्तृसंज्ञावतिष्ठते। – तदेव, पृ. २४६, १.७-८ (*तत्रैव*, उद्धृत, पृ. ३२१)

[३०] कर्तुरीप्सिततमं कर्म। – *पा.*

कर्ता या शिव है। व्याकरण दर्शन में हमें ऐसा समीकरण दिखाई नहीं पड़ता।

व्याकरण दर्शन में साधन (कारक) के अतिरिक्त कारणता और तदनुषङ्गी प्रत्ययों पर विचार हेतु, लक्षण, करण तथा तादर्थ्य के प्रसङ्ग से भी हुआ है।[३१] पर प्रकृत चर्चा में हमारे लिए उनका विशेष सैद्धान्तिक प्रयोजन नहीं है। **अय्यर** के अनुसार कारक विभिन्न रूप ग्रहण करते हुए क्रिया की सिद्धि में सहायक हैं। जो सामान्यतः सहायता करते हैं वे कारण या हेतु हैं और जो दूसरे के ज्ञापक हैं वे लिङ्ग (लक्षण) हैं। इस प्रकार हेतुता का अर्थ है सामान्य कारणता। चिकीर्षा की व्याख्या करते हुए **उत्पल** ने अपनी कारिका में इसी अर्थ में हेतुता का प्रयोग किया है।[३२] यहाँ जो बात प्रासंगिक है और जिसका प्रभाव काश्मीर शिवाद्वयवाद पर पड़ा है, वह है सकृद्दर्शन से भी व्याप्ति का ग्रहण। जैसा कि हमने देखा कि ज्ञापक हेतु को लक्षण कहा गया है। *महाभाष्य* की दृष्टि में लक्षण में हेतु अन्तर्भूत होता है। बौद्धों और उनके आलोक में शिवाद्वैत मत में ज्ञापकज्ञाप्यभाव का आधार स्वभावहेतु या सम्प्रदाय की पारिभाषिक पदावली में तादात्म्य नियम माना गया है।[३३] यह बात वैयाकरणों से प्रभावित जान पड़ती है। कभी-कभी हम दो वस्तुओं में कार्यकारणभाव एक बार के पौर्वापर्य को देखकर निश्चय कर लेते हैं।[३४] इसका एकमात्र यही कारण है कि यदि कोई वस्तु कारण नहीं है तो उससे कार्य की उत्पत्ति एक बार भी सम्भव नहीं है। किसी दूसरे हेतु की कल्पना या आशङ्का कार्य-कारणभाव की मर्यादा को ही ध्वस्त कर देगी। क्रिया की सिद्धि में प्रकृष्टतम उपकारक करण माना गया है। कारक के सामान्य रूप से भिन्न उसी के अन्तर्गत यह कारक की विशिष्ट विधा है। चूँकि क्रिया प्रधान है और करण उसका गुणीभूत, इसलिए वह प्रकृष्ट होते हुए भी सर्वथा अपरिहार्य नहीं है। निर्धारित करण की अनुपलब्धता की स्थिति में उसके स्थान में सदृशकार्यकारी अन्य का प्रयोग किया जा सकता है। काश्मीर शिवाद्वयवाद में करण को असाधारण कारण या व्यापार के रूप में मान्यता नहीं मिली है, वह कारण-सामग्री का अङ्ग बनकर ही आ पाता है। इसको थोड़ा दूसरे ढंग से भी समझा जा सकता है। करण को क्रिया की सिद्धि में साधकतम साधन मानने का अर्थ है, उसे 'कर्म' में होने वाले 'फल' का सर्वाधिक निर्वर्तक मानना। **अभिनवगुप्त** की व्याख्या में वास्तविक क्रिया वाक्यगम्य अर्थ है, न कि केवल धातुवाच्य अर्थ। शैवों के प्रत्ययवादी कर्तृत्वात्मक वाक्य-विश्लेषण में कर्ता प्रधान क्रियाव्यापार, जिसमें कारकों के गौण व्यापार समाहित हैं, का आश्रय है। वही कारण को

---

[३१] *भर्तृहरि.*, पृ. ३२१-२५।

[३२] . . . हेतुता कर्तृता क्रिया। – *ई.प्र.का.* २.४.२१

[३३] योगिसृष्टि को छोड़कर।

[३४] सकृद्दर्शनादपि हेतुभावोऽवगम्यते। यस्य हि यज्जनकं न भवति तस्मात् (सकृदपि तन्न जायते)। – *वाक्य.*, भाग ३-१, पृ. २५२, १.७-८ (*भर्तृहरि.*, **अय्यर** द्वारा उद्धृत, पृ. ३२३)

कार्य से जोड़ता है, अतः वही वास्तविक कारण है।[३५] इस दृष्टि से साधकतमता या प्रकृष्टता कर्तृविश्रान्त होकर सध पाती है, करणविश्रान्त होकर नहीं। तादर्थ्य का प्रत्यय अवश्य पूरी तरह से कारणता के विकसित रूप या उपादान कारण का प्रतीक बनता है, परन्तु यह भी यहाँ कारण-सामग्री का ही अंग बनता है। उपादान कारण की पृथक् परिकल्पना नहीं की जाती। यदि किसी एक को कारण कहना ही है तो वह मात्र कर्ता की इच्छा है।

कारणता की वैयाकरणिक अवधारणा का प्रभाव शिवाद्वैतियों के एक अन्य अभ्युपगम पर भी दिखाई पड़ता है। सम्बन्ध की व्यापक कोटि की ही एकप्रकारता होने के कारण कार्यकारणभाव को भेदाभेदमय माना गया है। **भर्तृहरि** भी प्रश्न उठाते हैं कि क्रिया की निष्पत्ति में सहायक होने के कारण शक्तिरूप कारक स्वरूपतः एक है या अनेक। सामान्य तौर पर उनका उत्तर है कि वस्तुस्थित्या कारकशक्ति एक है, पर कार्यों की विविधता के कारण इसकी प्रकारता अनेकविध है। यदि उसे द्रव्य से नितान्त भिन्न कहा जाए तो शक्ति के अभाव में द्रव्यों का कोई स्वरूप नहीं रहेगा और यदि नितान्त अभिन्न माना जाए तो कार्यों की विविधता के समर्थन में हमारे पास कोई युक्ति नहीं होगी। अतः अभेद भेद से एकान्तरूप में पृथक् नहीं माना जा सकता। भेद और अभेद एक ही तत्त्व के प्रकाशन की दो सरणियाँ हैं।[३६] **भर्तृहरि** के इस मन्तव्य से शिवाद्वैती सहमत हैं। इस भेदाभेद को वे दो प्रकार से समझाते हैं। एक पद्धति में वे **भर्तृहरि** का पूरा अनुकरण करते हैं। उनकी दृष्टि में सारा जगत् आन्तर परम तत्त्व का बाह्य प्रकाशन है, अतः आन्तर और बाह्य एक सातत्य हैं, उनमें भेद नहीं है। इसी से स्वर मिलाते हुए शिवाद्वैती मानते हैं कि प्रमाता या कर्ता की आत्मसंवित् से एकरूप वस्तु का मनोवेद्य आन्तर रूप कारण और अन्तः-बाह्य दोनों ज्ञानेन्द्रियों से ग्राह्य बाह्य रूप कार्य है। आन्तर का बाह्य आभासन ही कार्यकारणभाव है।[३७] दूसरा समाधान हमारा परिचित है जो क्रिया के सन्दर्भ में दिया गया है। क्रिया का अपने विषय और कर्ता की दृष्टि से जो भेद है, और एक कर्ता में विश्रान्ति तथा सारे कारकों की फलगत एकता के कारण जो अभेद है, वही कार्यकारणभाव तथा सम्बन्धमात्र का प्राण है।[३८]

---

[३५] काष्ठैः स्थाल्यामोदनं चैत्रः पचतीति वाक्यगम्योऽर्थः, सा तत्त्वतः क्रिया, तत एव आख्यातशब्दो वाक्यमिति उच्यते अत्रभवता। तत्र च काष्ठगतं ज्वलनादि, स्थालीगतं सन्तपनादि, तण्डुलगतं विचटनादि च यत्, तत् पाकरूपम् इत्येवं भेदेन आमर्शे स्फुरत्यपि चैत्रचेतनस्वातन्त्र्यविश्रान्त्याम् अभेद एव पर्यवस्यति। – *ई.प्र.वि.वि.*, ३, पृ. ६२; तुलना कीजिए, *वाक्यपदीय* ३.८.१६

[३६] एकमेव यदाम्नातं भिन्नं शक्तिव्यपाश्रयात्।
अपृथक्त्वेऽपि शक्तिभ्यः पृथक्त्वेनेव वर्तते। – *वाक्य.* १.२

[३७] *ई.प्र.का.* २.४.४

[३८] एवं क्रियायाः स्वलक्षणापेक्षया आदिकारकापेक्षया च यो भेदो, यश्च एककर्तृविश्रान्त्या फलैक्येन च अभेदः, स एव समस्तसम्बन्धजीवितभूतः। – *ई.प्र.वि.वि.*, ३, पृ. ६१

हमने अभी देखा कि व्याकरण दर्शन कारक और क्रिया के समन्वय की आधारपीठिका के रूप में कर्तृस्वातन्त्र्य की अवधारणा को प्रस्तुत करता है। इस आधारभूत समीकरण से अनुस्रवित सम्भावनाओं, तज्जन्य शिवाद्वयवाद की उपजीव्यता और उससे फलित दोनों सम्प्रदायों के वैचारिक सादृश्य का आकलन भी हमने करने का प्रयत्न किया। इस प्रयत्न को करते समय दो बातों को ध्यान में रखना आवश्यक है। पहली बात तो यह है कि कर्तृस्वातन्त्र्य की संरम्भपूर्वक घोषणा के बावजूद भी व्याकरण का मुख्य साध्य क्रिया है। उस दृष्टि से व्याकरण दर्शन में कर्ता का उतना ही अवमूल्यन हुआ है जितना अन्य कारकों का। क्योंकि कर्ता, भले ही हम उसे आदिकारक क्यों न कहें, कारक होने के नाते अन्य कारकों की ही भाँति साध्य = क्रिया की निष्पत्ति का साधन है। शिवाद्वयवाद, इसके विपरीत, इस अवमूल्यन को उलट देता है। क्रिया केवल आनुभविक सन्दर्भों में साध्य कही जा सकती है, अन्यथा वह 'आदिसिद्ध' कर्ता, जिसका स्वरूप है आत्मसंवित्, का कर्तृत्व है। इस अर्थ में वह भी पर्यन्ततः सिद्ध है। इसीलिए चिकीर्षा, जो संवित् या परम तत्त्व – या कारणता-सन्दर्भों में कर्ता – का स्वरूपभूत व्यापार है, फल के साथ एकता के प्रतिपादन द्वारा और व्यापाराश्रय (अर्थात् फिर स्वयं कर्ता) में विश्रान्ति द्वारा अर्थात् फल=व्यापार=आश्रय के एकत्वापादन द्वारा क्रिया या कारणता के रूप में प्रतिफलित होती है। अतः क्रिया के कर्तृता के रूप में ऊर्ध्वतर पुनर्मूल्याङ्कन द्वारा शिवाद्वयवाद वैयाकरण दर्शन को तार्किक परिणति तक लाता है। दूसरे, विशुद्ध पारतात्त्विक परिप्रेक्ष्य में स्वातन्त्र्य परम तत्त्व का स्वरूप बताया गया है। यही वास्तविक कर्तृत्वरूपता है। व्याकरण दर्शन में यह स्वातन्त्र्य कालशक्ति का स्वरूपभूत धर्म है।[३६] कालशक्ति का स्वातन्त्र्य सृष्टिगत क्रम की व्याख्या करता है। कालशक्ति ब्रह्म की साक्षात् शक्ति न होकर अविद्या की शक्ति है।[४०] सारा जगत् मूर्तिक्रियाविवर्तरूप है। क्रियाविवर्त साध्य है और मूर्तिविवर्त सिद्ध। इसी में सम्पूर्ण विश्व बँटा है। दिक्शक्ति मूर्तिविवर्त का कारण है और कालशक्ति क्रियाविवर्त का। ये दोनों अविद्या की शक्तियाँ हैं।[४१] अर्थात् यह स्वातन्त्र्य ब्रह्म का औपचारिक स्वातन्त्र्य है।[४२] यदि यह व्याख्या सही है तो स्वातन्त्र्य की अवधारणा का भी व्याकरण दर्शन में अवमूल्यन होता है। शैव दर्शन का फिर यह काम रह जाता है

---

[३६] कालाख्येन स्वातन्त्र्येण . . . । – *वाक्य.* १, पृ. १८, १.३ (उद्धृत, *भर्तृहरि.*(अं), पृ. १११,४३८)

[४०] अक्रमे ब्रह्मणि भेदावभासनमविद्याकृतम्। तत्रैव क्रमाभासनं कालाख्यस्वातन्त्र्यशक्तिकृतम्। – *वाक्य.*, भा. ३-१, पृ. १७८, १.१५-१६, (*तत्रैव* उद्धृत, पृ. १२६, ४४६)

[४१] कालशक्त्यवच्छिन्नो हि क्रियाविवर्तः दिक्शक्त्यवच्छिन्नश्च मूर्तिविवर्त इति मूर्तिक्रियाविवर्तरूपं विश्वं प्रतिपादितम्। – *वाक्य.*, भाग. ३-१ पृ. ११७: १.४-५, ८-११ (*तत्रैव*, उद्धृत, पृ. १२६,४४६)

[४२] कालाख्या स्वातन्त्र्यशक्तिर्ब्रह्मण इति तत्रभवद्भर्तृहरेरभिप्रायः। – *वाक्य.*, भा. ३-२,१.८ (*तत्रैव* उद्धृत, पृ. १११, ४३८)

कि वह पुनर्मूल्याङ्कन करते हुए स्वातन्त्र्य को ब्रह्म या शिव के एकमात्र स्वरूपतया प्रस्तुत करे।[४३] शैव दर्शन ठीक यही करता है। इस दृष्टि से स्वातन्त्र्य और कारणता के समीकरण को बल मिलता है और उपचरित स्वातन्त्र्य के स्थान पर वास्तविक स्वातन्त्र्य की प्रतिष्ठा होती है।

कर्तृत्व, कारणता और स्वातन्त्र्य के इस समीकरण के साथ हम काश्मीर शैव दर्शन में प्रवेश करते हैं। प्रवेश के साथ ही हम कई प्रश्नों से टकराते हैं। पहले तो एक सीधा सा प्रश्न यही उठता है कि कर्ता को कर्ता ही रहने देने में क्या आपत्ति है जो उसे कारण के रूप में प्रस्तुत किया जाए। यह तो एक तरह से कारणता सिद्धान्त को प्रकारान्तर से नकार देना है। यह प्रश्न **जयरथ** ने उठाया भी है।[४४] **जयरथ** का कहना है कि हर प्रश्न का उत्तर उसके सन्दर्भ के अन्तर्गत ही किया जा सकता है। सन्दर्भगत वैशिष्ट्य के कारण ही 'कर्ता' को 'कारण' पुकारते हैं। अर्थात् जब हम कार्यकारणभाव की समस्या पर विचार कर रहे होते हैं, तभी कर्ता को कारण की संज्ञा दी जाती है अन्यथा वह कर्ता ही है। कर्ता होकर ही कारण कारण बन सकता है। दूसरा प्रश्न उपर्युक्त समीकरण की प्रकल्पना के पीछे शैवों की मनोवृत्ति को लेकर उठता है। शिवाद्वयवाद के दार्शनिक ईश्वरवाद (फ़िलॉसॉफ़िकल थियोलॉजी) के रूप में भावन के मूल में परम तत्त्व के इस स्वातन्त्र्य को शिव या ईश्वर की लीला या क्रीडा के रूप में देखी जाने की प्रवृत्ति रही है। ऐसा नहीं है कि काश्मीर शैव मत इस दृष्टि से पहला सम्प्रदाय हो। सृष्टि की ईश्वरवादी या देवत्ववादी (थीइस्टिक ऑर् डीइस्टिक) व्याख्या में माया (अद्वैत वेदान्त की नहीं), लीला, शक्ति, स्वातन्त्र्य, ऐश्वर्य, भगवत्ता की परिकल्पना पहले भी रही है और अद्वैतेतर सभी वेदान्त सम्प्रदायों में इसका प्रभूत विकास हुआ है। प्रश्न है कि ऐश्वर्य, पारमैश्वर्य, भगवत्स्वातन्त्र्य कहकर यह ईश्वर-मीमांसापरक (थियोलॉजिकल) व्याख्या कारणता की यौक्तिक व्याख्या का प्रयास है या उससे कतराने का। अपनी व्याख्या के बारे में शैव निःशंक हैं। उपासना की आगमिक पृष्ठभूमि को अपनाते हुए भी उनका दृष्टिकोण घोर दार्शनिक है और कारणता के प्रत्यय का स्वातन्त्र्यमूलक निगमन उनकी दृष्टि में सर्वाधिक युक्तिसंगत व्याख्या देने का सम्बल प्रदान करता है। कठिनाई यह है कि स्वातन्त्र्य की पारम्परिक समझ – कर्तुम्, अकर्तुम्, अन्यथाकर्तुम् – जिसे सम्प्रदाय में भी मान्यता मिली

---

[४३] उपर्युक्त विवेचन में विवेचन-भेद या व्याख्या-भेद के अवसर पर **प्रो. अय्यर** के निर्णयों को मानकर निष्कर्ष निकाले गए हैं। व्याकरण दर्शन की सामान्य अवधारणाओं के लिए भी उन्हीं का विवेचन आधार रहा है। सम्भावनाओं, निष्कर्ष, समीकरण और सामान्यीकरण का उत्तरदायित्व लेखक का है।

[४४] *तं.* ६.६-१० पर *विवेक*।

है, कार्यकारणभाव के विरोध में जाती दीख पड़ती है। कर्तुम् और अकर्तुम् की संगति कारणता के साथ अन्वय और व्यतिरेक पद्धति से तो समञ्जस बैठ जाती है, पर 'अन्यथाकर्तुम्' जहाँ स्वातन्त्र्य का व्यावर्तक धर्म है वहीं वह कारणता का बाधन करते हुए उसके लिए स्थान नहीं छोड़ता। कारणता का सार है वस्तुओं का परिघटनात्मक नियमन या व्यवस्थापन, जबकि अन्यथाकरण इस व्यवस्थापन के मूल पर ही प्रहार करता है। यदि स्वातन्त्र्य को स्वात्म-नियमन कहा जाए तो आत्म-भरित व्यवस्था से अन्यत्र इसका कोई अर्थ नहीं, क्योंकि अन्यथा-भवन मात्र वस्तु का नहीं अपितु दो पदार्थ जिस सम्बन्ध में परस्पर व्यवस्थित हैं उसका ही अन्यथाकरण है। यह तब "स्वात्मना नियमनम्" मात्र न होकर "स्वात्मना स्वात्मनि स्वात्मनः नियमनम्" कहना होगा। इस अर्थ में यह नियमनोत्तीर्ण प्रत्यय होगा। और, यदि स्वात्मनियमन नहीं है तो कारणात्मक व्यवस्था के अपलाप के कारण अन्यथाकर्तुम् का अर्थ होगा अराजकता। अतः काश्मीरी शैव परमतत्त्व की प्रकल्पना आत्मव्यवस्थापनात्मक समग्र के रूप में करते हैं और स्वातन्त्र्य की स्वतः गतिशील पूर्णता के रूप में। उसी समग्र की जब हम चिद्घन ईश्वर या शिव के रूप में भावना करते हैं तो यह स्वातन्त्र्य इच्छा की शब्दावली में व्यक्त किया जाता है। *ईश्वरप्रत्यभिज्ञाविवृत्तिविमर्शिनी* में **अभिनवगुप्त** इस विषय में कोई संदेह नहीं रहने देते – "स्वातन्त्र्यमिच्छाशक्तिलक्षणमेव।"[४५] चेतन कर्ता की इच्छा ही परम कारणता या कर्तृता है। यदि इच्छा और स्वातन्त्र्य दोनों एकार्थक और एकाकार प्रत्यय हैं, तो इच्छा-स्वातन्त्र्य का क्या अर्थ होगा? "इच्छा का स्वातन्त्र्य" (इच्छायाः स्वातन्त्र्यम्) – ऐसे व्युत्पादन से दोनों की एकता के भंग होने का प्रसंग उठ खड़ा होगा। एकता को तभी बचाया जा सकेगा यदि 'राहोः शिरः' (राहु का शिर)[४६] की भाँति षष्ठी का अर्थ उपचार से लिया जाए। ऐसी स्थिति में स्वातन्त्र्य और इच्छा अपनी पार्यन्तिक अवस्था में समपरिमाणी (सिमेट्रिकल) या समान्तक (को-टर्मिनस) अवधारणाएँ हैं। उन्हें विषमपरिमाणी (असिमेट्रिकल) या विषमान्तक सम्भवतः तभी कहा जा सकेगा, जब हम इच्छा को सर्वहारी स्वातन्त्र्य के अर्थ में नहीं अपितु चिदानन्दानुपाती इच्छा आदि के रूप में ग्रहण करें, तब स्वातन्त्र्य के प्रत्यय में इच्छा शक्ति आदि का अन्तर्भाव किया जा सकेगा।

कारणता के विश्लेषण में शैवों ने भारतीय चिन्तन की प्रधानधारा से हटकर नई अन्तर्दृष्टियाँ विकसित की हैं।[४७] इस प्रक्रिया में नयी पारिभाषिक शब्दावली, नई वैचारिक

---

[४५] *ई.प्र.वि.वि.*, २, पृ. १३।

[४६] राहु स्वयं शिर है, अतः यहाँ षष्ठी निरर्थक है।

[४७] कारणता के प्रत्यय का तात्त्विक और तार्किक समीक्षण *ईश्वरप्रत्यभिज्ञा-कारिका, -वृत्ति, ईश्वरप्रत्यभिज्ञा-विमर्शिनी, -बृहतीविमर्शिनी* तथा *तन्त्रालोक* में प्रधान रूप से मिलता है। पहले →

संरचनाएं और नए सन्दर्भ-क्षेत्रों में यौक्तिक निष्कर्षों के अतिदेशन का उपक्रम हुआ है। फलतः प्रायः सभी दर्शन सम्प्रदायों में प्रकारता-भेद से सामान्यतः समादृत कारणता की वस्तुसत्तापरक (ऑन्टोलॉजिकल) या अस्तित्वपरक (एक्ज़िस्टेन्शियल) संघटना (फ़ार्मुलेशन) में उनकी आस्था नहीं है। उसके स्थान पर पहले चरण में वे मानसिक या तार्किक (लॉजिकल) – आन्तरत्व और बाह्यत्व – कोटियों के माध्यम से कारणता का पुनर्घटन करते हैं। इसी प्रक्रिया के दूसरे चरण में वह दो प्रकार – प्रमाणतामूलक या अवगमनात्मक (अन्तबर्हिष्करणवेद्यतापादन) और क्रियाकर्तृतामूलक (कर्तृकर्मभाव) – की परिघटना का आश्रय लेकर उन यौक्तिक कोटियों की व्याख्या करते हैं। तीसरे चरण में स्वातन्त्र्य और नियमन के आपातिक विरोध का शमन करते हुए कार्यकारणभाव की सोपानद्वयात्मक (नियत्यनुवर्ती और नियत्युल्लंघी) उद्भावना और तज्जनित तार्किक सम्भावनाओं का परमार्थ भूमि और कलाजगत् में विनियोजन करते हैं।

विमर्शिनी के क्रियाधिकार में **अभिनवगुप्त** ने कार्यकारणभाव के विश्लेषण को निम्न सोपानों में बाँटकर पल्लवित किया है –

१. कर्तृकर्मभाव ही कार्यकारणभाव है।

२. जड पदार्थ कारण नहीं बन सकता।

३. कारणता कर्तृतारूप है। इसकी दो शर्तें हैं – एक, यह कर्तृता चेतन की हो और दूसरे, वह चेतन ईश्वर हो अर्थात् उसमें ऐश्वर्य या स्वातन्त्र्य हो।

४. विशुद्ध पौर्वापर्य या आनन्तर्य कार्यकारणभाव नहीं हो सकता, नियतिशक्ति कृत नियमन का उपजीवन करती हुई ही कारणता सम्भव है।

५. इसी कार्यकारणभाव के बौद्ध प्रारूप की उपपन्नता उपर्युक्त मत का अवलम्बन करके ही सम्भव है।

६. चेतन की कर्तृता ही भेद और अभेद की वस्तुता और उनके वास्तविक सामञ्जस्य का आधार प्रस्तुत करती है।

७. व्यतिरेक मुख से यदि कहा जाए तो चेतन की कर्तृता को माने बिना और कर्ता (चेतन) की ईश्वरता माने बिना कार्यकारणभाव के सांख्य, न्याय (और वेदान्त) गत अन्य प्रारूप भी उपपन्न नहीं हो सकते।

← दो ग्रन्थ **उत्पलदेव** के हैं और अन्तिम तीन **अभिनवगुप्त** के। इनमें *तन्त्रालोक* पर **जयरथ** की *विवेक* टीका को भी जोड़ना उचित होगा और कुछ मौलिक टिप्पणियों के लिए **महेश्वरानन्द** की स्वोपज्ञ *परिमल* टीका के साथ *महार्थमञ्जरी* को भी।

८. फलतः चिकीर्षा या इच्छा, कारणता, कर्तृता और क्रिया का वास्तविक समीकरण निष्पन्न होता है।

कार्य का अर्थ नई उत्पत्ति नहीं है, अपितु पहले से ही स्थित का प्रकाशन है। यह सत्कार्यवाद की शैली में कारण में अव्यक्त रूप से शक्तितया वर्तमान पदार्थ की अभिव्यक्ति नहीं है और न अस्फुट का स्फुट होना है, अपितु जिस प्रकार से आनुभविक प्रमाता की इच्छा में विषय अभिन्नतया वर्तमान रहता है और उत्तरकालीन क्रिया केवल उसको स्थूल दर्शन या वेदन का विषय बनाती है, उस प्रकार से अभिन्न, अविच्छिन्न वर्तन है। एक कदम आगे बढ़कर कहा जा सकता है कि शक्तितया अवस्थिति की वर्तनी में जिस गुणात्मक भेद की बात कही जा रही है वह वस्तुतः उस वर्तनी की प्रकारता का वैशिष्ट्य नहीं है, अपितु उसका वैशिष्ट्य है जिसकी वह शक्ति है। जड कारण में अनभिव्यक्त पदार्थ अपने शक्य (पोटेन्शियल) स्वरूप में रहता है और चेतन कारण में अपने से एकाकार शक्ति (पॉवर) के रूप में। यदि विज्ञानवादी अद्वयवाद में ईश्वर की कल्पना को जोड़ा जा सके (शिवाद्वयवादी वस्तुतः वही करते हैं) और दार्शनिक भाषा की निर्मम निर्वैयक्तिकता में ईश्वरवाद के कारण मानुषाकारता (ऍन्थ्रोपोमॉर्फ़िक् फ़ार्म) के स्पर्श से परहेज़ न किया जाए तो चेतन कारण अर्थात् प्रमाता की इच्छा, जो निर्विकल्प, अक्रम और प्रमाता से अविच्छिन्न है, से विषय का तदात्मतया वर्तमान होना ही शक्तितया, स्वात्मतया वर्तमान होना है। **अभिनव** इसी आधार पर अन्य सारी कारणता-व्याख्याओं को शुष्क कहते हैं, यह हम ऊपर देख चुके हैं।

काश्मीर शिवाद्वयवाद का मानना है कि सत् और असत् की शब्दावली में, या दूसरे शब्दों में सत्कार्यवाद और असत्कार्यवाद की परिचित वचोभङ्गिमा में, कार्य को कारणव्यापार (अर्थात् उत्पत्ति-/अभिव्यक्ति-/स्फुटत्व-व्यापार) के पूर्व कारण में सत् या असत् मानकर या उसी प्रकार कारण को कारणव्यापार के अनन्तर सत् या असत् मानकर कार्यकारणभाव की युक्तिसह व्याख्या सम्भव नहीं है । क्योंकि जैसा **उत्पल** अपनी *वृत्ति* में कहते हैं कि असत् को सत् नहीं बनाया जा सकता और सत् की सत्स्वभावता स्वतःसिद्ध है, उसे असत् नहीं बनाया जा सकता।[४८] अतः सत्ता के आधार पर कार्यकारणभाव की परिकल्पना में या तो अन्तर्विरोध का सामना करना पड़ेगा या प्रयत्न की निष्फलता का।[४९] शैवों की दृष्टि में कार्यकारणभाव के दोनों प्रसिद्ध प्रतिदर्शों (मॉडेल्स) – बीज से अंकुर और कुम्हार द्वारा मिट्टी से घड़ा – में जहाँ एक मौलिक अन्तर है (एक विशुद्ध जड पदार्थों के बीच है और दूसरे

---

[४८] असतः सत्स्वभावता विरुद्धा सतश्च सिद्धा। – *ई.प्र.का.* २.४.३-४ पर *वृत्ति*

[४९] ननु एवं सूत्रेऽपि विरोध एव वक्तव्यो, न निष्प्रयोजनत्वम्। सत्यमभ्युपगमवादेन तु सूत्रं मा भूद्विरोधस्तथापि नैरर्थक्यमिति। – *ई.प्र.वि.वि.*, ३, पृ. १८८

में चेतन का प्रवेश है), ज्ञात व्याख्याओं के आधार पर उनके कुशलक्षेम में विशेष अन्तर नहीं है, क्योंकि चेतन भी यहाँ कारणसामग्री का अङ्ग नहीं बनता अपितु कारणसामग्री से परे रहकर ही कारणव्यापार का निर्वर्तन करता है और उसका निर्वर्तनात्मक व्यापार भी उस कारणसामग्री के अधीन ही रहता है। शिवाद्वैती को अचेतन बीज में ऐसी कोई सामर्थ्य नहीं दीखती जिससे वह अंकुर को, चाहे उसे सत् माना जाए या असत्, दिखाई पड़ने वाली अर्थात् अनुभवगोचर सत्ता से जोड़ सके। बीज से अङ्कुर पैदा होने में अङ्कुर की भी कोई महिमा नहीं है, क्योंकि अङ्कुर का अस्तित्व ही नहीं है और न बीज की ही कोई महिमा है, क्योंकि वह अङ्कुर से नितान्त भिन्न है। कार्य शब्द का (कृ धातु से अर्हतावाची ण्यत् प्रत्यय से योग के कारण) व्युत्पत्तिलभ्य अर्थ है किए जाने के योग्य, शक्य अर्थात् क्रियासामर्थ्य (क्रियाशक्ति) द्वारा भास्यमान कर्म। अर्थात्, आभासन क्रिया का विषय ही कार्य है और जो उसे अपने समर्थ अर्थात् प्रेरणा रूप आचरण से करा सके वह है कारण। ऐसा कारण चेतन कर्ता में ही आकर विश्रान्त होता है। अतः कर्तृकर्मता ही कार्यकारणता है। फलतः यह अपेक्षा स्वाभाविक होगी कि शिवाद्वयवाद उस तथ्य के समर्थन में कार्यकारणभाव का नया साँचा खोजे और स्थापित करे।

इससे स्पष्ट है कि शैवों ने कारणता की अवधारणा ही बदल दी है। कारणव्यापार (कॉज़ेशन) उत्पादन (प्रोडक्शन) नहीं है, वह सर्जन या निर्माण (क्रिएशन) है।[५०] कारण को कर्ता कहने का अर्थ है कि वह निर्माता है। चूँकि व्यवहार और लोकव्यवस्था के आधार रूप में कार्यकारणभाव जनमानस में प्रतिष्ठित है, कारण के इस निर्माणात्मक आयाम या निर्मातृता-पक्ष की व्याख्या आवश्यक है। शैवों की शब्दावली में निर्माण है बाह्यता का आभासन। शैवेतर भाषा में आभासन के स्थान पर आपादन भी कह सकते हैं। अन्दर आभासित होने वाले का, अपने आन्तरिक रूप को छोड़े बिना लेकिन उससे भिन्नतया, बाह्य आभासन निर्माण है।[५१] यहाँ निर्माण व्यापारार्थक भी है और फलार्थक भी, अर्थात् आभासित होना (फल) और आभासित करना (व्यापार) दोनों यहाँ गतार्थ हैं। 'अन्दर' और 'बाहर' ये दोनों सापेक्ष शब्द हैं, अतः प्रमाता के सन्दर्भ में वे अर्थवत्ता ग्रहण करते हैं।[५२] संविद्रूप प्रमाता की अपेक्षा से जो अन्तराभासी पदार्थ हैं वही, उसी

---

[५०] शैवों की यह मौलिक दृष्टि है। इस दृष्टि के अत्यन्त महत्त्वपूर्ण तान्त्रिक और कलाशास्त्रीय निहितार्थ हैं। उनकी चर्चा का यह अवसर नहीं है। यह दृष्टि शैवों की दार्शनिक चिन्तन-पद्धति की शास्त्रान्तरसमन्वयी आत्मसंगति की परिचायक है।

[५१] अन्तराभासमानस्य तथारूपापरित्यागेनैव बहिराभासनं निर्माणम्। – *ई.प्र.वि.*, २, पृ. १६१

[५२] बहिस्तस्यैव तत्कार्यं यदन्तर्यदपेक्षया।
प्रमात्रपेक्षया चोक्ता द्वयी बाह्यान्तरस्थितिः।। – *ई.प्र.का.* २.४.६

प्रमाता की अपेक्षा से, बाह्याभासी बनते हैं, अतः उसी प्रमाता के द्वारा बहिष्करण रूप आभासन उचित कहा जाएगा।

अन्तः के बहिष्करण को समझने या समझाने का वह साँचा है, आन्तर पदार्थ का अन्तःकरण और बाह्य ज्ञानेन्द्रियों का वेद्य बनना। यहाँ आन्तरिक वर्तमानता है कारण(ता) और उभयेन्द्रियवेद्यता है कार्य(ता)। जैसा कि हम संकेतन कर चुके हैं, कार्यकारणभाव के प्रति शैव दार्शनिक एक नितान्त नई दृष्टि अपनाता है जो अपनी संरचना में सत्तामूलक न होकर ज्ञानमूलक है। देखा जाए तो हर प्रमाता का एक संविन्मय आन्तरिक संसार है। कुम्हार के हृदय में निर्माण के पहले सारे पदार्थ विचार (परामर्श) रूप में चेतना से अभिन्न सामान्याकारतया और चेतना से भिन्न विशेषाकारतया स्फुरित होते हुए भी चेतना से एकाकार रहते हैं। निर्माण के संकल्प के उदय के साथ ही वे इच्छा-द्वार से अन्तःकरण के विषय बनते हैं। इच्छारूप में यह वर्तन आन्तरिक है, उत्तरक्रिया के द्वारा वे विषय (सुख आदि को लेकर) जब अन्तःकरण और (घट आदि को लेकर) अन्तःकरण के साथ-साथ बाह्य ज्ञानेन्द्रियों के द्वारा ज्ञान के विषय बनते हैं तब ये बाह्य हैं। उभयेन्द्रियवेद्यता या अन्तःकरणवेद्यता बाह्यता का उपलक्षण है।[५३] कुम्हार की चेतना एक उच्चतर चेतना का अंग बनकर ही चेतना कहलाती है अन्यथा देह, प्राण, बुद्धि, इन रूपों में तो कुम्हार भी जड ही है।[५४] वास्तविक कर्त्री तो संवित् है जो अपनी ही विविध शक्तियों के रूप में समग्र विश्व को प्रमाता के हृदय में भासित करती है। **अभिनवगुप्त** आगाह करते हैं कि सत् और असत् को लेकर जो प्रश्न उठाए गए थे उनके दायरे में इन्द्रियवेद्यता को नहीं लाना चाहिए।[५५] क्योंकि उभयेन्द्रियवेद्यता ज्ञान की कोटि है, सत्ता की नहीं। उसे **अभिनव** प्रतिबिम्ब के दृष्टान्त से समझाते हैं। जैसे दर्पण में "यह घड़ा कुम्हार बना रहा है" इस आभासन में दर्पण की ही महिमा रहती है (कुम्हार की नहीं) या स्वप्न और संकल्प आदि में हमारी मनोमयी संवित् की, वैसे ही अनुभव जगत् में कुम्हारगत घट-निर्माण के आभासन में संवित् की ही महिमा रहती है। इतना ही नहीं दण्ड, चक्र, मिट्टी आदि के होने पर कुम्हार के इस अभिमान – "मैं घड़ा बना रहा हूँ" – में भी संवित् का ही माहात्म्य रहता है। कारण-सामग्री का अङ्ग होने पर भी जड़ता के कारण मिट्टी आदि में यह अभिमान भी नहीं पैदा होने पाता। अतः संवित्स्वभावी कुम्हार में ही (गौण/अभिमानित) कर्तृत्व का व्यवस्थापन होता है। इस दृष्टान्त से यह निष्कर्ष नहीं

---

[५३] *ई.प्र.वि.वि.*, ३, पृ. १८७; *ई.प्र.वि.*, २, पृ. १५६-५७।

[५४] कार्यकारणता लोके सान्तर्विपरिवर्तिनः।
उभयेन्द्रियवेद्यत्वं तस्य कस्यापि शक्तितः।। – *ई.प्र.का.* २.४.४

[५५] न च वाच्यम् उभयेन्द्रियवेद्यत्वमपि सद्असद्वा इति। – *ई.प्र.वि.*, २, पृ. १५७-५८

निकलता कि 'कार्य' को 'प्रतिबिम्ब' मान लिया जाए। देखा जाए तो यह स्वच्छता का प्रभाव है कि वह अपने से विलक्षण रूप को दर्शाता हुआ भी उस रूप की उपाधि से अछूता रहता है, प्रतिबिम्ब के स्वयं में सारहीन होने के कारण यहाँ प्रतिबिम्बत्व का कुछ भी योगदान नहीं है। इस बिन्दु पर **अभिनवगुप्त** एक अत्यन्त महत्त्वपूर्ण सिद्धान्त प्रतिपादित करते हैं। दृष्टान्त और दार्ष्टान्तिक, प्रतिबिम्बन और कारणता, दोनों में यद्यपि एक समानता है कि दोनों में अपने से विलक्षण अन्य रूप का भासन होता है। तथापि दोनों में मौलिक अन्तर इस कारण से है कि जब अपने से भिन्न अन्यरूप के भासन में किसी अन्य के सादृश्य की अपेक्षा रहती है तब उसे प्रतिबिम्ब कहते हैं और जब अपने से अतिरिक्त कोई दूसरा सदृश (समर्पक) नहीं होता तब उसे 'निर्मेय' (निर्माण क्रिया का विषय) अर्थात् कार्य कहते हैं। वह ज़ोर देकर कहते हैं कि कार्य को प्रतिबिम्ब के रूप में ("प्रतिबिंबत्वेन") नहीं, अपितु प्रतिबिम्ब की तर्ज ("प्रतिबिंबन्यायेन") पर समझना चाहिए।[५६]

अन्तःकरणवेद्यता या उभयेन्द्रियवेद्यता और कार्यता के **उत्पल** प्रतिपादित इस समीकरण के एक प्रासंगिक लक्ष्यार्थ की ओर भी **अभिनवगुप्त** ने ध्यान आकर्षित किया है। कार्यकारणभाव का सम्बन्ध व्यवहार-जगत् से है। व्यवहार-जगत् में कार्य या निर्मेय की सत्ता आभासविशेष, जिसे यहाँ की शब्दावली में स्वलक्षणाभास कहते हैं, के रूप में होती है। आभास का एक अनिवार्य घटक है उसकी अनुभवविषयता या प्रमेयता। उभयेन्द्रियवेद्यता इसी प्रमेयता को समेटती हुई उपलक्षित करती है कि विषयता का वह रूप उभयेन्द्रियवेद्यता है जिसकी अर्थक्रियासामर्थ्य पूरी तरह से अभिव्यक्त हो गई है।[५७] यह बात देखा जाए तो क्रिया, सम्बन्ध आदि की सत्यता के विनिश्चय में 'स्थैर्य' और 'उपयोग' रूपी जो दो आधार दिए गए हैं, उनमें से दूसरे आधार उपयोग से निकलती है। स्थैर्य रूप आधार की चर्चा **अभिनव** दूसरे प्रसंग (योगि-सृष्टि) में करते हैं। शैव दार्शनिकों का मन्तव्य यह जान पड़ता है कि केवल सम्बन्ध अर्थात् कारणता आदि की अवधारणा ही नहीं, अपितु उनके व्यावहारिक निःष्यन्द भी उसी प्रकार सत्य हैं। इस प्रकार हम देखते हैं कि **उत्पलदेव** के मौलिक उपस्थापन में 'उत्पादन' एक प्रकार से उपचरित उत्पादन है क्योंकि यह 'सिद्ध' का (न कि 'साध्य' का), अर्थात् अपनी चेतना में पहले से ही स्थित (वस्तुतः सदा स्थित) पदार्थ का, ईश्वर के द्वारा आन्तरिक और बाह्य ज्ञानकरणों के ज्ञान का विषय बना दिया जाना (निर्माण) है –

---

[५६] तत्तु स्वविलक्षणं रूपं यदन्यत्, तत्सादृश्यमपेक्ष्य आदर्शनीयम्, तदा प्रतिबिम्बव्यवहारः; समर्पकान्तराभावे तु निर्मेयव्यवहारः। अतएव प्रतिबिम्बत्वेनेति न उक्तमपितु प्रतिबिम्बन्यायेनेति। – *ई.प्र.वि.वि.*, ३, पृ. २३८

[५७] उभयेन्द्रियवेद्यत्वेन स्फुटमर्थक्रियाकार्याभासरूपं लक्षितमिति सूत्रार्थः। – *उपर्युक्त*, पृ. १८७; और भी देखिए – *ई.प्र.वि.*, २, पृ. १५६

"सिद्धस्यैव अन्तर्बाह्यान्तःकरणद्वयीवेद्यतापादनम् ईश्वरेणोत्पादनम् ।"[५८]

इस मान्यता का बीज शैवों की इस अवधारणा में छिपा है कि कारण और कार्य एक अन्विति, एक एकता हैं। एकता स्वरूपगत भी है और आश्रयगत भी। स्वरूपतः आन्तर संविद्रूप से लेकर इन्द्रियगोचरता रूप बाह्य पर्यन्त जो आभासनरूपा स्थिति है, वही क्रिया है। वेद्यता रूप बाह्यता के कारण वह क्रमवती है और कर्ता और कर्म, (चेतन) कारण और कार्य रूप आश्रय के साथ अभिन्नाकार होने के कारण एक है। क्रिया कर्तृनिष्ठ है और कर्मनिष्ठ भी, दोनों ही स्थितियों में वह आन्तर और बाह्य दोनों आकारों को सह लेती है; क्योंकि दोनों में परामर्श की एकता अक्षुण्ण रहती है।[५९] भिन्न आभासों में कर्ता का जो अनुसन्धान रूप अनुव्यवसाय है, वही परामर्श है[६०]। निर्माण-क्रिया यद्यपि कर्म अर्थात् कार्य में विशेषता का आधान करती है, तब भी चूँकि उसका स्वरूप और व्यक्तित्व कर्ता की संवित् पर ही आश्रित रहता है, क्रिया को कर्तृस्थ और कर्मस्थ समान भाव से कहा जाता है। निहितार्थ है कि चाहे कर्म को क्रिया का आश्रय मानें, चाहे कर्ता को, निष्क्रम आन्तर और सक्रम बाह्य में कोई विरोध नहीं होता। परमार्थमीमांसा में इसकी व्याख्या परम तत्त्व की प्रकाशविमर्शमयता की शब्दावली में की जाती है। प्रकाश, जिसका स्वरूपघटक है स्वच्छता, के कारण आभासना की आन्तरिकता और विमर्श, जिसका स्वरूप घटक है स्वाच्छन्द्य या स्वातन्त्र्य, के कारण बाह्यता सम्भव हो पाती है।[६१] सम्भवतः यही कारण है कि **उत्पलदेव** आगमाधिकार में शिव तत्त्व, आदि तत्त्व, की चर्चा नामतः न कर प्रमाता की ही आन्तरिक और बाह्य क्रिया की अविच्छिन्नता की भाषा में करते हैं।[६२]

---

[५८] *ई.प्र.का.* २.४.३-४ पर **उत्पल** की *वृत्ति*।

[५९] एवमेका क्रिया सैषा सक्रमान्तर्बहिःस्थितिः।
एकस्यैवोभयाकारसहिष्णोरुपपादिता।। – *ई.प्र.का.* २.४.५; *विवृतिविमर्शिनी* "एकस्य" की व्याख्या करती है – "एकस्य इति कर्तुः कर्मणश्च।" – *ई.प्र.वि.वि.*, ३, पृ. १८६; पृ. २५८ भी

[६०] परामर्शश्च कर्तुरेव अनुव्यवसाययोगेन भिन्नानामाभासानामनुसन्धानलक्षण इति। – *ई.प्र.वि.वि.*, ३, पृ. १६०

[६१] चैकः आश्रयः संविद्रूपत्वेन स्वच्छत्वस्वतन्त्रत्वाभ्यामुभयमप्यन्तर्बहीरूपं सहत इति। – *ई.प्र.वि.*, २, पृ. १६०

[६२] इस प्रसंग में यह स्पष्ट हो जाना चाहिए कि आन्तरिकता और बाह्यता कालिक या दैशिक प्रत्यय नहीं हैं। प्रमातृभाग से पृथक्तया भान बाह्यता है और एकाकार भान आन्तर्य है – "प्रमात्रैकात्म्यमान्तर्यं ततो भेदो हि बाह्यता।" (*ई.प्र.का.* १.८.८)। इसीलिए सुखादि प्रत्यय भी बाह्य हैं और कुम्हार की चिकीर्षा में अवस्थित घट आन्तरिक। अतः बाह्यता में भी आन्तरत्व अखण्डित रहता है, यह शिवाद्वैतवादियों का निरपवाद नियम है – "बाह्यतायामपि आन्तरत्वमत्रुटितम् इति नियमग्रहणम्।" – *ई.प्र.वि.वि.*, ३, पृ. १६१

ईश्वर की ही एकमात्र कारणता मानने की तार्किक परिणति इस निष्कर्ष में होती है कि ईश्वर के अतिरिक्त किसी जड पदार्थ की कर्तृता या कारणता नहीं मानी जा सकती। न्याय आदि[६३] वे दार्शनिक विचारधाराएँ, जो बुद्धिमान् ईश्वर को निमित्त कारण मानती हैं, इस तार्किक निष्कर्ष से मुँह मोड़ लेने के कारण दो प्रकार की कठिनाई से ग्रस्त दिखाई पड़ती हैं। एक ओर तो उनकी निमित्तकारणता क्रिया विभाग आदि के क्रम में परमाणु की कारणता के अधीन रहती है और दूसरी ओर अपने (ईश्वर के) अतिरिक्त मिट्टी, चाक, दण्ड आदि को भी कारण कहना पड़ता है। ये बातें शिवाद्वैती के मूल तर्क के आलोक में टिक नहीं पातीं। इससे यह भी निष्कर्ष निकलता है कि "ईश्वर की कारणता एकमात्र कारणता है" – वह निमित्त, उपादान, सहकारी सभी का अतिक्रमण या अन्तर्भावन कर कारण के रूप में उभरती है। शैवों की विशिष्ट शब्दावली में ईश्वर ही बीज, भूमि, जल के आभासों के साथ अङ्कुररूप से भासित होता है – "ततश्चेश्वर एव बीजभूमिजलाभाससाहित्येन अङ्कुरात्मना भासते इतीयानत्र परमार्थः"।[६४]

कार्यकारणभाव के विवेचन में शिवाद्वयवादियों का केन्द्र मूल कारणता पर है। कर्ता से इतर कारणता के जड घटकों की कार्यकारिता आगन्तुक (कॉन्टिन्जेन्ट) है, बिना निमित्त के वे कार्यकारी नहीं होते। चेतन की प्रेरणा ही वह निमित्त है जो उन्हें गतिशील बनाती है। इसलिए घटनिर्माण आदि जैसे स्थलों में चेतन कुम्हार ही ईश्वर है, क्योंकि वही मिट्टी, दण्ड और चाक के क्रमशः गूँथने, सीधा खड़ा करने और घुमाने जैसे संस्कार करके ही शिविक, स्तूपक आदि के द्वारा क्रमशः घट को उत्पन्न करता है। यही नियम है। ईश्वर के प्रत्यय का अपोद्धरण करते हुए **उत्पल** उसे व्यवस्था का पर्याय मानते हैं। स्वचालित स्वनियन्त्रित वैश्विक व्यवस्था है ईश्वर, इसलिए कारणता इस व्यवस्था का अङ्ग है। यदि ऐसा न माना जाए तो अचेतन मिट्टी और डंडा कुम्हार की घड़ा बनाने की इच्छा का और धागे जुलाहे की कपड़ा बनाने की इच्छा का आदर न करें, यही नहीं यह भी सम्भावना है कि धागे घड़ा और मिट्टी कपड़ा क्यों न बनाने लग जाएँ।[६५] अतः अपने निर्माण को लेकर कुम्हार भी एक व्यवस्था

---

[६३] सिद्धान्त शैव भी, जैसा देख चुके हैं, ईश्वर को निमित्त कारण मानते हैं, परन्तु इस प्रसङ्ग में अद्वैती दार्शनिक उनका नामतः उल्लेख नहीं करते। इसका कारण सम्भवतः यह जान पड़ता है कि वे चेतन की प्रेरणा को, न्याय के ईश्वर के निमित्त व्यापार से कहीं अधिक दूरान्वयी और दूरगामी मानते हैं। इसीलिए वहाँ निमित्त होने पर भी ईश्वर की उपचरित उपादानता और सहकारिता की बात की जाती है। शिवाद्वयवादियों में तत्त्वत्रय की पृथक्ताजन्य इस विवशता को तिरस्कृत कर शैव सिद्धान्तियों की मूल दार्शनिक दिशा का यौक्तिक निष्कर्षण दिखाई देता है।

[६४] *ई.प्र.वि.*, २, पृ. १६४; और भी द्र. *ई.प्र.वि.वि.*, ३, पृ. १६४।

[६५] इस सिद्धान्त की व्याप्ति केवल असत्कार्यवाद या आरम्भवाद में ही नहीं होती बल्कि सत्कार्यवाद आदि में भी होती है, जो निमित्त न मानकर चेतन की सहकारिता मानते हैं और कार्यविशेष को शक्त कारणविशेष से ही उत्पन्न मानते हैं।

है और अचेतन कारण घटकों को लेकर वह उच्चतर व्यवस्था का अङ्ग है, इसलिए सारी कारणता ईश्वरीय व्यवस्था के अप्रतिहत प्रवाह का अङ्ग है। इसे ही शैवों की साम्प्रदायिक शब्दावली में नियति-नियमन अर्थात् व्यवस्थापन-शक्ति कहा गया है। कुम्हार के संप्रश्नात्मक संकल्प (मैं घड़ा बनाऊँ या न बनाऊँ, अभी बनाऊँ या रुककर बनाऊँ आदि) से लेकर कर्तृत्वाभिमान (मैंने घड़ा बनाया, मैं घड़ा बना रहा हूँ) तक जड पदार्थों के उपयोग की इच्छा (मिट्टी से चाक, डंडे के साथ घड़ा बनाऊँ) से लेकर उपयोजन व्यापार (बनाया या बना रहा हूँ) तक सब कुछ उसी व्यवस्था से आहरित है।[६६] इसलिए ईश्वर का कर्तृत्व सर्वत्र है, केवल परिसीमित क्षेत्र में ही नहीं अपितु सर्वत्र। चूँकि प्रश्न मूल कारणता का है, अतः **अभिनवगुप्त** अपनी परमार्थमीमांसा के मौलिक समीकरण की याद दिला देते हैं कि यह ईश्वर मैं, स्वात्मा, स्वयं हूँ। अर्थात् सर्वत्र स्वात्मा रूप ईश्वर की कारणता है।[६७] यह अनुस्मारण अद्वयवाद की मूल प्रतिपत्ति का अनुस्मारण है।

कारणता की अपनी व्याख्या को लेकर **अभिनवगुप्त** ने एक प्रश्न उठाया है। कार्यकारणता की दो परिभाषाएँ शैवों ने की हैं – एक, यह कर्तृकर्मता है और दूसरे, यह आन्तरिक और बाह्य आभासनगत क्रम के परामर्श की मूलभूत कर्तृता है ("कारणत्वमन्तर्बहिराभासक्रमपरामर्शपरमार्थकर्तृत्वसारम्")[६८]। एक कार्योन्मुखी है, दूसरी कारणोन्मुखी । प्रवृत्ति-भेद को छोड़ दें तो सारतः दोनों एक हैं, परन्तु विश्लेषणतः दोनों पूरक हैं। दूसरी परिभाषा में उल्लिखित कर्तृता की *तन्त्रालोक* द्वारा प्रस्तावित व्याख्या है "तथामात्रावभासन"।[६९] **जयरथ** के अनुसार इसका अर्थ है "विविध प्रकार से प्रमाता और प्रमेय रूप अंशों को अतिरिक्ततया प्रथित करना"।[७०] प्रश्न है कि कार्यकारणभाव समेत जब सारे पदार्थ ईश्वर द्वारा अपनी इच्छा से ही अवभासित किए गए हैं, तो कुछ ही स्थलों पर

---

[६६] तथाहि कुम्भकारोऽसावैश्वर्येव व्यवस्थया।
तत्तन्मृदादिसंस्कारक्रमेण जनयेद् घटम्।। – *ई.प्र.का.* २.४.९

इस कारिका की *वृत्ति* में **उत्पल** का एक सुचिन्तित वक्तव्य है कि घट के द्वारा मिट्टी आदि के संस्कार की अपेक्षा किया जाना घट का अर्थात् वस्तु का स्वभाव नहीं है, अपितु ईश्वर की नियति संज्ञक मर्यादा के कारण है – "कुंभकाररूपे प्रमातरि कारणे स्थितेऽपि मृदादिसंस्कारापेक्षा घटस्येश्वरकृतनियतिसंज्ञमर्यादया न स्वभावेन।"

[६७] तस्मात् वस्तुत 'ईश्वर एव सर्वत्र कर्ता, अहं च स एव' इति न परिमिते कर्ता, अपितु सर्वत्र कर्ता इति। – *ई.प्र.वि.*, २, पृ. १६९-७०

[६८] *ई.प्र.वि.वि.*, ३, पृ. १९३।

[६९] *तं.* ९.२२।

[७०] *तं. वि.*, ४, पृ. १६६३।

कार्यकारणभाव का प्रयोग क्यों किया जाता है? इसके उत्तर में **अभिनवगुप्त** साम्प्रदायिक पद्धति से हटकर पारम्परिक दार्शनिक शब्दावली का आश्रय लेकर कारणता की एक नई परिभाषा करते हैं – जो जिससे आकार या रूपविशेष की अन्वितिपूर्वक नियमतः भासित होता है, वह उसका कारण है।[७१] यहाँ कारणता के दो घटक बताए गए हैं – (१) "नियमेन आनन्तर्यभान" अर्थात् दो पदार्थों में नियम से आनन्तर्य का बोध। नियम है विपर्यय या बाधाशून्यता और विशेष रूप से दिखाई पड़ना। (२) "रूपान्वयाधिक्य" अर्थात् एक से आकार या रूपविशेष का दूसरे में अनुवर्तन या अनुगमन। भित्ति-प्रत्यय होने के नाते **अभिनवगुप्त** नियम की नई परिभाषा गढ़ते हैं, जिनमें इन दोनों घटकों का समन्वय है। नियम है, उस प्रकार के रूप का आभासन मात्र होना ("नियमश्च तथारूपभासनामात्रसारकः")।[७२] रूपान्वय से उपकृत पौर्वापर्य रूप नियम की अवधारणा से कई सिद्धियों के द्वार खुल जाते हैं। कृत्तिका और रोहिणी में, दिन और रात में, नियत पौर्वापर्य तो है परन्तु किसी धर्म या रूपविशेष की अनुयायिता नहीं है, अतः इनमें कार्यकारणभाव नहीं है। रूपान्वय द्वारा किए जाने वाले उपकार को उपादान कारण के अर्थ में लेने में शिवाद्वैती को संकोच है, क्योंकि योगिसृष्टि जैसी उपादानशून्य कारणता (जहाँ अङ्कुर बीज से नहीं, अपितु योगी की इच्छा से उत्पन्न होता है) या स्वप्नसृष्टि जैसी साङ्कल्पिक कारणता (जहाँ मानस कल्पना या संस्कार से अंकुर उत्पन्न होता है) में भी कारणता का यह लक्षण लागू होता है। पहली सृष्टि भ्रम नहीं है, क्योंकि योगीच्छा से उत्पन्न अङ्कुर भी अर्थक्रिया का निष्पादन करता है। दूसरी सृष्टि में रूपान्वय होने पर भी पौर्वापर्यनियम की व्याप्ति स्वप्नावधिसापेक्ष है या अवस्थान्तरोदयपर्यन्त है, अतः **अभिनवगुप्त** अपने लक्षण का परिष्कार करते हैं कि बिना बाधा के जिस सीमा तक जिस रूप से अन्विति होती है, उस सीमा तक उसी रूप से कार्यकारणभाव की दृढ़ प्रसक्ति मानी जाती है।[७३]

इस प्रकार के विश्लेषण से शिवाद्वैती हमें जिस अपरिहार्य तार्किक निगमन तक लाता है वह है कि रूपान्वयाधिक्य के आधार पर लोक और शैवेतर दर्शनों में मान्य सहकारी और उपादान जैसे कारण-भेद उपपन्न नहीं हो पाते और अतिव्याप्त होने के कारण मात्र अन्वयव्यतिरेकानुविधान को कारणता का निर्धारक तत्त्व नहीं माना जा सकता। प्रश्न है कि इस स्थिति में कारण किसे कहा जाए। शिवाद्वैती की दृष्टि में घट की उत्पत्ति में मिट्टी (उपादान), दण्ड, चाक (सहकारी) आदि कारण नहीं है अपितु कारण-सामग्री (जिसमें कुम्हार

---

[७१] अतो यन्नियमेनैव यस्मादाभात्यनन्तरम्।
तत्तस्य कारणं ब्रूमः सतिरूपान्वयेऽधिके।। – *तं.* ९.२४

[७२] तदेव ९.२५।

[७३] ततो यावति याद्रूप्यान्नियमो बाधवर्जितः।
भाति तावति ताद्रूप्याद्दृढहेतुफलात्मता।। – *तं.* ९.२८

की इच्छा, व्यापार से लेकर मिट्टी, दण्ड, चाक आदि तक सम्मिलित हैं) है। देखा जाए तो यहाँ कुम्हार की इच्छा भी एक प्रकार से सहकारी कारण ठहरती है, क्योंकि मूल कारण संवित् की इच्छा है। यह सही है कि दण्ड और चाक को संवित् के साथ एक तुला पर नहीं रखा जा सकता क्योंकि कुम्हार में कर्तृताभिमान है जबकि अचेतन चाक आदि में वह नहीं है, फिर भी इससे स्थिति में कोई निश्चायक अन्तर नहीं पड़ता क्योंकि दण्ड और चाक आदि भी ईश्वर की नियति शक्ति से परिचालित होकर कारण-व्यवस्था या कारण-समष्टि के अङ्ग बनते हैं। कारण-तत्त्वों की समग्रता का नाम है सामग्री और उसका निर्धारक तत्त्व है उसका एक प्रमाता में विश्रान्त होना। यह बात शैवों को बौद्धों से इस अर्थ में अलग करती है कि बौद्ध रूपश्लेष या रूपसन्निकर्ष को न मानकर देश-सन्निकर्ष, काल-सन्निकर्ष को स्वीकार करते हैं जो एक ओर परस्पर व्यावर्तक नहीं हैं, अतिव्यापी हैं और दूसरी ओर प्रमातृनिरपेक्ष होने के कारण-कार्य का सम्बन्ध भ्रान्ति सिद्ध होता है। अतः एक ही प्रमाता के सन्दर्भ-क्षेत्र में रूपान्वय कारण-सामग्री का निर्धारक हो पाता है। अन्तिम विश्लेषण में यह शिव ही है जो समस्त हेतुओं के संयोजन और वियोजन के लिए उत्तरदायी है।

रूपान्वयाधिक्य की अवधारणा का दूरगामी फलितार्थ शिवाद्वैती के इस विश्वास में देखा जा सकता है कि एक कार्य के अनेक कारण हो सकते हैं।[७४] दूसरे शब्दों में शिवाद्वैती एककारणसामग्रीवादी होकर भी कारणबहुत्ववादी कहे जा सकते हैं। एक बिच्छू का जन्म गोबर से हो सकता है और बिच्छू, इच्छा, स्वप्न, योगीच्छा, द्रव्य और मन्त्र इत्यादि इनमें भी किसी एक से। लेकिन जहाँ तक रूपान्वय के कारण सभी प्रकार के बिच्छुओं को बिच्छू कहा जाता है, उनके जन्म के कारणों में अन्तर हो सकता है। रूपान्वय की समरूपता का निर्णय फलविषयक परामर्श – यह 'बिच्छू' है – की एकता के कारण होता है। शिवाद्वैती के यहाँ कार्य या विषय की एकता समान पद के प्रयोग (शब्दसाधारण्य) से निर्धारित नहीं होती,[७५] अपितु भिन्न-भिन्न प्रमाताओं के एक जैसे परामर्श (परामर्शैक्य) से निर्धारित होती है।[७६] अतः सिद्धान्त रूप से यह निष्कर्षण असंगत न होगा कि हेतु-अंश में यह शिवैक्य या

---

[७४] सामग्री च समग्राणां यद्येकं नेष्यते वपुः।।

हेतुभेदान्न भेदः स्यात् फले तच्चासमञ्जसम्। – *तं.* ९.३०-३१

[७५] न चान्त्यभेदे वस्तुनोः शब्दसाधारण्यमात्रेणैवैकत्वं न्याय्यम्. . .। – *तं.वि.*, ४, पृ. १६७६

[७६] अन्य एव स चेत् . . . कामं कुतश्चित्स्वविशेषतः।।

स तु सर्वत्र तुल्यस्तत्परामर्शैक्यमस्ति तु। – *तं.* ९.४३-४४

इस बात को दुहराना उचित होगा कि परामर्श की एकता दार्शनिकों का अत्यन्त प्रभावी यौक्तिक अस्त्र है। चिकीर्षा, कर्तृता, क्रिया और हेतुता के अभेदीकरण में इसी परामर्श की एकता का सहारा लिया गया है।

संविदैक्य है और कार्य-अंश में यह परामर्शैक्य है, जो "यह बिच्छू है" इस प्रकार के प्रत्यय की अनुगामिता के लिए उत्तरदायी है। कारण-बहुत्व से कार्य के एकत्व के निगमन का बीज काश्मीर शिवाद्वयवाद में एक प्रत्यवमर्श पर आश्रित आभास के एकत्व की अवधारणा है।[७७]

कारण-बहुत्व और कार्यैक्य के साधारण से दिखाई पड़ने वाले समन्वित पारस्पर्य से शैवाद्वैती कई प्रयोजनों को साधता है। एक ओर यह प्रत्यय सृष्टि-प्रक्रिया में अनुस्यूत क्रियाशक्ति की भेदाभेदनात्मक प्रक्रिया का सामनन्तर्य प्रस्तुत करता है, दूसरी ओर कार्य-पक्ष में आभासवाद और कारण-पक्ष में स्वातन्त्र्यवाद का विनियोग करता है और तीसरी ओर, जो सबसे महत्त्वपूर्ण प्रयोजन है, योगिसृष्टि के प्रवेश की पृष्ठभूमि तैयार करता है। भारतीय दर्शन में सामान्यतः,[७८] किन्तु काश्मीरी शैव मत में विशेषतः, योगी को परम सत्ता के, लोक में उपलब्ध, प्रतिदर्श के रूप में देखा गया है। निरुपादाना या शब्दान्तर से इच्छामयी सृष्टि के दृष्टान्त के रूप में योगिसृष्टि और चिन्मयी सत्ता के मूर्त्त विग्रह के रूप में योगी की भावना की गई है।[७९] यही नहीं ऐश्वरी सृष्टि, योगिसृष्टि और कारणकार्यभाव में प्रक्रियागत (अन्तःस्थ का बहिराभासन रूप या कर्तृकर्म रूप) विलक्षण साम्य भी है। योगी अपने अप्रतिहत संकल्प से मिट्टी और बीज के बिना ही घट, अङ्कुर आदि को उत्पन्न करने में समर्थ है।[८०] **उत्पल** के अनुसार योगीच्छाजन्य ये घट और अङ्कुर स्थिर भाव पदार्थ हैं और अपनी-अपनी विशिष्ट अर्थक्रिया के सम्पादन में समर्थ हैं।[८१] **अभिनवगुप्त** स्थिर विशेषण को कार्य से न जोड़कर अर्थक्रिया से जोड़ते हैं। उनके अनुसार एक अर्थक्रिया दूसरी अर्थक्रिया को जन्म देती है और इस प्रकार योगी अपनी इच्छा से अर्थक्रिया-शृंखला को सम्भव बनाता है।[८२]

---

[७७] अतश्चैकस्यापि कार्यस्यानेककारणत्वे न कश्चिद्दोषः, आभासमात्रपरमार्थो हि कार्यकारणभाव इति परिस्थापितम्। – *तं.वि.*, ४, पृ. १६७८

[७८] भारतीय दर्शन के अवान्तर सम्प्रदायों में योगी और उसकी सृष्टि को लेकर विविध मान्यताएँ मिलती हैं। कहीं तो वह सूक्ष्म द्रष्टा है, कहीं सर्वज्ञ है, कहीं व्यापार का प्रेरक है और कहीं सर्वकर्ता है। उसकी सृष्टि भी अपने स्वरूप के अनुसार अनेक प्रकार की है।

[७९] चिदात्मैव हि देवोऽन्तःस्थितमिच्छावशाद्बहिः।
योगीव निरुपादानमर्थजातं प्रकाशयेत्।। – *ई.प्र.का.* १.५.७

[८०] योगिनामपि मृद्बीजे विनैवेच्छावशेन तत्।
घटादि जायते तत्तत्स्थिरस्वार्थक्रियाकरम्।। – *ई.प्र.का.* २.४.१०

[८१] मृदाद्यनपेक्ष्य योगिनामिच्छामात्रेण घटादेः स्थिरस्य घटाद्यर्थक्रियाकारिणश्च निर्वृत्तिः। – *उपर्युक्त* पर *वृत्ति*

[८२] स्थिरं च अर्थक्रियाकरं चेति योजना वृत्तिकृता कृता। तां तां विविधाकारां स्थिरामर्थक्रियान्तरानुबन्धिनीं स्वामर्थक्रियां हेतुतच्छीलानुलोमत्वयोगेन करोतीति समासेऽपि न कश्चिद्दोषः। – *ई.प्र.वि.वि.*, ३, पृ. १६४-६५

इसका निहितार्थ है कि योगी की इच्छा में ऐश्वरी सृष्टि की अर्थक्रिया के तुल्य योगक्षेम वाली सृष्टि की पूरी सामर्थ्य है। यह जानना और भी रोचक होगा कि पुनर्निर्माण (और लक्षणया अनिर्माण और अन्यथानिर्माण) रूप स्वातन्त्र्य के लोकप्रसिद्ध – कर्तुम्, अकर्तुम्, अन्यथाकर्तुम् – आवर्ती साँचे (पैराडाइम) को **अभिनव** अपनी मान्यता के अनुगुण 'नियति[८३] के अनुवर्तन और उल्लङ्घन' के नए साँचे में ढालते हैं।[८४] इससे स्वातन्त्र्य की दो विधाएँ आकार ग्रहण करती हैं – नियत्यनुवर्ती स्वातन्त्र्य और नियत्युल्लङ्घी स्वातन्त्र्य। लौकिक अर्थात् आनुभविक जगत् का कार्यकारणभाव प्रथम प्रकार के स्वातन्त्र्य की भूमि है और लोकोत्तर अर्थात् योगी या परमेश्वर का जो कार्यकारणभाव है वह दूसरे प्रकार की भूमि है और दोनों में कोई विरोध नहीं है। बल्कि इससे स्वातन्त्र्य का घनतरीकरण होता है। सच बात यह है कि यह विभाजन भी लौकिक दृष्टि से किए गए विश्लेषण का परिणाम है।[८५]

शैवों के लिए कारण-बहुत्व के द्वार से योगिसृष्टि का अन्तःप्रवेश कारणता-विचार की आधारभूत पद्धति का अत्यन्त महत्त्वपूर्ण और सुचिन्तित पहलू है। पर इस विचार में जो कठिनाई आती है, उस पर हम पहले नज़र डाल लें। कारण-कार्य को जहाँ हम व्यवस्था का प्रतीक कहते हैं, वहीं योगिसृष्टि उस नियमन की जड़ पर ही चोट करती है। यदि प्रसिद्ध कारण को छोड़कर दूसरे कारण/कारणों से तज्जन्य कार्य के समान कुलशील वाले कार्य उत्पन्न हो सकते हैं तो अनुमान के द्वारा किसी भी निर्णय पर निश्चयपूर्वक पहुँचने का हमारा आधार ही समाप्त हो जाएगा। शैवों ने यहाँ बौद्धों की आपत्ति के निस्तारण-पूर्वक अपने मत

---

[८३] शैवों ने नियति शक्ति और नियति तत्त्व में अन्तर किया है। नियति तत्त्व मायाप्रमाता के किञ्चित् स्वातन्त्र्य का उपोद्बलक कञ्चुक है, जो वस्तुविशेष में उसके अभिष्वङ्ग का निर्धारण करता है और तत्त्व होने के कारण वेद्य तथा आभाससामान्य रूप है। नियति शक्ति परमशिव का स्वातन्त्र्य या शक्ति है, जो वैश्विक व्यवस्था की सूत्रधार है। इन पंक्तियों में नियति का जहाँ भी प्रयोग हुआ है, वह इसी नियमन-स्वातन्त्र्य या मर्यादन-शक्ति के रूप में हुआ है।

[८४] भगवान् भूरिभर्गो महादेवो नियत्यनुवर्तनोल्लंघनघनतरस्वातन्त्र्यः इत्यत्र पक्षे नियत्यनुवर्तिनः लौकिके प्रसिद्धे कार्यकारणभावे स्वातन्त्र्यं, तदुल्लंघनमाद्रियमाणस्य तु योगिप्रायप्रसिद्धे लोकोत्तरे – इति न कश्चित् विरोधः। इयांश्च लोक एव। – *ई.प्र.वि.,* २, पृ. १७२-१७३

[८५] **अभिनवगुप्त** में सन्दर्भ के औचित्य की चेतना बड़ी प्रखर है। उनके अनुसार कारणता-विचार पारमार्थिक चिन्तन दृष्टि के लिए अप्राकरणिक है। पारमार्थिक दृष्टि से यह परम शिव की अनवरत घटित होने वाली, आगमिक शब्दावली में, पञ्चकृत्यकारिता है या आत्मदर्पण में पदार्थों का आत्मकृत प्रतिबिम्बवद् आभासन है। इस प्रसंग में काश्मीरी शैवों में **नारायणकण्ठ** का यह श्लोक बहुत प्रिय रहा है –

निरुपादानसंभारमभित्तावेव तन्वते।
जगच्चित्रं नमस्तस्मै कलाश्लाघ्याय शूलिने।। – *स्तवचिन्तामणि,* श्लोक ६

का पोषण किया है। बौद्धों के यहाँ दो वस्तुओं के मध्य दो मूलभूत नियम माने गए हैं – तादात्म्य और तदुत्पत्ति। क्रमशः इन्हें स्वभाव-कारणता और जनक-कारणता कहा जा सकता है। शीशम होने के कारण ही शीशम का पेड़, पेड़ कहलाता है और धुएँ को जन्म दे सकने के कारण अग्नि, अग्नि। अनुमान का प्राण व्याप्ति, हेतु और साध्य का अव्यभिचरित अविनाभूत सम्बन्ध, इन्हीं पर आश्रित है। परन्तु नियत्युल्लंघी कार्यकारणभाव में योगीच्छा से शीशम अपने वृक्षस्वभाव से वंचित हो जाएगी और अग्नि या तो धूम को पैदा नहीं करेगी या अग्नि के बिना ही धूम उत्पन्न होने लगेगा। ऐसी स्थिति में अनुमानात्मक नियमनरूप मर्यादा खण्डित हो जाएगी। **अभिनवगुप्त** की दृष्टि में यह भय निराधार है। वह इसमें, अव्यवस्था का कोई कारण नहीं पाते।

उत्पल और **अभिनवगुप्त** प्रतिपक्षी, विशेषतः बौद्ध नैयायिक, की आपत्ति का अपने पक्ष में अनुकूलन करते हुए **धर्मकीर्ति** की भाँति कार्य (धूमादि) या स्वभाव (शिंशपात्व आदि) को हेतु न मानकर हेत्वाभास मानते हैं, यदि इस निश्चय का अभाव हो कि यह योगी द्वारा किया गया निर्माण या सृष्टि है। इसका निहितार्थ यह है कि नियत्यनुजीवी सृष्टि में ही कार्य या स्वभाव हेतु हो सकता है, इसके लिए आवश्यक पूर्वदशा है यह निश्चित कर लेना कि यह नियत्युल्लंघी सृष्टि का कार्य या स्वभाव नहीं है। ऐसी स्थिति में अनुमान की कहानी बिखरेगी नहीं।

बौद्धों की आपत्ति और सदाशयता की परीक्षा करते हुए शैव दार्शनिक इस तर्क का विस्तार करते हैं। इनके अनुसार स्वभावहेतु को दो वर्गों में बाँटा जा सकता है:[८६] (१) एक, वह जिसमें कार्यकारणभाव अन्दर छिपा हुआ है और (२) दूसरा, जिसमें ऐसा नहीं है। "पर्वतो वह्निमान् धूमात्" पहले का उदाहरण है और "अनित्योऽयं कृतकत्वात्" दूसरे का। पहले की जड़ में कार्यकारणभाव है। यहाँ एक स्वभाव दूसरे स्वभाव में नियत होकर उत्पन्न होता है। अतः "वृक्षोऽयं शिंशपात्वात्" ही नहीं "वह्निमानयं पर्वतो धूमवत्त्वात्" भी इसी के अन्तर्गत आ जाता है। नियत्युपजीवी सृष्टि में यह हेतु है, शर्त यह है कि यह योगिजन्य न हो तो। स्वभावहेतु का दूसरा भेद, जहाँ कार्य-कारणभाव का स्पर्श नहीं है, युक्तितः अकिञ्चित्कर और निष्कर्षतः असिद्ध है। क्योंकि हेतु और साध्य के मध्य यदि कार्यकारणभाव का अभाव है तो दोनों में अभेद होगा। फलतः हेतु की सिद्धि से ही साध्य की सिद्धि हो जाएगी, अतः यहाँ अनुमान अप्रसक्त और अर्थहीन होगा। यदि दोनों को भिन्न माना जाए तो कार्यकारणभाव को लाना पड़ेगा।[८७] बौद्ध यहाँ अपने प्रसिद्ध तर्क का आश्रय ले सकते हैं कि स्वभावहेतु से मात्र व्यवहार

---

[८६] इह द्विविधो हि स्वभावहेतुरन्तर्लीनकार्यकारणभावस्तद्विपरीतश्च। – *ई.प्र.वि.*, २, पृ. १७६

[८७] स्वभावोऽपि स्वभावान्तरनियतो यो जातस्तत्र उत्पत्तिरेव कार्यकारणभावात्मिका मूलम्। – *ई.प्र.वि.वि.*, ३, पृ. १६७

की सिद्धि होती है,[८८] वस्तु की नहीं। प्रश्न है कि व्यवहार क्या है। शैव दार्शनिक की दृष्टि में व्यवहार भी ज्ञान और अभिधान रूप कार्य ही है।[८९] **अभिनवगुप्त** वस्तुसाधन, वस्तुव्यवहारसाधन और शब्दव्यवहारसाधन में अन्तर करते हैं। व्यवहार यहाँ शब्दव्यवहाररूप मात्र है। ऐसी स्थिति में "तरुरयं वृक्षत्वात्" आदि में स्वभावहेतु शब्दव्यवहाररूप कार्य का साधन है। शब्दव्यवहार की सांकेतिकता की नियतता के कारण[९०] यहाँ भी नियतिशक्ति को अनिच्छापूर्वक स्वीकार करना बौद्ध नैयायिक की विवशता है, अन्यथा व्यवहारसाङ्कर्य को बचाना सम्भव नहीं होगा। अर्थात् व्यवहार का क्षेत्र भी नियत्युपजीवी ही होकर सध पाता है।

इस प्रकार हम देखते हैं कि बौद्ध दार्शनिकों के यहाँ स्वभावहेतु पर आश्रित अनुमान (हेतु और साध्य में आभास अर्थात् स्वरूप-भेद के न होने के कारण) वास्तविक और नवीन ज्ञान नहीं दे पाता, अतः हेतु हेत्वाभास और साध्य साध्याभास बनकर रह जाता है।[९१] शैवों की स्थिति इससे विपरीत है। इस प्रसंग में वस्तु-संघटना की आधारभूत प्रक्रिया को लेकर शैवों और बौद्धों में आकाश-पाताल का अन्तर है। शैव भी स्वभावहेतु को स्वीकार करते हैं और इसके समर्थन में 'आभासनिकुरुम्बात्मकस्वलक्षणवाद' का आश्रय लेते हैं और बौद्धों के मत को 'निरंशस्वलक्षणवाद' का नाम देकर अपनी प्रक्रियागत विलक्षणता स्थापित करते हैं और इस बात की स्पष्ट उद्घोषणा करते हैं कि आभासनिकुरुम्बात्मकस्वलक्षणवाद के मूल में नियत्युपजीवी कार्यकारणभाव है।[९२] शैवों के यहाँ स्वभावहेतु के अङ्गीकरण का आधार है उसकी वस्तुसाधनता और अपूर्व ज्ञान को उत्पन्न कर सकने की क्षमता। यहाँ वृक्षत्व और शिंशपात्व दो भिन्न स्वतन्त्र आभास हैं, जो ईश्वर की नियतिशक्ति द्वारा अपने-अपने में सामान्याधिकरण्य सम्बन्ध में नियत किए गए हैं। इस प्रकार स्वभावहेतु निश्चित रूप से वास्तविक और नवीन ज्ञान को जन्म देते हैं यदि यह सिद्ध हो जाए कि यह स्वभावहेतु

---

[८८] तुलना कीजिए – "**तदयमर्थः वृक्षव्यवहारयोग्योऽयम् शिंशपाव्यवहारयोग्यत्वात्**"। – *न्या.बि.टी.*, पृ. १०६

[८९] व्यवहारश्च ज्ञानाभिधानात्मा कार्य एव, तत्र च नियतिशक्तिरङ्गीकृता भवतापि। – *ई.प्र.वि.*, २, पृ. १८०

[९०] न इदं वस्तुनो, नापि वस्तुव्यवहारस्य साधनमपितु शब्दव्यवहारस्य; तदर्थं मात्रपदं, शब्दव्यवहारश्च नियत्यपेक्ष इति किमत्र चित्रं साङ्केतिकत्वेन अस्य प्रसिद्धेः। – *ई.प्र.वि.वि.*, ३, पृ. २१३

[९१] तस्मात् सर्वेषु स्वभावहेतुषु आभासभेदं विना व्यवहारमात्रसाधनमेव, हेत्वाभासमयत्वादेव अनधिको हि तत्र साध्याभासः, व्यावृत्तीनामेषैव वार्ता, सामान्यानामियमेव सरणिः। – *ई.प्र.वि.*, २, पृ. १८०

[९२] तत्र च नियत्युपजीवी कार्यकारणभाव एव मूलमिति आभासनिकुरुम्बात्मकस्वलक्षणवादेन स्वमतेन स्वभावहेतुः समर्थितः। अधुना निरंशस्वलक्षणवादेऽपि अभ्युपगमवादेन अङ्गीकृते स्वभावहेतौ अवश्यं कार्यकारणभाव उपजीवितव्य इति। – *ई.प्र.वि.वि.*, ३, पृ. २०१

योगिसृष्टि से सम्बद्ध नहीं है। योगी की सृष्टि का विनिश्चय कैसे होता है इसकी चर्चा शैव दार्शनिकों ने सविस्तार की है, परन्तु उन सबका आकलन हमारे लिए साम्प्रतिक नहीं है। हमारे प्रयत्न की कृतकार्यता शैवों के कारणता सम्बन्धी चिन्तन की मौलिकता और उसके व्यापक फलक को उजागर करने तक सीमित है।

हमने ऊपर संकेत किया था कि शैवाद्वैती कार्यकारणभाव का कर्तृकर्मभाव और योगिसृष्टि का नियत्युल्लंघी कारणता के रूप में निष्कर्षण कर अपने सुचिन्तित निहितार्थों को व्यापक दार्शनिक आधार दे देते हैं। काव्य की अवधारणा में इन दोनों प्रत्ययों का समन्वय हुआ है। एक कृति के रूप में काव्य का भावन कवि के निर्माण या निर्मिति के रूप में हुआ है, पर यह निर्मिति नियति के नियमों को लाँघकर होती है। **मम्मट** अपने प्रसिद्ध ग्रन्थ *काव्यप्रकाश* का मंगलाचरण ही इस प्रस्तावना के साथ करते हैं –

नियतिकृतनियमरहितां ह्लादैकमयीमनन्यपरतन्त्राम्।
नवरसरुचिरां निर्मितिमादधती भारती कवेर्जयति।।

अपनी *वृत्ति* में **मम्मट** यह स्पष्ट कर देते हैं कि कविसृष्टि के लोकसृष्टि से वैलक्षण्य का आपादक तत्त्व कवि-भारती द्वारा लौकिक कारणता का अतिक्रमण है।[६३] यही नहीं, काव्य और नाट्य को कर्तृकर्म के उपमान पर कविकर्म और नटकर्म की आख्या दी गई है। चित्रकर्म में कर्ता (चित्रकार) के स्वरूप का उन्मीलन तो नहीं होता, परन्तु उसकी कृति या कर्मरूपता को लेकर संशय नहीं रहता। ऐसा नहीं है कि काव्यशास्त्र में काव्य को कविकर्म मानने की परम्परा स्वतन्त्र रूप से नहीं मिलती। स्वयं **अभिनवगुप्त** के गुरु **भट्ट तौत** का प्रसिद्ध वाक्य है "तस्य कर्म स्मृतं काव्यम्"। परन्तु इसको एक यौक्तिक दार्शनिक पीठिका देना शिवाद्वयवादियों का ही काम था। कविकर्म कहने का अभिप्राय है कि कवि की चेतना यथाप्रदत्त विषयजगत् को प्रतिबिम्बित नहीं करती अपितु अपनी स्वतन्त्र शक्ति से, यदि **गोविंदचन्द्र पांडे** के शब्दों में कहा जाए, "प्रतिभासलब्ध सामग्री को अर्थरूप में रचती है।" प्रतिभासलब्ध सामग्री ही अन्तःस्थ कलावस्तु है, जिसका बाह्य भासन ही सर्जन है। अर्थ की रचना प्रतिबिम्बन नहीं है बाह्य आभासन है, जिसे कला-सन्दर्भों में हम अभिव्यञ्जन कहते हैं। **अभिनव** की उस मूल प्रतिपत्ति का यह अन्वर्थ अनुवाद है जब वह कहते हैं अर्थ की रचना प्रतिबिम्ब नहीं है, प्रतिबिम्ब के दृष्टान्त से उसको केवल समझा जा सकता है। स्वयं वाक्, जिसके माध्यम से कविकर्म सधता है और काव्य की निष्पत्ति होती है, वस्तुतः अर्थ-निर्माण की शक्ति है। "वक्ति विश्वमभिलपति इति च वाक्" इस निरुक्ति के द्वारा शैव दार्शनिक वाक् को समग्र अर्थ-सृष्टि की निर्मात्री बना देता है और 'शब्दार्थक्रिया' की शब्दावली में अर्थ को शब्द की सर्जना के

---

[६३] एतद्विलक्षणा तु कविवाङ्निर्मितिः। – *का.प्र.वृत्ति* (झलकीकर), पृ. ६

रूप में प्रस्तुत कर **मम्मट** द्वारा संकेतित कलासृष्टि की स्वायत्तता को प्रतिष्ठित करता है। रोचक बात यह है कि यद्यपि **अभिनव** अपनी कलाशास्त्रीय मान्यताओं में योगी की सिद्धिगत या महायोगी की परब्रह्मविषयक आध्यात्मिक अनुभूति को रसानुभूति से विलक्षण मानते हैं, फिर भी नियत्युल्लंघी स्वातन्त्र्य को आधार बनाकर रस की निष्पत्तिगत और अनुभूतिगत दोनों प्रक्रियाओं की कारणतोत्तीर्ण लोकोत्तरता पर सुदीर्घ चर्चा करते हैं। रस की निष्पत्ति में कारणवाची शब्दावली का शब्दशः तिरस्कार और उसके स्थान पर कारणवैलक्षण्याधायी विभावादि की शब्दावली का अङ्गीकरण इसी प्रवृत्ति का परिणाम है।[६४] इसी प्रकार ध्वनि की शब्दशक्ति या वृत्ति के रूप में परिकल्पना काव्यार्थ या नाट्यार्थ की अभिव्यक्ति और संप्रेषण में इस नियत्युल्लंघी स्वातन्त्र्य की वाङ्मयी विधा है। वाच्यवाचकभाव जहाँ शब्द और अर्थ के मध्य संकेत रूप नियत शब्दयोजना पर पलता है, जो वस्तुतः लोकव्यवहार रूप व्यवस्था या नियमन रूप नियतिशक्ति का उपजीव्य है, ध्वनि नियत अर्थ के उत्तरण और अतिरेचन की शक्ति है। और इसलिए, इसमें निरन्तर नवोन्मेष और अनन्त प्रकारता की सम्भावनाएँ छिपी रहती हैं। ध्वनि की इस अवधारणा में कारणता की नियत्युल्लंघी विधा का अनुप्रवेश तो है ही, शैव कारणता का प्रत्यय वाक् की 'चरम अभिलापात्मक कर्तृता' के रूप में परिभाषा द्वारा भी प्रवेश करता है जिसके अनुसार अर्थ, शब्दराश्यात्मक संवित् का कर्म है, शब्दन व्यापार का गलित फल है। दोनों ही प्रकार से कविभारती की असीम सर्जना-सामर्थ्य और उसकी स्वायत्तता चरितार्थ होते दिखती है।

यह कहना कठिन होगा (इस बात का प्रयास भी नहीं किया गया है) कि शैवों के कारणता-विचार के सभी पक्ष ऊपर आ गए हैं। परन्तु निष्कर्षतः अवश्य कहा जा सकता है कि क्रिया-शक्ति या कविकर्म के रूप में कारणकार्यभाव एक सातत्य और अन्विति है, जो फल और व्यापार की एकता में तथा व्यापारयिता और व्यापार की एकता में प्रतिफलित होती है। अन्तःस्थ का बहिर्भासन इस सारी प्रक्रिया का प्राण है। यह लक्षण कार्यकारणभाव के सभी प्रारूपों पर लागू होता है। यहाँ तक कि रसानुभूति में रसना[६५] के व्याज से रस की निष्पत्ति (व्यापार) और चर्वणा (अनुभूति = फल) की एकता के प्रतिपादन में **अभिनवगुप्त** इसी

---

[६४] देखिए –

(१) सा च रसना न प्रमाणव्यापारो न कारकव्यापारः।

(२) अतएव विभावादयो न निष्पत्तिहेतवो रसस्य . . . न ज्ञप्तिहेतवः।

(३) कारणत्वादिभुवमतिक्रान्तैर्विभावनानुभावनासमुपरञ्जकत्वमात्रप्राणैः
अतएव अलौकिकविभावादिव्यपदेशभाग्भिः . . .। – *ना.शा.* ६.३१ पर *अभि.भा.*

[६५] तर्हि सूत्रे निष्पत्तिरिति कथम्। नेयं रसस्य। अपितु तद्विषयरसनायाः।
तन्निष्पत्त्या तु तदेकायत्तजीवितस्य रसस्य निष्पत्तिरुच्यते न कश्चिदत्र दोषः। – तदेव

दार्शनिक पीठिका से कलाशास्त्रीय निष्कर्षों को सींचते हैं। वस्तुतः **अभिनवगुप्त** के कारणता-विचार का फलक इतना व्यापक है कि वह स्वातन्त्र्य और नियमन की आपाततः विरोधी व्यञ्जनाओं को समाहित करते हुए सर्जना-व्यापार की सर्वसमावेशी मीमांसा के रूप में उभरता है। यही उसकी चरितार्थता है और दार्शनिक कारणता-विचार में उसके अतिरिक्त मूल्याङ्कन के औचित्य का पर्याप्त आधार भी।

खण्ड चार : योग

१३. अद्वयमूलक काश्मीरी शैवागम परम्पराओं में योग

१४. काश्मीर शैवदर्शन में योग की षडङ्गता और उसका बौद्ध स्रोत

१३

अद्वयमूलक काश्मीरी शैवागम परम्पराओं में योग

१

काश्मीर की सभी शिवाद्वयवादी धाराओं में समादृत योग के मानक रूप की खोज में आड़े आने वाली सबसे बड़ी कठिनाई हमारी संदर्भगत विषय-सामग्री की प्रकृति से उपजती है। मोटे तौर पर काश्मीर शैव मत में तीन प्रवृत्तियाँ हमारा ध्यान खींचती हैं – तत्त्वचिन्तामूलक/दार्शनिक, तान्त्रिक और सौन्दर्यमीमांसात्मक। काश्मीरी शिवाद्वयवाद के समग्र तार्किक और दार्शनिक आतान-वितान की आन्तरिक संरचना का अन्तःसूत्र प्रत्यभिज्ञा की अवधारणा से बुना जाता है। समावेश और दीक्षा की अवधारणाएँ तान्त्रिक संस्कृति के महत्त्वपूर्ण आयाम हैं और कलाजन्य आस्वाद सौन्दर्यप्रवण आयाम का अन्यतम घटक है। सौन्दर्यशास्त्रीय आयाम प्रकृत सन्दर्भ में केवल निषेधात्मक रूप से ही प्रासंगिक है, क्योंकि चरम आध्यात्मिक आनन्द से संवलित होने पर भी योगि-चेतना में सौन्दर्य का अभाव माना जाता है।[१] पहली (तत्त्वचिन्तामूलक/दार्शनिक) प्रवृत्ति के सन्दर्भ में स्वाभाविक संशय यह होता है कि एक कट्टर वैचारिक और तार्किक चिन्तनधारा में चरम प्रमाता का प्रतिदर्श (मॉडल) ज्ञानी न होकर योगी क्यों है? यहाँ तक कि प्रत्यक्ष, कारणता-नियम, आगम-जन्य शाब्द-बोध जैसे घोर ज्ञानमीमांसीय और सन्मीमांसीय प्रकरणों में भी योगी के रूपक की केन्द्रीयता अक्षुण्ण रहती है।[२] दूसरे अर्थात् तान्त्रिक आयाम की ओर आने पर, तन्त्रगत विषयवस्तु का – ज्ञान (सिद्धान्त), योग, क्रिया (याग/अनुष्ठान) और चर्या में – चतुष्कोटिक विभाजन देखते हैं। इससे एक ओर तान्त्रिक विषय-योजना में योग की अपरिहार्यता का संकेत मिलता है तो दूसरी ओर इस बात का भी कि आध्यात्मिक लक्ष्य की सिद्धि में वह कभी प्रतिस्पर्धी तो कभी अनुपूरक से साधनों में से एक है, एकमात्र नहीं।[३] विविधता की यह धारणा और भी बलवती होती है, जब हम तान्त्रिक योजना के एक और अनिवार्य घटक – दीक्षा – को भी ज्ञान, क्रिया और योग

---

[१] *अभि.भा.*, १, पृ. २८५ के साथ पठित *ई.प्र.वि.वि.*, २, पृ. १७८-७९।

[२] द्र. *शि.दृ.* १.४४-४५, ३.३६-३७, ७.८१; *ई.प्र.का.* १.४.५, १.५.७, २.४.१०, २.४.११।

[३] द्र. *स्व.तं.* १०.५०८-०९, ११.१९९; *तं.* २५.२४-२६, २६.२४१-४६; *म.मं.प.*, पृ. ५८, १११।

के आधार पर ज्ञानदीक्षा, क्रियादीक्षा और योगदीक्षा में विभाजित पाते हैं। यद्यपि त्रिक के आगमों (यथा *मालिनीविजयोत्तर, विज्ञानभैरव, रुद्रयामलतन्त्र* के अंशरूप में स्वोपज्ञात *परात्रिंशिका*), *स्वच्छन्दतन्त्र* और *मालिनीविजयोत्तर* की टीका और वार्त्तिकों (यथा *तन्त्रालोक* और *मालिनीविजयवार्त्तिक*) में उनकी पारस्परिक व्यावृत्ति के अवमूल्यन और ज्ञान (अर्थात् सिद्धान्त) पक्ष के साथ एकान्वयन का सचेष्ट प्रयास दिखाई पड़ता है। इस प्रक्रिया में ज्ञान या सिद्धान्त अधिक व्यापक या अन्वयी बनकर उभरता है, क्योंकि यह माना गया है कि जिन्हें ज्ञानमार्ग दुष्कर लगता है वे दीक्षा/क्रिया, चर्या या योग[४] – जिनमें क्रमशः उत्तरोत्तर श्रेष्ठ है[५] – में से किसी एक को चुन सकते हैं। इस समन्वयिनी वृत्ति के शास्त्रीय रूपार्जन का आभास तभी से मिलने लगता है, जब *मालिनीविजयोत्तर* को हम योगी और ज्ञानी में एक घनिष्ठ सामनन्तर्य स्थापित करते देखते हैं,[६] यद्यपि दोनों की पारस्परिक मूल्यवत्ता को लेकर स्थिति बहुत स्पष्ट नहीं है। यह समन्वय **अभिनवगुप्त** तक आते आते पूरा रंग पकड़ लेता है, क्योंकि *तन्त्रालोक* में स्वरूपोपलब्धि[७] की प्रक्रिया को वह उपाय-चतुष्क या ज्ञान-चतुष्क की प्रक्रिया के माध्यम से ज्ञान की शब्दावली में ढाल देते हैं। यौगिक साधनाओं और योङ्गोंगें को स्थूलतम ज्ञान-साधन, आणवोपाय,[८] के अन्दर समेटते हुए वह एक प्रकार से ज्ञान और योग की समकक्ष्यता और समीकरण को फिर से रेखांकित करते हैं।[९] यद्यपि इसमें संदेह नहीं

---

[४] तत्राशक्तास्तु ये तेषां दीक्षाचर्यासमाधयः।
ते विद्यापूर्वका यस्मात्तस्माज्ज्ञान्युत्तमोत्तमः।। – *तं.* १५.११;

ज्ञानयोग्यास्तथा केचिच्चर्यायोग्यास्तथापरे।
दीक्षायोग्या योगयोग्या इति श्रीकैरणे विधौ।। – तदेव १५.१८

मतङ्ग और *किरण* आगमों से सम्बन्धित अंशों के उद्धरण के लिए द्र. *तं.वि.*, पृ. २४-४८, २४५२-५३

[५] तत्रोक्तलक्षणः कर्मयोगज्ञानविशारदः।
उत्तरोत्तरताभूम्युत्कृष्टो गुरुरुदीरितः।। – तदेव १५.१६

[६] द्वावेव मोक्षदौ ज्ञेयौ ज्ञानी योगी च शाङ्करि।
पृथक्त्वात्तत्र . . . बोद्धव्यं फलकांक्षिभिः।। – *मा.वि.तं.* ४.२७; यह विचारक्रम ४.३४अ तक चलता रहता है।

[७] इति ज्ञानचतुष्कं यत्सिद्धिमुक्तिमहोदयम्।
तन्मया तन्त्र्यते तन्त्रालोकनाम्न्यत्र शासने।। – *तं.* १.२४५

[८] अन्ते ज्ञानेऽत्र सोपाये समस्तः कर्मविस्तरः।
प्रस्फुटेनैव रूपेण भावी सोऽन्तर्भविष्यति।। – तदेव १.२३१

[९] यतो नान्या क्रिया नाम ज्ञानमेव हि तत्तथा।
रूढेर्योगान्ततां प्राप्तमिति श्रीगमशासने।।

→

है कि ज्ञान का पलड़ा योग से कुछ ऊपर रहता है।[१०] इतने स्पष्ट संकेतों के बावजूद हैरान करने वाली बात यह है कि मूल आगम, और विशेषकर उनकी शास्त्रीय टीकाओं, की प्रतिज्ञा अपने प्रतिपादन को योगविधा-विशेष के रूप में उपस्थापित कर योगशास्त्र कहलाने या योग-केन्द्रित शास्त्र के रूप में प्रस्तुत करने की है। इसके अतिरिक्त, भारतीय दर्शन की अन्य परम्पराओं की भाँति योग शब्द के प्रयोग में एक तरह की अभिधेयोत्तीर्णता – अपने शाब्दिक अर्थ से परे जाने की प्रवृत्ति – भी दिखाई पड़ती है, जब हम इसे ज्ञान, भक्ति, कर्म, जप या ध्यान आदि के साथ संयुक्त करते हैं (यथा, ज्ञान-योग, भक्ति-योग आदि)। इस अवस्था में सारी अध्यात्म-पद्धतियाँ अपनी प्रातिस्विक निजता को बचाए रखते हुए योग में आपसी समन्वय का आधार ढूँढती हैं और इस प्रकार योग की पारिभाषिक अर्थवत्ता का मुद्दा एक प्रकार से असमाहित रहता है।

शैव दर्शन के प्रसंग से एक अन्य तथ्य की ओर ध्यान ले जाना वाँछनीय होगा। सारे हिन्दू देवताओं में शिव की प्रतिमा योगी का प्रतीक है। सच कहा जाए तो दार्शनिक, पौराणिक और धार्मिक सन्दर्भों में योगी शब्द से सामान्यतः शिव का ही वाचन होता है। इसलिए शिव को सर्वोत्कृष्ट योगी के रूप में और योगी को शिव रूप में प्रस्तुत करना काश्मीर शिवाद्वयवाद के लिए स्वाभाविक प्रक्रिया है। परन्तु एक बाहरी व्यक्ति को जो बात चमत्कृत करती है, वह है **कृष्ण** को भी योगियों (योगीश्वर) का या योग का ईश्वर (योगेश्वर) कहा जाना।[११] यह कहना भी प्रासंगिक होगा कि यद्यपि काश्मीर शैवमत की गणना नास्तिक दर्शन सम्प्रदाय के रूप में होती है (क्योंकि श्रुति के चरम प्रामाण्य में इसकी घोषित निष्ठा न होकर आगम-प्रामाण्य में है), *गीता* की शास्त्ररूप प्रामाणिकता में इसका दृढ़ विश्वास है। योगपरक

← योगो नान्यः क्रिया नान्या तत्त्वारूढा हि या मतिः।
स्वचित्तवासनाशान्तौ सा क्रियेत्यभिधीयते।। – तदेव १.१५०-५१; और भी द्र. *तं.* १०.२४६:
लोक योगप्रसंख्यानत्रैरूप्यवशतः किल।
नामानि त्रीणि भण्यन्ते. . .।।

इस सामनन्तर्य पर **अभिनव** *तं.* १०.२४२ से लेकर १०.२८० तक लम्बी चर्चा करते हैं।

[१०] तुर्यातीते पुनर्वक्ष्यमाणदृशा योगो न प्रतपेदिति। – *तं.वि.*, ५, पृ. २०५१; **अभिनवगुप्त** का स्पष्ट मानना है:

तुर्यातीतं तु तत्प्राहुस्तदेव परमं पदम्।।
नात्र योगस्य सद्भावो भावनादेरभावतः।
अप्रमेयेऽपरिच्छिन्ने स्वतन्त्रे भाव्यता कुतः।। – *तं.* १०.२७८-७९

[११] यत्र योगीश्वरः कृष्णो . . . । – *गीता* १८.७८; यहाँ यह बात ध्यान में रखने की है कि सारे काश्मीरी टीकाकार *गीता* के काश्मीरी संस्करण का अनुसरण करते हैं।

शैवी चिन्तन का एक बड़ा अंश गीता-भाष्यों में आकार ग्रहण करता है।[१२]

काश्मीर के योग-विषयक शिवाद्वयवादी चिन्तन में इतना वैविध्य और बिखराव है कि योग के एक मानक प्रतिदर्श (मॉडल) का निश्चयन असम्भव नहीं तो अत्यन्त कठिन अवश्य है। यह वैविध्य केवल समकाल में ही नहीं, बल्कि कालिक अनुक्रम में भी उतना ही फैला और सम्पन्नता भरा मिलता है। आगमों से लेकर **वसुगुप्त, कल्लट, सोमानन्द** और **रामकण्ठ** जैसे अभिनवपूर्व दार्शनिकों, स्वयं **अभिनवगुप्त**, उनके उत्तरवर्ती **क्षेमराज** आदि तथा **महेश्वरानन्द** और **शिवोपाध्याय** जैसे सुदूर-अभिनवोत्तरवर्ती आचार्यों तक एक सुदीर्घ कालावधि में शैव योग का उद्विकास हुआ है। इसकी स्वाभाविक परिणति यह हुई है कि शैव योग का जो और जैसा विकास काश्मीर शैवों के हाथ में हुआ, उसमें जहाँ एक ओर अनेक परतें और दिशाएँ विकसित हुईं वहीं उसकी आ-भारतीय (पैन-इन्डियन) इयत्ता सुरक्षित रही।

जहाँ तक आ-भारतीय इयत्ता का प्रश्न है, हमें यह याद रखना चाहिए कि हिन्दू मानस[१३] के पारिभाषिक, व्यावर्तक और आवर्त्ती आयाम (पैराडाइम) की खोज में दो शब्दों का व्यापक रूप से प्रयोग मिलता है – दर्शन और योग, जो भिन्नार्थक होते हुए भी एक-दूसरे के अनुपूरक हैं और विराट् भारतीय अध्यात्मविद्या के क्षेत्र में बहुविध चिन्तन-धाराओं की विश्वदृष्टियों को रूपायित करने की दिशा में साझी दार्शनिक पहुँच के परिघटक की भूमिका निभाते हैं। सम्प्रदायगत वैचारिक व्याख्या-भेदों के रहने पर भी अपने-अपने वाच्यता-क्षेत्रों में दर्शन का अर्थ है 'देखना/प्रत्यक्षीकरण' या 'अव्यवहित ज्ञान' और योग का अर्थ है 'जोड़ना' या 'पाना/पहुँचना'। दोनों का समन्वित अभिप्राय "उपलब्धीकरण" (रियलायज़ेशन) या "वास्तवीकरण" (ऍक्चुअलायज़ेशन) की धारणा में पर्यवसित होता है। इसीलिए जानने या देखने के विषय या लक्ष्य से हमेशा उपलब्धि/भवन-क्रिया के विषय या लक्ष्य का अर्थ लिया जाता है। काश्मीर शिवाद्वयवाद भी इसका अपवाद नहीं है।

वस्तुतः **क्षेमराज** इस बात को बड़े संरम्भपूर्वक सामने लाते हैं : तत्तत् ज्ञेय पदार्थ के अनुभव को वह ज्ञान या दर्शन कहते हैं और उससे ऐक्यप्राप्ति को योग।[१४] *शिवदृष्टि* के प्रणेता और प्रत्यभिज्ञा के 'महागुरु' (*ई.प्र.का.* ४.१.१६) **सोमानन्द** दर्शन और योग का

---

[१२] *गीता* के उपलब्ध काश्मीरी शैव भाष्यों में **अभिनवगुप्त** का *गीतार्थसंग्रह*, **रामकण्ठ** का *सर्वतोभद्र*, **आनन्दवर्धन** की *आनन्दवर्धिनी* आदि प्रमुख हैं।

[१३] मेरे लिए भारत में उपजी सभी चिन्तनधाराएँ इस शब्द के अभिधान-क्षेत्र में आती हैं।

[१४] ज्ञानं तत्तज्ज्ञेयतत्त्वानुभवम्, योगं तदैक्यप्राप्तिम्। – *स्व.तं.उ.*(द्विवेदी), भा.१, पृ. ३४३ (*स्व.तं.* ६.४५ पर)

एकार्थीकरण करते हैं।[१५] **अभिनवगुप्त याज्ञवल्क्य** के मत से पूरी सहमति जताते हैं कि योग से आत्मा का दर्शन ही परम धर्म है।[१६] अतः यह निष्कर्ष युक्तिसंगत लगता है, जैसा हम आगे देखेंगे भी, कि प्राप्ति या उपलब्धि का भाव योग के अन्य सारे अर्थों में अनुवृत्त होता है – “अप्राप्तस्य प्रापणं योगः”।

अगले पृष्ठों में हम शैवागमीय योग पर एक विहंगम दृष्टि डालते हैं।

२

काश्मीर के शिवाद्वयवाद में योग की अवधारणा के सम्यक् अवगाहन के लिए योगी की भूमिका और स्थान में समीक्षात्मक अन्तर्दृष्टि सहायक होगी। योगी के रूपक का सहारा आगमों की परिघटनात्मक संरचना (कॉन्स्टिट्यूटिव स्ट्रक्चरिङ्) के अलावा माहेश्वर्य के आधारभूत प्रत्यय की सिद्धि और उसकी हृदयङ्गमता के लिए एक यौक्तिक साधन के रूप में लिया गया है। इस उपमान का उपयोग ख़ास तौर पर हमारी अपनी सत्ता में अन्तर्निहित चरम सत् के कर्तृभाव और स्वातन्त्र्य की उपपत्ति के निमित्त एक निरपवाद, सर्वमान्य, सर्वग्राह्य और प्रामाणिक युक्ति-साधन के रूप में किया जाता है। ऐसा केवल आगमों में ही नहीं अपितु परवर्ती शास्त्रीय उपक्रमों में भी निरपवाद रूप से मिलता है। इस प्रकार योगी लोकातीत विषयिता, माहेश्वर्य और कर्तृता के ऐसे जीवित प्रतीक के रूप में उभरता है जिसका प्रत्यक्ष और साम्मुख्य हमारे लौकिक अनुभव का विषय है। **अभिनव** की परिकल्पना में योगी स्वयं में परमशिव के पञ्चकृत्यों का स्वाभाविक अधिष्ठान है।[१७] इस पर और भी गहरा आग्रह जताने के लिए **अभिनव** ज्ञानघन ईश्वर को सर्वकर्ता “कर्मयोगी” के रूप में परिघटित करते हुए विपरीत समीकरण का आश्रय लेते हैं।[१८]

तर्कणा की ऐसी पद्धति का सहज निहितार्थ यह भी है कि परम कर्तृता या माहेश्वर्य मात्र एक पुराकथीय आदर्श ही नहीं रह जाता, बल्कि ऐसी वस्तुस्थिति है जो इसी जीवन में पहुँच के अन्दर है। यह बात हमें अपने प्रारम्भिक वक्तव्य की ओर वापस ले आती है

---

[१५] सर्वभावानां शिवरूपतया दर्शनं योगः। – (*शि.दृ.* ७.८१ को उद्धृत करते हुए **क्षेमराज** की टिप्पणी)

[१६] अयं स परमो धर्मः यद्योगेनात्मदर्शनम्। – *याज्ञवल्क्य-स्मृति* १.८ (*गीतार्थ-संग्रह*, पृ. १ पर उद्धृत)

[१७] इत्थं सृष्टिस्थितिध्वंसतिरोभावमनुग्रहः। इति पञ्चसु कर्तृत्वं शिवत्वं संविदात्मनः।।
पञ्चकृत्यस्वतन्त्रत्वसंपूर्णस्वात्ममानिनः। योगिनो . . . । – *तं.* १४.२४-२५

[१८] संवेदनात्मको देव एकस्तस्मात् स्वतः खलु।
सर्वकर्ता च वैचित्र्यात् कर्मयोगीति भण्यते।। – *मा.वि.वा.* २.२०६

→

कि ज्ञान का पर्यवसान केवल साक्षात्कारात्मक संवेदन में नहीं हो जाता, अपितु सत् तक सद्यः पहुँच में, उसकी उपलब्धि में होता है। भारतीय तत्त्व-चिन्तन के शब्दकोश में आत्म-साक्षात्कार, आत्म-प्रत्यक्ष का अर्थ हमेशा आत्म-उपलब्धि, आत्म-भूयत्व/ब्रह्म-भूयत्व या सत्-भूयत्व (ऍक्चुलायज़ेशन ऑफ़् बीइङ्) से ही लिया जाता है। योग का समग्र परिकल्प इस आधारभूत पर्यायता का सशक्त अनुवदन है, क्योंकि 'प्रापण' 'उपलाभ' या 'भवन' में कर्ता की क्रिया का स्पर्श अन्तर्गर्भित है। वस्तुतः ज्ञान का क्रियात्मक उपपादन ऐसा लक्ष्य है, जिसमें शैव दार्शनिक की सकल स्थापनाओं के प्राण बसते हैं।

दुर्भाग्य से शिवाद्वयवाद में हमें योग का ऐसा कोई एक लक्षण नहीं मिलता, जो सभी मानकों पर सटीक बैठता हो और सभी को स्वीकार्य हो। फिर भी सबसे अधिक उदाहृत, और सबसे अधिक आदरार्ह लक्षण जो हाथ लगता है, वह *मालिनीविजयोत्तर* (त्रिक का उपजीव्य आगम) से है – "योगमेकत्वमिच्छन्ति" (एकत्व की प्राप्ति को योग कहते, शब्दशः "चाहते", हैं)।[१९] परन्तु ऐसा लगता है कि परवर्ती मनीषा ने *मालिनी-विजयोत्तरतन्त्र* के मुख्य अभिधेय की दिशा ही बदल दी। क्योंकि *मालिनीविजय* में योगी (सच पूछिए तो यहाँ पर, 'वस्तु' = पदार्थ) को उपादेय और ज्ञेय वस्तुओं से (उन वस्तुओं के विरुद्ध जो 'हेय' अर्थात् त्याजने योग्य हैं) एक होना है। यहाँ 'उपादेय' वस्तुओं का अभिप्राय है, शुद्ध सृष्टि के तत्त्वों या वस्तुओं से।[२०] इस अर्थ में योग की पहली शर्त है ज्ञान। यह स्थिति **अभिनवगुप्त** की स्थिति के विपरीत जा पड़ती है, जब वह ज्ञान को योग से ऊपर रखते हैं और योग को ज्ञान में पर्यवसित करते हैं।[२१] इस प्रसंग में *शारदातिलकतन्त्र*, जिसे अन्तःसाक्ष्य के आधार

← यह जानना रोचक होगा कि **रामकण्ठ** भी परमयोगी को कर्मयोगी कहते हैं– "स्वरूपप्रतिष्ठसंवित्कर्मयोगी" (*सर्वतोभद्र*, पृ. १७६)। कहीं यह शब्द **अभिनव** ने **रामकण्ठ** से तो नहीं लिया है?

[१९] योगमेकत्वमिच्छन्ति वस्तुनोऽन्येन वस्तुना।
तत्प्रसिद्ध्यै शिवेनोक्तं यदुपवर्णितम्।। – *मा.वि.तं.* ४.४

[२०] शिव, शक्ति, विद्येश, मन्त्र, मन्त्रेश और अणु – ये छह वस्तुएँ फलार्थियों के लिए 'उपादेय' कही गई हैं। इसके विपरीत त्रिविध मल (आणव, काम और मायीय) तथा माया प्रसूत जगत् 'हेय' है। देखिए, *मा.वि.तं.* १.१५-१६:

शिवः शक्तिः सविद्येशा मन्त्रा मन्त्रेश्वराणवः।
उपादेयमिति प्रोक्तमेतत्षट्कं फलार्थिनाम्।।

मलः कर्म च माया च मायीयमखिलं जगत्।
सर्वं हेयमिति प्रोक्तं विज्ञेयं वस्तु निश्चितम्।।

[२१] योगो नान्यः क्रिया नान्या तत्त्वारूढा हि या मतिः।
स्वचित्तवासनाशान्तौ सा क्रियेत्यभिधीयते।। – *तं.* १.१५१

पर **अभिनव** के गुरु **लक्ष्मणगुप्त** की रचना माना जा सकता है,[२२] के मन्तव्य की ओर ध्यान ले जाना उचित होगा। इस तन्त्र में योग, जिसका फल संवित् अर्थात् ज्ञान का उद्बोध है, के निम्नलिखित चार लक्षण मिलते हैं[२३] –

(१) योग जीव का आत्मा के साथ एकत्व है;

(२) योग परम् सत् (शिव) और जीवात्मा (आत्मा) का अभेद है;

(३) योग शिव-शक्त्याकार ज्ञान है, (या व्याख्यान्तर से)[२४] योग शिव का शक्त्यात्मक ज्ञान है; और

(४) योग पुराण-पुरुष, अनादि प्रमाता, का ज्ञान है।

यहाँ कोई भी पहले मत में "एकत्व" के अर्थ से अन्य तीनों में "ज्ञान" के अर्थ में संक्रमण बड़ी सरलता से देख सकता है। देखा जाए तो त्रिक दार्शनिक द्वारा इन चारों लक्षणों[२५] का

---

[२२] *शा.ति.तं.* २५.८६; इस ग्रन्थ के कृतित्व को लेकर विद्वानों में ऐकमत्य नहीं है। – द्र. *क्र. तां.*, पृ.१४७-४८

[२३] अथ योगं प्रवक्ष्यामि साङ्गं संवित्प्रदायकम्।
ऐक्यं जीवात्मनोराहुर्योगं योगविशारदाः।।
शिवात्मनोरभेदेन प्रतिपत्तिं (:?) परे विदुः।
शिवशक्त्यात्मकं ज्ञानं जगुरागमवेदिनः।।
पुराणपुरुषस्यान्ये ज्ञानमाहुर्विशारदाः। – *शा.ति.तं.* २५.१-३$_{क}$

गोपीनाथ कविराज सर्वप्रथम इन चार समीकरणों की ओर, बिना ग्रन्थोल्लेख के, ध्यान आकर्षित करते हैं। – *भा.सं.सा.*, भा.१, पृ. ३८२

[२४] इस व्याख्यान्तर को *गीतार्थ-संग्रह* (*गीता* ६.५ पर) से समर्थन मिलता है: **योगः शक्तिः युज्यमानत्वात्**।

[२५] *शारदातिलक* के ऊपर *पदार्थादर्श* टीका के प्रणेता **राघवभट्ट** प्रथम मत को वेदान्त से, दूसरे मत (शिव तथा आत्मा का अभेद) को प्रत्यभिज्ञा आदि शैव मतों से, तीसरे मत (शिवशक्त्याकार ज्ञान/शिव का शक्त्यात्मक ज्ञान) को उत्तराम्नाय अर्थात् क्रम-दर्शन, जो काश्मीर शैव मत की ही एक विधा है से, और चौथे मत (पुराण पुरुष का ज्ञान) को भेदवादी वैष्णवों से जोड़ते हैं। द्र. *शा.ति.तं.*, भा.२, पृ. ८६३-६४। इस प्रकार इन चारों में दो मत काश्मीर के शिवाद्वयवादी सम्प्रदायों का ही प्रतिनिधित्व करते हैं। मेरा विचार है कि **राघवभट्ट** की व्याख्या से अवान्तर दृष्टिकोण भी अपनाने में बहुत कठिनाई नहीं आती। प्रथम मत की तथाकथित वेदान्तिक प्रतिपत्ति में (शिव या शक्ति के कण्ठशः नामग्रहण के अभाव में भी) और चौथे मत में पुराण पुरुष की गीतोक्त अवधारणा ("त्वमादिदेवः पुरुषः पुराणः" : *गीता* ११.३६; "कविं पुराणमनुशासितारम्" *गीता* ८.६; "स तं परं पुरुषमुपैति दिव्यम्" : *गीता* ८.१०, यहाँ पर *गीता* के अभिनवकृत *गीतार्थ-संग्रह* में अङ्गीकृत पाठ का सन्दर्भण हुआ है) में भी शैवी दृष्टि की अनुगूंज सुनी जा सकती है।

उनके सैद्धान्तिक पल्लवन के किसी-न-किसी स्तर पर विनियोग हुआ है। हाँ, 'योग' के 'ज्ञान' में प्रारूप-अन्तरण से हमें यह शंका नहीं करनी चाहिए कि **अभिनव** अपने विचारों का अतिदेशन (ओवरकोडिङ्) करते हुए उन्हें सर्वत्र आरोपित कर रहे हैं (जैसी कि आधुनिक व्याख्याओं के एक वर्ग में प्रवृत्ति दिखाई पड़ती है)। क्योंकि अट्ठारहवें अधिकार में *मालिनीविजय* ऐक्य के पारिभाषिक अर्थ को पलटता सा प्रतीत होता है, जब वह ऐक्य को उपादेय और हेय दोनों से परे परमाद्वैत[२६] से जोड़ता है – "परमाद्वैतमाश्रितः"।[२७] आगे चलकर *मालिनीविजयतन्त्र* 'परम योगविधि' (**परमं योगविधिम्**)[२८] का मुकुट पहनाते हुए शिव-केन्द्रित योग पद्धति[२९] का प्रतिपादन करता है और ठीक उसके बाद उस परमाद्वैतवाद के अपने प्रतिदर्श को प्रस्तुत करता है।[३०] इस प्रकार **अभिनव** *मालिनीविजयतन्त्र* के 'अद्वैत भगवद्योग' के प्रतिष्ठापक योगशास्त्र के रूप में[३१] दावे की प्रामाणिकता पर मुहर लगाते हैं। *मालिनीतन्त्र* में योग के आत्मसम्मत प्रारूप में अपनी निष्कम्प आस्था को व्यक्त करते हुए, अनुत्तरत्रिक के अपने प्रक्रिया-ग्रन्थ *परात्रिंशिकाविवरण* में **अभिनवगुप्त** 'ऐक्य' को योग की समस्त विधाओं का स्वरूपलक्षण या व्यावर्तक धर्म मानते हैं।[३२]

उपर्युक्त निगमन का श्रेय उस शास्त्रीय परिवेश को देना चाहिए, जिसमें **अभिनव** का जन्म हुआ था। काश्मीरी शैवों में अत्यन्त समादृत आगम *विज्ञान-भैरव*, जो *रुद्रयामलतन्त्र* का सार समझा जाता है,[३३] में यद्यपि हमें योग की कोई परिभाषा प्राप्त नहीं होती, फिर भी

---

[२६] *मा.वि.तं.* १८.३६-४०; द्रष्टव्य *मा.वि.वा.* १.६३०-३१:

अस्त्वसौ नहि नो हेयमादेयं वा यथात्र वः।।

सर्वानुग्राहकं पक्षमालिलम्बिषसे यदि।
परमाद्वयदृष्टिं तत्संश्रयेः शरणं महत्।।

[२७] *मा.वि.तं.* १८.४; आगे भी १८.६०: शिवेन एकत्वमागतम्।

[२८] तदेव १६.१।

[२९] तदेव १८.७३।

[३०] तदेव १८.७४-८०।

[३१] किं च शास्त्रमिदं सम्यग्भगवद्योगदेशकम्।
भगवद्योगमद्वैतं निर्द्वन्द्वं च प्रचक्षते।। – *मा.वि.वा.* १.११०-११

[३२] *प.त्रिं.* १८ (स सिद्धिभाग्भवेन्नित्यं स योगी स च दीक्षितः) की व्याख्या करते हुए **अभिनव** कहते हैं: 'स सिद्धिभाक् योगी 'योगमेकत्वमिच्छन्ति' इति, यतो ज्ञानदानमायाक्षपणलक्षणा च तस्यैव दीक्षा . . . तदाह स एव सिद्धिभाग्योगी, स एव दीक्षितः नित्यमिति। – *प.त्रिं.वि.*, पृ. २५३; और भी देखिए, *प.त्रिं.वि.*, पृ. २४८, २५४, २६६, २६८

[३३] रुद्रयामलतन्त्रस्य सारमद्यावधारितम्। – *वि.भै.* १६२

→

योगी के साक्षात् सन्दर्भ में तीन मुख्य विशेषताओं का उल्लेख मिलता है। लक्षणतया इन्हें योग के प्रातिस्विक स्वरूपधर्म के रूप में लिया जा सकता है। पहली है, 'उसके साथ आत्मरूपता' (तदात्मता)।[३४] दूसरी है, 'ग्राह्य और ग्राहक के मध्य सम्बन्ध में सावधानता'।[३५] इसे विशेष रूप से भेदक धर्म माना गया है। इसका अर्थ है बाह्य जगत् के साथ सम्पर्क के क्षण में भी अपनी संविद्रूपता के स्पर्श का बना रहना।[३६] *स्पन्दकारिकाओं*, जिनका समय **उत्पल** के पूर्व का है, में भी इस अवधानता के प्रत्यय की अनुगूँज स्फुट सुनाई देती है।[३७] **अभिनवगुप्त** तो इसे आधार मानते हुए 'अवधानयोग' का ही आसूत्रण कर बैठते हैं।[३८] तीसरी है, 'भरिताकारिता' (अस्तित्व का पूरी तरह से पोषित होना)। सिद्धयोगी (एकतमयुक्तिस्थे) की अन्यतम पहचान के रूप में इसे तृप्ति या अत्यन्त पूर्णता से समीकृत किया गया है।[३९] **अभिनव** की प्रत्यभिज्ञा की अपनी दार्शनिक परम्परा में उनके परमगुरु **सोमानन्द** योग (शाब्दिक अर्थ, "जुड़ना" "योजन") के इसी भाव को निषेधमुखी विश्लेषण द्वारा प्रस्तुत करते हैं– योग अपने सहज रूप का 'अत्याग' है अर्थात् स्वरूप से कभी भी न हटना। यह स्वरूप है शिवाकार होना। इस "स्व" में "सर्व" अन्तर्भुक्त है। अपनी और सबकी शिवरूप में भावना योग है और इसकी प्रक्रिया है, शक्ति की सन्तान-प्रसरता का नैरन्तर्य।[४०]

व्युत्पत्ति की दृष्टि से ऐसे परिकल्पनों का सम्बन्ध रुधादिगण में पठित √ युज् धातु

← *परात्रिंशिका* या *परात्रीशिका* भी *रुद्रयामलतन्त्र* का अंश है। आज *रुद्रयामलतन्त्र* उपलब्ध नहीं है। मुद्रित *रुद्रयामलतन्त्र* **अभिनव** की परम्परा से इतर है।

[३४] योगिनस्तन्मयत्वेन मनोरूढेस्तदात्मता। – तदेव ७३; द्र. *शि.सू.वि.*, टिप्पणी १२८, पृ. १४ (परिशिष्ट १)

[३५] ग्राह्यग्राहकसंवित्तिः सामान्या सर्वदेहिनाम्।
योगिनां तु विशेषोऽस्ति सम्बन्धे सावधानता।। – *वि.भै.* १०६

[३६] ग्राहकरूपाविस्मरणम्। – *वि.भै.वि.*, पृ. ६२

[३७] यथा ह्यर्थोऽस्फुटो दृष्टः सावधानेऽपि चेतसि।
भूयः स्फुटतरो भाति स्वबलोद्योगभावितः।। – *स्प.का.* ३.४

[३८] अत एव तत्सम्भवोपदेश एव अवधानयोगेऽभ्युपायः। यदुक्तं 'ग्राह्यग्राहकसंवित्तिः . . . सावधानता।' – *ई.प्र.वि.वि.*, १, पृ. ७७; और भी द्र. *मा.वि.वा.* १.६६०-६१; *ई.प्र.वि.*, १, पृ. ३६१; *भा.* १, पृ. ३६२

[३९] *वि.भै.* १४८।

[४०] यस्मिन्नर्थे सदाऽत्यागो गच्छतस्तिष्ठतोऽपि वा।
धावतः खादतो वापि स योगः परयोगिनः।। . . .
अतएव शिवः सर्वमिति योगोऽथ चेतसि।
सन्ततं शक्तिसन्तानप्रसरेण सदैव मे।। – *शि.दृ.* ७.८१, ८४

(जोड़ना, एक करना : युजिर्योगे) से बैठाया जा सकता है। व्युत्पादन का यह प्रकार हमें तन्त्र-ग्रन्थों में महत्त्वपूर्ण समझे जाने वाले एक और परिकल्प के आमने-सामने ले आता है। योजनिका संज्ञक तान्त्रिक क्रिया,[४१] अधिकतर जिसे दीक्षा की एक स्वतन्त्र विधा या पक्ष के रूप में लिया जाता है[४२] (जिसकी अवान्तर संज्ञा 'योग' भी है) और जिसका मुख्य प्रयोजन सिद्धिकामी बुभुक्षु (साधक) को सम्बन्धित भुवनों (भोगायतन/भोगभूमियों) और तत्त्वों (सत्तामूलक पदार्थों) से जोड़ना है, इसी धातु से निष्पन्न होती है। यद्यपि योजनिका से सम्बद्ध योगों की गणना अवर कोटि के योगों में होती है, *तन्त्रसार* की यह स्पष्ट मान्यता है कि योग का कोई भी प्रकार, उसकी कोटि कितनी ही ऊँची क्यों न हो, तब तक योग संज्ञा का वाच्य नहीं बन सकता, जब तक कि उसका विधान या प्रवर्तन योजनिका के दौरान या प्रसङ्ग से न हुआ हो।[४३] *स्वच्छन्दतन्त्र* की प्रसिद्ध उक्ति "दीक्षा से बढ़कर कोई मोक्ष नहीं, मातृका से बढ़कर परा विद्या नहीं, प्रक्रिया से बड़ा ज्ञान नहीं और लक्ष्य से हटकर योग नहीं"[४४] में अन्तिम पाद (नास्ति योगस्त्वलक्ष्यकः) की व्याख्या करते हुए **क्षेमराज** का कहना है कि जिस योग का लक्ष्य अर्थात् अन्तिम विश्रान्तिस्थल (लक्ष्यकः) नहीं होता, वह योग नहीं है। अतः उनका निर्णय है कि परतत्त्व जिसका लक्ष्य है उससे जो एकात्मक है, वही योग है।[४५] इसके अतिरिक्त योग या तो मितयोग है या अ-योग है। प्रकृत में योजनिका द्वारा उपात्त परयोग ही यहाँ योग है।[४६] मितयोग हेय की श्रेणी में आता है, परयोग ही उपादेय है। इस बिन्दु पर हमें **अभिनवगुप्त** का स्मरण हो आता है, जब वह योग का शक्तितया भावन करते हैं। यह याद रखने की बात है कि शिवाद्वयवाद में शिव के अतिरिक्त अन्य सभी की शक्ति के रूप में परिकल्पना की जाती है। इसका सीधा सा कारण है शक्ति का एकीकरण, योजन या अभेदन में उपकरणभूत होना।[४७]

रामकण्ठ, *गीता* पर *सर्वतोभद्र* नामक टीका के रचयिता, जो राजा **अवन्तिवर्मन्**

---

४१ द्र. *तं.सा.*, आह्निक १४-१६।

४२ कर्मफलभुक्तये योजनिकाख्यं दीक्षाङ्गमपि कदाचिद् योग इत्युच्यते। – काश्मीरशैवदर्शनबृहत्कोष, २, पृ. ५६०

४३ एवं शिवान्ततत्त्वशुद्धिः ततो योजनिकोक्तक्रमेण पूर्णाहुतिः। भोगेच्छोः भोगस्थाने योजनिकार्थमपरा, शुद्धतत्त्वसृष्ट्यर्थमन्या। – तं.सा., पृ.१६०; और भी देखिए, आगे पृ.१६२-६३, १६८

४४ नास्ति दीक्षासमो मोक्षः न विद्या मातृका परा।
न प्रक्रियापरं ज्ञानं, नास्ति योगस्त्वलक्ष्यकः।। – *स्व.तं.* ११.१९६

४५ लक्ष्यभूतपरतत्त्वैकात्मा। – *स्व.तं.उ.* (द्विवेदी), भा.२, पृ. ३५१

४६ योजनिकोक्तः परयोग एवेह योगः। – तदेव

४७ योगः शक्तिः युज्यमानत्वात्। – *गीतार्थसंग्रह*, पृ.१०० (*गीता* ९.५ में "योगमैश्वरं" की व्याख्या में)

(८५५-८३ ई.) और **कल्लट** के समकालीन थे, का दृष्टिकोण बिल्कुल भिन्न है। पातञ्जल योग की भाँति वह योग शब्द को दिवादिगण में पठित, अकर्मक √ युज् धातु (शाब्दिक अर्थ : "साथ-साथ रखना"), जिसका अर्थ समाधि है, से निष्पन्न करते हैं। उनकी दृष्टि में समाधि रूप कर्म 'योग' है (समाधिलक्षणकर्म)[४८] या कर्मयोग नामक समाधि 'योग' है।[४९]

रामकण्ठ अपने सिद्धान्त को ज्ञानकर्मसमुच्चयवाद का नाम देते हैं[५०] और इसे 'महायोग' या 'निरुत्तर समाधि' कहकर इसकी मूल्यवत्ता को उजागर करते हैं। साथ ही यह भी कहना नहीं भूलते कि निरुत्तरसमाधि निषेधगन्धी चित्तवृत्तिनिरोधलक्षण (पातञ्जल) योग से नितान्त भिन्न है।[५१] यहाँ पर सहज ही सन्देह हो सकता है कि यह दृष्टि योगविषयक विशुद्धज्ञानवादी और अद्वयवादी मुख्य धारा से भटकी हुई है। **अभिनवगुप्त** इसका सीधे (सम्भवतः **रामकण्ठ** को सामने रखते हुए) प्रत्याख्यान भी करते हैं कि ज्ञान और कर्म को बराबरी से नहीं देखा जा सकता।[५२] ज्ञानकर्मसमुच्चय के साथ **रामकण्ठ** के इस अभिनिवेश के कारण **चिन्तामणि** उनके मत को 'अभेद-में-भेद' (भेदाभेद) का अनुयायी मानते हैं।[५३] परन्तु थोड़ा सा भी अन्दर झाँकने पर **रामकण्ठ** की योग की अद्वयवादी व्याख्या के प्रति निष्ठा में सारे संशय दूर हो जाते हैं। समाधि की आत्माद्वैतज्ञान-निष्ठता ही योग है, जिसे वह कर्मानुष्ठान की शब्दावली में व्यक्त करते हैं। इसे और भी अच्छी तरह से समझने के लिए योग के चित्तवृत्ति के निरोध या प्रशमन रूप पारम्परिक उपस्थापन से इसका अन्तर समझना सहायक होगा। सांख्यज्ञान की निष्ठा निरोध-निष्ठा (चित्तवृत्तिनिरोधलक्षणनिष्ठा) है, **रामकण्ठ** की निष्ठा कर्मनिष्ठा है (आत्माद्वयज्ञानस्य कर्मानुष्ठानसमाधौनिष्ठा)।[५४] 'समुच्चय' भावात्मक या स्वीकृतिमूलक है – 'कर्मणाम् अत्यागः' (अर्थात् कर्मानुष्ठान), जबकि 'संन्यास' निवृत्तिमूलक है और उसका

---

[४८] *सर्वतोभद्र* (चिन्तामणि), पृ. ६६।

[४९] योगं कर्मयोगाख्यं समाधिम्। – तदेव, पृ. ५२१

[५०] तदेव, पृ. २००।

[५१] तदेव, पृ. ५२; **अभिनवगुप्त** के 'अनुत्तर' से **रामकण्ठ** के 'निरुत्तर' को मिलाइए। यद्यपि दोनों का शाब्दिक अभिप्राय एक है, परन्तु अपने-अपने सम्प्रदायों के अनुसार उनका दार्शनिक मूल्याङ्कन भिन्न है।

[५२] न तु ज्ञानकर्मणी समशीर्षकतया समुच्चीयेते इति। – *गी.सं.*, पृ. ३ (**अभिनवगुप्त** की उपोद्घातीय टिप्पणी)

[५३] *सर्वतोभद्र*, इन्ट्रोडक्शन, पृ. ४१ (सम्भवतः 'भेद-में-अभेद' व्याख्या अधिक उपयुक्त होगी)।

[५४] तदेव, पृ. ६० (*गीता* २.४६ पर वृत्ति)। *गीता* ४.२४ की व्याख्या में **अभिनवगुप्त** भी समाधि और ब्रह्मकर्म का एकीकरण करते हैं – "ब्रह्मकर्मैव समाधिर्यस्य योगिनः।" (पृ. ५१) यद्यपि यह **आभिनव** का मुख्य स्वर नहीं है। इसे उपचारतः ही मानना उचित होगा।

सम्बन्ध केवल ज्ञानवादियों से है।[५५] उनकी दृष्टि में 'ज्ञान' है आत्मा का प्रत्यभिज्ञानात्मक बोध और 'योग' वह समाधि है, जिसका अन्तःसत्त्व (कॉन्टेन्ट) है प्रत्यभिज्ञानात्मक बोध।[५६] इसे थोड़ा पलटकर भी कह सकते हैं – वह 'समाधि' योग है, जिसका विषय प्रत्यभिज्ञानात्मक बोध है। यह भी महत्त्वपूर्ण है कि कर्म को ईश्वर की शक्ति का विभव माना गया है और समाधि उसे इस रूप में गृहीत कर पाना है। यही कर्म का पारमार्थिक रूप है।[५७] इसी कारण योग के अवान्तर अङ्ग (योगाङ्ग) भी ज्ञानयोग न कहे जाकर कर्मयोग ही कहलाते हैं।[५८] इस प्रकार ज्ञान-कर्मसमुच्चय की **रामकण्ठ** द्वारा उपात्त व्याख्या के मर्म में जाने से स्पष्ट है कि वह शैव योग की अद्वैतवादी धारा से कहीं भी नहीं चूकते। वस्तुतः, और यह बात काश्मीरी शिवाद्वयवाद और शैवागमीय परम्परा के उद्विकास की दृष्टि से अत्यन्त महत्त्व की है कि **रामकण्ठ** न केवल शैवागमीय योग के आगमोत्तर किन्तु उत्पल-पूर्व स्वरूप-विकास के प्रतिनिधि हैं, अपितु प्रत्यभिज्ञा के सकल-उपजीव्य सिद्धान्त के भी, जिसके औपचारिक प्रवर्तन का श्रेय **उत्पल** को जाता है।[५९]

---

[५५] सत्यं द्वावप्येतौ कर्मणां सन्यासयोगौ त्यागस्वीकारौ . . . भवतः। यतः केवलज्ञानवादिनः सर्वात्मना कर्मणां त्यागेनापवर्गमिच्छन्ति, समुच्चयवादिनस्तु कर्मणामत्यागेनानुष्ठानेनेति। – *सर्वतोभद्र*, पृ. १५७

[५६] यथाप्रतिपादिताद्वयचिन्मात्रस्वरूपस्य आत्मतत्त्वस्य प्रत्यभिज्ञालक्षणा प्रतिपत्तिरिह ज्ञानमुच्यते, तद्विषयो योगः समाधिः। – तदेव, पृ. ८४

[५७] एक एव परमेश्वरः . . . सर्वकर्मणां कर्ता, स्वेच्छामात्रेण स्वशक्तिविभवरूपाणां निर्माता, न तद्व्यतिरेकेण क्वचिदपि कर्मत्वं परमार्थिकमस्ति। . . . इत्येतावता ग्रन्थेन प्रायः परिसमाप्तोऽयं ज्ञानकर्मसमुच्चयानुष्ठानात्मक उपदेशसारः। – तदेव, पृ. १०६-१०

[५८] अभ्यासश्चात्र कर्मयोगः . . . स्वात्मनि निवेशनात्मकस्थितिलाभविषये यत्नः। – तदेव, पृ. २०२-०३; अभ्यासयोगेन कर्मयोगांशतया . . .। – *तदेव*, पृ. ३४२; यहाँ तक कि पातञ्जल क्रियायोग को इस कर्मयोग से भिन्न माना गया है और इस कर्मयोग के योगाङ्गतया ही उसका अन्तर्भाव किया गया है : "कर्मयोगाङ्गतया अभ्युपगतस्येश्वरप्रणिधानाख्यस्य क्रियायोगस्यानुष्ठानमाचर इत्यर्थः"। – तत्रैव

[५९] प्रसंगवशात् और महत्त्वगाम्भीर्य की दृष्टि से **रामकण्ठ** की मौलिक अन्तर्दृष्टियों का सन्दर्भण उचित होगा। परवर्ती प्रत्यभिज्ञावादियों की भाँति वह योग की अपनी अवधारणा के पल्लवन में उनकी तर्कणा और पद्धति का पूर्वाशंसन (ऍन्टीसिपेशन) करते हैं। प्रत्यभिज्ञा में अतीत के स्मरण और वर्तमान के प्रत्यक्ष के बीच विस्मरण की बड़ी भूमिका है। चरम प्रत्यभिज्ञा में भी – अपने स्वरूप का मोहवशात् विस्मरण और फिर स्मृति के पुनःप्रबोध से स्वरूप का प्रतिलाभ – यही प्रक्रिया अपनाई जाती है। **रामकण्ठ** के योगी में इसकी स्पष्ट पूर्वगूँज सुनाई देती है : "अयं तु योगी . . . स्वयंनिहितविस्मृतेन महानिधानेनैव पुनः प्रत्युदितस्मृतिवशात् प्रतिलब्धेन आत्मनैव सत्येन स्वभावेन निरुत्तरेण लाभेन लब्धसहजानंदः।" – *सर्वतोभद्र*, पृ. ६६। दर्शन का

→

फिर भी यह कहना उचित नहीं होगा कि **अभिनवगुप्त** में समाधि के अर्थ में योग का नितान्त अभाव है। **अभिनव** कई स्थलों पर योग की व्याख्या समाधि के शब्दों में करते हैं।[६०] परन्तु ऐसे प्रकरण विरल हैं और अधिकतर उनका अभिप्राय योगाङ्गों अथवा योग के अवान्तर प्ररूपों से है। परन्तु **अभिनव** के प्रधान शिष्य **क्षेमराज** में ऐसे स्थलों की कमी नहीं है, जहाँ योग की संरचना मुख्यतया समाधि के रूप में हुई है।

योग की तीसरी व्युत्पत्ति, जो चुरादिगण में पठित संयमनार्थक √ युज् (**युज पृच संयमने**) धातु से की जाती है, का व्यवहार एक तरह से नहीं दिखाई देता, कम-से-कम अभ्युपगमपूर्वक उसकी परिगणना नहीं हुई है। फिर भी ऐसे सन्दर्भों की बहुतायत है, जहाँ योग का प्रयोग, बारम्बार आवृत्ति, यत्न या अभ्यास[६१] के अर्थ में, इसके अङ्गों या सोपानों जैसे ध्यान, धारणा[६२] अथवा स्थूल तथा बाह्य अंगों जैसे यम, नियम[६३] प्राणायाम, क्रमिक ज्ञान और क्रमिक योग आदि को निरूपित करने के लिए हुआ है।[६४] ऐसे स्थलों में तीसरी व्युत्पत्ति लागू हो सकती है। पर कोई सीधा साक्ष्य या किसी प्रकार का अभ्युपगम इस विषय में उपलब्ध नहीं होता।

← अर्थ है प्रत्यभिज्ञान (पश्यन् = प्रत्यभिजानन्। – तदेव, पृ. ३७६), प्रत्यवमर्शपूर्वक साक्षात्कार (पश्यति = आत्मत्वेन प्रत्यवमर्शात् साक्षात्कुरुते। – तदेव, पृ. ३७५)। **रामकण्ठ** की दृष्टि में योगी की दो अवस्थाएँ हैं। लक्षणा से पहली को जीवन्मुक्ति की अवस्था कह सकते हैं (नियतशरीरसंबंधं तावदनतिक्रान्तो योगी)। यह सिद्धि की अन्तिम काष्ठा को बताती है। इसका लक्षण है निरुत्तरा ज्ञानरूपा भक्ति से योगी द्वारा परमेश्वर का आत्मत्वेन प्रत्यभिज्ञान – "एवंविधया निरुत्तरया ज्ञानरूपया भक्त्या मां परमात्मानम् एकं तत्त्वम् अभिजानाति, आत्मत्वेन आभिमुख्येन वेत्ति।" दूसरी को लक्षणया विदेहमुक्ति से जोड़ सकते हैं (नियतदेहसंबंधलक्षणस्य अत्यन्तविनाशः)। यह वस्तुतः परा सिद्धि है, काष्ठा के प्रकर्ष से भी परे। यह परमेश्वर के स्वाभाविक प्रसाद से प्रतिफलित होती है। परमेश्वर का स्वाभाविक प्रसाद और कुछ नहीं प्रत्यभिज्ञेयता को प्राप्त आनुकूल्य है – "परमात्मनः स्वाभाविकात् प्रसादात् आनुकूल्यात् प्रत्यभिज्ञेयतामापन्नात्।" (तदेव, पृ. ५०६-१०)। यहाँ दोनों ही स्थितियाँ प्रत्यभिज्ञा के स्पर्श से उपरञ्जित हैं। स्थिति-काल की दृष्टि से **रामकण्ठ उत्पल** के गुरु **सोमानन्द** के पूर्व ठहरते हैं और, जैसा कि हम देख चुके हैं, **कल्लट** के समकालीन हैं। इन अन्तर्दृष्टियों की इसी कारण ऐतिहासिक महत्ता है।

[६०] युञ्जतः समादधतः। – *गी.सं.*, पृ. ६६

[६१] *गी.सं.*, पृ. १३२-३३।

[६२] *स्व.तं.* १०.५०८-०६।

[६३] *गी.सं.*, पृ. ६८।

[६४] क्रमिकज्ञानयोगाभ्यां धारणाभिरुपास्यते। – *मा.वि.वा.* २.१; *मा.वि.तं.* १७.२४

३

हम प्रारम्भ में ही इस ओर इंगित कर चुके हैं कि काश्मीरी शैवाद्वैती चिन्तन परम्परा के समग्र आभोग में योग के एकल प्रतिनिधि स्वरूप की उद्भावना चुनौती भरा काम है। हमारी समस्या तब और कठिन हो जाती है, जब हम *मालिनीविजय* और *नेत्रतन्त्र* जैसे आगमों को विविक्त जटिल योगपरक संरचनाओं को प्रतिपादित करते देखते हैं। इनमें से कुछ पर हम विहंगम दृष्टि डालते हैं और त्रिक के प्रधान उपजीव्य आगम *मालिनीविजयोत्तरतन्त्र* से प्रारम्भ करते हैं।[६५]

यद्यपि *मालिनीविजय* का योग एकल न होकर कई समान्तर सहगामी पद्धतियों का समूह है, तब भी सामान्यतः *मालिनीविजय* को त्रिविध योग के प्रारूप का पुरस्कर्ता माना जाता है। इस त्रिविधता का आधार है समावेश की त्रिप्रकारता। ये तीन हैं – शाम्भव समावेश, शाक्त समावेश और आणव समावेश। यद्यपि समावेश की धारणा भारतीय चिन्तन के मौलिक स्रोतों में अपने बीज रूप में सर्वथा अपरिचित नहीं है, *मालिनीविजय* इसे काश्मीर की त्रिक परम्परा का व्यावर्तक लक्षण बनाकर प्रस्तुत करता है। इस समावेश को इस तन्त्र में रुद्रशक्तिसमावेश कहा गया है और अनामय पद में इसे प्रतिष्ठित माना गया है।[६६] यद्यपि शब्दशः ऐसा कहा नहीं गया है, परन्तु पौर्वापर्य की अन्विति से यह अनामय, शाश्वत, परम पद में प्रतिष्ठित योगी का स्वरूप-निर्वचन माना जा सकता है। भूत, तत्त्व, आत्मा, मन्त्र और शक्ति (अर्थात् ईशशक्ति या रुद्रशक्ति) के भेद से, इसकी पञ्च विधाएँ हैं। इन पाँचों के अवान्तर प्रभेदों के अनुसार, समावेश के पचास भेदों की चर्चा की गई है। ऊपर चर्चित शाम्भव, शाक्त और आणव समावेशों में प्रत्येक के ये पचास प्रभेद माने जाते हैं।[६७] इस प्रकार समावेश के एक

---

[६५] यहाँ पर थोड़ी सतर्कता आवश्यक है। *मालिनीविजयोत्तरतन्त्र* अपने वर्तमान रूप में कई संस्करणों (रिडैक्शन्स) से छनकर आया है। इस लम्बी कालावधि में इस प्रक्रिया में बीच की कई कड़ियाँ विच्छिन्न हो गई हैं, जिनके पुनर्योजन के लिए गवेषणात्मक शोध की अपेक्षा है। कुछ विच्छिन्नांशों का तत्कालीन आगमिक वाङ्मय के आलोक में उद्धार किया जा सकता है। विशुद्ध यौगिक प्रक्रियाओं का निर्धारण भी अन्य प्रकार की समस्याओं को जन्म देता है, क्योंकि दीक्षा, चर्या, क्रिया और योग के पृथक् क्षेत्रों की बहुत सी प्रक्रियाएँ एक-दूसरे के क्षेत्र में प्रवेश करती हुई प्रतिविशिष्ट होते हुए भी आपाततः साम्य के कारण अपनी निजी प्रास्थिति (स्टैटस) को लेकर भ्रम उत्पन्न करती हैं। इसके अतिरिक्त एक तीसरी कठिनाई यह भी है कि जहाँ **अभिनवगुप्त** और उनके टीकाकार, विशेषकर **जयरथ**, हमारे अपरिहार्य मार्गदर्शक हैं, वहाँ वे हमारी आँखों को अपने ही चश्मे से देखने के लिए विवश भी करते हैं।

[६६] रुद्रशक्तिसमावेशस्तत्र नित्यं प्रतिष्ठितः। – *मा.वि.तं.* २.१३

[६७] तदेव २.१७-२०।

सौ पचास उपभेदों के निरूपण का उपक्रम किया गया है।[६८] विचित्र बात यह है कि *मालिनीविजय* समावेश के स्वरूप के बारे में मौन है। यहाँ तक कि तीनों प्रकार के समावेश कैसे या किससे उत्पन्न होते हैं – यह तो बताता है, पर उन तीनों की अपनी प्रकृति क्या है, इसको लेकर वह मौन है।[६९] पर एक बात अवश्य निश्चित है, या यह सम्भावना तो निश्चयपूर्वक अवश्य की जा सकती है, कि योग का ऐक्य-प्राप्ति के साथ जो समीकरण है उसे यह तन्त्र समावेश के रूप में निष्कर्षित करता है। अर्थात् यह ऐक्य समावेश रूप है। *मालिनीविजय* यह भी संकेत देता है कि समावेश की धारणा अत्यन्त व्यापक है। उसके केवल एक सौ पचास भेद ही नहीं हैं, अवान्तर भेदों की दृष्टि से असंख्य भेद हैं[७०] और यह भी कि समावेश की धारणा केवल योग तक ही सीमित नहीं है, जाग्रत् आदि सभी अनुभवभूमियाँ भी इसी आवेशक्रम का ही उपलक्षण हैं।[७१]

त्रिविध समावेश का उपयोग आगे चलकर **अभिनवगुप्त** *तन्त्रालोक* में उपाय के सर्वसमावेशी व्याख्या-तन्त्र को विकसित करने के लिए बीज सिद्धान्त के रूप में करते हैं। परन्तु *मालिनीविजय* का कथ्य यहीं पर समाप्त नहीं होता। अपनी खुद की दृष्टि में यह योग का शास्त्र है[७२] और

---

[६८] *मालिनीविजय* में इन सभी प्रभेदों की क्रमबद्ध चर्चा नहीं मिलती। पाँच भूतसंज्ञक उपभेदों की चर्चा १३.५४ में आती है, परन्तु अन्य भेदों को लेकर स्पष्ट विवरण की कमी ऊपर की टिप्पणी में व्यक्त हमारे मन्तव्य को पुष्ट करती है।

समावेश के भेदों को निम्नलिखित तालिका के द्वारा प्रस्तुत किया जा सकता है –

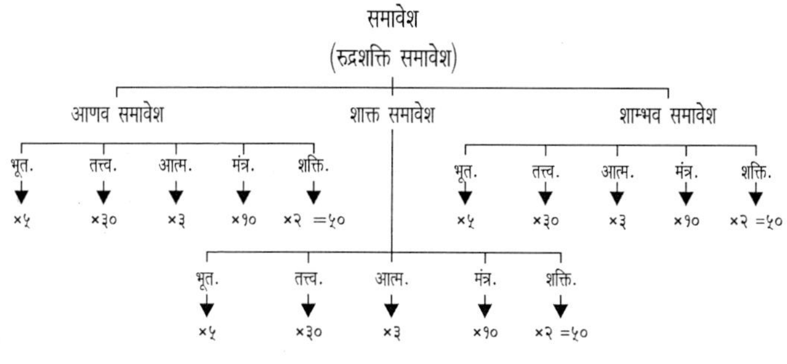

[६९] *मा.वि.तं.* २.२१-२३।

[७०] सार्धमेतच्छतं प्रोक्तं भेदानामनुपूर्वशः।
संक्षेपाद्विस्तरादस्य परिसंख्या न विद्यते।। – तदेव २.२४

[७१] भेदोऽपरोऽपि संक्षेपात्कथ्यमानोऽवधार्यताम्।।
जाग्रत्स्वप्नादिभेदेन सर्वावेशक्रमो बुधैः। – तदेव २.२५$_{ब}$-२६$_{अ}$

[७२] ऋषिभिर्योगमिच्छद्भिः स तैरेवमुदाहृतः।। – तदेव १.५

योग की संसिद्धि के लिए एक निश्चित मार्ग का प्रवर्तक है।[७३] *मालिनीविजयवार्तिक* में **अभिनव** इसे *भगवद्योग* कहते हैं।[७४] इसके अनुसार योगी को चाहिए कि शुद्ध सृष्टि के छह सत् पदार्थों के साथ एकत्व स्थापित करे, ताकि पदार्थों की उपादेय कोटि को हेय कोटि से विविक्त कर सके।[७५] यह विवेक ज्ञान के बिना सम्भव नहीं है।[७६] इस ज्ञान का पारमार्थिक महत्त्व उस तत्त्व को जानने में है, जिसके साथ एकत्व की अर्थना की जा रही है। सबसे महत्त्वपूर्ण ज्ञेय तत्त्व है मन्त्र जो सबीज योग की संसिद्धि का कारण है, यद्यपि सबीज योग के स्वरूप को लेकर *मालिनीविजय* मौन है।[७७] शांकर योग, *मालिनीविजय* के द्वारा अपने योग को दी गई संज्ञा, की सम्यक् निष्पत्ति की पात्रता के लिए दीक्षा अनिवार्य है।[७८] इस तन्त्र में दो प्रकार की दीक्षाएँ विहित हैं – *योगदीक्षा* तथा *शांकरी दीक्षा*।[७९] इन्हें क्रम से *क्रिया दीक्षा* और *ज्ञान दीक्षा* भी कहा गया है।[८०] इनमें से पहली का निरूपण 'क्रमयोग' के रूप में किया गया है, जिसके सहारे साधक यौगिक सिद्धियों की प्राप्ति करता है। इससे साधक शाश्वत पद तक पहुँचता है – यहाँ पहुँचकर बन्धन के संसार में साधक के लौटने की सारी सम्भावनाएँ समाप्त हो जाती हैं और वह अपनी चरम शुद्धावस्था में प्रतिष्ठित हो जाता है।[८१] सम्भवतः इस स्थिति की तुलना पातञ्जल योग के पुरुष की मुक्तावस्था से की जा सकती है। बाद वाली, जिसे लक्षणा से 'अक्रमयोग' कह सकते हैं, का फल है मन्त्रों पर अधिकारिता की सिद्धि और अन्ततः मुक्ति।[८२] इन योग-पद्धतियों की पहचान की विलक्षणता अध्वशोधन में है, अर्थात् वे योगी से यह अपेक्षा करती हैं कि विश्रान्ति

---

[७३] योगमार्गस्त्वया प्रोक्तः सुविस्तीर्णो महेश्वर। – तदेव १.१०

[७४] किं च शास्त्रमिदं सम्यग्भगवद्योगदेशकम्। – *मा.वि.वा.* १.१११

[७५] शिवः शक्तिः सविद्येशा मन्त्रा मन्त्रेश्वराणवः। – *मा.वि.तं.* १.१५-१६; पूरे उद्धरण के लिए ऊपर पादटिप्पणी २० देखें।

[७६] हम देख सकते हैं कि इस विवेक में 'सत्तर्क' की अवधारणा का बीज छिपा है। 'सत्तर्क' शैव योग का सर्वाधिक महत्त्वपूर्ण, उत्तम, योगाङ्ग है।

[७७] *मा.वि.तं.* ४.५-६।

[७८] न चाधिकारिता दीक्षां बिना योगेऽस्ति शाङ्करे। – तदेव ४.६$_{सद}$

स्वच्छन्दतन्त्र का इस विषय में पूर्ण मतैक्य है। यह पंक्ति अक्षरशः *स्व.तं.* ११.१२६$_{अब}$ के रूप में वहाँ पर उपलब्ध है।

[७९] तदेव १.४५-४६।

[८०] तदेव ४.७।

[८१] अनेन क्रमयोगेन संप्राप्तः परमं पदम्।
न भूयः पशुतामेति शुद्धे स्वात्मनि तिष्ठति।। – तदेव १.४७

[८२] न च योगाधिकारित्वमेकमेवानया भवेत्।
अपि मन्त्राधिकारित्वं मुक्तिश्च शिवदीक्षया।। – तदेव ४.८

पद के रूप में एक सुनिश्चित लक्ष्य की ओर छह मार्गों (षडध्व) में से किसी एक का आश्रय लेकर वह अपनी योग साधना को इस परिपक्वता तक ले जाए, जहाँ मार्ग (अध्वा) और लक्ष्य (विश्रान्ति पद) की चेतना समाप्त हो जाए और किसी भी पदार्थ के ग्रहण और प्रहाण, हान और उपादान का भेद अपना अर्थ खो बैठे । यहाँ पर हम पुनः *स्वछन्दतन्त्र* से एक घनिष्ठ साम्य देख सकते हैं जिसकी घोषित निष्ठा है कि *अलक्ष्यक योग* (अन्तिम विश्रान्ति पद से रहित योग) योग नहीं कहा जा सकता।

मालिनीविजय के 'शांकर योग' को संक्षेप में *तत्त्वजय* (तत्त्वों या पदार्थों पर विजय) कहा जा सकता है। तत्कालीन तान्त्रिक परिदृश्य का यह अपेक्षाकृत परिचित प्रतिवाद्य विषय (***थीम***) कहा जा सकता है, जो *भूमिकाजय* के नाम से भी पुकारा गया है। आगमोत्तर काल के *शिवसूत्र* आदि में इसकी प्रतिध्वनि साफ सुनाई देती है, जहाँ योग और ज्ञानपरक प्रक्रियाओं की जटिल परस्पर गुँथी हुई वास्तुरचना दिखाई देती है। इसके अन्तर्गत धरा से लेकर प्रकृति तक प्रत्येक तत्त्व का पन्द्रह प्रकार से भावन, अन्तरीक्षण, किया जा सकता है। माया तत्त्व से शिव तत्त्व तक आरोहण के क्रम में जैसे-जैसे व्यक्ति के ये अन्तर्भावन, अन्तःप्रत्यक्षीकरण, गहराते जाते हैं, उनकी संख्या तेरह, ग्यारह आदि के क्रम से शनैः-शनैः घटती हुई शून्य तक आ जाती है।[८३] इस प्रक्रिया को 'पञ्चदशविधि' या 'तत्त्व-भेदन' कहा गया है।[८४] वस्तुतः इसकी उचित संज्ञा होनी चाहिए पाञ्चदश्यादितत्त्वभेदन-विधि। जिसका निहितार्थ है कि यह तत्त्वविशेष का पन्द्रह प्रकार से भावन नहीं है, अपितु तत्त्वों के माध्यम से शक्ति और शक्तिमान् के भेदन द्वारा पन्द्रह प्रकार से आत्म-चेतना या स्वरूप का भावन या अन्तर्मूल्यन है। इस तत्त्वभेदन के मूल में चार पूर्व मान्यताएँ (प्रीसपोज़ीशन्स) हैं – (१) प्रमातृसप्तक की धारणा,[८५] (२) योगि-गत समावेश (पिण्डस्थ आदि) और ज्ञानि-गत समावेशों (सर्वतोभद्र आदि) की समरूपता,[८६] (३) जाग्रदादि पञ्च आत्मनिष्ठ आनुभविक अवस्थाएँ और उनके अवान्तर भेद,[८७] और (४) चतुर्विध ज्ञानियों (समस्त उपभेदों सहित) की चतुर्विध योगियों से समकक्ष्यता।[८८] इस

---

[८३] द्र. *मा.वि.तं.,* **मधुसूदन कौल** की भूमिका (फ़ोरवर्ड), पृ. १६-२३।

[८४] *मा.वि.तं.,* २.१-२; द्र. *तं.* १.१९६; *तं.वि.* २, पृ. २२३; *तं.* १०.१; *तं.वि.,* ५, पृ. १८८६। तत्त्व-ह्रासन के क्रम में इस विधि के नाम तत्त्व-संख्या के अनुसार बदलते जाते हैं, यथा त्रायोदश्यविधि, पञ्चतत्त्वविधि, त्रितत्त्वविधि इत्यादि।

[८५] शिवादिसकलात्मान्ताः शक्तिमन्तः प्रकीर्तिताः। – *मा.वि.तं.* २.३$_{अब}$

[८६] तदेव २.३६-४५।

[८७] जाग्रत्स्वप्नादिभेदेन सर्वविशक्रमो बुधैः।
पञ्चभिस्तु परिज्ञेयः स्वव्यापारात् पृथक् पृथक्।। – तदेव २.२६

[८८] द्वावेव मोक्षदौ ज्ञेयौ ज्ञानी योगी च शाङ्करि। – तदेव ४.२७
यतो योगं समासाद्य योगी योगफलं लभेत्।
एवं विज्ञानभेदेन ज्ञानी . . . ।। – तदेव ४.३२

अन्तिम पूर्वमान्यता के सन्दर्भ में ही, त्रिविध समावेशों के यथावत् अनुसरण में, योग के त्रैविध्य का प्रतिपादन किया गया है।[८९] ज्ञानियों और योगियों के दोनों चतुष्कों को एक तालिका के रूप में निम्नवत् प्रदर्शित किया जा सकता है –

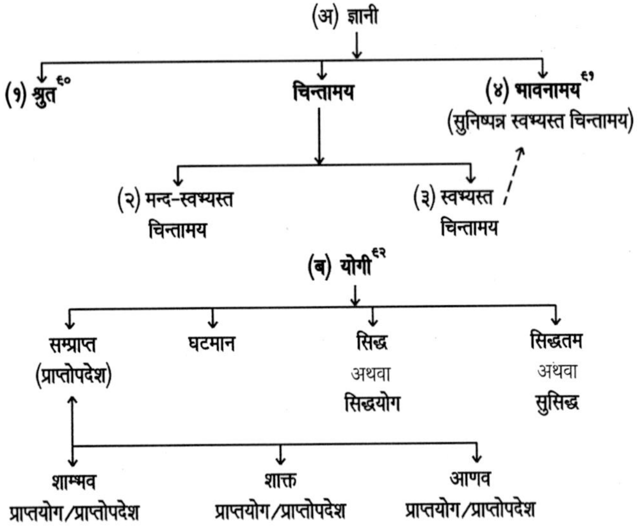

[८९] समावेशोक्तिवद् योगस्त्रिविधिः समुदाहृतः। – तदेव ४.३४$_{अब}$

[९०] ज्ञानी के इन चार मुख्य प्रभेदों के अतिरिक्त उनके उपभेद भी हैं, विशेषतः प्रथम प्रभेद *श्रुत* के, जो इस बात पर निर्भर करते हैं कि उसे प्राप्त या उसके द्वारा श्रुत ज्ञान की विधा क्या है। नीचे योगी के अन्तर्गत दिखाए गए *संप्राप्त,* जो *श्रुत* का स्थानी है, की तीन उपप्रकारताओं से यह स्पष्ट हो जाता है। द्र. तदेव ४.३५$_{अब}$: "प्राप्तयोगः स विज्ञेयस्त्रिविधोऽपि मनीषिभिः"।

[९१] एक प्रकार से *मालिनीविजय* के इस विवरण के अनुसार ज्ञानी के दो ही मुख्य प्रभेद होने चाहिए थे – *श्रुत और चिन्तामय*। चतुर्थ *भावनामय* भी एक प्रकार से चिन्तामय का ही उपभेद है, क्योंकि स्वभ्यस्तचिन्तामय (तीसरी कोटि) ही सुनिष्पन्न होने पर भावनामय कहलाता है। इस प्रकार चिन्तामय के तीनों उपभेदों में गुणात्मक अन्तर न होकर परिमाणात्मक अन्तर है, अर्थात् गुणात्मक प्रकर्ष के तरतमभाव से ये तीनों भेद निरूपित होते हैं। अतः उर्पयुक्त तालिका निम्नवत् होनी चाहिए –

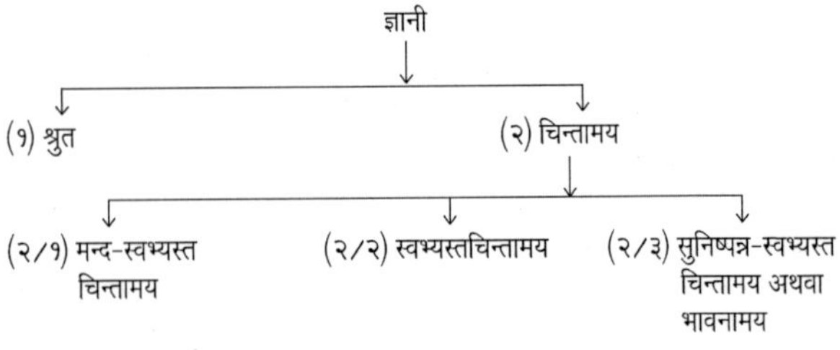

यहाँ पर कुछ टिप्पणियाँ लाभकारी होंगी। एक, **अभिनवगुप्त** की ज्ञानात्मक उपाययोजना के योगपरक मूल्याङ्कन के बीज यहाँ पर ढूँढे जा सकते हैं। दो, ज्ञान और योग दोनों का फल मुक्ति है,[६३] तथापि पारस्परिक तुलना में योगी ज्ञानी से ऊपर ठहरता है, क्योंकि योग के अतिरिक्त उसके पास ज्ञान भी है। एक योगी, जिसने भावनामय ज्ञान का सतत पूर्ण अभ्यास किया है, की स्वाभाविक परिणति सिद्धतम योगी में होती है।[६४] *तन्त्रालोक* और *मालिनीविजयवार्तिक* में उपलब्ध **अभिनवगुप्त** के योगदर्शन में हम इस मूल्याङ्कन का ठीक (सम्भवतः जान-बूझकर) उल्टा पाते हैं, जहाँ ज्ञानी को योगी से उच्चतर पीठिका पर आसीन किया गया है। तीन, सुनिष्पन्न स्वभ्यस्त चिन्तामय (अर्थात् भावनामय) ज्ञान को हम सत्तर्क से सीधे जुड़ा पाते हैं,[६५] जो योग के सर्वाधिक उपकारक अङ्ग के रूप में भावना[६६] या शुद्धविद्या[६७] की शब्दावली में परिभाषित हुआ है।

योगी की तत्त्वजय की यात्रा 'लक्ष्य-भेद' और 'चित्त-भेद'[६८] के रूप से निरूपित दो मार्गों में से किसी भी एक का अवलम्बन लेकर प्रवृत्त हो सकती है। धरा से प्रारम्भ होकर यह शिव की शक्ति पर समाप्त होती है। मुक्ति (और उससे प्रस्रवित, अन्य उच्चतर सिद्धियों) के इच्छुक (*मुमुक्षु*) को चाहिए कि रूपातीत 'निष्कल' शिव के छह रूपों [शून्य (*व्योम*), शरीर (*विग्रह*), विन्दु, वर्ण (*अर्ण*), लोक (*भुवन*) और ध्वनि], में किसी एक को अपना 'लक्ष्य'

---

[६२] संप्राप्तो घटमानश्च सिद्धः सिद्धतमोऽन्यथा।
योगी चतुर्विधो देवि यथावत्प्रति पद्यते।। – *मा.वि.तं.* ४.३३

इनमें उत्तरोत्तर वैशिष्ट्य माना गया है। उपाय-योजना में भी ऐसा ही क्रमिक पारम्य माना गया है।

[६३] द्वावेव मोक्षदौ ज्ञेयौ ज्ञानी योगी च शाङ्करि। – तदेव ४.२७$_{कख}$

[६४] ज्ञानिनां योगिनां चैव सिद्धो योगविदुत्तमः।।
यतोऽप्यस्य ज्ञानमप्यस्ति पूर्वो योगफलोज्झितः।
यतश्च मोक्षदः प्रोक्तः स्वभ्यस्तज्ञानवान्बुधैः।। – तदेव ४.३६$_{ख}$ -४०

[६५] योगाङ्गत्वे समानेऽपि तर्को योगाङ्गमुत्तमम्। . . .
तदेव परमं ज्ञानं भावनामयमिष्यते।। – तदेव १७.१८$_{कख}$ – २०$_{गघ}$

[६६] तामेनां भावनामाहुः। – *तं.* ४.१४

[६७] सत्तर्कः शुद्धविद्यैव सा चेच्छा परमेशितुः।। – तदेव ४.३४

[६८] लक्ष्यभेदेन वा सर्वमथवा चित्तभेदतः।
धरादिशक्तिपर्यन्तं योगीशस्तु प्रसाधयेत्।। – *मा.वि.तं.* १२.८

व्र.व.द्विवेदी यहाँ "भेद" के स्थान पर "वेध" पढ़ने का सुझाव देते हैं। (देखिए *अभिनवाः पर्सपेक्टिव्स*. में उनका *मालिनीविजयोत्तर* के योग पर लेख, पृ. १४८, पा.टि. १६) परन्तु यह सुझाव अनवकाश है, क्योंकि भेद शब्द यहाँ पूरी तरह से सार्थक है और प्रकरण से संगत है।

मानकर सन्धान करे।[९९] मुक्ति के स्थान पर शक्तियों या सिद्धियों की कामना करने वाले (*बुभुक्षु*) को चाहिए कि वह अपने चित्त या मनोवृत्ति के अनुसार (चित्तभेद) व्यक्तिगत साधना के अनुकूल तत्तत् सिद्धि के प्रदायक तत्तत् भुवनों के अधिष्ठातृ देवता पर जय पाए।

हम देख चुके हैं कि तत्त्वगत अन्तर्दर्शन की विधि के पञ्चदश भेदों (पाञ्चदश्यविधि) का मुख्य प्रयोजन तत्त्वों पर विजय (तत्त्वजय) पाना था। स्पष्टता के लिए कहना होगा कि *तत्त्वजय* की अवधारणा एक अपेक्षाकृत व्यापक अवधारणा है, जिनमें अपने-अपने विशिष्ट क्षेत्रों में भिन्न-भिन्न नामों से पुकारे जाने वाली कई अवान्तर या गौण प्रक्रियाएँ भी अन्तर्भुक्त हैं, जैसे *भूतजय* (महाभूतों पर विजय), *तन्मात्राजय* (तन्मात्राओं पर विजय), *इन्द्रियजय* (इन्द्रियों पर विजय) इत्यादि। विस्तार से चर्चा का यह समीचीन अवसर नहीं है। यहाँ यह बात ध्यान में रखनी आवश्यक है कि यद्यपि ऐसे विचार और आनुष्ठानिक प्रक्रियाएँ स्वरूपगत विशेषता के रूप में केवल *मालिनीविजयोत्तर* तक ही सीमित नहीं है, अपितु तान्त्रिक और यौगिक परिदृश्य की सामान्य विशेषताओं के रूप में उनका फैलाव कहीं अधिक व्यापक है तथापि इनमें से अन्तिम, इन्द्रियजय, का त्रिक योग के सन्दर्भ में विशेष महत्त्व है। इस तन्त्र द्वारा परिकल्पित इन्द्रियों के दोहरे – 'बन्धक' और 'मोचक' – व्यापार (निगृहीतानि बन्धाय, विमुक्तानि विमुक्तये। –*मा.वि.तं.* १५.४३-४४) का शैव दर्शन में अनेक भंगिमाओं में उन्मेष हुआ है, विशेषकर करणेश्वरी-चक्र (इन्द्रियदेवियों का चक्र) की अवधारणा में, जिसका पल्लवन शिवाद्वयवाद के क्रम सम्प्रदाय में अत्यन्त संरम्भपूर्वक हुआ है।

४

योग के दो मूल्यात्मक वर्गों – (१) कृत्रिम और (२) अकृतक[१००] – में विभाजन के प्रयास द्वारा *मालिनीविजय* अपनी योग की अवधारणा में एक गुणात्मक परिवर्तन लाते हुए दिखाई देता है। जिन योगों ("योगाः" में बहुवचन पर ध्यान दें) को प्राणायाम आदि बाह्य योगाङ्गों की सहायता की आवश्यकता पड़ती है, वे सभी कृत्रिम हैं और वहाँ मोक्ष की सम्भावना अत्यन्त क्षीण है। अकृतक अर्थात् सहज योग की पहली स्वभावगत विशेषता है, उसका शिव के अतुलित ज्ञानामृत स्वरूप होना।[१०१] दूसरी विशेषता है, सर्वाधिक प्रभावी और अव्यवहित

---

[९९] व्योमविग्रहविन्द्वर्णभुवनध्वनिभेदतः।
लक्ष्यभेदः स्मृतः षोढा यथावदुपदिश्यते।। – *मा.वि.तं.* १२.९

[१००] प्राणायामादिकैर्लिङ्गैर्योगाः स्युः कृत्रिमा मताः।
तेन तेऽकृतकस्यास्य कलां नार्हन्ति षोडशीम्।। – *मा.वि.तं.* १८.१९

[१०१] यतः संतोष उत्पन्नः शिवज्ञानामृतात्मकः।
न तस्यान्वेषयेद्वृत्तं शुभं वा यदि वाशुभम्।। – तदेव १८.७०

घटक के रूप में सत्तर्क का ग्रहण,[१०२] जो विषय-भोग के क्षण में भी स्वतन्त्र शिवत्व की प्राप्ति में करण बनता है।[१०३] जिस योगी में परमाद्वैत की भावना पूरी तरह से दृढ़ हो गई है[१०४] और जो स्पन्द के रूप में हृदय में अवस्थित आध्यात्मिक लिङ्ग में पूर्णतः लीन है, वही अकृत्रिम योग का पात्र है।[१०५] शक्त्यावेश पाकर, मध्यम धाम में क्षण मात्र के लिए टिक कर, अखण्डित तुटि के रूप में चित्-शक्ति, जो जगत् का मूल है, के दर्शन द्वारा शिव-तत्त्व के रूप में प्रथित संवित्-तत्त्व को प्राप्त कर लेता है।[१०६] वह सब जो हेय और उपादेय है (जिसका विवेक सत्तर्क की एकमात्र इतिकर्त्तव्यता है) के परे उठकर अब वह महायोगी बन जाता है।[१०७] *मालिनीविजय* इस स्थिति को पारिभाषिक तौर पर 'परमविद्या'[१०८] या 'परमयोगविधि'[१०९] के नाम से पुकारता है। इस विचार-पद्धति का आश्रयण करते हुए हम कह सकते हैं कि अब तक निरूपित तत्त्वजय-केन्द्रित योग मुख्यतः आधिकारिक योग है। हमारे मन्तव्य का आधार *मालिनीविजय* द्वारा इन योगाङ्गों की विशिष्ट विनियोजना में है, जिसका लक्ष्य तत्त्वजय-सम्बन्धी योजनाओं की अङ्गभूत प्रक्रियाओं के सम्पादन को सुकर बनाना है।

५

तान्त्रिक क्रियायोग के विकास में *स्वच्छन्दतन्त्र* का योगदान अत्यन्त महनीय है, खास तौर

---

[१०२] योगाङ्गत्वे समानेऽपि तर्को योगाङ्गमुत्तमम्। – तदेव १७.१८

[१०३] स्वतन्त्रशिवतामेति भुञ्जानो विषयानपि।
अनिमीलितादिव्याक्षो यावदास्ते मुहूर्तकम्।। – तदेव १८.२३;

तत्त्वे निश्चलचित्तस्तु भुञ्जानो विषयानपि।
न संस्पृश्येत दोषैः स पद्मपत्रमिवाम्भसा।। – तदेव १८.८०

[१०४] . . . परमाद्वैतमाश्रितः। – तदेव १८.४; द्र. *मा.वि.वा.* १.६३१-३२:

परमाद्वयदृष्टिं तत्संश्रयेः शरणं महत्।।
एतदष्टादशे तत्त्वमधिकारे भविष्यति।

[१०५] यजेदाध्यात्मिकं लिङ्गं यत्र लीनं चराचरम्। . . .
योऽनुध्यातः स एवैतल्लिङ्गं पश्यति नापरः।
यदेतत्स्पन्दनं नाम हृदये समवस्थितम्।। – *मा.वि.तं.* १८.३-५

[१०६] *मा.वि.तं.* १८.२५, १८.३७-३८, १८.४०।

[१०७] . . . हेयोपादेयवर्जितः।। . . . तदभ्यसेन्महायोगी सर्वज्ञत्वजिगीषया। – तदेव १८.३६-४२

[१०८] यह ध्यान देने की बात है कि अठारहवाँ अधिकार, जहाँ योग के इस प्रारूप का निरूपण हुआ है, की पुष्पिका इसे "परमविद्याधिकार" के नाम से प्रस्तुत करती है। – *मा.वि.तं.*, पृ. १२५

[१०९] अथैनं परमं योगविधिमाकर्ण्य शाङ्करी। – तदेव १९.१

यहाँ परम उपलब्धि के क्षण में ज्ञान और योग के समन्वय की चेष्टा साफ़ दिखाई देती है।

पर तब जब वह स्वयं अपना मूल्याङ्कन 'महातन्त्र' के रूप में करता है। कारण, वह 'चतुष्पीठ' श्रेणी का तन्त्र है, जबकि *मालिनीविजय* केवल 'विद्यापीठ' संवर्ग का।[११०] परन्तु जहाँ तक योग के स्वतन्त्र प्रतिदर्श को प्रस्तुत करने का प्रश्न है, हमें निराशा ही हाथ लगती है। *मालिनीविजय* के साथ कुछ बड़े समीकरणों (जैसे, योग का अर्थ है एकत्व; शुष्क तर्क निरर्थक है; इत्यादि) को ढूँढने के सिवा इसकी अपनी भूमिका बड़ी सिमटी हुई है। अपने ग्रन्थ-सम्प्रदाय में परम तत्त्व के रूप में मान्य 'स्वच्छन्दभैरव' के आग्रह से वह इस योग को भी 'स्वच्छन्दयोग' के नए नाम से स्मरण करता है।[१११] अपनी *उद्योत* टीका में **क्षेमराज** स्वच्छन्दयोग को 'महाव्याप्ति' के प्रत्यय से एकाकार पाते हैं और इसे महायोग के स्तर तक उठा देते हैं। इस व्याप्ति की स्वारसिक 'महत्ता' (महाव्याप्ति) की व्याख्या वह 'समरसीकरण' की शब्दावली में करते हैं। समरसीकरण का अर्थ है – अन्तरंग शक्तिरूपता से परिभाषित षडध्व के अन्तर्गत सभी तत्त्वों के स्तर पर भैरवता का भावन।[११२] इस प्रकार की दृष्टि से सम्पन्न योगी को 'पर योगी' या 'ज्ञानराशि' की संज्ञा से पहचानते हैं। यहाँ पर *स्वच्छन्दतन्त्र* का सम्बन्धित पाठ *मालिनीविजयोत्तर* के घोर अद्वैतवादी निरूपण,[११३] जो कुल और त्रिक की जगदुल्लंघी विश्वदृष्टि की मुख्य प्रेरणा रहा है, को अतिनिकटता से प्रतिध्वनित करता दीख पड़ता है।[११४] परन्तु यह *स्वच्छन्दतन्त्र* का प्रतिनिधि स्वर किस सीमा तक है, यह कह पाना कठिन है।

इस सन्दर्भ में *स्वच्छन्दतन्त्र* द्वारा अङ्गीकृत प्रणाली का मुख्य प्रयोजन यह बताना है कि सूक्ष्म काल को जीतकर योगी कई सिद्धियाँ प्राप्त कर सकता है, परन्तु मुक्ति पाने के लिए उसे कालातीत परम तत्त्व का एकाग्र चिन्तन करना होगा। इसके लिए पच्चीस तत्त्वों, अठारह गुणों और परम तत्त्व – उसके सकल और निष्कल रूपों सहित – में अन्तर्दृष्टि का अर्जन प्रारम्भिक आवश्यकता है। इस अन्तर्दृष्टि को विकसित कर निष्कल स्वच्छन्दभैरव में जो सम्यग्तया आरूढ हो जाता है उसके लिए विधि और निषेध अपना अर्थ खो देते हैं। शरीर

---

[११०] चतुष्पीठं महातन्त्रं चतुष्टयफलोदयम्। – *स्व.तं.* १.५

चार पीठ हैं – विद्या, मन्त्र, मण्डल और मुद्रा। इनकी व्याख्या का यहाँ उचित अवसर नहीं है।

[१११] योगी स्वच्छन्दयोगेन स्वच्छन्दगतिचारिणा।
स स्वच्छन्दपदे युक्तः स्वच्छन्दसमतां व्रजेत्।। – तदेव ७.२६०

[११२] सर्वं शक्तिमयं तत्र सर्वं समरसीभवेत्।। – तदेव ४.३०६;
एवं समरसं ज्ञात्वा नासौ मुह्येत् कदाचन। – तदेव ४.३१५

[११३] *मा.वि.तं.* १८.७४-७८।

[११४] द्र. *तं.* ४.२५६-६१।

रहते हुए[११५] भी वह मुक्ति पा लेता है और स्वच्छन्दभैरव के साथ एकाकार हो जाता है। *स्वच्छन्दतन्त्र* विघ्नों की पहचान के लिए विविध अवान्तर पद्धतियों के आसूत्रण द्वारा इस प्रक्रिया का अनुपोषण करता है और योगी को मार्ग दिखाता है कि प्राणायाम, ध्यान और धारणा आदि योगाङ्गों का सहारा लेकर इन विघ्नों पर कैसे विजय पाई जाए। इसी प्रकार दशविध प्राणायाम, इसके संचार और व्यापार पर विजय के प्रतिपादन द्वारा योगी के लिए भोगों, सिद्धियों और अन्ततः स्वच्छन्दभैरव की प्राप्ति का पथ प्रशस्त करता है।

६

नेत्रतन्त्र, जो अपेक्षाकृत अर्वाचीन तन्त्र है, शैव योग के एक नए परिप्रेक्ष्य का पुरस्कर्ता है।[११६] इस तन्त्र की मूल प्रवृत्ति तिहरी (त्रिकात्मक) जान पड़ती है। परम तत्त्व [जिसे मृत्युजित् (मृत्यु को जीतने वाला) या अमृतेश (अमृत का स्वामी) या नेत्र (लोचन, दर्शन) कहा गया है] की प्राप्ति के लिए तीन उपाय बताए गए हैं – मन्त्र, योग और ज्ञान। इन तीनों में 'योग' भी तीन प्रकार का है – स्थूल, सूक्ष्म और पर। होम, जप, मुद्रा, ध्यान, यन्त्र और मन्त्र-समूह की गणना "स्थूल योग" के अधीन की जाती है। सोलह आधारों और षट् चक्रों के माध्यम से और कला-प्रधान नाड़ियों के उदय आदि व्यापारों के द्वारा निष्पन्न योग "सूक्ष्म योग" कहलाता है। अमृतेश की ब्रह्माण्डीय अद्वयात्मिका सत्ता का भावन ही "पर योग" है।[११७] स्थूल योग ऊर्ध्व लोकों की प्राप्ति या शुद्ध-विद्या पद में आरोहण का कारण है। देह के दिव्यीकरण के फलस्वरूप मृत्युजित्-भट्टारक तक पहुँचने में सूक्ष्म योग साधन है। और पर योग का आश्रय लेकर साधक परम मुक्ति का उपलाभ और चरम विषयिता या स्वरूप का बोध कर पाता है।

कुलप्रक्रिया और तन्त्रप्रक्रिया के भेद के आधार पर **क्षेमराज** सूक्ष्म योग की दो तरह से परिकल्पना करते हैं।[११८] ऐतिहासिक रूप से यह प्रक्रिया-परिकल्पना **क्षेमराज** की उद्भावना

---

[११५] *स्व.तं.उ.*, भा.२, पृ. ३; *स्व.तं.*, भा.२, उपोद्घात, पृ. ७-८।

[११६] किसी सम्प्रदाय-विशेष या दर्शन-विशेष से जोड़े बगैर *नेत्रतन्त्र* की परिकल्पना एक साधारण संग्रह या सार के रूप में की जाती है। तीन वैकल्पिक नामों– *मृत्युञ्जयभट्टारक*, *मृत्युजिद्भट्टारक* और *अमृतेशतन्त्र*– से प्रसिद्ध इस तन्त्र को शिवाद्वयवाद के आलोक में पुनर्व्याख्यान के द्वारा शैव योग के अन्यतम प्रतिपादक के रूप में प्रतिष्ठित करने का श्रेय **क्षेमराज** को जाता है। हमारी समझ और निष्कर्ष अधिकांश में उन्हीं से प्रभावित हैं।

[११७] स्थूलं तु यजनं होमो जपो ध्यानं समुद्रकम्।
यन्त्राणि मोहनादीनि मन्त्रराट् कुरुते भृशम्।।

सूक्ष्मं चक्रादियोगेन कलानाड्युदयेन च।
परं सर्वात्मकं चैव मोक्षदं मृत्युजिद्भवेत्।। – *ने.तं.* ६.७-८

[११८] इन प्रक्रियाओं के स्वरूप के लिए देखिए *क्र.ता.*, १, पृ. ३४-३६।

जान पड़ती है, क्योंकि ऐसा परिकल्पन उनके पूर्व दिखाई नहीं देता।[११९] कुल प्रक्रिया के अनुसार,[१२०] संक्षेप में, योगी को चाहिए कि वह सुषुम्णा में स्थित उदानवायु के मार्ग से परमशिव से अविनाभूततया स्थित चित्-शक्ति को ऊपर उठाए। मन्त्रवीर्य के प्रभाव से जन्माधार में प्रतिष्ठित योगी तदनन्तर उसे मध्य नाडी के रास्ते नाद की सुई से द्वादश ग्रन्थियों के भेदनपूर्वक द्वादशान्त के तल तक उठाता है। यहाँ पर वह अपने हृदय में अवस्थित नित्योदित पराशक्ति और निष्कल परमशिव का भावन करता हुआ परमानन्द रूप अद्भुत रसायन का पान करता है। अब उसे साक्षात् अनुभव होता है कि असंख्य नाड़ियों से बहता हुआ यह रसायन उसके पोर-पोर में भर गया है। इस योग के निरन्तर अभ्यास द्वारा आयु और मृत्यु पर विजय पाकर योगी अब स्वयं मृत्युजिद्भट्टारक बन जाता है। **क्षेमराज** इसे शाक्तानन्द में समावेश के रूप में देखते हैं।[१२१]

तन्त्रप्रक्रिया के अन्तर्गत सूक्ष्मयोग का लक्ष्य है, योगी के चित्त का कन्दभूमि में स्पन्दमान प्राणशक्ति से एकीकरण।[१२२] ऊर्ध्वोन्मुख प्राणशक्ति के पुनरुद्दीपन के कारण योगी खेचरी दशा में दृढ़ आरूढ़ होकर छह चक्रों, सोलह आधारों और बारह ग्रन्थियों को ज्ञान रूपी शूल से भेदता हुआ द्वादशान्त भूमि में बलात् प्रवेश करता है। यहाँ परम शिव को आमने-सामने पाकर वह उसे चित्त की भूमि में उतारकर सृष्टि के लिए उन्मुख बनाता है। अन्तर्मुख शक्ति को, मध्य नाडी के माध्यम से, नीचे लाकर योगी अपान वायु के उद्रिक्त होने पर चन्द्रोदय से प्राप्त अमृत को सारे चक्रों और आधारों पर छिड़कता है। इस अमृत से शुद्ध होकर योगी अब इच्छा-ज्ञान-क्रियामय शिव जैसा हो जाता है।[१२३] जैसा कि कहा जा चुका है, इस प्रक्रिया-निरूपण में **क्षेमराज** के साम्प्रदायिक आग्रह स्पष्ट हैं। विशेषतः इस तन्त्रप्रक्रियान्तर्गत सूक्ष्मयोग में वह

---

[११९] यद्यपि इस रूप-विभाजन के बीज **अभिनवगुप्त** में ढूँढे जा सकते हैं, जब वह कुल उपासा-विधि को कुलप्रक्रिया के द्वारा उपात्त मानते हैं :

अथ सर्वाप्युपासेयं कुलप्रक्रिययोच्यते।। – *तं.* २९.१$_{ब}$; यदि यह मान लिया जाए तो भी इन दोनों प्रक्रियाओं की सूक्ष्म योग के सन्दर्भ में विनियोजना का श्रेय **क्षेमराज** को ही जाएगा।

[१२०] यदि वा सर्वसहत्वादस्य नयस्य कुलप्रक्रियया . . . सूक्ष्मध्यानामृतोन्मिषच्छाक्तमूर्तिर्भवति। – *ने.तं.उ.*(द्विवेदी), पृ. ५२-५३

[१२१] एवं शाक्तानन्दमार्गावष्टम्भात्मककौलिकप्रक्रियोक्ताधारादिभेदेन सूक्ष्मध्यानमुक्त्वा . . .। – तदेव, पृ. ५५

[१२२] तदेव, पृ. १५५-६१; और भी द्र. उपोद्घात (तदेव), पृ. ३७-३८।

[१२३] स्थूलयुक्तिक्रमेण तन्त्रप्रक्रियोक्ताधारादिभेदेन पूर्णासितामृतकल्लोलचिन्तनात्मसूक्ष्मध्यानं वक्तुमुपक्रमते . . .। एवं सूक्ष्मध्यानाद्विजितमृत्युरासादितपरमसौभाग्योऽमृतेशतुल्यो भवति। – *ने.तं.उ.*, पृ. ५५-६१

मालिनीविजय से आन्तरिक एकसूत्रता देखते हैं।[१२४]

पर योग, जो योग का सर्वोत्कृष्ट प्रकार है, का प्रतिपादन *नेत्रतन्त्र* अष्टाङ्ग योग की शब्दावली में करता है।[१२५] सामान्यतः अष्टाङ्ग योग को पातञ्जल योग से जोड़ा जाता है। परन्तु दोनों में मौलिक अन्तर है। यद्यपि पातञ्जल योग के अवधारणा-प्रत्ययों की शब्दावली को *नेत्रतन्त्र* बनाए रखता है, फिर भी उनका प्रतिपादन मूलतः भिन्न ज्ञाननिष्ठ धार के साथ हुआ है। यम है, सांसारिक पदार्थों से सतत विरक्ति। नियम है, परम सत् का अविरत चिन्तन। आसन है, उदान प्राण अर्थात् मध्य धाम का आश्रय लेकर ज्ञानशक्ति की सहायता से ज्ञानशक्ति में टिकना। प्राणायाम है, सूक्ष्म और स्थूल अवस्थाओं से परे लोकोत्तर सूक्ष्म प्राणशक्ति से अभिन्न चित् के स्पन्दन का अनुभव। प्रत्याहार है, इन्द्रिय-जन्य विकल्प बोधों से हटाकर अपने मन या चित्त के द्वारा परम धाम में अनुप्रवेश-व्यापार। ध्यान है, विकल्प-व्यापारों से परे सर्वसमावेशी आत्म-विमर्शमयी सर्वोत्तीर्ण सत्ता में मानसिक रूप से लीन हो जाना। धारणा है, वह प्रक्रिया जो चरम सत् को लगातार 'थामे' (धारण किए) रहती है। हाँ, समाधि को लेकर *नेत्र-तन्त्र* में अवश्य चार प्रतिपत्तियाँ मिलती हैं।

क्षेमराज के अनुसार इन्हें चार उपायों – आणव, शाक्त, शाम्भव और अनुपाय – से

---

[१२४] इतिश्रीमालिनीविजयलक्षितया पूर्वोद्दिष्टखेचरीमुद्रया शक्त्यन्तं यावत्. . . योगिनः . . . अनामयं यत् परं धाम तद्भवन्ति तन्मया जायन्त इत्यर्थः। – तदेव, पृ. ५६-६०

[१२५] अष्टाङ्गेन तु योगेन प्राप्नुयान्नान्यतः क्वचित्।।

संसाराद्विरतिर्नित्यं यमः पर उदाहृतः।
भावना तु परे तत्त्वे नित्यं नियम उच्यते।।

मध्यमं प्राणमाश्रित्य प्राणापानपथान्तरम्।
आलम्ब्य ज्ञानशक्तिं च तत्स्थं चैवासनं लभेत्।
प्राणादिस्थूलभावं तु त्यक्त्वा सूक्ष्ममथान्तरम्।
सूक्ष्मातीतं तु परमं स्पन्दनं लभ्यते यतः।।

प्राणायामः स उद्दिष्टो यस्मान्न च्यवते पुनः।
शब्दादिगुणवृत्तिर्या चेतसा ह्यनुभूयते।।

त्यक्त्वा तां प्रविशेद्धाम परमं तत्स्वचेतसा।
प्रत्याहार इति प्रोक्तो भवपाशनिकृन्तकः।।

धीगुणान् समतिक्रम्य निर्ध्येयं चाव्ययं विभुम्।
ध्यात्वा ध्येयं स्वसंवेद्यं ध्यानं तच्च विदुर्बुधाः।।

धारणा परमात्मत्वं धार्यते येन सर्वदा।
धारणा स विनिर्दिष्टा भवबन्धविनाशिनी।। – *ने.तं.* ८.६-१६

प्राप्त होने वाली चतुर्विध समाधियों के लक्षण के रूप में लेना चाहिए,[१२६] यद्यपि *नेत्रतन्त्र* इस विषय में मौन है। परन्तु चतुर्विध व्याख्यानों[१२७] की अन्यथा संगति न हो पाने के कारण **क्षेमराज** के मन्तव्य को अन्तरिम रूप से स्वीकार करना अनुचित न होगा। इन चारों में से अहम्-इदम् के एकानुसन्धान से प्रस्फुटित यह भावन "मैं ही शिव हूँ, सारा जगद् मेरा ही रूप है, मुझसे परे कुछ भी नहीं है" शाक्त-समाधि है और **क्षेमराज** के अनुसार यह शैव समाधि के परम्परा-प्राप्त[१२८] मानक रूप का निदर्शन करता है।[१२९] *मालिनीविजयोत्तर* के त्रिविध समावेशों पर आधारित उपाय-चतुष्टय के रूप में **अभिनवगुप्त** कृत पुनर्निर्मिति और सूक्ष्म योग के प्रक्रियानुगत युगल प्रारूपों का संज्ञान लेते हुए **क्षेमराज** इन तीनों (स्थूल, सूक्ष्म, पर) योगों में एक अन्तर्निहित अन्विति का भी संकेतन करते हैं। पातञ्जल योग और *नेत्रतन्त्र* के योग में मौलिक अन्तर उनकी क्रमशः व्यावहारिक और मोक्षपरक अन्तःप्रेरणाओं के कारण है, जो ज्ञान और क्रिया की **क्षेमराज** कृत व्याख्याओं में दृष्टि की त्रिविध विविधता के रूप में परिलक्षित होता है।[१३०] *नेत्रतन्त्र* की फलश्रुति है कि इस अष्टाङ्ग योग से योगी अपने स्वभावभूत अमृतेश का साक्षात्कार कर काल को कवलित करता हुआ स्वयं अमृतेश या मृत्युजित् हो जाता है।[१३१]

क्षेमराज की व्याख्या के आलोक में *नेत्रतन्त्र* सम्मत योग के प्रारूप को संक्षेप में निम्नलिखित तालिका के रूप में प्रस्तुत किया जा सकता है –

---

[१२६] समाधिमपि परस्वरूपविषयमाणवशाक्तशाम्भवोपायप्राप्यमनुपायं चादिशति श्लोकचतुष्केण। – *ने. तं.उ.*, पृ. ६४

[१२७] (१) समं सर्वेषु भूतेषु आधानं चित्तनिग्रहः।
समाधानमिति प्रोक्तमन्यथा लोकदाम्भिकम्।। – *ने.तं.* ८.१७ [आणव-समाधि]

(२) स्वपरस्थेषु भूतेषु जगत्य स्मिन् समानधीः।
शिवोऽहमद्वितीयोऽहं समाधिः स परः स्मृतः।। – तदेव ८.१८ [शाक्त-समाधि]

(३) राशिभ्यां चिज्जडाभ्यां च विचार्य निपुणं पदम्।
यन्नित्यं शाश्वतं रूपं समाधानं तु तद्विदुः।। – तदेव ८.२० [शाम्भव-समाधि]

(४) सम्यक्स्वरूपं संवेद्यं संविद्रूपं स्वभावजम्।
स्वसंवेद्यस्वरूपं च समाधानं परं विदुः।। – तदेव ८.१९ [अनुपाय-समाधि]

[१२८] पारम्पर्यतः प्रसिद्धः। – *ने.तं.उ.*, पृ. ६५

[१२९] अत एव 'शिवोऽहमद्वितीयोऽहम्' इति तात्त्विकसमाधिनिर्णयावसरे उक्तम्। – तदेव, पृ. ६७

[१३०] सा भवबन्धविनाशहेतुर्धारणा अन्यधारणावैलक्षण्येन विनिर्दिष्टा। एवं यमनियमासनप्राणायाम-प्रत्याहारध्यानधारणां लोकोत्तरदृष्ट्या प्रतिपाद्य. . .। – तदेव, पृ.६४

[१३१] एवमष्टाङ्गयोगेन स्वभावस्थं परं ध्रुवम्।
दृष्ट्वा वञ्चयते कालममृतेशं परं विभुम्।।
मृत्युजित् स भवेद्देवि . . . । – *ने.तं.* ८.२१-२२

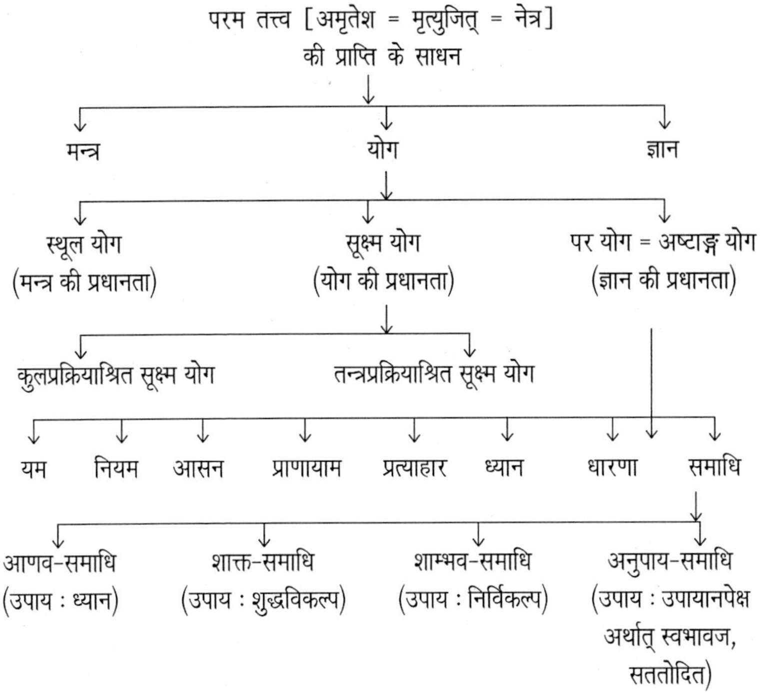

त्रिक योग में हमारी अन्तर्दृष्टियों का एक अत्यन्त समादृत अतिरिक्त आगमिक स्रोत है *विज्ञान-भैरव (तन्त्र)*, जिसकी ख्याति परम्परा में *रुद्रयामल तन्त्र* के सार रूप से है।[१३२] इसका एक मात्र प्रयोजन है परम तत्त्व, जिसकी संज्ञा यहाँ विज्ञान-भैरव है और जो विज्ञानघन सर्वात्मा अद्वय तत्त्व है, में रुद्रशक्ति के समावेश के द्वारा पूरी तरह डूबकर तद्रूप हो जाना।[१३३] क्योंकि भैरव से अभिन्न यह शक्ति ही है जो ज्ञानात्मक सत्ता में प्रवेश करा पाती है।[१३४] फिर भी जहाँ तक *विज्ञानभैरव (तन्त्र)* के योग का सम्बन्ध है, उसे किसी सुनिश्चित सैद्धान्तिक साँचे में ढाल पाना कठिन है। अपने एक सौ बारह उपदेशों का परिचय यह

---

[१३२] साधु साधु त्वया पृष्टं तन्त्रसारमिदं प्रिये। – *वि.भै.* ७; इसके साथ मिलाकर पढ़ें : रुद्रयामलतन्त्रस्य सारमद्यावधारितम्। – *वि.भै.* १६२; और भी द्र. : श्रुतं देव मया सर्वं रुद्रयामलसम्भवम्। – तदेव १

[१३३] रुद्रशक्तिसमावेशस्तत्क्षेत्रं भावना परा।
अन्यथा तस्य तत्त्वस्य का पूजा कश्च तृप्यति।। – तदेव १५१

[१३४] न वह्नेर्दाहिका शक्तिः व्यतिरिक्ता विभाव्यते।
केवलं ज्ञानसत्तायां प्रारम्भोऽयं प्रवेशने।। – तदेव १९

"निस्तरङ्ग उपदेशों" के नाम से कराता है।[१३५] ऐसा लगता है कि इन उपदेशों को यह तन्त्र योग, जिसे सूक्ष्म तरीके से ठीक बाद वाली कारिका में "युक्ति" कहा गया है, के विविध रूपों से एक समझता है। इनकी सामर्थ्य परस्पर समान और वैकल्पिक है, यही कारण है कि इनमें से किसी भी एक 'युक्ति' के अभ्यास या भावना से साधक सिद्ध होकर स्वयं भैरव बन जाता है।[१३६] इस स्थिति को *विज्ञानभैरव* भरिताकारता या अत्यन्तपूर्णता के नाम से निरूपित करता है।[१३७] ऊपर के प्रयोग के अलावा केवल एक बार और प्रयुक्त 'निस्तरङ्ग' शब्द[१३८] को कारिका के मूल भाव को ध्यान में रखते हुए "चित्त की वृत्तियों या लहरों से शून्य" के अर्थ में समझा जा सकता है। लेकिन दोनों ही टीकाकार, **शिवोपाध्याय** और **भट्ट आनन्द**, इन उपदेशों को 'धारणा' के अर्थ में लेते हैं।[१३९] यद्यपि *विज्ञानभैरव* में इनका लक्षण या परिभाषा कहीं नहीं की गई है, इन धारणाओं को हमें परा शक्ति, जो भैरवावस्था का पारिभाषिक घटक अर्थात् स्वरूप है, की उपलब्धि के उपायतया ग्रहण करना होगा।[१४०] परन्तु इससे हमें यह छूट नहीं मिल जाती कि हम *विज्ञानभैरव* के अभिधेयार्थ को *मालिनीविजयोत्तर* और **अभिनवगुप्त** के उपाय-सिद्धान्त जैसे सिद्धान्त में गतार्थ कर दें, जैसा कि **शिवोपाध्याय** और **क्षेमराज** ने निःसंकोच किया है और **भट्ट आनन्द** जिससे बचते रहे हैं।[१४१] *सर्वदर्शनसंग्रह*[१४२] में प्राप्त लक्षण की **द्विवेदी** यहाँ पूरी तरह से संगति पाते हैं। नाभि-चक्र, हृदय-पुण्डरीक, नासाग्र प्रभृति आध्यात्मिक स्थानों में, हिरण्यगर्भ आदि इष्ट देवों के सकल स्वरूप में अथवा बाह्य देश में

---

[१३५] निस्तरङ्गोपदेशानां शतमुक्तं समासतः।
द्वादशाभ्यधिकं देवि यज्ज्ञात्वा ज्ञानविज्जनः।। – तदेव १३६

[१३६] अत्र चैकतमे युक्तो जायते भैरवः स्वयम्। – तदेव १४०

[१३७] अत्रैकतमयुक्तिस्थे योत्पद्येत दिनाद्दिनम्।
भरिताकारता सात्र तृप्तिरत्यन्तपूर्णता।। – तदेव १४८

[१३८] निस्तरङ्गस्ततो भवेत्।। – तदेव १२६; **शिवोपाध्याय** इसका अर्थ लेते हैं "पर भैरव के आवेश में सराबोर" ("परभैरवावेशवान्", पृ. ११३)।

[१३९] *वि.भै.उ.*, पृ. १२६: एतन्निस्तरङ्गोपदेशमध्यात् एकयपि धारणया नैश्चल्ये सति। इसके पूर्व **शिवोपाध्याय** इसका अभिप्राय "एक सौ बारह शून्यभूमियों" (पूर्वोक्तद्वादशोत्तरशतशून्यभूमिषुः पृ. १२३) से लेते हैं, परन्तु अनावश्यक विस्तार में जाना इस समय उचित न होगा। और भी देखिए, *विज्ञानकौमुदी* (*वि.भै.* पर **भट्ट आनन्द की टीका**), पृ. १०, ५६, ५६ आदि।

[१४०] यावस्था भरिताकारा भैरवस्योपलभ्यते।
कैरुपायैर्मुखं तस्य परादेवी कथं भवेत्।। – *वि.भै.* २३

[१४१] *वि.भै.(द्वि.)*, पृ. १५ (उपोद्घात)।

[१४२] नाभिचक्र-हृदयपुण्डरीक-नासाग्रादावाध्यात्मिके, हिरण्यगर्भ-वासव-प्रजापतिप्रभृतिके बाह्ये वा देशे चित्तस्य विषयान्तरपरिहारेण स्थिरीकरणं धारणा। – *स.द.सं.*, पृ. ३८२

अन्य सभी विषयों से हटाकर चित्त को स्थिर करना ही धारणा कहलाती है। हम स्पष्ट ही यहाँ पातञ्जल योग की धारणा, जो अन्तरङ्ग योगाङ्गों में प्रथम है, का प्रभाव देखते हैं।[१४३] परन्तु जब हम *विज्ञानभैरव* की कारिकाओं की ओर वापस जाते हैं, तो हम इस मन्तव्य को केवल आंशिक रूप से ही चरितार्थ पाते हैं। केवल एक बार (धारयेत्)[१४४] को छोड़कर सर्वाधिक विहित विधाएँ हैं – भावना, ध्यान, दाढ़र्य (स्थिरीकरण), चिन्तन, आवेशन, उच्चार और क्षेपण। इनका न्यूनाधिक क्रम भी यही है, बीच में आने वाली एक-आध अन्य विधाओं के अपवादों को छोड़कर। इन सारे शब्दों में केवल एक, अर्थात् 'ध्यान' की परिभाषा[१४५] "बिना किसी आश्रय या आकार के होने वाली वृत्ति" के रूप में की गई है, जहाँ किसी भी प्रकार के दैशिक बन्धन का स्पर्श भी नहीं है। यह परिभाषा भी हमें अ-धारणापरक या धारणोल्लङ्घी सन्दर्भ में ही प्राप्त होती है। इससे ऐसा लगता है कि *विज्ञान-भैरव* के अपने शब्द-कोश में धारणा का तात्पर्य(सीमैन्टिक)-क्षेत्र कहीं अधिक व्यापक है और 'संयम' की पातञ्जलीय अवधारणा[१४६] – जिसका लक्ष्यार्थ है, एक ही ध्येय या ध्यान-विषय पर धारणा, ध्यान और समाधि की त्रिपुटी का एक साथ क्रेन्द्रण या विनियोजन – के कहीं अधिक निकट है। जैसा कि पहले ही कहा जा चुका है, *विज्ञान-भैरव* में शास्त्रीय क्रमबद्धता का अभाव है और प्रत्येक धारणा पर संक्षिप्त चर्चा भी हमारे साम्प्रतिक उपक्रम से परे है, फिर भी यह ध्यान दिलाना स्थाने होगा कि विज्ञान-भैरवीय योग की धारा को परम्परा का अव्याहत संश्रय प्राप्त है और इस बात के बीज स्वयं वहाँ पर उपलब्ध हैं।[१४७] मोक्ष के प्रति इसकी दृष्टि को लेकर मोटे तौर पर दो परिदृश्य दिखाई पड़ते हैं – (१) बाह्य और (२) (लक्षणया) आन्तर।[१४८] बाह्य प्रक्रिया का सम्बन्ध स्थूल या सकल रूपों से है, जबकि आन्तर का, लक्षणया, संसारातिक्रामी निष्कल सत् से। सन्दर्भ से ऐसा लगता है कि बाह्य प्रक्रिया का सम्बन्ध उक्त एक सौ बारह धारणाओं से है। इसके अतिरिक्त बाह्य प्रक्रिया का तात्पर्य 'अध्व-प्रक्रिया' (अर्थात् षडध्व से सम्बन्धित पद्धति या योग) से भी समझा जा सकता है। इसके अनुसार साधक या योगी को सारे विश्व का छह अध्वों के रूप में इस प्रकार भावन करना चाहिए

---

[१४३] देशबन्धश्चित्तस्य धारणा। – *यो.सू.* ३.१

[१४४] यत्र यत्र मनस्तुष्टिर्मनस्तत्रैव धारयेत्। – *वि.भै.* ७४

[१४५] ध्यानं हि निश्चला बुद्धिर्निराकारा निराश्रया।
न तु ध्यानं शरीराक्षिमुखहस्तादिकल्पना।। – *वि.भै.* १४६

[१४६] त्रयमेकत्र संयमः। – *यो.सू.* ३.४; द्र., *व्यासभाष्य* : एकविषयाणि त्रीणि साधनानि संयम इत्युच्यते, तदस्य त्रयस्य तान्त्रिकी परिभाषा संयम इति।

[१४७] सम्प्रदायमिमं देवि श्रृणु सम्यग्वदाम्यहम्। – *वि.भै.* ११३

[१४८] एषात्र प्रक्रिया बाह्या स्थूलेष्वेव मृगेक्षणे। – तदेव १४४

कि एक क्रम से प्रत्येक स्थूल सूक्ष्म में और सूक्ष्म पर में तब तक विगलित होता जाए जब तक कि चित्त पूरी तरह से विगलित होकर शुद्ध चेतना में घुलकर एकाकार न हो जाए।[१४९] इसके विपरीत इन सभी प्रत्ययों के घोर अद्वैतवादी ज्ञानीय मूल्यावधारण के आलोक में आन्तर प्रक्रिया में भावना, जप, ध्यान, पूजा, होम, याग और स्नान को समाहित किया जा सकता है।[१५०] अन्त तक आते-आते *विज्ञानभैरव* शाब्द या भाषात्मक अन्तर्विरोधजन्य विवशता के कारण इस शब्दावली पर ही प्रश्नचिह्न लगा देता है।[१५१] चरम उपलब्धियों के पारस्परिक भेद की दृष्टि से भी इन दोनों प्रक्रियाओं में अन्तर किया जा सकता है। पहली (अर्थात् बाह्य प्रक्रिया की) स्थिति में, पूर्णता का अर्थ है भैरवता का उसके विश्वमय पक्ष में उपलाभ। यह वह स्थिति है, जहाँ योगी जीवनकाल में ही पञ्चकृत्यों की निर्व्यूढि में समर्थ और सभी यौगिक सिद्धियों से युक्त होने के कारण समस्त योगियों के मण्डल का स्वामित्व और योगिनियों की प्रियता अर्जित करता है।[१५२] दूसरी (अर्थात् आन्तर प्रक्रिया की) स्थिति में चरम उपलब्धि का अर्थ है, भैरवता के विश्वोत्तीर्ण पक्ष से एकलयता। अपनी भरिताकारता के कारण पूर्णता के उच्चतम शिखर तक पहुँची हुई चेतना में सौन्दर्यास्वाद का भी पुट इस अवस्था की पहचान बनकर उभरता है।[१५३] इस प्रकार की सैद्धान्तिक विचारणा काश्मीर शिवाद्वयवाद की पारम्परिक और तात्त्विक प्रकृति के साथ मेल खाती है। सौन्दर्यात्मक आयाम को *विज्ञान-भैरव* के योग का अतिरिक्त वैशिष्ट्य माना जा सकता है। इस दृष्टि से ६३ से ७३ तक की कारिकाएँ "आनन्द-कारिकाएँ" कही जा सकती हैं (यद्यपि पारम्परिक साहित्य

---

[१४९] भुवनाध्वादिरूपेण चिन्तयेत्क्रमशोऽखिलम्।
स्थूलसूक्ष्मपरस्थित्या यावदन्ते मनोलयः।।

अस्य सर्वस्य विश्वस्य पर्यन्तेषु समन्ततः।
अध्वप्रक्रियया तत्त्वं शैवं ध्यात्वा महोदयः।। – तदेव ५६-५७

[१५०] द्र. *वि.भै.* १४५-५२।

[१५१] यैरेव पूज्यते द्रव्यैस्तर्प्यते वा परापरः।
यश्चैव पूजकः सर्वः स एवैकः क्व पूजनम्।। – तदेव १५३

[१५२] अत्र चैकतमे युक्तो जायते भैरवः स्वयम्।
वाचा करोति कर्माणि शापानुग्रहकारकः।।

अजरतामरतामेति सोऽणिमादिगुणान्वितः।
योगिनीनां प्रियो देवि सर्वमेलापकाधिपः।।

जीवन्नपि विमुक्तोऽसौ कुर्वन्नपि च चेष्टितम्। – तदेव १४०-४२

"शाप" अर्थात् निग्रह और अनुग्रह ये दोनों भैरव के पञ्चकृत्यों – सृष्टि, स्थिति, संहार, तिरोधान और अनुग्रह – के दो छोर हैं।

[१५३] भरिताकारता सात्र तृप्तिरत्यन्तपूर्णता।। – तदेव १४८

में ऐसा नामकरण उपलब्ध नहीं होता) और जो वस्तुतः महत्त्व की बात है वह यह है कि इनमें से अनेक कारिकाओं का सन्दर्भण **अभिनवगुप्त** और उनके अनुयायी **क्षेमराज** आदि कला, सौन्दर्य और रसास्वादन की अपनी शास्त्रीय निष्पत्तियों में परम्परानुगति और प्रामाण्य लाने के लिए करते हैं।

८

यद्यपि *तन्त्रालोक* में **अभिनवगुप्त** पूरी आगमिक परम्परा का संग्रह और समन्वय करते हैं, पूरा उपाय-योग विकसित करते हैं, हमें स्थानाभाव और विषय के अपने स्वतन्त्र महत्त्व के कारण उपाय-योग के सभी परवर्ती रूप-भेदों की चर्चा का मोह छोड़ना होगा। फिर भी उस आगमिक परम्परा को स्वाभाविक विस्तार देते हुए **अभिनवगुप्त** की कुछ विशेष प्रतिपत्तियों का आकलन उचित होगा। सबसे पहले 'आणव योग' (अणु-/व्यक्ति-सम्बन्धी योग) का देह और प्राणों से, 'शाक्तयोग' (शक्ति-सम्बन्धी योग) का मन या चित्त से और 'शाम्भव (शिव-सम्बन्धी) योग' का निर्विकल्प चित् से स्वाभाविक सम्बन्ध बताया गया है। *मालिनीविजयोत्तर* के अठारहवें आह्निक के संकेतों का उपयोग करते हुए **अभिनव** एक चौथे उपाय, 'अनुपाय' (अन्+उपाय = उपायहीन उपाय), की परिकल्पना करते हैं। इससे एक चतुरंग योग (यदि इस शब्द का प्रयोग किया जा सके) के रूप में 'उपाय-चतुष्टय' के नए नामकरण के साथ योग के नए प्रारूप का मार्ग प्रशस्त होता है। इस चौथे उपाय को एक पारिभाषिक निरूपण में वह 'स्पन्दनात्मक हृदय' से समीकृत करते हैं।[१५४] इस समीकरण (अनुपाय = हृत्स्पन्दन) के पीछे **अभिनव** दो उद्देश्यों से प्रेरित लगते हैं। एक, 'उपाय' की 'उपेय' से अभिन्नता का आपादन। अनुपाय (अर्थात् जो उपाय नहीं है) को उपाय-योजना में स्वतन्त्र उपायतया सम्मिलित करने का यही तार्किक औचित्य हो सकता है,[१५५] अन्यथा यह शाम्भव उपाय की पराकाष्ठा के रूप में ही गृहीत होता है। दूसरे, पूरी परम्परा के आस्थेय आनन्दयोग के पोषण के लिए[१५६] आवश्यक अनुगुण परिवेश का निर्माण। ऊर्ध्वोर्ध्व छह आनन्द-भूमियों से गुजरने वाली 'आनन्दयोग' की यह यात्रा निजानन्द से प्रारम्भ होकर जगदानन्द में समाप्त होती है।[१५७]

---

[१५४] तस्योपायं परं ब्रूते हृदयं स्पन्दनात्मकम्। – *मा.वि.वा.* २.१६

[१५५] अनुपायमिदं तस्मादुपायोपेययोगतः।
भेदबन्धाद्विमुच्येत कथं वेतरथा जनः।।

अनुपायेऽपि चैतस्मिन्किंचित्सांबन्ध्यवृत्तितः।
उपायस्योपदेशोऽयं शास्त्रेऽत्र बहुधा कृतः।। – तदेव २.१२०-२१ब

[१५६] तत्रैवानन्दयोगः क्वचन ननु भवेत्तत्र पूर्णः स्वभावो। . . .तज्ज्ञाने. . . योगी जायेत। – तदेव २.११८

[१५७] तदेव २.२६-४०।

इस आनन्दयोग को अनेक नामों से पुकारा गया है – यथा 'यामल योग'[१५८], 'रुद्रयामल योग' (रुद्र और उसकी शक्ति – दिव्य युगल का योग)।[१५९] इसे 'सद्योयोग'[१६०] (सहज स्फूर्त, अव्यवहित, योग) के रूप में भी प्रस्तुत किया जा गया है – ऐसी स्थिति जहाँ पारमार्थिक ज्ञान, मन्त्र, दीक्षा, योग, क्रिया सभी पारस्परिक सीमाओं को विगलित करते हुए एक में लीन होकर एकीभूत हो जाते हैं।[१६१] स्वरूपानन्द में विश्रान्ति और भैरवैकात्म्य से परिघटित यह योग त्रिक दर्शन के मौलिक, प्रतिनिधि योग के रूप में उभरता है, जैसा कि इसकी विशिष्ट संज्ञाओं अनुत्तरयोग,[१६२] अनुत्तरनय जिसकी पहचान विज्ञान-योग के रूप में होती है,[१६३] से पता चलता है। इस स्थापना के पीछे एक तीसरा कारण भी है, वह है **अभिनवगुप्त** द्वारा अनुपाय और प्रत्यभिज्ञा की एकात्मता का आपादन और एतद्द्वारा अनुपाय को उपाय-योग के माध्यम से योग की परिधि में लाकर उसकी ज्ञप्तिरूपता के कारण ज्ञान को योग की पार्यन्तिक भूमि बना देना। इसके लिए एक ओर वह अपनी मान्यता का बीज *मालिनीविजयोत्तर* में ढूँढते हैं, जहाँ जाग्रत् आदि चार अनुभव-दशाओं की तीन-तीन संज्ञाएँ मिलती हैं, पर पञ्चम तुर्यातीत की केवल दो ही – 'महाप्रचय' और 'तुर्यातीत'। **अभिनव** का मानना है कि चूँकि तुर्यातीत की भूमिका योग से परे है, अतः योगानुसारी संज्ञा न किए जाने के कारण उसकी दो ही संज्ञाएँ मिलती हैं।[१६४] महत्त्वपूर्ण बात यह है कि काश्मीर शैवों में भी सामान्य

---

[१५८] यामलयोगे . . . स्वरूपानन्दविश्रान्तियोगेन . . . एवम् आनन्दयोग एव हृदयपूजा। – *प.त्रिं. वि. (का.ग्र.)*, पृ. २२२-२३

[१५९] परिपूर्णसृष्ट्यानन्दरूपरुद्रयामलयोगानुप्रवेशेन। – तदेव, पृ. ५०; और भी देखिए, *वि.भै.उ.*, पृ. २

[१६०] सद्योयोगो भैरवैकात्म्यं, स एव मोक्षो निर्णीतः। – तदेव, पृ. २४३

[१६१] 'स्वस्वरूपपरिज्ञानं मन्त्रोऽयं पारमार्थिकः।
दीक्षेयमेष योगश्च क्रियायामप्यनुत्तरः।।' – **अभिनव** द्वारा उपात्त, *प.त्रिं.वि.*, पृ. २६८

[१६२] हृदयस्यैव योग('याग' का पाठशोधित रूप)दीक्षाक्रियारूपत्वात् तस्य चानुत्तरत्वात्। – तदेव; ऊपर का उद्धरण भी देखें।

[१६३] एवं यो वेद तत्त्वेनेत्युक्तं चानुत्तरे नये।
एवं विज्ञानयोगे हि शमिते भेदगोचरे।। – *मा.वि.वा.* १.११२०;

इत्थं किं बहुनोक्तेन नयेऽनुत्तरनामनि।।
वस्तुतोऽस्ति न कस्यापि योगाङ्गस्याभ्युपायता। – तदेव २.१०५

[१६४] लोक-योग-प्रसंख्यानत्रैरूप्यवशतः किल।
नामानि त्रीणि भण्यन्ते स्वप्नादिष्वप्ययं विधिः।। – *तं.* १०.२४६; इस पर **जयरथ** की टिप्पणी है – "तुर्यातीते पुनर्वक्ष्यमाणदृशा योगो न प्रतिपेदिति लोकप्रसंख्यानाभिप्रायेण तुर्यातीतं महाप्रचयश्चेति संज्ञाद्वयमेवोक्तम्।" – *तं.वि.*, ५, पृ. २०५१। हम इस सम्बन्ध में कुछ चर्चा प्रसंगबलाद् निबन्ध के प्रारम्भ में कर आए हैं।

योग की चरमावस्था भावना मानी गई है। योगिज्ञान को लेकर जो विचार साम्प्रदायिक ग्रन्थों में हुआ है, वहाँ भावना को योग की पर्यन्तभूमि माना गया है। योग के चरम अवयव सत्तर्क को भी भावना की ही शब्दावली में परिभाषित किया गया है। और इस भावना, जिसे **अभिनव** शब्दशः योग कहते हैं, का वह स्वतन्त्र, अपरिच्छिन्न, अप्रमेय तुर्यातीत में अभाव देखते हैं।[१६५] यह केवल ज्ञान की ही भूमि है, अतः पूर्णत्व की सम्भावना यहीं बनती है।[१६६] दूसरी ओर, अनुपाय को प्रत्यभिज्ञा से समीकृत करने में जहाँ वह **सोमानन्द** से प्रेरणा लेते हैं (यद्यपि **सोमानन्द** में उपाय-योग का विकास नहीं दीखता और न स्फुट रूप से यह शब्दावली ही),[१६७] वहीं ठीक उसी प्रेरणा और *शिवदृष्टि* के ठीक उन्हीं अंशों का सन्दर्भण वह *ईश्वरप्रत्यभिज्ञा* की उपान्तिम कारिका (४.१.१६) पर अपनी *विमर्शिनी* में करते हैं।[१६८] *विवृत्ति-विमर्शिनी* में तुरीय और तुरीयातीत के सन्दर्भ में समावेश के प्रत्यय पर विचार करते हुए *विमर्शिनी* से थोड़ा सा पीठिकान्तर करते हैं। सत्य के स्वरूप में सम्यक्प्रवेश-लक्षण ज्ञान की 'उपलब्धि' को वह तुरीयातीत अर्थात् व्यतिरेक-तुरीयातीत से जोड़ते हैं। उनके चिन्तन में यह ज्ञानी का स्वरूपलक्षण है। प्रवेशलक्षण ज्ञान के 'अभ्यास' से देह और प्राण आदि में अनन्त संविद्धर्मों से उपलक्षित विभूति को पाने वाला योगी होता है – यह अव्यतिरेक-तुर्यातीत

---

[१६५] नात्र योगस्य सद्भावो भावनादेरभावतः।
अप्रमेयेऽपरिच्छिन्ने स्वतन्त्रे भाव्यता कुतः।।

योगाद्यभावतस्तेन नामास्मिन्नादिशद्विभुः। – *तं.* १०.२७६-८०

यहाँ कुछ आधुनिक विद्वान् "योगाद्यभावतः" को एक-आध नई मातृकाओं के आधार पर "योगाभिप्रायतः" पढ़ते हैं। परन्तु **जयरथ** की व्याख्या से स्पष्ट है कि *तन्त्रालोक* का उपर्युक्त पाठ ही उन्हें अभिमत है। इसे वह आग्रहपूर्वक कहते हैं : तेनेति योगादेरसद्भावेन। यथा चैतत् तथा द्वितीयाह्निकादौ उक्तम्। – *तं.वि.*, ५, पृ. २०७३। यहाँ **जयरथ** द्वारा संकेतित अंश में **अभिनव** इसे कण्ठशः दुहराकर शंका नहीं रहने देते :

तेनावधानप्राणस्य भावनादेः परे पथि।
भैरवीये कथंकारं भवेत्साक्षादुपायता। – *तं.* २.१३

[१६६] प्रसंख्यानबलात्त्वेतद्रूपं पूर्णत्वयोगतः।।
अनुत्तरादिह प्रोक्तं महाप्रचयसंज्ञितम्। – *तं.* १०.२८०-८१

[१६७] श्रीमदूर्मिमहाशास्त्रे सिद्धसन्तानरूपके।
इदमुक्तं तथा श्रीमत्सोमानन्दादिदैशिकैः।। – *तं.* २.४८

जयरथ यहाँ *शि.दृ.* ७.५ब-६ को उद्धृत करते हैं। – द्र., *तं.वि.*, २, पृ. ३५०

[१६८] तत्परामर्शमात्रादेव तावज्जीवन्मुक्तो भगवाञ्छिव एव। यथोक्तं परमेष्ठिपादैः . . .। – *ई.प्र.वि.*, २, पृ. ३११

की स्थिति है।[१६९] *विमर्शिनी* में समावेश-लाभ की इन दो विधाओं को क्रमशः तुर्य और तुर्यातीत से जोड़ा गया है। *मालिनीविजयोत्तर* और *तन्त्रालोक* में प्रतिपादित तुरीयातीत में योग के अभाव की यह प्रकारान्तर से पुष्टि करता है। इस चिन्तना-पद्धति में भी योग अन्ततः ज्ञान में ही अपनी चरितार्थता ढूँढता है। योग के अपने निजी सन्दर्भ में ज्ञानचतुष्क की "उपाय(चतुष्टय)"-योग के रूप में विनियोजना का यही निहितार्थ या आन्तरिक स्वारस्य है। यहाँ पर उपपत्ति की एकसूत्रता और अन्विति के हित में ठीक पिछले प्रकरण में चर्चित *विज्ञानभैरव* की आन्तर प्रक्रिया का भी स्मरण किया जा सकता है।

इस प्रसंग में **क्षेमराज** के योगदान का अत्यन्त महत्त्व है। *स्पन्दकारिकाओं* पर *निर्णय* और *शिवसूत्रों* पर *विमर्शिनी* नामक अपनी टीकाओं में *मालिनीविजयोत्तरतन्त्र, स्वच्छन्दतन्त्र, विज्ञानभैरव* और *नेत्रतन्त्र* आदि का स्पन्द-सिद्धान्तों से सामञ्जस्य बैठाते हुए और पातञ्जल योग से संवादी विशेषताओं को उजागर करते हुए **क्षेमराज** का अघोषित प्रवृत्तिनिमित्त है, शैव योग के उपाय-प्रारूप को अधिक सारगर्भित और व्यापक बनाना। **क्षेमराज** द्वारा विकसित तान्त्रिक पद-मीमांसा (हर्मेन्यूटिक्स) में *मालिनीविजय* में प्राप्त आणव (उपाय)[१७०] के लक्षण में 'ध्यान' शब्द की अर्थवत्ता इतनी व्यापक है कि उसकी परिधि में प्राणायाम, प्रत्याहार, धारणा, ध्यान और समाधि सभी एक साथ समा जाते हैं। **क्षेमराज** आगे चलकर जो अन्य स्थापनाएँ करते हैं, उनसे ध्यान में ही देहशुद्धि और भूतशुद्धि भी अन्तर्भूत हो जाते हैं। इस प्रकार **पतञ्जलि** की योगविषयक सारी योजना आणव उपाय में गतार्थ हो जाती है।[१७१] एक अंश में **क्षेमराज** के प्रयास में *विज्ञानभैरव* में प्रयुक्त धारणा की गन्ध आती है। चूँकि आणव का व्यापार मोह अर्थात् अज्ञान की भूमि से सम्बद्ध है, सारी सिद्धियाँ तत्त्व-जय या

---

[१६९] एतदज्ञानरूपमलप्रतिद्वन्द्वितया समावेशलक्षणं सत्यस्वरूपे सम्यगासमन्तात् प्रवेशलक्षणं ज्ञानं यल्लाभेन ज्ञानी, यदभ्यासेन च देहप्राणादौ अनन्तसंविद्धर्मात्मकविभवसमासादनात् योगी भवति। . . . 'तुर्य' इति एतद्दशासमापत्तिपर्यन्तरूपा अपि तुर्यातीतता तत्रैव उक्ता, व्यतिरेकेण तु शून्यादेरवस्थापने बोधस्य तुर्यातीतता तत्रैव उक्ता। – *ई.प्र.वि.वि.*, ३, पृ. ३२७-३१

[१७०] उच्चारकरणध्यानवर्णस्थानप्रकल्पनैः।
यो भवेत्स समावेशः सम्यगाणव उच्यते।। – *मा.वि.तं.* २.२१

इस सम्बन्ध में ऊपर लेख-भाग में प्रयुक्त 'उपाय' (आणव उपाय) शब्द लाक्षणिक है। वस्तुतः यहाँ समावेश का लक्षण बताया गया है कि उच्चार आदि से होने वाला आवेश आणव कहलाता है। इस दृष्टि से उच्चार, करण, ध्यान आदि सबकी साधनापरक भूमिका है और ये सारे मिलकर आणव उपाय की रचना करते हैं।

[१७१] एवं ध्यानाख्यमाणवमुपायं प्रदर्श्य तदेकयोगक्षेमान् प्राणायाम-धारणा-प्रत्याहार-समाधीन् प्रदर्शयति। – *शि.सू.वि.*, पृ. ३९; और भी द्र. तदेव पृ. ४०-४१

तत्त्व-सिद्धि के रूप में घटित होती हैं।[१७२] मोह पर विजय से, लाक्षणिक भाषा में मोह की चादर भेद देने पर, सहज ज्ञान का उदय होता है। यह शाक्त उपाय की भूमि है, जिसमें आकर आणव अब पर्यवसित होता है। सहज विद्या या बोध के उदय के कारण लोकोत्तर अमृत से संप्लुत आत्मतत्त्व का साक्षात्कार सुकर हो जाता है। यह शाम्भव उपाय की भूमि है, जहाँ आकर अब शाक्त लीन हो जाता है।[१७३] **क्षेमराज** के प्रतिपादन में आणवोपाय योग के स्थूल रूप का प्रतीक है, जबकि शाक्त और शाम्भव सूक्ष्मतर रूपों के, और इस कारण वे आणव की स्वभावज सीमाओं के मूल में निहित सर्वोच्च चित् की अनुभूति के साक्षात् वाहक बनते हैं।[१७४]

६

योग के किसी भी सिद्धान्त में अङ्गों, सोपानों या सहकारियों का निर्णय विचार-प्रक्रिया का महत्त्वपूर्ण अङ्ग है। पातञ्जल योग का अष्टाङ्ग प्रारूप सदा से मानक प्रारूप रहा है। तथापि काश्मीर शिवाद्वयवाद की आगम-परम्परा में **क्षेमराज** वह आचार्य हैं, जो अपने *नेत्रतन्त्र-उद्योत* में औपचारिक रूप से पहली बार षडङ्ग-प्रारूप की ओर हमारा ध्यान आकर्षित करते हैं। वह कहते हैं कि योगी वे हैं, जो षडङ्ग योग का सहारा लेकर ईश्वर की आराधना करते हैं।[१७५] यह बात थोड़ी विचित्र इसलिए लगती है कि *नेत्रतन्त्र* की, जैसा कि हम ऊपर देख चुके हैं, आत्मोपज्ञ निष्ठा अष्टाङ्ग योग के प्रति है। फिर भी *तन्त्रालोक* की *विवेक* टीका के प्रणेता **जयरथ** अष्टाङ्ग योग के मुकाबले षडङ्ग योग को त्रिक योग के आधिकारिक प्रारूप के रूप में प्रतिष्ठित करने का प्रयास करते हैं। अपने प्रमाण में वह अनाम स्रोत से एक श्लोक अभ्युपगमपूर्वक उद्धृत करते हैं,[१७६] जो *श्रीकण्ठीसंहिता*[१७७] से लिया गया है, यह आज कहा जा सकता है। प्रकरणगत उद्धरण में पातञ्जल योग के तीन अङ्गों – यम, नियम और आसन

---

[१७२] एवं देहशुद्धि-भूतशुद्धि-प्राणायाम-प्रत्याहार-धारणा-ध्यान-समाधिभिर्या तत्तत्तत्त्वरूपा सिद्धिर्भवति सा मोहावरणात् न तु तत्त्वज्ञानात्। . . . विगलितमोहस्य. . . धारणादिभिरपि परतत्त्वसमावेश एव भवति, न तु मितसिद्धिः। – तदेव, पृ. ४०-४१

[१७३] शुद्धविद्यात्मकशाक्तबलासादनप्रकर्षात् आत्मीकृतपरामृतह्रदात्मकशाम्भवपदो योगी। – तदेव, पृ. ४६

[१७४] तदेव, पृ. ३८-५०।

[१७५] योगिनः षडंगादियोगेनेश्वराराधकाः। – *ने.तं.उ.*, पृ.४ (*ने.तं.* १.८ पर)

[१७६] प्राणायामस्तथा ध्यानं प्रत्याहारोऽथ धारणा।
तर्कश्चैव समाधिश्च षडङ्गो योग उच्यते।। – *तं.वि.*, ३, पृ.६३१ पर उद्धृत

[१७७] श्लोक सं.४०, *श्रीकण्ठी*, परिशिष्ट १, *अभिनवगुप्त'ज़ फिलॉसफ़ी ऑफ़ रेवेलेशन, मालिनीश्लोकवार्तिक* १, १-३९९, द्वारा जे. हैनेडर, एग्बर्ट फॉर्स्टन्, ग्रॉनिन्जेन्, १९९८, पृ. २४३

– को छोड़ दिया गया है और एक नए अङ्ग – तर्क – का समावेश किया गया है। इस प्रकार षडङ्ग का पूरा प्रारूप ढलता है।[१७८] **जयरथ** इसके आगे नहीं बढ़ते। संवित् से बाह्य होने के कारण यम, नियम, आसन और प्राणायाम का अवमूल्यन और संवित् से अत्यन्त निकट तर्क, जिसे योग का सर्वोत्तम अङ्ग कहा गया है (योगाङ्गमुत्तमम्), के उदय में उपकारक होने के नाते प्रत्याहार, ध्यान, धारणा और समाधि का अधिमूल्यन करने के बावजूद **अभिनव** भी इस विषय में मौन साध लेते हैं।[१७९] **अभिनव** को अपनी इन मान्यताओं के लिए आधार मिलता है *वीरावली तन्त्र* से। परन्तु एक बात तय है कि **अभिनव** यम से आगे योगाङ्गों को अकिञ्चित्कर मानकर उनका परित्याग नहीं करते।[१८०] स्पष्ट ही यम से समाधि तक आठ अङ्ग होते हैं। **जयरथ** की कठिनाई है कि **अभिनव** की अनिश्चयात्मकता को वह तर्कसंगत कैसे सिद्ध करें? इस मौन का वह यह अर्थ लेते हैं कि **अभिनवगुप्त** योगाङ्गों की अधिकतम संख्या-सीमा का निर्देश करना चाहते हैं।[१८१] सच में, **अभिनवगुप्त** योगाङ्गों का दो कोटियों में नितान्त नया वर्गीकरण करना चाहते हैं – (१) साधारण, और (२) उत्कृष्ट या उत्तम। जहाँ आठ योगाङ्ग पातञ्जल योग के मानक प्रारूप के स्वरूपविधायक घटकों का निदर्शन कराते हैं जिनका अधिकतम मूल्य यहाँ उनकी गौण उपकारिता या उपयोगिता में है, जबकि तर्क त्रिक योग का एकमात्र घटक रहता है।[१८२] **अभिनव** की चुप्पी निश्चय ही दो कारणों

---

[१७८] भारतीय योग-परम्परा में षडङ्ग योग की प्रधान समानान्तर धारा के परिचय के लिए देखिए इसी संग्रह में "काश्मीर शैव दर्शन में योग की षडङ्गता और उसका बौद्ध स्रोत" शीर्षक निबन्ध।

[१७९] *तं* ४.८७-९३।

[१८०] योगाङ्गता यमादेस्तु समाध्यन्तस्य वर्ण्यते।
स्वपूर्वपूर्वोपायत्वादन्त्यतर्कोपयोगतः।। – तदेव ४.९६

[१८१] यन्नाम अत्र योगस्य स्वदर्शनोक्तानि षडङ्गान्यपहाय पातञ्जलीयं यमाद्यङ्गाष्टकमुक्तं तत्रायमाशयो – यत् क्वचिदपि एतदङ्गाष्टकातिरिक्तम् अन्यदङ्गान्तरं नास्ति। – *तं.वि.*, ४, पृ. ७१८-१९

[१८२] एवं योगाङ्गमियति तर्क एव न चापरम्। – *तं.* ४.८६

यदि इस द्विविध वर्गीकरण को हम **अभिनवगुप्त** के मन्तव्य रूप में ग्रहण नहीं करते तो एक कठिनाई जन्म लेगी। वह यह कि हम अगत्या योग की 'नवाङ्गता' के प्रसंग में प्रवेश कर जाएँगे, क्योंकि यम से समाधि तक की योगाङ्गता (जो एक प्रकार से औपचारिक है क्योंकि वह अन्तिम योगाङ्ग) तर्क की ही उपकारक है (द्र. उपर्युक्त पादटिप्पणी १७९), जब कि 'अन्तिम' अर्थात् तर्क संवित्साक्षात्कार का द्वार है – "सर्वत्र तर्कस्यैव अङ्गातराण्युपायः, स च स्वसंवित्साक्षात्कारस्येति।" – (*तं.वि.*, ३, पृ. ७१९)। दूसरे शब्दों में, तर्क को या तो योग का पर्याय माना जाए यदि योगाङ्ग आठ हैं, या योग को नवाङ्ग माना जाए यदि आठ योगाङ्गों को तर्क का अङ्ग या उपकारक माना जाए। काफ़ी हद तक ऐसा लगता है कि **अभिनव** के लिए वास्तविक योग तर्क ही है। **जयरथ** की टिप्पणी (इदानीं तर्कतत्त्वानुषक्तं गुरुतत्त्वमुपसंहरन् तदानन्तर्येण →

से परेशान करने वाली है। पहला, यद्यपि त्रिक के मूल आगम *मालिनीविजयोत्तर* में षडङ्ग का उल्लेख नहीं मिलता, वहाँ जिन योगाङ्गों का वर्णन मिलता है – तर्क को मिलाकर प्राणायाम से समाधि तक, उनकी संख्या छह ठहरती है। दूसरी, इस प्रसंग में **अभिनव** प्रामाण्य के लिए *मालिनीविजय* के स्थान पर *वीरावली आगम* का सहारा ढूँढते हैं।[१८३] उपलब्ध सूचनाओं के आधार पर काल के इस बिन्दु पर पूरी अद्वैतवादी शैवागम परम्परा की योगनिष्ठा द्विधा विभाजित सी दिखाई देती है, यद्यपि अष्टाङ्ग योग के पारम्परिक प्रारूप की ओर उसका झुकाव कुछ अधिक प्रतीत होता है। **रामकण्ठ**,[१८४] जिनका *गीता-भाष्य* काश्मीरी शैव योग पर अनेक बहुमूल्य अन्तर्दृष्टियों का स्रोत है, और अठाहरवीं शती के **भास्करकण्ठ**,[१८५] जो **अभिनवगुप्त** की *विमर्शिनी* के यशस्वी टीकाकार हैं, अष्टाङ्ग योग के प्रति खुलकर अपनी निष्ठा व्यक्त करते हैं। यह अवश्य है कि यह अष्टाङ्ग योजना साम्प्रदायिक तत्त्वमीमांसा के आग्रहों से परिष्कारित और पुनर्निर्मित होकर ही ग्राह्य हो पाती है।

सम्भवतः योग का यह द्विविध मूल्याङ्कन काश्मीर शिवाद्वयवाद का सामान्यतः प्रतिनिधित्व करता है। इसमें मनीषा का वह वर्ग भी सम्मिलित है, जो **अभिनव** से पूरी तरह एकमत नहीं भी है। क्योंकि **रामकण्ठ** भी अपने ज्ञान-कर्म समुच्चयवादी सिद्धान्त के आलोक में ठीक ऐसा ही वर्गीकरण करते दिखाई पड़ते हैं। यह वर्गीकरण वह मूल्यमीमांसा, याग, अनुष्ठान, सिद्धियाँ या विभूतियाँ, अभ्यास और सिद्धि की सोपानावस्थाएँ और योग के प्रचलित प्रारूपों से भिन्न करने वाला इसका अपना प्रतिविशिष्ट रूप, इन सभी दृष्टिकोणों से करते हैं।[१८६] वस्तुतः यहाँ आग्रह की समानता योग को दो स्तरों पर देखने में है – आधारभूत या मुख्य और साधनात्मक/करणात्मक या गौण। पहले का स्वरूप है अतिक्रामिता, सद्यस्कता या अव्यवहिति और दूसरे का अभ्यास या सचेतन अनुष्ठान। **रामकण्ठ** की अपनी शब्दावली में इन्हें क्रमशः कर्मयोग और अभ्यासयोग के नाम से पुकारा गया है। कर्मयोग की पात्रता का आधान कराने में उपकारक होने के कारण अभ्यासयोग को कर्मयोग के एक आयाम या

← अनुजोद्देशोद्दिष्टं योगाङ्गानुपयोगित्वमपि वक्तुमुपक्रमते। – तदेव, पृ. ७०८) का निहितार्थ यही लगता है कि तर्क का सम्बन्ध गुरु के स्वरूपभूत लक्षण से है, और योगाङ्ग संवित् के सन्दर्भ में अप्रासंगिक है। परन्तु तर्क को **"योगाङ्ग"**, **"उत्तम योगाङ्ग"**, **"अन्त्य"** (अर्थात् अन्तिम योगाङ्ग) कहकर वह हमारे उपर्युक्त वर्गीकरण का समर्थन करते जान पड़ते हैं।

[१८३] श्रीमद्वीरावलौ चोक्तम्। – *तं.* ४.८६

[१८४] *सर्वतोभद्र*, पृ. १७८-७६।

[१८५] योगिनाम् अष्टाङ्गयोगयुक्तानाम्। – *भा.*, १, पृ. २२७ (*ई.प्र.का.*१.५.७ की *विमर्शिनी* पर)

[१८६] द्र. *सर्वतोभद्र*, पृ. २३५-३७, २६७, २६४-६५, ३०६, ३२८, ३४०-४२, ३७३-७५ और अन्यत्र।

पल्लव के रूप में देखना होगा। इसमें सारी सहायक विधियाँ, अङ्ग, उपकरण, अभ्यास – पतञ्जलि-प्रवर्तित योगाङ्ग और विधियों समेत, अन्तर्भूत हैं। यहाँ तक कि पातञ्जल योग में क्रियायोग के नाम से बहुमान्य ईश्वर-प्रणिधान भी कर्मयोग से भिन्न माना जाता है और कर्मयोग के अवान्तर अङ्ग के रूप में ही गृहीत हो पाता है। अधिक आगे बढ़ने पर हम पाते हैं कि मूल शैव धारा में योगाङ्गों की आनुपूर्विक संरचना के क्रमबद्ध शास्त्रीय विवेचन का एक प्रकार से अभाव है। ज्ञप्तीकरण (ग्नॉस्टायज़ेशन) के प्रति बढ़ते रुझान का यह स्वाभाविक प्रभाव मालूम पड़ता है। कतिपय अत्यन्त विरल सन्दर्भों[१८७] को छोड़ दें तो यम, नियम और आसन पर गम्भीर विवेचन का सामान्यतः अभाव है। परन्तु प्राणायाम पर, उसके विभिन्न वैकल्पिक प्ररूपों को लेकर, अनेक ग्रन्थों में पर्याप्त विचार हुआ है। यही स्थिति ध्यान और धारणा के साथ भी है। कभी इनका विश्लेषण स्वतन्त्र रूप से हुआ है और कभी प्राणों के गतिभङ्ग या विच्छेदन के रूप में प्राणायामिक प्रक्रिया के चित्तवृत्तियों में क्रमिक विस्तार के रूप से। इन दोनों में भी ध्यान की अपेक्षा धारणा पर ज्यादा विस्तार और गहराई से विवेचन हुआ है। ध्यान की अधिज्ञानीय (मेटाकॉग्निटिव) शब्दावली में अवधारणा आदि, जैसा कि हमने *विज्ञान-भैरव* के अध्ययन के समय देखा था, के दो-चार प्रयासों को छोड़ दें तो कह सकते हैं कि ध्यान के प्रत्यय के प्रति अपेक्षाकृत कम रुचि दिखाई पड़ती है। कई स्थानों पर प्रत्याहार के प्रत्यय के विपुल और विविध विनियोजन के बावजूद गम्भीर और विस्तृत विश्लेषण की कमी दिखाई देती है। समाधि, और साम्प्रदायिक दृष्टि से निकटतम सहयोगी समावेश, का प्रत्यय त्रिक सिद्धान्तकारों के अनवरत सूक्ष्मेक्षी चिन्तन के केन्द्र में रहा है, यद्यपि संरचनात्मकता की उस संहति या निविडता के शिखर तक नहीं पहुँच सका है जो हमें पातञ्जल योग में मिलती है। क्योंकि यह विषय गम्भीर और गहरी गवेषणा की अपेक्षा करता है, इसे भविष्य के लिए छोड़ना उचित होगा। फिर भी यहाँ पर दो टिप्पणियाँ प्रासंगिक होंगी। एक, योग में समाधि प्रकृति के स्पर्श से पूर्णतः शून्य कैवल्य की अवस्था है। त्रिक के योग में यह अन्तरङ्ग क्रियाशीलता से परिभाषित योगी के आत्म-निर्भर आत्मभरित स्वरूप की सहज अवस्था है – व्यक्ति की अपनी सत्ता का प्रत्यवमर्श या प्रत्यभिज्ञान। दूसरा, दोनों समाधियों के वैलक्षण्य की सबलतम अभिव्यक्ति प्रातिस्विक विश्वदृष्टियों को रूपायित करने वाली उनकी अपनी सौन्दर्य-चेतनाओं में होती है। सांख्य-योग में, योगी (मुक्त पुरुष का प्रतीक) प्रकृति के व्यापार को रंगमंच के एक तटस्थ प्रेक्षक की भाँति देखता है।[१८८] किन्तु काश्मीर शिवाद्वयवाद में योगी की इन्द्रियाँ अन्तर्मुख होकर, विश्व-नाटक के मंचन से जन्य आनन्द

---

[१८७] द्र. *ने.तं.* ८.१०-११ और उस पर उद्योत; *सर्वतोभद्र*, पृ. १७८-७६; तं. ४.८७-८८ इत्यादि।

[१८८] प्रकृतिं पश्यति पुरुषः प्रेक्षकवदवस्थितः स्वस्थः। – *सां.का.* ६५

पर एकाग्र केन्द्रित अपने स्वरूप का आस्वादन करती हैं। इस प्रकार अपनी द्वैत सत्ता को पूरी तरह से विगलित कर नाट्यप्रयोग की सम्यक्ता के कारण आत्मास्वाद के रस को उसकी सम्पूर्णता तक पहुँचा देती हैं।[१८९] पहली में औदासीन्य है, तटस्थ प्रेक्षा है, दूसरी में सर्जनात्मक भागीदारी है।

अब तक किए गए विवेचन से स्पष्ट है कि अद्वैती शैवागम परम्पराओं में और तदुपजीवी शास्त्रीय विचार में योग का स्वरूप इतना व्यापक और गम्भीर है कि प्रकृत विवेचन केवल समस्या को छूता भर है। *लल्ल-वाक्यानि* की भूमिका के रूप में संलग्न "योग पर प्रारम्भिक टिप्पणी" (प्रीलिमिनरी नोट ऑन् योग)[१९०] में **बार्नेट** ने आज से लगभग आठ दशक पूर्व (१९२९) काश्मीर शैव मत में योग की समस्या पर ध्यान खींचा था। **आर.के. कॉव** ने (१९७५) शैव योग के काश्मीरी सम्प्रदाय की जानकारी को अस्पष्ट विषय (***ऑब्सक्योर सब्जेक्ट***)[१९१] कहा था। तब से कुछ निबन्धों को छोड़कर[१९२] या सामान्यतः उपाय-चतुष्क को ही योग से समीकृत करने के प्रयासों[१९३] को छोड़कर इस दिशा में गम्भीर गवेषणा की अपेक्षा बनी हुई है। प्रस्तुत लेख में शैवागमीय स्रोतों पर अंशतः विवेचन हुआ है, किन्तु शास्त्रीय और सैद्धान्तिक स्रोतों के दोहन की कौन कहे, उनका सन्दर्भण करने का अवकाश नहीं था। इस लेख का समापन करते हुए **काणे** का अनुगमन करते हुए संक्षेप में हम कह सकते हैं

---

[१८९] नर्तक आत्मा/रङ्गोऽन्तरात्मा/प्रेक्षकाणीन्द्रियाणि। – *शि.सू.* ३.९-११; अन्तिम सूत्र पर **क्षेमराज** की टीका द्रष्टव्य है –

योगिनश्चक्षुरादीनि इन्द्रियाणि हि संसारनाट्यप्रकटनप्रमोदनिर्भरं स्वस्वरूपम् अन्तर्मुखतया साक्षात्कुर्वन्ति, तत्प्रयोगप्ररूढ्या विगलितविभागाश्चमत्कार-रससंपूर्णताम् आपादयन्ति। – *शि.सू.वि.*, पृ. ४४

[१९०] "प्रीलिमिनरी नोट ऑन् योग", *लल्लवाक्यानि*, **जार्ज ए. ग्रियर्सन** तथा **एल.डी.बार्नेट–कॉव्** द्वारा *संकेतित*, *प्रत्यभिज्ञाकारिका ऑफ़् उत्पलदेव*, पृ. ४५ (परिशिष्ट)

[१९१] *प्रत्यभिज्ञाकारिका ऑफ़् उत्पलदेव*, आर.के. कॉव्, पृ. ४५ ("डाक्ट्रिन् ऑफ़् रिकॅग्नीशन" शीर्षक परिशिष्ट)

[१९२] द्र. (१) "मालिनीविजय में वर्णित योग-पद्धति तथा समानान्तर तन्त्र परंपरा", व्रजवल्लभ द्विवेदी, *अभिनवाः पर्सपेक्टिव्स* में

(२) "योगिक् डिसिप्लिन्स इन् द मोनिस्टिक, शैव तान्त्रिक ट्रैडीशन्स ऑफ़् काश्मीर : थ्रीफ़ोल्ड, फ़ोरफ़ोल्ड, ऍण्ड सिक्सलिंब्ड", नवजीवन रस्तोगी, *रिचुअल ऍण्ड स्पेकुलेशन इन् अर्ली तान्त्रिसिज़्म* में, पृ. २४७-८०।

(३) *काश्मीर शिवाद्वयवाद की मूल अवधारणाएं*, "योग" नामक अध्याय, पृ. १९९-२२१।

(४) द *योग ऑफ़् मालिनीविजयोत्तरतन्त्र*, (चैप्टर्स १-४,७,११-१७) सोमदेव वासुदेव।

[१९३] *दी योग ऑफ़् काश्मीर शैविज़्म*, स्वामी शंकरानन्द।

कि योग की दो मुख्य धाराएँ हैं। एक, जिसका सम्बन्ध मन या चित्त को अनुशासित करने से है, इसका प्रतिनिधित्व **पतञ्जलि** का सम्प्रदाय करता है। और दूसरी, जिसका सम्बन्ध शरीर को अनुशासित और संयमित करने से है, जिसका प्रतिनिधित्व प्रधानतः हठयोगी परम्पराएँ करती हैं। परन्तु योग की एक तीसरी धारा भी है, जो दोनों का संग्रह करती हुई भी उनसे परे जाती है। इसका सम्बन्ध अधिमानस चेतना या चित्तोत्तीर्ण चित् से है। काश्मीरी शैव योग इस धारा के उद्विकास से सम्बद्ध कहा जा सकता है। **अभिनवगुप्त** को योगिनीभू के रूप में सहज या सांसिद्धिक योगी कहा जाना काश्मीर शिवाद्वयवादी योग की इस धारा में उनके धाराधिरूढ होने का प्रतीक है।

१४

काश्मीर शैवदर्शन में योग की षडङ्गता और उसका बौद्ध स्रोत

आज से लगभग ३० वर्ष पूर्व प्रकाशित क्रमदर्शन पर अपनी पुस्तक में, काश्मीर शिवाद्वयवाद और विशेषतः क्रम दर्शन की जिन अवधारणाओं पर बौद्ध दर्शन का प्रभाव पड़ा है के सन्दर्भ में, षडङ्ग योग की चर्चा की थी।[१] अन्य अवधारणाओं में मुख्य थीं विकल्प-संस्कार तथा अनाख्या की अवधारणाएँ, जो क्रमशः अपोहन + क्षणिकवाद तथा शून्यता की अवधारणाओं की छाया में पनपीं। **प्रो. एन्सिन्क**, जिन्होंने १६७४ में प्रकाशित अपने वैदुष्यपूर्ण लेख "सुतसोम'स् टीचिङ् टु गजवक्त्र, द स्नेक ऍन्ड द टाइग्रेस" में मेरे अप्रकाशित शोध-प्रबन्ध के दोनों खण्डों का उपयोग किया था,[२] ने प्रकाशनपूर्व अपने लेख के प्रारूप में इस बात से इन्कार किया था कि *तन्त्रालोकविवेक* में षडङ्ग योग का प्रतिपादन बौद्ध परम्परा का ऋणी है,[३] यद्यपि मुद्रित लेख में उनकी पादटिप्पणी बदली हुई थी।[४] इसमें केवल इतना कहा गया कि अनुस्मृति नामक अंग बौद्ध आविष्करण है। चूँकि मेरी पुस्तक मुद्रणाधीन थी, उस समय इस बात पर विचार नहीं किया जा सका था। अतएव [परमादरणीय पं. **बलदेव उपाध्याय**

---

* इस लेख का प्रथम प्रारूप केन्द्रीय उच्च तिब्बती शिक्षा संस्थान द्वारा *पद्मभूषण आचार्य बलदेव उपाध्याय जन्मशताब्दी समारोह* के उपलक्ष्य में आयोजित "बौद्ध तन्त्र के आयाम" शीर्षक परिसंवाद गोष्ठी (३-४ अप्रैल १६६६) में पढ़ा गया था।

१ *क्र.ता.* पृ. ५८-६३।

२ "Sutasoma's teaching to Gajavaktra, the snake and the tigress", J. Ensink, Bijdragen - Tot De Tall., Land- En Valkenkunde, Leiden, 1974.

३ "I cannot agree with him that Ṣaḍ-aṅga-yoga in TAV is borrowed from the Buddhist tradition as laid down in GST. As Tarka as the fifth stage occurs in three diverging traditions it seems to be older than Anusmṛti, which is only found in the GST. Moreover the sequence of the stages in the Āloka quoted by Jayaratha is different from that in the GST." (**प्रो. एन्सिन्क** द्वारा कृपापूर्वक भेजे गए टंकित प्रारूप की पाद-टिप्पणी, पृ. १८। यहाँ पर आए 'him' शब्द का सम्बोध्य *क्र.ता.* का लेखक अर्थात् प्रस्तुत लेखक है।)

४ "The GST passage is remarkable in that it has Anusmṛti as the fifth stage instead of Tarka as in all other traditions Anusmṛti obviously is a Buddhist innovation." J. Ensink: 1974, fn. 11, p. 199

को शतवार्षिकी पर अपने प्रणाम अर्पित करते हुए] आज के अवसर का सदुपयोग मैं इस बात के विचारार्थ करना चाहूँगा कि काश्मीर शिवाद्वयवाद में षडङ्ग योग की वास्तविक स्थिति क्या है, उसका मूल स्रोत क्या है और उस पर किस सीमा तक बौद्ध प्रभाव पड़ा है। पातञ्जल अष्टाङ्ग योग के स्थान पर शाक्तोपाय के अन्तर्गत क्रम दर्शन में षडङ्ग योग का आसूत्रण काश्मीर शिवाद्वयवाद के इतिहास की सामान्य धारा से आपाततः हटा हुआ जान पड़ता है। इसके संतोषजनक उत्तर की खोज अभी भी जारी है, क्योंकि काश्मीर शिवाद्वयवाद की प्रायः सभी शाखाएँ **पतञ्जलि** के मत का ही अनुवर्तन करती जान पड़ती हैं, यथास्थान अपेक्षित और आवश्यक परिवर्तनों के साथ। यहाँ तक कि **अभिनवगुप्त**, जो **जयरथ** की व्याख्या के अनुसार षडङ्ग योग का अनुवदन करते हैं, षडङ्ग योग के प्रति अपनी प्रतिबद्धता को कहीं भी रेखांकित नहीं करते। वस्तुतः *तन्त्रालोक* के सम्बन्धित अंश का सावहित अध्ययन इसके विपरीत निष्कर्ष की ओर ले जाता है। **जयरथ** के अनुसार यह विसंगति सकारण है और **अभिनवगुप्त** का मूल आशय इसमें हेतु है। **जयरथ** के अनुसार **अभिनव** का मन्तव्य यह है कि यद्यपि षडङ्ग योग ही क्रमदर्शन-प्रतिपादित योग है, फिर भी योगाङ्गों की गणना आठ पर सीमित किए जाने का अर्थ है कि यह संख्या अन्तिम है। और यह कि इसके अतिरिक्त अन्य अङ्गों की कहीं पर कल्पना नहीं की गई है।[५] यह ध्यान देने की बात है कि **अभिनव** का मुख्य विषय त्रिक योग की षडङ्गता न होकर *मालिनीविजयोत्तरतन्त्र* में प्रतिपादित सत्तर्क नामक योगाङ्ग की सर्वोत्कृष्टता की प्रतिष्ठा करना है।[६]

त्रिक दर्शन के आधारतन्त्र *मालिनीविजयोत्तर* में मूल्यात्मक आधार पर योग के दो विभाग किए गए हैं – कृत्रिम और अकृत्रिम। सामान्य रूप से "कृत्रिम योग" शब्द से पातञ्जल योग पर चुटकी कसी गई है। प्राणायाम इत्यादि की सहायता से किया गया योग कृत्रिम है, इसलिए वहाँ मुक्ति की सम्भावना अकिञ्चित्कर है।[७] अकृत्रिम योग अर्थात् त्रिक योग की विशेषता यह है कि यहाँ तर्क योग का साक्षात् या सर्वोत्तम अङ्ग है।[८] हेयोपादेयलोचन-रूप शुद्ध बुद्धि को

---

[५] यन्नाम अत्र योगस्य स्वदर्शनोक्तानि षडङ्गान्यपहाय पातञ्जलीयं यमाद्यगाष्टकम् उक्तम्, तत्रायमाशयो-यत् क्वचिदपि एतदङ्गाष्टकातिरिक्तम् अन्यदङ्गान्तरं नास्ति। – *तं.वि.*, भा.३, पृ. ७१८-१९

[६] श्रीपूर्वशास्त्रे तत्प्रोक्तं तर्को योगाङ्गमुत्तमम्। – *तं.* ४.१५

[७] न च कृत्रिमयोगेषु स मुक्तः सर्वबन्धनैः।।
प्राणायामादिकैर्लिङ्गैर्योगाः स्युः कृत्रिमाः मताः।।
तेन तेऽकृतकस्यास्य कलां नार्हन्ति षोडशीम्। – *मा.वि.तं.* १८.१८$_{ब}$-१९$_{अ}$

[८] योगाङ्गत्वे समानेऽपि तर्को योगाङ्गमुत्तमम्।
हेयाद्यालोचनात्तस्मात् तत्र यत्नः प्रशस्यते।। – *वही* १७.१८

पर्यायशः भावना शब्द से भी कहा गया है।[९] इसके उदय से तुरन्त समाधि या परम पद का लाभ होता है।[१०] प्राणायाम इत्यादि तर्क के माध्यम से ही उपयोगी हो पाते हैं, अन्यथा नहीं।[११] सत्तर्क के स्वरूप पर *तन्त्रालोक* और *तन्त्रसार* में बड़ा विचार हुआ है। इस विचार-क्रम में शुद्धविद्या तथा शक्तिपात से उसका सम्बन्ध जोड़ा गया है।[१२] सत्तर्क को शुद्धविद्यात्मक और प्रातिभ कहने का तात्पर्य यह है कि योग को मन और चित्तवृत्ति की भूमि से हटाकर शुद्धवेदन (प्योर ग्नॉसिस) की भूमि पर प्रतिष्ठित किया गया है। शरीर और मन से ऊपर विशुद्ध प्रज्ञा के धरातल पर योग की प्रतिष्ठा योग की नवीन विधा का अनुविधान करती है। यह विचारयुग्म – प्राणायाम आदि का तिरस्कार और सत्तर्क का वरण – त्रिक योग के ऐतिहासिक विकास की दृष्टि से अत्यन्त महत्त्वपूर्ण है, क्योंकि **जयरथ** इस विवेचन में योग के एक नए प्रारूप की सम्भावना पाते हैं।

जयरथ की व्याख्या का मूल स्वर है कि क्रम योग या त्रिक योग का समीकरण **पतञ्जलि** के अष्टांग योग से न होकर षडङ्ग योग से होता है। जहाँ तक **अभिनवगुप्त** का प्रश्न है वह *मालिनीविजय* के कृत्रिम और अकृत्रिम भेदों के आलोक में पातञ्जल योग को कृत्रिम मानते हुए भी एक अन्य आगम *वीरावलि* का आश्रय लेते हुए[१३] **पतञ्जलि** की मूल प्रक्रिया की छाया वहाँ स्वीकार करते जान पड़ते हैं। पातञ्जल योग में मूल लक्ष्य की सिद्धि की दृष्टि से इन आठों अंगों को एक त्रिविध साधन-क्रम में ढाला गया है। यम, नियम, आसन, प्राणायाम और प्रत्याहार योग के ये पाँच अंग हैं।[१४] परन्तु यह अन्तरंग-त्रितय भी निर्बीज समाधि की

---

[९] तदेव परमं ज्ञानं भावनामयमिष्यते। – *मा.वि तं.* १७.२०

अभिनवगुप्त के अभी तक अप्राप्त सद्यः प्रकाशित ग्रन्थ *तन्त्रोच्चय* में भी इसी विचार का उन्मेषण हुआ है – "यस्य त्वित्थमविकल्पकः समावेशो नोदेति स सविकल्पभावनया सत्तर्करूपया संस्कुरुते विकल्पम्।" – *द तन्त्रोच्चय ऑफ़ अभिनवगुप्त,* **रैनिरो ञोली** एवं **रफ़ेल टोरेला** द्वारा सम्पादित, रोम विश्वविद्यालय, रोम, १९९०, पृ. १९५

[१०] मुहूर्तादेव तत्रस्थः समाधिं प्रतिपद्यते। – *मा.वि.तं.* १७.२१

[११] इत्यनेन विधानेन प्रत्याहृत्य मनो मुहुः।
प्राणायामादिकं सर्वं कुर्याद्योगप्रसिद्धये।। – तदेव १७.२४

इस वाक्य में "योग" शब्द योग का वाचक है या सत्तर्क का, यह स्पष्ट नहीं है, पर पूर्वापर अन्विति तथा *तन्त्रालोक* के आधार पर उपर्युक्त अर्थ लिया गया है।

[१२] *तं.* ४.३४-३७।

[१३] श्रीमद्वीरावलौ चोक्तं . . . प्राणायामो न कर्तव्यः शरीरं येन पीड्यते।। – *तं.* ४.८६-६१

[१४] त्रयमन्तरङ्गं पूर्वेभ्यः। – *यो.सू.* ३.७

दृष्टि से बहिरंग है।[१५] निर्बीज समाधि में अन्तरंगतम है अभ्यास और परवैराग्य।[१६] पातञ्जल योग के इस त्रिविध साधनक्रम को इस प्रकार से तालिकाबद्ध रूप में प्रस्तुत किया जा सकता है –

(अ) अन्तरंगतम = अभ्यास, परवैराग्य

(ब) अन्तरंग = ध्यान, धारणा, समाधि

(स) बहिरंग = यम, नियम, आसन, प्राणायाम, प्रत्याहार

इस पातञ्जल प्रक्रिया में **अभिनवगुप्त** केवल एक ही अन्तर करते हैं कि वह यमादि अष्टाङ्गों को स्वपूर्वोपायरूप से अन्ततः तर्क में उपयोगी मानते हैं, संवित् के प्रति उनका कोई उपयोग नहीं है। इससे ऐसा मालूम पड़ता है कि समाधि रूप अन्तिम अंग भी तर्क का उपकारक या सहायक है।[१७] वस्तुतः तर्क अन्तिम और सर्वोच्च अंग है।[१८] हम यहाँ पर एक क्षण के लिए अटकते हैं। **जयरथ** का मानना है कि यद्यपि त्रिक योग के छह अंग हैं, परन्तु उसे छोड़कर **अभिनवगुप्त** के द्वारा आठ अंगों के उल्लेख के पीछे रहस्य यह है कि कहीं भी आठ से अधिक अंग नहीं माने गए हैं। यह ध्यान रखना चाहिए कि ये सारे तर्क के ही उपाय हैं, न कि संवित्साक्षात्कार के। वह तो मात्र सत्तर्क के द्वारा प्राप्य है।[१९] इस आधार पर शैव योग की पातञ्जल योग से भिन्न पहचान बनती है।[२०]

ऐसा नहीं है कि केवल **जयरथ** (तेरहवीं शताब्दी) ही षडङ्ग योग का उल्लेख करते हों।

---

[१५] तदपि बहिरङ्गं निर्बीजस्य। – तदेव ३.८

[१६] अभ्यासवैराग्याभ्यां तन्निरोधः। – तदेव १.१२

[१७] योगाङ्गता यमादेस्तु समाध्यन्तस्य वर्ण्यते।
स्वपूर्वपूर्वोपायत्वादन्त्यतर्कोपयोगतः।। – *तं.* ४.८६; और भी देखिए –
द्वैतशंकाश्च तर्केण तर्क्यन्त इति वर्णितम्।
तत्तर्कसाधनायास्तु यमादेरप्युपायता।। – तदेव ४.१०५

[१८] यहाँ यह ध्यान देने योग्य है कि **पतञ्जलि** में अभ्यास और वैराग्य अष्टाङ्गों के अतिरिक्त है, उसी प्रकार तर्क भी समाध्युत्तर होने के कारण यहाँ अष्ट योगाङ्गों से परे है। पातञ्जल योग में इसका निदान यह कहकर किया गया है कि अष्टाङ्गता की चर्चा सम्प्रज्ञात योग की दृष्टि से है, असम्प्रज्ञात या निर्बीज की दृष्टि से नहीं। उसी प्रकार यहाँ भी अष्टाङ्गता तर्क की दृष्टि से है, संवित्-साक्षात्कार की दृष्टि से नहीं। कहने का अभिप्राय यह है कि दोनों में प्रक्रियागत साम्य की जड़ें बहुत गहरी हैं।

[१९] यन्नाम अत्र योगस्य स्वदर्शनोक्तानि षडङ्गान्यपहाय पातञ्जलीयं यमाद्यङ्गाष्टकम् उक्तं, तत्रायमाशयो – यत् क्वचिदपि एतदङ्गाष्टकातिरिक्तम् अन्यदङ्गान्तरं नास्ति, इति सर्वत्र तर्कस्यैवाङ्गान्तराण्युपायः, स च स्वसंवित्साक्षात्कारस्य इति। – *तं.वि.*, ३, पृ. ७१८-१९

[२०] स्वरससिद्धसंविदद्वयमात्मनो योगस्य स्वल्पेनापि अंशेन दर्शनान्तरीया योगाः साम्यमात्रमप्यधिगन्तुं नोत्सहन्ते इत्युक्तं प्राणायामादिकैरित्यादि। – तदेव, पृ. ७२९

शिवाद्वयवादी परम्परा में उनके पूर्व **क्षेमराज** (ग्यारहवीं शताब्दी) भी षडङ्ग योग की ओर ध्यान आकर्षित करते हैं। *नेत्रतन्त्र* १.८ पर अपनी टीका में **क्षेमराज** योगी का अर्थ लेते हैं "षडङ्ग *आदि* योग के माध्यम से ईश्वर की आराधना करने वाले"।[२१] यहाँ पर "आदि" शब्द के प्रयोग के द्वारा **क्षेमराज** योग के अन्य प्रारूपों की गुंजायश छोड़ देते हैं और मौन हो जाते हैं। षडङ्ग योग के एक प्रकार का उल्लेख *गीता* के *सर्वतोभद्र* नामक विवरण के रचयिता **रामकण्ठ** (दसवीं शताब्दी) में भी मिलता है, यद्यपि वहाँ **रामकण्ठ** षडङ्ग योग का नामतः उल्लेख नहीं करते। इस चर्चा की प्रासंगिकता इस बात में है कि पातञ्जल योगी और संवित्कर्मयोगी में अन्तर इस आधार पर किया गया है कि प्रथम मोक्ष-प्रवण है और दूसरा मुक्त। दूसरे में यम और नियम को छोड़कर आसन से समाधिपर्यन्त योग के छह अंगों से ही मुक्ति सध जाती है।[२२] परन्तु इस प्रसंग को एक सीमा तक ही लिया जा सकता है; क्योंकि एक तो सत्तर्क की ओर यहाँ जरा भी संकेत नहीं है, दूसरे इन छह अंगों का षडङ्गयोगतया नामोल्लेख नहीं है और तीसरे इन छहों योगाङ्गों की परिभाषा भी मूलतः **पतञ्जलि** से ही प्रभावित है। **अभिनवगुप्त** की *ईश्वरप्रत्यभिज्ञाविमर्शिनी* के टीकाकार **भास्करकण्ठ** (अठारहवीं शताब्दी) भी योगी का अर्थ अष्टाङ्ग योगी से ही लेते हैं।[२३] दूसरे षडङ्ग योग का जो क्रम **जयरथ** लेते हैं, वह क्रम *मालिनीविजय* में तो है ही नहीं (केवल इतना कि समाधि तर्क के बाद पढ़ी गई है)। *तन्त्रालोक* में प्रतिपादित **अभिनव** के मन्तव्य से भी वह समर्थित नहीं होता। **जयरथ** के अनुसार तर्क समाधि के पूर्व है, जबकि **अभिनव** के अनुसार समाधि के बाद तर्क आता है। अन्तिम योगाङ्ग तर्क है।[२४]

उपर्युक्त तथ्यों के आलोक में **जयरथ** का षडङ्ग योग के प्रति आग्रह कुछ और अधिक गवेषणा की अपेक्षा करता है। देखना होगा कि योग के ये छह अंग कौन से हैं और इनका सम्प्रदायगत स्वरूप क्या है। इन दोनों विषयों पर **जयरथ** प्रायः मौन हैं। हाँ, *तन्त्रालोक* १.१५ की टीका में तर्क शब्द की व्याख्या में वह अनाम स्रोत से एक श्लोक उद्धृत करते हैं,[२५] जिसमें प्रत्याहार से समाधिपर्यन्त पातञ्जल योग के ही पाँच अंगों की गणना की गई है और धारणा तथा समाधि के मध्य तर्क को रखा गया है। वस्तुतः यह श्लोक इससे पहले हम

---

[२१] योगिनः षडङ्गादियोगेन ईश्वराराधकाः। – *ने.तं.उ.*, भा.१, पृ. ६-१०

[२२] एवं चित्तवृत्तिनिरोधलक्षणयोगाभ्यासनिष्ठस्य योगिनः सकाशात् सदा स्वरूपप्रतिष्ठसंवित्कर्मयोगी विशिष्टः प्रतिपादितः। – *भगवद्गीता* (*सर्वतोभद्र*), पृ. १२३

[२३] *भा.*, भा.१, पृ. २२७।

[२४] *तं.* ४.६६।

[२५] प्राणायामस्तथा ध्यानं प्रत्याहारोऽथ धारणा।
तर्कश्चैव समाधिश्च षडङ्गो योग उच्यते।। – *तं.वि.*, भा.३, पृ. ६३१

भट्ट भास्कर के *गीताभाष्य* में पाते हैं,[२६] परन्तु वहाँ भी यह किसी अन्य स्रोत से उद्धृत ही है और प्रत्याहार और प्राणायाम के बीच स्थान-विपर्यय हुआ है।[२७] यहाँ पर दो बातें विचारणीय हैं – एक तो, इस उद्धरण का उद्गम क्या है, क्योंकि इस निर्णय के बिना त्रिक में षडङ्गता के आविर्भाव का निर्धारण सम्भव नहीं है। और दूसरे, षडङ्ग के अवयवभूत तर्क और अन्य योगाङ्गों का स्वरूप तथा प्रक्रियागत स्थिति क्या है, तभी त्रिक में षडङ्गता की मान्यता का आधार और उसका उत्स स्थिर हो सकेगा।

मैत्री या *मैत्रायणी उपनिषद्* में **जयरथ** वाले ही छह अंगों का उल्लेख मिलता है।[२८] परन्तु वहाँ क्रम इस प्रकार है – प्राणायाम, प्रत्याहार, ध्यान, धारणा, तर्क और समाधि। अर्थात् प्रत्याहार तथा ध्यान का क्रम **जयरथ** से उलट गया है। **काणे** के अनुसार *अत्रिस्मृति* (९.६) और *दक्षस्मृति* (७.३) *मैत्रायणी* के ही अंगों का उसी क्रम में उल्लेख करती हैं।[२९] *याज्ञवल्क्यस्मृति* के टीकाकार **अपरार्क** किसी स्मृति-स्रोत के आधार पर योग के इन्हीं छह अंगों का संकीर्तन करते हैं।[३०] **अपरार्क** तर्क की परिभाषा भी करते हैं – "ततो मनोबुद्धिपरित्यागेनात्मनि विमर्शस्तर्कः।"[३१] षडङ्ग योग का दूसरा संस्करण मिलता है

---

[२६] अमी चापरे. . .

प्रत्याहारस्तथा ध्यानं प्राणायामोऽथ धारणा।
तर्कश्चैव समाधिश्च षडङ्गो योग उच्यते।।

स एव यज्ञो येषां ते योगयज्ञाः। – *भगवद्गीताभाष्य* (भट्ट भास्कर), पृ.१२७ (गीता ४.२८ पर)

[२७] **कविराज** जी यहाँ सन्दृब्ध षडङ्ग योग का सम्बन्ध किसी प्राचीन वैष्णव सम्प्रदाय से लेते हैं (द्र. *तान्त्रिक बौद्ध साधना और साहित्य,* नागेन्द्र नाथ उपाध्याय, नागरी प्रचारिणी सभा, काशी, सं. २०१५, "भूमिका", पृ. १२)। यह **भट्ट भास्कर** कौन हैं, यह अभी विवादास्पद है। *गीतार्थसंग्रह* के आधार पर इतना निश्चित है कि **अभिनवगुप्त** इनसे परिचित थे और काश्मीर के गीताभाष्यों पर इनका प्रभाव निःसन्दिग्ध रूप से पड़ा है। यदि ऐसा है, तो इस सूचना का हमारे लिए पर्याप्त महत्त्व है। **अभिनव** के गुरुओं में भी **भास्कर** की गणना हुई है। यदि ये दोनों एक हैं, तो षडङ्ग योग की काश्मीरी परम्परा के बारे में हमारी एक सूचना बढ़ जाती है। तुलनात्मक दृष्टि से यहाँ यह देखना महत्त्वपूर्ण होगा कि **रामकण्ठ** (दसवीं शती) *गीता* ४.२८ में "योगयज्ञाः" का अर्थ पातञ्जल अष्टाङ्ग-योगियों से ही लेते हैं। देखिए, *गीता* (*सर्वतोभद्र*), पृ. १०६।

[२८] तथा तत्प्रयोगकल्पः प्राणायामः प्रत्याहारो ध्यानं धारणा तर्कः समाधिः षडङ्ग इत्युच्यते योगः। – *मैत्री अथवा मैत्रायणी उपनिषद्* ६.१८, सं. ई.बी. कॉवेल, कलकत्ता, १९३५, पृ. १२९

[२९] *हिस्ट्री ऑफ़ धर्मशास्त्र,* **पी.वी. काणे**, भा. ५ खण्ड २, पूना, १९६२, पृ. १४१९।

[३०] तदेव; पाञ्चरात्र आगमों के अन्तर्गत *विष्णुसंहिता* (३०.६१-७२), *वैखानस सूत्र* (५.२.१६) इत्यादि में थोड़े क्रम-भेद से इन्हीं अंगों का उल्लेख हुआ है।

[३१] तदेव।

ध्यानबिन्दु उपनिषद् में।[३२] यही श्लोक *गोरक्षशतक* (१.४) और *स्कन्दपुराण* (काशी-खण्ड ४१.५६) में इसी रूप में मिलता है।[३३] इन दोनों संस्करणों में मौलिक अन्तर तर्क को लेकर है। यम और नियम दोनों प्ररूपों में नहीं है। जबकि एक में आसन को हटाकर तर्क की प्रतिष्ठा की गई है और दूसरे में आसन को सुरक्षित रखा गया है। दूसरी ओर अपनी गवेषणा को आगे बढ़ाने पर हम देखते हैं कि **जयरथ** तथा **भट्ट भास्कर** का उद्धरण अपने उसी रूप में *गुह्यसमाज तन्त्र* में उपलब्ध होता है।[३४] केवल एक परिवर्तन के साथ। वहाँ "तर्कश्चैव" की जगह "अनुस्मृतिः" का प्रयोग हुआ है।[३५] यह एक प्रकार से प्रसंगगत षडङ्ग योग का तीसरा संस्करण कहा जा सकता है।[३६] बाद में **नाडोपाद** ने अपनी *सेकोद्देश* टीका में इन पर विस्तार से विचार किया है। अनुस्मृति का अर्थ है 'पूर्वजन्मों में हुई उपलब्धियों का स्मरण' जो कि तर्क की त्रिकसम्प्रदायगत धारणा से भिन्न है। ऊपर के विवेचन से लगता है कि षडङ्ग योग की धारणा तन्त्र-योग की सामान्य विशेषता के रूप में उद्गत हुई थी। बौद्ध, शैव और वैष्णव तन्त्रों में किसने किससे लिया यह कहना कठिन है। सामान्यतः यम, नियम और आसन के परित्याग के पीछे तन्त्रों की यह मान्यता है कि तन्त्र-योग सुखोपाय है और तन्त्रेतर योग शरीर पीड़ा के कारण कष्ट साधन है।[३७] साथ ही यह मान्यता भी रही है कि योग का सम्बन्ध चित्तवृत्ति के अनुशासन से है, अतः शरीर से सम्बद्ध यम, नियम और आसन की

---

[३२] आसनं प्राणसंरोधः प्रत्याहारश्च धारणा।
ध्यानं समाधिरेतानि योगाङ्गानि भवन्ति षट्।। – *ध्यानबिन्दूपनिषद्*, श्लोक ४१, अडयार, पृ. १९६ः उद्धृत, तत्रैव। यहाँ यह देखना महत्त्वपूर्ण होगा कि सर्वतोभद्रकार **रामकण्ठ** इन्हीं अंगों का उल्लेख करते हैं, केवल प्राणसंरोध के स्थान पर वह प्राणजय का प्रयोग करते हैं।

[३३] *हिस्ट्री ऑफ़् धर्मशास्त्र*, पृ. १४१९।

[३४] प्रत्याहारस्तथा ध्यानं प्राणायामोऽथ धारणा।
अनुस्मृतिः समाधिश्च षडङ्गो योग उच्यते।। – *गुह्यसमाजतन्त्र*, पृ. १६३

[३५] यहाँ *वायुपुराण* ११.७६ का उल्लेख मनोरंजक होगा जो पंचाङ्ग योग का प्रतिपादन करता है। योग के पाँच अंग यथाक्रम इस प्रकार हैं – प्राणायाम, ध्यान, प्रत्याहार, धारणा और स्मरण। देखिए **काणे** का *हिस्ट्री ऑफ़् धर्मशास्त्र*, पृ. १४१९। इस उद्धरण का महत्त्व 'स्मरण' नामक योगाङ्ग में है, जो 'अनुस्मृति' की याद दिलाता है।

[३६] बौद्ध षडङ्ग योग के विवेचन के लिए देखिए, *तान्त्रिक बौद्ध साधना और साहित्य*, **नागेन्द्र नाथ उपाध्याय**, काशी, सं. २०१५, पृ. ११६-१७; इसी ग्रन्थ की **गोपीनाथ कविराजकृत** "भूमिका", पृ. १२-१३; *एन इन्ट्रोडक्शन टु तान्त्रिक बुद्धिज़्म*, **एस.बी. दासगुप्त**, कलकत्ता, १९५८, पृ. १६४-७३; *योग ऑफ़् द गुह्यसमाज तन्त्र*, **अलेक्स वेमैन**, दिल्ली, १९७७, पृ. १६३-७३

[३७] पूर्वैर्निरोधः कथितो वैराग्याभ्यासयोगतः।
अस्माभिस्तु निरोधोऽयमयत्नेनोपदिश्यते।। – **जयरथ** द्वारा उद्धृत, *तं.वि*, भा. ३, पृ. ६०५

कोई सार्थकता नहीं।[३८] *मालिनीविजय* में कृत्रिम रूप से व्याख्यात प्राणायाम आदि लिङ्गों वाले योगों में इस प्रकार पातञ्जल योग ही नहीं आता, बल्कि अन्य तान्त्रिक परम्पराएँ भी आ जाती हैं जो तर्क को स्वीकार नहीं करतीं।

उपर्युक्त विवेचन से एक बात तो स्पष्ट है कि **जयरथ** और अन्य त्रिक आचार्यों ने षडङ्ग योग के प्रति जो बार-बार आग्रह प्रदर्शित किया है, उसका मूल बौद्ध तन्त्र या *गुह्यसमाजतन्त्र* नहीं है, क्योंकि **जयरथ** द्वारा योगाङ्गों का जो वर्णन किया गया है वह सीधे **पतञ्जलि** से लिया गया है केवल तर्क को छोड़कर, जिसका पल्लवन *मालिनीविजय* तथा समानजातीय तान्त्रिक स्रोतों के बल पर हुआ है। सम्भवतः यह सामान्यीकरण अधिक उपयुक्त होगा कि **जयरथ** के प्रयास का मूल तन्त्र-योग की सामान्य षडङ्गात्मक प्रकृति में ढूँढना चाहिए। तन्त्र योग की सामान्य षडङ्गात्मक प्रकृति से समञ्जसता लाने की दृष्टि से कई बार यह प्रयास किया गया है कि त्रिक योग की मूल धारा को मौलिक रूप से षडङ्ग योग की धारा में ढाल लिया जाए, परन्तु त्रिक योग की पारम्परीण सम्पूर्णतावादी (अर्थात् अष्टाङ्गात्मिका) और दूसरी ओर अद्वयवादी (अर्थात् एकमात्र सत्तर्क ही संवित्साक्षात्कार का उपाय, अन्य सब सत्तर्क के अंग) दृष्टि के कारण षडङ्ग योग का विकास यहाँ नहीं हो सका। साथ-ही-साथ यह भी ध्यान रखना होगा कि योग के मूल प्ररूप को अंगीकार करते हुए भी शैव तन्त्र-योग के आचार्यों ने उसमें आवश्यक संशोधन किए हैं। यही कारण है कि तर्क को अन्त्य योगाङ्ग मानकर भी त्रिक योग का प्रतिज्ञात योग और समाधि का समीकरण खण्डित नहीं होता। **अभिनव** की दृष्टि में पातञ्जल समाधि योगाङ्गीभूत होकर साधनरूपा है, जबकि यहाँ तर्क से अद्वय संवित् की अभिव्यक्ति रूपा समाधि उपेयरूपा है।

षडङ्ग के प्रति **जयरथ** के अभिनिवेश के इस सामान्य कारण के अतिरिक्त एक विशेष कारण भी है। वह है एक ओर योग की षडङ्गता की अपने मूल तन्त्र *मालिनीविजयोत्तर* में उपलब्ध बीजरूपता और दूसरी ओर शाक्तोपाय रूप क्रम दर्शन के नौ प्रमेयों में से विकल्प-संस्कार के साथ इस षडङ्गरूपता की तार्किक अन्विति का अनुसन्धान। *मालिनीविजयोत्तर* के चौथे और सत्रहवें अधिकार, जहाँ त्रिक योग और उसके अंगों का – विशेषतः तर्क का – प्रतिपादन हुआ है और जिस पर *तन्त्रालोक* या **जयरथ** का प्रकृत निरूपण आधारित है, का समग्र परिप्रेक्ष्य में विश्लेषण करने पर पाते हैं कि *मालिनीविजय* छह योगाङ्गों की ही चर्चा करता है और उसमें पाया जाने वाला क्रम है – प्रत्याहार, प्राणायाम, धारणा, ध्यान, तर्क

---

[३८] यद्यपि यह दूसरी बात है कि इस परित्याग का दुष्परिणाम यह हुआ कि तान्त्रिक आचार की विश्वसनीयता सन्दिग्ध हो गई। प्रो. **काणे** को कहना पड़ा कि यम, नियम का परित्याग इसलिए किया गया, क्योंकि वे पञ्च-मकार की वर्जनाहीन दृष्टि के विरुद्ध पड़ते थे। देखिए *विज्ञान-भैरव*, सं. **व्रजवल्लभ द्विवेदी**, भूमिका, पृ. ३७।

और समाधि।[३९] यह बात सही है कि **जयरथ** द्वारा उद्धृत षडङ्ग के प्रमाण-श्लोक में क्रम थोड़ा सा भिन्न है (प्राणायाम, ध्यान, प्रत्याहार, धारणा, तर्क और समाधि)। पर इससे अधिक कठिनाई इसलिए नहीं आती, क्योंकि तन्त्र में स्वयं क्रमबद्ध निरूपण का अभाव है। ऊपर का संकेतित क्रम एक प्रकार से सम्भावित क्रम है, अन्तिम नहीं। इस षडङ्गता पर एक दूसरी पद्धति से भी पहुँचा गया है। चार प्रकार के ज्ञान में क्रम इस प्रकार है – श्रुत, मन्दस्वभ्यस्त चिन्तामय, स्वभ्यस्त चिन्तामय और भावनामय।[४०] इनके समानान्तर चार प्रकार के योगी माने गए हैं – सम्प्राप्त, घटमान, सिद्ध और सिद्धतम।[४१] इन्हें चार सोपान (या अङ्गों) के रूप में देखा जा सकता है। भावनामय ज्ञान, जो ज्ञान का अन्तिम प्रकार है और जिसे तर्क से समीकृत किया गया है,[४२] के बाद दो सोपान हैं – समाधि[४३] और अभीप्सित फल प्राप्ति या शाश्वत परलाभ।[४४] इस प्रकार 'ज्ञान की षडङ्गता' सिद्ध होती है। यह विवरण हमें 'योग की षडङ्गता' के निकट ले आता है। *तन्त्रालोक* ४.१४ से १६ तक का **जयरथ** का विवेचन इतने शब्दों में न कहा जाने पर भी इस सम्बन्ध में कोई सन्देह नहीं रहने देता। इसके अतिरिक्त **जयरथ** शाक्तोपाय के अभिनवोक्त प्रथम प्रमेय – विकल्पसंस्कार – से भी इस समीकरण के लिए प्रेरणा ग्रहण करते जान पड़ते हैं। क्रम दर्शन या शाक्तोपाय का मूल प्रतिपाद्य है विकल्प के संस्कार अर्थात् गुणान्तराधान द्वारा निर्विकल्प की प्राप्ति।[४५] इस विकल्प-संस्कार की प्रक्रिया में **अभिनव** एक ओर *मालिनीविजय* में प्रतिपादित श्रुत, चिन्तामय आदि ज्ञान-भेदों

---

[३९] मिलाइए, *मा.वि.तं.* १७.२४,१७.२,१७.१६,१७.२७,१७.३१,१७.२०,१७.१८,१७.२१।

[४०] ज्ञानं तत्त्रिविधं प्रोक्तं तत्राद्यं श्रुतमिष्यते।
चिन्तामयमथान्यच्च भावनामयमेव च।।. . .
तद्वच्चिन्तामयं ज्ञानं द्विरूपमुपदिश्यते।
मन्दस्वभ्यस्तभेदेन तत्र स्वभ्यस्तमुच्यते।
सुनिष्पन्ने ततस्तस्मिञ्जयते भावनामयम्।।
यतो योगं समासाद्य योगी योगफलं लभेत्। – *मा.वि.तं.* ४.२८-३२

[४१] संप्राप्तो घटमानश्च सिद्धः सिद्धतमोऽन्यथा।
योगी चतुर्विधो देवि यथावत्प्रतिपद्यते।। – *मा.वि.तं.* ४.३३

[४२] तदेव परमं ज्ञानं भावनामयमिष्यते। – तदेव १७.२०: मिलाइए *तं.* ४.१४-१५

[४३] मुहूर्तादेव तत्रस्थः समाधिं प्रतिपद्यते।
तत्रापि च सुनिष्पन्ने फलं प्राप्नोत्यभीप्सितम्।। – तदेव १७.२१

[४४] स्वशरीरं परित्यज्य शाश्वतं पदमृच्छति। – तदेव १७.२५

[४५] अनन्तराह्निकोक्तेऽस्मिन्स्वभावे पारमेश्वरे।
प्रविविक्षुर्विकल्पस्य कुर्यात्संस्कारमञ्जसा।। – *तं.* ४.२

का विकल्प-संस्करणार्थ उपयोग करते हैं[४६] और दूसरी ओर सदृशविकल्पप्रसव में क्षणिकवाद की प्रक्रिया का आश्रय लेते हैं।[४७] यों तो अतिशय-तारतम्य के कारण विकल्प-संस्कार में आन्तरालिक भेदों की संख्या अनन्त है, परन्तु मोटे तौर पर संस्कृत विकल्प के अस्फुट से लेकर स्फुटतम तक छह भेद किए गए हैं – अस्फुट, अस्फुटताभावी, प्रस्फुटन्, स्फुटितात्मक, स्फुटतर और स्फुटतम।[४८] इस स्फुटतम संस्कृत विकल्प से संवित् निर्विकल्पकता को प्राप्त करती है। हमें आश्चर्य नहीं होना चाहिए यह स्फुटतम संस्कृत विकल्प ही सत्तर्क है, जो संवित्साक्षात्कार का कारण है।[४९] यह बात विशेष रूप से ध्यान देने वाली है कि इस विकल्प-संस्कार के ठीक बाद **अभिनवगुप्त** सत्तर्कगत दूसरे प्रमेय, तर्कतत्त्व, को उठाते हैं।[५०] तर्क को *मालिनीविजय* के आधार पर उत्तम योगाङ्ग कहते हैं[५१] और कृत्रिम और अकृत्रिम योग की चर्चा करते हैं।[५२] यह बात सम्भवतः **जयरथ** को प्रेरित करती है कि संस्कृत विकल्प की इस षण्मयी सोपानबद्धता का वह स्वाभाविक समीकरण योग की षडङ्गरूपता में ढूँढें।

उपर्युक्त विवेचन से इतना तो स्पष्ट है कि षडङ्ग योग के प्रतिपादन में **जयरथ** की प्रवृत्ति केवल आमोदार्थ नहीं हुई है, बल्कि पूरे पारम्परीण पौर्वापर्य को *तन्त्रालोक* का टीकाकार होने के नाते अन्विति और सन्दर्भ देने की प्रवृत्ति के कारण है। **जयरथ** का दायित्व यहाँ दुहरा है, क्योंकि *तन्त्रालोक* स्वयं *मालिनीविजय* का वार्तिक है और **जयरथ** का *विवेक तन्त्रालोक* का। इस नाते उन्हें **अभिनवगुप्त** और *मालिनीविजयोत्तर* दोनों का समन्वयन करना पड़ा है। इस प्रक्रिया में उन्हें कठिनाइयाँ भी आई हैं जैसे पातञ्जल योग की अष्टांगता,[५३] जो कि शिवाद्वयवाद में सामान्यतः मान्य है, के साथ समझौता करना पड़ा है। **जयरथ** की कमी

---

[४६] संस्कारमिति-पौनःपुन्येन श्रुतचिन्तादिवशात् अस्फुटत्वादिक्रमेण स्फुटतमत्वाद्यापत्तिपर्यन्तं गुणान्तराधानं येन निर्विकल्पस्वरूपानुप्रवेशो भवेत्। – *तं.वि.*, भा.३, पृ. ६१८

[४७] विकल्पः संस्कृतः सूते विकल्पं स्वात्मसंस्कृतम्।
स्वतुल्यं सोऽपि सोऽप्यन्यं सोऽप्यन्यं सदृशात्मकम्।। – *तं.* ४.३

[४८] चतुर्ष्वेव विकल्पेषु यः संस्कारः क्रमादसौ।
अस्फुटः स्फुटताभावी प्रस्फुटन्स्फुटितात्मकः।।
ततः स्फुटतरो यावदन्ते स्फुटतमो भवेत्। – *तं.* ४.४-५

[४९] स एव हि . . . विकल्पशुद्धिमादधानः, परां काष्ठामुपागतः सन्, भावनात्मकतां यायात् येन अस्फुटमपि संविद्रूपं स्फुटतामासादयेत्। – *तं.वि.*, भा.३, पृ. ६२९

[५०] इत्याशंकामपाकर्तुं विकल्पसंस्क्रियानन्तर्येण अनुजोद्देशोद्दिष्टं तर्कतत्त्वमवतारयति। – तदेव, पृ. ६२८

[५१] श्रीपूर्वशास्त्रे तत्प्रोक्तं तर्को योगाङ्गमुत्तमम्। – *तं.* ४.१५

[५२] प्राणायामादिकैरङ्गैर्योगाः स्युः कृत्रिमा यतः।। – तदेव ४.१०७

[५३] योगाङ्गता यमादेस्तु समाध्यन्तस्य वर्ण्यते। – तदेव ४.९६

सम्भवतः यह रही है कि उन्होंने त्रिक योग के मालिनीविजयोत्तरगत और तन्त्रालोकगत विचारों को षडङ्ग योग के एक पूर्व गढ़े साँचे में बिठाना चाहा है। **जयरथ** के पास इस साँचे के तीन प्रारूप थे, जिनकी चर्चा हम ऊपर कर आए हैं। **जयरथ** के लिए सबसे अनुकूल साँचा वह था, जिसमें यम, नियम व आसन को हटाकर तर्क को रखा गया था। *मालिनीविजयोत्तर* और *वीरावलि* के अनुसार योगाङ्ग साधारण अंग हैं, तर्क उत्कृष्ट अंग है। तर्क बुद्धि की वह अवस्था है जिसमें वह हेय और उपादेय का विवेक कर सकती है और हेय मार्ग में प्रवृत्त मन को भी अनामय पद की ओर प्रेरित कर सकती है। जैसा कि हम देख चुके हैं **अभिनव** के अनुसार अनामय मार्ग की प्राप्ति के निमित्त सद्गुरु के पास जाने की इच्छा में सत्तर्क परमेश्वर का अनुग्रह, शुद्धा विद्या, है।[५४] **जयरथ** एक अनाम स्रोत से उद्धरण देते हुए उसे "ऊह" का पर्याय मानते हैं।[५५] *मृगेन्द्रागम* के योगपाद में योग के अंगरूप में वीक्षण (अभिवीक्षण) का उल्लेख हुआ है।[५६] उसी को ऊह भी कहा गया है।[५७] **जयरथ** ने जो दूसरा उद्धरण दिया है, वहाँ शास्त्रों के अविरोधी तर्क को सत्तर्क कहा गया है।[५८] **जयरथ** का यह उद्धरण **मनु** के कथन का अनुवदन मात्र है।[५९] **द्विवेदी** के अनुसार भारतीय परम्परा में तर्क की प्रतिष्ठा तो निरुक्त के काल से चली आ रही है। ऋषियों की परम्परा के समाप्त हो जाने पर मनुष्यों ने देवताओं से पूछा कि हमारे मध्य अब ऋषि का काम कौन करेगा? इसके समाधान में देवताओं ने मनुष्य को तर्कशक्ति दी कि यही अब मनुष्यों के बीच ऋषि का काम

---

[५४] सोऽपि सत्तर्कयोगेन नीयते सद्गुरुं प्रति।
सत्तर्कः शुद्धविद्यैव सा चेच्छा परमेशितुः।। – *तं.* ४.३४

[५५] ऊहोऽन्तरङ्गं योगस्य तेन चाध्वन्यवस्थितेः।
साधारणोऽप्यसौ मुक्तेर्भूयसोपकरोति हि।। – उद्धृत; *तं.वि.*, भा. ३, पृ. ६३१

[५६] प्राणायामः प्रत्याहारो धारणा ध्यानवीक्षणे।
जपः समाधिरित्यङ्गान्यङ्गी योगोऽष्टमः स्वयम्।। – *मृगेन्द्र आगम*, योगपाद, ३ (*वि.भै.*, भूमिका, पृ. ३७ पर **द्विवेदी** द्वारा उद्धृत)

[५७] ऊहोऽभिवीक्षणं वस्तुविकल्पानन्तरोदितः।।
यदा वेत्ति पदं हेयमुपादेयं च तत्स्थितेः। – तदेव, तत्रैव

जयरथ किसी अज्ञात तन्त्र से एक लम्बा उद्धरण देते हैं, जिसमें ऊह, ईक्षण (वीक्षण) और तर्क का समीकरण स्वतःसिद्ध है। हम यहाँ सम्बन्धित वाक्य उद्धृत कर रहे हैं –

"लब्धभूमेर्विरक्तस्य तज्जयोपायपेशलः।
ऊहो नाम वितर्कोक्तिः प्रविचारेक्षणात्मकः।। . . .
शक्यन्ते मुनिशार्दूल तस्मात्तर्कोऽपि युज्यते।।" – *तं.वि.*, भा. ३, पृ. ७०६-१०

[५८] तदेव ।

[५९] आर्षं धर्मोपदेशं च वेदशास्त्राविरोधिना।
यस्तर्केणानुसंधत्ते स धर्मं वेद नेतरः।। – *मनुस्मृति* १२.१०६; *वि.भै.*, भूमिका, पृ.३७ पर उद्धृत

करेगी।[६०] इससे स्पष्ट है कि तर्क/सत्तर्क की मान्यता वैदिक और तान्त्रिक संस्कृतियों के मध्य हुए उर्वर विनिमय की प्रतीक है।

उचित होगा कि अब हम लेख के प्रारम्भ की ओर वापस चलें। प्रश्न है कि **जयरथ** ने षडङ्ग योग के जिस प्रारूप का आश्रय लिया है, उसका स्रोत क्या है? हमने देखा कि **जयरथ** एक अनाम स्रोत से उद्धरण देने के अतिरिक्त हमारी कोई सहायता नहीं करते। हमने यह भी देखा था कि **जयरथ** का उपजीव्य सम्भवतः वही परम्परा रही है, जो *मैत्रायणी उपनिषद्, अत्रि* और *दक्ष* आदि स्मृतियों तथा **भट्ट भास्कर** आदि की भी उपजीव्य है। अनुस्मृति को योगाङ्ग मानने वाली परम्परा निश्चित रूप से बौद्ध है और उसका स्रोत *गुह्यसमाजतन्त्र* में उपलब्ध है। अन्य परम्परा, जो यम, नियम के अतिरिक्त पातञ्जल योग के अवशिष्ट षडङ्गों का अनुवदन करती है, का विकास स्पष्टतः पातञ्जल योग के आलोक में हुआ है। प्रो. **एन्सिन्क** के लेख से, जिसकी छाया में **जयरथ** के प्रयास को हमने समझने की चेष्टा की है, षडङ्ग योग के पहले प्रारूप के सम्बन्ध में कुछ नई महत्त्वपूर्ण सूचनाएँ प्राप्त होती हैं।[६१] उनके अनुसार जावा-बाली के शैव और बौद्ध सम्प्रदायों में षडङ्ग योग का ही उल्लेख मिलता है, अष्टाङ्ग योग की चर्चा नहीं होती।[६२] तर्क वाले षडङ्ग योग का सम्बन्ध किसी ऐसी प्राचीनतर परम्परा से है, जो जावा और बाली की शैव परम्पराओं का भी उपजीव्य है। जावा-बाली के विकसित षडङ्ग योग का गहरा अध्ययन **सुदर्शनादेवी सिंघल**[६३] और **अलेक्जेन्डर ज़ीनेसिस**[६४] ने किया है। वहाँ पाए जाने वाले षडङ्ग योग के अनेक संस्करणों में षडङ्ग योग का विकास दो रूपों में हुआ है। एक, जहाँ पर सारे योगाङ्गों में एक क्रम और पारस्पर्य है और दूसरे, जहाँ सारे योगाङ्ग स्वतन्त्र रूप से अर्थात् योगाङ्गों के रूप में नहीं बल्कि स्वतन्त्र योगों के रूप में उपस्थित होते हैं। भारत तथा जावा-बाली में पाई जाने वाली इन तमाम शाखाओं को निम्नस्थ तालिका के रूप में प्रस्तुत किया जा सकता है:[६५]

---

[६०] मनुष्या वा ऋषिषूत्क्रामत्सु देवानब्रुवन् को नु ऋषिर्भविष्यतीति। तेभ्य एव तर्कमृषिं प्रायच्छन्। – *निरुक्त* १३.१२; *तत्रैव,* पृ. ३७

[६१] **एन्सिन्क** १९७४।

[६२] तदेव, पृ. १९८-९९।

[६३] (अ) *गणपति-तत्त्व,* एक प्राचीन जावानी दार्शनिक कृति, सं. तथा हिन्दी अनुवादक, **सुदर्शना देवी सिंघल,** नई दिल्ली, १९५८।

(ब) *बृहस्पति-तत्त्व,* अन्य विवरण *तदेव,* १९५७।

[६४] Studien zur Geschichte des Çevaismus, **अलेक्ज़ेन्डर ज़ीनेसिस,** दो भाग, नई दिल्ली, १९३९-५८।

[६५] इस तालिका में जावा-बाली से सम्बद्ध सामग्री के लिए मैं **प्रो. एन्सिन्क** का उपकृत हूँ।

षडङ्ग योग की विभिन्न परम्पराएँ

मैत्री/मैत्रायणी उपनिषद्, विष्णुसंहिता, वैखानससूत्र, अत्रिस्मृति, दक्षस्मृति, अपरार्क (याज्ञ. स्मृति पर), सङ्. स्यङ्. कमहायानिकन्	अमृतबिन्दूपनिषद्, भट्ट-भास्कर (गीताभाष्य), गणपति-तत्त्व, ज्ञान-सिद्धान्त, बृहस्पति-तत्त्व, तुतुर कामोक्षन्, सुतसोम ककविन्	तन्त्रालोक-विवेक (जयरथ)	मालिनी-विजयोत्तरं तन्त्र	अभिनवगुप्त (तन्त्रालोक)[६६]	ध्यानबिन्दूपनिषद्, गोरक्षशतक, स्कन्दपुराण	रामकण्ठ (सर्वतोभद्र)	गुह्यसमाज तन्त्र	वायुपुराण (पंचाङ्ग)[६७]
१. प्राणायाम	१. प्रत्याहार	१. प्राणायाम	१. प्रत्याहार	१. प्राणायाम	१. आसन	१. आसन	१. प्रत्याहार	१. प्राणायाम
२. प्रत्याहार	२. ध्यान	२. ध्यान	२. प्राणायाम	२. ध्यान	२. प्राणसंरोध	२. प्राणजय	२. ध्यान	२. ध्यान
३. ध्यान	३. प्राणायाम	३. प्रत्याहार	३. धारणा	३. प्रत्याहार	३. प्रत्याहार	३. प्रत्याहार	३. प्राणायाम	३. प्रत्याहार
४. धारणा	४. धारणा	४. धारणा	४. ध्यान	४. धारणा	४. धारणा	४. धारणा	४. धारणा	४. धारणा
५. तर्क	५. तर्क	५. तर्क	५. तर्क	५. समाधि	५. ध्यान	५. ध्यान	५. अनुस्मृति	५. स्मरण
६. समाधि	६. समाधि	६. समाधि	६. समाधि	६. तर्क	६. समाधि	६. समाधि	६. समाधि	

---

[६६] **अभिनवगुप्त** *तन्त्रालोक* में अष्टाङ्ग योग को स्वीकार करते हैं, परन्तु तर्क और समाधि के क्रम और सम्बन्ध को लेकर उनका यहाँ उल्लेख किया गया है।

[६७] यह पञ्चाङ्ग परम्परा है।

हम प्रो. **एन्सिन्क** के निष्कर्ष से सहमत हैं कि **जयरथ** के प्रतिपादन का मूल बौद्ध षडङ्ग योग में नहीं, बल्कि अन्य प्राचीनतर परम्परा में है, जो ऊपर उल्लिखित षडङ्ग योग के पहले प्ररूप और उसके तमाम संस्करणों में विकसित हुई है।

खण्ड पाँच : भक्ति

१५. अद्वया भक्ति

१५

अद्वया भक्ति

काश्मीर शैवमत, जो सामान्यतः प्रत्यभिज्ञा दर्शन या त्रिक दर्शन के नाम से विख्यात है, से अभी तक हमारा परिचय ऐसी परिपक्व दार्शनिक विचारधारा के रूप में है जो कट्टर अद्वयवाद की प्रतिपादक है। सत् और ज्ञान की अखण्डता से इतनी घोर प्रतिबद्धता पूरे भारतीय दर्शन की निगम और आगम दोनों परम्पराओं में दुर्लभ है। आगमिक विचारधारा की शिखरमणि के रूप में यह दर्शन जहाँ अपनी कठोर बौद्धिकता से हमें आक्रान्त करता है, वहीं अद्वैत भक्ति में इसकी प्रचण्ड निष्ठा की चेतना अपेक्षाकृत हमें बहुत कम है।

यहाँ जीवन, सत्ता और अनुभव के सूक्ष्म गम्भीर विश्लेषण द्वारा जिस परमार्थ तत्त्व का उन्मीलन हुआ है, उसकी विभागासहिष्णु समग्रता में ही अद्वय भक्ति के उदय का कारण ढूँढा जा सकता है। जीवन के केन्द्रीय अर्थ, परम सत्य, की खोज में भारतीय मनीषा जिन तीन मार्गों – ज्ञान, योग और भक्ति – का आश्रय लेकर चली है, उनके मूल में मानव-व्यक्तित्व के तीन पक्षों – बुद्धि, कर्म और भावना – की क्रमिक सक्रियता साफ देखी जा सकती है। भक्ति और उसकी अद्वयता क्रमशः दो बातों को रेखाङ्कित करती है : एक, भक्ति होने के नाते आध्यात्मिक साधना में भावना पक्ष की उल्वणता या केन्द्रीयता को और दूसरे, बुद्धि, कर्म और भावना – फलतः ज्ञान-योग, क्रिया-योग तथा भक्ति-योग – की अखण्डान्विति को, जो आध्यात्मिक साधना को परिपूर्णता तथा समग्रता प्रदान करती है। यही कारण है कि शिवाद्वयवाद अपना स्वरूपविमर्श 'महाद्वैत' या 'पराद्वैत' की शब्दावली में करता है।

भक्ति के रूप में संवेग या भावना को केन्द्रीयता प्रदान करती हुई त्रिक की मूल परिनिष्ठा से यहाँ की अनेक विशेषताएँ उजागर हो जाती हैं। भावना का सम्बन्ध हृदयपक्ष से है जबकि ज्ञान का बुद्धिपक्ष से। काश्मीर शैव दर्शन की मान्यता है कि बौद्धिक अपोद्धार (ऍब्सट्रैक्शन) या योग-साधन से ही परम सत् का उपलाभ नहीं होता, अपितु हमारे भावनात्मक अंश के सम्यक् परिपाक से भी अनुभूति में परम सत्य की प्रतिष्ठा होती है।

---

* इस निबन्ध का पहला आलेख श्री रामशंकर सिंह द्वारा सम्पादित/अनूदित **भट्टनारायण** विरचित *स्तवचिन्तामणि* के प्राक्कथन के रूप में लिखा गया था (दिल्ली : पेनमैन पब्लिशर्स, २००२)।

बुद्धिगत उपलब्धि अथवा क्रियोपात्त उपलब्धि से भावोपात्त उपलब्धि का स्वारस्य कहीं अधिक होता है और इसलिए मानव जीवन में उसका महत्त्व अधिक होता है। इसीलिए जीवन में जहाँ-जहाँ आनन्द की प्रतीति होती है – चाहे वह कला के माध्यम से हो, चाहे इन्द्रियों के, चाहे मन के एकाग्र भावन से और चाहे बुद्धि के निष्कर्षण से, सर्वत्र इसी भावना-पक्ष (इमोटिव/इम्पैथेटिक ऍस्पेक्ट) की ही चरितार्थता होती है। यही कारण है कि ज्ञान की कठोर अखण्डता का प्रतिपादक काश्मीर शैवदर्शन निर्वृति-मधुरा भक्ति, और रसार्द्र कलास्वाद दोनों क्षेत्रों में भारतीय मेधा का प्रतिनिधि पुरोधा बनकर उपस्थित होता है।

प्राचीन भारत में भक्ति की बड़ी समृद्ध परम्परा रही है। उसके मुख्य रूप से तीन प्रभाव-केन्द्र दिखाई पड़ते हैं। दक्षिण में आलवार सन्तों की तमिल परम्परा प्रणयतरल भक्ति की अत्यत प्राचीन परम्परा है। उसमें आगे चलकर पाञ्चरात्र आगमों से छनकर आई अद्वया भक्ति पूर्व मध्यकाल में जुड़ती है। यह परम्परा काश्मीर से आती है और अपने दक्षिण भारतीय संस्करण में अट्ठाइस द्वैताद्वैत शैव आगमों के प्रभाव में, आलवार भक्तों की परम्परा से जुड़ती हुई एक ऊर्जामय स्वतन्त्र आकार धारण करती है। आगे चलकर सम्पूर्ण भारत में उत्तर मध्यकालीन भक्ति आन्दोलन का वह प्राणवाही बीज बनती है। दूसरा प्रभाव-स्रोत है वेद, उपनिषद्, गीता तथा पुराण। सम्पूर्ण वैदिक वाङ्मय एक प्रकार का स्तुति-वाङ्मय है, यद्यपि यहाँ का ऋषि उस अर्थ में भावतरल भक्त नहीं है। देवनिष्ठा को भक्ति का नाम उपनिषत् साहित्य में सबसे पहले, अपेक्षाकृत परवर्ती उपनिषत्, *श्वेताश्वतर* (अध्याय ६, श्लोक २३) में मिलता है। परन्तु भक्ति का सबसे प्राणवान् स्रोत है *गीता,* जो भागवत और नारायणीय प्रवृत्ति-धर्म के आलोक में भक्ति का सुचिन्तित प्रारूप प्रस्तुत करती है। इसी को प्रश्रय देती हुई इसके तार्किक पल्लवन के रूप में *गीता* कर्मयोग, संन्यासयोग और भक्तियोग का सहज पारस्पर्यानुप्राणित रूप प्रस्तुत करती है। इसकी गहरी छाप काश्मीर शैव भक्ति के रूप-विधान पर भी पड़ती है, जो अद्वैत भक्ति के भावी रूपोन्मेष के प्रति एक कदम और आगे बढ़ जाती है जहाँ ज्ञान, भक्ति और कर्म के विरोध का नितान्त परिहार होकर समरसीकरण होता है। *गीता* के इस प्रभाव-स्रोत को यदि एक क्षण के लिए छोड़ दिया जाए तो काश्मीर में भक्ति का विकास एक स्वतन्त्र धारा के रूप में होता है, जो एक पृथक् किन्तु संश्लिष्ट प्रभाव-मूल से उपजती है। यह संश्लिष्ट मूल है पाञ्चरात्र, शैव और थोड़ा आगे चलकर उत्तरकाल में इस्लाम और उससे निर्गत सूफी भक्ति परम्परा का। काश्मीर के इतिहास के प्रारम्भिक स्रोत *नीलमतपुराण* (छठी-आठवीं शती) में यद्यपि सात्वत और भागवत सम्प्रदायों का नामोल्लेख मिलता है, पर वस्तुतः उनकी परिणति पाञ्चरात्र आगमों में होती है जिनकी वास्तविक उद्गम भूमि काश्मीर है। यही कारण है कि काश्मीर की घाटी में विकसित अद्वय वैष्णव भक्ति और अद्वय शैव भक्ति में अद्भुत साम्य मिलता है, जिसके साक्ष्य में **भट्ट उत्पल** की *स्पन्द-प्रदीपिका*

और **वामनदत्त** के *संवित्प्रकाश* को निःसंशय उद्धृत किया जा सकता है। यहाँ न केवल मन्तव्यों में बल्कि उनकी शब्दावली में विचित्र पर्यायता देखने को मिलती है। यह भी उल्लेखनीय है कि शैव दर्शन के विकास के समानान्तर ही, समान दिशाओं में, शैव भक्ति का प्रत्यय भी आकार ग्रहण करता दिखाई देता है।

भक्ति के बीज काश्मीर में काफी पहले अंकुरित होने लगते हैं। *नीलमतपुराण* में भक्ति के प्रत्यय का निश्चित उल्लेख मिलता है और यह भी कि स्तोत्र आदि के गाने की 'कीर्तन' नामक विशेष विधा का विकास हो चुका था।[1] परन्तु हमारे लिए सम्प्रति इस बात का इतना महत्त्व नहीं है। महत्त्वपूर्ण बात यह है कि **अभिनवगुप्त** तक आते-आते काश्मीर का भक्ति आन्दोलन अपने चरम प्रकर्ष पर दिखाई देता है। **अभिनवगुप्त** एक प्रकाण्ड दार्शनिक या उत्कृष्ट सौन्दर्यशास्त्री ही नहीं थे, अपितु उनके बहुआयामी व्यक्तित्व का अन्यतम भाग एक अनन्य भक्त के रूप में प्रकट हुआ था। इस पक्ष पर पर्याप्त प्रकाश पड़ना बाकी है।[2] उनसे दो-तीन पीढ़ी पूर्व का काल-फलक इस दृष्टि से बड़ा महत्त्वपूर्ण है। **अभिनवगुप्त** के दादा गुरु और **क्षेमराज** के परमेष्ठी गुरु **उत्पल** (नवीं शताब्दी का उत्तरार्द्ध) की *शिवस्तोत्रावली* और उन्हीं के समकालीन **भट्टनारायण** की *स्तवचिन्तामणि* की रचना काश्मीर के और विशेषतः शैव भक्ति के इतिहास की क्रान्तिकारी घटना है। यह भी एक उल्लेखनीय तथ्य है कि इन दोनों पर ही **क्षेमराज** ने अपनी टीका लिखी है। इनके पूर्व **अवन्तिवर्मा** (८५५-८३ ई०) के नवरत्नों में से एक **रत्नाकर** (नौवीं शती) के *हरविजय* महाकाव्य के सैंतालीसवें सर्ग के रूप में बद्धाकार *चण्डीस्तोत्र* से हम परिचित और चमत्कृत हो चुके होते हैं। **उत्पल** और **नारायण** की ये कृतियाँ इस बात की प्रमाण हैं कि इस समय तक शिवाद्वयवादी भक्ति का आकार और प्रकार निश्चित हो चुका है। काल के प्रायः इसी बिन्दु पर या इससे कुछ पूर्व *रुद्रयामल तन्त्र* के उत्तरभाग के रूप में विख्यात *विज्ञानभैरव* (जिसके निश्चित काल का पता नहीं, परन्तु **उत्पल** तक आते-आते जिसकी स्थिति निर्विवाद है) में अद्वय भक्ति को लेकर कतिपय महत्त्वपूर्ण स्थापनाएँ सामने आ चुकी होती हैं। **उत्पल** के बाद की पीढ़ी में **वामनदत्त**

---

[1] गीतैर्नृत्तैस्तथा वाद्यैर्ब्रह्मघोषैस्तथैव च।।
वीणापटहशब्दैश्च पुराणां च वाचनैः।
तत्कथाश्रवणैश्चान्यैस्तथा स्तोत्रप्रकीर्तनैः।। (श्लो. ४१२-१३) – **वेदकुमारी घई** द्वारा *नीलमत पुराण : ए कल्चरल ऍन्ड लिटरेरी स्टडी,* भा.१, मोतीलाल बनारसीदास, दिल्ली, १९६८, पृ. १०० पर उद्धृत।

[2] इन पंक्तियों के लेखक ने आज के लगभग छह दशक पूर्व १९५९-६० में *अभिनवगुप्त के स्तोत्र : एक अध्ययन* (अप्रकाशित) में इस दिशा में काम प्रारम्भ किया था। लगभग उसी समय फ्रांस में **लिलियन सिलबर्न** ने **अभिनव के स्तोत्रों का** फ्रेंच अनुवाद प्रकाशित किया था। इस दिशा में ठोस काम होना बाकी है।

की कृति *संवित्प्रकाश* आती है, जो वैष्णव भक्ति का एक प्रौढ़ ग्रन्थ है। इस ग्रन्थ का उल्लेख **अभिनवगुप्त** *तन्त्रालोक* में अपने गुरु की कृति के रूप में करते हैं। इस पूर्वपीठिका से संवलित होकर **अभिनवगुप्त** भक्ति को अपनी रचनाओं से केवल समृद्ध ही नहीं बनाते, अपितु भक्ति के प्रत्यय को ठोस दार्शनिक आधार देने का सफल प्रयास भी *ईश्वरप्रत्यभिज्ञाविमर्शिनी* और *विवृत्तिविमर्शिनी* में करते हैं। यह प्रयत्न भी **उत्पल** के प्रयत्न जैसा ही है, जो उन्होंने अपनी *विवृत्ति* या *बृहती टीका* (जो अब केवल *बृहतीविमर्शिनी* के उद्धरणों में ही उपलब्धिशेष है) में किया था। **उत्पल** और **भट्टनारायण** से लेकर **अभिनवगुप्त** तक भक्ति का जो रूपविकास होता है, वह काश्मीर भूमि का निजन्धर दाय है। **अभिनवगुप्त** के काल के बीतते-बीतते काश्मीरी अद्वैतमूला भक्ति में एक नया आयाम जुड़ने लगता है। आठवीं शताब्दी में इस्लाम का प्रवेश भारत में होता है और ग्यारहवीं शताब्दी में सूफी आन्दोलन के बीज मध्य एशिया में पनपने लगते हैं। मध्य एशिया से होता हुआ सूफी प्रभाव लगभग तेरहवीं शताब्दी में **मौलाना-इ-रूमी** के रूप में काश्मीर में प्रवेश करता है। यह समय है **लल्ल द्यद** (लल्लेश्वरी) के ठीक पूर्व का। **लल्लेश्वरी** (१२०८ ई०) अभिनवोत्तर भक्ति सम्प्रदाय की जननी हैं। यहाँ से संस्कृत में रचा जाने वाला स्तुति-वाङ्मय काश्मीर की स्थानीय भाषा का माध्यम अपनाता है। **लल्लेश्वरी** काश्मीर की मीरा हैं। उनके वाख (वाक्य), जो **भास्करकण्ठ** के द्वारा अपने संस्कृत रूपान्तर में *लल्लेश्वरीवाक्यानि* के नाम से विख्यात हैं, अपनी तलस्पर्शी भावप्रवणता के लिए प्रसिद्ध हैं। **लल्लेश्वरी** पुरातन परम्परा और संश्लिष्ट परम्परा के बीच की सन्धि-रेखा हैं। उनके पोष्य पुत्र **शेख़ नूर-उद्दीन वली**, जिन्होंने जगद्गुरु (**शेख़-उल्-आलम**) का विरुद पाया और शिष्यों की मण्डली में **सहजानन्द** के नाम से प्रसिद्धि, ने काश्मीर की रिशि (ऋषि) परम्परा (रिशियान-इ-काश्मीर) की नींव डाली (१३७७ ई०)। *नूरनामा* या *रिशिनामा* के प्रणेता **नुन्द रिशि** के नाम से समादृत, **शेख़ नूर-उद्दीन वली** या नूरानी, **जोनराज** द्वारा *राजतरंगिणी* में **मीर मोहम्मद हमदानी** या **अहमद ऋषि** के नाम से संकीर्तित **शाह हमदान** के कनिष्ठ समकालीन और सम्भवतः शिष्य थे। **लल्ल** और **हमदानी** इन दो दिशाओं से आने वाले प्रभावों का संश्लेषण सम्पूर्ण रिशि-परम्परा और उसके बाद की उत्तर मध्यकालीन **रूपभवानी** (सत्रहवीं शताब्दी), **साहिब कौल** आदि की परम्परा, जो आधुनिक काल में **ज़िन्दा कौल** तक अक्षुण्ण है, में काफ़ी गहरे और दूर तक दिखाई देता है। लेकिन इस परम्परा के मौलिक परमार्थाद्वयवादी स्वर में कोई कमी नहीं आई है।

काश्मीर का भक्ति-साहित्य सामान्यतः और शैव भक्ति-साहित्य विशेषतः अपने आकार और वैविध्य में अत्यन्त विपुल है। प्राप्त साहित्य चार प्रकार का है – (१) प्रकीर्ण स्तोत्र, (२) प्रबन्ध स्तोत्र, (३) स्तोत्रतया उपस्थापित शास्त्र ग्रन्थ और (४) संकीर्ण भक्ति रचनाएँ या मिश्र। इनमें से द्वितीय विधा, प्रबन्ध स्तोत्र, के दो उपभेद हैं – (१) सामान्य और (२)

विशेष। एक पाँचवां प्रकार भी माना जा सकता है – यह है शिवपरक आख्यान या काव्यकृतियाँ। इसमें **रत्नाकर** (नौवीं शताब्दी) का *हरविजय* महाकाव्य, **जयद्रथ** (बारहवीं शताब्दी) का *हरचरितचिन्तामणि*, **शिवस्वामी** (नौवीं शताब्दी) का *कप्फिणाभ्युदय* तथा **मंख** (बारहवीं शताब्दी) का *श्रीकंठचरित* गिने जा सकते हैं। परन्तु ये कृतियाँ काव्य के अन्तर्गत आती हैं, अतः इनकी गणना बहुत साम्प्रतिक न होगी। तीसरे भेद, स्तोत्रतया उपस्थापित शास्त्रग्रन्थों – जिन्हें हम सुविधा की दृष्टि से शास्त्रमुखी या शास्त्रवर्णी स्तोत्र कह सकते हैं – को भी इस आकलन से हटाया जा सकता है। शैव आचार्यों की, विशेषतः **अभिनवगुप्त** की, मान्यता रही है कि उनके द्वारा उपनिबद्ध प्रत्येक शब्द स्तुति रूप है।[३] यह बात उनके शास्त्रग्रन्थों के लिए विशेष रूप से लागू होती है। उनका सम्पूर्ण *तन्त्रालोक* "नुति" या "प्रणति" गीत है,[४] जो उन्होंने महेश के पूजन के लिए कमल के फूल की भाँति चुना है।[५] इसी प्रकार *ईश्वरप्रत्यभिज्ञाविवृत्तिविमर्शिनी* "स्तोत्रप्राभृतसंग्रह" के प्रति एक प्रकार का उपक्रम है।[६] परन्तु इस प्रसंग में स्तुति या नुति का प्रयोग उपचारतः हुआ है, क्योंकि इनका मौलिक प्रवृत्तिनिमित्त तो शास्त्रप्रतिपादन है। अतः इन्हें भी विशुद्ध अर्थों में भक्ति साहित्य या स्तोत्र साहित्य के अन्तर्गत रखना समीचीन न होगा। इसी प्रकार संस्कृत वाङ्मय की प्रतिष्ठित परम्परा के अनुसार ग्रन्थारम्भ में आने वाले शिव को समर्पित मंगलाचरणों का भी सुदीर्घ साहित्य है, जो ग्रन्थ के स्वरूप, प्रयोजन, विषय को लेकर महत्त्वपूर्ण होने के बावजूद भी भक्ति-साहित्य की परिधि में आने से रह जाता है।[७] परन्तु विशुद्ध भक्ति-साहित्य के सन्दर्भ में प्रथम भेद – प्रकीर्ण स्तोत्र – का अत्यन्त समृद्ध साहित्य है, जिसका नामोल्लेख और विकास-क्रम एक स्वतन्त्र शोध का विषय बन सकता है।

प्रकीर्ण स्तोत्र-साहित्य के भी दो उपभेद हो सकते हैं – (१) सामान्य और (२) सम्प्रदायविशेष-परक। **भट्टदिवाकरवत्स** का *कक्ष्यास्तोत्र*, *बहुरूपगर्भस्तोत्र*, *ज्ञानगर्भस्तोत्र*, **विद्यापति** या **विद्याधिपति** का *प्रमाणस्तोत्र*, **अभिनवगुप्त** का *भैरवस्तोत्र*, *अनुभवनिवेदन*, *परमार्थचर्चा*, *महोपदेशविंशतिक* और **रत्नाकर** के *हरविजय* का *चण्डीस्तोत्र* (४७वां सर्ग),

---

[३] तव च काचन न स्तुतिरम्बिके, सकलशब्दमयी किल ते तनुः। – *शिवशक्त्यविनाभावस्तोत्र*, *अभिनवगुप्त के स्तोत्र* (अप्रकाशित), पृ. २७२ पर

[४] तव किल नुतिरेषा सा हि त्वद्रूपचर्चेत्यभिनवपरितुष्टो लोकमात्मीकुरुष्व। – *तं.* ३७.८५

[५] अभिनवगुप्तहृदम्बुजमेतद्विचिनुत महेशपूजनहेतोः। – *तं.* १.२१

[६] श्रीमद्भैरवधाम तद्विजयतां भक्तान्तरात्मस्फुरत्-
स्तोत्रप्राभृतसंग्रहोन्मुखतया यद्विश्वरूपायते।। – *ई.प्र.वि.वि.*, १, मंगलश्लोक १

[७] इस दिशा में **सुश्री मीरा रस्तोगी** द्वारा लखनऊ विश्वविद्यालय में १९७४ में प्रस्तुत (अप्रकाशित) *अभिनवगुप्त के मंगलश्लोक : एक सानुवाद अध्ययन* शीर्षक लघु शोधप्रबन्ध एक अच्छा प्रयास कहा जा सकता है।

रम्यदेव का *दीनाक्रन्दन स्तोत्र,* **क्षेमराज** (ग्यारहवीं शताब्दी) का चिद्भैरव की स्तुति में रचा हुआ *भैरवानुकरणस्तोत्र,* **साम्बमिश्र** विरचित *साम्बपञ्चाशिका,* आदि की गणना 'प्रकीर्ण' के 'सामान्य' उपभेद के अन्तर्गत की जा सकती है। 'प्रकीर्ण' के 'विशेष' उपभेद के अन्तर्गत उन स्तोत्रों का आकलन होता है, जो एक सम्प्रदाय-विशेष या सिद्धान्त-विशेष का पोषण करते हैं। उदाहरणार्थ **शिवानन्द** के *कालिकास्तोत्र,* **सिद्धनाथ** के *क्रमस्तोत्र,* **अभिनवगुप्त** के *क्रमस्तोत्र* और **नाग** के *परमार्चनचन्द्रिका, चित्तसंतोषत्रिंशिका* या **चक्रपाणि** के *भावोपहार* का नाम लिया जा सकता है। इनका मुख्य विषय क्रम-सम्प्रदाय का प्रतिपादन करना है। **अवधूतसिद्ध** (दसवीं शती का पूर्वार्द्ध) का *भक्तिस्तोत्र,* जिसको **अभिनवगुप्त, शितिकण्ठ** इत्यादि बड़े सम्मान से उद्धृत करते हैं, शैव-सिद्धान्त से सम्बद्ध है। **अभिनव** के *देहस्थदेवताचक्रस्तोत्र* को **डॉ. पाण्डेय** कुलदर्शनानुयायी मानते हैं। *रहस्यपञ्चदशिका* अंबिका की और **प्रद्युम्न भट्ट** (नौवीं शताब्दी) का *तत्त्वगर्भ* काली रूप अम्बा की स्तुति है। दूसरा विभेद है प्रबन्ध स्तोत्रों का। इस श्रेणी में या तो प्रबन्धाकार स्तोत्रों का ग्रहण किया गया है या एक आचार्य विरचित स्तोत्र-संग्रहों का। उदाहरण के लिए **भट्टनारायण** की *स्तवचिन्तामणि,* **उत्पल** की *शिवस्तोत्रावली,* **जगद्धरभट्ट** की *स्तुतिकुसुमाञ्जलि,* **शितिकण्ठ** (पन्द्रहवीं शती) की *स्तोत्रमाला* (सम्प्रति अनुपलब्ध) या कई आचार्यों के रचना-संग्रह *पञ्चस्तवी* का नामोल्लेख सहज ही किया जा सकता है। इस वर्ग के भी दो उपभेद हैं – सामान्य और विशेष। इनमें से प्रथम चार (चौथी *स्तोत्रमाला* के बारे में स्थिति अनिश्चित) तो सामान्य के अन्तर्गत आते हैं, जबकि *पञ्चस्तवी* विशेष के अन्तर्गत, जो त्रिपुरादर्शन से जोड़ी जाती है। इसी तरह से **श्रीवत्स** (तेरहवीं शताब्दी) की *चिद्गगनचन्द्रिका* क्रमदर्शनपरक प्रबन्ध स्तुति है। यह एक विचित्र कृति है। **सिद्धनाथ** के *क्रमस्तोत्र* पर यह टीका है और अपने में स्वतन्त्र स्तुति भी। इसके अतिरिक्त अन्तिम वर्ग है – संकीर्ण और मिश्र स्तुतियों का। इस कोटि में आने वाली स्तुतियों में दर्शन और भक्ति के बीच विभेदक रेखा खींचना कठिन है। इस श्रेणी में **अभिनवगुप्त** की *परमार्थद्वादशिका, अनुत्तराष्टिका, अनुभवनिवेदन* आदि की गणना की जा सकती है। यहाँ केवल दिग्दर्शन हेतु ही कुछ नामों का संकीर्तन किया गया है। अन्यथा उपर्युक्त सभी मुख्य वर्गों में उपलब्ध/अनुपलब्ध की सूची बहुत बड़ी है, उसका नाम-संकीर्तन या विशुद्ध विवेचन यहाँ हमारा प्रयोजन नहीं है। उपर्युक्त वर्गीकरण को निम्न तालिका द्वारा स्पष्ट किया जा सकता है –

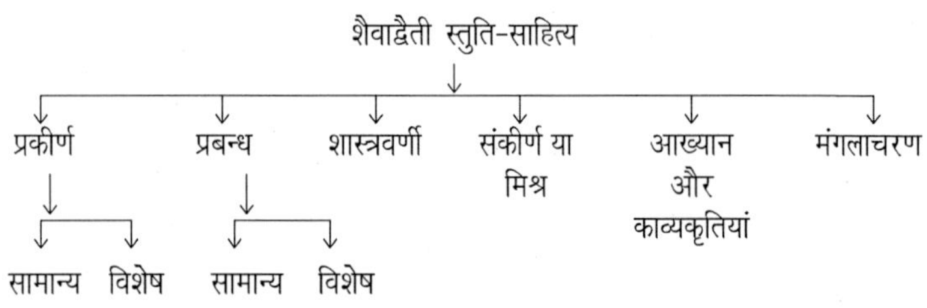

जैसा कि ऊपर देख चुके हैं *स्तवचिन्तामणि* और *शिवस्तोत्रावली* प्रायः एक ही कालखण्ड की रचनाएँ हैं और अद्वया भक्ति के मानक रूप का निदर्शन कराती हैं। दार्शनिक गाम्भीर्य, भाव-विह्वलता और संवेदन-घनता की दृष्टि से पूरी भारतीय मनीषा में उनकी तुलना या तो काश्मीर घाटी की समसामयिक पाञ्चरात्र अद्वया भक्ति से और या परवर्ती काल में गौडीया भक्ति अर्थात् **गौराङ्ग महाप्रभु** के अचिन्त्यभेदाभेद से ही की जा सकती है। इन दोनों कृतियों में भक्ति के जिस स्वरूप का उद्भावन हुआ है, उसे **क्षेमराज** आध्यात्मिक संजीवनी के रूप में देखते हैं। भक्ति अनुत्तम रसायन है, जिसके चर्वण से ज्ञानी भी प्रबुद्ध हो जाता है या ईश्वर बन जाता है[८] और/या इस रसायन के सेवन से मोक्षरूप महाफल प्राप्त होता है[९]। इसलिए *स्तवचिन्तामणि* को समग्र मनोरथों का भगवत्समावेशरूप महाफल प्रदान करने वाला बताया गया है। वस्तुतः **भट्टनारायण** की यह कृति भक्तिलक्ष्मी का शाश्वत निवास है।[१०] देखा जाए तो यह मोक्ष अपने प्रातिस्विक स्वरूप में भक्ति के अतिरिक्त और कुछ भी नहीं है।[११] अद्वया भक्ति कहने का तात्पर्य ही है भक्ति की चरम मूल्य के रूप में परिकल्पना अर्थात् भक्ति स्वयं अपने आप में चरम मूल्य है।[१२] **भट्टनारायण** भगवान् से केवल उनकी भक्ति ही माँगते हैं – वही अनन्तकृतकृत्यता की जननी है।[१३] इस पराद्वय भक्ति की अवधारणा के प्रतिपादनार्थ *तन्त्रालोक, ईश्वरप्रत्यभिज्ञाकारिका, विमर्शिनी* आदि शास्त्रीय ग्रन्थों में और प्रकृत इन दोनों प्रबन्ध स्तोत्रों में प्रायः दो पद्धतियों का आश्रय लिया गया है। एक है साधारणस्वरूप-निरूपणात्मक और दूसरी है आगमिकवैशिष्ट्य-प्रतिपादनपरक। परन्तु दोनों ही पद्धतियों में शिवाद्वयवादी

---

[८] श्रीशंकरस्तुतिरसायनमाचकर्ष तच्चर्वणादिह बुधा विबुधा भवन्तु। – *स्त.चि.वि.*, प्रारम्भिक श्लोक ४

[९] त्वद्भक्तिरसायनेन सिक्तं परमानंदमयमोक्षमहाफलम्. . . . .। – *शि.स्तो.वृ.*, पृ. १८; *तु. शिवस्तोत्रावली* १.२६: त्वद्भक्तिरससंसिक्तं निःश्रेयसमहाफलम्।

[१०] स्तवचिन्तामणिं भूरिमनोरथफलप्रदम्।
भक्तिलक्ष्म्यालयं शंभोर्भट्टनारायणो व्यधात्।। – *स्त.चि.* १२०

[११] मुक्तिसंज्ञा विपक्वाया भक्तेरेव त्वयि प्रभो।
तस्यामाद्यदशारूढा मुक्तकल्पा वयं ततः।। – *शि.स्तो.* १६/१६

[१२] मोक्षलक्ष्मीसमाश्लेषरसास्वादमयस्य परमेश्वरसमावेशस्यैव परमोदेयतां दर्शयितुम्. . .। – *शि.स्तो. वृ*, पृ. २

[१३] निःशेषप्रार्थनीयार्थसार्थसिद्धिनिधानतः।
त्वत्तस्त्वद्भक्तिमेवाप्तुं प्रार्थये नाथ सर्वथा।। – *स्त.चि.* ६६; *स्तवचिन्तामणि* में अन्यत्र भी **भट्टनारायण** यही माँगते हैं –

यावज्जीवं जगन्नाथ कर्तव्यमिदमस्तु नः।
त्वत्प्रसादात्त्वदेकाग्रमनस्कत्वेन या स्थितिः।। – *स्त.चि.* १५

निष्ठा और अन्तरंगता पग-पग पर उच्छलित है।

हम प्रथम पद्धति से प्रारम्भ करते हैं। पराद्वय भक्ति की चरम मूल्यतया प्रतिष्ठा की पृष्ठभूमि में *समावेश* की अवधारणा है। **अभिनवगुप्त** कहते हैं कि भक्ति की दशा समावेशरूपिणी है, यही हमारा चरम प्राप्य है – देवस्तुति, ध्यान, पूजा, प्रणाम सब इसी के उपादान या साधन हैं।[१४] समावेश है सम्यक् आवेशन अर्थात् चिदात्मबोध और कर्तृता की प्रधानतया स्थिति, जिसमें प्रमेयता या परिमित-प्रमातृता का गुणीभाव से विलय हो जाता है।[१५] **अभिनव** का विशेष आग्रह इस बात को बताने में है कि शास्त्र का भी आधारभूत प्रयोजन यही प्रतिपादित करना है कि सम्यगावेश ही ज्ञान का मौलिक रूप है और वही प्रधान है, शास्त्र की प्रमाणादिविषयक अन्य प्रवृत्ति उसकी अनुषंग है।[१६] इससे यह बात छनकर आती है कि समावेश भक्ति और ज्ञान दोनों का स्वरूप-विधायक प्रत्यय है। और दूसरी बात है कि समावेश का सम्बन्ध जीवन के सामान्य अनुभवों में भी, पारिभाषिक शब्दावली में व्युत्थान दशा में भी, अपनी परमेश्वरता के अनुभव से है। यही बात सारे जीवन को पारमार्थिक दृष्टि से मूल्यवत्ता और सार्थकता प्रदान करती है। साथ ही साथ जगत् का अपने से अभेद का प्रत्यभिज्ञान कराने की पृष्ठभूमि की भी रचना करती है। समावेश का अर्थ है देह के बने रहते हुए भी भगवन्मयता[१७]। जिन्हें हम स्तुति, प्रणाम, पूजा या ध्यान के नाम से जानते हैं वे सभी प्रकार के कृत्य देहादिप्रमातृभाग को गलाते हुए उसी समावेश के पत्तों की तरह हैं,[१८] जिनकी अन्तिम विश्रान्ति परमेश्वर की तन्मयता में होती है। परमेश्वर के साथ यह तन्मयता अर्थात् परमेश्वरमयता ही समावेश है।[१९]

---

[१४] सा इयं. . . दशा समावेशो यल्लाभाय अन्यदुपदिश्यते . . . तस्यैव च पल्लवभूताः परमेश्वरस्तुतिप्रणामध्यानपूजादयः। – *ई.प्र.वि.वि.*, ३, पृ. ३२८

[१५] मुख्यत्वं कर्तृतायाश्च बोधस्य च चिदात्मनः।
शून्यादौ तद्गुणे ज्ञानं तत्समावेशलक्षणम्।। – *ई.प्र.का.*, ३.२.१२

[१६] सम्यगावेशनमेव हि तत्र तत्र प्रधानम्, तत्सिद्ध्ये तूपदेशान्तराणि। – *ई.प्र.वि.*, २, पृ. २५८

[१७] सेयम् द्वय्यपि जीवन्मुक्तावस्था समावेश इत्युक्ता शास्त्रे। . . . देहपाते तु परमेश्वर एवैकरसः इति कः कुत्र कथं समाविशेत्। . . . यच्च तत् कर्तृताया मुख्यत्वम् उन्मग्नता, इदमेव ज्ञानमज्ञानात्मकमलप्रतिपक्षत्वात्, तदेतन्मुख्यत्वं समावेशस्य लक्षणं येन देहस्थितोऽपि 'पतिः' इति 'मुक्तः' इति शास्त्रेषूक्तः। – तदेव, पृ. २५८-५९

[१८] समावेशपल्लवा एव च प्रसिद्धदेहादिप्रमातृभागप्रह्वीभावभावनानुप्राणिताः परमेश्वरस्तुतिप्रणामपूजा-ध्यानसमाधिप्रभृतयः कर्मप्रपञ्चाः। – तदेव, पृ. २५८

[१९] तदुक्तमस्मत्प्रभुपादैः
'फलं क्रियाणामथवा विधीनां पर्यन्ततस्त्वन्मयतैव देव।
फलेप्सवो ये पुनरत्र तेषां मूढा स्थितिः स्यादनवस्थयैव।। – *स्त.चि.वि.*, पृ. ३७

वस्तुतः समावेश की अवधारणा भक्ति के प्रत्यय का प्राणतत्त्व है। समावेशात्मिका होना भक्ति का व्यावर्तक स्वरूप भी है और प्रक्रिया भी। समावेश और भक्ति इन दोनों के सम्बन्ध को भिन्न-भिन्न शब्दावली में निरूपित किया गया है और इस बहुस्तरीयता के विकास का अपना इतिहास रहा है। त्रिक के आदि तन्त्र *मालिनीविजयोत्तर* में रुद्रभक्ति को रुद्रशक्तिसमावेश की प्रथम पहचान (चिह्न) बताया गया है।[२०] *मालिनीविजय* में भक्ति और समावेश में ताद्रूप्य न होकर कार्यकारणभाव या लिङ्गलिङ्गिभाव की सम्भावना की गई है। यद्यपि समावेश की स्वरूप-अवधारणा में *मालिनीविजय* का मन्तव्य ऐतिहासिक रूप से आदि बिन्दु है, परन्तु वहाँ वह भक्ति के सम्पूर्ण स्वरूप-विधायक प्रत्यय के रूप में नहीं उभरा है। जैसा कि हम पहले ही संकेत कर चुके हैं, दूसरे प्राचीन आगम ग्रन्थ *विज्ञानभैरव* में समावेश की अद्वयात्मक धारणा अनेक रूपों में मिलती है। प्रवेश, आवेश, आवेशन, समावेश और समाविष्ट आदि शब्दों का अनेक बार प्रयोग हुआ है।[२१] शक्तिसमावेश, रुद्रशक्तिसमावेश की शब्दावली यहाँ भी सुनाई देती है।[२२] परन्तु *विज्ञानभैरव* को यदि छोड़ दिया जाए तो **भट्टनारायण** और **उत्पल** के पूर्व भक्ति-साहित्य या दार्शनिक साहित्य दोनों ही जगह समावेश की धारणा अपरिचित सी है। **कल्लट** की *स्पन्दकारिका* (२/६) में इसकी समीपतम चर्चा हमें आत्मतासमापत्ति शब्द में मिलती है। भैरवसमापत्ति के सभी मार्गों में चिदैकात्म्य की सतत भावना ही मूल में दिखाई देती है। **सोमानन्द** में भी समावेश की अवधारणा अदृष्टप्राय है। वहाँ पर शिवत्व की दृढ़ प्रतिपत्ति के उपायों में भावना का स्थान प्रमुख है। परन्तु ध्यान, भावना और आस्था का समान महत्त्व है।[२३] **भट्टनारायण** में भक्ति का स्वरूप समावेशात्मक है, पर समावेश के स्थान पर उसके पर्याय आवेश और प्रवेश का ही वे प्रयोग करते हैं।[२४] यह काम उनके टीकाकार **क्षेमराज** का है कि वह *स्तवचिन्तामणि* में यथाप्रयोग समावेश के प्रत्यय का संकेतन और उपबृंहण करते चलें। **उत्पल** अपने स्तुतिसंग्रह *शिवस्तोत्रावली* और अपनी दार्शनिक कृतियों

---

[२०] रुद्रशक्तिसमावेशस्तत्र नित्यं प्रतिष्ठितः। . . .
तत्रैतत्प्रथमं चिह्नं रुद्रे भक्तिः सुनिश्चला। – *मा.वि.तं.* २.१३-१४

[२१] *वि.भै.* (द्विवेदी), श्लोक १६, ६८, ८३, ११०, १५२।

[२२] रुद्रशक्तिसमावेशस्तत्क्षेत्रं भावना परा।
अन्यथा तस्य तत्त्वस्य का पूजा कश्च तृप्यति।।
स्वतन्त्रानन्दचिन्मात्रसारः स्वात्मा हि सर्वतः।
आवेशनं तत्स्वरूपे स्वात्मनः स्नानमीरितम्।। – तदेव १४८-४६

[२३] *शिवदृष्टि* ७.५-७, ७.५६-५७, ७.७८, ७.६०।

[२४] *स्त.चि.* ११७-१८।

ईश्वरप्रत्यभिज्ञाकारिका, वृत्ति और *विवृत्ति* में समावेश के प्रत्यय को पूरी गम्भीरता से प्रस्तुत करते हैं। **अभिनवगुप्त** में आकर समावेश का पल्लवन यौक्तिक प्ररोह को प्राप्त करता है – उनकी सभी कृतियों में, चाहे वे स्तुति हों या दार्शनिक ग्रन्थ, चाहे तान्त्रिक हों या कलाशास्त्रीय। **उत्पल** और **अभिनव** में आकर यह अवधारणा अद्वयवाद की और भक्ति की निजंधर अद्वयरूपता की सिद्धि की उपपत्ति बन जाती है।

समावेश के प्रत्यय को समझाने के लिए **अभिनवगुप्त** नमस्कार, वन्दन या जय के पीछे छिपी अर्थवत्ता को प्रकट करते हैं। परमेश्वर के प्रति नमस्कार (**नमामि/वन्दे**) का अर्थ है, एकमात्र परमेश्वर पर केन्द्रित कर मन, वाणी और काया की प्रह्वता।[२५] प्रह्वता का शाब्दिक अर्थ है झुकना, विनम्र होना, समर्पण करना। यह झुकना तभी उचित होता है जब नमस्करणीय का उत्कर्ष दिखाई दे, अन्यथा झुकने का कोई अर्थ नहीं।[२६] इसलिए परमेश्वर के प्रति प्रणति का अभिप्राय है परमेश्वर के उत्कर्ष के समक्ष अपने नम्रीभाव का परामर्श करते हुए उसके अङ्ग रूप में परमेश्वर से तादात्म्य की योग्यता को अर्जित करने की बुद्धि या आकांक्षा।[२७] *स्तवचिन्तामणि* में **भट्टनारायण** "वाङ्मनःकाया के विनियोग द्वारा त्वन्मयता" के माध्यम से इसी शिवाद्वैती अभिनिवेश का पोषण करते हैं।[२८] परमेश्वर के इस स्वरूपोत्कर्ष के बोध का अर्थ है, व्युत्थान अर्थात् सांसारिक अनुभव काल में अन्य अनुभवों के संस्कार से जन्य शरीर, बुद्धि आदि में जो प्रमातृ-अभिमान है उसका दूरीकरण; जिसका प्रतिफल है अभी तक माया प्रमाता के द्वारा तिरस्कृत, दबाए हुए संविदात्मक स्वरूप का उतराता हुआ समावेश। **अभिनव** के लिए इस अर्थ में प्रह्वता ही समावेश है।[२९] सम्प्रदाय की शब्दावली में मन, वाणी और काया से अपने को झुकाते हुए भगवान् के उत्कर्ष का ख्यापन – यही नमस्कार का अर्थ है। **उत्पल** के लिए जय, स्वाहा, वौषट् सब नमस्कार जातीय शब्द हैं और इनका तात्पर्य ईश्वर के उत्कर्ष

---

[२५] इह परमेश्वरं प्रति या इयं कायवाङ्मनसां तदेकविषयतानियोजनालक्षणा प्रह्वता सा नमस्कारस्य अर्थः। – *ई.प्र.वि.(भा.)*, भा.१, पृ. १८

[२६] सा च तथा कर्तुम् उचिता प्रामाणिकस्य भवति, यदि सर्वतो नमस्करणीयस्य उत्कर्षं पश्येत्। अन्यथा युक्तिम् अपरामृशतः अपरमार्थेऽपि नमस्कारोद्यतस्य सांसारिकजनमध्यपातित्वमेव। – तदेव, पृ. १८-१९

[२७] परमेश्वरोत्कर्षप्रह्वतापरामर्शशेषतया परमेश्वरतादात्म्ययोग्यतापादनबुद्ध्या. . .। – तदेव, पृ. १७

[२८] वाङ्मनःकायकर्माणि विनियोज्य त्वयि प्रभो।
त्वन्मयीभूय निर्द्वन्द्वाः कच्चित्स्यामापि कर्हिचित्।। – *स्त.चि.* १७

[२९] प्रह्वता च उक्तरूपा भगवत्स्वरूपोत्कर्षदर्शनेन . . . . व्युत्थानसमयसंभाव्यमानस्य शरीरादिगत-प्रमातृताभिमानोद्रेकस्य अपासनेन मायाप्रमात्रभिमानातिरेकन्यग्भावितसंविदात्मकस्वस्वरूपताया उन्मग्नतात्मकः समावेशः। – *ई.प्र.वि.वि.*, १, पृ. ७

के प्रकाशन और अपनी तत्परक प्रवणता से ही लिया जाना चाहिए।[३०] **अभिनव** यहीं नहीं रुकते, वह इस अर्थ का और भी तर्कसम्मत विस्तार करते हैं। व्यवहार में मान्य नमस्कार का अनिष्ट-परिहार या विघ्न-विघात जैसा अभिप्राय भी व्याख्या की इसी पद्धति में सम्भव हो पाता है। सांसारिक प्रमाता की सत्ता को जब अखण्ड सत्ता से तोड़कर देखते हैं, तभी विघ्न आदि को अवकाश मिलता है। नमस्कार के प्रथम क्षण में ही शरीरगत प्रमातृता का अपलाप करते हुए परमेश्वर के स्वरूप का उत्कर्ष-परामर्श करते हैं तो वही परामर्श समावेश है। उस समय समग्र विश्व आत्मभूत संविद्रूप परमार्थ से एकाकार हो जाता है तो किसी से किसी के विघ्न की सम्भावना नहीं रह जाती। नमस्कार से विघ्न-परिहार के पीछे समावेश का यही प्रत्यय स्वीकार्य है और यह शिव के चरम कृत्य अनुग्रह की भूमि है।[३१] इष्ट की प्राप्ति और अनिष्ट या विघ्न के परिहार के लिए ईश्वर-वन्दना या स्तुति के रूपक का यही दार्शनिक मन्तव्य है।

'प्रह्वता' भक्ति मार्ग का सार है। प्रह्वता के निरुक्तिमूलक स्वरूपविमर्शन के द्वारा **अभिनव** भक्ति के अन्य आयाम का उद्घाटन करते हैं। प्रह्वता की निरुक्ति है 'प्रह्व का भाव'। प्रह्व वह है जो प्रकर्ष अर्थात् अन्य के तिरस्कारपूर्वक शब्दन, अर्थात् मानो उसके गुणों में अनुप्रवेश करते समय स्पर्धा कर रहा हो इस भाव से तद्रूपता का परामर्शन, करता है।[३२] प्रह्वता कहें या उत्कर्षण-बुद्धि, परामर्शाकार होने के कारण मानस संवेदन में और सच पूछा जाए तो उसके भी सारभूत वाक्तत्त्व में उसकी विश्रान्ति होती है, जड़ शरीर में नहीं। इसलिए संवित् से अभिन्न जो मनोवागात्मक अंश है, उसी को अर्पित करते समय भक्त मानों परमेश्वर को सारा विश्व अर्पित कर देता है।[३३] आगमों में आत्म-निवेदन के उपदेश का यही तात्पर्य है।

---

[३०] अस्मत्पक्षे तु मनसा वाचा कायेन स्वात्मानं प्रह्वीकुर्वन् न्यग्भावयन् भगवन्तमुत्कर्षयति इति नमस्यतेरर्थः इति सर्वमुपपन्नम् यद्वक्ष्यति 'जयनमस्काराद्यभिधानेनापि ईश्वरस्योत्कर्षः ख्यापनीयः स्वात्मनश्च तत्प्रवणता' इति। – तदेव, पृ. ८

[३१] तदसौ विघ्नसंघातो. . . भगवतैव अनुग्रहात्मकचरमनिजकृत्यनिर्वाहणकारिणा विहन्तुं शक्यते इति प्रत्यगात्मनि शरीरादौ तद्रूपतातिरस्कारेण अवनतिरूपेण प्रथमसमये परमेश्वरस्वरूपोत्कर्षणपरामर्शात्मा समावेशः 'मुख्यत्वं कर्तृतायास्तु. . . . .।' (*ई.प्र.का.* ३.२.१२) इत्यादिवक्ष्यमाणलक्षणः स्वीकार्यः। तत्र हि सति विश्वमपि स्वात्मभूतम् अभिन्नस्वतन्त्रसंविन्परमार्थं भवतीति कः कस्य कुत्र विघ्नः। – तदेव, पृ. १८

[३२] प्रकर्षेणेति अन्यतिरस्कारेण ह्वयति शब्दयति ताद्रूप्यं परामृशति, तद्गुणानुप्रवेशस्पर्धावानिव इति प्रह्वः। – तदेव, पृ. १९

[३३] तथा हि प्रह्वता च उत्कर्षणं च तथा प्रकाशपरामर्शनरूपं मानसे संवेदने तत्साररूपे च वाक्तत्त्वे विश्रान्तम्, न तु जडे शरीरे। तेन मनोवागात्मकं यदविभक्तं संविच्छक्तेः, तदेव अर्पयता भक्तेन विश्वमर्पितं भगवति भवतीति। तदागमे '. . .स्वात्मानं च निवेदयेत्' इति कथितम्। – तदेव, पृ. २१-२२

अभिनव अपने स्तोत्र *लघ्वी प्रक्रिया* में स्वयं स्तोत्र के माध्यम से अपना निवेदन करते हैं।[३४] निवेदन का अभिप्राय, **अभिनव** की दृष्टि में है, अर्पण का निश्चित रूप से विद्यामय अर्थात् ज्ञानात्मक होना।[३५] निवेदन की इस नितान्त अपारम्परिक और शैवमतानुगत व्याख्या के द्वारा शैव भक्ति के एक नए आयाम का उद्घाटन करते हैं। शरीर, धन, द्रव्य, दारा आदि का अर्पण भी उस निश्चयात्मक ज्ञानरूपता से अविनाभूत है। पूजा, हवन, सर का झुकाना और साष्टाङ्ग प्रणिपात, ये सारी क्रियाएँ उस उत्कर्ष-परामर्श का ही अनुमान कराती हैं। अतः ये सब औपचारिक अर्थ में ही नमस्कार या प्रणति कही जाती हैं, मुख्य अर्थ में नहीं।[३६] मुख्यार्थ तो प्रणाम या निवेदन की ज्ञानरूपता या संविद्रूपता ही है। *बृहतीविमर्शिनी* के "भक्त्या" शब्द के व्याख्यानावसर का उपयोग भक्ति को "विद्यालक्षण" बताने में किया गया है। सत्य और पूर्ण आनन्द स्वरूप में निरन्तर समावेश की प्रबलता, जो स्वरूपतः विद्यामय है, भक्ति है। समावेश के बल से परमार्थतः परमेश्वर के अपने स्वरूप के प्रकाशित होने पर भ्रान्त और अपारमार्थिक प्रमात्रभिमान की असारता का बोध जाग उठता है। उससे उसी सत्य, पूर्ण आनन्दरूप परमेश्वर में समावेश की समरसतामयी उत्कटता का ज्ञानात्मक अखण्ड प्रवाह ही भक्ति है।[३७] *स्तवचिन्तामणि* में **भट्टनारायण** इसे निम्न श्लोक में प्रभावी ढंग से व्यक्त करते हैं–

> **नमस्ते भवसंभ्रान्तभ्रान्तिमुद्भाव्य भिन्दते।**
> **ज्ञानानन्दं च निर्द्वन्द्वं देवं वृत्वा विवृण्वते।।**[३८]

भक्ति परमेश्वर को लेकर बेसुध बेबसी भरा समावेश है। मोक्ष से इसका दुहरा सम्बन्ध है। मोक्ष इसका फल भी है और स्वरूप भी। इस समावेश से जो स्वात्म-प्रकाशन होता है, वही पुनर्व्युत्थान की आशंका न होने पर मोक्ष है।[३९] कारण यह है कि दृक्क्रियात्मक परिपूर्णता के

---

[३४] अनेन स्तोत्रयोगेन तवात्मानं निवेदये। – *ल.प्र. ४, अभिनवगुप्त के स्तोत्र.*, पृ. २७३ पर संगृहीत

[३५] निवेदयेदिति अर्पयेत् निश्चयेन विद्यामयं च कुर्यादित्यर्थः। – *ई.प्र.वि.वि.*, भा.१, पृ. २२

[३६] ततस्तु तन्नान्तरीयकत्वादेव शरीरधनदारादीनामपि तत्र अर्पणं जायते इति पूजनहवनशिरोविनमनाष्टांग-प्रणिपातनादि तदनुमानहेतुतया उपचारात्प्रणाम इति व्यवह्रियते, न मुख्यतया। – तदेव

[३७] तत्स्वरूपसमावेशबलात् हि तस्मिन् परमार्थतः स्वस्वरूपे भगवति प्रकाशमाने भ्रान्तापारमार्थिकाभिमान-तुच्छतावेदनोदयात् तत्रैव सत्ये पूर्णानन्दरूपे सततसमावेशप्राबल्यं विद्यालक्षणं भक्तिः। – तदेव, पृ. २४

[३८] *स्त.चि.* ७१।

[३९] . . . मोक्षलक्षणो य आस्वादः परिपूर्णो विश्वरूपतामयो दृक्क्रियात्मा विमर्शः, स एव प्रकृतो यत्र। . . . भक्त्या हि तत्परमेश्वरविषयवैवश्यसमावेशरूपया यः स्वात्मप्रकाशः, स एव अनाशङ्क्यमानपुनर्व्युत्थानतया मोक्षः। – *ई.प्र.वि.वि.*, भा.१, पृ. २४-२५

आस्वादन से व्युत्थान की आशंका समाप्त हो जाती है। इस स्थिति में मोक्ष भक्ति का फल है। परमेश्वर की भक्ति की विवशता से भरे समावेश का आस्वाद वही होता है जो मोक्ष का आस्वाद होता है, तब भक्ति मोक्ष है।[४०] **अभिनवगुप्त** का यह सैद्धान्तिक विवेचन **उत्पल** और **भट्टनारायण** के स्तोत्रों के मूल स्वर का अनुवाद करता है। **उत्पल** भक्ति की इन दोनों स्थितियों में विश्वास करते हैं।[४१] परन्तु विशेष महत्त्व की बात है शैव भक्तों और शैव दार्शनिकों का शैव भक्ति की इस विशेषता पर मतैक्य है कि भक्ति व्युत्थानदशा को भी अर्थात् हमारी दैनन्दिन जीवनानुभूतियों को भी समाधि के रस से सींच देती है। निहितार्थ है कि जीवन काल में भी भक्त भक्ति के आवेश के कारण समाधिस्थ रहता है। *स्तोत्रावली* के *भक्तिविलास* नामक पहले ही स्तोत्र में **उत्पल** इस तथ्य को रेखांकित करते हैं।[४२] **क्षेमराज** के अनुसार *स्तवचिन्तामणि* का मूल स्वर है, व्युत्थान दशा को भी पारमेश्वर समावेशमयी मानना। प्रथम श्लोक[४३] की अवतरणिका में **क्षेमराज** इसे **भट्टनारायण** का प्रवृत्तिनिमित्त मानते हैं।[४४] अड़तीसवें[४५] श्लोक की व्याख्या में वह अपने मत को दुहराते हैं। उनकी दृष्टि में दोनों स्थलों के मूल स्वर में अन्तर न होने पर भी पहला श्लोक जहाँ विकल्पात्मक चित्त के प्रशमन द्वारा परतत्त्व में प्रवेश की राह दिखाता है, वहाँ अड़तीसवाँ व्युत्थानदशा में समाधिरस की छलकन को रेखांकित करता है।[४६] यह बात खास तौर पर ध्यान देने योग्य है कि प्रत्यभिज्ञा सम्प्रदाय[४७]

---

[४०] मोक्षास्वादसविधस्य परमेश्वरभक्तिवैवश्यसमावेशस्य. . .। – तदेव, पृ. २५

[४१] (अ) त्वद्भक्तिरससंसिक्तं निःश्रेयसमहाफलम्। – *शि.स्तो.* १.२६

(आ) मुक्तिसंज्ञा विपक्वाया भक्तेरेव त्वयि प्रभो। – तदेव १६.१६.१६

[४२] प्रत्याहाराद्यसंस्पृष्टो विशेषोऽस्ति महानयम्।
योगिभ्यो भक्तिभाजां यत् व्युत्थानेऽपि समाहिताः।। – *शि.स्तो.* १.१७

[४३] सुगिरा चित्तहारिण्या पश्यन्त्या दृश्यमानया।
जयत्युल्लासितानन्दमहिमा परमेश्वरः।। – *स्त.चि.* १

[४४] इह स्तोत्रादौ स्तोत्रकारः सर्वोपनिषत्प्रदर्शितसत्संप्रदायोद्घाटनमुखं स्वात्मपरमार्थपरमेश्वरस्वरूपसमावेशं व्युत्थाने विम्रष्टुमाह। – *स्त.चि.वि.*, पृ. २

[४५] चिन्तयित्वापि कर्तव्यकोटीश्चित्तस्य चापलात्।
विश्राम्यन्भव भावत्कचित्तानन्दे रमे भृशम्।। – *स्त.चि.* ३८

[४६] प्रथमश्लोके विकल्पात्मकचित्तप्रशमनक्रमेणैव परतत्त्वप्रवेशोपायो य उक्तः, ततोऽयं सातिशय उपायो व्युत्थानमपि समाधिरसप्लुतमेव करोति इति भृशं रमे – इति उक्तेराशयः। केवलं तदुपायक्रमेण अयमुपायः प्ररोहमासादयति। – *स्त.चि.वि.*, पृ. ४७-४८

[४७] अत एव यथाभीष्टसमुल्लेखावभासनात्।
ज्ञानक्रिये स्फुटे एव सिद्धे सर्वस्य जीवतः।। – *ई.प्र.का.* १.६.११

और स्पन्द सम्प्रदाय[४८] अपने-अपने दार्शनिक अभिनिवेशों में इस मन्तव्य की पुष्टि करते हैं।

मोक्षरूपी भक्ति के मोक्षरूप फल के निरूपण का अर्थ यह नहीं लेना चाहिए कि भक्ति में फलानुसन्धि होती है। बल्कि, **अभिनव** के अनुसार, फलनिरूपण का प्रयोजन यह बताना है कि भक्ति के मूल में फलानुसन्धान का अभाव रहता है। वस्तुतः दृक्क्रियात्मक आस्वाद पा लेने पर भक्तजनों का मन विवश भाव से उस आवेश में जा पड़ता है। यही भक्ति है। जिन्होंने इस आस्वाद को नहीं चखा है उनमें भी उसकी प्राप्ति के प्रति आग्रह, प्रवृत्ति होना ही श्रद्धा है। इसीलिए भक्ति को श्रद्धा का फल बताया गया है।[४९] **अभिनव** यहाँ शिवाद्वयी भक्ति के एक अन्यतम पक्ष को और भी उजागर करते हैं। जैसा कि हम देख चुके हैं भक्ति को विद्यालक्षण कहकर भक्ति और ज्ञान के समीकरण पर साम्प्रदायिक आग्रह को प्रकट किया गया है। स्वात्माहंताचमत्कार ज्ञान का परम साध्य है, वही भक्ति की अन्तिम सीमा भी है। ज्ञान में बुद्धि द्वारा परमार्थ का आकलन होता है, भक्ति में श्रद्धा द्वारा। श्रद्धा के आसूत्रण द्वारा यह बताने का प्रयास किया गया है कि ज्ञान का परिपाक है श्रद्धा में और भक्ति के मूल में है यह श्रद्धा। इसीलिए ऐश्वर्यात्मक महेश्वरसमावेशरूपा भक्ति उत्कृष्ट भक्ति है, वह उस भक्ति से हटकर है जो फल को अङ्गी मानकर की जाती है।[५०] इसलिए मोक्षफला होने पर भी यहाँ फलानुसन्धि नहीं होती।

इसी निष्कर्ष पर **अभिनव** एक अन्य मार्ग से भी पहुँचते हैं। **गीताकार** ने भक्तों की चार कोटियाँ मानी हैं – (१) आर्त्त, (२) जिज्ञासु, (३) अर्थार्थी और (४) ज्ञानी।[५१] इन चारों का परमेश्वर के प्रति प्रह्वीभाव चार कारणों से हो सकता है। परमेश्वर को दुःख के दूर करने का कारण मानकर आर्त्त, सुख-सम्पत्ति का वह हेतु है यह जानकर अर्थार्थी या अभिलषितार्थी, दुःख या सुख इन दोनों का वह कारण है भी या नहीं – इस संशय अथवा परमेश्वर का यथार्थ रूप क्या है इस जिज्ञासा से जिज्ञासु, और तत्त्वज्ञान का वह एकमात्र विषय है यह

---

[४८] तेन शब्दार्थचिन्तासु न सावस्था न यः शिवः।
भोक्तैव भोग्यभावेन सदा सर्वत्र संस्थितः।। – *स्प.का.* २.४

[४९] फलनिरूपणद्वारेण फलाभिसन्धानाभाव उक्तः। तद्भावं तदास्वादलाभेन तदावेशवैवश्यं गतं मानसमेषामिति भक्तेः स्वरूपमुक्तम्। अलब्धतदास्वादस्यापितु तत्र प्राप्तिग्रहः श्रद्धेति। तदाहुः 'श्रद्धाफलं भक्तिरुक्ता तद्विना नासितुं घटः'। – *ई.प्र.वि.वि.,* १, पृ. २७

[५०] ऐश्वर्यमयी महेश्वरसमावेशरूपा या प्रकृष्टा भक्तिः फलाङ्गिभावभागिभवानीवल्लभभक्त्यन्तरविलक्षणा विवक्षिता। – तदेव, पृ. २८

[५१] चतुर्विधा भजन्ते मां जनाः सुकृतिनोऽर्जुन।
आर्तो जिज्ञासुरर्थार्थी ज्ञानी च भरतर्षभ।। – *गीता* ७.१६

जानकर ज्ञानी प्रवृत्त होता है।[५२] पहली तीन स्थितियों में अविच्छिन्न प्रकाशमान परमेश्वर का उपाधिपूर्वक भजन या उत्कर्ष-परामर्शन होता है और अन्तिम स्थिति में बिना किसी उपाधि के। इनमें से अन्तिम, ज्ञानी, को **गीताकार** नित्ययुक्त[५३] अर्थात् अखण्ड समावेश या भक्ति से युक्त मानते हैं,[५४] जबकि अन्य तीनों की भक्ति फलप्राप्ति में केन्द्रित होती है। इस प्रकार एकमात्र परमेश्वर में भक्ति वाला, पारमेश्वर आवेश से सम्पन्न भक्त प्रकृष्ट होता है। ज्ञानी की इस प्रकृष्टता का निहितार्थ है कि वह परमेश्वर का साक्षात् स्वरूप है। **अभिनव** अभिनिवेशपूर्वक कहते हैं कि जिसने मुझे अर्थात् परमेश्वर को पहचान लिया है वह ज्ञानी आत्मा है, परमेश्वर का स्वरूपभूत है न कि मैं अर्थात् परमेश्वर उसका स्वरूप हूँ।[५५] **उत्पल** अपनी *विवृत्ति* में ऐसे ही ज्ञानी को भक्त मानते हैं और **अभिनव** इसकी व्याख्या परिभाषा-वाक्य से समीकरण बनाते हुए करते हैं कि ज्ञानित्व ही भक्ति है।[५६] **स्तवचिन्तामणिकार** इसे काव्यमयी अभिव्यक्ति देते हैं – "जो तुम्हारी भक्तिदीपिका है, वही मेरी बोधदीपिका बने"।[५७]

ऊपर के विवेचन से एक बात स्पष्ट है कि शिवाद्वयवादी भक्ति का केन्द्रीय तत्त्व प्रह्वता है और यह प्रह्वता ही समावेश, जो अन्ततः भक्ति को परिभाषित करता है, का द्वार है। इस प्रह्वता के प्रत्यय के सूक्ष्म विश्लेषण से यहाँ पर अभिमत भक्ति की प्रकारता का निश्चय दास्य-भक्ति के रूप में सहज ही प्रतिफलित होता है। दास्य भाव ही यहाँ प्रधानरूप से भक्ति के अभिधेयतया अभिप्रेत है। जैसा कि हम आगे देखेंगे 'प्रधान रूप से' कहने का अर्थ है माधुर्य या शान्त भाव की प्रतिपत्ति केवल अवान्तर रूप में या सन्दर्भ-विशेष में हुई है। *ईश्वरप्रत्यभिज्ञाकारिका* की पहली कारिका, या कुछ सम्पादकों की दृष्टि में मंगलाचरण,[५८] में

---

[५२] *ई.प्र.वि.वि.*, १, पृ. २८।

[५३] तेषां ज्ञानी नित्ययुक्त एकभक्तिर्विशिष्यते। – *गीता* ७.१७

[५४] मय्यावेश्य मनो ये मां नित्ययुक्ता उपासते।
श्रद्धया परयोपेतास्ते मे युक्ततमा मताः।। – तदेव १२/२

[५५] '. . . ज्ञानी त्वात्मैव मे. . .' (*भ०गी०* ७.१८) इति। मम प्रत्यभिज्ञातपरमेश्वरात्मनो ज्ञानी आत्मा स्वभावः परमेश्वर इत्ययमर्थो भङ्ग्या उक्तः, न तु ज्ञानिनोऽहमात्मेति। – *ई.प्र.वि.वि,* १, पृ. २६

[५६] एतदेव स्फुटयति 'ज्ञानी हि भक्तः' इति। ज्ञानित्वमेव नाम भक्तिरिति यावत्। – तदेव

[५७] हृतोद्धततमस्तान्तिः प्लुष्टाशेषभवेन्धना।
त्वद्बोधदीपिका मेऽस्तु नाथ त्वद्भक्तिदीपिका।। – *स्त.चि.* ५८

[५८] कथंचिदासाद्य महेश्वरस्य दास्यं जनस्याप्युपकारमिच्छन्।
समस्तसंपत्समवाप्तिहेतुं तत्प्रत्यभिज्ञामुपपादयामि।। – *ई.प्र.का.* १.१.१ (मंगलश्लोक)

ईश्वरप्रत्यभिज्ञाकारिका का यह आदिश्लोक है। कुछ लोग इसे प्रथम कारिका मानते हैं और कुछ विद्वान् इसे मंगलश्लोक मानकर अग्रिम कारिका से गणना प्रारम्भ करते हैं।

उत्पल भक्ति की दास्यरूपता को बड़े समारम्भ से प्रस्तुत करते हैं और उसे प्रत्यभिज्ञा का पर्याय बना देते हैं। *शिवस्तोत्रावली* के *सुरसोद्बल* नामक स्तोत्र में **उत्पल** नित्यदासत्व प्राप्ति को एकमात्र लक्ष्य मानते हैं।[५९] **भट्टनारायण** *स्तवचिन्तामणि* में सदोदितदासत्व का संवादन करते हुए भगवदाधीन्य के दर्प से अपनी समग्र चेष्टाओं में, शब्दों में, अव्याहत आनन्द का अनुभव करते हैं।[६०] वस्तुतः महेश्वर की प्रभु, स्वामी, ईश्वर के रूप में दार्शनिक और भावनात्मक उभयथा जो परिकल्पना की गई है, भक्ति की दास्यरूपता उसी का यौक्तिक निःष्यन्द है। दास्य भाव के अभ्युपगम से चार बातों की सिद्धि की गई है। प्रथम दो तो प्रह्वता के प्रत्यय में निहित हैं, और दो नए अभ्युपगम हैं। आत्मविषयक नम्रीभाव और उसी के अविनाभूत परमेश्वर के उत्कर्ष का परामर्श, दास्य के ये दो अन्तर्निहित स्वाभाविक अर्थ हैं। नए अभ्युपगमों में पहला है, दास्य को **बृहतीकार** द्वारा प्रत्यभिज्ञा का महाफल मानना।[६१] प्रत्यभिज्ञा के सम्पूर्ण प्रतिपादन का यही रहस्य है।[६२] दूसरे शब्दों में प्रत्यभिज्ञान और दास्य में एकाकारता है।[६३] जब यह प्रत्यभिज्ञा साध्य कोटि में होती है, तब महेश्वर का दास्य प्राप्त कराती हुई निष्पन्न होती है। परन्तु यहाँ पर भी देखा जाए तो दास्य एक प्रकार से प्रत्यभिज्ञा का महाफल बना रहता है।[६४] और दूसरा है, दासत्व के द्वारा भक्त की महेश्वररूप स्वातन्त्र्य की पात्रता का अनुसन्धान।[६५] दूसरा बिन्दु प्रत्यभिज्ञा सम्प्रदाय में इस महाफल की पात्रता के लिए किसी अधिकारी का नियमन नहीं करता, बल्कि उसे सर्वजनसुलभ बना देता है। जिस किसी में अनवच्छिन्न प्रकाश- और आनन्द-रूप स्वातन्त्र्य-स्वभाव स्वरूप का उन्मेष होता है, जिसको आत्मन्यग्भावपूर्वक ईश्वर के उत्कर्ष का परामर्शन होता है, यह दास्य महाफल उसके लिए सुरक्षित है।[६६] **स्तवचिन्तामणिकार** भी प्रश्नमयी मुद्रा में यही बात उठाते हैं कि

---

[५९] प्रकटय निजमध्वानं स्थगयतरामखिललोकचरितानि।
यावद्भवामि भगवंस्तव सपदि सदोदितो दासः।। – *शि.स्तो.* ४.३

[६०] नाथ स्वप्नेऽपि यत्कुर्यां ब्रूयां वा साध्वसाधु वा।
त्वदधीनत्वदर्पेण सर्वत्रास्मि निर्वृतः।। – *स्त.चि.* १०३

[६१] *ई.प्र.वि.वि.*, भा.१, पृ. २१।

[६२] '. . . दास्यम् इत्यनेन तत्प्रत्यभिज्ञोपपादनस्य महाफलत्वम् आसूत्रयति। – *ई.प्र.वि.*, १, पृ. २९

[६३] तद्दुर्लभेश्वरदास्यासादनौपयिकाम् अनेन उपपद्यमानां . . . प्रत्यभिज्ञाम् . . .। – *ई.प्र.वि.वि.*, १, पृ. २४

[६४] परमेश्वरप्रसादात् महेश्वरदास्यप्रापणापूर्विका प्रत्यभिज्ञा . . .। – तदेव, पृ. २२

[६५] दीयतेऽस्मै स्वामिना सर्वमभिलषितम् इति दासः, तस्य भाव इत्यनेन परमेश्वररूपस्वातन्त्र्यपात्रता उक्ता। – *ई.प्र.वि.*, १, पृ. २९

[६६] अधिकारिविषयो नात्र कश्चिन्नियमः . . . यस्य यस्य हि इदं स्वरूपप्रथनं तस्य तस्य महाफलम्। – तदेव, पृ. २९-३०

सारी समष्टि में कीड़े से लेकर ब्रह्मपर्यन्त कौन ऐसा है जो इस उत्कर्षभावनात्मक कर्म द्वारा मुक्ति में अधिकृत नहीं होता।[६७] इससे **उत्पल** और **अभिनव** हमें भक्त या भक्ति की नई परिभाषा पर ले आते हैं, जहाँ भक्ति और दास्य का समीकरण होता हैः महेश्वर के दास्य का अर्थ है महेश्वर-प्रत्यभिज्ञानप्राणित भक्तत्व।[६८]

जहाँ अपने आरम्भिक मंगलश्लोक में **उत्पल** दास्य और लक्ष्मी के रूपक का आश्रय लेते हैं, वहीं **भट्टनारायण** भी अपने अन्तिम श्लोक में प्रकारान्तर से इसी रूपक का सहारा लेते हैं जब वह अपनी *स्तवचिन्तामणि* को "भक्तिलक्ष्म्यालय" कहकर प्रस्तुत करते हैं।[६९] दास्य को महाफल कहने का प्रयोजन है कि दास्य अर्थात् भक्ति सारी लक्ष्मियों या सम्पत्तियों का आश्रय है।[७०] इस अर्थ में दास्य और प्रत्यभिज्ञा की एकरूपता है, क्योंकि सभी सम्पत्तियों अर्थात् सिद्धियों (दोनों में विलक्षण निरुक्तिगत एकता है : सम्पत्ति = सम्+पद्+क्तिन् = सम्पादन, सिद्धि = साध् + क्तिन्) का उद्गम है प्रत्यभिज्ञा। और फिर महेश्वरसमावेशरूपी भक्ति हेतु-कोटि से निकलकर साध्य-कोटि में आकर स्वयं दास्य से एकरूप हो जाती है।[७१] साधन और साध्य के इस ऐक्यानुसन्धान से काश्मीर शिवाद्वयवाद में प्रसिद्ध और आगमों के द्वारा अत्यन्त समादृत सिद्धि या भुक्ति और मुक्ति के सामरस्य का सिद्धान्त अनायास ही उपपन्न हो जाता है।[७२] वस्तुतः माहेश्वर्य, पारमैश्वर्य या स्वातन्त्र्य की अर्थवत्ता इसी में उपपन्न होती है।[७३] *स्तोत्रावली* के *चर्वण* नामक स्तोत्र से अपने परम गुरु **उत्पल** का प्रसिद्ध श्लोक –

> **भक्तिलक्ष्मीसमृद्धानां किमन्यदुपयाचितम्।**
> **एनया व दरिद्राणां किमन्यदुपयाचितम्।।**[७४]

---

[६७] अहो महदिदं कर्म देव त्वद्भावनात्मकम्।
आब्रह्मक्रिमि यस्मिन्नो मुक्तयेऽधिक्रियेत कः।। – *स्त.चि.* ४८

[६८] इयता महेश्वरदास्यं महेश्वरप्रत्यभिज्ञानप्राणितं भक्तत्वमात्मनो जातम्। – *ई.प्र.वि.वि.,* १, पृ. २६

[६९] स्तवचिन्तामणिं भूरिमनोरथफलप्रदम्।
भक्तिलक्ष्म्यालयं शम्भोर्भट्टनारायणो व्यधात्।। – *स्त.चि.* १२०

[७०] महाफलपदेन टीकाकारः 'समस्तसम्पत्समवाप्तिहेतुम्' इति पदं प्रत्यभिज्ञाविशेषणमपि दास्यविशेषणमिति दर्शयति। – *ई.प्र.वि.वि.,* १, पृ. २१

[७१] ऐश्वर्यमयी महेश्वरसमावेशरूपा या प्रकृष्टा भक्तिः फलाङ्गिभावभागिभवानीवल्लभभक्त्यन्तरविलक्षणा विवक्षिता, सा लक्ष्मीशब्देन संपत्पदेन च समस्तेत्यस्य दास्यविशेषणतासूचनेन निर्दिष्टा। – तदेव, पृ. २८

[७२] ननु प्रकृष्टा भक्तिः फलाभिसन्धिवन्ध्या कथं समस्तेति विशेषणं विरुद्धं सहते इत्याशंक्याह. . . समस्तत्वमनवच्छिन्नत्वं संपदाम्। तच्च परमेश्वरावेशवशादेवेति न अत्र विरोधः। – तदेव

[७३] समस्तसंपल्लक्षणपारमैश्वर्यैकरूपप्रशनम् . . .। – *ई.प्र.वि.,* १, पृ. ४१-४२

[७४] *शि.स्तो.* २०.११।

उद्धृत करते हुए **अभिनव** अपने मन्तव्य को फिर से दुहराते हैं : परमेश्वरता-लाभ ही परम सम्पत्ति है और यही हमारी भक्तियात्रा का एकमात्र पाथेय है।[७५] **भट्टनारायण** भी भक्ति से छलकते हुए हृदय वाले जन को इसी शाम्भवी भूति के भोग के लिए उद्यत मानते हैं –

नमो नमः शिवायेति मन्त्रसामर्थ्यमाश्रिताः।
श्लाघ्यास्ते शाम्भवीं भूतिमुपभोक्तुं य उद्यताः।।[७६]

आगे चलकर **भट्टनारायण** परमेश्वर को अखण्ड अर्थसिद्धि की खान मानते हुए उनसे केवल उनकी भक्ति ही माँगते हैं,[७७] "क्योंकि जब कृत्रिम भक्ति भी अकृत्रिम फल देती है तो उनकी समावेशमयी निर्व्याज भक्ति क्या फल नहीं देगी, क्या कोई बता सकता है?"[७८] सुनते ही महाफल की परिकल्पना मन में वृक्ष या लता, पत्ते, फूल और फल का एक मानस बिम्ब उपस्थित करती है। प्रसंगतः यह बताना उचित होगा कि **भट्टनारायण** इस रूपक का भरपूर उपयोग करते हैं। भक्ति को कल्पतरु या कल्पपादप[७९] कहा गया है। इस रूपक का आश्रय लेते हुए वह पल्लव, कुसुम और फल के भेद से भक्ति के तीन तरह के निःष्यन्दों की चर्चा करते हैं। –

(१) अणिमादि सिद्धियाँ, सदाशिव स्तर के प्रमाताओं का ऐश्वर्य या शाम्भव प्रमाताओं का संसारक्षय ये सब भक्तिरूप कल्पतरु के पल्लव हैं;

(२) भक्ति का पारमेश्वरी शक्तिरूप होना फूल है (यही कारण है कि भक्ति पर पुष्पित शक्तिलता का रोपण किया गया है)[८०];

(३) भगवन्मयता ही फल है।[८१]

---

[७५] परमेश्वरतालाभे हि समस्ताः संपदः तन्निःष्यन्दमय्यः संपन्ना एव, रोहणलाभे रत्नसंपद इव। प्रमुषितस्वात्मपरमार्थस्य हि किम् अन्येन लब्धेन। – *ई.प्र.वि.*, १, पृ. ३३

[७६] *स्त.चि.* २०।

[७७] निःशेषप्रार्थनीयार्थसार्थसिद्धिनिधानतः।
त्वत्तस्त्वद्भक्तिमेवाप्तुं प्रार्थये नाथ सर्वथा। – *स्त.चि.* ६६

[७८] कृत्रिमापि भवद्भक्तिरकृत्रिमफलोदया।
निश्छद्मा चेद्भवेदेषा किंफलेति त्वयोच्यताम्। – तदेव, १०८

[७९] *स्त.चि.* ५५, १०६।

[८०] इति शक्तिलता यस्य पुष्पिता पात्वसौ भवः। – *स्त.चि.* ३४; देखिए **क्षेमराजः** यत्किंचित् महाविभूतियुक्तं, तत्सर्वं यस्य शक्तिः सामर्थ्यरूपा लता इव, पुष्पिता संजातपुष्पमात्रतया स्फुरिता न तु फलिता, सर्वस्य पुष्पकल्पस्य परमेश्वराभेदप्राप्तिरेव लोकोत्तरचमत्कारमयी फलम्। – *स्त.चि. वि.*, पृ. ४२

[८१] अणिमाद्यवाप्तिः . . . इत्येते त्वद्भक्तिकल्पवृक्षस्य पल्लवाः, न तु कुसुमानि फलानि वा, कुसुमं हि अस्य त्वच्छक्तिमयत्वं, फलं तु त्वन्मयतैव। – तदेव, प. ६५ (*स्त.चि.* ५५ पर वृत्ति)

अन्तिम अर्थात् भगवत्समावेश महाफल है और भक्ति भी उस महेश्वर से एकात्मतामयी होने के कारण परा सम्पत्ति या लक्ष्मी है।[८२]

स्तवचिन्तामणि में **भट्टनारायण** ने भक्ति के चार प्रतिफलों की कल्पना की है – (१) त्रैलोक्य के स्वामित्व की प्राप्ति,[८३] (२) सर्वक्लेश-प्रशम,[८४] (३) संसार-विषयक अख्याति का अपसारण,[८५] और (४) भगवदेकमयतापादन।[८६] इनमें से अन्तिम ही काष्ठाप्राप्त भक्ति का परम फल है। वस्तुतः यह पूर्णचमत्कार–फलास्वादमय भगवत्समावेशमय महाफल ही है।

रामानुज या श्रीवैष्णव दर्शन में कैङ्कर्य और प्रपत्ति के रूप में भक्ति के दो प्रकारों की कल्पना की गई है। परन्तु यहाँ दास्य मात्र कैङ्कर्य का पर्याय नहीं है, अपितु प्रपत्ति को भी अपने में समेट लेता है। इसी प्रकार दास्य माधुर्य का विरोधी नहीं है, अपितु जहाँ–जहाँ माधुर्य की छाया मिलती है वह इसी दास्य भाव का एक प्रकार से विस्तार है। काश्मीर शिवाद्वैत में माधुर्य शब्द का प्रयोग न मिलकर वाल्लभ्य का प्रयोग मिलता है। **स्तवचिन्तामणिकार** ने कई श्लोकों में शिव की वल्लभ, दयित आदि रूपों में भावना की है और उसी उत्कटता से प्रिय को पुकारा है।[८७] **उत्पल** भी अपनी *स्तोत्रावली* में बड़े अनुराग या राग के साथ शिव को पुकारते हैं।[८८] दास्य, वाल्लभ्य और समर्पण सभी अद्वैत के उपलक्षक हैं। दास्य में यद्यपि सभी अन्तर्भूत हैं, फिर भी विश्लेषण-बुद्धि से भक्ति के तीन सोपान कहे जा सकते हैं – 'दास्य' अपने को कमजोर बताता हुआ माहेश्वर्य का परामर्श करता है; 'वाल्लभ्य' अपनी अनुग्रहपात्रता बताता है; और 'समर्पण', 'आत्मनिवेदन' या 'प्रपत्ति' भेद-बुद्धि का विराट् में

---

[८२] . . . भगवत्समावेशलक्षणं महाफलं . . . यतो भक्तिरेव महेश्वरैकात्म्यमयत्वात् लक्ष्मीः परा संपत्।
– तदेव, पृ. १२६

[८३] नमस्त्रैलोक्यनाथाय तुभ्यं भव भवज्जुषाम्।
त्रिलोकीनाथतादाननिर्विनायकशक्तये।। – *स्त.चि.* १००

[८४] निःशेषक्लेशहानस्य हेतुः क इति संशये।
स्वामिन्सोऽसीति निश्चित्य कस्त्वां न शरणं गतः।। – तदेव १०१

[८५] भुक्त्वा भोगान्भवभ्रान्तिं हित्वा लप्स्ये परं पदम्।
इत्याशंसेह शोभेत शंभौ भक्तिमतः परम्।। – तदेव १०२

[८६] (अ) परमार्थफलं नाथ परिपूर्णं प्रयच्छसि।। – तदेव ६६
(आ) त्वदधीनत्वदर्पेण सर्वत्रात्रास्मि निर्वृतः।। – तदेव १०३

[८७] द्विष्मस्त्वां त्वां स्तुमस्तुभ्यं मन्त्रयामोऽम्बिकापते।
अतिवाल्लभ्यतः साधु विश्वङ्नो धृतवानसि।। – *स्त.चि.* ४; और भी देखिए, श्लो. ३६, ४७, ८७

[८८] त्वज्जुषां त्वयि कयापि लीलया राग एष परिपोषमागतः।
यद्वियोगभुवि सङ्कथा तथा संस्मृतिः फलति सङ्गमोत्सवम्।। – *शि.स्तो.* ४.१२

और विराट् के प्रति समर्पण है। शिवाद्वयवादी भक्ति के सम्बन्ध में यह याद रखना आवश्यक है कि भक्ति को अद्वया कहना आपाततः भक्ति के मूल स्वरूप के विरोध में जाना है। सामान्यतः सर्वत्र भक्ति भेद में अभेददर्शन करती है, परन्तु यहाँ उल्टा है – यहाँ अभेद में भेददर्शन है।[८९] वस्तुतः यहाँ ऐक्य वास्तविक है और भेद 'आभासरूप' है या आहार्य है। कोशों और अभिधानों में √ **भज्** धातु से क्तिन् प्रत्यय के योग से भक्ति की निरुक्ति की गई है। भज् विभेदनार्थक है, इसी से विभक्ति या विभाजन भी बनता है। अर्थात् भक्ति में व्युत्पत्तितः द्वैत का संस्पर्श स्वाभाविक है। पर भक्ति के अन्य अर्थों में भज् का अर्थ है सेवन, आराधन, अनुरञ्जन या तदेकताप्रधान चित्तवर्तन (वृत्ति)। यह भक्ति के रागात्मक या अनुरञ्जनात्मक पक्ष की ओर इंगित करता है। भज् के तीसरे अर्थ में भक्ति अभेदानुसन्धान को लक्षित करती है। इस प्रकार भक्ति के अर्थबोध में तीन सोपान हैं – (प्रथम) प्रमेय के स्तर पर भक्ति का अभिप्राय 'भेदात्मक' है; (द्वितीय) प्रमाता या भक्त के स्तर पर भक्ति का स्वरूप 'रागात्मक' है; और (तृतीय) प्रमिति या बोध के स्तर पर यह 'अनुसन्धानात्मक' है, जो वस्तुस्थित्या स्वरूपानुसन्धान में पर्यवसित होता है। यह स्वरूपानुसन्धि ही दास्य है और रागात्मकता माधुर्य है। इसलिए अद्वयभक्ति के रूप-विकास की ही ये भिन्न स्थितियाँ हैं, जो दास्य भाव में पर्यन्ततः पर्यवसित होती हैं।

ऊपर अपने अध्ययन-प्रसंग में हमने देखा था कि पराद्वय भक्ति की अवधारणा के प्रतिपादनार्थ काश्मीर शैव दर्शन में दो पद्धतियों – दार्शनिक और आगमिक – का आश्रय लिया गया है। दार्शनिक पद्धति के कुछ मन्तव्यों पर दृष्टि डालने के बाद हम आगमिक पद्धति पर आते हैं। दर्शन होने के साथ-साथ अपने उत्स में आगमिक होने के कारण इसे काश्मीरी शैवदर्शन की अन्वर्थ प्रवृत्ति मानी जानी चाहिए।

आगम की अद्वयवादी परम्परा में शिव के निरपेक्ष शक्तिपात को भक्ति कहा गया है। जो किसी फल की आकांक्षा से प्रवृत्त नहीं हुए हैं अर्थात् जो केवल स्वरूपानुसन्धान के लिए प्रवृत्त हुए हैं उनमें शक्तिपात निरपेक्ष या निर्हेतुक होता है, और जिनकी भक्ति किसी फल के लिए है उनमें शक्तिपात कर्मादिसापेक्ष होता है।[९०] अतः फलार्थ भक्ति में कर्मवैचित्र्य के अनुसार फलभेद होता है, जबकि मोक्षार्थी की भक्ति निरपेक्षशक्तिपात-हेतुक होने के कारण एकरस होती है, उसमें भेद नहीं होता। **विद्यापति** की *प्रमाणस्तुति* में इसे बड़ी सशक्त अभिव्यक्ति मिली

---

[८९] *कल्याण* (*शिवाङ्क*) में अपने लेख "काश्मीरीय शैवदर्शन की कुछ विशेषताएं", जो बाद में *भारतीय संस्कृति और साधना* में "काश्मीरीय शैव दर्शन" के नाम से छपा, में **गोपीनाथ कविराज** ने इस दिशा में सबसे पहले संकेतन किया था।

[९०] अनपेक्ष्य शिवे भक्तिः शक्तिपातोऽफलार्थिनाम्।
या फलार्थितया भक्तिः सा कर्माद्यमपेक्षते।। – *तं.* १३.११८

है।[६१] निरपेक्ष शक्तिपात को परशक्तिपात और सापेक्ष शक्तिपात को अपर शक्तिपात कहा गया है।[६२] शक्तिपात के तीव्र, मध्य, मन्द नामक तीन प्रकारों में प्रत्येक के तीव्र-मध्य-मन्द भेद से जो नौ विभाग किए गए हैं, उनमें से प्रथम दो – तीव्रतीव्र और मध्यतीव्र – का सम्बन्ध निरपेक्ष शक्तिपात से है।[६३] दोनों में अन्तर केवल इतना है कि तीव्रतीव्र शक्तिपात विदेहमुक्ति का कारण है और मध्यतीव्र जीवन्मुक्ति का। इस मध्यतीव्र शक्तिपात से होने वाले चिह्नों में भक्ति प्रथम है।[६४]

मध्यतीव्र शक्तिपात से, बिना शास्त्र या गुरु की अपेक्षा से, होने वाला 'प्रातिभ महाज्ञान' या तन्त्रों की दूसरी शब्दावली में विख्यात 'सत्तर्क' वस्तुतः इस भक्ति से एक रूप है। यह बात ध्यान देने की है कि सत्तर्क का एक नाम 'भावना' है, जो कभी भक्ति के लिए तो कभी उसकी अपर विधा के लिए प्रयुक्त होता है। प्रातिभ ज्ञान की पराकाष्ठा को प्राप्त गुरु सांसिद्धिक कहलाता है।[६५] इसकी दीक्षा नहीं होती और माना जाता है संविद्देवी स्वयं इसे दीक्षा देती हैं।[६६] यह बात इसलिए महत्त्वपूर्ण है कि ज्ञान और क्रिया अर्थात् योग में गुरु की दीक्षा अनिवार्य है, जबकि भक्ति में स्वात्म-दीक्षा होती है। *योगसूत्र*[६७] में वर्णित प्रातिभ ज्ञान इसकी निकटतम अवधारणा कही जा सकती है।[६८] इसे सांसिद्धिक विज्ञान कहा गया है।[६९] प्रतिभा

---

[६१] धर्माधर्मव्याप्तिविनाशान्तरकाले शक्तेः पातो गाहनिकैर्यः प्रतिपन्नः।
तं स्वेच्छातः संगिरमाणाः स्तवकाद्याः स्वातन्त्र्यं तत्त्वय्यनपेक्षं कथयेयुः।। – *तं.* १३.१२८ के अन्तर्गत **अभिनवगुप्त** इसे **विद्यागुरु** या **विद्याधिपति** के *प्रमाणस्तुतिदर्शन* से उद्धृत करते हैं। *हरविजय* महाकाव्य की पुष्पिकाओं के प्रमाण से एक महीन सी सम्भावना बनती है कि कहीं यह स्तोत्र 'विद्याधिपति' के विरुद से यशोप्राप्त **रत्नाकर** की कृति तो नहीं है?

[६२] प्रकाशः परमः शक्तिपातोऽवच्छेदवर्जितः।
तथाविधोऽपि भोगांशावच्छेदेनोपलक्षितः।।
अपरः शक्तिपातोऽसौ पर्यन्ते शिवताप्रदः। – *तं.* १३.२५५-५६

[६३] मध्यतीव्रात्पुनः सर्वमज्ञानं विनिवर्तते।।
स्वयमेव यतो वेत्ति बन्धमोक्षतयात्मताम्।
तत्प्रातिभं महाज्ञानं शास्त्राचार्यानपेक्षि यत्।। – तदेव १३.१३१$_{ब}$-१३२

[६४] तत्रैतत्प्रथमं चिह्नं रुद्रे भक्तिः सुनिश्चला। – *मा.वि.तं.* २.१४

[६५] स तावत्कस्यचित्तर्कः स्वयमेव प्रवर्तते।।
स च सांसिद्धिकः शास्त्रे प्रोक्तः स्वप्रत्ययात्मकः। – *तं.* ४.४०$_{ब}$-४१$_{अ}$

[६६] देवीभिर्दीक्षितस्तेन सभक्तिः शिवशासने। – तदेव १३.१४२

[६७] प्रातिभाद्वा सर्वम्। – *यो.सू.* ३.३३

[६८] इत्थं प्रातिभविज्ञानं किं किं कस्य न साधयेत्।
यत्प्रातिभाद्वा सर्वं चेत्यूचे शेषमहामुनिः। – तदेव १३.१४५-४६

[६९] सांसिद्धिकं यद्विज्ञानं तच्चिन्तारत्नमुच्यते।। – *तं.* १३.१५०

से सब कामनाओं को दुहा जा सकता है। **अभिनव** इसे उपाय-चतुष्टय में अनुपाय से जोड़ते हैं[१००] और परशक्तिपात से इसे सम्बद्ध करते हैं।[१०१-१०२] *तन्त्रालोक* के तेरहवें आह्निक में इस पर सविस्तर गम्भीर विचार किया गया है। हमारे लिए यहाँ इतना ही जानना आवश्यक होगा कि *किरणागम* में ज्ञान की प्रवृत्ति तीन स्रोतों से बताई गई है – गुरुतः, शास्त्रतः और स्वतः। यह स्वप्रत्ययात्मक ज्ञान ही वस्तुतः परशक्तिपात से उन्मिषित होता है। यह बात *निशाटनतन्त्र* के प्रमाण[१०३] से भी बताई गई है और *मालिनीविजय* के भी।[१०४] *मालिनीविजयोत्तर तन्त्र,* जो त्रिक का आदि प्रमाणभूत आगम है, में शान्ता शक्ति अनुग्रह शक्ति की वाचक है और उसके दार्ढ्य से, जो तीव्रतीव्र शक्तिपात का प्रतीक है, अणु का तत्क्षण शिवीभाव हो जाता है।[१०५] और महातीव्र शक्तिपात से पुरुष के अपूर्णख्याति-रूप बोध के निवृत्त हो जाने पर पूर्णज्ञानक्रिया-स्वरूप प्रकाशित हो उठता है। ऐसे रुद्रशक्ति-समाविष्ट पुरुष में रुद्र की निश्चल भक्ति शक्तिपात के पहले चिह्न के रूप में प्रकट होती है।[१०६] *मालिनीविजय* में गिनाए गए इन

---

[१००] प्रतिभा परमेवैषा सर्वकामदुघा यतः।।
उपाययोगक्रमतो निरुपायमथाक्रमम्। – तदेव १३.१५६-५७

[१०१] यदा प्रतिभया युक्तस्तदा मुक्तश्च मोचयेत्।।
परशक्तिनिपातेन . . . .।। – तदेव १३.१६६-६७

[१०२] तत्पातावेशतो मुक्तः शिव एव भवार्णवात्। – तदेव १३.१८७

[१०३] श्रीमन्निशाटने चात्मगुरुशास्त्रवशात्त्रिधा।
ज्ञानं मुख्यं स्वोपलब्धि विकल्पार्णवतारणम्।। – तदेव, १३.१६७

इस पर **जयरथ** द्वारा उद्धृत मूल *निशाटन तन्त्र* का यह श्लोक ध्यातव्य है:

बोद्धव्यं लयभेदेन यथाप्रत्ययमात्मनि
विकल्पक्षीणचित्तस्तु परमाद्वैतभावितः।।
मुच्यते नात्र सन्देह इति सत्यं ब्रवीमि ते। – *तं.वि.,* ५, पृ. २३२७

[१०४] एनमेवार्थमन्तःस्थं गृहीत्वा मालिनीमते।
एवमस्यात्मनः काले कस्मिंश्चिद्योग्यतावशात्।।
शैवी संबध्यते शक्तिः शान्ता मुक्तिफलप्रदा। – *तं.* १३.१९९-२००

[१०५] तया शान्त्या तु संबद्धः स्थितः शक्तिस्वरूपभाक्।
त्यक्ताणुभावो भवति शिवस्तच्छक्तिदार्ढ्यतः।। – तदेव १३.२०९;
समस्तव्यवहारेषु पराचीनितचेतनः।
तीव्रतीव्रमहाशक्तिसमाविष्टः स सिध्यति। – तदेव १३.२११

[१०६] ग्रन्थान्तरं मध्यतीव्रशक्तिपातांशसूचकम्। . . .
रुद्रशक्तिसमाविष्ट इत्यनेनास्य वर्ण्यते।
चिह्नवर्गो य उक्तोऽत्र रुद्रे भक्तिः सुनिश्चला।। – तदेव १३.२१२-१४

चिह्नों में भक्ति का सम्बन्ध मुक्ति से और मन्त्रसिद्धि, सर्वतत्त्ववशित्व आदि का सम्बन्ध भुक्ति से है। इस प्रकार यह शक्तिपात भुक्तिमुक्तिसामरस्यमयी सिद्धि का कारण बनता है। भक्ति की पराकाष्ठा ही मोक्ष है।[१०७] जैसा कि हम ऊपर देख चुके हैं, अवान्तर भेदों का आकलन करते हुए इन नौ शक्तिपातों को दो कोटियों में बाँटा जा सकता है – पर शक्तिपात, जो परिपूर्ण चिदात्मा के अविच्छिन्न प्रकाश का प्रतीक है और अपर शक्तिपात, जिसमें भुक्ति, भोग या सिद्धियों का अंशावच्छेद रहता है तथा जो क्रम से अन्ततः शिवतादायी होता है।[१०८]

शिवरश्मि का स्पर्श ही शक्तिपात है। यही परमेश्वर की अनुग्रह शक्ति का अनुग्राहक कृत्य है, अर्थात् शिव की इच्छा के अतिरिक्त अन्य किसी की उपायता का यहाँ अभाव है। **अभिनव** अपनी *ईश्वरप्रत्यभिज्ञाविमर्शिनी* का प्रारम्भ इसी स्थापना से करते हैं कि जिन पर परमेश्वर का दृढ शक्तिपात हो चुका है, उनका परमशिवीभाव तो सर्वदा है।[१०९] अर्थात् उनकी भक्ति सदोदित है, यहाँ किसी प्रकार का पुरुष का प्रयास अकिञ्चित्कर है। स्तुति, नमस्कार आदि का केवल इतना औचित्य है कि जिनमें शक्तिपात धूमिल या मन्द है, उन्हें भी परमेश्वर के उत्कर्ष का परिचय कराते हुए उनके स्वाभाविक परमेश्वर-तादात्म्य को जगाया जा सके। भगवान् के आत्मप्रथारूप शुद्ध निरर्गल स्वरूप का प्रकाशन इस अनुग्रह कृत्य के कारण ही सम्भव होता है जो कि परमार्थ मोक्ष का, जीवन के चरम मूल्य का, एकमात्र कारण है।[११०] *स्तवचिन्तामणि* में सर्वानुग्राहिका शाङ्करी शक्ति को ही **भट्टनारायण** अपना एकमात्र सहारा मानते हैं।[१११] अनुग्रह कृत्य का प्रसार दूर तक है। जितने भी उपाय या भक्ति साधन हैं – चाहे वह भक्ति-योग हो, चाहे कर्म-योग, चाहे ज्ञान-योग हो और चाहे उपदेश, मन्त्र या दीक्षा – ये सब उसी अनुग्रह कृत्य की ही विभिन्न भंगिमाएँ हैं।

इस अनुग्रह के लिए जनजीवन में प्रसिद्ध 'प्रसाद' शब्द को आगमिक परम्परा ने बड़ी श्रद्धा से आदर दिया है। लोक और जनजीवन की उपजीव्यता को स्पष्ट करते हुए **अभिनव**

---

[१०७] तथा हि 'भक्तिरेव परां काष्ठां प्राप्ता मोक्षोऽभिधीयते' इत्याद्युक्त्या भक्त्यादीनां मुक्तौ, मन्त्रसिद्ध्यादीनां च भुक्तौ प्राधान्यमन्यत्र चानुषङ्ग इति। – *तं.वि.*, ५, पृ. २३३७

[१०८] *तं.* १३.२५४-५६।

[१०९] यद्यपि आयातदृढेश्वरशक्तिपातस्य स्वयमेवेयमियती परमशिवभूमिरभ्येति हृदयगोचरम्, न तु अत्र स्वात्मीयः पुरुषकारः कोऽपि निर्वहति . . . तथापि तदेव तथाविधं रूपं प्रख्योपाख्याक्रमेण स्वात्मपरावभासविषयभावजिगमिषया निःशेषोत्कर्षविशेषाभिधायिजयत्यादिशब्दानुवेधेन परामर्शनीयम्।– *ई.प्र.वि.*, १, पृ. २०-२२

[११०] एष च अनुग्रहलक्षणोऽन्त्यः पञ्चमः पारमेश्वरः कृत्यविशेषः परपुरुषार्थप्रापकः, तन्निबन्धनत्वात् परमार्थमोक्षस्य। – तदेव, पृ. २५-२६

[१११] किमशक्तः करोमीति सर्वत्रानध्यवस्यतः।
सर्वानुग्राहिका शक्तिः शाङ्करी शरणं मम। – *स्त.चि.* ५२

मानते हैं कि पुराणों में भी भक्ति की उत्पत्ति भगवत्प्रसाद से मानी गई है।[११२] **भट्टनारायण** ने इस प्रसाद की महिमा बखानते हुए बार-बार परमेश्वर से उनका प्रसाद, उनकी प्रसन्नता, माँगी है।[११३] **उत्पल** तो बड़े ही आर्द्र स्वरों में अपने *अलौकिकोद्वलन* नामक स्तोत्र का प्रारम्भ ही इस उपालम्भ के साथ करते हैं कि जो तुम्हारे पास थोड़ी सी प्रसन्नता है और मेरे पास जो थोड़ी सी भक्ति आ पाई है, उनका मेल कब होगा अर्थात् ऐसा कब होगा कि जब आप निरन्तर अनुग्रह करते रहेंगे और मैं भक्ति।[११४] इस प्रसाद की अवधारणा द्वारा आगमविदों ने यहाँ अनुग्रह-विचार को एक नया आयाम दिया है, जिसकी अनुगूँज हमें सौन्दर्यशास्त्रीय चिन्तन तक सुनाई पड़ती है। प्रसाद है शिव का नैर्मल्य[११५] (यह शब्द भी लोकजीवन से आ रहा है), निर्मलीभाव या मलाभाव अर्थात् शिव की वह भगवद्रूपता जहाँ शिव अपनी सम्पूर्णता में प्रकाशित हो रहा है।[११६] इस निर्मलता के दो पक्ष हैं – साध्य पक्ष और प्रक्रिया पक्ष। साध्य पक्ष में इसके दो अर्थ हैं, एक है निरपेक्ष शक्तिपात और दूसरा है प्रकाशविमर्शमय रूप में अभ्युपगत परमशिव का अखण्ड प्रकाश पक्ष। महीन विवेचना में अन्ततः निरपेक्ष शक्तिपात, अनुग्रह शक्तिरूपता और परमेश्वर की पूर्ण प्रकाशमयता परस्पर परिवर्तनीय प्रत्यय सिद्ध होते हैं। **उत्पल** के *संग्रहस्तोत्र* में इसे अत्यन्त भावतरल अभिव्यक्ति मिली है : भगवन् अब अपने को प्रकाशित करने में क्यों विलम्ब कर रहे हो, मेरी योग्यता का विचार आपको शक्तिपात करते समय करना चाहिए था।[११७] **अभिनव उत्पल** की इस उक्ति को सिद्धान्त वाक्य की तरह लेते हैं।[११८] *बृहतीविमर्शिनी* के मंगलश्लोक में[११९] **उत्पलदेव** अखण्ड, अनाच्छादित

---

[११२] पुराणेऽपि च तस्यैव प्रसादाद्भक्तिरिष्यते।
यया यान्ति परां सिद्धिं तद्भावगतमानसाः।। – *तं.* १३.२८५

[११३] *स्त.चि.* २४, ४१, ५७, ६५, ८८, ११७, ११८।

[११४] यः प्रसादलव ईश्वरस्थितो या च भक्तिरिव मामुपेयुषी।
तौ परस्परसमन्वितौ कदा तादृशे वपुषि रुढिमेष्यतः।। – *शि.स्तो.* ८.१

[११५] सर्वथा नैर्मल्यात्मा प्रसादो भगवद्रूपता, तादात्म्यं मोक्ष एव। – *ई.प्र.वि.वि.*, १, पृ. २५-२६

[११६] प्रसादो निर्मलीभावस्तेन संपूर्णरूपता।
आत्मना तेन हि शिवः स्वयं पूर्णः प्रकाशते।। – *तं.* १३.२८६-८७

[११७] *शि.स्तो.* १३/११।

[११८] श्रीमानुत्पलदेवश्चाप्यस्माकं परमो गुरुः।
शक्तिपातसमये विचारणं प्राप्तमीश न करोषि कर्हिचित्।।
अद्य मां प्रति किमागतं यतः स्वप्रकाशनविधौ विलम्बसे।
कर्हिचित्प्राप्तशब्दाभ्यामनपेक्षित्वमूचिवान्।। – *तं.* १३.२९०-९१

[११९] स्वेच्छावभासिताशेषलोकयात्रात्मने नमः।
शिवाय शश्वदच्छन्नस्वच्छस्वच्छन्दवृत्तये।। – *ई.प्र.वि.वि.*, १, पृ. ३ पर उद्धृत

स्वच्छवृत्ति वाले शिव को प्रणाम करते हैं। स्वच्छवृत्ति है प्रकाशाकार-वर्तन और स्वच्छन्दवृत्ति का अर्थ है विमर्शाकार-वर्तन। अपनी *प्रत्यभिज्ञाकारिकाओं* में शिव के कर्तृत्व के आन्तरिक और बाह्य रूपों का इसी उभयरूपता[१२०] और इसी शब्दावली से उपस्थापन करते हुए वह परमेश्वर की समग्र कर्तृता को प्रतिष्ठापित करते हैं।[१२१] प्रक्रिया पक्ष में यह मल का अपहस्तन अर्थात् मन से मल के अपसारण की प्रक्रिया है।[१२२] ज्ञानमीमांसा के क्षेत्र में जहाँ यह प्रमाण की प्रत्यभिज्ञावादी परिभाषा बनती है, भाव या मानस वृत्ति के पक्ष में यह चित्त के प्रसन्नीकरण, उदात्तीकरण या विशदीकरण का पथ प्रशस्त करती है। चित्त या अहंभाव के उदात्तीकरण का अर्थ है, अस्वच्छता से या सीमित स्वच्छता से सम्पूर्ण स्वच्छता की ओर प्रसरण। **अभिनव** अपने एक अनाम स्तोत्र में कहते हैं कि भक्ति का आवेश मन को विशदतर बना देता है जिससे भगवन्मयता क्षण भर में ही घर कर लेती है।[१२३] प्रसादन की यह प्रक्रिया भी उभयपक्षीय है। परमशिव के प्रसाद, अनुग्रह, से परम भक्ति का उदय होता है। और भक्त के मनःप्रसादन से परमेश्वर के प्रसाद की प्राप्ति होती है। **भट्टनारायण** मन के इस निर्मलीकरण में भक्ति को परम उपादान मानते हैं।[१२४] उनका निश्चित मत है मन का प्रसाद अर्थात् नैर्मल्य ही भगवान् का अधिष्ठान है और वही पार्यन्तिक सिद्धि भी है।[१२५]

उपर्युक्त विवेचन से एक बात उभरकर आती है कि मूलतः भक्ति के दो भेद हैं : (१) परा भक्ति और (२) अपरा भक्ति। परा भक्ति साध्य कोटि में आती है अर्थात् परशक्तिपात ही इसका एकमात्र लक्षण है। परमेश्वर की अनुग्रह शक्ति या अविच्छिन्न पारमैश्वर्य से एकाकार यह चरम समावेशावस्था है। *विज्ञानभैरव* में इसे स्पष्ट ही शाङ्करी शक्ति कहा गया है।[१२६] इसमें पूजा,

---

[१२०] एवमेका क्रिया सैषा सक्रमान्तर्बहिः स्थितिः।
एकस्यैवोभयाकारसहिष्णोरुपपादिता।। – *ई.प्र.का.* २.४.५

[१२१] स चैक आश्रयः संविद्रूपत्वेन स्वच्छत्वस्वतन्त्रत्वाभ्याम् उभयमप्यन्तर्बहीरूपं सहते इति। – *ई.प्र.वि.*, २, पृ. १६०

[१२२] मोहापसारणमात्रमेतत्, व्यवहारसाधनानां प्रमाणानां तावत्येव विश्रान्तेः। – तदेव, १, पृ. ५६

[१२३] भवद्भक्त्यावेशाद्विशदतरसंजातमनसाम्।
क्षणेनैषावस्था स्फुटमधिवसत्येव हृदयम्। – *अनाम स्तोत्र* ७, *अभिनवगुप्त के स्तोत्र*, पृ. २६७ पर संगृहीत

[१२४] मायामयमलान्धस्य दिव्यस्य ज्ञानचक्षुषः।
निर्मलीकरणे नाथ त्वद्भक्तिः परमाञ्जनम्।। – *स्त.चि.* ८८

[१२५] निश्चयः पुनरेषोऽत्र त्वदधिष्ठानमेव हि।
प्रसादः मनसः स्वामिन् सा सिद्धिस्तत्परं पदम्।। – तदेव ११८

[१२६] भक्त्युद्रेकाद्विरक्तस्य यादृशी जायते मतिः।
सा शक्तिः शाङ्करी नित्यं भावयेत् तां ततः शिवः।। – *वि.भै.*(द्विवेदी) ११८

पूजक और पूज्य की त्रिपुटी का लय हो जाता है। **अभिनवगुप्त** अपनी *अनुत्तराष्टिका* में "पूजापूजकपूज्यभेदसरणिः केयं कथानुत्तरे"[१२७] कहकर इसी दशा का संकेतन करते हैं। यहाँ भगवान् और भक्त में पारस्पर्य है। भक्त भगवान् हो जाता है और भगवान् भक्त, और दोनों ही एक-दूसरे के प्रणम्य हो उठते हैं।[१२८] यह घोर अद्वैत की स्थिति है, **अभिनव** इसे परा पूजा कहते हैं।[१२९] इस अद्वैतमय पारस्पर्य को **उत्पल** अपने *भक्तिविलास स्तोत्र* में बड़ी प्रखरता से मुखर करते हैं।[१३०] घोर अद्वयावस्था का भक्त और भगवान् का यही पारस्पर्य भक्त और उसके अनुभवगोचर विषय-जगत् के बीच भी उसी प्रकार अक्षुण्ण रहता है। बहिर्जगत् का प्रत्येक वैषयिक अनुभव मानों भगवान् का अर्चन-महोत्सव है। इन्द्रिय रूपी मुखों से, लबालब भरे पदार्थों में, भगवत्-परामर्श रूपी मदिरा का पान कर भक्त उन्मत्त हो उठता है : अपने *संग्रहस्तोत्र* में उत्पल भाव-भीनी वाणी में यह बोल उठते हैं।[१३१] इस प्रकार की भक्ति के लिए प्रयुक्त पूजा शब्द केवल उपचारतः है। 'परा पूजा' के अतिरिक्त प्रयुक्त किए जाने वाले शब्द हैं, अकृत्रिम उपासना, आन्तरिक या स्वात्मपूजन और निरुपचारा उपासना। *विज्ञानभैरव* के अत्यन्त प्रसिद्ध और भूरिशः उद्धृत श्लोक में पुष्प आदि से की जाने वाली पूजा को पूजा ही नहीं माना गया है। वास्तविक पूजा तो निर्विकल्पावस्था में सादर लीन हो जाना है।[१३२] **उत्पल** के लिए आन्तर पूजा में भक्त, शिव और तिनके में अन्तर नहीं रहता।[१३३] **उत्पल** वस्तुतः ध्यान, प्रयत्न आदि के परित्याग को ही वास्तविक पूजा विधि

---

[१२७] *अनु.* २, *अभिनवगुप्त.,* परिशिष्ट 'सी', पृ. ६४३।

[१२८] भवद्भक्तस्य संजातभवद्रूपस्य मेऽधुना।
त्वामात्मरूपं संप्रेक्ष्य तुभ्यं मह्यं नमो नमः।। – *महोपदेशविंशतिकम्, अभिनवगुप्त.,* परिशिष्ट सी, श्लोक सं. ४

[१२९] एवमेव परा पूजा सर्वावस्थासु सर्वदा।
ऐक्यबुद्ध्या तु सर्वेशे मनो देवे नियोजयेत्।। – तदेव २०

[१३०] शिवो भूत्वा यजेतेति भक्तो भूत्वेति कथ्यते।
त्वमेव हि वपुः सारं भक्तैरद्वयशोधितम्।। – *शि.स्तो.* १.१४

[१३१] यद्यथास्थितपदार्थदर्शनं युष्मदर्चनमहोत्सवश्च यः।
युग्ममेतदितरेतराश्रयं भक्तिशालिषु सदा विजृम्भते।।

तत्तदिन्द्रियमुखेन सन्ततं युष्मदर्चनरसायनासवम्।
सर्वभावचषकेषु पूरितेष्वापिबन्नपि भवेयमुन्मदः।। – तदेव १३.७-८

[१३२] पूजा नाम न पुष्पाद्यैर्या मतिः क्रियते दृढा।
निर्विकल्पे महाव्योम्नि सा पूजा ह्यादराल्लयः।। – *वि.भै.* १४७

[१३३] अन्तर्भक्तिचमत्कारचर्वणामीलितेक्षणः।
नमो मह्यं शिवायेति पूजयन्स्यां तृणान्यपि।। – *शि.स्तो.* ५.१५

मानते हैं।[१३४] और *विज्ञानभैरव* यहाँ पूजन की सम्भावना पर ही प्रश्नचिह्न लगा देता है।[१३५] **महेश्वरानन्द** अपने *महार्थमञ्जरी-परिमल* में **क्षेमेन्द्र** के *गीतानिःष्यन्द* से एक श्लोक उद्धृत करते हैं, जिसमें समस्त भाव पदार्थों का एकीभावापादन ही पूजन बताया गया है न कि परम व्यापक परमात्मा के पैरों पर गिरना।[१३६] **स्तवचिन्तामणिकार** इसे परा कोटि[१३७] की संज्ञा देते हैं और अकृत्रिम कहकर भी संकेतित करते हैं।[१३८] दार्शनिक शब्दावली में इस साध्य भक्ति को माहेश्वर प्रत्यभिज्ञा की स्थिति से समीकृत किया जा सकता है।

भक्ति की दूसरी कोटि है अपरा भक्ति। यह साधनभूता अवस्था है और अपर शक्तिपात का क्षेत्र है। साधना की प्रारम्भावस्था से लेकर साधना की परिपक्वावस्था तक अपर शक्तिपात के तरतमभाव के अनुरूप यहाँ भी साधनभूता भक्ति के तमाम सोपान और विविध विधाएँ हो सकती हैं। यहाँ दीक्षादि का उपायरूपतया उपयोग सम्भव है। परिभाषातः यह कृत्रिम, बाह्य या सोपचारा उपासना-पद्धति की भूमि है। परन्तु साधनभूत भक्ति की परिपक्वावस्था में आकर यह भी स्पृहणीय बन जाती है।[१३९] इसलिए कई बार स्वात्मपूजन आदि स्थितियों को भी इसकी काष्ठाभूमि में रख लिया जाता है या शुद्धविकल्प का भावन या अनुसन्धान करने वाली स्थितियाँ भी साधन भक्ति की चरमावस्था में संगृहीत कर ली जाती हैं। जैसे *विज्ञानभैरव* में परम भाव की बार-बार आवर्त्यमान भावना ही जप है, नाद है, मन्त्र है, जप का आलम्बन है।[१४०]

यद्यपि यहाँ पर दीक्षा और उपाय के अन्तर्गत अनेक साधना-विधियों की चर्चा हुई है,

---

[१३४] ध्यानायासतिरस्कारसिद्धस्त्वत्स्पर्शनोत्सवः।
पूजाविधिरिति ख्यातो भक्तानां स सदाऽस्तु मे।। – तदेव १७.४

[१३५] यैरेव पूज्यते द्रव्यैस्तर्प्यते वा परापरः।
यश्चैव पूजकः सर्वः स एवैकः क्व पूजनम्।। – *वि.भै.* १५३

[१३६] न पादपतनं भक्तिर्व्यापिनः परमात्मनः।
भक्तिर्भावस्वभावानां तदेकीभावभावनम्। – *म.मं.प.,* पृ. १०८

[१३७] वैराग्यस्य गतिं गुर्वीं ज्ञानस्य परमां श्रियम्।
नैःस्पृह्यस्य परां कोटिं बिभ्रतां त्वं प्रभो प्रभुः।। – *स्त.चि.* ७३

[१३८] कृत्रिमाऽपि भवद्भक्तिरकृत्रिमफलोदया।
निश्छद्मा चेद्भवेदेषा किंफलेति त्वयोच्यताम्।। – तदेव १०८

[१३९] उपचारपदं पूजा केषांचित्त्वत्पदाप्तये।
भक्तानां भवदैकात्म्यनिर्वृत्तिप्रसरस्तु सः।। – *शि.स्तो.* १७.४०

[१४०] भूयोभूयः परे भावे भावना भाव्यते हि या।
जपः सोऽत्र स्वयं नादो मन्त्रात्मा जप्य ईदृशः।। – *वि.भै.* १४५

परन्तु भक्ति को लेकर किसी विशिष्ट पद्धति, उपचार या क्रमविशेष का सन्धान नहीं किया गया है। पारम्परीण नवधा भक्ति (श्रवण, कीर्तन, स्मरण, पादसेवन, अर्चन, वन्दन, दास्य, सख्य, आत्मनिवेदन) की भाँति यहाँ सोपानबद्ध विवेचन तो नहीं मिलता, परन्तु इनमें से अनेक अवस्थाओं का उल्लेख या चित्रण अवश्य मिलता है। औपचारिक पूजा की सम्प्रदायानुगत व्याख्या हमें **अभिनव** में मिलती है। उनके अनुसार विभिन्न भावौघों या पूजा-द्रव्यों की स्वतन्त्र, निर्मल, अनन्त, भैरवीय चिदात्म तत्त्व से संगति या सामञ्जस्य बैठाना ही पूजन है।[१४१] यह पूजन या उपासना की एक व्यापक परिभाषा है, जो लगभग सभी स्तरों पर लागू हो जाती है। यहाँ यह भी ध्यान रखने की बात है कि प्रत्ययवादी आग्रह के कारण परमार्थ-मीमांसा में जहाँ शिव विशुद्ध चिदात्मरूप है या प्रकाशविमर्शतया प्रत्ययात्मक है, भक्त की दृष्टि में उसका सगुण रूप में भी अक्सर भावन हुआ है। परन्तु अद्वैत भक्ति में निष्ठा के कारण प्रत्ययात्मक या गुणातीत रूप की भावना पर आग्रह ज्यादा मुखर है।

यहाँ पर जिन विधाओं का उल्लेख हुआ है, वे प्रायः इस प्रकार हैं – स्तुति, जप, कथा, दर्शन, स्मरण, ध्यान, स्पर्शन, प्रणति, सेवा, भावना इत्यादि। इनके अतिरिक्त पादसेवन या पादसंवहन का भी उल्लेख लाक्षणिक रूप से हुआ है। इनमें से कई की सन्धिरेखा भी स्पष्ट नहीं हैं। फिर भी सामान्यतः इस आकलन से एक स्थूल रूप उभरता है। *स्तवचिन्तामणि* के छत्तीसवें श्लोक में **भट्टनारायण** अनेक दशाओं की चर्चा करते हैं, यथा स्तुति, स्मृति, ध्यान, दर्शन, स्पर्शन और प्राप्ति।[१४२] इन सबकी व्याख्या करते हुए **क्षेमराज** बताते हैं कि स्तुति का अर्थ है भगवान् का नाम लेना, स्मृति है भगवन्नाम के अर्थ का भावन, ध्यान एकतान चिन्तन का वाचक है, ध्यान के ठीक बाद होने वाला भगवान् का साक्षात्कार दर्शन कहा गया है, और भगवान् के साथ एकता-लाभ को प्राप्ति की संज्ञा दी गई है।[१४३] प्रस्तुति, नुति, स्तोत्र और कीर्तन इनका समान अर्थों में प्रयोग हुआ है। **उत्पल** स्तुति करने वाली अपनी वाणी को भगवान् के गुणों के अनुरूप हो जाने के लिए प्रार्थना करते हैं।[१४४] स्तुतिपदों के उच्चारण से भगवान् की सेवा करने वाले भक्तों

---

[१४१] पूजा नाम विभिन्नस्य भावौघस्यापि संगतिः।
स्वतन्त्रविमलानन्दभैरवीयचिदात्मना।। – *तं.* ४.१२१

[१४२] नमः स्तुतौ स्मृतौ ध्याने दर्शने स्पर्शने तथा।
प्राप्तौ चानन्दवृन्दाय दयिताय कपर्दिने।। – *स्त.चि.* ३६

[१४३] . . . स्तुतौ नामग्रहणे, स्मृतौ तदर्थभावने, ध्याने तदेकतानतात्मनि चिन्तने, दर्शने तदनन्तरभाविनि साक्षात्कारे, स्पर्शने तद्विश्रान्तौ, प्राप्तौ तदैकात्म्यलाभे. . . . .। – *स्त.चि.वि.,* पृ. ४५

[१४४] निर्विकल्पो महानन्दपूर्णो यद्वद्भवांस्तथा।
भवत्स्तुतिकरी भूयादनुरूपैव वाङ्मम।। – *शि.स्तो.* ६.४

की महिमा विलक्षण है।[१४५] नाम का बार-बार आवर्तन जप है। शाम्भवी भूति का उपभोग जप्य मन्त्र की सामर्थ्य पर निर्भर करता है। **भट्टनारायण** "नमो नमः शिवाय" को मूलमन्त्र मानते हैं और भक्त लोग इसका जप इसी परमानन्दमयी शाम्भवी भूति के उपलाभ के लिए[१४६] अन्य सारी कथाओं को छोड़कर आनन्द-विह्वल हो करते हैं।[१४७] *शिवसूत्रों* में "कथा जपः" (३.२७) कहकर दोनों में पर्यायता देखी गई है। **भट्टनारायण** भी शिव की कथा को कल्पपादप मानते हैं, जिससे परमानन्दविकास-रूप फल की प्राप्ति होती है।[१४८] **क्षेमराज** ने कथा को "त्वत्स्वरूपचर्चा" की शब्दावली में परिभाषित किया है[१४९] और **अभिनव** *तन्त्रालोक* में इस नुति या स्तुति को समझाने के लिए ठीक इसी शब्द-शय्या का प्रयोग करते हैं।[१५०] **उत्पल** *स्वबलनिदेशन* नामक स्तोत्र में शिव के इस नामजप से अलौकिक महारस के नवनवायमान आस्वादन की कामना करते हैं।[१५१] भजन शब्द का प्रयोग भी इसी की सहोदर ध्वनि देता है। **उत्पल** के लिए मन चपल होने पर भी प्रशंसनीय है, क्योंकि कभी-कभी तो भगवान् को भज लेता है।[१५२] जप और भजन में अन्तर मात्र इतना है कि जप में आवृत्ति निरवकाश है जबकि भजन में सावकाश, परन्तु यह नियमपूर्वक नहीं कहा जा सकता। **भट्टनारायण** कीर्तन का भी उल्लेख करते हैं, जिसका भी फल भगवत्प्रसाद से पूर्ण चमत्कारमय होता है।[१५३] कीर्तन भी, **क्षेमराज** के अनुसार, नाममात्रोच्चारण होने के कारण स्तुति का समार्थी है। जप के साथ एक प्रवाह में

---

[१४५] रुदन्तो वा हसन्तो वा त्वामुच्चैः प्रलपन्त्यमी।
भक्ताः स्तुतिपदोच्चारोपचाराः पृथगेव ते।। – *शि.स्तो.* १५.३; और भी द्र., तदेव २.१०, १३.१८

[१४६] नमो नमः शिवायेति मन्त्रसामर्थ्यमाश्रिताः।
श्लाघ्यास्ते शाम्भवीं भूतिमुपभोक्तुं य उद्यताः।। – *स्त.चि.* २०

[१४७] अहो ब्रह्मादयो धन्या ये विमुक्तान्यसंकथम्।
नमो नमः शिवायेति जपन्त्याह्लादविह्वलाः।। – तदेव ६२

[१४८] तच्चक्षुरीक्ष्यसे येन सा गतिर्गम्यसे यया।
फलं तदज जातं यत्त्वत्कथाकल्पपादपात्।। – तदेव १०६

[१४९] *स्त.चि.वि.,* पृ. ११६।

[१५०] तव किल नुतिरेषा सा हि त्वद्रूपचर्चा. . . . .। – *तं.* ३७.८५

[१५१] शिव-शिव-शिवेति नामनि तव निरवधि नाथ जप्यमानेऽस्मिन्।
आस्वादयन् भवेयं कमपि महारसमपुनरुक्तम्।। – *शि.स्तो.* ५.२३

[१५२] चपलमपि यदपि मानस तत्रापि श्लाघ्यसे यतो भजसे।
शरणानामपि शरणं त्रिभुवनगुरुमम्बिकाकान्तम्।। – तदेव ४.१

[१५३] कीर्तनेऽप्यमृतौघस्य यत्प्रसत्तेः फलं तव।
तत्पातुमपि कोऽन्योऽलं किमु दातुं जगत्पते।। – *स्त.चि.* ६८; कीर्तने नाममात्रोच्चारणेऽपि। – *स्त.चि.वि.,* पृ. १०५

हवन, स्नान और ध्यान की भी गणना **उत्पल** करते हैं, परन्तु भक्तों की अर्चना इनकी बन्दिनी नहीं है, यह भी वह एक साँस में कहते हैं।[१५४] स्तुति के अनन्तर स्मरण का उल्लेख हुआ है। स्तुति जहाँ वाङ्मयी अर्चा है, स्मरण विशुद्ध मानस भावार्चन है। भगवत्स्मरण अज्ञानान्धकार को हटाने और मलापसारण के द्वारा भगवत्प्रसादन की एकमात्र दवा है।[१५५] स्तुति की तरह स्मृति भी श्रेयस्कारिणी है।[१५६] चित्तवृत्तियों या बुद्धियों के निर्मलीकरण के लिए **भट्टनारायण** स्मरण को अत्यन्त महत्त्वपूर्ण मानते हैं।[१५७] **उत्पल** के लिए तो स्मरण भगवान् से विरह की स्थिति में समागम का एकमात्र सेतु है।[१५८] नवधा भक्ति में स्मरण एक स्वतन्त्र विधा है। यहाँ भी, **अभिनव** के अनुसार, आगमिक जन स्मरण को ध्यान और मन्त्र का प्राणस्थानीय मानते हैं और सकल सिद्धि के प्रदान करने में चिन्तामणि की भाँति प्रभावी मानते हैं।[१५९] **भट्टनारायण** की भाँति[१६०] **उत्पल** भी ध्यान, दर्शन और स्पर्श की चर्चा उसी क्रम में करते हैं और मानते हैं कि पूजनरूपी सरोवर इनसे स्वादु और शीतल हो उठता है।[१६१] इन तीनों – ध्यान, दर्शन और स्पर्शन – में **उत्पल** एक क्रम मानते हैं। इनका वैशिष्ट्य है कि इन तीनों से पूजन-क्रिया एक महोत्सव में बदल जाती है।[१६२] दर्शन[१६३] और स्पर्शन[१६४] की स्वतन्त्र रूप से भी **उत्पल** चर्चा करते हैं और दोनों ही क्रियाओं से पूजा में अनिर्वचनीय

---

[१५४] जपतां जुह्वतां स्नातां ध्यायतां न च केवलम्।
भक्तानां भवदभ्यर्चामहो यावद्यदा तदा।। – *शि.स्तो.* १७.८

[१५५] अज्ञानतिमिरस्यैकमौषधं संस्मृतिस्तव।
भव तत्तत्प्रदानेन प्रसादः क्रियतां मयि।। – *स्त.चि.* २४

[१५६] स्मृत्या नुत्या च ददते शंभवे शं भवेऽभवे।। – तदेव ३०

[१५७] तदेव ६५, ८१।

[१५८] त्वज्जुषां त्वयि कयापि लीलया राग एष परिपोषमागतः।
यद्वियोगभुवि संकथा तथा संस्मृतिः फलति संगमोत्सवम्।। – *शि.स्तो.* ४.१२

[१५९] तत एव सकलसिद्धिवितरणचतुरचिन्तामणिप्रख्यम् आगमिकाः स्मरणमेव मन्त्रादिप्राणितं मन्यन्ते। तथा च – "ध्यानादिभावं स्मृतिरेव लब्ध्वा चिन्तामणिस्त्वद्विभवं व्यनक्ति"। – *ई.प्र.वि.*, १, पृ. १५४

[१६०] *स्त.चि.* ३६।

[१६१] त्वद्ध्यानदर्शनस्पर्शतृषि केषामपि प्रभो।
जायते शीतलस्वादु भवत्पूजामहासरः।। – *शि.स्तो.* १७.२८

[१६२] ध्यायते तदनु दृश्यते ततः स्पृश्यते च परमेश्वरः स्वयम्।
यत्र पूजनमहोत्सवः स मे सर्वदाऽस्तु भवतोऽनुभावतः।। – तदेव १३.६

[१६३] *शि.स्तो.* ८.११।

[१६४] *शि.स्तो.* ४.२३, ५.५, ६.१, ६.१६।

रस की सृष्टि होती है। पादसेवन द्वैत या सगुण भक्ति की भाँति विचार का विषय नहीं बना है, परन्तु इसका लाक्षणिक प्रयोग प्रभूत मात्रा में मिलता है। शिव के पादपूजन, पादसंवहन के लिए **उत्पल** अत्यन्त अभिनिवेश के साथ प्रवृत्त होते हैं।[१६५] भगवान् से उनकी शिकायत है कि जब तुमने मुझे दास के स्थान पर बैठा ही दिया है तो फिर अपने पैर दबाने के लायक मुझे क्यों नहीं बनाते।[१६६] भक्ति की एक विधा है भावना, और देखा जाए तो अद्वया भक्ति में इसकी बहुत महत्ता है। भक्ति की परिभाषा ही **भट्टनारायण** भावनात्मक कर्म के रूप में करते हैं।[१६७] भगवान् शिव का आलम्बन लेने वाले भक्त का आलम्बन कर भावना प्रवृत्त होती है।[१६८] **उत्पल** में भी इस तथ्य को काव्यमयी अभिव्यक्ति मिली है। वह भगवान् के चरणों की भावनारूपिणी अमृत-रसधारा का आस्वाद लेने की याचना करते हैं।[१६९] इसी भाव की अभिव्यक्ति वह आगे भी करते हैं।[१७०] नवधा भक्ति की भाँति यहाँ अर्चन या अर्चाविधि शब्द का प्रभूत प्रयोग हुआ है,[१७१] परन्तु स्वतन्त्र विधा के रूप में न ली जाकर पूजा के सामान्य पर्याय के रूप में ही उसका ग्रहण हुआ है। **उत्पल** प्रारम्भ में ही इसकी घोषणा कर चुके होते हैं।[१७२]

काश्मीर शैवदर्शन की सम्भवतः सबसे बड़ी विशेषता उसकी आनन्ददृष्टि है। इस आनन्ददृष्टि की महिमा है कि वह न केवल जीवन को सार्थक मूल्यवत्ता से अभिषिक्त करती है, अपितु आध्यात्मिक यात्रा और मोक्षरूप उपलब्धि को भी वह आनन्द के रस से सराबोर कर देती है। इस दृष्टि की तार्किक और स्वाभाविक परिणति होती है कि शिवाद्वयवादी भक्ति

---

[१६५] भगवन्भवदीयपादयोर्निवसन्नन्तर एव निर्भयः।
भवभूमिषु तासु तास्वहं प्रभुमर्चेयमनर्गलक्रियः।। – *शि.स्तो.* १२.८; और भी दे० – तदेव, ६.१, १२.६

[१६६] दासधाम्नि विनियोजितोऽप्यहं स्वेच्छयैव परमेश्वर त्वया।
दर्शनेन न किमस्मि पात्रितः पादसंवहनकर्मणापि वा।। – तदेव १३.१०

[१६७] अहो महदिदं कर्म देव त्वद्भावनात्मकम्।
आब्रह्मक्रिमि यस्मिन्नो मुक्तयेऽधिक्रियेत कः।। – *स्त.चि.* ४८

[१६८] धन्योऽस्मि कृतकृत्योऽस्मि महानस्मीति भावना।
भवेत्सालंबना तस्य यस्त्वदालम्बनः प्रभोः।। – तदेव ११५

[१६९] त्वच्चरणभावनामृतरससारास्वादनैपुणं लभताम्।
चित्तमिदं निःशेषितविषयविषासङ्गवासनावधि मे। – *शि.स्तो.* ७.५

[१७०] तदेव ११.५

[१७१] तदेव १.१८, ५.२४, ११.५, १३.७, १३.१८।

[१७२] न योगो न तपो नार्चाक्रमः कोऽपि प्रणीयते।
अमाये शिवमार्गेऽस्मिन् भक्तिरेका प्रशस्यते।। – तदेव १.१८

का संरचनात्मक परिवेश हमारी सौन्दर्यानुभूति, रसानुभूति और कलानुभूति के सम्यक् अवबोध के लिए एक सशक्त पृष्ठाधार प्रदान करता है। आनन्द के प्रति यह तड़प और उसकी प्राप्ति इतने सन्दर्भों में दिखाई देती है कि आनन्द की एकान्त केन्द्रीयता हमें चमत्कृत कर जाती है। जगत् को शिव की क्रीडा या लीला समझना, पूजा और अर्चना के सारे उपक्रम को बार-बार महोत्सव के रूप में लेना, आनन्दानुभूति के सम्प्रेषण के लिए सरिता की धारा, वर्षा-बिन्दुओं का धारासार प्रवाह, सरोवर का शान्त निर्मल जल और शान्त समुद्र की फुहार, आसव, मदिरा, रस, अमृत आदि के अप्रस्तुत विधान का बार-बार अवलम्बन, कलाकार, नट और कवि के द्वारा उपात्त कला की रसाक्त सर्जन-भंगिमाओं का रह-रहकर सन्दर्भण, भक्ति की रसरूपता और तद्द्वारा आनन्दरूपता एवं आस्वादरूपता चारों ओर सर्जनात्मक उल्लास की छटा बाँध देते हैं। हम इन पक्षों पर थोड़ी दृष्टि डालते हैं।

हमने देखा कि भक्ति शक्तिपात-जन्य ऐकात्म्य-बोध की चरमावस्था (और भक्तभेद से तारतम्यमयी सोपान परम्परा) है, जिसे सम्प्रदाय की पारिभाषिक शब्दावली में 'चिदानन्दलाभ' के रूप में व्यक्त किया गया है। चिदानन्दरूपता का अर्थ है: भक्ति का समावेशात्मक ज्ञान रूप होना (चिदंश) और उस ज्ञान का आस्वादरूप होना (आनन्दांश)[१७३]। इसे ही चमत्कृति कहा गया है। चमत्कृति की सम्प्रदायानुमत व्याख्या है – आत्मविषयक आस्वादन या स्वस्वरूपास्वादन। इसे दार्शनिक शब्दावली में स्वाहंताचमत्कार कहा गया है। यही ज्ञान या प्रत्यभिज्ञान का परमसाध्य है और भक्ति का चरम गन्तव्य भी। **तन्त्रालोककार** कहते हैं कि चित् या चैतन्य का सार स्वातन्त्र्य के होने के नाते और स्वातन्त्र्य के आनन्दघन होने के कारण आराध्य के साथ तन्मयता पाने के लिए हृदयावर्जक द्रव्यों से पूजन करना चाहिए। शिवैकात्म्य के कारण पूजा द्रव्यों से जो रस टपकता है, भक्त को चाहिए कि उसी को परम धाम में अर्पित करे।[१७४] **जयरथ** निष्कर्ष निकालते हैं कि आराध्य का आकार कुछ भी क्यों न हो, उसका चिदानन्दघनरूप ही पूजार्ह होता है।[१७५] आनन्द के इस निविड भाव के कारण सम्पूर्ण पूजन भक्ति के आनन्द-रस का उत्सव सा बन जाता है।[१७६] भगवान् के

---

[१७३] त्वच्चिदानन्दजलधेश्च्युताः संवित्तिविप्रुषः।
इमाः कथं मे भगवन्नामृतास्वादसुन्दराः।। – तदेव ३.६

[१७४] चितः स्वातन्त्र्यसारत्वात् तस्यानन्दघनत्वतः।
क्रिया स्यात्तन्मयीभूत्यै हृदयाह्लाददायिभिः।
शिवाभेदभराद्भाववर्गः श्च्योतति यं रसम्।।
तमेव परमे धाम्नि पूजनायार्पयेद् बुधः। – *तं.* २६.६०-६२

[१७५] अतएव एषां चिदानन्दघनमेव रूपं पूजायोग्यम्। – *तं.वि.*, ६, पृ. ३०७५

[१७६] कदा मे स्याद्विभो भूरि भक्त्यानन्दरसोत्सवः।
यदालोकसुखानन्दी पृथङ्नामापि लप्स्यते।। – *शि.स्तो.* ६.५

रसनात्मक प्रतीति की सम्पन्नता में **अभिनवगुप्त** ने जो सात विघ्न माने हैं, उनमें सबसे पहला और प्रमुख है जिसका सम्बन्ध काव्य-विषय से है – ऐसे विषय का चुनाव जिसकी सम्भावना ही न हो या जिसके अस्तित्व पर कठिनता से विश्वास हो, रसना का पहला विघ्न है।[८४] इसलिए काव्य या नाट्य में वर्ण्य के लिए आवश्यक है कि वह सामान्यतः लोक में सुलभतया उपलब्ध वस्तु हो और अगर वह लोक से हटकर (अलोकसामान्य) हो तो वह इतना प्रख्यात हो कि उसकी सरलता से प्रतीति हो सके। प्रश्न है कि क्या काव्य या नाट्य में विषय का हम उसी अर्थ में प्रयोग कर रहे होते हैं, जिस अर्थ में हम लौकिक अनुभव के सन्दर्भ में करते हैं। यदि ऐसा हो तो यह बताना कठिन होगा कि काव्य से होने वाली प्रतीति सौन्दर्यमयी क्यों है और लोकजीवन की प्रतीति ऐसी क्यों नहीं है। इस सन्दर्भ में एक और समस्या आती है। रसना और रस में अन्तर किया गया है। रसना सौन्दर्य है, स्वादन है, व्यञ्जन है; रस काव्यार्थ है, व्यंग्य है, आस्वाद्य है। जब रस को काव्यार्थ कहते हैं, तो रसनात्मकवीतविघ्नप्रतीति का भावरूप ग्राह्य[८५] होने के नाते वह रस है। ग्राह्य का अर्थ है गोचर, अर्थात् विषय। इसलिए रससूत्र का तात्पर्य बताती हुई *अभिनवभारती* रस का लक्षण करती है – "तथाविधरसनागोचरो लोकोत्तरोऽर्थो रस इति"।[८६] थोड़ी देर के लिए यदि अर्थ के विशेषण "लोकोत्तर", जो कि समस्त रहस्य की कुञ्जी है, को भूल जाया जाए तो "गोचर" यहाँ प्रतीति का फल या व्यंग्य बनकर आता है, लौकिक ज्ञान के विषय की भाँति नहीं। फल और व्यापार की एकता का वैयाकरण सिद्धान्त, जो काश्मीर शैवदर्शन को भी मान्य है, के कारण दोनों को अगर एक मान भी लिया जाए तो कोई कठिनाई सामने नहीं आती,[८७] पर तब प्रश्न उठेगा कि क्या विषय के अर्थ में हम फल को ले रहे हैं। यदि ऐसा है तो काव्य में वर्णनीय या रंगमंच पर प्रदर्शनीय और रसना से आस्वाद्य भाव/चित्तवृत्ति दोनों में कोई अन्तर होगा या नहीं। पहला प्रारम्भ बिन्दु है और दूसरा निष्पत्ति या विश्रान्ति बिन्दु। एक विभावादि सामग्री से सम्बद्ध है और दूसरा रसना से। इससे निष्कर्ष निकाला जा सकता है कि यहाँ न तो लौकिक ज्ञान के विषय की भाँति रूप, नाद, शब्द विषय बनते हैं और न रसना की गोचर चित्तवृत्ति के अर्थ में।

---

[८४] तथाहि संवेद्यमसंभावयमानः संवेद्ये संविदं विनिवेशयितुमेव (यो) न शक्नोति का तत्र विश्रान्तिरिति प्रथमो विघ्नः। . . . नाटकादौ प्रख्यातवस्तुविषयत्वादि नियमेन निरूपयिष्यते। – *अभि.भा,* पृ. २८०

[८५] सर्वथा रसनात्मकवीतविघ्नप्रतीतिग्राह्यो भाव एव रसः। – तदेव

[८६] तदेव, पृ. २८५।

[८७] तर्हि सूत्रे निष्पत्तिरिति कथम्। नेयं रसस्य। अपितु तद्विषयरसनायाः। तन्निष्पत्त्या तु यदि तदेकायत्तजीवितस्य रसस्य निष्पत्तिरुच्यते न कश्चिदत्र दोषः। – तदेव, पृ. २८५

सम्भवतः इसी कारण से काव्यवस्तु, पाठ्यवस्तु या कलावस्तु को **अभिनवगुप्त** 'सुन्दर' का विशेषण देते हैं। अर्थात् दृश्य-विधान, बिम्ब-विधान या गीति/आलाप-विधान ये केवल 'शुष्क' प्रदत्त नहीं है, ये 'सुन्दर' विषय हैं। सहृदय या नाट्यरसिक को वह 'मनोज्ञ' विषय के आस्वाद में प्रवृत्त,[८८] नाट्यवस्तु को 'मनोज्ञ' वस्तु, नाट्य-सामग्री को वह एकत्र इकट्ठी की गई 'सुन्दरतम' वस्तुओं की योजना से गुँथी हुई मानते हैं,[८९] काव्य-शरीर को वह गुण और अलंकार से 'मनोहर' हुआ मानते हैं।[९०] वस्तुतः नाट्य में, तात्पर्यतः कलामात्र में, ऐसा कोई घटक, कोई विषय, नहीं है जो सुन्दर न हो।[९१] रसविषयक अपने मत का प्रारम्भ वह **कालिदास** के प्रसिद्ध श्लोक "रम्याणि वीक्ष्य मधुरांश्च निशम्य शब्दान्" से करते हैं यह दिखाने के लिए कि काव्य-नाट्य से होने वाली प्रतीति साक्षात्कारस्वभावा प्रतिभानात्मक हैं।[९२] यहाँ पर भी प्रदत्त रूप 'रम्य' है और प्रदत्त शब्द 'मधुर'। विषय की इस 'सुन्दरता' का एक कारण यह जान पड़ता है कि काव्यवस्तु मात्र प्रकृति का यथावत् प्रदत्त या प्रतिबिम्ब नहीं है, उसमें कला के आन्तरिक परिवेश और काव्य-वस्तु के अधिकारी ग्रहीता का भी भरपूर योगदान होता है। जब व्यक्ति प्रेक्षागार में प्रवेश करता है तो नाट्य-वस्तु के प्रति उन्मुखता के बावजूद भी वह कितने दुःख, सुख, चिन्ताओं का भार अपने मन में ढो रहा होता है। इस 'निजसुखादिविवशीभाव' को हटाने के लिए नाट्यकार/सूत्रधार शब्द और रूप की सकलजनकमनीय गान-नृत्यमयी प्रस्तुतियाँ सुन्दर नर्तक, नर्तकियों के माध्यम से प्रस्तुत करता है। इन प्रस्तुतियों को **अभिनवगुप्त** 'उपरञ्जक', मन को रंगने वाला, कहते हैं।[९३] उनका मानना है कि यह क्रिया दर्शक की चेतना से उसके दुःख-सुख को हटाकर, उसके हृदय को निर्मल बनाकर, उसमें कलावस्तु के यथावत् ग्रहण के लिए उपयुक्त पात्रता का आधान करती है, उसे सहृदय बनाती है,[९४] जिसके कारण ही वह अपने मन के विशदीभूत (वैशद्य : *लोचन*

---

[८८] अपितु स्वरसत एव तावन्मनोज्ञविषयास्वादप्रवृत्तस्यात एव वेदशास्त्रपुराणादिभीरुहृदयस्य तन्मनोज्ञवस्तुमध्ये तादृगिदं वस्तु अनुप्रवेशितम्। – तदेव, पृ. ४

[८९] सुन्दरतमवस्तुसमाहरणयोजनया गुम्फितः कोऽप्ययं वस्तुविशेषः। – तदेव, पृ. ६

[९०] काव्ये तु गुणालङ्कारमनोहरशब्दार्थशरीरे. . . .हृदयसंवादवशात् निमग्नाकारिका तावद्भवति चित्तवृत्तिः। – तदेव, पृ. ३६

[९१] एतैर्विच्छित्तियोजितैर्विविधतया कल्प्यताम्। शोभाप्रधानं हि नाट्ये सर्वम्। – तदेव, पृ. ४५

[९२] तदेव, पृ. २७६।

[९३] साधारण्यमहिम्ना सकलभोग्यत्वसहिष्णुभिः शब्दादिविषयमयीभिः आतोद्यगानविचित्रमण्डपपद-विदग्धगणिकाभिरुपरञ्जनं समाश्रितम्। – तदेव, पृ. २८१

[९४] येनाऽहृदयोऽपि हृदयवैमल्यप्राप्त्या सहृदयीक्रियते। उक्तं हि 'दृश्यं श्रव्यं च' (*ना.शा.* १.११) इति। – तदेव

निर्माणविषय का ही व्यवहार होगा, प्रतिबिम्ब का नहीं।[१११] इस दृष्टि से काव्य-सृष्टि, कलागत प्रतिभास-सृष्टि या कलात्मक विषयरूपता का प्रक्षेपण प्रमाता की अपनी सृष्टि है। वस्तुतः यह सब कुछ संवित् की आभासना क्रिया है जो बाह्य वस्तु के अवभासन पर्यन्त, संप्रदाय की पारिभाषिक भाषा में अन्तःस्थ के बहिष्करण पर्यन्त, व्यापृत रहती है। काव्य को यदि कला के दृष्टान्त के रूप में लिया जाए तो काव्य की सर्जनेच्छा, काव्य-रचना और काव्यकृतिरूप कर्म – उपक्रम में इन 'तीन' सोपानों – में, दिखाई देने वाले 'दो' – रचना और कृति, अन्ततः और वस्तुतः 'एक' – कविकर्म, के रूप में गृहीत होती है। आभासना का 'चिकीर्षा' रूप जो प्रथम परामर्श है, सारा रूप-विभाग उसी का है।[११२] इसलिए सौन्दर्य की तथाकथित बाह्यता में भी उसका आन्तरत्व अप्रतिहत रहता है,[११३] यह निरपवाद रूप से कहा जा सकता है। सारा बाह्य निर्मेय सिसृक्षा-भूमि और संस्कार-भूमि दोनों में अहम् रूप से, संविद्रूप से, ही अवस्थित रहता है।[११४] सौन्दर्य के 'ग्रहण' और 'अर्पण' दोनों पक्षों में विषयता की संविद्रूपता के कारण सहृदय के वर्णनीय के साथ तन्मयीभाव का मार्ग सहज प्रशस्त होता है। **अभिनव** के पुराने उत्तर, जहाँ उन्होंने कलावस्तु और सौन्दर्य में बिम्ब-प्रतिबिम्बरूपता का आख्यान किया है, पर भी प्रकारान्तर से स्थिर रहा जा सकता है। इस पक्ष में कवि की प्रतिभा द्वारा उन्हें उपस्थित किए जाने का अर्थ है, मूल चेतना का अपने ही स्वातन्त्र्य से घनीभूत होकर संविद्दर्पण में प्रतिबिम्बित होना, ठीक वैसे ही जैसे जल का फेन या तरंगें निर्मल जल में प्रतिबिम्बित होती हैं। इस अर्थ में भी कलावस्तु संवेदनघनता का ही प्रतीक रहती है।

वैसे यह प्रश्न पूर्णतः नवीन नहीं है। हमारे यहाँ परम्परा में यह प्रश्न बड़े संरम्भ के साथ पहले भी उठाया गया है। अलंकारवादी धारा में माना गया है कि सौन्दर्य बाह्य वस्तु का धर्म है और कलावस्तु उसका प्रतीक, प्रस्तावक या संकेतमात्र है, जबकि रसात्मवादी धारा में उसे प्रतीति की आन्तरिक विशेषता माना गया है। वह चेतना की अन्तर्वस्तु है और प्रतिभासमान कला-वस्तु से भिन्न सहृदय या कवि के भावायत्त संसार की स्वाधीन निर्मिति है। **हीगेल** के हवाले से **गोविन्दचन्द्र पांडे** का समाधान यहाँ उपयुक्त प्रतीत होता है।[११५] **हीगेल** का मानना

---

[१११] तत्तु स्वविलक्षणं रूपं यदन्यत्, तत्सादृश्यमपेक्ष्य आदर्शनीयम्, तदा प्रतिबिम्बव्यवहारः, समर्पकान्तराभावे तु निर्मेयव्यवहारः। अतएव प्रतिबिम्बत्वेनेति न उक्तमपितु प्रतिबिम्बन्यायेन इति। – तदेव

[११२] तेन आभासनाया एव अयं रूपविभागः. . . .। तेन त्रयमेतदुपक्रमे, भासमानमपि द्वयमेव, वस्तुतस्तु एकम् अपी इति तात्पर्यम्। – तदेव, पृ. २५०

[११३] बाह्यतायामपि आन्तरत्वमत्रुटितम् इति नियमग्रहणम्। – तदेव, पृ. १६१

[११४] बाह्याभासस्य अपि एषैव वर्तना-इत्यनेन क्रमेण सर्वमिदं सिसृक्षाभूमौ संस्कारभूमौ च आत्मनि अहमिति प्रकाशमानमवस्थितमेव। – तदेव, भा.२, पृ. १६६

[११५] *साहित्य, सौन्दर्य और संस्कृति*, पृ. ५४।

है कि सत्ताकोटिक प्रत्यय एकदलीय होते हैं, जबकि ज्ञानकोटिक मूल्यात्मक प्रत्यय द्विदलीय होते हैं। इनमें जहाँ एक ओर रूप (नाद और शब्द भी जोड़ सकते हैं) का प्रतिभास होता है, वहीं दूसरी ओर उनकी सार्थकता की भी प्रतीति होती है। सौन्दर्य इसी प्रकार का प्रत्यय है। इसलिए यहाँ भी तत्त्व और प्रतिभास, विषय और विषयी का पारस्परिक तनाव दिखाई पड़ता है और यह तनाव निरन्तर संश्लेषण की ओर बढ़ता है। वस्तुतः काश्मीर शिवाद्वयवादी इसे भेदाभेद की स्थिति कहते हैं – भेदपूर्वक अभेदन। वस्तु और प्रतिभास के भेदन का अभेदन सौन्दर्य में होता है। इस दृष्टि से सौन्दर्य वस्तु (अर्थात् रूप/नाद/शब्द)-विषयक होकर भी संविन्निष्ठ या प्रमातृनिष्ठ है। भुज्ञानरूपता के प्रतीक का यही अभिप्राय है।

आज के कलाविवेचन में एक प्रश्न अक्सर उठता है कि सौन्दर्यानुभूति, सौन्दर्यास्वादन, कला में ही सम्भव है या प्रकृति में भी। प्रसिद्ध जर्मन दार्शनिक **कांट** सौन्दर्य की प्रतीति दोनों से मानते हैं। आज के आनुभविक सौन्दर्यशास्त्री भी बहुत कुछ ऐसा ही मानते हैं। **मैक्सम्यूलर** का तो सीधा आरोप है कि भारतीयों को प्रकृति के सौन्दर्य की चेतना ही नहीं है। काश्मीर शिवाद्वयवाद का उत्तर बहुत कुछ ऊपर के विवेचन में ढूँढा जा सकता है। **कांतिचन्द्र पांडेय** ने मुख्यतः *लोचन* के आधार पर **अभिनवगुप्त** के विचारों को लेकर सबसे पहले इस प्रश्न पर विस्तार से चर्चा की थी।[११६] हमें लगता है कि *नाट्यशास्त्र, लोचन, अभिनवभारती,* त्रिक दर्शन की तन्त्रपरम्परा और **अभिनवगुप्त** के तान्त्रिक दर्शनपरक ग्रन्थों को लेकर इस विषय में चर्चा का पर्याप्त अवकाश है।

भरत के 'नाट्यरस' (*ना.शा.* ६.३३) शब्द की व्याख्या में **अभिनव** का विकल्प बहुत स्पष्ट है कि रस नाट्य में ही सम्भव है।[११७] काव्य में भी रस नाट्यायमान होकर ही होता है। इसके कारण में वह अपने गुरु **भट्ट तौत** के मत का उल्लेख करते हैं कि रस के उदय के लिए प्रत्यक्षकल्पसंवेदन का उदय अनिवार्य है।[११८] यहाँ "कल्प" शब्द महत्त्वपूर्ण है, क्योंकि प्रत्यक्ष दर्शन और प्रत्यक्षकल्प दर्शन के मध्य सूक्ष्म अन्तर के आधार पर लोक और कला के मध्य, लौकिक बोध और सौन्दर्य-बोध में विभाजक रेखा खिंचती है। **अभिनव** "अन्ये" के प्रयोग द्वारा उन लोगों से भी अपनी असहमति प्रकट कर देते हैं, जो नाट्य को बहिर्दृश्यमान कर्म या रूप मानकर उससे रस का उदय मानते हैं।[११९] **अभिनव** का निष्कर्ष

---

[११६] *कॅम्परेटिव ऐस्थेटिक्स,* भा.१, पृ. २६०-६२।

[११७] नाट्य एव च रसाः। काव्येऽपि नाट्यायमान एव रसः। – *अभि.भा.,* १, पृ. २६०

[११८] काव्यार्थविषये हि प्रत्यक्षकल्पसंवेदनोदये रसोदय इत्युपाध्यायाः। – तदेव

[११९] अन्ये त्वभिनयादिसामग्रीमयं बहिर्दृश्यमानं नाट्यं नटधर्मः कर्म रूपमित्याशयेन नाट्याद्रसा इत्याहुः। – तदेव, पृ. २६१

नहीं है।[१९६] एक अन्य प्रसिद्ध श्लोक में **भट्टनारायण** कहते हैं कि बड़े आश्चर्य की बात है कि बार-बार बड़ी बेचैनी से सैकड़ों भंगिमाओं में त्रिलोकी को आभासित करते हुए भी शिव निर्विकल्प और अजन्मा बना रहता है।[१९७] "मैं शिव की सेवा करूं" इस अभ्यर्थना-रूपी अमृतरस का स्वाद सबसे बढ़कर है, क्योंकि काल का कौन सा क्षण ऐसा है जिसमें यह प्रार्थना-रस नया से नया नहीं बना रहता।[१९८] **भट्टनारायण** की भाँति **उत्पल** के लिए भी भक्ति के आनन्द रस से अभिषिक्त बार-बार पुकारा गया शिव शब्द हर बार अपूर्व अर्थ को देता है।[१९९] नित नए रस से भीगा-भीगा सम्भोग के स्वाद के लिए लालायित **उत्पल** का मन और सब कुछ छोड़कर शिव को कब छूने लग जाए, पता नहीं।[२००] यहाँ **भट्टनारायण** और **उत्पल** भक्ति के रसत्व को लेकर एक नए बिन्दु को आसूत्रित करते हैं। काश्मीर शैव दर्शन में प्रमाण को 'अभिनवोदय' या 'नवनवोदय' आभास[२०१] कहा गया है और प्रतिभा को 'अपूर्ववस्तुनिर्माणक्षमा नवनवोन्मेषशालिनी प्रज्ञा'। हम साफ देख सकते हैं कि **भट्टनारायण** के भक्तिविमर्श से लेकर **उत्पल** के प्रमाणविमर्श और **अभिनव** के प्रतिभाविमर्श तक एक ही विचार की अन्विति सर्वत्र व्याप्त है। उत्पल के "नव-रसार्द्रार्द्र" शब्द में यदि नव का अर्थ नित-नित नवीन न लेकर संख्यावाची नव (नौ) से लिया जाए, तो भक्ति के रसत्व के साथ उसका महारसत्व फिर से अभिषिक्त होगा।

भक्ति की रसात्मकता काव्य/नाट्य-रस की रसात्मकता से भिन्न है। *अभिनवभारती* में **अभिनवगुप्त** ने काव्य/नाट्य-रस को लोकोत्तर प्रतीति कहा है। रस की लोकोत्तरता का अर्थ है, उसका ज्ञान की ज्ञात कोटियों में न समा सकना। लोकोत्तरता है अलौकिक विभावादि

---

[१९६] विसृष्टानेकसद्बीजगर्भं त्रैलोक्यनाटकम्।
प्रस्ताव्य हर संहर्तुं त्वत्तः कोऽन्यः कविः क्षमः।। – तदेव ५६

[१९७] मुहर्मुहुरविश्रान्तस्त्रैलोक्यं कल्पनाशतैः।
कल्पयन्नपि कोऽप्येको निर्विकल्पो जयत्यजः।। – तदेव ११२

[१९८] अहो स्वादुतमः शर्वसेवाशंसासुधारसः।
कुत्र कालकलामात्रे न यो नवनवायते।। – तदेव १११

[१९९] यो विचित्ररससेकवर्धितः शङ्करेति शतशोऽप्युदीरितः।
शब्द आविशति तिर्यगाशयेष्वप्ययं नवनवप्रयोजनः।। – *शि.स्तो.* ४.१३

[२००] कदा नवरसार्द्रार्द्रसम्भोगास्वादनोत्सुकम्।
प्रवर्तेत विहायान्यन् मम त्वत्स्पर्शने मनः।। – तदेव ९.१

[२०१] वस्तु प्रमाणं तत्सोऽपि स्वाभासोऽभिनवोदयः। – *ई.प्र.का.* २.३.१
'अभिनवोदयः' की अभिनवगुप्तकृत व्याख्या है : य आभासो नवनवप्रमेयौन्मुख्यात् नवनवोदयः स प्रमाणम्। – *ई.प्र.वि.,* २, पृ. ७३

हेतुओं के बल से उपात्त चर्वणा। प्रत्यक्ष, अनुमान इत्यादि लौकिक प्रमाणों से जन्य रत्यादि के बोध से विभावादि-जन्य रसगत रति की चर्वणा भिन्न है। इसी प्रकार मितयोगी के परसंवित्ति के ज्ञान से भी रसानुभव विशिष्ट है। इतना ही नहीं परयोगी का जो उपरागशून्य शुद्ध स्वात्मानन्दैकघन समाधिगत अनुभव है उससे भी रसानुभव भिन्न है, क्योंकि लौकिक अनुभव में अर्जन आदि दूसरे विघ्नों के उदय के कारण, मितयोगी के अनुभव में तटस्थता-वशात् स्फुटता के अभाव के कारण और परयोगी में विषयावेश की विवशता न होने के कारण सौन्दर्य का अभाव रहता है, जबकि सौन्दर्यानुभूति रस का प्राण है।[२०२] परन्तु भक्तिरस और काव्यरस में इस अर्थ में साम्य है कि दोनों में सौन्दर्य भरपूर रहता है, क्योंकि एक में विभावादि के द्वारा विषयावेशवैवश्य का आधान होता है तो दूसरे में भगवदालम्बनता के कारण। फिर भी दोनों में अन्तर है। काव्यगत रसानुभव लोकोत्तर होने पर, आनन्दघन होने पर भी विभावादि के द्वारा उपहित स्थायी भाव से परिभाषित है, जबकि भक्तिरस पूर्ण आनन्दघन परमेश्वरनिष्ठ होने के कारण परिभाषोत्तीर्ण और अपरिच्छिन्न है। इसलिए उसे परमानन्द कहा गया है और जगत् के सारे आनन्द पारमेश्वर आनन्द के सामने बिन्दुमात्र हैं। इस बात को बताने के लिए **अभिनवगुप्त भट्टनारायण** के श्लोक को उद्धृत करते हैं।[२०३]

भक्ति की समस्या को लेकर बहुत सी बातें कही जा सकती हैं, परन्तु उन्हें दूसरे अवसर के लिए छोड़ना उचित होगा। प्रायः मुख्य बिन्दुओं की ओर ध्यान आकर्षित किया जा चुका है। अब उपसंहार करते हुए दो बातें कहनी उचित होंगी। एक तो भक्ति की अवधारणा के सम्यक् विश्लेषण से हम स्वाभाविक रूप से इस निष्कर्ष पर पहुँचते हैं कि अद्वया भक्ति के प्रत्यय में त्रिक सद्-मीमांसा (ऑन्टोलॉजी), परमार्थमीमांसा (मेटाफ़ीज़िक्स), मोक्ष-मीमांसा (सोटेरिओलॉजी), मूल्य-मीमांसा (एक्ज़िओलॉजी), ज्ञान-मीमांसा (एपिस्टेमॉलोजी), आचार-मीमांसा (एथिक्स) जिस पर यहाँ विचार नहीं किया गया है, और सौन्दर्य-मीमांसा (ईस्थेटिक्स), सभी पक्षों और आयामों का एकरसतया अन्वयन होता है। दूसरे, काश्मीर शैव दर्शन के आधुनिक विद्वानों में इस बात पर विवाद रहा है कि इसे विशुद्ध दर्शन (फ़िलॉसफ़ी)

---

[२०२] सा च प्रत्यक्षानुमानागमोपमानादिलौकिकप्रमाणजनितरत्याद्यवबोधतः तथा योगिप्रत्यक्षजनिततटस्थ-परसंवित्तिज्ञानात् सकलवैषयिकोपरागशून्यशुद्धपरयोगिगतस्वात्मानन्दैकघनानुभवाच्च विशिष्यते। एतेषां यथायोगमर्जनादिविघ्नान्तरोदयात् ताटस्थ्येऽस्फुटत्वविषयावेशवैवश्यकृतसौन्दर्यविरहात्। – *ना.शा.* ६.३१ पर *अभि.भा.*, पृ. २८५

[२०३] तत एवं उक्तं
"त्रैलोक्येऽप्यत्र यो यावानानन्दः कश्चिदीक्ष्यते।
स बिन्दुर्यस्य तं वन्दे देवमानन्दसागरम्।।" (*स्त.चि.* ६१) इति श्रीभट्टनारायणेन। – *ई.प्र.वि.वि.*, २, पृ. १७८

माना जाए या ईश्वर-मीमांसा (थियोलॉजी)। आधुनिक मनीषा का आग्रह दूसरे विकल्प के अभ्युपगम में है। ऐसी स्थिति में ईश्वर-मीमांसा मानने की सबसे साधक युक्ति भक्ति की अवधारणा से मिलती है। भक्ति की अद्वयता का यह वैशिष्ट्य है कि वह परम तत्त्व का ईश्वर के रूप में भावन करती हुई भी दार्शनिक रूप से कठोर अद्वयवाद से अपनी प्रतिबद्धता बनाए रखती है।

बहुत ही स्पष्ट है कि रस का क्षेत्र नाट्य ही है, लोक नहीं। काव्य भी नाट्य ही है।[120] वह यहाँ तक कहते हैं कि चित्र आदि कलाएँ नाट्य के ही अर्थभाग या रूप के प्रवाह को दर्शाती हैं, जैसे काव्य नाट्य के शब्दभाग को।[121] यद्यपि संगीत के बारे में यहाँ **अभिनव** कुछ नहीं कहते, हमें ऐसा लगता है कि शब्द के नादात्मक पक्ष को लेकर संगीत को भी नाट्य के अन्तर्गत लिया जा सकता है। इस प्रकार **अभिनव** की यह दृष्टि एक प्रकार से कलामात्रपरक हो जाती है। इसका आधार वह *नाट्यशास्त्र* की इस प्रसिद्ध उपपत्ति में पाते हैं कि रस और कुछ नहीं वस्तुतः अर्थ का हृदयसंवादी होना है।[122] इस प्रसंग में **भरत** की इस प्रसिद्ध स्थापना का स्मरण करना सार्थक होगा कि कला में कवि के आन्तरिक भाव का भावन करते हुए ही भाव भाव कहलाता है। यह नाट्य सारे-के-सारे तीनों लोकों का भावानुकीर्तन अर्थात् भावाकार या भाव के माध्यम से अनुकीर्तन है।[123] हृदयसंवाद के क्रमिक मात्राभेद पर ही सुनने वाले और समझने वाले की मानसिक स्फुरणा की स्फुटता और अस्फुटता के तमाम भेद निर्भर करते हैं।[124]

इस क्रम में **अभिनव** एक और अत्यन्त महत्त्वपूर्ण टिप्पणी करते हैं। वे कहते हैं कि नट में रस नहीं होता। यहाँ पर सीधा प्रश्न उठता है कि फिर रस कहाँ होता है? **अभिनव** सीधा उत्तर नहीं देते, परन्तु अभिप्राय स्पष्ट है। उनकी दृष्टि में रस देश, काल और प्रमाता से नियन्त्रित नहीं होता।[125] अर्थात् वस्तु-जगत् में रस की सम्भावना नहीं की जा सकती। नट आदि की उपयोगिता केवल इतनी है कि नट केवल आस्वादन अर्थात् सौन्दर्य का उपाय मात्र है। इसीलिए उसे 'पात्र' कहते हैं। ठीक जैसे पात्र में मद्य का आस्वाद नहीं होता, पात्र केवल मद्यपान का उपाय होता है।[126] नट यहाँ उपाय का प्रमुख प्रतीक मात्र है। सारी

---

[120] तेन नाट्य एव रसा न लोक इत्यर्थः। काव्यञ्च नाट्यमेव। – तदेव

[121] चित्रपुस्ताद्यपि नाट्यस्यैवार्थभागाभिष्यन्दो यथा सर्गबन्धादिशब्दभागाभिष्यन्दः। एतच्च (*ना.शा.* ७.७) 'योऽर्थो हृदयसंवादी' इत्यत्र वितत्य वक्ष्यामः। – तदेव

[122] योऽर्थो हृदयसंवादी तस्य भावो रसोद्भवः।
शरीरं व्याप्यते तेन शुष्कं काष्ठमिवाग्निना। – *ना.शा.* ७.७

[123] कवेरन्तर्गतं भावं भावयन् भाव उच्यते। – तदेव ७.२
त्रैलोक्यस्यास्य सर्वस्य नाट्यं भावानुकीर्तनम्। – तदेव १.१०७

[124] तस्य हृदयसंवादतारतम्यापेक्षया श्रोतृप्रतिपत्तृस्फुरणं स्फुटास्फुटत्वेन अतिविचित्रम्। – *अभि.भा,* १, पृ. २६१

[125] अतएव च नटे न रसः। कुत्र तर्हि। विस्मृतिशीलो न बोध्यते। उक्तं हि देशकालप्रमातृभेदानियन्त्रितो रस इति। – तदेव

[126] नटे तर्हि किम्? आस्वादनोपायः। अतएव च पात्रमित्युच्यते। न हि पात्रे मद्यास्वादः। अपितु तदुपायकः। तेन प्रमुखमात्रे नटोपयोग इत्यलम्। – तदेव

नाट्यसामग्री इसमें अन्तर्भुक्त है। ऊपर हमने इस दृष्टि का संकेतन किया था। ठीक ऊपर के मन्तव्यों के आलोक में निष्कर्ष निकाला जाए तो शब्द, रूप, नाद और इनकी कलात्मक मूर्त्त अभिव्यक्तियों में सौन्दर्य या आस्वाद नहीं होता, वे केवल उस आस्वाद के माध्यम या प्रवेशद्वार मात्र हैं। अतः प्रकृति से या प्रकृति के सीधे प्रत्यक्ष से, या कहा जाए तो प्रकृति में, सौन्दर्य नहीं होता। **अभिनव** का यह मन्तव्य एक कठिनाई को जन्म देता है। यदि प्राकृत या वस्तु-जगत् के रूप, नाद, शब्द में सौन्दर्य या आस्वादन का उपाय बनने की क्षमता भी नहीं है तो एक ओर, **अभिनवगुप्त** आदि द्वारा **कालिदास** के "रम्याणि वीक्ष्य मधुरांश्च निशम्य शब्दान्" (अभि.शा. ५.२) जैसे श्लोकों का रसबोध की व्याख्या के लिए आश्रयण व्यर्थ हो जाएगा तो दूसरी ओर, जगत् और साहित्य का सम्बन्ध ही विच्छिन्न हो जाएगा। दूसरा विकल्प अत्यन्त भयावह विकल्प होगा।

निश्चय ही यह विकल्प **अभिनव** को मान्य नहीं होगा। **अभिनव**, जिनके यहाँ वस्तु-जगत् भी उसी मूल चेतना का प्रकाश है, इस प्रकार की आत्यन्तिक विच्छिन्नता को स्वीकार नहीं कर सकते। उनका कहना है कि सौन्दर्य वस्तु में नहीं प्रमाता की संवित् में है। दूसरे शब्दों में, सौन्दर्य इस बात में है कि वस्तु को सहृदय की चेतना कैसे ग्रहण करती है। उनका सिद्धान्त है कि सहृदय अपनी आनन्दघन संवित् का ही आस्वादन करता है। इस संवित् में भेद या विविधता का कारण रति, शोक आदि चित्तवृत्तिरूप वासनाएँ हैं, जिन्हें सामान्यतः स्थायीभाव कहा जाता है। अभिनय आदि का काम सिर्फ इन वासनाओं का उद्बोधन करना है।[१२७] इसलिए शिवाद्वयवादी सौन्दर्यशास्त्र में सहृदय की परिधि में कवि, अभिनेता और दर्शक/पाठक, यहाँ तक कि समीक्षक भी आ जाते हैं।[१२८] **भट्ट तौत** की प्रसिद्ध उक्ति को याद किया जाए तो इन सभी को समान अनुभव होता है अर्थात् सभी को रसानुभव होता है।[१२९] परन्तु **भरत** से प्रेरणा लेते हुए[१३०] **अभिनव** इन सबके अनुभवों में अनुभविता की संवित् के प्रकारता-भेद से सूक्ष्म आन्तरिक सजातीय भेद भी पाते हैं। "नाट्य एव रसः" में सामाजिक, अभिनेता और समीक्षक को लेकर आपाततः कठिनाई न भी हो, पर आद्य या प्राथमिक उद्बोधन बिन्दु में नाटककार और कवि की वस्तु-जगत् की निर्भरता को नकारा नहीं जा सकता। **अभिनव**

---

[१२७] अस्मन्मते संवेदनमेव आनन्दघनमास्वाद्यते। . . . केवलं तस्यैव चित्रताकरणे रतिशोकादिवासनाव्यापारः। तदुद्बोधने चाभिनयादिव्यापारः। – तदेव, पृ. २६२

[१२८] अतो व्याख्यातृनटसामाजिकाभिप्रायेण तस्यैव प्राधान्यम् इति रस एव तावत्पूर्वमुद्दिष्ट इति। – तदेव, पृ. २७१

[१२९] यदुक्तमस्मदुपाध्यायभट्टतौतेन नायकस्य कवेः श्रोतुः समानोऽनुभवस्ततः। – *ध्व.लो.लो.* (पाठक), पृ. ६३

[१३०] यथा बीजाद्भवेद्वृक्षो वृक्षात्पुष्पं फलं यथा।
तथा मूलं रसाः सर्वे तेभ्यो भावा व्यवस्थिताः। – *ना.शा.* ६.३८

अपने आप उत्तेजित हो उठती हैं। यहाँ हम शिवाद्वैतियों की दार्शनिक आस्था कि चेतना की अद्वयता और एकमात्र कारणता के कारण प्रत्येक वस्तु सर्वात्मक है (सर्वं सर्वात्मकम्) की छाया देखते हैं। अतः एक ही इन्द्रिय-विषय में समग्र इन्द्रिय-विषयों द्वारा पैदा होने वाले क्षोभ को, उत्तेजना को, उत्पन्न करने की क्षमता आ जाती है। **क्षेमराज** इसे "शाक्तवीर्यविवर्धन" या "शाक्तवीर्योत्तेजन" कहते हैं।[१४८] हम देख ही चुके हैं, वीर्यविक्षोभ की इस क्षमता को **अभिनवगुप्त** तान्त्रिक सौन्दर्यशास्त्र में सहृदयता का नाम देते हैं और सौन्दर्य के पर्याय चमत्कार को, आत्मविषयक आस्वाद को, इसकी आत्मा मानते हैं।[१४९]

शिवसूत्र में जो रूपक बाँधा गया है कि आत्मा नर्तक है, जीवात्मा रंगमंच है और इन्द्रियाँ इसका आस्वादन लेने वाली प्रेक्षक हैं,[१५०] वहाँ भी **क्षेमराज** द्वारा *विमर्शिनी* टीका में इन्द्रियों द्वारा विभागों के विगलन से चमत्काररस को सम्पूर्णता में ग्रहण करने की बात कही गई है।[१५१] तान्त्रिक सन्दर्भ के बावजूद भी इस विचार को जो बात प्रासंगिक बनाती है, वह है **अभिनवगुप्त** का उसे सौन्दर्यपरक सन्दर्भों से जोड़ना। उनका स्पष्ट मानना है कि इन आनन्दविधायी ऐन्द्रिय संवेदनों से उत्तेजित और उपचित चेतना में जो व्यक्ति अपने निजी व्यक्तित्व और शारीरिक चेतना का विलय कर शब्दादि के माधुर्य में तन्मय नहीं हो पाता और इस तन्मयता से होने वाले चमत्कार से अछूता रहता है, वह अहृदय अर्थात् असहृदय है।[१५२] याग और पूजा के सन्दर्भों में होने वाले पूर्णाभिषेक या ध्यान के कारण ये पाँचों

---

[१४८] 'जग्धि. . . विजृम्भणात्' (वि.भै. ७२) इति. . . योगिनं प्रति बलस्य स्पन्दात्मनः शाक्तवीर्यस्य विवर्धनात् उत्तेजनादेव अभिधानम्। – *स्वच्छन्दतन्त्रोद्योत* (*का.सं.ग्रं.*), भा.६, पृ. १२७-२८ (*स्वच्छन्दतन्त्र* १५.३-४ पर)।

यहाँ पर द्रष्टव्य है कि **क्षेमराज** के मन्तव्य का आधार भी *विज्ञान-भैरव* का वही उपक्रान्त श्लोक रहा है।

[१४९] अधिकचमत्कारावेश एव वीर्यक्षोभात्मा सहृदयता उच्यते। – *प.त्रिं.वि.*, पृ. १६ (मूलग्रन्थ भाग)

[१५०] नर्तक आत्मा।
रङ्गोऽन्तरात्मा।
प्रेक्षकाणीन्द्रियाणि। – *शिवसूत्र* ३.९,१०,११ (का.सं.ग्रं.)

[१५१] योगिनश्चक्षुरादीनि इन्द्रियाणि हि संसारनाट्यप्रकटनप्रमोदनिर्भरं स्वस्वरूपम् अन्तर्मुखतया साक्षात्कुर्वन्ति, तत्प्रयोगरूढ्या विगलितविभागाः चमत्काररससंपूर्णतामापादयन्ति। – *शि.सू.वि.(का.सं.ग्रं.)* पृ. ४४

[१५२] येषां तन्मयीभूतिस्ते देहादिनिमज्जनम्।
अविदन्तो मग्नसंविन्मानास्त्वहृदया इति।। – *तं.* ३.२४०-४१

जयरथ की टिप्पणी हैः लोके हि सातिशये गीतादौ विषये तन्मयीभावेन सचमत्काराणां 'सहृदया' इति, अन्यथा 'परहृदयगा' (अहृदयाः) इति प्रसिद्धिः। – *तं.वि.*, २, पृ. ५८०

ऐन्द्रिय संवेदन 'विशुद्ध' कहलाते हैं, कलात्मक सन्दर्भों में हृदयसंवादजन्य तन्मयता के कारण ये ऐन्द्रिय संवेदन अपने विशुद्ध रूप में आस्वादात्मकता के अनन्य वाहक सिद्ध होते हैं।[१५३] एक इन्द्रिय-विषय में सारे इन्द्रिय-विषयों द्वारा उत्पाद्य क्षोभ को जगाने की क्षमता के माध्यम से शिवाद्वयवादी विविध संवेदन विषयों की सौन्दर्योद्बोधकता को लेकर पारस्परिक पर्यायता का मार्ग प्रशस्त करते हैं। त्रिपुरा सम्प्रदाय, जो काश्मीर शिवाद्वयवाद का सहोदर शाक्त सम्प्रदाय है, में **अमृतानन्द** द्वारा प्रतिपादित 'समरसीकरण' के सिद्धान्त का सम्भवतः यही तात्पर्य है। उन्होंने इन्द्रिय-विषयों को प्रीणनद्रव्य कहा है।[१५४] इन इन्द्रियविषयों के द्वारा जन्य महानन्द के साथ प्रमाता का समरसीकरण परापूजा है।[१५५] रोचक बात यह है कि यहाँ भी **अमृतानन्द** की उद्भावना का आधार *विज्ञानभैरव* की पूर्वसंकेतित दृष्टि ही है।

इन्द्रिय-विषयों और वैषयिक ग्रहण-माध्यमों अर्थात् इन्द्रियों के विस्तार और समरसीकरण के बाद **अभिनव** का अगला स्वाभाविक पड़ाव है, सौन्दर्य-सिद्धान्त की परिधि के विस्तारीकरण का। वह कलाविषयक चर्चा करते समय उसके तात्कालिक सन्दर्भ का उल्लेख अवश्य करते हैं। रोचक बात यह है कि ऐसे स्थलों में कलाक्षेत्रीय प्रतीक के साथ विजातीय नहीं तो निश्चित ही भिन्नक्षेत्रीय प्रतीक का समकक्ष्यतया सन्दर्भण हुआ है। उदाहरण के लिए मधुर गीत के साथ शीतल चन्दन का स्पर्श, नट या अभिनेता के साथ मल्ल या पहलवान, कवित्व के साथ शास्त्रज्ञता, गीतपरिषद् के साथ योगिनियों का मेला, नाट्यप्रेक्षा के साथ शास्त्रोपदेश रूप आदि अनेक सह-उल्लेख लिए जा सकते हैं। यहाँ पर निर्दिष्ट सारी स्थितियों को मात्र पञ्च इन्द्रिय-विषयों में परिघटित नहीं किया जा सकता। चूँकि इन सबका उल्लेख या तो कला के वैयक्तिक और सामूहिक आस्वादन के अन्तर के सन्दर्भ में हो, या कला-विषय के अंश-विशेष में भिन्न प्रमाताओं के अनुभवों की एकविषयता के विषय में हो, या काव्य के उद्भव और शास्त्रबोध की अन्तर्निहित प्रक्रिया को लेकर हो, इन सभी को **अभिनव** किसी-न-किसी स्तर पर सौन्दर्य की आभा से मण्डित देखते हैं। इस अर्थ में **अभिनव** कला-सिद्धान्त

---

[१५३] विशुद्धतत्त्वसृष्टिं वा कुर्यात्कुंभाभिषेचनात्।
तथा ध्यानबलादेव यद्वा पूर्णाभिषेचनैः।। – *तं.* १७.१०२
शिवामोदभरास्वाददर्शनस्पर्शनान्यलम्।।
तदाकर्णनमित्येवमिन्द्रियाणां विशुद्धता। – *तं.* १७.१०६–१०७

[१५४] विकल्परूपसंजल्पविमुखोऽन्तर्मुखः सदा।. . .
इन्द्रियप्रीणैर्द्रव्यैर्विहितस्वात्मपूजनः।। – *योगिनीहृदय* ३.७

[१५५] "जग्धिपान. . . ततो भवेत्", इति च विज्ञानभैरवभट्टारकोक्तनीत्या श्रोत्रादीन्द्रियविषयशब्दाद्यनुभव-जनितेन महानन्देन समरसीकरणं परापूजा इत्यर्थः। – *यो.हृ.दी.*, पृ. १६७; और भी देखिए, पृ. २६५, ३४०

तक दार्शनिक दृष्टि का सम्बन्ध है, अपने अतिरिक्त सभी दृष्टियों को **अभिनव** सूखी, शुष्क या रसशून्य कहते हैं। ऐसा कहने के पीछे उनकी दार्शनिक निष्ठा है, जो यह मानती है कि रस के प्रवाह में सराबोर होने का अर्थ है भैरव-स्वभाव में समावेशपूर्वक अपने स्वरूप का अभ्युपगम होना।[८] इस रस का स्वभाव है कर्तृता और आत्मस्वातन्त्र्य का लोलीभाव,[९] मेलनात्मक समरसता, जिसकी व्याप्ति परम योगी के मोक्षात्मक अनुभव से लेकर लौकिक जगत् के अनुभवपर्यन्त है। ऐसी स्थिति में प्रश्न है कि रस को यदि काव्य की या कला की आत्मा माना जाए तो उसका पारिभाषिक रूप क्या होगा। इस बिन्दु पर **अभिनव** कलानुभूति के व्यावर्तक धर्म को सौन्दर्य कहते हैं और इस बात की साग्रह घोषणा करते हैं कि लौकिक प्रमाणों से उत्पन्न साधारण व्यक्ति के रति-विषयक ज्ञान से, मित योगी के प्रत्यक्ष से प्राप्त दूसरे के मन के ज्ञान से और परमयोगी के विषयगत समग्र उपराग से पूर्णतः रहित अपनी आत्मा के आनन्द से एकघन अनुभव से कलागत अनुभव की पीठिका अनिवार्यतया भिन्न है। उस भेद के मूल में है, उपर्युक्त तीनों अनुभवों में पाया जाने वाला सौन्दर्य का अभाव। लौकिक अनुभव में "मुझे यह मिल जाए" इस प्रकार की लालसा आदि अन्य विघ्नों के उदय के कारण, साधक योगी में ग्राह्य विषय के प्रति तटस्थता और वैषयिक अस्फुटता के कारण, और सिद्धयोगी में विषय के आवेश की विवशता के बिल्कुल न रहने के कारण सौन्दर्य का अभाव रहता है।[१०] थोड़ा सा आगे चलकर **अभिनव** इसे फिर से दुहराते हैं। इस बार वह कहते हैं कि लौकिक प्रतीति अपनी तमाम तरह की व्यावहारिक और उपयोगितामूलक विघ्नबहुलता के कारण और योगी (साधक और सिद्ध दोनों ही) की प्रतीति विषय के आस्वाद के अभाव में कठोर बने रहने के कारण उस कलानुभव से अलग-थलग पड़ जाती है, जिसका स्वरूप है लोकोत्तरीभूत सुख-दुःख की विविध वासनाओं के अनुवेधन से उद्भूत सौन्दर्यातिशय, जिसे **अभिनव** "हृद्यतातिशयसंवित्" कहते हैं।[११] **अभिनव** की इस प्रतिपत्ति का आधार हमें

---

[८] भैरवेश्वरलक्षणैर्यः सम्यगावेशः आ समन्तात् तत्कर्तृकः स्वीकारः, तस्य यो रसः प्रवाहः। – *ई. प्र.वि.वि.,* १, पृ. ८५

[९] कर्तृतात्मस्वातन्त्र्यलक्षणोभयमेलनात्मकरस०। – तदेव, भा.३, पृ. २३४

[१०] सा च प्रत्यक्षानुमानागमोपमानादिलौकिकप्रमाणजनितरत्याद्यवबोधतः तथा योगिप्रत्यक्षजनिततटस्थ-परसंवित्तिज्ञानात् सकलवैषयिकोपरागशून्यशुद्धपरयोगिगतस्वात्मानन्दैकघनानुभवाच्च विशिष्यते। एतेषां यथायोगम् अर्जनादिविघ्नान्तरोदयात् ताटस्थ्यहेतुकेन अस्फुटत्वेन विषयावेशवैवश्येन च सौन्दर्यविरहात्। – *ना.शा.* १.३१ पर *अभि.भा.,* भा.१, चतुर्थ संस्करण, पृ. २७६

अभि.भा. के मुद्रित पाठ की शुद्धता को लेकर समस्या रही है। यहाँ पर "विषयावेशवैवश्येन" के स्थान पर संभवतः "विषयावेशावैवश्येन" पाठ अधिक उचित प्रतीत होता है।

[११] लौकिकात् प्रत्ययाद् उपार्जनादिविघ्नबहुलाद् योगिप्रत्ययाच्च विषयास्वादशून्यतापरुषाद् विलक्षणाकारसुखदुःखादिविचित्रवासनानुवेधोपनतहृद्यतातिशयसंविच्चर्वणात्मना भुञ्जते। – तदेव, पृ. २८४

ईश्वरप्रत्यभिज्ञाविवृत्तिविमर्शिनी में मिलता है जब वह इन अनुभवों का स्वरूप बताते हैं। मीठे रस आदि का लौकिक आस्वादन इस अर्थ में व्यवहित अनुभव है, क्योंकि विषय और उसकी प्रतीति के मध्य में विषयस्पर्श बना रहता है। काव्य और नाटक के अनुभव में यद्यपि विषय के स्पर्श का व्यवधान नहीं रहता, पर उस व्यवधान का संस्कार बना रहता है। इसे अव्यवहित अनुभव की कोटि में रखा जा सकता है, क्योंकि यह प्रतीति प्रत्यक्ष या साक्षात्कृत न होने पर भी प्रत्यक्षकल्प या साक्षात्कारायमाण होती है। उसी अनुभूति में जो लोग व्यवधानांश अर्थात् व्यवधानसंस्कारानुवेध का भी तिरस्कार कर पाते हैं, उन्हें परमानन्द या परब्रह्मानन्द मिल जाता है।[१२] यही कारण है कि परयोगी का अनुभव जहाँ परब्रह्मास्वाद रूप माना जाता है, रसानुभव में **अभिनवगुप्त** "परब्रह्मास्वादसब्रह्मचारित्व" की बात करते हैं।[१३] ब्रह्मानन्दसहोदरत्व या परब्रह्मानन्दसविधता इसी की शब्दान्तरित भंगिमाएँ हैं।[१४]

उपर्युक्त विश्लेषण के आलोक में विभिन्न अनुभूतियों को इस प्रकार रखा जा सकता है –

अनुभव

लौकिक (साधारण)	योगिगत	परयोगिगत	कला-/काव्य-/नाट्य-गत
लौकिकप्रत्यक्षादि-प्रमाणग्राह्य	तटस्थ ज्ञान	विषयोपरागशून्य	विषयावेशवैवश्यकृतसौन्दर्य
अर्जनादिविघ्नबहुलता	वैषयिक अस्फुटता	स्वात्मानन्दैकघन अनुभव	विलक्षणविचित्रवासनानुवेधजन्यसौन्दर्य/हृद्यता-अतिशय
विषयस्पर्शव्यवधान	विषयास्वादशून्यता-परुष	विषयास्वादशून्यतापरुष/विषयस्पर्शव्यवधान-संस्कारांशतिरस्कार	विषयस्पर्शव्यवधानसंस्कारानुवेध
सौन्दर्यशून्य	सौन्दर्यशून्य	सौन्दर्यशून्य	सौन्दर्यमय

इस विश्लेषण में एक बात जो छनकर आती है वह है कि आनन्द व्यापक है और सौन्दर्य व्याप्य। अर्थात् जो सुन्दर है वह आनन्ददायक है या सौन्दर्य आनन्दात्मक है, पर आनन्द अनिवार्यतः सौन्दर्यात्मक है या हर आनन्दप्रद वस्तु सुन्दर है, यह व्याप्ति नहीं बनती। इस प्रतिपत्ति का सत्यापन और बीज शैव दार्शनिकों की इस मान्यता में है कि कलानुभव, जिसे सामान्यतः रसानुभव कहा गया है, का ही स्वरूपनिर्धारक तत्त्व सौन्दर्य है। पर स्वयं इस

[१२] मधुरादिरसास्वादे तु विषयस्पर्शव्यवधानम्। ततोऽपि काव्यनाट्यादौ तद्व्यवधानशून्यता तद्व्यवधानसंस्कारानुवेधस्तु। तत्रापि तु तथोदितव्यवधानांशतिरस्क्रियासावधानहृदया लभन्त एव परमानन्दम्। – *ई.प्र.वि.वि.*, २, पृ. १७६

[१३] परब्रह्मास्वादसब्रह्मचारित्वं वास्तवस्य रसस्य। – *ध्व.लो.लो.*, पृ. १

[१४] इस प्रसङ्ग में **अभिनवगुप्त** द्वारा उपात्त एक अत्यन्त सूक्ष्म वैलक्षण्य की ओर **डॉ. पांडेय** हमारा ध्यान आकर्षित करते हैं (*कॅम्परेटिव ऐस्थेटिक्स*, भा.१, पृ. १४१-४२)। वहाँ वह *विवृत्तिविमर्शिनी* →

सौन्दर्य का स्वरूप-निर्धारण अपने आप में जटिल प्रक्रिया है। जैसा कि **बारलिंगे** कहते हैं[१५] कि सौन्दर्य की समस्या विश्लेषण की नहीं, अन्तर्दृष्टि की समस्या है। क्योंकि यह एक अकेली अवधारणा नहीं है बल्कि अवधारणा-परिवार है और इन विविध धारणाओं में पारिवारिक सादृश्य है।[१६] हमारी दृष्टि में इसका कारण काश्मीर शैवदर्शन की प्रत्ययात्मक अद्वैतवादी प्रकृति में निहित है। क्योंकि अद्वैतवादी परिनिष्ठा के पल्लवन और सिद्धि के लिए सभी प्रत्ययों का एकत्र संश्लेषणात्मक पर्यवसान उसकी तार्किक विवशता है। इसीलिए सौन्दर्य का प्रत्यय ज्ञानकोटिक प्रत्यय है या 'संविद्वर्गीय' प्रत्यय है, जहाँ विषय भी "विषयावेश" या "विषयस्पर्शव्यवधानसंस्कारानुवेध" के रूप में ही स्वीकृत हो पाता है। अतः प्रज्ञात्मक होने के

← के प्रकरणगत अंश (भा.३, पृ. १७८-७६) का सन्दर्भण करते हुए *अभिनवभारती* के प्रकृत अंश (भा.१, पृ. २८५; चतुर्थ संस्करण में पृ. २७६) से उसका संयोजन करते हुए रसानुभूति के दो स्तरों की चर्चा करते हैं। एक स्थिति वह है जहाँ आत्मा का स्वानुभव स्थायी से उपरञ्जित है। यहाँ मंच-प्रस्तुति या अभिनय के द्वारा उद्रिक्त स्थायी के संस्कार या वासना से सहृदय या अनुभविता का अवचेतन उपरंजित या चित्रित होता है। (और भी देखिए, *अभि.भा.*, पृ. २६२: "अस्मन्ते संवेदनमेवानन्दघनमास्वाद्यते। . . . . केवलं तस्यैव चित्रताकरणे रतिशोकादिवासनाव्यापारः। तदुद्बोधने चाभिनयादिव्यापारः।") परन्तु **अभिनवगुप्त** के लिए, **डॉ. पांडेय** के अनुसार, रसानुभूति की यही पर्यन्तावस्था नहीं है। रसानुभूति की उच्चतर स्थिति है जिसमें विषय और विषयी का द्वैत सर्वथा विगलित हो जाता है, यहाँ तक कि घोर अभ्यन्तरीकरण के कारण स्थायी चित्तवृत्ति भी न्यग्भूत होकर अवचेतन या पृष्ठभूमि में विलीन हो जाती है। इस स्थिति में केवल अनुपचरित आनन्दघन आत्मा या शुद्ध विषयिता ही शेष रहती है।

मुझे लगता है कि स्थिति इससे थोड़ी सी भिन्न या, सच कहें तो, ठीक उलटी है। **अभिनव** ने *विवृत्तिविमर्शिनी* में इन दो स्तरों की चर्चा समावेश के अपने स्वाभाविक प्रसङ्ग में की है। अव्यतिरेक तुर्यातीत वह स्थिति है, जहाँ विषयस्पर्शरूप पूर्व व्यवधान का संस्कार अवशिष्ट रहता है। अर्थात् लोक और लोकोत्तर के बीच गुणात्मक भेद के बावजूद भी सातत्य अखण्डित रहता है। रसानुभूति भी लोकोत्तर है, पर उसकी लोकोत्तरता में लौकिक प्रमाता के स्थायी का अनुवेध या संस्कार बना रहता है, यही सौन्दर्यानुभव अथवा हृद्यता का कारण बनता है और साधारण प्रमाता को रसिक या सहृदय में परिणत करता है। साम्प्रदायिक शब्दावली में यह शक्तिलक्षणा साक्षात्कार से भरी जीवन्मुक्ति से तुलनीय है। व्यतिरेकतुर्यातीत जिसे एक प्रकार से विदेहमुक्ति से जोड़ा जा सकता है, विशुद्ध, निष्कल, आनन्दघन आत्मतत्त्व का अनुभव है, यहाँ आनन्द की घनता है, पर सौन्दर्य की विरलता है। (*ई.प्र.वि.वि.*, ३, पृ. ३२७-३३) *अभिनवभारती* की साम्प्रतिक शब्दावली में अव्यतिरेक तुर्यातीत की निकटता सौन्दर्यानुभव से है, और व्यतिरेक तुर्यातीत की परयोगी के स्वात्मानन्दैकघन आनन्द से।

[१५] *भारतीय सौन्दर्य सिद्धान्त की नई परिभाषा,* सुरेन्द्र एस. बारलिंगे, हिन्दी अनु. राम जी तिवारी, दिल्ली, २००२, पृ. 'तेरह' (चन्द्रकान्त वान्दिवडेकर की "भूमिका")।

[१६] तदेव, पृ. २५५।

नाते सौन्दर्य एक मूल्य है और 'मूल्यमापी मानदण्ड'[१७] भी है। इस आधार पर ही अनुभूतियों का पृथक्करण और कला के शास्त्रीय संसार के अवान्तर सौन्दर्यनिर्धारक प्रत्ययों का मूल्याङ्कन किया जा सकता है।

सौन्दर्य के परिभाषण में कठिनाई का एक बड़ा कारण यह भी है कि शैवशास्त्र में सौन्दर्य को सीधे कहीं नहीं परिभाषित किया गया है, अतः भिन्न-भिन्न सन्दर्भों में आई विभिन्न प्रतिपत्तियों में झाँककर ही हम किसी सार्थक निर्णय पर पहुँचने की चेष्टा कर सकते हैं। सौन्दर्य की परम्परागत निरुक्तिमूलक (सु+उन्द+अर्) व्याख्या है – जो मन को अच्छी तरह भिगो दे, तर कर दे – "सुष्ठु उनत्ति आर्द्रीकरोति चित्तमिति सुन्दरम्" / आर्द्र मन का भाव, अवस्था या स्थिति सौन्दर्य है। इस क्रम में हम देखते हैं कि **भट्टनारायण** *स्तवचिन्तामणि* के अपने पहले श्लोक में पश्यन्ती वाक् को चित्तहारिणी मानते हैं और उसके मनोहारित्व को दर्शना या साक्षात् प्रतीति से आनन्द का उल्लास (शब्दशः, "आनन्दविग्रह परमेश्वर का उल्लास") मानते हैं।[१८] **अभिनवगुप्त** इसकी व्याख्या करते हुए आनन्द को स्वातन्त्र्यात्मक परावाक् से समीकृत करते हैं। मनोहारित्व यदि 'सौन्दर्य' का प्रतीक या पर्याय है तो यह आनन्द का कारक है, भले ही आनन्द परमेश्वररूप हो या परमेश्वर की परावाक् शक्ति रूप।[१९] **अभिनव** के अनुसार **उत्पल** यहाँ पर एक महत्त्वपूर्ण संकेत यह कर रहे हैं कि इस आनन्द और सौन्दर्यमयी वाक् के मध्य आधारभूत खाई नहीं है, इस अर्थ में आपातिक कार्यकारणभाव यहाँ उपचरित मात्र है।[२०] इस विचार का दार्शनिक अपोद्धरण भी **अभिनव** अपने *परात्रिंशिकाविवरण* में करते हैं। वहाँ 'सुन्दर' के पर्याय 'शोभन' की व्याख्या "द्वैत की कालिख के दोष से पूर्णतः शून्य" की शब्दावली में करते हैं।[२१] दर्शन या श्रवण से जन्य तृप्ति के कारण होने वाले अतिशय आह्लाद के उत्पादक तत्त्व को सुन्दर और तात्पर्यतः 'आह्लादकारिता' को *सौन्दर्य*

---

[१७] तदेव, पृ. २५६।

[१८] सुगिरा चित्तहारिण्या पश्यन्त्या दृश्यमानया।
जयत्युल्लासितानन्दमहिमा परमेश्वरः।। – *स्त.चि.,* श्लो. १

[१९] याऽसौ महापश्यन्तीनां प्रत्यगात्मरूपाणामविभागात्मिका परममहापश्यन्ती तया च योऽसावानन्दमहिमा परस्वातन्त्र्यात्मा उल्लासनीयः, सा भगवतः परा वागिति दर्शितम्। – *ई.प्र.वि.विव.,* २, पृ. १६७

[२०] मुख्यशब्दस्य व्यवच्छेद्यं दर्शयति 'तथाहि' इत्यादिना। यत् व्यतिरिक्तं, न तद्विषयमैश्वर्यं पूर्णं प्रतिहतिसम्भावनोपलब्धेः। – तदेव

[२१] शोभनेन द्वैतकलङ्काङ्कनाकालुष्यलेशशून्येन। – *प.त्रिं.वि.* (जय.), पृ. २० (मूल ग्रन्थ भाग); यहाँ ध्यान देने की बात है कि ठीक यही परिभाषा वह प्रतिभा की भी करते हैं : **प्रतिभाभिधानां संकोचकलङ्ककालुष्यलेशशून्यां भगवतीम्**। तदेव (का.ग्र.), पृ. १०२। प्रसंग बाह्य होने के कारण इसे यहीं छोड़ना उचित होगा।

कई जगह कहा गया है। **अभिनव** द्वारा *तन्त्रालोक* में प्रयुक्त सुन्दर[२२] शब्द की **जयरथ** यही व्याख्या करते हैं। यहाँ तक कि असुन्दर का अर्थ दुःखद भी एक ही साँस में लिया गया है।[२३] सुन्दर के पर्याय "सुभगा" को जयरथ "माधुर्य के अतिशय से उत्पन्न आह्लाद" से एकरूप मानते हैं।[२४] *तन्त्रालोक* के दसवें आह्निक में **अभिनवगुप्त** अर्चन, पूजन के सन्दर्भ में "सुष्ठु" शब्द पर गम्भीर विचार करते हैं।[२५] दुर्भाग्य से इस अंश पर **जयरथ** की टीका कुछ अधिक नहीं कहती। आत्म-साक्षात्कृत गुरुओं की दृष्टि में पूजा में वही उपकरण अभीष्ट होता है, जो अचिद्रूप जीवन की स्थितियों में डूबी हुई चेतना को ऊपर ले आता है, निर्मग्न का उन्मज्जन करता है। अचित् को डुबाकर चित् का उद्रेक या उन्मग्नता ही आनन्द है। प्रतिबन्धकों को तिरस्कृत करती हुई चेतना का सहज उन्मेष आनन्द है। इस आनन्द का जो साधकतम उपकरण है, वही सुष्ठु है और वही पूजा के योग्य या अनुरूप है। इस सुष्ठु के लिए अभिनव "हृदयहारि" शब्द का प्रयोग करते हैं और हृदयहारिता के तीन नियामकों का निर्देश करते हैं – (१) अचिद्रूप व्यक्तिगत सीमाओं को निमज्जित कर सकने का सामर्थ्य, (२) आनन्दजनकता और (३) पूजनानुकूल्य। यदि सौन्दर्य के इस विश्लेषण का सन्दर्भनिरपेक्षतया उपयोग किया जाए तो केवल पूजन का कला या काव्य से विनिमय करते हुए (कला और याग का यह सामनन्तर्य और सारूप्य शैव दार्शनिकों को अत्यन्त अभीष्ट है) कलागत सौन्दर्य में हम देखेंगे कि इन्हीं नियामकों का अविकल विनियोग किया जा सकता है – अर्थात् सौन्दर्य (१) वैयक्तिकता के बन्धनों का तिरस्कार कर उसका ऊर्ध्वीकरण या उन्मज्जन है, (२) आनन्द की उद्भावन-सामर्थ्य है और (३) काव्य, नाट्य या कला के प्रति विषय-सामग्री का

---

[२२] *तं.* ३.६ (. . . कान्तप्रतिबिम्बितसुन्दरं दर्पणम् . . .) की व्याख्या में **जयरथ** :
सुन्दरम् इत्यनेन दर्शनवशोन्मिषिताह्लादातिशयकारित्वाद्यपि सूचितम्। – *तं.वि.*, २, पृ. ३५६

[२३] *तं* ३.३६ (शब्दो नभसि सानन्दे स्पर्शधामनि सुन्दरः) की व्याख्या में **जयरथ** :
अतएवानन्दातिशयकारित्वात् सुन्दर इत्युक्तम्। अन्यो दुःखादिकारित्वाद् असुन्दरोऽपि। – *तं.वि.*, २, पृ. ३६७-६८

[२४] *तं.* ३.२३७ (तत्र या स्वरसन्दर्भसुभगा नादरूपिणी) की टीका में (स्थूला पश्यन्ती के सन्दर्भ में) **जयरथ** :
सुभगा माधुर्यातिशयादाह्लादरूपा। – तदेव, २, पृ. ५७८

[२५] तत्तद्यागविधाविष्टं गुरुभिर्भावितात्मभिः।
उन्मज्जयति निर्मग्नां संविदं यत्तु सुष्ठु तत्।।
अर्चायै योग्यमानन्दो यस्मादुन्मग्नता चितः।
तेनाचिद्रूपदेहादिप्राधान्यविनिमज्जकम्।।
आनन्दजननं पूजायोग्यं हृदयहारि यत्। – *तं.* १५.१६७-६६

संरचनात्मक आनुकूल्य है।

सौन्दर्य के क्षेत्र में रम् (रमु) और रञ्ज धातुओं का बड़ा महत्त्व है। भ्वादिगण में पठित √ रम् का सम्बन्ध क्रीडा (रमु क्रीडायाम्) से और दिवादिगणीय √ रञ्ज् का राग (रञ्ज रागे) से जोड़ा गया है। रम् से निष्पन्न रम्य, रमणीय, रति, रामणीयक और रञ्ज् से निष्पन्न राग, रञ्जन, रञ्जक, उपराग, उपरञ्जन, रक्तता आदि शब्दों का, विभिन्न अर्थच्छायाओं के साथ, इसे चाहे हम धातुओं की अनेकार्थता कहें या स्वाभाविक अर्थ-विस्तार, इस प्रसंग में खूब प्रयोग हुआ है। क्रीडा के मूल में जो 'निर्व्याज अच्छा लगने' या 'रमने का भाव' है, वही रम्-जातीय शब्दों में प्रकट हुआ दिखाई पड़ता है। इसी प्रकार रञ्ज्-जातीय शब्दों में दो भावों की प्रधानता दिखाई पड़ती है – वस्तुपक्ष में 'रंगने' की और प्रमातृपक्ष में 'आसक्ति' या अनुरक्ति' की। काश्मीर शैव दर्शन में इन दोनों ही भावों या अर्थच्छायाओं का परस्पर खूब पर्यायन हुआ है और इस समीकरण का यौक्तिक प्रतिफलन तन्मयीभाव की अवधारणा में होता है। इस दर्शन से प्रतिच्छायित काव्य-, नाट्य-, और कला-शास्त्रीय सन्दर्भों में भी यही स्थिति दिखाई पड़ती है। इस सन्दर्भ में हमें 'राग' शब्द पर विशेष ध्यान देना होगा। सामान्यतः भारतीय चिन्तन विधाओं में राग को बुद्धि या मन की वृत्ति या धर्म माना गया है, परन्तु इस दर्शन में यह व्यक्ति या आनुभविक प्रमाता का व्यक्तित्व-विधायक तत्त्व है। हमारी मौलिक चेतना अपने ही निषेध व्यापार से (पारिभाषिक शब्दावली में तिरोधान शक्ति, निग्रह शक्ति या माया शक्ति) जब अपने भूमा स्वरूप का गोपन करती है, तो परम प्रमाता की एकल अव्याकृत सत्ता व्यक्ति-प्रमाता, प्रमाण और प्रमेय की इकाइयों में बँट जाती है और मूलचेतना की ज्ञातृता, कर्तृता, व्यापकता, नित्यता और तृप्ति में अन्तर्निहित सर्वता या पूर्णता सर्वथा तिरोहित हो जाती है। इन खण्ड इकाईयों, जिनसे हमारा अनुभव जगत् निरूपित और परिभाषित होता है, में इस विलुप्तप्राय चेतना के आंशिक प्रबोधन का कार्य जो पाँच कञ्चुक शक्तियाँ करती हैं वे हैं – कला, विद्या, काल, राग और नियति। पूर्ण का निषेध और अंश का अभ्युपगम - अखण्ड सत्ता के आत्म-रमण की अनिवार्य शर्त है। तुल्य महत्त्व के विषयों में आसक्ति या प्रवृत्ति का होना राग का व्यापार है। और उनमें किसी एक का चुनाव करना नियति शक्ति के नियमन व्यापार द्वारा होता है। जीवन में हम अक्सर किसी वृद्ध व्यक्ति को प्रमदा से विरक्त पा सकते हैं, उसका यह वैराग्य बुद्धिगत धर्म है, पर प्रमदा के प्रति वृद्ध की प्रवृत्ति या उन्मुखता न हो, ऐसा नहीं होता। यही राग है। यह अभिष्वङ्ग तो प्रमातृ-व्यक्तित्व का आधारभूत घटक है। इसलिए यह वृत्तिरूप न होकर शक्तिरूप है। प्रमाता से होता हुआ यह प्रमेय में ऐसे फैलता है, मानो जैसे वह उसमें गुणादि का आरोपण कर रहा हो।[२६] नियति,

---

[२६] अत्र चांशे तुल्येऽपि किंचित्त्वे कस्मादिदमेव किंचित् – इत्यत्रार्थेऽभिष्वङ्गरूपः प्रमातरि देहादौ प्रमेये च गुणाद्यारोपणमय इव रागो व्याप्रियते। न च तद्बुद्धिगतमवैराग्यमेव, तद्धि स्थूलं वृद्धस्य प्रमदायां →

जो चेतना की सहज सर्वव्यापकता को कुण्ठित कर कार्यकारणभाव की अर्गला में बाँध देती है, के कारण ये पाँचों कञ्चुक कभी एक ही विषय से सम्बद्ध होते हैं कभी अलग विषयों से। पर लौकिक सन्दर्भों से कलागत सन्दर्भों का भेद है। यहाँ नाट्य और मल्लयुद्ध के प्रेक्षण में नियति की पकड़ शिथिल हो जाती है, फलतः वैयक्तिक अलगाव के बावजूद भी कलाविषयक अनुभव में उनकी एकता देखी जाती है।[२७] इस प्रकार राग और नियति के माध्यम से और फिर उनके उत्क्रमण द्वारा कलानुभव की सम्भावना बनती है। हम अपने प्रकृत बिन्दु पर लौटें। हमने देखा कि भोग्य के प्रति प्रवृत्ति का हेतु है राग, और इसलिए भोग्य की रञ्जकता सभी के प्रति समान रूप से होती है।[२८] यह रञ्जना या आसक्ति दोनों प्रकार से हो सकती है – बोधपूर्वक रञ्जना या रञ्जनापूर्वक बोध, शास्त्रीय भाषा में विद्यापूर्वक राग या रागपूर्वक विद्या।[२९] दोनों ही स्थितियों में दीर्घकाल तक प्ररूढ पूर्व संस्कार के परिपाक से यह आसक्ति जन्म लेती है।[३०] **जयरथ** इस "आसक्ति" के लिए "रति" का पर्यायशः प्रयोग करते हैं।[३१] रञ्जक की व्याख्या करते हुए उसमें आसक्ति को जनने वाली योग्यता ढूँढते हैं[३२] और इसका कारण बताते हुए कहते हैं कि आसक्ति तन्मयीभाव का द्वार है।[३३] अर्थात् रंग जाने का अर्थ है तन्मयीभूत हो जाना और रंग लेने का अर्थ है तन्मय कर देना। इसी समीकरण से हम अनजाने ही कलाप्रक्रिया के एक महत्त्वपूर्ण सोपान पर खड़े हो जाते हैं, वह है रसिक

← न भवेदपि, रागस्तु भवत्येव। अत्रैव कस्मादभिष्वङ्ग इत्ययमर्थो नियत्या नियम्यते इति। – *ई.प्र.वि.*, २, पृ. २३७-२३८

[२७] इति तस्यैव शक्तिरूपाः प्रतिप्रमातृभिन्ना एव, कदाचित् तु नटमल्लप्रेक्षादौ ईश्वरेच्छया एकीभवेयुरपि। – तदेव, पृ. २३६

[२८] रागोऽपि तद्धर्म एव भोग्यं प्रति प्रवृत्तिहेतुत्वात् . . . भोग्यस्य सर्वान् प्रति अविशेषेण रञ्जकत्वात्। – *तं.वि.*, भा.४, पृ. १७६६-६७ (*तं.* ६.२०३ की व्याख्या में)

[२९] *तं.* ६.२१८ (रज्यमानो वेद सर्वं, विदंश्चाप्यत्र रज्यते) की टीका में **जयरथ** :
सर्व एव हि पुमान् रज्यन् वा सर्वं वेत्ति, विदन् वा सर्वत्र रज्यति। – *तं.वि.*, ५, पृ. १८०६

[३०] *तं.* ४.१६ (रागतः रज्येत) की टीका में **जयरथ** :
चिरतरप्ररूढप्राक्संस्कारपरिपाकवशात् आसक्तो भवेत्। – तदेव, पृ. ६३७; मिलाइए – *तं.* ४.२१ (रागेण रञ्जितः), ४.२७ (विद्यारागेण रञ्जिता)। 'रञ्जितः' (*तं०* ४.३३) का अर्थ है 'गाढानुरक्तीकृतः' (*तं.वि.*, ३, पृ. ६५४)

[३१] तं. ५.६३ (यहाँ सन्दर्भभेद से **'ख'** के १० धर्मों की चर्चा है जिनमें से एक 'रति' भी है पर उससे अर्थ में अन्तर नहीं पड़ता) पर **जयरथः** "रतिः आसक्तिः।" – *तं.वि.*, ३, पृ. १०२०

[३२] तं. ३.२४३ (स्यात्तत्सुरञ्जकम्) की टीका में **जयरथः**
तत् सुष्ठु रञ्जकम् आसक्तिजननयोग्यम् इत्यर्थः। – *तं.वि.*, २, पृ. ५८१

[३३] तेन अत्राप्यासक्त्या तन्मयीभावो भवेदिति भावः। – तदेव

के द्वारा कला-वस्तु के रूप में भावित उपरञ्जक सामग्री से प्रमाता की चित्तवृत्ति के उपरञ्जन द्वारा तन्मयीभाव का आसादन। इस तर्कणा को हम निम्नलिखित तालिका का आकार दे सकते हैं –

(सौन्दर्यार्थक धातुएँ)

रम्-जातीय प्रत्यय = **रञ्ज्-जातीय प्रत्यय**

(रम्य, रमणीय, रामणीयक, रति आदि) = **(राग, रञ्जक, रञ्जन, उपरञ्जन, अनुरञ्जक, रक्तता आदि)**

आसक्ति = **रति**

तन्मयीभाव

उत्पल और **अभिनवगुप्त** की तलस्पर्शिनी प्रज्ञा की विशेषता यह है कि वह एक साथ कई धरातलों पर सक्रिय रहती है और सामस्त्य-बोधमयी उनकी कौलिकी चेतना उन सभी भिन्नतया प्रतीयमान तलों को एकसूत्र में पिरोती रहती है। इस टिप्पणी की प्रयोजनीयता तब उजागर होती है, जब हम **अभिनव** को *तन्त्रालोक* के तीसरे आह्निक के अन्त में सौन्दर्य की एक विलक्षण परिभाषा करते देखते हैं। विशुद्ध तान्त्रिक सन्दर्भ में वह *ऐतरेयोपनिषद्, गीता, मनुस्मृति* जैसे वैदिक परम्परा के ग्रन्थों और *विज्ञानभैरव* जैसे शिवाद्वैती तन्त्रों में सृष्टि के मूल उत्स को लेकर विलक्षण सामनन्तर्य का दर्शन करते हैं और *वीर्य, बल, ओज, प्राण* तथा *सौन्दर्य* या *रमणीयता के एक अपूर्व समीकरण* का आविष्करण करते हैं।[३४] इस वीर्य का स्वरूपलक्षण है विश्व-निर्माण या सर्जन की इच्छा से सदा संवलित होना अर्थात् समग्र विश्व-वैचित्र्य के उल्लास का इसमें संपिंडित होना।[३५] वैचित्र्य रमणीयता का आवश्यक घटक है।[३६] इस अर्थ में वह परब्रह्म से एकरूप है और 'शश्वन्निर्मित्सा' – अपने अन्तःस्थ के बाह्यतया निरन्तर प्रक्षेपण की आकुलता, उसकी सर्जनशीलता की व्याख्या करती है।[३७] इस सिद्धान्त का पल्लवन वह *परात्रिंशिकाविवरण* में और भी अधिक विस्तार से करते हैं। इस सम्बन्ध में **अभिनव** दो आनुषङ्गिक प्रत्ययों का आसूत्रण करते हैं – 'वीर्योपचय' और

[३४] तद्बलं च तदोजश्च ते प्राणाः सा च कान्तता। – *तं.* ३.२३०

[३५] तद्धि वीर्यं परं शुद्धं विसिसृक्षात्मकं मतम्। – तदेव ३.२२६

[३६] वैचित्र्यवर्जं नहि रम्यभावः। – *तं.* ३७.३३

[३७] विसिसृक्षात्मकमिति निर्मित्सात्मकत्वेन सदैव तत्तद्विश्ववैचित्र्योल्लासस्वभावमेवेत्यर्थः। – *तं.वि.*, २, पृ. ५७१

'वीर्यविक्षोभ'। इनके सहारे यहाँ **अभिनव** तीन बातें एक साथ साधते हैं। सबसे पहले, वह विषय-जगत् की संविद्रूपता या परब्रह्मता का आपादन करते हैं। मधुर शब्द इसीलिए रिझा पाता है, क्योंकि उसमें वीर्य का पोषण कर सकने की क्षमता है। यह क्षमता उसकी परब्रह्मरूपता या परसंवित् से अभिन्नता के कारण है। यही कारण है विषय-सृष्टि के किसी भी एक विषय – मधुर गीत, शीतल स्पर्श, प्रिय गन्ध – के आस्वादन, चर्वण, घ्राण का सौख्यात्मक भावन करने वाले की परसंविद्रूपता तुरन्त उल्लसित हो उठती है।[३८] *प्रत्यभिज्ञाहृदय* में **क्षेमराज** इसे रमणीयविषयचर्वण नामक उपाय मानते हैं।[३९] साथ ही, **क्षेमराज** तथा **जयरथ**[४०] दोनों इसे *विज्ञानभैरव*[४१] के एक प्रसिद्ध श्लोक से प्रेरित मानते हैं। दूसरे, इसी सर्जनेच्छा, जिसे कुल के साम्प्रदायिक सन्दर्भों में विसर्गशक्ति कहा गया है, के विक्षोभात्मक आवेश के द्वारा वागात्मक विश्वसृष्टि, जो कलात्मक परिप्रेक्ष्य में सत्ता या अर्थ के स्थान पर शब्द या अभिव्यक्ति की धारा है, से उसकी एकरूपता स्थापित करते हैं। इस प्रकार निर्मित्सा के एक ही केन्द्र में शब्दमय और अर्थमय दोनों विश्व प्ररूढ होते हैं। द्रष्टव्य है कि इस सर्जना को भी **अभिनव** "सुन्दरा" के विशेषण से विभूषित करते हैं।[४२] तीसरे, शरीर का भी अनुप्राणक होने के कारण यह वीर्य उस परम तत्त्व या सर्जना के उत्स से शरीर को भी अविच्छिन्नतया जोड़ देता है। **अभिनवगुप्त** के अनुसार सारे अन्तःकरणों और इन्द्रियों द्वारा भोग्य के रूप में जो कुछ भी शरीर में प्रवेश करता है वह प्राणनात्मक चेतनतत्त्व के रूप में विद्यमान रहता है। उसे ही ओज कहते हैं। वही ओज सभी अंगों में शब्द, स्पर्श, आदि के विभाग से रहित वीर्य के रूप में शरीर का अनुप्राणन करता है। इसलिए रूप आदि विषय के स्पर्श से ओजोरूप वीर्य, बल, प्राण – हम किसी भी शब्द का प्रयोग करें – सभी इन्द्रियाँ उत्तेजित हो उठती हैं, अर्थात् एक ही विषय में सारी इन्द्रिय-विषयों के द्वारा जन्य क्षोभ को उत्पन्न करने का सामर्थ्य आ जाता है। यही बात मानसिक विषयों के बारे में भी

---

[३८] तस्यापि च परं वीर्यं पञ्चभूतकलात्मकम्।
भोग्यत्वेनान्नरूपं च शब्दस्पर्शरसात्मकम्।।
शब्दोऽपि मधुरो यस्माद्वीर्योपचयकारकः। – *तं.* ३.२२८-२९

[३९] तथा रमणीयविषयचर्वणादयश्च संगृहीताः। यथोक्तं श्रीविज्ञानभैरवे एव . . .। – *प्र.हृ.*, पृ. ४५

[४०] *तं.वि.*, २, पृ. ५७१।

[४१] गीतादिविषयास्वादासमसौख्यैकतात्मनः।
योगिनस्तन्मयत्वेन मनोरूढेस्तदात्मता।। – *वि.भै.*, श्लोक ७३

[४२] बीजयोनिसमापत्तिविसर्गोदयसुन्दरा। – *तं.* ३.२३३
यहाँ पर **जयरथ** "सुन्दरा" का अर्थ लेते हैं "निरतिशया" से (सुन्दरा निरतिशया – *तं.वि.*, २, पृ. ५७५)। निरतिशय का अर्थ है चरमोत्कर्ष (निःशेषेण अतिशयः)।

कही जा सकती है। ऊपर जिस *वीर्योपचय* के सिद्धान्त का उल्लेख हुआ है, लगता है **अभिनवगुप्त** उसे 'इन्द्रिय-विषयों' से जोड़ते हैं। जहाँ तक *वीर्य-विक्षोभ* की अवधारणा का प्रश्न है **अभिनव** उसे 'प्रतीति' से जोड़ते हैं। इस प्रतीति के लिए **अभिनवगुप्त उत्पल** की *विवृत्ति* से विमर्श के लिए साभिप्राय प्रयुक्त चमत्कार शब्द को लेते हैं, जो **अभिनव** के शब्दकोश में अपने ऐतिहासिक अर्थों से नितान्त भिन्न और अतिशयी अर्थच्छाया लेकर सहृदय को होने वाले निरतिशय आनन्दात्मक कलानुभव के अर्थ में प्रयुक्त हुआ है। इस "चमत्कार के अधिकावेश" को "वीर्य-विक्षोभ" कहा गया है। **अभिनव** फिर यहाँ एक विलक्षण समीकरण देते हैं। अधिक चमत्कार का आवेश ही सहृदयता है और उसका स्वभाव है वीर्यक्षोभ[४३] । एक इन्द्रिय के विषय के माध्यम से समस्त इन्द्रियों के उत्तेजन रूप भोग के बार-बार अभ्यास से अनन्त गुना उपचित वीर्य से पुष्ट हृदय वाले रसिक की ही उत्कृष्ट चमत्क्रिया सम्भव है।[४४] **अभिनवगुप्त** की दृष्टि में परिपक्व सर्वात्मक महावीर्य ही पुष्ट सृष्टि और सर्वात्मक बोध का जन्मदाता होता है, अधपके और क्षीण वीर्य से न तो ऐसी सृष्टि सम्भव है और न ऐसा बोध। जिनका वीर्य पुष्ट नहीं है, उनके लिए आँखों को सुन्दर रूप और कानों को सुरीला गीत भी पूरी तृप्ति नहीं दे पाता। जो वस्तुएँ जितनी ही कम मात्रा में उत्तेजित या विक्षुब्ध करती हैं, उतनी ही कम मात्रा में उनका चमत्कार होता है। यदि किसी में इस चमत्कार की क्षमता बिल्कुल नहीं है तो ऐसा व्यक्ति निरा जड होता है।[४५] रसिक व्यक्ति को चूँकि अत्यन्त संवेदनशील हृदय की अपेक्षा होती है, अतः उसका अतिशय चमत्कार से आविष्ट होना ही अर्थात् पुष्ट और परिपक्व वीर्यविक्षोभ से सम्पन्न होना ही सहृदयता की शर्त मानी गई है। दुःख में भी यही चमत्कार इसी कारण से दिखाई देता है। पत्नी, पुत्र आदि का जो सुख वीर्यभाव में परिणत होकर व्यक्ति के अन्दर स्थित है, वही दर्शन, रुदन आदि से इस क्षोभात्मक विकास को प्राप्त होता है कि अब यह सुख कभी नहीं मिलेगा – इस निराशामयी अनुभूति की तीव्रता से मनुष्य की पीड़ा में भी विलक्षण चमत्कार उत्पन्न हो जाता है।[४६] यह बात ध्यान देने की है कि ऊपर *विज्ञानभैरव* के जिस श्लोक का सन्दर्भण किया गया है, उसमें आए विषय के आस्वाद को टीकाकार **शिवोपाध्याय** ने सर्वत्र चमत्काररूप

---

[४३] अधिकचमत्कारावेश एव वीर्यक्षोभात्मा सहृदयता उच्यते। – *प.त्रिं.वि.* (जय.), पृ. १६ (मूलग्रन्थभाग)

[४४] यस्यैव एतद्भोगासङ्गाभ्यासनिवेशितानन्तबृंहकवीर्यबृंहितं हृदयं, तस्यैव सातिशयचमत्क्रिया। – तदेव, पृ. १६

[४५] सर्वतो हि अचमत्कारे जडतैव। – तदेव

[४६] दुःखेऽपि एष एव चमत्कारः, अन्तर्व्यवस्थितं हि यत्तत् दयितासुतसुखादि वीर्यात्मकं तदेव भावनासदृशदृगाक्रन्दादिबोधेन क्षोभात्मकं विकासमापन्नं पुनर्न भविष्यति इति नैरपेक्ष्यवश-सविशेषचमत्क्रियात्म दुःखसतत्त्वम्। – तदेव

है और विमर्श उसकी प्रमातृता। चूँकि परम सत्ता एक और अविभाज्य है और तदतिरिक्त अन्य है नहीं, अतः आत्म-सम्भावन का मूल है उसका आत्म-स्वातन्त्र्य। स्वरूप की दृष्टि से प्रमातृता, कर्तृत्व या स्वातन्त्र्य नामान्तर मात्र हैं। इन दोनों पक्षों में तादात्म्य है और इस तादात्म्य को प्रत्यभिज्ञान की शब्दावली में परिभाषित करते हैं। सृष्टि और बोध की सम्पूर्ण यात्रा प्रकाश की अपने ही विमर्श द्वारा अपने को पहचानने की प्रक्रिया है।

उत्पल अपनी अत्यन्त प्रसिद्ध एक कारिका में कहते हैं कि यह विमर्श प्रकाश का स्वभाव है[५२] और विमर्श के अभाव का अर्थ है जडता। यहाँ पर अपनी *वृत्ति* में **उत्पल** विमर्श को समझाने के लिए चमत्कार की अवधारणा को आसूत्रित करते हैं।[५३] इस स्थल की व्याख्या करते समय **अभिनव** *विवृत्तिविमर्शिनी* में प्रश्न उठाते हैं कि "विमर्श के अभाव में जड़ता होगी" यह न कहकर **उत्पल** "चमत्कृति के अभाव में जड़ता होगी", ऐसी वृत्ति क्यों करते हैं?[५४] **अभिनव** यहाँ जो उत्तर देते हैं, वह केवल चमत्कार की ही व्याख्या नहीं करता अपितु शिवाद्वयवाद की सौन्दर्यनिर्भरा प्रकृति का भी उन्मीलन करता है। वह कहते हैं कि चमत्कार भुञ्जान, अर्थात् भोग व्यापार में सक्रियरूप से कर्तृतया लीन प्रमाता, की वह क्रिया है जो भोगसम्पादनात्मक आनन्द की शब्दावली में ही समझाई जा सकती है।[५५] अर्थात् यह आनन्द फल नहीं व्यापार रूप है, यही प्रकाश का स्वभाव है, यही होने की पहचान है। अपने सम्पूर्ण स्वभाव के प्रकाशन का परामर्शन की प्रक्रिया से गुजरना ही आनन्द है।[५६] **अभिनव** की महत्त्वपूर्ण स्थापना है कि प्रमातृभाग का प्रधानतया विमर्शन करता हुआ ही प्रमाता 'भुञ्जान' कहलाता है।[५७] यहाँ **अभिनव** 'विषयावेशवैवश्यकृत' सौन्दर्य की गुत्थी भी सुलझाते हैं। साधारण या लौकिक अनुभव में प्रमेय भाग का प्रधानतया विमर्शन होता है। इसके फलस्वरूप अर्जन, जिहासा आदि न जाने कितने विघ्नों से लौकिक विमर्शन व्यवहित होता रहता है, परन्तु सामान्य वैषयिक आनन्द से भिन्न नाट्य और काव्य आदि विषयक शृङ्गारादि रस में

---

[५२] स्वभावमवभासस्य विमर्शं विदुरन्यथा।
प्रकाशोऽर्थोपरक्तोऽपि स्फटिकादिजडोपमः।। – *ई.प्र.का.* १.५.११

[५३] प्रकाशस्य मुख्य आत्मा प्रत्यवमर्शः, तं विना अर्थभेदिताकारस्य अप्यस्य स्वच्छतामात्रं न त्वजाड्यं चमत्कृतेरभावात्। – *ई.प्र.का. वृत्ति,* पृ. २२

[५४] ननु विमर्शाभावात् जडता स्याद् इति वक्तव्ये 'चमत्कृतेरभावात्' इति कथं वृत्तिः। – *ई.प्र.वि.वि.,* २, पृ. १७७

[५५] चमत्कृतिर्हि भुञ्जानस्य या क्रिया भोगसमापत्तिमय आनन्दः। – तदेव

[५६] एतदुक्तं भवति – स्वरूपस्य स्वात्मनः परिपूर्णनिजस्वभावप्रकाशनमेव परामर्शमयतां दधदानन्द इति उच्यते। – तदेव

[५७] प्रमातृभागमेव प्रधानतया विमृशन् भुञ्जान इति उच्यते।। तदेव, पृ. १७८

विषयनिष्ठ प्रकाशभाग के अनादर या दब जाने के कारण केवल उसके स्पर्श का संस्कारमात्र रह जाता है। इसे ही वेद्यकृत उपरञ्जन, या विषयावेशवैवश्य कहते हैं। इस संस्कार से उपरञ्जित विषयिनिष्ठ परामर्शन-व्यापार की प्रधानता ही 'चमत्कृति' है। इसे ही **अभिनव** रसना, चर्वणा, निर्वृति कहते हैं। वस्तुतः यह प्रमातृता में विश्रान्त होना है।[५८] **अभिनव** यहाँ पर सहृदयता की गाँठ भी खोलते हैं। वह कहते हैं परामर्शन ही हृदय है और वेद्यनिष्ठ प्रकाशभाग के उपसर्जनीभूत होने के कारण प्रमातृनिष्ठ परामर्श की प्रधानता ही "सहृदयता" है।[५९] *नाट्यशास्त्र* की टीका *अभिनवभारती* में जिन आस्वादरूप निर्विघ्न चित्तवृत्तियों को नव रसों के रूप में प्रतिपादित किया गया है वे इसी चमत्कृति, रसना, के द्वारा गृहीत – गोचरीकार्य – होते हैं।[६०] इसलिए रसनैकघन, न कि रसैकघन, आनन्दमयी कर्तृत्वलक्षणा परामर्शन-क्रिया ही चमत्कृति है।[६१] यही सौन्दर्य है।

चमत्कारिता जो भुञ्जान, कला-रसिक, सहृदय, की स्वरूपभूत क्रिया के रूप में प्रस्तुत की गई है, वह वस्तुतः स्वात्मविश्रान्ति रूप इच्छा है।[६२] इच्छा वस्तुतः चेतना की वह स्थिति है जिसमें विषय अन्तःस्थ होता है। इसलिए राग, काम, औत्सुक्य, अभिलाषा आदि सारी चित्तवृत्तियाँ स्वात्मविश्रान्ति में विषय के आत्मवर्तन की विधाभेद से इच्छा की ही अवस्थाभेद हैं।[६३] इससे स्पष्ट है कि इच्छा चेतना की वह स्थिति है जिसमें ज्ञान, क्रिया और भावना की बीजात्मक संश्लिष्टि है। इसीलिए इस आत्मविश्रान्ति को भी **अभिनव** भिन्न-भिन्न नामों से पुकारते है। आत्मरूपतासम्पत्ति, आत्मरूपतासाकल्य, आत्मताविश्रान्ति, आत्मरूपताध्यवसान कुछ भी कह सकते हैं। मूल भाव सर्वत्र एक है – आत्मताविश्रान्ति, आत्मतास्वादन।[६४]

चमत्कार के एक अन्य वैशिष्ट्य की ओर भी **अभिनव** ध्यान आकृष्ट करते हैं। अहंविमर्श चमत्कार का, अपने द्वारा अपने प्रधानतया विमर्शन का, प्रतीक है। इस आस्वादन

---

[५८] वैषयिकानन्दविलक्षणशृङ्गारादौ नाट्यकाव्यादिविषये तत्र वीतविघ्नत्वादेव असौ रसना चर्वणा निर्वृतिः प्रतीतिः प्रमातृताविश्रान्तिरेव। – *ई.प्र.वि.वि.*, २, पृ. १७८

[५९] तत एव हृदयेन परामर्शलक्षणेन प्राधान्यात् व्यपदेश्या व्यवस्थितस्यापि प्रकाशभागस्य वेद्यविश्रान्तस्य अनादरणात् सहृदयता उच्यते। – तदेव, पृ. १७८-७९

[६०] निर्विघ्नाः स्वादरूपाश्च रसनातद्गोचरीकार्याश्चित्तवृत्तयो रसा नव इत्ययमर्थो अभिनवभारत्यां नाट्यवेदविवृतौ व्युत्पादितोऽस्माभिरिति। – तदेव, पृ. १७९

[६१] संवेदनरूपतानान्तरीयत्वेन अवस्थितस्य स्वतन्त्रस्यैव रसनैकघनतया परामर्शः परमानन्दो निर्वृतिश्चमत्कार उच्यते। – तदेव

[६२] चमत्कारिता हि भुञ्जानरूपता स्वात्मविश्रान्तिलक्षणा सर्वत्र इच्छा। – तदेव, ३, पृ. २५२

[६३] तदेव।

[६४] तदेव, १, पृ. ८३-८४।

ही माना है।[४७]

अभिनव के इस उपपादन के सौन्दर्यशास्त्रीय आयाम बहुत दूर तक जाते हैं। सौन्दर्य की उनकी अवधारणा के स्फुट बोध के लिए इस समृद्ध समीकरण को इस प्रकार समझ सकते हैं। इस समीकरण में दो सोपान हैं –

१. ओज/वीर्य/बल = प्राण = विसिसृक्षा/निर्मित्सा = सौन्दर्य = चमत्कार = आस्वाद

२. वीर्यविक्षोभ = वीर्योपचय = (अधिक)चमत्कारावेश = सहृदयता

इस समीकरण के निष्कृष्टार्थ रूप में कहा जा सकता है कि **अभिनवगुप्त** की योजना में 'चमत्कारिता' ही *सौन्दर्य* है। प्रमाता के द्वारा यह वस्तुगत और आकारगत धर्मों का आस्वादमूलक मूल्याङ्कन है। सृज्यमान विश्व अपनी समग्र सम्भावनाओं के साथ निर्मित्सा के अन्तर्विषय के रूप में विद्यमान होता हुआ सर्जना को चमत्कार या आत्मविषयक आस्वाद से जोड़ देता है। 'कलनात्मक' व्यापार को 'सर्जनात्मक' कहे जाने के पीछे सम्भवतः यही रहस्य है। सर्जना को आनन्दकारी कहे जाने का यही अभिप्राय है कि सर्जना अन्ततः आनन्द में पर्यवसित होती है। इस चमत्कार, इस आस्वादात्मक विमर्श, में पूरी तरह से डूबकर अपनी वैयक्तिक सत्ता को विसर्जित कर आस्वाद को ग्रहण कर पाने की पात्रता ही सहृदयता है। चमत्कारावेश को *अभिनवभारती* "भोगावेश" कहती है और आस्वाद में सक्रिय रूप से लीन, अद्भुत भोग के स्पन्दन से आविष्ट, भोगते हुए रसिक प्रमाता की ऐसी मानसिक क्रियाशीलता जिसमें मन छका हुआ रहता है, को "चमत्कार" कहती है।[४८] इसका स्पष्ट अर्थ है कि चमत्कारावेश यदि भोगावेश है, तो चमत्कार भोगस्पन्द या भोग है। *लोचन* में **अभिनव** इस बात को लगभग इन्हीं शब्दों में दुहराते हैं।[४९] महत्त्वपूर्ण बात यह है कि **अभिनवगुप्त** इस चमत्कार की विस्तृत मीमांसा *ईश्वरप्रत्यभिज्ञाविवृतिविमर्शिनी, परात्रिंशिकाविवरण* और *तन्त्रालोक* जैसे दार्शनिक ग्रन्थों में करते हैं। मजे की बात है कि इन तीनों ही दार्शनिक ग्रन्थों में आस्वादात्मक या सौन्दर्यात्मक सन्दर्भों में इस पर विचार किया गया है। लगता है कि सम्प्रदाय के सौन्दर्याभिनिवेश के पीछे जो दार्शनिक प्रक्रिया छिपी है, उसे वह स्फुट करना चाहते हैं।[५०]

---

[४७] तेन शब्दादिविषयाणां यत् आस्वादनं श्रवणेन्द्रियवृत्त्या गीतशब्दग्रहणं तच्चमत्करणम्, एवम् अतिसुन्दररूपवद्दर्शनचमत्कारः, तथा मधुरादिरसचर्वणास्वादः तस्मात् हेतोः यत् असमम् अनुपमं स्वानुभवगम्यं सौख्यम्। – *वि.भै.वि.*, पृ. ६२

[४८] चमत्कारो. . . . स चातृप्तिव्यतिरेकेणाविच्छिन्नो भोगावेश इत्युच्यते। भुञ्जानस्याद्भुतभोगस्पन्दाविष्टस्य च मनःकरणं चमत्कार इति। – *अभि.भा.*, पृ. २७६

[४९] रस्यमानतोदितचमत्कारानतिरिक्तत्वाद् भोगस्येति। – *ध्व.लो.लो.*, पृ. २००

[५०] सम्भवतः यहाँ प्रसंगान्तर से किए गए भोगावेश के प्रत्यय की ओर ध्यान दिलाना प्रासंगिक होगा। →

कलानुभूति की केन्द्रीय प्राणवत्ता के रूप में चमत्कार की अवधारणा पर एक स्वतन्त्र लेख[५१] में विस्तृत विचार किया जा चुका है, अतः यहाँ पर संक्षिप्त चर्चा ही उचित होगी। काश्मीर शिवाद्वयवाद में परम सत्ता को प्रकाशविमर्शमय माना गया है और विश्लेषणात्मक बोध की दृष्टि से उसके दो स्वरूपघटक प्रत्यय माने गए हैं – प्रकाश और विमर्श, अर्थात् चिन्मयी या संविद्रूपा सत्ता और उसकी स्वरूपभूत आत्मविषयन करती हुई अविच्छिन्न क्रियाशीलता। प्रकाश का काम है आत्माभासनपूर्वक दूसरे को प्रकाशित या प्रतिबिम्बित करना और फिर इन प्रतिबिम्बित प्रदत्तों को अपने से अभिन्नतया ग्रहण करना। इस प्रतिबिम्बन को सम्भव बनाती है प्रकाश की असीम निर्मलता, जिसकी तार्किक व्यञ्जना है विजातीय के आत्यन्तिक परिहारपूर्वक चिदेकघन आत्मस्वरूप का अवस्थान। *रसानुभूति की वीतविघ्नप्रतीति के रूप में प्रतिपत्ति प्रकाश की इसी स्वरूप अवधारणा की देन है*। परम सत्ता का दूसरा घटक है विमर्श, इसे आत्मचेतना या अहंविमर्श कहना ज्यादा उपयुक्त होगा। यह प्रकाश की स्वतः-स्फूर्त्त आत्मक्रिया या कर्तृत्व है, जो स्वेतर विषय के अभाव में अपना ही विषयन करती है। अतः सर्जन की सारी प्रक्रिया अन्ततः अहंविश्रान्त आत्मभावन या आत्म-विमर्शन की प्रक्रिया सिद्ध होती है। प्रकाश को विषय, अर्थ, रूप या भाव से जोड़ा जाता है और विमर्श को ज्ञान, शब्द, नाम, भवनक्रिया या भवनकर्तृता से। शब्द-अर्थ, नाम-रूप, प्रख्या-उपाख्या, सत्ता-संवित्, ज्ञान-क्रिया ये एक ही तत्त्व की वर्तनियाँ या वचोभंगिमाएँ हैं। चरम विश्लेषण में प्रकाश प्रमाता

← **अभिनव** की समग्रान्वयिनी और तलान्वेषिणी प्रतिभा प्रमाण-मीमांसा को भी इसमें समेट लेती है। विकल्प का अन्तरङ्ग स्वभाव वाक् के क्रमिक संजल्पात्मक संघट्टन, जिसे वर्ण-क्षोभ भी कहा गया है, से परिभाषित होता है। विकल्प का यह निजी रूप (प्रमाता का) स्फुट भोगावेश रूप है, फलतः उसकी स्थिति प्रमाणमयी है। वर्ण-संवित् रूप प्रमा का यह अन्यतम प्रवेशद्वार है। भोगावेश का अर्थ है – अर्थानुभव से उदित सुख-दुःख का संवेदन। भोगावेशमयता के कारण यह प्रमाता का क्षोभरूप है। यही कलन है और सारा कलनव्यापार प्रमाणात्मक है –

संघट्टनं च क्रमिकं संजल्पात्मकमेव तत्।।

विकल्पस्य स्वकं रूपं भोगावेशमयं स्फुटम्।

अतः प्रमाणतारूपं पदमस्मद्गुरुर्जगौ।।

प्रमाणरूपतामावेशमपरित्यज्य मेयताम्।।

गच्छन् कलनया योगात् . . .। – *तं.* ११.५८-६१

[**जयरथ** की टिप्पणी है : कलनयेति, कलना हि विकल्पनं तदेव च प्रमाणसतत्त्वम्। – *तं.वि.*, ५, पृ. २१४२]। कहना न होगा, उपर्युक्त वैचारिक क्रम से **अभिनव** के इस प्रतिपादन की तार्किक अन्विति अत्यन्त स्पष्ट है।

[५१] देखिए मेरा लेख "क्विन्टइसेन्शियलिटी ऑफ़् चमत्कार इन् रस-एक्सपीरिएन्स" *अभिनवा : पर्सपेक्टिव्स ऑन् अभिनवगुप्त,* संज्ञक कांतिचन्द्र पांडेय स्मृति ग्रन्थ, सं. नवजीवन रस्तोगी, २०१६, पृ. ४२६-४५५।

है, वैसे ही वैसे व्यक्ति की काव्य- या शास्त्र-सर्जना में अधिकाधिक चमत्कार दिखाई पड़ने लगता है।[७६] परवर्ती संकेत पूर्व-पूर्व संविद् में विश्रान्त होते-होते आद्य उच्छलत्ता वाली संवित्ति में पर्यवसित होते जाते हैं, उस-उस समय कवित्व या वक्तृता का अप्रतिहत प्रसार होते चलता है। बीच की स्थितियाँ प्रतिभाजन्य चमत्कार की तारतम्यमयी स्थितियों की द्योतक हैं।[७७] **अभिनव** इस बात में संशय नहीं रहने देते कि रसना की चमत्काररूपता के बावजूद भी रस चमत्कार नहीं है। रस निश्चित रूप से काव्य की आत्मा है, पर चमत्कार का प्रत्यय व्यापकतर है। यही कारण है कि कभी-कभी विभावादि अंश में रस की अपेक्षा अधिक चमत्कार होता है।[७८] इस प्रत्यय की स्थिति ठीक ध्वनि जैसी है। रसध्वनि के केन्द्रीय होने पर भी ध्वनि की अवधारणा रस में गतार्थ नहीं होती, अन्यथा वस्तु-, अलङ्कार-ध्वनि की परिकल्पना व्यर्थ हो जाएगी। इसी प्रकार नृत्त आदि के वैचित्र्य का निरूपण करते हुए **अभिनव** चमत्कार को 'विस्मय' मानने की गलती न करने के लिए आगाह करते हैं। ये दोनों भिन्नार्थक, भिन्नजातीय प्रत्यय हैं। नृत्त आदि कलाएँ वृत्ति आदि का आश्रय लेकर केवल विस्मय, आश्चर्य को उत्पन्न कर सकती हैं, पर सहृदय के परम प्रार्थनीय रस-प्रवाह के सारभूत चमत्कार से उनका दूर दूर का नाता नहीं है।[७९]

ऊपर के विवेचन से एक बात बहुत साफ़ है कि शैवाद्वैती आचार्य सौन्दर्य को कला का पारिभाषिक वैलक्षण्य मानते हैं। चमत्कार, स्वादन, या रसना कहकर उस सौन्दर्य को जहाँ एक ओर संवेदन या चेतना की कोटि में रखा गया है, वहीं दूसरी ओर उसमें विषयावेश, उसका रूप कितना ही सूक्ष्म क्यों न हो, का होना सौन्दर्य का आधायक तत्त्व माना गया है। इससे एक विचित्र स्थिति पैदा होती है – इस सौन्दर्य को संविन्निष्ठ या सहृदय-केन्द्रित माना जाए या विषय-केन्द्रित। वस्तुतः आज के अनेक दार्शनिक और आलोचक **अभिनव** के रस-सिद्धान्त पर आरोप करते हैं कि सौन्दर्य की संविन्नष्ठता को लेकर कहीं **अभिनव** ने अति तो नहीं कर दी है। हमारा विचार है कि वस्तु की प्रकृति और शिवाद्वैतियों द्वारा जब हम सौन्दर्य-संरचना में विषय की स्थिति पर विचार करेंगे तो इस प्रश्न का उत्तर अपने आप उभरेगा।

---

[७६] आद्यामायीयवर्णान्तर्निमग्ने चोत्तरोत्तरे।।

संकेते पूर्वपूर्वांशमज्जने प्रतिभाभिदः। – तदेव ११.७७-७८

[७७] प्रमाप्रबोधस्य भिदो विशेषास्तारतम्यरूपं वैचित्र्यमित्यर्थः। – *तं.वि.*, ५, पृ. २१५३

[७८] यद्यपि च रसेनैव सर्वं जीवति काव्यम्, तथापि तस्य रसस्यैकघनचमत्कारात्मनोऽपि कुतश्चिद् अंशात्प्रयोजकीभूतादधिकोऽसौ चमत्कारो भवति। – *ध्व.लो.लो.* (पाठक), पृ. १८४

[७९] चित्रमिति। विस्मयकृद्वृत्त्यादिवशात्, न तु सहृदयाभिलषणीयचमत्कारसाररसनिःष्यन्दमयमित्यर्थः। – तदेव, पृ. १०६

अभिनवगुप्त के सौन्दर्य विचार में विषय की उपकारक भूमिका असन्दिग्ध है। इस सम्बन्ध में ध्यातव्य है कि **कान्तिचन्द्र पांडेय** ने 'ऐस्थेटिक्स' के लिए हिन्दी में स्वतन्त्रकलाशास्त्र शब्द का प्रयोग किया है। इसका कारण उनका यह मानना है कि काव्य/नाट्य, संगीत, और वास्तु (शिल्प/चित्र अन्तर्भूत) में ग्राह्य विषय और ग्राहक ऐन्द्रिय माध्यम के भेद के कारण तीनों कलाएँ स्वतन्त्र हैं और इस मौलिक भेद के कारण उनके कलानुभव भी प्रतिविशिष्ट हैं। इसके विपरीत **गोविन्दचन्द्र पांडे** की स्थापना है कि सौन्दर्यानुभूति रसानुभूतिरूप ही है और रससृष्टि ही शब्द, नाद और रूप के माध्यम से तीन विविक्त धाराओं में प्रकट हुई है। इस मत में भी सौन्दर्य-बोध में विषय का अवदान स्फुट है। **अभिनवगुप्त** के साहित्यशास्त्रीय ग्रन्थों में इस प्रकार के विभाजन की रेखा बहुत स्पष्ट नहीं है। *लोचन* में वह रसप्रधान ध्वनिगत सौन्दर्य का विवेचन करते हैं और *अभिनवभारती* में मुख्यतः रस का और अनुषङ्गतः संगीत और वास्तु का भी अनुसन्धान करते हैं। अर्थात् प्रधानतया शब्द और तदुपकारक रूप में नाद और रूप का प्रतिपादन हुआ है। परन्तु उनके दार्शनिक ग्रन्थों में कलाओं की विभाजक रेखा काफी कुछ स्पष्ट है। *तन्त्रालोक* में उनका आग्रह प्रधानतः संगीत पर है। वहाँ उन्होंने गीत और संगीत को नादरूप होने के कारण[८०] संवित् के निकट माना है। इस बात को बल मिलता है कला के मूल में निहित-कलन व्यापार की चरमावस्था[८१] को उनके नादात्मक मानने से। *विवृत्तिविमर्शिनी* में उनके सैद्धान्तिक विवेचन का मुख्य केन्द्र रस और रसना है और उसका उपक्रम शब्दमुखी है। *परात्रिंशिकाविवरण, मालिनीविजयवार्तिक* में मुख्यतया और *तन्त्रालोक* में भी प्रसङ्गतः वह विषय की इयत्ता को बहुत फैला देते हैं, अतः उस चर्चा को हम अगले बिन्दु तक छोड़ देते हैं। इस सबके बावजूद कलानुभव को विमर्श के पर्याय चमत्कार और उसकी भुञ्जानरूपता के रूप में प्रतिष्ठित कर **उत्पल** और **अभिनव** सौन्दर्य-अवधारणा की एकरसता बनाए रखते हैं।

शिवाद्वैती रसयोजना में विषय का महत्त्व **अभिनव** द्वारा दी गई सहृदय की परिभाषा से उजागर होता है। सहृदय वह है जिसमें "वर्णनीयतन्मयीभवनयोग्यता" हो।[८२] **राममूर्ति त्रिपाठी** इस परिभाषा को **क्षेमराज** से शब्द उधार लेते हुए 'चेत्य' अर्थात् विषय की दृष्टि से की गई परिभाषा मानते हैं।[८३] यहाँ पर वर्णन के विषय पर आग्रह साफ है। इसी प्रकार

---

[८०] तदस्यां नादरूपायां संवित्सविधवृत्तितः।।
साजात्यान्तर्म[त्तन्म]यीभूतिर्झगित्येवोपलभ्यते। – *तं.* ३.२३६-४०

[८१] नादः स्वात्मपरामर्शशेषता तद्विलोपनात्। – तदेव ४.१७५

[८२] सहृदयानामिति। येषां काव्यानुशीलनाभ्यासवशाद्विशदीभूते मनोमुकुरे वर्णनीयतन्मयीभवनयोग्यता ते स्वहृदयसंवादभाजः सहृदयाः। – *ध्व.लो.लो.* (पाठक), पृ. ३६-४०

[८३] *आगम के आलोक में भारतीय काव्यशास्त्र,* राममूर्ति त्रिपाठी, पुणे, २००१, पृ. ४५।

में न तो कोई संकेत है और न संकेत की स्मृति, अतः अहंशब्दनात्मक विमर्श को असांकेतिक, प्राणभूत मानना होगा,[६५] क्योंकि विमर्श के अपने रूप में विषय का पूरी तरह से डूब जाना ही सम्यक् आवेशकृत विषय का स्वीकार है[६६]। चमत्कार में आया चमत् शब्द भी आन्तर स्पन्द के आन्दोलन से उदित परामर्शमय शब्दन का ही वाचकशब्द विहीन अनुकरण है।[६७] चूँकि विषय अहं से अपृथक् नहीं रहता, इसे ही विषय का तिरस्कार, अनादर, न्यक्कार या गुणीभाव कहते हैं। ऐसी स्थिति में अहं का कोई प्रतियोगी नहीं होता। अपना ही एकमात्र विमर्शन हृदयङ्गमता या हृदयसङ्गमन या हृदयङ्गमीभवन कहलाता है। प्रश्न है कि प्रमाता के जिस आत्मभाव का पहले कभी आस्वादन नहीं हुआ, वह आत्मविमर्श या अहंरूप से कैसे आस्वाद का विषय बनता है।[६८] **अभिनवगुप्त** का मानना है कि व्यक्तिप्रमाता का जो संकुचित बोध है, वही अनन्त धर्मों से चित्रित आत्मसत्ता में प्रवेश का उपाय बन जाता है, इसका कारण है सामने प्रस्तुत वस्तु के स्वरूपसर्वस्वस्वीकार के रास्ते वस्तु का, कलाप्रदत्त का, ज्ञान। वस्तुतः **अभिनवगुप्त** यहाँ प्रत्यभिज्ञा को आस्वादनोपाय बनाकर प्रस्तुत कर रहे हैं।[६९]

इस विवेचन के साथ हम समीकरणों के तीसरे चरण में प्रवेश करते हैं। समीकरणों का यह परिकल्प इस प्रकार उभरता है। इसके भी तीन सोपान हैं :

१. चमत्कार = स्वात्मविश्रान्तिलक्षणा इच्छा = भुञ्जानरूपता/भुञ्जान की क्रिया = स्वादन

२. सहृदयता = सम्यगावेशकर्तृकस्वीकार

३. स्वरूपसर्वस्वस्वीकार = प्रत्यभिज्ञान (आस्वादनोपाय)

यहाँ चमत्कार और स्वादन (आस्वाद) के पूर्व समीकरण की अनुवृत्ति हुई है, और स्वात्मविश्रान्तिलक्षणा इच्छा के भुञ्जानरूपता के साथ तथा सम्यगावेशकर्तृकस्वीकार के सहृदयता के साथ नए सामनन्तर्यों के अनुविधान से, और प्रत्यभिज्ञा की आस्वादनोपायता से पूरे सौन्दर्य विचार में नई दीप्ति आ गई है। इस विवेचन से यह बात भी प्रमाणित होती है कि **अभिनवगुप्त** की सौन्दर्य की अवधारणा एक सरल प्रत्यय न होकर अवधारणा-कुल का जटिल संश्लेष है और संविद्वर्गीय मूल्यात्मक प्रत्यय होने के नाते मूल्यमापी मानदण्ड भी

---

[६५] अत एव चमतो भुञ्जानस्य करणं संरम्भोऽहमसौ नीलादेर्भोक्तेति। ननु अहमिति शब्दनं. . . नेदं सांकेतिकम्। – तदेव, १, पृ. ८३

[६६] तदेव, पृ. ८५

[६७] चमदिति वा आन्तरस्पन्दान्दोलनोदितपरामर्शमयशब्दनाव्यक्तानुकरणम्। – तदेव, ३, पृ. २५१

[६८] ननु कथं तदेवंभूतमनास्वादितपूर्वम् ऐश्वर्यम्, आस्वादगोचरीभवतीत्याशंक्याह 'हृदय' इति। – तदेव, १, पृ. ८६

[६९] अभितः स्वरूपसर्वस्वस्वीकारेण वस्तु ज्ञायते येनेति तस्य ख्यापनेन प्रथनया। – तदेव, १, पृ. ८६

है। सौन्दर्य के इस आयाम का **अभिनवगुप्त** अपने *लोचन* में प्रभूत उपयोग करते हैं। उनकी मान्यता है कि आस्वादयिता – जिसके सामाजिक, सहृदय या भुञ्जान नामान्तर हैं – के चमत्कार को चोट न पहुँचना, उसमें कमी न आना ही रस का प्राण है और इसका कारण है चमत्कार का आस्वाद के अधीन होना।[७०] इसको वह आगे चलकर और भी स्पष्ट करते हैं। रसों के अङ्गाङ्गिभाव, उनका परस्पर प्रधानगुणभाव, का आधार चमत्कार है। वे रस, जो अङ्गभूत हैं, अपनी विभावसामग्री से अपने तईं पुष्ट होकर चमत्कार के विषय बनते हैं, परन्तु इतने ही से उनका चमत्कार सन्तुष्ट होकर वहीं नहीं रुक जाता, अपितु दूसरे चमत्कार की खोज में दौड़ पड़ता है।[७१] गुणीभूत वस्तु का यह स्वभाव है कि अपना संस्कार कर वह अपना औचित्य सिद्ध नहीं कर पाता। इस प्रसंग में **अभिनव** फिर से दुहराते हैं कि स्वोचित विभावादि का काम है, रस को (अङ्गरसों को भी) पुष्ट करके उन्हें चमत्कार का गोचर बना देना। अनुभूति में ही नहीं अभिव्यक्ति में भी वह चमत्कार की मूल्यमापिता का निदर्शन करते हैं। *तन्त्रालोक* में प्रमाध्व का निरूपण करते हुए **अभिनव** कहते हैं कि सभी वर्ण प्रमारूप हैं।[७२] उच्छलित होती हुई प्रमारूप परसंवित्ति में विश्रान्ति का स्वाद लेने वाले वर्णों में सभी पदार्थों के आमर्शन और अभिधान का सामर्थ्य है।[७३] सभी अर्थों का अपनी चिद्भूमि में अभेदतया विमर्शन करते हुए वर्णों के समूह प्रमात्मक संवित् को वस्तुतया धारण करते हैं। संकेतनिरपेक्ष होने के कारण ही ये प्रमा कहलाते हैं,[७४] जबकि सामान्यतः वाचक शब्द या संकेत मायीय वर्णों से बनते हैं। इसलिए उनका सामर्थ्य एक-एक विषय के लिए नियत होता है। वर्णों की प्रमारूपता के तुल्य रूप से उपलब्ध होने पर भी कोई तो एक वाक्य नहीं बना पाता, कोई महाकाव्य की रचना कर डालता है। प्रमाताओं के इस भेद का कारण है, उनकी अपनी प्रमा पर पड़ा हुआ अनवधान का पर्दा।[७५] जैसे-जैसे स्वाभाविक प्रमा-बोध का उन्मेष बढ़ता जाता

---

[७०] आस्वादयितॄणां यः चमत्काराविघातस्तदेव रससर्वस्वं आस्वादायत्तत्वात्। – *ध्व.लो.लो.* (पाठक), पृ. ३४६

[७१] एतदुक्तं भवति – अङ्गभूतान्यपि रसान्तराणि स्वविभावादिसामग्र्या स्वावस्थायां यद्यपि लब्धपरिपोषाणि चमत्कारगोचरतां प्रतिपद्यन्ते, तथापि स चमत्कारस्तावत्येव न परितुष्य विश्राम्यति किं तु चमत्कारान्तरमनुधावति। सर्वत्र हि अङ्गाङ्गिभावेऽयमेवोदन्तः। – तदेव, पृ. ४१७

[७२] देखिए इसी संग्रह में अन्यत्र "तन्त्रालोक के आधार पर कलासिद्धान्त का पुनर्घटन" शीर्षक लेख

[७३] उच्छलत्संविदामात्रविश्रान्त्यास्वादयोगिनः।।
सर्वाभिधानसामर्थ्यादनियन्त्रितशक्तयः। . . .
आमृशन्तः स्वचिद्भूमौ तावतोऽर्थानभेदतः।
वर्णौघास्ते प्रमारूपां सत्यां बिभ्रति संविदम्।। – *तं.* ११.६३-६५

[७४] संकेतनिरपेक्षास्ते प्रमेति परिगृह्यताम्। – तदेव ११.७३

[७५] *तं.* ११.७३-७४।

अनुग्रह से परिपोष को प्राप्त राग के कारण स्मृति विरहावस्था को भी संगमोत्सव बना देती है।[१७७] **अभिनव** अपने *अनुभवनिवेदन* स्तोत्र में कह उठते हैं कि तुम्हारे धाम की प्राप्ति रूप उत्सवों की झड़ी लगने पर सुधी जनों को न जाने क्या-क्या अनिर्वचनीय अनुभूति होती रहती है।[१७८] परमेश्वर से जुड़ी हर अनुभूति को उत्सव मानने की इस प्रवृत्ति का स्वाभाविक विस्तार लोक और लोकोत्तर दोनों अनुभव-भूमियों को लीला-भाव या क्रीडा-भाव से देखने में होता है। लौकिक अनुभव के स्तर पर सबके लिए भयप्रद संसार का महासागर भगवान् के भक्तों के लिए क्रीडासरोवर बन जाता है।[१७९] ऐसी मति जीवन्मुक्त की मानी गई है।[१८०] बाह्यतया मन्मथ को भस्म कर देने वाले शिव आन्तर भाव में उमारूप में अपनी देहार्ध शक्ति के साथ कैलास पर नित्य प्रवर्तमान प्रमोदमयी क्रीडा में लीन रहते हैं।[१८१] नित्य लीला का यह पौराणिक रूप आनन्दसंगिनी स्वातन्त्र्य-शक्ति के द्वारा उपसंहृत समग्र विस्तार के कारण अपने स्वानन्दचमत्कार में निरन्तर लीन चिदात्मा महेश्वर की दार्शनिक अवधारणा के साथ पूरी तरह समञ्जस बैठता है।

आनन्द की धारणा के अनुप्रवेश से भक्ति एक स्वतन्त्र रस के रूप में अपने आपको स्थापित करती है और समस्त रसों की जननी के रूप में भी उभरती है। दूसरे शब्दों में भक्ति, रस और महारस, दोनों भूमिकाओं में उतरती है। इस अर्थ में अचिन्त्यभेदाभेद के मत से साम्य परिलक्षित होता है। **भट्टनारायण** इस प्रसंग में हमें दो अत्यन्त महत्त्वपूर्ण श्लोक देते हैं। एक में, भक्ति निरन्तर उत्तरोत्तर आत्मविस्तार ढूँढती हुई प्रक्रिया है, अतः समावेशात्मिका भक्ति की परमानन्दमयता अपना आस्वादन कराती हुई इन आस्वादों को हजार गुना फैला

---

[१७७] तदेव ४.१२।

[१७८] त्वद्धामाधिगमोत्सवेषु सुधियां किं किं न नामाद्भुतम्।। – *अनुभव-निवेदन* ४, *अभिनवगुप्त.*, परिशिष्ट सी, पृ. ६५३

[१७९] जयन्ति ते जगद्वन्द्या दासास्ते जगतां विभो।
संसारार्णव एवैष येषां क्रीडामहासरः।। – *शि.स्तो.* ३.१५

[१८०] इति वा यस्य संवित्तिः क्रीडात्वेनाखिलं जगत्।
स पश्यन्सततं युक्तो जीवन्मुक्तो न संशयः।। – *स्प.का.* २.५

[१८१] उपसंहृतकामाय कामायतिमतन्वते।
अवतंसितसोमाय सोमाय स्वामिने नमः।। – *स्त.चि.* ५१

क्षेमराज इस श्लोक की व्याख्या आन्तर क्रम और बाह्य क्रम दोनों से करते हैं। आन्तर क्रम में दार्शनिक रहस्य का उन्मीलन करते हैं और बाह्य क्रम से आख्यान की संगति बैठाते हैं :

"बाह्येन तु दग्धमन्मथाय. . . . .कैलासादिषु नित्यप्रवर्तमानप्रमोदनिर्भरक्रीडामयं लोकोत्तरप्रभावं विस्तारयित्रे, उमादेहार्धधारिणे, धृतचन्द्रकलाभरणाय नम इत्यर्थः।" – *स्त.चि.वि.*, पृ. ६०-६१

देती है। यही इसकी रसरूपता है।[१८२] दूसरे में, तीनों लोकों में पाया जाने वाला आनन्द इस आनन्द के सागर परमेश्वर का एक बिन्दु मात्र है।[१८३] इस अर्थ में भक्ति महारस है। **उत्पल** इसी को प्रतिध्वनित करते हुए भक्ति-रस को स्वाद की पराकाष्ठा अर्थात् निरतिशय चमत्कार से भरा हुआ मानते हैं।[१८४] फिर भी ईश्वर से प्रार्थना करते हैं कि पहले से अनजाना उनकी भक्ति का यह रस निरन्तर बढ़ता ही जाए।[१८५] इस अभिनिवेश के द्वारा **भट्टनारायण** और **उत्पल** हमें भक्तिरस की दो अवस्थाओं की ओर अनायास ले जाते हैं। पहली है, भक्ति की स्फुरणावस्था – इसका लक्षण है अटूट निष्ठा। और दूसरी है, भक्ति की प्ररूढावस्था – इसका लक्षण है सर्वस्व अर्पण और निरतिशय तादात्म्य । इन्हें क्रमशः शान्त भक्ति और दास्य भक्ति कह सकते हैं। शान्त भक्ति के स्फुरित होते ही उस पर दास्य का रंग चढ़ जाता है। **कविराज जी** के अनुसार दास्य के अंगीकरण द्वारा प्रत्यभिज्ञावादियों ने मानों भक्ति के रसत्व के मूल रहस्य को ही पकड़ लिया है।[१८६] यह दास्य का प्रताप है कि भक्त एक क्षण के लिए भी रसरूपी आसव के आस्वाद से अलग नहीं होना चाहता।[१८७] उसकी सत्ता, क्रिया और अनुभूति का कण-कण इसी आनन्द या निर्वृति से ओत-प्रोत है।[१८८] इसलिए परमानन्दप्रदायिनी यह भक्ति निरन्तर उपचीयमान भी है और सदा बनी रहने वाली भी।[१८९]

काश्मीर शिवाद्वयवाद की अप्रतिम महिमा का एक कारण उसके द्वारा दिया गया

---

[१८२] यावदुत्तरमास्वादसहस्रगुणविस्तरः।
त्वद्भक्तिरसपीयूषान्नाथ नान्यत्र दृश्यते।। – *स्त.चि.* ५०

[१८३] त्रैलोक्येऽप्यत्र यो यावानानन्दः कश्चिदीक्ष्यते।
स बिन्दुर्यस्य तं वन्दे देवमानन्दसागरम्।। – तदेव ६१

ईश्वरप्रत्यभिज्ञाविवृत्तिविमर्शिनी में **अभिनव** के रसस्वरूप-विवेचन को इस श्लोक ने अत्यन्त प्रभावित किया है, यह हम आगे चलकर देखेंगे।

[१८४] शुष्ककं मैव सिद्धेय मैव मुच्येय वापि तु।
स्वादिष्टपरकाष्ठात्वद्भक्तिरसनिर्भरः।। – *शि.स्तो.* १६.४

[१८५] यथैवाज्ञातपूर्वोऽयं भवद्भक्तिरसो मम।
घटितस्तद्वदीशान स एव परिपुष्यतु।। – तदेव १६.५

[१८६] “काश्मीरीय शैव दर्शन”, *भा.सं.सा.*, भा.१, पृ.११।

[१८७] क्षणमपीह न तावकदासतां प्रति भवेयमहं किल भाजनम्।
भवदभेदरसासवमादरादविरतं रसयेयमहं न चेत्।। – तदेव ४.१८

[१८८] नाथ स्वप्नेऽपि यत्कुर्यां ब्रूयां वा साध्वसाधु वा।
त्वदधीनत्वदर्पेण सर्वत्रात्रास्मि निर्वृतः।। – *स्त.चि.* १०३

[१८९] किमियं न सिद्धिरतुला किं वा मुख्यं न सौख्यमास्रवति।
भक्तिरुपचीयमाना येयं शम्भोः सदातनी भवति।। – *शि.स्तो.* १५.१३

की व्याख्या के अनुसार, "चारुत्व और स्फुटत्व युक्त"[६५]) दर्पण में प्रतिबिम्बित विषय से अपने को जोड़ पाता है, तल्लीन हो पाता है। विषय की लोकधर्मिता में नाट्य-धर्मिता का यह स्पर्श उसकी प्राकृतता या लौकिकता में निश्चय ही गुणात्मक परिवर्तन लाता है। इस पक्ष को छोड़कर भी हम विचार करें तो भी **अभिनव** का मानना है कि कलागत विषय भौतिक प्रदत्त की भाँति तटस्थ और निरपेक्ष नहीं होता। काव्य तो गहरी संवेदना की अपेक्षा करता है पर किसी भी सामान्य मानवीय संवेदना के सन्दर्भ में भी विषय एक जैसी प्रतिक्रिया उत्पन्न नहीं करता, अर्थात् विषय की विषयता को विषयिनिरपेक्ष सन्दर्भ में ग्रहण किया जाना असम्भव है। **अभिनव** शब्द-विषय की समीक्षा से अपने मत का प्रतिपादन प्रारम्भ करते हैं। एक ही शब्द से सामान्य जन को होने वाले अर्थ-बोध और किसी प्रयोजन या अर्थ को लेकर प्रवृत्त मनुष्य के अर्थ-बोध में अन्तर है। विषयार्थी और काव्यार्थी व्यक्ति को होने वाले शब्दार्थ-बोध और काव्यार्थ-बोध में **अभिनव** प्रक्रियागत साम्य पाते हैं। (यह ध्यान रखने की बात है कि काव्यार्थ या नाट्यार्थ रस है)। "उसने अग्नि में डाला" (तामग्नौ प्रादात्) इस श्रुति वाक्य (शब्द-विषय) को सुनकर अर्थी इसका अर्थ लेता है "मैं भी अग्नि में डालूँ"। यहाँ पर वक्ता से श्रोता तक अर्थ-बोध के तीन चरण हैं –

१. श्रोता का कोश या व्यवहार से प्राप्त व्यक्तिगत शाब्दिक अर्थबोध

२. देश, काल आदि के तिरस्कारपूर्वक सामान्यीकृत अर्थबोध

३. आत्म-संक्रमण रूप अर्थ-बोधः मानस-साक्षात्कार रूप बोध

यहाँ अर्थी को कोशगत अर्थ की अपेक्षा 'अधिक' अर्थ की प्रतीति हो रही है। इस विश्लेषण में **अभिनवगुप्त** का आग्रह अर्थ की 'अधिकता' पर है। ठीक इसी प्रकार काव्य में अर्थ की यह अधिकता शब्द के साधारण अर्थ, फिर उसका साधारणीकृत अर्थ-बोध, फिर काव्य/नाट्य से श्रोता में अर्थ का संक्रमण और उसकी साक्षात्कारात्मिका प्रतीति के क्रम से काव्यार्थ या रस बनकर सामने आती है। यहाँ पर भी अधिकारी का होने वाला बोध शब्द-विषय के संकेतार्थ से अधिक होता है।[६६] यहाँ हमारा प्रयोजन काव्यार्थ-बोध की प्रक्रिया पर विचार का नहीं है, परन्तु काव्य/कला के सन्दर्भ में विषयता के अन्दर प्रतिक्रिया को उत्पन्न करने की उसकी क्षमता को लेकर होने वाले सूक्ष्म किन्तु मौलिक परिवर्तन पर है।

कान्तिचन्द्र पांडेय अपनी महत्त्वपूर्ण मीमांसा में, **देशपांडे** जिसका अक्षरशः अनुमोदन करते हैं,[६७] सौन्दर्य-विषय या काव्य-विषय की विषयमात्र के रूप में अवधारणा-परिप्रेक्ष्य को

---

[६५] वैशद्येनेति चारुतया स्फुटतया च। – *ध्व.लो.लो.* (पाठक), पृ. १०८

[६६] तथैव काव्यात्मकादपि शब्दादधिकारिणोऽधिकास्ति प्रतिपत्तिः। – *अभि.भा.*, पृ. २७८

[६७] *अभिनवगुप्त,* गणेश त्र्यम्बक देशपांडे, पृ. ५०-५१।

बिल्कुल खारिज कर देते हैं। उनके अनुसार रसानुभव के पाँच स्तरों में[९८] ऐन्द्रिय स्तर पहला स्तर है। उनका मन्तव्य है कि रस का अनुभव निश्चित ही प्रीतिकर पदार्थों के प्रत्यक्ष (श्रवण/दर्शन) से प्रारम्भ होता है, किन्तु सुन्दर वस्तु रसानुभव का 'माध्यम' है, विषय नहीं। सुन्दर वस्तु का काम दर्शक की कल्पना शक्ति का प्रबोधन है। दर्शक का सम्बन्ध इन्द्रियग्राह्य प्रस्तुतीकरण से न होकर कल्पनागृहीत विषय से होता है। मुख्य पात्र की तरह वह सम्पूर्ण परिस्थिति का मूल्याङ्कन करता है। वह रंगमच या काव्य की सीमाओं के कारण अप्रदर्शित/अप्रस्तुत, पर अपेक्षित, उन सब स्थितियों की परिकल्पना कर लेता है जो प्रस्तुतीकरण से ध्वनित या सम्भावित होती हैं। पाठक या दर्शक का कल्पनालोक उसका नितान्त निजन्धर न होकर कवि की प्रतिभा और काव्य-भाषा से प्रतिच्छायित होता है। इस अर्थ में कवि द्वारा वर्णित, मंच पर प्रदर्शित, गायक द्वारा गाया हुआ विषय सहृदय द्वारा पुनर्निर्मित, पुनः सृष्ट या पुनर्मूल्यांकित होता है। इसे ही **अभिनव** 'व्यवसाय' (निश्चय) न कहकर 'अनुव्यवसाय' कहते हैं। इसलिए *अभिनवभारती* के "विषयावेशवैवश्य" की **अभिनव** *विवृतिविमर्शिनी* में "विषयस्पर्शव्यवधानसंस्कारानुवेध" की शब्दावली में व्याख्या करते हैं,[९९] यह हम ऊपर देख चुके हैं।

अभिनवगुप्त के दर्शन में सौन्दर्य को प्रमेयकेन्द्रित या विषयकेन्द्रित मानना एक यौक्तिक असम्भावना है। संवित् में अनुप्रवेश के बिना विषयता का निर्धारण नहीं किया जा सकता। अपने आकार को अर्पित करते हुए या कार्य की जनक सामग्री के रूप में वस्तु का संवित् में अनुप्रवेश ही उसका विषयतापादन है।[१००] परन्तु यदि विषयता इतने में ही सीमित हो तो हमारे ज्ञान का रूप होगा "हमने पदार्थ देख लिए हैं", विषय की विशेषरूपता – "यह तृण है" (प्रकृत में शब्दविशेष, रूपविशेष) – की स्वतन्त्र रूप में प्रतिष्ठा नहीं हो पाएगी। वस्तुतः आकारार्पक, जनक या कारण रूप में वस्तु का निश्चय, उसकी विशेषरूपता के बिना नहीं हो सकता। तृणरूप विषय के दो घटक हैं – 'तृण' रूप प्रकाश या वस्तु-भाग, 'तृण है' रूप विमर्श-भाग। 'तृण' रूप से विमृश्य जो तृण-प्रकाशांश है वह यदि मात्र विषयशरीरनिष्ठित है, तो "मैं तृण देख रहा हूँ" या "यह तृण है" इस प्रकार का मत्कर्तृक बोध मुझे नहीं होगा। लेकिन हमारे अनुभव में ऐसा होता नहीं। अतः "यह तृण है" इसमें प्रकाश और विमर्श दोनों

---

[९८] ऐन्द्रिय, कल्पनात्मक, भावात्मक, साधारणीकरणात्मक, लोकोत्तर।

[९९] *ई.प्र.वि.वि.*, २, पृ. १७६।

[१००] आकारार्पणेन एकसामग्रीकतया जनकत्वेन वा योऽनुप्रवेशो विषयतापत्तिः, तावन्मात्रतत्त्वा हि यदि स्यात्, तत् पदार्थास्तावन्मया दृष्टाः, न तु तृणादिविशेषा इति भेदेन प्रतिष्ठा न भवेत्। – तदेव, २, पृ. ५३

ही भाग तृणांश से परे जाकर संविद्भाग का अवलम्बन करते हैं[१०१]। चूँकि "यह तृण है" इस विमर्श की सार्थकता संविद्भाग की स्वतन्त्रता में विश्रान्त होकर सध पाती है, अतः वही अहम् है।[१०२] संविद्भाग में विश्रान्त होकर ही विषय की विशेषरूपता का, संवित् में उसकी आकारार्पकता का, निश्चय होता है। वस्तु का विषयरूप में बोध या वस्तु-बोध की बाह्यता अथवा विषयनिष्ठता का अर्थ केवल इतना ही है कि जिस समय विषय मात्र से प्रमाता की अर्थिता होती है, उस समय "इदं तृणम्", "अयं घटः" "इदं रूपम्" "अयं शब्दः" में प्रमाता विमर्श का विषय होता हुआ भी विषयविमर्श के प्रति उपकरणीभूत होता है।[१०३] अन्यथा जब प्रमातृभाग पर आग्रह होता है जैसे "अहं घटं जानामि", "शब्दमिमं शृणोमि", उस समय विषय का संस्कार रहते हुए भी उसके अहंभाव के प्रति उपकरणीभूत होने के कारण विषय अहंभाव या संवित् को संकुचित नहीं करता। यही विषयस्पर्श के व्यवधान का संस्कार है और यही अहंभाव की प्रधानतया विमृश्यमानतापत्ति है। इसे ही कलासन्दर्भों में चमत्कार कहा गया है।[१०४]

काव्य को कविकर्म, कलाकृति को कलाकार की सृष्टि, कहने का अर्थ है कि सौन्दर्य-बिम्ब या कला-बिम्ब मात्र प्रदत्त नहीं हैं, वे वस्तुतः कवि की प्रतिभा के द्वारा उपस्थित किए जाते हैं। "घटः प्रतिभाति" में ज्ञान आपाततः विषयोपश्लिष्ट दिखाई देता है, तथापि वह विषय का अपना रूप न होकर प्रमाता के ज्ञान का ही एक भासन-प्रकार विशेष है। जैसा कि **भर्तृहरि** एक दूसरे सन्दर्भ में कहते हैं कि शब्द का अर्थ वस्तु जगत् का अर्थ नहीं है, अपितु बुद्धिप्रतिभासी आकार है – "बुद्धिप्रतिभास्येव ह्याकारो शब्दार्थो न वस्त्वर्थः।"[१०५] वस्तु को शिवाद्वयवाद में आभास, जिसका अर्थ है अल्प या परिच्छिन्न प्रकाश, कहा गया है। यह परिच्छिन्नता उसकी आत्माङ्गीकृत प्रमेयरूपता की उपज है। प्रमाता को भी प्रकाश रूप माना गया है। प्रकाश का लक्षण है अपने को प्रकाशित करते हुए, या अपना स्वरूप न छोड़ते हुए, दूसरे को प्रकाशित करना। सहृदय के चित्त की तुलना दर्पण से की गई है। अतः प्रकाशधर्मी होने के नाते सहृदय का काम है वर्णनीय को प्रतिबिम्बित करना। जो अस्वच्छ है या कम

---

[१०१] न च एवम्, ततस्तृणमिदमिति प्रकाशविमर्शौ तृणांशादुत्तीर्णौ संविद्भागमवलम्बेते। – तदेव, पृ. ५४

[१०२] तेन तृणमिदमित्ययं विमर्शः स्वातन्त्र्ये विश्राम्यति यत्, तदहमित्युच्यते। – तदेव

[१०३] यथा च नीलमात्रेण अर्थिनस्तत्प्रमातृत्वं विमृश्यमानमपि नीलविमर्शं प्रति उपकरणीक्रियमाणत्वेन अविमृष्टं भवति . . .। – तदेव, पृ. ८५

[१०४] नीलाद्यसंकोचितो योऽहंभावाख्यो विमर्शस्तत्स्वभावे यश्चमत्कार आनन्दात्मा परमो भोगः तस्य या आपत्तिः प्राप्तिः। – तदेव

[१०५] *वाक्यपदीय* ३.१, पृ. २३६, १.१८ (*भर्तृहरि.*, को.अ. सुब्रह्मण्य अय्यर, हि. अनु. रामचन्द्र द्विवेदी, दिल्ली, १९९१, पृ. ३१४ पर उद्धृत)।

स्वच्छ है, वह अपने से अधिक स्वच्छ को प्रतिबिम्बित नहीं कर सकता।[१०६] सफेद रेशमी कपड़ा स्फटिक मणि को प्रतिबिम्बित नहीं कर सकता, पर स्फटिक मणि सफेद रेशमी कपड़े का प्रतिबिम्ब ग्रहण कर सकती है। अर्थात् प्रतिबिम्ब के अर्पक की तुलना में जिसमें भी अपेक्षाकृत अधिक स्वच्छता है, वही प्रतिबिम्ब ग्रहण करता है।[१०७] सहृदय की पारिभाषिक निर्मलता कलावस्तु को प्रतिबिम्बित करती है। दार्शनिक दृष्टि से सम्पूर्णतः स्वच्छ चिद्रूप समस्त विश्व का भासन करने में समर्थ है।[१०८] कलावस्तु की प्रतिबिम्बरूपता मिथ्या या भ्रम नहीं कही जा सकती। वह न केवल हमारे अनुभव से प्रमाणित है, बल्कि प्रतिबिम्बन-अवधि में उसका ज्ञानान्तर से बाधन नहीं होता, उसकी विमर्शानुवृत्ति टूटती नहीं। अतः सत् असत् से विलक्षण वस्तु सत्ता की एक तीसरी कोटि के रूप में उसका अस्तित्व है।[१०९] यही प्रतिबिम्बरूपता कलावस्तु की लोकोत्तरता का बीज है। परन्तु थोड़ा आगे, **अभिनवगुप्त** अपनी ही व्याख्या पर प्रश्नचिह्न लगा देते हैं। अपने से विलक्षण वस्तु का आदर्शन करना यह अनुपाधिक स्वच्छता की, दर्पण की, महिमा हो सकती है, परन्तु इसमें प्रतिबिम्ब की क्या महिमा है? क्योंकि सौन्दर्य का प्रतीक तो प्रतिबिम्ब है और प्रतिबिम्ब भले ही सत्ता की स्वतन्त्र कोटि हो, वह आश्रित तो अपने समर्पक हेतु पर ही है। अतः सत्ता की स्वतन्त्र कोटि होने पर भी अपने में वर्चस्व से वंचित है।[११०] यहाँ एक और अधिक मौलिक प्रश्न उठ खड़ा होता है वह यह है : प्रतिबिम्ब की ग्राहकता में स्वच्छता है, पर प्रतिबिम्ब की समर्पकता की स्थिति क्या होगी, क्योंकि सौन्दर्य का सम्बन्ध विषय के रूप में प्रतिबिम्ब की अर्पक सामग्री से है। **उत्पल** के "चिदात्मनोऽत्यन्तनिर्मलत्वात् प्रतिबिम्बन्यायेन" इस *विवृत्ति*-गत वाक्य की व्याख्या करते हुए **अभिनव** अपने उत्तर का परिष्कार करते हैं। उनका कहना है कि यहाँ प्रतिबिम्ब तो निदर्शन मात्र है। अर्थात् वह प्रतिबिम्ब न होकर प्रतिबिम्ब जैसा है। प्रतिबिम्ब और निर्मेय अर्थात् निर्माण-विषय में अन्तर है। दर्पण में अपने से विलक्षण जो अन्य रूप भासित होता है, वह बिम्ब अर्थात् अर्पक के सादृश्य की अपेक्षा से ही प्रतिबिम्बित या आदर्शित किया जाता है; जहाँ आकार का अपने से अतिरिक्त और कोई कारण या अर्पक नहीं है, वहाँ निर्मेय या

---

[१०६] स्वच्छमपि हि अधिकस्वच्छमपेक्ष्य अस्वच्छं न अधिकस्वच्छस्य प्रतिबिम्बं स्वीकरोति सितदुकू(गू?)लमिव स्फटिकमणेः। – *ई.प्र.वि.वि.,* १, पृ. १५८

[१०७] प्रतिबिम्बार्पकापेक्षया यस्य स्वच्छताख्यो धर्मस्तत्प्रतिबिम्बात्मकगुणविशेषनिष्ठः, स एव प्रतिबिंबं गृह्णाति। – तदेव, पृ. १५९

[१०८] सर्वतः स्वच्छे चिद्रूपे विश्वं प्रतिबिम्बितुमर्हति इति। – तदेव, पृ. १५८

[१०९] अस्ति प्रतिबिम्बलक्षणस्तृतीयराशिः। – तदेव, पृ. १६९

[११०] स्वच्छत्वस्य अयं प्रभाव उक्तो भवति, न तु प्रतिबिम्बतायाः। – तदेव, ३, पृ. २३८

कला-दर्शन और सौन्दर्य-दर्शन है। **भरत** के रस-सिद्धान्त और **आनन्दवर्धन** के ध्वनि-सिद्धान्त के समन्वयन से काश्मीर में जिस कलाशास्त्र का विकास हुआ, **अभिनवगुप्त** उसके पुरोधा हैं। अतः यह बात कुछ अटपटी सी लगती है कि काव्यशास्त्रियों और दार्शनिकों में भक्ति की रसरूपता को लेकर मतभेद हो। शिवाद्वयवादी दार्शनिकों में भक्ति के रस रूप की प्रतिष्ठा को लेकर मतैक्य है, किन्तु आलंकारिकों में न केवल दार्शनिकों से मतान्तर है अपितु परस्पर भी ऐकमत्य का अभाव है। **अभिनव** से पूर्व प्राप्त *नाट्यशास्त्र के* संस्करणों में केवल आठ रसों की परिकल्पना है, शान्त को रस नहीं माना गया है। भक्ति को रस मानने का वहाँ प्रश्न ही नहीं है। *अभिनवभारती* में प्रयुक्त *नाट्यशास्त्र* के संस्करण में शान्त रस का नवें रस के रूप में उल्लेख मिलता है। कई विद्वानों को इसलिए सन्देह भी हुआ है कि यह अंश प्रक्षिप्त है। शान्त रस का स्थायी भाव शम है; तत्त्वज्ञान, वैराग्य आदि इसके विभाव हैं; निर्वेद, स्मृति आदि व्यभिचारी हैं और इसकी प्रवृत्ति मोक्ष के लिए है।[१६०] यहाँ महत्त्वपूर्ण बात केवल यह कही गई है कि रत्यादि आठ स्थायिभाव विकृतियाँ हैं और शान्त प्रकृति है। ये आठों शान्त से अपने-अपने निमित्तों के बल से प्रकट होते हैं और निमित्तों के हट जाने पर फिर से अपनी प्रकृति शान्त में लीन हो जाते हैं। इस प्रकार नाट्य में नौ रसों की स्थिति मानी जाती है।[१६१] **अभिनव** ने शम को "आत्मस्वरूप तत्त्वज्ञान" के रूप में परिभाषित किया है। सभी लौकिक-अलौकिक चित्तवृत्तियाँ व्यभिचारी हैं, यम-नियम आदि से उपस्कृत अनुभाव अनुभाव हैं और ईश्वर का अनुग्रह आदि विभाव हैं।[१६२] आदि शब्द से वैराग्य, संसार का भय आदि का ग्रहण किया जाता है। इस विवेचन में महत्त्वपूर्ण बात है कि स्वयं **अभिनव** भी भक्ति और श्रद्धा को स्वतन्त्र रस नहीं मानते, उन्हें अधिक-से-अधिक वह शान्त का अङ्ग मान सकते हैं।[१६३]

---

[१६०] *ना.शा.*, भा.१ (द्वि. सं.), पृ. ३३२-३३।

[१६१] भावा विकारा रत्याद्याः शान्तस्तु प्रकृतिर्मतः।
विकारः प्रकृतेर्जातः पुनस्तत्रैव लीयते।।

स्वं स्वं निमित्तमासाद्य शान्ताद्भावः प्रवर्तते।
पुनर्निमित्तापाये च शान्त एवोपलीयते।।

एवं नवरसा दृष्टा नाट्यज्ञैर्लक्षणान्विताः।। – तदेव, पृ. ३३४-३५

[१६२] कस्तर्ह्यत्र स्थायी। उच्यते, इह तत्त्वज्ञानमेव तावन्मोक्षसाधनमिति तस्यैव मोक्षे स्थायिता युक्ता। . . . तदिदम् आत्मस्वरूपमेव तत्त्वज्ञानं शमता च यत्कालुष्योपरागविशेषा एवात्मनो रत्यादयः। . . . तत्त्वज्ञानलक्षणस्य च स्थायिनः समस्तोऽयं लौकिकालौकिकचित्तवृत्तिकलापो व्यभिचारितामभ्येति। तदनुभावा एव च यमनियमाद्युपकृता अनुभावा. . . . . विभावा अपि . . . ईश्वरानुग्रहप्रभृतयः। – *अभि.भा.*, भा.१, पृ. ३३६-३७

[१६३] अत एव ईश्वरप्रणिधानविषये भक्तिश्रद्धे. . . . . अङ्गमिति न तयोः पृथग्रसत्वेन गणनम्। – तदेव, पृ. ३४०

यह बात दार्शनिक स्थिति से समञ्जस नहीं बैठती। दर्शन में भक्ति स्वतन्त्र रस है, महारस है, व सारे रसों की प्रकृति है, शान्त स्वयं उसका अंगभूत है। काव्यशास्त्रियों में **मम्मट अभिनव** का अनुकरण करते हुए उनकी नाट्यविषया प्रतिपत्ति का काव्य में विस्तार करते हैं – "शान्तोऽपि नवमो रसः।" वहाँ भी भक्ति का रसत्व मान्य नहीं हैं। **मम्मट** और अन्य आलंकारिक एक अन्तर और करते हैं। भक्ति शान्त का अङ्ग न होकर रति का अङ्ग है और भावकोटि में आती है। परन्तु **कविराज** जी इसकी व्याख्या अन्यथा करते हैं। उनके अनुसार –

> **अलंकारशास्त्र में मुख्य भक्ति शान्त रस के अन्तर्गत है और गौण भक्ति भावमात्र है। भक्तिशास्त्र में शान्त रस स्वयं ही भक्तिविशेष है और मुख्य भक्ति तो रसस्वरूपा है।**[१६४]

मूलतः अभेदरूपा होकर जिस प्रकार कल्पित द्वैत का आधार लेकर समावेशात्मिका भक्ति अभेद और भेद के विरोध का परिहार करती है, ठीक उसी प्रकार यह शान्त और दास्य, वैराग्य और अनुराग, भोग और मोक्ष, शम और माधुर्य दोनों का समन्वयन करती हुई दो भिन्न ध्रुवों का एकीकरण भी करती है। अतः दोनों – शान्त रसगत तत्त्वज्ञान-प्रधान और दास्यभावगत चिदानन्दात्मैक्यास्वाद-प्रधान या उसी की विकासभूत माधुर्य-प्रधान – दृष्टियाँ भक्ति के रसत्व से उपपन्न होती हैं। राग, द्वेष, दुःख, दैन्य, अहंकार आदि आपाततः विरोधी भाव भी वस्तुतः परमेश्वर की आनन्दघनता के भिन्न आयाम सिद्ध होते हैं, क्योंकि विश्वात्मा ही उन्हें भी भासित करता है। इस आन्तरिक एकता के कारण ही भक्ति के रस में डूबकर ये सब भी संविन्मय रूप में आस्वादनीय होते हैं, जैसे काव्य में करुण, भयानक, रौद्र सभी रसरूपता धारण कर अपना आस्वादन कराते हैं।

रस का प्रसंग हमें स्वभावतः कला तक ले आता है। **भट्टनारायण** अपने एक अत्यन्त प्रसिद्ध श्लोक में शिव की तुलना एक चित्रकार से और जगत् की चित्र से करते हैं।[१६५] परन्तु इस चित्रकार की कला की श्लाघ्यता इस बात में है कि वह बिना किसी सामग्री के, बिना फलक के, चित्र की रचना करता है। कलाकार की रचनाधर्मिता का यह एक सशक्त निरूपण है, क्योंकि सामान्यतः सिद्ध कलाकार की सर्जना का आदि प्रारूप तो बिना किसी उपादान के होता है। शिव एक कवि या नाटककार हैं और त्रैलोक्य एक नाटक। सद्रूपतया प्रदर्श्यमान अनेक भावों के बीज से युक्त नाटक को मुख सन्धि के द्वारा संक्षेप में प्रस्तुत कर फिर उसका उपसंहरण कर पाना शिव जैसे सिद्ध नाटककार से ही सम्भव है, अन्य के बूते की यह बात

---

[१६४] "काश्मीरीय शैव दर्शन", *भा.सं.सा.*, पृ. ११।

[१६५] निरुपादानसंभारमभित्तावेव तन्वते।
जगच्चित्रं नमस्तस्मै कलाश्लाघ्याय शूलिने।। – *स्त.चि.* ९

खण्ड छह : सौन्दर्य और कला

१६. अभिनवगुप्त की सौन्दर्य-दृष्टि

१७. प्रतिभान और रसानुभव

१८. तन्त्रालोक के आधार पर कला सिद्धान्त का पुनर्घटन

भी इससे इनकार नहीं करते। वृक्ष के रूपक को लेते हुए कवि के अनुभव को बीजस्थानीय, काव्य को वृक्षस्थानीय, अभिनेता के अनुभव (फलतः अभिनयादिव्यापार) को पुष्पस्थानीय और सामाजिक के अनुभव को फलस्थानीय रसास्वाद कहते हैं। इस अर्थ में **अभिनव** के लिए सारी सृष्टि ही मानो रसमय हो उठती है।[१३१] काव्य/नाट्य रचना का विशिष्ट क्रम भी इस प्रकार है। कवि की संवित् साधारणीभूत मूलसंवित् है। इसका अर्थ है कि प्राकृतिक या वस्तु-जगत् के उद्‌बोधकों को भी वह साधारणीभूत रूप में ही ग्रहण करती है। इसी संवित् से काव्य या नाट्य रचना होती है और उसका आश्रय लेकर नट का व्यापार रूपायित होता है। **अभिनव** की दृष्टि में वास्तविक रस तो यही कवि-संवित् है। सामाजिक भी उसी मूल प्रतीति के वश में रहता है, पर कवि से उसकी प्रतीति में अन्तर यह होता है कि वह अपोद्‌धार बुद्धि (ऍब्सट्रेक्टिव इन्टेलेक्ट) से विभावादि की भी स्पष्ट प्रतीति कर पाता है। नाट्य, काव्य और सामाजिक-बुद्धि तीनों के पीछे यही प्रयोजनीयता है, अन्यथा कवि सामाजिक जैसा ही है।[१३२] इसी बात को **आनन्दवर्धन** *ध्वन्यालोक* में[१३३] और **अभिनवगुप्त** *लोचन* में आदिकविता[१३४] के आविर्भाव को लेकर रेखांकित करते हैं। विचित्र बात यह है कि इस सम्बन्ध में उनकी दृष्टि **वाल्मीकि**[१३५] और **कालिदास**[१३६] की दृष्टि का अनुवदन करती है। सर्वत्र एक ही बात मुख्य रूप से कही गई है कि शोक ही पुण्यश्लोक काव्य बन करुणा की अभिशापमयी वाणी में मुखरित हुआ है। **अभिनव** अपनी शास्त्रीय व्याख्या में कहते हैं : जोड़े में से नर क्रौञ्च

---

[१३१] बीजस्थानीयः कविगतो रसः। . . . ततो वृक्षस्थानीयं काव्यम्। तत्र पुष्पादिस्थानीयोऽभिनयादिनटव्यापारः। तत्र फलस्थानीयः सामाजिकरसास्कदः। तेन रसमयमेव विश्वम्। – *अभि. भा.*, पृ. २६४

[१३२] कविगतसाधारणीभूतसंविन्मूलश्च काव्यपुरस्सरो नटव्यापारः। सैव च संवित्परमार्थतो रसः। सामाजिकस्य च तत्प्रतीत्या वशीकृतस्य पश्चादपोद्‌धारबुद्‌ध्या विभावादिप्रतीतिरिति प्रयोजने नाट्ये काव्ये सामाजिकधियि च। . . . कविर्हि सामाजिकतुल्य एव। – तदेव

[१३३] मा निषाद प्रतिष्ठां त्वमगमः शाश्वतीः समाः।
यत्क्रौञ्चमिथुनादेकमवधीः काममोहितम्।। – *वाल्मीकि रामायण,* गीता प्रेस, सं. २०१७, बालकाण्ड २.१५

[१३४] काव्यस्यात्मा स एवार्थस्तथा चादिकवेः पुरा।
क्रौञ्चद्वन्द्ववियोगोत्थः शोकः श्लोकत्वमागतः।। – *ध्व.लो.* १.५

[१३५] पादबद्धोऽक्षरसमस्तन्त्रीलयसमन्वितः।
शोकार्तस्य प्रवृत्तो मे श्लोको भवतु नान्यथा।। – *वाल्मीकि रामायण,* बालकाण्ड, २.१८

[१३६] तामभ्यगच्छद्रुदितानुसारी कविः कुशेध्माहरणाय यातः।
निषादविद्धाण्डजदर्शनोत्थः श्लोकत्वमापद्यत यस्य शोकः।। – *रघुवंश* १४.७०, *कालिदास ग्रन्थावलि,* सं. रेवाप्रसाद द्विवेदी, वाराणसी, १६७६

के मारे जाने पर विरह कातर क्रौञ्ची का शोक **वाल्मीकि** के व्यक्ति द्वारा आँखों देखा एक पक्षी का चीत्कार नहीं है, बल्कि **वाल्मीकि** के प्रत्यक्षकल्प मानस अध्यवसाय द्वारा गृहीत शोक का कलात्मक रूपान्तरण है, जिसमें विरह-कातर क्रौञ्ची विभाव और उसका क्रन्दन अनुभाव बन जाता है। इनकी चर्वणा से हृदयसंवाद के क्रम से तन्मय कवि द्वारा आस्वाद्यमान होता हुआ शोक करुण रस के रूप में व्यक्त होता है।[१३७] **अभिनव** इस बात पर आग्रह करते हैं कि कवि के चित्त के पिघलने के कारण आस्वादन-गोचर मात्र रूप में गृहीत शोक लौकिक शोक से भिन्न होने के कारण ही करुण रस बन पाता है।[१३८] **अभिनव** की यह व्याख्या प्राकृत प्रदत्तों के कलात्मक विनियोजन का सैद्धान्तिक मानक है। **अभिनव** का बार-बार का आग्रह कि काव्य में भी रस नाट्यायमान होता है, प्रत्यक्ष नहीं प्रत्यक्षायमाण होता है, कलात्मक संवेदन प्रत्यक्ष नहीं प्रत्यक्षकल्प होता है, इस बात की उद्घोषणा है कि प्राकृत वस्तु कलावस्तु के रूप में आविष्कृत होकर ही कलाप्रतीति, सौन्दर्य, चमत्कार या आस्वादन का उद्बोधन कर पाती है। यही प्रक्रिया कलावस्तु के साथ भी होती है। इसलिए काव्य, नाटक, उपन्यास, कहानी पढ़कर भी कलात्मक आस्वादन की सम्भावना बनती है। जिनकी भावनात्मक क्षमता विकसित नहीं है, उन्हें प्रत्यक्ष जैसा आस्वाद मिल सके इसलिए नटप्रक्रिया का आश्रय लिया जाता है।[१३९]

सम्भवतः **अभिनवगुप्त** को इस समस्या से जूझना पड़ा था। अन्य स्थापनाओं के सम्बन्ध में उनके द्वारा प्रस्तुत सामग्री इतनी कम है कि कोई भी निर्णय निकालने और उसे अन्तिम कहने में भय लगता है।[१४०] एक मत तो विज्ञानवाद का है, जो मानते हैं लौकिक चित्तवृत्ति और रस एक ही बात को दो प्रकार से कहना है। इसका तात्पर्य यह भी हो सकता है कि अध्यवसाय और वस्तु की खाई को उनके विज्ञानरूप होने के बावजूद भी पाटा नहीं जा सकता। सांख्य

---

[१३७] (क्रौञ्चस्य द्वन्द्ववियोगेन. . . उत्थितो यः शोकः . . .) स एव तथाभूतविभावतदुत्थाक्रन्दाद्यनुभावचर्वणया हृदयसंवादतन्मयीभवनक्रमादास्वाद्यमानतां प्रतिपन्नः। – *ध्व.लो.लो.,* पृ. ८६-८७

आनन्दवर्धन और **अभिनव** में **वाल्मीकि** का क्रम बदल गया है। यहाँ सहचरी की हत्या पर क्रौञ्च की वेदना दिखाई गई है।

[१३८] करुणरसरूपतां लौकिकशोकव्यतिरिक्तां स्वचित्तद्रुतिसमास्वाद्यसारां प्रतिपन्नः। – तदेव, पृ. ८७

[१३९] तत्र ये स्वभावतो निर्मलमुकुरहृदयाः . . . तेषां तथाविधदशरूपकाकर्णनसमये साधारण-रसनात्मकचर्वणग्राह्यो रससञ्चयो नाट्यलक्षणः स्फुट एव। ये त्वतथाभूतास्तेषां प्रत्यक्षोचित-तथाविधचर्वणालाभाय नटादिप्रक्रिया। – *अभि.भा.,* १, पृ. २९१

[१४०] अत्र च विज्ञानवादो द्विधाभिधानं स्फोटतत्त्वं सत्कार्यवाद एकत्वदर्शनमित्यादि च द्रष्टव्यम्। . . . अन्ये तु बीजादिव भावाद्रसवृक्षस्ततोऽप्यभिनयकुसुमसुन्दरात्फलमिव भावः प्रतीत्या भुज्यत इति व्याचक्षते। तैः प्रकृतविरुद्धं सर्वं व्याख्यातम्। – तदेव, पृ. २९४

के सत्कार्यवाद और वैयाकरणों के स्फोटवाद को वह एकत्वदर्शन कहते हैं। अर्थात् लौकिक प्रदत्त और रस मूलतः एक हैं। स्फोट की तरह रस मूल सामग्री से अभिव्यक्त होता है और/या सांख्य की भाँति रस लौकिक प्रदत्त में अव्यक्त रहता है। एक मत और भी है। पर **अभिनव** इसका परिचय नहीं देते। यह मत **भरत** के रूपक का शब्दशः अनुवाद करता हुआ लौकिक भाव या लौकिक प्रदत्त से सामाजिक की प्रतीति तक एक आह्निक कार्यकारणभाव मानता है – लौकिक प्रदत्त या भाव बीज है, उससे रसरूप वृक्ष, उससे अभिनयरूप फूल, फूल से शोभित वृक्ष से सामाजिक-प्रतीति का भोगरूपी फल उत्पन्न होता है। इस मत से तो यही सिद्ध होता है कि रस-योजना में भाव, अर्थात् लौकिक प्रदत्त, ही आदि में भी रहता है और अन्त में भी। **अभिनव** पहले दोनों (या तीनों) मतों को अप्रासंगिक होने के कारण अनुपयोगी और अन्तिम को प्रसङ्ग-विरुद्ध मानते हैं। दृष्टिकोण भेद से हमारा परिचय हो सके, इसलिए **अभिनव** ने इन पक्षों को आंशिक अभ्युपगमवाद के साथ प्रस्तुत किया है।[१४१]

तान्त्रिक सन्दर्भों में शिवाद्वयवाद की दृष्टि कला और वस्तु-जगत् के सम्बन्धों पर बिल्कुल नया आलोक बिखेरती है। इस सम्बन्ध में *विज्ञानोपनिषद्* के नाम से समादृत शैवों के प्राचीन तन्त्र *विज्ञानभैरव* में आए हुए दो श्लोक बहुत महत्त्वपूर्ण है, जो तन्त्रों की सौन्दर्यवादी चिन्तना पर दूरगामी प्रभाव डालते हैं। पहले श्लोक[१४२] में बताया गया है कि अत्यन्त भूख को मिटाने के लिए खाए गए भक्ष्य (जग्धि) और गहरी प्यास को मिटाने के लिए किए गए पान (अर्थशः मद्यपान) से होने वाले उल्लास, रस और आनन्द के संचार के कारण आनन्द से भरी हुई स्थिति की अनन्यचित्त से भावना करने पर योगी को परम आनन्द की अनुभूति होती है। इसके अगले श्लोक[१४३] में कहा गया है कि गान, अर्थात् शब्द, स्पर्श, रूप और रस के आस्वाद में डूबे हुए योगी का मन जब तन्मय होकर इस आनन्द में टिक जाता है तो उसे अपने अर्थात् वेदक स्वरूप से एकात्मता के कारण महानन्द की प्राप्ति होती है। **क्षेमराज** अपने *प्रत्यभिज्ञाहृदय* में इसे स्वरूपप्राप्ति में 'रमणीयविषयचर्वण' नामक उपाय मानते हैं।[१४४] यहाँ पर प्रकृति के साथ प्रमाता की सीधी पारस्परिक अन्तःक्रिया से आनन्द प्राप्ति का प्रतिपादन किया गया है। केवल शब्द और रूप ही नहीं, पाँचों इन्द्रिय

---

[१४१] एवं त्रयोऽपि पक्षाः कथञ्चिदुपगता अभिप्रायवैचित्र्येण इति तात्पर्यम्। – तदेव

[१४२] जग्धिपानकृतोल्लाससरसानन्दविजृम्भणात्।
भावयेद् भरितावस्थां महानन्दस्ततो भवेत्।। – *वि.भै.*, श्लो.७२

[१४३] गीतादिविषयास्वादसमसौख्यैकतात्मनः।
योगिनस्तन्मयत्वेन मनोरूढेस्तदात्मता।। – तदेव, श्लोक ७३

[१४४] आदिपदात्. . . तथा रमणीयविषयचर्वणादयश्च संगृहीताः। यथोक्तं श्री विज्ञानभैरवे एव . . .। – *प्र.हृ.*(का.ग्र.), पृ. ४५

विषयों की आस्वाद चर्वणा से उद्गत तन्मयता द्वारा आनन्द में मनोरूढि की बात कही गई है। महत्त्वपूर्ण बात यह है कि इस श्लोक को *विवृतिविमर्शिनी* में **अभिनवगुप्त** कला और दर्शन के मिश्रित सन्दर्भ में[१४५] उद्धृत करते हैं और **जयरथ** *तन्त्रालोकविवेक* में उसे विशुद्ध सौन्दर्यशास्त्रीय सन्दर्भ से जोड़ते हैं।[१४६] मधुरगीत के श्रवण से, चन्दनादि के स्पर्श से प्रमाता की तटस्थता के विगलन से हृदय में जो आनन्द की तरंग उठती है, उसे ही आनन्दशक्ति कहा जाता है। इसी आनन्दशक्ति के कारण साधारण प्रमाता को सहृदय कहते हैं। यहाँ एक साथ कई बातें कह दी गई हैं। एक तो सामान्यतः रूप (दर्शनेन्द्रिय का विषय) और शब्द (श्रवणेन्द्रिय का विषय) ही मुख्यतः कलास्वाद के जागतिक उद्बोधक माने गए हैं। यहाँ सारे इन्द्रिय-विषयों अर्थात् भूतपञ्चक का आस्वाद में सक्रिय अवदान माना गया है। इसका परिणाम यह हुआ है कि सभी ज्ञानेन्द्रियाँ अपने-अपने पाँचों विषयों का ग्रहण करने के कारण तज्जन्य आस्वादों की भी ग्राहिका हैं। सामान्यतः कलाशास्त्रीय परम्परा में दर्शनेन्द्रिय और श्रवणेन्द्रिय को ही सौन्दर्यग्राहिणी इन्द्रियाँ माना गया है। यह मान्यता प्रायः सार्वजनीन है। यहाँ तक कि ललित कलाओं का दृश्य, श्रव्य या उभयरूप में वर्गीकरण इन्हीं दोनों इन्द्रियों और इनके ग्राह्यों के भेद से ही प्रेरणा लेता है। इस प्रकार यहाँ विषयपञ्चक के अभ्युपगम से सौन्दर्य के ग्राह्य बिम्बों और सौन्दर्य के ग्राहक इन्द्रियमाध्यम का विस्तारण होता है। *तन्त्रालोक* और *परात्रिंशिकाविवरण* में इस विस्तारण का उपयोग करते हुए **अभिनव** हमें इसकी विपरीत दिशा में ले जाते हैं – वह दिशा है ऐन्द्रिय बिम्बों के एकान्वयन, इन्द्रिय-माध्यमों के एकान्वयन और तज्जन्य आस्वादों के एकान्वयन की। हम देख चुके हैं कि शब्द आदि इन्द्रियविषयों के माधुर्य और हृद्यता का कारण है, उनमें प्राणनात्मक चेतन तत्त्व, जिसे वीर्य या ओज कहा गया है, के उपचयन अर्थात् पोषण कर सकने की क्षमता का होना।[१४७] सारे अङ्गों में शब्द, स्पर्श, रूप, रस, गन्ध के विभाग से रहित मात्र ओजरूप वीर्य शरीर का पोषण करता रहता है। चूँकि शरीर का यह अनुप्राणक घटक अपने में एकरूप, अविभक्त और पुष्ट है, एक ही विषय के स्पर्श से वह ओज, वह वीर्य उत्तेजित हो जाता है। वीर्योत्तेजन से सभी इन्द्रियाँ

---

[१४५] मधुरादिरसास्वादे तु विषयस्पर्शव्यवधानम्। ततोऽपि काव्यनाट्यादौ तद्व्यवधानशून्यता तद्व्यवधानसंस्कारानुवेधस्तु। तत्रापि तु तथोदितव्यवधानांशतिरस्क्रियासावधानहृदया लभन्त एव परमानन्दम्। यथोक्तं 'जग्धिपानकृतोल्लासरसानन्दव्यवस्थितेः' (वि.भै. ७२) – *ई.प्र.वि.वि.*, २, पृ. १७६

[१४६] इह खलु यस्य कस्यचन प्रमातुः, गीतादौ विषये यदा माध्यस्थ्यविगमः ताटस्थ्यपरिहारेण तदेकतानता, तदा येयं हृदये विश्वप्रतिष्ठास्थाने बोधे, स्पन्दमानता तन्मयतया परिस्फुरद्रूपता, सैवेयम् आनन्दशक्तिरुक्ता . . .। यदुक्तम् – 'गीतादि. . . तदात्मता।' (वि.भै. ७३)। – *तं.वि.*, भा.२, पृ. ५५२

[१४७] शब्दोऽपि मधुरो यस्माद्वीर्योपचयकारकः। – *तं.* ३.२२६

अभिनवगुप्त की सौन्दर्य-दृष्टि

प्रसाद ने संस्कृति की अत्यन्त महत्त्वपूर्ण परिभाषा करते हुए कहा है कि "संस्कृति सौन्दर्यबोध के विकसित होने की मौलिक चेष्टा है।"[१] यदि मुझे सही स्मरण है तो इस उक्ति की अर्थवत्ता तब और उजागर होती है, जब हम प्रसिद्ध पाश्चात्य चिन्तक **नॉर्थ्रॉप** को पौर्वात्य संस्कृतियों को सौन्दर्य-प्रवण (ऐस्थेटिक) और पाश्चात्य संस्कृतियों को बुद्धि-प्रवण या प्रेक्षा-प्रवण (कॉन्सेप्चुअल/रैशनल) कहकर एक तुलनात्मक कक्षा में खड़ा करते देखते हैं। बोध या विचार को तर्कणा की अपेक्षा 'दर्शन' और 'अनुभूति' की प्राथमिक कोटि में प्रतिष्ठित कर भारतीय संस्कृति उस सौन्दर्य-प्रवणता के विरुद की वैधता को प्रमाणित करती है। भारतीय कला-बोध की सारी परम्पराएँ और कला-प्रयोग की समस्त विधाएँ अपनी चिरन्तन इतिहास-यात्रा में सौन्दर्य की साधना में प्रवृत्त रही हैं और यदि प्रसाद के उपस्थापन के साथ चला जाए तो इनका प्रधान प्रेरणा-बिन्दु वेदों से उद्गत आनन्दवाद की धारा रही है। भारतीय चिन्तना की शास्त्रीय गलियों में विवेकवाद और दुःखवाद के स्वर भी खूब सुनाई देते हैं और भारतीय जीवन की बहिर्मुखीन अभिव्यक्तियों को प्रकट रूप से प्रभावित करते भी दीखते हैं, परन्तु कला की अनुभूतिधर्मा आभ्यन्तरीण धारा का उद्गम और गन्तव्य आनन्द ही रहा है।

इस प्रसंग में काश्मीर के शिवाद्वयवाद का विशेष महत्त्व है। भारत की दार्शनिक और शास्त्रीय चिन्तन धारा के समग्र सन्दर्भ में आगमिक परम्परा में उपजा यह एकमात्र ऐसा सम्प्रदाय है, जो अपने वास्तविक अर्थों में सौन्दर्य-शास्त्र है और जो स्वयं अपना परिचायन आनन्दयोग या आनन्दपूजा के नाम से करता है।[२] कलानुभव, कला-प्रयोग और कला-प्रक्रिया का शायद ही कोई पक्ष इस दर्शन के तत्त्वोन्मेषी विचारकों से छूटा हो।[३]

---

* इस निबन्ध का प्रथम आलेख संस्कृत विभाग, सागर विश्वविद्यालय के द्वारा आयोजित सौन्दर्यशास्त्रविषयक राष्ट्रीय संगोष्ठी (७-८ फरवरी २००५) में विषय-प्रवर्त्तक वक्तव्य के रूप में "काश्मीर शैवदर्शन की सौन्दर्य-दृष्टि" शीर्षक से पढ़ा गया था।

[१] *काव्य और कला तथा अन्य निबंध*, पृ. २८।

[२] एवम् आनन्दयोग एव हृदयपूजा। – *प.त्रिं.वि.*, पृ. ३२३

[३] इस दिशा में अपने देश में **प्रसाद**, मेरे गुरु **कांतिचन्द्र पांडेय**, **गणेश त्र्यम्बक देशपांडे**, **राममूर्ति**

→

सबसे पहले सौन्दर्य की अवधारणा को लें। अपने यहाँ सौन्दर्यशास्त्र के स्वतन्त्र विकास को लेकर बहुत से सन्देह किए गए हैं। अतः यह प्रश्न महत्त्वपूर्ण हो उठता है। अलङ्कारशास्त्र तथा काव्यशास्त्र का विकास एक प्रकार से काव्य के सन्दर्भ में सौन्दर्य की मीमांसा के विकास का पर्याय रहा है। सम्प्रदायभेद से तमाम अवान्तर भेदों के बावजूद सौन्दर्य की परिभाषा के दो ध्रुवीकृत बिन्दु हैं। सौन्दर्य को बाह्य या वस्तुगत मानने वाले उसे शब्द-अर्थ और/या अलङ्कार से जोड़ते हैं और आन्तरिक या आत्मनिष्ठ मानने वाले उसे रसकेन्द्रित मानते आए हैं। श्रेण्य (क्लासिकल) संस्कृत का सौन्दर्यवाची शायद ही कोई शब्द बचा हो, जिसका प्रयोग काव्यशास्त्र में न मिलता हो[४] और जो सौन्दर्य के सामान्य या फिर विशिष्ट पक्ष का वाचक न हो। जो लोग सौन्दर्य को रसपर्यायी मानते हैं, उनके यहाँ भी दो प्रकार की विप्रतिपत्तियाँ उठती हैं – दोनों ही **अभिनवगुप्त** के अपने सम्प्रदाय से – एक काव्यशास्त्र से और दूसरी उनके दर्शन से। **अभिनवगुप्त** को चारुत्वप्रतीति को काव्य की आत्मा मानने में कोई कठिनाई नहीं है,[५] परन्तु चारुत्वप्रतीति मात्र रसपर्यवसायी नहीं है, रसपर्यवसायी होते हुए भी[६] वह रस से कुछ विलक्षण है।[७] रस से अलग ध्वनि की स्वीकार्यता के पीछे यही दृष्टि है। जहाँ

← **त्रिपाठी, रसिक लाल पारेख, सुन्दर विषुवलिंगम्, सुरेन्द्र एस. बारलिंगे, गोविन्दचन्द्र पांडे** और विदेश में **आर० ग्नोली, जे० एल० मैसन, एम० वी० पटवर्धन** और **जी० जे० लारसन** ने महत्त्वपूर्ण काम किया है। विशेष रूप से **कांतिचन्द्र पांडेय** का कार्य फलक की व्यापकता, इयत्ता और गाम्भीर्य तीनों की दृष्टि से और **प्रसाद** का कार्य अल्प होने पर भी अपनी संवेदनशील मौलिकता के कारण विशेष रूप से उल्लेखनीय है। इस प्रसङ्ग में इसी संग्रह में प्रकाशित अपने कतिपय लेखों की ओर ध्यान आकर्षित किया जा सकता है। यहाँ उचित यही होगा कि उन पक्षों की चर्चा की जाए जो वहाँ छूट गए हैं या जिन पर अपेक्षाकृत कम विचार हुआ है और जब तक अनिवार्य न हो पिष्टपेषण से बचा जाए। इस लेख के कलेवर में सभी प्रश्नों को छूना असम्भव है, अतः हमारा प्रयास कुछ उन बिन्दुओं के उन्मेषण पर केन्द्रित रहेगा जिन्हें आधुनिक मनीषा प्रश्नभरी दृष्टि से देखती है। इस विश्लेषण में दर्शन ग्रन्थों से प्राप्य अन्तर्दृष्टियाँ हमारी उपजीव्य होंगी और कलाशास्त्रीय ग्रन्थों की निष्पत्तियाँ उनकी पोषक या उपबृंहक।

[४] उदाहरण के लिए – सौन्दर्य, शोभा, चित्त-/हृदय-हारिता, मनोज्ञता, रञ्जकता, रम्यता, रमणीयता, हृद्यता, चारुत्व, सौभाग्य, लावण्य, कमनीयता, लालित्य, मनोहरता। इनमें चारुत्व, शोभा, सुन्दरता, रमणीयता इस क्रम में अधिक प्रचलित हैं। इनसे बने विशेषण पदों का भी भरपूर प्रयोग हुआ है।

[५] चारुत्प्रतीतिस्तर्हि काव्यस्य आत्मा स्यात् इति तदङ्गीकुर्म एव। नाम्नि खल्वियं विवाद इति। – *ध्व०लो०लोचन* (पाठक), पृ. १०४।

[६] तेन रस एव वस्तुत आत्मा वस्त्वलङ्कारध्वनी तु सर्वथा रसं प्रति पर्यवस्येते। – तदेव, पृ. ८६

[७] यद्यपि च रसेनैव सर्वं जीवति काव्यम्, तथापि तस्य रसस्यैकघनचमत्कारात्मनोऽपि कुतश्चिद् अंशात्प्रयोजकीभूतादधिकोऽसौ चमत्कारो भवति। – तदेव, पृ. १८४

को ललित कलाओं के आगे ले जाना चाहते हैं। ऐसा लगता है जहाँ भी व्यक्ति को बाँधने वाली उपाधियों का निमज्जन, विलीनीकरण और व्यक्ति की आन्तरिक चेतना के उन्मज्जन अर्थात् उसके साथ प्रत्यक्षकल्प संवेदनपूर्वक तादात्म्य से निरतिशय चमत्कार की सम्भावना है, वहाँ निश्चित ही सौन्दर्यात्मक परिस्थिति की परिकल्पना होगी। जगत् को परम सत् की क्रीडा मानने के पीछे निश्चय ही परम तत्त्व की सौन्दर्यभरी स्वास्वादमयी चेतना छिपी है। सौन्दर्य का **अभिनवगुप्त** का सिद्धान्त आत्मस्वातन्त्र्य के छलकने से अपनी क्रीडा के स्वाभाविक सौन्दर्याभिनिवेश का सैद्धान्तिक पल्लवन है।

१७

प्रतिभान और रसानुभव

रसानुभूति की अपनी अवधारणा को समझाने के लिए **अभिनवगुप्त** अनेक पारिभाषिक शब्दों का प्रयोग करते हैं जैसे – आस्वाद, संविद्विश्रान्ति, रसना, चमत्कार, भोग, चर्वणा इत्यादि।[१] इतने शब्दों का प्रयोग करने के पीछे दो कारण जान पड़ते हैं। एक तो ऐतिहासिक, अपने से पूर्व से चली आ रही समग्र सौन्दर्यशास्त्रीय परम्परा को उसकी विविधता में वह समेट लेना चाहते हैं। दूसरे कारण का सम्बन्ध रस की – प्रक्रिया और स्वरूप दोनों ही पक्षों को लेकर – बहुआयामी और अत्यन्त व्यापक प्रकृति से है, जिसको एक निश्चित पारिभाषिक अभिधान से बाँधना कठिन है। **अभिनव** की समग्रतावादी दृष्टि के अनुसार इस प्रकार का – प्रक्रिया और स्वरूप में – विभाजन आरोपित है। सम्भवतः यही कारण है कि **भरत** के प्रसिद्ध रस-सूत्र, जो कि आपाततः सभी दृष्टियों से एक प्रक्रियासूत्र है, को अपनी विश्रुत टीका *अभिनव-भारती* की अवतरणिका में लक्षणसूत्र[२] के नाम से प्रस्तुत करते हुए रसना तथा रस को रस के समग्रतामूलक प्रत्यय के अविच्छेद्य घटक मानते हैं।[३] इस लेख में हमारा प्रयोजन बहुत सीमित है। रस के सर्वाङ्गीण स्वरूप पर विचार न कर रसानुभूति के लिए प्रयुक्त पारिभाषिक पर्यायों में से एक 'प्रतिभान' का हम अध्ययन करेंगे और यह देखने की चेष्टा करेंगे कि प्रतिभानात्मकता से रसानुभूति का कौन-सा पक्ष उजागर होता है।

अभिनवगुप्त के प्रतिभानपरक प्रकृत विवेचन को सन्दर्भ मिला है **कालिदास** के प्रसिद्ध

---

* इस निबन्ध का प्रथम आलेख इंडियन इंस्टीट्यूट ऑफ़ एडवान्स्ड स्टडीज़, शिमला द्वारा आयोजित, "दी कॉन्सेप्ट ऑफ़ रस विद स्पेशल रेफ़रेन्स टु अभिनवगुप्त" शीर्षक राष्ट्रीय परिचर्चा (७-६ जून १६६६) में पढ़ा गया था।

[१] तथा हि लोके सकलविघ्नविनिर्मुक्ता संवित्तिरेव चमत्कारनिर्वेशरसना स्वादनभोगसमापत्तिलय विश्रान्त्यादिशब्दैरभिधीयते। – *अभि.भा.*, भा.१, पृ. २८० प्रायः अधिकतर उद्धरण भाग १ से हैं। अतः भाग निर्देश तभी किया गया है जब किसी अन्य भाग का सन्दर्भण किया गया है।

[२] एवं क्रमहेतुमभिधाय रसविषयं लक्षणसूत्रमाह। – तदेव, पृ. २७२

[३] तर्हि सूत्रे निष्पत्तिरिति कथम्? नेयं रसस्य अपितु तद्विषयरसनायाः। तन्निष्पत्त्या तु तदेकायत्तजीवितस्य रसस्य निष्पत्तिरुच्यते न कश्चिदत्र दोषः। – तदेव, पृ. २८५

श्लोक "रम्याणि वीक्ष्य" (*अभि.शा.* ५.२) पर उनकी टिप्पणियों में। रानी हंसपदिका के गीत को सुनकर जन्मी दुष्यन्त की मानसिक आकुलता का कलात्मक स्वरूप क्या है, उसके विचारार्थ **कालिदास** की इन पंक्तियों को **अभिनवगुप्त** उद्धृत करते हैं। अतः सर्वप्रथम हम **अभिनव** की प्रतिभान सम्बन्धी अवधारणा का अनुशीलन करेंगे, तदनन्तर यह देखने का प्रयास करेंगे कि इन पंक्तियों में **कालिदास** की वस्तुनिष्ठ स्थिति क्या है, साथ ही इन पंक्तियों का दोहन करने में **अभिनव** के तर्क और निहितार्थ क्या हैं? हम यह भी देखेंगे कि **कालिदास** के श्लोक से रस-सन्दर्भ के अन्य बिन्दुओं पर, **अभिनव** के अन्य ग्रन्थों के आलोक में, क्या प्रकाश पड़ता है?

अभिनव-भारती में **अभिनव** ने प्रतिभान शब्द का प्रयोग साक्षात्कारात्मक प्रतीति के अर्थ में किया है।[४] यद्यपि संदृब्ध स्थल पर साक्षात्कारात्मक स्मृति के पर्याय रूप में इसका विनियोग हुआ है, परन्तु आवश्यक नहीं है कि यह प्रतीति स्मृतिरूप ही हो। यह प्रत्यक्षात्मक, मानस अध्यवसायरूप या स्मृतिरूप कोई भी प्रतीति हो सकती है। स्मृति, संकल्प, अध्यवसाय आदि तार्किक विधाओं का नाम धारण करती हुई भी अपनी साक्षात्कारात्मकता के कारण यह उनसे भिन्न हो सकती है।[५] कलानुभूति के अधिकारी अर्थात् सहृदय की विशेषता को बताने के लिए **अभिनव** फिर से इस शब्द का प्रयोग करते हैं।[६] निर्मल प्रतिभान से सम्पन्न सहृदय नाट्य का अधिकारी है। इसी अर्थ में नाट्याचार्यों की विशेषता के रूप में प्रतिभान शब्द का प्रयोग किया गया है। कवि-हृदय को तत्क्षण समझ लेना नाट्याचार्य की पहचान है।[७] आपाततः एक जैसे लगने पर भी ऊपर के दोनों प्रयोगों में अन्तर है। पहला प्रतिभान विशुद्ध साक्षात्कारात्मक अनुभूति के अर्थ में है, जबकि शेष दोनों प्रयोग प्रतिभा के उस रूप को द्योतित करते हैं, जिसे परम्परा में भावयित्री प्रतिभा कहा गया है। **अभिनवगुप्त** ने भावक के साहाय्य को द्योतन

---

[४] . . . प्रतिभानापरपर्यायसाक्षात्कारस्वभावेयम् इति। – तदेव, पृ. २८०

[५] अत्र हि स्मरतीति या स्मृतिरुपदर्शिता सा न तार्किकप्रसिद्धा। पूर्वमेतस्यार्थस्य अननुभूतत्वात्। अपितु प्रतिभानापरपर्यायसाक्षात्कारस्वभावेयमिति। – *तत्रैव*

उपर्युक्त अंश (अत्र. . . स्वभावेयमिति) बड़ौदा संस्करण के सम्पादकों ने कोष्ठक में रखा है। **ज्योली** के पाठ में यह अंश नहीं है। इसका निहितार्थ है कि **ज्योली** इस पाठ को सन्दिग्ध, फलतः अस्वीकार्य मानते हैं। परन्तु यदि **अभिनव** के दर्शन और **अभिनवभारती** के अन्तःसाक्ष्य पर विश्वास किया जाए तो इस पाठ की प्रामाणिकता और प्रसंगानुगत औचित्य पर तनिक भी संदेह की गुंजायश नहीं रहती।

[६] अधिकारी चात्र विमलप्रतिभानशालिहृदयः। – तदेव, पृ. २७६

[७] चकारेण प्रत्युत्पन्नप्रतिभानत्वं दर्शयति। अनेन झटिति कविहृदयग्रहणयोग्यत्वं नाट्याचार्यगुण इति सूचयति। – तदेव (*ना.शा.* १.४२-४३ पर), पृ. २१

अर्थात् व्यञ्जना का प्राण कहा है।[८] इस बात को प्रकारान्तर से पुष्ट करते हुए **अभिनव** का मानना है कि भावक की प्रतिभा जब तक नट द्वारा अभिनीयमान चरित्र के स्वरूप में विश्रान्त नहीं होती तब तक साधारणीकरण सम्भव नहीं होता।[९] स्वगत और परगत देशकाल आदि की उपाधियों के अपाकरण के लिए ही **भरत** पूर्वरंग आदि का विधान करते हैं। रसनात्मक विघ्नविनिर्मुक्त प्रतीति के ग्राह्य विषय को रस माना गया है और **अभिनव** द्वारा इस प्रसंग में प्रतिपादित विघ्नों में से यह दूसरा विघ्न (स्वगतत्वपरगतत्वनियमेन देशकालविशेषावेशः) है, जिसका सीधा सम्बन्ध भावक से बताया गया है। रस-व्यञ्जना, काव्य-सर्जना या अपूर्व अर्थ के निर्माण की शक्ति के रूप में **अभिनव** ने प्रतिभा का उल्लेख शतशः किया है।[१०] प्रतिभा का यह दूसरा पक्ष है, जो परम्परा में कारयित्री के नाम से जाना जाता है। महत्त्वपूर्ण होते हुए भी रसानुभूति के स्वरूपानुशीलन में यह हमारे लिए बहुत साम्प्रतिक नहीं है।

रस-सूत्र के व्याख्या-प्रसङ्ग से **अभिनव** ने प्रतिभान का अनेक सन्दर्भों में प्रयोग किया है। फलतः सन्दर्भ-परिवर्तन से प्रतिभान के अर्थ बदलते गए हैं, यहाँ तक कि अनेक अर्थ आपाततः विरोधी लगते हैं। अतः पारिभाषिक तौर पर रसानुभूति की परिभाषक अवधारणा के रूप में उसका स्वरूप स्थिर करना आवश्यक होगा। **भट्टनायक** के मत की आलोचना करते हुए **अभिनव** ने रसना और प्रतिभान को दो भिन्न प्रतीतियों के रूप में लिया है। प्रतीति की दृष्टि से एकरूपता होने पर भी उपाय-भेद प्रतीति-वैलक्षण्य का कारण बनता है।[११] *लोचन* में **अभिनव** इसी बात को सन्दर्भ-भेद से लगभग इन्हीं शब्दों में दुहराते हैं। वहाँ चर्वणा या

---

[८] प्रतिपत्तुर्प्रतिभासहकारित्वं ह्यस्माभिर्द्योतनस्य प्राणत्वेन उक्तम्। – (*लोचन,* पृ. ६८) *अभिनव का रस-विवेचन,* पृ. ४४ पर उद्धृत

[९] ०स्वरूपस्य निह्नवात् रूपान्तरस्य चारोपितस्य प्रतिभासंविद्विश्रान्तिवैकल्येन स्वरूपे विश्रान्त्यभावात्. . . . इति स एष सर्वो मुनिना साधारणीभावसिद्ध्या रसचर्वणोपयोगित्वेन परिकरबन्धः समाश्रितः। – *अभि.भा.,* पृ. २८१

[१०] कतिपय उद्धरण इस प्रकार हैं –

(क) कवेरपि स्वहृदयायतनसततोदितप्रतिभाभिधानपरवाग्देवतानुग्रहोत्थितविचित्राऽपूर्वार्थनिर्माणशक्तिशालिनः प्रजापतेरिव कामजनितजगतः। – तदेव पृ. ४

(ख) कवेर्यः प्रतिभात्मा प्रथमपरिस्पन्दः तद्व्यापारबलोपनता गुणाः, प्रतिभावत एव हि रसाभिव्यञ्जनसामर्थ्यं माधुर्यादिरूपनिबन्धनसामर्थ्यम्, न सामान्यकवेः। – तदेव, भा.२, पृ. २६६

(ग) तेन स्वभावप्रतिभादर्शनानुविद्धा भगवती वाणी स्वरसोपनिपतिता स्वरसंभारप्रभावानुरोधेनैव आरोहावरोहक्रमं भजते। प्रतिभादृष्टिशून्यत्वात् अन्धपदवदारोहादि न भजेत्। – तदेव, पृ. ३३६

[११] प्रतीत्यादिव्यतिरिक्तश्च संसारे को भोग इति न विद्मः। रसनेति चेत् सापि प्रतिपत्तिरेव। केवलमुपायवैलक्षण्यान्नामान्तरं प्रतिपद्यतां दर्शनानुमितिश्रुत्युपमितिप्रतिभानादिनामान्तरवत्। – *अभि. भा.,* पृ. २७७

भोग को काव्यार्थ या काव्यानुभूति का नियामक मानते हैं और प्रतिभानकृत प्रतीति को उपायभेद के आधार पर इससे भिन्न बताते हैं।[१२] यहाँ भेद का कारण है हृदयसंवाद से उपकृत विभावादि सामग्री की उपायता का लोकोत्तर होना। इस सन्दर्भ को आगे बढ़ाते हुए **अभिनव** दर्शन-भेद से शब्द-वृत्ति के रूप में व्यञ्जना और प्रतिभा या अर्थ-रूप में व्यंग्य और प्रतिभा में अन्तर करते हैं। *रस-सूत्र* पर अपनी टीका में अपने मत के उपोद्घात में ही इसको काव्यार्थतया प्रस्तुत करते हुए अभिनव काव्यार्थ को शब्दार्थ से विलक्षण या शब्दशरीरोत्तीर्ण मानते हैं। जीवन के सामान्य प्रसंगों में शब्द से होने वाले अर्थ-बोध और काव्य से होने वाले अर्थ-बोध अर्थात् रस-बोध में प्रक्रियागत साम्य है। इस प्रक्रिया के तीन चरण हैं – (१) श्रोता का व्यक्तिगत शाब्दिक अर्थ बोध, (२) देश और काल के तिरस्कार द्वारा सामान्यीकृत बोध और (३) तत्पश्चात् आत्म-संक्रमण रूप बोध। प्रक्रिया की एकरूपता के बावजूद भी काव्यार्थ और अन्यत्र शब्दार्थ का भेद अधिकारी की पात्रता के कारण होता है और शाब्दी होने पर भी काव्य-प्रतीति अनुभूति का रूप या दूसरे शब्दों में शब्द या वाक्य के शाब्दिक अर्थ-ग्रहण के उपरान्त मानस साक्षात्कार का रूप लेती है। इस सन्दर्भ में इस शब्दशरीरोत्तीर्णा साधारणीकरणात्मिका संक्रान्तिस्वभावा प्रतीति को दर्शन-भेद से प्रतिभा, भावना, विधि, नियोग आदि भिन्न-भिन्न आख्याओं से पुकारा गया है।[१३]

ऐसा लगता है कि ठीक ऊपर जिस प्रतिभा का उल्लेख किया गया है, उसकी मूल प्रेरणा सम्भवतः व्याकरणदर्शन से मिली है। इस सम्भावना को बल मिलता है **अभिनव** के प्रौढ़ दार्शनिक ग्रन्थ *ईश्वरप्रत्यभिज्ञाविवृत्तिविमर्शिनी* से, जहाँ चार विभिन्न सन्दर्भों में प्रतिभा या प्रतिभा प्रमाण का सम्बन्ध अन्यों से जोड़ा गया है। एक प्रसंग है स्वभावहेतु और कार्यहेतु में विशेषण के ग्रहण का,[१४] दूसरा है कार्यकारणभाव की सिद्धि में सार्वत्रिकता के निश्चय का,[१५] तीसरा है आगम

---

[१२] सर्वपक्षेषु च प्रतीतिरपरिहार्या रसस्य। . . . यथा प्रतीतिमात्रत्वेन अविशिष्टत्वेऽपि प्रात्यक्षिकी आनुमानिकी आगमोत्था प्रतिभानकृता योगिप्रत्यक्षजा च प्रतीतिरुपायवैलक्षण्यादन्यैव तद्वदियमपि प्रतीतिश्चर्वणास्वादनभोगापरनामा भवतु। तन्निदानभूताया हृदयसंवादाद्युपकृताया विभावादिसामग्र्या लोकोत्तररूपत्वात्। – *ध्व.लो.लो.* (पाठक), पृ. १६७

[१३] यथादर्शनं प्रतिभाभावनाविध्युद्योगादिभाषाभिर्व्यवहृता प्रतिपत्तिस्तथैव काव्यात्मकादपि शब्दादधिकारिणोऽधिकाऽस्ति प्रतिपत्तिः। – *अभि.भा.*, पृ. २७८

[१४] ननु विशेषणग्राहि किं तत्र प्रमाणम्। उक्तमेव परैः – "यौक्तिकं मानसं वा प्रत्यक्षं लोकप्रसिद्धिरागमः प्रतिभाविशेषोऽनन्तजन्माभ्यासमूलस्तत्कालघटितो वार्थापत्तिर्वा।" – *ई.प्र.वि.वि.*, भा.३, पृ. १६७

[१५] इति प्रत्यक्षानुपलम्भपञ्चकादेव अस्मद्दर्शनोचितान्तर्मुखसंवेदलक्षणस्वतन्त्रात्मतत्त्वविश्रमादेव कार्यकारणभावसिद्धिः। तत्रापि च सार्वत्रिकतानिश्चये व्यवहारतो व्युत्पत्तितो वा आगमाद्वा स्वप्रतिभाया वा जन्मान्तराभ्यासोदितायाः समवधारिता भगवन्नियतिशक्तिरेव प्रभवन्ती निरूपणीया। . . . . स्वपर्यायेण अभिमतं साधयन्तोऽनुमानतां नातिवर्तन्ते। – तदेव, पृ. २०५

या शब्दप्रमाण की शब्द-भावनारूपता का[१६] और चौथा है युक्ति की परिभाषा का।[१७] पहले मत को उन्होंने साफ़ साफ़ 'परैः' से जोड़ा है। दूसरे में अन्य मतों से अपना अन्तर बताते हुए प्रत्यक्षानुपलम्भपञ्चक की स्वतन्त्र आत्मतत्त्व में विश्रान्ति को ही अपने यहाँ प्रभविष्णु माना है। तीसरे में संवर्तित शब्दभावना, जिसे त्रिक की पारिभाषिक शब्दावली में सूक्ष्म प्रत्यवमर्श कहा गया है, का लक्षण प्रतिभान को बताया है और उसे आगम (प्रमाण) से एक बताया गया है। और, चौथे में **भर्तृहरि** की 'समाधाननैर्मल्यात्मिका प्रतिभा' की अपेक्षा प्रत्यभिज्ञा दर्शन में 'प्रमाणयोजनात्मक प्रमातृस्वातन्त्र्य' को ही युक्ति माना है।

प्रतिभा और प्रतिभान के लोकादृत प्रयोगों से अलग करते हुए रसप्रतीति को प्रतिभान संज्ञा से निरूपित करने में **अभिनव** का मन्तव्य क्या है, इसका अध्ययन साम्प्रतिक होगा।

रसानुभूति को प्रतिभान से समीकृत कर **अभिनव** हमें अपने दर्शन के केन्द्र में उसकी सारी ऐतिहासिक परिणतियों के साथ प्रतिष्ठित कर देते हैं और इसका दूरगामी प्रभाव उनके कलाचिन्तन के विभिन्न पक्षों पर दिखाई पड़ता है। रस की अवधारणा के दो आयाम हैं – वह अनुभूति भी है और अनुभूति का विषय भी। अनुभूति के रूप में वह अव्यवहित मानस प्रतीति है और विषय के रूप में वह निर्विघ्न प्रतीति का ग्राह्य है। प्रतीति की निर्विघ्नता का आशय है, सुख व दुःख से जन्म लेने वाली ग्रहण और त्याग की इच्छा से मुक्त होना। दूसरे शब्दों में विघ्नरहित साक्षात्कारकल्प अनुभूति रस (रसानुभूति) है और उस प्रतीति से ग्राह्य चित्तवृत्ति भी रस (विषय) है। **अभिनव** के ये निष्कर्ष प्रतिभान की उनकी अपनी अवधारणा की देन हैं। प्रतिभान केवल अनुभूति और अनुभाव्य की ही व्याख्या नहीं करता, वह अनुभविता के स्वरूप को भी परिभाषित करता है। इसीलिए सामाजिक को विमल प्रतिभान से सम्पन्न कहा गया है। इसका अर्थ यह है कि सामाजिक का हृदय स्वच्छ दर्पण जैसा है। इस स्वच्छता के कारण उसका मनोदर्पण वर्णनीय को प्रतिबिम्बित करता हुआ उससे एक रूप होने की क्षमता रखता है। सामाजिक या अधिकारी को सहृदय इसीलिए कहा जाता है कि वह कविहृदय के साथ सहज संवाद की स्थिति में निरन्तर रहता है।[१८]

---

[१६] प्रतिभानलक्षणा इयं शब्दभावनाख्य आगम एवेति। – तदेव, पृ. ६३

[१७] तस्माद् युक्तिरिति . . . "समाधाननैर्मल्यात्मिका प्रतिभा" इति तु तत्रभवद्भर्तृहरिप्रभृतयः। तदनुसार एव च अयम् "अमन्दत्वं प्रज्ञाया" इति अर्थापत्तिरिति मीमांसकाः। . . . प्रमाणयोजनात्मकं प्रमातृस्वातन्त्र्यमेव युक्तिरिति प्रत्यभिज्ञातत्त्ववित्। यत्किंचिदपि अङ्गीकुर्वता अवश्यमेव पर्यन्ते प्रमातृस्वातन्त्र्यमेव ज्ञानक्रियाशक्तियोजनात्मकमङ्गीकर्तव्यम् इति असकृदुक्तम्। – तदेव, पृ. २०६

[१८] (क) अधिकारी चात्र विमलप्रतिभानशालिहृदयः। – *अभि.भा.*, पृ. २७६

(ख) तत्र ये स्वभावतो निर्मलमुकुरहृदयाः . . . .। – तदेव, पृ. २६१

(ग) सहृदयत्वं हृदयस्य हि कविहृदयतादात्म्यापत्तियोग्यतैव। – तदेव, भा.२, पृ. ३३६

→

अभिनव के दार्शनिक ग्रन्थों, विशेषतः *तन्त्रालोक, ईश्वरप्रत्यभिज्ञाविमर्शिनी* और *ईश्वरप्रत्यभिज्ञाविवृत्तिविमर्शिनी,* में प्रतिभान की धारणा के साथ अन्य अवधारणाओं के अनेक समीकरण मिलते हैं जिनमें चार महत्त्वपूर्ण हैं – पहला है वाक् के साथ, दूसरा है प्रकाश के साथ, तीसरा है महेश्वर या माहेश्वर्य के साथ और चौथा है प्रत्यभिज्ञा के साथ।

पहले समीकरण में हम देखते हैं कि परा वाक् को प्रतिभा कहा गया है। कवि को अपूर्व काव्यार्थ-सृष्टि में समर्थ[१९] इसलिए माना गया है कि वाक् का अर्थ ही है समस्त विश्व को[२०] और अपने स्वरूप को अभिव्यक्त कर सकने की सामर्थ्य।[२१] यहाँ अनजाने ही हम एक अवान्तर समीकरण में प्रवेश कर जाते हैं, और वह है प्रतिभान और विमर्श का। कवि की सृष्टि प्रत्यय-सृष्टि है और सामाजिक की अनुभूति है शब्द-सृष्टि का आत्म-विमर्शन, अपने में अपरिच्छिन्नतया प्रकाशन।[२२] अतः कारयित्री और भावयित्री का जो भेद हमने ऊपर देखा है वह सिर्फ आरोपित सिद्ध होता है, क्योंकि दोनों के वाग्रूप होने का निहितार्थ है दोनों में मूल तत्त्व की अन्विति का होना। *मालिनीविजयोत्तरतन्त्र* में रुद्रशक्ति के समावेश के अनेक चिह्नों में से एक चिह्न कवित्व शक्ति का उदय भी है। यहाँ महत्त्वपूर्ण बात यह है कि यह कवित्व मध्यतीव्र शक्तिपात के फलस्वरूप उदित माना गया है और शक्तिपात का कारण प्रतिभा का उदय बताया गया है। परमेश्वर के शक्तिपात से जब संकोच समाप्त हो जाता है तो प्रमाता का अपना सहज स्वभाव प्रकट हो उठता है।[२३] कलात्मक सन्दर्भ की भाषा में कहा जा सकता है कि कवित्व अर्थात् काव्य-कर्तृत्व असंकुचित प्रमाता की पहचान है। जिनकी बुद्धि या प्रतिभा बन्धनों से मुक्त हो चुकी है, उसकी सहज अभिव्यक्ति काव्य है। प्रतिभा के उदय का अर्थ

← (घ) विगतरागद्वेषाः मध्यस्थवृत्तयः निर्मलहृदयमुकुरे सति तन्मयीभवनयोग्यतोपेता आहितरसास्वादाः सामाजिकाः। – तदेव, भा. १, पृ. १६

(ङ) येषां . . . विशदीभूते मनोमुकुरे वर्णनीयतन्मयीभवनयोग्यता ते स्वहृदयसंवादभाजः सहृदयाः। – *ध्व.लो.लो.* (पाठक), पृ. ३६-४०

[१९] कवेरपि सहृदयायतनसततोदितप्रतिभाभिधानपरवाग्देवतानुग्रहोत्थितविचित्राऽपूर्वनिर्माणशक्तिशालिनः प्रजापतेरिव कामजनितजगतः। – *अभि.भा.,* भा.१, पृ. ४

[२०] वक्ति विश्वमभिलपति प्रत्यवमर्शेन इति च वाक्। – *भा.(वि.)* भा.१, पृ. २५३

[२१] वक्ति स्वरूपं विमृशतीति वाक् तस्यां च एतत् परिदृश्यमानं वाङ्मयं प्रमितिलक्षणपरामर्श-रूपसंवेदनानुविद्धतया शब्दैकशरीरं विश्वं यथा क्रमेण विकसितम्। – *ई.प्र.वि.वि.,* भा.१, पृ. १५

[२२] स्वात्मा परामृश्यते, स्वात्मन्येव प्रकाश्यते . . . ततः चैत्रेण चेत्यते इति उच्यते। – *भा.(वि.)* भा. १, पृ. २५१

[२३] अज्ञानरूपता पुंसि बोधः संकोचिते हृदि। संकोचे विनिवृत्ते तु स्वस्वभावः प्रकाशते।। – *तं.* १३. २१३

है सभी पदार्थों के वास्तविक तत्त्व का ज्ञान, जिसके फलस्वरूप साधक शिव की सत्ता में अर्थात् अपने में ही विश्रान्त हो जाता है और दर्पण में पड़ने वाली छाया की भाँति बिम्ब और प्रतिबिम्ब दोनों ही रूपों में अन्दर और बाहर शिव को ही देखता है अर्थात् विश्व को शिवैकघन रूप से देखता है। हेय और उपादेय दोनों के रहस्य से परिचित होने के कारण वह केवल अपने आत्मसंवेदन में निमग्न रहता है।[२४]

सामान्यतः वाचक शब्द या संकेत मायीय वर्णों से बनते हैं, इसलिए उनका सामर्थ्य एक-एक विषय होता है। परन्तु संकेतनिरपेक्ष होने के कारण सारे वर्ण वस्तुतः प्रमारूप है। उच्छलित होती हुई प्रमारूप परा संवित्ति में विश्रान्ति का स्वाद लेने वाले वर्णों में सभी पदार्थों के आमर्शन और अभिधान का सामर्थ्य है। संकेत-निरपेक्ष होने के कारण ही ये प्रमा कहलाते हैं।[२५] वर्णों की प्रमारूपता के समान रूप से उपलब्ध होने पर भी कोई तो महाकाव्य की रचना कर डालता है और कोई एक वाक्य भी नहीं लिख सकता। प्रमाताओं के इस भेद का कारण है निज प्रमा पर पड़ा हुआ अनवधान का आवरण। जैसे-जैसे स्वाभाविक प्रमाबोध का उन्मेष बढ़ता जाता है, वैसे ही वैसे व्यक्ति की सर्जनात्मकता में उत्तरोत्तर चमत्कार दिखाई पड़ने लगता है।[२६]

वाक् (या विमर्श) के बाद प्रतिभान का दूसरा समीकरण है प्रकाश की धारणा के साथ। आम तौर पर प्रतिभा की निष्पत्ति प्रतिपूर्वक √ **भा** धातु (प्रति+भा) से की जाती है। √ भा एक ऐसी धातु है, जो मुख्या वृत्ति से अभिधया प्रकाशार्थक भी है और भानार्थक भी। अर्थात् भा का अर्थ 'प्रकाशन' भी है और 'भान' (ज्ञान) भी। शिवाद्वयवादी शब्द/धातु की इस द्विविध छायामयी अर्थवत्ता का अन्वर्थतः दोहन करते हैं। हम इसे ऐसे समझें। काश्मीर शैव

---

[२४] सर्वभावविवेकात्तु सर्वभावपराङ्मुखः।।
क्रीडासु सुविरक्तात्मा शिवभावैकभावितः।
माहात्म्यमेतत्सुश्रोणि प्रातिभस्य विधीयते।।
स्वच्छायादर्शवत्पश्येद्बहिरन्तर्गतं शिवम्।
हेयोपादेयतत्त्वज्ञस्तदा ध्यायेन्निजां चितिम्। – तदेव १३.१८०-८२

[२५] उच्छलत्संविदामात्रविश्रान्त्यास्वादयोगिनः।।
सर्वाभिधानसामर्थ्यादनियन्त्रितशक्तयः।
सृष्टाः स्वात्मसहोत्थेऽर्थे धरापर्यन्तभागिनि।।
आमृशन्तः स्वचिद्भूमौ तावतोऽर्थानभेदतः।
वर्णौघास्ते प्रमारूपां सत्यां बिभ्रति संविदम्।। – तदेव ११.६३-६५

[२६] यथा यथा चाकृतकं तद्रूपमतिरिच्यते।।
तथा तथा चमत्कारतारतम्यं विभाव्यते। – तदेव ११.७६-७७

दर्शन की आधारभूत प्रवृत्ति है सत् को प्रकाश और विमर्श के एक समग्र के रूप में परिभाषित करने की ओर। दूसरे को प्रतिबिम्बित कर सकना और प्रतिबिम्बित भावराशि के साथ अपने को एकाकार कर सकना प्रकाश का पारिभाषिक स्वभाव है।[२७] यही स्वभाव सहृदय का बताया गया है – श्रवणीय या वर्णनीय के साथ तन्मयीभवन योग्यता से युक्त होना।[२८] अर्थात् काव्य अथवा नाट्य में प्रस्तुत को अपनी चेतना में प्रतिबिम्बित कर सकना और फिर इसके साथ एकाकार हो सकने की क्षमता से सम्पन्न होना। इस प्रतिबिम्बनसामर्थ्य के मूल में है प्रकाश की सीमातीत निर्मलता। स्वच्छता का अर्थ है, अपने स्वरूप को भासित किए बिना विश्व को अपने से एकात्मतया भासित कर सकना।[२९] या, अपने स्वरूप को छोड़े बगैर भिन्न वस्तु को अपने से अभिन्नतया दिखा सकना।[३०]

परन्तु यह प्रकाश का मुख्य स्वभाव नहीं है। मुख्य स्वभाव है विमर्शन कर सकना।[३१] प्रतिभा का स्वरूप है – प्रतिभान – भान को प्रतिभासित कर सकना।[३२] जैसा हम देख चुके हैं केवल भासित कर सकने की क्षमता ही नहीं, भासित का भावन कर सकने की क्षमता भी प्रतिभा है। "घड़ा दिखाई पड़ता है" इस का सम्बन्ध विषय से है, परन्तु यह वाक्य तब तक सार्थकतया बोधगम्य नहीं होता जब तक कि "घड़ा मुझे दीखता है या मुझे भासित होता है" इस रूप में प्रमातृविश्रान्त होकर भासित नहीं होता।

त्रिक दर्शन की परमार्थ-मीमांसा में परमशिव और विश्व का सम्बन्ध ठीक वैसा ही है, जैसा दर्पण और उसमें प्रतिबिम्बित बाह्य जगत् का।[३३] एक सूक्ष्म अन्तर यह है कि दर्पण

---

[२७] प्रकाशस्य असंसृष्टस्य . . . परसारूप्यं प्रतिबिम्बायमानपरतादात्म्यक्षमत्वमस्ति स्वभावान्तरं . . .। – *ई.प्र.वि.वि.*, २, पृ० १७७

[२८] *तं.* ३.२४०-४१; *अभि.भा.*, भा. २, पृ. ३३६; *ध्व.लो.लो.* (पाठक), पृ. ३६-४०

[२९] तेन संवित्तिमुकुरे विश्वमात्मानमर्पयत्।
नाथस्य वदतेऽमुष्य विमलां विश्वरूपताम्।। . . .

अत्यन्तस्वच्छता सा सत्स्वाकृत्यनवभासनम्।
अतः स्वच्छतमो बोधो रत्नं त्वाकृतिग्रहात्।। – *तं.* ३.४४-४८

[३०] स्वस्मिन्नभेदाद् भिन्नस्य दर्शनक्षमतैव या।
अव्यक्तस्वप्रकाशस्य नैर्मल्यं तद्गुरूदितम्।। – तदेव ३.८

[३१] तथापि न तत् मुख्यं जडेऽपि मणिमुकुरप्रभृतौ तस्य संभवात्, विमर्शस्तु जडे न संभवति इति अनन्यविषयत्वात् स मुख्य आत्मेति युक्तम्। – *ई.प्र.वि.वि*, २, पृ. १७७

[३२] प्रतिभाति घट इति यद्यपि विषयमुपश्लिष्यन्ती इयं क्रिया लक्ष्यते, तथापि न अस्य तत् स्वज्योतिः, किन्तु संवेदनमेव तत् तथा भाति मां प्रति भातीति प्रमातृनिष्ठतयैव स्फुरणात्। – तदेव, पृ. ३३६

[३३] तत एव आर्द्राशयः, सरसविमलहृदयः अतएव विश्वरूपपरमेश्वरसमावेशोचितहृदयः। – तदेव, १, पृ. २८

में जहाँ बिम्ब बाह्य होता है, परमशिव और कला में आत्म-स्वातन्त्र्य से घनीभूत चेतना ही बिम्बवत् भासित होती है और संविद्दर्पण में प्रतिबिम्बित होती है।[३४] कला-चिन्तन के सन्दर्भ में हम इसके निहितार्थ तक पहुँचते हैं प्रकाश और प्रतिभान के समीकरण द्वारा। सहृदय का चित्त एक निर्मल दर्पण की भाँति है, जो अनुभव विषय को स्फुट और तात्कालिक रूप से भासित करने में समर्थ है। सहृदयता का अर्थ है अनुभव के केन्द्र तक पहुँचना और मनोमुकुर में अर्पित विषयसामग्री से तादात्म्य कर सकना। इसका परिणाम है रसानुभूति में एक प्रकार की साक्षात्कारात्मकता या अव्यवहितता का उदय।

इस बिम्बप्रतिबिम्बभाव का एक आयाम और भी है। प्रेक्षागार या अन्यत्र जहाँ अनेक सामाजिक नाट्य या नृत्त का आनन्द लेते हैं, वहाँ विकस्वर संवित् के कारण आनन्द की मात्रा बहुत बढ़ जाती है। एक की बुद्धि दूसरे में प्रतिबिम्बित होकर वैसे ही विकसित होती है, जैसे एक स्थल पर अनेक दर्पण होने से पारस्परिक प्रतिबिम्बन से दीप्त होकर प्रकाश अनायास बढ़ जाता है।[३५] यद्यपि आनन्दमग्न हर एक सामाजिक की अपनी संवित्ति अलग है, फिर भी सर्वतन्मयता का फल यह होता है कि नृत्तादि की प्रेक्षा के अवसर पर वह पूर्णानन्द का आस्वादन करती है।[३६] इसके दो कारण हैं। एक कारण तो यह है कि विकस्वर सौन्दर्यानुभूति में बिम्ब-प्रतिबिम्बभाव की प्रवृत्ति दो प्रकार से होती है। *सामान्य प्रकार* तो वह है, जो विषय और विषयी अर्थात् प्रमाता और कलावस्तु के बीच घटित होता है। *विशेष प्रकार* वह है, जो विषयी और विषयी के मध्य परस्पर संक्रमण से घटित होता है। दूसरा कारण है आनन्दात्मक संवित् का निष्प्रतिघ (अर्थात् अबाधित या निर्विघ्न) होना। इसके भी दो आधार हैं। एक तो, यह सम्भव होता है उपयोगितामूलक और स्वार्थमूलक दृष्टि के परिहार द्वारा। जब स्वार्थ नहीं रहा तो हानादान बुद्धि भी नहीं रहती, फलतः जलन, निन्दा आदि संकोच के कारणों के हट जाने पर चेतना में केवल आनन्द का ही योग रहता है।[३७] निष्प्रतिघत्व का दूसरा आधार है विजातीयता का परिहार। जैसे ऊँचे

---

[३४] इसी प्रकार नट-प्रक्रिया की तुलना ध्यान आदि की प्रक्रिया से की जा सकती है, जो एक प्रकार से परमशिव और विश्व के समीकरण का अनुवदन है। ध्यान, भावना, समाधि में भी बिम्ब के अभाव में भावना, स्मरण, ध्यान की घनता से भी प्रतिबिम्ब की उत्पत्ति सम्भव है।

[३५] उच्छलन्निजरश्म्योघः संवित्सु प्रतिबिम्बितः।।
बहुदर्पणवद्दीप्तः सर्वायेताप्ययत्नतः।। – *तं.* २८.३७४-७५

[३६] आनन्दनिर्भरा संवित् प्रत्येकं सा तथैकताम्।।
नृत्तादौ विषये प्राप्ता पूर्णानन्दत्वमश्नुते।। – तदेव २८.३७७

[३७] ईर्ष्यादिसंकोचकारणाभावतोऽत्र सा।
विकस्वरा निष्प्रतिघं संविदानन्दयोगिनी।। – तदेव २८.३७७-७८

नीचे धरातल में हाथ फेरने पर वस्तु का समरस प्रत्यक्ष नहीं होता, वैसे ही ईर्ष्यादि विजातीय अंशों के रहने पर संवित् में तन्मयता नहीं आती।[३८] निष्प्रतिघ की यह परिभाषा **अभिनवगुप्त** कृत नैर्मल्य, जो कि प्रकाश का प्राण है, की परिभाषा – विजातीय का अभाव और अत्यन्त निविड सजातीय के साथ एकमात्र सङ्गति[३९] – की याद दिलाती है, अर्थात् समतल भाव से निरन्तर अवस्थित रहने के कारण ऊँच-नीच की परिहाररूप श्लक्ष्णात्मकसंहति ही निर्मलता है।[४०] दूसरे शब्दों में प्रकाशात्मक निर्मल संवित् ही विकस्वर होती है।

इसका दूसरा फलितार्थ यह होता है कि कलानुभूति, जिसका *अभिनव-भारती* में वीतविघ्न रसानुभूति के रूप में पल्लवन किया गया है, के बीज प्रकाश की धारणा में अन्तर्गर्भित हैं। इस प्रतीति में, जैसा कि हमने विस्तार में देखा है, विजातीय कलाविघ्नों का अभाव और आनन्द की एकघनता ही रसचर्वणा है।

शब्दशः उद्घोष के साथ *प्रतिभान के जिस तीसरे समीकरण का आश्रय लिया गया है वह है महेश्वर या प्रत्यभिज्ञा-प्रतिपादित चरम सत् और परम प्रमाता के साथ।*[४१] आपाततः एक विरोधाभासी शब्दावली का आश्रय लेते हुए सार्वजनीन अनुभव में उपलभ्यमान विभिन्न विषयों के क्रम से रूषित प्रतिभा और अक्रम, अनन्त, चिद्रूप महेश्वर दोनों में आन्तरिक और पारमार्थिक एकता का घोर अनुसन्धान किया गया है। बाह्य अनुभव जगत् में हमारे सारे अनुभव क्रमिक होते हैं और इनकी क्रमरूपता की व्याख्या कल्पित प्रमाता की अपेक्षा से की जा सकती है, परन्तु प्रश्न है कि विशुद्ध ज्ञानात्मक स्थिति में अनुभूयमान क्रम की व्याख्या कैसे की जाए? ज्ञान के विभिन्न प्रकारों में, ज्ञान के अन्दर देश और काल न होने के कारण, प्रत्यक्ष और स्मृति या अनादिवासनाओं में अभिव्यक्ति को लेकर पाए जाने वाले क्रम की व्याख्या के लिए **उत्पल** और **अभिनव** प्रतिभान का आश्रय लेते हैं। उनके अनुसार यद्यपि "प्रतिभाति घटः" आदि ज्ञान आपाततः विषयोपश्लिष्ट मालूम पड़ता है, तथापि यह विषय का वस्तुतः अपना रूप न होकर ज्ञान का ही एक भासन-प्रकार है, जो प्रमातृविश्रान्त

---

[३८] अतन्मये तु कस्मिंश्चित्रस्थे प्रतिहन्यते।।
स्थपुटस्पर्शवत्संविद्विजातीयतया स्थिते। – तदेव २८.३७८-७९

[३९] नैर्मल्यं चातिनिविडजातीयैकसंगतिः।। – तदेव ३.७
सङ्गति की व्याख्या **जयरथ** संहति की शब्दावली में करते हैं।

[४०] सङ्गतिः – नैरन्तर्येण अवस्थानात् स्थपुटत्वादिपरिहारेण श्लक्ष्णत्वात्म संहतत्वं नैर्मल्यम्। – *तं.वि.*, २, पृ. ३६०

[४१] या चैषा प्रतिभा तत्तत्पदार्थक्रमरूषिता।
अक्रमानन्तचिद्रूपः प्रमाता स महेश्वरः।। – *ई.प्र.का.* १.७.१

होकर ही अर्थ ग्रहण करता है। प्रतिभा का स्वभाव है कि दैशिक और कालिक क्रमों से प्रतिबिम्बतया उपरक्त होकर भी वह स्वरूपतः अक्रम है और परम प्रमाता से एक-वपु है। प्रतिभा को पुल्लिंग में महेश्वर कहे जाने का कारण है बोधों के अधिष्ठान रूप माहेश्वर्य और प्रमातृत्व से उसका (प्रतिभा का) उपचित या पुष्ट होना।[४२]

काव्यानुभूति के क्षेत्र में प्रतिभा का अर्थ है कि बिना बाह्य उपादान के काव्य-सर्जना का और रस-संवेदना का भावन-सामर्थ्य। माहेश्वर्य और प्रमातृत्व की शाब्दिक व्यञ्जना यही है। कविसृष्टि देश, काल आदि के परिच्छेद से रहित संवित्स्वभाव है और उसके अन्दर भासित होने वाला समस्त देशगत, कालगत वैचित्र्य कवि/सहृदय के स्वातन्त्र्य से संविद्रूप में उद्गत होता है। आन्तरिक क्रम से रूषित संवित्-स्वभावा यह प्रतिभा ही समग्र रस व्यापार का आश्रय है और तद्रूप में वही प्रमाता है। यह हमारे आत्म-संवेदन से प्रमाणित है।[४३]

चौथा महत्त्वपूर्ण समीकरण है प्रतिभान और प्रत्यभिज्ञान का। **अभिनव** की दृष्टि में हमारा सारा ज्ञान प्रत्यभिज्ञानात्मक है। शक्ति के आविष्करण द्वारा शक्तिमान् की प्राप्ति सारे प्रत्यभिज्ञा व्यापार का लक्ष्य है। लोक जीवन में अतीत का ज्ञान जब पलटकर वर्तमान में भासमान बनता है, तब उस ज्ञान को हम प्रत्यभिज्ञान कहते हैं। वैसे ही, परमार्थ जीवन में महेश्वर की प्रत्यभिज्ञा का अर्थ है – "प्रतीपम् आत्माभिमुख्येन ज्ञानं प्रकाशः"। अर्थात् स्वात्मरूप महेश्वर का अविच्छिन्न भासन जब उसी की शक्ति से विच्छिन्न सा लगता है, उस समय उस शक्ति के आविष्करण द्वारा शक्तिमान् के अनुसन्धान की यात्रा प्रत्यभिज्ञानमयी यात्रा का आकार ग्रहण करती है। इसे भी प्रतिभान की शब्दावली में व्यक्त किया गया है।[४४] दार्शनिक दृष्टि से यह सारा विषयोल्लेखन वस्तुधर्म की भाँति हमारे अनुभव का विषय बनता है और फिर प्रमाता की ओर उन्मुख होकर प्रमातृविश्रान्त या प्रमात्राश्रित होकर प्रमातृधर्मतया उन्मिषित होता है। प्रतिभा और महेश्वर के ऊपर प्रतिपादित एकात्मतानुसन्धान के द्वारा इसी तथ्य को हृदयंगम कराने की चेष्टा की जाती है। इसके अतिरिक्त प्रतिभान कहकर

---

[४२] चित्तत्त्वस्य या आ(अ?)न्तरक्रमाभासता . . . 'प्रमाता महेश्वरः सा प्रतिभा' इति प्रमातृत्व-माहेश्वर्याभ्यामुपचिता लब्धपरिपोषा। – *ई.प्र.वि.वि.,* २, पृ. ३४०-४१

[४३] "या प्रतिभा एषा" इति सर्वस्य सर्वदैव स्वप्रकाशा वस्तुतश्च अन्तर्मुखेन वपुषा देशकालकलनावैकल्यात् . . . स एव . . . यो महेश्वरः प्रमाता। सा च प्रतिभा अनपह्नवनीया। – तदेव, पृ. ३३९-४०

[४४] तत एव भट्टचन्द्रानन्देन

"पश्यतो रूपमालेखाद्भातो भानानुषङ्गि यत्।
प्रतीपभानं प्रतिभा भावानाम्. . . .।" – तदेव, पृ. ३३९

प्रत्यभिज्ञानात्मक बोध की साक्षात्कारस्वभावता को भी उजागर किया गया है।[४५] कला-सन्दर्भ में नाट्यवस्तु, काव्यवस्तु या कलावस्तु जो विभावादि विषय-सामग्री के रूप में हमारे समक्ष आती है, वह सहृदय के समक्ष अभिमुख होती हुई प्रमाता की संवित् में विश्रान्त होती हुई रसानुभूति कहलाती है। प्रत्यभिज्ञान का दूसरा स्तर तब दिखाई देता है, जब अनादि वासना के बल से सहृदय सारी व्यक्तिगत उपाधियों का तिरस्कार करता है, विघ्नों के अपसारण द्वारा मल का अपसारण करता हुआ साधारणीकरण के माध्यम से विभावादि से उपस्कृत अपनी ही चित्तवृत्ति का आस्वादन करता है – इस प्रकार साधारणीकरण की पूरी प्रक्रिया आत्मजातीय स्वरूपानुसन्धान तथा सांस्कृतिक अवचेतन के आत्म-लाभ की ही प्रक्रिया है। इस प्रकार प्रकृत समीकरण के तीन प्रमुख निष्पाद्य हैं – (१) रसबोध की प्रमातृधर्मता, (२) उसकी साक्षात्कारस्वभावता, और (३) साधारणीकरण के द्वारा आत्मजातीय स्वरूपानुसन्धानरूपता। इस सन्दर्भ में रसानुभूति के लिए 'संविद्विश्रान्ति' का प्रयोग व्यष्टि और समष्टि दोनों स्तरों पर बड़ा अन्वर्थ है।

अब हम अपने लेख के दूसरे अंश की ओर आते हैं। यहाँ स्मरण दिलाना अनवसर न होगा कि **अभिनवगुप्त** ने **कालिदास** के प्रसिद्ध श्लोक "रम्याणि वीक्ष्य मधुरांश्च निशम्य शब्दान्"[४६] की व्याख्या के व्याज से रसप्रतीति की प्रतिभानरूपता को प्रतिष्ठित करने का सुविचारित और मौलिक उद्यम किया है। कलाशास्त्रियों को यह श्लोक अत्यन्त प्रिय रहा है और भारतीय कला-सिद्धान्त के स्वरूपोन्मेष में उन्होंने इसका प्रभूत उपयोग किया है।[४७] स्वयं **कालिदास** को भी इस श्लोक की सौन्दर्यशास्त्रीय सम्भावनाओं का भरपूर आभास है। *अभिनव-भारती* में दो स्थलों पर और *ईश्वरप्रत्यभिज्ञाविवृत्तिविमर्शिनी* में एक स्थान पर **अभिनव** इसे उद्धृत करते हैं।[४८] कहना न होगा कि ये तीनों सन्दर्भ या तो रसानुभूति से सम्बद्ध हैं या रसाभिव्यक्ति से।

---

[४५] भट्टशंकरनन्दनेन अपि

"साक्षात्कारः स्वतः सिद्धः सा स्फुरद्रूपतास्य हि।" इति निरूपितम्। . . . घटः स्फुरति इति हि कोऽर्थः। अहं तावत् प्रकाशात्मा घटरूपेण स्फुरामि . . . तथा . . . तदेकतारूढोऽपि घट एवमिति। अत एव उक्तं भट्टचन्द्रानन्देन

"पश्यतो रूपमालेखाद् भातो भानानुषङ्गि यत्।
स्वरूपभानं प्रतिभा भावानां . . . ।।" इत्युक्त्वा ". . . सात्मसंश्रया।।" इति – तदेव, पृ. १९९-२००

[४६] रम्याणि वीक्ष्य मधुरांश्च निशम्य शब्दान् पर्युत्सुकीभवति यत्सुखितोऽपि जन्तुः।
तच्चेतसा स्मरति नूनमबोधपूर्वं भावस्थिराणि जननान्तरसौहृदानि।। – *अभि.शा.* ५.२

[४७] देखिए, *भारतीय परम्परा के मूल स्वर,* पृ. ६४-११८; *रस-थ्योरी,* पृ. ४४-४६; "प्रतिभान", *एनल्स,* पृ. ४९६-५०६

[४८] *अभि.भा.,* भा.१, पृ. २७९-८०; भा.२, पृ. २२२; *ई.प्र.वि.वि.,* भा.३, पृ. २५२।

अभिनवगुप्त की व्याख्याओं के आलोक में हम इस श्लोक की प्रासंगिकता और अर्थवत्ता का अध्ययन करेंगे।

श्लोक के सन्दर्भ से लगभग हम सभी परिचित हैं। रानी हंसपदिका संगीतशाला में वीणा पर गीत गा रही है। ताल और लय से शुद्ध गीत की ओर विदूषक राजा का ध्यान खींचता है।[४९] राजा ध्यान से सुनता है।[५०] रानी दुष्यन्त को अपने को भूल जाने पर उलाहना दे रही है। गीत प्रीति, संगीत और भावना में पगा हुआ है। प्रशंसा में राजा के उद्गार निकल पड़ते हैं – "अहो रागपरिवाहिणी गीतिः।" विदूषक चिढ़ाता है कि "क्या इसका अभिप्राय समझ रहे हो"। राजा कहता है "हाँ हमने एक बार प्रेम किया था। रानी वसुमती को लेकर मुझे उपालम्भ दे रही है।" लज्जित राजा रानी को मनाने के लिए माधव्य को उसके पास भेजता है। माधव्य के जाते ही राजा अत्यन्त उत्कण्ठित हो उठता है। राजा अपने से पूछता है कि ऐसी क्या बात है कि गीत के शब्द सुनकर मैं अकारण उन्मन हो उठा हूँ, जबकि मेरा कोई भी प्रिय जन मुझसे बिछड़ा नहीं है। क्योंकि मीठे शब्द और सुन्दर दृश्यों से प्रसन्नता के स्थान पर आकुलता जन्म ले रही है। और फिर अपने को समझाता है कि सुन्दर पदार्थों को देखकर और मीठे बोल सुनकर सुखी मनुष्य भी जो बेचैन हो उठता है, पहले से अनजानी बात को मन से याद करता है, इसका कारण यह जान पड़ता है कि दूसरे जन्म की मैत्री हृदय में वासना रूप से आकर स्थिर हो गई है।[५१]

कालिदास के इस श्लोक में अन्तरंग विश्लेषण द्वारा काव्यार्थ-बोध में हम निम्नलिखित अवस्थाएँ या चरण पाते हैं –

---

[४९] भो वअस्स। संगीद-सालवभन्तरे अवहाणं देहि। ताल-लय-विसुद्धाए वीणाए सर-संजोओ सुणीअदि। जाणे तत्तहोदी हंसबदिआ वणपरिअं करेदि त्ति। – *कालिदासः अभिज्ञानशाकुन्तलम् – ए सिन्थेटिक स्टडी,* अंक ५, पृ. १

[५०] तूष्णीं भव यावदाकर्णयामि। – तदेव

[५१] केवल *अभिज्ञानशाकुन्तलम्* में ही नहीं, अन्यत्र भी इस अबूझ उत्कण्ठा के दर्शन होते हैं। *रघुवंश* में विश्वामित्र के आश्रम को देखकर राम के मन में ऐसी ही बेचैनी घिर आती है –

"वामनाश्रमपदं ततः परं पावनं श्रुतमृषेरुपेयिवान्।
उन्मनाः प्रथमजन्मचेष्टितानि अस्मरन्नपि बभूव राघवः।।" – *रघु.* ११.२२

चार्ल्स डिकेन्स के *ऑलिवर ट्विस्ट* को **रमेन्द्र मोहन बोस** उद्धृत करते हैं –

"Thus a strain of gentle music, or the rippling of water in a silent place, or the odour of a flower, or the mention of a familiar word will sometimes call up sudden remembrances of scenes that never were in this life . . . which some brief memory of a happier existence long gone by would seem to have awakened; which no voluntary exertion of mind can recall". – तदेव, *पृ. ११*

ज्ञानात्मक/ मनोविज्ञानात्मक सोपान[५२]	काव्यगत/इतिवृत्तगत सोपान[५३]	आस्वादगत/ कलानुभूतिगत सोपान[५४]	आध्यात्मिक/ परमार्थबोधगत सोपान[५५]
१. *औन्मुख्य*	माधव्य हंसपदिका के गीत की ओर दुष्यन्त का ध्यान खींचता है		
२. *निर्विकल्पक ऐन्द्रिय प्रत्यक्ष*	माधव्य को चुप कराकर राजा ध्यान से गीत सुनता है		**अनुभव**
३. *सविकल्पक प्रत्यक्ष*			
विषयगत	१. सौन्दर्यग्राहिणी इन्द्रियों में से श्रवण का प्रयोग : शब्द-श्रवण	**इन्द्रिय-प्रत्यक्ष**	**विकल्प**
	२. शब्दों की लय-तालबद्ध गानरूपता का निश्चय		
	३. गान की भावतरलता का अभिज्ञान (अहो रागपरिवाहिणी गीतिः)	**माध्यस्थ्य-विगमन**	
विषयिगत	१. गीत के अर्थ का बोध (शब्दार्थ)		**उपदेशन**
	२. प्रणयवंचिता का उपालम्भ (व्यंग्यार्थ)		
४. *प्रमाता की व्यक्तिगत प्रतिक्रिया*	हंसपदिका को मनाने के लिए माधव्य को भेजना		
५. *प्रमाता की रागात्मक प्रतिक्रिया : 'राग'-आत्मक चमत्कृति*	ज्ञात कारणों के अभाव में दुष्यन्त की उन्मनस्कता	**हार्दिक स्पन्दमानता या आनन्दशक्ति**	

[५२] निरूपण के आधार के लिए द्र. *ई.प्र.वि.वि.*, ३, पृ. २५२।

[५३] *तत्रैव*, द्र. *अभि.शा.* ५.२।

[५४] द्र. *तं.* ३.२०८-१०।

[५५] द्र. *ई.प्र.वि.वि.*, १, पृ. २७१।

६. *पर्युत्सुकता की मनः स्थिति : 'अभिलाष'-आत्मक चमत्कृति*	मधुर शब्दों के लौकिक श्रवण का साधारणीकरण	**साधारणीकरण**	**भावनाभियोग**
७. *काव्यार्थविमर्श*	सुन्दर रूपों के दर्शन और मधुर गीत का श्रवण मन को उत्कण्ठित करता है	**तन्मयी-भाव या सहृदयता**	**भावनानिष्पत्ति**
८. *मूल्य-बोध (पूर्व जन्म के सौहृद की स्मरण रूप चर्वणा/ प्रत्यक्षकल्प संवेदन) :'औत्सुक्य'-आत्मक चमत्कारिता*	पर्युत्सुकता का चर्वण	**आस्वाद या रसानुभूति**	**परिस्फुट भावनानिष्पत्ति (परमार्थप्राप्ति = परम अर्थ का बोध)**

अभिनव की दृष्टि से जब हम इस उद्धरण पर विचार करते हैं तो हम देखते हैं कि **कालिदास** के इस श्लोक का उपयोग उन्होंने रसानुभूति की अपनी धारणा को स्पष्ट करने के लिए किया है। रसानुभूति न उत्पत्ति है, न अनुकृति और न भुक्ति। इन सब मतों को तिरस्कृत कर देने के बाद रस के स्वरूप को बताना उनका दायित्व बन जाता है। *अभिज्ञानशाकुन्तलम्* के ही एक श्लोक "ग्रीवाभङ्गाभिरामम्" (*अभि.शा.* १.२) का विश्लेषण करते हुए वह रस को काव्यार्थ की शब्दावली में प्रस्तुत करते हैं, जो साक्षात् हृदयानुप्रवेशात्मक निर्विघ्न प्रतीति का विषय है। उस प्रतीति की साक्षात्कारकल्पता के लिए नटादि सामग्री का आश्रय लिया जाता है। सामाजिक की इस निर्विघ्न एकघन प्रतीति को अभिनव 'चमत्कार' संज्ञा से अभिहित करते हैं और इससे जन्य शारीरिक विकारों को भी चमत्कार कहते हैं।[५६] इस बात को समझाने के लिए **अभिनव** एक प्राकृत गाथा का आश्रय लेते हैं, जिसका तात्पर्य है कि हरि आज भी यह सोच-सोचकर आश्चर्यचकित हैं कि लक्ष्मी के चन्द्रकला के दल जैसे सुन्दर अङ्ग समुद्रमन्थन के समय मन्दराचल से पिस क्यों न गए।[५७] यहाँ यह ध्यान देने योग्य है कि विष्णु का सोचना या याद करना एक ही बात है। **अभिनव** की दृष्टि में कभी न तृप्त

[५६] सा चाविघ्ना संवित् चमत्कारः। तज्जोऽपि कम्पपुलकोल्लुकसनादिर्विकारः चमत्कारः। – *अभि.भा.,* पृ. २७६

[५७] अज्ज वि हरी चमक्कइ कहविण मंदरेण दलिआइं।
चन्दकलादलसच्छीआइं लच्छीए अंगाइं।। – *अभि.भा.,* पृ. २७६

होने वाले भोग के द्वारा सामाजिक का आवेश चमत्कार है। इस दृष्टि से भोग करने वाले सामाजिक, जिसकी बुद्धि पर अद्भुत भोग का स्पन्दन पूरी तरह से छा गया है, की अनुभूति चमत्कार है।[५८] भले ही वह साक्षात्कारात्मक प्रतीति के रूप में स्फुरित हुई हो या मानस अध्यवसाय, संकल्प या स्मृति के रूप में स्फुरित हुई हो। अपनी इस स्थापना को पुष्ट करने के लिए अभिनव "रम्याणि वीक्ष्य" को उदाहृत करते हैं। यहाँ "स्मरति" पद से जिस स्मृति का सन्धान किया गया है, वह तार्किकों द्वारा अनुमन्य स्मृति नहीं है। क्योंकि उस स्मृति के लिए तो अतीत में उसका अनुभव आवश्यक है।[५९] अतः "स्मरति" का प्रयोग यहाँ अनुभूति के लिए औपचारिक है, क्योंकि उस अनुभव की प्रकृति साक्षात्कारात्मक है जिसका दूसरा नाम प्रतिभान है।[६०] रसप्रतीति का महत्त्वपूर्ण घटक उसका बाह्य सन्दर्भ या रूप-विधा न होकर सामाजिक की भावगत प्रतिक्रिया और उसकी आस्वादरूपता है।[६१]

"रम्याणि वीक्ष्य" की एक महिमा यह भी है कि जहाँ "ग्रीवाभङ्गाभिरामम्" इत्यादि श्लोक कवि के दृश्य-विधान के अङ्ग हैं और उनके विश्लेषण से हम किसी निष्कर्ष पर पहुँचते हैं,

---

[५८] तथाहि स चातृप्तिव्यतिरेकेणाविच्छिन्नो भोगावेश इत्युच्यते। भुञ्जानस्य अद्भुतभोगस्पन्दाविष्टस्य च मनः करणं चमत्कार इति। स च साक्षात्कारस्वभावो मानसोऽध्यवसायो वा सङ्कल्पो वा स्मृतिर्वा तथात्वेन स्फुरत्(न्न)स्तु।

यदाह 'रम्याणि वीक्ष्य. . . .'। – तदेव

[५९] अत्र हि स्मरतीति या स्मृतिरुपदर्शिता सा न तार्किकप्रसिद्धा। पूर्वमेतस्यार्थस्य अननुभूतत्वात्। अपितु प्रतिभानापरपर्यायसाक्षात्कारस्वभावेयमिति। – *अभि.भा.*, पृ. २८०

[६०] **कालिदास** से प्रेरित **अभिनवगुप्त** की इस प्रकरण में स्मृति की ज्ञानमीमांसोत्तीर्ण प्रत्ययात्मक संरचना स्मृति की तान्त्रिक और तत्त्वमीमांसात्मक अवधारणा की याद दिलाती है। स्मृति मन्त्रों की प्राणभूत ऊर्जा है। इस नाते एक ओर मन्त्रों के रूप में पराक्रामी भाषा, परा वाक् का प्रतीक है और दूसरी ओर चेतना के अविच्छिन्न प्रवाह-सातत्य का। चरम सत् के दोनों घटकों में प्रकाश एक प्रकार से विमर्श का अनुयोगी है (लक्षणया 'प्रतियोगी' भी कह सकते हैं) और इस नाते दोनों एक-दूसरे का आपूरण, भरण, पोषण करते रहते हैं। प्रत्यभिज्ञान में स्मृत्यंश विमर्श का स्थानापन्न है। सत् स्वयंप्रकाश है, काल-देश से अनवच्छिन्न है, अतः उसका स्मरण विमर्श-नैरन्तर्य में पर्यवसित होता है। स्मरण को विस्मयगर्भ प्रत्यभिज्ञा कहने के पीछे **अभिनव** की मूल प्रेरणा यही है। ध्यान आदि सभी व्यापार एक प्रकार से स्मृति के ही रूपापादन हैं। **अभिनवगुप्त** का सुचिन्तित निष्कर्ष है : तत एव सकलसिद्धिवितरणचतुरचिन्तामणिप्रख्यम् आगमिकाः स्मरणमेव मन्त्रादिप्राणितं मन्यन्ते। तथा च "ध्यानादिभावं स्मृतिरेव लब्ध्वा चिन्तामणिस्त्वद्विभवं व्यनक्ति।"– *ई.प्र.वि.*, भा.१, पृ. १५४

यही बात शब्द प्रमाण के रूप में समादृत आगम के सम्बन्ध में कही जा सकती है। आगम की 'प्रसिद्धि' के रूप में परिकल्पना सांस्कृतिक स्मृति की अटूटता का उपलक्षण है।

[६१] सर्वथा तावदेषास्ति प्रतीतिरास्वादात्मा यस्यां रतिरेव भाति। – *अभि.भा.*, पृ. २८०

वहाँ यह श्लोक हमें कवि या नाटककार के अपने दृष्टिकोण से परिचित कराता है। ऊपर के विवेचन से एक बात और स्पष्ट है, वह यह कि रस की अवधारणा को समझने के लिए 'प्रतिभान' और 'चमत्कार' दो आधारभूत अवधारणाएँ हैं। प्रतिभान की अवधारणा का उपयोग रसानुभूति की साक्षात्कारकल्पता को पुष्ट करने के लिए किया गया है, वहीं चमत्कार की अवधारणा का उसकी लोकोत्तर आस्वादमयता, रसनारूपता, चर्वणास्वभावता को निष्पन्न करने के लिए। "रम्याणि वीक्ष्य" इन दोनों प्रत्ययों के बीच सेतु बनता हुआ दोनों को समीकृत करता है।

ईश्वरप्रत्यभिज्ञाविवृत्तिविमर्शिनी में चमत्कारिता के सन्दर्भ में अभिनव "रम्याणि वीक्ष्य" को उद्धृत करते हैं और 'चमत्कार' को 'इच्छा' से समीकृत करते हैं। चमत्कारिता है भुञ्जानरूपता अर्थात् आत्मास्वादयितृत्व। यही सहृदयता है। आत्मास्वादयितृत्व-रूप चमत्कार का स्वरूप है स्वात्मविश्रान्ति। यह स्वात्मविश्रान्ति इच्छा के स्वरूप को भी परिभाषित करती है, क्योंकि इच्छा में वेद्यजगत् और ज्ञान-प्रक्रियाएँ अभिन्न रूप से विश्रान्त रहती हैं।[६२] स्वात्मविश्रान्तिरूपा इच्छा कई रूपों में प्रकट होती है। जहाँ स्वात्मविश्रान्ति का सम्बन्ध ऐसे विषय से है जिसकी विशेषता का कथन नहीं किया गया है अर्थात् जहाँ विषय सामान्याकार है, वहाँ इच्छा के लिए *राग* शब्द का प्रयोग करते हैं। जहाँ स्वात्मविश्रान्ति का सम्बन्ध ऐसे विषय से है जिसकी विशेषताएँ ज्ञात हैं – अर्थात् जिसका विषय विशिष्ट है, वहाँ इच्छा को *काम* शब्द से पुकारा जाता है।[६३] सामान्याकार विषय वासनारूप से ही इच्छा में स्वात्मविश्रान्त रहते हैं। यहाँ पूर्वजन्म से समागत मैत्री भाव वासना रूप से स्वात्मविश्रान्त रहता है। इसकी पुष्टि में "रम्याणि वीक्ष्य" को **अभिनव** उद्धृत करते हैं।[६४] इसी प्रकार *औत्सुक्य* भी सामान्याकार है और इच्छा का वह रूप है, जो ऐसी शंका से अनुविद्ध है जो अभिलषणीय के नित्य पास रहने से ही दूर हो सकती है। इस प्रकार दुष्यन्त के मन में पनपने वाली आत्मविश्रान्ति की तीन अवस्थाएँ हैं – (१) मधुर शब्दों के श्रवण मात्र से जागृत 'राग', (२) जननान्तरीय वासना के रूप में अवस्थित 'अभिलाष' या 'काम' और (३) अनजानी प्रियता को पाने की ललक के आकार वाला 'औत्सुक्य'। ये चमत्कारिता रूप इच्छा के ही

---

[६२] सर्वत्र हि चमत्कार एव इच्छा, स च परमभूमावपि अस्ति। . . . सैव हि इति। चमत्कारिता हि भुञ्जानरूपता स्वात्मविश्रान्तिलक्षणा सर्वत्र इच्छा। – *ई.प्र.वि.वि.,* ३, पृ. २५२

[६३] क्वचित्तु स्वात्मविश्रान्तिर्भावान्तरमनागूरितविशेषमपेक्ष्य उत्थाप्यते तत्र सा इच्छा राग इत्युच्यते आगूरितविशेषतायां तु काम इति। – तदेव

[६४] आदिग्रहणाद् अभिलाषमलो भावान्तरं सामान्याकारमपि वासनावशेषमात्रेण आस्ते यथाह . . . "भावस्थिराणि जननान्तरसौहृदानि" इति औत्सुक्यं च नित्यतत्संनिधानव्यपगतशंकानुविद्धा इच्छैवेति। एवमन्यदनुसर्तव्यम्। – तदेव

आत्मारोहणात्मक सोपान हैं। इसी प्रकार इच्छा के अन्य रूपों का अनुसन्धान किया जा सकता है।

अभिनवभारती के १४वें अध्याय में, जिसका सम्बन्ध वाचिक अभिनय से है, **अभिनव** फिर से इस श्लोक को उद्धृत करते हैं।[६५] यह श्लोक छह श्लोकों के समूह का अङ्ग है, जहाँ पाँच श्लोक अपने प्रतीकों से उद्धृत हैं जबकि यह पूरा उद्धृत किया गया है। **भरत** का कहना है कि नट को प्रयोगकाल में और कवि को काव्यनिर्माण के समय वाणी में प्रयास करना चाहिए, क्योंकि वाणी सकल प्रयोगों का आधार है। **अभिनव** इन पद्यों को सरस काव्य का निदर्शन मानते हैं। परन्तु यदि कोई शंका करे कि इन सभी पद्यों में एक प्रकार से स्वशब्दवाच्यत्व दोष आ गया है, क्योंकि यदि केवल विभावादि होते और 'औत्सुक्य' ("पर्युत्सुकीभवति") आदि को उसके नाम से न कहा जाता तो इसमें उत्तम काव्य की सम्भावनाएँ थीं। इस शंका का निराकरण करते हुए **अभिनव** का कहना है औत्सुक्य आदि शब्द के प्रयोगमात्र से इस प्रतीति में कोई बाधा नहीं होनी चाहिए; क्योंकि स्मृति, औत्सुक्य आदि शब्दों का प्रयोग यदि संकेतग्रहण की याद नहीं दिलाता तो रसप्रतीति में कठिनाई नहीं होनी चाहिए। दूसरे, इससे भी महत्त्वपूर्ण बात यह है कि स्वशब्दवाच्यता के न होने पर विभावादि से भी जहाँ रस की प्रतीति होती है, वहाँ पर भी जब तक काव्य की पूर्ण प्रक्रिया को नहीं जानेंगे तब तक विभावादि से रस की प्रतीति नहीं होगी। इसका निहितार्थ यह है कि इस श्लोक में "पर्युत्सुकीभवति", "स्मरति" आदि शब्दों का प्रयोग हुआ है, पर उससे रस-बोध खण्डित नहीं होता और न उसकी उत्तमकाव्यता को चोट पहुँचती है, क्योंकि इन शब्दों का प्रयोग संकेत या वाचक के रूप में नहीं हुआ है। यहाँ रस-बोध होता है, काव्य-निर्माण की पूर्ण प्रक्रिया में कवि की अन्तर्दृष्टि द्वारा। क्योंकि कवित्व का अर्थ है काव्यरचना-सामर्थ्य, न कि चित्तवृत्तिप्रतिपादकत्व।[६६]

---

[६५] "तथा सहासरभसव्यावृत्तकण्ठग्रहं" (*अमरुककाव्ये*), "वपुर्लसलसद्बाहु लक्ष्म्याः" (*वेण्याम्*), "कतिचिदहानि वपुरभूत्केवलमलसेक्षणं तस्याः" (*विक्रमो* ५.७), "रम्याणि वीक्ष्य मधुरांश्च निशम्य शब्दान् पर्युत्सुको भवति यत्सुखितोऽपि जन्तुः। तच्चेतसा स्मरति नूनमबोधपूर्वं भावस्थिराणि जननान्तरसौहृदानि।।" (*शाकु०* ५.२), "निद्रानिमीलितदृशो मदमन्थरायाः" (*चौरपंचाशिका* ३६) "विवृण्वती शैलसुतापि भावमङ्गैः" (*कु.सं.* ३.६७) इत्यादिकाव्येषु सहृदयहृदयसागर- समुच्चलद्राकामृगाङ्कप्रतिबिम्बेषु जीवितभूतानां हासालस्यौत्सुक्यनिद्रामदागमाभिलाषागमादीनां शब्दास्पृष्टत्वेन विभावानुत्साध्यस्वभावत्वे वीतरागतेव बककाकक्रीडाकल्पनैव स्यात्। – *अभि.भा.*, २, पृ. २२२-२३

[६६] न तु सर्वो वक्ता कविरित्यतिप्रसङ्गलक्ष्यमाणप्रबन्धबन्धुरं काव्यनिर्मातृत्वं हि कवित्वं, न चित्तवृत्तिप्रतिपादकत्वम्। . . . . विभावादिभ्योऽपि पूर्णकाव्यप्रक्रियापरिगतमन्तरेण न रसादयः। – *अभि.भा.*, भा.२, पृ. २२३

इस बिन्दु पर पहुँचकर **प्रो० गोविन्द चन्द्र पांडे** को उद्धृत करने का लोभ संवरण नहीं कर पा रहा हूँ, जो कि **अभिनव** के विचारों को ही प्रतिध्वनित करते लगते हैं –

> **साहित्यिक आलोचना की दृष्टि से रस एक व्यंग्य अर्थ है जो कि भावसम्बद्ध होते हुए भी भाव के साथ सर्वथा एकात्मक नहीं है जिसका पता विभावादि से चलता है। . . . साहित्यिक मूल्य के रूप में एक विशिष्ट आधुनिक आलोचक ने रस को कृति का सम्पूर्ण प्रभाव कहा है। उसे कृति का असंलक्ष्यक्रम अखंड व्यंग्य अर्थ कहा जा सकता है जिसमें उसके अभी अंशों की सांकेतिकता उपाचित होकर एक संपिंडित भाव सम्प्रेषित करती है। . . . किन्तु यह स्मरणीय है कि वस्तुतः उद्‌बुद्ध या उत्पन्न न होकर केवल व्यंग्य होता हुआ भाव स्वयं मनोवैज्ञानिक यथार्थ न होकर तदाकारक सम्प्रेषणीय अर्थ ही ठहरता है।**[६७]

भाव की यह सम्पिण्डितता जहाँ भी, जैसे भी सम्भव हो, रसानुभव निर्बाध रहेगा। अलोकसामान्य सहृदयता से सम्पन्न जन केवल एक श्लोकमात्र से या प्रस्तुत के अंशमात्र से भी इस सम्पिण्डित प्रभाव को ग्रहण कर सकता है। मुक्तक काव्य परम्परा की सार्थकता इस दृष्टि से प्रमाणित होती है। यहाँ दुष्यन्त की काव्यानुभूति हंसपदिका की केवल एक गीति से सम्भव हुई है। **अभिनव** इसमें बहुत स्पष्ट हैं।[६८]

लगता है **कालिदास** की इन पंक्तियों का **अभिनवगुप्त** ने बहुत गम्भीरता से आकलन किया था। *अभिनवभारती* और *लोचन* का सम्बन्ध मुख्यतः नाट्यार्थ या काव्यार्थ से है। *ईश्वरप्रत्यभिज्ञाविमर्शिनी* और *विवृत्तिविमर्शिनी* में उन्हीं से सम्बद्ध विचारों को दार्शनिक आधार दिया गया है। परन्तु जहाँ तक *तन्त्रालोक* और *परात्रिंशिकाविवरण* का सम्बन्ध है, उनका कलाशास्त्रीय अभिनिवेश नृत्त और गीत में अपेक्षाकृत अधिक दिखाई देता है और उसमें भी खास तौर पर गीत और वादन में। **कालिदास** की "रम्याणि वीक्ष्य" कहने पर भी इस सारे विभाव-परिवेश का आग्रह "मधुरांश्च निशम्य" पर है। इस श्लोक द्वारा प्रक्षिप्त नाटकीय व्यापार में हम नाटक के अन्दर एक लघुनाटक को देखते हैं, जहाँ दुष्यन्त सामाजिक बन जाता है और हंसपदिका का आतोद्यपूर्वक गान विभाव। यद्यपि **अभिनव** *तन्त्रालोक* में **कालिदास** के इस श्लोक का जिक्र नहीं करते, परन्तु इसके मूलभाव का दोहन अपने सैद्धान्तिक प्रतिष्ठापन में करते हैं, इसमें सन्देह नहीं है। **अभिनव** मधुर गीत में कलात्मक

---

[६७] *भारतीय परम्परा के मूल स्वर*, पृ. १०५-७६।

[६८] तेन ये काव्याभ्यासप्राक्तनपुण्यादिहेतुबलादतिसहृदयास्तेषां परिमितविभावाद्युन्मीलनेन परिस्फुट एव साक्षात्कारकल्पः (कल्पनः?) काव्यार्थः स्फुरति, अतएव तेषां काव्यमेव प्रतीत्युत्पत्तिकृत्, अनपेक्षितनाट्यमपि। – *अभि.भा.*, पृ. २८८ (*कॅम्परेटिव ऐस्थेटिक्स*, भा.१, पृ. १८६-८७ पर उद्धृत)

हृद्यता की अधिक सम्भावना करते हैं। उनका मन्तव्य है कि मधुर गीत आदि को सुनकर तटस्थता के छूट जाने के कारण श्रोता उस गीत के साथ एकतान हो जाता है। उस समय श्रोता के हृदय में जो स्पन्दमानता है, उस गीत के साथ तन्मय होकर उसका जो स्पन्दित होना है, वही आनन्द शक्ति है। इस आनन्द शक्ति का ही प्रसाद है कि वह श्रोता को सहृदय, रसिक बना देती है।[६९] यद्यपि इस श्लोक में **कालिदास** दो सौन्दर्यग्राहिणी ज्ञानेन्द्रियों का ही उपयोग करते हैं (दृश्य-श्रव्य काव्य-परम्परा इन्हीं की उपजीविनी है), *तन्त्रालोक* में **अभिनवगुप्त** इनका विस्तार करते हैं। मधुर गीत, जो कि श्रवणेन्द्रिय का विषय है, के साथ **अभिनव** त्वगिन्द्रिय के विषय चन्दनादि के शीतल स्पर्श में भी आनन्द के उसी उद्रेक की सम्भावना करते हैं। वस्तुतः **अभिनव** के टीकाकार **जयरथ** मधुर गीत को पाँचों ज्ञानेन्द्रिय-विषयों का उपलक्षण मानते हैं।[७०] फिर भी जहाँ तक सिद्धान्त के उपबृंहण का प्रश्न है, **अभिनव** गीत और संगीत पर ही विचार करते हैं क्योंकि गीत और संगीत नाद रूप होने के कारण परा संवित् के अधिक निकट हैं और इस साजात्य के कारण उनके श्रवण से सद्यः तन्मयीभाव होता है। यह तन्मयीभाव ही रसिकत्व का स्रोत है।[७१]

बाह्य पदार्थ की सुखात्मकता और दुःखात्मकता तभी तक रहती है जब तक यह प्रमाता की व्यक्तिगत सत्ता से जुड़ा रहता है। पर जब उपयोगितामूलक सम्बन्ध का स्थान कलात्मक सम्बन्ध ले लेता है और विषय का ग्रहण किसी प्रयोजन की तुष्टि के लिए नहीं होता उस क्षण द्रष्टा का ताटस्थ्य गल जाता है और निर्वैयक्तिकीकृत प्रमाता में विषय प्रतिबिम्बित होने लगता है। उस समय विषय का अनुभव न सुखकारी रूप में होता है न दुःखकारी रूप में, द्रष्टा के साधारणीकृत चित्त में केवल एक स्फुरण उत्पन्न होता है जिससे आत्मा का आनन्द पक्ष उद्रिक्त हो उठता है। मधुर गीत सुनने पर रसिक की ठीक ऐसी ही स्थिति होती है। **अभिनव** के मत में संगीत से होने वाली कलानुभूति वस्तुतः पारमार्थिक आनन्द की अनुभूति है। अतः उनका सुचिन्तित निष्कर्ष है कि जो शरीर आदि की सीमा को लाँघकर गीतादि विषय के साथ इस अतिशय तन्मयता से वंचित रह जाता है, वह वस्तुतः सहृदय नहीं, अहृदय है।[७२]

---

[६९] तथा हि मधुरे गीते स्पर्शे वा चन्दनादिके।।
माध्यस्थ्यविगमे यासौ हृदये स्पन्दमानता।
आनन्दशक्तिः सैवोक्ता यतः सहृदयो जनः।। – *तं.* ३.२०९-१०

[७०] शब्द इति शब्दादयः पञ्चापि हृद्याः सन्तो. . .। – *तं.वि.*, २, पृ. ५७०

[७१] तदस्यां नादरूपायां संवित्सविधवृत्तितः।।
साजात्यात्तन्मयीभूतिर्झगित्येवोपलभ्यते। – तदेव ३.२३९-४०

[७२] येषां न तन्मयीभूतिस्ते देहादिनिमज्जनम्।
अविदन्तो मग्नसंविन्मानास्त्वहृदया इति। – *तं.* ३.२४०-४१

अभिज्ञानशाकुन्तलम् के इस श्लोक और **अभिनवगुप्त** द्वारा इसके कलाशास्त्रीय दोहन के प्रसंग से हमने देखा कि कला-सर्जना और कलानुभूति में क्रमशः सर्जन और संवेदन की पूरी अन्तःप्रक्रिया का संकेतन भी उन्होंने किया है। मधुर गीत के श्रवण से लेकर आस्वाद पर्यन्त कलाजन्य अनुभव की जिन स्थितियों से सामाजिक गुजरता है, उनका आकलन इस प्रकार किया जा सकता है[७३] –

सर्जनगत अन्तःप्रक्रिया	**संवेदनगत अन्तःप्रक्रिया**
इन्द्रिय प्रत्यक्ष	(मधुर गीत का श्रवण)
↓	↓
माध्यस्थ्यविगमन या तटस्थता-परित्याग	(हानादानबुद्धि-त्याग)
↓	↓
हार्दिक स्पन्दमानता	(आनन्द शक्ति)
↓	↓
तन्मयता	(सहृदयता)
↓	↓
आस्वाद	(मूल्य बोध)

इस निबन्ध में हमारी आत्मारोपित सीमाएँ रही हैं। कथ्य की भी और पद्धति की भी। 'प्रतिभान' शब्द से रसानुभूति को अपने दार्शनिक और कलाशास्त्रीय सन्दर्भ में पुष्ट करने में **अभिनव** ने **कालिदास** की उक्ति की समर्थ सांकेतिकता का उन्मीलन करते हुए जिस पद्धति का आश्रय लिया है, यहाँ उसी का आंशिक अनुवाद करते हुए कतिपय निष्कर्षों पर पहुँचने की चेष्टा की गई है। आंशिक इसलिए कि श्लोक की व्याख्या के उपसंहार में उन्होंने रस की अवधारणा को व्यापकतम विस्तार देते हुए रस के अपने से पूर्व के सारे इतिहास का समन्वयन करते हुए उसका यौक्तिकीकरण किया है –

सर्वथा तावदेषास्ति प्रतीतिरास्वादात्मा यस्यां रतिरेव भाति। तत एव विशेषान्तरानुपहितत्वात् सा रसनीया सती न लौकिकी न मिथ्या नानिर्वाच्या न लौकिकतुल्या न तदारोपादिरूपा। तथैव चोपचयावस्थाऽस्तु देशाद्यनियन्त्रणाद्। अनुकारोऽप्यस्तु भावानुगामितया करणात्। विषयसामग्र्यपि भवतु विज्ञानवादावलम्बनात्। सर्वथैव रसनात्मकवीतविघ्नप्रतीतिग्राह्यो भाव एव रसः।[७४]

---

[७३] पीछे "रम्याणि वीक्ष्य" की विश्लेषण तालिका (पृ. ५२६-३०) में हमने इन सोपानों का अनुसन्धान और संकेतन करने का प्रयास किया है।

[७४] *अभि.भा.*, पृ. २८०; यहाँ पाठ संशोधित है। मुद्रित पाठ अत्यन्त भ्रामक है।

परन्तु वह किसी आगामी अध्ययन का ही विषय हो सकता है। यहाँ केवल इतना ही कहना पर्याप्त होगा कि रसध्वनि के जिस सिद्धान्त का विकास प्रत्यभिज्ञादर्शन की पृष्ठभूमि में हुआ, विशेषकर 'चमत्कार' की जिस अवधारणा के आसूत्रण द्वारा ज्ञान की आस्वादात्मकता की खोज हुई, वह शब्द की आत्मशरीरोत्तीर्णता के सिद्धान्त को बड़ी समर्थता के साथ ख्यापित करती है। शब्द की अपने से परे जाने की और अपनी सार्थकता को तलाशने की प्यास सारी कला और ध्वनि सिद्धान्त का बीज है। **प्रो० गोविन्दचन्द्र पांडे** के शब्दों में,[७५]

> **इस सिद्धान्त के अनुसार सभी रूपों में शैवी चेतना का प्रकाश होता है और उसके विमर्श या घनीभूत प्रत्यक्ष से मन में एक अन्तःस्पन्द उदित होता है जो उनके अर्थ की पहचान एवं रस के सारभूत चमत्कार से अभिन्न है। . . . रमणीयता को देखने सुनने से जो भाव और आकुलता मन में उद्बुद्ध होती है वह मानो किसी की याद दिलाती है। यह आन्तरिक भाव का उदय ही बाह्य विषय को रूपान्तरित कर उसके प्रत्यक्ष को सघन अनुभूति बना देता है।**

यही प्रतिभान है, यही चमत्कार है।[७६]

---

[७५] *भारतीय परम्परा के मूल स्वर*, पृ. ११७-१८।

[७६] **अभिनव** से मिलाइए : "अत्र तु दर्शने विषयस्यापि विमर्शमयत्वात् अभिलापमयत्वमेव वस्तुतः। . . . भवतु वा क्षणमात्रस्वभावः साक्षात्कारः, तत्रापि अस्ति विमर्शः।" – *ई.प्र.वि.*, १, पृ. २८८-९१

१८

तन्त्रालोक के आधार पर कला सिद्धान्त का पुनर्घटन

कला को लेकर भारत में विकसित गम्भीर शास्त्रीय चिन्तन में तीन नाम विशेष रूप से अपनी ओर आकर्षित करते हैं – **भरत, आनन्दवर्धन** और **अभिनवगुप्त**। **भरत** की दृष्टि नाट्य को केन्द्र में रखकर मूलतः कलाशास्त्रीय और प्रयोगधर्मा रही है। **आनन्दवर्धन** यद्यपि साहित्य के आचार्य हैं फिर भी ध्वनि के व्यापकतर फलक के माध्यम से मुख्यतः काव्यार्थ, फलतः कलार्थ, के सम्प्रेषण पर उन्होंने तलस्पर्शी मौलिक विवेचन किया है। **अभिनवगुप्त** का दाय बहुआयामी रहा है जिसमें तीन दिशाएँ साफ झलकती हैं। एक ओर, वह **भरत** की शास्त्रीय व्याख्या के प्रसङ्ग और परम्परान्विति की एकसूत्रता के माध्यम से अपने से पूर्व की विराट् नाट्यशास्त्रीय परम्परा के, प्रतिष्ठापक प्रस्तोता हैं। दूसरी ओर, स्वतः पूर्व काव्यशास्त्रीय धारा के अकुण्ठित प्रवाह को सुरक्षित रखते हुए, **आनन्दवर्धन** के काव्यार्थ की अभिव्यक्ति और सम्प्रेषण-परक ऐतिहासिक प्रयास को कालजयी परिपक्वता देते हैं। इसी प्रक्रिया की अन्तर्धारा के रूप में वह दोनों में परस्परान्वयन करते हुए काव्यार्थ और नाट्यार्थ की एकरूपता का आविष्करण करते हुए नाट्यार्थ की निष्पत्ति के लिए ध्वनि सिद्धान्त का भरपूर उपयोग करते हैं। तीसरी ओर, अपनी त्रिक अवधारणाओं के आलोक में कलाशास्त्रीय स्थापनाओं को एक ठोस, व्यापक और साङ्गोपाङ्ग दार्शनिक, आध्यात्मिक और यौक्तिक आधार प्रदान करते हैं। इस चेष्टा में **अभिनवगुप्त** की भूमिका ऐतिहासिक है और पूरे भारतीय परिप्रेक्ष्य में, हमारी सूचना में, उनकी तुलना में कोई आचार्यत्व नहीं उभरता। उनके योगदान की पैनी मौलिकता इस बात से और भी स्थापित होती है कि तीनों ही दिशाएँ एक ऐसी गतिशील समग्रतावादी विश्व-दृष्टि से उपजती हैं जिसके केन्द्र में पूर्णता अर्थात् सत् तथा सुन्दर, अनुभूति तथा अभिव्यक्ति, सत्ता तथा आनन्द का अभेद पार्यन्तिक रूप से प्रतिष्ठित है।

इस समन्वयात्मिका विश्व-दृष्टि, दूसरे शब्दों में जीवन-दृष्टि, तथा ऊपर इंगित किए गए कला-चिन्तन के तीसरे आयाम का पल्लवन **अभिनव** ने अपने अनेक ग्रन्थों में किया

---

* इस लेख का प्रथम प्रारूप, जो डॉ. मीरा रस्तोगी के साथ संयुक्त रूप से लिखित था, काशी हिन्दू विश्वविद्यालय द्वारा भारत कला भवन में आयोजित *ठाकुर जयदेवसिंह जन्म शताब्दी विचारगोष्ठी* (७-११ नवम्बर १९९४) के समक्ष प्रस्तुत हुआ था।

है जैसे *ईश्वरप्रत्यभिज्ञाविमर्शिनी, ईश्वरप्रत्यभिज्ञाविवृत्तिविमर्शिनी, तन्त्रालोक, मालिनीविजयवार्तिक* तथा *परात्रिंशिकाविवरण*। इन ग्रन्थों को दो भागों में बाँटा जा सकता है – प्रथम, त्रिक का प्रत्यभिज्ञा साहित्य जिसमें पहले दो ग्रन्थों की गणना की जा सकती है और दूसरे त्रिक का तान्त्रिक साहित्य जिसमें परवर्ती तीनों ग्रन्थों की गणना की जा सकती है। सच पूछा जाए तो ये तीनों मिलकर एक अवयवी का निर्माण करते हैं। यह उल्लेखनीय बात है कि मूल दार्शनिक दृष्टि की एकता के बावजूद भी इन दोनों वर्गों में कला-चिन्तन के अलग-अलग पक्षों का उद्घाटन हुआ जान पड़ता है। स्थूल तरीके से पहली में प्रत्यभिज्ञा परमार्थ-मीमांसा के आलोक में युक्तिप्रधान प्रतिपादन है और दूसरे में त्रिक जीवन-दृष्टि के आलोक में प्रक्रियाप्रधान निरूपण है। ऐसा नहीं है कि *अभिनवभारती* और *लोचन* में दार्शनिक अंश का पूर्णतः अपलाप हो, परन्तु वहाँ उसकी अत्यन्त अल्प और अनुषङ्ग मात्र से चर्चा हुई है। इस लेख का प्रधान प्रयोजन इस बात की गवेषणा करना है कि क्या *तन्त्रालोक* में आए हुए कलागत सन्दर्भों से किसी कला सिद्धान्त का सम्यक् रूपायन किया जा सकता है। इस प्रयोजन की सिद्धि के लिए **अभिनवगुप्त** द्वारा *तन्त्रालोक* के लिए प्रस्तावित सोपानात्मिका पद्धति का हम आश्रय लेंगे। उद्देश-सोपान में हम अनुसन्धान करेंगे *तन्त्रालोक* के आधारभूत अवधारणात्मक सन्दर्भ का। लक्षण-सोपान में *तन्त्रालोक* (और **जयरथ** के *विवेक*) के उन अंशों का आकलन करेंगे जो शब्दशः या व्याख्याशः कला से जोड़े जा सकते हैं। जिन अंशों में अस्पष्टता की छाया रह जाएगी उनके लिए *मालिनीविजयवार्तिक* और *परात्रिंशिकाविवरण* के सम्बद्ध अंशों का लाभ लेने का प्रयास करेंगे। परीक्षा-सोपान में हमारा मुख्य ध्यान रहेगा एक कला-सिद्धान्त की रूपरेखा उकेरने पर। इस पद्धति में सम्भावित दोष हो सकता है कि उभरने वाला कला-सिद्धान्त *तन्त्रालोक* का पृष्ठपाती होने के कारण सर्वाङ्गीण न हो अर्थात् उन अंशों के छूट जाने की सम्भावना रहेगी जिनका प्रतिपादन यहाँ नहीं हुआ है या अन्यत्र हुआ है। परन्तु निर्भ्रान्त वस्तुपरक दृष्टि के अपनाने में इस खतरे के लिए हमें तैयार रहना पड़ेगा, ताकि *तन्त्रालोक* का कलागत प्रातिस्विक योगदान सामने आ सके।

हम यथाक्रम शुरू करते हैं।

ऐसा लगता है कि तान्त्रिक परिवेश में कलाशास्त्र या सौन्दर्यशास्त्र का विवेचन एक व्यावहारिक अनिवार्यता के तहत हुआ है। भारतीय चिन्तन मूलतः 'उपलब्धि'-केन्द्रित रहा है। इसका तात्पर्य यह है कि सत्य का अनुसन्धान कोरी बौद्धिक जिज्ञासा का विषय न होकर जीवन में साक्षात् उपलभ्य, प्राप्य, जीवन-स्थिति का पर्याय है। इस दृष्टि से भारतीय चिन्तन की सारी विधाओं में विलक्षण साम्य है। घोर बौद्धिक दर्शन सम्प्रदायों में भी साधना तथा योग की पद्धतियों का विकास इसी केन्द्रीय विशेषता से निगमित होता है। तन्त्र चूँकि मूलतः प्रक्रिया-शास्त्र है और *तन्त्रालोक* त्रिक दर्शन का प्रतिनिधि प्रक्रिया-ग्रन्थ, इसलिए सत् का

आविष्करण और चरम जीवनमूल्य की सिद्धि साधारण जन को इसी जीवन में करा पाना तन्त्रों का निकटतम सरोकार बन जाता है। यही सरोकार कला-चिन्तन के आविर्भाव का बीज बनता है। त्रिक दर्शन, अपने को "अनुभवसम्प्रदाय"[1] के नाम से पुकारता है। इसका सीधा सा अर्थ है उसके प्रतिपाद्य का अनुभव सिद्ध होना। दर्शन की प्रक्रिया साक्षात् अनुभूति की प्रक्रिया है और सत् संवित् अर्थात् संवेदनरूप है और उसकी सिद्धि के लिए स्वसंवेदन ही अकाट्य प्रमाण है। पर लोक-सुलभ होने पर भी यह संवेदन लौकिक न होकर लोकोत्तीर्ण है, लोकोत्तर है। दार्शनिक अवधारणा की विवशता है उसकी युक्ति-सापेक्षता। हम देखते हैं कि त्रिक की मूल स्थापना – सत् संविन्मय पूर्ण है – के तीन अंश हैं : (१) वह जीवनानुषङ्गी है, (२) वह अनुभव रूप है, (३) वह लोकान्वयी होकर भी लोकोत्तर है। इस मन्तव्य की सर्वजनग्राह्यता और सर्ववादिसम्मति के लिए त्रिक को जिस युक्ति की तलाश है वह उसे कलानुभव के रूप में मिलती है। क्योंकि वह न तो मायावी या ऐन्द्रजालिक के रूपक से समझ में आने वाली है, क्योंकि सर्वजनसुलभता के बावजूद भी उनके द्वारा ग्राह्यमाण सत् वास्तविक नहीं होता। न ही वह योगिसृष्टि के दृष्टान्त से पूरी तरह रास आती है, यद्यपि यह बड़ी ही सशक्त और प्रबल युक्ति है, – अनुभवसिद्धता, लोकोत्तरता और सर्ववादी-अभ्युपगम की शर्तें पूरी करने पर भी सर्वजनसुलभता और साधारणजनप्रतीतिवेद्यता की कसौटी पर इसकी ग्राह्यता कमजोर पड़ जाती है। बचती है कलानुभूति की युक्ति। इस युक्ति का पल्लवन करने के लिए नृत्य, गीत, श्लोक, गाथा, संगीत आदि के उपमानों का उपयोग किया गया है। कलानुभव हमारे दैनन्दिन जीवन का अङ्ग है, हमारे जीवित रहने का प्रतीक है, सर्वजनसुलभ है, लोक-गम्य होने पर भी उसकी लोकोत्तरता सर्वप्रतीतिसाक्षिक है, उसमें निरूपित अर्थ हमारे अनुभव का वस्तु-सत् है और वह सर्ववादिसम्मत है। इसके अतिरिक्त वह बुद्धि के साथ-साथ हृदय का भी आश्वासकारक है, उसमें प्रकाशित वस्तु अस्तित्व से ही नहीं सौन्दर्य से भी आविष्ट होती है। अतः कलानुभूति की युक्ति त्रिक की आधारभूत युक्ति-प्रक्रिया का अत्यन्त सबल उपयोगी और सार्थक अवयव है। इसे आधार बनाकर अब त्रिक की मूल प्रतिज्ञा को आसानी से समझाया तथा सिद्ध किया जा सकता है। इस कलानुभूति के विश्लेषण के निमित्त त्रिक कला-सिद्धान्त की परिकल्पना की गई है। इस प्रकार हम देखते हैं कि त्रिक और उसके कला-सिद्धान्त में परस्परोपकारित्व है। त्रिक की तान्त्रिक प्रक्रिया उस कला-सिद्धान्त का कारक हेतु है और वह कला-सिद्धान्त त्रिक की मौलिक तान्त्रिक अवधारणाओं का ज्ञापक हेतु।

---

[1] आद्यानुभवसम्प्रदायोपदेशपरिशीलनेन अस्यार्थस्य स्वसंविन्मयस्य अनपलापनीयत्वात्। – *प.त्रिं.वि,* (गुरुटू), पृ. २६७

तन्त्रालोक के अवधारणात्मक संस्थान से भी यही बात प्रमाणित होती है, अतः चर्चा के क्रम को हम आगे बढ़ाते हैं।

जैसी कि हमने अन्यत्र[२] विस्तार में चर्चा की है, *तन्त्रालोक* की रचना में **अभिनव** का अनेकों में से एक प्रवृत्तिनिमित्त रहा है एक अतिक्रामी या लोकक्रामी ईश्वरवाद (ट्रान्सेन्डेन्टल थियोलॉजी) की प्रस्तुति। अर्थात् **अभिनव** की दृष्टि में त्रिक ईश्वराद्वयवाद विशुद्ध परमार्थमीमांसा ही नहीं है – उसका लक्ष्य वैयक्तिक ईश्वरतत्त्व (पर्सनल गॉडहेड) या, पारिभाषिक शब्दों में, निजी भैरवभाव की प्राप्ति है। आधुनिक शब्दावली में यही संसारी या अणु का दिव्यीकरण है।[३] यह सम्भव होता है ईश्वर की अनुग्रह शक्ति से। इस अनुग्रह शक्ति से अज्ञान के बादल छँट जाते हैं और व्यक्ति अपने सहज प्रकाश में प्रकाशित हो उठता है।[४] इस रूपक का कला-सिद्धान्त से अन्तरंग सम्बन्ध स्पष्ट होने लगता है जब हम *अभिनवभारती* में मल से अछूती प्रतिभा के धनी को सहृदय के रूप में और कला-चर्वणा को वीतविघ्न प्रतीति के रूप में चित्रित पाते हैं। इस लोकक्रामी ईश्वरवाद के कारण सारा *तन्त्रालोक* एक ओर विशाल स्तुति के रूप में उभरता है और दूसरी ओर त्रिक या, **अभिनवगुप्त** के शब्दों में, अनुत्तरषडर्धार्थक्रम के प्रक्रिया-ग्रन्थ के रूप में। प्रक्रिया-शास्त्र के रूप में यहाँ **अभिनवगुप्त** *मालिनीविजयोत्तरतन्त्र* की सम्पूर्ण साधना-पद्धति का पुनरनुसन्धान और प्रतिपादन करते हैं। त्रिक की साधना या याग-प्रक्रिया के पसारे की तुलना नाट्य-प्रक्रिया से की जा सकती है। जिस प्रकार नाटक में विभिन्न भूमिकाओं को धारण करता हुआ नट नवीन घटना-लोक की सृष्टि करता है, ठीक वैसे ही परमेश्वर साधना और याग की विभिन्न प्रक्रियाओं में अपने को प्रकट करता है और फिर उन्हें अपने में ही समेटकर अपने में प्रतिष्ठित हो जाता है। साधक के लिए भी यह सारी अनुष्ठान-चर्या एक नाटक ही है। इस प्रकार साधना-प्रक्रिया और नाट्य-प्रक्रिया में एक गहरा सामनन्तर्य है जो कला-विधान की प्रासंगिकता को रेखांकित करता है। यह सामनन्तर्य एक दूसरी दिशा में भी परिलक्षित होता है। ध्यानरत भक्तों के अत्यन्त स्फुटीभूत संकल्प में दिखाई पड़ने वाला देवविग्रह, बौद्धों के योगि-प्रत्यक्ष में स्फुटाभा में उद्भासित भूत-सत्य और नट के माध्यम से सामाजिक का स्व-भावित कल्पना-बिम्बों से तादात्म्य उस नट-प्रक्रिया का *विशेषतः* और कला-प्रक्रिया का *फलतः* अनुसन्धान करता है।

---

[२] *इंट्रोडक्शन टु द तन्त्रालोकः ए स्टडी इन स्ट्रक्चर*, पृ. १-१७।

[३] सप्तत्रिंशत्सु संपूर्णबोधो यद्भैरवो भवेत्।
किं चित्रमणवोऽप्यस्य दृशां भैरवतामियुः।। – *तं.* १.२८५-८६

[४] विलीने शंकाभ्रे हृदयगगनोद्भासिमहसः।
प्रभोः सूर्यस्येव स्पृशत चरणान्ध्वान्तजयिनः।। – तदेव २.४६

अभिनवगुप्त की पैनी नज़र से कला-विषय और ध्यान-विषय और तन्निहित प्रक्रिया की यह पर्यायता छूटी नहीं है।[५] इस पीठिका बन्ध के साथ हम आगे बढ़ते हैं और यह देखते हैं कि *तन्त्रालोक* में निहित कला चिन्तन का रूपायन कैसे किया जा सकता है।

तन्त्रालोक में कलावाची प्रयोगों को सामान्यतः दो हिस्सों में बाँटा जा सकता है – एक, जहाँ कला शब्द का सीधे प्रयोग हुआ है और दूसरे, जहाँ कल धातु और उससे व्युत्पन्न काल, काली आदि शब्दों का व्यवहार हुआ है। जहाँ दोनों ही वर्ग कला की ललितकलात्मक अन्वर्थता को लेकर शान्त हैं, वहाँ दोनों के विश्लेषण से कुछ ऐसे बिन्दु उभरते हैं जो कला-सिद्धान्त के पुनर्गठन के दृष्टिकोण से उपयोगी प्रतीत होते हैं। शब्दकोश की भाँति कला शब्द का अनेक पारिभाषिक और पारभाषिकेतर अर्थों में प्रयोग हुआ है। इनमें से अंश अर्थात् चन्द्रमा की कला/कलाओं के अर्थ में,[६] तुटि,[७] अंश के भी अंश[८] आदि अर्थों में प्रयोग व्यवहारानुगत है। हमारे लिए इनकी विशेष उपयोगिता नहीं है। परन्तु षडध्व के अन्तर्गत सृष्टि-प्रवाह की आर्थी धारा में आने वाले तत्त्वाध्वा के अधीन कला नामक कञ्चुक और कलाध्वा के पारिभाषिक अर्थों में कला का प्रयोग हमें कुछ उपयोगी संकेत देता है। अद्वैत वेदान्त में जो कार्य माया की विक्षेप शक्ति का है वैसी ही भूमिका त्रिक में माया के पञ्च कञ्चुक निभाते हैं। माया के द्वारा भेद बुद्धि के प्रथन के साथ ही प्रमाता की चिद्रूपा अर्थात् कर्तृत्व और ज्ञातृत्व के तिरोहित कर लिए जाने पर ये कञ्चुक सीमित रूप में फिर से प्रमाता के वास्तविक रूप का आविष्करण करते हैं। कला की गणना प्रमातृधर्म में सबसे पहले होती है और इसका स्वरूप है तिरोहित कर्तृत्व का सीमित रूप में पुनरुद्बोधन। दूसरे शब्दों में कला मायीय प्रमाता की कर्तृता है।[९] चूँकि कला एक तत्त्व है अपने वर्ग के सारे सदस्यों को सामान्यरूपता से बांधने वाली, इसलिए सीमितस्वातन्त्र्यमयी कर्तृता मायीय प्रमाता की सामान्य विशेषता बन जाती है। कलाध्वा में कला थोड़ी और सूक्ष्मता की ओर बढ़ती है। सजातीय गणों को अन्वयी

---

[५] तत्र च नटो ध्यायिनामिवेदं ध्यानपदम्। न हि तत्रायमेव सिन्दूरादिमयो वासुदेव इति स्मरणीयप्रतिपत्तिः, अपितु तदुपायद्वारेण अतिस्फुटीभूतसंकल्पगोचरो देवताविशेषो ध्यायिनां फलकृत्, तद्वत् नटप्रक्रिया। – *अभि.भा.*, १, पृ. २८७; द्र. *कॅम्परेटिव ऐस्थेटिक्स*, भा.१, पृ. १५४; और भी देखें *तं.* ४. २०७-०९

[६] *तं.* ३.१३८; ४.१०८: ५.६६; ६.६३ आदि-आदि।

[७] तदेव ६.११०-११।

[८] तदेव ८.३८५।

[९] निरुद्धशक्तेर्या किंचित्कर्तृतोद्वलनात्मिका।।

नाथस्य शक्तिः साधस्तात्पुंसः क्षेप्त्री कलोच्यते। – *तं.* ९.१५५-५६

धर्म से, न्याय के सामान्य की भाँति, बाँधने वाली शक्ति यदि *कला* 'तत्त्व' है तो उन वर्गों में अनुगत और अन्य वर्गों से व्यावृत्त रहने वाली शक्ति *कला* 'अध्व' है और सम्भवतः इसीलिए अध्वों की आर्थी धारा के त्रिविधरूपों – स्थूल, सूक्ष्म, पर – में यह परम है।[१०] उदाहरण के लिए तालाब, पोखर, कुआँ, नदी, सब 'जल तत्त्व' हैं तो जल से लेकर प्रकृतिपर्यन्त चौबीस तत्त्वों में अनुगत शक्ति 'प्रतिष्ठा कला' है। कलाध्वगत कला की दूसरी परिभाषा "तत्वों की अत्यन्त सूक्ष्म अन्तःशक्ति" की शब्दावली में की गई है,[११] जैसे धरणी की सूक्ष्म अन्तःशक्ति धारिका कला है। **अभिनव** इन दोनों ही वर्णनों में मौलिक अन्तर नहीं देखते,[१२] क्योंकि इनसे वस्तु के स्वरूप में कोई अन्तर नहीं पड़ता। **अभिनव** कला के स्वरूप-निर्वचन में तीसरे मत का भी सानुमोदन उल्लेख करते हैं। दीक्षादि के सौकर्य के लिए शिव के द्वारा अपनी इच्छा से कल्पित समयाश्रित वर्ग को भी *कला* कहते हैं।[१३] इस प्रसंग में **अभिनव** एक महत्त्वपूर्ण सिद्धान्त का उद्घाटन करते हैं। आसानी से समझने के लिए कहा जा सकता है कि अनुगमात्मिका शक्ति के आधार पर तत्त्वों का, और शिवेच्छा-परिकल्पन के आधार पर दीक्षादिगत समयों का एकत्रीकरण वस्तुतः वर्गीकरण की ही विधा है। उदाहरणार्थ पृथिवी तत्त्व में निवृत्ति, जल से प्रकृति तक के तत्त्वों में प्रतिष्ठा, पुरुष से माया तक के तत्त्वों में विद्या और शुद्धाविद्या से शक्तिपर्यन्त के तत्त्वों में शान्ता कला अनुगत है। दीक्षादि के सौकर्य के लिए उन्हीं चारों कलाओं की समान व्याप्ति वाले समयाश्रित वर्ग के लिए अण्डचतुष्टय की प्रतिपत्ति हुई है।[१४] इन दोनों प्रकार के वर्गीकरणों – समयरूप तथा कलनारूप – का परमशिव की भूमि में कोई औचित्य शेष नहीं रहता।[१५] शिव तत्त्व तक कला

---

[१०] यथा पूर्वोक्तभुवनमध्ये निजनिजं गणम्।
अनुयत्परतो भिन्नं तत्त्वं नामेति भण्यते।।
तथा तेष्वपि तत्त्वेषु स्ववर्गेऽनुगमात्मकम्।
व्यावृत्तं परवर्गाच्च कलेति शिवशासने।। – *तं.* ११.२-३

[११] केचिदाहुः पुनर्यासौ शक्तिरन्तः सुसूक्ष्मिका।
तत्त्वानां सा कलेत्युक्ता धरण्यां धारिका यथा।। – तदेव ११.४

[१२] अत्र पक्षद्वये वस्तु न भिन्नं भासते यतः।। – तदेव ११.५

[१३] अन्ये वदन्ति दीक्षादौ सुखसंग्रहणार्थतः।
शिवेन कल्पितो वर्गः कलेति समयाश्रयः।। – *तं.* ११.६

[१४] निवृत्तिः पृथिवीतत्त्वे प्रतिष्ठाव्यक्तगोचरे।
विद्या निशान्ते शान्ता च शक्त्यन्तेऽण्डमिदं चतुः।। – *तं.* ११.८

[१५] न ह्यत्र वर्गीकरणं समयः कलनापि वा।। – तदेव ११.६

जयरथ की टिप्पणी है – "वर्गीकरणं प्रकारद्वयात्मा पक्षः, आद्यः समयोऽन्यः कलना तथातथाविकल्पनम्।"
– *तं.वि.*, ५, पृ. २०६

की संगति का कारण है कि अपने स्वातन्त्र्य से विशुद्ध प्रमातृभाव में अवस्थित रहते हुए भी उपदेश और उपदेशजन्य आवेश की परमार्थता की सिद्धि के लिए बोध्यरूप में कलनीय बनता हुआ वह अपना ही विभावन कराता है।[१६] इस पर **जयरथ** की टिप्पणी पर ध्यान दिया जाए तो एक ही निष्कर्ष निकलता है कि *कला की अवधारणा कलन व्यापार में ही निहित है*।[१७]

उपर्युक्त विवेचन हमें सहज ही कला-सम्बन्धी द्वितीय पदसमूह पर ले आता है। यहाँ पर मिलने वाले शब्द हैं – काली, कालसंकर्षिणी, काल, महाकाल, कालशक्ति, कलन, कालिका, आदि। त्रिक के अन्तर्गत आने वाला और उसका सजातीय सम्प्रदाय क्रम तो काल-संकर्षिणी को परम तत्त्व स्वीकार करता है। इन सारे शब्दों के यद्यपि निश्चित पारभाषिक अर्थ हैं, फिर भी परमार्थ-मीमांसा की दृष्टि से इनमें प्रत्ययात्मक सजातीयता है और उसका बीज है कलन व्यापार। **अभिनव** की दृष्टि में कलनात्मकता ही परम तत्त्व को पारम्य, पूर्णता, प्रदान करती है और उसकी निर्बाध निरन्तर चैतन्यमयी क्रियाशीलता की व्याख्या करती है। **अभिनव** इस कलन शब्द की अत्यन्त व्यापक व्याख्या करते हैं। *तन्त्रालोक* में वह कलन के पाँच अर्थ लेते हैं – क्षेप, ज्ञान, संख्यान, प्राप्ति और नाद[१८]। उनका मानना है कि ये अर्थ कलन की पाँच विधाओं के प्रतीक हैं और इस पञ्चविध कलन-व्यापार के कारण ही हम परम शक्ति या तत्त्व को देवी, काली या कालकर्षिणी कहते हैं।[१९] काली कुछ नहीं केवल कलन-कर्तृत्व है। **जयरथ** के *विवेक* से स्पष्ट है कि कलन का अभिनवगुप्तकृत यह स्वरूपानुसन्धान √ **कल** धातु की अन्वर्थता पर आश्रित है।[२०] भ्वादिगण और चुरादिगण में यह धातु तीन बार चार अर्थों में

---

[१६] स्वातन्त्र्यात्तु निजं रूपं बोद्धृधर्मादविच्युतम्।।
उपदेशतदावेशपरमार्थत्वसिद्धये।
बोध्यतामानयन्देवः स्फुटमेव विभाव्यते।।
यतोऽतः शिवतत्त्वेऽपि कलासंगतिरुच्यते। – *तं.* ११.१०$_{ब}$-१२$_{अ}$

[१७] ननु यद्येवं तत् सर्वक्रियाणां कर्ता शिवो विज्ञेयः इत्युपदेशादौ कथमसौ कलनीयतां यायात्, इत्याशंक्याह . . . अत इति बोद्धृत्वेऽपि स्वस्वातन्त्र्योद्बोध्यत्वेन विभावनात् कलासंगतिरिति तथातथाविकल्पनसम्बन्ध इत्यर्थः। – *तं.वि.*, ५, पृ. २०६८-६६

[१८] क्षेपो ज्ञानं च संख्यानं गतिर्नाद इति क्रमात्।। – *तं.* ४.१७३

[१९] इति पञ्चविधामेनां कलनां कुर्वती परा।
देवी काली तथा कालकर्षिणी चेति कथ्यते।। – तदेव ४.१७६

[२०] "कल किल बिल क्षेपे" "कल गतौ" "कल संख्याने" "कल शब्दे" इति धातुचतुष्टयस्य पञ्चधायमर्थो – यद्गतिर्ज्ञाने प्राप्तौ च वर्तते इति। – *तं.वि.*, ३, पृ. ८२०

पढ़ी गई है, जिसमें संख्यान अर्थ दोनों गणों में आया है।[२१] **अभिनव** गति के दो अर्थ लेते हैं – ज्ञान और प्राप्ति। इस निरुक्तिमूलक निर्वचन से वह अपनी दार्शनिक मीमांसा को धार प्रदान करते हैं।[२२] *प्रथम* कलन है क्षेप। क्षेप है अन्तःस्थ का बाह्य उल्लास। क्षेपात्मक कलन का अर्थ है कि जो कुछ अभी तक (सर्जनपूर्व क्षण तक) अपने भीतर अपने से एकात्म भाव से अवस्थित था अब वह ज्ञाता, ज्ञान-विषय और ज्ञान-साधनमय विश्व के रूप में बाहर प्रक्षिप्त कर दिया जाता है। कलन की *दूसरी* विधा ज्ञान है। ज्ञानात्मक कलन है इस प्रकार से बाह्यतया आभासित विश्व का अविकल्पित रूप में परामर्श। *तीसरा* कलन है संख्यानात्मक। संख्यान का अर्थ है परिगणन, जिसका निहितार्थ है प्रत्येक अनुभव विषय का पारस्परिक भेदन द्वारा प्रतिनियतरूप से व्यवस्थापन। अर्थात्, सिरजे गए विश्व में अपने से भिन्न रूप से भासित प्रमाता, प्रमेय आदि का एक-दूसरे से अलग रूप से स्वरूप-परिकल्पन। इसी से बाह्य विश्व "यह घट है, यह घट नहीं है" आदि निश्चित रूपों में अभिव्यक्ति पाता है। इसे पारिभाषिक तौर पर विकल्पन, अपोहन या इयत्तया कलन कहते हैं, जिसका अभिप्राय है एक कोटि-विशेष के अन्तर्गत न आने वाले पदार्थों का व्यावर्तन। इस प्रकार प्रमाता प्रमाण से, प्रमाण प्रमेय से, प्रमेय प्रमाता से व्यावृत्त होता रहता है।[२३] सर्जन की प्रक्रिया का यह अत्यन्त महत्त्वपूर्ण अङ्ग है। गति *चौथा* कलन-व्यापार है, इसका अर्थ है प्राप्ति अर्थात् अपने अन्दर फिर से आरोहण। यह स्वरूपारोहण प्रतिबिम्ब भाव से होता है। आशय यह है कि यह सारा विश्व जो अपने से भिन्न रूप से भासित हुआ था और जिसे परस्पर भी प्रतिनियत भाव से ग्रहण किया गया था उसे फिर से अपने में वापस लाते हैं। अर्थात् प्रमाता, प्रमेय, प्रमाण के अपने से कृत्रिम विभाग का अपसारण करते हुए आत्मतया उनका ग्रहण करते हैं। **जयरथ** के

---

[२१] (अ) कल शब्दसंख्यानयोः। – *धातुपाठ,* भ्वादिगण ४६८

(आ) कल विल क्षेपे। – तदेव, चुरादिगण ७१-७२

(इ) कल गतौ संख्याने च। – तदेव, ३३३

इससे स्पष्ट है कि कल धातुएं तीन हैं न कि चार, जैसा कि ऊपर के उद्धरण में **जयरथ** ने माना है।

[२२] स्वात्मनो भेदनं क्षेपो भेदितस्याविकल्पनम्।
ज्ञानं विकल्पः संख्यानमन्यतो व्यतिभेदनात्।।
गतिः स्वरूपारोहित्वं प्रतिबिम्बवदेव यत्।
नादः स्वात्मपरामर्शशेषता तद्विलोपनात्।। – *तं.* ४.१७४-७५

[२३] परा देवी का जो बारह कालियों के रूप में भूमिकाभेद से परिगणन किया गया है, या परतत्त्व की पञ्चकृत्यात्मक कर्तृता का चार या पाँच प्रकार – क्रम-चतुष्क/पञ्चार्थ – से चित्रण किया जाता है, यह इसी अंश का निदर्शन है।

अनुसार प्रतिबिम्ब के रूपक का तात्पर्य है कि जैसे प्रतिबिम्ब के बिम्ब से अभिन्न रहने पर भी वह बिम्ब से सिर्फ भिन्नतया भासित भर होता है वैसे ही प्रतिबिम्बायमान जगत् अपने बिम्ब से एकाकार होते हुए भी केवल व्यतिरिक्ततया भासित होता है।[२४] व्यतिरिक्ततया भासित होने पर भी प्रतिबिम्ब की बिम्ब से मौलिक एकरूपता सुरक्षित रहती है। वस्तुतः यहाँ अर्थ है संविल्लक्षण स्वरूप की प्राप्ति। **जयरथ** की व्याख्या का शायद अर्थ यह है कि यह नाद की पूर्व स्थिति का निरूपण है, जहाँ बिम्ब-प्रतिबिम्ब भाव से एकता होने पर भी बिम्ब-प्रतिबिम्ब भाव से उपलक्षित द्वैत की छाया अभी शेष है। कलन की *पाँचवी* विधा शब्दात्मक है जिसे **अभिनव** नाद कहते हैं। यह ध्यान देने की बात है कि उपर्युक्त चारों कलनाएँ भासनात्मक/भानात्मक हैं, जबकि अन्तिम शब्दनात्मक या अभिव्यक्तिमय है। इस स्थिति में भावजगत् की स्वरूपारोहण चेतना भी तिरोहित हो जाती है, अर्थात् विकल्पन की बची-खुची छाया भी समाप्त हो जाती है – केवल अपना ही शब्दन, अपना ही आन्तरिक अभिलाप, अहंविमर्श मात्र बचा रहता है। **अभिनव** इस बात को अनेक सन्दर्भों में व्यक्त करते हैं और इस पञ्चविध कलना को पारिभाषिक संज्ञाओं का एक नया समीकरण देते हैं[२५] – आक्षेप, ज्ञान, इयत्तया कलन, विसर्ग[२६] और परामर्श। बार-बार इस बात पर बल दिया गया है कि ये कलनाएँ परशक्ति की विजृम्भा मात्र हैं।[२७]

यहाँ पर दो बातों पर ध्यान देना प्रासंगिक होगा। एक तो नदन के रूप में कलन के भावन द्वारा त्रिक में परा वाक् की अवधारणा के प्रति संकेतन निहित है। चरम कलना को परा वाक् इसलिए नहीं कहते कि वह वाणी का विषय है, बल्कि इसलिए कि वह निखिल अखण्ड मातृका को उसकी समग्रता में व्यक्त कर सकती है। कला के सन्दर्भ में इस तथ्य की सार्थकता स्वयं उजागर हो जाएगी, जब हम यह देखेंगे कि कलना की इस विधा में चिन्मयी सत्ता का आत्म-संवेदन ही – अनुभूति ही – अभिव्यक्ति के रूप में सुरक्षित रह पाता है। दूसरी बात है कि सत् की अन्तर्निहित गतिशीलता का अर्थ है उसकी कर्तृता का निरन्तर निष्प्रतिघ प्रवाह। इसी को ईश्वरवाद की शब्दावली में पञ्चकृत्यकारित्व – सृष्टि, स्थिति,

---

[२४] प्रतिबिम्बस्य हि तदव्यतिरिक्तत्वेऽपि तद्व्यतिरिक्ततयैवावभासो भवेदिति भावः। – *तं.*, ३, पृ. ८२१

[२५] परामर्शात्मकत्वेन विसर्गाक्षेपयोगतः।।
इयत्ताकलनाज्ज्ञानात्ताः प्रोक्ताः कालिकाः क्वचित्। – *तं.* ३.२५२-५३

[२६] विसर्ग का अर्थ **जयरथ** यहाँ संहार (अर्थात् स्वरूपारोहित्व या प्राप्ति) करते हैं। – *तं.वि.*, २, पृ. ५८७

[२७] इमाः प्रागुक्तकलनास्तद्विजृम्भोच्यते यतः। – *तं.* ४.१७३

संहार, तिरोधान और अनुग्रह – कहा गया है। यह नित्योदित स्वरस पञ्चकृत्यकारिता ही ईश्वरवाद की विशिष्ट भंगिमा में लीला है। इस बात को यहाँ कहने का उद्देश्य है कि कलन-पञ्चक का कृत्य-पञ्चक से समीकरण सहज ही होता है। तीसरी बात इस सन्दर्भ में और कही जा सकती है कि यह पञ्चविध कलना और पञ्चविध कृत्य लौकिक जन में भी सीमित मात्रा में उसी प्रकार उपलब्ध होते हैं जिस प्रकार ईश्वर में। परमेश्वर और मानव दोनों को नट कहने के पीछे यही दृष्टि प्रतीत होती है।

अभिनवगुप्त के गुरुजनों का आदेश था कि अतिरहस्य को न तो एक जगह पूरी तौर पर प्रकट करना चाहिए और न ही पूरी तरह से गोप्य रखना चाहिए।[२८] सम्भवतः यही कारण है कि *तन्त्रसार* में वह कलन-पञ्चक के स्थान पर कलन-सप्तक की चर्चा करते हैं।[२९] अतिरिक्त दो कलनाएँ हैं – भोगीकरण और स्वात्मलयीकरण। **अभिनव** ने इनकी व्याख्या नहीं की है। परन्तु ऐसा लगता है कि प्रतिबिम्बवद् स्वरूपारोहित्व का यह आस्वादात्मक पक्ष है, जिसमें भासित बाह्य जगत् का स्वरूपारोहण ही नहीं होता बल्कि अपने में लीन कर लेने के बाद उसकी अन्तर्चर्वणा होती है जो शब्दन या नदन में पर्यवसित होती है। **अभिनव** का यह मन्तव्य सारगर्भित प्रतीत होता है क्योंकि इसकी कड़ी ऊपर से आई है, जहाँ पूर्ण संवित्स्वभाव की पूर्णता-शक्ति के वाचक स्पन्द, त्रिशिका, काली आदि शब्दों के साथ 'भोग' शब्द का भी प्रयोग किया गया है।[३०] इसके आलोक में कलन सम्बन्धी विवेचन का पुनराकलन करें तो लगेगा कि कलना की अवधारणा और उसके प्रकार निरूपण द्वारा **अभिनव** कला के स्वरूप और उसकी आन्तरिक प्रक्रिया के घटक सोपानों पर प्रकाश डाल रहे हैं। खैर, हम इस पर आगे चर्चा करेंगे।

प्रश्न है कि कला का स्वरूप क्या है। *तन्त्रालोक* पर साधारण दृष्टिपात से ही पता चलता है कि यहाँ आनन्द, सर्जन और सौन्दर्य में गहरा सम्बन्ध देखा गया है। अतः सर्जनात्मक कला ही सौन्दर्य और आनन्द की अनुविधायिनी है। संवित् का ऐश्वर्य है विश्वात्मक रूप में सर्जना करना। **अभिनव** के लिए संवित् के दूसरे लक्षण की आवश्यकता नहीं है।[३१] **जयरथ** तो इसे

---

[२८] नाति रहस्यम् एकत्र ख्याप्यं न च सर्वथा गोप्यम्। – *तं.सा.*, पृ. ३१

[२९] कलनं च – गतिः क्षेपो ज्ञानं गणनं भोगीकरणं शब्दनं स्वात्मलयीकरणं च। – तदेव, पृ. २४

[३०] तत्र परमेश्वरः पूर्णसंवित्स्वभावः, पूर्णतैव अस्य शक्तिः, कुलं सामर्थ्यम् ऊर्मिः हृदयं सारं स्पन्दः विभूतिः त्रीशिका काली कर्षणी चण्डी वाणी भोगो दृक् नित्या इत्यादिभिरागमभाषाभिः तत्तदन्वर्थप्रवृत्ताभिः अभिधीयते, तेन तेन रूपेण ध्यायिनां हृदि आस्ताम् इति। – तदेव, पृ. २४

[३१] एतावतैव ह्यैश्वर्यं संविदः ख्यापितं परम्।
विश्वात्मकत्वं चेत्यन्यल्लक्षणं किं नु कथ्यताम्।। – *तं.* ३.२८२

त्रिक का अन्य सम्प्रदायों से व्यावर्तक वैशिष्ट्य मानते हैं।[३२] **तन्त्रालोककार** अपनी प्रतिज्ञा को पहले घोषित कर चुके हैं कि शिव की विसर्ग शक्ति – सर्जनाशक्ति – सभी रूपों में प्रस्फुरित होती है और आनन्द रस का यह सार्वत्रिक प्रवाह उसी से उदित होता है।[३३] उसी के कारण वाच्य/वाचक दोनों रूपों में व्यक्त यह सम्पूर्ण बाह्य जगत् आनन्दमय भासित होता है।[३४] **अभिनव** का आगामी विवेचन कला के परिप्रेक्ष्य में हुआ है। प्रश्न है कि बाह्य विश्व में सुख और दुःख दोनों ही हैं, उसको एकमात्र आनन्दमय कैसे कहा जा सकता है। **अभिनव** का कहना है कि जब हम उपयोगिता-बुद्धि से परे चले जाते हैं तो मधुर गीत आदि को सुनकर तटस्थता के परित्याग हो जाने के कारण श्रोता उस गीत आदि के साथ एकतान हो जाता है। उस समय श्रोता के हृदय में जो स्पन्दमानता है, उस गीत के साथ तन्मय होकर स्पन्दित होना है, वही आनन्द शक्ति है। इस आनन्द शक्ति का ही प्रसाद है कि वह श्रोता को सहृदय, रसिक बना देती है।[३५] जिस मधुर शब्द को सुनकर सहृदय का हृदय तन्मय होकर झूम जाता है उसका कारण है शब्द में वीर्य का उपचय या पोषण कर सकने की क्षमता का होना। यह वीर्य अपनी शुद्धावस्था में सर्जनेच्छा से संवलित है अर्थात् उसमें उस उस प्रकार के विश्व-वैचित्र्य को उल्लसित करने वाली विसिसृक्षा अर्थात् विसर्ग – बाह्यतया विश्वक्षेपण – की इच्छा सदा रहती है।[३६] यह वीर्य यहाँ ब्रह्मस्थानीय है या परम सत् से एकरूप है। यहाँ साफ है कि मन्त्रवीर्य की तान्त्रिक अवधारणा का कला के क्षेत्र में वीर्योपचयकारक शब्द की धारणा के रूप में विस्तार किया जा रहा है। **अभिनव** यहाँ तक विस्तार करते हैं कि यह

---

[३२] एतावता सृष्ट्यादिकारित्वेनैव हि संविद ऐश्वर्यं विश्वात्मकत्वं च परं वाद्यन्तरवैलक्षण्येन अत्यर्थं ख्यापितमुक्तं भवेदित्यर्थः। – *तं.वि.*, २, पृ. ६०७

[३३] विसर्गशक्तिर्या शंभोः सेत्थं सर्वत्र वर्तते।।

तत एव समस्तोऽयमानन्दरसविभ्रमः। – *तं.* ३.३०८-०९

[३४] यद्वशादेव वाच्यवाचकात्मा बाह्योऽयमानन्दमयः समुज्जृम्भते स्फारः। – *तं.वि.*, २, पृ. ५५२

[३५] तथा हि मधुरे गीते स्पर्शे वा चन्दनादिके।।

माध्यस्थ्यविगमे यासौ हृदये स्पन्दमानता।
आनन्दशक्तिः सैवोक्ता यतः सहृदयो जनः।। – *तं.* ३.२०९-१०

जयरथ के अनुसार **अभिनव** को इसकी प्रेरणा मिलती है *विज्ञानभैरव* की इस प्रसिद्ध कारिका से –

गीतादिविषयास्वादासमसौख्यैकतात्मनः।
योगिनस्तन्मयत्वेन मनोरूढेस्तदात्मता।। – *वि.भै.* ७३

[३६] शब्दोऽपि मधुरो यस्माद्वीर्योपचयकारकः।
तद्धि वीर्यं परं शुद्धं विसिसृक्षात्मकं मतम्।। – *तं.* ३.२२९

वीर्य, बल, ओज, प्राण और सौन्दर्य का पर्याय बन जाता है।[३७] **अभिनव** की यह अत्यन्त महत्त्वपूर्ण घोषणा है। रमणीयता अर्थात् सौन्दर्य (कान्तता), विसर्ग, आनन्द और सहृदयता का यह समीकरण कला-दर्शन को नई पीठिका पर प्रतिष्ठित करता है। वीर्य यहाँ पर बार-बार विश्वमय सर्जनात्मक सामर्थ्य के लिए प्रयुक्त हुआ है।[३८] विसर्ग-जन्य अर्थात् सर्जनात्मक सौन्दर्य की पहचान है आनन्द की धारा से तर होकर विश्व का निरन्तर नवनवीकरण।[३९] यह निरूपण हम में **माघ** की प्रसिद्ध उक्ति[४०] और ध्वनि सम्प्रदाय में की गई प्रतिभा की परिभाषा[४१] की याद ताजा कर जाता है। *परात्रिंशिकाविवरण* में **अभिनवगुप्त** इस सिद्धान्त का युक्तिपूर्वक विशदन करते हैं। उनके अनुसार सारे अन्तःकरण और बाह्य इन्द्रियों के द्वारा जो कुछ भी अन्दर प्रवेश करता है वह प्राणनात्मक चेतनतत्त्व के रूप में विद्यमान रहता है, उसे ही ओज कहते हैं। वही ओज सभी अंगों में शब्द, स्पर्श आदि विभाग से रहित वीर्य के रूप में शरीर का अनुप्राणन करता रहता है। "सब कुछ सर्वात्मक है" इस न्याय से प्रत्येक इन्द्रिय और उसका विषय भी सर्वात्मक है। इसलिए रूप आदि विषय के स्पर्श से ओजोरूप वीर्य के उत्तेजित होने से सभी इन्द्रियाँ अपने आप उत्तेजित हो उठती हैं, अतः एक ही विषय में सारे इन्द्रिय-विषयों के द्वारा जन्य क्षोभ को उत्पन्न करने का सामर्थ्य आ जाता है। यही बात मानसिक विषयों पर भी लागू होती है। परिपक्व सर्वात्मक महावीर्य ही पुष्ट सृष्टि का जन्मदाता होता है; अधूरे और क्षीण वीर्य से ऐसी सृष्टि सम्भव नहीं है। जिनका वीर्य पुष्ट नहीं है उनके लिए आँखों को सुन्दर रूप और कानों को मीठा गान भी पूरा आनन्द नहीं दे पाते। जो चीजें जितनी ही कम मात्रा में उत्तेजना पैदा करती हैं उतना ही कम उनका चमत्कार होता है। किसी में चमत्कार का यदि पूरी तरह अभाव हो तो ऐसा व्यक्ति निरा जड होता है। अधिक चमत्कार के आवेश को ही सहृदयता कहते हैं, जिसका स्वभाव है वीर्य-विक्षोभ। दुःख में भी यही चमत्कार इसी कारण से दिखाई पड़ता है। "मुझे यह सुख अब कभी नहीं मिलेगा" इस निराशा की तीव्रता से उस मनुष्य की पीड़ामयी अनुभूति में भी एक विशिष्ट चमत्कार उत्पन्न हो जाता है।[४२]

---

[३७] तद्बलं च तदोजश्च ते प्राणाः सा च कान्तता। – तदेव ३.२३०

[३८] वीर्ये तच्च प्रजास्वेवं विसर्गे विश्वरूपता।। – *तं.* ३.२३१

[३९] एतल्लिङ्गसमापत्तिविसर्गानन्दधारया।
सिक्तं तदेव सद्विश्वं शश्वन्नवनवायते।। – तदेव ५.१२४

[४०] क्षणे क्षणे यन्नवतामुपैति तदैव रूपं रमणीयतायाः।

[४१] प्रज्ञा नवनवोन्मेषशालिनी प्रतिभा मता।

[४२] सर्वेषामन्तर्बहिष्करणानां यद्यदनुप्रविशति तत्तत् मध्यनाडीभुवि सर्वाङ्गानुप्राणनसारायां प्राणात्मना चेतनरूपेण आस्ते, यत् ओज इति कथ्यते, तदेव सर्वाङ्गेषु अनुप्राणकतया तदविभक्तवीर्यरूपत्वेन।

→

यही नहीं क्रोध इत्यादि वृत्तियाँ भी चित् की आनन्दमयता के साथ एकाकार रूप में स्थित रहने के कारण ही अपने रूपों में प्रकट हो पाती हैं, अन्यथा उनको अपना स्वरूप कभी भी न मिल पाता। ये इन्द्रिय-शक्तियाँ, चिद्रूपता के कारण जिन्हें **अभिनव** परमेश्वरी कहते हैं, वस्तुतः अपने ज्ञेय विषयों के सम्बन्ध में विभिन्न प्रकार के खेल खेलती हुई चित्सूर्य की रश्मियाँ ही हैं।[४३] भिन्न-भिन्न प्रकार के पारस्परिक सांकर्य द्वारा असंख्य रूपों को धारण करती हुई उच्चाटन, मारण, शान्ति आदि स्थलों पर कृत्यभेद से सौम्य, रौद्र, भयानक आदि रूपों के भेद के आधार पर शास्त्रों में तत् तत् देवता के रूप में उनकी उपासना का विधान किया गया है। सच बात तो यह है कि पश्यन्ती से लेकर बाहर नील आदि पदार्थों तक आत्मविमर्शपूर्वक आनन्दात्मक क्रीड़ा करने के कारण ही भैरव के देवत्व और उसकी शक्ति की देवीरूपता की कल्पना की जाती है[४४]। जैसा कि ऊपर संकेत कर चुके हैं *मालिनीविजयोत्तरतन्त्र* को उपजीव्य मानकर चलने वाले *तन्त्रालोक*, *मालिनीविजयवार्तिक* और *परात्रिंशिकाविवरण* की ग्रन्थत्रयी में, एक पूरक ग्रन्थमाला के रूप में, **अभिनवगुप्त** आनन्दयोग का ही विकास कर डालते हैं। इन

> **त्रिक ग्रन्थों में निजानन्द, निरानन्द, परानन्द, ब्रह्मानन्द, महानन्द और जगदानन्द ये छह आनन्द की भूमिकाएँ वर्णित हैं। इनमें से जगदानन्द को छोड़कर सब आनन्द अधूरे माने जाते हैं, क्योंकि उन सबमें विश्वमयता का बहिष्कार पाया जाता है। . . . इस आनन्द की भूमिका में रममाण आत्मा के लिए विश्वमयता भी वैसी ही आनन्दमयी है जैसी कि विश्वोत्तीर्णता। . . . परिपूर्ण आनन्दमयता की प्राप्ति . . . कथित दुःखमयता को भी स्वरूप का ही विकास समझकर, उससे भी आनन्द और**

← . . . एकेनैव च रूपाद्यन्यतमेन उद्रिक्तप्राक्तनबलो बृंहितस्य सर्वविषयकरणीयोक्तक्षोभकरणसमर्थत्वं सर्वस्य सर्वस्य सर्वसर्वात्मकत्वात्। स्मरणविकल्पादिनापि सर्वमयमनोगतानन्तशब्दादिबृंहणवशात् जायत एव क्षोभः। परिपुष्टसर्वमयमहावीर्यमेव पुष्टिसृष्टिकारि, न तु अपूर्णम्, नापि क्षीणम्, समुचितशैशववार्धकयोरिव। . . . यथा यथा च न बृंहकं भवति तथा तथा परिमितचमत्कारपर्यवसानम्। सर्वतो हि अचमत्कारेजडतैव। अधिकचमत्कारावेश एव वीर्यविक्षोभात्मा सहृदयता उच्यते। . . . दुःखेऽपि एष एव चमत्कारः। अन्तर्व्यवस्थितं हि यद्यद्दयितासुतसुखादि वीर्यात्मकम् तदेव . . . 'पुनर्न भविष्यति' इति नैरपेक्ष्यवशविशेषचमत्क्रियात्म दुःखसतत्त्वम्। – *प.त्रिं.वि.* (गुरुटू), पृ. ७२-७६

[४३] क्रोधादिवृत्तयो हि चिच्चमत्कारतादात्म्याद् अन्यथा तत्स्वरूपलाभस्यैव अयोगाच्च। परमेश्वर्यः करणदेवता एव . . . तास्ताः क्रीडा वितन्वन्त्यः . . . तत्तत्परस्परसांकर्यलब्धासंख्येयरूपाः तदुच्चाटनमारणशान्त्यादिरूपेषु कर्मसु परिकल्पिततत्तत्समुचितसौम्यरौद्रप्रकाराः कृत्यादिभेदात् देवतात्वेन उपास्या उक्ता मतादिशास्त्रेषु भगवद्भैरवभट्टारकपरिवारभूताश्च। – तदेव, पृ. ६५-६६

[४४] इयता पश्यन्त्यादिसृष्टिक्रमेण बाह्यनीलादिपर्यन्तेन स्वविमर्शानन्दात्मना क्रीडनेन . . . मुख्यतो भैरवनाथस्य एव देवत्वमिष्यते, तच्छक्तेरेव भगवत्या देवीरूपता । – तदेव, पृ. १०-११

रसमयता प्राप्त करने से ही हो सकती है। . . . यही कारण है कि शैव मान्यता के अनुसार जगदानन्द ही परिपूर्ण आनन्द की भूमिका है।[४५]

स्तवचिन्तामणि के प्रणेता **भट्टनारायण** से **अभिनवगुप्त** का शत-प्रतिशत मतैक्य है कि तीनों लोकों में पाया जाने वाला सुख उस आनन्द सागर की बूँद मात्र है। संसार में जिस किसी भी स्तर पर जो भी सुख है वह महानन्द और आत्म-निर्वृति की आश्रयभूत सर्जनात्मक शक्ति में समाविष्ट होने के कारण ही है, केवल उस रूप में जान न पाने के कारण छोटे-छोटे टुकड़ों में बिखर गया है।[४६] त्रिक दृष्टि में आनन्दात्मकता इसीलिए कला का स्वरूप है, क्योंकि वह उसके अस्तित्व की पहली शर्त है और वह शक्ति के सर्जनात्मक रूप में अनुप्रविष्ट है। इसका कारण यह है कि उन घट-पट आदि पदार्थों की उपाधियों से (फलतः कला-जगत् में कला-विषय की उपाधियों से) किसी भी प्रकार दुर्बल न पड़ने वाली संवेदनघन और परिपूर्ण स्वातन्त्र्य की सत्ता भी तभी स्वतन्त्र हो सकती है जब वह अपने में आनन्द से घनीभूत हो। अतः शक्ति की, सर्जना की आनन्दरूपता को छिपाया नहीं जा सकता।[४७] संवित् के स्वातन्त्र्य का आकार है बाह्य पदार्थों के रूप में अपने को जानने या पाने की इच्छा (उज्जिगमिषा)। यही वस्तुतः संवित् का उच्छलत्ता रूप ईशन है और वह हर व्यक्ति को अनुभव द्वारा सर्वदा उपलब्ध है। इस आनन्दमयता के साथ जुड़ जाना ही तान्त्रिक सन्दर्भ में हृदय-पूजा कहलाता है।[४८] कला के क्षेत्र में यदि इसका विस्तार किया जाए तो हम देख चुके हैं कि यह आनन्दशक्ति ही है जिसके कारण व्यक्ति सहृदय अर्थात् रसिक बनता है।[४९]

मालिनीविजयवार्तिक में **अभिनव** अपनी युक्ति को परवान चढ़ाते हैं। उनका निष्कर्ष है जहाँ भी आनन्द का योग होगा वहाँ प्रमाता अपने पूर्ण स्वभाव में ही वर्तमान होगा।[५०] *तन्त्रालोक* के छब्बीसवें आह्निक में **अभिनव** का स्पष्ट कथन है कि चित् का सार है स्वातन्त्र्य।

---

[४५] नीलकण्ठ गुरुटू, *प.त्रिं.वि.*, पाद टिप्पणी ३, पृ. ११०।

[४६] यद्यत् किल सुखं तत्तन्महानन्दनिर्वृतिधाम्नि विसर्गशक्तौ अनुप्रवेशात् तथाऽचेत्यमानतया कियद्रूपतां प्राप्तम्। तदुक्तं भट्टनारायणेन –

त्रैलोक्येऽप्यत्र यो यावानानन्दः कश्चिदीक्ष्यते।
स बिन्दुर्यस्य तं वन्दे देवमानन्दसागरम्।। – *प.त्रिं.वि.* (गुरुटू), पृ. ११०-११

[४७] संविद एव स्वातन्त्र्यं भावोज्जिगमिषात्मकम् ईशनं स्वसंवित्प्रमाणलब्धम् एव। तद्भावानुपचयरूपा संविद्घना परिपूर्णा स्वातन्त्र्यसत्तापि स्वात्मन्यानन्दघना भवन्ती स्वतन्त्रा स्याद् – इत्यानन्दोऽपि नापह्नवनीयः। – तदेव, पृ. २८१

[४८] एवम् आनन्दयोग एव हृदयपूजा। – तदेव, १, पृ. ३५३

[४९] आनन्दशक्तिः सैवोक्ता यतः सहृदयो जनः। – *तं.* ३.२१०

[५०] यत्रैवानन्दयोगः क्वचन ननु भवेत्तत्र पूर्णः स्वभावो। – *मा.वि.वा.* २.११८

स्वातन्त्र्य का स्वभाव है आनन्द की निविडता। इसलिए हृदयाह्लादकारी साधनों के योग से सम्पद्यमान क्रिया का परिणाम है केवल एक – वह है तन्मयीभाव।[५१] इसे हम स्वरूपविश्रान्ति कहें या निर्वृति या उसका पर्याय आनन्दानुभव, एक ही बात है।[५२] **अभिनव** प्रश्न उठाते हैं कि स्वरूप में विश्रान्त मनुष्य की पहचान क्या है। दूसरे शब्दों में कलागत आनन्द या कला की परिभाषा के सन्दर्भ में सर्जनात्मक कला की पहचान क्या है। उत्तर में वह तीन विशेषताएँ या कसौटियाँ प्रस्तुत करते हैं[५३] –

१. हानादान के तिरस्कार की वृत्ति का दृढीभाव,

२. चित्-चमत्कार की प्ररूढता, और

३. कला-वस्तु का अभेदवृत्त्या भावन

इन मानकों के आलोक में जो अनुभूति खरी उतरती हो उसे सौन्दर्यानुभूति या कलानुभूति या सर्जनात्मक अनुभव मानने में हिचक नहीं होगी।

तन्त्रालोक से एक संगत और क्रमबद्ध कला-सिद्धान्त के निर्धारण में सबसे बड़ी कठिनाई यह है कि यहाँ पर एक तो कलात्मक सन्दर्भ विरल हैं, साक्षात् कहे नहीं गए हैं और जहाँ कहीं प्रसङ्गवशात् साक्षात् कहे भी गए हैं वे तान्त्रिक, यागपरक और लौकिक विषयों से अत्यन्त घुल-मिल गए हैं। उससे एक समस्या यह पैदा होती है कि *अभिनवभारती* और *लोचन* में या यहाँ तक कि *विवृत्तिविमर्शिनी* में कला के जिन पक्षों (जैसे नाट्य, काव्य, रस, व्यञ्जना व्यापार) पर विशेष आग्रह है, वह यहाँ शिथिल प्रतीत होता है। अतः कला के स्वरूप-निर्वचन के बाद हमारी सहज जिज्ञासा का केन्द्र बनते हैं वे कलात्मक सन्दर्भ जिन पर **तन्त्रालोककार** का ध्यान गया है और फिर कला-प्रक्रिया के वे अंश जिनका वह स्पर्श करते हैं। जहाँ पर कलात्मक निर्वचन में प्रधानतः जिन कलाओं का जिक्र आया है, वे हैं गीत, नृत्त, वादन। नट के रूपक का निश्चित ही अनेक बार उल्लेख आया है, पर नाट्य का नहीं। नट का अर्थ नर्तक से भी है। यदि इस अर्थ में प्रयोग माना जाए तो फिर नाट्य का उल्लेख परोक्षतः भी नहीं मिलता। इसी प्रकार काव्य का भी उल्लेख नहीं मिलता और एक-आध स्थल पर जो मिलता भी है उसका सन्दर्भ कलात्मक नहीं है। दूसरी विसंगति है कि संगीत/गीत

---

[५१] चितः स्वातन्त्र्यसारत्वात् तस्यानन्दघनत्वतः।
क्रिया स्यात्तन्मयीभूत्यै हृदयाह्लाददायिभिः। – *तं.* २६.६०$_{अ}$-६१$_{अ}$

[५२] स्वरूपमात्रविश्रान्तिश्च अत्र निर्वृत्यपरपर्यायानन्दानुभवमात्ररूपतोच्यते। – *तं.वि.*, ४, पृ. १८४८

[५३] हानादानतिरस्कारवृत्तौ रूढिमुपागतः।
अभेदवृत्तितः पश्येद्विश्वं चितिचमत्कृतेः।।
अर्थक्रियार्थितादैन्यं त्यक्त्वा बाह्यान्तरात्मनि।
स्वरूपे निर्वृतिं प्राप्य फुल्लां नाददशां श्रयेत्।। – *तं.* ५.७४-७५

के प्रकरण में गीत के साथ सुगन्धित वस्तु का स्पर्श, कवित्व के साथ शास्त्रवेत्तृत्व और नट के साथ मल्ल या पहलवान अर्थात् दो आपाततः विजातीय विषयों को जोड़ दिया गया है। ऐसी स्थिति में दो ही सम्भावनाएँ हैं – या तो **अभिनव** कलाचिन्तन के सिद्धान्त का युक्त्यनुकूलन करते हुए जीवन के अन्य क्षेत्रों में उसका अतिव्यापन करते हुए वहाँ भी कलात्मक सौन्दर्य का भावन करते हैं और या कलावस्तु को कला-वस्तु के रूप में न लेकर सामान्य ज्ञान-विषय या अनुभव-विषय के रूप में लेते हैं और सम्बद्ध प्रतिपादन में जितना आवश्यक है, उतने ही अंश में कला को जीवन के एक साधारण आयाम के रूप में चर्चा का विषय बनाते हैं।

काव्य की चर्चा साक्षात् कहीं नहीं मिलती। श्लोक या गाथा[५४] को यदि काव्य का आकार माना जाए तो उसका मन्त्र के रूप में परिकल्पन करते हुए उल्लेख किया गया है। लौकिक श्लोक आदि सब प्रमाता से एकरूप हैं और वह अहं-परामर्शतया ही उन्हें ग्रहण करता है। हाँ, कवित्व की चर्चा अवश्य हुई है। *मालिनीविजय* के आधार पर बताया गया है कि रुद्रशक्ति[५५] के समावेश के अनेक चिह्नों में एक चिह्न कवित्व का उदय भी है। कवित्व के बाद आने वाला (और अन्तिम) चिह्न है सर्वशास्त्रार्थवेत्तृत्व।[५६] यहाँ उल्लेखनीय बात है कि यह कवित्व मध्यतीव्र शक्तिपात के फलस्वरूप उदित माना गया है। संकोच के कारण परिमित प्रमाता का बोध जब गौण हो उठता है तब अपूर्ण-ख्याति जन्म लेती है। परमेश्वर के शक्तिपात से जब यह संकोच समाप्त हो जाता है तो प्रमाता का अपना सहज स्वभाव प्रकट हो उठता है।[५७] **जयरथ** का कहना है कि शक्तिपात के उदय होने पर वे चिह्न जन्म लेते हैं जिनसे सब

---

[५४] श्लोकगाथादि यत्किंचिदादिमान्त्ययुतं ततः।
तस्माद्विदंस्तथा सर्वं मन्त्रत्वेनैव पश्यति।। – *तं.* ३.२२५

[५५] रुद्रशक्तिसमावेशस्तत्र नित्यं प्रतिष्ठितः।
सति तस्मिंश्च चिह्नानि तस्यैतानि विलक्षयेत्।। . . .
कवित्वं पञ्चमं ज्ञेयं सालंकारं मनोहरम्।
सर्वशास्त्रार्थवेत्तृत्वमकस्माच्चास्य जायते।। – *मा.वि.तं.* २.१३-१६

[५६] रुद्रशक्तिसमाविष्ट इत्यनेनास्य वर्ण्यते।
चिह्नवर्गो य उक्तोऽत्र रुद्रे भक्तिः सुनिश्चला।।
मन्त्रसिद्धिः सर्वतत्त्ववशित्वं कृत्यसंपदः।
कवित्वं सर्वशास्त्रार्थबोद्धृत्वमिति तत्क्रमात्।। – *तं.* १३.२१४-१५

[५७] अज्ञानरूपता पुंसि बोधः संकोचिते हृदि।
संकोचे विनिवृत्ते तु स्वस्वभावः प्रकाशते।। – तदेव १३.२१३

लोगों को पता चल जाता है कि शक्तिपात हो चुका है।[५८] निहितार्थ है कि कवित्व अर्थात् काव्यकर्तृत्व असंकुचित प्रमाता की पहचान है। कलात्मक चिन्तन की भाषा में कहा जा सकता है कि जिनकी बुद्धि या प्रतिभा बन्धनों से उन्मुक्त हो चुकी है उसकी सहज अभिव्यक्ति काव्य है। इसके ठीक पूर्व आ रहे विवेचन में **अभिनव** शक्तिपात का कारण प्रतिभा के उदय को मानते हैं। दीक्षा-रूपी तलवार से पाश कट जाते हैं और भावना से पदार्थ का भावन करने के कारण साधक की प्रतिभा विकसित होती है।[५९] यह विकास स्वाभाविक रूप से भी हो सकता है। प्रतिभा के उदय का अर्थ है सभी पदार्थों के वास्तविक तत्त्व का ज्ञान जिसके फलस्वरूप साधक शिव की सत्ता में, अर्थात् अपने में ही, विश्रान्त हो जाता है और दर्पण में पड़ने वाली छाया की भाँति बिम्ब और प्रतिबिम्ब दोनों ही रूपों में अन्दर-बाहर शिव को ही देखता है अर्थात् विश्व को शिवैकघन रूप से देखता है। जीवन की साधारण सिद्धियों के प्रति उदासीन होने के कारण केवल आत्मसंवेदन में ही मग्न रहता है।[६०] यदि हम थोड़ी एकाग्रता से देखें तो कवित्व में सहज असंकुचित प्रतिभा है 'शक्ति', गुरु और आगम का उपदेश या दीक्षा है 'व्युत्पत्ति' और भावना के द्वारा काव्यार्थ का भावन है 'अभ्यास'। **मम्मट** के "शक्तिव्युत्पत्तिरभ्यास इति हेतुस्तदुद्भवे" के बीज सम्भवतः यहाँ मिल जाते हैं। जिन व्यक्तियों में प्रतिभा का उदय स्वतः है वहाँ केवल शक्ति ही कविकर्म का हेतु बनकर उभरती है, व्युत्पत्ति और अभ्यास प्रासंगिक नहीं रह जाते।

प्रसंग-भेद से **अभिनवगुप्त** इस बात को वर्णाध्वा की चर्चा के अवसर पर ग्यारहवें आह्निक में उठा चुके हैं। जो सहज उल्लसित प्रतिभा के धनी हैं, कविता और वक्तृता निश्चय ही उनकी प्रकृति बनती हैं।[६१] **अभिनव** की दृष्टि में सारे वर्ण प्रमारूप हैं। उच्छलित होती हुई प्रमारूप पर संवित्ति में विश्रान्ति का स्वाद लेने वाले वर्णों में सारे पदार्थों के आमर्शन

---

[५८] तन्निवृत्तौ च पारमेश्वरः शक्तिपात एव निमित्तम्। तदुदये च तानि तानि चिह्नानि जायन्ते। येनास्य शक्तिपातो वृत्त इति सर्व उपलक्षयेत्। – *तं.वि.*, ५, पृ. २३३५

[५९] दीक्षासिच्छिन्नपाशत्वाद् भावनाभावितस्य हि।।
विकासं तत्त्वमायाति प्रातिभं तदुदाहृतम्। – *तं.* १३.१७४ब-७५अ

[६०] सर्वभावविवेकात्तु सर्वभावपराङ्मुखः।।
क्रीडासु सुविरक्तात्मा शिवभावैकभावितः।
माहात्म्यमेतत्सुश्रोणि प्रातिभस्य विधीयते।।
स्वच्छायादर्शवत्पश्येद्बहिरन्तर्गतं शिवम्।
हेयोपादेयतत्त्वज्ञस्तदा ध्यायेन्निजां चितिम्।। – *तं.* १३.१८०ब-८२

[६१] आद्योद्रेकमहत्त्वेऽपि प्रतिभात्मनि निष्ठिताः।।
ध्रुवं कवित्ववक्तृत्वशालितां यान्ति सर्वतः। – *तं.* ११.७८ब-७९अ

और अभिधान का सामर्थ्य है।[६२] जबकि सामान्यतः वाचक शब्द या संकेत मायीय वर्णों से बनते हैं और इसलिए उनका सामर्थ्य एक-एक विषय के लिए (प्रतिनियतार्थविषय) नियत होता है। संकेतनिरपेक्ष होने के कारण ही ये प्रमा कहलाते हैं।[६३] वर्णों की प्रमारूपता के समान रूप से उपलब्ध होने पर भी कोई तो एक वाक्य नहीं बना पाता और कोई शास्त्र की रचना कर डालता है। प्रमाताओं के इस भेद का कारण है निज प्रमा पर पड़ा हुआ अनवधान का आवरण।[६४] जैसे-जैसे स्वाभाविक प्रमा बोध का उन्मेष बढ़ता जाता है वैसे ही वैसे व्यक्ति की काव्य- या शास्त्र-सर्जना में उत्तरोत्तर चमत्कार दिखाई पड़ने लगता है।[६५] परवर्ती संकेत पूर्व-पूर्व संविद् में विश्रान्त होते-होते जब आद्य उच्छलत्ता वाली संवित्ति में पर्यवसित होते हैं उस समय कवित्व या वक्तृता का अप्रतिहत प्रसार होता है। बीच की स्थितियाँ प्रतिभा की तारतम्यमयी स्थितियों की द्योतक हैं।[६६]

अभिनवगुप्त के इस प्रतिपादन में यौक्तिक समस्या एक ही आ रही है कि कवित्व और वक्तृत्व या कवित्व और सर्वशास्त्रार्थवेतृत्व दोनों का उल्लेख समकक्ष्यतया किया गया है। उनमें पारस्परिक अन्तर का आधार क्या होगा? दूसरे एक ही कारण (रुद्रशक्तिसमावेश या मध्यतीव्रशक्तिपात) से अनेक चिह्नों का क्रमिक प्रादुर्भाव बताया गया है, तो इसमें क्रम का हेतु और उसकी सार्थकता क्या होगी? छह चिह्नों का समकक्ष्यतया निरूपण क्या कारण का अतिसामान्यीकरण तो नहीं है?

जहाँ तक *तन्त्रालोक* का सम्बन्ध है **अभिनव** का सौन्दर्यशास्त्रीय अभिनिवेश नृत्त और गीत में अपेक्षाकृत अधिक दिखाई देता है, उसमें भी खास तौर पर गीत और वादन में। जैसा कि हम देख चुके हैं **अभिनव** मधुर गीत में कलात्मक हृद्यता की अधिक सम्भावना करते हैं,[६७] क्योंकि आनन्दशक्ति यहाँ अधिक स्फुटता से उपलब्ध है। मधुर गीत, जो कि श्रवणेन्द्रिय का विषय है, के साथ वह त्वगिन्द्रिय-विषय चन्दनादि के शीतल स्पर्श में आनन्द के उसी उद्रेक की सम्भावना करते हैं। इसी प्रकार आगे **अभिनव** मधुर शब्द का वीर्योपचयकारी और

---

[६२] *तं.* ११.६३-६५।

[६३] तदेव ११.६६-७३।

[६४] तदेव ११.७३-७६।

[६५] यथा यथा चाकृतकं तद्रूपमतिरिच्यते।।
तथा तथा चमत्कारतारतम्यं विभाव्यते। – तदेव ११.७६$_{ब}$-७७$_{अ}$

[६६] आद्येन प्राथमिकेन उद्रेकेण उच्छलत्तया महत्त्वं यस्य तस्मिन् परसंविद्धामसविधवर्तिनि इत्यर्थः। – *तं.वि.*, ५, पृ. २१५४

[६७] तथा हि मधुरे गीते स्पर्शे वा चन्दनादिके. . . .। – *तं.* ३.२०६-१०

सौन्दर्यात्मक रूप से प्रतिपादन करते हैं।[६८] वहाँ भी **जयरथ** इसे पाँचों ज्ञानेन्द्रिय-विषयों का उपलक्षण मानते हैं। अपने मन्तव्य का आधार वह *विज्ञान-भैरव* की उस प्रसिद्ध कारिका में पाते हैं,[६९] जहाँ श्रवणेन्द्रिय की वृत्ति से गीत के श्रवण में, दर्शनेन्द्रिय की वृत्ति से अत्यन्त सुन्दर रूप के दर्शन में और रसनेन्द्रिय की वृत्ति के विषयतया मधुरादि रस की चर्वणा में जो स्वानुभवगम्य अनुपम सुख है उसके साथ एकात्म वृत्ति वाले योगी का दृढ़ मनोऽभिनिवेश होने के कारण परमतत्त्व के साथ तादात्म्य हो जाता है, ऐसा बताया गया है।[७०] फिर भी जहाँ तक सिद्धान्त के उपबृंहण का प्रश्न है **अभिनव** गीत और संगीत पर ही विचार करते हैं, क्योंकि गीत और संगीत नादरूप होने के कारण पर संवित्ति के अधिक निकट हैं और इस साजात्य के कारण उनके श्रवण से सद्यः तन्मयीभाव होता है। यह तन्मयीभाव ही रसिकत्व का स्रोत है।[७१]

उपर्युक्त विश्लेषण से **अभिनव** के कलाचिन्तन की मौलिक दृष्टि उभरकर आती है। विसर्ग शक्ति के सर्जना व्यापार से यदि चतुर्दिक् आनन्द ही प्रवाहित होता है तो यह बात हमारे अनुभव का अपलाप करती है, क्योंकि विश्व में हमें सुख और दुःख दोनों ही मिलते हैं। **अभिनवगुप्त** का उत्तर है कि जगत् के बाह्य पदार्थ की सुखात्मकता और दुःखात्मकता तभी तक रहती है जब तक वह प्रमाता की व्यक्तिगत सत्ता से जुड़ा रहता है, जब तक प्रमाता उन्हें वस्तुपरक और प्रयोजनमूलक दृष्टि से देखता है और दोनों उपयोगितामूलक डोर से बँधे रहते हैं। परन्तु जब उपयोगितामूलक सम्बन्ध का स्थान कलात्मक सम्बन्ध ले लेता है और विषय का ग्रहण किसी प्रयोजन की तुष्टि के लिए नहीं होता उस समय द्रष्टा का ताटस्थ्य गल जाता है और निर्वैयक्तीकृत प्रमाता में विषय प्रतिबिम्बित होने लगता है, उस समय विषय का अनुभव न सुखकारी रूप में होता है न दुःखकारी रूप में, द्रष्टा के साधारणीकृत चित्त में केवल एक स्फुरणा उत्पन्न होती है जिससे आत्मा का आनन्द पक्ष उद्रिक्त हो उठता है।

---

[६८] शब्दोऽपि मधुरो यस्माद्वीर्योपचयकारकः। – तदेव, ३.२२८

[६९] शब्द इति शब्दादयः पञ्चापि हृद्याः सन्तो, यस्मात्परब्रह्मात्मनो वीर्यस्य उपचयहेतवः, तदवहितचेतसां झगित्येव परसंविदुल्लासः स्यादित्यर्थः। यदुक्तम् –

"गीतादिविषयास्वादासमसौख्यैकतात्मनः।
योगिनस्तन्मयत्वेन मनोरूढेस्तदात्मता।।" (*वि.भै.* ७३) – *तं.वि.*, २, पृ. ५७०-७१

[७०] गीतं गायनं. . ., आदिशब्देन स्पर्शरूपरसादीनां ग्रहणम्, तेन शब्दादिविषयाणां यत् आस्वादनम्। – *वि.भै.वि.*, पृ. ६२

[७१] तदस्यां नादरूपायां संवित्सविधवृत्तितः।।
साजात्यात्तन्मयीभूतिर्झगित्येवोपलभ्यते। – *तं.* ३.२३९$_{ब}$-४०$_{अ}$

मधुर गीत सुनने पर रसिक की ठीक ऐसी ही स्थिति होती है। **अभिनव** के मत में संगीत से होने वाली कलानुभूति वस्तुतः पारमार्थिक आनन्द की अनुभूति हैं, फलतः उनका निष्कर्ष है कि सहृदय वही है जो इस परम तन्मयता को प्राप्त कर सकता है। अतः जो शरीर आदि की सीमा को लाँघकर गीत आदि विषय के साथ इस अतिशय तन्मयता से वंचित रह जाता है वह वस्तुतः सहृदय नहीं अहृदय है।[७२]

शब्द-सृष्टि के सन्दर्भ में विश्व का दो प्रकार से अवभासन होता है – वाचक शब्द और वाच्य अर्थ। वाचकांश में विमर्श और वाच्यांश में प्रकाश की प्रधानता है। वाच्य-वाचक की यह एकता ही परमशिव है। यह बात विचित्र लगेगी कि एक ओर अभिव्यक्ति की पूरी प्रक्रिया वाचकांश अर्थात् विमर्श से जोड़ी जाती है, वहीं दूसरी ओर गीत और संगीत, जिसका सम्बन्ध विशुद्ध नाद से है, भी इसी वाचकांश से निगमित किया जाता है। वाचक तत्त्व के रूप में विमर्श को परावाक् या नाद आख्या से पुकारा जाता है। यह समस्त ध्वनियों की अविभागावस्था है जिनसे सारी सूक्ष्मतम, सूक्ष्म, स्थूल ध्वनियाँ तथा प्रत्यय उद्गत होते हैं। द्रष्टा, दर्शन और दृश्य रूप में यह तीन तरह से[७३] – पश्यन्ती, मध्यमा और वैखरी – रूप से भासित होती है। इनमें से प्रत्येक फिर से तीन-तीन रूपों में – पर, सूक्ष्म, स्थूलतया – भासित होती है।[७४] पश्यन्ती, मध्यमा और वैखरी के स्थूल रूपों से वर्तमान सन्दर्भ में अधिक सीधा सम्बन्ध है। इन तीनों में जो आलाप आदि के रूप में षड्ज स्वरों का लोलीभूत विस्तार है, जिसमें स्वर तो है पर वर्णों का उच्चारण

---

[७२] येषां न तन्मयीभूतिस्ते देहादिनिमज्जनम्।।
अविदन्तो मग्नसंविन्मानास्त्वहृदया इति। – तदेव ३.२४०-४१

[७३] विभागाभासने चास्य त्रिधा वपुरुदाहृतम्।
पश्यन्ती मध्यमा स्थूला वैखरीत्यभिशब्दितम्।। – तदेव ३.२३६

[७४] तासामपि त्रिधा रूपं स्थूलसूक्ष्मपरत्वतः। – तदेव ३.२३७

निम्न तालिका से वाक् का यह वर्गीकरण और स्पष्ट हो जाता है–

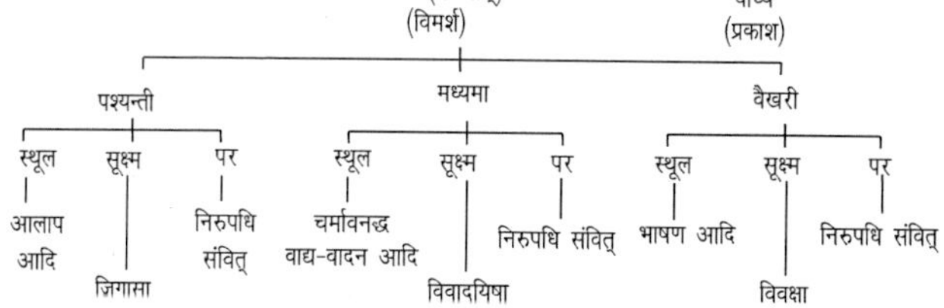

स्फुट नहीं है, वह स्थूल पश्यन्ती है।[७५] वर्णों के उद्भिन्न न होने के कारण माधुर्य की अधिकता से यह आनन्दमयी अवस्था है और इस हेतु मूल नाद और इसके स्वभाव में एकात्मता है।

इस बिन्दु पर **अभिनव** दो महत्त्वपूर्ण टिप्पणियाँ करते हैं। एक तो वह माधुर्य की परिभाषा करते हैं। माधुर्य की परिभाषा परम तत्त्व के स्वरूप में निहित है – अनेकता में एकता। वर्णों की अनेकता में भी उनके अविभाग से उपजी एकरूपता ही माधुर्य शक्ति है।[७६] स्थान, वायु और प्रयत्न के घर्षण से उत्पन्न होने वाली स्फुटता ही परुषता है।[७७] और दूसरे वह माधुर्य से तन्मयीभाव क्यों होता है, इसका कारण बताते हैं। मधुर गीत आदि के रसिकों में संवित् से अनायास तन्मयीभाव का कारण है इस स्थूल पश्यन्ती का आदिम नादरूपता के अत्यन्त समीप होना। परा वाक् का पहला उद्भेद है पश्यन्ती। इसलिए नादवृत्ति और पश्यन्ती में गहरी पारिवारिकता है जो कि मध्यमा और वैखरी में क्रमशः दूर होती चलती है। इस साजात्य से रसिक और योगी का सद्यः संविन्मयत्व, यथावसर, उद्रिक्त हो उठता है।[७८] जो लोग देहादि में ही डूबे रहने के कारण मधुर गीत आदि सुनकर भी आद्य नाद से एकात्मवृत्ति नहीं हो पाते वही अरसिक या अहृदय कहलाते हैं।[७९]

जिस प्रकार से आलाप – मनुष्य की वागिन्द्रिय से उत्पन्न स्वर संघात – का सम्बन्ध स्थूल पश्यन्ती से है, उसी प्रकार मृदङ्ग आदि चर्मावनद्ध बाजों से उत्पन्न स्वर का सम्बन्ध स्थूल मध्यमा से है।[८०] यहाँ वागिन्द्रिय के स्थान पर कराघात से संगीत उत्पन्न होता है। यहाँ भी षड्ज आदि एकतम स्वर के रूप में आलापवत् अभिव्यक्ति होती है, जो आलाप की तुलना

---

[७५] तत्र या स्वरसन्दर्भसुभगा नादरूपिणी।।
सा स्थूला खलु पश्यन्ती वर्णाद्यप्रविभागतः। – *तं.* ३.२३७$_{ब}$-३८$_{अ}$

[७६] वर्णाद्यप्रविभागहेतुकमेवास्या माधुर्यं, यद्वशादेवात्र सर्वेषामासक्तिः मधुर एव हि लोको रज्यतीत्यविवादः। – *तं.वि.*, ३, पृ. ५७९

[७७] अविभागैकरूपत्वं माधुर्यं शक्तिरुच्यते।।
स्थानवाय्वादिघर्षोत्था स्फुटतैव च पारुषी। – *तं.* ३.२३८$_{ब}$-३९$_{अ}$

[७८] तदस्यां नादरूपायां संवित्सविधवृत्तितः।।
साजात्यान्तर्म(त्तन्म)यीभूतिर्झगित्येवोपलभ्यते। – तदेव ३.२३९$_{ब}$-४०$_{अ}$

[७९] लोके हि सातिशये गीतादौ विषये तन्मयीभावेन सचमत्काराणां 'सहृदया' इति अन्यथा 'परहृदयगा' (अहृदयाः) इति प्रसिद्धिः। – *तं.वि.*, ३, पृ. ५८०

[८०] यत्तु चर्मावनद्धादि किंचित्तत्रैष यो ध्वनिः।।
स स्फुटास्फुटरूपत्वान्मध्यमा स्थूलरूपिणी। – *तं.* ३.२४१$_{ब}$-४२$_{अ}$

में स्फुट और वर्णादि के विभाग के उल्लसित न होने के कारण अस्फुट है, इसलिए इसे मध्यमा कहा गया है। अविभागांश के बने रहने के कारण यहाँ भी माधुर्य होता है, इसलिए इसमें लोगों की आसक्ति होती है। प्रश्न है कि क्या पश्यन्ती की भाँति ही यह भी आसक्ति को जन्म देती है। उसके उत्तर में कहा जाता है कि यहाँ पश्यन्ती की तुलना में ध्वनिगत स्फुटता होने पर भी ध्वनि को वर्णरूप में चूँकि पहचाना या उच्चारित नहीं किया जा सकता, इसलिए अविभाग माधुर्यात्मक रंजनात्मकता को और रंजनात्मकता, वादन के नादात्मक होने के कारण, तन्मयीभाव को जन्म देती है। अविभाग ही माधुर्य या आनन्द का निमित्त है, यह बात अपने अनुभव से सिद्ध है।[८१]

स्फुट वर्णों की उत्पत्ति में जो कारण है और शब्द या वाक्य के तमाम स्फुटीभूत वर्ण जिसके कार्य हैं, वह स्थूल वैखरी है। स्फुट होने के कारण वैखरी में एक प्रकार की परुषता आ जाती है। फलतः लोगों की आसक्ति यहाँ नहीं होती और न तन्मयता।

प्रश्न है कि यदि संगीत और गायन की व्याख्या पश्यन्ती, मध्यमा और वैखरी के स्थूल रूपों से हो जाती है तो फिर इन तीनों ही वाग्भूमियों के सूक्ष्म और पर भेदों की क्या सार्थकता है। **अभिनवगुप्त** के अनुसार सूक्ष्म और पर भेद क्रमशः इन अवस्थाओं में निहित मनोवैज्ञानिक और तात्त्विक अन्तःप्रक्रिया की व्याख्या करते हैं। चाहे आलाप हो या वाद्य – वादन या भाषण – हमारा इस दिशा में हर व्यापार मानस संकल्प या इच्छा के बिना आकृति ग्रहण नहीं कर सकता। आलाप के पूर्व गाने की इच्छा, वादन के पहले बजाने की इच्छा और भाषण के पहले बोलने की इच्छा अनिवार्य हैं। इन्हें **अभिनव** "अनुसन्धानत्रय" कहते हैं[८२] और **जयरथ** ने इनका क्रम से नामकरण किया है – जिगासा, विवादयिषा और विवक्षा।[८३] यथाक्रम इनका आकार है "मैं मधुर आलाप लूँ", "मैं बजाऊँ", "मैं यह बात कहूँ"। ये क्रमशः सूक्ष्म पश्यन्ती, सूक्ष्म मध्यमा और सूक्ष्म वैखरी के द्योतक हैं। प्रत्येक व्यक्ति को इनका अनुभव होता

---

[८१] मध्यायाश्चाविभागांशसद्भाव इति रक्तता।।

अविभागस्वरमयी यत्र स्यात्तत्सुरञ्जकम्।
अविभागो हि निर्वृत्यै दृश्यतां तालपाठतः।।

किलाव्यक्तध्वनौ तस्मिन्वादने परितुष्यति। – तदेव, ३.२४२$_{ब}$-४४$_{अ}$

[८२] अस्मिन्स्थूलत्रये यत्तदनुसन्धानमादिवत्।।

पृथक्पृथक् तत्त्रितयं सूक्ष्ममित्यभिशब्द्यते।
षड्जं करोमि मधुरं वादयामि ब्रुवे वचः।। – तदेव, ३.२४५$_{ब}$-४६

[८३] तेन जिगासा-विवादयिषा-विवक्षा-त्मकानुसन्धानत्रयरूपमेतत्सूक्ष्मं भेदत्रयमिति तात्पर्यार्थः। – *तं.वि,* ३, पृ. ५८३

है, अतः अ नुभव के अतिरिक्त अन्य प्रमाण अनावश्यक है।[८४] इन तीनों अनुसन्धानों के भी तत्तत्पूर्वरूप, जिसमें इनके उपरञ्जकों का अभाव रहता है, अतः जो एक प्रकार से इच्छा की भी पूर्व कोटि, निरुपधि संविद्रूप हैं – वे पर पश्यन्ती, पर मध्यमा और पर वैखरी के प्रतीक हैं। तीन प्रकार के होने पर भी ये अनुपधि माने जाते हैं, क्योंकि ये संविद्रूप हैं और इनका अधिष्ठान शिव परसंविद्रूप है।[८५]

अभिनवगुप्त ने उपर्युक्त स्थापनाओं के अतिरिक्त कला-सम्बन्धी कतिपय अन्य महत्त्वपूर्ण मन्तव्य व्यक्त किए हैं और अब अवसर है कि हम उनका भी आकलन कर लें।

उनका एक महत्त्वपूर्ण मन्तव्य कलास्वाद की प्रक्रिया और आभासवाद के सम्बन्ध को लेकर है।

कलादि कञ्चुक, जिनका ऊपर हम अन्य सन्दर्भ में जिक्र कर चुके हैं, के बारे में उनका विचार है कि कला आदि पाँचों कञ्चुक मायीय प्रमाता के स्वरूप-धर्म होने के नाते प्रमाताओं के हिसाब से भिन्न-भिन्न हैं। फिर भी कभी-कभी ऐसा होता है कि अनेक प्रमाताओं के कला आदि कञ्चुक किसी-किसी अंश में भेद के विगलित हो जाने पर उस अंश में एक हो जाते हैं जैसे नृत्त, गीत और वादन में। उदाहरण के लिए सारे दर्शकों को, जो एक-दूसरे से अलग हैं, सभागार में एक ही नर्तकी का नृत्य दिखाई देता है। आभासवाद के अनुसार हर प्रमाता का विषय पृथक् है, इसीलिए विषय को स्वलक्षणाभास कहा गया है। परन्तु कलागत परिवेश में प्रमातृभेद होने पर भी कञ्चुक आदि का ऐक्य हो जाता है परिणामतः उतने अंश में प्रमातृधर्म से आवेष्टित होने के कारण उस अंश में प्रमात्रैक्य हो जाता है।[८६]

इस प्रमात्रैक्य से हमारे कलास्वादन में एक गुणात्मक अतिशय जन्म लेता है। कला का संवेदन वस्तुतः प्रतिप्रमातृनिष्ठ है। नाटक और काव्य का आस्वादन अकेले देखकर, पढ़कर लिया जा सकता है और प्रेक्षागार में बैठकर साथ भी। पहले को हम कह सकते हैं एक-प्रमातृ-संवेद्यता और दूसरे को सम्भूय-सकल-सामाजिक-संवेद्यता। **अभिनव** का कहना है कि जब सारे सामाजिक जन एकाग्र होकर नृत्त और गीत का आस्वादन करते हैं तो उस समय उन्हें इतना अच्छा लगता है कि वह नृत्त और गीत मानो अमृत का समुद्र हो।[८७] यही

---

[८४] पृथगेवानुसन्धानत्रयं संवेद्यते किल। – *तं.* ३.२४७

[८५] एतस्यापि त्रयस्याद्यं यद्रूपमनुपाधिमत्।।
तत्परं त्रितयं तत्र शिवः परचिदात्मकः। – तदेव ३.२४७$_{ब}$-४८$_{अ}$

[८६] तस्मात् कलादिको वर्गो भिन्न एव कदाचन।
ऐक्यमेतीश्वरेच्छातो नृत्तगीतादिवादने।। – *तं.* ६.१७०

[८७] तथा ह्येकाग्रसकलसामाजिकजनः खलु।
नृत्तं गीतं सुधासारसागरत्वेन मन्यते।। – तदेव १०.८५

बात मल्लयुद्ध, खेल या नट के अभिनय को देखने में होती है। एक प्रमाता के द्वारा देखे जाने वाले नृत्त से, उसके अनेक प्रमाताओं के द्वारा साथ-साथ देखे जाने पर, सबके द्वारा अनुभूयमान एक अतिशय जन्म लेता है, जिससे उस अंश में अनुभवविषयता के द्वारा सारे प्रमाताओं की एकता स्थापित होती है। सर्वप्रमातृतादात्म्य की अनिवार्य परिणति है कलावस्तु के पूर्णरूप का अनुभव।[८८] एक प्रमाता के द्वारा देखा जाने वाला नृत्त अपेक्षाकृत शुष्क होता है, जब कि दूसरे में निरतिशय चमत्कारकारित्व होता है।[८९] **अभिनव** *मालिनीविजय* के प्रमाण से कहते हैं कि केवल काव्य में ही सकल सामाजिक जन की एकाग्रता आनन्दकारी नहीं होती, अपितु शास्त्र के सन्दर्भ में भी अनेक प्रमाताओं का सहानुशीलन शास्त्रार्थ-बोध या शास्त्रार्थानुष्ठान में वैशिष्ट्य का आधान करता है।[९०]

इस वक्तव्य में **अभिनव** ने कई महत्त्वपूर्ण बातें कहीं हैं। एक तो, यदि पारिभाषिक शब्दावली का आग्रह छोड़ दिया जाए तो वह कलास्वादन में सामाजिक सहभागिता के सिद्धान्त की प्रतिष्ठा करते हैं और उससे कलास्वाद में अतिशय अर्थात् आनन्दबोध में गुणात्मक परिवर्तन का प्रतिपादन करते हैं। दूसरे, कला के सिद्धान्त को वह ललित कलाओं के आगे ले जाना चाहते हैं। वह एक ओर खेल के मैदान (मल्लप्रेक्षा) और दूसरी ओर शास्त्रानुशीलन के क्षेत्र तक उसका अतिदेशन करते हैं। स्वर्गीय **डॉ. हर्षनारायण** से शब्द उधार लेकर इसे "कला का अनुषङ्ग सिद्धान्त" कहा जा सकता है।[९१] यदि यह अतिदेशन युक्ति से पुष्ट किया जा सकता हो तो कवित्व के साथ शास्त्रार्थवेत्तृत्व, वक्तृत्व, और मधुर गीत के साथ चन्दन के सुवासित शीतल स्पर्श की सहप्रतिपाद्यता को समझना और उनमें एक तार्किक अन्विति पाना सुकर होगा।

ऐसा लगता है कि उपर्युक्त सिद्धान्तों से **अभिनव** को प्रतिबद्धता की सीमा तक लगाव था। अट्ठाइसवें आह्निक में एक विशुद्ध तान्त्रिक प्रक्रिया – योगिनीमेलक – को वह कला-सन्दर्भों से जोड़ते हैं। वह कहते हैं कि योगिनियों के मेले (योगिनीमेलक) में ज्ञान प्राप्ति

---

[८८] तत एवोच्यते मल्लनटप्रेक्षोपदेशने।
सर्वप्रमातृतादात्म्यं पूर्णरूपानुभावकम्।। – तदेव १०.८६

[८९] यदा तु तत्तद्वेद्यत्वधर्मसन्दर्भगर्भितम्।
तद्वस्तु शुष्कात् प्राग्रूपादन्यद्युक्तमिदं तदा।। – तदेव १०.८८

[९०] शास्त्रेऽपि तत्तद्वेद्यत्वं विशिष्टार्थक्रियाकरम्।
भूयसैव तथा च श्रीमालिनीविजयोत्तरे।। – *तं.* १०.८६

[९१] लखनऊ अकादमी में पढ़े गए इसी शीर्षक "कला का अनुषङ्ग सिद्धान्त" (असोसिएट थ्योरी ऑफ़् आर्ट) के लेख में उन्होंने इस सिद्धान्त का प्रतिपादन किया था। सम्प्रति उस लेख के विस्तृत विवरण उपलब्ध नहीं हैं।

को रोका नहीं जा सकता, क्योंकि अलग-अलग शरीरों के कारण सीमित होने पर भी एक-दूसरे के पारस्परिक प्रतिबिम्बन द्वारा योगिनियों की संवित् विकस्वर ही होती है।[६२] यह विकस्वरता बड़े सहज भाव से आती है। एक की बुद्धि दूसरे में प्रतिबिम्बित होकर वैसे ही विकसित होती है,[६३] जैसे एक स्थल पर अनेक दर्पणों के होने पर एक, दूसरे में प्रतिबिम्बित होता है और इस पारस्परिक प्रतिबिम्बन से दीप्त होकर प्रकाश अनायास बढ़ जाता है। यह ठीक वैसे ही होता है जैसे बहुत से गायकों की टोली में जहाँ एक के बाद दूसरा, दूसरे के बाद तीसरा गीत गाया जाता हो या कई गायक एक साथ समवेत स्वर से गा रहे हों, उस समय वहाँ सबके तन्मय हो जाने पर जो आनन्दानुभव होता है वह एक व्यक्ति के तन्मय होने पर कभी भी सम्भव नहीं है।[६४] यद्यपि आनन्दमग्न हर एक की संवित्ति अलग है, फिर भी सर्वतन्मयता का फल यह होता है कि नृत्तादि की प्रेक्षा के अवसर पर वह पूर्णानन्द का आस्वादन करती है।[६५]

अनुभूति की इस विकस्वरता और सघनता के पीछे कारणों की मीमांसा भी **अभिनव** करते हैं। विकस्वर सौन्दर्यानुभूति में बिम्ब-प्रतिबिम्ब भाव की प्रवृत्ति दो प्रकार से होती है। सामान्य प्रकार तो है, जो विषय और विषयी अर्थात् प्रमाता और कलावस्तु के बीच में घटित होता है। विशेष प्रकार है, जो विषयी और विषयी के मध्य परस्पर संक्रमण से घटित होता है। यह दूसरा प्रकार अतिरिक्त वैशिष्ट्य का आधान करता है। इसके अतिरिक्त दूसरा कारण है, आनन्दात्मक संवित् का निष्प्रतिघ (अर्थात् अबाधित या निर्विघ्न) होना। यह सम्भव होता है उपयोगितामूलक और स्वार्थमूलक दृष्टि के निराकरण द्वारा। जब स्वार्थ नहीं रहा तो हानादानबुद्धि भी नहीं रहती, फलतः जलन, निन्दा आदि संकोच के कारण के न रहने पर चेतना में केवल आनन्द का ही योग रहता है।[६६] निष्प्रतिघत्व का दूसरा आधार है विजातीयता

---

[६२] संवित्सर्वात्मिका देहभेदाद्या सङ्कुचेत्तु सा।।
मेलकेऽन्योन्यसंघट्टप्रतिबिम्बाद्विकस्वरा। – *तं.* २८.३७३$_{ब}$-७४$_{अ}$

[६३] उच्छलन्निजरश्म्योघः संवित्सु प्रतिबिम्बितः।।
बहुदर्पणवद्दीप्तः सर्वायेताप्ययत्नतः।। – तदेव २८.३७४$_{ब}$-७५$_{ब}$

[६४] अतएव गीतगीतप्रभृतौ बहुपर्षदि।।
यः सर्वतन्मयीभावे ह्लादो नत्वेककस्य सः। – तदेव २८.३७५$_{ब}$-७६$_{अ}$

[६५] आनन्दनिर्भरा संवित्प्रत्येकं सा तथैकताम्।।
नृत्तादौ विषये प्राप्ता पूर्णानन्दत्वमश्नुते। – तदेव २८.३७६$_{ब}$-७७$_{अ}$

[६६] ईर्ष्यासूयादिसंकोचकारणाभावतोऽत्र सा।।
विकस्वरा निष्प्रतिघं संविदानन्दयोगिनी। – तदेव २८.३७७$_{ब}$-७८$_{अ}$

का परिहार। जैसे ऊँचे-नीचे धरातल में हाथ फेरने पर वस्तु का समरस स्पर्श नहीं होता है, वैसे ही ईर्ष्यादि विजातीय अंशों के रहने पर संवित् में तन्मयता नहीं आती।[९७] निष्प्रतिघ की यह परिभाषा **अभिनवगुप्त** कृत नैर्मल्य, जो कि प्रकाश का प्राण है, की परिभाषा की याद दिलाती है – विजातीय का अभाव और अत्यन्त निविड सजातीय के साथ एक मात्र संहति[९८]। अर्थात् समतल भाव से निरन्तर अवस्थित रहने के कारण ऊँच-नीच की परिहाररूप श्लक्ष्णात्मक संहति ही निर्मलता है।[९९] दूसरे शब्दों में प्रकाशात्मक निर्मल संवित् ही आनन्दात्मक और विकस्वर होती है।

इस प्रकार हम देखते हैं कि *तन्त्रालोक* में बिखरे संकेत **अभिनवगुप्त** के कला-चिन्तन के कई महत्त्वपूर्ण सूत्र हमें देते हैं। **अभिनव** के व्यापकतर समग्र कला-चिन्तन में उनका विनियोग कैसे किया जा सकता है, इसी का संक्षिप्त आकलन हम आगामी पंक्तियों में क्रमशः करेंगे।

१. *तन्त्रालोक* में **अभिनवगुप्त** का ध्यान काव्य और नाट्य की अपेक्षा संगीत पर अधिक है। इसका कारण सम्भवतः इसकी अपेक्षाकृत सहज हृद्यता में है। उनके अनुसार कलात्मक अनुभूति का काम परम सत् के आस्वाद को इन्द्रिय-संवेद्य रूप में प्रस्तुत करना है, इस दृष्टि से दर्शनेन्द्रिय और श्रवणेन्द्रिय की विशेष महिमा है। ये दोनों ही इस आस्वाद को इन्द्रियजन्य भोग से विशिष्टतया प्रस्तुत करती हैं और प्रमातृ-प्रमेयगत पक्षों का साधारणीकरण सम्भव बनाती हैं। सामान्यतः काव्य को सर्वोत्तम कला समझा जाता है क्योंकि रसास्वादन के क्षण इन्द्रिय-संवेदन रूप पक्ष पूर्णतया तिरोहित हो जाता है, जबकि अन्य कलाओं में, विशेषकर संगीत में, इसका कुछ-न-कुछ स्पर्श शेष रहता है। पर संगीत कला की विशेषता उसकी सर्वजनग्राह्यता में है, क्योंकि उसका आश्रय एकमात्र नाद या शब्द है। यह श्रवणेन्द्रिय की अर्थनिरपेक्ष सहज प्रवृत्ति का क्षेत्र है। काव्य या नाटक शब्दार्थ-प्रधान होने के कारण सामाजिक के अपेक्षाकृत विशिष्ट स्तर की अपेक्षा करते हैं, जबकि संगीत की रंजना सार्वजनीन है।[१००] *अभिनव-भारती* में **अभिनव** ने रसानुभव (कलानुभव) को लौकिक

---

९७ अतन्मये तु कस्मिंश्चित्तत्रस्थे प्रतिहन्यते।।

स्थपुटस्पर्शवत्संविद्विजातीयतया स्थिते। – तदेव २८.३७८-७९

९८ नैर्मल्यं चातिनिविडसजातीयैकसंगतिः। – *तं.* ३.७

९९ नैरन्तर्येण अवस्थानात्स्थपुटत्वादिपरिहारेण श्लक्ष्णत्वात्मसंहतत्वं नैर्मल्यम्। – *तं.वि.*, २, पृ. ३६०

१०० (क) यद्यपि सर्व एवायं विश्वप्रपञ्च आनन्दशक्तिस्फारः तथापि स्फुटोपलम्भादत्र (मधुरे गीतादौ) तस्या एवमुक्तम्। – *तं.वि.*, २, पृ. ५५३;

→

और यौगिक दोनों अनुभवों से सौन्दर्य के आधार पर भिन्न किया है।[१०१] यह सौन्दर्यात्मकता ही कलानुभव का व्यावर्तक धर्म है और उसका मूल है उसका अपने माध्यम पर आश्रित होना। संगीत का माध्यम है नाद। नादात्मकता या नादरूप माध्यमावेश-वैवश्य संगीत की सर्वरञ्जकता का कारण है।

२. त्रिक परमार्थमीमांसा द्वारा अभ्युपगत प्रतिबिम्बन सिद्धान्त **अभिनव** के कला चिन्तन की आधार-पीठिका का काम करता है। *तन्त्रालोक* में तीसरे आह्निक में इसकी विस्तृत चर्चा हुई है। इसके अनुसार परमशिव और विश्व का सम्बन्ध ठीक वैसा ही है, जैसे दर्पण और उसमें प्रतिबिम्बित बाह्य जगत् का।[१०२] कला-चिन्तन के सन्दर्भ में इसके अनेक निहितार्थ हैं, जिनमें से कुछ इस प्रकार हैं –

(क) सहृदय का चित्त एक निर्मल दर्पण की भाँति है जो अनुभव-विषय को स्फुट और तात्कालिक रूप से भासित करने में समर्थ है। सहृदयता का अर्थ है अनुभव के केन्द्र तक पहुँचना और मनोमुकुर में अर्पित विषय-सामग्री से तादात्म्य कर सकना।[१०३] इसका परिणाम है कलानुभूति में एक प्रकार की साक्षात्कारात्मकता या अव्यवहितता का उदय। यहाँ जो बात खास तौर पर प्रभावित करती है वह है त्रिक सम्प्रदाय में सत् का प्रकाश और विमर्श के एक समग्र के रूप में परिभाषित किया जाना। दूसरे को प्रतिबिम्बित कर सकना और प्रतिबिम्बित भावराशि से अपने को एकाकार कर सकना प्रकाश का पारिभाषिक स्वभाव है।[१०४] यही स्वभाव सहृदय का बताया गया है – श्रवणीय या वर्णनीय के साथ तन्मयीभवन-योग्यता से युक्त होना।[१०५] इस प्रतिबिम्बन-सामर्थ्य के मूल

← (ख) माधुर्यं, यद्वशादेवात्र सर्वेषामासक्तिः, मधुर एव हि लोको रज्यतीत्यविवादः। – तदेव, २, पृ. ५७६;

(ग) नृत्तगीतादेर्बहुवेद्यताख्यमतिशयं मन्वानस्तत्सर्वानुभवैकगोचरा(? र)चरमचमत्कारसारतया. . . । – तदेव, ५, पृ. १६५१

[१०१] *रससूत्र* (*ना.शा.* ६.३१) की व्याख्या में।

[१०२] निर्मले मुकुरे यदवद्भान्ति भूमिजलादयः।
अमिश्रास्तद्वेदकस्मिंश्चिन्नाथे विश्ववृत्तयः।। – *तं.* ३.४

[१०३] तत एव आर्द्राशयः सरसविमलहृदयः अतएव विश्वरूपपरमेश्वरसमावेशोचितहृदयस्तेन। – *ई.प्र.वि.वि.*, १, पृ. २६; तुलना कीजिएः तत्र ये स्वभावतो निर्मलमुकुरहृदया . . .। – *अभि.भा.*, १, पृ. २६१

[१०४] प्रकाशस्य असंसृष्टस्य . . . परसारूप्यं प्रतिबिम्बायमानपरतादात्म्यक्षमत्वमस्ति स्वभावान्तरं . . .। – *ई.प्र.वि.वि.*, २, पृ. १७७

[१०५] (क) येषां न तन्मयीभूतिस्ते देहादिनिमज्जनम्।।

→

में है प्रकाश की सीमातीत निर्मलता। स्वच्छता का अर्थ है अपने स्वरूप को भासित किए बिना विश्व को अपने से एकात्म रूप में भासित कर सकना[१०६] या अपने स्वरूप को छोड़े बगैर भिन्न वस्तु को अपने से अभिन्नतया दिखा सकना।[१०७]

(ख) इसका दूसरा फलितार्थ है कि कलानुभूति, जिसका *अभिनव-भारती* में वीतविघ्न रसानुभूति के रूप में पल्लवन किया गया है, के बीज प्रकाश की धारणा में निहित हैं। जैसा कि हम ऊपर कलानुभूति की विकस्वरता के प्रसंग में नैर्मल्य की परिभाषा में देख चुके हैं कि प्रतीति में विजातीय कला-विघ्नों का अभाव और आनन्द की एकघनता ही कला-चर्वणा है।

(ग) प्रकाश और नैर्मल्य का तीसरा प्रभाव हमें प्रतिभा की अवधारणा में दिखाई देता है। प्रतिभा का स्वरूप है प्रतिभान – भान को प्रति-भासित कर सकना। सहृदय की परिभाषा विमल प्रतिभा से युक्त हृदय वाले व्यक्ति की शब्दावली में की गई है।[१०८] एक ओर प्रतिभा सम्पूर्ण विश्व को अपने फलक पर अपने से अभिन्न रखते हुए भिन्नवत् भासित कर सकने की क्षमता है, तो दूसरी ओर भासित का भावन कर सकने की क्षमता भी प्रतिभा है। सौन्दर्य-बिम्ब या कला-बिम्ब मात्र प्रदत्त नहीं होता। व्यञ्जित अंश और काव्यार्थ (कलार्थ), जो कि प्रदत्त नहीं होते, प्रतिभा के द्वारा उपस्थित किए जाते हैं। यह प्रतिभा चेतन और अवचेतन के बीच के व्यवधान को मिटा देती है और प्रदत्त को अवचेतन में अवस्थित मूल भाव और व्यञ्जित अंशों से मिलाकर कला-बिम्ब या कल्पना-बिम्ब को पूर्णता प्रदान करती है। इसीलिए प्रतिभा को काव्यनिर्माण की शक्ति भी कहा

← अविदन्तो मग्नसंविन्मानास्त्वहृदया इति। – *तं,* ३.२४०-४१

(ख) सहृदयत्वं हृदयस्य हि कविहृदयतादात्म्यापत्तियोग्यतैव। – *अभि.भा.,* २, पृ. ३३६

(ग) येषां . . . विशदीभूते मनोमुकुरे वर्णनीयतन्मयीभवनयोग्यता ते स्वहृदयसंवादभाजः सहृदयाः। – *ध्व. लो.लो.* (निर्णय सागर), पृ. १३

[१०६] तेन संवित्तिमुकुरे विश्वमात्मानमर्पयत्।
नाथस्य वदतेऽमुष्य विमलां विश्वरूपताम्।। . . .

अत्यन्तस्वच्छता सा यत्स्वाकृत्यनवभासनम्।
अतः स्वच्छतमो बोधो न रत्नं त्वाकृतिग्रहात्।। – *तं.* ३.४४,४८

[१०७] स्वस्मिन्नभेदाद्भिन्नस्य दर्शनक्षमतैव या।
अत्यक्तस्वप्रकाशस्य नैर्मल्यं तद्गुरूदितम्।। – तदेव, ३.८

[१०८] अधिकारी चात्र विमलप्रतिभानशालिहृदयः। – *अभि.भा.,* १, पृ. २७६

गया है।[१०९] विषयबोध की प्रतिभानात्मकता का ही तकाजा है कि सारा अवबोध आनन्दात्मक रूप में ही पर्यवसित होता है।[११०] प्रतिबिम्बन-सिद्धान्त और प्रतिभा की अवधारणा को जब हम मिलाते हैं तो कला-सृष्टि के मूल कारण तक पहुँच जाते हैं। दर्पण और चित् में अन्तर इतना है कि दर्पण में बाह्य बिम्ब की निमित्तकारणता की अपेक्षा बनी रहती है, जबकि संवित् में चित् स्वयं ही बिम्ब भी है और प्रतिबिम्ब भी। कलासृष्टि में कलाकार का प्रातिभ बिम्ब ही प्रतिबिम्बित होता है, बाह्य नहीं।[१११]

३. रसनात्मक एकघन वीतविघ्न प्रतीति का कलानुभव के रूप में प्रकाश, और प्रकाश के भी स्वरूपाधायक तत्त्व नैर्मल्य, की धारणा का गहरा सम्बन्ध मल-शोधन और विकल्प-संस्कार की अवधारणा से है। *तन्त्रालोक* में उपाय-चतुष्टय के रूप में ज्ञान-चतुष्क के प्रतिपादन के पीछे **अभिनव** की दृष्टि रही है कि ज्ञान के शोधन द्वारा द्वैताभास रूप विजातीय अंश का अपसारण करते हुए अविकल्पक संवित्ति का उदय कराना। निर्विकल्पक संवित्ति के उदय का अर्थ है आत्म-रूप में अवस्थान। इसके लिए *तन्त्रालोक* में तीन पद्धतियों का आश्रय लिया गया है – (१) विकल्प-संस्कार की पद्धति, (२) दीक्षा द्वारा मल-शोधन की पद्धति और (३) परमेश्वर की अनुग्रह शक्ति के प्रभाव से शक्तिपात की पद्धति। इन तीनों ही पद्धतियों का लक्ष्य है द्वैत की चेतना का परिहार, अपसार या उदात्तीकरण करते हुए निर्विकल्प परमाद्वय आत्म-संवित् का उन्मीलन। जिस प्रकार दर्पण में अपना चेहरा बार-बार देखते हुए मनुष्य अपने चेहरे को उससे एक रूप समझने लगता है, वैसे ही विकल्प-दर्पण में, ध्यान-पूजा-अर्चन आदि में, व्यक्ति अपने को बार-बार भैरव रूप से देखता हुआ अन्ततः भैरव से तन्मयीभूत हो जाता है। यह तन्मयीभाव ही अनुत्तरात्मा में प्राप्त अर्थात् आरूढ होना है। यही पूर्णता की पराकाष्ठा है।[११२] यही प्राप्ति नामक चौथा कलन व्यापार है, यही

---

[१०९] प्रतिभा अपूर्ववस्तुनिर्माणक्षमा प्रज्ञा तस्या विशेषो रसावेशवैशद्यसौन्दर्यकाव्यनिर्माणक्षमत्वम्। – *ध्व. लो.लो.* (निर्णय सागर), पृ. ३४

[११०] यत्प्रातिभं निखिलवैषयिकावबोधपूर्वापरान्तरचरं निखिलात्मकं तत्।
तस्यां प्रलीनवपुषः परशक्तिभासि ग्लानिर्घटेत, किमभाववशोपक्लृप्ता।। – *प.त्रिं.वि.*(का.ग्र.), पृ. ११०

[१११] इत्थं विश्वमिदं नाथे भैरवीयचिदम्बरे।
प्रतिबिम्बमलं स्वच्छे न खल्वन्यप्रसादतः।।

अनन्यापेक्षिता यास्य विश्वात्मत्वं प्रति प्रभोः।
तां परां प्रतिभां देवी संगिरन्ते ह्यनुत्तराम्।। – *तं.* ३.६५-६६

[११२] यथा पुरःस्थे मुकुरे निजं वक्त्रं विभावयन्।

→

प्रतिबिम्बवत् स्वरूपारोहण है। जैसा कि हम देख चुके हैं कि अभिनव ध्यान-प्रक्रिया, नट-प्रक्रिया और विकल्प-संस्कार में एक गहरा सामनन्तर्य देखते हैं। इसीलिए *अभिनव-भारती* में विघ्नों के अपसारण में वह इसी प्रक्रिया का उपयोग करते हैं। कलानुभव के प्रमातृपरक और वस्तुपरक पक्षों के शोधन अर्थात् साधारणीकरण द्वारा पूर्ण तन्मयता द्वारा कलानुभूति का मार्ग प्रशस्त होता है। नाट्य-प्रविधि में प्रस्तावना, आहार्य अभिनय, नाट्य-धर्मी अंशों का अंगीकरण – आदि का उपयोग निजता, देश, काल इत्यादि अंशों के शोधन/साधारणीकरण में किया गया है, ताकि सहृदय की निर्मल संवित् में कलावस्तु का पूर्ण प्रतिबिम्ब उद्भासित हो सके।

४. सहृदयता की एक नई परिभाषा करते हुए अभिनव दर्शन के नए आयाम को छूते हैं। जब मधुर गीत को सुनकर या रम्य पदार्थ को देखकर व्यक्ति अपनी तटस्थता को छोड़ने के लिए विवश हो उठता है, उस समय उस व्यक्ति के हृदय में एक सुखद लहर उठती है। यह प्रमाता का कला-संवेदना की आन्तरिक लय से छन्दित होना है। यह स्पन्दमानता ही आनन्द शक्ति है, जो व्यक्ति को सहृदय के रूप में परिणत कर देती है।[११३] संकोच और विकास रूप अपने दोनों छोरों के बीच चेतना की दोलनात्मक क्रियाशीलता स्पन्द है।[११४] **अभिनव** का मन्तव्य है कि कलानुभव की प्रक्रिया भी ऐसी ही है। प्रस्तुतीकृत कला-प्रदत्तों या विभाव, अनुभाव और व्यभिचारी भावों के प्रति अपनी हार्दिक उन्मुखता और हृदय-संवाद और फिर स्थायी भाव के साथ तादात्म्यापादन के द्वारा सहृदय 'फैलता' है। अन्ततः सबसे सिमटकर, अपने में ही विश्रान्त होकर, उद्बुद्ध वासना के संस्कारों से रञ्जित अपनी ही संवित् का आस्वादन करते हुए वह 'सिकुड़ता' है। सम्भवतः यह उस तथ्य की भी व्याख्या करता है कि **अभिनव** क्यों आस्वादलीन सामाजिक को अद्भुत भोग के स्पन्दनों में

← भूयो भूयस्तदेकात्म वक्त्रं वेत्ति निजात्मनः।।

तथा विकल्पमुकुरे ध्यानपूजार्चनात्मनि।
आत्मानं भैरवं पश्यन्नचिरात्तन्मयीभवेत्।।

तन्मयीभवनं नाम प्राप्तिः सानुत्तरात्मनि।
पूर्णत्वस्य परा काष्ठा सेत्यत्र न फलान्तरम्।। – तदेव ४.२०७-०९

[११३] तथा हि मधुरे गीते स्पर्शे वा चन्दनादिके।।
माध्यस्थ्यविगमे यासौ हृदये स्पन्दमानता।
आनन्दशक्तिः सैवोक्ता यतः सहृदयो जनः।। – तदेव ३.२०९-१०

[११४] एवंविधामेव पूर्णकृशात्मकदोलालीलां निर्विशमाना . . . .
चमत्कारात्मिका उच्छलत्ता . . . स्पन्द उच्यते। – *प.त्रिं.वि.* (गुरुटू), पृ. २०६-०८

पूरी तरह से निमज्जित पाते हैं।[११५] ऐसे सामाजिक की मानस क्रिया चमत्कार कहलाती है।

५. कला-सर्जना और कलानुभूति में क्रमशः सर्जन और संवेदन की पूरी अन्तःप्रक्रिया का संकेतन भी **अभिनवगुप्त** ने किया है। मधुर गीत के श्रवण से लेकर तन्मयतापर्यन्त कलाजन्य आस्वाद की जिन स्थितियों से सामाजिक गुजरता है, उनका आकलन इस प्रकार किया जा सकता है –

इन्द्रिय प्रत्यक्ष (मधुर गीत का श्रवण)
↓
माध्यस्थ्यविगमन (हानादानबुद्धित्याग)
या
तटस्थता-परित्याग
↓
हार्दिक स्पन्दमानता (आनन्द शक्ति)
↓
तन्मयता = सहृदयता
↓
आस्वाद

कलन पञ्चक भी इस कला-प्रक्रिया के अनेक स्तरों का अच्छा परिचय देते हैं। उपर्युक्त तालिका से उनका समीकरण इस प्रकार किया जा सकता है –

इन्द्रिय प्रत्यक्ष	=	क्षेप
↓		↓
माध्यस्थ्य-विगमन	=	ज्ञान
↓		↓
हार्दिक स्पन्दमानता	=	संख्यान
↓		↓
तन्मयता	=	प्राप्ति
↓		↓
आस्वाद	=	नाद

अभिनव के उपर्युक्त चिन्तन का सामान्यीकरण करते हुए यहाँ पर दुहराना अनुचित न

---

[११५] भुञ्जानस्य अद्भुतभोगात्मस्पन्दाविष्टस्य च मनःकरणं चमत्कार इति। – *ना.शा.* (अभि.भा.), १, पृ. २७६

होगा कि कलात्मक सौन्दर्य वस्तुतः कलावस्तु के सारे घटकों की समञ्जस अन्विति का नाम है।[११६] काव्य और नाट्य में विभाव, अनुभाव, संचारी और स्थायी भाव की समञ्जस अन्विति सौन्दर्य का हेतु बनती है। उसी प्रकार गायन और वादन दोनों क्षेत्रों में क्रमशः वागिन्द्रिय या वाद्यों से उद्भूत स्वरों की अविरोधी अविभाग रूप एकरूपता ही सांगीतिक माधुर्य और सौन्दर्य की नियामक है।

लेख लम्बा हो गया है। – *तन्त्रालोक* के कला-चिन्तन की कोई बात छूटी नहीं है ऐसा कहना कठिन होगा, फिर भी इस समय इतना ही।

---

[११६] अविभागैकरूपत्वं माधुर्यं शक्तिरुच्यते। – *तं.* ३.२३८

खण्ड सात : आधुनिक चिन्तन और काश्मीर शैवदर्शन

भारतीय दर्शन की समसामयिक अन्वीक्षा
कविराज जी का दृष्टिकोण

तन्त्रालोक पर अपनी महाप्राण टीका *विवेक* का समापन करते हुए **जयरथ** ने प्रत्यभिज्ञा दर्शन के अधिकारी विद्वान् का आदर्श निम्नलिखित शब्दों में उपस्थित किया है –

> **योऽधीती निखिलागमेषु पदविद् यो योगशास्त्रश्रमी**
> **यो वाक्यार्थसमन्वये कृतरतिः श्रीप्रत्यभिज्ञामृते।**
> **यस्तर्कान्तरविश्रुतश्रुततया द्वैताद्वयज्ञानवित्**
> **सोऽस्मिन्स्यादधिकारवान् कलकलप्रायं परेषां वचः।।**[१]

मुझे लगता है कि इस मानक का भारतीय दर्शन के विस्तृततर फलक में सार्थक उपयोग किया जा सकता है और हम दोनों ही क्षेत्रों में पाएँगे कि **कविराज** जी इस मानक के मूर्तिमान् प्रतिबिम्ब थे। भारतीय दर्शन के प्रत्येक क्षेत्र में – गहराई और प्रसार दोनों में – गहरी डुबकी लगाकर उसमें अनेक मौलिक सम्भावनाओं का अनुसन्धान कर सकना उनकी जैसी महाप्राण

---

* प्रस्तुत लेख काशी हिन्दू विश्वविद्यालय में सम्पन्न *महामहोपाध्याय गोपीनाथ कविराज शताब्दी समारोह* के समापन कार्यक्रम (३-७ सितम्बर १९८७) में पढ़ा गया था। कतिपय साधारण परिमार्जनों के साथ यह लेख अविकल प्रकाशित हो रहा है। इस लेख की विशेष पृष्ठभूमि रही है। मार्च १९८६ में हम सब जयपुर में कविराज जन्म शताब्दी समारोह की चतुर्वार्षिक श्रृंखला के तीसरे चरण में इकट्ठा हुए थे। उस समय अनेक सम्बन्धित प्रश्न उभरे थे। सबसे मौलिक प्रश्न था कि कविराज जी का प्रातिस्विक दार्शनिक रूप क्या है? दूसरे शब्दों में दर्शन और साधना को परस्पर अलग कर तथा दर्शन की पारम्परिक अवधारणा का आश्रय लेकर क्या कविराज जी को दार्शनिक कहा जा सकता है? यदि नहीं, तो कविराज जी की अपनी दृष्टि में साधना से अलग दर्शन की इयत्ता और इतिकर्तव्यता क्या है, जिससे कि उनके दार्शनिक अवदान का उचित मूल्यांकन किया जा सके? प्रस्तुत विषय के सन्दर्भ में वे प्रश्न फिर प्रासंगिक हो उठे हैं, क्योंकि इनके उत्तर ही दर्शन और फिर भारतीय अन्वीक्षा के रूप में उनकी दृष्टि का आकलन करने में सहायक होंगे। स्वयं कविराज जी, प्रो० दयाकृष्ण, कालिदास भट्टाचार्य और गोविन्दगोपाल मुखोपाध्याय आदि मनीषियों ने इस पर जो गम्भीर विचार किया है उसी का आश्रय लेकर मैंने कुछ प्रगल्भ होने का साहस जुटाया है।

[१] *तं.वि.*, ८, पृ. ३७१८।

तलस्पर्शिनी मेधा के ही बूते की बात थी।

दर्शन और साधना के क्षेत्र सामान्यतः भिन्न समझे जाते हैं। परम्परागत, मुख्यतः पश्चिमी, अवधारणा में दर्शन का सम्बन्ध अनिवार्यतः बुद्धि, हेतु या तर्क से जोड़ा गया है। प्रत्येक मन्तव्य या कथन के पीछे हेतु देना आवश्यक है। भारत में भी एक युक्तिपुष्ट पूर्वपक्ष या प्रतिपक्ष के खण्डन-पूर्वक सिद्धान्तपक्ष की स्थापना की गई है। सच पूछा जाए तो भारतीय दर्शन के विकास की यह अन्यतम प्रक्रिया रही है। बौद्धों और नैयायिकों, मीमांसकों और बौद्धों, अद्वैतवादियों और द्वैतवादियों के पारस्परिक शास्त्रार्थ, खण्डन-मण्डन की परम्पराएँ इसका ज्वलन्त उदाहरण हैं। परन्तु दूसरी ओर यह भी इतना ही सच है कि भारतीय साधना को इस अर्थ में दर्शन से समीकृत करना कठिन होगा, क्योंकि साधना अपनी पारम्परिक अवधारणा में युक्ति, बुद्धि या तर्क से उत्तरण या व्यतिरेचन की स्थिति है। अतः साधना और दर्शन – भारतीय संस्कृति की दो अन्तर्धाराओं – में आपातिक विरोध जान पड़ता है। परन्तु **कविराज** जी इस 'आपातिक' शब्द को रेखांकित करते हैं, उनकी दृष्टि में यह विरोध आधारभूत नहीं है। अपने प्रसिद्ध लेख "शाक्त फिलॉसफ़ी" में वे कहते हैं कि युक्ति का काम है अनुभूति का विश्लेषण और व्यवस्थापन, या दूसरे शब्दों में, उसकी अर्थवत्ता और मूल्यवत्ता का निर्धारण। इस अर्थ में युक्ति की भूमिका पूरक है, विरोधी नहीं।[२]

अपने दूसरे लेख "द व्यू प्वॉइंट ऑफ न्याय-वैशेषिक फ़िलॉसफ़ी" में उन्होंने इस समस्या पर ज्यादा गहराई से विचार किया है।[३] **कविराज** जी की मान्यता है कि भारत के सभी दार्शनिक सम्प्रदायों का मूल प्राचीन भारत के धार्मिक विचारों में है। उन्हें आशंका थी कि कहीं कोई यह न समझ बैठे कि वह धर्म और दर्शन को मिश्रित कर रहे हैं, अतः न्याय दर्शन के प्रयोजन, पद्धति और दर्शन के सामान्य अर्थ के बारे में भूमिका के रूप में उन्होंने

---

[२] The reason why no serious attempt was made is said to have been either that it was deemed improper to drag down for rational examination truths inaccessible to the experience of ordinary men, or that no further systematization of the revealed truths than what is contained in the allied works of the Śaiva philosophers was needed for the average reader. This reason is not convincing enough, for if the Upaniṣads could be made the basis of a philosophical system, there is no reason why the Śākta Āgamas could not be similarly utilized. For the function of philosophy is, as Joad rightly remarks, to accept the data furnished by the specialists who have worked in the field and then to "assess their meaning and significance". – *ऐस्पेक्ट्स ऑफ़् इंडियन थॉट*, द्वितीय संस्करण, पृ. १७४-७५

[३] तदेव, पृ. ७१-७६।

अपने विचार प्रकट करना आवश्यक समझा है।[४]

सर्वप्रथम वह हेतु और श्रुति या शब्द के अन्तर की ओर ध्यान दिलाते हैं। उनकी दृष्टि में भारत में दर्शन का, विशेषतः उसके प्राचीनतर और सत्यतर रूप में, लक्ष्य व्यावहारिक प्रयोजन की सिद्धि था। अतः मात्र तर्कणा या चिन्तन को वन्ध्य माना गया। युक्ति का काम न तो रचनात्मक है और न प्रातिभ, इसका काम तो तथ्यों की व्याख्या मात्र है। अन्ततः इसका अन्तिम आश्रय साक्षात् प्रतीति को ही मानना पड़ता है। चूँकि सामान्य मानवीय अनुभव की परिधि सीमित है और त्रुटियों की सम्भावना को नकारा नहीं जा सकता, अतः वह अनुभव, जिस पर हमारी युक्ति आश्रित है, को असीमित और मानवीय दोषों से मुक्त मानना होगा। यही असीमित अनुभव श्रुतियों में निहित है। इस श्रुति – प्रातिभ शाब्द ज्ञान – के आलोक के बिना युक्ति सत्य का कभी भी अनुसन्धान न कर सकेगी। यदि सत्य का आविष्कार दर्शन का लक्ष्य है और दर्शन का अर्थ केवल बुद्धि-क्षेत्र का व्यापार है तो यह सारा उद्यम तब तक आत्मघाती सिद्ध होगा जब तक युक्ति को श्रुति का, आगम का, पार्षद नहीं बना दिया जाता। मध्ययुगीन यूरोप की मान्यता "विश्वास करो तब जानो"[५] को वह सामान्य भारतीय आदर्श "श्रद्धावाँल्लभते ज्ञानम्" में प्रतिध्वनित पाते हैं।

तब युक्ति की सही भूमिका क्या होगी? **कविराज** वही प्रश्न उठाते हैं, जो *न्यायवार्तिक* के रचयिता **उद्योतकर** ने और *न्यायबिन्दु* के टीकाकार **धर्मोत्तर** ने उठाया था। उनका समाधान भी प्रायः वही है। उनका कहना है कि यद्यपि शब्द या श्रुति सत्य ज्ञान का अन्तिम उद्गम है, तथापि हमारी वर्तमान मनःस्थिति में इन शब्दोद्भासित तथ्यों को कोई प्रश्न या सन्देह किए बिना स्वीकार करना कठिन होता है। जैसे ही हमारे मन में यह प्रत्यय जागता है कि ये तथ्य सम्भाव्य हैं और नितान्त असंगत नहीं हैं, युक्ति का व्यापार समाप्त हो जाता है।[६] इस प्रकार युक्ति का कार्य किसी भी वाक्य या कथन के सम्बन्ध में सम्भावनाबुद्धि का जगाना है, न कि उसकी 'निश्चितता' का। यौक्तिक व्यापार से वस्तु की पारमार्थिकता या निश्चितता का निर्धारण सम्भव नहीं है (तर्काप्रतिष्ठानात्)। कारण यह है कि सारी दक्षता या सावधानी

---

[४] "Nevertheless it is desirable to say just a few words by way of introduction concerning the aims and methods of this philosophy and the meaning of philosophy in general in India." – तदेव, पृ. ७१

[५] "Believe and then know".

[६] तुलना कीजिए – "**उक्तेषु त्वप्रमाणकेष्वपि अभिधेयादिषु संशय उत्पद्यते। संशयाच्च प्रवर्तन्ते। अर्थसंशयोऽपि हि प्रवृत्त्यङ्गं प्रेक्षावताम् . . . अर्थसम्भावना अनर्थसम्भावनाविरुद्धा उत्पद्यते। तया तु प्रेक्षावन्तः प्रवर्तन्ते।**" – *न्यायबिन्दु* १.१ पर **धर्मोत्तर** की टीका; और भी देखिए, "**संशयादिभेदानुविधायिनी आन्वीक्षिकी**" – *न्यायवार्तिक,* पृ. १३

के बावजूद समग्र बौद्धिक व्यापारों में किसी-न-किसी प्रकार का आत्म-विरोध अवश्य रहता है। चिन्तन की स्वायत्तता से पूर्णतः स्वतन्त्र होकर चिन्तक बन सकना असम्भव है। यही कारण है कि कैसी भी प्रस्थापना क्यों न हो उसका साधक हेतु ढूँढना कठिन नहीं होता। इसलिए सत्य की असन्दिग्धता या पारमार्थिकता की सिद्धि के लिए युक्तिप्रक्रियाओं का निर्विकल्पक वैयक्तिक उपलब्धि की प्रक्रियाओं – समाधि/मनन और निदिध्यासन – से उपबृंहण करना पड़ता है। दूसरे शब्दों में यही योग है – आध्यात्मिक अनुशासन की वह प्रक्रिया जो मानसिक व्यापार को निलम्बित कर सत्य का साक्षात्कार या प्रातिभ ग्रहण कराती है। इसलिए **कविराज** जी का, उन्हीं के शब्दों में, निष्कर्ष है –

> **अपने सीमित अर्थ में दर्शन मानव जीवन के संस्करण की दिशा में एक चरण है। इसे फलप्रद बनाने के लिए यह आवश्यक है कि यह प्रातिभ बोध द्वारा प्रदत्त तथ्यों की अधीनता में रहे। अन्यथा इसके भटक जाने की सम्भावना बनी रहती है।**[७]

यदि ऐसा है तो यह समझना दुष्कर नहीं रहता कि दर्शन के विभिन्न सम्प्रदाय, जो देखने में अक्सर परस्पर विरोधी लगते हैं, कैसे अस्तित्व में आते हैं। परम सत्य, जो अतिमानस प्रातिभ ज्ञान के आलोक में भासित होता है, वस्तुतः एक और अविभाज्य है। परन्तु वही विभिन्न साधकों के रुचिभेद- और सामर्थ्यभेद-जन्य भिन्न-भिन्न रूपों में प्रकट होता है। जब तक व्यष्टीभूत चेतना बनी रहती है – जब तक ज्ञान के साधन के रूप में 'मन' का बहिष्कार नहीं होता, तब तक निरपेक्ष अखण्ड सत्य की उपलब्धि सम्भव नहीं। मानवीय बुद्धि की इयत्ता सापेक्ष या खण्ड सत्य की प्राप्ति में चुक जाती है। यही खण्ड या सापेक्ष सत्य, जो कि अखण्ड सत्य के अंश हैं, विभिन्न दर्शन सम्प्रदायों के तात्कालिक प्राप्य बनकर उभरते हैं। आत्म-प्राप्ति की खोज में साधक की ऊर्ध्वारोही यात्रा की ये विभिन्न अवस्थाएँ हैं। जब इन्हें एकत्रित कर परिणत अवयवी/पूर्ण के सन्दर्भ में उनका अध्ययन किया जाएगा, तो समन्विति का एक ऐसा उदात्त चित्र उन्मीलित होगा जो मानवता के हित में गहरी अर्थवत्ता से मण्डित होगा। यद्यपि अभी यह चित्र ढँका-मुँदा और परोक्ष है – परन्तु यह वह भव्यतम सम्भावना है जो हमारे मन की पहुँच की परिधि में है।

एक बात ध्यान देने की है। सम्प्रदायों का यह समन्वयन या एकत्रीकरण इसीलिए सम्भव है, क्योंकि सबके मूल में एक वास्तविक एकता/अद्वैत है। इसका हेतु है सभी सम्प्रदायों की

---

[७] ". . . . philosophy, if rightly understood, is then only a step in the cultivation of man's life. To be at all fruitful it must work in subordination to, i.e. on the data supplied by Revelation. Else it is apt to run astray". – *ऐस्पेक्ट्स ऑफ़् इंडियन थॉट*, पृ. ७३-७४; इस सम्बन्ध में **मनीषी** की चिन्तन प्रक्रिया **मधुसूदन सरस्वती** से बड़ी प्रभावित रही है। देखिए, *अद्वैतरत्नरक्षा*, निर्णयसागर संस्करण, पृ. ४४-४५

श्रुति में असन्दिग्ध निष्ठा। यह केवल श्रुति के व्याख्यान का उनका अपना ढंग है जिसके कारण सम्प्रदाय अलग हो जाते हैं। इस ढंग का निर्धारण उन व्यक्तियों की सामर्थ्य से होता है, जिनके लिए वह अभिप्रेत है। इस दृष्टि से बौद्ध दर्शन और जैन दर्शन भी इस तथ्य को स्वीकार करते हैं।

पारिभाषिक तौर पर जिसे अधिकारभेद कहा जाता है, उसके पीछे यही रहस्य है। इसका तात्पर्य है कि प्रत्येक व्यक्ति सत्य के प्रत्येक आकार को ग्रहण करने में सक्षम नहीं हैं। बोध-तन्त्र धीरे-धीरे विकसित होता है। विकास की इस प्रक्रिया में वे सत्य, जो कभी अबोधगम्य और अस्पष्ट लगे थे, अर्थ-गाम्भीर्य धारण करने और ग्राह्य होने लगते हैं। इस प्रकार एक युग की भ्रांति दूसरे युग की बुद्धिमत्ता बन जाती है। यही बात देशों और व्यक्तियों के साथ होती है। ऐसी मान्यता है कि कर्म – पिछले युग की क्रियाओं से इकट्ठी की गई और निम्नतर व्यक्तित्व की विधायक वासनाएँ और वृत्तियाँ – मनुष्य के सत्य-बोध में बाधक हैं। जैसे ही ये बाधाएँ दूर हो जाती हैं – चाहे मानसिक जीवन पर अपनी सहज प्रतिक्रिया के द्वारा प्रायोजित होकर या ज्ञान अथवा योग के द्वारा नष्ट की जाकर – आवृत सत्य एकबारगी ही उद्भासित हो उठते हैं। शास्त्रकार या गुरु का काम है मानसिक ग्रहणशीलता के इस मात्राभेद या तारतम्य को पकड़ना और तदनुसार प्रवर्तन करना।

ऊपर के विवेचन से इतना स्पष्ट है कि भारतीय दर्शन के अवान्तर सम्प्रदायों में एक वास्तविक क्रम है जो थोड़े से गहन अध्ययन से पहचाना जा सकता है। जिस समन्वयिनी चेतना में इस प्रकार का क्रम अपने आप आविर्भूत होता है, उसकी सत्ता भारतीय दर्शन में प्रारम्भ से ही स्वीकार की गई है। *महिम्नस्तोत्र, संक्षेपशारीरक, आत्मतत्त्वविवेक* आदि में इस दिशा में प्रयत्न किए गए हैं। **विज्ञानभिक्षु** और **नीलकण्ठ** अपने-अपने ढंग से दर्शनों के पारस्परिक और पूरक सम्बन्धों की अनेक स्थलों पर चर्चा करते हैं। इस सबका प्रयोजन सिर्फ यह रेखांकित करना है कि इस भारतीय चिन्तन की विभिन्नताओं और दार्शनिक क्रियाओं में एक वास्तविक अन्विति है। यह अन्विति केवल प्रयोजनगत ही नहीं है, बल्कि पद्धतिगत और प्रक्रियागत भी है।[८]

इस प्रसंग में **प्रो० कालिदास भट्टाचार्य** के कतिपय मन्तव्यों की चर्चा अप्रासंगिक न होगी जो उन्होंने **कविराज** की दार्शनिक दृष्टि के बारे में कहे हैं।[९]

उनके अनुसार दर्शन, जिसमें तत्त्वमीमांसा और प्रमाणमीमांसा भी अन्तर्भुक्त हैं, का विकास दो नितान्त भिन्न प्ररूपों में हुआ है। पहले रूप में यह एक बौद्धिक विवरण मात्र है

---

[८] तदेव, पृ. ७६।
[९] *गोपीनाथ कविराज'स् थॉटस – टुवड्‌र्स अ सिस्टेमेटिक स्टडी*, पृ. १-७।

– जो कुछ भी सत् है उसके स्वरूप और व्यवहार सम्बन्धी सिद्धान्तों और सम्भावना वाक्यों का व्यवस्थित रूप बहुत-कुछ वैसा ही है, जैसा हम विज्ञान में देखते हैं। यह दृष्टि वस्तुतः अनुभववादियों की है।

इसके अलावा एक दूसरे प्रकार का दर्शन भी है – भारत में और पश्चिम में, दोनों जगह। इसमें भी ऐसे प्रकथन होते हैं, जिनका सम्बन्ध सतत अवधान से उपलब्ध मानवीय अनुभूतियों से है। ये प्रकथन भी यथासम्भव सुसम्बद्ध और बोधगम्य होते हैं। इस प्ररूप में यौक्तिक विश्लेषण, परिभाषण, निगमन आदि के रूप में बुद्धि का उपयोग होता है, परन्तु वह बौद्धिक व्यायाम या जोड़-गाँठ का साधन नहीं बनाई जाती। इस प्ररूप को हम अतीन्द्रिय या अनुत्तर (ट्रान्सेन्डेन्टल) कहते हैं – जो व्यवहारोत्तीर्ण जगत् के हमारे अनुभवों का यथाशक्य क्रमबद्ध आलेख है। इस जगत् का अनुभव ऐन्द्रिय नहीं होता, यद्यपि उसकी प्रतीति अव्यवहित, साक्षात् होती है और उससे उत्पन्न ज्ञान ऐन्द्रिय बोध जितना ही आश्वासनकारी होता है। सामान्यतः इसे आत्मिक साक्षात्कार, प्रतिभान या अपरोक्षानुभूति कहते हैं और पारिभाषिक तौर पर यौक्तिक प्रतिभान, अतीन्द्रिय विमर्श, प्राक्सिद्ध पूर्वाशंसन या अस्तित्ववादी का प्रामाणिकताबोध कहते हैं।[१०] विषयात्मक अनुभव के क्षेत्र में, अर्थात् व्यवहार-जगत् के विषयों के क्षेत्र में, बुद्धि का उपयोग न्यूनातिन्यून क्रमबद्धता के लिए भी अपरिहार्य है। परन्तु पारमार्थिक अनुभवों के क्षेत्र में बुद्धि का उपयोग उतना नहीं है। यहाँ तक कि उसका परित्याग भी किया जा सकता है। इसका कारण है कि पारमार्थिक जगत् में हमारा अनुभव प्रातिभ विमर्श द्वारा होता है, जो जितना आत्म-सचेतन होता है उतना ही साक्षात् होता है। आत्म-चेतना या आत्मविमर्श के क्रमिक गम्भीरीकरण द्वारा प्रातिभबोध स्फुटतर होता जाता है, जिसमें उजागर होती हैं अनुभूत विषय की प्रागनुभविक विशेषताएँ। अध्यात्मवादी इसे ही प्रागनुभविक/आदिसिद्ध पूर्वाशंसन (ए प्रायरॉयू ऍन्टीसिपेशन) कहते हैं – एकल व्यापार में अनन्तविशेषों की समग्रता का पूर्वसम्भावन। अध्यात्मवादियों की सामान्य धारणा है कि पदार्थ और उनके अनुभव परस्पर अभिन्न हैं, अर्थात् वे चेतना से पृथक् वस्तुएँ नहीं हैं, बल्कि वहाँ विषय और चेतना का एकीभाव है। दूसरे शब्दों में आपाततः भिन्न होते हुए भी वे अभिन्न हैं। यह अभेद वस्तुतः भेदाभेद सम्बन्ध के द्वारा भी व्याख्येय नहीं है क्योंकि वे आदिसिद्ध स्वसंवेदन रूप हैं। दूसरे शब्दों में, वे शुद्ध अहन्ता या विषयिता – अर्थात् अनुत्तर अनुभविता – के रूप मात्र हैं।

---

[१०] "Commonly, it is termed spiritual perception, intuition, enlightenment, etc., and, technically, rational intuition, transcendental reflection, a priori anticipation (of Nature and its diverse features), (phenomenological) intention, (the existentialist's) authenticity, etc". – तदेव, पृ. ३

गोपीनाथ कविराज का सारा चिन्तन दर्शन की इस दूसरी विधा के साँचे में ढलकर चला है।

इससे सहज निष्कर्ष निकलता है कि **कविराज** जी की दृष्टि में भारतीय दर्शन जीवन और अस्तित्व के केन्द्रीय अर्थ के ज्ञान की अपेक्षा उसकी उपलब्धि के प्रति समर्पित रहा है। इसलिए उसकी प्रकृति साधनामूलक अधिक रही है। भारतीय दर्शन एक है और सारी दार्शनिक परम्पराओं और सम्प्रदायों में उसी केन्द्रीय अर्थ की अन्विति मात्राभेद और अभिव्यक्ति-भेद से पाते हैं।[११] यह दृष्टि लगता है उन्हें भारतीय परम्परा से सामान्यतः, और त्रिक परम्परा से विशेषतः, अव्याहत प्राप्त हुई है। **क्षेमराज** ने अपने प्रसिद्ध ग्रन्थ *प्रत्यभिज्ञाहृदय* में सारे दर्शनों में पारस्परिक मौलिक भेद न मानकर सोपानगत या अवस्थागत भेद माना है और उन्हें परम तत्त्व की भूमिकाभेद के रूप में ग्रहण किया है – "तद्भूमिकाः सर्वदर्शनस्थितयः" (सूत्र ८)। यह समग्रतावादी दृष्टि उनके चिन्तन में तीन प्रकार से कार्यरत हुई है। एक ओर यह साधना और दर्शन का पारस्पर्य और सामनन्तर्य स्थापित करती है, दूसरी ओर सम्बद्ध दर्शन का व्यापकतर सन्दर्भ में तुलनात्मक प्रत्यभिज्ञान कराती है[१२] और तीसरी ओर विशिष्ट दर्शनों के अध्ययन-प्रसंग से ऐसे निष्कर्षों का निगमन करती है, जो उस दर्शन की प्रकृति से आपाततः असमञ्जस लगने पर भी भारतीय दर्शन की मौलिक प्रकृति और उस दर्शन की अन्तरंग प्रातिस्विकता को पुष्ट करते हैं। पहला अंश तो लगभग उनके सभी लेखों में है। दूसरे अंश के उदाहरण के लिए गौडीय अचिन्त्यभेदाभेद, सूफ़ी सम्प्रदाय और ईसाई रहस्यवाद के सन्दर्भ में प्रत्यभिज्ञादर्शन का विचार; वज्रयान और सहजयान के परिप्रेक्ष्य में शाक्तदर्शन का विचार; तथा शून्याद्वैत, शब्दाद्वैत, ईश्वराद्वैत के परिप्रेक्ष्य में ब्रह्माद्वैत का विचार लिया जा सकता है। इस पद्धति का सहज लाभ यह हुआ है कि सिद्धान्त-बोध के प्रसंग में अब तक अबूझ अनेक पहेलियाँ उजागर हो उठी हैं। तीसरे अंश के उदाहरण के रूप में वेदान्त की भाँति सांख्य-योग को भी विशुद्ध प्रकृति के स्तर पर अभिन्ननिमित्तोपादानवाद का पोषक मानना,[१३] योग में सबको

---

[११] इस सम्बन्ध में उन्होंने जरा भी सन्देह नहीं रहने दिया है। **डॉ. नथमल टांटिया** की पुस्तक *स्टडीज़ इन् जैन फ़िलॉसफ़ी* की भूमिका में वे कहते हैं – "We have had enough of analytical work attempting to describe the different systems in isolation, taking each as a distinct *prasthāna* and proceeding along its own line. But time, I believe, has come when scholars should come out from their narrow grooves, take up a synthetic view of things, and try to discover the underlying unity and interpret India's outlook as a whole". (पृ.२३) यह बात उन्होंने अनेक जगह कही है, यह उद्धरण केवल उपलक्षणात्मक है।

[१२] इस दृष्टि के पल्लवन के लिए देखिए **व्र.व. द्विवेदी** का लेख "आगम एवं तन्त्रशास्त्र को कविराज जी की देन", पृ. ३०।

[१३] *ऐस्पेक्ट्स ऑफ़् इंडियन थॉट,* पृ. ६५-६६।

सर्वात्मक और फलतः सर्वानुस्यूत मानना,[१४] विवेकज्ञान और विवेकजज्ञान दोनों की महत्ता पर समान बल देना, और सत्त्व और पुरुष के शुद्धिसाम्य में कैवल्य को प्रतिष्ठित मानना (सत्त्वपुरुषयोः शुद्धिसाम्ये कैवल्यम् – *यो.सू.* ३.५५) आदि को लिया जा सकता है। **कविराज** जी की स्पष्ट मान्यता है कि किसी दार्शनिक व्यवस्था को सम्यक् रूप से समझने के लिए न केवल उसे उसके सही परिप्रेक्ष्य में रखना आवश्यक होता है, बल्कि उसे विभिन्न दृष्टिकोणों और विभिन्न सम्बन्धों में रखकर देखना भी आवश्यक होता है।[१५]

परन्तु यह बात याद रखने की है कि **कविराज** की इस उदार और समग्रताप्रवण दृष्टि का स्रोत काश्मीर शिवाद्वयवाद के प्रति उनकी प्रतिबद्धता ही है। सभी दार्शनिक सम्प्रदाय इसी एक दार्शनिक लता के पल्लवभूत हैं। **कालिदास भट्टाचार्य** ने इसी सत्य को इन शब्दों में उजागर किया है –

> **गोपीनाथ कविराज, ने जो कि मुख्यतः शैव हैं विशेषतः अद्वैतवादी प्रकार के, अपने शैव दर्शन को इस प्रकार विकसित किया है कि उसमें इधर-उधर थोड़ा सा परिवर्तन करने या मोड़ दे देने पर वह सरलता से शैव द्वैतवाद, शैव और तन्त्र के अन्य रूपों तथा महायान बौद्ध मत एवं वैष्णव मत के विभिन्न रूपों (और उसके गौडीय प्रारूप में बहुत सुन्दर रूप से) में, यहाँ तक कि शांकर अद्वैतवाद में भी ढल जाता है।**[१६]

वस्तुतः **कविराज** जी की दृष्टि में प्रत्यभिज्ञा, न्याय आदि की भाँति, एक सिद्धान्तविशेष नहीं है[१७] बल्कि एक विशिष्ट चिन्तन सरणि है। वह भारतीय दर्शन के सम्प्रदायों को दो भागों में बाँटते हैं, एक वे जो किसी सम्प्रदायविशेष के वाचक हैं और दूसरे वे जो चिन्तना की पद्धति या प्रकार के। यह बात ध्यान देने की है कि **कविराज जी** काश्मीर शिवाद्वयवाद को चिन्तन-प्रक्रिया का एक प्रकार मानते हैं, जिसकी आन्तरिक संरचना में तमाम अवान्तर

---

[१४] तदेव, पृ. १०५।

[१५] "For, in order to understand a system properly, it is necessary not only to set it in its true perspective but to study it from various points of view and under different relations". – तदेव, पृ. ७१

[१६] "Gopinath Kaviraj, principally a Śaivite – particularly of the monistic type – has, however, developed his Śaiva philosophy in such a manner that with some small change or twist here and there it turns easily into Śaiva dualism, other forms of Tantrism and Yoga, and also into different forms of Mahāyāna Buddhism and Vaiṣṇavism (and so beautifully into the Gauḍīya form of the latter too), and even into the Śaṅkarite form of Advaita Vedānta". – *गोपीनाथ कविराज'स थॉट्स – टुवर्ड्स अ सिस्टेमेटिक स्टडी*, प्रीफ़ेस, पृ. २

[१७] *भा.सं.सा.*, १, पृ. १,३; *तां.वां.शा.दृ.*, पृ. १।

सम्प्रदायों की विनियोजना सम्भव है। उनका विचार है कि न्याय-वैशेषिक आदि की भाँति प्रत्यभिज्ञा शब्द एक सिद्धान्त विशेष का वाचक नहीं है। वस्तुतः प्रत्यभिज्ञा और स्पन्द ऐतिहासिक रूप से वैसे ही सम्प्रदाय हैं जैसे क्रम, कुल, त्रिक और त्रिपुरा। परन्तु दार्शनिक दृष्टि से – साधनागत, प्रक्रियागत विस्तारों को छोड़कर – उनका मौलिक तान्त्रिक रूप एक है और उस स्वरूप को इन दो शब्दों से ज्यादा कोई प्रतिनिधि रूप में नहीं प्रकट कर सकता। प्रत्यभिज्ञा जहाँ अद्वयतत्त्व की उपलब्धि में साधनात्मक और प्रमाणात्मक हथियार है, वहाँ स्पन्द सत्ता की पारमार्थिक अद्वयता[१८] की सिद्धि का साधन। यही कारण है कि क्रम, कुल आदि दर्शनों के या साधना पद्धतियों के विचारों पर प्रभूत चर्चा करने के बावजूद भी उन्हें स्वतन्त्र दर्शन का महत्त्व **कविराज जी** ने नहीं दिया है। इसी तरह से साधना की दो स्वतन्त्र पद्धतियाँ – तन्त्र और कुल – मानने पर भी उन्हें त्रिक में ही विश्रान्त माना है। सम्भवतः यह दृष्टि उन्हें **अभिनवगुप्त** से प्राप्त हुई है, जो यह मानते हैं कि सारे उपाय – जो विभिन्न प्रस्थानों को बताने की एक पारम्परिक पद्धति है – अनुपाय अर्थात् प्रत्यभिज्ञोपाय में पर्यवसित होते हैं।

यह बात विचित्र है कि **कविराज** जी ने प्रत्यभिज्ञा के प्रत्यय पर विशेष प्रकाश नहीं डाला है। सम्भवतः इसका कारण यही है कि यह सिद्धान्तविशेष न होकर दर्शन की मौलिक दृष्टि है। यह बात जानना रुचिकर होगा कि स्वयं प्रत्यभिज्ञा दर्शन में प्रत्यभिज्ञा को ज्ञान का स्वतन्त्र प्रमाण नहीं माना गया है, अपितु सारे प्रमाणों में और सारे प्रमा-व्यापार में प्रत्यभिज्ञा की अनुस्यूति मानी गई है। शांकर अद्वैत और शिवाद्वयवाद की तुलना करते हुए **कविराज** जी ने जिस पदावली का प्रयोग किया है – "शंकर का अद्वैतभाव व्यावृत्तिमूलक (एक्सक्लुसिव) और सन्यासमूलक (बेस्ड ऑन रिनन्सिएशन) है और काश्मीराचार्यों का ग्रहणमूलक किंवा अनुवृत्तिमूलक (ऑल-इम्ब्रेसिङ्),"[१९] उसका आधार इस प्रत्यभिज्ञा की धारणा में ही छिपा है। **शंकर** की ज्ञान-दृष्टि को विवेकमूला और काश्मीरियों की दृष्टि को सामरस्यमूला कह सकते हैं। ज्ञान-मीमांसा के क्षेत्र तक इसका विस्तार किया जा सकता है, जहाँ इसका प्रभाव ज्ञान की क्रमशः अध्यवसान-मूला (इतरनिषेधपूर्वक निश्चयन) और अनुसन्धान-मूला (इतरग्रहणपूर्वक ज्ञान) प्रक्रियाओं में मिलता है।[२०] कहना न होगा प्रत्यभिज्ञा अनुसन्धानात्मक ज्ञान है। अपूर्ण

[१८] अद्वयता की व्याख्या 'पूर्णता' या 'सामरस्य' की शब्दावली में की गई है। दोनों प्रत्ययों का लक्ष्यार्थ यद्यपि एक है, तथापि उनके अभिधेयार्थ में सूक्ष्म अन्तर है। 'पूर्णता' मूल तत्त्व के अखण्ड आत्म-सामर्थ्य का बोधक प्रत्यय है और 'सामरस्य' उसके विरोध-परिहारात्मक स्वरूपावस्थान का।

[१९] *भा.सं.सा.*, १, पृ. ५।

[२०] द्र. इसी संग्रह में "तान्त्रिक दर्शनः प्रकृति और सांस्कृतिक सन्दर्भ" शीर्षक लेख।

ज्ञान के जिस प्रत्यय की यहाँ उद्भावना की गई है उसका पूर्णता में परिणमन इसी प्रत्यभिज्ञा द्वारा होता है। इस सन्दर्भ में यह कहना अहेतुक न होगा कि अद्वैत भक्ति, जिसका विस्तृत विवेचन **कविराज** जी ने किया है, का भी सम्पूर्ण आग्रह भक्त और भगवान् के भेद में नहीं है बल्कि उनके अनिवार्य अभेद में है। उनका विश्वास मनुष्य की आन्तरिक भगवत्ता में है। इसलिए भक्त का भगवान् में वास्तविक रूपान्तरण होता है।[२१] भक्ति की इस धारणा का उद्भव अणु और भूमा या पिण्ड और ब्रह्माण्ड (मायक्रोकॉज़्म एण्ड मैक्रोकॉज़्म) की एकता की धारणा से होता है।[२२] जीव और शिव एक ही है। योगी और परमशिव के समीकरण के द्वारा इसी बात को रेखांकित किया गया है। इस समीकरण का उपयोग इस बात को बताने में हुआ है कि चरम स्थिति में ज्ञान और योग का सामञ्जस्य है। दूसरे शब्दों में ज्ञातृत्व और कर्तृत्व में एकरूपता है – अर्थगत भेद के बावजूद तत्त्वगत ऐक्य है। जिनमें सांसिद्धिक स्वप्रत्ययात्मक ज्ञान का उदय होता है ऐसे योगी या ऐसे ज्ञानी दोनों ही पर्याय हैं – पूर्णत्व लाभ करके भी निष्क्रिय नहीं रहते। क्रिया उनका सहज धर्म बन जाता है। अपने में कृतकृत्य होने पर भी लोकानुग्रह या लोकसंग्रह उनका कर्त्तव्य बन जाता है। ज्ञान और क्रिया का यह समन्वय लोकस्थिति में भी अव्याहत रहता है।[२३]

मुक्ति की जो धारणा यहाँ की गई है, वह शिव-शक्ति-सामरस्य के मूल प्रत्यय का विस्तारमात्र है। पूर्णता का अर्थ है भोग और मोक्ष की साम्यावस्था। भोक्ता और भोग्य के एकीभाव को 'भोग' भी कहते हैं और 'मोक्ष' भी। वस्तुतः विश्वोत्तीर्ण को अपनी विश्वात्मकता – "सर्वो ममायं विभवः", की अनुभूति होती है। यही भोग है।

पूर्ण सत् के सत्-चित्-आनन्दमय स्वरूप की पूर्ण अभिव्यक्ति को भक्ति में मानकर और भक्ति के रसत्व को सामने लाकर **कविराज** जी ने इस बात का भी मार्ग प्रशस्त किया है कि किस प्रकार से काश्मीर शैव दर्शन की मान्यताओं में एक समर्थ सौन्दर्यशास्त्र के बीज छिपे हैं। एक प्रकार से **अभिनवगुप्त** का रसशास्त्र शिवाद्वयवाद की प्रयोगात्मक तत्त्वमीमांसा है। इसके अनुसार भोक्ता, भोग्य और भोग वस्तुतः एक ही पदार्थ हैं – रसस्फूर्ति के समय इनका पृथग्भाव नहीं रहता है। यदि रहे तो रस का स्फुरण नहीं हो सकता – "भोक्तैव भोगरूपेण सदा सर्वत्र संस्थितः"।[२४]

---

[२१] तु. चार्ल्स इलियट, *हिन्दुइज़्म एण्ड बुद्धिज़्म*, भा.२, पृ. १६०।

[२२] अण्डपिण्डयोरैकरूप्यमाम्नायेषु प्रसिद्धम्। – *म.मं.प.*, पृ. ८०

[२३] *भा.सं.सा.*, भा.१, पृ. २३०-३३, २५६-५७।

[२४] *स्पन्दकारिका* में यह पंक्ति इस प्रकार मिलती है – "भोक्तैव भोग्यभावेन सदा सर्वत्र संस्थितः।" (२.४)।

इसलिए **अभिनवगुप्त** का सारभूत सिद्धान्त यह है कि पूर्ण निरन्तर अपने आप ही अपना आस्वादन कर रहा है। इसका गलितार्थ है कि भक्ति-योग-ज्ञान-भोग-रस के उपेय भगवान्-परमशिव-पारमार्थिक अद्वयतत्त्व ही एक नहीं है, बल्कि उनके उपाय भक्ति-योग-ज्ञान-क्रिया(भोग)-रस भी परस्पर एक हैं। परम सत् केवल पारमार्थिक सत्ता ही नहीं है, बल्कि वह चरम मूल्य भी है। सामरस्य का यह भी एक अर्थ है – परम तत्त्व में चरम सत् और चरम मूल्य का एकीकरण। व्यष्टि में समष्टि की अनुस्यूति का अर्थ है सम्पूर्ण विकास के केन्द्र में मनुष्य को मूल रूप से प्रतिष्ठित करना, क्योंकि व्यक्ति और विराट् दिव्यता में एक हैं। जो 'प्रदत्त' है, वह त्याज्य या तुच्छ नहीं है और जो 'उत्तीर्ण' या 'परे' है, वही एकमात्र काम्य या प्राप्य है, ऐसा नहीं। पूर्णता का अर्थ है 'प्रदत्त' और 'प्राप्तव्य' दोनों की दिव्यता। अर्थात् इस जीवन में भी मूल्यवत्ता और उपादेयता का आसूत्रण। यही शैवागम की 'विश्व दृष्टि' (***वर्ल्ड-व्यू***) है। **कविराज** जी कहते हैं –

> **माया अथवा तत्प्रसूत जगत् का त्याग करके नहीं वरन् उसको साक्षात् ब्रह्मशक्ति और उसके विकास रूप में अनुभव करने से ही जीवन की सार्थकता सम्भव है।**[२५]

इसका अपरिहार्य परिणाम है, जीवनमुक्ति के अनन्तर भी व्यक्ति की लोकानुग्रह में अनायास प्रवृत्ति।[२६] **कविराज जी** का जो अपना सिद्धान्त है, जिसे उन्होंने अखण्ड महायोग कहा है, जिसका लक्ष्य है समग्र विश्व का सामूहिक कल्याण, एक की मुक्ति से सभी की मुक्ति – काश्मीर शिवाद्वयवाद से ही उद्गत परन्तु उससे आगे की धारा है। उनकी दृढ़ मान्यता है – यह नया आयाम उन्होंने जोड़ा है – कि योगी पूर्णत्व लाभ करके भी कभी निष्क्रिय नहीं बैठता। उसका स्वभावसिद्ध कर्म सदा चलता ही रहता है। इसीलिए पूर्णता प्राप्ति के अनन्तर भी पूर्ण को पूर्णतर, पूर्णतम आदि के क्रम से अनन्त अवस्थाओं के द्वारा उत्कृष्ट करते जाना यही योगी के कर्म की स्वाभाविक परिणति है।

---

[२५] *भा.सं.सा.,भा.*, १, पृ. ६।

[२६] तदेव, पृ. २३२, २५६।

इस प्रसङ्ग में अभिनवगुप्त का निम्नलिखित श्लोक **कविराज जी** को अत्यन्त प्रिय रहा है -

स्वं कर्तव्यं किमपि कलयंल्लोक एष प्रयत्नान्
नो पारार्थ्यं प्रति घटयते कांचन स्वप्रवृत्तिम्।
यस्तु ध्वस्ताखिलभवमलो भैरवीभावपूर्णः
कृत्यं तस्य स्फुटमिदमियल्लोककर्तव्यमात्रम्।। – *तं.* २.३९

२०

काश्मीर शैवदर्शन और कविराज जी

कविराज जी की शैली की एक विशेषता है – वह विशेषता दर्शन के प्रति उनके दृष्टिकोण तथा बद्धमूल विश्वास का साक्षात् फल है – कि वे दर्शनविशेष की चर्चा करते हुए भी व्यापकतर सन्दर्भ में ही उसका विवेचन करते हैं। सच बात तो यह है कि वे भारतीय दर्शन को एक मानते हैं और सभी दार्शनिक परम्पराओं और सम्प्रदायों में मात्रा-भेद और अभिव्यक्ति-भेद से उसी केन्द्रीय अर्थ की अन्विति पाते हैं।[१] लगता है यह दृष्टि उन्हें त्रिक आचार्यों की परम्परा से अव्याहत प्राप्त हुई है। **क्षेमराज** ने अपने *प्रत्यभिज्ञाहृदय* में सभी दर्शनों में परस्पर मौलिक भेद न मानकर सोपानगत या अवस्थागत भेद माना है और उन्हें परम

* यह लेख १९८७ में राजस्थान विश्वविद्यालय के तत्त्वावधान में सम्पन्न *गोपीनाथ कविराज जन्मशताब्दी परिसंवाद* के लिए लिखा गया था और इसका बहुलांश प्रथमतः *वाङ्मयी* (लखनऊ विश्वविद्यालय के संस्कृत प्राकृतभाषा विभाग की शोध-पत्रिका, अङ्क ६, वर्ष १९९८, पृ. ४७-६५) में प्रकाशित हुआ। लेख का उपोद्घात इस प्रकार था : इस परिसंवाद के उद्देश्यों पर प्रो. दयाकृष्ण की टिप्पणी ने मेरा काम आसान कर दिया है – विषय के क्षेत्र का परिसीमन करके। कविराज जी का योगदान इतना महनीय, विपुल और विविध है कि इन सबका आकलन करना मेरी सामर्थ्य से परे है। परन्तु उनकी टिप्पणी ने एक कठिनाई भी पैदा कर दी है। विशुद्ध दर्शनपरक अंश का चयन और मूल्याङ्कन करना सन्दृब्ध साहित्य के स्वरूप की दृष्टि से बड़ा दुष्कर कार्य है। इस पत्र का सम्बन्ध काश्मीर शैव दर्शन के क्षेत्र में किए गए उनके अवदान से है। परन्तु भारत में दर्शन सामान्यतः, और काश्मीर शैवदर्शन विशेषतः, जीवन और अस्तित्व के केन्द्रीय अर्थ के ज्ञान की अपेक्षा उसकी उपलब्धि के प्रति समर्पित रहा है – "नैषा मतिः तर्केणापनीया"। अतः तर्कप्रतिष्ठ रूप में साधना-प्राण चिन्तन का रूप स्थिर करना मेरे लिए जहाँ एक आनन्दप्रद अध्यवसाय रहा है, वहाँ मुझे अपनी असामर्थ्य के लिए झकझोरता भी रहा है।

[१] इस सन्दर्भ में उन्होंने जरा भी सन्देह नहीं रहने दिया है। **डॉ. नथमल टांटिया** की पुस्तक *स्टडीज़ इन जैन फ़िलॉसफ़ी* की भूमिका में वह कहते हैं – "We have had enough of analytical work attempting to describe the different systems in isolation, taking each as a distinct *prasthāna* and proceeding along its own line. But time, I believe, has come when scholars should come out from their narrow grooves, take up a synthetic view of things, and try to discover the underlying unity and interpret india's outlook as a whole." (पृ. २३) यह बात उन्होंने अनेक जगह आग्रहपूर्वक कही है, यह उद्धरण केवल उपलक्षणात्मक है।

तत्त्व की भूमिका-भेद के रूप में ग्रहण किया है – "तद्भूमिकाः सर्वदर्शनस्थितयः" (*प्र.हृ.*, *सू.*८)। यह समग्रतावादी दृष्टि दो प्रकार से कार्यरत हुई है। एक ओर, यह साधना और दर्शन का पारस्पर्य और सामनन्तर्य स्थापित करती है और दूसरी ओर, सम्बद्ध दर्शन का व्यापकतर सन्दर्भ में तुलनात्मक प्रत्यभिज्ञान कराती है।[२] दूसरे अंश के उदाहरण के लिए सूफ़ी सम्प्रदाय और ईसाई रहस्यवाद के सन्दर्भ में प्रत्यभिज्ञा दर्शन का विचार तथा वज्रयान और सहजयान के परिप्रेक्ष्य में शाक्तदर्शन का विचार लिया जा सकता है। इस पद्धति का सहज लाभ यह हुआ है कि सिद्धान्त बोध के प्रसंग में अब तक अबूझ अनेक पहेलियाँ निरायास उजागर हो उठी हैं। परन्तु इनसे एक हानि भी होती है कि सम्बद्ध दर्शन का निजी वैशिष्ट्य कुछ विगलित हो जाता है और उसको ऐकान्तिक स्वरूप में प्रस्तुत करना उतना आसान नहीं रहता।

इस पीठिकाबन्ध के साथ अब विषय पर आना उचित होगा।

काश्मीर शैव दर्शन का अर्थ काफी व्यापक है और एक हद तक उसकी अर्थवत्ता भौगोलिक है। उसकी परिधि में शैव दर्शन की द्वैत, द्वैताद्वैत और अद्वैत परम्पराएँ सहज ही आती हैं।[३] परन्तु यहाँ पर हम अपने को उसी अर्थ तक सीमित रखेंगे, जिस अर्थ में कविराज जी ने इसे लिया है। वह अर्थ है प्रत्यभिज्ञा-दर्शन या प्रत्यभिज्ञा और स्पन्द का युग्म,[४] दूसरे शब्दों में काश्मीर की ईश्वराद्वयवादी या शिवाद्वयवादी परम्परा। कविराज जी की दृष्टि में प्रत्यभिज्ञा न्याय आदि की भाँति एक सिद्धान्त विशेष नहीं है,[५] बल्कि एक विशिष्ट चिन्तनसरणि है जिसका उन्मेष काश्मीर शिवाद्वयवाद की बहुविध परम्पराओं में हुआ है। कविराज जी की दृष्टि में "यह भारतीय विचार-साम्राज्य की एक अति प्राचीन दुर्लभ सम्पदा है" और गौडीय वैष्णवों के अचिन्त्यभेदाभेद सिद्धान्त की तरह भारतीय साधना का महत्त्वपूर्ण गौरव-स्तम्भ है।[६] इस दर्शन पर जो विचार हम करने जा रहे हैं, उस सम्बन्ध में दो बातें याद रखनी आवश्यक हैं। प्रथम, भारतीय संस्कृति की दो अन्तर्धाराएँ हैं – वैदिक तथा तान्त्रिक। इन्हें क्रमशः वैदिक और तान्त्रिक संस्कृतियों की अभिधा भी दी जा सकती है। काश्मीर शैव दर्शन तान्त्रिक अन्तर्धारा का उत्स है। अतः इसके रूपायन में तान्त्रिक संस्कृति

---

[२] इस दृष्टि के पल्लवन के लिए देखिए **श्री व्रजवल्लभ द्विवेदी** का लेख : "आगम एवं तन्त्रशास्त्र को कविराज जी की देन", पृ. ३०।

[३] देखिए प्रस्तुत लेखक का ग्रन्थ *क्रम तान्त्रिसिज़्म ऑफ़् काश्मीर,* भा. १।

[४] *भारतीय संस्कृति एवं साधना,* भा. १, पृ. १,३; *तान्त्रिक वाङ्मय में शाक्त दृष्टि,* पृ. १।

[५] तदेव।

[६] तदेव।

और फलतः, उसकी विचार-पद्धति, की सारी विशेषताएँ अन्तर्भुक्त हुई हैं।[७] द्वितीय, काश्मीर दृक्-वादियों[८] की पूरक विचार-धारा है शाक्त दर्शन परम्परा।[९] इस बात का संकेतन **सोमानन्द** शाक्ताद्वैत की आलोचना करते समय "स्वयूथ्यानद्वयवादिनः प्रतीदानीमारम्भः"[१०] कहकर कर चुके हैं। अतः काश्मीर शिवाद्वयवाद की मूल धारणाओं के विवेचन में शैव और शाक्त अद्वय-प्रस्थानों की शास्त्रीय सामग्री का उपयोग कविराज जी ने किया है।[११]

कविराज जी त्रिक दर्शन को अत्यन्त कट्टर अद्वैतवादी मानते हैं। इस कट्टरता को तीन प्रकार से समझाया गया है – शून्यवाद आदि समकक्ष कठोर अद्वयवाद के उल्लेख के द्वारा, अद्वयता के तात्त्विक विवेचन द्वारा और **गौडपाद** तथा **शंकर** के ब्रह्माद्वयवाद की तुलना द्वारा।[१२] हम पहले को छोड़ते हैं। दूसरे में हम देखते हैं कि त्रिक दर्शन में अद्वयता की व्याख्या पूर्णता या सामरस्य की शब्दावली में की गई है। दोनों प्रत्ययों का लक्ष्यार्थ यद्यपि एक है, तथापि उनके अभिधेयार्थ में सूक्ष्म अन्तर है। पूर्णता मूल तत्त्व के अखण्ड आत्म-सामर्थ्य का बोधक प्रत्यय है और सामरस्य उसके विरोधपरिहारात्मक स्वरूपावस्थान का। जागतिक खण्ड सत्ताओं के मूल में जिस अखण्ड महासत्ता की भावना की गई है,[१३] उसे परमशिव का नाम दिया गया है। परमशिव, जो विशुद्ध अद्वय तत्व है, को समझाने के लिए दो समीकरणों का प्रयोग किया गया है। इनमें से एक है प्रकाश-विमर्शमयता का समीकरण और दूसरा है सत्-चित्-आनन्द का । दोनों समीकरण परस्पर परिवर्तनीय समीकरण हैं – प्रकाश = सत्+चित्, विमर्श = चित्+आनन्द। चित् की दोनों में अवस्थिति सत् के चैतन्य स्वभाव का संकेतन करती है। यह आचार्य **उत्पल** की मान्यता का अनुवाद है, जब वह विमर्श को प्रकाश का स्वभाव कहते हैं।[१४] सीधे-सादे शब्दों में परम तत्त्व के अद्वय स्वभाव की व्याख्या का एकमात्र उपकरण है, उसे न केवल प्रकाशस्वरूप बल्कि स्वप्रकाश मानना और स्वप्रकाशता

---

[७] देखिए, इसी ग्रन्थ "तान्त्रिक दर्शन : प्रकृति और सांस्कृतिक सन्दर्भ" नामक अध्याय।

[८] *तन्त्र और आगम शास्त्रों का दिग्दर्शन*, पृ. ४७।

[९] *भा.सं.सा., भा.* १, पृ. १२,१६,१५०; *तां.वा.शा.दृ.*, प्रस्तावना, पृ. ८।

[१०] *शि.दृ.वृ.*, पृ. ६४।

[११] **कविराज जी** का बहुत सा साहित्य प्रकाश में आना शेष है और बहुत सा इधर-उधर बिखरा हुआ है। जहाँ तक सम्भव था, लगभग सभी उपलब्ध सामग्री का उपयोग किया गया है। फिर भी जो सामग्री छूट गई है, उससे विवेचन के विस्तार पर सम्भव है असर पड़े, परन्तु मूल स्थापनाओं में परिवर्तन की सम्भावना बहुत अधिक नहीं जान पड़ती।

[१२] *भा.सं.सा.*, भा. १, पृ. ३, ५।

[१३] *तां.वा.शा.दृ.*, पृ. १।

[१४] स्वभावमवभासस्य विमर्शं विदुरन्यथा। – *ई.प्र.का.* १.५.११

को चैतन्यात्मक मानना। प्रकाश और विमर्श को शिव और शक्ति के नाम से भी पुकारा गया है। शिव को अखण्ड स्वप्रकाश और शक्ति को उस प्रकाश की आत्मविश्रान्ति कहकर[१५] आत्मनिर्भरता (सेल्फ़-कॅन्टेनमेन्ट) की धारणा, जो पूर्णता को समझाने का एक और प्रयास है, को स्पष्ट किया गया है। परम तत्त्व का स्वप्रकाशन स्वरूपभूत शक्ति या स्वातन्त्र्य से ही सम्भव है। इस स्वातन्त्र्य के प्रभाव से वह एक, अद्वितीय, रहते हुए भी अपनी मूल सत्ता के आधार पर द्वितीय का स्फुरण कर सकता है। यह स्वातन्त्र्य ही अनन्त प्रकार के विरोधों के समन्वय का द्वार है।[१६] शक्ति के प्रति प्रसरण में एक ओर उसका आश्रय और दूसरी ओर उसके विषय की विभक्त सत्ता एवं मध्य में दोनों का संयोजक सेतुरूपी सम्बन्ध अभिव्यक्त होता है।[१७] **क्षेमराज** का यह मन्तव्य कि स्वातन्त्र्य का प्रत्यय ही ब्रह्मवाद से प्रत्यभिज्ञा दर्शन को अलग करता है,[१८] शास्त्र की आन्तरिक संगति से पुष्ट जान पड़ता है।

सच पूछा जाए तो सत् के जिस स्वरूप का यहाँ उन्मेष होता है वह गतिशील सत् है। जो आत्म-सामर्थ्य से ही सक्रिय होता है और इस सक्रियता को चिन्मय या संविन्मय माना गया है। इसलिए आगम ग्रन्थों में अचिद्रूपा शक्ति की विशेष आलोचना हुई है। "यह शिव से अभिन्न है" कहने का अर्थ है सत् की आत्मनिष्ठ भवनसामर्थ्य। इसका परिणाम नहीं होता, परन्तु प्रसार तथा संकोच होता है। इसलिए इसे स्पन्दात्मक कहा गया है। इसीलिए परम प्रकाश, परम शिव या परम सत् कभी भी निष्क्रिय नहीं माना जाता। उस परम प्रकाश को सत् मानने पर उसमें भवनाख्य क्रिया माननी पड़ती है और उसे उस क्रिया का कर्ता मानना पड़ता है। इसी भवन-क्रिया का पारिभाषिक नाम है स्फुरण या विमर्श।

प्रकाश की इसी गतिसामर्थ्य या स्पन्दमयता को तान्त्रिक शब्दावली में कृत्यकारित्व, या प्रकारान्तर से पञ्चकृत्यकारित्व, कहा गया है। काश्मीर शैवदर्शन में आगे चलकर कार्यकारणभाव का कर्तृकर्मभाव के रूप में उन्मेष इसी का यौक्तिक प्रतिफलन है। चिद्रूपा शक्ति की दो अवस्थाएँ हैं। सृष्टि, संहार इत्यादि वस्तुतः इस शक्ति की क्रीडा से निर्गत होते हैं। यह सतत क्रियाशील है। एक ओर इसकी क्रियाशीलता आत्म-तिरोधान या आत्म-गोपन के रूप में व्यक्त होती हुई अब तक आत्मलीन विश्व की सृष्टि करती है, और दूसरी ओर आत्माभिव्यञ्जन या अनुग्रह के रूप में व्यक्त होती हुई उस विश्व का संहार तथा सत् में उसका विलय करती

---

[१५] *तां.वा.शा.दृ.*, पृ. १६५।

[१६] तदेव, पृ. २।

[१७] तदेव, पृ. ३।

[१८] स्वतन्त्रशब्दो ब्रह्मवादवैलक्षण्यमाचक्षाणश्चितो माहेश्वर्यसारतां ब्रूते। (*प्र.हृ.*, पृ. ५, *का.ग्र.*, से उद्धृत) – तदेव, पृ. ४

है। विश्व की स्थिति सृष्टि और संहार के बीच की स्थिति है।[१९] काल, देश और कारणता से उत्तीर्ण आत्मा के काल-प्रवाह में पड़ने के लिए किसी युक्तिसंगत हेतु की खोज करने पर शाक्त दृष्टि से पूर्णसत्ता का स्वेच्छाकृत आत्मसंकोच ही यथार्थ समाधान है। आत्मसंकोच ही तिरोधान कहलाता है। पहले आत्मसंकोच हुए बिना सृष्टि की उपपत्ति नहीं हो सकती, क्योंकि संकोचहीन आत्मा का देह-सम्बन्ध नहीं होता। तिरोधान रूप संकोच की निवृत्ति होती है अनुग्रह से। अभेद में जो भेद का आभासन होता है, उसी का नाम तिरोधान है। फिर अखण्ड प्रकाश के साथ जो एकात्मरूप में प्रकाशन है, वही अनुग्रह है।[२०] यही शक्ति का संकोच और प्रसार है। इससे स्पष्ट है कि पञ्चकृत्यकारित्व स्वातन्त्र्य का नामान्तर मात्र है।

संवित् निर्मल दर्पण की भाँति है, जिसके पारदर्शक माध्यम में प्रतिबिम्बित प्रतिमा की तरह यह विश्व भासता है। जैसे प्रतिबिम्ब (इमेज) दर्पण से अतिरिक्त/भिन्न नहीं है, विश्व भी संवित् से पृथक् नहीं किया जा सकता। परन्तु इस तुलना को इसके आगे ले जाना अनुचित होगा। दर्पण एक वस्तु को प्रतिबिम्बित करता है, किन्तु संवित् अपनी पूर्णता में सर्जनशील होने के कारण, अपने से बाहर किसी पदार्थ की अपेक्षा नहीं करती। यह भवन-सामर्थ्य (ऍक्चुलायज़ेशन) या शक्ति-स्वातन्त्र्य है। इस प्रकार परम शिव या पूर्ण सत् के अन्दर प्रतिबिम्बित विश्व के प्रकार अनन्त हैं, किन्तु सत्ता और चित्क्रिया की अत्रुटित एकता के रूप में संवित् का स्वरूप सदा एक सा बना रहता है। सत् (रियलिटी) परम सत्ता (यूनीवर्सल बीइङ्) के रूप में अभिन्न है, परन्तु इसके विशिष्ट रूप अनेक हैं, जैसे कि दर्पण एक है परन्तु उसमें प्रतिबिम्बित प्रतिमाएँ अनेक। एक अनेक हो जाता है, किसी बाह्य तत्त्व के दबाव में नहीं, बल्कि अपनी आत्मीय गतिमत्ता के कारण। इसी प्रभाव में गति (मोशन) का प्रारम्भ और विविधता (मल्टिप्लिसिटी) का विकास होता प्रतीत होने लगता है। इसी कारण सृष्टि आदि और उसके अनन्त प्रकारों के उद्भूत होने पर भी सत् अपनी एकता बनाए रखता है।

इस प्रकार हमारे विचारार्थ तीन संभावित स्थितियाँ हैं :[२१]

१. केवल संवित्, किन्तु जिसमें विश्व भासमान नहीं = चित् (= प्रकाश)

२. संवित् तथा तदन्तःभासमान विश्व (बाह्य प्रक्षेपण का अभाव) = आनन्द (= स्वातन्त्र्य)

३. संवित्, अन्तःभासमान विश्व और उसका बाह्य प्रक्षेपण = इच्छा (= चमत्कार या क्रीडा)

---

[१९] *हिस्ट्री ऑफ़् फ़िलॉसफ़ी : ईस्टर्न एण्ड वेस्टर्न,* भा.१, पृ. ४०५।

[२०] *तां.वा.शा.द्व.,* प्रस्तावना, पृ. ७-८।

[२१] *हिस्ट्री ऑफ़् फ़िलॉसफ़ी : ईस्टर्न एण्ड वेस्टर्न,* भा.१, पृ. ४०५-०६ (कोष्ठकान्तर्गत विश्लेषण हमारे हैं)।

प्रत्येक स्थिति में संवित् बजाते-खुद एक और वैसी ही रहती है, उसमें जरा सा भी अन्तर नहीं आता। अतः इसे निर्-विकल्प – विकल्प और विकारों से मुक्त – कहते हैं। इन तीनों अवस्थाओं की तुलना से प्रतीत होगा कि पहली उस स्थिति की परिचायक है, जिसमें किसी भी प्रकार का आभासन नहीं है, न बाहर न अन्दर । दूसरी आन्तरिक, न कि बाह्य, आभासन की स्थिति है। और तीसरी अवस्था, जो कि इच्छा की है, का अर्थ है बाह्य प्रक्षेपण या बाह्य आभासन। वस्तुतः पूर्ण होने के नाते संवित् के बाहर कुछ भी नहीं हो सकता, क्योंकि तथाकथित बाह्यता भी वस्तुतः उसके बाहर नहीं है।

प्रश्न है कि निर्विकल्प संवित् से विकल्परूपा सृष्टि का आविर्भाव कैसे होता है। उत्तर है संवित् की क्रिया-शक्ति या स्वातन्त्र्य से, यद्यपि सृष्टि आभास मात्र है और उसकी बाह्यता भी आभासरूप है। विश्व इस शक्ति में अन्तर्भूत है और शक्ति परमशिव में। जब शक्ति निष्क्रिय या सुप्त होती है, तब विमर्श प्रकाश में विगलित माना जाता है (अन्तर्लीनविमर्श) : तन्त्रों की भाषा में शिव शव होता है : और जब शक्ति जाग्रत होती है, जैसी कि वह सर्वदा है, तब परम चित् आत्मपरामर्शमयी होती है। परम सत् का यह आत्म-परामर्श 'अहम्' या 'मैं' के रूप में प्रस्फुटित होता है, जिसे 'पूर्ण' कहा जाता है, क्योंकि इसके बाहर कुछ भी नहीं रहता जो 'इदं' के रूप में उसका प्रतियोगी बन सके। आगम की पारिभाषिक शब्दावली में यह पूर्णाहन्ता है। अहम् की पूर्णता का अर्थ है – दर्पण की भाँति इसमें प्रतिबिम्बित समग्र विश्व की विद्यमानता। तब विश्व अहं से एकरूप होता है।[२२]

जैसा कि कहा जा चुका है, संवित् प्रकाश भी है और विमर्श भी; यह विश्व से परे है (विश्वोत्तीर्ण) और उसमें व्याप्त भी (विश्वमय)। दोनों मिलकर एक समग्र पूर्ण की रचना करते हैं। तन्त्रों में इसे 'अहम्' पद से प्रस्तुत किया गया है, जहाँ 'अ' प्रकाश का प्रतीक है, 'ह' विमर्श का और 'बिन्दु' उनके सामरस्य का।

सामरस्य शब्द का प्रयोग अद्वैत की प्रकृति को समझाने के लिए हुआ है। सामरस्य का अर्थ है एक का दूसरे में विगलन होकर एकरूपता का आपादन। पूर्ण सत् में शिव-शक्ति, प्रकाश-विमर्श तथा सत्ता-भवन का सामरस्य रहता है। पूर्णत्व का अर्थ है शिव-शक्ति-सामरस्य।[२३] पूर्ण सत्य को स्वातन्त्र्यमय अखण्ड प्रकाश के सिवा किसी दूसरी तरह से नहीं कहा जा सकता।[२४] शिव अखण्ड अविभक्त प्रकाश है और शक्ति उस प्रकाश की आत्मविश्रान्ति अर्थात् अपने को पहचानना है।[२५] शुद्ध शिवावस्था में प्रकाश मात्र रहता है, शक्ति के साथ योग न

[२२] तदेव, पृ. ४०४-०६।

[२३] *तां.वा.शा.दृ.*, पृ. १२।

[२४] तदेव, पृ. १६१।

[२५] तदेव, पृ. १६५।

होने के कारण यह विश्वातीत स्थिति है। विश्व शक्ति का ही विजृम्भण है। शिव, प्रकाश, उससे अतीत है। किन्तु परमशिवावस्था में शक्ति के साथ इसका पूर्णयोग रहता है – दोनों ही अब समप्रधान, समरस, समात्मक हैं। दोनों ही दोनों में रहकर भी एकरस हैं। इसलिए परम शिव एक साथ विश्वोत्तीर्ण और विश्वात्मक है। **क्षेमराज**[२६] का अनुवर्तन करते हुए कविराज जी इसे त्रिक दर्शन की खास विशेषता मानते हैं। शिवात्मक प्रकाश मानों तरल है, परमशिव-प्रकाश मानो घनीभूत है, इसलिए परमानन्दमय जो घनीभूत भाव है उसी के कारण प्रकाश आनन्द रूप में भासता है। यही सामरस्य की अवस्था है।[२७] इसी बात को उन्होंने अन्यत्र दूसरे ढंग से कहा है। सत्ता माने ही चिति है और चिति माने ही सत्ता है। दोनों का आनन्द में सामानाधिकरण्य है।[२८] सामरस्य की धारणा को स्पष्ट करने के लिए कविराज जी ने कई समीकरणों का उपयोग किया है। इनमें से पहला है सत्, चित्, आनन्द का समीकरण। पूर्ण सत्ता अस्तित्व की दृष्टि से सत् है, अभिव्यक्ति की दृष्टि से चित् है एवं रसास्वाद की दृष्टि से आनन्द है।[२९] दूसरा समीकरण है समाधि की व्युत्थान और निरोधावस्था के यौगपद्य का।[३०] शास्त्रों में इसे ही नित्योदित या निर्व्युत्थान कहा गया है। व्युत्थान अवस्था में भी समाधि का संस्कार बना रहता है।[३१] तीसरा है जीव की भक्तिरूपा शक्ति और शिव की चिद्रूपा शक्ति का।[३२] इस बात पर हम आगे थोड़ा विस्तार से विचार करेंगे। इस प्रकार हम देखते हैं कि पारमार्थिक सत्ता आत्यन्तिक साम्यावस्था स्वरूप है। यह मूलगत परमसाम्य ही अद्वैत स्थिति है, जिसे उपनिषदों में "परम साम्य" कहा गया है।[३३]

---

[२६] "प्रत्यभिज्ञा में कौल मत तथा तन्त्र मत से त्रिक मत का स्थान ऊँचा माना गया है। इसका कारण यह है कि कौलाचार्य आत्मा को विश्वरूप मानते हैं एवं तन्त्राचार्य उसे विश्वातीत मानते हैं, परन्तु त्रिकमतावलम्बी सिद्ध पुरुषों की दृष्टि में आत्मा युगपत् विश्वरूप तथा विश्वातीत दोनों हैं"। – तदेव, प्रस्तावना, पृ. २, ८

[२७] तदेव, ग्रन्थ-भाग, पृ. १६६।

[२८] तदेव, प्रस्तावना, पृ. ८।

[२९] तदेव, पृ. २।

[३०] तदेव, ग्रन्थ-भाग, पृ. १६७।

[३१] *तत्रैव*।

[३२] *तत्रैव*, पृ. १६३।

[३३] परमं साम्यमुपैति दिव्यम्। – तदेव, पृ. ३; *भा.सं.सा.*, भा.१, पृ. ३०४

कविराज जी ने अपनी पुस्तक *स्वसंवेदन* में सामरस्य के सम्बन्ध में एक अच्छा संकेत किया है। उनका कहना है कि सामरस्य परम शिव की नित्य स्थिति है। शिव का प्राधान्य नित्य संहार का, शक्ति का प्राधान्य नित्य सृष्टि का और समरस का प्राधान्य नित्य स्थिति का वाचक है। – *स्वसंवेदन*, पृ. १६७

प्रत्यभिज्ञा दर्शन के अद्वैतवाद की कट्टरता प्रमाणित करने के लिए कविराज जी ने उसकी अज्ञान की धारणा पर विस्तार से विचार किया है। प्रश्न हो सकता है कि जब प्रकाश ही जगत् का स्वभाव है, तब बन्धन का आविर्भाव कहाँ से होता है। इस प्रश्न को इस तरह भी पूछा जा सकता है कि जब परम सत् प्रकाश रूप है तो संसार का आविर्भाव कहाँ से होता है, क्योंकि अद्वैत मत में चित्प्रकाश को छोड़कर दूसरी वस्तु है नही। इसका शैवों को अभिप्रेत उत्तर प्रसंगान्तर से ऊपर आ चुका है। पूर्ण सत् के स्वातन्त्र्य के दो अंश हैं – संकोच और प्रसार। इस संकोच के आपादक सामर्थ्य को तिरोधान शक्ति और संकोच की घटना/क्रिया को तिरोधान कृत्य कहते हैं। परमार्थ सत्ता सबसे पहले अपने स्वरूप को आच्छादित करने वाली तिरोधान शक्ति को अभिव्यक्त करती है। दूसरे शब्दों में, यह अभिन्न परमेश्वर-भाव का अस्फुरण है।[३४] बोध या चिद्भाव में स्वातन्त्र्य का अप्रकाश एक प्रकार का अज्ञान है और स्वातन्त्र्य में बोध का अभाव दूसरे प्रकार का अज्ञान है। दोनों प्रकार के ये अज्ञान अपूर्ण ज्ञान की ही दो स्थितियाँ है और दोनों के लिए एक ही शब्द का प्रयोग किया गया है – आणवमल। आणव का अर्थ है अणुभाव – पूर्ण का अपूर्णीकरण। मल कहकर उसकी आवरक शक्ति का निर्देश किया गया है।[३५] अज्ञान की दोनों स्थितियों के लिए क्रमशः पारिभाषिक शब्द हैं पौरुष और बौद्ध, अर्थात् जिनका सम्बन्ध क्रमशः पुरुष और बुद्धि से है। बुद्धिगत अज्ञान के – अनिश्चय तथा विपरीत ज्ञान – ये दो स्वभाव हैं। विकल्पन या स्वरूप-संकुचन पुरुषगत अज्ञान का स्वरूप है, इसीलिए संसार के मूलकारण रूप में इसका निर्देश किया जा सकता है।[३६] आत्मा पारमार्थिक दृष्टि से पूर्ण और शिवस्वरूप होने पर भी इस मल के कारण स्वरूपगत संकोच से अपने को अपूर्ण समझता है, स्वयं अपरिच्छिन्न होकर भी अपने को सर्वथा परिच्छिन्न अनुभव करने लगता है। इस परिच्छिन्नता और आणवभाव के प्राप्त होने के बाद उसमें शुभाशुभ वासनाओं का उद्भव होता है, जिनके विपाक रूप में जन्म (देह-सम्बन्ध), आयु (देह-स्थितिकाल) और भोग (सुखदुःखानुभव) अनिवार्य हो जाते हैं। यही कार्ममल है, कर्म से उत्पन्न कञ्चुक रूप आवरण – कला, विद्या, राग, काल, नियति और इनकी समष्टिभूता माया। पुर्यष्टक तथा स्थूलभूतमय विभिन्नजातीय कारण, सूक्ष्म एवं स्थूल देह – इन सब देहों के आश्रयभूत विचित्र भुवन और नाना प्रकार के भोग्य पदार्थों का अनुभव जिसके कारण होता है, उसे मायीयमल कहते हैं। बद्ध आत्मा में इन तीनों मलों का आवरण सर्वदा ही रहता है।[३७] इन तीनों मलों में आणव मूल मल है और कार्म तथा

---

[३४] *भा.सं.सा.*, भा.१, पृ. ३८।

[३५] यहाँ अज्ञान या मल ज्यादा व्यापक शब्द है और माया उसी का आश्रित तत्त्व है।

[३६] *भा.सं.सा.*, भा.१, पृ. १४६।

[३७] तदेव, पृ. २६५-६६।

मायीय व्युत्पन्न या अवान्तर। इनमें भी क्रम इस प्रकार है – पौरुष → कार्म → मायीय तथा बौद्ध अज्ञान। शिवभाव की पुनः प्राप्ति के लिए तथा बुद्धि या अध्यवसायगत अज्ञान के दूरीकरण के लिए आणवोपाय आदि उपायचतुष्टय का विधान किया जाता है। पुनः-पुनः अभ्यास के बल से विकल्प-बुद्धि के संस्कार के द्वारा अविकल्प ज्ञान के आविर्भाव से बुद्धिगत अज्ञान पौरुष अज्ञान का भी नाश कर देता है।[३८] इस अवस्था में पहुँचने पर दीक्षा द्वारा पौरुष अज्ञान की निवृत्ति होती है। दूसरे शब्दों में, बौद्ध अज्ञान की निवृत्ति से बौद्ध ज्ञान (स्वातन्त्र्य-बोध) और पौरुष अज्ञान की निवृत्ति से पौरुष ज्ञान (बोध-स्वातन्त्र्य) का उदय होता है। यही वस्तुतः मुक्ति है। यहाँ अद्वैत की रक्षा के लिए कहना आवश्यक होगा कि दीक्षा भी परमेश्वर की अपनी क्रियाशक्ति है।[३९] इस प्रकार सारी प्रक्रिया अपने को अपने द्वारा मुक्त किए जाने की है।

काश्मीर शिवाद्वयवाद की स्थापना में कविराज जी कृत शांकर वेदान्त से उसकी तुलना बड़ा महत्त्व रखती है। इससे दोनों ही उत्कृष्ट दर्शनों का पारस्परिक वैशिष्ट्य उभरकर सामने आता है। संक्षेप में ये भेद इस प्रकार रखे जा सकते हैं – ब्रह्मवाद माया को सत् एवं असत् से विलक्षण तथा अनिर्वचनीय मानता है। शैवाचार्यों का कहना है कि इससे द्वैत के स्पर्श को पूरी तरह से हटाया नहीं जा सकता। यह बात सही है कि माया परमार्थ दृष्टि से तुच्छ है और व्यवहारभूमि की सत्यता ब्रह्म के अद्वैत तत्त्व का स्पर्श नहीं करती। प्रश्न है कि जब एक ही अद्वय ज्ञान-तत्त्व है, तब यह द्वैत की स्फुरणा क्यों होती है? शुद्ध ब्रह्म विवर्तात्मक अनादि प्रवर्तमान व्यवहार का अधिष्ठान मात्र है। सृष्टत्वादि धर्म उस पर आरोपित या अध्यस्त होते हैं, परन्तु जीवभाव, जगद्भाव या ईश्वरभाव कैसे होता है यह समझ में नहीं आता। ईश्वराद्वयवाद में भी अज्ञान है, माया है, किन्तु उसकी प्रवृत्ति आकस्मिक नहीं है। वह आत्मा का स्वातन्त्र्यमूलक अर्थात् स्वेच्छापरिगृहीतरूप है। मेघ और सूर्य के दृष्टान्त से उन्होंने समझाया है कि अपनी शक्ति से अपने स्वरूप को ढककर भी उसका अनावृतरूप च्युत नहीं होता। विश्व-वैचित्र्य उसके स्वरूप का ही विमर्श है। वैचित्र्य-भासन परम तत्त्व का स्वभाव है।[४०]

ब्रह्मवादी भी आत्मा के स्वभाव को मानते हैं। उनकी दृष्टि में आत्मा शुद्ध साक्षी अथवा अधिष्ठान-चैतन्यात्मक है, जबकि ईश्वरवादी उसे स्वातन्त्र्यमूलक, स्वातन्त्र्यात्मक, कर्तृस्वरूप मानते हैं। यही दोनों में प्रधान भेद है। **क्षेमराज** ने "चितिः स्वतन्त्रा विश्वसिद्धिहेतुः" सूत्र (सं.

---

[३८] तदेव, पृ. १४६।

[३९] तदेव, पृ. २६६।

[४०] तदेव, पृ. ३-४।

१) की व्याख्या करते हुए *प्रत्यभिज्ञाहृदय* में कहा है – "स्वतन्त्रशब्दो ब्रह्मवादवैलक्षण्यमाचक्षाणश्चितो माहेश्वर्यसारतां ब्रूते।"[४१] वेदान्त और त्रिक दोनों में परम तत्त्वों का एक सी शब्दावली में वर्णन किया जा सकता है, सिवाय इसके कि शांकर ब्रह्म में कर्तृत्व नहीं है, जबकि त्रिक सम्प्रदाय में विमर्श या कर्तृत्व ही आत्मा का स्वभाव है। इसलिए **अभिनवगुप्त** के टीकाकार **भास्करकण्ठ** अद्वैत वेदान्त को "निर्विमर्शब्रह्मवाद"[४२] कहते हैं। तान्त्रिकों ने अपने आग्रह को छिपाया नहीं है, क्योंकि "शान्तब्रह्मवाद" कहकर वे अद्वैत वेदान्त पर दूसरा कटाक्ष करते हैं।[४३] आत्मा में स्वातन्त्र्य का वैसा उन्मेष न होने के कारण कविराज जी को लगता है कि मानों शांकर मत में द्वैताभास वस्तुतः वर्जित नहीं है[४४] और इस की पुष्टि में वह **महेश्वरानन्द** के वाक्य को सहमतिपूर्वक उद्धृत करते हैं।[४५]

यही कारण है कि शैवाचार्य सांख्य-योग के पुरुष तथा वेदान्त के ब्रह्म को आत्मा की अपरावस्था में स्थिर मानते हैं। इनके मत में ब्रह्म आत्मा की परापरावस्था भी नहीं है, परावस्था की तो बात ही क्या है। परमशिवावस्था ही आत्मा की परावस्था है। शैव लोग कहते हैं कि वैसी अवस्था वेदान्तादि शास्त्रों में नहीं हुई है। वस्तुतः, वही अद्वयतत्व है।[४६]

प्रत्यभिज्ञा सम्प्रदाय में अद्वैत शब्द का अर्थ है दो का नित्य सामरस्य। **शंकर** के मत में अद्वैत का अर्थ है द्वैत का अभाव। **शंकर** ब्रह्म को सत्य और माया को अनिर्वचनीय कहते हैं। वे माया को सत्य नहीं मान सकते। इसी से उनका अद्वैतभाव व्यावृत्तिमूलक,[४७] संन्यासमूलक[४८] है, अनुवृत्ति अथवा ग्रहणमूलक[४९] नहीं। आगम मत में माया को ब्रह्ममयी और सत् मानने से ब्रह्म और माया का सामरस्य सिद्ध हो जाता है। शांकर वेदान्त में जिस अवस्था में माया मिथ्या है, उस अवस्था में ब्रह्म भी मिथ्या है, क्योंकि उस अवस्था में जो ब्रह्मबोध

---

[४१] *तां.वा.शा.दृ.*, पृ. ४ पर उद्धृत।

[४२] *भा.(वि).*, भा.१, पृ. १०-१५।

[४३] *कॉन्सेप्शन ऑफ़ मैटर,* "इंट्रोडक्शन", पृ. १४।

[४४] *भा.सं.सा.*, भा.१, पृ. ५।

[४५] तत्र हि अद्वैतमाग्रहेणोपपाद्यमानमपि द्वैतकक्ष्यामेवाधिरोहति। यदत्र सत्यासत्यव्यवस्थया हेयोपादेयकल्पनायां तेनैवाकारेण द्वैतमर्यादापर्यवसायित्वमनिवार्यम्। (*म.मं.प.*, पृ. ७५ से उद्धृत) – *तत्रैव,* पृ. ५

[४६] . . . ते सर्वे व्याख्यातव्याप्तिकात्मोपासकाः शैवैऽस्मिन् अद्वयनये पर शिवं व्याख्यातस्वरूपं न गच्छन्ति, न तन्मयीभवन्ति सांख्ययोगवेदान्तवाद्यादयस्तु अपरपदस्था एव, इति केन तेषामियत्पदप्राप्तिसम्भावनापि। (*स्व.तं.* ४.३६१-३६२ पर *उद्योत*) – *भा.सं.सा.,भा.* १, पृ. १४८-४९

[४७] exclusive.

[४८] based on renunciation or elimination.

[४९] all-embracing.

है वह मायाकल्पित है। **शंकराचार्य** के "तमःप्रकाशवद्विरुद्धयोः" पद की यथार्थता स्वीकार करके भी यह बात कही जा सकती है कि प्रकाश से ही घर्षण द्वारा अन्धकार का आविर्भाव होता है और अन्धकार ही घर्षण द्वारा प्रकाश में पर्यवसित होता है। दोनों ही नित्य संयुक्त हैं, स्वरूप में समरसभावापन्न हैं।[५०] इसी को शिव-शक्ति का सामरस्य या चित्-आनन्द की प्राप्ति कहते हैं। यही ईश्वराद्वयवाद की विशेषता है।

कविराज जी चित्-आनन्द के सामरस्य के समीकरण का और विस्तार करते हैं। उनके अनुसार इस अद्वयवाद में एक और विशेषता है कि यह न तो शुष्क ज्ञानमार्ग है और न ही ज्ञानहीन भक्तिमार्ग, इसमें ज्ञान और भक्ति दोनों का सामञ्जस्य है।[५१] **शंकर**-प्रवर्तित अद्वैतवाद की चरमावस्था में भक्ति का स्थान नहीं है। **शंकर** के मत में भक्ति द्वैतमूलक है, इसी कारण अद्वैतवाद में ज्ञानाविर्भाव में इसकी सत्ता नहीं रहती। कहने की आवश्यकता नहीं कि यह साधनरूपा अज्ञानमूलक भक्ति है। इसके विपरीत, त्रिक दर्शन में मोक्ष को चिदानन्दलाभ या पूर्णाहन्ताचमत्कार के रूप में अभिहित किया गया है। चिदंश ज्ञानभाव है और आनन्दांश भक्ति। यह पूर्णाहन्ता या स्वात्मचमत्कार ज्ञान की सीमा है और वही प्रेम या भक्ति की भी। इसीलिए यह समन्वयभूमि है। यहाँ चिदंश शिवभाव और आनन्दांश शक्तिभाव परस्पर मिले हुए हैं, इसी कारण यह ज्ञान-भक्ति की सामञ्जस्यावस्था है और यही शिव-शक्ति का सामरस्य भी।

त्रिपुरा-दर्शन और प्रत्यभिज्ञा-मत में योगी और मायावी के दृष्टांतों का आश्रय लेकर जगत् की सृष्टि इच्छाशक्तिमूलक अर्थात् उपादाननिरपेक्ष प्रतिपादित की गई है, यह कविराज जी ने रेखांकित किया है। **उत्पल** की कारिका[५२] को उद्धृत करते हुए वह कहते हैं कि सृष्टि का अर्थ है अन्तःस्थित का बहिःप्रकाश। सभी पदार्थ चिदात्मा के अन्दर स्थित हैं, केवल इच्छावश कभी-कभी कुछ बाहर प्रकाशित होते हैं। इस प्रकार की सृष्टि में उपादान की अपेक्षा नहीं है।[५३] प्रत्यभिज्ञा की यह उपादाननिरपेक्षता शांकर वेदान्त में अभिन्न-निमित्तोपादानवाद के नाम से प्रचलित है। अवश्य ही अद्वैतवाद मानने पर निमित्त और उपादान के भेद को अस्वीकार करना पड़ता है। परन्तु चूँकि शांकर वेदान्त में ब्रह्म के मुख्य कर्तृत्व को स्वीकार नहीं किया गया है, अतः सृष्टि स्वेच्छानिमित्तक न रहकर अविद्यानिमित्तक हो जाती है।

---

[५०] *भा.सं.सा.*, भा.१, पृ. ६।

[५१] तदेव, पृ. ६-८।

[५२] चिदात्मैव हि देवोऽन्तःस्थितमिच्छावशाद्बहिः।
योगीव निरुपादानमर्थजातं प्रकाशयेत्।। – *ई.प्र.का.* १.५.७

[५३] *भा.सं.सा.*, भा.१, पृ. १३।

शिवाद्वयवाद के सन्दर्भ में भक्ति की चर्चा चली है, तो कहना होगा कि दो बातों के लिए हम कविराज जी के ऋणी हैं। शिवाद्वयवाद के अनुसार अद्वैत भक्ति के स्वरूप को उन्होंने स्थिर किया है और भक्ति के रसत्व को युक्ति की दृढता के साथ प्रस्तुत किया है।[५४] शिवाद्वयवाद में ज्ञान और भक्ति वस्तुतः एक-दूसरे के पर्याय हैं। *तन्त्रालोक* में शक्तिपात का मुख्य लक्षण है भगवद्भक्ति का उन्मेष।[५५] और यह शक्तिपात अनुग्रह-शक्ति, परमेश्वर की स्वरूपप्रसारात्मक सामर्थ्य, की ही अभिव्यक्ति है। **अभिनवगुप्त** ने **उत्पल** की *प्रत्यभिज्ञाकारिका* के आदिवाक्य की व्याख्या करते हुए इसे ही मोक्ष रूप से प्रस्तुत किया है।[५६] परम तत्त्व अनवच्छिन्न प्रकाशानन्द रूप है, वही स्वातन्त्र्य है, उसका तादात्म्यापादन ही भक्ति है; उस तादात्म्य के आपादन की जिसमें पात्रता है, वही भक्त है।[५७] प्रकाश का आत्मास्वादरूप विमर्श और/या विमर्श में प्रकाश की शान्त लयात्मकता शिव-शक्ति के सामरस्य के प्रतीक हैं और इन्हें अद्वैत भक्ति कहना कदापि असंगत नहीं है। ज्ञान और भक्ति का निजी वैशिष्ट्य ज्ञानात्मकता और रागात्मकता को लेकर है, एक ज्ञानरूप है दूसरा भावरूप। इसे ही चिदंश और आनन्दांश के क्रमिक समीकरण द्वारा बार-बार व्यक्त किया गया है। प्रश्न है कि रागात्मकता के लिए पारस्पर्य, भक्तभगवद्भाव आवश्यक है, अद्वयावस्था में वह भाव किस प्रकार सम्भव है। इसका एक उत्तर तो यह दिया गया है कि भेद आहार्य है, वास्तविक नहीं। आहरण का प्रयोजन है स्वभाव का स्वारस्य। जहाँ परम तत्त्व[५८] साम्य स्वरूप है, वहाँ भेद तो सम्भव ही नहीं है। अज्ञानमूलक द्वैत या साधनभक्ति के समान यह भक्ति स्वार्थानुसन्धानात्मिका नहीं है, अपितु यह तो शुद्ध स्वात्मानुसन्धानमयी है जिसमें भक्त भगवान् का या विश्व अहम् का ही विभव मात्र है। दूसरा समाधान भी इसी से प्रतिफलित होता है कि परम स्थिति या महाभाव का रूप है पूर्णाहन्ता का उन्मेष।[५९] पूर्णाहन्ता का अर्थ है स्वात्मप्रत्यवमर्श अर्थात् आत्मास्वादन।[६०] आत्मास्वादन रागात्मक भी है और ज्ञानात्मक भी, क्योंकि चित् और आनन्द

---

[५४] तदेव, पृ. १५-१६।

[५५] तदेव, पृ. २३१।

[५६] एष च अनुग्रहलक्षणोऽन्त्यः पंचमः पारमेश्वरः कृत्यविशेषः परपुरुषार्थप्रापकः, तन्निबन्धनत्वात् परमार्थमोक्षस्य। – *ई.प्र.वि.(का.ग्र.)*, भा.१, पृ. ११

[५७] तदेव, पृ. १४, २२।

[५८] यत् सुभक्तैरतिशयप्रीत्या कैतववर्जनात्।
स्वभावस्य स्वरसतां ज्ञात्वापि स्वाद्वयं पदम्।।
विभेदभावमाहृत्य सेव्यतेऽत्यन्ततत्परैः। (*त्रिपुरारहस्य*, ज्ञानखण्ड २०.३३-३४ से उद्धृत) – *भा. सं.सा.*, भा. २, पृ. ८१

[५९] तदेव, भा. १, पृ. ७-८।

[६०] तदेव।

का प्रत्ययार्थ भिन्न होने पर भी सङ्केतार्थ एक ही है, जैसा कि हम पहले कह चुके हैं कि सत् की अभिव्यक्ति है चित् और अनुभूति है आनन्द। कविराज जी कहते हैं कि "अद्वैत शैवगण ज्ञानी होने पर भी परम भक्त हैं, शुष्क ज्ञानी नहीं।"[६१] **उत्पलाचार्य** का वचन कि समावेशमयी भक्ति के प्रभाव से चिदानन्दघन शिवात्मतत्त्व सदा स्फुरित होता है और **अभिनवगुप्त** का भक्तता और भगवत्ता के पारस्परिक तादात्म्यीकरण द्वारा अपने और भगवान् दोनों को प्रणाम करना,[६२] इस बात का पर्याप्त प्रमाण है। अपने *स्वसंवेदन* नामक ग्रन्थ में भी कविराज जी ने अद्वैतभक्ति या पराभक्ति उस स्थिति को कहा है जब "मैं" द्रष्टा होकर मैं-रूपी भगवान् का दर्शन करता हूँ।[६३] अनुग्रह का अर्थ है एक ही पूर्ण की अवस्थिति। पूर्णता का अर्थ है चरम साम्य। साम्य का अर्थ है भक्त और भगवान् का साम्य।[६४] सामरस्य के प्रत्यय की पूर्वमान्यता ही है दो का परस्पर पूर्ण विगलन – एकरसापादन। इसीलिए भक्ति के महाभाव के उदय का अर्थ है सर्वत्र परमात्मदर्शन – सर्वत्र व्याप्त भगवत्ता की निरन्तर अनुभूति।

कविराज जी ने इसे प्रकारान्तर से भी समझाया है। भक्ति जीव की शक्ति है और चित् शिव की। शिव और जीव के सामरस्यभाव के उदय का अर्थ है जीव की भक्ति रूपा शक्ति का शिव की चित् शक्ति के साथ समान रूप से मिल जाना। जीव तब जीव रहकर भी शिव के समान होता है। यही महायोग या सामरस्य है।[६५] निराकांक्ष की इच्छा ही उसके स्वातन्त्र्य के रूप में प्रकट होती है।[६६] जीव की इच्छा का सार है ईश्वर में समर्पण। ईश्वर की इच्छा का सार है जीव में आत्मार्पण। यही क्रमशः माधुर्य और ऐश्वर्य हैं। दोनों का एकत्र सन्निवेश दोनों से अतीत अवस्था का बोध कराता है। यही पूर्णतापादन की भक्तिमयी प्रक्रिया है।[६७] उनकी अपनी शब्दावली में –

> **हमारी इच्छा, उनकी इच्छा से अलग रहने से पूर्ण नहीं होती। उनकी इच्छा में हमारी इच्छा का लय – यही भगवत्स्रोत में आत्मसमर्पण है, उनकी लीला में प्रवेश है।**

---

[६१] तदेव, भा. २, पृ. ८१।

[६२] भवद्भक्तस्य संजातभवद्रूपस्य मेऽधुना।
त्वामात्मरूपं संप्रेक्ष्य तुभ्यं मह्यं नमो नमः।। (*महोपदेशविंशतिक* ४) – उद्धृत, *तत्रैव*

[६३] *स्वसंवेदन*, पृ. १५०।

[६४] तदेव, पृ. ५०।

[६५] *तां.वा.शा.दृ.*, पृ. १६३।

[६६] *स्वसंवेदन*, पृ. १६३।

[६७] तदेव, पृ. १३।

इच्छा की पूर्णता ही आनन्द है, इसलिए इस जगत्-लीला में उनके आनन्द का स्फुरण होता है। यह आनन्दस्रोत सर्वत्र प्रवाहित हो रहा है।[६८]

इस अवस्था में बन्धन नहीं रहता, मुक्ति भी नहीं रहती, रहती है एकमात्र सामरस्यरूपा भक्ति – स्वयंप्रकाश अद्वय रसतत्त्व। यह एक ही सत्ता का प्रकाश है, इसलिए यह ज्ञान है। पर इसमें पृथक्भाव का आस्वादन रहता है, इसलिए यह भक्ति रस है। यह अद्वैत भक्ति की अवस्था है। इसकी स्वाभाविक उपलब्धि है महाप्रसाद का उदय – अर्थात् समग्र विश्व का आत्मरूप से प्रतिभासन।[६९]

त्रिकदर्शन में दास्यात्मक भक्ति ही स्वीकार की गई है। सच पूछा जाए तो भक्ति का मूल तत्त्व ही दास्यभावाश्रित है। शान्त भक्ति भक्ति की एक स्फुरण अवस्था मात्र है। रस-विकास में शान्त से दास्य, दास्य से सख्य, सख्य से माधुर्य इत्यादि क्रम से उत्तरोत्तर रस-पुष्टि होती है। त्रिक दर्शन दास्यात्मक भक्ति को मानकर भक्ति के मूल तत्त्व को ही मान लेता है। पर केवल मूल को ही मानता हो, ऐसी बात नहीं, यह भक्ति के चरम फल माधुर्य या प्रेम को भी आभासरूप में स्वीकार करता है। परन्तु यह याद रखना चाहिए कि यह भक्ति अज्ञानमूलक द्वैतभाव से उत्पन्न नहीं है। यह परिस्फुटित अद्वैत की अवस्था है, जो एक अलौकिक द्वैत से अनुप्राणित है। इसीलिए यहाँ एक ही साथ ज्ञान और भक्ति का, चित् और आनन्द का, समावेश दिखाई पड़ता है। इसी का नाम शिव-शक्ति का सामरस्य है। यह रसतत्त्व ही ऐक्य और वैचित्र्य का पूर्ण सामञ्जस्य है। यह रस ब्रह्मानन्द से विलक्षण तथा विशिष्ट है। ब्रह्मानन्द में आस्वादन का चमत्कार ही रसबोध है – इस अभेद में भी अलौकिक भेद है, नहीं तो आस्वादन नहीं हो सकता।[७०]

इस भेद का, या दूसरे शब्दों में अलौकिक सम्बन्ध का, आविष्कार कर विशिष्ट रस के आस्वादन में ही रस-साधना की सार्थकता है। रसज्ञ सामाजिक गण इसी कारण निर्विशेष सामान्यात्मक ब्रह्मानन्दलाभ को रसचर्चा का चरम फल नहीं मानते। ब्रह्मानन्दरस में माधुर्य नहीं है। माधुर्य एकमात्र भगवदानन्दरस में है। अतएव सविशेष भगवद्भाव में आरूढ हुए बिना पूर्णभाव से रस का आस्वादन नहीं हो सकता।[७१]

प्रश्न हो सकता है कि यह रस केवल शान्त रस है या दास्य भी। शान्त भाव को भक्ति का बीजभाव कहा जा सकता है, पर परिस्फुट भक्ति को आकार दास्य भाव में ही मिलता

---

[६८] तदेव, पृ. ८।

[६९] *तां.वा.शा.दृ.*, पृ. १६३।

[७०] *भा.सं.सा.*, भा.१, पृ. ९-१०।

[७१] तदेव, भा.२, पृ. ३१०-११।

है। सौन्दर्यशास्त्र की दृष्टि से भक्ति के रसत्व को लेकर दो मत हैं – **मम्मट** इत्यादि आलंकारिक भक्ति को भाव की कोटि में डालते हैं। कुछ लोग (*साहित्यसार* के कर्ता **अच्युतराव** आदि) भक्ति को रस मानने में असहमत नहीं हैं, पर उसे वे शान्त रस से पृथक् मानने का कोई कारण नहीं देखते।[७२] दूसरी ओर भक्तगणों का कहना है कि भक्ति जब अद्वैत आत्मतत्त्व-विषयक वृत्तिविशेष है, तब उसके रसत्व को अस्वीकार नहीं किया जा सकता। भक्ति-शास्त्र में शान्त रस स्वयं ही भक्तिविशेष है, मुख्य भक्ति तो रसस्वरूपा है।

रस नित्य वस्तु है। आस्वाद्यमान न होने पर जब रस पद की सार्थकता नहीं है, तब वह नित्य ही आस्वाद्यमान है। किन्तु आस्वादन करता है कौन? जहाँ भोग्य नित्य है और भोग भी नित्य है, वहाँ भोक्ता अवश्य ही नित्य है, यह सहज ही जाना जा सकता है। वह है 'पूर्ण अहम्'। यह 'पूर्ण मैं' ही रस का आस्वादयिता है, भोक्ता है। किन्तु भोक्ता, भोग्य और भोग एक ही पदार्थ हैं – रस-स्फूर्ति के समय इनका पृथक् भान नहीं रहता। यदि रहे, तो रस का स्फुरण नहीं हो सकता – "भोक्तैव भोग्यरूपेण सदा सर्वत्र संस्थितः।" (*स्पं.का.* २.३)। इसलिए **अभिनवगुप्ताचार्य** का सारभूत सिद्धान्त यह है कि 'पूर्ण मैं' ही निरन्तर अपना आप ही आस्वादन कर रहा है। यह आस्वादन अथवा चर्वण केवल शुद्ध ज्ञान-मात्र नहीं है – यह भावमय अनुभूति[७३] है। इसलिए रस जब भाव की गाढ़ और अभिव्यक्त अवस्था-मात्र है, तब वह शुष्कता से नहीं सुख से जाना जा सकता है। अर्थात् रस तत्त्व आनन्दरूप है, केवल चिदात्मक नहीं है। इसीलिए आचार्य ने रसानुभूति को सविकल्पक और निर्विकल्पक इन दो विरुद्ध कोटियों से पृथक् बताया है, क्योंकि सविकल्पक आदि भेद ज्ञानगत हैं, भावगत नहीं हैं। रस ही आनन्द और रस ही प्रेम है। इसीलिए वैष्णवाचार्यों ने प्रेम को "आनन्दचिन्मय रस" कहकर व्याख्या की है।[७४]

सूफ़ी मत से तुलना करते हुए कविराज जी ने इस प्रसंग को और भी गम्भीरता से लिया है। सूफ़ियों की ही भाँति काश्मीर शिवाद्वयवादी भी परमार्थ तत्त्व को सौन्दर्यस्वरूप, आनन्दरूप मानते हैं। पूर्ण सुन्दर अपने में ही अपने प्रतिबिम्ब को देखता है और आनन्दमय हो उठता है। सचमुच भगवान् अपने रूप को देखकर स्वयं मुग्ध हैं – सौन्दर्य का स्वभाव ही यही है। इसे ही काश्मीर शैव दर्शन में स्वात्मचमत्कार कहा गया है। यह चमत्कार ही पूर्णाहन्ता-चमत्कार है, काम या प्रेम इसी का प्रकाश है। यही शिव-शक्ति के सम्मिलन का प्रयोजन और कार्य स्वरूप है, आदि रस अथवा शृंगार रस है। विश्व-सृष्टि के मूल में यह

---

[७२] तदेव, भा.१, पृ. १०।

[७३] feeling.

[७४] *भा.सं.सा., भा.२,* पृ. ३११-१२।

रस तत्त्व प्रतिष्ठित है।[७५] शान्त और शृंगार इन दोनों रसों में कौन आदि रस है और भक्ति का स्रोत क्या है, इस विषय में मतभेद है। मुख्य बात यह है कि शान्त और शृंगार दोनों ही रसास्वादन की प्रान्तावस्थाएं हैं। काश्मीरी शैवाचार्य यद्यपि शान्तरस को प्रधान बताते हैं, तथापि शिव-शक्ति के सामरस्य-रूप में वे शृंगार का शान्त के साथ समन्वय करते हैं।[७६]

कविराज जी इस प्रश्न को यहीं पर छोड़ देते हैं, इतना ही कहना यथेष्ट मानते हुए कि प्रत्यभिज्ञा दर्शन के आचार्यों ने भक्ति को रस रूप स्वीकार कर अध्यात्म राज्य के एक गम्भीर तत्त्व को प्रकट कर दिया है। **उत्पलाचार्य** ने अपनी *शिवस्तोत्रावली* के पहले ही स्तोत्र में भक्ति को रस रूप प्रतिपादित किया है।[७७] उस रस की यही विशेषता है कि इस अवस्था में दूसरे के न होते हुए भी दूसरा रहता है। अज्ञान के नष्ट हो जाने पर भी, ऐक्य-स्फुरण होने पर भी, उस ऐक्य की गोद में दो रह सकते हैं, क्योंकि वे दोनों ही एक के ही शुद्ध भाव में आत्म-प्रसारण हैं।[७८] यही द्वैताद्वैत का सामञ्जस्य है। यही ईश्वराद्वयवाद की विशेषता है। प्रश्न उठता है कि परमात्मा तो अपने स्वरूपानन्द में सदा विश्रान्त रहता है, तब दुःख की ओर उसकी उन्मुखता क्यों होती है? **सोमानन्द** आदि का उत्तर है कि उनका स्वरूप-प्रसरण ही रस या आनन्दास्वाद है। यह सम्पूर्ण जगत् परम सुन्दर की अभिव्यक्ति मात्र है। इसलिए यह स्वरूप-प्रसरण कार्य कुत्सित या कुरूप नहीं है – मायाशक्तिकृत पूर्णस्वरूप का अख्यातिमय विचित्र कार्यरूप से जो प्रसरण है, वही रसनिमित्तक स्वरूप-प्रसरण है।[७९]

यह स्वरूप-प्रसरण, यह आत्म-सिन्धु का तरंगित होना, उल्लास या रस है। इसका वैचित्र्य ही लीला-विस्तार है। यह तरंग शुद्धस्वरूप में सदा वर्तमान रहती है, इसीलिए वैष्णवों के समान शैव भी नित्यलीला मानते हैं।[८०] शाक्त दृष्टि से यह शक्ति नित्यलीलामयी है। फिर

---

[७५] तदेव, *भा.* १, पृ. २०; काम-तत्त्व पर प्रसंगान्तर में **कविराज जी** ने गहरा विचार किया है। देखिए, *स्वसंवेदन,* पृ. ३५६, ३६१।

[७६] *भा.सं.सा.,* भा.१, पृ. ३१४।

[७७] जयन्ति भक्तिपीयूषरसासववरोन्मदाः।
अद्वितीया अपि सदा त्वद्द्वितीया अपि प्रभो।। – *शि.स्तो.* १.५

[७८] नाथ वेद्यक्षये केन न दृश्योऽस्त्येककः स्थितः।। – तदेव १.८

[७९] *तां.वा.शा.दृ.,* पृ. १३; मिलाइये *शिवदृष्टि* १.११-१२:
कुत्सितेऽकुत्सितस्य स्यात्कथमुन्मुखतेति चेत्।
रूपप्रसाररसतो गर्हितत्वमयुक्तिमत्।

[८०] इसीलिए **क्षेमराज** ने शिव को **"कैलासादिषु नित्यप्रवर्तमानप्रमोदनिर्भरक्रीडामयं लोकोत्तरप्रभावं विस्तारयित्रे"** कहा है। (*स्त.चि.वि.,* पृ. ६०-६१ से उद्धृत) – *भा.सं.सा.,* भा.१, पृ. १०

शक्ति तो शिव ही है, इसलिए वह लीलातीत भी है। इस दृष्टि से लीलातीत स्थिति भी लीला का ही एक अंग है। इस विश्व-नाटक का जो सूत्रधार है, वही नट है, प्रेक्षक भी वही है। साथ ही साथ इन सभी के ऊपर वह अपने में आप ही विश्राम कर रहा है। इस सब अनन्त वैचित्र्य को लेकर भी, वह एक ही है। यही परम अद्वय का स्वरूप है।[८१]

अभी हमने देखा कि परम तत्त्व के कृति-सामर्थ्य को और सृष्टि की उपादान-निरपेक्षता को बताने के लिए प्रत्यभिज्ञा और त्रिपुरा में योगी का दृष्टान्त लिया गया है। सच पूछा जाए तो चिदात्मतत्त्व और योगी के समीकरण का उपयोग दो बातों की सिद्धि के लिए किया गया है – एक तो, जगत् की सृष्टि इच्छाशक्तिमूलक या इच्छोपादाना है और दूसरे, ज्ञान और भक्ति की ही भाँति ज्ञान और योग का यहाँ चरम स्थिति में सामञ्जस्य है। दूसरे शब्दों में, ज्ञातृत्व और कर्तृत्व में एकरूपता है – अर्थगत भेद के बावजूद तत्त्वगत ऐक्य है। चिदात्मतत्त्व ज्ञानरूप है, अतः उसकी क्रिया ही ज्ञान है। क्योंकि ज्ञान ज्ञाता का धर्म है तथा उसके कर्तृस्वभाव होने के कारण उसका ज्ञान ही क्रिया है। इन दोनों की अवियोगावस्था ही चिदात्मता है। इस ज्ञान और क्रिया की उन्मुखता का नाम इच्छा है। इसी कारण वह इच्छामय है और इसीलिए सृष्टि इच्छोपादाना या उपादाननिरपेक्ष है।[८२] इस अवस्था में इच्छा की अतृप्ति नहीं होती, इसलिए दुःख का अवकाश नहीं होता। इसीलिए जो योगी है, वह सदा आनन्दमय है। इच्छा-राहित्य की स्थिति ज्ञान की, साक्षित्व की, द्रष्टृत्व की स्थिति है। इच्छामयता की स्थिति द्रष्टृत्व और भोक्तृत्व, ज्ञातृत्व और कर्तृत्व, शिव और शक्ति की स्थिति है।[८३] इस प्रसंग में यह याद दिलाना उचित होगा कि क्रम दर्शन में सत्तर्क को योग का सबसे उत्तम अंग माना गया है। सत्तर्क है शुद्ध बोध, प्रातिभ ज्ञान, आत्म-परामर्श। पारिभाषिक तौर पर इसे सांसिद्धिक और स्वप्रत्ययात्मक निश्चित ज्ञान कहा गया है। जिनमें स्वतः ही सत्तर्क का उदय होता है, उनके सारे बन्धन ढीले हो जाते हैं और पूर्ण शिवभाव का आविर्भाव होता है। इनको सांसिद्धिक गुरु भी कहा जा सकता है। ऐसे योगी या ऐसे ज्ञानी दोनों ही अब पर्याय हैं – पूर्णत्व लाभ करके भी निष्क्रिय नहीं रहते। क्रिया उनका सहज धर्म बन जाता है। अपने में कृतकृत्य होने पर भी लोकानुग्रह या लोकसंग्रह उनका कर्त्तव्य बन जाता है।[८४]

---

[८१] *तां.वा.शा.दृ.*, पृ. ६।

[८२] *भा.सं.सा.*, भा.१, पृ. ४-५; दीक्षा और तत्त्वयोजन आदि के प्रसंग में स्वभ्यस्त (भावनामय) ज्ञानवान् सिद्धयोगी की ही दीक्षा-सामर्थ्य में शक्ति मानी गई है, क्योंकि विज्ञान और योग का समन्वय अनिवार्य है। यह भी कहा गया है कि भोग, मोक्ष और विज्ञान की सिद्धि के लिए योगी का और विज्ञान और मोक्ष की प्राप्ति के लिए ज्ञानी का आश्रय लेना चाहिए। – तदेव, पृ. २६२,२६३; और भी द्र. : *ता.वा.शा.दृ.*, पृ. ३५

[८३] *स्वसंवेदन*, पृ. ८।

[८४] *भा.सं.सा.*, भा.१, पृ. २३०-३३, ३५६-५७।

ज्ञान और क्रिया का यह समन्वय लोकस्थिति में भी अव्याहत रहता है।

उपर्युक्त विवेचन से हम एक और महत्त्वपूर्ण निष्कर्ष पर पहुँचते हैं। मुक्ति की जो धारणा यहाँ की गई है, वह उपर्युक्त समीकरण या समीकरणों का अर्थात् शिव-शक्ति-सामरस्य के मूल प्रत्यय का विस्तार मात्र है। **कल्लट** की उक्ति को उद्धृत[८५] करते हुए वह कहते हैं कि जीवन्मुक्त जगत् को आत्मक्रीडा अर्थात् आत्मशक्ति के विलास के रूप में देखते हैं, उनकी योगावस्था कभी भग्न नहीं होती। भेद और अभेद, व्युत्थान और निरोध, दोनों के अन्दर साम्यदर्शन होने पर कोई आशंका नहीं रह जाती, क्योंकि दोनों एक ही के दो प्रकार हैं। इसलिए आगमसम्मत मुक्ति को परा मुक्ति कहा गया है। परा मुक्ति पूर्णत्व है।[८६] पशुत्व या संकोच की निवृत्ति होकर शिवत्व की अभिव्यक्ति का नाम मुक्ति है। देह रहते इस स्थिति की प्राप्ति जीवन्मुक्ति, तथा देहपात के अनन्तर विदेहमुक्ति कही जाती है। मुक्ति के बाहरी आकार का जहाँ तक सम्बन्ध है, वेदान्त और प्रत्यभिज्ञा में अन्तर नहीं है। वहाँ पर जीव का ब्राह्मीभाव है और यहाँ पर परमशिवीभाव। परन्तु वस्तुतः दोनों में वही भेद है जो ब्रह्म और शिव के स्वरूप में, जिसकी विस्तृत चर्चा ऊपर हम कर आए हैं। एक साक्षित्व, चैतन्य और बोधरूपता की स्थिति है, दूसरी बोध और कर्तृत्व की समरसता की। एक दूसरा भेद भी है – प्रक्रियागत। वहाँ अविद्या की निवृत्ति है, यहाँ अविद्या का विद्यास्वरूपबोध में उदात्तीकरण है। इसलिए वेदान्त की मुक्ति को त्रिक दार्शनिक 'पूर्णत्व' रूप नहीं मानते। **जयरथ**[८७] ने वेदान्तमुक्ति की जो आलोचना की है, उसमें उसकी तुलना सवेद्य प्रलयाकल प्रमाता की अवस्था से की है। इसका तात्पर्य है कि **जयरथ** की दृष्टि में आणवमल (स्पष्टता के लिए कह सकते हैं पौरुष अज्ञान – बोध होने पर भी उसके स्वातन्त्र्य का अप्रकाशन) मुक्तावस्था में पूर्ण रूप से निवृत्त नहीं होता, अतः पुनरावृत्ति निवृत्त नहीं होती। कुछ लोग वेदान्तमोक्ष को सांख्यमोक्ष की भाँति विज्ञानकैवल्य अर्थात् विज्ञानाकल प्रमाता की स्थिति के समान मानते हैं। विज्ञानकेवली की कर्म न होने के कारण पुनरावृत्ति नहीं होती और आणवमल की ध्वंसोन्मुखता के कारण उससे कर्मों की उत्पत्ति भी नहीं हो सकती। इसका तात्पर्य है कि वेदान्तमोक्ष केवल विज्ञान की स्थिति है, जिसमें अज्ञान नष्टप्राय है और पुनरावृत्ति भी नहीं है, पर वह ज्ञान अकिंचित्कर है।

इसके विपरीत काश्मीर शिवाद्वयवाद में पूर्णतासादन ही मुक्ति है। पूर्णता का अर्थ है भोग और मोक्ष की साम्यावस्था। भोक्ता और भोग्य के एकीभाव को भोग भी कहते हैं और मोक्ष

---

[८५] इति वा यस्य संवित्तिः क्रीडात्वेनाखिलं जगत्।
स पश्यन् सततं युक्तो जीवन्मुक्तो न संशयः।। (*स्प.का.* (२.५) से उद्धृत) – तदेव, पृ. ६

[८६] *भा.सं.सा., भा.* १, पृ. २५४।

[८७] द्र. *तं.* ४.३०-३१ पर *विवेक*।

भी। इस धारणा के बीज हमें **अभिनवगुप्त** से ही मिलने प्रारम्भ हो जाते हैं।[८८] **महेश्वरानन्द** भोग और मोक्ष की अनुभूति के सामरस्य को त्रिक दर्शन की अन्यतम विशेषता मानते हैं।[८९] इस अवस्था की अर्थात् अपनी विश्वात्मकता की "सर्वो ममायं विभवः" इस प्रकार की अनुभूति होती है। यह विश्वात्मकता आत्मा का स्वभाव है, आहार्य या आगन्तुक धर्म नहीं। इस आत्मविमर्श का ही नामान्तर जीवन्मुक्ति है।[९०]

प्रश्न है कि इस मोक्षस्थिति का उदय कैसे होता है? कर्म अथवा अविद्या की निवृत्ति से ज्ञान का उदय होता है या ज्ञान के उदय से कर्म का क्षय? इसमें जैन दर्शन के अनुसार जब तक कर्मपुद्गल न हटेंगे तब तक सम्यक् दर्शन का उन्मेष नहीं होगा। इसके विपरीत भारतीय दर्शन में सामान्यतः दर्शन का उदय पहले माना जाता है – चाहे वह भगवदनुग्रह के प्रभाव से हो, चाहे तीव्र पुरुषकार के फल के रूप से हो; उसके बाद ग्रन्थिभेद, संशयोच्छेद और कर्मक्षय होते हैं।[९१] परन्तु तान्त्रिक दर्शन में इस परस्पर विरुद्ध विविध स्थिति का समन्वय दिखाई देता है। आत्मा के आच्छादक हैं – आणवमल और मायाकञ्चुक। आणवमल से स्वरूप का संकोच होता है और मायाकञ्चुकों से आत्मा की ईश्वरीय शक्तियों का परिच्छेद होता है। पहले मूलभूत आवरण हट जाना चाहिए, नहीं तो सम्यक् दर्शन का उदय होना सम्भव नहीं हैं। इन आवरणों का परिपाक ठीक-ठीक होने पर आत्मा के ऊपर अनुग्रह शक्ति का संचार स्वभावतः होता है और दीक्षाकाल में क्रियाशक्ति के प्रयोग से आवरणभूत अचिद्राव हट जाता है। इसी प्रकार पौरुष अज्ञान का तिरोभाव होता है तथा तदनन्तर यथासमय ज्ञान का आविर्भाव होता है।[९२]

अद्वैतवादी तन्त्र के मत से अज्ञान तथा ज्ञान दोनों ही पौरुष और बौद्ध भेद से दो-दो

---

[८८] तस्याः भोक्त्र्याः स्वतन्त्राया भोग्यैकीकार एष यः।
स एव भोगः सा मुक्तिः स एव परमं पदम्।। (*प्रबोधपंचदशिका* से उद्धृत) – *भा.सं.सा.*, भा. १, पृ. २५३

यह श्लोक मुद्रित *बोधपञ्चदशिका* (का.सं.ग्र.) में उपलब्ध नहीं है, परन्तु शिवाद्वयवादियों को प्राचीन काल से प्रिय रहा है। उदाहरणार्थ द्रष्टव्यः *म.मं.प.*, पृ. १२६। हो सकता है कि *बोधपञ्चदशिका* और *प्रबोध-पञ्चदशिका* दो स्वतन्त्र ग्रन्थ रहे हों। ऐसी स्थिति में **अभिनवगुप्त** के अतिरिक्त यह अन्य किसी प्राचीन आचार्य की कृति हो सकती है।

[८९] तदेव; द्र. *म.मं.प.*, पृ. १२६, १३२, १६६ः कविराज जी यहाँ अन्तिम स्थल का कण्ठशः सन्दर्भण करते हैं।

[९०] *तां.वा.शा.दृ.*, पृ. ६०।

[९१] *भा.सं.सा.*, भा.१, पृ. ५८४।

[९२] तदेव, पृ. ५८४-८५।

प्रकार के हैं। पौरुष ज्ञान विकल्पहीन है। यह कृत्रिम अहंकारादिरूप विकल्पात्मक नहीं है, अपितु पूर्णाहन्ताबोधमय या "पूर्णोऽहम्" इत्याकारक है। परमेश्वर का परम तादात्म्य प्राप्त होने पर ही इसकी अभिव्यक्ति होती है। इस तादात्म्य-लाभ के पहले ही सारे बन्धन निवृत्त हो जाने चाहिए। बन्धन-निवृत्ति का हेतु पौरुष-अज्ञानात्मक आणवमल का तथा कार्म एवं मायीय मलों का क्षय है।[६३] दीक्षा के प्रभाव से आणवमल का पौरुष अज्ञान वाला अंश निवृत्त होता है। परन्तु, देहारम्भक कार्ममल रहने के कारण पौरुष ज्ञान का उदय नहीं होता। यह मल ही प्रारब्ध कर्म है।[६४] इसके कट जाने पर देहपात होता है। उस समय साक्षात्कारात्मक पौरुष ज्ञान उदित होता है, अर्थात् जीव शिवरूप में प्रतिष्ठित हो जाता है। शक्तिपात की तीव्रता के अनुसार दीक्षा का क्रम भिन्न-भिन्न प्रकार का होता है। तीव्रतम शक्तिपात में अनुपाय-क्रम से दीक्षा होती है, जिससे एक क्षण में ही अपवर्ग की प्राप्ति हो जाती है। शक्तिपात क्रमशः कम होने से शाम्भवी दीक्षा, शाक्ती दीक्षा, आणवी दीक्षा क्रमानुसार होती है। दीक्षा के सिवा मुक्ति का कोई और उपाय नहीं है, इसमें कोई सन्देह नहीं, परन्तु बाह्य क्रिया की आवश्यकता सर्वत्र नहीं रहती। आत्म-संस्काररूप आन्तर दीक्षा तो अवश्य ही होनी चाहिए। अद्वैत आगमशास्त्रों से जो बौद्ध ज्ञान उत्पन्न होता है, उसके प्रभाव से बौद्ध अज्ञान और उसका कार्य नष्ट हो जाता है। इससे जीवन्मुक्ति प्राप्त होती है। दीक्षादि से बौद्ध अज्ञान की निवृत्ति नहीं होती। इसी से दीक्षा होने पर भी विकल्प का उदय होना सम्भव है। बौद्ध ज्ञान होने से विकल्पों का उन्मूलन होता है और सद्योमुक्ति प्राप्त होती है। परन्तु जिस चित्त में विकल्प रह जाता है, उसकी मुक्ति देह रहते हुए नहीं होती। देह छूटने के बाद ही उसे शिवत्व प्राप्त होता है। विकल्पहीन चित्त की सद्योमुक्ति जीवन्मुक्ति है। विकल्प निवृत्त हो जाने पर मुक्ति में बाधा नहीं होती। अतएव, दीक्षा-प्राप्ति से पूर्णत्व-लाभ पर्यन्त अवस्थाओं का क्रम इस प्रकार है –

१. दीक्षा,

२. पौरुष अज्ञान का ध्वंस,

३. अद्वय आगमशास्त्र के श्रवण में अधिकार और उनका श्रवणादि,

४. बौद्ध ज्ञान का उदय,

५. बौद्ध अज्ञान की निवृत्ति,

६. जीवन्मुक्ति,

७. भोगादि के द्वारा प्रारब्धनाश,

---

[६३] तदेव, पृ. १४६-५०।

[६४] कर्म और क्रिया के अन्तर के लिए देखिए, तदेव, पृ. २२७।

८. देहत्याग के अनन्तर पौरुष ज्ञान का उदय,

९. मोक्ष अथवा परमेश्वरत्व की प्राप्ति।

काश्मीर शिवाद्वयवाद का एक महत्त्वपूर्ण योगदान रहा है वाक् तत्त्व पर विचार। सच पूछिए तो विमर्श या प्रत्यवमर्श के प्रत्यय में वाक् की मौलिक अवधारणा अन्तर्भूत है। अपनी *ईश्वरप्रत्यभिज्ञा-कारिका* में **उत्पल** चैतन्य को प्रत्यवमर्श-स्वरूप और प्रत्यवमर्श को स्वरसोदित परा वाक् कहते हैं।[६५] प्रत्यवमर्श है पूर्णाहन्तारूप स्वात्मचमत्कार,[६६] जो विश्व का समग्रता में वाचन करने के कारण परा वाक् कहलाता है। शब्द से अर्थ तक की यात्रा सृष्टि-क्रिया की परिसमाप्ति की यात्रा है। कविराज जी ने इस समस्या पर विभिन्न दृष्टिकोणों से विस्तृत और गहरा विचार किया है। उनकी दृष्टि से सृष्टि का क्रम यह है कि पहले ज्ञान से शब्द का उद्भव होता है, तदनन्तर उससे अर्थ का आविर्भाव होता है। ज्ञान में जिस सत्ता की आत्मरूप से प्रतीति होती है, शब्द में उसी का अनात्मरूप से स्फुरण होता है।[६७] वही अर्थ है।

वाक् के अवतरण की चार अवस्थाएँ हैं – परा, पश्यन्ती, मध्यमा, वैखरी। परा वाक् परम परामर्शमय बोध रूप है। इसमें सभी भावों का पूर्णत्व है।[६८] पश्यन्ती अवस्था परा वाक् की बहिर्मुखी अवस्था है। यह आन्तर प्रत्यवमर्श है। यह असाधारण रूप में होता है, इसलिए इस अवस्था में प्रत्यवमर्शक प्रमाता के द्वारा परामृश्यमान वाच्यार्थ अहन्ता से आच्छादित होकर स्फुरित होता है। वस्तुनिरपेक्ष व्यक्तिगत बोध के उद्भव की यही प्रणाली है। यही प्रातिभ ज्ञान है। मध्यमा भूमि में आन्तर परामर्श अन्तर में ही विभक्त हो जाता है। उस समय यह वेद्य-वेदक प्रपञ्चोदय से भिन्न वाच्य-वाचक स्वभाव में उल्लसित होता है। यह अस्फुट होने के कारण इन्द्रिय से अगोचर है, किन्तु वैखरी भूमि में इन्द्रियगोचर और परिस्फुट होता है।[६९] वस्तुतः सूक्ष्म शब्दभावना ही वैखरी में स्थूल विकल्प का रूप धारण करती हुई स्थूल अर्थ का वाचन करती है। वाच्य-वाचक का भेदात्मक विग्रह मूलतः प्रकाश-विमर्श के अभेद सम्बन्ध से ही वाक् के अवतरण क्रम से अस्तित्व में आता है।

इस वाक् तत्त्व पर दूसरा विचार मातृका तत्त्व के अन्तर्गत हुआ है। मातृका का अर्थ

---

[६५] चितिः प्रत्यवमर्शात्मा परावाक् स्वरसोदिता।
स्वातन्त्र्यमेतन्मुख्यं तदैश्वर्यं परमात्मनः।। – *ई.प्र.का.* १.५.१३

[६६] स्वात्मचमत्कारलक्षणः अहमिति स्वविषयास्वादरूपः। – *भा.(वि.)*, भा.१, पृ. २५०

[६७] *तां.वा.शा.दृ.*, पृ. २१९।

[६८] प्रत्यवमर्शश्च आन्तराभिलापात्मकशब्दनस्वभावः . . . . पूर्णत्वात् परा, वक्ति विश्वमभिलपतीति प्रत्यवमर्शेन इति च वाक्। – *भा.(वि.)*, भा.१, पृ. २५२-५३

[६९] *भा.सं.सा.*, भा.१, पृ. ५४४-४५।

है जननी या प्रमातृ-भूमि। वाक् या उसका प्रतीक वर्ण अर्थ की उद्भव भूमि है अथवा विश्रान्ति पद। इसी अर्थ में वह मातृका है। कविराज जी ने इसे जिस प्रकार समझाया है, उसका सार यह है। परम शिव में अपना विमर्श है, जो स्वात्म-विश्रान्त है। परमात्मा स्वेच्छा से उस विमर्श के लेश रूप में अकारादि वर्णों का उद्भावन करते हैं। ये सब वर्ण भिन्न परामर्शों के वाचक हैं। जैसे 'अं' वर्ण अनुत्तर नामक परामर्श का वाचक है, 'आ' वर्ण आनन्द नामक परामर्श का वाचक है, इत्यादि। उक्त प्रक्रिया से उद्भावित वर्णों की योजना द्वारा अष्ट वर्ग तथा विभिन्न प्रकार के पद, वाक्य आदि प्रकट होते हैं। इसके अनन्तर सब वर्णों की विकल्प रूप में क्रिया होती है। तदनन्तर अणुरूपी आत्माएँ स्वयं उन विकल्पों के अधीन हो जाती हैं। पशुत्व अथवा जीवभाव के उदय का यही क्रम है। शिवदशा का उन्मेष होने पर ये सब ब्राह्मी, माहेश्वरी आदि शक्तियाँ जीव का भेद भाव हटाकर अभेद भाव का उत्पादन और संरक्षण करती हैं। इसी प्रकार क्रमशः विकल्पों का ह्रास हो जाता है, शिवत्व निखर पड़ता है, एवं अविकल्प भूमि का उदय हो जाता है। उस समय चिदानन्दावेशमयी शुद्ध विकल्प शक्तियों का उत्थान होने पर शिवरूपी आत्मा समग्र जगत् को अपनी विभूति समझने लगती है और स्वयं विश्वात्मक रूप धारण करती है। तब विकल्पों का प्रसार रहने पर भी आत्मा का शिवभाव किसी अंश में लुप्त नहीं होता।[१००]

कविराज जी को इस दर्शन में एक बड़ी मौलिक समस्या लगती है। वह है क्रम की समस्या। मुक्ति में या आत्म-बोध में, विशेषकर विमर्श की शक्तिरूपता स्वीकार करने के कारण, क्रम की स्थिति है या नहीं – कविराज जी ने इस प्रश्न को विविध अवसरों पर उठाया है और अपनी प्रतिक्रिया भी व्यक्त की है।[१०१] भारतीय दर्शन में पतञ्जलि, क्षणिकवादी बौद्ध और स्फोटवादियों के यहाँ इसकी चर्चा विशेषकर उठी है। काश्मीर शिवाद्वयवाद के क्रम सम्प्रदाय में **क्षेमराज** ने नित्योदित समाधि की प्राप्ति के उपाय के रूप में क्रममुद्रा की चर्चा की है। क्रममुद्रा की विशेषता यह है कि इसमें पहले बाहर से भीतर प्रवेश करना पड़ता है, तदनन्तर आवेश सम्पन्न होने पर भीतर से बाहर प्रवेश किया जाता है। इसमें उसी प्रक्रिया से भीतर और बाहर बराबर हो जाता है, अर्थात् एक ही समय में पूर्णाहन्ता के साथ-साथ विषय का भी ग्रहण होता है। यह क्रममुद्रा वास्तव में चितिमुद्रा है, जो सृष्टि-स्थिति-संहार रूप संवित्-चक्र अर्थात् क्रम को अधिष्ठित करती हुई आत्मसात् कर लेती है। पराशक्ति की स्फुरता के साक्षात्कार से ही इस प्रकार का समावेश हो सकता है। यह परमयोगावस्था का निदर्शन है।[१०२] पारिभाषिक शब्दावली में **महेश्वरानन्द** ने इसे क्रम-परामर्श कहा है। यह

---

[१००] *तां.वा.शा.दृ.*, पृ. ६,६४, २८०-८१; *भा.सं.सा.*, भा.१ पृ. ३३०-३१।

[१०१] *तां.वा.शा.दृ.*, पृ. ४।

[१०२] तदेव

क्रम-परामर्श ही पूर्वोक्त स्वात्म-विमर्श या जीवन्मुक्ति है।[१०३] स्पष्ट कहा जाए तो परावस्था में शक्तियों के मध्य किसी प्रकार का क्रम नहीं रहता, परन्तु विभक्त अवस्था में क्रम रहता है। शक्तियों की विभिन्न प्रकार की धाराएँ हैं। किसी-किसी का मत है कि परावस्था में भी अतिसूक्ष्म क्रम है, क्योंकि जिस अवस्था को शक्ति कहा जा रहा है, उसको स्पन्दन मानने पर क्रम भी मानना पड़ता है। परन्तु शिव-स्थिति में क्रम का प्रश्न उठ ही नहीं सकता।

बात यह है कि पारमार्थिक सत्ता साम्यावस्था स्वरूप है। जिस समय यह साम्य भंग होता है अर्थात् विश्व का प्रादुर्भाव होता है, उस समय शक्ति ही स्पन्दित होती है और शिवांश साक्षी-भाव में स्थित रहता है। साक्षी अपरिणामी एवं एक है, किन्तु शक्ति भिन्न-भिन्न स्तर पर प्रसृत होती है। साक्षी केन्द्रस्थ है, वैसे ही मूल शक्ति भी है, अर्थात् दोनों ही एकभावापन्न हैं। किन्तु शक्ति की, प्रसार एवं संकोच, दो अवस्थाएँ होती हैं, जबकि साक्षी की वे दोनों अवस्थाएँ नहीं होतीं।[१०४] शक्ति का प्रसार ही सृष्टि तथा उसका संकोच ही संहार कहा जाता है। प्रसार और संकोच, इन दोनों के प्रारम्भ तथा अन्त में साम्यावस्था रहती है। मध्य में इसका वैषम्य या कालचक्र का आवर्तन होता है। सृष्टि और संहार – अर्थात् प्रसार और संकोच – शक्ति का अनपायी स्वभाव है।[१०५] इसे ही स्पन्द का बहिरुन्मेष और अन्तर्निमेष कहते हैं।[१०६] प्रसार-शक्ति के क्षीण होने पर संकोच-शक्ति पुष्ट होती है। ये दोनों शक्तियाँ क्रम से एक के अनन्तर दूसरी प्रकट होती हुई कालचक्र के नाम से पुकारी जाती हैं, जिससे समग्र विश्व घूम रहा है।[१०७]

क्रम काल का धर्म है। क्षण एक और अखण्ड है। स्पन्दनवशात् उसमें क्रम प्रतीत होता है। वह प्रतीयमान क्रम कालरूप से आत्मप्रकाशन करता है। काल वस्तुतः बौद्ध पदार्थ है – क्षणों की समष्टि। जब तक कालातिक्रमण नहीं होगा, तब तक क्षण का सन्धान असम्भव है। यह क्षण ही समस्त विश्व को प्रकाशित कर रहा है। **योगभाष्यकार** कहते हैं – "एक एव क्षणः तस्मिन् एकस्मिन्नेव क्षणे सर्वं जगत् परिणाममू अनुभवति" : क्रम समाप्त न होने तक क्षणप्राप्ति असम्भव है।[१०८] विश्व में दो विपरीत शक्तियाँ कार्य कर रही हैं – एक है भगवत्-शक्ति या अनुग्रह-शक्ति, दूसरी है काल-शक्ति या तिरोधान-शक्ति। पूर्ण परम तत्त्व में

---

[१०३] तदेव, पृ. १३।

[१०४] *भा.सं.सा.*, भा.१, पृ. ३०४।

[१०५] तदेव, पृ. ३०४-०५।

[१०६] तदेव, पृ. ३०४-०५।

[१०७] तदेव, पृ. ३०५।

[१०८] *सम्बोधि*, पृ. २-३।

ये दोनों समरस भाव से स्वातन्त्र्य की संज्ञा से कार्य करती हैं। परमेश्वर के आत्म-संकोचन के साथ ही शक्ति की ये दोनों धाराएँ पृथक् हो जाती हैं। काल-शक्ति पशुभाव की पुष्टि करती है और अनुग्रह-शक्ति आत्मा को परम स्वरूप में फिर से प्रतिष्ठित करती है। जो शक्ति क्रमशः काल को स्वाधिकार (अर्थात् कलनात्मकता) से अपसारित करती है, उसी का नाम है काल-संकर्षिणी शक्ति। जब क्षण स्थायी रूप से प्रतिष्ठित होता है, वह क्रमहीन काल का क्षण है। वह कालसंकर्षिणी अवस्था है। वही अखण्ड स्वप्रकाशमय पूर्ण आत्म-तत्त्व है, अर्थात् महाज्ञान के उदय होने पर, आत्मबोध में क्रम नहीं रहता।[१०६] कहना नहीं होगा कि योग की मूल धारणा की, यह काश्मीर के क्रम दर्शन की शब्दावली में, कविराज जी कृत अनुस्यूति और विस्तार है।

मूल्याङ्कन और सम्भावनाएँ

उपर्युक्त विवेचन में चेष्टा की गई है कि काश्मीर शिवाद्वयवाद को लेकर कविराज जी के दार्शनिक प्रतिपादन को एकत्र कर लिया जाए। सम्भव है कि चयन की प्रकिया में कुछ ऐसे अंश छूट गए हों, जो दार्शनिक दृष्टि से महत्त्वपूर्ण हों और जिनकी दार्शनिक अन्वर्थता को ग्रहण कर पाना पूरी तरह से सम्भव न हो पाया हो। तथापि पूरे विवेचन में एक बात उभर-कर आती है कि उनकी दृष्टि मूलतः आलोचनात्मक नहीं रही है। यह बात किसी अवज्ञा से नहीं, अपितु सादर वस्तुस्थिति के भाव से कही जा रही है। वे या तो श्रद्धालु जिज्ञासु के भाव से एक समस्या को समझने की चेष्टा करते हैं अथवा समर्थ गुरु के भाव से समझाते हैं। दूसरे, उनके लिए दर्शन की प्रक्रिया साक्षात् अनुभूति की प्रक्रिया है। अतः सारा विवेचन साधना-प्रक्रिया का आनुषङ्गिक या पूरक बनकर हुआ है। यह भी बात ध्यान देने की है कि उनका चिन्तन तो सङ्गत और अन्वित है, पर उसकी अभिव्यक्ति टुकड़ों में हुई है। अतः तत्तत् विचारों के पल्लवन में अक्सर अन्तराल आ गए हैं या कुछ कड़ियाँ जुड़ने से रह गई हैं। इन सब बातों का पुंजीभूत परिणाम यह हुआ है कि उनकी पद्धति उस अर्थ में आलोचनात्मक नहीं हो पाई है, जिस अर्थ में हम किसी दार्शनिक प्रतिपादन से सामान्यतः अपेक्षा करते हैं। परन्तु एक अर्थ में उनका विवेचन बड़ा ही यौक्तिक है। वे जानते हैं कि वह क्या कहने जा रहे हैं, अतः दुरूह या व्याख्यासह विचार को वह सदृश प्रत्ययों के सन्दर्भ में समझाते हैं, आवश्यक होता है तो उस विचार के ऐतिहासिक विकास-क्रम के सन्दर्भण से अपनी बात को स्पष्ट करते हैं, उसमें अन्तर्निहित सम्भावनाओं की ओर भी ध्यान दिलाते हैं और इस सारे व्यायाम में उनकी आन्तरिक यौक्तिक अन्विति बनी रहती है – तर्क में आन्तरिक विरोध नहीं होता। हमारी चेष्टा होगी कि जो हम विवेचन कर चुके हैं, उसके

[१०६] *सम्बोधि,* पृ. ६-८।

आलोक में कुछ तो उन कड़ियों की ओर ध्यान दिलाएँ जो सम्भवतः छूट गई हैं और कुछ उन सम्भावनाओं की ओर, जिन पर विद्वानों का ध्यान जाना चाहिए।

काश्मीर शैव दर्शन के नाम से शुरू करें। हम प्रारम्भ में ही देख चुके हैं कि कविराज जी की दृष्टि में काश्मीरीय शैव दर्शन का अर्थ है – प्रत्यभिज्ञा और स्पन्द। काश्मीरीय शैवागम का यह विभाजन उन्होंने **सर रामकृष्ण भंडारकर** से लिया है और ऐतिहासिक रूप से इसे सही भी पाया है, पर दार्शनिक रूप से इस विभाजन को वह भ्रान्तिमूलक मानते हैं।[११०] उनका विचार है कि न्याय-वैशेषिक आदि की भाँति प्रत्यभिज्ञा शब्द एक सिद्धान्तविशेष का वाचक नहीं है। वस्तुतः प्रत्यभिज्ञा और स्पन्द ऐतिहासिक रूप से वैसे ही सम्प्रदाय हैं जैसे क्रम, कुल, त्रिक और त्रिपुरा। परन्तु दार्शनिक दृष्टि से, साधनागत और प्रक्रियागत विस्तारों को छोड़कर, उनका मौलिक तान्त्रिक रूप एक है और उस स्वरूप को इन शब्दों से ज़्यादा कोई प्रतिनिधि रूप से प्रकट नहीं कर सकता। जहाँ प्रत्यभिज्ञा अद्वयतत्त्व की उपलब्धि में साधनात्मक और प्रमाणात्मक हथियार है, वहीं स्पन्द सत्ता की पारमार्थिक अद्वयता की सिद्धि का साधन। यही कारण है कि क्रम, कुल आदि दर्शनों के या साधना-पद्धतियों के विचारों पर प्रभूत चर्चा हुई है, परन्तु उन्हें स्वतन्त्र दर्शन का महत्त्व कविराज जी ने नहीं दिया है। इसी तरह साधना की दो स्वतन्त्र पद्धतियाँ – तन्त्र और कुल – मानने पर भी उन्हें त्रिक में ही विश्रान्त माना गया है। सम्भवतः यह दृष्टि उन्हें **अभिनवगुप्त** से प्राप्त हुई है, जो यह मानते हैं कि सभी उपाय – जो विभिन्न प्रस्थानों को बताने की एक पारम्परिक पद्धति है – अनुपाय (अर्थात् प्रत्यभिज्ञोपाय) में पर्यवसित होते हैं। इस पृष्ठभूमि पर यह बात ज़रूर विचित्र मालूम पड़ती है – कम-से-कम इस बात की व्याख्या की कमी खलती है – जब वह **क्षेमराज** के मन्तव्य को सहमतिपूर्वक उद्धृत करते हैं, जिसमें वह त्रिक में आत्मा के स्वरूप को तन्त्र और कुल से अलग बताता है।[१११]

इसी प्रकार कविराज जी ने प्रत्यभिज्ञा के प्रत्यय पर भी विशेष प्रकाश नहीं डाला है। सम्भवतः इसका कारण है कि यह सिद्धान्त-विशेष न होकर दर्शन की मौलिक दृष्टि है। यह बात जानना रुचिकर होगा कि स्वयं प्रत्यभिज्ञा दर्शन में प्रत्यभिज्ञा को ज्ञान का स्वतन्त्र प्रमाण नहीं माना गया है, अपितु सारे प्रमाणों में और सारे प्रमा-व्यापार में प्रत्यभिज्ञा की अनुस्यूति देखी गई है। शांकर अद्वैत और शिवाद्वयवाद की तुलना करते हुए कविराज जी ने जिस पदावली का प्रयोग किया है (**शंकर** का अद्वैतभाव व्यावृत्तिमूलक और निषेधात्मक है और काश्मीराचार्यों का सर्वानुवृत्तिमूलक और समन्वयी), उसका आधार इस प्रत्यभिज्ञा की

---

११० *भा.सं.सा.*, भा. १, पृ. १

१११ *तां.वा.शा.दृ.*, प्रस्तावना, पृ. २; मिलाइए प्र.हृ., पृ. १८ (का.ग्र.): "विश्वोत्तीर्णमात्मतत्त्वम् - इति तान्त्रिकाः। विश्वमयम् - इति कुलाद्याम्नायनिविष्टाः। विश्वोत्तीर्णं विश्वमयं च - इति त्रिकादिदर्शनविदः।"

धारणा में ही छिपा है। इसे ज्ञान की विवेक-मूला और काश्मीरियों की दृष्टि को सामरस्य-मूला कह सकते हैं। ज्ञानमीमांसा के क्षेत्र तक इसका विस्तार किया जा सकता है, जहाँ इसका प्रभाव ज्ञान की क्रमशः अध्यवसान-मूला (इतरनिषेधपूर्वक निश्चयन) और अनुसन्धान-मूला (इतरग्रहणपूर्वक ज्ञान) प्रक्रियाओं में मिलता है।[११२] कहना न होगा कि प्रत्यभिज्ञा अनुसन्धानात्मक ज्ञान है। अपूर्ण ज्ञान के रूप में अज्ञान के जिस प्रत्यय की यहाँ उद्भावना की गई है, उसका पूर्णता में परिणमन इसी प्रत्यय के द्वारा होता है। इसीलिए ज्ञान का जो प्रत्यय काश्मीर शिवाद्वयवाद में अङ्गीकृत किया गया है, वह अज्ञात का ज्ञान नहीं है, बल्कि ज्ञान के ऊपर मोह के आवरण का अपसारण मात्र है।[११३] इसीलिए इसे मल कहा गया है। इस प्रकार प्रत्यभिज्ञा काश्मीर आगमवादियों का जो जीवन के प्रति समग्रतामूलक स्वीकारात्मक दृष्टिकोण है, उसी का परिणाम है।

इससे महत्त्वपूर्ण निष्कर्ष यह निकलता है कि शैव दर्शन में सत् की जो धारणा की गई है वह वस्तुतः एक गतिशील सत् की धारणा है। *योगसूत्र* के प्रसिद्ध भाष्यकार **व्यास** ने दो प्रकार की नित्यता का उल्लेख किया है : कूटस्थनित्यता और परिणामिनित्यता।[११४] कूटस्थनित्यता पुरुष का स्वरूप है और परिणामिनित्यता प्रकृति का। कूटस्थता और परिणामिता की इन भिन्न-ध्रुवीय धारणाओं का समन्वय हमें सत् या परम शिव के स्वरूप में मिलता है। शिवांश में सत् कूटस्थ है और शक्त्यंश में परिणामी, इन दोनों का तादात्म्य यथार्थ है। विमर्श की धारणा चूँकि प्रकाश की धारणा में निहित है, अतः दोनों की एकता सध जाती है। इसीलिए यह द्वैत और अद्वैत का समन्वय है और समन्वय का प्राणतत्त्व है स्पन्द (एलाँ[११५]) के रूप में प्रत्यय की धारणागत प्रक्रिया।[११६] जिस नित्यलीला की ओर कविराज जी ने संकेत किया है वह स्पन्द के इस दार्शनिक व्यापार का ईश्वरवादी अनुवाद मात्र है।

तान्त्रिक अद्वैतवाद में यह एकता एक अन्य द्वार से भी लाई गई है। इसका सम्बन्ध वाक् या भाषा से है। साधनापरक विवेचन की प्रधानता होते हुए भी कविराज जी ने इस सम्बन्ध में जो दिशा संकेत किया है, उसे हम दार्शनिक रूप से इस प्रकार रख सकते हैं। तन्त्रों में षडध्व की कल्पना द्वारा शक्ति के जागतिक प्रवाह की दो दिशाओं का निर्देश किया

---

[११२] द्र. इसी ग्रन्थ में "तान्त्रिक दर्शनः प्रकृति और सांस्कृतिक सन्दर्भ", शीर्षक अध्याय।

[११३] द्र. मेरा लेख "रिकॉग्निशन इन् प्रत्यभिज्ञा स्कूल : ए स्टडी इन् इपिस्टेमॉलोजी", *एनल्स*, पृ. ८४६

[११४] *यो.सू.* ४.३३ पर *यो.भा.*।

[११५] elan.

[११६] "जनरल इन्ट्रोडक्शन टु द तन्त्र फिलॉसफी", **एस.एन. दासगुप्त,** *फ़िलॉसॉफ़िकल एसेज़* में।

गया है – शाब्दी धारा और आर्थी धारा। मन्त्र, पद, वर्ण – ये शाब्द प्रवाह के स्थूल, सूक्ष्म और पर सोपान हैं और भुवन, तत्त्व एवं कला आर्थ प्रवाह के। शैवागमों में जो प्रक्रिया निखिल सृष्टि में अन्तर्निहित है, वही शब्द के आविर्भाव में भी। अतः यहाँ शब्द की आविर्भाव-प्रक्रिया सृष्टि-प्रक्रिया की वास्तविक प्रतीक है। यह शक्ति या चेतना की सामर्थ्य है, जो शब्द और अर्थ दोनों रूपों में अपने को चरितार्थ करती रहती है। वर्णसृष्टि या मातृकाओं पर जो आग्रह दिखाया गया है, उसका कारण यही है। यहाँ भी शब्द विमर्श है और अर्थ प्रकाश। इस प्रकार शब्द के द्वारा अर्थ के अभिलपन का अर्थ है, शब्द के रूप में अर्थ का अपना स्वरूपानुसन्धान।

एक विचारणीय प्रश्न यह है कि काश्मीर शिवाद्वयवाद को एक विशुद्ध तत्त्वदर्शन माना जाए या ईश्वरपरक दर्शन, जैसा कि अनेक भक्ति सम्प्रदायों में माना जाता है। **टी.आर.वी. मूर्ति** इसे "ऍब्सोल्यूटिक् थीइज़्म" के नाम से पुकारते हैं। कुछ आधुनिक पाश्चात्य विद्वान् इसे शैव थियोलॉजी कहते हैं। दूसरी ओर **पांडेय** इसे "रियलिस्टिक आइडियलिज़्म" कहते हैं और **सुरेन्द्रनाथ दासगुप्त** "कॉंक्रीट आइडियलिज़्म" का नाम देते हैं। इनकी दृष्टि में यह विशुद्ध चिन्तनपरक दर्शन मालूम देता है। कविराज जी के प्रतिपादन से लगता है कि उनका रुझान इस दर्शन को भगवत्तानिष्ठ मानने की ओर था। पिछले पृष्ठों में हमने देखा था कि आणव के प्रधान अंश पौरुष अज्ञान (स्वातन्त्र्य-हानि) के उन्मूलन के लिए दीक्षा आवश्यक है, जबकि दूसरे अंश बौद्ध अज्ञान (स्वातन्त्र्य-बोध) के लिए उपाय चतुष्टय – मुक्ति के आणव, शाक्त, शाम्भव और अनुपाय रूप साधनभूत ज्ञान के चार प्रकार – का निरूपण किया गया है। पौरुष अज्ञान हमारे अस्तित्व का परिसीमन है और बौद्ध अज्ञान हमारे ज्ञान का। अस्तित्वगत परिसीमन का उन्मूलन बिना दीक्षा के सम्भव नहीं है, बौद्ध ज्ञान उसके लिए उपयुक्त पृष्ठभूमि को संजोता है। यह दीक्षा परमेश्वर के अनुग्रह का फल है।

इसलिए मोक्ष के लिए साधना और ज्ञान का समन्वयन अनिवार्य है। ऐसी स्थिति में प्रत्यभिज्ञादर्शन के लिए विशुद्ध चिन्तनमूलक दर्शन बने रहना कठिन हो जाता है। परन्तु यदि गम्भीरता से देखा जाए तो उपाय-चतुष्टय के मूल में दृष्टि है, विकल्प के निर्विकल्पीकरण की। अनुपाय, जिसे प्रत्यभिज्ञोपाय भी कहा गया है, के प्रसंग में **अभिनवगुप्त** ने उससे साक्षात् मोक्ष – पूर्णाहंविमर्श – माना है। यदि पूर्णाहंविमर्श ही मोक्ष की स्थिति है, तो मानना होगा कि स्वातन्त्र्य-बोध से बोध-स्वातन्त्र्य का उदय सम्भव है। दूसरे शब्दों में, बौद्ध ज्ञान से पौरुष ज्ञान अर्थात् ज्ञान के निर्विकल्पीकरण द्वारा अस्तित्व का निर्विकल्पीकरण सम्भव है। ऐसे प्रसंगों में दीक्षा के उदय को आन्तरिक कहना और पारमेश्वर अनुग्रह को स्पन्दन-स्वभावता के प्रसारात्मक घटक के रूप में स्वीकार करना इस सम्भावना को पर्याप्त बल देता है कि काश्मीर शैव दर्शन में शुद्ध पारमार्थिक तत्त्व-चिन्तन (प्योर मेटाफ़ीजिकल थॉट) बनने के बीज

अंतर्निहित हैं। इस सन्दर्भ में यह कहना अहेतुक न होगा कि अद्वैत भक्ति, जिसका विस्तृत विवेचन कविराज जी ने किया है, का भी सम्पूर्ण आग्रह भक्त और भगवान् के भेद में नहीं है, बल्कि उनके अनिवार्य अभेद में है। उसका विश्वास मनुष्य की आन्तरिक भगवत्ता में है।[११७] भक्ति की यह धारणा अणु और भूमा या पिण्ड और ब्रह्माण्ड (माइक्रोकॉज़्म और मैक्रोकॉज़्म) की एकता की धारणा से उद्भूत होती है।[११८] जीव और शिव एक ही हैं। योगी और परमशिव के समीकरण के द्वारा इसी बात को रेखांकित किया गया है। दूसरे शब्दों में, भक्ति-योग(साधना)-ज्ञान के उपेय भगवान्-परमशिव-पारमार्थिक अद्वयतत्त्व ही एक नहीं हैं, बल्कि उनके उपाय भक्ति-योग-ज्ञान भी परस्पर एक हैं। इस दृष्टि से देखने पर काश्मीर शैवमत के दार्शनिक विवेचन की सार्थकता सहज ही प्रकट होती है।

पूर्णसत्ता के सत्-चित्-आनन्दमय स्वरूप की पूर्ण अभिव्यक्ति को भक्ति में मानकर और भक्ति के रसत्व को सामने लाकर कविराज जी ने इस बात का भी मार्ग प्रशस्त किया है कि किस प्रकार से काश्मीर शैवदर्शन की मान्यताओं में एक समर्थ सौन्दर्यशास्त्र के बीज छिपे हैं। एक प्रकार से **अभिनवगुप्त** का रसशास्त्र ईश्वराद्वयवाद की 'ॲप्लाइड मेटाफ़िज़िक्स' है। **डॉ. पांडेय** ने इस दिशा में महत्त्वपूर्ण कार्य किया है। उनकी पद्धति शास्त्रीय है। इसकी सबल उद्घोषणा कविराज जी के भी पहले यदि किसी ने की थी, तो वह थे हिन्दी के प्रसिद्ध कवि **जयशंकर 'प्रसाद'**।[११९] परन्तु पूरे परिप्रेक्ष्य में भक्ति से जोड़ते हुए इतना सबल पल्लवन यदि किसी ने किया है तो कविराज जी ने।

काश्मीरीय शैव दर्शन के स्वरूपोद्भावन में कविराज जी ने दो तीन महत्त्वपूर्ण संकेत और भी किए हैं। इनका संकेत प्रच्छन्न या अतिसंक्षिप्त रूप से हुआ है। विद्वानों का ध्यान उधर आकर्षित करके ही मैं अपने कर्त्तव्य को पूर्ण समझूँगा। एक, कविराज जी का कथन कि काश्मीरीय शैवाचार्य यद्यपि शांतरस को प्रधान बताते हैं फिर भी शिवभक्ति के सामरस्य रूप में वह शृंगार का शान्त के साथ समन्वय करते हैं,[१२०] कुछ गवेषणा की अपेक्षा करता है। *अभिनवभारती* में **अभिनवगुप्त** ने शृंगार को ही आदि रस माना है, जबकि भक्ति का अन्तर्भाव शान्त में किया है। अतः उपर्युक्त कथन कुछ विश्लेषण की अपेक्षा करता है। दो, कविराज जी ने काश्मीरीय ईश्वराद्वयवाद को महिमा में गौडीय वैष्णवों के अचिन्त्यभेदाभेद

---

[११७] तुलना कीजिए *हिन्दूइज़्म ऍण्ड बुद्धिज़्म*, **इलियट**, भा. २, पृ. १६० : "its . . . object is to unite the worshipper to the god and in fact transfrom him in to the god: man is a microcosm corresponding to the macrocosm or universe. . ."

[११८] अण्डपिण्डयोरैकरूप्यमाम्नायेषु प्रसिद्धम्। – *म.मं.प.,* पृ. ८०

[११९] द्र. "आनन्दवाद" नामक लेख, *काव्य और कला तथा अन्य निबन्ध,* जयशंकर प्रसाद।

[१२०] *भा.सं.सा.,* भा.१, पृ. ३१४, पा.टि.१।

से तुलनीय पाया है।[१२१] अद्वैत भक्ति के रसत्व को लेकर **उत्पल** और **गौरांग महाप्रभु** की दृष्टि को वह एक जैसी पाते हैं।[१२२] त्रिपुरा और काश्मीर शैवमतों के साथ गौडीय मत के ऐतिहासिक सम्बन्ध का उल्लेख उन्होंने किया है, परन्तु उसका विवेचन गौडीय सिद्धान्त के विस्तृत वर्णन के समय के लिए छोड़ दिया था।[१२३] जिन विद्वानों की दोनों दर्शनों में गति हो, उनके लिए यह एक अच्छा विषय होगा और अध्येताओं की समझ को सम्पन्नतर होने का लाभ मिलेगा। तीसरे, आगम और सूफ़ी मत के घनिष्ठ सम्बन्ध की इन्होंने विस्तृत पर्यालोचना की है, विशेष तौर पर सूफ़ियों के निम्नलिखित तीन सिद्धान्तों को क्रमशः आणवोपाय, शाम्भवोपाय और शाक्तोपाय के निकट पाया है –

१. परमार्थ तत्त्व चिन्मयी इच्छाशक्ति स्वरूप है,[१२४] जगत् उसी का परिच्छिन्न विकास है;

२. परमार्थ तत्त्व एक और नित्य सौन्दर्यस्वरूप है;

३. परमार्थ तत्त्व विज्ञान या ज्योतिःस्वरूप है।

यद्यपि इस सादृश्य या मन्तव्य पर हम किसी भी प्रतिक्रिया को व्यक्त करने की स्थिति में नहीं हैं, परन्तु इतना निश्चित है कि इतिहास के किसी-न-किसी बिन्दु पर सूफ़ी मत और काश्मीर शिवाद्वयवाद सम्पर्क में आए हैं। **नीला क्रैम कुक** ने मध्य एशिया में इरफ़ान के कवि-दार्शनिकों और काश्मीर के शैवाचार्यों के मध्य एक घनिष्ठ सामनन्तर्य के दर्शन किए हैं।[१२५] तुलनात्मक रहस्यवाद और दर्शन के विद्वान् इस सामनन्तर्य को उजागर करें, इस दृष्टि से मनीषी विद्वानों का ध्यान इधर आकर्षित किया जा रहा है। चौथे, तुलनात्मक रहस्यवाद के क्षेत्र में कविराज जी ने अनुग्रह, चित्-शक्ति,[१२६] और सामरस्य[१२७] या सामरस्यरूपा भक्ति इत्यादि को लेकर ईसाई रहस्यवादियों से गहरे सादृश्य की ओर ध्यान दिलाया है। अधिकारी विद्वानों के लिए यह क्षेत्र भी पर्याप्त गवेषणा का अवकाश प्रदान करता है।

परम सत् केवल पारमार्थिक सत्ता ही नहीं है, बल्कि वह चरम मूल्य भी है। सामरस्य का यह भी एक अर्थ है, परम तत्त्व में चरम सत् और चरम मूल्य का एकीकरण। व्यष्टि में समष्टि

---

[१२१] तदेव, पृ. १, ६।

[१२२] तदेव, पृ. ११, २०, ३१४।

[१२३] तदेव, पृ. १७।

[१२४] तदेव, पृ. १७-१६।

[१२६] *द वे ऑफ़् स्वान*, उद्धृत, *काश्मीर बायू-एनुअल*, पृ. ६०।

[१२६] *तां.वा.शा.द्रृ.*, प्रस्तावना. ५,६, १६३-६४।

[१२७] तदेव।

की अनुस्यूति का अर्थ है सारे विकास के केन्द्र में मनुष्य को मूल रूप से प्रतिष्ठित करना, क्योंकि व्यक्ति और विराट् दिव्यता में एक हैं। जो "प्रदत्त" है, वह त्याज्य या तुच्छ है और जो "उत्तीर्ण" या "परे" है, वही एकमात्र काम्य या प्राप्य है, ऐसा नहीं है। पूर्णता का अर्थ है "प्रदत्त" और "प्राप्तव्य" दोनों की दिव्यता। अर्थात् इस जीवन में भी मूल्यवत्ता और उपादेयता का आसूत्रण। इसी को कविराज जी शैवागम की संसृति-दृष्टि (वर्ल्ड-व्यू) कहते हैं –

> **माया अथवा तत्प्रसूत जगत् का त्याग करके नहीं, वरन् उसको साक्षात् ब्रह्मशक्ति और उसके विकास रूप में अनुभव करने से ही जीवन की सार्थकता सम्भव है।**

इसका अप्रतिहार्य परिणाम है, जीवन्मुक्ति के अनन्तर भी व्यक्ति की लोकानुग्रह में अनायास सहज प्रवृत्ति। अपनी बात के समर्थन में वह तन्त्रालोकगत (२.३६) **अभिनवगुप्त** के कथन को प्रमाणतया उद्धृत करते हैं।[१२८] कविराज जी का जो अपना सिद्धान्त है, जिसे उन्होंने अखण्ड महायोग कहा है, जिसका लक्ष्य है समग्र विश्व का सामूहिक कल्याण, एक की मुक्ति से सभी की मुक्ति – काश्मीर शिवाद्वयवाद के आगे की धारा है। उनकी दृढ मान्यता है कि योगी पूर्णत्वलाभ करके कभी भी निष्क्रिय नहीं बैठता। उसका स्वभावसिद्ध कर्म सदा चलता ही रहता है। इसीलिए पूर्णता-प्राप्ति के अनन्तर भी पूर्ण को पूर्णतर, पूर्णतम आदि के क्रम से अनन्त अवस्थाओं द्वारा उत्कृष्ट करना, यही योगी के कर्म की स्वाभाविक परिणति है। इस मत की प्रकल्पना में काश्मीर शिवाद्वयवाद एक उर्वर भूमि की भूमिका निभाता है।

भविष्य के गवेषकों से हमारा निवेदन होगा कि वे उन प्रश्नों पर अपना ध्यान केन्द्रित करें जिनकी ओर कविराज जी ने प्रभूत संकेत किए हैं।[१२९]

---

[१२८] *भा.सं.सा.*, भा. १, पृ. २३२, २५६।

[१२९] इस सम्बन्ध में हमने अपने अन्य लेख "गोपीनाथ कविराज ऑन काश्मीर शैविज़्म" में विस्तार से विचार किया है। द्र. *नवोन्मेष, म.म.गोपीनाथ कविराज स्मृतिग्रन्थ*, सं. **जयदेव सिंह** एवम् अन्य, वाराणसी, १९८७, पृ. ३०-५७।

क्रम-तत्त्व और कविराज जी

इस चर्चा को दो भागों में बाँटा गया है। पहले में क्रम-तत्त्व का विवेचन है और दूसरे में उसी क्रम-दृष्टि से काश्मीर के शिवाद्वैत के कुछ पक्षों का अनावरण हुआ है।

क्रम-तत्त्व

यद्यपि सभी दार्शनिक सम्प्रदायों की अपनी-अपनी पद्धति और अपना-अपना लक्ष्य होता है, फिर भी हम चाहे जिस प्रस्थान से चलें, पहुँचते अखण्ड ज्ञान पर ही हैं। इस प्रकार अखण्ड ज्ञान सबमें एक समान बिन्दु है। प्रश्न है कि हम क्रम-जगत् से इस शाश्वत, सामान्य (यूनीवर्सल) बिन्दु तक पहुँचते कैसे हैं? अखण्ड ज्ञान व्यक्ति के प्रयास से सम्भव नहीं होता, अनुग्रह से ही सम्भव हो पाता है। चाहे जिस मार्ग का अवलम्बन लिया जाए, जहाँ अनुग्रह हो वहीं अखण्ड ज्ञान की उपलब्धि हो जाती है। अनुग्रह के लिए अवसर विशेष का प्रतिबन्ध नहीं है। दैवी-बोध (डिवाइन रेवेलेशन) किसी भी क्षण हो सकता है। अखण्ड में क्रिया नहीं होती किन्तु वहाँ भी एक नियम ज़रूर है, परन्तु वह जगत्-निरपेक्ष है।

तन्त्र-शास्त्र में आध्यात्मिक साधना के प्रसंग में दो प्रकार के पाकों का उल्लेख हुआ

---

* सन् १९५८-५९ में एम. ए. परीक्षा की आंशिक पूर्ति के लिए *अभिनवगुप्त के स्तोत्रों का अध्ययन* मैंने शोध-निबन्ध का विषय चुना था। इन स्तोत्रों में एक *क्रमस्तोत्र* भी है, वह लग नहीं रहा था। उसी समय किसी प्रसंग से वाराणसी गया हुआ था। मेरे विषय को देखते हुए श्री सांवल जी नागर (हिन्दी स्कूल के भूतपूर्व अध्यापक) मुझे कविराज जी की सेवा में ले गए। उनके सामने जाते मुझे भय लग रहा था, और उनके पहले ही वाक्य "कुछ पढ़ा भी है कि रिसर्च करने लगे। क्रम-दर्शन पर काम करने के लिए बड़ी सामर्थ्य चाहिए। है उतनी सामर्थ्य" ने उस भय को और भी बढ़ा दिया। फिर उन्होंने बताना प्रारम्भ किया। पठनीय और मननीय साहित्य की एक बहुत बड़ी सूची उन्होंने दी। बीच में उन्होंने एक दो प्रश्न भी किए, उत्तर दे सकने का प्रश्न ही नहीं उठता। लगभग वह एक घण्टा बोले। मैं नोट करता गया। उस समय तो समझ में नहीं आया परन्तु बाद के अध्ययन में उनकी वह पंक्तियाँ हमेशा मार्गदर्शन करती रही हैं। उसी वार्ता को मैंने निबन्ध का आकार देने की चेष्टा की है। संस्मरण के रूप में अपने मौलिक प्रारूप में अखिल भारतीय संस्कृत परिषद्, लखनऊ द्वारा प्रकाशित *गोपीनाथ कविराज अभिनन्दन ग्रन्थ,* १९६७ (पृ. ५१८-२१) में "क्रम तत्त्व पर कविराज जी से एक वार्ता" शीर्षक से संकलित।

है – मालपाक और हठपाक)। उनमें से मालपाक क्रम के मार्ग – जहाँ कारणात्मक आरोह (काज़ल असेन्डिङ्‌ है), में होगा। बारह[१] तक पहुँचने पर भी आवश्यक नहीं है कि व्यक्ति अक्रम तत्त्व का लाभ कर ले। यह भी सम्भव है कि किसी अन्य को दूसरा स्तर पार करते ही अक्रम-साक्षात् हो जाए इसमें नियम रहता है, जो समग्र पदार्थ-जगत् का आन्तरिक रहस्य है।[२]

दो स्थितियाँ हो सकती हैं – एक जहाँ गति (मूवमेण्ट) है, और दूसरी जहाँ गति नहीं है। जहाँ गति है वहीं क्रिया है। पातञ्जल दर्शन भी इसी कलन से शुरू होता है। जब कलन होगा तब क्रम होगा। अलातचक्र को लें। वहाँ क्रम आरोपित (इम्पोज़्ड) है।[३] (सभी आगम दर्शनों में, विशेषतः त्रिक सम्प्रदाय में) देशाध्वा सहभाव (को-इक्ज़िस्टेन्स) की धारा है और कालाध्वा (सक्सेशन) की भी। सहभाव में कम्पन हट जाता है। स्वयं *ऋग्वेद* में देखा जाए। आदित्य के तीन क्रम, त्रिपाद-विभूति – *"त्रेधा निदधे पदम्"* – में यही केन्द्रीय भाव (सेण्ट्रल आइडिया) है। दो स्थितियाँ हैं अक्रम और सक्रम। शक्ति का स्वभाव (नेचर) ही है क्रिया। जहाँ क्रम है वहीं तिङन्त का प्रयोग होता है। "अस्ति नास्ति इति कालसम्बन्धः" ('है', 'नहीं है' – ये प्रयोग कालसम्बन्ध से सार्थक हैं)। इसीलिए 'वह' क्रम से परे है। **नागार्जुन** ने इसे "चतुष्कोटि-विनिर्मुक्त" कहा है।[४] तुरीय और तुरीयातीत में कोई भेद नहीं (ऍब्सोल्यूटली नो डिफ़रेन्स) है। जब जाग्रदादि रहती हैं तब उसका नाम तुरीय, जब नहीं रहती तब वही तुरीयातीत हो जाती है। सभी दर्शनों में क्रम का स्वरूप (कॉन्सेप्ट) भिन्न-भिन्न (पिक्यूलियर) है। परन्तु कारण-शृंखला, क्रम-नियम (काज़ल आर्डर ऑफ़् सीक्वेन्स), एक के द्वारा दूसरे का अनुगमन (वन फ़ालोइंग दी अदर) – सब के पीछे एक ही मूल-भाव है। क्रम धातु (क्रमु पादविक्षेपे) विशिष्ट क्रमण को बताती है। इसीलिए (आदित्य) के तीन क्रम हैं।

सभी छह दर्शनों में जहाँ क्रिया है वहाँ क्रम है। लोकप्रचलित (पापुलर) वेदान्त में जो कुछ है वह मायिक है। वेदान्त में 'वस्तुतः' क्रम 'नहीं' है (अपितु क्रम 'मायिक' है)। साङ्ख्य और वैशेषिक में अन्य क्रम अभ्युपगत हुआ है। द्व्यणुक से त्रसरेणु और आगे क्रम का ही राज्य है।

---

[१] क्रम-दर्शन में आध्यात्मिक प्रगति के बारह स्तर, तदनुरूप बारह कालियाँ निरूपित हुई हैं। 'काली' शब्द कलन (क्रिया) से निष्पन्न होता है। "बारह तक" अर्थात् अन्तिम स्थिति तक। (ले.)

[२] "There is a law – secret of whole things."

[३] क्रियावशात् आरोपित है। क्षणिकवादी बौद्धों ने भी इसी उदाहरण को लिया है। इसी तरह का एक उदाहरण नदी का प्रवाह भी है। काश्मीर के त्रिक दर्शन में भी ऐसी ही उपमाओं का आश्रय लिया गया है। (ले.)

[४] ये चारों कोटियाँ क्रम पर आधारित हैं। (ले.)

क्रम क्रिया है। वह शक्ति से सीधे सम्बद्ध है। शक्ति से सम्बद्ध होने के कारण ही इस (क्रम) को काश्मीर (शैव)दर्शन में स्थान मिला है। इसीलिए शाक्त दर्शनों में भी क्रम की मान्यता हुई है। प्रणव के विकास (इवोल्यूशन) – परा, पश्यन्ती, मध्यमा, वैखरी – में क्रम का असन्दिग्ध व्यापार है। हाँ, उन्मनी में क्रम नहीं है। अ, इ, उ, म् के बाद बिन्दु, नाद, कला का आविर्भाव होता है। (समना) कला जहाँ समाप्त होती है वहाँ बिन्दु प्रारम्भ होता है। बिन्दु अक्रम है। इसी प्रकार *वार्तिकालङ्कार* में सर्वज्ञत्व का विचार करते समय उसे अक्रम बताया है। **महेन्द्र जैन** के *न्यायविनिश्चय* में जहाँ-जहाँ सर्वज्ञत्व का विचार हुआ है, ऐसी ही बात कही गई है। अभिसमय अर्थात् **बुद्ध** के महाज्ञान में भी क्रम नहीं है। जैन भी केवल-ज्ञान में क्रम नहीं मानते।

निष्क्रम भूमि में क्रम नहीं रहता, परन्तु स्पन्द रहता है। स्पन्द है सूक्ष्म क्रिया – वहाँ क्रम एक विचार (आइडिया) मात्र है। इकाइयों (यूनिट्स) को लेकर चलने में दो चीज़ें सामने आती हैं। एक ओर वस्तु को अखण्ड मानें तो कहना होगा कि वह गति का विषय बनकर या गतिशील हो इकाइयों में परिणत होती है – आधुनिक विज्ञान का तरङ्ग-सिद्धान्त (वेव-थ्योरी) और फ़ोटोन-थ्योरी इसी पक्ष के पोषक हैं। दूसरी ओर यदि वस्तु को सूक्ष्म कण (कॉर्पस्कल्स) मानें तो हर कण के बीच में एक सम्बन्ध-सूत्र (कनेक्टिङ् लिंक) मानना होगा। इस प्रकार एक प्रविभक्त (डिस्क्रीट) है; और दूसरा अविच्छिन्न (कॉण्टिनुअस) है, पर उसमें गति नहीं है।

'गुण' और 'कर्म' की वैशेषिक धारणा 'द्रव्य'-सापेक्ष है। क्यों? क्योंकि वैशेषिक में तीनों ही पृथक् हैं। परन्तु अन्यत्र दर्शनों में कहते हैं कि गुण द्रव्य से भिन्न नहीं हैं और गुण कर्म के बिना नहीं है। 'भवति' में भवन गुण है। परन्तु 'ति' कैसे लगा? कर्म (क्रिया) बिना क्रम है ही नहीं इसलिए (अर्थात् गुण भी क्रिया का ही एक रूप है) क्रिया या गति (मूवमेण्ट) शान्त हो जाती है तब वही गुण बन जाती है, गुण द्रव्य बनता है। मीमांसा में यह बात अधिक स्पष्ट हुई है। भूत वह है जो प्रवाहित हो चुका है, जो रुक गया है, इसीलिए द्रव्य है वह। वर्तमान वह है, जो हो रहा है। भव्य, जो होने वाला है। शक्ति (एनर्जी) का घनीभाव ही शक्तिभूत (मैटर) है, भूत का आश्यानीभाव (सूखना, जमना, घनीभूत होना) समाप्त होता है तो वह फिर ऊर्जा या शक्ति (एनर्जी) बन बैठता है। भूत पदार्थ (मैटर) में गति = शक्ति, गति (मूवमेण्ट) में स्थिरता = भूत पदार्थ – यही क्रम है। अन्तर्धान के क्षणों में यही होता है। शरीर के कणों (पार्टिकल्स) की गति को त्वरित, द्रुत (स्पीड अप) कर देते हैं।

शिवाद्वैत

ज्ञान का स्वरूप क्या है, और अज्ञान का स्वरूप क्या है। ज्ञान दो प्रकार का है – बौद्ध

और पौरुष। द्वैत-शैवमत और अद्वैत-शैवमत में एतत्सम्बन्धी क्या अन्तर है?[५]

१. "अहं ब्रह्मास्मि" – वेदान्त का यह परम ज्ञान है। परन्तु तान्त्रिक या शैव मत में यह परम ज्ञान नहीं है। इनका लक्ष्य तो शिव-शक्ति-सामरस्य है।

वेदान्त के मत को शैव 'शान्तब्रह्मवाद' कहते हैं। इसका तात्पर्य यह है कि शैवों को ब्रह्म की शान्तता अभिप्रेत नहीं है। शैव ब्रह्म अर्थात् परमशिव शान्त नहीं है। वह सक्रिय है। शिव का शक्त्यंश उसकी सक्रियता को द्योतित करता है। *गीता* में जो यह कहा गया है "ईश्वरः सर्वभूतानां हृद्देशेऽर्जुन तिष्ठति। भ्रामयन्सर्वभूतानि यन्त्रारूढानि मायया" (१८.६१) वह *गीता* को भी काश्मीर शैव-दर्शन से पृथक् कर देता है। यहाँ भी आत्मा या ब्रह्मन् स्थितिरूप (तिष्ठति) है, क्रिया तो उसकी माया की ही है। वेदान्त में चरम तत्त्व निष्क्रिय है; शैवमत में क्रिया, ज्ञान, इच्छा, चित्, आनन्द – पञ्चशक्ति, पञ्चकृत्य और पञ्चमुखी शिव की पर्याप्त महिमा है।

२. शैव दर्शन इस जगत् की दो स्थितियाँ स्वीकार करता है – व्यक्त और अव्यक्त। व्यक्त भूमि सृष्टि की स्थिति है, और अव्यक्त भूमि से ही अनुत्तर या मातृका का उदय होता है। मूल कलारूप का किस प्रकार विकास होता है – इसी में सृष्टि निहित है। सृष्टि शिव की क्रियाशक्ति का प्रतिफलन है। क्रिया क्रिया के ही अन्तर्गत हो सकती है।

शक्ति प्रविभक्त (डिस्क्रीट) है इसीलिए सक्रिय है; शिव अविच्छिन्न (कॉण्टिनुअस) है, वहाँ तो वृत्ति भी सम्भव नहीं है।

वेदान्त में निष्क्रिय से क्रिया होती है। शैवमत में शिव में स्वयं क्रिया है।

३. क्रम कलनात्मक है। क्रम का कलना से प्रारम्भ होता है। समस्या है "अक्रम से क्रम कैसे उत्पन्न होता है"। दोनों के मध्य एक सन्धि-बिन्दु होना चाहिए; दोनों विरोधी हैं, अतः एक समन्वय-स्थल होना चाहिए। शैवमत में यह सन्धि-बिन्दु है कुण्डलिनी। दोनों के बीच सन्धि होती है कुण्डलिनी में।

वेदान्ती के लिए निष्क्रिय से क्रिया का उद्भव मायागत है। परन्तु, माया के स्वरूप के बारे में वह अनिश्चित है – क्योंकि माया का रूप अनिर्वचनीय है। ब्रह्म-साक्षात् के बाद फिर माया रह ही नहीं जाती। अर्थात् मूलतः ब्रह्म में क्रिया का अधिष्ठान ही नहीं है।

---

[५] आगे द्वैत-शैवमत और और अद्वैत-शैवमत में भेद नहीं दिखलाया गया है। केवल यहाँ उपोद्घात मात्र किया गया है।

काश्मीर शैव दार्शनिक माया के स्थान में चिद्रूपा शक्ति मानते हैं; वेदान्त की माया तो अचिद् है, जड है। शिव भी चिद्रूप है। दो नाम इसलिए हैं कि शिव कूटस्थ है और शक्ति सक्रिय। समुद्र और तरङ्ग एक-दूसरे से अभिन्न हैं, तब भी दो नाम हैं। शक्ति में शिव का स्वभाव भी है – इसलिए वह शिव से अभिन्न है। सृष्टि का संसरण शक्ति से होता है, अतः पदार्थ या सर्ग का स्वभाव भी उसमें है। अतः शक्ति माध्यम-रूप है। दीप को शिव जान नहीं सकता क्योंकि शिव स्वनिष्ठ है। पर दीप का ज्ञान शिव को शक्ति द्वारा होता है, क्योंकि शक्ति द्वारा ही शिव का आभासन होता है। इस प्रकार शक्ति में शिव का स्वभाव भी है और दीप का भी।

४. यह शक्ति स्वातन्त्र्य-रूपा है। शिव का जो 'अहं-बोध' है वह इसी शक्ति के कारण है। शक्ति के बिना शिव में 'अहं' का सम्भव नहीं। वेदान्त के ब्रह्म में 'अहं' नहीं है, जबकि शिव में 'अहं' है क्योंकि वह शक्तिरूप भी है।

माया तो अचित् है। अतः शैवों की दृष्टि में वेदान्त के ब्रह्म का स्वप्रकाशत्व भी सम्भव नहीं। क्योंकि माया तो ब्रह्म की 'स्व' नहीं है। अतः ब्रह्म के प्रकाशरूप माने जाने पर भी ब्रह्म का स्वप्रकाशत्व असङ्गत हो जाता है।

५. वेदान्त में यद्यपि कार्यकारणभाव को वही स्थान नहीं मिला है जो अन्य दर्शनों में, तब भी कारणतावाद की असन्दिग्ध स्वीकृति वहाँ है। शैव दर्शन में कार्यकारणभाव का स्थान ही नहीं है – यहाँ आभासवाद है। यहाँ बिन्दु है, विसर्ग है।

शिव और शक्ति दोनों पृथक्तः अपूर्ण हैं, दोनों मिलकर पूर्ण बनते हैं। सृष्टि के लिए शिव का आत्मसंकोच होता है। शक्ति का स्फुरण होता है। 'अहं' की जगह 'इदम्' का उदय होता है। विश्वातीतरूप का संकोच होकर विश्वरूप में विकसन होता है। शिव विश्वोत्तीर्ण और विश्वमय दोनों ही हैं, जबकि ब्रह्म केवल विश्वोत्तीर्ण है।[६]

६. पञ्चमातृका परमाश्रय हैं। बिन्दु का अर्थ है समाहार (मिला देना); यहाँ शिव की सभी शक्तियाँ समष्टिगत (एकरूप) हो जाती हैं। यहाँ कोई शक्ति विशिष्ट रूप में नहीं रह जाती, इसे ही ज्योति, अनुत्तर, अनुस्वार कहते हैं। महाशून्य आकाशादि हैं, जो मध्यवर्ती हैं। इसके तीन स्तर हैं : तत्त्वाध्वा चरमरूप, कलाध्वा समग्ररूप, भुवनाध्वा इदंरूप।

७. अ, इ आदि वर्ण मातृका हैं। ये वर्ण रश्मि हैं। बिन्दु चक्र का केन्द्र है। पञ्चभूत के लिए पञ्चबिन्दु है। 'चिद' का बिन्दु छठा है। यही षट्चक्र है।

---

[६] "Śiva is both immanent and transcendental, while Brahman is only transcendental."

८. दो स्थितियाँ हैं, आत्मा के ऊर्ध्वोन्मुख होकर मुक्त होने की। एक है समना – जहाँ मन का उन्मूलन नहीं हो पाता। और फिर आती है उन्मना या उन्मनी – जो प्रकाश-रूप है और जहाँ मन का व्यापार शान्त हो जाता है। इन दोनों स्थितियों की अनेक अवान्तर स्थितियाँ है।

समना के अन्तर्गत ये स्थितियाँ आती हैं – १. जागृति; २. स्वप्न; ३. सुषुप्ति; ४. बिन्दु (तुरीय) ५. शक्ति; और ६. कला।

उन्मना (जो प्रकाशरूप है) के तीन स्तर हैं – १. चित्-शक्ति का प्रारम्भ, २. तत्पश्चात् शिव और ३. तदनु परमशिव।

काश्मीर शैवदर्शन और आचार्य गोविन्द चन्द्र पांडे

भारती विद्या (इण्डोलॉजी) के क्षेत्र में, इस शताब्दी के मौलिक चिन्तकों में बहु आयामी प्रतिभा के धनी प्रो. गोविन्द चन्द्र पांडे अग्रिम पंक्ति में आते हैं। भारती विद्या के लगभग सभी पक्ष – इतिहास, संस्कृति, कला, दर्शन, काव्यशास्त्र, सौन्दर्यशास्त्र, संगीत, काव्य – उनकी प्रखर सर्जनात्मक मेधा का स्पर्श पाकर समृद्धतर हुए हैं। इस लेख में मेरा प्रयास काश्मीर शैव दर्शन से सम्बन्धित उनके विचारों का समीक्षात्मक आकलन करता है।[१]

काश्मीर शैवदर्शन पर प्रकटित उनके विचारों की चार दिशाएँ मिलती हैं। एक तो मौलिक दार्शनिक सन्दर्भ में, दूसरे भारतीय दार्शनिक परम्परा के साथ प्राप्य अन्विति के सन्दर्भ में, तीसरे तान्त्रिक धारा के सन्दर्भ में और चौथे इस विचारधारा की प्रातिस्विक विशेषताओं के सन्दर्भ में। समकक्ष्य और विरोधी विचारधाराओं के साथ तुलनात्मक विश्लेषण या दर्शनेतर विधाओं में विनियोग चौथी धारा के ही उपवर्ग माने जाएँगे। विचार की इन चारों धाराओं को **प्रो. पाण्डे** की प्राच्य-पाश्चात्य ज्ञान परम्परा में ऐतिहासिक और ऐतिहासिकोत्तर गहन

---

[१] प्रोफेसर पांडे के काश्मीर शैव दर्शन सम्बन्धी विचार उनके प्रकाशित ग्रन्थों में सन्दर्भगत्या बिखरे रूप से मिलते हैं। उस प्रसंग में उनकी *फ़ाउन्डेशन्स ऑफ़् इंडियन कल्चर* का द्वितीय खण्ड; *भारतीय परम्परा के मूल स्वर; साहित्य, सौन्दर्य और संस्कृति* और *सौन्दर्यदर्शनविमर्शः* विशेष रूप से उल्लेखनीय हैं। इन पुस्तकों में उनके विचार सिद्धान्त-विशेष को लेकर साक्षात् रूप से भी उपलब्ध होते हैं और प्रतिपादन के दौरान सामान्य मन्तव्यों को लेकर काश्मीर शैव स्रोतों से उद्धरणों के रूप में परोक्षतया भी। इन परोक्ष प्रतिपादनों से हमें उनके विचारों की दिशा समझने में सहायता मिलती है। उनके क्रमबद्ध विचारों के लिए हम दो अप्रकाशित स्रोतों [तदनु प्रकाशित। विवरण के लिए देखें "संदर्भ-ग्रन्थ"] का भी उपयोग करेंगे। इसमें प्रथम है – "रेफ़लेक्शन ऑन् प्रत्यभिज्ञा ऍण्ड बुद्धिज़्म" जो स्व. प्रो. कान्तिचन्द्र पांडेय की स्मृति को समर्पित *अभिनवा : पर्सपेक्टिव्स ऑन् अभिनवगुप्त* (इन पंक्तियों के लेखक द्वारा सम्पादित) नामक स्मृति-ग्रन्थ में संकलित है और दूसरा है लखनऊ विश्वविद्यालय के अभिनवगुप्त संस्थान में *डा. कान्तिचन्द्र पांडेय स्मारक भाषणमाला* (५-७, अगस्त १९९८) के अन्तर्गत "इसेन्शियल फ़ीचर्स ऑफ़् काश्मीर शैविज़्म" शीर्षक काश्मीर शैवदर्शन पर दिए गए उनके भाषण के मेरे नोट्स। इसमें पहले लेख का प्रयोजक है "बौद्ध और वेदान्त दर्शन से उनके घनिष्ठ सम्बन्ध के परिप्रेक्ष्य में काश्मीर शैवदर्शन के दार्शनिक आधारों का समीक्षात्मक विवेचन" और दूसरे का "काश्मीर शैवदर्शन की मुख्य विशेषताएँ"।

अन्तर्दृष्टि का पोषण प्राप्त हुआ है, जो काश्मीर शैवदर्शन विषयक हमारी समझ को निखारने में अमूल्य सिद्ध हुई है।

मूलभूत सरोकार

काश्मीर शैवदर्शन का मूल्याङ्कन प्रो. पांडे "अद्वैतवादी ईश्वरवाद" (मोनिस्टिक थीइज़्म)[२] या "ईश्वरवादी अद्वैतवाद" (थीइस्टिक् मोनिज़्म)[३] के सर्वोत्तम निदर्शन के रूप में करते हैं। देखा जाए तो यह निरूपण स्वयं काश्मीर शैवदर्शन के ईश्वराद्वैतवाद या परमेश्वराद्वयवाद या शिवाद्वैतवाद की शब्दावली में किए गए 'स्वोपज्ञ' नामकरण की अनुगूँज है। प्रश्न है कि काश्मीर शैवदर्शन को किस रूप में देखना उचित होगा? ईश्वर-विज्ञान/धर्म-दर्शन (थियोलॉजी) की शाखा के रूप में या दर्शन की एक विधा के रूप में। इस प्रश्न को शब्दान्तर से यों भी पूछा जा सकता है कि क्या यह एक कट्टर मतवाद (डॉगमेटिक सिस्टम) है या आगमों की युक्त्यनुकूलित तर्कपरक (रैशनल) व्याख्या। पश्चिम के विद्वानों का बहुमत इसे ईश्वर-विज्ञान मानता है और "ईश्वर-विज्ञान", "व्यक्तिगत ईश्वर-विज्ञान" (पर्सनल थियोलॉजी) से लेकर "दार्शनिक ईश्वर-विज्ञान" (फ़िलॉसॉफ़िकल थियोलॉजी) तक के प्रकार-भेदों से इसे निरूपित करता है। पांडे की दृष्टि भिन्न है और हमारे लिए यह बात महत्त्वपूर्ण है। उनका कहना है कि स्वयं ईसाई मत के मूल शास्त्र (स्क्रिप्चर) में ईश्वर-विद्या या धर्म-विद्या नहीं है। उसमें निजी अनुभूतियों की चर्चा अवश्य आई है, परन्तु शास्त्र के रूप में यह परिनिष्ठित नहीं हुई है। ईश्वर-विद्या की प्रकल्पना को आकार और आधार मिलता है चर्च (ईसाई मत) या राज्य (इस्लाम) से। यहाँ ऐसा नहीं हुआ है, विशेषकर काश्मीर शैवमत के सन्दर्भ में तो बिल्कुल नहीं। श्रुति या आगम की व्याख्या और उसके विकास-सोपानों को ईश्वरविद्या की रूढिबद्धता से नहीं बाँधा जा सकता। आगमिक मीमांसा के तीन चरण हैं – (१) आगम, (२) व्याख्या और (३) तार्किक विश्लेषण (आन्वीक्षिकी)। यही स्थिति वेदान्त में भी है – (१) *उपनिषद्* (आगम), (२) *ब्रह्मसूत्र* (व्याख्या) और *भाष्य* (आन्वीक्षिकी)। अतः आगमिक सम्प्रदाय ईश्वर-विज्ञान नहीं हैं।[४]

पांडे की दृष्टि में काश्मीर शैवदर्शन दर्शन है। परम्परा भी यही मानती है। **सोमानन्द** अपने प्रसिद्ध ग्रन्थ *शिवदृष्टि* में दर्शन के पर्याय 'दृष्टि' का प्रयोग करते हुए इसे दर्शन मानते हैं और **माधवाचार्य** *सर्वदर्शनसंग्रह* में इसे प्रत्यभिज्ञादर्शन के नाम से संगृहीत करते हैं।

---

[२] "Kashmir Śaivism represents the most remarkable system of monistic theism." – *फ़ॉ.इ.क.*, भा.२, पृ.१४०

[३] ". . . in its essential theistic monism." – रेफ़्लेक्शन., पृ. ११७ (*अभिनवा : पर्सपेक्टिव्स.*)

[४] *इ.फ़ी.का.शै.*, कान्तिचंद्र पांडेय स्मारक भाषणमाला।

तन्त्रालोक के टीकाकार **जयरथ, सोमानन्द** से लेकर **अभिनवगुप्त** तक के दार्शनिकों का उल्लेख "तर्कस्य कर्तारः" कहकर करते हैं।[५] वस्तुतः इस सम्प्रदाय को दर्शन कहा जाना पांडे की दर्शनगत इस परिभाषा से समञ्जस बैठता है।[६] उनकी दृष्टि में दर्शन एक द्वन्द्वात्मक विचार-प्रक्रिया है। दर्शन सर्वदा विचारों का विमर्शन या प्रत्यालोचन है – वे चाहे युगीन हों या कालक्रमोपात्त। इस प्रक्रिया के तीन चरण हैं – (१) ये विचार मान्यता के रूप में समादृत हों, (२) विचारक को आत्म-मन्थन के द्वारा उपलब्ध हों और (३) जिन तथ्यों पर ये आधारित हों, उनका परीक्षण हो। दूसरे शब्दों में, मूल स्थापनाओं से परे जाकर उनके मूलाधारों पर संशय तथा परीक्षा। **नागार्जुन, शंकर** और काश्मीर शैवदर्शन के आचार्यों में इस द्वन्द्वात्मक चिन्तन के दोनों पक्ष समान रूप से उपलब्ध होते हैं। वे पक्ष हैं – (१) अन्य अर्थात् परीक्षणीय पूर्वपक्ष की मान्यताओं का निर्धारण (२) और फिर उनकी असंगतियों का उत्खनन। दर्शन का प्रारूप कोई भी हो, उसका प्रारम्भ निरपवाद रूप से किसी-न-किसी पूर्व मान्यता से होता है। काश्मीर शैवदर्शन अध्यात्मविद्या का एक प्रारूप है। यह जिस सत्य को मानकर प्रवृत्त होता है, उसकी सिद्धि किसी युक्ति से सम्भव नहीं है। वह इस अर्थ में अप्रमेय है कि वह बुद्धि की पहुँच की सीमा से परे है। ज्ञान के इस स्रोत को ही आगम कहा गया है।[७]

काश्मीर शैव दर्शन की आगमोपजीव्यता के प्रसंग में पांडे की एक अन्य किन्तु प्रासंगिक मान्यता का उल्लेख आवश्यक होगा। प्रत्येक आधारभूत दार्शनिक सिद्धान्त या पूर्वस्थापना के बीज में कोई-न-कोई विश्व-दृष्टि या सांस्कृतिक परिदृश्य (पर्सपेक्टिव) अवश्य रहता है। अधिकतर पारम्परिक दर्शनों में यह विश्वदृष्टि किसी धार्मिक परम्परा पर आश्रित रही है। भारतीय परम्परा में दर्शन दो सम्बद्ध अङ्गों की अन्तःक्रिया की उपज है – आन्वीक्षिकी (जिसे प्रसंगभेद से हेतु-विद्या या न्यायविद्या भी कहा गया है) और अध्यात्मविद्या। इनमें से पहले का आग्रह दर्शन के मननात्मक और यौक्तिक पक्ष पर है और दूसरे का सम्बन्ध मानवीय या अतिक्रामी विषयिता या आत्मतत्त्व से। इस अर्थ में सांख्य, वेदान्त, बौद्ध और प्रत्यभिज्ञा – ये सभी दर्शन युगपत् आगमानुसारी और न्यायानुसारी हैं। पांडे के शब्दों में : "एक ओर,

---

[५] तर्कस्य कर्तारो व्याख्यातारश्च। – *तं.वि.,* २, पृ. ३०

[६] लोकशास्त्रप्रसिद्धानां मतानां यद्विवेचनम्।
आत्मप्रतीतिसिद्धानामथवा यद्विमर्शनम्।
सर्वविद्याद्यतत्त्वानां न्यायतत्त्वविमर्शनम्।। – *इ.फ़ी.का.शै.*

[७] किंचिदागम्यते तत्त्वमुभयत्रापि सिद्धवत्।
शैवादिदर्शने तद्धि मुख्येनागम इष्यते।। – तदेव

उनके आधार परम्परा से उपात्त किन्तु निजी तौर पर उपलभ्य आध्यात्मिक सत्यों से निर्गत होते हैं और दूसरी ओर, वे अपनी आधारभूत अवधारणाओं का सुसम्बद्ध तार्किक विश्लेषण करते हैं। इसलिए शैव शासन या शास्त्र को दृष्टि, दर्शन, दृक् या नय का नाम दिया जाता है।"[८] पांडे का मन्तव्य स्पष्ट है। प्रत्ययवाद की ये सारी भारतीय विधाएँ आध्यात्मिक प्रत्ययवाद की ही विधाएँ हैं, न कि बौद्धिक (रैशनल) प्रत्ययवाद की। क्योंकि ये आनुभविक प्रदत्तों के आधार पर या प्रागनुभविक रूप से मानवीय सहज-बुद्धि/विवेक को चरम ज्ञानात्मक शक्ति (फ़ैकल्टी) नहीं मानतीं, बल्कि इनकी निष्ठा आध्यात्मिक अन्तर्दृष्टि की किसी परम्परा में बद्धमूल है और असम्भावना और विपरीत भावना का अपसारण करते हुए परम्परा-प्राप्त बोध और निज अनुभव-सिद्ध उपलब्धियों के सहारे वे अपने को जानना चाहती हैं।[९] काश्मीर शैवदर्शन की दार्शनिक इयत्ता का प्रश्न भले ही देखने में क्षुद्र लगे परन्तु मौलिक दार्शनिक मूल्यों के सन्दर्भ में इसका महत्त्व दूरगामी है। इतनी लम्बी चर्चा के पीछे यही औचित्य है।

भारतीय दार्शनिक परम्परा के साथ अन्विति

समग्र भारतीय दार्शनिक परम्परा के साथ अन्विति को लेकर जब हम काश्मीर शैवदर्शन का आकलन करते हैं तो हम देखते हैं कि विश्व की अन्य धार्मिक और दार्शनिक जीवन-दृष्टियों से भारतीय परम्परा को जो चीज अलग करती है, वह है संस्कृति और दर्शन के मूल मन्त्र के रूप में समाई उसकी आध्यात्मिकता। उसका मुख्य बिन्दु रहा है चेतना का 'अन्तर्मुख परिशीलन'। मानसिक विकल्पों में अथवा उनके विषयों में खोए बिना अपने को – विषयी को – खोजना, अनुभव-प्रवाह में आभासित आत्मिक चेतना का अनुसन्धान अध्यात्म साधना का रहस्य है।[१०] इसी की उपलब्धि मुख्य अर्थ में ज्ञान है। **वसुगुप्त** अपने *शिवसूत्रों* का प्रारम्भ ही, विषयीभूत चेतन की अपेक्षा (धर्मकल्प) चेतना को आत्मा से समीकृत करते हुए, करते हैं।[११] उनके संकेतार्थ को स्पष्ट करते हुए **उत्पल देव** अपनी *प्रत्यभिज्ञा कारिका* में घोषित

---

[८] "On the one hand, their foundations derive from spiritual verities received traditionally but realizable personally, and on the other, they undertake a systematic logical analysis of their basic concepts. So the Śaiva Śāsana or Śāstra is designated as *dṛṣṭi*, *darśana* or *dṛk* as well as *naya*." – रेफ़लेक्शन. (*अभिनवा : पर्सपेक्टिव्स*., पृ. ११६); और भी :

किं तावत् दर्शनं नाम विद्यायाः शैवसूरिभिः।
दृग्दृष्टिनयसिद्धान्तव्यपदेशैर्विवक्षिता।। – *इ.फ़ी.का.शै.*

[९] रेफ़लेक्शन.(*अभिनवा : पर्सपेक्टिवस*., पृ. १२३-१२४)

[१०] *भा.प.मू.स्व*., पृ. ३०।

[११] *चैतन्यमात्मा*। – *शि.सू.* १.१ (पांडे द्वारा उद्धृत, *भा.पं.मू.स्व*., पृ. ३०)

करते हैं कि जो ज्ञान चिति की आत्मानुसन्धानरूपी क्रिया में ही अपनी सार्थकता पाता है, ऐसे ज्ञान की खोज ही मनुष्य का चरम पुरुषार्थ है।[१२] *योगसूत्र* की भाषा में पांडे जहाँ इसे "द्रष्टा का स्वरूप में अवस्थान" कहते हैं,[१३] वहीं **अभिनवगुप्त**[१४] उसी *योगसूत्र* का आश्रय लेते हुए इसे "द्रष्टा की दृशिमात्रतापत्ति" के रूप में प्रस्तुत करते हैं।[१५] यही वह स्थिति है जो मनुष्य को आत्मस्थ कर सदा के लिए काम-कर्म-भोग के चक्र से मुक्त कर देती है।

पांडे का तात्कालिक सरोकार यद्यपि 'अध्यात्मविद्या और योग' से है, परन्तु निष्कर्षतः वे बार-बार काश्मीर शैवदर्शन के मन्तव्यों का आसूत्रण करते हैं। चेतना के इस स्वरूपावस्थान में अध्यात्मविद्या का दूसरा आयाम भी अन्तर्निहित है। पांडे के अनुसार अपनी खोज जहाँ एक ओर ज्ञान को खोज रही है, वहीं दूसरी ओर अपने स्थायी अस्तित्व को भी खोज रही है – अस्मिता के साथ अस्तिता का प्रत्यय युगनद्ध है। स्थायिता की खोज का दूसरा पड़ाव है, परलोक की कल्पना। कर्म और उपासना के द्वारा परलोक के साध्य माने जाने पर भी यह माना गया कि पारलौकिक गति कर्म मात्र पर आश्रित है और उतनी ही अनित्य है जितनी कि ऐहिक गति। इस अवधारणा का फल यह हुआ कि परलोक साधनरूपी धर्म अध्यात्म-पर्येषणा के समक्ष गौण हो गया। यह माना जाने लगा कि मनुष्य के लिए अमरता का वास्तविक अर्थ स्वरूपावस्थान के अतिरिक्त और कुछ नहीं है। इसीलिए मुक्ति, कैवल्य, निर्वाण को अमृतत्व या अमृत पद कहा जाता है।[१६] मनुष्य की लोकान्तर-यात्रा, उसके हेतु, देव-तत्त्व, उसकी उपासना, मृत्यु और अमृतत्व – ये सभी चेतना के ही अन्तर्गत, उसी के रूपान्तर अथवा विवर्त हैं। *प्रत्यभिज्ञाहृदय* के प्रथम सूत्र[१७] के प्रमाण से पांडे का मानना है कि स्वतन्त्र वस्तुओं के विश्व में चेतना कोई परतन्त्र धर्म नहीं है, बल्कि समग्र वस्तुव्यवस्था उसी से सिद्ध होती है। इसीलिए, उनका निष्कर्ष है, चेतना के अनुसन्धान रूप में आध्यात्मिकता को भारतीय संस्कृति का मूल मन्त्र कहा जाना चाहिए।[१८]

---

[१२] आत्मात एव चैतन्यं चित्क्रियाचितिकर्तृता।
तात्पर्येणोदितस्तेन जडात्स हि विलक्षणः।। – *ई.प्र.का.* १.५.१२

[१३] तदा द्रष्टुः स्वरूपेऽवस्थानम्। – *यो.सू.* १.३ (पांडे द्वारा उद्धृत, *भा.प.मू.स्व.*, पृ. ३०)

[१४] *ई.प्र.वि.(भा.)*, १, पृ. २४५।

[१५] द्रष्टा दृशिमात्रः. . . .। – *यो.सू.* २.२० (तदेव, **अभिनव** द्वारा उद्धृत)

[१६] *भा.प.मू.स्व.*, पृ. ३०।

[१७] चितिः स्वतन्त्रा विश्वसिद्धिहेतुः। – *प्र.हृ.* १

[१८] चितिरेव चेतनपदादवरूढा चेत्यसंकोचिनी चित्तम्। – *वही*, ५। पांडे को *प्रत्यभिज्ञाहृदय* का यह सूत्र अत्यन्त प्रिय है। इसे वे प्रायः उद्धृत करते हैं। देखिए *इ.फ़ी.का.शै.*; तुलना कीजिए, *धम्मपद* १.१: मनोपुब्बंगमा धम्मा मनोसेट्ठा मनोमया।

पांडे इससे एक अन्य और निष्कर्ष पर पहुँचते हैं, यद्यपि शब्दशः वह यह नहीं कहते। काश्मीर शैवदर्शन का अद्वैत पूर्णतावादी है और इस व्याख्या में वह वैदिक पूर्णत्ववाद की तन्त्र-दार्शनिक प्रतिकृति है। जीवन और मृत्यु की पृष्ठभूमि में व्यक्त आकार और निराकार अव्यक्त के बीच शक्ति का अखण्ड सूत्र देख सकना ही वैदिक पूर्णत्ववाद का आधार है।[१९] आन्तरिक और बाह्य का विरोध वैदिक ऋषियों की चेतना में नहीं पनपता। सारी विद्याओं का ब्रह्मविद्या की ओर उन्मुखन एक सहज प्रवाह का अंग है। "आरम्भ में नाना रूपधारी देवताओं में परम तत्त्व की उपासना और अन्त में एक परम तत्त्व में सभी नामरूपों का मूल देख सकना यह एक ही प्रक्रिया के दो छोर हैं।"[२०] इस दृष्टि में जगत् हेय या तिरस्कृत नहीं होता, क्योंकि जीवन की सारी अपूर्णताओं में एक सम्पूर्णता ही प्रतिबिम्बित होती दिखाई पड़ती है।

पूर्व उत्तर-वैदिक युग तक आते-आते आध्यात्मिक जीवन की तमाम समानान्तर परम्पराओं – आस्तिक और आस्तिकेतर दोनों – का उदय होता है और उनकी पारस्परिक अन्तःक्रिया से क्रमशः अनेक सम्प्रदाय विविध पारम्परिक सरणियों में अन्विति को तलाशते क्षितिज पर दिखाई देते हैं। प्राचीनतम वैदिक ऋषि अविरत दिव्य सत्ता की उपस्थिति के निरन्तर अनुभव और बोध के साथ जीते दिखाई देते हैं। यह वह स्थिति है, जिसकी तुलना काश्मीर शैवदर्शन में अनुपाय की स्थिति से या महायानी सिद्धों की सहज की स्थिति से की जा सकती है।[२१] यह बात अवश्य है कि अनुपाय या सहज के रूप में वैदिक अध्यात्म चेतना का यह पुनराविर्भाव 'धी' और 'ऋत' या उसके बौद्ध संस्करण 'प्रज्ञा' और 'धर्म' द्वारा जन्य आध्यात्मिक दृष्टि और सांसारिक कर्म के मध्य द्वैत के अपाकरण के प्रयत्नों के फलस्वरूप हुआ। यह वस्तुतः सहज दृष्टि और अखंड समग्रता का मार्ग था।[२२] पांडे की इस प्रस्तावना में एक असामान्य महत्त्व की घोषणा के बीज छिपे हैं। भारतीय दार्शनिक इतिहास में प्रश्न उठता रहा है कि तान्त्रिक धारा का उत्स क्या वैदिक धारा के उत्स से स्वतन्त्र और भिन्न है? भारतीविद्या के अधीतियों में इस पर गहरा मतभेद है। जहाँ तक पांडे का सवाल है, उनके उपर्युक्त विवेचन से उनका झुकाव असन्दिग्ध रूप से तन्त्रों में भी वैदिक धारा की अविच्छिन्नता के पक्ष में जान पड़ता है। इसीलिए काश्मीर शैवदर्शन की पूर्णता-भङ्गी वैदिक दर्शन की पूर्णता-भङ्गिमा का ही तान्त्रिक प्रतिबिम्बन है।

---

[१९] *भा.प.मू.स्व.*, पृ. ४१।

[२०] *तत्रैव*, पृ. ४७-४८।

[२१] *फ़ॉ.इ.क.*, पृ. १४४।

[२२] *तदेव*, पृ. १४६।

इस प्रकार यह देखना सहज है कि वैदिक और श्रमण संस्कृतियों के संयोजन से भारतीय आध्यात्मिक परम्परा का निर्माण हुआ है।[२३] इन दोनों ही पक्षों की समाहिति के प्रयत्न *गीता*, पुराण और तन्त्रों – आध्यात्मिक धारा के अभिव्यञ्जक माध्यमों – में देखे जा सकते हैं। यद्यपि तन्त्रों के विपुल साहित्य और उससे भी बढ़कर उसकी विपुलतर विविधता से पांडे का अन्तरंग परिचय है, तन्त्रों की सामान्य अभिधेयता उनके लिए काश्मीर शैवदर्शन में सिमट जाती है। गीता में कर्म और अकर्म की वास्तविक एकता प्रतिपादित की गई है और आनुष्ठानिक कर्म को कर्मयोग में और कर्मयोग को ज्ञानयोग में पर्यवसित माना गया है। पुराणों में ज्ञान को उपासना-साध्य मानकर यज्ञ के स्थानापन्न एक नए प्रकार के कर्मकाण्ड का विधान है। तन्त्रों में आन्तरिक स्वातन्त्र्य के रूप में ज्ञान और कर्म की मूल एकता का प्रतिपादन है। पुराणों में प्रतिपादित भक्ति में कर्म और संन्यास समाहित होते हैं, जबकि तन्त्रों में प्रकृति परावर्तन के द्वारा प्रवृत्ति और निवृत्ति का सहज समाधान हो जाता है।[२४] प्रत्ययान्तर से यही शिव-शक्ति का परिणाम या मिथुनभाव है। इस सत्य को भूलकर शक्ति को जड मात्र मान लेने से समस्त ऐतिहासिक सिद्धि जडवाद को ही अर्पित हो जाती है। *शिवसूत्र*[२५] को उद्धृत करते हुए पांडे का यह कथन काश्मीर शैव दर्शन का अनुवाद मात्र है कि –

> **चेतना का अनुसन्धान तब तक पूर्ण नहीं हो सकता है, जब तक सृष्टि के कारण को उसकी (विषयी की) इच्छा में न देखा जाए – स ऐक्षत बहु स्यां प्रजायेय।**[२६]

परा विद्या या अध्यात्मविद्या आत्मा के संवेदन का विषय है, पर उसका मार्ग अन्ततः आगम, अथवा शास्त्र से विदित होता है। यदि विद्या उपलब्ध्यात्मक है और योग उसका अन्तरंग साधन, तो उपदेश होने के नाते शास्त्रविद्या एवं योग उस उपलब्धि-योग के सहायक हैं। "उपनिषद् एवं महायान सूत्र, प्रत्यभिज्ञा एवं त्रैपुर आगम, योगवाशिष्ठ आदि में यह ज्ञान की परम्परा सुविस्पष्ट है।"[२७] हम स्पष्ट देख सकते हैं और पांडे की टिप्पणियों से साफ झलकता है[२८] कि भारतीय संस्कृति की आध्यात्मिक परम्परा के रूप में व्याख्या की जो शुरुआत

---

[२३] *भा.प.मू.स्व.*, पृ. ५६-५७।

[२४] तदेव, पृ. ५७।

[२५] इच्छाशक्तिरुमा कुमारी। – *शि.सू.* १.१३

[२६] *भा.प.मू.स्व.*, पृ. ५७; तुलना कीजिएः "स ऐक्षत" इति। . . . ईक्षणं ह्यत्र तावद् द्वितीयाभावात् स्वविषयमेवेष्टम्, स एव चाहंपरामर्शः। . . . अस्य तु जड़त्वेन परामर्शे शक्तत्वं नास्ति। – *ई. प्र.वि.* १.१.१ पर **भास्करकण्ठ** कृत *भास्करी*, १, पृ. १४

[२७] *भा.प.मू.स्व.*, पृ. १२५।

[२८] तदेव, पृ. २१।

महर्षि अरविन्द से होती है और अनुभूति एवं सिद्धान्त को समन्वित करते हुए शास्त्रीय सन्दर्भ में उसका जो व्यवस्थित और परिष्कृत रूप **कविराज** जी की कृतियों में मिलता है, पांडे की मीमांसा उसी का ऐतिहासिक/दार्शनिक/ अन्तर्सांस्कृतिक/मूल्यचिन्तनात्मक विश्वकोषीय विकास है और काश्मीर शिवाद्वयवाद की भारतीय संस्कृति के मूलाधारों के साथ अन्विति की पराकाष्ठा का आसूत्रण उसकी सहज परिणति है।

तान्त्रिक सन्दर्भ

काश्मीर शैव दर्शन की तान्त्रिकता को लेकर हम पांडे के विचारों की तीसरी कक्ष्या में प्रवेश करते हैं।[२९] तन्त्रों पर वह एक व्यापक फलक पर विचार करते हैं, परन्तु दार्शनिक पक्ष पर विचार करते समय वह अनायास ही काश्मीर शैवदर्शन में प्रवेश कर जाते हैं। भारत के प्रधान दर्शनों (आस्तिक और नास्तिक दोनों धाराओं में) से काश्मीर शैवदर्शन की व्यावृत्ति का एक प्रमुख आधार उसकी तान्त्रिकता में निहित है। तन्त्र को परिभाषित करते हुए वह कहते हैं : "तान्त्रिकता देव-सायुज्य/तादात्म्य के साधन रूप से गृहीत उपासना के अनुष्ठानात्मक और प्रतीकात्मक पक्ष को छोड़कर और कुछ भी नहीं हैं।"[३०] एक दूसरी परिभाषा भी वह देते हैं, जहाँ "प्रतीकात्मक और आनुष्ठानिक पक्ष" के स्थान पर वह "शब्द-विज्ञान" या "मन्त्र-विज्ञान" को रखते हैं।[३१] तन्त्र का सार है मन्त्र और उसका प्रतिफल है देवता-साक्षात्कार। **अभिनवगुप्त** के साक्षात् विद्यागुरु **लक्ष्मणगुप्त** के *शारदातिलक तन्त्र* के प्रामाण्य से[३२] परमेश्वर की प्रथम प्रसूति नाद को वह मन्त्र से एक मानते हैं।[३३] अपनी बात को वह **वसुगुप्त** के

---

[२९] देखिए *फ़ॉ.इ.क.* पृ. १५३-५६ : *"स्मृतिस् पुराणस् ऍण्ड तन्त्रस्"* अध्याय में *"तान्त्रिक आलकेमी"* – शीर्षक उपनिबन्ध

[३०] "Tantricism is nothing except the ritualistic and symbolic aspect of worship considered as a means of communion with a deity" – तदेव, पृ. १५४

[३१] "Tantra is the science of Word applied to gain communion with the Divine." – तदेव

[३२] सच्चिदानन्दविभवात् सकलात् परमेश्वरात्।
आसीच्छक्तिस्ततो नादो नादाद् बिन्दुसमुद्भवः।। – *शा.ति.* १.७

पुष्पिका और **राघवभट्ट** की *पदार्थादर्श* टीका के आधार पर *शारदातिलक* आचार्य **लक्ष्मणगुप्त** की कृति है। परन्तु अनेक विद्वान् इससे असहमत हैं। इस सम्बन्ध में देखिए मेरी *क्र.तां.*, भा. १, दिल्ली, पृ. १४७-४६। **लक्ष्मणगुप्त उत्पलदेव** के शिष्य और **अभिनवगुप्त** के प्रत्यभिज्ञा और क्रमदर्शन में गुरु थे।

[३३] *फ़ॉ.इ.क.*, पृ. १५५, १५६ (पादटिप्पणी ८)।

शिवसूत्र "चित्तं मन्त्रः"[३४] से पुष्ट करते हैं। मन्त्र विमर्शरूप है, विचाररूप है, प्रत्ययरूप है। मन्त्र का जप – अविरत पुनरावृत्ति–, संलग्न मानसिक प्रतिमाओं और विकल्पों से विचार को परिशुद्ध कर साधक की चेतना के रूप में व्यक्त करता है।[३५]

वह मूलभूत सिद्धान्त, जिस पर तन्त्र आश्रित है, यह है कि मानवीय चेतना में एक सर्जनात्मक सार्वभौम चेतना व्याप्त है, जो अन्तर्मुखन और बहिर्गमन की लय में नैसर्गिक रूप से अपने को व्यक्त करती रहती है – प्रतिश्रुति, प्रतिबिम्ब-सामान्य या अहं-विमर्श/आत्म-संवेदना की तर्ज पर। देवता-साक्षात्कार के लिए मानव-चेतना के लिए इस लय को पकड़कर उसके मूल तक पहुँचना आवश्यक है। परम सत्ता या ब्रह्म की परिभाषा ऐसे उत्स के रूप में की गई है जिससे जगत् का उद्भव होता है, जिसके द्वारा यह स्थित रहता है और फिर जिसमें लीन हो जाता है। परम चेतना के रूप में ब्रह्म में इस प्रकार एक स्वाभाविक शक्ति होती है जो अपने को विकास और संकोच, उद्भव और उपसंहार के दोलाभाव से क्रमशः प्रकट करती रहती है। चित्-शक्ति की इस आत्माभिव्यञ्जक लयबद्धता, आत्मच्छन्दन, को काश्मीर शैव दार्शनिकों ने स्फुरत्ता या स्पन्द की संज्ञा से निरूपित किया है।[३६] समग्र विश्व और उसका प्रत्येक अंश उस चरम ऊर्जा का स्पन्दन मात्र है और सारी विशेष ऊर्जाएँ और स्पन्दन उस चरम, सार्वभौम, सामान्य शक्ति और उसकी आत्मोद्गारिणी लय के ही प्रकार-वैचित्र्य हैं।[३७] इच्छा, ज्ञान और क्रिया ये तीन सोपान हैं, जिनके माध्यम से चित्-शक्ति अपनी सर्जनशीलता को प्रकट करती है।[३८] यह इच्छा स्वयं में आनन्द का उच्छलन मात्रं है – वह आनन्द जिससे

---

[३४] *शि.सू.* २.१।

[३५] पांडे का प्रतिपादन टीकाकार **क्षेमराज** के मन्तव्यों को प्रतिध्वनित करता है : "चेत्यते विमृश्यते अनेन परं तत्त्वम् इति चित्तं, . . . तदेव मन्त्र्यते. . . . इति कृत्वा मन्त्रः। . . . अथ च मन्त्रदेवताविमर्शपरत्वेन प्राप्ततत्सामरस्यम् आराधकचित्तमेव मन्त्रः।" – *शि.सू.वि.*, पृ. २३

[३६] *फॉ.इ.क.*, पृ. १५६, १५६ (पादटिप्पणी ६)। देखिए "स्फुरत्तासारस्पन्दशक्तिमय-शङ्करात्मकस्वस्वभावप्रतिपादनायैव चेदं शास्त्रं समुचितस्पन्दाभिधानं महागुरुभिर्निबद्धम्। . . . वस्तुतस्तु न किञ्चिदुदेति व्ययते वा, केवलं स्पन्दशक्तिरेव भगवत्यक्रमापि तथातथाभासरूपतया स्फुरन्त्युदेतीव व्ययत इव चेति।" – *स्पन्दकारिका* १.१ पर **क्षेमराज** की *निर्णय* टीका (जयदेवसिंह) पृ. ६-७

[३७] "एकैव सा महाशक्तिस्तया सर्वमिदं ततम्।" उद्धृत, *इ.फी.का.शै.* (स्रोत अनुपलब्ध); तुलना कीजिए:

गुणादिस्पन्दनिष्यन्दाः सामान्यस्पन्दसंश्रयात्।
लब्धात्मलाभाः सततं स्युर्ज्ञस्यापरिपन्थिनः।। – *स्प.का.* १.१९

[३८] "In fact, desire, knowledge and will represent three stages. . . ." फॉ.इ.क., पृ. १५६; यहाँ "action" की जगह "will" का मुद्रण छापे की गलती जान पड़ती है।

चिति परिभाषित, परिचिह्नित, होती है। इस प्रकार अपने को ही जानने और अपने को ही कहने, अपना ही अभ्युपगम करने की प्रक्रिया अनिवार्यतः रचनात्मक है। इस इच्छावादी अभिनिवेश के कारण तन्त्र बौद्ध, सांख्य और वेदान्त जैसे नितान्त ज्ञानवादी सम्प्रदायों से बिल्कुल अलग संवर्ग में खड़ा हो जाता है। फलतः तान्त्रिक साधना भी असंपृक्त साक्षी चेतना की खोज तक ही अपने को सीमित नहीं रखती अपितु विश्व-मानस (यूनीवर्सल माइन्ड) की लय के साथ अन्विति स्थापित करना चाहती है, क्योंकि उस परम चैतन्य के अन्दर ही साक्षित्व का कोई अर्थ हो पाता है। उस सार्वभौम चेतना के अन्दर ही साक्षित्व और स्रष्टृत्व (प्रकाश और विमर्श, शिव और शक्ति) एक ही अखण्ड सत् के क्षण मात्र हैं। मानवीय आकांक्षा का लक्ष्य विशुद्ध विषयिता या अहन्ता के आश्रय तक पहुँचना ही नहीं है, बल्कि उस दिव्य भाव की प्राप्ति भी है जो उसके अस्तित्व का आन्तरिक स्रोत है।[३९]

स्वरूपगत वैशिष्ट्य

काश्मीर शैव दर्शन की एक आध्यात्मिक दर्शन के रूप में परिकल्पना की सहज अपेक्षा होती है कि उसकी प्रातिस्विक विशेषताओं पर विचार किया जाए, दूसरे शब्दों में यह जाना जाए कि वह अपने को अन्य दर्शनों से कैसे व्यावृत्त करता है। **उत्पल** की *प्रत्यभिज्ञा कारिकाओं* पर **अभिनवगुप्त** की *विमर्शिनी* टीका के मंगलाचरण को पांडे सम्पूर्ण प्रत्यभिज्ञा दर्शन का प्रतीक मानते हैं।[४०] मंगलाचरण इस प्रकार है –

निराभासात् पूर्णादहमिति पुरा भासयति यत्
द्विशाखामाशास्ते तदनु च विभङ्क्तुं निजकलाम्।
स्वरूपादुन्मेषप्रसरणनिमेषस्थितिजुषस्
तदद्वैतं वन्दे परमशिवशक्त्यात्मनिखिलम्।।[४१]

यहाँ सम्प्रदाय का पूरी तरह से निरूपण हुआ है। सम्पूर्ण सत् परमशिव और शक्ति से एकरूप है। अपने ही स्वरूप से वह जगत् का सर्जन, धारण और संहार करता है। वह आभासों से 'रहित' है पर 'शून्य' नहीं है। इसके अन्दर सर्वप्रथम अहंभाव का उन्मेष होता है और फिर

---

[३९] तदेव, पृ. १५६।

[४०] *इ.फ़ी.का.शै.*।

[४१] "मैं उस परम तत्त्व को प्रणाम करता हूँ जो परमशिव और शक्तिरूप अद्वैत-समग्र है और जो आभासों से परे पूर्णावस्था से सबसे पहले 'अहम्' का भासन करता है और फिर अपनी इच्छा से अपनी शक्ति को दो हिस्सों में बाँट देता है; जो पूर्णतः आत्म-निर्भर है और अपनी शक्ति के क्रमिक विकास और संकोच द्वारा सृष्टि और संहार के लिए उत्तरदायी है"। – (लेखक कृत अनुवाद)

उससे द्वैतभाव का – विषयी/विषय, शब्द/प्रत्यय, शिव/शक्ति का। सम्प्रदायेतर व्यक्ति के लिए ऐसे सत् का परिभावन कठिन है। "निराभासात्" शून्यवाद को स्वीकार्य है और "पूर्णात्" अद्वैत वेदान्ती को। परन्तु "अहमिति पुरा भासयति" दोनों के लिए तिरस्कार्य है। "अहम्" के उन्मेष की स्थिति विचित्र है – इसे बन्ध का उदय माना जाए या अन्त। जब तक द्वैत का उदय नहीं हुआ है, 'अहन्ता' शक्ति का 'स्वरूप' कैसे हो सकती है? द्वैत का उदय तो सदाशिव की स्थिति में होता है। शिव और शक्ति उसके पूर्व हैं। अनुत्तर या निराभास, शिव और शक्ति, प्रकाश और विमर्श का सामरस्य कब बनता है?[४२]

इस सम्प्रदाय में परम सत् जिसे परमशिव, महेश्वर या अनुत्तर कहा गया है, चेतना या संविद्-रूप है। इसकी दृष्टि इस अर्थ में घोर प्रत्ययवादी है कि चेतना के विषय भी चेतनारूप हैं। परन्तु इसका अर्थ यह नहीं है कि वे भ्रान्त या असत् हैं। वे चेतना की अपूर्ण या सीमित आत्माभिव्यक्ति हैं और उन्हें पारिभाषिक तौर पर 'आभास' (= अपूर्ण भास) कहा गया है। स्वयं वह चेतना अखण्ड, सार्वभौम, कालातीत होने पर भी स्वरूपतः सर्जनात्मक और गतिमय है। इसके दो अविभजनीय घटक हैं – प्रकाश और विमर्श। प्रथम पक्ष में यह चेतना अपने अन्तर्विषय (कॉन्टेन्ट) का प्रकाशन या साक्षात्करण है, और दूसरे में अपना ही परामर्शन या अभिधान (सेल्फ-अफ़र्मेशन)। अंग्रेज़ी रूपान्तर की खोज में पांडे का 'विमर्श' के लिए 'सेल्फ-अफ़र्मेशन' शब्द बड़ा सटीक है।[४३] चेतना की यह अवधारणा सांख्य की तद्गत धारणा से भिन्न है जहाँ पुरुष केवल देख सकता है (साक्षी) और प्रकृति केवल क्रिया कर सकती है (परिणामी)। यह वेदान्त से भी भिन्न है जहाँ ब्रह्म (साक्षिचैतन्य) देखता तो है, परन्तु देखने के लिए उसका कोई 'अन्तर्विषय' (कॉन्टेन्ट) नहीं है (अधिष्ठानचैतन्य)। यहाँ संवित् वस्तुतः स्वरूपतः अहंचेतना या आत्म-चैतन्य है और निस्सीमतः सर्जनात्मक है। सृष्टि और कुछ न होकर आत्म-विमर्शन मात्र है। यही वस्तुतः अहंपरामर्श या चेतना का अहंभाव है।[४४]

आत्मा, ब्रह्म या परमशिव और चैतन्य इनमें केवल नाम का अन्तर है। "तत् त्वमसि" – इस उपनिषद् वाक्य ने जब से मानवीय या व्यष्टि आत्मा की सर्वोच्च समष्टि सत् से एकता प्रतिपादित की, आत्मा का प्रत्यय भारतीय दर्शन का सबसे केन्द्रीय और चुनौती भरा प्रत्यय रहा है। आत्मा को घेरने वाले विवाद का स्वरूप भी तत्त्वतः पारतात्त्विक/तत्त्वमीमांसीय रहा

---

[४२] *इ.फ़ी.का.शै.*। यहाँ यह स्पष्ट करना उचित होगा कि शिव, शक्ति, सदाशिव इत्यादि की तत्त्वभाव में कल्पना और शिव-शक्ति की परम तत्त्व के स्वरूपघटक के रूप में परिकल्पना ये दोनों भिन्न हैं। प्रकाश-विमर्श के पर्यायरूप में शिव-शक्ति ज्यादा मौलिक प्रत्यय हैं, जैसा आगे स्पष्ट होगा।

[४३] "Consciousness is both passive and active, registering a content and apperceiving it as self-expression." – *फ़ॉ.इ.क.*, पृ. १४०

[४४] तदेव, पृ. १४१।

है। आत्मा क्या विशिष्ट सत् है, क्या इसकी सत्ता द्रव्यात्मक है या अतिक्रामी, और क्या यह वैयक्तिक है या वैश्विक? ये वे तीन प्रश्न हैं जिन पर भारत के दार्शनिक विचारक अपनी स्थिति को परिभाषित करते रहे हैं।[४५] काश्मीर शैवदर्शन की दृष्टि में आत्मा सत् है, सार्वभौम है, अतिक्रामी है और फिर भी व्यष्टि सत् को अपने में और अपने से भासित करने के कारण उससे एकरूप है। धर्मी और धर्म, द्रव्य और गुण आदि का प्रश्न या तो अप्रासंगिक कहा जा सकता है और/या औपचारिक, क्योंकि आत्मा (द्रव्य/धर्मी) और चैतन्य (भाव/धर्म/गुण) दोनों अविच्छिन्न और एक हैं। फिर भी यदि इतनी ही अनिवार्यता हो तो उसे धर्मी, प्रमाता या कर्ता की श्रेणी में रखना होगा।[४६] किन्तु वह ऐसा कर्ता होगा जो कर्तृत्व का आश्रय न होकर तद्रूप होगा। मानवीय आत्मा का स्वरूप चिद्रूप या ज्ञानात्मक मानने पर उस ज्ञान को क्या तार्किक या विचारात्मक कहा जा सकता है, यह प्रश्न आवश्यक रूप से उपस्थित होता है।[४७] समस्त भारतीय परम्परा में, जो आत्मा को ज्ञानस्वरूप मानते हैं वे भी उस ज्ञान को अध्यवसायात्मक या बौद्धिकक्रिया-(आ)त्मक नहीं मानते। **शंकर** के लिए यह ज्ञान निर्गुण और निर्विशेष है। **भर्तृहरि** में समस्त प्रत्यय के शब्द से अनुविद्ध होने पर भी शब्द का मूलरूप पश्यन्ती वाक् है, जो कि एक प्रकार से प्रातिभ ज्ञान का दूसरा नाम है। काश्मीर शैव दर्शन में प्रकाश के सविमर्श होते हुए भी[४८] विमर्श और बौद्धिक विकल्प एक नहीं हैं। प्रकाश यदि संवित् या ज्ञान है तो विमर्श उसी की क्रियाशीलता।[४९] चेतना की प्रत्येक क्रिया में, प्रत्येक अवस्था में शिव का ही ज्ञान होता है – जानते हुए, इच्छा करते हुए, क्रिया करते हुए, स्मरण करते हुए; जो नहीं ज्ञात होता है वह है उसकी महिमा, ज्ञान, चैतन्य, उसका वास्तविक स्वरूप। यह जानना ही वास्तविक प्रत्यभिज्ञा है –

तमेव भान्तमनुभाति सर्वम्
तस्य भासा सर्वमिदं विभाति।[५०]

---

[४५] तदेव, पृ. १६०।

[४६] तदेवं परत्वेन प्रधानतया अभिसंधाय आत्मा चेतन इति वक्तव्ये धर्मान्तराधरीकरणाय विमर्शधर्मोद्धुरीकरणाय च "आत्मा चैतन्यम्" इति उक्तम्। – *ई.प्र.वि.*, १, पृ. २५८-५९

[४७] *साहित्य, सौन्दर्य और संस्कृति*, पृ. २५।

[४८] स्वभावमवभासस्य विमर्शं विदुरन्यथा। – *ई.प्र.का.* १.५.११

[४९] *साहित्य सौन्दर्य और संस्कृति*, पृ. २६।

[५०] *इ.फ़ी.का.शै.*। प्रो० पांडे के वक्तव्य में मानो **अभिनवगुप्त** का कथन प्रतिच्छायित हो उठा है – "'प्रतिभाति घटः' इति यद्यपि विषयोपश्लिष्टमेव प्रतिभानं भाति तथापि न तद्विषयस्य स्वकं वपुः, अपितु संवेदनमेव तत् तथा चकास्ति 'मां प्रति भाति' इति प्रमातृलग्नत्वात्। तथा च वेदः – 'तमेव भान्तमनु भाति सर्वं तस्य भासा सर्वमिदं विभाति' इति।" – *ई.प्र.वि.*, १, पृ. ३४८-५०

काश्मीर शैव दर्शन की आध्यात्मिक साधना में[५१] साध्य भूमिका (अविकल्पात्मिका संवित् = महेश्वर) और साधन भूमिका (भेद-भेदाभेद-अभेदमय संस्करणीयविकल्प-शुद्धविकल्प-अविकल्प ज्ञानरूप उपाय) में कोई अन्तर नहीं है। शिव को शक्ति के परिप्रेक्ष्य में शक्तिमान् कहा जाता है – चित्, आनन्द, इच्छा, ज्ञान और क्रिया उसकी शक्तियाँ हैं। उपाय में शिव की ये सारी विशेषताएँ हैं। शाम्भव उपाय में इच्छा, शाक्त में ज्ञान और आणव में क्रियाशक्ति का ही प्रस्फुटन होता है। इसलिए उपाय उपेय से अतिरिक्त नहीं है – "उपायजालं न शिवं प्रकाशयेद्, घटेन किं भाति सहस्रदीधितिः।"[५२] पांडे का दृढ़ विश्वास है कि –

> **आप अपने स्वरूप पर जितना ही मनन करते हैं उससे आप का स्वरूप उतना ही स्फुट होता जाता है।**[५३]

इस सम्प्रदाय के अनुसार विश्वात्मा अपने को ही आधार बनाकर वहाँ अपने अन्दर स्थित विश्व को प्रकट करता है।[५४] आभासित विश्व का परम तत्त्व से वही सम्बन्ध है जो दर्पण में प्रतिबिम्बित बिम्ब का दर्पण से। अर्थात् आभासित विश्व की परम तत्त्व से एकता वास्तविक है और भेद प्रतीतिगत है।[५५] अभिव्यक्ति के आधार रूप में अवस्थित परतत्त्व का पक्ष प्रकाश और उस अभिव्यक्ति की शक्ति को विमर्श कहा जाता है। आभास या आभासित जगत् का विश्वचेतना से क्या सम्बन्ध है? उत्तर है, अभेद सम्बन्ध। क्योंकि यह चेतना बिम्बों की आधारभूमि भी है और उनकी ग्राहिका भी। इस प्रकार इस दर्शन में शिव से लेकर पृथ्वी तक के सभी तत्त्व परम तत्त्व में उसी प्रकार स्थित हैं, जैसे विचार हमारी आत्मा में। बाह्य उपादान की अपेक्षा के बिना चित् तत्त्व की इच्छा से इन्हें बहिर्वत् भासित किया जाता है।[५६] विश्वात्मा के द्वारा व्यक्त किए जाने के कारण (आभास्यते) और आभासित (आभासते) होने के कारण इसे आभास कहा जाता है।

इस सन्दर्भ में शैव चिन्तक, पाञ्चरात्र मत का अनुसरण करते हुए सृष्टि के दो स्तरों

---

[५१] शब्दभेद से पौरुष और बौद्ध द्विविध ज्ञानों में से इसे हम बौद्ध ज्ञान की तान्त्रिक साधना भी कह सकते हैं।

[५२] उद्धृत, *इ.फी.का.शै.*; **भास्करकण्ठ** द्वारा उद्धृत, (*भास्करी*), १, पृ. ४८।

[५३] *इ.फी.का.शै.*।

[५४] स्वेच्छया स्वभित्तौ विश्वमुन्मीलयति। – *प्र.हृ.* २

[५५] निर्मले मुकुरे यद्वद् भान्ति भूमिजलादयः।
अमिश्रास्तद्वदेकस्मिंश्चिन्नाथे विश्ववृत्तयः।। – *तं.आ.* ३.४

[५६] चिदात्मैव हि देवोऽन्तःस्थितमिच्छावशाद्बहिः।
योगीव निरुपादानमर्थजातं प्रकाशयेत्।। – *ई.प्र.का.* १.५.७

की चर्चा करते हैं – शुद्ध और अशुद्ध। इन्हें क्रमशः शुद्ध अध्वा और अशुद्ध अध्वा भी कहा जाता है। दो प्रकार की सृष्टियाँ क्यों? इसके दो उत्तर दिए जाते हैं। दोनों समाधान दार्शनिक भङ्गिमा लिए हुए हैं। यदि ईश्वर स्रष्टा है और आप्तकाम है ("आप्तकामस्य का स्पृहा") तो सृष्टि में कर्म, नैर्घृण्य, की कोई भूमिका नहीं रह जाती और यदि जगत् की रचना में कर्म की अपेक्षा बनी रहती है तो ईश्वर अनावश्यक हो जाता है। समाधान में शैव शुद्ध, अक्रम, कालरहित सृष्टि की बात करते हैं। कर्म-सृष्टि अशुद्ध सृष्टि है जिसका संबन्ध अज्ञानग्रस्त जीव से है। ईश्वर की साक्षात् सृष्टि न होकर उसके द्वारा नियुक्त शुद्ध प्रमाताओं के माध्यम से उपात्त सृष्टि है। दूसरा उत्तर है कि जब ईश्वर इच्छा करता है उसका अन्तःस्थ विचार प्रकट हो जाता है, पर उस आभासित का चिदात्मा ईश्वर से अभेद बना रहता है। यह सृष्टि की शुद्धावस्था है – शिव से लेकर शुद्धा विद्या तक।[५७] परम शिव निराभास है, पर पूर्ण है। उससे सृष्टि का आरम्भ होता है। पहला आरम्भ अहं का है (निराभासात् पूर्णादहमिति यत्)। तत्त्वों की भाषा में यह शिव और शक्ति तत्त्व की स्थिति है। वेद्यवेदक भाव से विभाजन होने के कारण सदाशिव भूमि का उन्मेष होता है – "अहमिदम्"। यह विकल्प प्रत्यक्ष में होने वाली अस्फुट प्रतीति से तुलनीय है। यह शुद्ध इच्छागत अस्फुट प्रतीति है। यही प्रतिभा है,[५८] इसे ही पश्यन्ती कहते हैं। इसकी इच्छामात्र से इच्छाविषय (इदं) सिद्ध हो जाता है, यही चिदात्मा देव की सनातन सृष्टि है। अन्तःस्फुरित को वह फिर क्रियान्वित करता है, तब ईश्वर तत्त्व का उद्रेक होता है – "इदमहम्"। और क्रिया से स्फुटित अब अहन्ता और इदन्ता बराबर का वज़न रखने पर भी प्रमाता के अधिकरण पर बने रहते हैं। यह स्थिति है शुद्ध विद्या की। जब ईश्वर क्रिया के रूप में व्यक्त करना चाहता है – प्रमाता

---

[५७] डॉ. कान्तिचन्द्र पांडेय स्मारक भाषणमाला, तीसरे दिन का सौन्दर्यशास्त्र परक भाषण।

[५८] यहाँ विचारणीय है – व्याकरण दर्शन में प्रतिभा पश्यन्ती से एक रूप हो सकती है, परन्तु शिवाद्वयवाद में प्रतिभा परास्थानीय है, पश्यन्तीस्थानीय नहीं। प्रतिभा के दो समीकरण मिलते हैं। काव्यशक्ति के रूप में जिस प्रतिभा का ग्रहण होता है, वह सदाशिव से ऊपर शक्तितत्त्व से सम्बन्धनीय है। **मम्मट** ने उसे "शक्ति" कहा भी है (शक्तिर्व्युत्पत्तिरभ्यासः इति हेतुस्तदुद्भवे)। *तन्त्रालोक* और *परात्रिंशिका* में उसे "प्रतिभाचमत्कृति" कहा गया है। **अभिनवगुप्त** *ध्वन्यालोकलोचन* के पहले उद्योत के समापन श्लोक में "प्रतिभा" कहकर "परा" वाक् की वन्दना करते हैं –

यदुन्मीलनशक्त्यैव विश्वमुन्मीलति क्षणात्।
स्वात्मायतनविश्रान्तां वन्दे तां प्रतिभां पराम्।।

दूसरी प्रतिभा है परम प्रमाता के, महेश्वर के, विश्वमय पक्ष से एकरूप। इस अर्थ में वह सारी सृष्टि और उसकी परम चिल्लग्नता की वाचक है –

या चैषा प्रतिभा तत्तत्पदार्थक्रमरूषिता।
अक्रमानन्तचिद्रूपः प्रमाता स महेश्वरः।। – *ई.प्र.का.* १.७.१

के बाहर, तब ईश्वर शुद्धसृष्टि से बाहर आता है। जब तक परम शिव/ईश्वर अपने को प्रमाता के रूप में सीमित नहीं करेगा तब तक हमारा परिचित विश्व, व्यवहार-जगत् आरम्भ नहीं होगा, जिसमें अपोहन शक्ति के कारण विषय पृथक्-पृथक् हैं। पांडे की दृष्टि में इसे ही आणव मल कहते हैं।[५९] **कविराज** जी कहते हैं कि बिना आँखे बन्द किए आप अपने अन्दर झाँक नहीं सकते – "तत्सृष्ट्वा तदेवानुप्राविशत्।" इसे ही विश्वमय सृष्टि (इम्मानेन्ट क्रिएशन) कहते हैं।

पांडे का यह मन्तव्य उचित है कि वेदान्त, बौद्ध दर्शन और **भर्तृहरि** जैसे अद्वैतवादी दर्शनों की प्रत्यालोचना द्वारा काश्मीर शैवदर्शन अपने को एक युक्त्याश्रयी (रैशनल) दर्शन के रूप में स्थापित करता है।[६०] प्रत्यभिज्ञा दर्शन सांख्य दर्शन की प्रक्रिया और तत्त्व-मीमांसा को एक घटक के रूप में स्वीकार करता है, पर इसके द्वैतवाद का तिरस्कार करता है। ऐसा करने में वह प्रायः अद्वैत वेदान्त की ही प्रक्रिया का आश्रय लेता है। पांडे की सम्भावना है कि *उपनिषद्* और *ब्रह्मसूत्रों* में पाए जाने वाले प्राचीन वेदान्त की काश्मीर शैव ईश्वराद्वैत से अत्यन्त निकटता के कारण अद्वैत वेदान्त की उतनी अधिक विवेचना यहाँ नहीं मिलती जितनी सांख्य की। यह बात भी सही है कि काश्मीर शैव अद्वयवाद को समझने के लिए वेदान्त की समीक्षा द्वारा वहाँ पहुँचना बेहतर होता,[६१] फिर भी चूँकि दोनों ही परम्पराएँ अपनी-अपनी आध्यात्मिक या आगम परम्परा पर निर्भर हैं अर्थात् आगमानुसारी हैं, अतः इस पद्धति की बहुत उपयोगिता रह नहीं जाती।[६२] मजे की बात यह है कि पांडे के इस विचार को **अभिनव** का समर्थन मिलता है।[६३] हाँ, यह कहना उचित होगा कि वेदान्त भी अद्वैत या ब्रह्माद्वैत तक द्वन्द्वात्मक चिन्तन के द्वारा ही पहुँचता है। व्यवहार-बुद्धि (कॉमन सेन्स) की

---

[५९] आणव मल की शास्त्रीय अवधारणा थोड़े भिन्न प्रकार की है। आणव मल का व्यापार तो शुद्ध सृष्टि से प्रारम्भ हो जाता है। शिवतत्त्व के आविर्भाव में भी तिरोधान शक्ति सक्रिय रहती है – विमर्श का निषेध और प्रकाश का उद्रेक, अहंभाव का उद्रेक और इदंभाव का निषेध – यही शिवतत्त्व है। तिरोधान शक्ति और अपोहन शक्ति यद्यपि आपाततः एक ही अर्थ को देती हैं परन्तु सन्दर्भ-भेद से अभिप्राय में सूक्ष्म अन्तर आ जाता है। तिरोधान शक्ति अस्तित्वमूलक (ऑन्टोलॉजिकल) शक्ति है और अपोहन ज्ञानमूलक (कॉग्निटिव)। अस्तित्वगत परिसीमन में तिरोधान और बोधगत परिसीमन में अपोहन की कार्यकारिता है। परन्तु ऊपर वक्तव्य की मूल आत्मा में कोई अन्तर नहीं पड़ता।

[६०] *रेफ़लेक्शन.* (*अभिनवा : पर्सपेक्टिव्स.*, पृ. ११७)।

[६१] *इ.फी.का.शै.*।

[६२] *रेफ़लेक्शन.* (*अभिनवा : पर्सपेक्टिव्स.*, पृ. ११७)।

[६३] पारमेश्वरेषु तावदागमेषु शैववैष्णवरहस्येषु च स्पष्ट एव उक्तोऽयमस्मदुक्तोऽर्थः। – *ई.प्र.वि.वि.*, ३, पृ. ४०५

शपथ लेने वाले नैयायिकों ("संविदेव भगवती नः शरणम्" – हर पदार्थ की सत्ता का प्रमाण हमारी प्रतीति है) की सत् की अवधारणा में द्वन्द्वात्मक कठिनाइयों की पकड़ उन्हें अद्वैत तक ले जाती है।[६४] इन निष्कर्षों में वे प्रधानतया श्रुति और आवश्यक स्थलों पर तर्क की सहायता लेते हैं। हाँ इस द्वन्द्वात्मक चिन्तन पर महायान के प्रभाव के कारण **गौडपाद** और **शंकर** उपनिषद् और *ब्रह्मसूत्र* के गतिशील और सर्जनात्मक परमतत्त्व का परित्याग कर माया की शरण लेते हैं, जब कि प्रत्यभिज्ञा के लिए चेतना का सार उसका विमर्श या क्रिया है। महायान और **शंकर** के लिए सारी क्रिया विक्रिया है, अतः कालातीत सत् (इटर्निटी) में उसका प्रवेश वर्जित है। प्रत्यभिज्ञा के लिए जो भी नित्य है, शाश्वत है, वह अपने को निर्मित क्रिया में अभिव्यक्त करता रहता है।[६५] **अभिनवगुप्त**[६६] और **क्षेमराज**[६७] इन दोनों दर्शनों में इसी भेद को रेखांकित करते हैं।

बौद्धों की कठोर तर्क-प्रणाली और निर्मम आलोचना ने प्रत्यभिज्ञा को युक्ति और अनुमान का सहारा लेने के लिए विवश किया। **अभिनवगुप्त** बौद्धों को प्रधान प्रतिपक्षी मानते हैं, क्योंकि आत्मा की सत्ता में ही उनका विश्वास नहीं है।[६८] चूँकि बौद्धों और काश्मीर शैव दार्शनिकों में प्रत्यक्ष संघर्ष नहीं हुआ, इसलिए बौद्धों से उनकी लड़ाई द्विमुखी हो जाती है। एक ओर वे बौद्धों की मान्यताओं की परीक्षा करते हैं, तो दूसरी ओर ईश्वर और आत्मा की अवधारणाओं और उनके प्रामाण्य में प्रयुक्त न्याय की अवधारणात्मक और तार्किक युक्तियों पर किए गए बौद्धों के प्रहार में असंगतियाँ और दुर्बलताएँ खोजते हैं। ऐसे में जैसे वेदान्तियों को व्यवहार में भाट्टमत मान्य नज़र आया था (व्यवहारे भाट्टनयः), शैवाचार्य न्याय दर्शन को व्यवहार में उपयुक्त पाते[६९] हैं। सच देखा जाए तो सत् की संघटना में मन या चित्त की केन्द्रीयता बौद्ध न्याय का प्राण है और नैयायिक के सद्वाद की तुलना में प्रत्यभिज्ञा के अधिक निकट है। नैयायिक के असत्कार्यवाद, ईश्वर के निमित्तकारणतावाद की आलोचना में **उत्पल** और **सोमानन्द** किसी भी प्रकार की उदारता नहीं दिखाते, इसलिए व्यवहार में प्रत्यभिज्ञावादियों द्वारा न्याय के प्रति प्रदर्शित इस सौजन्य की महत्ता कहीं अधिक दूरगामी प्रतीत होती है। न्याय के अनुमानगत पञ्चावयवत्व को स्वीकार करते हुए पूरी *ईश्वरप्रत्यभिज्ञाकारिका*

---

[६४] *इ.फ़ी.का.शै.*।

[६५] *रेफ़लेक्शन.* (*अभिनवा : पर्सपेक्टिव्स.*, पृ. १२६)।

[६६] . . . ब्रह्मवादे अविद्यां मायाशक्तीकृत्य . . . सिध्यत्येव जनः। – *ई.प्र.वि.वि.*, ३, पृ. ४०५

[६७] स्वतन्त्रशब्दो ब्रह्मवादवैलक्षण्यमाचक्षाणश्चितो माहेश्वर्यसारतां ब्रूते। – *प्र.हृ.*, पृ. ५

[६८] आत्मन एव सद्भावे ये विप्रतिपन्नाः, . . . त एव इह मूलविपक्षाः। – *ई.प्र.वि.वि.*, १, पृ. ११२

[६९] *रेफ़लेक्शन.* (*अभिनवा : पर्सपेक्टिव्स.*, पृ.११७)।

को परार्थानुमान के रूप में प्रस्तुत करना और क्रिया, सम्बन्ध, सामान्य आदि अवधारणाओं को व्यावहारिक रूप से सत्य और कार्यकारी मानना लोकजीवन में नैयायिक मन्तव्यों की पारमार्थिकता को स्वीकार करना है।[७०] इसका यह भी अर्थ है कि वे सत् जैसे क्रिया, सम्बन्ध, सामान्य आदि जो बौद्धों के द्वारा युक्ति-परीक्षा में उपपन्न नहीं हो पाते और फिर भी व्यवहार में अनिवार्य हैं, शैव सन्दर्भ में स्वीकार्य हो जाते हैं।[७१]

जैसा कि हमने देखा, बौद्ध प्रधान विपक्ष की भूमिका निभाते हैं। बौद्ध दर्शन प्रारम्भ में आगमानुसारी होने पर भी धीरे-धीरे आगम के प्रामाण्य से हटने लगता है। महायान में युक्त्युपपन्नता आगम की वैधता की कसौटी बनती है और **वसुबन्धु** के बाद केवल दो ही प्रमाण रह जाते हैं – प्रत्यक्ष और अनुमान। इस प्रकार **धर्मकीर्ति** और **शान्तरक्षित** के सम्प्रदायों के लिए आगम अपनी प्रयोजनीयता खो बैठते हैं और यही दोनों सम्प्रदाय प्रत्यभिज्ञा के लिए प्रतिनिधि पूर्वपक्ष की भूमिका निभाते हैं। यहाँ इस ओर ध्यान दिलाना उचित होगा कि चूँकि **भर्तृहरि** का सम्प्रदाय बौद्धों के लिए एक अत्यन्त महत्त्वपूर्ण पूर्वपक्ष है, यह भी शैव दार्शनिकों के लिए मानक पूर्वपक्ष बनकर उभरता है।[७२]

पांडे बौद्ध दर्शन और प्रत्यभिज्ञा के मध्य वैचारिक संघर्ष का सविस्तर गम्भीर विवेचन करते हैं।[७३] हम यहाँ पर उनकी मूल स्थापनाओं का ही आकलन करेंगे। दोनों दर्शन नितान्त विरोधी पूर्वस्थापनाओं को लेकर चल रहे हैं। एक ओर घटमान निर्वैयक्तिक धर्मों का संसार है तो दूसरी ओर अहं-चेतना की क्रियाशीलता से अनुप्राणित विश्व। एक ओर आत्मा, ईश्वर, विषयी और विषय की स्थायिता है तो दूसरी ओर अनात्मवाद, ईश्वर का अभाव, विषयी और विषय की अस्थायिता या क्षणिकता। बौद्धों का सत् का सिद्धान्त आत्यन्तिक रूप से द्वन्द्वात्मक है और वही स्थिति काश्मीर शैव दार्शनिक की भी है। बौद्धों के सत् की पहचान उसके अर्थक्रियाकारित्व से है। वहाँ न किसी अवयवी की सत्ता है, न द्रव्य की, और न ही अर्थक्रिया के अतिरिक्त किसी धर्म की।[७४] बौद्धों के इस सिद्धान्त का उद्भव सांख्य, न्याय

---

[७०] इत्येवं पञ्चावयवात्मकमिदं शास्त्रं परव्युत्पत्तिफलम्। नैयायिकक्रमस्यैव मायापदे पारमार्थिकत्वम् इति ग्रन्थकाराभिप्रायः 'क्रियासम्बन्धसामान्य' (ई० प्र० का० २.२.१) इत्यादि उद्देशेषु प्रकटीभविष्यति। – *ई.प्र.वि.*, १, पृ. ४३; और भी देखिएः ई.प्र.वि., २, पृ. १४०

[७१] एकानेकरूपस्य क्रियादेः बाह्यवादे विरुद्धधर्माध्यासदूषणेन अनुपपद्यमानस्याप्यवश्यसमर्थनीयं वपुः। – *ई.प्र.वि.*, २, पृ. ३२; द्र. "दी प्रत्यभिज्ञा ऍण्ड दी लॉजिकल-एपिस्टेमॉलोजिकल स्कूल ऑफ़ बुद्धिज़्म,' **रफेल टोरेला** का लेख, *रिचुअल ऍण्ड स्पेकुलेशन*, पृ. ३२९

[७२] *रेफ़लेक्शन*. (*अभिनवा : पर्सपेक्टिव्स*., पृ. ११७)।

[७३] तदेव, पृ. ११७-२९।

[७४] तदेव, पृ. ११७-१८।

और वेदान्त आदि सम्प्रदायों के मतों की पृष्ठभूमि में हुआ था। बौद्धों के परिवर्तन के सिद्धान्त का जन्म सत्कार्यवाद, असत्कार्यवाद और विवर्तवाद के अस्वीकार से होता है। कार्यकारणभाव यदि है तो उसका रूप है प्रतीत्यसमुत्पाद अर्थात् कारणता घटनाओं का केवल व्यवस्थित क्रममात्र है। कोई चीज़ किसी को न उत्पन्न करती है और न किसी से उत्पन्न होती है। घटनाओं में न पारस्परिक अन्तःक्रिया है और न सातत्य। सापेक्ष होने के कारण प्रत्येक घटना परतन्त्र है। सदृश कूटस्थ क्षणों के प्रवाह में गति या स्थिरता का प्रत्यय भ्रम मात्र है। व्यावहारिक पदार्थ या स्थिरता सत् पर आरोपित विकल्प मात्र है।[७५]

जैसा कि हम देख चुके हैं, शैव आलोचना व्यवहार-बुद्धि (न्याय) से प्रारम्भ करती है, पर नितान्त भिन्न तत्त्वमीमांसात्मक निष्कर्षों पर पहुँचती है। सम्प्रदाय के प्रथम दार्शनिक ग्रन्थ *शिवदृष्टि* में **सोमानन्द** का तर्क है कि "अहं जानामि" "सः जानाति" जैसे ज्ञानों को एक क्षण से अधिक की अपेक्षा होती है। **सोमानन्द** का दूसरा तर्क है कि क्षणिकता के कारण प्रमाता की अस्थायिता से कर्म-सिद्धान्त का अपलाप होता है। **सोमानन्द** के इस तर्क में नई बात नहीं है। परन्तु **सोमानन्द** की तीसरी आपत्ति दार्शनिक तौर पर महत्त्व की है। वह यह कि विज्ञान, ज्ञान के रूप (विद्यारूप) में, नित्य है, अनित्य नहीं। यह दूसरी बात है कि स्वयं बौद्ध प्रज्ञप्ति और असंस्कृत धर्मों को नित्य मानते हैं। पर सामान्यतः व्यावहारिक या आनुभविक ज्ञानों की कालिकता संवृतिमात्र है। **सोमानन्द** के अनुसार प्रत्यक्ष और प्रत्यभिज्ञान आदि प्रमाण भी क्षणिकता का निषेध करते हैं। हम प्रत्यभिज्ञान उसी वस्तु का करते हैं जो एक क्षण से अधिक रहती है और/या तब तक प्रत्यक्ष करते हैं जब तक उस ज्ञान का बाधन नहीं होता। अपने प्रत्युत्तर में बौद्ध प्रत्यभिज्ञा या सविकल्प प्रत्यक्ष (विकल्प) को सादृश्य से होने वाला भ्रम मानते हैं।[७६]

पांडे का कहना है कि दोनों पक्षों के तर्क सत् की भिन्न अवधारणाओं पर आश्रित हैं। शैव तर्कों का व्यावहारिक पदार्थों से जो सम्बन्ध है वह स्थूल स्तर पर है, जबकि बौद्ध तर्कों का सत् के सूक्ष्म स्तर से। बौद्धों के लिए इन्द्रिय-प्रदत्त का पर्याय स्वलक्षण वस्तुसत् है, न कि सामान्यलक्षण, सङ्घात या सन्तान। कारणता घटित होती है स्वलक्षण के स्तर अर्थात् सूक्ष्म स्तर पर। बौद्धों का कहना है एक क्षण, सन्मात्र, बीत कर, नष्ट होकर ही घटित या कार्यकारी हो सकता है।

ईश्वरप्रत्यभिज्ञाविमर्शिनी में बौद्धमत की प्रत्यालोचना और भी गहरे स्तर पर होती है। कोई भी अचेतन पदार्थ घटित या क्रियाशील नहीं हो सकता जब तक उसे चेतन कर्ता या

---

[७५] तदेव, पृ. ११८।

[७६] तदेव, पृ. ११६-२०।

प्रेरक से प्रेरणा न मिले। इसलिए सारी क्रिया, अन्ततः इच्छा का प्रकटन या अभिव्यक्ति मात्र है। सत्त्व या सत्ता का प्राण है उसका चेतना या संवित् में प्रकाशित होना, न कि किसी कार्य या अर्थक्रिया का निष्पादन करना। जहाँ तक प्रतीत्यसमुत्पाद का प्रश्न है, वह कार्य और कारण की परस्पर सापेक्षता को रेखांकित करता है और कारणता-सम्बन्ध को आवश्यक क्रम से एकाकार मानता है। अब शैव के लिए अपेक्षा-सम्बन्ध दो चित्तत्त्वों के मध्य ही सम्भव है। और यदि कारणता एक आवश्यक क्रम है तो शैवों का प्रश्न है कि यह क्रम सम्बन्धियों से एकरूप है या उनसे भिन्न है? यदि पहला, तो कारणता असम्भव है और यदि दूसरा, तो यह कारणात्मक शक्ति होगी इच्छा। क्योंकि आवश्यकता/अनिवार्यता का उदय केवल इच्छा में ही सम्भव है।[७७]

कारणता-सम्बन्ध या नियत क्रम की चर्चा से सम्बन्धों के स्वरूप को लेकर ज्यादा व्यापक प्रश्न पैदा होता है। यहाँ बौद्ध अवधारणा फिर द्वन्द्वात्मक है। एक ओर स्वलक्षण की अर्थक्रियाकारिता की शब्दावली में एक क्षण के रूप में अवधारणा की जाती है तो दूसरी ओर द्रव्य, गुण, क्रिया, सामान्य की भाँति सम्बन्धों की परिकल्पना भी विकल्प के रूप में होती है। इस प्रकार यह अनादि विकल्प एक प्रागनुभविक आदिसिद्ध प्रत्यय होगा, जो सामान्य लक्षण पर लागू होगा स्वलक्षण पर नहीं। यह ध्यान देने की बात है कि सम्बन्ध और अन्य धारणाओं का शैव बचाव भी स्वयं में भेद में व्याप्त अभेद के द्वन्द्वात्मक पूर्वाभ्युपगम पर आश्रित है। सृष्टि का अर्थ है विभेदीकरण, जो स्रष्टा – अन्तर्यामी और अतिक्रामी – के एकत्व का निराकरण करने में असमर्थ है। शैव और बौद्ध दोनों इस बात में सहमत हैं कि विकल्प-योजना जहाँ साक्षात्कारी (अपरसीविङ्) चित्त/विज्ञान का काम है, वहीं विभेदीकरण का स्रोत है दृश्यमान जगत् (फ़ेनॉमना)। दोनों में अन्तर केवल इतना है कि शैव पदार्थों (कैटेगॅरीज़्) को दृश्य-जगत् के स्वभाव को स्फुट करने वालों के रूप में देखते हैं, भ्रान्ति उत्पन्न करने वालों के रूप में नहीं।[७८] ऐसा इसलिए है कि अनुभव-जगत् या आभासित विश्व की नियामिका इच्छा उस ईश्वर की इच्छा है जो सारे अनुभव में अन्तर्व्याप्त अहं-चेतना से अभिन्न है। इसमें यह अभिप्राय भी अन्तर्निहित है कि यद्यपि अनुभव के विषय और प्रमाता स्वरूपतः दिव्य अर्थात् चिद्रूप हैं, वे माया – 'ईश्वर की तिरोधानकरी शक्ति – के आवरण के कारण अपने वास्तविक स्वरूप – शिवरूप – में भासित नहीं होते। इससे शैवों की बौद्धों से समता फिर उजागर होती है इस अर्थ में कि अनादि माया अनुभव के हमारे रोज़मर्रा के विश्व को सत्य के आवरक के रूप में (संवृति) जन्म देती है। परन्तु अन्तर यह है कि शैव

---

[७७] तदेव, पृ. १२१।

[७८] "that the Śaiva regards the categories as articulating rather than distorting the nature of phenomena." – तदेव, पृ. १२२।

दार्शनिक जहाँ अहं-चेतना में अपने अस्तित्व के मूल सार (इसेन्स ऑफ़् बीइङ्) और अहं-चेतना की सार्वभौमता, नित्यता और अपरिच्छिन्नता के आविष्करण के लिए अनुभव का विश्लेषण करता है, वहीं बौद्ध दार्शनिक अनुभव का विश्लेषण चित्त की भ्रान्त करने वाली शक्ति के फलस्वरूप संकुचित या आनुभविक सत्ता (बीइङ्) के नैरात्म्य, उसकी सत्त्वहीनता को प्रदर्शित करने के लिए करता है। शैव दार्शनिक अपनी परिच्छिन्न आत्म-चेतना का विस्तार करना चाहता है ताकि वह अनवच्छिन्न दिव्य चेतना का स्पर्श कर सके। बौद्ध दार्शनिक अपनी सीमित आत्म-चेतना से पीछे हटना चाहता है ताकि अनभिलाप्य, अतीन्द्रिय या अतिक्रामी तत्त्व को पा सके।

किसी अर्थ में प्रत्यभिज्ञा और बौद्ध दोनों प्रत्ययवादी दर्शन हैं और दोनों में कतिपय आधारभूत समानताएँ हैं। प्रत्यभिज्ञा के लिए जड और बाह्यता मायिक विश्व के भीतर की साधारण घटना या अवभासन है। जहाँ तक वे शिव की शक्ति से जन्म लेते हैं वे सत् हैं, पर उनकी सत्ता माया से तिरोहित रहती है। योगाचार के लिए भी सत् का स्वभाव है शुद्ध, अपरिच्छिन्न[७९] और कालातीत चैतन्य, जिसकी 'शिवतत्त्व'[८०] से तुलना की जा सकती है। अविद्या परम सत् पर द्वैधीकरण को रोपती है। दोनों के लिए प्रत्यक्ष और अनुमान से प्राप्त व्यवहार-जगत् के पदार्थ अपने व्यावहारिक रूप में सत् हैं, यद्यपि दोनों के लिए वे अतीन्द्रिय अज्ञान से आवृत्त हैं और उनके वास्तविक स्वरूप के उन्मेष के लिए उस अज्ञान को भेदना अनिवार्य है। दोनों के लिए वे चेतना के विषय हैं। अन्तर यह है कि प्रत्यभिज्ञा के लिए विश्व-प्रमाता या आत्म-चेतना प्रत्येक सीमित पदार्थ और ज्ञानात्मक क्रिया में अन्तर्व्याप्त (इम्मानेण्ट) है और इस सिद्धान्त द्वारा वह आत्मसंकुलतावाद (सॉलिपसिज़्म) और मनोविज्ञानवाद (सायकॉलोजिज़्म) दोनों की ही कठिनाइयों से बच निकलती है। अहंचेतना उसी प्रकार से अतिक्रामी तत्त्व है जैसे विज्ञप्तिमात्रता। बौद्धों के आवरण, अविद्या और वासना आदि प्रत्यय शैवों के मल के प्रत्यय से सहज ही तुलनीय हो जाते हैं।

इस बात को दुहराना उचित होगा कि जहाँ प्रत्यभिज्ञा के लिए सत्ता की परिभाषा प्रकाशमानत्व है, बौद्धमत के लिए यह अर्थक्रियाकारित्व है। परन्तु बौद्धों की यह परिभाषा व्यावहारिक स्तर पर ही मान्य है, क्योंकि असंस्कृत धर्मों की सत्ता नित्य मानी जाती है। दूसरी ओर, चेतना विषय को प्रकाशित ही नहीं करती वह क्रिया में भी स्वयं ही प्रसृत होती है,

---

[७९] तदेव, पृ. १२८।

[८०] शिव और शिवतत्त्व में अन्तर है। शिवतत्त्व, विश्वमय शिव, तत्त्व-प्रविभाग में सबसे पहले आता है। परन्तु यहाँ विज्ञानवाद में जो परम तत्त्व की परिकल्पना है, वह विज्ञान रूप है जो शिव या परमशिव से तुलनीय है।

जिसके कारण पदार्थ उस रूप में भासित होते हैं जिस रूप में वे निर्मित किए गए हैं। सम्पूर्ण घटना-व्यापार, सारी क्रिया, यहाँ तक कि जड पदार्थ भी, सभी उस चेतना के आभासन मात्र हैं।[८१]

यह वह बिन्दु है जहाँ प्रत्यभिज्ञा और बौद्धमत का भेद खुलकर सामने आता है। प्रत्यभिज्ञा की परम सत्ता केवल चेतन ही नहीं है बल्कि चिद्, आनन्द, इच्छा, ज्ञान और क्रिया आदि शक्तियों से सम्पन्न भी है। यहाँ अद्वय चेतना सर्वोच्च है किन्तु सर्जनात्मक और क्रियाशील भी है, जबकि बौद्धमत और वेदान्त में यह सर्वोच्च सत्ता अद्वय होने पर भी इच्छा और क्रिया से परे है। उनकी दृष्टि में यह अनिर्वचनीय पारगामिता है। अतः विविधता तथा परिवर्तन भरे इस विश्व का कारण वे अनादि वासना या माया में ढूँढते हैं, जो व्यवहार-सत् का निषेध नहीं बल्कि निर्माण करती है।

देखा जाए तो काश्मीर शैवदर्शन और बौद्ध न्याय और न्यायदर्शन के तुलनात्मक अध्ययन की बहुत सम्भावनाएँ हैं। पांडे जैसे विद्वानों की प्रतिभा और व्युत्पत्ति के पारद स्पर्श की यहाँ प्रतीक्षा है। दोनों में कितना विनिमय हुआ है यह कहना कठिन है, परन्तु शैव प्रमाण-शास्त्र और तत्त्व-मीमांसा पर बौद्धों का अकूत प्रभाव पड़ा है। इसका प्रमाण है प्रत्यभिज्ञा-दर्शन द्वारा बौद्ध प्रमाणशास्त्र की पारिभाषिक पदावली का अङ्गीकरण और उसकी सम्प्रदायानुगुण परिभाषा। स्वलक्षणाभास, सामान्यलक्षणाभास, अर्थक्रियासामर्थ्य, तादात्म्य, तदुत्पत्ति, स्वभावहेतु, कार्यहेतु, व्यवस्थाप्य-व्यवस्थापकभाव, अनुपलब्धि के प्रकार इत्यादि अनेक अवधारणाओं को लिया जा सकता है। वे प्रत्यय भी जो भारतीय दर्शनों में सामान्यतः मान्य हैं – जैसे अनुमान, अर्थक्रिया आदि, उनकी परिभाषा में भी बौद्ध-सम्मत प्रविधि और पद्धति का उपयोग किया गया है।[८२] इसी प्रकार विकल्प के लिए **अभिनवगुप्त** अपोह शब्द का प्रयोग करते हैं और अपोह की परिभाषा में **ज्ञानश्री** और **रत्नकीर्ति** के समन्वयवादी मत का अनुवदन करते हैं। **रत्नकीर्ति** कहते हैं, शब्द का मुख्य अर्थ विधि-रूप है पर यह विधि अपोहविशिष्ट है, क्योंकि शब्द बिना अन्यव्यावृत्ति के अर्थ का प्रतिपादन नहीं करते।[८३]

---

[८१] प्रत्यभिज्ञादर्शने हि विज्ञानवादवद् विषयाः प्रकाशाभिन्ना आभासा एव गम्यन्ते। – *सौन्दर्यदर्शनविमर्शः*, पृ. १००

[८२] *"दी प्रत्यभिज्ञा ऍण्ड दी लॉजिकल-एपिस्टेमॉलॉजिकल स्कूल"*, उपरिलिखित, पृ. ३२६-३०; देखिए **अभिनवगुप्त** कृत अनुमान की परिभाषाः "अनुमानजा तु प्रतीतिः आभासान्तरात् कार्यरूपात् स्वभावभूताद्वा आभासान्तरे प्रतिपत्तिः।" – *ई.प्र.वि.*, २, पृ. ८४

[८३] "नास्माभिरपोहशब्देन विधिरेव केवलोऽभिप्रेतः। नाप्यन्यव्यावृत्तिमात्रम्। किन्तु अन्यापोहविशिष्टो विधिः शब्दानामर्थः।" – *अपोहसिद्धि*, धर्मकीर्तिनिबन्धावलि, सं. अनन्तलाल ठक्कुर, पटना, १९५७, पृ. ५६; देखिए *अपोहसिद्धि*, अनु० एवं व्या० गोविन्द चन्द्र पांडे, सारनाथ, १९६५, पृ. ४७

अभिनव अपनी *ईश्वरप्रत्यभिज्ञाविवृत्तिविमर्शिनी* में विकल्प की परिभाषा करते हुए ठीक यही बात कहते हैं।[८४] इसी प्रकार **धर्मकीर्ति** की भाँति शैव दार्शनिक भी प्रमाण और प्रमा में भेद न कर व्यवस्थाप्य-व्यवस्थापक भाव को स्वीकार करते हैं। इस प्रसंग में **अभिनव** *प्रमाणवार्तिक* को उद्धृत भी करते हैं। पर जहाँ प्रत्यभिज्ञा दर्शन में व्यापार प्रमा का प्राण है, वहीं क्षणिकवाद की मान्यता के कारण बौद्ध व्यापार को अस्वीकार करते हैं।[८५] बौद्ध दर्शन के इतिहास के अनेक अधूरे पन्नों और अध्यायों की पूर्ति के लिए काश्मीर शैवदर्शन के ग्रन्थ अमूल्य स्रोत हैं। बौद्धों के अनेक दार्शनिक उपसम्प्रदायों की चर्चा **अभिनव** अपनी *विवृत्ति-विमर्शिनी* में करते हैं। यह भी देखना रोचक होगा[८६] कि **अभिनव दिङ्नाग** और **धर्मकीर्ति** के मतभेदों की चर्चा करते हैं, **धर्मकीर्ति** की विवशता की चर्चा करते हैं और क्यों **धर्मकीर्ति** को प्रामाणिक कहते हुए उनका **दिङ्नाग** की तुलना में अत्यन्त आदरपूर्वक स्मरण करते हैं।[८७]

बौद्ध दर्शन और न्याय दर्शन, दोनों भाषा को अपने आप में सत्य का मौलिक स्रोत नहीं मानते। यदि बौद्धों में भाषा एक साथ व्यावहारिक ज्ञान का स्रोत और भ्रान्ति है, तो नैयायिकों में उसका रूप केवल सम्प्रेषण का है और उसकी प्रामाणिकता वक्ता या प्रयोक्ता की विश्वसनीयता पर पूरी तरह निर्भर करती है। दूसरी ओर मीमांसक दृष्टि भाषा की सांकेतिक शक्ति को भाषा के स्वरूप में ही निहित मानती है। शब्द नित्य है और उसमें सत्य को व्यक्त करने की मौलिक क्षमता है। इसलिए वेद अनादि रूप से उपलब्ध माने जाते हैं।[८८] आगे इसी

---

[८४] अन्तर्लीनीकृतप्रतियोग्यभावविशिष्टविधिप्रधानवस्तुनिष्ठाः। – *ई.प्र.वि.* १.६.२ पर **टोरेला** की टिप्पणी, उपरिलिखित, पृ. १३०

[८५] एवं यतो नीलप्रकाशः ततो नीलमिदम् इति परामर्श इति एकरूपत्वेऽपि हेतुफलभावः, यथोक्तं 'तद्वशात्तद्व्यवस्थानात्. . . .।' (प्र.वा. ३.३०८) इति। किं च इह व्यापाररूपमेव फलं व्यापारश्च व्याप्रियमाणात् व्यापार्यमाणाद्वा अनन्याकार एव सिद्धः, इति अभेदः प्रमाणफलयोः विमर्शबलेन च। – *ई.प्र.वि.*, २, पृ. ७४-७५

[८६] "By restoring the historical resonances between Helārāja's text and the texts of the two Buddhist philosophers, I hope to illuminate some of the more elliptical aspects of the *Prakīrṇaprakāśa* and perhaps account, in some measure, for the respect in which Dharmakīrti, and not Diṅnāga, was held by the Kashmiri Śaivite schools to which both Helārāja and the great Abhinavagupta belonged." – *भर्तृहरि ऐण्ड दी बुद्धिस्ट्स,* राधिका हर्ज़बर्गर, हालैण्ड, १९८६, पृ. १२

[८७] प्रामाणिकोऽप्यार्यधर्मकीर्तिरार्यदिग्नागग्रन्थानुरोधात् तत्पक्षपातादेवम् अभिधत्ते, न पुनरस्य स्वरुचिरेषेति। – उद्धृत, *तत्रैव,* पृ. ३

[८८] अत एव च नित्यत्वम्। – *ब्र.सू.* १.३.२९; उद्धृत, *फ़ॉ.इ.क.*, पृ. १९०

धारणा का व्याकरण दर्शन और शैवागमों में परिष्कार हुआ। पारस्परिक मतभेद के बाद भी इनकी दो स्थापनाएँ हैं – एक, शब्दों और अर्थों में आवश्यक सम्बन्ध है; दो, प्रत्येक उच्चरित शब्द की पृष्ठभूमि में उसके अनेक सूक्ष्मतर रूप हैं। बौद्ध और नैयायिक के अनुसार शब्द जहाँ अनित्य हैं और केवल संकेतार्थ या मुख्य (रूढ) अर्थ देते हैं, वहीं मीमांसक, वैयाकरण और काश्मीरी शैवों के यहाँ शब्द अपनी अन्तर्निहित अभिव्यञ्जक शक्ति[८६] के साथ नित्य माने जाते हैं।[९०] मीमांसक के यहाँ वर्ण और वैयाकरण के यहाँ स्फोट शब्द का नित्य अंश है। वैयाकरणों ने सारे शब्दों और अर्थों के एकमात्र स्रोत के रूप में शब्दब्रह्म की कल्पना की और उसे पश्यन्ती (= द्रष्टा शब्द) से अभिन्न माना। काश्मीरी शैवों ने परावाक् का पश्यन्ती से भेद किया और परमशिव की चित्-शक्ति या विमर्श से उसकी एकता प्रतिपादित की।[९१] भाषा का अन्तिम मूल अहं-चेतना या चेतना के अहं-विमर्श में निहित है, जिसके कारण चेतना सर्जनात्मक और अभिव्यञ्जक बनती है। भाषा की सहज प्रतीकात्मकता न नित्य है, न सांकेतिक, बल्कि अहं-चेतना की अभिव्यञ्जकता में निहित है। यहाँ हमारा साक्षात् काश्मीर के शैव दार्शनिकों की आधारभूत अन्तर्दृष्टि से होता है। भाषा अपने गम्भीरतम आयाम में सांकेतिक नहीं है, अपितु सहज है, चेतना का स्वाभाविक रूप है।[९२] विमर्श को वाक् और वाक् को विमर्श कहने का अर्थ है कि भाषा किसी बाह्य, जड, भूत जगत् का प्रतीक नहीं है, बल्कि मानसिक अर्थों की प्रतीक है। यह जगत् वैसा ही है जैसा हम अपने अनुभव को रूपायित करते हैं और अनुभव-निर्माण का आवश्यक सन्दर्भण अपने से या चेतना से होता है।[९३] पांडे अपने एक लेख में कहते हैं : "यह मानसिक सत् का अभेद भाव है जिसके कारण संप्रेषण अन्ततः सम्भव हो पाता है, क्योंकि उस समय यह आत्माभिव्यक्ति और आत्म-प्रत्यभिज्ञान की प्रक्रिया का रूप धारण कर लेता है।"[९४] अन्यत्र

---

[८६] "सांकेतिक शक्ति' के स्थान पर अभिव्यञ्जक शक्ति कहना परम्परा के अधिक अनुकूल और कम भ्रामक होगा।" – *भा.प.मू.स्व.*, पृ. ६५

[९०] *फॉ.इ.क.*, पृ. १८०-८१।

[९१] केचित् पारमेश्वरीं विमर्शशक्तिमेव शब्दमूलं वदन्ति। तथा च प्रत्यभिज्ञामतम्। – *भक्तिदर्शनविमर्शः*, पृ. ३०, ३६; मूल से मिलाइए –

चितिः प्रत्यवमर्शात्मा परा वाक् स्वरसोदिता।
स्वातन्त्र्यमेतन्मुख्यं तदैश्वर्यं परमात्मनः।। – *ई.प्र.का.* १.५.१३

[९२] प्रत्यवमर्शश्च आन्तराभिलापात्मकशब्दनस्वभावः, तच्च शब्दनं संकेतनिरपेक्षमेव अविच्छिन्नचमत्कारात्मकम्. . .। – *ई.प्र.वि.*, १, पृ. २५२

[९३] *फॉ.इ.क.*, पृ. १८२।

[९४] "It is the unity of psychic reality which makes communication ultimately possible since then it becomes a process of self-expression and self-recognition." – "The life and Death of Language", G.C. Pande, *Diogenes*, १३-५१, १९६५, पृ. १६३-६४

इसी को दुहराते हैं : "यदि यह भाषा अपने साधारण प्रयोग में व्यवहार का अनिवार्य अङ्ग है, तो सम्यक् रूप से समझी जाने पर वह आत्म-बोध की सीढ़ी बन सकती है। भाषा प्रपञ्च और मन्त्र दोनों है।"[६५]

पांडे के वाग्विचार की अन्तर्निहित तर्कणा को स्पष्ट करने के लिए कतिपय टिप्पणियाँ उचित होंगी। काश्मीर शैवदर्शन की वाक् की अवधारणा का दूसरे दर्शनों से भेद भाषीय आयाम की अपेक्षा कर्तृत्वमूलक आयाम पर आग्रह के कारण है। 'कहना' (वक्ति) यहाँ 'कहने की क्रिया करना' (वचनं करोति या वक्तुं शक्नोति) के बराबर है। यह 'करना' या 'क्रिया' प्रमाता का आन्तरिक स्वभाव है, जिसका तार्किक पर्यवसान आत्मविमर्श में होता है। इस प्रकार वाक् 'आत्मविमर्शक ज्ञानगत कर्तृता' (आत्मविमर्शनकर्तृता) के रूप में परिघटित होती है।[६६] दूसरे, शब्दन का अर्थ यहाँ शब्द न होकर शब्दन-क्रिया है। **अभिनवगुप्त** आंशिक रूप से बौद्धों का मत स्वीकार कर लेते हैं, जब शब्दन-क्रिया को वस्तुतः अपोहनात्मक मान लेते हैं और आंशिक रूप से **भर्तृहरि** के मत को आगे बढ़ाते हैं, जब वह वाच्य पर वाचक के 'अध्यास' द्वारा सांसारिक व्यवहारों का निष्पादन मान लेते हैं। 'शब्दन-क्रिया' प्रमातृगत स्वातन्त्र्य का अविभाज्य अंग है जो सामान्य रूप से विमर्श में या विमर्श द्वारा व्यक्त होता है और विशिष्ट रूप से भाषीय निर्मितियों या शब्दों द्वारा। शब्द (वाचक) और शब्दन-क्रिया (अभिधान-व्यापार) दो भिन्न पदार्थ हैं। जबकि शब्द प्रमेय या ज्ञानात्मक वस्तु (एपिस्टेमिक ऑब्जेक्ट) है, शब्दन-क्रिया विमर्शात्मक व्यापार है जिसका लक्ष्य शब्द का अर्थ बताना है। यही कारण है कि शब्दार्थ को शब्द-क्रिया के रूप में वर्णित किया जाता है, फलतः शब्द और अर्थ दोनों ही विमर्शस्वभाव सिद्ध होते हैं।

ऊपर की विचार-सरणि के आलोक में पांडे द्वारा प्रस्तुत शैव मीमांसा में आगम को दिए गए असामान्य महत्त्व का कारण समझ में आने लगता है। आगम की सम्भावना ही इसलिए है कि वह स्वयं चरम सत् में अन्तःस्थ किसी सत् की अभिव्यक्ति है।[६७] मध्यमा के स्तर पर चेतना की आत्माभिव्यक्ति तर्क या बौद्धिक ज्ञान से मिश्रित हो जाती

---

६५ "If the language in its ordinary use is necessary part of *vyavahāra*, rightly understood it can be ladder for mystical self-realization. Language is both *prapañca* and *mantra*." – *फ़ॉ.इ.क.*, पृ. १८२

६६ वक्ति विश्वम् अभिलपति प्रत्यवमर्शेन इति च वाक् अतएव सा स्वरसेन चिद्रूपतया स्वात्मविश्रान्तिवपुषा उदिता सदानस्तमिता नित्या अहमित्येव। – *ई.प्र.वि.*, १, पृ. २५३-५४

६७ आगमस्तु नाम आन्तरशब्दनरूपो दृढीयस्तमविमर्शात्मा चित्स्वभावस्य ईश्वरस्य अन्तरङ्ग एव व्यापारः प्रत्यक्षादेरपि जीवितकल्पः। – तदेव, २, पृ. ८४-८५; आगमस्तु अपरिच्छिन्नप्रकाशात्मक-माहेश्वरविमर्शपरमार्थः किं न पश्येत्। – तदेव, पृ. २१३

है। बौद्धों ने बड़े विश्वसनीय ढंग से यह प्रदर्शित कर दिया है कि कल्पना या विकल्प का आधार सत् की संरचना नहीं है।[९८] शैवों का तर्क है कि विमर्श और विकल्प में अन्तर है। शैवों की पारिभाषिक शब्दावली में चिद्रूप-प्रत्यवमर्श और विकल्परूप-प्रत्यवमर्श में भेद है, यद्यपि बौद्धों से भिन्न शैव विकल्पों को भी सत् पर आधृत मानते हैं। अन्तर केवल इतना है कि विकल्प वस्तु के मौलिक स्वरूप से ध्यान बँटाकर व्यावहारिक रूप दिखाने लगता है।

अतएव यदि दर्शन आगमविश्रान्त है और आगम यदि वैखरी में परा का अनुवदन या अवतरण है, तो मूल आगम और ऐतिहासिक रूप से उपलब्ध आगम के बीच के अन्तराल को समञ्जस ढंग से कैसे समझाया जाए? उपलब्ध दार्शनिक मत या सिद्धान्त स्पष्टतः ऐतिहासिक रूप से उपलब्ध आगमों से ही सम्बन्ध रखते हैं। ऐसी स्थिति में आगम संशयित हो उठते हैं। शैव इसके लिए सत्तर्क के साधन का उपयोग करते हैं।[९९] शैवों के अनुसार सत्तर्क भी विमर्शन की प्रक्रिया का या आगमों की बोध-प्रक्रिया का अंग है: "अंगीकृतस्तु सत्तर्को योगाङ्गेषु तथापि च"।[१००] शाक्तोपाय, जिसका सम्बन्ध चित्त-सम्बोध या विकल्प-संस्कार या ज्ञान से है, वहाँ सत्तर्क का अत्यन्त महत्त्व है। सत्तर्क का अर्थ है – सम्यक् तत्त्वोन्मुख चिन्तन द्वारा सत्य का अवबोध।[१०१] वेदान्त में भी उच्च कोटि के अधिकारियों के लिए केवल श्रवण मात्र से सत्य के साक्षात्कार की सम्भावना बताई गई है। इस सत्तर्क को शुद्धविद्या की स्थिति से, जिसका अर्थ है शुद्ध वेदन, समीकृत किया गया है। सत्तर्क ऐतिहासिक, कालिक रूप से प्राप्त आगम और मूल आगम के विच्छेद को दूर कर माहेश्वर विमर्श तक ले जाता है।

शब्द और शब्दन-क्रिया, शब्द और अर्थ के अद्वय को लेकर पांडे समापन करते हैं –

> **वैदिक साहित्य में जिसे वाक् और मन का, अथवा वाक्-प्राण का मिथुन कहा गया है, उसे वैयाकरण शब्द और प्रत्यय का अनुवेध, बौद्ध गण शब्द और विकल्प की अन्योन्यहेतुकता, एवं काश्मीरी शैव आचार्य प्रकाश और विमर्श का तादात्म्य बताते हैं। वाक् को चेतना की अर्थरूप में आत्मप्रकाश की शक्ति कहा जा सकता है।**[१०२]

---

[९८] *इ.फी.का.शै.*।

[९९] तदेव।

[१००] यह उद्धरण मुझे *तन्त्रालोक* में नहीं मिला।

[१०१] सत्तर्कः शुद्धविद्यैव सा चेच्छा परमेशितुः। – *तं.* ४.३४

[१०२] *भा.प.मू.स्व.*, पृ. ६५।

पांडे इस स्थापना का विस्तार सौन्दर्य शास्त्र तक पाते हैं। उनके अनुसार शिव और शक्ति की इस एकता की भाँति शब्द और अर्थ के इसी अभेद से रस (जो स्वयं में व्यंग्य अर्थ है) के अनन्त संसार की रचना होती है।[१०३]

[१०३] *फ़ॉ.इ.क.*, पृ. २७५।

सन्दर्भ-ग्रन्थ

अजडप्रमातृसिद्धि, उत्पल देव, *सिद्धित्रयी* के अन्तर्गत, सं./अनु. **सूर्यप्रकाश व्यास**, वाराणसी, १९८९।

अनुत्तराष्टिका, अभिनवगुप्त., परिशिष्ट 'सी'।

अपोहसिद्धि, रत्नकीर्ति, अनु/व्या. **गोविन्दचन्द्र पांडे**, केन्द्रीय उच्च तिब्बती शिक्षा संस्थान, सारनाथ, १९९५।

अभिनव का रस-विवेचन, **नगीनदास पारेख**, मूल गुजराती (*अभिनवनो रस-विचार अने बीजा लेखो*) से हिन्दी अनुवाद, अनु. प्रेमस्वरूप गुप्त एवं अन्य, विश्वविद्यालय प्रकाशन, वाराणसी, १९७४।

अभिनवगुप्त, **गणेश त्र्यम्बक देशपांडे**, हिन्दी अनु. मिथिलेश चतुर्वेदी, दिल्ली, १९९५।

Abhinavagupta : An Historical and Philosophical Study, **K.C. Pandey**, Chowkhamba Sanskrit Series, 2nd rev. edn, 1963.

Abhinavagupta's Concept of Cognitive Power: A Translation of the Jñānaśaktyāhnika of the Īśvara-Pratyabhijñā-Vimarśinī with Commentary and Introduction, **Harvey P. Alper**, PhD dissertation, University of Pennsylvania, 1976 (unpublished).

अभिनवगुप्त के मंगलश्लोक : एक सानुवाद अध्ययन, **मीरा रस्तोगी**, लखनऊ विश्वविद्यालय में १९७४ में प्रस्तुत लघु शोधप्रबन्ध (अप्रकाशित)।

Abhinavagupta's Philosophy of Revelation, Mālinīślokavārttika 1, 1-399, **J. Hanneder**, Egbert Forsten, Groningen, 1998.

अभिनवगुप्त के स्तोत्र : एक अध्ययन, **नवजीवन रस्तोगी**, लखनऊ विश्वविद्यालय में १९५९ में प्रस्तुत लघु शोधप्रबन्ध (अप्रकाशित)।

Abhinava: Perspectives on Abhinavagupta, Studies in Memory of K.C. Pandey on His Centenary, ed. **Navjivan Rastogi**, Munshiram Manoharlal, New Delhi, 2013.

अष्टप्रकरणम् (*तत्त्वप्रकाश-तत्त्वसंग्रह-तत्त्वत्रयनिर्णय-रत्नत्रय-भोगकारिका-नादकारिका-मोक्षकारिका-परमोक्षनिरासकारिका* नामक आठ सिद्धान्तशैवी प्रकरणग्रन्थों का संग्रह), सं. **व्रजवल्लभ द्विवेदी**, सम्पूर्णानन्द संस्कृत विश्वविद्यालय, वाराणसी, १९८८।

---

* नागरी वर्णानुक्रम में

** एक पुस्तक के एक से अधिक संस्करणों की स्थिति में तारांकित संस्करण का सामान्यतः प्रयोग, अन्यथा विशेषतः निर्देश।

Outlines of Indian Philosophy, **M. Hiriyanna**, George Allen & Unwin, London, 1951 (2nd edn).

"आगम एवं तन्त्रशास्त्र को कविराज जी की देन", **व्रजवल्लभ द्विवेदी**, *परिषद्-पत्रिका*, खण्ड १८-२, बिहार राष्ट्रभाषा परिषद्, पटना।

आगम के आलोक में भारतीय काव्यशास्त्र, *राममूर्ति त्रिपाठी*, पुणे, २००१।

आगम-मीमांसा, **व्रजवल्लभ द्विवेदी**, लालबहादुर केन्द्रीय संस्कृत विद्यापीठ, नई दिल्ली, १९८२।

Argument and the Recognition of Śiva : The Philosophical Theology of Utpaladeva and Abhinavagupta, **David Peter Lawrence**, PhD dissertation, University of Chicago, 1992.

Indian Idealism, **Surendranath Dasgupta**, Cambridge University Press, London, 1962 (repr.).

Indian Realism, Jadunath Sinha, Kegan Paul, London, 1938.

Evolution of the Nyāya-Vaiśeṣika Categoriology, vol. 1: *Early Nyāya-Vaiśeṣika Categoriology*, **Harsh Narain**, Bharati Prakashan, Varanasi, 1976.

"Essential Features of Kashmir Śaivism", **गोविन्दचन्द्र पांडे** का भाषण, कान्तिचन्द्र पांडेय स्मारक भाषणमाला, अभिनवगुप्त संस्थान, लखनऊ विश्वविद्यालय (५-७ अगस्त १९९८)।

ईश्वरप्रत्यभिज्ञा-विमर्शिनी, अभिनवगुप्त, उत्पलदेवविरचित ईश्वरप्रत्यभिज्ञा के साथ, भा. १, सं. **मुकुन्द राम शास्त्री**, का.सं.ग्र. २२; भा. २, सं. **मधुसूदन कौल**, का.सं.ग्र. ३३, श्रीनगर, १९१८-१९२१।

ईश्वरप्रत्यभिज्ञाविमर्शिनी, अभिनवगुप्त, उत्पलकृत *कारिका* और भास्करकण्ठ कृत *भास्करी* के साथ, सं. **के.ए. सुब्रह्मण्य अय्यर** और **के.सी. पांडेय**, तीन भाग, मोतीलाल बनारसीदास, दिल्ली, १९८६।

ईश्वरप्रत्यभिज्ञाविवृतिविमर्शिनी, अभिनवगुप्त, तीन भाग, सं. **मधुसूदन कौल**, काश्मीर संस्कृत ग्रन्थावलि, १९३८-४३।

Utpaladeva's Doctrine of Recognition, **David Allport**, DPhil thesis, Oxford University, 1982 (unpublished).

A Constructive Survey of Upanishadic Philosophy, **R.D. Ranade**, Bharatiya Vidya Bhavan, Bombay, 2nd edn, 1968.

Aspects of Indian Thought, **Gopinath Kaviraj**, Burdwan, 2nd edn, 1984.

Comparative Aesthetics, vol.1: *Indian*, **K.C. Pandey**, Chowkhamba, 1959.

कश्मीर शैवदर्शन में साधना और यम-नियम, **लक्ष्मण जू**, अनु. मखनलाल कुकिलू, ईश्वर आश्रम ट्रस्ट, काश्मीर, १९९४।

Conception of Matter According to Nyāya-Vaiśeṣika, **Umesh Mishra**, Allahabad, 1936, with an Introduction by **Gopinath Kaviraj** (pp. ix-xviii).

"Contribution of Kashmir to Philosophy, Thought and Culture", **Navjivan Rastogi**, in *Annals of Bhandarkar Oriental Research Institute (ABORI)*, vol. 56, 1975.

कामायनी, **जयशंकर 'प्रसाद'**, भारती-भंडार, १९४९ (संवत् २००६) (सप्तम संस्करण)।

Kālidāsa: Abhijñāna-Śākuntalam – A Synthetic Study, **R.M. Bose**, Calcutta, 1931.

काव्य कला तथा अन्य निबन्ध, **जयशंकर 'प्रसाद'**, भारती-भंडार, इलाहाबाद, पंचम संस्करण, १६५८ (संवत् २०१५) (प्रथम संस्करण, १६३६)।

Kashmir Research Biannual, ed. **P.N. Pushp**, vol. 1 no. 1, September 1960, Research & Publication Department, J&K Govt., Srinagar.

काश्मीर शिवाद्वयवाद की मूल अवधारणाएँ, **नवजीवन रस्तोगी**, मुंशीराम मनोहरलाल, दिल्ली, २००२।

काश्मीरशैवदर्शनबृहत्कोष, परियोजना-निदेशक तथा व्याख्याकार बलजिन्नाथ पंडित, दो खण्ड, श्री रणवीर केन्द्रीय संस्कृत विद्यापीठ, जम्मू, २००१-२००५।

Kashmir Śaivism, **L.N. Sharma**, Varanasi, 1972.

Kashmir Shaivism, **J.C. Chatterji**, Kashmir Series of Texts and Studies (KSTS), 1914; repr., Indological Book Corporation, Patna, 1978.

Kashmir Śaivism: The Central Philosophy of Tantrism, **Kamlakar Misra**, Rudra Press, Cambridge-Mass, 1993.

"काश्मीरीय शैवदर्शन की कुछ विशेषताएँ", **गोपीनाथ कविराज**, *कल्याण* (शिवाङ्क), अङ्क ८, संवत् १६६० (१६३३), गीताप्रेस, गोरखपुर; पुनर्मुद्रित "काश्मीरीय शैवदर्शन", *भा.सं.सा.*, भा.१, पृ. १-२२।

कुलार्णवतन्त्र, सं. **जीवानन्द विद्यासागर**, कलकत्ता, १६३७।

कुलार्णवतन्त्र*, संस्कृत पाठ-सं. **तारानाथ विद्यारत्न, भूमिका-**आर्थर एवलॉन**, मद्रास, १६६५; अनुमुद्रण, मोतीलाल बनारसीदास, दिल्ली, १६७५।

Kaula and other Upnishads, with commentary by Bhāskararāya, ed. **Sitārāma Shāstrī**, Tantrik Texts, vol. XI (ed. Arthur Avalon), Āgamānusandhāna Samiti, Calcutta, and Luzac & Co., London, 1922.

Krama Monism of Kashmir: An Analytical Study, vol. II, **Navjivan Rastogi**, being the second Part of the PhD thesis submitted to Lucknow University, 1967 (unpublished).

क्रमस्तोत्र, **अभिनवगुप्त**, *अभिनवगुप्त : एन हिस्टॉरिकल एण्ड फ़िलॉसॉफ़िकल स्टडी*, परिशिष्ट सी, पृ.६४८-५०।

गणकारिका, *भासर्वज्ञ*, गायकवाड़ ओरिएण्टल सीरीज़, बड़ौदा, १६६६।

गीतार्थसंग्रह, *श्रीमद्भगवद्गीता* – अभिनवगुप्तकृत *गीतार्थसंग्रह* सहित, सटिप्पणी सं. **लक्ष्मण रैना**, श्रीनगर, काश्मीर, १६३३।

गुह्यसमाजतन्त्र, सं. **विनयतोष भट्टाचार्य**, साधनमाला, बड़ौदा, १६६७।

गोपीनाथ कविराज, **गोविन्दचन्द्र पांडे**, दिल्ली, १६६३।

"Gopinath Kaviraj on Kashmir Śaivism", **नवजीवन रस्तोगी**, *नवोन्मेष : महामहोपाध्याय गोपीनाथ कविराज स्मृति ग्रन्थ*, सं. जयदेवसिंह एवम् अन्य, वाराणसी, १६८७, पृ. ३०-५७।

Gopinath Kavirāj's Thoughts: Towards a Systematic Study, **Kalidas Bhattacharya**, University of Calcutta, Calcutta, 1982.

चिद्गगनचन्द्रिका, (श्रीवत्स?), सं. **त्रिविक्रम तीर्थ**, तान्त्रिक टेक्स्ट्स, आगमानुसन्धान समिति, कलकत्ता, १६३६।

Dictionary of Philosophy, **D.D. Runes**, London, 1942.

तन्त्रसार, अभिनवगुप्त, सं. **मुकुन्दराम शास्त्री**, प्रत्नविद्याप्रकाशकार्यालय, काश्मीर संस्कृत ग्रन्थावलि, काश्मीर-श्रीनगर, १६१८।

तन्त्रागमीय धर्म-दर्शन, **ब्रजवल्लभ द्विवेदी**, दो खण्ड, शैवभारती शोध प्रतिष्ठान, जंगमवाडी मठ, वाराणसी, २०००-२००१।

तन्त्रालोक, अभिनवगुप्त, जयरथ कृत विवेक व्याख्या सहित, सं. **रामचन्द्र द्विवेदी** तथा **नवजीवन रस्तोगी**, ८ खण्ड (प्रथम खण्डः भूमिका द्वारा **नवजीवन रस्तोगी**), मोतीलाल बनारसीदास, दिल्ली, १६८७; पूर्व संस्करणः १२ भाग, भा. १, सं. **मुकुन्दराम शास्त्री** (१६१८), भा. २-१६, सं. **मधुसूदन कौल** (१६२१-३८), काश्मीर संस्कृत ग्रन्थावलि, श्रीनगर-काश्मीर।

तन्त्र और आगम शास्त्रों का दिग्दर्शन, **गोपीनाथ कविराज**, मूल बंगला (*तन्त्र ओ आगम शास्त्रेर दिग्दर्शन,* १६६३) से हिन्दी रूपान्तरणकार हंसकुमार तिवारी, बिहार राष्ट्रभाषा परिषद्, पटना, १६७७।

तर्कसंग्रह, न्यायबोधिनी सहित, अन्नम् भट्ट, सं. **महादेव शर्मा**, निर्णयसागर, प्रेस, मुबई, १६२५ (आठवां संस्करण)।

तान्त्रिक वाङ्मय में शाक्त-दृष्टि, **गोपीनाथ कविराज**, बिहार राष्ट्रभाषा परिषद्, पटना, १६६३।

तान्त्रिक साहित्य, **गोपीनाथ कविराज**, हिन्दी समिति, उत्तरप्रदेश सरकार, लखनऊ, १६७२।

The Īśvarapratyabhijñākārikā of Utpaladeva with The Author's Vṛtti, ed. & tr. **Raffaele Torella**, Rome, 1994 (Delhi, 2002).

The Aesthetic Experience According to Abhinavagupta, **Raniero Gnoli**, Chowkhamba, 2nd edn, 1968.

"The Concept of Category in Nyāya Tradition", **Harsh Narain**, in the *Bhāratī*, Bulletin of the College of Indology, B.H.U., Number 4, 1960-61.

The Concept of Mind in Indian Philosophy, **Sarasvati Chennakesavan**, Asia Publishing House, Bombay, 1960.

The Canon of Śaivāgama and the Kubjikā Tantras of the Western Kaula Tradition, **Mark S.G. Dyczkowski**, State University New York Press (SUNY), Albany, 1998.

The Krama Tantricism of Kashmir, vol. 1, **Navjivan Rastogi**, Motilal Banarisidass, Delhi, 1979.

The Triadic Heart of Śiva, **Paul Edward Müller Artega**, SUNY, Albany, 1987.

दक्षिणामूर्तिस्तोत्र, शंकराचार्य, स्वयंप्रकाश कृत *तत्त्वसुधा* तथा सुरेश्वराचार्य कृत *मानसोल्लास* एवं अन्य टीकाओं के साथ, सं. **एन.एस. वेङ्कटाचार्य**, मैसूर, १६७२।

The Doctrine of Recognition, **R.K. Kaw**, Vishveshvaranand Institute, Hoshiarpur, 1967.

"The Mythico-Ritual Syntax of Omnipotence", **David Peter Lawrence**, *Philosophy East and West*, 48, October 1998, pp. 592-622.

The Philosophy of Word and Meaning, **Gaurinath Sastri**, Sanskrit College, Calcutta, 1959.

"The Pratyabhijñā and the Logical-Epistemological School of Buddhism", **Raffaele Torella**, in *Ritual and Speculation*, ed. T. Goudriaan, SUNY, Albany, 1992.

The Yoga of Kashmir Shaivism: Consciousness is Everything, **Swami Shankarananda**, Motilal Banarisidass, Delhi, 2006.

The Yoga of The Mālinīvijayottaratantra (Chapters 1-4, 7, 11-17), ed. & tr. **Somadeva Vasudeva,** French Institute of Pondichery, Pondichery, 2004.

The Way of the Swan (Poems of Kashmir), **Nilla Cram Cook**, Asia Publishing House, Bombay, 1959.

The Six Ways of Knowing, **D.M. Datta**, University of Calcutta, 1960 (2nd rev. edn).

The Stanzas on Vibration, **Mark S.G. Dyczkowski**, SUNY, Albany, 1992.

Dharmakīrti's Pramāṇaviniścaya, critical ed. **Ernst Steinkellner**, China Tibetology Publishing House, Austrian Academy of Sciences Press, Beijing-Vienna, 2007.

धर्मोत्तरप्रदीप*, *न्यायबिन्दु* की धर्मोत्तर कृत *टीका* पर दुर्वेकमिश्र की वृत्ति, सं. **दलसुखभाई मलवानिया, काशीप्रसाद जायसवाल रिसर्च इन्स्टीट्यूट, पटना, १९५५।

ध्वन्यालोक*, आनन्दवर्धन, अभिनवगुप्त कृत *लोचन* के साथ, सं. **दुर्गाप्रसाद और **काशीनाथ पाण्डुरङ्ग परब**, संशो. वासुदेव लक्ष्मण शास्त्री पणशीकर, काव्यमाला, निर्णयसागर, १९३५।

ध्वन्यालोक, *लोचन* टीका सहित, अनु. **जगन्नाथ पाठक**, वाराणसी, २००३।

नाट्यशास्त्र, अभिनवगुप्त कृत (*अभिनवभारती* नामक) *विवृति* समेत, चतुर्थ संशोधित संस्करण, सं. **के.कृष्णमूर्ति**, ओरियन्टल इन्स्टीट्यूट, वडोदरा, १९९२।

नाट्यशास्त्र ऑफ़् भरत मुनि*, अभिनवगुप्त कृत *अभिनवभारती* के साथ, सं. **एम. रामकृष्ण कवि, संशो. के रामास्वामी शास्त्री, ओरिएन्टल रिसर्च इन्स्टीट्यूट, बड़ौदा, द्वि.सं., १९५६; द्वि. भाग, सं. **एम. रामकृष्ण कवि**, १९३४।

नित्याषोडशिकार्णव तन्त्र, शिवानन्दकृत *ऋजुविमर्शिनी* तथा विद्यानन्दकृत *अर्थरत्नावली* के साथ, सं. और भूमिका **व्रजवल्लभ द्विवेदी**, वाराणसेय संस्कृत विश्वविद्यालय, वाराणसी, १९६८।

नीलमतपुराणम्, सं. **रामलाल कांजीलाल तथा पं. जगद्धर ज़ाडू**, पंजाब संस्कृत सीरीज़ ५, मोतीलाल बनारसीदास, लाहौर, १९२४।

Nīlamatapurāṇa: A Cultural and Literary Study, **Veda Kumari Ghai**, vol. 1, Motilal Banarsidass, Delhi, 1968.

नेत्रतन्त्र, क्षेमराज कृत *उद्योत* के साथ, सं. **मधुसूदन कौल**, काश्मीर संस्कृत ग्रन्थावलि, श्रीनगर-काश्मीर, प्रथम खंड (१९२६), द्वितीय खण्ड १९३९।

नेत्रतन्त्र, (मृत्युञ्जयभट्टारक), क्षेमराज विरचित *उद्योत* सहित, सं. **ब्रजवल्लभ द्विवेद**, परिमल पब्लिकेशन्स, दिल्ली, १९८५।

न्यायकोश, **भीमाचार्य झलकीकर**, पुनर्सं. **वासुदेव शास्त्री अभ्यङ्कर**, भंडारकर ओरिएण्टल रिसर्च इन्स्टीट्यूट, पूना, १९२८ (तृतीय आवृत्ति)।

Nyāya Theory of Knowledge, **S.C. Chattarjee**, 2nd edn, University of Calcutta, Calcutta, 1950.

न्याय-बिन्दु, धर्मकीर्ति, धर्मोत्तरकृत टीका के साथ, सं. **चन्द्रशेखर शास्त्री**, चौखम्बा, वाराणसी, १९५४।

न्यायमञ्जरी, जयन्त भट्ट, सं. **सूर्यनारायण शुक्ल**, चौखम्बा, वाराणसी, १९३६।

न्यायवार्तिक, उद्योतकर, वाचस्पति मिश्र कृत *न्यायवार्तिकतात्पर्यटीका* के साथ, सं. **राजेश्वरशास्त्री द्रविड**, चौखम्बा, वाराणसी, १९२५।

परात्रिंशिका, अभिनवगुप्तकृत *विवृति* सहित, सं. **मुकुन्दराम शास्त्री**, काश्मीर संस्कृत ग्रन्थावलि, श्रीनगर-काश्मीर, १९१८।

Parātrīśikāvivaraṇa, The Secret of Tantric Mysticism, English translation with notes and running exposition by **Jaideva Singh**, Motilal Banarsidass, Delhi, 1988.

परिसंवाद : भारतीय चिन्तन की परम्परा में नवीन सम्भावनाएँ, सं. **राधेश्यामधर द्विवेदी**, सम्पूर्णानन्द संस्कृत विश्वविद्यालय, वाराणसी, १९८१।

पाञ्चरात्रागम, **राघवप्रसाद चौधरी**, बिहार राष्ट्रभाषा परिषद्, पटना, १९८७।

पातञ्जल योगदर्शन* (पतञ्जलि का *योगसूत्र*), *व्यास-भाष्य* और **हरिहरानन्द आरण्य कृत *भाष्य* के साथ, सं. **रामशंकर भट्टाचार्य**, मोतीलाल बनारसीदास, दिल्ली, १९८५।

पातञ्जलयोगसूत्र, सदाशिवेन्द्र सरस्वती कृत *योगसुधाकर* सहित, सं. पी.वी. **शिवराम दीक्षितार**, संस्कृतविद्यासमिति, मद्रास, १९८३।

पाशुपतसूत्रम्, कौण्डिन्य विरचित *पञ्चार्थभाष्य* के साथ, सं. **आर. अनंतकृष्ण शास्त्री**, त्रिवेन्द्रम् संस्कृत सीरीज़, त्रिवेन्द्रम्, १९४०।

"Pratibhāna", **G.K. Bhat**, in *ABORI*, 1978, pp. 499-509.

Pratyabhijñākārikā of Utpaladeva, **R.K. Kaw**, Sharada Peetha Research Centre, Srinagar, 1975.

प्रत्यभिज्ञाहृदय*, क्षेमराज, सं. **जगदीशचन्द्र चट्टोपाध्याय, काश्मीर संस्कृत ग्रन्थावली, श्रीनगर-काश्मीर, १९११।

प्रत्यभिज्ञाहृदय, क्षेमराज, सं. तथा हिन्दी अनु. **जयदेव सिंह**, मोतीलाल बनारसीदास, दिल्ली, १९६३।

प्रमाणवार्तिक, धर्मकीर्ति, मनोरथनन्दिकृत *वृत्ति* सहित, सं. **स्वामी द्वारिकादास शास्त्री**, बौद्ध भारती, वाराणसी, १९६८।

Principles of Tantra, **Arthur Avalon** (Sir John Woodroffe) and **Baradā Kānta Majumdar**, Ganesh & Co., Madras, 3rd edn, 1960.

Philosophy, Logic and Language, **Kalidas Bhattacharyya**, Allied Publishers, Bombay-New Delhi, 1965.

Facets of Indian Religio-philosophic Identity, **Harsh Narain**, Bharatiya Vidya Prakashan, Delhi–Varanasi, 1983.

Foundations of Indian Culture, vol. II: *Spiritual Vision and Symbolic Form in Ancient India*, **G.C. Pande**, New Delhi, 1984.

Buddhist Logic, **Th. Stcherbatsky**, Dover, New York, two volumes, 1962.

बोधपञ्चदशिका, अभिनवगुप्त, *षट्त्रिंशत्तत्त्वसंदोह* (ग्रन्थाङ्क १३), *अनुत्तरप्रकाशपञ्चाशिका* (ग्रन्थाङ्क १४) और *पराप्रावेशिका* (ग्रन्थाङ्क १५) के साथ एक ही जिल्द में बिना ग्रन्थाङ्क के का.सं.ग्र. में मुद्रित, सं. **मुकुन्दराम शास्त्री**, काश्मीर-श्रीनगर, १६१८।

बौद्धदर्शन तथा अन्य भारतीय दर्शन, **भरतसिंह उपाध्याय**, प्रथम भाग, बंगाल हिन्दी मंडल, कलकत्ता, १६५४ (सं.२०११)।

ब्रह्मसूत्रशाङ्करभाष्य, वाचस्पति मिश्र कृत *भामती*, अमलानन्दकृत *कल्पतरु* तथा अप्पयदीक्षित कृत *परिमल* सहित, सं. **अनन्तकृष्ण शास्त्री**, मुम्बई, द्वि.सं., १६३८।

भक्तिदर्शनविमर्शः, **गोविन्दचन्द्र पांडे**, वाराणसी, १६६१।

भगवद्गीता*, राजानक रामकण्ठविरचित *सर्वतोभद्र* के साथ, सं. **मधुसूदन कौल, काश्मीर संस्कृत ग्रन्थावलि, काश्मीर-श्रीनगर, १६४३।

भगवद्गीताभाष्य, भट्ट भास्कर, सं. **सुभद्र उपाध्याय**, वाराणसेय संस्कृत विश्वविद्यालय, १६६५।

Bhartṛhari* , **K.A.S. Iyer, *Poona*, 1969.

भर्तृहरि, **को. अ. सुब्रह्मण्य अय्यर**, हिन्दी अनु. रामचन्द्र द्विवेदी, दिल्ली, १६६१।

Bhartrhari and Buddhists, **Radhika Herzberger**, Holland, 1986.

भारतीय तन्त्रशास्त्र, सं. **द्विवेदी-पांडेय-बाहुलकर**, केन्द्रीय उच्च तिब्बती शिक्षा संस्थान, सारनाथ, १६६५।

भारतीय परम्परा के मूल स्वर, **गोविन्दचन्द्र पांडे**, दिल्ली, १६८१।

भारतीय संस्कृति और साधना, **गोपीनाथ कविराज**, बिहार राष्ट्रभाषा परिषद्, पटना, १६६३ (प्रथम खण्ड), १६६४ (द्वितीय खण्ड)।

भारतीय सौन्दर्य सिद्धान्त की नई परिभाषा, **सुरेन्द्र एस. बारलिंगे**, हिन्दी अनुवाद राम जी तिवारी, भारतीय ज्ञानपीठ, दिल्ली, २००२।

भावोपहार, चक्रनाथ (? चक्रभानु), रम्यदेव कृत *विवरण* के साथ, सं. **मुकुन्दराम शास्त्री**, काश्मीर संस्कृत ग्रन्थावलि, १६१८।

भास्करी, तृतीयभाग, **कांतिचन्द्र पांडेय**, प्रिंसेज़ ऑफ़ वेल्स सरस्वती भवन ग्रन्थमाला सं. ८४, १६५४; *ऐन ऑउटलाइन हिस्ट्री ऑफ़ शैव फ़िलॉसफ़ी* के नाम से भूमिका भाग तथा अंग्रेज़ी अनुवाद *ईश्वरप्रत्यभिज्ञाविमर्शिनी*, भाग ३, के नाम से पुनर्मुद्रित, मोतीलाल बनारसीदास, दिल्ली, १६८६।

मन्त्र और मातृकाओं का रहस्य, **शिवशङ्कर अवस्थी**, चौखम्बा प्रकाशन, वाराणसी, १६६६।

महानयप्रकाश, अज्ञात (सम्भवतः शिवानन्द द्वितीय कृत), सं. **के. साम्बशिव शास्त्री**, अनन्तशयनसंस्कृत ग्रन्थावलि, त्रिवेन्द्रम्, १६३७।

महानयप्रकाश, शितिकण्ठ, सं. **मुकुन्द राम शास्त्री**, काश्मीर संस्कृत ग्रन्थावलि, काश्मीर-श्रीनगर, १६१८।

महार्थमञ्जरी, स्वोपज्ञ *परिमल* नामक व्याख्या के साथ, महेश्वरानंद, सं. **गणपति शास्त्री**, त्रिवेन्द्रम् संस्कृत सीरीज सं.६६, १६१६।

महार्थमञ्जरी,* स्वोपज्ञ *परिमल* टीका के साथ, महेश्वरानन्द, सं. **व्रजवल्लभ द्विवेदी, वाराणसी, १६६२।

महोपदेशविंशतिक, अभिनवगुप्त, *अभिनवगुप्त.*, परिशिष्ट 'सी' में।

मानमेयरहस्यश्लोकवार्तिक, **लक्ष्मीपुरं श्रीनिवासाचार्य**, राजकीय शाखा मुद्रायन्त्रालय, मैसूर, संवत् १६२५।

मार्कण्डेयमहापुराण, सं. **खेमराज श्रीकृष्णदास**, मूलतः श्रीवेङ्कटेश्वर स्टीम मुद्रणालय द्वारा प्रकाशित, पुनर्मुद्रण : भूमिका और पाठशोधनपूर्वक श्लोकानुक्रमणी सहित, सं. **राजेन्द्रनाथ शर्मा**, नाग पब्लिशर्स, दिल्ली, वर्ष अमुद्रित।

"मालिनी मत में वर्णित योग-पद्धति तथा समानान्तर तन्त्र-परम्पराएं", **व्रजवल्लभ द्विवेदी**, *अभिनवा : पर्सपेक्टिव्स ऑन् अभिनवगुप्त* में **सं. नवजीवन रस्तोगी**, मुंशीराम मनोहरलाल, दिल्ली, २०१३।

मालिनीविजयवार्तिक, अभिनवगुप्त, सं. **मधुसूदन कौल**, काश्मीर संस्कृत ग्रन्थावलि श्रीनगर-काश्मीर, १६२१।

मृगेन्द्रतन्त्र, चर्यापाद, सं. **एन.आर.भट्ट**, पांडिचेरी, १६६६।

मैत्र्युपनिषद्, रामतीर्थ कृत *दीपिका* सहित हिन्दी व्या. तथा सं. **ओम प्रकाश पाण्डेय**, वाराणसी, २००१।

Man's Supreme Inheritance (*Voice of Somananda & Utpaladeva*), **R.K. Kaw**, Sharada Peetha Research Centre, Srinagar, 1973.

Yaśastilaka and Indian Culture, **K.K. Handiqui**, Sholapur, 1968.

योगिनीहृदय, अमृतानन्द कृत *दीपिका* के साथ, सं. **व्रजवल्लभ दिवेद्वी**, मोतीलाल बनारसीदास, दिल्ली-वाराणसी, १६८८।

योगिनीहृदयम्, अमृतानन्दकृत *दीपिका* तथा भास्कररायकृत *सेतुबन्ध* सहित, सं. **गोपीनाथ कविराज**, सरस्वती भवन ग्रन्थमाला, द्वितीय संस्करण, वाराणसी, शकाब्द १८८५।

Rasa Theory, **G.K. Bhat**, Baroda, 1984.

Ritual and Speculation in Early Tantrism, Studies in Honor of Andre Padoux, ed. **Teun Goudriaan**, SUNY, Albany, 1992.

"Recognition in Pratyabhijñā School: A Study in Epistemology", **Navjivan Rastogi**, *ABORI* (Diamond Jubilee Volume), Poona, 1977-78, pp. 841-61.

"Reflection on Pratyabhijñā and Buddhism", **G.C. Pande**, in *Abhinavā: Perspectives on Abhinavagupta*, ed. Navjivan Rastogi, Munshiram Manoharlal, New Delhi, 2013.

Lallā-Vākyāni, Under the title "The Wise Sayings of Lal Dêd" ed. with English tr. and notes by **George A. Grierson** and **L.D. Barnett**, Asiatic Society of Monography Series, No. XVII, London, 1929.

La Mahārthamañjarī de Maheśvarānanda avec des extraits du Parimala, **Lilian Silburn**, Editions de Boccard, Paris, 1968.

Lecture On Practice & Discipline In Kashmir Shaivism, **Swami Lakshman Joo Raina**, Universal Shaiva Trust, Srinagar, 1982.

लल्लेश्वरीवाक्यानि, भास्कराचार्यकृत संस्कृत रूपान्तरण के साथ, काश्मीर-संस्कृतग्रन्थावलि, अन्य विवरण अनुपलब्ध।

वाक्यपदीयम्*, भर्तृहरि, स्वोपज्ञ *वृत्ति* व हरिवृषभ कृत *पद्धति* के साथ, सं. **को.अ. सुब्रह्मण्य अय्यर, प्रथम भाग, डेक्कन कॉलेज, पूना, १९६६।

वाक्यपदीयम्, हेलाराजकृत टीका सहित, काशी संस्कृत ग्रन्थावली, वाराणसी, वर्ष अनुपलब्ध।

Vāc: The Concept of the Word in Selected Hindu Tantras, **André Padoux**, Eng. tr. Jacques Gontier, SUNY, Albany, 1990.

वाचस्पत्यम्, सं. **तारानाथ तर्कवाचस्पति भट्टाचार्य**, भाग ६, राष्ट्रिय संस्कृत संस्थान, नई दिल्ली, २००२ (पुनर्मुद्रण)।

वातूलनाथसूत्राणि, अनन्तशक्तिपाद कृत वृत्ति सहित, सं./अंग्रेज़ी अनुवाद **मधुसूदन कौल**, काश्मीर-संस्कृतग्रन्थावलि, काश्मीर-श्रीनगर, १९२३।

वामकेश्वरीमत, जयरथ कृत *विवरण* सहित, सं. **मधुसूदन कौल**, काश्मीर संस्कृतग्रन्थावलि ६६, कश्मीर-श्रीनगर, १९४५।

विज्ञान-भैरव*, भट्ट आनन्द कृत *विज्ञान-कौमुदी* सहित, सं. **मुकुन्दराम शास्त्री, काश्मीर संस्कृतग्रन्थावलि, काश्मीर-श्रीनगर, १९१८ (*विवृति* और *विज्ञानकौमुदी* – दोनों टीकाएं एक जिल्द में)।

विज्ञान-भैरव, सं./अनु./टीकाकार **व्रजवल्लभ द्विवेदी**, दिल्ली, १९७८।

विज्ञान-भैरव, अंशतः क्षेमराज कृत विवृति (२४वीं कारिका पर्यन्त) तदन्तर शिवोपाध्यायकृत उद्योत सहित, सं. **मुकुन्दराम शास्त्री**, काश्मीर संस्कृतग्रन्थावलि, काश्मीर-श्रीनगर, १९१८।

विरूपाक्षपंचाशिका, विद्याचक्रवर्ती कृत *टीका* सहित, सं. **गणपतिशास्त्री**, त्रिवेन्द्रम्, १९१०।

विरूपाक्षपंचाशिका*, श्रीविद्याचक्रवर्ती कृत *विवृति* सहित, *तन्त्र-संग्रह*, भा.१ में संगृहीत, सं. **गोपीनाथ कविराज, वाराणसेय संस्कृत विश्वविद्यालय, वाराणसी, १९७०, पृ. १-२२।

वेदान्तपरिभाषा, सटिप्पण अनु. **स्वामी माधवानन्द**, रामकृष्ण मिशन शारदापीठ, बेलूरमठ, हावड़ा, वर्ष अनुपलब्ध (द्वि.सं.)।

Vaiṣṇavism, Śaivism and Minor Religious Systems, **R.G. Bhandarkar**, first published in 1913 in the series Encyclopaedia of Indo-Aryan Research; reprinted: Indological Book House, Varanasi, 1965.

"Śākta Philosophy", **M.M. Gopinath Kaviraj**, in the *History of Philosophy: Eastern and Western*, two vols, ed. S. Radhakrishnan et al., George Allen & Unwin, London, 1952.

शारदातिलकतन्त्रम्, राघवभट्ट कृत *पदार्थादर्श* टीका के साथ, **आर्थर एवलॉन**, २ भाग, तान्त्रिक टेक्स्ट्स सं. १६/१७, आगमानुसन्धान समिति, कलकत्ता, १९३३।

शिवदृष्टि, सोमानन्द, उत्पलदेव कृत *वृत्ति* के साथ, सं./अनु. **राधेश्याम चतुर्वेदी**, वाराणसी, १९८६।

शिवदृष्टि*, सोमानन्द, उत्पलकृत *पदसंगति* नामक वृत्ति के साथ, सं. **मधुसूदन कौल, काश्मीरग्रन्थावलि ५४, काश्मीर-श्रीनगर, १९३४।

शिवमहापुराण, मूलतः श्री वेङ्कटेश्वर स्टीम मुद्रणालय द्वारा प्रकाशित, सं. **खेमराज श्री कृष्णदास**; पुनर्मुद्रण : भूमिका, पाठशोधन, श्लोकानुक्रमणिका पूर्वक, सं. **पुष्पेन्द्र कुमार**, नाग पब्लिशर्स, दिल्ली, २ भाग, १९८६।

शिवसूत्र, वसुगुप्त, क्षेमराज कृत *विमर्शिनी* टीका के साथ, सं. **जे.सी. चटर्जी**, काश्मीर संस्कृत ग्रन्थावलि, श्रीनगर, १९११; द्वितीय संस्करण, वर्ष अमुद्रित।

शिवसूत्रवार्तिक, भास्कर, सं. **जे.सी चटर्जी**, काश्मीर संस्कृत ग्रन्थावलि, प्रत्नविद्याप्रकाशकार्यालय, काश्मीर-श्रीनगर, १९१६।

शिवसूत्रवार्तिक, वरदराज, सं. **मधुसूदन कौल**, काश्मीर-संस्कृत ग्रन्थावलि, काश्मीर-श्रीनगर, १९२५।

शिवस्तोत्रावली, उत्पल, क्षेमराज कृत वृत्ति सहित, सं./अनु. **राजानक लक्ष्मण**, चौखम्बा, १९६४।

शैवदर्शनबिन्दु, **कांतिचन्द्र पांडेय**, विशिष्ट-प्रवचनमाला, भा.३, संस्कृत विश्वविद्यालय, वाराणसी, १९६४ (सं.२०२१)।

शैव परिभाषा, शिवाग्रयोगिन्, सं. **एच.आर. रङ्गस्वामी आयङ्गर** तथा **आर. रामशास्त्री**, ओरिएण्टल रिसर्च इन्स्टीट्यूट, संस्कृत सीरीज़ ९०, मैसूर, १९५०।

Śaiva Siddhānta (An Indian School of Mystical Thought), **H.W. Schomerus**, tr. from the original text in German under the title *Der. Śaiva Siddhānta* by Mary Law, ed. Humphery Palmer, Motilal Banarsidass, Delhi, first Indian edn, 2000 (First published in 1912 in German).

"Śaivism and the Tantric Tradition", **Alexis Sanderson**, in *The World's Religions*, eds. Sutherland et al., London, 1988.

Śaivism in Philosophical Perspective, **K. Sivaraman**, Motilal Banarsidass, Delhi-Patna-Varanasi, 1973.

श्रीकंठचरित, मंख, जोनराज कृत *वृत्ति* सहित, काव्यमाला सीरीज़, निर्णयसागर, बम्बई।

Śrīmadbhagavadgītā with *Gītārthsaṁgraha* of Abhinavagupta, two parts, ed. & tr. **S. Sankaranarayanan**, Oriental Research Institute, Tirupati, 1985.

श्रीभाष्यम्, सुदर्शनसूरिविरचित *श्रुतप्रकाशिका*, वेदान्तदेशिककृत *अधिकरणसारावली* तथा परकालमहादेशिककृत *गूढार्थसंग्रह* व्याख्या सहित, जिज्ञासाधिकरण, वेदान्तदेशिक विहार सभा, मैसूर, १९५९।

षड्दर्शनसमुच्चय, हरिभद्रसूरि, गुणरत्न कृत *तर्करहस्यदीपिका*, सोमतिलककृत *लघुवृत्ति* तथा अज्ञातकर्तृक *अवचूर्णि* सहित, सं. **महेन्द्रकुमार जैन**, भारतीय ज्ञानपीठ, १९९७ (चतुर्थ संस्करण)।

षड्दर्शनसमुच्चय, हरिभद्रसूरि, मणिभद्रकृत *लघुवृत्ति* सहित, सं. **दामोदरशास्त्री गोस्वामी**, चौखम्बा संस्कृत सीरीज आफिस, बनारस, १६५७।

षड्दर्शनसमुच्चय, राजशेखरसूरि, परिशिष्ट-१ के रूप में संलग्न, हरिभद्रसूरि विरचित *षड्दर्शनसमुच्चय,* सं./अनु. **कामेश्वरनाथ मिश्र**, चौखम्बा संस्कृत सीरीज आफिस, वाराणसी, १६७६।

संवित्प्रकाश, वामनदत्त, सं. **भागीरथ प्रसाद त्रिपाठी**, सम्पूर्णानन्द संस्कृत विश्वविद्यालय, वाराणसी, १६६३।

समेकित दार्शनिक विमर्श, सं. **अम्बिकादत्त शर्मा**, विश्वविद्यालय प्रकाशन, सागर, २००५।

सम्बोधि, **गोपीनाथ कविराज** (मूल बंगला से हिन्दी अनुवाद), अनु. एस. एन. खण्डेलवाल, इन्डियन इन्स्टीटयूट आफ तान्त्रिक स्टडीज़, दिल्ली, १६८१।

सर्वतोभद्र, श्रीमद्भगवद्गीता – सर्वतोभद्र के साथ, राजानक रामकण्ठ, सं. **टी.आर चिन्तामणि**, मद्रास विश्वविद्यालय, १६४१।

सर्वदर्शनसंग्रह, सायण-माधव, *दर्शनाङ्कुर* व्याख्या के साथ, व्याख्याकार/सम्पादक **वासुदेव शास्त्री अभ्यंकर**, भंडारकर प्राच्य-विद्या-संशोधन मन्दिर, पूना, १६५१ (द्वितीयावृत्ति)।

सांख्यकारिका, वाचस्पति मिश्र कृत *तत्त्वकौमुदी* के साथ, अनु/सं./टीका. **रामशंकर भट्टाचार्य**, मोतीलाल बनारसीदास, दिल्ली, १६८५।

साहित्य, सौन्दर्य और संस्कृति, **गोविन्दचन्द्र पांडे**, इलाहाबाद, १६६४।

सिद्धान्तकौमुदी, निर्णयसागर प्रेस, मुम्बई, १६०८।

सिद्धित्रयी, उत्पलदेव, सं. **मधुसूदन कौल**, काश्मीर संस्कृत ग्रन्थावलि, श्रीनगर, १६२१।

सौन्दर्यदर्शनविमर्शः, **गोविन्दचन्द्र पांडे**, बदरीनाथशुक्लस्मृतिग्रन्थमाला, सम्पूर्णानन्द संस्कृत विश्वविद्यालय, वाराणसी, १६६५।

सौन्दर्यलहरी, कैवल्याश्रम कृत *सौभाग्यवर्धिनी,* लक्ष्मीधर कृत *लक्ष्मीधरा* और कामेश्वर कृत *अरुणामोदिनी,* सहित, अंग्रेज़ी **अनन्तकृष्ण शास्त्री** तथा **कर्ण राममूर्ति गारू**, गणेश एण्ड कम्पनी, मद्रास, १६५७।

Schools of Śaivism, **Jadunath Sinha**, Sinha Publishing House, Calcutta, 1970.

Studies in Jain Philosophy, **Nathamal Tatia**, Jaina Cultural Research Society, Banaras, 1951, with a Foreword by **Gopinath Kaviraj** (pp. xvii-xxiv).

स्तवचिन्तामणि, भट्टनारायण, क्षेमराज कृत *विवृति* के साथ, सं. **मुकुन्दराम शास्त्री**, काश्मीर संस्कृत ग्रन्थावलि, श्रीनगर-काश्मीर, १६१८।

स्पन्दकारिका,* कल्लट और रामकण्ठ की *विवृति* के साथ, सं. **जे.सी. चटर्जी, काश्मीरग्रन्थावलि, श्रीनगर, १६१३।

Spanda Kārikās, The Devine Creative Pulsation, with Eng. tr. of Spandakārikās of Kallaṭa and *Spanda Nirṇaya* of Kṣemarāja, **Jaidev Singh**, Motilal Banarsidass, Delhi, 1980.

स्पन्दनिर्णय,* क्षेमराज कृत *स्पन्दकारिका* की व्याख्या, सं. **मधुसूदन कौल, काश्मीर संस्कृत ग्रन्थावलि, १६२५।

स्पन्दप्रदीपिका, भट्ट उत्पल कृत *स्पन्दकारिकावृत्ति*, सं. **वामनशास्त्री इस्लामपुरकर**, १८९८; *तन्त्रसंग्रह*, भा.१, सं. **गोपीनाथ कविराज**, योगतन्त्र ग्रन्थमाला, वाराणसी, १९७० में संकलित।

स्पन्दप्रदीपिका, *स्पन्दकारिका* की भगवदुत्पल रचित टीका, सं. **मार्क ड्यस्कॉउस्की**, इन्डिका बुक्स, वाराणसी, २०००।

स्पन्दसन्दोह, क्षेमराज कृत *स्पन्दकारिका* की प्रथम कारिका की टीका, सं. **मुकुन्दराम शास्त्री**, का. सं.ग्र., १९१७।

स्वच्छन्दतन्त्र*, छह खण्ड, क्षेमराज कृत *उद्योत* के साथ, सं. **मधुसूदन कौल, काश्मीरग्रन्थावलि, श्रीनगर, १९२६–१९३५।

The Swachhanda Tantram with commentary Uddyota by Kṣemarāja, ed. **Vraj Vallabh Dvivedi**, Parimala Sanskrit Series no. 16, 2 vols, Delhi, 1985.

"*Svabhāvam Avabhāsasya Vimarśam: Judgement as a Transcendental Category in Utpaladeva's Śaiva Theology: The Evidence of Pratyabhijñākārikāvṛtti*", **Harvey P. Alper**, (unpublished).

स्वसंवेदन, **गोपीनाथ कविराज**, हिन्दी अनु. हंसकुमार तिवारी, बिहार राष्ट्रभाषा परिषद्, पटना, १९८३।

हरविजय, रत्नाकर, राजानक अलर्क कृत संस्कृत *टीका* सहित, सं. **दुर्गाप्रसाद**, काव्यमाला सीरीज़, निर्णयसागर प्रेस, बम्बई, १८९०।

Hindu Tantric Śākta Literature, **Teun Goudriaan** and **Sanjukta Gupta**, Wiesbaden, 1981.

Hinduism and Buddhism, **Charles Eliot**, Three vols., London, Routledge & Kegan Paul, 1921.

Hindu Tantrism, **Sanjukta Gupta-D.J. Hoens-Teun Goudriaan**, Leiden, 1977.

Hindu Philosophy, **Theos Bernard**, Jaico Publishing House, Bombay-Delhi, 1957.

History of Indian Philosophy (Southern Schools of Śaivism), **S.N. Dasgupta**, vol. 5, Cambridge, London, 1955.

शब्दानुक्रमणिका

भ

ष

ह